1 MONTH OF
FREE
READING

at

www.ForgottenBooks.com

By purchasing this book you are eligible for one month membership to ForgottenBooks.com, giving you unlimited access to our entire collection of over 1,000,000 titles via our web site and mobile apps.

To claim your free month visit:

www.forgottenbooks.com/free903064

ISBN 978-0-266-87630-4
PIBN 10903064

This book is a reproduction of an important historical work. Forgotten Books uses
state-of-the-art technology to digitally reconstruct the work, preserving the original format
whilst repairing imperfections present in the aged copy. In rare cases, an imperfection in
the original, such as a blemish or missing page, may be replicated in our edition. We do,
however, repair the vast majority of imperfections successfully; any imperfections that
remain are intentionally left to preserve the state of such historical works.

PREPARATORY

LATIN PROSE-BOOK:

CONTAINING

ALL THE LATIN PROSE NECESSARY FOR ENTERING COLLEGE.

. WITH

REFERENCES TO HARKNESS'S AND ANDREWS AND STODDARD'S LATIN
GRAMMARS, NOTES, CRITICAL AND EXPLANATORY, A VOCABULARY,
AND A GEOGRAPHICAL AND HISTORICAL INDEX.

BY J. H. HANSON, A. M.,

PRINCIPAL OF THE HIGH SCHOOL FOR BOYS, PORTLAND, ME

FIFTEENTH EDITION,
ENLARGED AND IMPROVED.

BOSTON:
CROSBY AND AINSWORTH,
117 WASHINGTON STREET.
NEW YORK:
OLIVER S. FELT, 36 WALKER ST.
1866.

UNIVERSITY PRESS: WELCH, BIGELOW, & CO.,
CAMBRIDGE.

PREFACE.

THE preparation of this volume was commenced some years since in the belief that the Latin preparatory course for college, both in the variety and arrangement of the materials composing it and in the materials themselves, could be improved; and that, by comprising in a single volume what is usually obtained from three or four, the expenses of the young student could be very considerably lessened. A desire to awaken a deeper interest in classical studies as well as to promote thoroughness in their pursuit, and to contribute something towards placing the advantages of a liberal education within the reach of all, is my apology, therefore, for adding another to the already numerous list of school-books.

The idea which I have endeavored to keep constantly before me, is that of a *drill-book;* and, in strict accordance with this idea, nothing has been introduced, whether by way of grammatical references, synonyms, notes, history, or geography, which it is not deemed important that the student should make himself acquainted with.

The references at the foot of the page are made to the Revised Edition of Andrews and Stoddard's and to Kühner's Latin Grammars. The former of these works is too widely known and too extensively used to need any commendation of mine: of the latter I would say, as the result of some ten years' trial and almost daily reference, that it is not so widely known nor so extensively used as it deserves to be; and if the result of my humble effort shall be to call attention to its merits and give it a wider circulation, I shall be highly gratified. Besides giving teachers a choice in the use of grammars, it is believed that no inconsiderable advantage may be derived from consulting two so different in many respects as are these, which could not be gained from the use of one. They will be found constantly to explain and illustrate each other, and thus, by throwing light upon the classic page, to afford both teacher and pupil that kind of help which they most need.

The introduction of synonyms, to any considerable extent, into a work so elementary as this, is a feature almost, if not wholly new; and it is hoped that it may not prove unacceptable to those of my fellow-teachers especially, who are engaged in preparing young men for college. The practice of discriminating between words whose general meanings are the same, or similar, cannot fail to have a most salutary influence upon mental development and accurate scholarship. Nearly all of this portion of the notes has been taken, without material alteration, from Döderlein's Hand-Book of Latin Synonyms. Questions on these extracts have been introduced among the references to intimate that they should be learned and recited by the pupil; and to facilitate reviewing, and thereby secure thoroughness here, these questions are repeated throughout the work.

In the preparation of the notes, my aim has been to do neither too much nor too little; to render such assistance, and such only, as seemed to be necessary to enable the pupil, by the full exercise of his own powers, to master his task. I have not hesitated to translate, where translation was really needed, but have, in general, relied more upon the various other means of elucidating the meaning of the text, than upon this. In cases of a free translation of idiomatic expressions, a strictly literal, or more literal translation is usually added.

The vocabulary, which has been compiled chiefly from Kaltschmidt's Latin Dictionary, has been prepared with much care, and with special reference to that numerous class of scholars who wish to acquire some knowledge of Latin, but do not intend to go to college. Such are thus enabled to accomplish their object without the necessity of incurring the expense of a lexicon. But the editor is fully of the opinion that it is better for those, who contemplate a more extended classical course, to become early accustomed to the use of a complete lexicon; for this reason, he has thought it best, in making up the vocabulary, to omit entirely the orations. For all the rest of the text, it is hoped that it will be found amply sufficient.

In regard to the text, my purpose has been to follow the latest and best recensions: the Caesar is chiefly that of Koch; the Sallust, that of Dietsch; the Cicero, that of the second edition of Orelli. Other excellent editions of these classics have been constantly consulted, and, in some cases, followed. The orthography is, for the most part, that of the editions of Caesar, Sallust, and Cicero, from which the text has been chiefly taken. This will account for the want of uniformity in the spelling of a few words.

As to the quantity of Latin prose necessary for entering college, there is, and will, doubtless, continue to be, some difference of opinion. Our colleges are not all uniform in their requirements. The end aimed at by all is, however, very much the same; viz., a sufficient knowledge of the Latin language to enable the student to pursue with ease and profit the college classical course. The experience of some twenty years in this department of teaching and the preparation of some hundreds of young men for college, have convinced me that this end can be most successfully accomplished by taking the pupil over so much surface only as can be thoroughly studied. Any other course has a tendency not only to defeat this particular end, but also, by inducing loose and superficial habits of thought and study, to unfit the mind for success in all the other departments of a college course. These are substantially the views by which I have been governed in determining the quantity of text in the present volume. I think it will be found not only ample in itself, but all that can possibly be read in the time usually given to preparation for college, if the constant use of the grammar and the general thoroughness which the plan of the book supposes, shall be strictly carried into practice.

Fewer of Cicero's orations have been introduced than are usually contained in the school editions of his Select Orations, but it is believed that more than an equivalent will be found in the thirty-five letters which have been substituted for them. These cover a period of twenty years, commencing with the year succeeding his consulship and ending with the year of his death. Besides throwing much light upon the orations and affording to the pupil a pleasing and interesting variety of reading-matter, these letters reveal more of the heart and true character of Rome's greatest orator, philosopher, and scholar, than any number of his orations could possibly do. These letters have been arranged in chronological order, and there has been prefixed to those of each year a brief history in Latin of the principal events of that year. This will aid very much in understanding many of the allusions in the text. I hope this slight departure from the old beaten track may prove acceptable to both teachers and scholars.

In conclusion, I wish to say that very little is claimed on the score of originality. Mine has been the far humbler task to condense and arrange the materials which have been produced by others. I have had constantly before me the various editions of Caesar, Sallust, and Cicero, which are in common use in the schools of this country, and, in making the notes, have drawn freely from these and all other sources within my reach whatever was suited to my purpose. In many instances credit has been given; and it would have been agreeable to my views and feelings always to do this; but it was in some cases very inconvenient, and in others quite impossible. A large portion of the notes on Cicero's letters, and all of the Roman history which is placed at the beginning of each of the years covered by these letters, have been taken without much alteration from a selection of Cicero's letters by T. K. Arnold, A. M. Besides my indebtedness in general to those who have preceded me in this department of literary labor, I am under special obligations to the Rev. J. T. Champlin, D. D., President of Waterville College, for many very valuable suggestions.

With this general statement of the plan and design of the work, and of the sources from which it has been compiled, the editor offers it to the public in the hope that it may meet with a favorable reception, and prove useful in promoting the true interests of sound learning.

PORTLAND, November 3, 1860.

PREFACE

TO THE FOURTH EDITION.

———————

A DESIRE has been expressed by many teachers, that the Vocabulary might be made to cover the Orations, as well as the other portions of the text, so that the whole volume might be studied without the aid of a Lexicon.

To gratify this desire, an Appendix has been added at the end of the volume, containing all the words of the text which are not found in the Vocabulary.

PREFACE

TO THE ELEVENTH EDITION.

An extensive correspondence with classical teachers of high rank in different parts of the country has resulted in a New Edition of the Preparatory Latin Prose Book, containing several additions and ·changes, which, it is hoped, may be regarded as improvements.

At the suggestion of W. J. Rolfe, A. M., Principal of the High School in Cambridge, Massachusetts, and many other teachers, who discard the Latin Reader because it is not classical Latin, ten pages of short and easy extracts from the first four books of Caesar have been added at the beginning. It is believed that the thorough mastery of these extracts and of the portions of the Grammar referred to in them will render the transition from the Latin Grammar or Latin Lessons to the portions of the book which follow sufficiently gradual and easy.

Four Orations have been added at the end of the volume, making ten in all. This will be deemed by many an unnecessary addition; but the book, having been adopted for the English Department of the Cambridge High School, has been enlarged at the request of the Principal of that School (and that of other teachers who prepare their pupils specially for Harvard College), that it may be used in the Classical Department also. With this addition, it contains the *maximum* amount required for admission to Harvard College; for the University Professor of Latin in that College expressly says, that "the Catiline of Sallust shall be counted as an equivalent for the last three books of Caesar de Bello Gallico."

The text of these Orations is mainly that of Orelli's Second Edition; and many of the notes are from the excellent Commentary of George Long, A. M.

It has not been thought best to provide any vocabulary for the four added Orations; and the Appendix contained in this and former Editions will, at no distant day, be incorporated with the Vocabulary, unless the general opinion of those teachers best qualified to judge shall be found to favor its entire omission.

The body of the work has not been at all changed. This Edition, therefore, may be used with former ones without inconvenience.

PORTLAND, May, 1864.

PREFACE

TO THE THIRTEENTH EDITION.

THE suspension of the publication of Kühner's Latin Grammar having rendered that portion of the grammatical references in this volume, which was originally made to that Grammar, useless, they have been removed and parallel references to the new Latin Grammar of Professor Harkness substituted for them.

The author considers himself most fortunate in being able thus early to avail himself of a substitute for Kühner, which is so rapidly winning popular favor and which is, in his opinion, far superior to any of its predecessors.

WATERVILLE, July, 1865.

REFERENCES

TO THE PLACES FROM WHICH THE PASSAGES IN THE
ECLOGÆ CICERONIANÆ ARE TAKEN.

Narrations.

I De Senect. 18. — II. De Or. ii. 68. — III. Tusc. Disp. i. 47. — IV. De
Or. i. 61. — V. De Or. iii. 56. — VI. De Fin. ii. 30. — VII. a. De Senect.
7. — VIII a. Acad. Quæst. iv. 1, De Fin. ii. 32; b. De Or. ii. 74; c. De
Amicit. 12. — IX. De Off. iii. 11. — X. De Senect. 17. — XI. a. Tusc.
Disp. v. 12; b. i. 43; c. v. 32; d. v. 108; e. Acad. Quæst. i. 4; f. Tusc.
Disp. v. 34. — XII. De Off. iii. 22. — XIII. Tusc. Disp. v. 7. — XIV.
Tusc. Disp. v. 34. — XV. De Off. iii. 26, 27. — XVI. Tusc. Disp. v. 21.
— XVII. a. Tusc. Disp. v. 42; b. i. 42; c. v. 34. — XVIII. Tusc. Disp.
ii. 25. — XIX. De Inv. ii. 4. — XX. Tusc. Disp. v. 23. — XXI. Brut.
80, 90, 91.

Maxims.

1. Ad Attic. xii. 28. — 2. xii. 5. — 3. De Fin. ii. 46. — 4. De Fin. v. 24.
5. Orat. 34. — 6. Ad Attic. iv. 13. — 7. De Nat. Deor. i. 44. — 10. De Nat.
Deor. ii. 66. — 11. Tusc. Disp. i. 29. — 12. De Orat. ii. 44. — 13. De Off.
i. 26. — 14. De Off. i. 43. — 15. De Fin. v. 16. — 16. Ad Fam. v. 7. —
17. Tusc. Disp. iv. 26. — 19. Pro Arch. 7. — 20. Tusc. Disp. ii. 5. —
21. De Orat. i. 25. — 22. i. 15. — 23. Acad. Quæst. iv. 41.

Descriptions.

XXIII. Verr. ii. 2, 1. — XXIV. De Senect. 15. — XXV De Div. ii. 27,
28. — XXVI. a. De Inv. i. 1; b. De Orat i. 8. — XXVII. a. De Nat. Deor.
ii. 2; b De Legg. i. 8; c. De Nat. Deor. i. 32; d. iii. 39; e. ii. 22; f. De
Legg. ii. 7; g. De Nat. Deor. ii. 28. — XXVIII. De Senect. 23.

TABLE

OF

CICERO'S LIFE.

B.C.	A.U.C.	Age of Cicero.	
106	648		MARCUS TULLIUS CICERO was born at Arpinum on the 3d of January, in the consulship of M. Servilius Caepio and C. Atillius Serranus, and was thus a few months older than Pompey, who was born on the last day of September in the same year, and six years older than Cæsar, who was born B. C. 100. He was removed by his father at an early age to Rome, where he received instruction from some of the most celebrated rhetoricians and philosophers of his time, and particularly from the poet Archias. After he had assumed the toga, he studied law under Q. Mucius Scaevola, the Augur, and subsequently under the pontifex of the same name.
89	665	17	Served under Pompeius Strabo, the father of the great Pompey, in the Marsic war, and was present when Sulla captured the Samnite camp before Nola.
88	666	18	Heard Philo and Molo at Rome.
81	673	25	Made his first appearance as an advocate, delivered his speech *Pro Quinctio*.
80	674	26	Defended Sextius Roscius, who had been accused of parricide.
79	675	27	Went to Athens, and received instruction from Antiochus of Ascalon, a philosopher of the old Academy, and from Phædrus and Zeno of the Epicurean school.
78	676	28	Visited Asia Minor, and heard Molo at Rhodes.
77	677	29	Returned to Rome: married Terentia: was engaged in pleading causes.

B.C.	A.U.C.	Age of Cicero.	
75	679	31	Quæstor in Sicily.
74	680	32	Returned to Rome.
70	684	36	Accused Verres.
69	685	37	Ædile.
66	688	40	Prætor. Spoke in favor of the Manilian law, by which the command of the war against Mithridates was transferred to Pompey. Defended Cluentius. Betrothed his daughter Tullia, who could not have been more than ten years old, to C. Piso Frugi.
65	689	41	Declined the government of a province in order t devote his energies to the attainment of the cor sulship.
63	691	43	Consul with C. Antonius. Suppressed Catiline's cor spiracy. Opposed the Agrarian law, which had bee proposed by Rullus. Defended C. Calpurnius Piso, who had been consul B. C. 67, and L. Murena, the consul elect.
62	692	44	Defended P. Sulla, who was implicated in the crimes of Catiline, but was screened from punishment by the aristocratical party.
59	695	47	Defended L. Flaccus, who had been prætor in the consulship of Cicero, and who was accused of extortion in the province of Asia.
58	696	48	Cicero went into exile towards the end of March. He first proceeded to Brundisium, crossed over to Dyrrhachium, and thence went to Thessalonica, but returned to Dyrrhachium towards the close of the year.
57	697	49	Recalled from exile.
56	698	50	Defended Sextius, who had been instrumental in his restoration from banishment. Attacked, in a speech in the senate, Vatinius, who had been one of the chief witnesses against Sextius.
55	699	51	Attacked Piso, who had been consul at the time of his exile. Composed his work De Oratore, in three books.
54	700	52	Defended Plancius, who had received him in his exile, and was now accused of bribery. Composed his work De Republica, in six books.
52	702	54	Defended Milo, who was accused of the murder of

B. C.	A.U.C.	Age of Cicero.	
			Clodius, and about the same time wrote his treatise *De Legibus.*
51	703	55	Appointed against his consent to the government of Cilicia.
49	705	57	Returned to Rome on the 4th of January. The senate had just passed a decree that Cæsar should dismiss his army; but on the rapid approach of Cæsar towards Rome, the consuls fled from the city, accompanied by Cicero and the chief men of the aristocracy, with the view of defending the southern part of Italy. Cicero undertook to defend the coast south of Formiæ and the country around Capua, but, repenting of his resolution, made terms with Cæsar. He changed his mind again, and in the early part of June quitted Italy to join Pompey in Greece.
48	706	58	After the battle of Pharsalia, at which he was not present, he returned to Brundisium, where he remained till the arrival of Cæsar in Italy in September, B. C. 47.
47	707	59	Met Cæsar at Brundisium, and afterwards proceeded to Rome.
46	708	60	Wrote his dialogue on famous orators, called *Brutus.* Spoke in defence of M. Marcellus and Q. Ligarius.
45	709	61	Divorced his wife Terentia: married a young ward, named Publilia: lost his daughter Tullia. He completed in this year his *Academicae Quaestiones,* his treatise *De Finibus,* and his *Orator.* Spoke in defence of Deiotarus, king of Galatia, who had incurred the resentment of Cæsar by his support of the Pompeian party.
44	710	62	Composed many philosophical works: the *Tusculanae Disputationes,* the *De Natura Deorum,* the *De Divinatione,* the *De Senecute,* and the *De Officiis.* After the assassination of Cæsar on the 15th of March, Cicero retired from Rome for a short time, but returned in the beginning of September, and delivered his first Philippic against Antony.
43	711	63	Assassinated by command of Antony, on the 7th of December.

TABLE

OF

CÆSAR'S LIFE.

B.C.	A.U.C.	Age of Cæsar.	
100	654		CAIUS JULIUS CÆSAR, the dictator, son of C. Julius Cæsar and Aurelia, was born on the 12th of July, B. C. 100, in the consulship of C. Marius (VI.) and L. Valerius Flaccus, and was consequently six years younger than Pompey and Cicero. He was closely connected with the popular party by the marriage of his aunt Julia with the great Marius.
87	667	13	Elected to the dignity of flamen dialis, or priest of Jupiter, through the influence of his uncle Marius.
86	668	14	Death of C. Marius.
84	670	16	His father, who had been prætor, died at Pisae.
83	671	17	Married Cornelia, the daughter of L. Cinna, one of the chief opponents of Sulla. He had previously been married to one Cossutia, a wealthy heiress, whom he divorced in order to marry Cinna's daughter. This open declaration in favor of the popular party so provoked the anger of Sulla, that he
82	672	18	Commanded him to divorce Cornelia, which he refused to do. He was consequently proscribed, and deprived of his priesthood, his wife's dower, and his own fortune. Pardoned by Sulla.
81	673	19	Went to Asia, where he served his first campaign under M. Minucius Thermus, who was engaged in the siege of Mytilene. Sent by Thermus to Nicomedes III. in Bithynia to fetch his fleet.
80	674	20	Took part in the capture of Mytilene, and was rewarded with a civic crown for saving the life of a fellow-soldier.
78	676	22	Served under P. Sulpicius, in Cilicia; but in the

B.C.	A.U.C.	Age of Cæsar.	
			early part of the campaign, on the death of Sulla, he returned to Rome.
77	677	23	Accused Cn. Dolabella, who was of Sulla's party and had been consul in B. C. 81, of extortion in his province of Macedonia. He gained great fame by this prosecution, and showed that he had powers of oratory which bid fair to place him among the first speakers at Rome.
76	678	24	Accused C. Antonius, who was afterwards consul, in B. C. 63, with Cicero, of extortion in Greece. To perfect himself still more in oratory, he went to Rhodes to study under Molo, who was also one of Cicero's teachers: on the voyage was captured by pirates off Miletus; obtained his liberty by the payment of fifty talents, manned some Milesian vessels, overpowered the pirates, and shortly afterwards crucified them.
74	680	26	Crossed into Asia, and engaged in the Mithridatic war: was elected pontiff in the place of C. Aurelius Cotta, his uncle, and in consequence returned to Rome. Was made military tribune.
70	684	30	Assisted Pompey in carrying the Aurelian law: also the Plotian law, by which the followers of Marius, who had been exiled by Sulla, were recalled.
68	686	32	Quæstor. Lost his aunt Julia, the widow of Marius, and his own wife Cornelia. Went into Further Spain.
67	687	33	Returned to Rome: married Pompeia, the daughter of Q. Pompeius Rufus and Cornelia, the daughter of Sulla. Supported the proposal of the tribune Gabinius for conferring upon Pompey the command of the war against the pirates with unlimited powers: was elected one of the superintendents of the Appian Way.
66	688	34	Supported, along with Cicero, the Manilian law, by which the Mithridatic war was committed to Pompey.
65	689	35	Curule Ædile with M. Bibulus: furnished public games surpassing in magnificence all that had preceded them: restored the statues of Marius.

B.C.	A.U.C.	Age of Cæsar.	
64	690	36	Appointed judex quæstionis in trials for murder.
63	691	37	Supported the Agrarian law of P. Servilius Rullus, which Cicero spoke against on the first day of his consulship: instigated an accusation for treason against C. Rabirius, an aged senator, whom Cicero defended in the speech *Pro C. Rabirio;* also an accusation against C. Piso, who was consul in B. C. 67, for executing unjustly a Transpadane Gaul: was chosen pontifex maximus.
62	692	38	Prætor. Divorced Pompeia.
61	693	39	Proprætor of Further Spain. Subdued the mountainous tribes of Lusitania, and took Brigantium, a town in the country of the Gallæci. Was saluted as Imperator by his soldiers, and honored by the senate with a public thanksgiving.
60	694	40	Returned to Rome: claimed a triumph, but relinquished it to become a candidate for the consulship. Was successful, and after his election, probably, entered into that coalition with Pompey and Crassus, usually known as the first triumvirate.
59	695	41	Consul along with M. Bibulus, who had been his colleague in the ædileship. Gave his daughter Julia in marriage to Pompey. Married Calpurnia, the daughter of L. Piso, who was consul in the following year. Obtained the provinces of Cisalpine Gaul and Illyricum with three legions for five years; and the senate afterwards added the province of Transalpine Gaul with another legion for five years.
58	696	42	Proconsul of Gaul and Illyricum. Conquered the Helvetians, and totally defeated Ariovistus, the King of the Germans.
57	697	43	Belgic war. Compelled the Suessiones, Bellovaci, Ambiani, and other Belgic tribes to submit: conquered the Nervii, with a loss of 60,000 men. Subjugation of the Veneti, Unelli, and other Armoric states. Thanksgiving at Rome of fifteen days.
56	698	44	Reconquered the Veneti and other Armoric states, who had revolted, reduced to subjection the greater part of the Aquitanian tribes, and marched against

B. C.	A.U.C.	Age of Cæsar.	
			the Morini and Menapii and drove them into their forests and marshes. He was now master of all Gaul.
55	699	45	By the law of Trebonius, obtained the provinces of Gaul and Illyricum for another five years; namely, from the 1st of January, B. C. 53, to the end of B. C. 49. Conquered the German tribes, Usipetes and Tenchtheri, who had crossed the Rhine for the purpose of settling in Gaul: crossed the Rhine by a bridge of boats, ravaged the country of the Sigambri, returned to Gaul in eighteen days and destroyed the bridge: invaded Britain with two legions: on his return punished the Morini for their revolt during his absence. Thanksgiving of twenty days decreed by the Roman senate.
54	700	46	Second invasion of Britain. Revolt of the Eburones led on by their chiefs Ambiorix and Cativolcus. Defeat of the Eburones. Indutiomarus, a chief of the Treviri, slain. Lost his daughter Julia, the wife of Pompey.
53	701	47	Compelled the Nervii, Senones, Carnutes, Menapii, and Treviri, who had revolted, to return to obedience: bridged the Rhine, and made a second expedition into Germany.
52	702	48	General conspiracy and revolt of the Gauls, led by Vercingetorix, a young chief of the Arverni. Besieged Alesia, in which Vercingetorix had fortified himself, and took it together with Vercingetorix. Submission of the Ædui and Arverni. Thanksgiving of twenty days voted by the Roman senate.
51	703	49	Suppressed new conspiracies of the Gauls, and reduced in succession the Carnutes, the Bellovaci, the Armoric states, and Aquitania.
50	704	50	Left his army in Transalpine Gaul, and repaired early in the spring of this year into Cisalpine Gaul: soon returned to Transalpine Gaul and reviewed his army. Sent two legions to Rome at the command of the senate, after he had made each soldier liberal presents. Intrigues of Pompey and the senate against him.

B.C.	A.U.C.	Age of Cæsar.	
49	705	51	Ordered by the senate to disband his army. War declared. The management of it given to Pompey. Crossed the Rubicon, the boundary of his province; marched into Italy; took Corfinium; pursued Pompey to Brundisium. Panic at Rome. Laid siege to Brundisium, but Pompey embarked for Greece on the 17th of March. Went to Rome. In three months was master of all Italy. Proceeded to Spain, where he conquered Afranius and Petreius, the legati of Pompey, and reduced the whole country to submission in forty days. Appointed dictator by the prætor M. Lepidus, who had been empowered to do so by a law passed for the purpose. Returned to Rome. Entered upon the duties of his dictatorship, which he resigned after eleven days: having in the mean time caused the consular election to be held, in which he, together with P. Servilius Vatia Isauricus, was elected consul for the ensuing year. Went to Brundisium in December, in order to cross over into Greece.
48	706	52	Set sail from Brundisium on the 4th of January, and arrived the next day on the coast of Epirus. Defeated Pompey at the battle of Pharsalia in the month of August. Pursued him to Egypt, where he was murdered before the arrival of Cæsar. Appointed dictator for a year. Alexandrine war.
47	707	53	Alexandrine war brought to a close in March. Marched through Syria into Pontus to attack Pharnaces, whom he utterly defeated on the 2d of August, near Zela. Returned to Rome in September, having settled the affairs of Syria, Cilicia, Asia, and Cappadocia, on the way. Appointed dictator again for one year. Elected consul along with M. Æmilius Lepidus for the next year. Set out for Africa just before the end of the year, in order to carry on war against Scipio and Cato.
46	708	54	Took Utica. Brought the war to a close by the battle of Thapsus, on the 6th of April, in which the Pompeian army was completely defeated. Returned to Rome in July Undisputed master of the Roman

B. C.	A.U.C.	Age of Cæsar.	
			world. A public thanksgiving of forty days decreed in his honor. Appointed dictator for ten years, and censor for three years. Celebrated his victories in Gaul, Egypt, Pontus, and Africa, by four magnificent triumphs. Reformed the calendar. Set out for Spain.
45	709	55	Insurrection in Spain under the command of Pompey's sons, Cneius and Sextus. Brought the Spanish war to a close by the battle of Munda, on the 17th of March. Returned to Rome in September. Enjoyed a fifth triumph on account of his victories in Spain. Thanksgiving of fifty days. Received the title of *Imperator* for life: nominated consul for the next ten years, and both dictator and *praefectus morum* for life. To reward his followers, he greatly increased the number of senators, augmented the number of public magistrates, so that there were to be 16 praetors, 40 quaestors, and 6 aediles, and added new members to the priestly colleges.
44	710	56	The month Quintilis called Julius in honor of him. Prepared for an expedition against the Parthians and other barbarous tribes on the Danube. Refused the diadem offered him by his colleague in the consulship, M. Antony. Slain in the senate-house on the Ides of March, by Brutus, Cassius, and other conspirators, to the number of sixty.

ECLOGAE CAESARIANAE.

I. (Page 50, line 14.) Divĭco[a] respondit.[b] — (55, 9.)
Caesar ejus[c] dextram[d] prendit. — (70, 25.) Non respuit conditiōnem[d] Caesar. — (40, 1.) Gallia est omnis[e] divīsa in partes[f] tres.[e] — (56, 7.) Caesar suas copias in proxĭmum[g] collem[f]
subdūcit, aciem instruit.[h] — (72, 17.) Ariovistus ad postulāta 5
Caesāris[i] pauca respondit. — (79, 8.) Item Marcus Mettius[j]
repertus et ad eum reductus est. — (71, 3.) Dies colloquio[k]
dictus est ex eo die quintus.[l] — (40, 4.) Gallos ab[m] Aquitānis[n] Garumna flumen,[o] a Belgis Matrŏna et Sequāna divĭdit.
— (136, 28.) Caesar in Belgis[f] omnium legiōnum[i] hīberna 10
constituit. — (76, 6.) Equĭtum milia erant sex. — (40, 5.)
Horum omnium fortissĭmi sunt Belgae.

II. (109, 3.) Ităque se[a] suăque omnia Caesări[a] dedidērunt.[a] — (110, 10.) Multae res[b] ad hoc consilium Gallos
hortabantur.[c] — (49, 21.) His[d] Caesar ita respondit.[e] — (54, 15
6.) His omnĭbus rebus[f] unum[g] repugnābat.[h] — (79, 16.) Hibernis[i] Labiēnum[j] praeposuit. — (86, 17.) His[i] Quintum
• Pedium et[k] Lucium Aurunculeium Cottam legātos[l] praefēcit.[m]

H. — I. [a]343 ; 344 ; 345, I ; 347 ; 351 ; 367. — [b]353 ; 460. — [c]186.
— [d]371. — [e]438. — [f]435, & 1. — [g]166. — [h]704, I. & 1. — [i]395. — [j]12, 2,
(1). — [k]383 ; 384. — [l]172 ; 179. — [m]306. — [n]434. — [o]363.
   II. [a]354, I. 3. — [b]352, I. — [c]221. — [d]346, I. — [e]353 ; 354, I. 2 & II. 1.
— [f]385. — [g]441. — [h]460. — [i]386. — [j]371. — [k]309, I ; 587 & I. — [l]363,
& I. — [m]361, 3.
   A. & S. — I. [a]200, 1, 2, & 3 ; 201, 1 & 2. — [b]201, 3 ; 209, (a) & (b).
— [c]134. — [d]229. — [e]205. — [f]235, (2). — [g]126, 1. — [h]278, R. 6. — [i]211.
— [j]12, Exc. — [k]223. — [l]119, II. — [m]195, 1. — [n]241. — [o]204.
   II. [a]203, 5 & I. 1, (2). — [b]202, 1, 2, 3, & 6, I. 1, (3). — [c]142, 4, (a).
— [d]201, 10. — [e]203, 1 ; 2, & 3. — [f]223, R. 2. — [g]205, R. 7, (2). — [h]202, 5,
II. 1. — [i]224. — [j]229. — [k]278. — [l]204. — [m]203, 5, III. 1.

Titum Labiēnum[a] legātum[l] cum legionĭbus[c] tribus[a] subsĕqui
jussit. — (56, 22.) Iter ab Helvetiis avertit[q] ac Bibracte[r] ire
contendit. — (110, 23.) Sabīnus suos[c] hortātus, cupientĭbus[d]
signum dat. — (111, 6.) Civitatesque[a] omnes se[v] statim Ti-
5 turio dedidērunt. — (85, 1.) Palus erat non[w] magna inter
nostrum[x] atque hostium exercĭtum. H

III. (47, 2.) Ob eas caussas ei munitiōni,[a] quam[b] fecĕrat,
T. Labiēnum legātum praefēcit. — (48, 24.) Erant omnino
itinĕra duo, quibus[c] itinerĭbus[d] domo[e] exĭre possent. — (109,
10 7.) Dum haec[f] in Venĕtis[g] geruntur, Quintus Titurius Sabīnus cum his copiis, quas[b] a Caesăre accepĕrat, in fines[g] Unel-
lōrum[h] pervēnit. — (40, 18.) Belgae ab extrēmis[i] Galliae
finĭbus oriuntur[j]: pertinent[j] ad inferiōrem[i] partem[l] flumĭnis
Rheni[k]: spectant[j] in septentriōnem[l] et orientem solem.[l]
15 Aquitania a Garumna flumĭne ad Pyrenaeos montes[l] et eam
partem[l] Oceăni,[k] quae[b] est ad Hispaniam,[l] pertĭnet[j]: spectat[j]
inter occāsum[l] solis et septentriōnes.[l] — (105, 15.) Ităque
Titum Labiēnum legātum in Trevĭros,[c] qui[b] proxĭmi[m] flu-
mĭni[n] Rheno[o] sunt,[j] cum equitatu mittit.[j]
20 IV. (108, 27.) Quo proelio[a] bellum[b] Venetōrum[c] totiusque[d] orae[c] maritĭmae confectum est.[e] — (40, 3.) Hi omnes
lingua,[f] institūtis,[f] legĭbus[f] inter se differunt. — (59, 6.) Helvetii, omnium rerum inopia[a] adducti,[g] legātos de deditiōne ad

---

H. — II. [a]375. — [c]484. — [v]172, & 1. — [c]351, 2. — [x]379. — [q]441;
575, — [l]441; 384, II. — [a]26, 2, 3), (a). — [v]184; 449, L — [c]602, IV. —
[a]185.

III. [a]386 & 1. — [b]445; 371. — [c]445, 1 & 8; 438. — [d]414 & 4. — [e]117;
424, 2. — [f]441, 2. — [g]435 & 1. — [h]395. — [i]163, 3. — [j]197; 466. — [k]396,
III. — [l]443. — [m]166. — [n]363. — [o]391 & 1.

IV. [a]414. — [b]352, II. — [c]395; 396, L — [d]149. — [e]471, L & II. —
[f]429. — [g]196, 4; 574.

A. & S. — II. [a]239. — [c]241. — [v]117, L — [c]203, 4. — [x]237. — [q]205,
R. 7, (1); 274, 1. — [l]205, R. 7, (1); 223. — [a]15, 2. — [v]133. — [x]279, 15,
(b). — [a]139, 1.

III. [a]224. — [b]206, R. 19, (a); 229. — [c]206, R. 19, (b). — [d]247. — [e]89.
— [f]205, R. 7, (2). — [g]235, (2). — [h]211. — [i]125, 4. — [j]144 & 145, L —
[k]212. — [l]235, (1). — [m]126, 1. — [n]204. — [o]222, R. 1.

IV. [a]247. — [b]202, 3. — [c]211. — [d]107. — [e]145, IV. — [f]250, 1. —
[g]146, 1, (1) & (2).

cum misērunt.[a] — (45, 13.) Interea ea legiōne,[b] quam[i] secum[j] habēbat,[k] militibusque,[h] qui[i] ex provincia convenērant,[l]
a lacu Lemanno, qui[i] in flumen Rhodănum influit, ad montem
Juram,[m] qui[i] fines Sequanōrum ab Helvetiis divĭdit, milia[n]
passuum[o] decem novem[p] murum in altitudĭnem pedum[q] se- 5
dĕcim fossamque perdūcit.[r] — (55, 26.) P. Considius, qui[i]
rei[s] militāris peritissĭmus[t] habebātur,[k] et in exercĭtu L. Sullae
et postea in M. Crassi fuerat,[l] cum exploratorĭbus praemittĭtur.[r] ┤ △

V. ┤ △ (58, 24.) Ibi Orgetorĭgis filia atque unus e filiis[a] cap- 10
tus est.[b] — (59, 17.) Prima[c] nocte e castris Helvetiōrum
egressi[d] ad Rhenum finesque Germanōrum contendērunt.[b] —
(47, 12.) Inde[j] in Allobrŏgum fines, ab Allobrogĭbus in Segusiānos exercĭtum ducit.[b] Hi sunt[b] extra provinciam trans
Rhodănum primi. Helvetii jam per angustias et fines Sequa- 15
nōrum suas copias traduxĕrant,[b] et in Aeduōrum fines perve-
nĕrant[b] eorumque agros populabantur.[c] — (50, 18.) Postĕre
die[f] castra ex eo loco movent[b]: idem facit[b] Caesar. — (74,
28.) Biduo[g] post[h] Ariovistus ad Caesărem legātos mittit.[b] —
(100, 12.) Eum locum vallo[i] fossăque munīvit.[b] — (106, 3.) 20
Ipse eo[j] pedestrĭbus copiis contendit.[b] ┤ △

VI. (83, 6.) In eo flumine[a] pons[b] erat. Ibi praesidium[c]
ponit, et in altĕra parte[d] fluminis Q. Titurium Sabīnum legātum cum sex cohortĭbus[d] reliquit: castra[c] in altitudĭnem[c]
pedum[f] duodĕcim vallo fossăque[g] duodeviginti pedum[f] munīre 25

H. — IV. [h]414, 4. — [i]445. — [j]434, 3. — [k]468. — [l]472. — [m]433. —
[n]376. — [o]396, III. 2, 2). — [p]174. — [q]396, IV. & 1. — [r]476, III. & 1. —
[s]399, 1, & 2, 2), (2). — [t]160.

V. [a]398, 4, 2). — [b]474; 463, I. — [c]441, 6. — [d]574. — [e]221. — [f]426.
— [g]418; 427, 1. — [h]436. — [i]414. — [j]304.

VI. [a]65; 113. — 76; 110, 1. — [c]47. — [d]110. — [e]61, 2; 100, 1. — [f]69,
1; 104; 396, IV. — [g]44.

A. & S. — IV. [h]247, 3. — [i]206, R. 19, (a). — [j]133, R. 4. — [k]145, II.
[l]145, V. — [m]28, 3. — [n]236. — [o]212, R. 2. — [p]118, 3, (a). — [q]211, R. 6. —
[r]145, I. 3. — [s]213. — [t]122, R. 4; 124, 1, 2, & 3.

V. [a]212, R. 2, N. 4. — [b]259. — [c]205, R. 17. — [d]148, 1, (4). — [e]142,
4. — [f]253. — [g]253, R. 1. — [h]235, R. 10. — [i]247. — [j]192, III. R. — [k]242,
III. R.

VI. [a]66. — [b]64, 1. — [c]46. — [d]62. — [e]59, 2. — [f]58; 211, R. 6. — [g]41.

---

jubet. Ab his castris oppĭdum Remōrum, nomĭne[a] Bibrax, abĕrat milia[i] passuum[j] octo.[k] Id ex itinĕre[l] magno impĕtu[m] Belgae·oppugnāre[n] coepērunt. — (85, 15.) Caesar certior factus ab Titurio, omnem equitātum et levis armatūrae[o] Nu- 5 mĭdas,[p] funditōres sagittariosque pontem[q] tradūcit, atque ad eos contendit. Acrĭter[r] in eo loco pugnātum est.[s] Hostes impedītos nostri[t] in flumĭne aggressi, magnum eōrum numĕ- rum occidērunt.

· VII. (111, 26.) Hi nostros[a] disjectos[b] adorti[b] proelium 10 renovārunt.[c] — (75, 19.) Conantes[b] dicĕre[d] prohĭbuit et in catēnas conjēcit. — (84, 27.) Hostes item suas[e] copias ex castris eductas[b] instruxĕrant. — (50, 17.). Hoc responso[f] dato,[g] discessit. — (70, 22.) Cognĭto[g] Caesāris adventu,[f] Ariovistus legātos ad eum mittit. — (82, 29.) His[f] mandā- 15 tis,[g] eum ab se[e] dimittit. ╫(79, 10.) Hoc proelio[f] trans Rhenum nunciāto,[g] Suevi, qui[h] ad ripas Rheni venĕrant, domum[i] reverti[d] coepērunt. — (59, 4.) Ipse,[j] triduo[f] inter- misso,[g] cum omnĭbus copiis eos sequi[d] coepit. — (112, 24.) Armis[f] obsidibusque[f] acceptis,[g] Crassus in fines Vocatium[k] 20 et Tarusatium[k] profectus est. — (120, 10.) Re[f] frumentaria comparāta[g] equitibusque[f] delectis,[g] iter in ea loca[l] facĕre[d] coepit, quibus[m] in locis esse[n] Germānos[o] audiēbat.

VIII. (63, 23.) His rebus cognĭtis,[a] Caesar Gallōrum[b] anĭmos[c] verbis[d] confirmāvit[e] pollicitusque est, sibi[f] eam

---

H. — VI. [h]429. —[i]378. —[j]396, III. 2, 2). —[k]175, 2. —[l]66, 3; 103, 2. —[m]414, 3; 118. —[n]552 & 1. —[o]396, IV. —[p]35, I. —[q]374, 6. —[r]335 & 2. —[s]298; 301, 3. —[t]441 & 1.

VII. [a]371. —[b]571; 572; 574. —[c]234. —[d]552, 1. —[e]449, I. —[f]430; 431, 1 & 2. —[g]438 & 1. —[h]445 & 1. —[i]379, 3 & 1). —[j]452. —[k]89, 5. — [l]141. —[m]445, 8. —[n]551, 1. —[o]545.

VIII. [a]430; 431, 1 & 2. —[b]395; 396, I. —[c]371. —[d]414. —[e]464. — [f]390, & 1, 1) & 2).

A. & S. — VI. [h]250, 1. —[i]236. —[j]212, R. 2. —[k]118, 1. —[l]60, 2. — [m]247; 87. —[n]271. —[o]211, R. 6. —[p]28, 1. —[q]233, (1). —[r]192, II. 2. — [s]184, (a), & 2, (b). —[t]205, R. 7, (1).

VII. [a]274, 1. —[b]274, 2. —[c]162, 7, (a). —[d]271. —[e]208, R. 37, (a). [f]257. —[g]205. —[h]206, R. 19, (a). —[i]237, R. 4. —[j]135. —[k]83, II. 2, & R. 2. —[l]92, I. 2. —[m]206, R. 19, (b), & (1). —[n]272. —[o]239.

VIII. [a]257, R. 1. —[b]211. —[c]229. —[d]247. —[e]141, L —[f]227, & R. 3, (a).

rem[g] curae[f] futūram[h] : magnam se[g] habēre[i] spem[e] et[j] beneficio suo et[j] auctoritāte adductum Ariovistum[g] finem[e] injuriis[k]
factūrum.[h] Hac oratiōne habīta,[a] concilium dimĭsit. — (91,
15.) His difficultatĭbus[f] duae res erant subsidio,[f] scientia[l] atque usus[l] milĭtum.[b] — (136, 12.) Qua re nunciāta,[a] Cæsar 5
omnem ex castris equitātum suis[f] auxilio[f] misit. — (115, 1.)
Hac audīta[a] pugna, maxĭma pars Aquitaniae[m] sese Crasso[k]
dedĭdit obsidesque ultro misit; quo in numĕro fuērunt Tarbelli, Vocates, Gates, Ausci, Cocosātes : paucae ultĭmae[n] na-
tiōnes anni tempŏre[o] conf īsae, quod hiems subĕrat, hoc facĕre[p] 10
neglexērunt. H

IX. (81, 1.) Re frumentaria comparāta, castra movet,
diebusque[a] circĭter[b] quindĕcim ad fines Belgārum pervēnit.
— (136, 13.) Intĕrim[b] nostri milĭtes impĕtum hostium sus-
tinuērunt atque amplius[c] horis[d] quatuor fortissĭme[e] pugnavē- 15
runt, et paucis vulnerĭbus[e] acceptis, complūres ex his[f] occidērunt. Postea vero quam equitātus noster in conspectum
venit, hostes, abjectis armis,[a] terga vertĕrunt, magnusque eōrum numĕrus est occīsus.

Cæsar postĕro die[a] Titum Labiēnum legātum cum his 20
legionĭbus, quas ex Britannia reduxĕrat, in Morīnos, qui
rebelliōnem fecĕrant, misit. H

X. (46, 5.) Relinquebātur una per Sequānos via, qua,[a]
Sequānis[b] invītis, propter angustias ire[c] non potĕrant.[d] —
(41, 3.) Apud Helvetios longe nobilissĭmus fuit[e] et ditissĭ- 25
mus Orgetŏrix. Is, M. Messāla[b] et M. Pisōne[b] consulĭ-

H. — VIII. [g] 545. — [h] 551, 2. — [i] 551, 2. — [j] 587, I. 5. — [k] 384 & II. —
[l] 363. — [m] 396, III. & 2, 1). — [n] 166. — [o] 419, II.

IX. [a] 426. — [b] 582. — [c] 305. — [d] 417. — [e] 430. — [f] 398, 4, 2).

X. [a] 414. — [b] 430. — [c] 552, 1. — [d] 289, 1 & 2. — [e] 471, II.

A. & S. — VIII. [g] 239. — [h] 270, R. 3. — [i] 272. — [j] 278, R. 7. — [k] 220.
— [l] 204. — [m] 212. — [n] 126, 1. — [o] 245, II. 1. — [p] 270.

IX. [a] 253. — [b] 277, 1. — [c] 194, 2. — [d] 256, 2. — [e] 257. — [f] 212, R. 2,
N. 4.

X. [a] 255, 2. — [b] 257, R. 7. — [c] 271. — [d] 154, R. 7, (a) & (b). — [e] 153,
& R.

bus,[f] regni cupiditāte[g] inductus conjurationĕm nobilitātis fecĭt et civitāti[h] persuāsit, ut de finĭbus suis cum omnĭbus copiis exīrent.[i] — (57, 17.) Caesar, primum suo,[j] deinde omnium ex conspectu remōtis equis,[j] ut, aequāto omnium pericŭlo,[j] spem 5 fugae tollĕret,[i] cohortātus suos, proelium commīsit. Milĭtes, e loco superiōre[k] pilis[j] missis, facĭle hostium phalangem per-fregĕrunt. Ea[j] disjecta, gladiis[i] destrictis in eos impĕtum fecērunt. — (112, 10.) Qua re impetrāta,[j] arma tradĕre jussi faciunt. **H**

10 **XI.** (58, 18.) Ita ancipĭti[a] proelio[b] diu atque acrĭter pug-nātum est.[c] — (58, 16.) Nam hoc toto proelio,[d] quum ab hora septĭma ad vespĕrum pugnātum sit,[e] aversum hostem vidēre nemo potuit. Ad multam noctem etiam ad impedi-menta pugnātum est.[c] — (59, 28.) Helvetios,[f] Tulingos,[f] 15 Latobrĭgos[f] in fines[g] suos, unde erant profecti,[h] reverti jussit.[i] — (60, 2.) Id ea maxĭme[c] ratiōne fecit[i]; quod noluit,[i] eum locum,[f] unde Helvetii discessĕrant,[h] vacāre,[k] ne propter boni-tātem agrōrum Germāni, qui trans Rhenum incŏlunt, e suis finĭbus in Helvetiōrum fines transīrent[i] et finitimi Galliae 20 provinciae[m] Allobrogibusque[m] essent.[l] — (75, 15.) His[n] man-dāvit, ut, quae[o] dicĕret Ariovistus, cognoscĕrent[i] et ad se re-ferrent.[i] **H**

XII. (78, 15.) Tertiam aciem laborantĭbus[a] nostris[b] sub-sidio[b] misit. — (94, 27.) Et T. Sabīnus castris[c] hostium 25 potītus, et ex loco superiōre, quae res in nostris castris ge-rerentur,[d] conspicātus, decĭmam legiōnem subsidio[b] nostris[b]

H. — X. [f] 362 & 2, 2). — [g] 414, 2 & 3), (2). — [h] 385. — [i] 489; 492; 345, 1 & 2; 357. — [j] 430. — [k] 156, I. — [l] 414.

XI. [a] 155, 3, 2); 156, I. 2. — [b] 414, 3. — [c] 301, 3. — [d] 426, 1. — [e] 518, I. — [f] 545. — [g] 435 & 1. — [h] 472. — [i] 471, II. — [j] 305. — [k] 551, II. — [l] 489. — [m] 391 & 1. — [n] 385. — [o] 451 & 1.

XII. [a] 575; 576. — [b] 390 & 1, 2). — [c] 419, I. — [d] 525.

A. & S. — X. [f] 210. — [g] 247. — [h] 223, R. 2. — [i] 262; 201, 6, 7, & 8. — [j] 357. — [k] 113, 2. — [l] 257, N. 1.

XI. [a] 113, Exc. 2. — [b] 247. — [c] 184, 2, (a) & (b). — [d] 253. — [e] 263, 5 & R. 1. — [f] 239. — [g] 235, (2). — [h] 145, V. — [i] 145, IV. — [j] 194, 4. — [k] 273, 4, (a). — [l] 262. — [m] 222, R. 1. — [n] 223, R. 2. — [o] 206, (4).

XII. [a] 274, 3, (a). — [b] 227. — [c] 245, I. — [d] 265.

misit. — (51, 9.) Intĕrim quotidie Caesar Aeduos° frumentum,° quod essent[f] publice polliciti, flagitare.[g] — (52, 17.) Caesar hac oratiōne[h] Lisci Dumnorigem,[i] Divitiāci fratrem,[j] designāri[k] sentiēbat, sed, quod plurĭbus[l] presentĭbus eas res[l] jactāri nolēbat, celerĭter[m] concilium dimittit, Liscum retĭnet : 5 quaerit ex solo[n] ea, quae in conventu dixĕrat. Dicit liberiūs° atque audacius.° — (57, 5.) Postquam id[b] anĭmum° advertit, copias suas Caesar in proxĭmum collem subdūcit[d] equitatumque, qui sustinēret° hostium impĕtum, misit. ⊢

XIII.   (58, 22.) Diu quam esset pugnātum,[a] impedimen- 10 tis[b] castrisque nostri° potĭti sunt.[d] — (71, 18.) Planities° erat magna, et in ea tumŭlus terrēnus satis grandis.   Hic locus aequo fere spatio[f] ab castris Ariovisti et Caesăris abĕrat. Eo,[g] ut erat dictum,[a] ad colloquium venērunt.[d]   Legiōnem Caesar, quam equis[h] devexĕrat,[i] passĭbus[f] ducentis[j] ab eo tu- 15 mŭlo constituit.⊢ Item equĭtes Ariovisti pari intervallo[f] constitērunt.   Ariovistus, ex equis ut colloquerentur[k] et praeter se denos[l] ut ad colloquium adducĕrent,[k] postulāvit. — (48, 10.) Post ejus mortem nihĭlo[m] minus Helvetii id, quod constituĕrant,[l] facĕre[n] conantur.° ⊢   20

XIV.   (45, 5.) Caesar,[a] quod memoria[b] tenēbat, L. Cassium[c] consŭlem occĭsum[d] exercitumque ejus ab Helvetiis° pulsum[d] et sub jugum missum,[d] concedendum[f] non putābat.

H. — XII.   [a]374. — [f]483; 501, I. — [g]545, 1. — [h]414. — [i]545. — [j]369. — [k]551, I. 1. — [l]430. — [m]385 & 2. — [n]149. — °305. — [b]374, 6. — [d]467, III. — [f]500.

XIII.   [a]301, 3; 518, II. 1. — [b]419, I. — °441, 1. — [d]471, II. — °119. — [f]418; 378, 2. — [i]386. — [h]414, 4. — [l]472. — [j]177. — [k]489 & 1; 492 & 3. — [l]172, 3; 179. — [m]418. — [n]552, 1. — °467, III.

XIV.   [a]367. — [b]414. — °545. — [d]550. — °414, 5. — [f]229; 301, 2; 551, I. 1.

A. & S. — XII.   [a]231. — [f]260, & I. — [g]269, R. 5. — [h]247. — [i]239. — [j]204. — [k]272. — [l]257. — [m]192, II. 2. — °107. — [b]194, 2. — [d]233, & (1). — °145, I. 3. — °264, 5.

XIII.   [a]263, 5, & R. 2; 184, 2, (a) & (b). — [b]245, I. — °205, R. 7, (1). — [d]145, IV. — °90. — [f]236, R. 4. — °192, III. R. — [h]247, 3. — [l]145, V. — [j]118, 1. — [k]262. — [l]119, III. — [m]256, R. 16. — [n]271. — °145, I. 3.

XIV.   [a]209, (a). — [b]247. — °269. — [d]270, R. 3. — °248, I. — [f]374, R. 3, (a), & R. 11; 270, R. 3.

— (45, 11.) Legātis^g respondit, diem^h seⁱ ad deliberandum^j sumptūrum^d : si quid^k vellent, ad Idus^l Aprīlis^m reverteren- tur. — (61, 17.) Locūtus est pro his Divitiācus Aeduus: Galliae totīus factiōnes^o esseⁿ duas : harum alterīus princi-
5 pātum tenēre Aeduos,^c alterīus Arvernos.^c — (68, 7.) Hac oratiōne ab Divitiāco^o habīta, omnes, qui adĕrant, magno fletu^b auxilium a Caesāre^o petĕre coepērunt. Animadvertit Caesar, unos ex omnĭbus Sequănos^c nihil eārum rerum^p fa- cĕre, quas cetĕri facĕrent,^{q.} sed tristes, capĭte^r demisso, terram
10 intuēri. Ejus rei quae caussa esset,^s mirātus ex ipsis^o quae- siit. Nihil Sequăni respondēre,^t sed in eādem tristitia tacĭti permanēre.^t

    XV. (47, 17.) Aedui quum se suăque ab iis defendĕre non possent, legātos ad Caesārem mittunt rogātum^a auxilium.
15 — (60, 22.) Bello Helvetiōrum confecto, totīus fere Galliae legāti, princĭpes^b civitātum, ad Caesārem gratulātum^a con- venērunt. — (100, 1.) Huic^c permīsit, si opus esse arbitrarē- tur, uti in his locis legiōnem hiemandi^d caussa collocāret.^e —
(74, 15.) Dum haec in colloquio geruntur, Caesāri nunciātum
20 est, equĭtes Ariovisti propius tumŭlum^f accedĕre et ad nostros adequitāre, lapĭdes^g telăque in nostros conjicĕre. Caesar lo- quendi^d finem facit, seque ad suos recēpit, suisque^h imperāvit, ne quod omnīno telum in hostes rejicĕrent.^e — (92, 3.) Atque in altĕram partem item cohortandi^d caussa profectus, pugnan-
25 tĭbusⁱ occurrit.

    XVI. (83, 18.) Nam quum tanta multitūdo lapīdes ac

H. — XIV. ^g 383 ; 384, I. — ^h 371. — ⁱ 545. — ^j 196, II. 2 ; 565. — ^k 189 ; 190, I. — ^l 118, 1 ; 708, I. 3. — ^m 708, III. 2 ; 88, III. 1. — ⁿ 528 ; 530, I. & 1. — ^o 374, 3, 4). — ^p 395, 396, III. 2, 1). — ^q 476 ; 477. — ^r 430. — ^s 525. — ^t 545, 1.
    XV. ^a 567 ; 568 ; 569. — ^b 363. — ^c 385. — ^d 559 ; 560 ; 563 ; 395. — ^e 489, I. — ^f 437, 1. — ^g 371. — ^h 385. — 386.
    A. & S. — XIV. ^g 223, R. 2. — ^h 229. — ⁱ 239. — ^j 148, 2, (a) & (b) ; 275, III. R. 3. — ^k 138, N. & 2. — ^l 326, 2, (1) ; 88, 1. — ^m 326, 2, (5), (b) ; 114, 2. — ⁿ 270, R. 2, (b) ; 266, N. & 2. — ^o 231, R. 2. — ^p 212. — ^q 145, II. — ^r 257. — ^s 265. — ^t 209, R. 5.
    XV. ^a 148, 3 ; 276, II. — ^b 204. — ^c 223, R. 2. — ^d 275, I. ; 211. — ^e 262. — ^f 238, 1, (a). — ^g 229. — ^h 223, R. 2. — ⁱ 224.

tela conjicĕrent,[a] in muro consistendi[b] potestas erat nulli.[c] Quum finem oppugnandi[b] nox fecisset,[d] Iccius Remus,[e] summa[f] nobilitāte[g] et gratia inter suos, qui[h] tum oppĭdo[i] praeĕrăt, unus[e] ex his, qui[h] legāti[j] de pace ad Caesărem venĕrant, nuncium ad eum mittit.[k] — (125, 15.) Navium[l] magnam copiam 5 ad transportandum[m] exercĭtum[n] pollicebantur. — (66, 24.) Quum tridui viam[o] processisset,[d] nuntiātum est ei,[p] Ariovistum[q] cum suis omnĭbus copiis ad occupandum[m] Vesontiōnem,[n] quod[r] est oppĭdum maxĭmum Sequanōrum, contendĕre triduíque viam[o] a suis finĭbus profecisse. Id ne accidĕret,[s] magno 10 opĕre[t] sibi[u] praecavendum[v] Caesar existimābat.

XVII. (41, 21.) His rebus adducti et auctoritāte Orgetorĭgis permōti constituĕrunt ea, quae[a] ad proficiscendum[b] pertinĕrent,[c] comparāre.[d] — (42, 2.) Ad eas res conficiendas[e] biennium sibi[f] satis esse duxĕrunt: in tertium annum profec- 15 tiōnem lege[g] confirmant. — (40, 5.) Horum omnium fortissĭmi sunt Belgae, propterea quod a cultu atque humanitāte provinciae longissĭme[h] absunt, minimēque[h] ad eos mercatōres saepe commeant atque ea, quae ad effeminandos[b] anĭmos pertĭnent, important; proximĭque · sunt Germānis,[i] qui trans 20 Rhenum incŏlunt, quibuscum[j] continenter bellum gerunt: qua de caussa Helvetii quoque relĭquos Gallos virtūte praecēdunt, quod fere quotidiānis proeliis[k] cum Germānis contendunt; quum aut suis finĭbus[l] eos prohĭbent, aut ipsi in eorum finĭbus bellum gerunt. 25

H.—XVI. [a]461 & 1. — [b]563; 395. — [c]387. — [d]518, II. 1. — [e]363. — [f]163, 3. — [g]428. — [h]445. — [i]386. — [j]362. — [k]467, III. — [l]89, 3, 1). — [m]562. — [n]433. — [o]371, 1, 3). — [p]383; 384. — [q]545. — [r]445, 4. — [s]489, L — [t]414. — [u]388, L — [v]229; 301, 2; 551, I. 1.

XVII. [a]445. — [b]559; 560; 565. — [c]500 & 2. — [d]552, 1. — [e]562. — [f]384. — [g]414, 4. — [h]305. — [i]391 & 1. — [j]434, 3. — [k]414, 3. — [l]425 & 2, 2).

A. & S.—XVI. [a]209, R. 11. — [b]275, L; 211. — [c]226. — [d]263, 5, R. 2. — [e]204. — [f]125, 4. — [g]211, R. 6. — [h]201, 9. — [i]224. — [j]210, R. 3, (2), & R. 4. — [k]145, L 3. — [l]83, II. 2. — [m]275, II. — [n]235, (1). — [o]232, (1). — [p]223. — [q]239. — [r]206, (10). — [s]262. — [t]247. — [u]225, III. — [v]274, R. 3, (a), & R. 11 ; 270, R. 3.

XVII. [a]206, (a). — [b]275, II. R. 2, & III. R. 3. — [c]264, 1, (a). — [d]271. [e]275, II. — [f]223. — [g]247, 3. — [h]194, 2. — [i]222, 3, R. 1. — [j]241, R. 1. — [k]247. — [l]251.

XVIII. (91, 9.) Caesări[a] omnia[b] uno tempŏre[c] erant agenda.[d] — (65, 20.) Ad haec[b] Ariovistus respondit, jus esse belli, ut, qui[c] vicissent,[f] his,[g] quos vicissent,[f] quemadmŏdum vellent,[f] imperārent[h]: item popŭlum Romānum victis[r] non ad 5 alterīus praescriptum, sed ad suum arbitrium imperāre[i] consuesse.[j] — (78, 8.) Reperti sunt complūres nostri milītes, qui in phalangas insilīrent,[k] et scuta manībus revellĕrent,[k] et desŭper vulnerārent.[k] — (89, 10.) His rebus cognītis, explorātōres centurionesque praemittit, qui locum idoneum castris[l] 10 delĭgant.[m] — (110, 2.) Huic[n] magnis praemiis pollicitationibusque persuădet, uti ad hostes transeat,[h] et,[o] quid[p] fĭeri velit,[q] edŏcet.

XIX. (116, 13.) Suevōrum gens est longe maxĭma et bellicosissĭma Germanōrum[a] omnium. Hi centum pagos ha15 bĕre dicuntur, ex quibus quotannis singŭla[b] milia armatōrum[c] bellandi[d] caussa ex finĭbus edŭcunt. Reliqui, qui domi mansĕrunt, se atque illos[e] alunt. Hi[e] rursus in vicem anno[f] post in armis sunt, illi[e] domi remănent. Sic neque agricultūra nec ratio atque usus belli intermittĭtur. Sed privăti ac separăti 20 agri[g] apud eos nihil est, neque longius anno[h] remanēre uno in loco incolendi[d] caussa licet.[i] Neque multum[j] frumento,[k] sed maxĭmam partem[j] lacte[k] atque pecŏre[k] vivant multumque sunt in venationĭbus: quae res et[l] cibi genĕre[m] et[l] quotidiăna exercitatiōne[m] et[l] libertāte[m] vitae, quod a puĕris nullo officio[n] 25 aut disciplīna[n] assuefacti nihil omnīno contra voluntātem faciant,[o] et[l] vires[p] alit et[l] immāni corpŏrum magnitudĭne[q] homines effĭcit.

H. — XVIII. [a]388, I. — [b]441 & 2. — [c]426. — [d]229. — [e]445, 6. — [f]531. — [g]385. — [h]489, I; 495, 2. — [i]552, 1. — [j]551; 530, I. — [k]501, I. — [l]391 & 1. — [m]500 & 1. — [n]385. — [o]587. — [p]545. — [q]525.

XIX. [a]395; 396, III. 2, 3), (2). — [b]179. — [c]396, III. 2, 2). — [d]559, 563. — [e]450 & 1. — [f]427 & 1, (2); 418. — [g]396, III. 2, 1). — [h]417. — [i]298. — [j]380, 2. — [k]414, 4. — [l]587, 5. — [m]414, 2. — [n]414, 4. — [o]520, II.

A. & S. — XVIII. [a]225. III. — [b]205, R. 7, (2). — [c]253. — [d]162, 15. — [e]206, (4). — [f]266, 2. — [g]223, R. 2. — [h]262. — [i]271. — [j]272. — [k]264, & 1, (a) & (b). — [l]222, 3. — [m]264, 5. — [n]223, R. 2. — [o]278. — [p]239. — [q]265.

XIX. [a]212, R. 2. — [b]119, III. — [c]205, R. 7, (1). — [d]275, I. & III. R. 1. — [e]207, R. 23, (a). — [f]253, R. 1. — [g]212. — [h]256, 2. — [i]209, R. 3, (5). — [j]234, II. R. 3. — [k]245, II. 4. — [l]278, R. 7. — [m]247. — [n]245, II. 3. — [o]266, 3. — [p]85. — [q]211, R. 6.

ECLOGAE CICERONIANAE.

NARRATIONS.

I. *The Lacedemonians in Athens.*

Lysandrum[a] Lacedaemonium[b] dicĕre[c] aiunt solĭtum,[d] Lace-
daemŏnem[a] esse honestissĭmum domicilium[e] senectūtis[f]; nusquam enim [1]tantum tribuĭtur aetāti,[g] nusquam est senectus[h]
honoratior.   Quin etiam memoriae prodĭtum est,[i] quum Athēnis[j] [2]ludis[k] quidam in[l] [3]theātrum grandis natu[m] venisset,[n] in 5
magno consessu locum[a] ei[o] a suis[p] civĭbus nusquam datum[q];
quum autem ad Lacedaemonios accessisset,[n] qui,[q] legāti quum
essent,[n] [4]in loco certo consedĕrant, consurrexisse omnes,[a]
et [5]senem[r] illum sessum[s] recepisse.   Quibus[t] quum a cuncto
consessu plausus esset[u] multĭplex datus, dixisse ex iis quen- 10
dam,[a] *Athenienses[a] scire, quae[u] recta essent,[v] sed facere[c] nolle.*

H.—I. [a]345, II.; 347; 352; 357; 545.— [b]363.— [c]552, 1.— [d]551,
L 2; 272, 3.— [e]362 & 3, 1); 355, II.— [f]395; 396, I.— [g]384.— [h]73,
Exc. 2; 115, 2.— [i]301, 2.— [j]421, II.— [k]426 & 1.— [l]435 & 1.— [m]429.
— [n]518, II. & 1.— [o]451.— [p]449, II. 2.— [q]445.— [q(2)]581, L.— [r]371.—
[s]567; 568; 569, 1 & 4.— [t]453.— [u]445, 1 & 6.— [v]528; 529.

A. & S.—I. [a]201, 1 & 2; 232; 272.— [b]205, R. 7, (1).— [c]271.—
[d]270, R. 3; 142, 2.— [e]201, 3; 203, 2; 210.— [f]211.— [g]223.— [h]67, 2.—
[i]184, (a); 184, 2, (a); 209, R. 3, (5).— [j]254.— [k]253, & N. 1.— [l]235,
(2).— [m]250, 1.— [n]263, 5, R. 2.— [o]207, R. 26, (a).— [p]208, R. 37, (2).—
— [q]206, R. 19.— [q(2)] 263, 5, R. 1.— [r]229.— [s]276, II.— [t]206, R. 19, (17).
— [u]205, R. 7, (2); 206, R. 19, (4).— [v]266, 2.

* It sometimes occurs, that what is expressed in one Grammar under a single head,
is expressed in the other under several. In such cases the same reference letter which
has been used once, is introduced again in the proper place among the references with
a numeral placed after it within parenthetical marks, thus: n (2).

II. *Nasīca and Ennius.*

Nasīca quum ad poëtam[a] Ennium venisset,[b] eīque[c] ab ostio quaerenti[d] Ennium[e] ancilla dixisset, domi[f] non esse, Nasīca sensit, illam[g] domīni[h] jussu[i] dixisse,[g] et illum intus esse. Pancis post diēbus[j] quum ad Nasīcam venisset Ennius, et eum a
5 janua [1]quaerēret, exclāmat[k] Nasīca, se[l] domi non esse.[m] Tum Ennius, [2]*Quid? ego*[n] *non cognosco,* inquit,[o] *vocem tuam?* Hic Nasīca,[p] *Homo es impŭdens. Ego quum te quaererem, ancillae*[q] *tuae credĭdi,*[3] *te domi non esse; tu mihi*[q] *non credis ipsi?*

III. *Cleŏbis and Bito.*

Argiae [1]sacerdōtis,[a] Cleŏbis et Bito, filii,[b] praedicantur.
10 Nota fabŭla est. Quum enim [2]illam[c] ad sollemne et [3]statum sacrificium curru[d] vehi[e] jus esset,[e] [4]satis longe ab oppĭdo ad[5] fanum, [6]morarenturque[e] jumenta, tunc juvĕnes ii,[f] quos[g] modo nomināvi,[h] veste[i] posĭta, corpŏra oleo[j] perunxērunt: ad jugum accessērunt. Ita sacerdos advecta in fanum,[k] quum
15 currus esset[o] ductus a filiis,[l] precāta[m] a dea dicĭtur,[n] ut illis[o] [7]praemium daret[p] pro [8]pietāte, quod maxĭmum homĭni dari[q] posset[r] a deo: post, epulātos cum matre [9]adolescentes, somno se[s] dedisse, mane inventos esse[t] mortuos.

H.—II. [a]363. — [b]518, II. & 1. — [c]451. — [d]576; 578. — [e]575. — [f]424, 2. — [g]545. — [h]395. — [i]414, 2, 3). — [j]427, 1; 418. — [k]467, III. — [l]449, II. — [m]528; 530, I. — [n]460, 2, 1). — [o]297, II. 2. — [p]460, 3. — [q]385.
III. [a]395. — [b]363. — [c]545; 549, 1, (1). — [d]414. — [e]518, II. 1. — [f]451. — [g]445. — [h]471, I. — [i]430; 431, 2. — [j]414. — [k]435, 1. — [(l)]517, I. — [l]414, 5. — [m]sc. esse. — [n]546; 547 & I. 2. — [o]384 & II. — [p]489, I; 492, 3. — [q]552, 1. — [r]529. — [s]371; 448. — [t]704, I. 1.
A. & S.—II. [a]204. — [b]263, R. 2. — [c]207, R. 26, (a). — [d]274, 3, (a). — [e]274, 1. — [f]221, R. 3. — [g]239; 272. — [h]211. — [i]247, & R. 2. — [j]253, R. 1. — [k]145, I. 3. — [l]208, R. 37, (a). — [m]266, N. — [n]209, R. 1, (a) & (b). — [o]279, 6. — [p]209, R. 4. — [q]223, R. 2.
III. [a]211. — [b]204, & R. 5. — [c]239; 269, R. 2. — [d]247, 3. — [e]263, 5, R. 2. — [f]207, R 26, (a). — [g]206, R. 19. — [h]145, IV. & R. — [i]257, & R. 3, (a). — [j]249, I. — [k]235, (2). — [(l)]263, 5, R. 1. — [l]248, I. — [m]270, R. 3. — [n]271, R. 2. — [o]229, R. 1. — [p]262; 201, 7 & 8. — [q]271. — [r]266, 1. — [s]229; 208, R. 37, (a). — [t]278, R. 6.

IV. *Demosthĕnes.*

Orător imitētur[a] illum,[b] cui[c] sine dubio summa vis dicendi[d] concedītur, Atheniensem[e] Demosthĕnem ; in quo tantum stu- dĭum fuisse tantusque labor dicītur,[f] ut impedimenta[g] natūrae diligentia[h] industriāque[h] superāret[i] ; quumque ita balbus esset,[j] ut ejus ipsīus artis,[l] cui[m] studēret,[n] primam litĕram 5 non posset dicĕre, perfēcit [1]meditando,[o] ut nemo planius eo[p] locūtus putarētur.[q] Qui[r] etiam, ut memoriae prodītum est, conjectis in os calcūlis,[s] summa voce[t] versus multos uno spirītu[u] pronuntiāre consuescēbat ; [2]neque is consistens in loco, sed inambūlans atque [3]ascensu[v] ingrediens arduo. 10

V. *Æschĭnes and Demosthĕnes.*

Aeschĭnes orător quum cessisset[a] Athēnis[b] et se[c] Rhodum[b] contulisset, rogātus[d] a Rhodiis,[e] legisse fertur[f] oratiōnem illam egregiam, quam [1]in Ctesiphontem contra Demosthĕnem dixĕrat[g] ; qua[h] perlecta, petītum est[i] ab eo postridie, ut legĕret[j] illam[k] etiam, quae erat contra a Demosthĕne pro Ctesiphonte 15 edīta ; quam[l] quum suavissīma et maxīma voce[m] legisset,[n] admirantĭbus omnĭbus,[h] *Quanto,*[n] inquit, *magis* [2]*miraremĭni,*[o] *si audissētis*[p] [3]*ipsum !*

H.—IV. [a]487. — [b]450. — [c]384; 453, 1. — 559; 563. — [e]363. — [f]463, I. — [g]371. — [h]414. — [i]494. — [j]515. — [l]395. — [m]384. — [n]529. — [o]566, I. — [p]417. — [q]492. — [r]453. — [s]430. — 414, 3. — [t]426 & 1. — [v]422, 1, 2).

V. [a]518; II. 1. — [b]421, II. — [c]448. — [c(?)]379. — [d]575. — [e]414, 5. — [f]549, 4 & 1). — [g]472. — [h]430. — [i]301, 2; 460, 2, 4). — [j]489, I. — [k]450. — [l]453. — [n]414, 3. — [n]418. — [o]477. — [p]510.

A. & S.—IV. [a]260, R. 6. — [b]207, R. 24. — [c]223, R. 2, & (1), (d). — [d]275, I.; 211. — [e]205, R. 7, (1). — [f]209, R. 12, (2). — [g]229. — [h]247, 3. — [i]258, I. 2 ; 262, R. 1. — [j]263, 5, & R. 1. — [l]211. — [m]223, R. 2. — [n]266, 2. — [o]275, I. & R. 3 ; 247, 3. — [p]256, 2. — [q]262. — [r]206, R. 19, (17). — [s]257. — [t]247, 2. — [u]253, & N. 1. — [v]255, 2.

V. [a]263, 5, R. 2. — [b]255, 1. — [c]208, R. 37, (a). — [c(?)]237, R. 5, (b). — [d]205. — [e]248, I. — [f]271, R. 2. — [g]145, V. — [h]257. — [i]209, (5), (a). 262. — [k]207, R. 23, (a). — [l]206, R. 19, (17). — [m]247, 2. — [n]256, R. 14. — [o]261, 1. — [p]261, 1.

VI. *Death of Epaminondas.*

Epaminondas, Thebanorum[a] imperător,[b] quum vicisset[c] Lacedaemonios apud Mantineam, simulque ipse[d] gravi vulnere[e] exanimāri[f] se[g] [1]vidēret, [2]ut primum dispexit, quaesīvit, salvusne esset[h] clypeus? Quum salvum esse[i] flentes sui[j] 5 respondissent, rogāvit, essentne fusi hostes? Quumque id quoque, ut cupiēbat, audivisset, evelli[k] jussit eam, qua[l] erat transfixus, hastam. Ita, multo sanguine[m] profūso, in laetitia et in victoria est mortuus.[n]

VII. *Sophŏcles.*

Sophŏcles ad summam senectūtem tragoedias fecit. Quod[a] 10 propter studium quum [1]rem familiārem negligĕre[b] viderētur,[c] a filiis[d] in [2]judicium vocātus est, ut, [3]quemadmŏdum nostro more[e] male rem[f] gerentĭbus[g] patrĭbus[h] bonis[i] interdīci solet, sic illum, quasi [4]desipientem, a re familiāri removērent[j] jūdĭces. Tum senex[k] dicītur [5]eam fabŭlam, quam in manĭbus 15 habēbat,[l] et [6]proxĭme scripsĕrat,[m] [7]Oedĭpum[n] Colonēum, recitasse judicĭbus, quaesissĕque,[o] num illud carmen homĭnis[p] desipientis esse viderētur[q]? Quo[r] recitāto, sententiis judĭcum est liberātus.

VIII. *Themistŏcles.*

(a.) Memoriam in Themistŏcle fuisse singulārem ferunt;

H.—VI. [a]395; 396, II.—[b]363.—[c]518, II. 1.—[d]452 & 1.—[e]414. —[f]550; 551, I. 1.—[g]449, II.—[h]525; 526, I.—[i]551, I. 2.—[j]441, 1.— [k]551, II. 1.—[l]414.—[m]430.—[n]471, II.

VII. [a]453.—[b]549, 4 & 1); 552, 1.—[c]518, II. 1.—[d]414, 5.—[e]414, 2.—[f]371; 573.—[g]577.—[h]386.—[i]425, 2.—[j]489, I.—[k]441.—[l]468.— [m]472.—[n]363.—[o]234.—[p]401.—[q]525; 526, I.—[r]430.

A. & S.—VI. [a]211.—[b]204.—[c]263, 5, R. 2.—[d]207, R. 28, (a).— [e]248, II.—[f]272.—[g]208, R. 37, (a).—[h]265, & N. 2.—[i]272.—[j]205, R. 7, (1), & N. 1.—[k]273, 2, (d).—[l]247, 3.—[m]257.—[n]145, IV.

VII. [a]206, R. 19, (17).—[b]271, & R. 2.—[c]263, R. 2.—[d]248, I.— [e]249, II.—[f]274, 1.—[g]274, 3, (a).—[h]224.—[i]251, & R. 2.—[j]262.— [k]205, R. 7, (1).—[l]145, II.—[m]145, V.—[n]204.—[o]162, 7, (a).—[p]211, R. 8, (3).—[q]265, N. 1, & 2.—[r]257.

ĭta ut, quaecumque* audiĕrat[b] vel vidĕrat, in ea haerĕrent.*
Ităque quum ei Simonĭdes, [1]an[d] quis alius, artem memoriae
pollicerĕtur, quae tum primum* proferebătur,[f] [2]*Obliviŏnis,*[g]
inquit, *mallem.*[h] *Nam memĭni*[i] *etiam,* [3]*quae* nolo : *oblivisci
non possum,* [3]*quae* volo. 5

(*b.*) Apud Graecos fertur [4]incredĭbĭli quadam magnitudĭne[j]
consilii[k] atque ingenii[k] Atheniensis ille fuisse Themistŏcles ;
ad quem quidam doctus homo atque imprimis erudītus ac-
cessisse dicītur, eíque artem memoriae, quae tum primum*
proferebătur, pollicĭtus esse se[l] traditūrum.[m]   Quum ille 10
quaesisset, quidnam* illa ars efficĕre posset,[n] [5]dixisse illum
doctōrem, [6]ut omnia meminisset* ; et ei Themistŏclem [8]re-
spondisse, [7]gratius sibi illum esse factūrum, si se oblivisci,
quae vellet,[p] quam si meminisse, docuisset.   Videsne,[q] quae
vis in homĭne acerrĭmi ingenii, quam potens et quanta mens 15
fŭĕrit,[r] [8]qui ita respondĕrit,[s] ut intelligĕre possĭmus,[t] nihil ex
illius anĭmo, quod semel esset infūsum, unquam effluĕre
potuisse ?

(*c.*) Quis* clarior in Graecia Themistŏcle[v] ? quis* poten-
tior? qui, quum imperător bello[w] Persĭco servitūte[x] Graeciam 20
liberasset, propterque invidiam in exsilium missus esset,
[y]ingrātae patriae injuriam non tulit, quam ferre debuit : [z]fecit
idem, quod viginti annis ante apud nos fecĕrat Coriolānus.

H. — VIII. *453, 2. — [b]527, 2, 1). — *489, I.; 494. — [d]131, 2. —
[f]468. — [g]395. — [h]485 ; 486, I. — [i]297, 2; 471, 2. — [j]426 & 1, 2). — [k]395.
— [l]449, II. — [m]551, I. 2. — [n]524; 525, 1. — *489, I.; 495 & 1. — [p]526;
529. — [q]346, II. 1 & 1). — [r]525. — *519. — [t]494. — [v]367, 3. — [w]417. —
[x]426 & 1. — [y]425 & 3, 2). — [z]418 & 2.

A. & S. — VIII. *206, R. 19, (4). — [b]259, R. 4, (3). — *262, & R. 1.
— [d]198, 11, (e). — *192, 4, (b). — [f]145, II. — [g]211. — [h]260, II. R. 2
— [i]183, N. 3. — [j]211, R. 6. — [k]211. — [l]208, R. 37, (a). — [m]272; 270,
R. 3. — *265, & N. 1 & 2. — *262. — [p]266, 2. — *198, 11, R. (c). — *265.
— *264, 8, (1). — *262, R. 1. — *209, R. 4. — [v]256, 2. — [w]253, & N. 1. —
[x]251. — [y]253, R. 1.

IX. *Themistŏcles and Aristīdes.*

Themistŏcles post victoriam ejus belli, quod cum Persis fuit, dixit in conciōne, se[a] habēre consilium reipublĭcae[b] salu- tāre, sed id sciri[c] [1]non opus[d] esse. Postulāvit,[e] ut alĭquem popŭlus daret,[f] quocum communicāret.[g] Datus est Aristīdes.
5 Huic[h] [2]ille,[h] classem Lacedaemoniōrum, quae subducta esset[i] ad Gythēum, clam incendi posse[j]; quo facto, [3]frangi Lace- daemoniōrum opes necesse [4]esset.[k] Quod[l] Aristīdes quum audisset, in conciōnem [5]magna exspectatiōne[m] venit, dixitque, perutĭle[n] esse consilium, quod Themistŏcles afferret,[i] sed
10 minĭme honestum. Ităque Athenienses, quod honestum non esset,[i] id ne[o] utĭle quidem putavērunt; totamque eam rem, quam ne[o] audiĕrant quidem, auctōre Aristīde,[p] repudiavērunt.

X. *Cyrus and Lysander.*

Socrātes narrat[a] in [1]Xenophontis Oeconomĭco, [2]Cyrum mi- nōrem, regem[b] Persārum, praestantem ingenĭo[c] atque [3]imperii
15 gloria,[e] quum Lysander Lacedaemonius, vir summae [4]virtūtis,[d] venisset[e] ad eum [5]Sardis,[f] eĭque dona a sociis attulisset, et[g] cetĕris in rebus comem erga Lysandrum atque humānum fuisse, et ei quendam conseptum agrum, diligenter consĭtum, ostendisse. Quum autem admirarētur Lysander et[g] proceri-
20 tātes[h] arbŏrum, et [6]directos in quincuncem ordĭnes, et humum [7]subactam atque puram, et suavitātem odōrum, [8]qui afflaren- tur[i] e florĭbus; tum eum [9]dixisse, mirāri se non modo[g] diligen-

---

H.—IX. [a]448; 449, II.—[b]391.—[c]351; 545.—[d]419, 3, 2), (2). Sub. of *esse?*—[e]471, II.—[f]492 & 3.—[g]500.—[h]450.—[i]531.—[j]530, I. —[k]485.—[l]453.—[m]414 & 3.—[n]438, 2.—[o]602, III. 2.—[p]430.

X. [a]467, 3.—[b]363.—[c]414 & 2.—[d]395 & IV. 1.—[e]518, II. 1.—[f]88, III. 1; 379.—[g]587, I. 5.—[h]371.—[i]527 & 2, 2).—[i(2)]531.

A. & S.—IX. [a]208, R. 37, (a).—[b]222, 3, R. 1.—[c]269, R. 2.— [d]243, R. 1. Sub of *esse?*—[e]145, IV.—[f]258, 2; 262.—[g]264, 5.—[h]207, R. 23, (a).—[i]266, 2.—[j]266, 2.—[k]209, R. 3, (5); 260, II.—[l]206, R. 19, (17).—[m]247, 2.—[n]197, 13; 205, N. 2.—[o]191, R. 3.—[p]257, R. 7, (a).

X. [a]145, I.—[b]204.—[c]247, 1.—[d]211, R. 6.—[e]263, 5, R. 2.—[f]237; 85, Exc. 1.—[g]278, R. 7.—[h]95, R.—[i]266, 1.—[i(2)]277, R. 10.

tiam, sed etiam sollertiam ejus, a quo essent[1] illa[j] dimensa atque [10]descripta; et ei Cyrum respondisse, *Atqui ego*[k] *omnia* [11]*ista*[j] *sum dimensus ; mei*[k] *sunt ordĭnes, mea*[k] *descriptio ; multae etiam* [11]*istārum arbŏrum mea manu*[l] *sunt satae.* Tum Lysandrum intuentem ejus purpūram,[m] et [12]nitŏrem corpŏris 5 ornatumque Persĭcum multo auro[d] multisque gemmis,[d] [9]*dix-isse, Recte vero te,*[n] *Cyre, beātum ferunt, quoniam*[o] *virtūti tuae fortūna conjuncta est.*

XI. *Socrătes.*

(*a.*) Socrătes, quum esset ex eo quaesītum,[a] Archelāum, Perdiccae filium, qui tum fortunatissĭmus haberētur, nonne[b] 10 beātum putāret, *Haud scio,* inquit ; *nunquam enim cum eo collocūtus sum.* [1]*Ain*[c] *tu ?* an tu alĭter id scire non potes ? *Nullo modo.*[d] Tu igĭtur ne[e] de Persārum quidem rege magno potes dicĕre, beatusne[b] sit[f] ? [2]*An ego possim, quum ignōrem,*[h] *quam*[i] *sit doctus, quam vir bonus ?* [3]Quid ? tu in eo sitam[j] 15 vitam beatam putas ? *Ita prorsus existĭmo : bonos, beatos*[j] ; *imprŏbos, misĕros.*[j] Miser ergo Archelāus ? *Certe, si in-justus.*

(*b.*) Idem quum de immortalitāte animōrum disputavisset, et jam moriendi[k] tempus [4]urgēret, rogātus a Critōne, quemad- 20 mŏdum sepelīri[l] vellet,[f] Multam vero, inquit, opĕram, amīci, frustra consumpsi. Critōni[m] enim nostro non persuasi, me[n] hinc avolaturum,[j] neque quidquam[o] mei[p] relictūrum.[j] Verum-

---

H.—X. [1]445, 3, 1).—[k]446 ; 447.—[1]414.—[m]575.—[d(2)]428 & 1, 1).—[n]551, I. 2. Sc. *esse.*—[o]311, 7 ; 520, L

XI. [a]301, 2 ; 374, 3, 4).—[b]346, II. 1 ; 525.—[c]297, II. 1, N. 2.—[d]414.—[e]602, III. 2.—[k(2)]346, II, 1, 1).—[f]526, I.—[h]527.—[i]525, 1.—[j]530, L Sc. *esse.* — [k]563. — [l]550. — [m]385. — [n]545.—[o(2)]558, VI. 2.—[o]371.—[p]396, III. & 2, 3), (3).

A. & S.—X. [j]205, R. 2, (2).—[k]209, R. 1, (b).—[l]247, 3.—[m]274, l.—[n]272 ; 270, R. 3.—[o]198, 7, R. (b).

XI. [a]184, 2, (a) ; 231, R. 4.—[b]265, N. 2 ; 198, 11.—[c]183, N. 4.—[d]247, 2.—[e]191, R. 3.—[f]265.—[h]263, 5.—[i]265, N. 2.—[j]270, R. 3.—[k]275, I. ; 211.—[l]270.—[m]223, R. 2.—[n]273, 2.—[o]229.—[p]212, R. 3.

B

tămen, Crito, si me *assĕqui potuĕris,* aut sicŭbi nactus eris, ut' tibi videbĭtur, sepelīto.   Sed, mihi* crede, nemo me vestrum,* quum hinc excessĕro, consequētur.

(c.) Socrătes, in pompa quum magna vis auri argentīque 5 *ferrētur, *Quam multa non desidĕro !* inquit.

(d.) Socrătes, quum rogarētur, *cujātem se esse dicĕret,* *Mundānum, inquit* ; totīus enim mundi se incŏlam et civem arbitrabātur.*

(e.) Sapientissĭmus* Socrătes dicēbat, *scire se nihil, prae-* 10 *ter hoc ipsum, quod* nihil sciret : relīquos hoc etiam nescīre.*

(f.) Socrătem ferunt, quum usque ad vespĕrum *contentius* ambulāret, quaesitumque* esset ex eo, quare id facĕret,* respondisse, *se, quo melius coenāret,* *obsonāre ambulando* famem.*

XII.   *Pyrrhus and Fabricius.*

15   Quum rex Pyrrhus popŭlo* Romāno bellum ultro intulisset, quumque *de imperio certāmen esset cum rege generōso ac potente, perfŭga ab eo venit in castra Fabricii, eīque est pollicĭtus, si praemium sibi *proposuisset,* se, ut clam venisset,* sic clam in Pyrrhi castra reditūrum,* et eum venēno* 20 necatūrum.*   Hunc Fabricius reducendum* curāvit ad Pyrrhum ; idque* factum ejus a senātu laudātum est.   Atqui si *speciem utilitātis opinionemque quaerīmus,* magnum illud

---

H.—XI. *473.—*311, 2.—*385.—*396, III. 1.—*297, II. 2.— *(2) 469, II.—*441; 363.—*554, IV.—*444, 1.—*489, I.; 497.— *566, I.

XII. *386.—*533, 4.—*529.—*530 & I.—*414.—*565, 3, 2).— *360 & I.; 587 & I.—*511, I.

A. & S.—XI. *261, R. 1; 145, VI.—*223, R. 2.—*212, R. 1.— *279, 6.—*(2) 145, II.—*205, R. 7, (1).—*273, 5, (2).—*256, R. 9, (a). —*262, R. 9.—*247, 3.

XII. *224.—*259, R. 2; 266, R. 4.—*277, R. 12, (b); 266, 2.— *266, N. & 2.—*247, 3.—*270, R. 3; 274, R. 7, (a).—*201, 12; 198, II., & 1.—*261, R. 1.

bellum perfŭga unus et gravem adversarium imperii [4]sustulisset ; sed magnum [5]dedĕcus et flagitium, quīcum[l] laudis certāmen fuisset, eum[j] non virtute,[e] sed scelĕre[e] superātum.[j]

XIII. *Xerxes.*

Xerxes quidem refertus omnĭbus praemiis[a] donisque fortūnae, non equitātu,[b] non pedestrĭbus copiis,[b] non navium 5 multitudĭne,[b] non infinīto pondĕre[b] auri contentus, praemium proposuit, [1]qui[c] invenisset[d] novam voluptātem. [2]Qua[b] ipsa non fuit contentus ; neque enim unquam finem inveniet libīdo. [3]Nos vellem[e] praemio elicĕre possēmus[f] qui nobis aliquid attulisset,[d] quo hoc[h] firmius crederēmus[g] : virtūtem ad beāte vi- 10 vendum[i] se ipsa esse contentam.

XIV. *Darius.*

Extenuantur magnificentia et sumptus epulārum, quod parvo [1]cultu natūra contenta sit.[a] Etĕnim quis[b] hoc[c] non videt : desideriis omnia ista condīri[d] ? Darīus in fuga, quum aquam turbĭdam et cadaverĭbus inquinātam bibisset, [2]negāvit[e] 15 unquam se bibisse jucundius. Nunquam [3]videlĭcet sitiens[f] bibĕrat.[g] Nec esuriens[h] Ptolemaeus edĕrat[g] ; cui, quum peragranti Aegyptum,[i] comitĭbus[j] non consecūtis,[d] cibarius in casa panis datus esset, nihil visum est illo pane[k] jucundius.

XV. *Regŭlus.*

M. Atilius Regŭlus, quum [1]consul itĕrum[a] in Africa ex 20

H. — XII. [1]187, 1 & 2. — [j]545. — [k]⑩ 549.

XIII. [a]419, 2 & 1). — [b]419, IV. — [c]445, 6. — [d]501 & L — [e]485 ; 486, I. — [f]558, II. 2. — ⑩ 489, II. ; 500. — [g]501 & L — [h]450, 3. — [i]565.

XIV. [a]520, II. — [b]454. — [c]450, 3. — [d]554, II. — [e]471, II. — [f]578. — [g]472. — [h]332, III. — [i]575. — [j]430. — [k]417.

XV. [a]583, 2.

A. & S. — XII. [1]136, R. 1. — [j]269, R. 2.

XIII. [a]249, I. — [b]244. — [c]206, R. 19, (4). — [d]264, 1 & (b). — [e]260, II. & R. 2 — [f]262, R. 4. — [g]264, 1, (a) & (b). — [h]207, R. 22. — [i]275, III. R. 3.

XIV. [a]266, 3 ; 198, 7, R. (b). — [b]137, 1. — [c]207, R. 22. — [d]272. — [e]145, IV. — [f]274, 3, (a). — [g] 145, V. — [h]187, 3. — [i]274. — [j]257. — [k]256, 2.

XV. [a]277, R. 1.

insidiis captus esset,[b] duce Xanthippo[c] Lacedaemonio, [a]jurā-
tus[d] missus est[e] ad senātum, ut, nisi reddĭti essent[b] Pœnis
captīvi nobĭles quidam, redīret[f] ipse Carthagĭnem.[g] Is quum
Romam[g] venisset, utilitātis speciem vidēbat,[h] sed[i] eam, ut [a]res
5 declārat,[j] falsam judicāvit[k]; quae erat [a]talis: [a]manēre in patria; esse domi[k] suae cum uxōre, cum libĕris; [a]quam calamitātem[l] accepisset in[m] bello, commūnem fortūnae bellĭcae judicantem, tenēre consulāris dignitātis gradum. Quis haec neget[n]
esse utilia? Quem censes? Magnitūdo anĭmi et fortitūdo
10 negat.[o] Num[p] [a]locupletiōres quaeris auctōres? Harum enim
est virtūtum[q] proprium, nil extimescĕre,[r] omnia humāna de-
spicĕre,[r] nĭhil, quod homĭni accidĕre possit,[s] intolerandum
putāre.[r] Ităque quid fecit? In senātum venit, mandāta
exposuit: [a]sententiam ne dicĕret,[t] recusāvit: quamdiu jure-
15 jurando hostium tenerētur,[u] non esse [a]se senatōrem. Atque
illud[v] etiam (o stultum homĭnem,[w] [10]dixĕrit quispiam, et
repugnantem utilitāti suae!) reddi captīvos, negāvit esse utĭle;
[11]illos enim adolescentes esse et bonos duces, se jam confectum
senectūte. Cujus[x] quum valuisset auctorĭtas, captīvi retenti
20 sunt: ipse Carthagĭnem[f] rediit: neque eum carĭtas patriae
retinuit, nec suōrum.[y] Neque vero tum ignorābat,[h] se ad
crudelissĭmum hostem, et ad [12]exquisīta supplicia proficisci;
sed jusjurandum conservandum putābat.[k] Ităque tum, quum
[13]vigilando necabātur,[h] erat in meliōre causa, quam si domi[k]
25 senex captīvus,[z] perjūrus consulāris[a] remansisset.

H.—XV. [b]480.—[c]430.—[d]578.—[e]471, II.—[f]489, I.—[g]379.—
[h]469, I.—[i]309, I.; 310, 3.—[j]466.—[k(2)]471, II.—[k]424, 2.—[l]453, 2.—
[m]426, 2, 1).—[n]486, II.—[o]463, 3.—[p]346, II. 1, 3).—[q]399, 3, 3).—
[r]549.—[s]531.—[t]489, I.; 499, 2.—[u]531.—[v]450, 3.—[w]381.—[x]453.—
[y]441, 1.—[z]362.

A. & S.—XV. [b]258, I., 2.—[c]257, R. 7, (a).—[d]274, 3, (a).—
[e]145, IV.—[f]262.—[g]237.—[h]145, II.—[i]198, I., & 9, R. (a).—[k(2)]145,
IV.—[j]145, I.—[k]221, R. 3.—[l]206, R. 19, (3).—[m]253, N. 1.—[n]260,
R. 5.—[o]209, R. 12, (2).—[p]198, 11, R. (b).—[q]222, R. 2, (a).—[r]209, R.
3, (5); 269.—[s]201, 7 & 9; 266, 2.—[t]262, & R. 11.—[u]266, 2.—[v]207,
R. 22.—[w]238, 2.—[x]206, R. 19, (17).—[y]205, R. 7, (1).—[z]210.

XVI. *The Tyrant Dionysius.*

Dionysius major, Siciliae tyrannus, ipse indicavit, quam esset[a] beātus. Nam quum quidam ex[b] ejus assentatorĭbus, Damŏcles,[c] commemorāret[c] in sermōne copias ejus, opes, mājestātem dominātus, rerum abundantiam, magnificentiam sedium regiārum; negaretque,[c] unquam beatiōrem quemquam 5 fuisse; Visne[d] igĭtur,[e] inquit,[f] Damocle,[g] quoniam haec te vita delectat,[h] ipse eandem degustāre,[i] et fortūnam experīri[i] meam? Quum se ille cupĕre dixisset, collocāri[j] jussit homĭnem in aureo[*]lecto, strato[k] pulcherrĭmo[l] textīli.stragŭlo,[m] magnifĭcis operĭbus[m] picto[k]; [s]abacosque complūres ornāvit 10 argento[m] aurōque caelāto. Tum ad mensam [t]eximia forma[u] pueros delectos jussit consistĕre, eosque, nutum illīus intuentes diligenter, ministrāre. Adĕrant unguenta, corōnae: incendĕ-bantur [s]odōres: mensae conquisitissĭmis epŭlis[m] exstruebantur. Fortunātus sibi Damŏcles videbātur. [q]In hoc medio[o] appa- 15 rātu fulgentem gladium e lacunāri seta[p] equina aptum demitti[j] jussit, ut impendĕret illīus beāti cervicĭbus.[q] Ităque nec pulchros illos ministratōres adspiciēbat,[r] nec plenum artis[s] argentum; nec manum porrigēbat[r] in mensam. Denĭque exorāvit[r] tyrannum, ut abīre licēret, [f]quod jam beātus[d] nollet[u] 20 esse. [s]Satisne vidētur declarasse Dionysius, [o]nihil esse ei[v] beātum, cui[q] semper alĭqui terror impendeat[w]?

XVII. *The Lacedæmonians.*

(a.) Lacedaemonii, Philippo minitante per littĕras, se[a]

H.—XVI. [a]480; 481, II. & 1.—[b]398, 4, 2).—[c]363.—[d]345, II. 1 & 1).—[e]602, III.—[f]528, 2.—[g]94, 1, (2).—[h]480.—[i]550.—[j]551, II.1. —[k]577.—[l]163, 1.—[m]419, 2 & 1).—[n]428.—[o]441, 6.—[p]414.—[q]386. —[r]469, I.—[s]399, 2, 2).—[t]471, II.—[u]447 & I.—[v]520, II.—[w]387. —[*]531.

XVII. [a]449, II.

A. & S.—XVI. [a]258, I., 2.—[b]212, N. 4.—[c]204.—[d]198, 11, R. (c).—[e]279, 3, (b.)—[f]279, 6.—[g]81, R.—[h]258, I., 1.—[i]271, R. 4.— [j]273, 2, (d).—[k]274, 3, (a).—[l]205, R. 16, (a) & (c).—[m]249, I.—[n]211, R. 6.—[o]205, R. 17.—[p]247, 3.—[q]224.—[r]145, II.—[s]213.—[t]145, IV.—[u]271, R. 4.—[v]266, 3.—[w]226.—[*]266, 1.

XVII. [a]208, R. 37, (a)

omnia, quae conarentur,[b] prohibitūrum,[c] quaesivērunt, *num
se esset*[d] *etiam mori*[c] *prohibitūrus ?*

(*b.*) E Lacedaemoniis[f] unus, quum [1]Perses hostis in colloquio dixisset glorians; Solem prae jaculōrum multitudíne et
5 sagittārum non videbītis,[g] *In umbra igĭtur,* inquit,[h] *pugnabĭmus.*[x]

(*c.*) Lacedaemŏne[i] quum tyrannus[j] coenavisset Dionysius,
[2]negāvit, se[a] jure[k] illo nigro, quod[l] [3]coenae caput erat,[m] delec-
tātum.[c] Tum is,[n] qui [4]illa[o] coxĕrat, *Minĭme mirum*[c] *; condi-
menta enim defuērunt.* Quae [5]tandem, inquit ille? *Labor*
10 *in venātu, sudor, cursus* [6]*ad Eurōtam, fames, sitis ; his enim
rebus Lacedaemoniōrum epŭlae condiuntur.*

XVIII. *Posidonius the Stoic.*

Pompeius solēbat[a] narrāre se, quum Rhodum[b] venisset[c]
[1]decēdens ex Syria, audīre voluisse[d] Posidonium ; sed[e] quum
audivisset,[c] eum gravĭter esse[d] aegrum,[2]quod vehementer ejus
15 artus laborārent,[f] voluisse[d] tamen nobilissĭmum philosŏphum
visĕre.   Quem ut vidisset[c] et salutavisset, honorificisque verbis prosecūtus esset, molestēque se dixisset ferre,[d] quod eum
non posset[g] audīre ; at ille, *Tu vero,* inquit, *potes ;* [3]*nec committam,*[h] *ut dolor corpŏris efficiat,*[d] *ut frustra tantus vir ad me
20 venĕrit.*[d] [5]Ităque narrābat,[a] eum gravĭter et copiōse [4]de hoc
ipso, *nihil esse bonum,*[d] *nisi quod honestum esset,*[l] cubantem
disputavisse[d] ; quumque [6]quasi faces ei dolōris admoverentur,[j]
saepe dixisse, *Nihil agis, dolor! quamvis sis*[k] *molestus, nunquam te esse confitēbor malum.*

H. — XVII. [b]481, II. & 1. — [c]Sc. *esse.* — [d]525. — [e]551, II. 1. — [f]398,
4, 2). — [g]528, 2. — [i]421, II. — [j]363. — [k]414. — [l]445 — [m]468. — [n]460, 3.
[o]450. — [c(2)]460, 3.
XVIII. [a]357 & II. — [b]379. — [c]476; 478. — [d]530, I. — [c]587 & III. 2.
— [f]531. — [g]554, IV. — [h]470. — [d(2)]492. — [d(3)]492. — [d(4)]553, II. — [l]531.
— [j]518, II. 1. — [k]515, I.
A. & S. — XVII. [b]258, I. 2. — [c]270, R. 3. — [d]265. — [c]273, 4, (a).
[f]212, N. 4. — [g]266, N. — [h]279, 6. — [i]254. — [j]204. — [k]247, 1. — [l]201, 4, 5,
6, 7, & 9. — [m]145, II. — [n]209, R. 4. — [o]206, R. 19, (11), (b). — [c(2)]209, R. 4.
XVIII. [a]201, 5. — [b]237. — [c]201, 6, 7, & 9; 263, 5, R. 2. — [d]201, 8,
& R. — [c]278; 198, 9, & R. — [f]266, 3; 201, 9. — [c]201, 8; 273, 5, (3), & R.
— [h]198, I. — [j]201, 9; 198, 5. — [j]248, R. 1, (2). — [k]263, 2, (3).

XIX. *Circumstantial Evidence.*

In itinĕre quidam proficiscentem ad mercātum quendam et secum aliquantum nummōrum[a] ferentem est consecūtus.[b] Cum hoc, ut fere fit, in via sermōnem contŭlit[b]; ex quo factum est,[c] ut illud iter familiarius[d] facĕre vellent. Quare quum in eandem [1]tabernam devertissent, simul coenāre et 5 in eodem loco somnum capĕre voluērunt.[b] Coenāti discubuērunt[b] ibĭdem. Caupo autem, ([2]nam ita dicĭtur post inventum, quum in alio maleficio deprehensus esset,[c]) quum [3]illum altĕrum, videlĭcet qui nummos habēret,[f] animadvertisset, noctu, postquam illos artius[g] jam, ut fit, [4]ex lassitudĭne dormĭre 10 sensit,[h] accessit,[b] et [5]alterīus eorum, qui sine nummis erat,[f] gladium [5]propter apposĭtum e vagīna eduxit,[b] et [6]illum altĕrum occīdit,[b] nummos abstŭlit,[b] gladium cruentātum in vagīnam recondĭdit,[b] [7]ipse se in suum lectŭlum recēpit.[b] Ille autem, cujus gladio[i] occisio erat facta, multo[j] ante lucem surrexit,[b] 15 comĭtem[k] illum suum inclamāvit[b] [8]semel et saepius. Illum somno impedītum[l] non respondēre existimāvit[b]: ipse gladium et cetĕra, quae secum attulĕrat, sustŭlit,[b] solus profectus est.[b] Caupo non multo[j] post conclamāvit[b] homĭnem[m] esse occīsum, et cum quibusdam deversorībus illum, qui ante exiĕrat, con- 20 sequĭtur.[n] In itinĕre homĭnem comprehendit,[n] gladium ejus e vagīna edūcit,[n] repĕrit[n] cruentātum. Homo in urbem ab illis deducĭtur[n] ac reus fit.[n]

XX. *Cicero finds the Grave of Archimēdes.*

[1]Archimēdis ego quaestor[a] ignorātum ab Syracusānis, [2]quum esse omnīno negārent, septum undīque et vestītum veprībus[b] 25

H. — XIX. [a]396, III. 2, 3), (3). — [b]471, II. — [c]438, 3; 35, III. 2. — [d]305. — [e]478; 518, II. 1. — [f]477. — [g]444, 1. — [i]414. — [j]418. — [k]371. — [l]578 & II. — [m]545. — [n]467, III.

XX. [a]363 & 3. — [b]419, 2 & 1.

A. & S. — XIX. [a]212, R. 3, & N. 1, (a). — [b]145, IV. — [c]209, R. 3, (5), & (a). — [d]192, II. 2; 194, 2. — [e]201, 6, 7, & 9. — [f]145, II. — [g]256, R. 9, (a). — [h]259, R. 1, (2), (d). — [i]248, & II. — [j]256, R. 16. — [k]229. — [l]274, 3, (a). — [m]272. — [n]145, I. 3.

XX. [a]204, R. 1, (a). — [b]249, I.

et dumētis,[c] indagāvi sepulcrum. [3]Tenēbam enim quosdam
[4]senariŏlos,[d] quos[e] in ejus monumento esse inscriptos accep-
ĕram; qui declarābant, in summo[f] sepulcro sphaeram esse
posĭtam cum cylindro. Ego [5]autem, quum omnia collustrā-
5 rem ocūlis, (est enim [6]ad portas Achradīnas magna frequentia
sepulcrōrum,) animadverti columellam[d] non multum[e] e dumis
eminentem, in qua inĕrat[h] sphaerae figūra et cylindri. Atque
ego statim Syracusānis (erant [7]autem princĭpes mecum) dixi,
me illud ipsum arbitrāri esse, quod quaerĕrem.[i] Immissi cum
10 falcĭbus multi purgārunt et aperuĕrunt locum. [8]Quo quum
patefactus[j] esset adĭtus, [9]ad adversam basim[k] accessĭmus.
Apparēbat epigramma, [9]exĕsis[l] posteriorĭbus partĭbus versi-
culōrum,[d] dimidiātis fere. Ita nobilissĭma Graeciae civĭtas,
quondam vero etiam doctissĭma, [10]sui[m] civis unīus acutissĭmi
15 monumentum ignorasset,[n] nisi ab homĭne [8]Arpināte didicisset.[o]

XXI. *Cicero's Teachers.*

Quum princeps Academiae Philo cum Atheniensium opti-
matĭbus[a] Mithridatĭco bello[b] domo[c] profugisset Romamque[d]
venisset, totum[e] ei me tradĭdi, admirabĭli quodam ad philosophiam studio concitātus; in quo hoc[f] etiam commorābar[g]
20 attentius, quod rerum ipsārum variĕtas et magnitūdo summa
me delectatiōne[h] retinēbat.[i] — Eodem anno[b] etiam Molōni[j]
Rhodio[k] Romae[d] [1]dedĭmus opĕram et[l] actōri[m] summo causārum
et magistro.[m] — Eram[g] cum Stoĭco Diodŏto; qui, quum

H. — XX. [a]317 & 2. — [b]315 & 2. — [c]545. — [f]441, 6. — [4(2)]315, 3. —
[g]380, 2. — [h]386, 3, last sentence. — [i]531. — [j]279. — [k]85, III. 4. — [l]430;
431, 2. — [4(5)]315, 4, 2). — [m]449, I. — [n]507; 510. — [o]510.

XXI. [a]414, 7. — [b]426, 1. — [c]424, 2. — [d]379. — [e]443. — [f]414 & 2. —
[g]468. — [h]414 & 3. — [i]463, 3. — [b(2)]426. — [j]384 & II. — [k]441, 5. — [4(2)]421,
II. — [l]587, 5. — [m]363. — [n(2)]471, II.

A. & S. — XX. [a]100, 7. — [d]100, I. 3, A, 2. — [e]239; 272. — [f]205.
R. 17. — [4(2)]100, I. 3, A, 3. — [g]232, (3). — [h]224, R. 4. — [i]266, 2. —
[j]130, & N. — [k]80, II. — [l]257; 274, 3, (a). — [4(5)]100, I. 3, B, 3. — [m]208,
R. 37, (a). — [n]261, 1. — [o]261, 1.

XXI. [a]249, III. — [b]253, & N. 1. — [c]255, R. 1. — [d]237. — [e]205, R. 15,
(a) & (b). — [f]247, 1. — [g]145, II. — [h]247, 2. — [i]209, R. 12, (2). — [j]229,
R. 1. — [k]128, 6, (h). — [4(2)]221. — [l]198, 1, R. (e). — [m]204.

habitavisset apud me mecumque vixisset, nuper est domi* meae mortuus* ; a quo *quum in aliis rebus, tum studiosissime in dialectica exercebar.* Huic ego doctori et ejus artibus variis atque multis ita eram *tamen deditus, ut ab exercitationibus oratoriis nullus dies vacuus esset. *Commentabar* 5 declamitans saepe cum M. Pisone et cum Q. Pompeio aut cum aliquo quotidie; idque faciebam* multum etiam Latine, sed Graece saepius, vel quod* Graeca oratio, plura" ornamenta* suppeditans, consuetudinem *similiter Latine dicendi* afferebat, vel quod* a Graecis summis doctoribus, nisi 10 Graece dicerem,* neque corrigi possem* neque doceri.

Erat* eo tempore* in *nobis summa gracilitas et infirmitas corporis : procerum et tenue collum : qui* habitus et quae figura non procul abesse putatur* a vitae periculo, si accedit* labor et *laterum magna contentio. Eoque* magis hoc eos, 15 quibus eram carus, commovebat, quod omnia sine remissione, sine varietate, vi* summa vocis et totius corporis contentione, dicebam. Itaque quum me et* amici et medici hortarentur, ut causas agere desisterem, *quodvis potius periculum mihi* adeundum,* quam a sperata dicendi gloria discedendum putavi. 20 Sed quum censerem, remissione* et moderatione* vocis, et *commutato* genere dicendi, me et periculum vitare posse, et temperatius dicere; ut consuetudinem dicendi mutarem, *ea causa mihi in Asiam proficiscendi* fuit. Itaque quum essem biennium* versatus in causis, et jam in foro celebratum meum 25 nomen esset, Roma* sum profectus. Quum venissem Athenas,* sex menses* cum Antiocho, veteris Academiae nobilissimo et prudentissimo philosopho, fui, studiumque philosophiae numquam *intermissum, a *primaque adolescentia cultum et semper auctum, hoc* rursus summo auctore et doctore, 30

H.— XXI. *165, 1.—*575.—*559; 560; 563.—*588, VII. ; 520, I.—*510.—*(2)426.—*445, 8.—*(3)463, I.—*88, 3.—*298; 530, I.— *388, I.—*414, 4.—*579.—*378.—*(3) 421, II.—*430.

A. & S.— XXI. *(3) 221, R. 3.—*(3) 145, IV.—*110.—*274, 1.— *275, I. & R. 3.—*193, 7, R. (b).—*261, 1.—*206, R. 19, (b), (3), & (17).—*82, Exc. 2, (a).—*270, R. 3.—*225, III.—*247, 3.—*274, R. 5, (a).—*236.—*(3) 255.—*257, R. 7, (a).

renovāvi. Eōdem tamen tempŏre Athēnis[d] apud Demetrium
Syrum, vetĕrem et non ignobĭlem dicendi magistrum, studiōse
exercēri[aa] solēbam.   Post a me Asia tota peragrāta est, cum
summis quidem oratorĭbus, quibuscum exercēbar[aa] [12]ipsis lu-
5 bentibus ; quorum erat princeps Menippus Stratonicensis,[k]
meo judĭcio,[bb] tota Asia,[cc] illis temporĭbus, disertissĭmus ; et,
[13]si nihil habēre[dd] molestiārum[ee] nec ineptiārum, Atticōrum[ff]
est,[gg] hic orātor in illis numerāri recte potest.   Assiduissĭme
autem mecum fuit Dionysius Magnes.   Erat etiam Aeschўlus
10 Cnidius, Adramyttēnus Xenŏcles.   Hi tum in Asia rhetŏrum
princĭpes[hh] numerabantur.   Quibus[ii] non contentus, Rhodum
veni, meque ad eundem, quem Romae audivĕram, Molōnem
applicāvi, [2]quum actōrem in [14]veris causis scriptoremque
praestantem, tum [15]in notandis[jj] animadvertendisque vitiis et
15 instituendo docendōque prudentissĭmum.   Is dedit opĕram,
([16]si modo id consĕqui potuit,) ut nimis [17]redundantes [1]nos, et
superfluentes juvenĭli quadam dicendi[kk] impunitāte[ll] et licentia,
reprimĕret, et quasi extra ripas diffluentes coercēret.   Ita
recēpi me biennio[mm] post, non modo exercitatior, sed prope
20 mutātus.   Nam et contentio nimia vocis resedĕrat, et quasi
defervĕrat oratio, lateribusque[nn] vires et corpŏri mediŏcris
habĭtus accessĕrat.

XXII. MAXIMS.

1. Mea mihi[a] [1]conscientia [2]pluris[b] est, quam omnium sermo.

2. Cujusvis hominis[c] est errare[d] : nullius,[e] nisi insipientis,[e]
25 in errore perseverare.[d]

H. — XXI. [d(4)] 421, II. — [bb] 414, 2, 1). — [aa] 422, 1 & 1). — [aa] 549. —
[aa] 396, III. 2, 1). — [ff] 401. — [gg] 507 ; 508. — [hh] 362. — [ii] 419, IV. — [jj] 562, 1
& 2 ; 566, II. — [kk] 559 ; 563. — [ll] 419, 2. — [mm] 418. — [nn] 386.
XXII. [a] 384. — [b] 401 ; 402, III. — [c] 401 & 1. — [d] 549.

A. & S. — XXI. [d(4)] 254. — [aa] 248, R. 1, (2). — [k(2)] 128, 6, (a). — [bb] 242,
II.— [cc] 254, R. 2, (b). — [dd] 269. — [ee] 212, & R. 1. — [ff] 211, R. 8, (3). — [gg] 261,
R. 1. — [hh] 210. — [ii] 244. — [jj] 275, II. & R. 2. — [kk] 275, I. & R. 1. — [ll] 250,
2, (2). — [mm] 253, R. 1. — [nn] 224.
XXII. [a] 223. — [b] 214. — [c] 211, R. 8, (3.) — [d] 269.

3. Natura cupiditatem ingenuit homini[e] veri videnḍi[f]: his initiis ducti omnia vera diligimus; vana, falsa, fallentia odimus.

4. Fortitudo in laboribus periculisque cernitur; temperantia, in praetermittendis[e] voluptatibus; prudentia, in delectu 5 bonorum et malorum; justitia, in suo cuique tribuendo.[f]

5. Nescire,[d] quid ante quam natus sis[e] acciderit,[h] [g]id est semper esse[i] puerum.[j]

6. Alia omnia incerta sunt, caduca, mobilia. Virtus est una altissimis defixa radicibus,[k] quae nunquam ulla vi[k] la- 10 befactari[l] potest, nunquam dimoveri loco.[m]

7. Nihil est virtute[n] amabilius. Quam[o] qui[p] adeptus erit,[q] [q]ubicunque erit gentium,[r] a nobis diligetur.

8. Si beatam vitam volumus adipisci, virtuti opera danda[s] est, sine qua neque amicitiam, neque ullam rem [δ]expetendam 15 consequi possumus.

9. Vir bonus non modo non facere,[t] sed ne cogitare[t] quidem quidquam audebit,[u] quod non audeat[v] praedicare.

10. Nemo igitur vir magnus sine aliquo afflatu divino unquam fuit. 20

11. Deum agnoscis ex operibus ejus.

12. Omnium regina rerum oratio.

13. In rebus prosperis et ad voluntatem nostram fluentibus, superbiam, fastidium, arrogantiamque magno opere fugiamus.[w] 25

14. Prudentia est rerum [ε]expetendarum fugiendarumque scientia.

H. — XXII. [a]386. — [f]562; 563. — [c(2)]566, II. — [g]523, II. — [h]525. — [i]362; 553, I.; 545, 2, 3). — [j]362, 3; 546. — [k]414. — [l]332, I. & 2. — [m]425, 3, 3). — [n]417. — [o]453. — [p]445, 6. — [q]473. — [r]396, III. 2, 4), (2). — [s]227; 229. — [t]552, 1. — [u]465, 3. — [v]501 & I. — [w]487; 488, I.

A. & S. — XXII. [a]224. — [f]275, II. — [g]263, 3. — [h]265, & N. 1. — [i]269, R. 4. — [j]210. — [k]247, 3. — [l]187, II., 1, (a) & (e). — [m]251. — [n]256, 2. — [o]206, (17). — [p]206, (4). — [q]145, VI. — [r]212, R. 4, N. 2, (a) & (b). — [s]162, 15. — [t]271. — [u]142, 2. — [v]264, 7. — [w]260, R. 6.

15. Ut medicina valetudinis, navigationis gubernatio, sic vivendi[x] ars est prudentia.

16. Nulla re[y] tam laetari soleo, quam 'meorum officiorum conscientia.[y]

5 17. Sapientia est rerum divinarum et humanarum scientia, [g]cognitioque, quae cujusque rei causa sit.[h] [g]Ex quo efficitur, ut divina imitetur, humana omnia [10]inferiora virtute[a] ducat.

' 18. Omnia scire,[c] cujuscunque modi[a] sunt, cupere,[d] curiosorum[e]; duci[d] vero majorum rerum contemplatione ad cu-
10 piditatem scientiae, summorum virorum[c] est putandum.

19. Saepius ad laudem atque virtutem [11]natura sine doctrina, quam sine natura valuit doctrina.

20. Ut ager, quamvis fertilis, sine cultura fructuosus esse non potest, sic sine doctrina animus: ita est utraque res sine
15 altera debilis.

21. Et quae[v] bona sunt, fieri meliora possunt doctrina,[k] et quae[v] non optima, aliquo modo acui tamen et corrigi possunt.

22. Ad eam doctrinam, quam suo quisque studio[k] assecutus est, adjungatur[v] usus frequens, qui omnium magistrorum
20 praecepta superat.

23. Est [12]animorum ingeniorumque naturale quoddam quasi pabulum consideratio contemplatioque naturae.

DESCRIPTIONS.

XXIII. *Sicily as a Roman Province.*

Omnium nationum[a] exterarum 'princeps[b] Sicilia se ad amicitiam fidemque populi Romani applicavit. Prima[b] om-
25 nium, id quod ornamentum imperii est, provincia[c] est appel-

---

H.—XXII. [x]559; 563.—[y]414.—[g]396, IV. 1, 1).

XXIII. [a]396, III. 3).—[b]Dist. bet. *primus* and *princeps.* V. n. 1.—
[c]362.

A. & S.—XXII. [g]275, I., R. 3, & III. R. 1.—[v]247, 1, (2).—[k]211, R. 6, (5).

XXIII. [a]212, R. 2.—[b]V. R̄. H̄.—[c]210.

lāta : prima[b] docuit majōres[d] nostros, quam praeclārum esset,[e]
extĕris gentĭbus[f] imperāre[g] : sola fuit ea fide benevolentiāque[h]
erga popŭlum Romānum, ut civitātes ejus insŭlae, quae semel
in amicitiam nostram [2]venissent,[i] nunquam postea deficĕrent,[j]
pleraeque autem et maxĭme illustres in amicitia perpetuo 5
manērent. Ităque majorĭbus[k] nostris in Afrĭcam ex hac
provincia gradus imperii factus est. Neque enim tam facĭle
opes Karthagĭnis tantae concidissent,[l] [2]nisi illud et rei frumentariae subsidium et receptacŭlum classĭbus nostris patēret.[m]
Quare P. Africānus, Karthagĭne delēta, Siculōrum urbes 10
signis[n] monumentisque pulcherrĭmis exornāvit, ut, quos
victoria[o] popŭli Romāni maxĭme laetāri arbitrabātur, apud eos
monumenta victoriae plurĭma collocāret. Denĭque [4]illa ipse
M. Marcellus, cujus in Sicilia virtūtem [5]hostes, [6]misericordiam
victi, fidem [5]cetĕri Sicŭli perspexērunt, non solum sociis[p] in 15
eo bello consuluit, verum etiam [6]superātis hostĭbus[p] tem-
perāvit. [7]Urbem pulcherrĭmam, Syracūsas, quae [8]quum [9]manu
munitissĭma esset, tum [10]loci natūra terra ac mari clauderētur,
quum vi consiliōque cepisset, non solum incolŭmem passus
est esse, sed ita relīquit ornātam, ut esset [11]idem monumentum 20
victoriae, mansuetudĭnis, [12]continentiae, quum homĭnes vidē-
reant,[q] et [13]quid expugnasset, et quibus[r] pepercisset, et quae
reliquisset. [14]Tantum ille honōrem Siciliae habendum[s] [15]puta-
vit, ut ne[t] hostium quidem urbem ex sociōrum insŭla tollen-
dam[u] arbitrarētur.[u] Ităque ad omnes res Sicilia[v] provincia 25
semper usi sumus ; ut, quidquid [16]ex sese posset efferre, id
non apud eos nasci, sed domi[v] nostrae [17]condĭtum, putarēmus.

H. — XXIII. [4]374, 1, & 4. What is the acc. of the thing ? — [e]525. —
[f]385. — [g]549. — [h]428 & 1, 2). — [i]486, 5. — [j]494. — [k]388 & II. — [l]507 ;
510. — [m]463, 3 ; 477. — [n]419, 2, 1). — [o]414. — [p]385. — [q]517, I. — [r]385.
— [s]229 ; 551, I. — [t]602, III. 2). — [u]Dist. bet. puto and arbitror. V. n. 15.
— [v]419, L — [v]424, 2.

A. & S. — XXIII. [4]231, & R. 3. V. R. H. — [e]265. — [f]223, R. 2. —
[g]269. — [h]211, R. 6. — [i]266, 1. — [j]262. — [k]225, II. — [l]261, 1. — [m]209,
R. 12, (2). — [n]249, I. — [o]247, 1, (2). — [p]223, R. 2. — [q]263, 5, R. 1. —
[r]223, R. 2. — [s]162, 15 ; 270, R. 3 ; 272. — [t]279, 3, (d). — [u]V. R. H. —
[v]245. — [v]221, R. 3.

Quando illa frumentum, quod debēret, non ad diem dedit?
quando id, quod opus esse putāret, non ultro pollicīta est?
quando id, quod imperarētur, recusāvit? Ităque [4]ille M.
Cato sapiens,[x] cellam[y] penariam reipublīcae nostrae, nu-
5 trīcem[y] plebis Romānae, Siciliam[y] nominābat.[z] Nos[aa] vero
experti sumus, Italīco maxīmo difficillimōque bello,[bb] Siciliam
nobis[cc] non pro penaria cella, sed pro aerario illo majōrum
vetĕre[dd] ac referto, fuisse. Nam sine ullo sumptu [18]nostro
[19]coriis, tunīcis, frumentōque suppeditando,[ee] maxīmos exercītus
10 nostros vestīvit, aluit, armāvit. [20]Quid? illa, quae forsītan
ne[f] sentīmus quidem, judīces, quanta sunt! [21]quod multis
locupletiorībus civībus[v] utīmur, quod habent propinquam,
fidēlem, fructuosamque[ff] provinciam, [22]quo facīle excurrant,[gg]
ubi libenter negotium gerant[gg]; [23]quos illa partim mercībus[hh]
15 suppeditandis[ee] cum [24]quaestu compendiōque dimittit, partim
retīnet, [25]ut arāre, ut pascĕre, ut negotiāri libeat, ut denīque
sedes ac domicilium [26]collocāre. Quod[ii] commŏdum non.
mediŏcre popŭli Romāni est, [27]tantum civium Romanōrum
numĕrum tam prope ab domo, tam bonis fructuosisque rebus
20 detinēri. Et quoniam [28]quasi quaedam praedia popŭli Romāni
sunt [29]vectigalia nostra atque provinciae, quemadmŏdum vos
propinquis vestris praediis maxīme delectamīni, sic popŭlo
Romāno jucunda suburbanītas est hujusce[jj] provinciae. [30]Jam
vero homīnum ipsōrum,[kk] judīces, [31]ea patientia, virtus frugali-
25 tasque est, ut proxīme ad nostram disciplīnam illam vetĕrem,
non ad hanc, quae nunc increbruit,[ll] videantur[mm] accedĕre.
[32]Nihil ceterōrum simīle Graecōrum; nulla desidia, nulla
luxuries: contra, summus labor in publīcis privatisque rebus,

---

H. — XXIII. [x]363. — [y]373. — [z]469, II. — [aa]446. — [bb]426, 1. — [cc]390
& 2. — [dd]156, I. — [ee]439; 566, I. — [ff]323. — [gg]485; 486, III. — [hh]414, 2. —
[ii(?)]562. — [ll]453. — [jj]186, 1. — [kk]What does *ipsorum* contrast *hominum* with?
V. Sall. Cat. XXIII. n. 5. — [ll]332, II. — [mm]489, I.; 494.

A. & S. — XXIII. [x]205, R. 7, (1). — [y]230. — [z]145, II. 1. — [aa]209, R.
1, (b). — [bb]253, & N. 1. — [cc]227, & R. 4. — [dd]113, 3. — [ee]205, Exc. to R.
2; 275, II. & R. 2. — [ff]128, 4. — [gg]260 & II. — [hh]247, 1. — [ii]275, II. —
[jj]206, R. 19, (17). — [ll]134, R. 4. — [kk]V. R. H. — [ll]187, II. 2. — [mm]262.

samma parsimonia, summa diligentia. Sic porro nostros homĭnes dilĭgunt, ut his[aa] solis neque publicānus neque negotiātor odio[na] sit.

XXIV. *Pleasures of a Country Life.*

Venio nunc ad voluptātes agricolārum, quibus[a] ego incredibilĭter delector; quae nec ulla impediuntur senectūte, [1]et[b] mihi ad sapientis vitam proxĭme videntur accedĕre. [2]Habent enim ratiōnem cum terra, quae nunquam [3]recūsat imperium, nec unquam sine usūra reddit, quod accēpit, sed [4]alias minōre, plerumque majōre cum fenŏre. [5]Quamquam me quidem[c] non fructus modo, sed etiam ipsīus terrae vis ac natūra delectat.[d] Quae, quum gremio [6]mollĭto ac subacto semen sparsum excēpit, primum id [7]occaecātum cohĭbet; [8]ex quo occatio, quae hoc effĭcit, nomināta est: [9]deinde tepefactum vapōre et compressu suo diffindit et elĭcit herbescentem ex eo viriditātem, quae, nixa fibris[e] stirpium, sensim adolescit, culmŏque[f] erecta geniculāto, vagīnis[g] jam quasi pubescens includĭtur; e quibus quum emersit, fundit [10]frugem spici ordĭne[h] structam, et contra avium minōrum morsus munĭtur vallo [11]aristārum. [12]Quid[i] ego vitium satus, ortus, incrementa commemŏrem[j]? Satiāri [13]delectatiōne[k] non possum, [14]ut meae senectūtis requiĕtem oblectamentumque pernoscātis. Omitto enim vim ipsam omnium, quae generantur e terra, quae ex fici tantŭlo grano aut ex acĭno vinaceo aut ex ceterārum frugum ac stirpium minutissĭmis semĭnĭbus tantos truncos ramosque procreat: [15]malleŏli, plantae, sarmenta, viviradīces, propagīnes, nonne[l] ea efficiunt, ut quemvis cum admiratiōne delectent[m]? Vitis quidem, quae natūra cadūca est, et, nisi fulta sit, ad terram

---

H.—XXIII. [m]390.

XXIV. [a]414, 2.—[b]587.—[c]602, III.—[d]463, 3.—[e]419, II.—[f]414, 4.—[g]414, 4.—[h]414, 3.—[i]374, 5.—[j]486, II.—[k]419, 2 & 1).—[l]346, II. 1, 2).—[m]489, I.

A. & S.—XXIII. [m]227.

XXIV. [a]247, 1.—[b]198, 1, (e).—[c]279, 3, (d).—[d]209, R. 12, (2), & N. 9.—[e]245, II. 1.—[f]248, II.—[g]248, II.—[h]247, 2, 3d paragraph.—[i]235, R. 11.—[j]260 R. 5.—[k]249, I.—[l]198, 11, R. (c).—[m]262.

fertur, eădem,[n] ut se erĭgat,[m] clavicŭlis suis, quasi manĭbus, quidquid est nacta complectĭtur; quam serpentem [16]multiplĭci lapsu[h] et erratĭco, [17]ferro ampŭtans coercet ars agricolārum, ne silvescat[m] sarmentis et [18]in omnes partes nimia fundātur.[m]

5 Ităque, ineunte[o] vere, [19]in iis, quae relicta sunt, [20]exsistit tanquam ad articŭlos sarmentōrum ea, quae gemma dicĭtur; a qua oriens uva sese ostendit; quae et succo terrae et calōre solis augescens,[p] primo est peracerba gustātu,[q] deinde matūrāta dulcescit[p]; vestităque pampĭnis [21]nec modĭco tepōre[r]
10 caret, et nimios solis defendit ardōres. [22]Qua[s] quid potest esse quum [23]fructu[t] laetius, tum adspectu[t] pulchrius? Cujus quidem non utilĭtas me solum, ut ante dixi, sed etiam cultūra et ipsa natūra, delectat: adminiculōrum ordĭnes, [24]capĭtum jugatio, religatio et propagatio vitium, sarmentorumque ea,
15 quam dixi, aliōrum amputatio, aliōrum [25]immissio. [12]Quid[i] ego irrigatiōnes, quid fossiōnes agri, [26]repastinationesque profĕram,[j] quibus fit multo[n] terra foecundior? Nec vero segetĭbus[s] solum, et pratis,[s] et vineis,[s] et arbustis[s] res rustĭcae laetae sunt, sed etiam hortis[s] et pomariis: [27]tum pecŭdum
20 pastu,[s] apium examinĭbus, florum omnium varietāte.   Nec consitiōnes[v] modo delectant, sed etiam insitiōnes,[v] quibus[s] nihil invĕnit agricultūra sollertius. Possum persĕqui multa oblectamenta rerum rusticārum; sed ea ipsa, quae dixi, fuisse sentio longiōra.[w]   Ignoscētis autem; nam et studio rerum
25 rusticārum provectus sum, et senectus est natūra loquacior[w]; ne ab omnibus eam vitiis vĭdear vindicāre.

XXV. *Some Wonderful Phenomena.*

Sanguĭnem[a] pluisse senatui nuntiātum est[b]: Atrātum etiam fluvium fluxisse sanguĭne[a]; deōrum sudasse simulācra. Num[c]

H. — XXIV. [a]451, 3. — [b]431, 2, (2). — [d]332, II. — [e]570. — [f]419, III. — [g]417. — [i]429 & 1. — [k]418. — [v]444, 1.

XXV. [a]371. — [b]301, 3; 549, 1. — [c(?)]414. — [d]346, II. 1, 3).

A. & S. — XXIV. [a]207, R. 27. — [b]257, N. 1. — [p]187, II. 2. — [q]276, III. — [r]250, 2, (2). — [s]256, 2. — [t]250, 1. — [u]256, R. 16. — [v]95, R. — [w]256, R. 9, (a).

XXV. [a]232, (2). — [b]184, 2; 209, R. 3, (5), (a). — [c(?)]250, 2, (2). — [d]198, 11, R. (b).

censes, his nuntiis[d] Thalen[e] aut Anaxagŏram aut [1]quemquam[f] physĭcum creditūrum fuisse? Nec enim sanguis nec sudor, nisi e corpŏre, est; sed et decoloratio quaedam [2]ex alīqua contagiōne terrēna maxime potest sanguĭni[g] simĭlis esse, et humor [3]allapsus extrinsecus, [4]ut in tectoriis vidēmus austro,[h] 5 sudōrem[i] imitāri. Atque haec in bello plura et majōra videntur timentĭbus: eadem non tam animadvertuntur in pace. [5]Accēdit illud etiam, quod in metu et pericŭlo [6]quum creduntur facilius, tum finguntur impunius. Nos autem ita leves atque inconsiderāti sumus, ut, si mures corrosērint alīquid, [7]quorum 10 est opus hoc unum, monstrum putēmus. Ante vero Marsĭcum bellum, quod clypeos Lanuvii[j] mures rosissent,[k] maxĭmum id portentum haruspĭces esse dixērunt. [8]Quasi vero quidquam intersit, mures, [9]diem noctem alīquid rodentes, scuta an cribra corrosērint.[l] Nam si ista sequĭmur, quod [10]Platōnis Politīam 15 nuper apud me mures corrosērunt,[k] de republĭca debui pertimescēre[m]; aut, si Epicūri de voluptāte liber rosus esset, [11]putārem[n] annōnam in macello cariōrem fore. [12]An vero illa nos terrent, si quando alīqua portentōsa aut ex pecŭde aut ex homĭne nata dicuntur? quorum[o] omnium, [13]ne sim 20 longior, una ratio est. Quidquid enim orĭtur, qualeçumque est, causam habeat[p] a natūra necesse est; ut etiam si praeter consuetudĭnem exstitĕrit, praeter natūram tamen non possit exsistĕre. Causam igĭtur investigāto[q] in re nova atque admirabĭli, si potĕris: si nullam reperies, [14]illud tamen explorā- 25 tum[r] habēto, nihil fĭeri potuisse sine causa; eumque terrōrem, quem tibi rei novĭtas attulĕrit, [15]natūrae ratiōne depellĭto. Ita te nec terrae fremĭtus, nec [16]coeli discessus, nec lapideus aut sanguineus imber, nec trajectio stellae, nec faces visae terrēbunt.

H.—XXV. [a]385. — [b]93, 3. — [c]457. — [d]391 & 1.—[e]414, 2. — [f]371. — [g]421, II. — [h]520, II. — [i]525; 526, II. 2. — [k(2)]520, I. — [m]552, 1. — [n]477. — [o]453. — [p]496, 1. — [q]534, II. — [r]574.

A. & S.—XXV. [a]223, R. 2. — [b]80, IV. — [c]207, R. 31, (a). — [d]222, R. 1. — [e]247, 1. — [f]229. — [g]221, 1.—[h]266, 3. — [i]265, & R.2. — [k(2)]266, 2, R. 5. — [n]271. — [n]Why imperf.? — [o]206, R. 19, (17). — [p]262, R. 4. — [q]267, (2). — [r]274, R. 4.

XXVI. *Value of Eloquence.*

(*a.*) Saepe et multum hoc mecum cogitāvi, bonīne[a] an
mali plus attulĕrit[b] hominĭbus et civitatĭbus [1]copia dicendi ac
summum eloquentiae studium. Nam quum et nostrae reipublīcae detrimenta considĕro, et maximārum civitātum vetĕres
5 animo[c] calamitātes collīgo, [2]non minĭmam video per[d] diser-
tissĭmos homĭnes invectam partem incommodōrum; quum
autem res ab nostra memoria propter vetustātem remōtas [3]ex
litterārum monumentis repetĕre instituo, multas urbes con-
stitūtas, plurĭma bella restincta, firmissĭmas societātes, sanctis-
10 sĭmas amicitias intellĭgo, quum[e] [4]animi ratiōne, tum facilius
eloquentia, comparātas. Ac me quidem diu cogitantem, ratio
ipsa in hanc [5]potissĭmum sententiam ducit; ut existĭmem,[f]
sapientiam[g] sine eloquentia parum prodesse civitatĭbus,[h]
eloquentiam vero sine sapientia nimium obesse plerumque,
15 prodesse nunquam. Quare si quis, omissis rectissĭmis atque
honestissĭmis studiis[i] ratiōnis et officii, consūmit omnem
opĕram in exercitatiōne dicendi, is inutĭlis sibi,[h] perniciōsus
patriae[h] civis alĭtur; qui vero ita sese armat eloquentia,[j] ut
non oppugnāre commŏda patriae, sed pro his propugnāre
20 possit, is mihi vir et suis, et publĭcis rationĭbus[h] utilissĭmus,
atque amicissĭmus civis fore vidētur.

(*b.*) Nihil mihi praestabilius vidētur, quam[k] posse dicendo
tenēre hominum coetus, mentes allicĕre, voluntātes impellĕre,
[6]quo velit[l]; unde [7]autem velit, deducĕre. [8]Haec una res in
25 omni libĕro popŭlo, maximēque in pacātis tranquillisque
civitatĭbus, [9]praecipue semper floruit, semperque domināta
est. Quid enim est aut tam admirabĭle, quam ex infinīta
multitudĭne hominum [10]exsistĕre unum, qui id, quod omnĭbus

H. — XXVI. [a]396, III. 2, 3) & (3). — [b]525; 463, I. — [c]414. — [2]414,
5, 1). — [e]In *quum* — *tum*, which is the more important notion ? — [f]495, 3.
— [g]545. — [h]385. — [i]430. — [k(l)]391 & 1. — [j]414, 4. — [k]417, 1; 549. —
[l]486, III.

A. & S. — XXVI. [a]212, R. 2. — [b]265; 209, R. 12, (2). — [c]247, 2,
3d paragraph. — [d]247, R. 4. — [e]V. R. H. — [f]262. — [g]239. — [h]223, R. 2
— [i]257. — [k(l)]222, R. 1. — [j]249, I. — [k] 256, 1, & R. 8. — [l]260, II.

natūra sit datum, vel solus vel cum paucis facĕre possit[m]?
aut tam jucundum cognītu[n] atque audītu,[n] quam sapientĭbus
sententiis[j] gravibusque verbis ornāta oratio et polīta? aut tam
potens tamque magnifĭcum, quam popŭli motus, judĭcum
[H]religiōnes, senātus gravitātem [12]unīus oratiōne [10]converti? 5
Quid tam porro regium, tam liberāle, tam munifĭcum, quam
opem [10]ferre supplicĭbus, excitāre afflictos, dare salūtem,
liberāre pericŭlis,[o] [13]retinēre homĭnes in civitāte? Quid
autem tam necessarium, quam [19]tenēre semper arma, quibus
vel tectus ipse[p] esse possis, vel provocāre imprŏbos, vel te 10
ulciscī [14]lacessītus? Age vero, ne[q] semper forum, subsellĭa,
rostra curiamque meditēre,[q] quid esse potest in otio aut jucundius, aut [15]magis proprium humanitātis,[r] quam sermo facētus
ac nulla in re rudis? Hoc[s] enim uno praestāmus [16]vel [17]max-
ĭme feris,[t] quod colloquĭmur inter nos et quod exprimĕre 15
dĭcendo sensa possūmus. Quamobrem quis hoc non jure[u]
mirētur[u] summēque in eo elaborandum esse arbĭtrētur,[u] ut,
quo[u] uno[v] homĭnes maxĭme bestiis[t] praestent, in hoc hominĭbus[t] ipsis antecellat? [18]Ut vero jam ad illa summa
veniāmus,[v] quae vis alia potuit aut dispersos homĭnes 20
unum in locum congregāre aut a fera agrestīque vita ad
hunc humānum cultum civilemque deducĕre, aut, jam constitūtis civitatĭbus, leges, judicia, jura describĕre? Ac ne
plura, quae sunt paene innumerabilia, consecter,[v] [19]compre-
hendam brevi: sic[x] enim statuo: perfecti oratōris moderatiōne 25
et sapientia[y] non solum ipsīus dignitātem, sed et privatōrum
plurimōrum et universae reipublĭcae salūtem maxĭme conti-
nēri. Quamobrem pergĭte, ut facītis, adolescentes; atque in
id studium, in quo estis, incumbīte, ut et vobis[z] honōri[z] et
amīcis utilitāti et reipublĭcae emolumento esse possītis. 30

H.—XXVI. [m]489, II.; 501, II.—[n]570 & 1.—[o]425, 3, 2).—[p]452
& 1.—[q]489, I.—[r]399, 3, 3).—[s]414 & 2.—[t]386.—[(t)]414, 3.—[u]486,
II.—[v]Force of *uno?* V. n. 17.—[w]489, I.—[x]414, 4.—[z]390.

A. & S.—XXVI. [m]264, 1, (a) & (b).—[n]276, III.—[o]251.—[p]207,
R. 28, (a)—[q]262, & R. 5.—[r]222, R. 2, (a).—[s]247, 1.—[t]224.—[u]260,
R. 5.—[v]V. R. H.—[w]262, R. 3.—[x]207, R. 22.—[y]247, 3.—[z]227.

XXVII. The Deity.

(*a.*) Quid potest esse tam apertum tamque perspicuum, quum coelum suspeximus coelestiâque contemplāti sumus, quam ¹esse alíquod numen* praestantissímae mentis,ᵇ quo haec ²regantur*? Quodᵈ qui ²dubítet,ᶜ haud sane intellĭgo, cur
5 non idem,* sol sit,ᶠ an nullus sit, dubitāre possit.

(*b.*) Ex tot generíbus nullum est animal praeter homĭnem, quod habeatᵍ notitiam alíquam dei; ipsisque in homĭníbus nulla gens est 'neque tam immansuēta neque tam fera, quae non, etiam si ignōret,ʰ qualem habēre deum deceat,ⁱ tamen
10 habendum sciat.ʲ

(*c.*) ³Rogesᵏ me, quid aut quale sitˡ deus; auctōre utar Simonĭde; de quo quum quaesivisset ⁴hoc idem tyrannus Hiĕro, ⁵deliberandiˡ sibi unum diem postulāvit. Quum idem ex eo postridie quaerĕret, biduum petīvit. Quum saepiusᵐ
15 duplicāret numĕrum diērum, admiransque Hiĕro requirĕret, cur ita facĕret, "Quia, ⁶quanto,ⁿ" inquit, "diutius considĕro, tantoⁿ mihi res vidētur obscurior."

(*d.*) Nihil est, quod deus efficĕre non possitᵍ et quidem sine labōre ullo. Ut enim homĭnum membra nulla contentiōne,
20 mente ipsa ac voluntāte moventur, sic numĭne deōrum omnia fingi, movēri mutaríque possunt.

(*e.*) (⁷Deōrum providentia) haec potissĭmum provĭdet et in his maxĭme est occupāta; primum ut mundus ⁸quam aptissĭmus sit ad permanendumᵒ; deinde ut nulla reᵖ egeat;
25 maxĭme autem, ut in eo eximia pulchritūdo sit atque omnis ornātus.

H.—XXVII. *545.—ᵇ396, IV.—*527, 2, 2), & 3.—ᵈ453.—
*⁽⁶⁾530, II.—*451, 3.—ᶠ524.—*501, I.—ʰ515, III.—ⁱ525.—ʲ500,
2.—ᵏ503, 1.—ˡ559; 563.—ᵐ444, 1.—ⁿ418.—ᵒ565 & 1.—ᵖ419,
III.

A. & S.—XXVII. *239.—ᵇ211, R. 6.—*266, 1.—ᵈ206, R. 19,
(17).—*207, R. 27.—ᶠ265, R. 2.—*264, 7.—ʰ263, 2, (4)—ⁱ265.—
ʲ264, 1, (a) & N.—ᵏ261, & R. 1, 2d sentence; 260, R. 3.—ˡ275, III., R.
1.—ᵐ256, R. 9, (a).—ⁿ256, R. 16.—ᵒ275, III., R. 3.—ᵖ250, 2, (2).

(*f.*) Sit hoc a principio persuāsum[q] civĭbus,[r] domĭnos esse omnium rerum ac moderatōres deos,[s] eăque,[t] quae gerantur, eorum geri judicio ac numĭne; eosdemque[u] optĭme de genēre homĭnum merēri, et qualis quisque sit,[i] quid[t] agat,[i] [9]quid[t] in se admittat,[i] qua[t] mente, qua[t] pietāte [10]colat[i] religiōnes, in- 5 tuēri; piorumque et impiōrum habēre ratiōnem.

(*g.*) Deos et venerāri et colĕre debēmus. Cultus autem deōrum est optĭmus, idemque[v] castissĭmus atque sanctissĭmus plenissimusque pietātis, ut eos semper pura, intĕgra, incor- rupta et mente et voce venerēmur. Non enim philosŏphi 10 solum, verum etiam majōres nostri, superstitiōnem a religiōne separavērunt.

XXVIII. *The Immortality of the Soul.*

Nemo unquam mihi, [1]Scipio, persuadēbit, aut [2]patrem tuum Paullum, aut [3]duos avos, Paullum et Africānum, aut [4]Africāni patrem aut patruum, aut multos praestantes viros, quos 15 enumerāre non est necesse, tanta [5]esse conātos, [6]quae ad posteritātis memoriam pertinērent,[a] nisi anĭmo[b] cernērent, [7]posteritātem ad se pertinēra. [8]An censes, ([9]ut de me ipso alĭquid[c] more[d] senum glorier,[e]) me tantos labōres diurnos nocturnosque [10]domi[f] militiaeque susceptūrum fuisse, [11]si iisdem 20 finibus gloriam meam, quibus vitam, essem terminatūrus[g]? Nonne[h] melius multo[i] fuisset, otiōsam aetātem et quiĕtam sine ullo labōre et contentiōne traducĕre[j]? Sed, nescio quomŏdo, anĭmus [12]erĭgens se posteritātem ita semper prospiciēbat, quasi, quum excessisset e vita, tum denĭque [13]victūrus esset. 25 [14]Quod[k] quidem ni ita se habēret, ut anĭmi immortāles essent,

H.—XXVII. [4]487; 488, I.—[r]385.—[s]558, VI. 2.—[t]525, 1.
XXVIII. [a]500.—[b]414, 4.—[c]371, 1, 3), (2).—[d]414, 3.—[e]489, L —[f]424, 2.—[g]227; 228.—[h]346, II. 1, 2).—[i]418.—[j]549.—[k]453.
A. & S.—XXVII. [q]260, R. 6; 223, R. 2, N. (c).—[r]223, R. 2.— [s]239; 273, 2.—[t]265, N. 2.
XXVIII. [a]264, 1, (a).—[b]247, 3.—[c]232, (3).—[d]247, 2, 3d para- graph.—[e]262, R. 3.—[f]221, R. 3.—[g]162, 14.—[h]198, 11, R. (c).—[i]256, R. 16.—[j]269, R. 2.—[k]206, R. 19, (17).

haud optǐmi cujusque[1] anǐmus maxǐme ad immortalitǎtem
gloriae nitěrētur.[m] [15]Quid, quod sapientissǐmus quisque
[14]aequissǐmo anǐmo[n] morǐtur, stultissǐmus iniquissǐmo ? Nonne
vobis vidētur anǐmus is, qui plus cernat[o] et longǐna, vidēre,
5 [17]se ad meliōra proficisci ; [18]ille autem, cujus obtusior sit acies,
non [19]vidēre ? Equǐdem [20]efféror studio patres[o] vestros, quos
colui et dilexi, videndǐ[p] ; neque vero eos[q] solum [21]convenīre
aveo, quos ipse cognōvi, sed illos etiam, de quibus audīvi et
legi et ipse conscripsi. [22]Quo quidem me proficiscentem haud
10 sane quis facǐle retraxěrit.[r] [23]Quod[s] si quis deus mihi
largiātur,[t] ut [24]ex hac aetǎte repuerascǎm et in cunis vagiam,
valde recūsem. Quid enim habet vita commǒdi[u] ? [25]quid non
potius labōris ? [26]Sed habeat[v] sane : [27]habet certe tamen aut
satietātem aut modum. Non lubet enim mihi [28]deplorāre
15 vitam, quod[w] multi [29]et ii docti saepe fecērunt. Neque me
vixisse poenǐtet ; quoniam ǐta vixi, ut non frustra me natum
existǐmem ; et ex vita ǐta discēdo, tanquam [30]ex hospitio, non
tanquam ex domo. [31]Commorandi[y] enim natūra deversorium
nobis, non habitandi locum dedit. O praeclārum diem,[x] quum
20 ad illud divīnum animōrum concilium coetumque proficiscar,
quumque ex hac turba et [32]colluviōne discēdam ! Proficiscar
enim non ad eos solum viros, de quibus ante dixi, verum
etiam ad [33]Catōnem meum ; quo[y] nemo vir melior natus est,
nemo pietāte praestantior ; cujus a me corpus cremātum est ;
25 ([34]quod contra decuit ab illo [35]meum ;) anǐmus vero non me
desěrens, sed respectans, in ea profecto loca discessit, [36]quo
mihi[z] ipsi cernēbat esse veniendum. Quem ego meum casum
fortǐter ferre visus sum ; [37]non quo aequo anǐmo ferrem, sed
me ipse consolābar, existǐmans, non longinquum inter nos
30 digressum et discessum fore.

H. — XXVIII. [1]458, 1. — [2]510. — [3]414, 3. — [4]559. — [5]563. — [6]386,
3. — [7]473, 1. — [8]453, 6. — [9]509. — [10]396, III. 2, 3), (3). — [11]487. — [12]445,
7. — [13]381. — [14]417. — [15]388, I.
A. & S. — XXVIII. [1]207, R. 35, (b). — [2]245, II., R. 2. — [3]247,
2. — [4]275, I. — [5]275, I.; 211. — [6]233, R. 1. — [7]259, R. 1, (5). — [8]206,
R. 19, (14). — [9]260, R. 1, (1); 261, 2. — [10]212, R. 3. — [11]260, R. 3. —
[12]206, R. 19, (13), (a). — [13]238, 2. — [14]256, 2. — [15]325. III.

C. JULII CAESARIS

COMMENTARII DE BELLO GALLICO.

LIBER I.

ARGUMENT.

I. INTRODUCTION. Gaul in the time of Caesar, Chap. 1. — II. HELVETIAN WAR. Insurrection of the Helvetians at the instigation of Orgetorix, Chap. 2, 3. His premature death, 4. The march of the Helvetians through the Roman province attempted, but, having been prevented by Caesar's forces and fortifications, is undertaken through the territory of the Sequani, 5 – 9. Caesar's plans to prevent them from going through the territory of the Sequani. The Gauls complain of the wrongs done them by the Helvetians, 10, 11. Defeat of the Tigurini at the Arar, 12. The Helvetians send ambassadors to Caesar: their demands and threats, 13. Caesar's answer: the indignation of the Helvetians that he should require hostages, 14. Gallic cavalry repulsed by the Helvetians: march of both armies, 15. Caesar's complaint against the chiefs of the Aedui: excuse of Liscus; perfidy of Dumnorix, the Aeduan, 16 – 18. Pardon granted to Dumnorix for the sake of his brother, 19, 20. A favorable opportunity of overthrowing the Helvetians lost through the mistake of P. Considius, 21, 22. Defeat and flight of the Helvetians, 23 – 26. Their surrender: punishment of the fugitives: return of the Helvetians and their allies to their own territories. The establishment of the Boii among the Aedui, 27, 28. Number of the Helvetians before and after the war, 29. — III. WAR WITH ARIOVISTUS. Common council of the Gauls: complaints against Ariovistus, king of the Germans, 30 – 32. Caesar requests an interview, which the king declines, 33, 34. Caesar makes known his demands by ambassadors: Ariovistus's reply, 35, 36. Caesar's march towards Ariovistus: occupation of Vesontio, 37, 38. Panic in the Roman camp: Caesar's speech to the soldiers: march, 39 – 41. Interview between Caesar and Ariovistus suddenly broken off by an attack of the Germans, 42 – 46. At the request of Ariovistus for a second interview two Gauls are sent to him: they are thrown into prison, 47. Caesar

offers battle, which Ariovistus declines : skirmishes with the cavalry, 48.
The Romans make two camps: attack upon the smaller: the cause of
Ariovistus's declining a battle, 49, 50. Recapture of Procillus and Mettins:
Caesar's winter quarters : march to hold the assizes in Cisalpine Gaul,
51–54.

I. [1]Gallia est [2]omnis[a] [3]divisa[b] in partes tres ; quarum unam
incŏlunt Belgae, [4]aliam Aquitāni, tertiam, [5]qui ipsōrum lingua[c]
Celtae, nostra Galli appellantur.   Hi omnes lingua,[d] institūtis,[d] legĭbus [6]inter se diffĕrunt.   Gallos ab Aquitānis Garumna
5 flumen, a Belgis Matrŏna et Sequāna[7] divĭdit.[e]   Horum[f] omnium fortissĭmi sunt Belgae, [8]propterea quod a [9]cultu atque
humanitāte [10]provinciae longissĭme absunt, [11]minimēque ad eos
mercatōres saepe commeant atque ea, [12]quae ad effeminandos[g]
anĭmos pertĭnent, important ; [13]proximĭque sunt Germānis,[h] qui
10 trans Rhenum incŏlunt, quibuscum continenter bellum gerunt :
qua de caussa Helvetii quoque [14]relĭquos[i] Gallos virtūte[j] praecēdunt, quod [15]fere[k] quotidiānis proeliis[l] cum Germānis contendunt ; quum aut [16]suis[n] finĭbus[m] eos[o] prohĭbent, aut [16]ipsi[p] in
eorum finĭbus bellum gerunt.   [17]Eōrum[q] una pars, quam
15 Gallos[r] obtinēre [18]dictum est, initium capit a flumĭne Rhodāno :
[19]continētur Garumna[t] flumĭne,[s] Oceāno, finĭbus Belgārum ;
[20]attingit etiam ab Sequānis et Helvetiis flumen Rhenum :
vergit ad septentriōnes.   Belgae ab extrēmis [21]Galliae [22]finĭ-
bus oriuntur : pertĭnent ad inferiōrem partem flumĭnis[t]
20 Rheni : spectant in septentriōnem et orientem solem.   Aquitania a Garumna [23]flumĭne[u] ad Pyrenaeos montes et eam

H.—I. [a] Distinguish between *omnis, universus, cunctus*, and *totus*. V. n.
2. —[b] Dist. bet. *divido, dirimo, dispertio, distribuo*, and *partior*. V. n. 3. —
[c] 414 & 4. —[d] 429. —[e] 463, 3. —[f] 396, III. 2, 3), (2). —[g] 562 ; 565 & 1. —
[h] 391 & 1. —[i] 414, 2. —[j] Dist. bet. *reliqui* and *ceteri*. V. n. 14. —[k] Dist.
bet. *fere, ferme, paene*, and *prope*, V. n. 15. —[l] 414, 3. —[m] 425, 2 & 2). —
[n] 449, II. —[o] 449, 1 & 1). —[p] 452. —[q] 395 ; 396, I. —[r] 545. —[s] 363. —
[t] 414 & 2. —[u] Dist. bet. *flumen, fluvius*, and *amnis*. V. n. 24.
A. & S.—I. [a] V. R. H.—[b] V. R. H.—[c] 247, 3. —[d] 250, 1.—[e] 209,
R. 12, (2).—[f] 212, R. 2.—[g] 275, II. & R. 2.—[h] 222, R. 1.—[i] 247, 1.—
[j] 205, R. 17 ; 233, R. 1.—[k] V. R. H.—[l] 247, 2.—[m] 251.—[n] 208, R. 37.—
[o] 208, R. 37, (6), (a).—[p] 135, R. 1.—[q] 211, & R. 1. What kind of genitive ? —[r] 239 ; 272. —[s] 248, II.—[t] 204. —[u] V. R. H.

partem Oceăni, quae est [24]ad Hispaniam, pertĭnet: spectat inter occāsum solis et septentriōnes.

II. Apud Helvetios longe nobilissĭmus fuit et ditissĭmus Orgetŏrix. Is, M. [1]Messăla et M. Pisōne[a] consulĭbus, [2]regni[b] cupiditāte[c] inductus conjuratiōnem nobilitātis fecit et [3]civitāti[d] 5 persuāsit, [4]ut de finibus suis cum omnibus copiis [5]exirent[e]: perfacile esse,[f] quum virtūte[g] omnĭbus[h] praestārent,[i] totīus Galliae imperio[j] potīri. [6]Id hoc facilius eis persuāsit, quod[k] undĭque [7]loci natūra Helvetii continentur: [8]una ex parte flumĭne Rheno, latissĭmo atque altissĭmo, qui agrum Helve- 10 tium a Germānis divĭdit; [9]altĕra ex parte monte Jura[l] altis- sĭmo, qui est inter Sequănos et Helvetios; [10]tertia lacu Le- manno[l] et flumĭne Rhodăno,[l] qui provinciam nostram ab Helvetiis divĭdit. [11]His rebus fiēbat,[m] ut et [12]minus late vagarentur[n] et minus facĭle finitĭmis bellum inferre possent; 15 qua de caussa homĭnes [13]bellandi[o] cupĭdi magno dolōre[p] affi- ciebantur.[m] Pro [14]multitudĭne [15]autem homĭnum et pro [16]gloria belli atque [17]fortitudĭnis[s] angustos se[q] fines habēre arbitrabantur,[m] qui in longitudĭnem milia[r] passuum[s] CCXL, in latitudĭnem CLXXX patēbant.[m] 20

III. His rebus adducti et auctoritāte Orgetorĭgis permōti constituērunt ea, [1]quae ad [2]proficiscendum[a] pertinērent,[b] com- parāre[c]: [3]jumentōrum[d] et carrōrum [4]quam maxĭmum numĕrum coëmĕre[e]; sementes quam maxĭmas facĕre,[c] ut in itinĕre

H. — II. [a]430; 431, 2. — [b]396, II. — [c]414, 2, 3), (2). — [d]385. — [e]489, I.; 492. Why plural? — [f]558, VI. 2. Subject acc.? — [g]414, 2. — [h]386. — [i]518, I. — [j]419, I. — [k]520, I. — [l]414, 2. — [m]468. — [n]489; 495 & 2. — [o]563, 2). — [p]419, 2, 1). — [q]449, II. — [r]378. — [s]396, 2, 2). — [t]Dist. bet. virtus, fortitudo, &c. V. n. 17.

III. [a]565 & 1. — [b]500 & 2. — [c]552, 1. — [d]Dist. bet. proficiscor, iter facio, and peregrinor. V. n. 2: also bet. pecus, jumentum, armentum, and grex. V. n. 3.

A. & S. — II. [a]257, R. 7, (a). — [b]211. — [c]247, R. 2, (b). — [d]223, R. 2. — [e]262. Why plural? — [f]273, 3, (a). Subject acc.? — [g]247, 1. — [h]224 & R. 5. — [i]263, 5, & R. 1. — [j]245, I. — [k]273, 5. — [l]248, II. — [m]145, II. — [n]262, R. 3. — [o]275, I., R. 1, & III., R. 1, (2). — [p]249, I. — [q]208, R. 37, (a) — [r]236. — [s]212, R. 2. — [t]V. R. H.

III. [a]275, I., R. 3, & III., R. 3. — [b]264, 1, (a). — [c]271. — [d]V. R. H

copia frumenti suppetĕret; cum proxĭmis civitatĭbus pacem
et amicitiam confirmāre.[c]   Ad eas res eonficiendas[a] biennium
sibi satis esse duxērunt: in tertium annum profectiōnem lege[f]
confirmant.   Ad eas res eonficiendas Orgetŏrix [a]deligĭtur.[g]
5 Is sibi[h] legatiōnem [i]ad civĭtātes [c]suscēpit.   In eo itinĕre persuādet Castĭco,[i] Catamantalēdis filio, Sequāno, cujus pater
[a]regnum in Sequānis multos annos[j] obtinuĕrat et a senātu
popŭli Romāni amīcus[k] appellātus erat, [a]ut regnum in civitāte
sua oceupāret,[l] quod pater ante habuĕrat; itemque Dumnorĭgi[i]
10 Aeduo, fratri Divitiāci, qui eo tempŏre[m] [10]principātum[a] in
civĭtāte obtinēbat[n] ac maxĭme plebi [11]acceptus[p] erat, ut idem
conarētur,[l] persuādet eīque filiam suam in matrimonium dat.
[12]Perfacĭle factu[q] esse[r] illis probat conāta perficĕre,[s] propterea
quod ipse suae civitātis imperium obtentūrus [13]esset[t]: non
15 esse[r] dubium, quin [14]totīus Galliae[u] plurĭmum Helvetii
possent[v]: se suis [15]copiis suōque exercĭtu illis [16]regna concil-
iatūrum confirmat.   Hac oratiōne adducti inter se fidem et
jusjurandum dant et, [16]regno occupāto,[w] per [17]tres potentissĭmos
ac firmissĭmos popŭlos totīus[x] Galliae[y] sese potīri posse
20 sperant.

IV.   [1]Ea res ut est Helvetiis per indicium enunciāta, morĭ-
bus[a] suis Orgetorĭgem [2]ex vincŭlis caussam dicĕre coēgērunt.
[3]Damnātum[b] poenam[c] sequi [4]oportēbat,[d] ut igni cremarētur.

H. — III. [a]562 & 1. — [f]414 & 4. — [g]Dist. bet. deligo and eligo. V. n.
5. — [h]386. — [i]385. — [j]378. — [k]362 & 2, 2). — [l]489, I.; 492; 558, VI. —
[m]496. — [n]468. — [o]Dist. bet. imperium, principatum, and regnum. V. n.
10. — [p]Dist. bet. gratus, jucundus, and acceptus. V. n. 11. — [q]570 & 1.
— [r]551 & I. 2. — [s]548; 549, 2; 545. — [t]520, II.; 480; 481, IV. & 2;
228; 230. — [u]396, 2, 3), (3). — [v]498 & 3. — [w]430; 431, 2. — [x]V. I. n. 2.
— [y]409, 3.
IV. [a]414 & 2. — [b]578, III. — [c]545. — [d]468. Dist. bet. necesse est,
oportet, opus est, and debeo. V. n. 4.
A. & S. — III. [a]275, II. — [f]247, 3. — [g]V. R. H. — [h]224. — [i]223, R.
2. — [j]236. — [k]210. — [l]273, 2; 258, 2, R. 1, (a). — [m]253. — [n]145, II. —
[o]V. R. H. — [p]V. R. H. — [q]276, III. — [r]272. — [s]269, R. 3 — [t]266,
[?] 258, 2, R. 1; 162, 14. — [u]212, R. 2. — [v]262, R. 10. — [w]257, & R, 1. —
[x]V. R. H. — [y]220, 4.
[1]V. [a]249, II. — [b]274, 3. — [c]239; 273, 4 — [d]145, II. 2; V. R. H.

Die[e] constituta [f]caussae[f] dictiōnis[f] Orgetŏrix ad judicium
omnem suam familiam, [g]ad homĭnum milia decem undĭque
coēgit, et omnes clientes obaeratosque suos, quorum magnum
numĕrum habēbat,[d] [f]eōdem conduxit: per[g] eos, [g]ne caussam
dicĕret, se eripuit.   Quum civĭtas, ob eam rem incitāta, armis s
[g]jus suum exsĕqui conarētur, multitudinemque homĭnum ex
agris magistrātus cogĕrent, Orgetŏrix mortuus est; neque
abest suspicio, ut Helvetii arbĭtrantur, quin ipse sibi[i] mortem
consciverīt.[h]

V.   Post ejus mortem nihĭlo[a] minus Helvetii id, quod 10
constituĕrant,[b] facĕre conantur,[c] [1]ut e finĭbus suis exeant.
Ubi jam se ad eam rem parātos esse arbitrāti sunt,[d] oppĭda
sua omnia, [2]numĕro[e] ad duodĕcim, vicos ad quadringentos,
reliqua[f] [5]privāta [4]aedificia[g] [5]incendunt,[h] frumentum omne,
[6]praeterquam quod secum portatūri erant,[i] combūrunt,[c] ut, 15
[7]domum[j] reditiōnis spe[k] sublāta, paratiōres ad omnia pericŭla
subeunda[l] essent: [8]trium mensium[p] molīta cibaria sibi[m]
quemque[n] domo[j] efferre jubent.   Persuādent Raurācis et
Tulingis et Latobrigis finitĭmis, uti, eōdem usi consilio,[o] oppĭdis suis vicisque exustis, una cum [9]iis[q] proficiscantur; 20
Boiosque,[r] qui trans Rhenum incoluĕrant et in agrum Norĭ-
cum transiĕrant Noreiamque oppugnārant, [10]receptos ad se
socios[r] sibi adsciscunt.

VI.   Erant[a] omnino itinĕra duo, [1]quibus itinerĭbus domo

H. — IV. [a]190 & Exc.; 426. — [f]395. — [g]414, 5, 1). — [h]498, 3 & 1).
— [i]384 & II.

V. [a]418. — [b]472. — [c]467, III. — [d]471, II. — [e]429. — [f]Dist. bet. reliqui and ceteri. V. Chap. I. n. 14. — [g]Dist. bet. aedificium, domus, and
aedes.   V. n. 4. — [h]Dist. bet. accendo, incendo, inflammo, comburo, and
cremo, V. n. 5. — [i]228; 230. — [j]379 & 3, 1). — [k]430. — [l]565 & 1. —
[m]384. — [n]545. — [o(2)]424, 2. — [p]419, I. — [q]395. — [r]Explain iis.   V. n. 9.
— [r]373 & 1.

VI.   [a]Explain the several imperfs. in this Chapter.

A. & S. — IV. [a]90, 1; 253. — [f]211. — [g]247, R. 4. — [h]262, R. 10. — [i]223.
V. [a]256, R. 16. — [b]145, V. — [c]145, I. 3. — [d]259, R. 1, (2), (d). —
[e]250, 1. — [f]V. R. H. — [g]V. R. H. — [h]V. R. H. — [i]162, 14. — [j]237, N. (b). —
[k]257. — [l]275, II. & III., R. 3. — [m]223. — [n]273, N. 4, (d). — [o(2)]255, R. 1.
— [p]245, I. — [q]211, R. 12. — [r]208, R. 37, (6), (c). — [r]230, R. 2.

VI.   [a]V. R. H.

exīre possent[b] : unum per Sequănos, angustum et difficīle, inter montem[c] Juram et flumen[c] Rhodănum, vix [2]qua singūli carri ducerentur,[b] mons [3]autem altissĭmus impendēbat, ut facĭle perpauci prohibēre possent[d] : altĕrum per provinciam nostram, 5 multo[e] facilius atque expeditius, propterea quod inter fines Helvetiōrum et Allobrŏgum, qui [4]nuper pacăti erant, Rhodă- nus fluit isque nonnullis locis[f] vado[g] transītur. Extrēmum oppĭdum Allobrŏgum est proximumque Helvetiōrum finĭbus,[h] Genēva. Ex eo oppĭdo pons ad Helvetios [5]pertĭnet. Allo- 10 brogĭbus sese vel persuasūros,[i] quod nondum [6]bono anĭmo[j] in popŭlum Romānum [7]viderentur,[k] existimābant, vel vi coac- tūros,[l] ut per suos fines eos[l] ire paterentur. Omnĭbus rebus ad profectiōnem comparătis, diem dicunt, qua die[m] ad ripam Rhodăni omnes conveniant[p] : is dies erat [8]a. d. v. Kal.[n] Aprīlis, 15 L. Pisōne,[o] A. Gabinio[o] consulĭbus.

VII. Caesări quum id nunciātum esset,[a] eos per [1]provin- ciam nostram iter facĕre[b] conāri, matūrat[c] ab [2]urbe proficisci,[b] et, [3]quam[d] maxĭmis potest itinerĭbus,[e] in [4]Galliam ulteriōrem contendit, et ad[f] Genēvam pervĕnit : [5]provinciae[g] toti quam 20 maxĭmum potest milĭtum numĕrum[h] impĕrat ; (erat omnīno in Gallia ulteriōre legio una ;) pontem, qui erat ad Genēvam, [6]jubet[i] rescindi.[j] Ubi de ejus adventu Helvetii [7]certiōres facti sunt,[k] legātos ad eum mittunt nobilissĭmos civitatis,[l]

H. — VI. [b]501, I. — [c]363. — [d]489, I. ; 494. — [e]418. — [f]422, 1 & 1). — [g]414 & 4. — [h]391 & 1. — [i]Sc. esse. 551, I. & 1. — [j]428 & 1, 2). — [k]520, II. — [l]Why not se? V. n. 9, Chap. V. last part. — [m]120, Exc. ; 426. — [n]708 & 1 & 2. — [o]430. — [p]500 & 1.

VII. [a]481, IV. & 2. — [b]Dist. bet. iter facere and its syn. V. III. n. 2. — [c]467, III. — [d]444, 3, 2). — [e]414, 3. — [f]379, 1, 1). — [g]384. — [h]371. — [i]Dist. bet. jubeo, impero, praecipio, and mando. V. n. 6. — [j]551, II. 1. — [k]417, II. — [l]396, 2, 3), (2).

A. & S. — VI. [b]264, 1, (a) & (b). — [c]204. — [d]262. — [e]256, R. 16. — [f]254, R. 2, (b). — [g]255, 2. — [h]222, R. 1. — [i]270, R. 3. — [j]211, R. 6. — [k]266, 3. — [l]208, R. 37, (6), (c). V. n. 9, Chap. V. — [m]90, 1 ; 253. — [n]326, 2, (1), (2). — [o]257, R. 7. — [p]264, 5.

VII. [a]V. R. H. — [b]V. R. H. — [c]145, I. 3. — [d]127, 4. — [e]247, 2. — [f]237, R. 2, (a). — [g]223, R. 2. — [h]223, R. 2, (1), (b). — [i]V. R. H. — [j]273, 2, (d). — [k]259, R. 1, (2), (d) — [l]212, R. 2 ; 205, R. 12, (c).

cujus legatiōnis Nameius et Verudoctius princĭpem locum
obtinēbant, [8]qui dicĕrent,[m] sibi[n] [9]esse in anĭmo, sine ullo maleficio iter per provinciam facĕre,[o] propterea quod aliud iter
habērent nullum : [10]rogāre, ut ejus voluntāte[p] id sibi[q] facĕre
liceat. Caesar, quod memōria[r] tenēbat, L. Cassium[s] consŭlem 5
[11]occĭsum exercitumque ejus ab Helvetiis pulsum et sub
[12]jugum missum, concedendum non putābat; neque homĭnes
inimīco anĭmo,[t] data[u] facultāte per provinciam itinĕris[v] faciundi,[w] temperatūros ab injuria et maleficio existimābat; tamen,
ut spatium intercedĕre posset, dum milites, quos imperaverat, 10
convenīrent,[x] legatis respondit, [13]diem se ad deliberandum
sumptūrum : [14]si quid[y] vellent, ad Idus Aprĭlis reverterentur.[z]

VIII. Interea ea legiōne,[a] quam secum habēbat,[b] militibusque,[c] qui ex provincia convenĕrant,[e] a lacu Lemanno, [1]qui
in[d] flumen Rhodănum influit, [2]ad montem Juram, qui fines 15
Sequanōrum ab Helvetiis divĭdit,[e] [3]milia[f] passuum decem
novem [4]murum[g] in altitudĭnem pedum[h] sedĕcim fossamque
perdūcit[i]. Eo opĕre[j] perfecto, praesidia dispōnit, castella
[5]commūnit, quo facilius, si [6]se[l] invīto transīre conarentur, prohibēre [7]possit.[k] Ubi ea dies,[m] quam constituĕrat cum legātis, 20
venit, et legāti ad eum revertērunt, [8]negat, se more[n] et exem
plo[n] popŭli Romāni posse iter ulli per provinciam dare et, si
vim facĕre conentur, prohibitūrum[o] ostendit. Helvetii, [9]ea
spe[p] dejecti, [10]navibus[q] junctis ratibusque[q] complurĭbus factis,

---

H. — VII. [n]500. — [o]387. — [p]545 ; 549, 2. — [q]414, 2. — [s]384. —
[t]414 & 4. — [u]545. — [v]428. — [w]431, 2, 1). — [x]395. — [y]562 ; 563. — [z]522,
II. — [y]445 & 2. — [z]529.

VIII. [a]414. — [b]468. — [e]472. — [d]435, I. — [e]Dist. bet. *divido* and its
syn. V. 1, n. 3. — [f]378. — [g]Dist. bet. *murus, paries,* and *moenia.* V. n.
4. — [h]396, IV. — [i]467, III. — [j]430. — [k]489, I.; 497. — [l]431, 2, (2). —
[m]120, Exc. — [n]414, 2. — [o]551, L. 2. — [p]425, 2. — [q]430.

A. & S. — VII. [n]264, 5. — [o]226. — [o]269, R. 3. — [p]249, II. — [q]223.
— [r]247, 3. — [s]272; 239. — [t]211, R. 6. — [u]274, 3, (a). — [v]211. — [x]275,
II. ; 162, 20. — [x]263, 4, (1). — [y]137, R. (3). — [z]266, 2, R. 1, (a).

VIII. [a]247, R. 4, last part. — [b]145, II. — [c]145, V. — [d]235, (2). —
[e]V. R. H. — [f]236 — [g]V. R. H. — [h]211, R. 6. — [i]145, I. 3. — [j]257. —
[k]262, R. 9. — [l]257, R. 7. — [m]90, 1, & N. — [n]249, II. — [o]270, R. 3. —
[p]251. — [q]257.

[11]alii vadis[e] Rhodăni, quae mitĭma altitūdo flumĭnis erat, nonnunquam interdiu, saepius noctu, [12]si[f] perrumpĕre possent,
conāti, [13]opĕris munitiōne et milĭtum concursu et telis repulsi,
hoc conātu[g] [14]destitērunt.[u]

5 IX. Relinquebātur una per Sequănos [1]via,[a] qua, Sequănis[b]
invītis, propter angustias ire non potĕrant. His quum sua
[2]sponte persuadēre non possent,[c] legātos ad Dumnorĭgem
Aeduum mittunt,[d] ut, eo[b] deprecatōre, a Sequănis [3]impetrā-
rent.[e] Dumnŏrix [4]gratia[f] et largitiōne[f] apud Sequănos pluri-
10 mum potĕrat; et Helvetiis[g] erat amīcus,[h] quod ex ea civitāte
Orgetorĭgis filiam in matrimonium duxĕrat; et, cupiditāte
regni adductus, [5]novis rebus[i] studēbat, et quam[j] plurĭmas
civitātes suo sibi beneficio[k] habēre obstrictas volēbat. Itaque
rem suscĭpit et a Sequănis impĕtrat, ut per fines suos Helve-
15 tios ire patiantur; obsidesque uti [6]inter sese dent perfĭcit.
Sequăni, ne itĭnĕre[l] Helvetios prohibeant: Helvetii, ut sine
maleficio et injuria transeant.

X. Caesări [1]renuntiātur,[a] [2]Helvetiis[b] esse[c] in animo, per
agrum Sequanōrum et Aeduōrum iter in Santōnum fines
20 facĕre,[c] qui non longe a Tolosatium finĭbus absunt, quae[d]
civĭtas est in provincia. Id si fieret, intelligēbat, [3]magno cum
periculo provinciae[e] futūrum,[f] ut homines bellicōsos,[f] popŭli[h]

H.— VIII. [r]414, 4.—[s]Explain *qua*. V. VI. n. 2.—[t]525 & 1.—
[u]Dist. bet. *desino* and *desisto*. V. n. 13.

IX. [a]Dist. bet. *iter, via, trames, semita,* and *callis*. V. n. 1.—[b]430.—
[c]518, II. 1; 481, IV. 2.—[d]467, III.—[e]489, I.; 481, IV. 2.—[f]414.—
[g]391 & 1.—[h]Noun or adj.?—[i]384 & I.—[j]444, 3, 2).—[k]414.—[l]425 & 2, 2).

X. [1]What is *re-nuntiare*? V. n. 1. Subject of it?—[b]387.—[c]549, 1.
What case is *esse*?—[d](2) 549, 2. What case is *facere*?—[e]445, 4.—[f]396,
II.—[g]551, I. 1. Sub.?—[h]323.—[i]395. Dist. bet. *adversarius, hostis,* and
inimicus. V. n. 5.

A. & S.— VIII. [r]255, 2.—[s]V. R. H.—[t]265; 196, 11, R. (e).—
[u]V. R. H.

IX. [a]V. R. K.—[b]257, R. 7.—[c]263, 5; 258, I., R. 1, (a).—[d]145, I
3.—[e]262; 258, I., R. 1, (a).—[f]247, 1, (2).—[g]222, R. 1.—[h]V. R. H.—
[i]223, R. 2.—[j]127, 4.—[k]248, II.—[l]251.

X. [a]209, R. 3, (5); 202, III., R. 2.—[b]226.—[c]269, (b). What case is
facere?—[d]206, (8).—[e]211, & R. 2, & 12.—[f]239, R. 4. Sub.?—[g]126,
4.—[h]211. V. R. H.

Romāni [5]inimīcos [6]locis[i] patentĭbus maximēque frumentariĭs [7]finitĭmos[j] habēret. Ob eas [7]caussas ei [8]munitiōni,[k] quam fecērat, T. Labiēnum legātum praefēcit: ipse in [9]Italiam magnis itinerĭbus contendit, duasque ibi legiōnes conscrĭbit, et tres, quae circum Aquilēiam hiemābant, ex hibernis edūcit, [5] et, qua [10]proxĭmum iter in ulteriōrem Galliam per Alpes ěrat, cum his quinque legionĭbus ire contendit. Ibi Centrōnes et Graiocěli et Caturīges, locis superiorĭbus occupātis, itiněre exercĭtum prohibēre conantur. Complurĭbus his[l] proeliis[m] pulsis, ab Ocělo, quod est citeriōris provinciae extrēmum, in [10] fines Vocontiōrum ulteriōris provinciae[n] die septĭmo pervěnit: inde in Allobrŏgum fines, ab Allobrogĭbus in Segusiānos exercĭtum ducit. Hi sunt extra provinciam trans Rhodănum primi.

XI. Helvetii jam[a] per angustias et fines Sequanōrum suas [15] copias traduxěrant, et in Aeduōrum fines perveněrant eorumque agros [1]populabantur.[b] Aedui, quum se [2]suǎque ab iis defendĕre non possent, legātos ad Caesărem mittunt rogā-tum[c] auxilium: [3]ita se[d] [4]omni tempŏre de popŭlo Romāno merĭtos esse, ut paene[e] in conspectu exercĭtus nostri agri vas-[20] tāri,[b] liběri eōrum[f] in servitūtem abdūci, oppĭda expugnāri non [4]debuěrint.[g] Eōdem tempŏre [6]Aedui Ambarri, [7]neces-sarii[h] et consanguinei Aeduōrum, Caesărem [8]certiōrem faciunt, sese, depopulātis agris, non facĭle ab oppĭdis vim hostĭum prohibēre. Item Allobrŏges, qui trans Rhodănum vicos pos-[25] sessionesque habēbant, fuga se ad Caesărem recipiunt et

---

H.—X. [1]391 & 1.—[j]Dist. bet. *vicinus, finitimus,* and *confinis.* V. n. 6.—[k]386.—[l]430.—[n]414, 2.—[a]396, IV.

XI. [a]304, II.—[b]Why imperf.? Dist. bet. *populor, vasto, diripio,* and *spolio.* V. n. 1.—[c]569.—[d]545.—[e]Dist. bet. *paene* and its syn. V. I. n. 15.—[f]Why not *sui?* V. V. n. 9.—[g]482, 3.—[h]Dist. bet. *necessarius, propinquus, cognātus, consanguineus,* and *affinis.* V. n. 7.

A. & S.—X. [i]222, R. 1.—[j]V. R. H.—[k]224.—[l]257.—[m]247, 1. —[n]211, R. 8, (5).

XI. [a]191, II.—[b]Why imperf.? V. R. H.—[c]276, II.—[d]272; 270, R. 2, (b).—[e]V. R. H.—[f]Why not *sui?* V. R. H.—[g]V. R. H.—[h]V. R. H.

[9]demonstrant, [10]sibi[i] praeter agri solum nihil esse relīqui.[j] Quibus[k] rebus adductus Caesar [11]non exspectandum sibi[l] statuit, dum, omnĭbus fortūnis sociōrum consumptis, in Santŏnos Helvetii pervenīrent.[m]   •

5 XII. [1]Flumen est Arar, quod[a] per fines Aeduōrum et Sequanōrum in Rhodānum influit incredibĭli lenitāte,[b] ita ut ocūlis, [2]in utram[c] partem fluat,[d] judicāri non possit.[e] Id Helvetiī, ratĭbus ac lintrĭbus junctis, transībant.[f] Ubi per exploratōres[g] Caesar certior factus est, tres jam partes copi-
10 ārum Helvetios[i] id [3]flumen[h] traduxisse, quartam vero partem citra flumen Arărim relĭquam esse, [4]de tertia vigilia cum legionĭbus tribus e castris profectus,[j] ad eam partem pervēnĭt, quae nondum flumen[k] transiĕrat. Eos impedītos et inopinantes aggressus, magnam eorum partem concīdit: relĭqui[l]
15 sese fugae mandārunt atque in proxĭmas silvas [5]abdidērunt.[m] Is pagus appellabātur[n] Tigurīnus, nam omnis civĭtas Helvetia in quattuor pagos divīsa est.[n] Hic pagus unus, quum domo exisset, patrum nostrōrum memoria[o] L. Cassium consŭlem interfecĕrat et ejus exercĭtum [6]sub jugum misĕrat. Ita sive
20 casu sive consilio deōrum immortalium, [7]quae pars[p] civitātis Helvetiae insignem calamitātem popŭlo Romāno intulĕrat, ea [8]princeps[q] poenas persolvit. Qua in re Caesar non solum publĭcas, sed etiam privātas injurias ultus est, [9]quod ejus socĕri L. Pisōnis avum, L. Pisōnem legātum, Tigurīni eōdem
25 proelio, quo Cassium, interfecĕrant.

H. — XI. [i]387. —[j]391, III. 2, 1). —[k]453. —[l]388 & I. —[m]521, I.
XII. [a]445. —[b]414, 3. —[c]454, 2. —[d]525. —[e]494. —[f]468. —[g]414, 5, 1). —[h]374, 6. —[i]545. —[j]Dist. bet. *proficiscor* and its syn. V. III. n. 2. —[k]371, 4, 1). —[l]Dist. bet. *reliqui* and *ceteri*. V. I. n. 14. —[m]Dist. bet. *occulto, abdo, condo, absconde,* and *recondo.* V. n. 5. —[n]468. —[o(?)]471, I. —[o]426 & 1. —[q]443. Dist. bet. *princeps* and *primus.* Ec. Cic., XXIII. n. I.
A. & S. — XI. [i]226. —[j]212, R. 3, N. 3. —[k]206, R. 19, (17). —[l]225, III.; 162, 15. —[m]263, 4.
XII. [a]206, (9). —[b]247, 2. —[c]212, R. 2, N. 1, (b). —[d]265. —[e]262. —[f]145, II. —[g]247, R. 4. —[i]239. —[h]233, (1). —[j]V. R. H. —[k]233, (3). —[l]V. R. H. —[m]V. R. H. —[n]145, II. & IV. —[o]253. —[p]206, R. 19, (3) & (a). —[q]205, R. 15, (b). V. R. H.

XIII. Hoc proelio facto, relĭquas copias Helvetiōrum ut [1]consĕqui posset, pontem [2]in Arăre faciendum[a] curat, atque ita exercĭtum tradūcit. Helvetii, repentīno ejus adventu[b] commōti, quum id, quod ipsi diēbus viginti aegerrĭme confecērant, [3]ut flumen transīrent, uno illum[c] die fecisse intelli- 5 gĕrent,[d] legātos ad eum mittunt; cujus legatiōnis Divĭco princeps fuit, qui [4]bello[e] Cassiāno dux Helvetiōrum fuĕrat. Is ita cum Caesăre [5]agit: si pacem popŭlus Romănus cum Helvetiis facĕret,[f] in eam partem itūros[g] atque ibi [6]futūros[g] Helvetios, ubi eos Caesar [7]constituisset[f] atque esse voluisset[f]; 10 [8]sin bello persĕqui[h] perseverāret, [9]reminiscerētur[i] et [10]vetĕris incommŏdi[k] popŭli Romāni et [11]pristīnae[j] virtūtis[k] Helvetiōrum. Quod[l] improvīso unum pagum [12]adortus esset,[f] quum ii, qui flumen transissent, suis auxĭlium ferre non [13]possent,[m] ne ob [14]eam rem aut [15]suae magnopĕre virtūti tribuĕret[i], aut 15 ipsos [16]despicĕret[i]: se ita a patrĭbus majoribusque suis didicisse, [17]ut magis virtūte,[n] quam dolo[n] contendĕrent aut insidiis[o] niterentur. [18]Quare ne committĕret,[l] ut is locus, ubi constitissent, ex calamitāte popŭli Romāni et internecĭōne exercĭtus nomen capĕret aut memoriam prodĕret. 20

XIV. [1]His Caesar ita respondit: eo[a] sibi minus[b] dubitatiōnis[c] [2]dari, quod eas res, quas legāti Helvetii commemorassent,[d] [3]memoria tenēret[d]; atque [4]eo[a] gravius ferre, quo[a] minus merĭto[a] popŭli Romāni accidissent: [5]qui si alicūjus injuriae[f] sibi[g] conscius fuisset, non fuisse[h] difficĭle [6]cavēre[i]; sed eo 25 [7]deceptum, quod neque [8]commissum a se intelligĕret, quare

---

H.—XIII. [a]551, II. 1.—[b]414, 2, 3), (2).—[c]545.—[d]518, II. 1.—[e]426 & 1.—[f]531; 533, 2, 1).—[g]530, I.; 533, 2, 2).—[h]552, 1.—[i]530, II. —[j]Dist. bet. *antiquus, vetus, priscus, vetustus,* and *pristinus.* V. n. 11.—[k]406, II.—[l]554, IV., last sentence.—[m] Why imperf.?—[n]414 & 4.—[o]419, II.

XIV. [a]414 & 2.—[b]545.—[c]395; 396, III. 2, 3), (3).—[d]528; 529.—[e]418.—[f]399, 2, 2), (2).—[g]391 & 5.—[h]530, I.—[i]549, 2; 545.

A. & S.—XIII. [a]270, R. 3; 274, R. 7.—[b]247, 1, R. 2, (b).—[c]239. —[d]253, 5.—[e]253, & N. 1.—[f]266, 2.—[g]266, 2; 270, R. 3.—[m]266, 2, R. 4.—[h]271.—[i]266, 2, R. 1, (a).—[j] V. R. H.—[k]216.—[l]206, (14).— [m] V. R. H.—[n]247, 3.—[o]245, II. 1.

XIV. [a]247, 1.—[b]239.—[c]212.—[d]266, 2.—[e]256, R. 16, & (2).— [f]213.—[g]222, R. 1.—[h]266, 2.—[i]269, (b). Case?

8

timēret, neque sine caussa [8]timendum putāret. Quod[j] si ve-
tēris contumeliae[k] oblivisci vellet, [10]num etiam recentium
injuriārum, quod,[l] [11]eo invīto,[m] iter per provinciam per vim
tentassent, quod Aeduos, quod Ambarros, quod Allobrŏgas[o]
5 vexassent, memoriam deponĕre posse[n] ? – [12]Quod sua victoria[p]
tam insolenter gloriarentur quodque tam diu se impūne injurias
tulisse admirarentur, eōdem pertinēre ; consuesse[q] enim déos
immortālés, quo gravius homĭnes ex [13]commutatiōne rerum
doleant,[r] quos pro scelĕre eōrum ulcisci velint,[d] his [14]secun-
10 diōres interdum res et diuturniōrem impunitātem concedĕre.

[15]Quum ea ita sint, tamen, si obsĭdes ab [16]iis sibi dentur, uti ea,
quae polliceantur, [17]factūros[s] intellĭgat, et si Aeduis de injuriis,
quas [18]ipsis[n] sociisque eōrum intulĕrint, item si Allobrogĭbus
satisfaciant, sese cum iis pacem esse factūrum.[h]   Divĭco re-
15 spondit : ita Helvetios a majorĭbus[v] suis institūtos esse,[h] uti
obsĭdes accipĕre,[s] non dare[e] consuērint : ejus rei popŭlum
Romānum esse[h] testem.[w]   Hoc responso dato, discessit.

XV.   Postĕro die[a] castra ex eo loco [1]movent : idem facit
Caesar ; equitatumque omnem, ad numĕrum quattuor milium,
20 quem ex omni provincia et Aeduis atque eōrum sociis [2]coac-
tum[b] habēbat,[c] praemittit,[d] [3]qui[f] videant,[e] quas in partes
hostes iter faciant.[g]   Qui[h] [4]cupidius[i] novissĭmum [5]agmen[j]
insecūti [6]aliēno loco[k] cum equitātu Helvetiōrum proelium
committunt ; et pauci de[l] nostris[m] cadunt.   [7]Quo [8]proelio[n]

H. – XIV.   [j]453, 6. – [k] 406, II. – [l] What does *quod* explain ? – [m]430.
– [n]553, III. & 3. – [o]98. – [p]414 & 2. – [q]234. – [r]489, I. ; 497. – [s]552,
1. – [t]551, I. & 1. – [u] Why used ? – [v]414, 5. – [w]362.

XV.   [a]426. – [b]574. – [c]468. – [d]466, III. – [e]489, II. ; 500. – [f]445, 5.
– [g]525. – [h]453. – [i]444, 1. – [j] Dist. bet. *agmen, exercitus,* and *acies.* V.
n. 5. – [k]422, 1, 1). – [l]398, 4, 2). – [m]441, 1. – [n] Dist. bet. *pugna, proelium,* and *acies.* V. n. 8.

A. & S. – XIV.   [j]206, R. 19, (14). – [k]216. – [l]273, 5, & R. – [m]257,
R. 7. – [n]266, 2, R. 1, (c). – [o]85, Exc. 2. – [p]247, 1, (2). – [q]162, 7, (a).
– [r]262, R. 9. – [s]271. – [t]272. – [u] V. R. H. – [v]248, I. – [w]210, (b).

XV.   [a]253. – [b]274, R. 4. – [c]258, R. 1, (a). – [d] 145, L 3. – [e]258, 1. –
[f]206, (11), (a). – [g]264, 5. – [h]265. – [i]206, (17). – [j]256, R. 9, (a). – [k] V.
R. H. – [l]254, R. 2, (b). – [m]212, N. 4. – [n]205, R. 7, (1). – [o] V. R. H.

sublāti Helvetii, quod quingentis equitĭbus tantam multitudĭnem equĭtum propulĕrant, [9]audacius subsistĕre, nonnunquam
[10]ex novissĭmo agmĭne proelio[o] nostros[m] lacessĕre, coepĕrunt.
Caesar suos[m] a proelio continēbat ac [11]satis habēbat in praesentia, hostem rapĭnis,[p] pabulationĭbus[p] populationibusque[p] 5
prohibēre.[q] Ita dies[r] circĭter quindĕcim iter fecērunt, uti inter
novissĭmum hostium agmen et [12]nostrum primum non amplius
[13]quinis[s] aut senis[s] milĭbus[t] passuum interesset. 'μ

XVI. [1]Intĕrim[a] [2]quotidie[b] Caesar Aeduos[c] frumentum,[c]
quod essent[d] [3]publĭce pollicĭti, [3]flagitāre[e]; nam propter frigŏra,[f] 10
quod Gallia [4]sub septenttrionĭbus, [5]ut ante dictum est, posĭta
est, non modo frumenta in agris matūra non erant, sed ne
pabŭli quidem[g] satis magna copia [6]suppetēbat; eo [7]autem frumento,[h] [8]quod flumĭne Arăre navĭbus subvexĕrat, propterea
uti minus potĕrat, quod iter ab Arăre Helvetii avertĕrant, a 15
quibus discedĕre nolēbat. [9]Diem ex die ducĕre[e] Aedui: [10]con-
ferri, comportāri, adesse dicĕre.[e] Ubi se [11]diutius[i] duci intellexit et diem instāre, quo die [12]frumentum militĭbus metīri
oportēret,[j] convocātis eōrum princĭpĭbus, quorum magnam
copiam in castris habēbat, in his Divitiăco[k] et Lisco,[k] qui 20
[13]summo magistratui[l] praeĕrat, (quem Vergobrētum[m] appellant Aedui, [14]qui creătur annuus[n] et vitae necisque in suos
habet potestātem,) gravĭter eos accūsat, quod, quum neque
emi, neque ex agris sumi [15]posset,[o] tam necessario tempŏre,
tam propinquis hostĭbus,[p] ab iis non sublevētur[q]: praesertim 25

H. — XV. [a]414 & 4. — [p]425, 2 & 2). — [s]550. — [r]378. — [t]Why distributives? V. n. 13. — [q]178; 417.
XVI. [a]Dist. bet. *interim* and *interea.* V. n. 1. — [b]Dist. bet. *quotidie*
and *in singulos dies.* V. n. 2. — [c]374 & 1. — [d]501, I. — [e]545, 1. — [f]130, 2.
— [g]602, III. & 2. — [h]419, I. — [i]444, 1. — [j]531. — [k]430. Sc. *convocatis.*
— [l]386. — [m]373 & 1. — [n]443. — [o]518, II. — [p]431. — [q]590, II.
A. & S. — XV. [a]247, 3. — [p]251. — [s]270. — [t]286. — [q]V. R. H. —
[q]118, 6, (a); 256, 2.
XVI. [a]V. R. H. — [b]V. R. H. — [c]231. — [d]264, 1, (b). — [e]209, R. 5,
& N. 7. V. R. H. — [f]95, R. — [g]279, 3, (d). — [h]245, I. — [i]256, R. 9, (a).
— [j]266, 2. — [k]257. Sc. *convocatis.* — [l]224. — [m]230. — [n]205, R. 15, (a).
— [o]263, 5. — [p]257, R. 7. — [q]266, 3.

quum magna ex parte eōrum precĭbus adductus bellum sus-
cepĕrit, multo[r] etiam gravius, quod [16]sit destitūtus[q] querĭtur.

XVII. Tum demum Liscus oratiōne Caesăris adductus,
[1]quod[a] antea tacuĕrat, propōnit: esse[b] nonnullos,[c] quorum
5. auctorĭtas apud plebem [2]plurĭmum valeat[d]; qui [3]privătim plus
possint,[d] quam ipsi magistrātus. [4]Hos [5]seditiōsa atque imprŏ-
ba oratiōne multitudĭnem deterrēre, ne frumentum confĕrant[e];
quod [6]praestāre debeat, si jam principātum[f] Galliae obtinēre
non possent, Gallorum quam Romanōrum imperia[f] perferre;
10 neque dubitāre debeant, quin, si Helvetios superavĕrint[g]
Romāni, una cum relĭqua[h] Gallia Aeduis[i] libertātem sint erep-
tūri.[j] Ab [7]eisdem nostra consilia [8]quaeque in castris gerantur,
hostĭbus enunciāri: hos [9]a se coërceri non posse: quin etiam,[k]
quod [10]necessario rem coactus[l] Caesări enunciārit, [11]intelli-
15 gĕre[m] sese, quanto id cum pericŭlo fecĕrit,[n] et ob eam caussam,
quam diu potuĕrit,[d] tacuisse.[b] ⊢⊣

XVIII. Caesar hac oratiōne Lisci Dumnorĭgem, Divitiăci
fratrem, designāri sentiēbat, sed, quod [1]pluribus[a] praesentĭbus
eas res[b] jactāri nolēbat, celerĭter concilium dimittit,[c] Liscum
20 retĭnet[c]: quaerit[d] ex [2]solo ea, quae in conventu dixĕrat.
Dicit[e] liberius[f] atque audacius.[f] Eadem secreto ab aliis
quaerit[d]; repĕrit esse vera: [3]ipsum esse Dumnorĭgem, summa audacia,[g] magna apud plebem propter liberalitātem gratia,[g]
cupĭdum [4]rerum[h] novārum: complūris[h(3)] annos[i] [5]portoria

H.—XVI. [r]418.
XVII. [a]445, 6, 2); 371.—[b]551, I. 2; 530, I.—[c]585, ⊢—[d]531.—
[e]489, I.; 499, 1 & 2.—[f]Dist. bet. *principatus, imperium*, &c. V. III. n.
10.—[g]480; 481, I. 2.—[h]441, 6.—[i]386, 2.—[j]496, 3.—[k]310 & 1.—
[l]704, II.—[m]Dist. bet. *intelligo, sentio*, and *cognosco*. V. n. 11.—[n]525.
XVIII. [a]430.—[b]545.—[c]467, III.—[d]374, 3, 4).—[e]472.—[f]305.—
[g]428.—[h]399 & 2, 2).—[h(3)]154; 88, III.—[i]378.
A. & S.—XVI. [r]256, R. 16.
XVII. [a]206, R. 19, (4); 232, (2).—[b]272; 266, 2.—[c]277, I., R. 5,
(c).—[d]266, 2.—[e]262, R. 5.—[f]V. R. H.—[g]253, I. 1.—[h]205, R. 17.—
[i]222, 2; 224, R. 2.—[j]262, N. 7.—[k]198, 1, R. (d).—[l]323, 2, (a).—[m]V.
R. H.—[n]265.
XVIII. [a]257.—[b]239.—[c]145, I. 3.—[d]231, R. 4.—[e]145, V.—
[f]192, II. 1, & 2, Exc.; 194, 2.—[g]211, R. 6, & R. 8, (2).—[h]213.—
[h(3)]114, 2.—[i]236.

reliquaque omnia Aeduorum [a]vectigalia parvo pretio[c] [g]redempta[k] habēre, propterea quod, illo licente,[l] contra licāri · audeat nemo.[—]His rebus et suam rem familiārem auxisse et [e]facultātes ad largiendum magnas comparasse: magnum numērum equitātus suo [9]sumptu[m] semper [10]alēre[n], et circum se 5 habēre; neque solum domi,[o] sed etiam apud finitīmas civitātes [11]largĭter posse; atque hujus [12]potentiae[p] caussa matrem in . Biturigĭbus homini[q] illic nobilissĭmo ac potentissĭmo [12]collocasse; ipsum [14]ex Helvetiis uxōrem habēre; [15]sorōrem ex matre et propinquas[r] suas nuptum[s] in alias civitātes collocasse: 10 favēre et cupēre Helvetiis[t] propter eam affinitātem; odisse etiam [16]suo nomĭne[u] Caesărem et Romānos, quod eōrum adventu potentia ejus deminūta, et Divitiācus frater in antīquum locum gratiae atque honōris sit restĭtūtus.[v] Si quid [17]accĭdat[v] Romānis,[x] summam in spem per Helvetios[x] regni obtinendi[y] 15 venīre: [18]imperio[x(z)] popŭli Romāni non modo de regno, sed etiam de ea, quam habeat,[v] gratia desperāre:[t] [19]Reperiēbat[m] etiam [20]in quaerendo Caesar, [21]quod[bb] proelium equestre ad- · versum paucis ante diēbus[cc] esset factum, initium [22]ejus fugae factum[dd] a Dumnorĭge atque ejus equitĭbus, (nam equitatui, 20 [2]quem auxilio[ee] Caesări[ee] Aedui misĕrant, Dumnōrix praeĕrat,) eōrum fuga relĭquum[ff] esse[dd] equitātum perterrĭtum. · ·

XIX. Quibus[a] rebus cognĭtis, quum ad has suspiciōnes [1]certissĭmae res accedĕrent, quod[b] per fines Sequanōrum Hel-

H. — XVIII. [j]416. — [k]574. — [l]430. — [m]Dist. bet. *sumptus* and *impensae.* V. n. 9. — [n]Dist. bet. *alo, nutrio,* and *nutrico.* V. n. 10. — [o]424, 2. — [p]Dist. bet. *potentia, potentatus, potestas, vis,* and *robur.* V. n. 12. — [q]384 & II. — [r]Dist. bet. *necessarius, propinquus,* &c. V. II. n. 1. — [s]569. — [t]385. — [u]414, 2. — [v]531. — [v]Dist. bet. *accido, evenio, contingo,* &c. V. · n. 17. — [x]414, 5, 1). — [y]562; 563. — [z]386. — [x(z)]426, 1. — [aa]Dist. bet. *invenio, reperio,* &c. V. n. 19. — [bb]554, IV., last sentence. — [cc]418 & 2; [dd]27. — [dd]551, I. 1. — [ee]390 & 1, 2). — [ff]441, 6.

XIX. [a]453. — [b]554, IV. What does *quod* explain?

A. & S. — XVIII. [j]252 & R. 3. — [k]274, R. 4. — [l]257. — [m]V. R. H. — [n]V. R. H. — [o]221, R. 3. — [p]V. R. H. — [q]223, & N. — [r]V. R. H. — [s]276, II. — [t]223, R. 2. — [u]247, 1. — [v]266, 2. — [v]V. R. H. — [x]247, R. 4. — [y]275, II. — [z]224. — [x(z)]257, R. 9, (2). — [aa]V. R. H. — [bb]206, (14). — [cc]253, R. 1. — [dd]272; 270, R. 3. — [ee]227. — [ff]205, R. 17.

XIX. [a]206, (17). — [b]273, 5, & R.

vetios traduxisset,° quod[b] obsĭdes inter eos dandos[d] curasset,°
quod[b] ea omnia non modo [2]injussu° suo et civitātis, sed etiam,
inscientĭbus ipsis,[f] fecisset,° quod[b] a magistrātu Aeduōrum ac-
cusarētur,° satis esse caussae[g] arbitrabātur, quare in eum aut
5 ipse animadvertĕret[h] aut civitātem animadvertĕre jubēret.[i][H]
His omnĭbus rebus[i] [3]unum repugnābat, quod[b] Divitiăci fratris
summum in popŭlum Romānum [4]studium, summam in se
[4]voluntātem, egregiam fidem, justitiam, temperantiam cog-
novĕrat; nam ne[j] ejus supplicio° Divitiăci anĭmum offendĕret,
10 verebātur. Ităque prius quam quicquam conarētur,[k] Divitiăcum ad se vocāri[l] jubet,[m] et, quotidiānis interpretĭbus
remōtis, per[n] C. Valerium Procillum, [5]princĭpem° Galliae
provinciae, familiārem° suum, [6]cui[p] summam omnium rerum
fidem habēbat, cum eo ĉolloquĭtur[m]: simul commonefăcit,[m]
15 quae ipso praesente in concilio Gallorum de Dumnorĭge sint
dicta[h] et ostendit,[m] quae separātim quisque de eo apud se
dixĕrit.[h] Petit[m] atque hortātur,[m] ut [7]sine ejus offensiōne
anĭmi vel [8]ipse de eo, [9]causa cognĭta, statuat,[q] vel civitātem
statuĕre jubeat.[q]
20　XX. Divitiăcus multis cum lacrĭmis Caesărem complexus
[1]obsecrāre[a] coepit, ne quid[b] gravius° in fratrem statuĕret:
[2]scire se, [3]illa esse vera, nec quemquam[d] [4]ex eo plus, quam
se, dolōris° capĕre, propterea quod, quum [5]ipse gratia plurĭmum domi[f] atque in relĭqua[g] Gallia, [6]ille minĭmum propter

---

H.—XIX. °520, II.—[d]551, II. 1.—°414, 2, 3).—[f]430.—[g]396,
III. 2, 4), (1).—[h]525. Dist. bet. *jubeo, impero, praecipio*, and *mando*. V.
VII. n. 6.—[i]385.—[j]492, 4, 1) —°[(2)]414, 2.—[k]523, II. & 2.—[l]551,
II. 1.—[m]467, III.—[n]414, 5, 1).—°363.—[p]384 & II.—[q]492 & 2.

XX. [a]Dist. bet. *rogo, oro, obsecro, obtestor, precor*, and *supplico*. V. n. 1.
—[b]455, 2.—°444, 1.—[d]457.—°396, III. 2, 3), (3).—[f]424, 2.—
[g]441, 6.

A. & S.—XIX. °266, 3.—[d]274, R. 7, (a).—°247, R. 2.—[f]257,
R. 7, (a).—[g]212, R. 4.—[h]265; V. R. H.—[i]223, R. 2.—°[(2)]247, 1.—
[j]262, R. 7.—[k]263, 3; 258, R. 1, (a).—[l]273, 2, (d).—[m]145, I. 3.—
[n]247, R. 4.—°204.—[p]223.—[q]262.

XX. °V. R. H.—[b]138.—°256, R. 9, (a).—[d]207, R. 31.—°212.—
[f]221, R. 3.—[g]205, R. 17.

adolescentiam posset,[i] per 'se[k] crevisset,[l] quibus opibus ac
nervis non solum ad minuendam gratiam, sed paene[j] ad perniciem suam "uterētur[l]; sese tamen et amōre fraterno et
existimatiōne vulgi commovēri.   Quod[k] si quid[b] ei a Caesāre
gravius accidisset, [9]quum ipse eum locum amicitiae apud eum   5
tenēret, [10]nemĭnem[l] existimatūrum,[m] non[l] sua voluntāte[n] factum[m]; qua ex re futūrum,[m] uti totīus Galliae anĭmi a se
averterentur.   Haec quum plurĭbus verbis flens a Caesāre
petēret, Caesar ejus dextram prendit: consolātus rogat finem
orandi faciat[o]: tanti[p] ejus apud se gratiam esse ostendit, uti   10
et [11]reipublĭcae injuriam et suum dolōrem ejus voluntāti[q] ac
precĭbus[q] condōnet.   Dumnorĭgem ad se vocat, fratrem [12]adhĭ-
bet: quae in eo reprehendat,[r] ostendit; quae ipse intellĭgat,[r]
quae civĭtas querātur,[r] propōnit: monet, ut in relĭquum
tempus omnes suspiciōnes vitet: praeterĭta se Divitiāco[q] fratri   15
condonāre dicit.   Dumnorĭgi[q] custōdes ponit, ut, quae agat,[r]
quibuscum loquātur,[r] scire possit.

XXI.   Eōdem die ab [1]exploratorĭbus[a] certior factus, hostes
sub monte consedisse [2]milia passuum ab ipsius castris octó,
qualis esset[b] natūra montis et qualis [3]in circuĭtu ascensus, [4]qui   20
cognoscĕrent,[c] misit.   Renunciātum est, [5]facĭlem esse.   [6]De
tertia vigilia T. Labiēnum [7]legātum pro praetōre cum duābus
legionĭbus et [8]his ducĭbus, qui iter cognovĕrant, summum jugum montis ascendĕre jubet: [9]quid sui consilii[d] sit,[b] ostendit.
Ipse [6]de quarta vigilia eōdem itinĕre, quo hostes iĕrant, ad   25
eos contendit equitatumque omnem ante se mittit.   P. Considius, qui rei[e] militāris peritissĭmus habebātur, et in exercĭtu
L. Sullae et postea [10]in M. Crassi fuĕrat, cum exploratorĭbus
praemittĭtur.

H.—XX.   [b]414, 5, 1).—[i]531.—[j]Dist. bet. *fere, ferme, paene,* and
prope. V. I. n. 15.—[k]453, 6.—[l]585 & 1.—[m]530, I.—[n]414 & 2.—
[o]493, 2.—[p]401; 402, III. & 1.—[q]384 & II.—[r]525.
   XXI.   [a]Dist bet. *explorator, speculator,* and *emissarius.* V. n. 1.—[b]525.
—[c]500.—[d]401.—[e]399 & 2, 2).
   A. & S.—XX.   [b]247, R. 4.—[i]266, 2.—[j]V. R. H.—[k]206, (14).—
[l]277, I. R. 4.—[m]270, R. 3.—[n]247, 1.—[o]262, R. 4.—[p]214, & R. 1, (a).
—[q]223.—[r]265.
   XXI.   [a]V. R. H.—[b]265.—[c]264, 5.—[d]211, R. 8, (3).—[e]213.

XXII.   Prima luce,[a] quum summus[b] mons a T. Labieno
teneretur,[c] [1]ipse ab hostium castris non longius mille et quingentis passibus[d] abesset,[c] neque, ut postea ex captivis comperit, aut ipsius adventus aut Labieni cognitus esset,[e]
5 Considius, [2]equo[e] admisso, ad eum accurrit: dicit[f] montem,
quem a Labieno occupari voluerit,[g] ab hostibus teneri[h]; id se
a [3]Gallicis armis atque insignibus cognovisse.[h]   Caesar suas
copias in proximum collem subducit,[f] aciem instruit.[f]   Labienus, ut erat ei praeceptum[i] a Caesare, ne proelium com-
10 mitteret,[j] nisi [4]ipsius copiae prope hostium castra[k] visae essent,
ut undique uno tempore in hostes impetus fieret,[j] monte
occupato nostros exspectabat proelioque abstinebat.   [5]Multo
denique die[a] per exploratores Caesar cognovit, et montem a
suis teneri et Helvetios castra movisse et Considium, timore
15 perterritum, [6]quod non vidisset,[g] pro viso sibi renunciasse.
Eo die, [7]quo[l] consuerat, intervallo[l] hostes sequitur[f] et milia
passuum tria ab eorum castris castra ponit.[f]

XXIII.   [1]Postridie ejus diei,[a] quod omnino biduum supere-
rat, quum exercitui[b] frumentum metiri oporteret,[c] et quod a
20 Bibracte, oppido Aeduorum longe maximo et copiosissimo,
non amplius[d] milibus[e] passuum XVIII aberat, rei[f] frumentariae [2]prospiciendum existimavit: iter ab Helvetiis avertit
ac Bibracte[g] ire contendit.   Ea res per [3]fugitivos[h] L. Aemilii,
decurionis equitum Gallorum, hostibus nunciatur.   Helvetii,
25 [4]seu quod timore perterritos Romanos discedere a se existimarent,[j] [5]eo[l] magis, quod pridie superioribus locis occupatis

---

H. — XXII. [a]426 & 1. — [b]441, 6. — [c]518 & II. 1. — [d]417. — [e]430.
— [f]467, III. — [g]531. — [h]530, I. — [i]301, 3. — [j]492 & 2. — [k]433. —
[l]378, 2.
   XXIII. [a]411, 2. — [b]384 & H. — [c]Dist. bet. necesse est, oportet, opus est,
and debeo. V. IV. n. 4. — [d]378. — [e]417. — [f]386, 2. — [g]379. — [h]Dist. bet.
perfuga, transfuga, profugus, and fugitivus. V. n. 4. — [i]414 & 2.
   A. & S. — XXII. [a]253. — [b]205, R. 17. — [c]268, 5, & R. 1. — [d]256, 2.
— [e]257. — [f]145, I. 3. — [g]266, 2. — [h]266, 2. — [i]184, 2, (a). — [j]262. —
[k]235. — [l]286, R. 4.
   XXIII. [a]212, R. 4, N. 6. — [b]223. — [c]V. R. H. — [d]205, R. 10. —
[e]256, 2. — [f]234. — [g]287. — [h]V. R. H. — [i]247, 1.

proelium non ·commisissent,ʲ sive ·eo,¹ quod reᵏ frumentaria
intercludi ⁶posse confīdērent,ʲ commutāto consilio atque itinēre
converso nostros ⁷a .novissimo agmine insēqui ac lacessēre
coepērunt. H

XXIV. Postquam ¹id .animum advertit,ᵃ copias suas 5
Caesar in proximum collem subdūcitᵇ equitatumque, qui sus-
tinēretᶜ hostium impĕtum, misit. Ipse intĕrimᵈ in colle medioᵉ
²triplīcem aciemᶠ instruxit legiōnumᵍ quatuor veteranārum, ita,
uti supra se in summoᵉ ³jugoʰ duas legiōnes, quas in ⁴Gallia
citeriōre proxime conscripsĕrat, et omnia auxilia collocaret; 10
ac totum montem .hominĭbusⁱ complērⁱ et intereaᵈ sarcĭnas in
unum locum conferriʲ et ⁵eum ab his, qui in ⁶superiōre acię
constitĕrant,ᵏ munīriʲ jussit. Helvetii, cum omnĭbus suis carris
secūti, impedimenta in unum locum contulērunt: ipsi ⁷confer-
tissĭma acie,¹ rejecto nostro equitātu,¹ ⁸phalange¹ facta,¹ ⁹sub 15
primam nostram aciem successērunt.

XXV. Caesar, primum ¹suo, deinde omnium ex conspectu
remōtis equis,ᵃ ut, aequāto omnium pericŭlo,ᵉ spem fugae tollĕret,ᵇ cohortātus suos, proelium commisit.ᶜ Milĭtes, e loco
superiōreᵈ pilisᵉ missis, facile hostiumᵉ phalangem perfregē- 20
runt.ᵉ Eaᵉ disjecta, gladiis destrictis in eos impĕtum fecē-
runt.ᵉ Gallisᶠ magno ad pugnam eratᵍ impedimento,ᶠ ²quod
plurĭbus eōrum ²scutisʰ uno ictu¹ pilōrum transfixis et colligātis,
quum ferrum se inflexisset,ʲ neque evellĕre,ᵏ neque, sinistraᵉ

H. — XXIII. ʲ 520, II. — ᵏ 425 & 2, 2).

XXIV. ᵃ 374, 6. — ᵇ 467, III. — ᶜ 489, II.; 500. — ᵈ Dist. bet. interim
and interea. V. XVI. n. 1. — ᵉ 441, 6. — ᶠ Dist. bet. agmen, exercitus, and
acies. V. XV. n 5. — ᵍ 395; 396, IV. 1. — ʰ Dist. bet. mons and jugum.
V. n. 3. — ⁱ 419, III. & 2, 1). — ʲ 551, II. 1. — ᵏ What from? — ¹ 430.

XXV. ᵃ 430. — ᵇ 491; 480 & 481, II. — ᶜ 471, II. — ᵈ 156, 1. — ᵉ 89,
H. 3, 1). — ᶠ 396 & I. — ᵍ Subject of erat? — ʰ Dist. bet. scutum, clypeus,
and parma. V. n. 2. — ⁱ 414. — ʲ 513, II. 1. — ᵏ 552 & 1.

A. & S. — XXIII. ʲ 266, 3. — ᵏ 251.

XXIV. ᵃ 259, (2), (d). — ᵇ 145, I. 3. — ᶜ 264, 5. — ᵈ V. R. H. — ᵉ 206,
R. 17. — ᶠ V. R. H. — ᵍ 211, R. 6. — ʰ V. R. H. — ⁱ 249, I. — ʲ 273, N. 4,
(d). — ᵏ V. R. H. — ¹ 257.

XXV. ᵃ 257. — ᵇ 262; 258, I. 2. — ᶜ 145, IV. & R. — ᵈ 113, 2. — ᵉ 83,
II. 2. — ᶠ 227. — ᵍ V. R. H. — ʰ V. R. H. — ⁱ 248, II. — ʲ 263, 5, & R. 1. —
ᵏ 271.

impedīta, satis commŏde pugnāre[k] potĕrant[l]; multi ut, dīu
jactāto brachio,[a] praeoptārent[m] scutum manu emittĕre et [a]nudo
corpŏre[n] pugnare.   Tandem vulnerĭbus[o] defessi, et [p]pedem
referre[k] et, quod mons subĕrat[l] circĭter [q]mille[r] passuum,[q] eo
5   se recipĕre[k] coepĕrunt.[e]   Capto monte[a] et succedentĭbus nostris,[a] Boii et Tulingi, qui homĭnum[q] millĭbus[s] circĭter xv
[r]agmen hostium claudēbant[l] et novissĭmis[r] praesidio[r] erant,[l]
[a]ex itinĕre nostros [q]latĕre[r] aperto aggressi, circumvenēre; et
id conspicāti Helvetii, qui in montem sese recepĕrant,[a] rursus
10 instāre[k] et proelium redintegrāre[k] coepērunt.   Romāni [10]con-
versa signa bipartīto intulērunt: prima et secunda acies, ut
[11]victis ac submōtis resistēret, tertia, ut [11]venientes sustinēret.

XXVI. Ita [1]ancipīti proelio diu atque acrĭter pugnātum
est.[a] Diutius quum sustinēre nostrōrum impĕtus non possent,
15 [a]altĕri[b] se, ut coepĕrant, in montem recepĕrunt, altĕri[b] ad impedimenta et carros suos se contulērunt; nam hoc toto
proelio,[c] [a]quum ab[e] [d]hora septĭma ad[e] vespĕrum pugnatum sit,[d]
aversum [b]hostem vidēre nemo potuit. [c]Ad multam noctem
etiam ad impedimenta pugnātum est,[a] propterea quod pro
20 vallo carros objecĕrant et e loco superiōre in nostros venientes
tela conjiciēbant, et nonnulli inter carros rotasque matăras ac
tragŭlas subjiciēbant nostrosque vulnerābant.   Diu quum
esset pugnātum,[a] impedimentis[f] castrisque nostri potīti sunt.
Ibi Orgetorĭgis filia atque unus e filiis[g] captus est. Ex eo
25 proelio circĭter homĭnum milia cxxx superfuērunt, eāque tota
nocte[c] continenter iērunt :(nullam partem[h] noctis itinĕre[i] intermisso) in fines Lingŏnum die quarto pervenērunt, quum, et
propter vulnĕra milĭtum, et propter sepultūram occisōrum,

H. — XXV. [1]468. — [a]494, — [a]414 & 3. — [c]414 & 2. — [p]178. — [q]395;
396, III. 2, 2). — [r]422, 1, 2). — [a]472. — [a]414 & 4.
XXVI. [a]301, 3. — [b]459. — [c]426 & 1. Does it mean *at the time of* the
battle, or *during* the battle ? — [d]515, I. — [a]432. — [f]419, L — [g]398, 4, 2).
— [b]378. — [i]430.
A. & S. — XXV. [1]145, II. — [m]262, R. 1. — [a]247, 2. — [o]247, 1, (1).
— [p]118, 6, (a) & (b). — [q]212. — [r]254, R. 3. — [s]145, V. — [l]247, 3.
XXVI. [a]184, 2, (a) & (b). — [b]V. R. H. — [c]253, N. 1. — [d]263, R. 1,
(a) & (b). — [a]195, R. 10. — [c(b)]195, R. 5, (a). — [f]245, L — [g]212, N. 4. —
[b]236. — [i]257.

nostri, triduum morāti, eos sequi non potuissent.[d] Caesar
ad Lingŏnes littĕras nunciosque misit, ne eos frumento neve
alia re juvārent[j] : qui[k] si juvissent, 'se[e]eŏdem loco, quo Helvetios, habitūrum. Ipse, triduo intermisso, cum omnĭbus
copiis eos sequi coepit.   5

XXVII. Helvetii, omnium rerum [1]inopia[a] adducti, legātos
de deditiŏne ad eum misērunt. Qui quum eum in itinĕre[b]
convenissent seque ad pedes projecissent suppliciterque locūti
flentes pacem petissent, atque [2]eos in eo loco,(quo tum [3]essent,[c])
suum adventum exspectāre jussisset, paruērunt. [4]Eo post- 10
quam Caesar pervēnit, obsĭdes, arma,[d] servos,[d] qui ad eos
[5]perfugissent,[h] poposcit. Dum [6]ea conquiruntur et conferuntur,
[7]nocte intermiss, circĭter homĭnum milia VI ejus pagi, qui Verbigĕnus[e] appellātur, sive timŏre perterrĭti, ne armis tradĭtis
supplicio afficerentur, sive spe salūtis inducti, quod in tanta 15
multitudĭne dediticiŏrum suam fugam aut occultāri aut omnīno
ignorāri posse existimārent,[f] prima[g] nocte e castris Helvetiŏ-
rum egressi ad Rhenum finesque Germanŏrum contendērunt.

XXVIII. Quod[a] ubi Caesar resciit,[b] quorum[c] per fines
iĕrant, his,[d] uti conquirĕrent et reducĕrent, [1]si sibi[e] purgāti 20
esse vellent,[f] imperāvit : reductos in hostium numĕro habuit :
relĭquos[g] omnes, obsidĭbus, armis, perfŭgis tradĭtis, in dediti-
ŏnem accēpit. Helvetios,[h] Tulingos,[h] Latobrĭgos[h] in fines
suos, unde erant profecti, reverti[h] jussit,[i] et quod, omnĭbus
fructĭbus amissis, domi[j] nihil erat, quo[k] famem tolerārent,[l] Al- 25

H. — XXVI. [a][g] 518, I. — [j] 530, II. & 1. — [k] 453.
XXVII. [a] Dist. bet. *paupertas, inopia, egestas*, and *mendicitas*. V. n. I.
— [b] Dist. bet. *iter, via*, &c. V. IX. n. 1. — [c] 531. — [d] 704, I. 1. — [e] 362, 2
& 2). — [f] 520, II. — [g] 441, 6. — [h] 501, I.
XXVIII. [a] 453. — [b] 471, II. — [c] Antecedent ? — [d] 385. — [e] 388, II. —
[f] 531. — [g] Dist. bet. *reliqui* and *ceteri*. V. I. n. 14. — [h] 545 ; 530, 3 & 1).
— [i] Dist. bet. *jubeo, impero*, &c. V. VII. n. 6. — [j] 424, 2. — [k] 414 & 4. —
[l] 501, I.

A. & S. — XXVI. [j] 266, 2, R. 1, (b). — [k] 206, (17).
XXVII. [a] V. R. H. — [b] V. R. H. — [c] 266, 2. — [d] 278, R. 6, (b). — [e] 210,
R. 3, (3), (a) — [f] 266, 3. — [g] 205, R. 17. — [h] 264, 1, (a) & (b).
XXVIII. [a] 206, (17). — [b] 259, R. 1, (2), (d). — [c] V. R. H. — [d] 223, R.
2. — [e] 225, II. — [f] 266, 2. — [g] V. R. H. — [h] 273, N. 4, (d). — [i] V. R. H. —
[j] 221, R. 3. — [k] 247, 3. — [l] 264, 7.

lobrogĭbus[d] imperāvit, ut his[m] frumenti copiam[m] facĕrent: [3]ipsos oppĭda vicosque, quos incendĕrant, restituĕre jussit. Id ea maxĭme ratiōne fecit; quod noluit, eum locum,[h] unde Helvetii discessĕrant, vacāre,[h] ne propter bonitātem agrōrum
5 Germāni, qui trans Rhenum incŏlunt, e suis finĭbus in Helvetiōrum fines transĭrent·et finĭšmi Galliae[n] provinciae Allobrogibusque[n] essent. [3]Boios, petentĭbus Aeduis, quod egregia virtūte[o] erant cognĭti, ut in finĭbus suis collocārent, concessit; quibus[m] illi agros dedērunt, [4]quosque postea in parem juris
10 libertatisque conditiōnem, atque[p] ipsi erant, recepērunt.

XXIX. In castris Helvetiōrum [1]tabŭlae repertae sunt [2]littĕris[a] Graecis confectae, et ad Caesărem relātae, quibus in tabŭlis nominātim [3]ratio confecta erat, qui numĕrus domo[b] exisset[c] eōrum, qui arma ferre possent,[c] et item separātim
15 [4]puĕri, senes mulieresque. Quarum omnium [5]rerum summa erat [6]capĭtum Helvetiōrum milia CCLXIII, Tulingōrum milia XXXVI, Latobrigōrum XIV, Rauracōrum XXIII, Boiōrum XXXII: [7]ex his, qui arma ferre possent, ad milia LXXXXII. Summa omnium [8]fuĕrunt ad milia CCCLXVIII. Eōrum, qui
20 domum[b] rediĕrunt, [9]censu habĭto, ut Caesar imperavĕrat, repertus est numĕrus milium C et X.

XXX. Bello Helvetiōrum confecto, totīus[a] fere[b] [1]Galliae legāti, princĭpes civitātum, ad Caesărem [2]gratulātum[c] convenērunt: [3]intelligere sese, tametsi pro veterĭbus [4]Helvetiōrum[d]
25 injuriis popŭli[d] Romāni ab his poenas bello repetisset, tamen eam rem non minus [5]ex usu terrae Galliae quam [6]popŭli Romāni accidisse; propterea quod eo consilio, florentissĭmis rebus,[e] domos suas Helvetii reliquissent, [6]uti toti Galliae bel-

---

H.—XXVIII. [a]384, II; 371, 2.—[b(2)]545; 551, II 1.—[c]391 & 1.—[d]428.
XXIX. [a]414 & 4.—[b]424, 2.—[c]525.—[d]379, 3, 1).
XXX. [a]Dist. bet. *totus, omnis*, &c. V. I. n. 2.—[b]Dist. bet. *fere*, *ferme*, *paene*, and *prope*. V. I. n. 15.—[c]569.—[d]397, 2.—[e]430.
A. & S.—XXVIII. [a]229, R. 1.—[b(2)]273, 4, (a).—[c]222, R. 1.—[d]211, R. 6, & R. 8, (2).—[e]198, 3. R.
XXIX. [a]247, 3.—[b]255, R. 1.—[c]265.—[d(2)]237, R. 4.
XXX. [a]V. R. H.—[b]V. R. H.—[c]276, II.—[d]211, R. 10.—[e]257, R. 7, (a).

lum inferrent imperiōque potirentur, locumque domicilio [7]ex
magna copia deligĕrent, [8]quem ex omni Gallia[1] opportunissĭ-
mum ac fructuosissĭmum judicassent, reliquasque civitātes
stipendiarias habērent.⊢Petiĕrunt,[g] uti sibi concilium totīus
Galliae in diem certam indicĕre idque Caesăris veluntāte [5]
facĕre licēret: sese habēre quasdam res, quas [9]ex commūni
consensu ab eo petĕre vellent. Ea re permissa, diem concilio
constituērunt et [10]jurejurando, ne quis[1] enunciăret, [11]nisi quibus
commūni consilio mandātum esset, inter se sanxērunt.

XXXI. Eo concilio dimisso, iīdem princĭpes civitātum, 10
qui ante fuĕrant ad Caesărem, revertērunt petieruntque, uti
sibi [1]secrēto in occulto de sua omniumque salūte cum eo agĕre
licēret. Ea re impetrāta, sese omnes flentes Caesări[a] ad
pedes projecērunt: [2]non minus [3]se[b] id contendĕre[b] et laborāre,[b]
ne ea, quae dixissent,[c] enunciarentur, quam uti ea, quae vel- 15
lent,[c] impetrārent; propterea quod, si enunciātum esset, summum in cruciātum se ventūros vidērent. Locūtus est pro his
Divitiācus Aeduus: Galliae totīus [4]factiōnes [5]esse[b] duas:
harum alterīus[d] principātum[c] [5]tenēre[b] Aeduos, alterīus[d] Arvernos. [6]Hi quum tantopĕre de potentātu inter se multos 20
annos contendĕrent, [7]factum esse,[b] uti ab Arvernis Sequănisque Germāni mercēde[f] [8]arcesserentur.[g] Horum primo
circĭter milia xv Rhenum transisse[b]: posteāquam agros et
[9]cultum et copias[h] Gallorum homĭnes feri ac barbări ada-
massent, traductos[1] plures[b]: nunc esse[b] in Gallia [10]ad o et xx 25
milium numĕrum: cum his Aeduos eorumque clientes semel
atque itĕrum armis contendisse[b]; magnam calamĭtātem [11]pulsos
 recepisse,[b] omnem nobilitātem, omnem senātum, omnem

H. — XXX. [f]398, 4, 2). — [g]234 & 1. — [h]455, 2.

XXXI. [a]398, 5. V. Sall. XXXII. n. 3. — [b]545; 530, I. & 1. — [c]531.
— [d]459; 149. — [e]Dist. bet. principatus, imperium, and regnum. V. III. n.
10. — [f]414 & 4. — [g]Dist. bet. arcesso, accio, evoco, and accerso. V. n. 8. —
[h]132. — [i]Sc. esse.

A. & S. — XXX. [f]212, N. 4. — [g]162, 7, (b). — [l]278, R. 9.

XXXI. [a]211, R. 5, N. & (1). V. Sall. XXXII. n. 3. — [b]239; 272; 266,
2. — [c]266, 2. — [d]212, N. 1, (b); 107. — [e]V. R. H. — [f]247, 3. — [g]V. R.
H. — [h]95, R. — [i]270, R. 3.

equitātum amisisse.[b]   Quibus proeliis calamitatibusque [12]frac-
tos, qui et sua virtute et populi Romani [13]hospitio atque
amicitia plurimum ante in Gallia potuissent, coactos esse[b]
Sequănis obsĭdes dare, nobilissĭmos civitātis, et jurejurando
5 civitātem obstrĭngĕre, sese neque obsĭdes repetitūros, neque
auxilium a popŭlo Romāno imploratūros, neque recusatūros,
quo minus perpetuo sub illōrum ditiōne atque imperio essent.[jℓ]
[14]Unum se esse[b] ex omni civitāte Aeduŏrum, qui addūci non
potuĕrit,[c] ut jurāret, aut libĕros suos obsĭdes daret.   Ob eam
10 rem se ex civitāte profugisse[b] et Romam[k] ad senātum venisse[b]
auxilium postulātum,[l] quod solus neque jurejurando neque
obsidĭbus tenerētur.   Sed [15]pejus victorĭbus Sequănis quam
Aeduis victis accidisse[b]; propterea quod Ariovistus, rex
Germanōrum, in eorum finibus consedisset tertiamque partem
15 agri Sequăni, qui esset optĭmus totīus Galliae, occupavisset,
et nunc de altĕra parte tertia Sequănos decedĕre jubēret,
propterea quod paucis mensĭbus[m] ante Harūdum milia homĭnum XXIV ad eum venissent, [16]quibus locus ac sedes pararentur.   [17]Futūrum[a] esse paucis annis, uti omnes ex Galliae
20 finĭbus pellerentur atque omnes Germāni Rhenum transīrent;
neque enim [18]conferendum esse[b] Gallĭcum cum Germanōrum
/agro, neque [19]hanc[c] consuetudĭnem victus cum illa[c] compa-
randam.   Ariovistum autem, [20]ut semel Gallōrum copias
proelio vicĕrit, quod proelium factum sit ad Magetobrĭam,
25 superbe et crudelĭter imperāre,[b] |obsĭdes nobilissĭmi cujusque[p]
libĕros poscĕre[b] | et [21]in eos omnia exempla cruciatusque
edĕre,[b] si qua res non ad nutum aut ad voluntātem ejus facta
sit.   Homĭnem esse[b] barbărum, iracundum, temerarium: non
posse ejus imperia diutius sustinēri.   Nisi [22]quid in Caesāre
30 populōque · Romāno sit auxilii, omnĭbus Gallis[q] idem esse[b]
faciendum, quod Helvetii fecĕrint,[c] [23]ut domo emĭgrent, aliud
domicilium, alias sedes, remōtas a Germānis, petant, [24]fortu-
namque, quaecunque accĭdat, experiantur.   Haec si enun-

H. — XXXI. [j]499 & 1. — [k]379. — [l]569. — [m]418. — [n]544 & 1; 556,
II. & 1. — [o]450, 1. — [p]458, 1. — [q]388, I.

A. & S. — XXXI. [j]262, R. 11. — [k]237. — [l]276, II. — [m]253, R. 1. —
[n]268, R. 4, (b). — [o]207, R. 23, (a) & (b). — [p]207, R. 35, (b). — [q]225, III.

dāta Ariovisto sint, non [26]dubitāre,[b] quin de omnĭbus obsidĭbus, qui apud eum sint, gravissĭmum supplicium sumat. Caesărem vel auctoritāte sua atque exercĭtus, vel recenti victoria, vel nomĭne popŭli Romāni [26]deterrēre posse,[b] ne major multitūdo Germanōrum [27]Rhenum traducātur,[c] Galliamque omnem ab 5 Ariovisti .injuria posse[b] defendĕre.

XXXII. Hac oratiōne ab[a] Divitiăco [1]habĭta, omnes, qui adĕrant, magno fletu auxilium a[b] Caesāre petĕre coepērunt. Animadvertit Caesar, unos ex[c] omnĭbus Sequănos nihil eārum rerum facĕre, quas cetĕri[d] facĕrent, sed tristes, capĭte 10 demisso, terram intuēri. Ejus rei quae caussa esset,[e] mirātus ex[b] ipsis quaesiit. Nihil Sequāni respondēre,[f] sed in eādem tristitia tacĭti permanēre.[f] Quum ab[b] iis saepius quaerĕret neque ullam omnīno vocem exprimĕre posset, idem Divitiăcus Aeduus respondit: hoc[g] esse miseriōrem et graviōrem fortū-15 nam Sequanōrum, quam [2]reliquōrum,[d] quod soli ne[h] in occulto quidem[h] queri neque auxilium implorāre audĕrent[i] absen- tisque Ariovisti crudelitātem, velut si coram adesset, horrē- rent[i]; [3]propterea quod relĭquis[d] tamen fugae facultas darētur, Sequănis[j] vero, qui intra fines suos Ariovistum recepissent, 20 quorum oppĭda omnia in potestāte ejus essent, omnes cruciā- tus essent perferendi.

XXXIII. His rebus cognĭtis, Caesar Gallōrum anĭmos verbis confirmāvit pollicitusque est, [1]sibi[a] eam rem curae[a] futūram[b]: magnam [2]se habēre spem et [3]beneficio suo et auc- 25 toritāte adductum Ariovistum[c] finem injuriis[d] factūrum.[b] Hác oratiōne habĭta, concilium dimĭsit. [4]Et secundum ea multae

H. — XXXI. [1]499, 2.

XXXII. [a]414, 5. — [b]374, 3, 4). — [c]398, 4, 2). — [d]Dist. bet. *ceteri* and *reliqui.* V. I. n. 14. — [e]525. — [f]545, 1. — [g]414 & 2. — [h]602, III. 2. — [i]531. — [j]388, I.

XXXIII. [a]390 & I. — [b]Sc. *esse.* — [c]545. — [d]384 & II.

A. & S. — XXXI. [1]262, R. 7, N. 3.

XXXII. [a]248, I. — [b]231, R. 2. — [c]212, N. 4. — [d]V. R. H. — [e]265. — [f]209, R. 5, & N. 7. — [g]247, 1, (1). — [h]279, 3, (d). — [i]266, 3. — [j]225, III.

XXXIII. [a]227. — [b]270, R. 3. — [c]239; 272. — [d]223.

res eum hortabaṇtur, quare sibi[e] eam rem cogitandam[b] et
suscipiendam[b] putāret[f]; imprīmis quod Aeduos, fratres consanguineosque[g] saepenumĕro a senātu appellātos, in servitūte
atque in ditiōne vidēbat Germanōrum tenēri, eorumque obsīdes
5 esse apud Ariovistum ac Sequānos intelligēbat; quod[h] in
tanto imperio popŭli Romāni turpissĭmum sibi et rei publĭcae
esse arbitrabūtur. [5]Paullātim[i] autem[6]Germānos consuesćēre
Rhenum transīre et in Galliam magnam eōrum multitudĭnem
venīre, popŭlo Romāno periculōsum[b] vidēbat; neque [f]sibi
10 homĭnes feros ac barbāros temperatūros[b] existimābat, [8]quin,
quum omnem Galliam occupavissent, ut ante Cimbri Teutŏni-
que fecissent, in provinciam exīrent atque inde in Italiam
contendĕrent; praesertim quum Sequānos a provincia nostra
[9]Rhodānus dividĕret: quibus rebus[j] quam maturrīme [11]occur-
15 rendum[b] putābat. Ipse autem Ariovistus tantos sibi spirītus,
tantam arrogantiam sumpsĕrat, ut ferrendus non viderētur.

XXXIV. Quamobrem [1]placuit ei, ut ad Ariovistum legātos mittĕret, qui ab eo postulārent,[a] uti [2]alĭquem locum medium utriusque colloquio dicĕret: [3]velle sese de re publĭca et
20 summis utriusque rebus cum eo agĕre. Ei legatiōni Ariovistus respondit, si quid ipsi[b] a Caesăre opus esset, sese ad eum
ventūrum fuisse: [4]si quid ille se velit, illum ad se venīre[e]
oportēre.[d] Praeterea se neque sine exercĭtu in eas partes
Galliae venīre audēre, quas Caesar possidēret, neque exer-
25 cĭtum sine magno commeātu atque emolimento in unum
locum contrabĕre posse; sibi autem mirum vidēri, [5]quid in
sua Gallia, quam bello vicisset, aut Caesări[f] aut omnīno popŭlo[f]
Romāno [5]negotii[e] esset.

H. — XXXIII. [a]388, I. — [f]525. — [g]Dist. bet. *propinquus, affinis,
consanguineus*, &c. V. XI. n. 7. — [b]What does *quod* refer to? 445, 7.
— [i]Dist. bet. *paullatim, sensim, gradatim*, and *pedetentim*. V. n. 5. —
[j]386.

XXXIV. [a]500. — [b]387; 419, 3, 2) & (1). — [c]549, 2; 545. — [d]556 &
I. — [e]396, III. 2, 3), (3). — [f]367.

A. & S. — XXXIII. [a]225, III. — [f]265. — [g]V. R. H. — [h]206, (13), (a).
— [i]V. R. H. — [j]224.

XXXIV. [a]264, 5 — [b]226. — [c]273, 4, (a). — [d]269, R. 2. — [e]212, R.3
— [f]226.

XXXV. [1]His responsis ad Caesărem relātis, itĕrum ad
eum Caesar legātos cum [1]his mandātis mittit: quoniam tanto
suo populīque Romāni beneficio affectus, quum in consulātu
suo rex atque amīcus[a] a senātu appellātus esset,·[2]hanc sibi populōque Romāno [3]gratiam referret,[c] ut in colloquium venīre 5
invitātus [4]gravarētur,[b] [5]neque de commūni re dicendum sibi et
cognoscendum putāret[b]; haec[d] esse, quae ab eo postulāret:
primum, ne quam[e] multitudīnem homīnum amplius trans
Rhenum in Galliam traducĕret[f]; deinde obsīdes, quos habēret
ab Aeduis, reddĕret[f] Sequănisque permittĕret,[f] ut, quos illi 10
habērent, voluntāte [6]ejus reddĕre [6]illis[g] licēret; neve Aeduos
injuria lacessĕret,[f] neve his sociisque eōrum bellum inferret.[f]
Si [7]id ita [8]fecisset, sibi[h] populōque Romāno perpetuam gratiam atque amicitiam cum eo futūram: si non [9]impetrāret, sese,
quoniam, M. Messāla, M. Pisone consulĭbus, senātus cen- 15
suisset, uti, quicunque Galliam provinciam [10]obtinēret, [11]quod[i]
commŏdo rei publĭcae facĕre posset,[j] Aeduos ceterosque amicos popūli Romāni defendĕret, sese Aeduōrum injurias non
neglectūrum.[d]

XXXVI. [1]Ad haec Ariovistus respondit, jus esse belli, 20
ut, qui[a] vicissent, his,[b] quos vicissent, quemadmŏdum vellent,
imperārent[c]: item popŭlum Romānum victis[b] non ad alterīus
praescriptum, sed ad suum arbitrium imperāre consuesse. Si
ipse popŭlo Romāno non praescribĕret, quemadmŏdum suo
jure [2]uterētur, non [3]oportēre[d] sese a popŭlo Romāno in suo 25
jure impedīri. Aeduos sibi, quoniam belli fortūnam tentassent
et armis congressi ac superāti essent, stipendiarios esse factos.
Magnam Caesărem injuriam [5]facĕre, qui suo adventu vectiga-

H. — XXXV. [a]362. — [b]495 & 3. — [c]Dist. bet. *gratias agere, habere,
referre; gratari*, and *gratulari*. V. n. 3. — [d]545. — [e]455, 2. — [f]530, II.
— [g]384. — [h]387. — [i]513. — [j]513. — [k]530 530, I.
XXXVI. [a]445, 6. — [b]385. — [c]Dist. bet. *impero, jubeo, praecipio*, and
mando. V. VII. n. 6. — [d]556 & I.
A. & S. — XXXV. [a]210. — [b]262, R. 1. — [c]V. R. H. — [d]239; 272.
— [e]207, R. 31, (a), last sentence. — [f]266, 2, R. 1, (b). — [g]223, R. 2. —
[h]226. — [i]264, 3. — [j]264, 3.
XXXVI. [a]206, (4). — [b]223, R. 2. — [c]V. R. H. — [d]269, R. 2.

lia ⁴sibi deteriŏra ⁵facĕret.⁶|-| Aeduis se obsĭdes redditūrum
non esse, neque his neque eōrum sociis ⁶injuria bellum illatū-
rum, si in eo manĕrent, ⁷quod convenisset, stipendiumque
quotannis pendĕrent: si id non ⁸fecissent, ⁹longe his frater-
5 num nomen popŭli Romāni afutūrum. ¹⁰Quodᶠ sibi Caesar
denunciāret, se Aeduōrum injurias non neglectūrum, nemĭnem
secum sine sua pernicie contendisse. Quum vellet, congre-
derēturᵍ : |intellectūrum, quidʰ invicti Germāni, exercitatissĭmi
in armis, qui inter annosⁱ quatuordĕcim tectumʲ non subissent,
10 virtūte possent|

XXXVII. Haec ¹eōdem tempŏre Caesări ²mandāta re-
ferebantur,ᵃ et legāti ab Aeduis et a Trevíris veniēbantᵃ:
³Aedui questum,ᵇ quod Harūdes, qui nuper in Galliam ⁴trans-
portāti essent, fines eōrum ⁴popularenturᶜ; sese, ne ⁵obsidĭbusᵈ
15 quidem datis, ⁶pacem Ariovisti⁶ redimĕre ⁷potuisseᶠ: ⁸Trevíri
autem, ⁹pagos centum Suevōrum ad ripas Rheni consedisse,ᶠ
qui Rhenum transīre ¹⁰conarentur; hisᵍ praeesse Nasūam et
Cimberium fratres. Quibusʰ rebus Caesar vehementer com-
mōtus maturandum sibiⁱ existimāvit, ne, si nova manus
20 Suevōrum cum veterĭbus copiis Ariovisti sese conjunxisset,
minus facĭle resisti ¹¹posset. Ităque, re frumentaria, quam
celerrĭme potuit, comparāta,ᵈ magnis itinerĭbusʲ ad Ariovistum
contendit.

XXXVIII. Quum tridui viamᵃ processisset, nuntiātum
25 est ei, Ariovistum cum suis omnĭbus copiis ad occupandumᵇ
Vesontiōnem, quodᶜ est oppĭdum maxĭmum Sequanōrum,
¹contendĕre triduĭque viam a suis finĭbus ¹profecisse. Id ne

H. — XXXVI. ᵃ510. — ᶠ554, IV.; last paragraph. — ᵍ530, II. —
ʰ378. — ⁱ378, 1. — ʲ371, 4, 2).
XXXVII. ᵃ468.— ᵇ569.— ᶜ520, II.— ᵈ430; 431, 2, (2). — ᵉ395; 396,
I. — ᶠ530, I. & 1. — ᶠ⁽²⁾ 551, III. — ᵍ386. — ʰ453. — ⁱ388, I. — ʲ414 & 4.
XXXVIII. ᵃ371, 1, 3). — ᵇ562, 2; 565 & 1. — ᶜ445, 4,
A. & S. — XXXVI. ᵃ264, 8, (1). — ᶠ206, (14). — ᵍ266, R. 1, (a). —
ʰ232, (3). — ⁱ236, R. 5. — ʲ233, (3).
XXXVII. ᵃ145, II. — ᵇ276, II. — ᶜ273, 5, R. — ᵈ257. — ᵉ311, R. 2.
— ᶠ272. — ᵍ224. — ʰ206, (17). — ⁱ225, III. — ʲ247, 2.
XXXVIII. ᵃ232, (1). — ᵇ275, II. — ᶜ206, (10).

accidĕret, [2]magno opĕre sibi praecavendum Caesar existimābat. Namque omnium rerum, quae ad bellum usui[d] erant,
summa erat in eo oppido [3]facultas, idque natūra loci sic mu-
niebātur, ut [4]magnam ad ducendum[b] bellum daret [5]facultātem,[e]
propterea quod flumen [6]Alduasdūbis, [7]ut circīno circumductum, 5
paene[f] totum[g] oppĭdum cingit: relĭquum spatium, quod est
non amplius [9]pedum sexcentōrum, qua flumen [9]intermittit,[h]
mons [10]contĭnet magna altitudĭne,[i] ita ut radīces montis ex
utrāque parte [11]ripae flumĭnis contingant. [12]Hunc[j] murus
circumdătus arcem[j] effĭcit et cum oppĭdo conjungit. Huc 10
Caesar magnis nocturnis diurnisque itinerĭbus contendit, oc-
cupatŏque oppĭdo, ibi praesidium collŏcat.

XXXIX. Dum paucos dies ad Vesontiōnem [1]rei frumentariae commeatusque caussa morātur, [2]ex percontatiōne nostrorum[a] vocibusque Gallōrum ac mercatōrum, qui ingenti 15
magnitudĭne[b] [3]corpŏrum[c] Germānos, incredibĭli virtūte[b] atque
exercitatiōne[b'] in armis esse praedicābant, saepenumĕro sesé
cum his congressos ne [4]vultum quidem atque aciem oculōrum
ferre potuisse, tantus subīto [5]timor[d] omnem exercĭtum occupā-
vit, ut [6]non mediocrĭter[e] omnium mentes animosque pertur- 20
bāret. Hic primum ortus est a tribūnis milĭtum, praefectis,
reliquisque, qui ex urbe amicitiae caussa Caesărem secūti non
magnum in re militāri usum habēbant; [7]quorum[f] alius alia[g]
caussa illata, quam sibi ad proficiscendum necessariam esse
dicĕret, petēbat, ut ejus voluntāte discedĕre licēret: nonnulli 25
pudōre adducti, ut timōris suspiciōnem vitārent, remanēbant.
Hi neque [8]vultum fingĕre neque interdum lacrĭmas tenēre

H. — XXXVIII. [4]390, 2. — [e]Dist. bet. *occasio, opportunitas, potestas,
copia,* and *facultas.* V. n. 4. — [f]Dist. bet. *fere, ferme, paene,* and *prope.*
V. I. n. 15. — [g]149. — [h]Dist. bet. *intermitto* and *omitto.* V. n. 9. — [i]428.
— [j]373 & 1 & 2, 1).

XXXIX. [a]441. — [b]428. — [c]395. — [d]Dist. bet. *metus, timor, horror,* and
formido. V. n. 5. — [e]What is *litotes?* V. Sall. XXIII. n. 2. — [f]396, III.
& 2, 3), (1). — [g]459, 1.

A. & S. — XXXVIII. [4]227, R. 4. — [e]V. R. H. — [f]V. R. H. — [g]107.
— [h]V. R. H. — [i]211, R. 6. — [j]230, R. 2.

XXXIX. [a]205, R. 7, (1). — [b]211, R. 6, & R. 8, (2). — [c]211. — [d]V. R.
H. — [e]324, 9. — [f]212, R. 2. — [g]207, R. 32, (a).

poterant : abditi in tabernacŭlis aut suum fatum querebantur,
aut cum familiarĭbus suis commūne pericŭlum miserabantur.
⁹Vulgo totis castris testamenta obsignabantur.   Horum vocĭbus ac timōre paullātim etiam hi, qui magnum in castris usum
5 habēbant, miłtes centurionesque quique equitatui praeĕ-
rant perturbabantur.   Qui se ex his minus timĭdos existimāri
volēbant, non se hostem ¹⁰verēri, sed angustias itinĕris et magnitudĭnem silvārum, quae inter eos atque Ariovistum intercedĕrent, aut ¹¹rem frumentariam, ut satis commŏde supportāri
10 posset, ¹⁰timēre dicēbant. Nonnulli etiam Caesāri ¹²renun-
ciābant, quum castra movēri ac signa ferri jussisset, non fore
dicto audientes miłtes neque propter timōrem signa latūros.

XL.   Haec quum animadvertisset, convocāto consilio ¹om-
niumque ordĭnum ad id consilium adhibĭtis centurionĭbus,
15 vehementer eos incusāvit : primum, quod aut quam in partem
aut quo consilio ducerentur, sibi quaerendum aut cogitandum
putārent. ²Ariovistum, se consŭle, cupidissĭme popŭli Romāni amicitiam appetisse : cur hunc tam temĕre quisquam ab
³officio discessūrum judicāret ? Sibi quidem persuadēri
20 cognĭtis suis postulātis atque ⁴aequitāte conditiōnum perspecta, eum neque suam neque popŭli Romāni gratiam repudia-
tūrum. Quod si ⁵furōre atque ⁶amentia impulsus bellum
intulisset, ⁶quid tandem vererentur ? aut cur de ⁷sua virtūte
aut de ⁷ipsīus diligentia desperārent ?   ⁸Factum ejus hostis
25 pericŭlum patrum nostrorum memoria, quum, Cimbris et Teu-
tōnis a Caio Mario pulsis, non minōrem laudem exercĭtus,
quam ipse imperator, merĭtus videbātur ; ⁹factum etiam

H. — XXXIX. ᵇ363. — ⁱ445, 6. — ʲ398, 4 & 2). — ᵏDist. bet. vereor,
metuo, and timeo.   V. n. 10. — ˡ391 & 4. — ᵐ196, II. 4.

XL. ᵃ525. — ᵇ388 & I — ᶜ530, I. — ᵈ520, II. & 1. — ᵉ430; 431 & 1.
— ᶠ530, I. — ᵍ385. — ʰ301, 3. — ⁱ453, 6. — ʲDist. bet. amens, demens, furor,
delirium, and rabies.   V. n. 5. — ᵏ426 & 1. — ˡ531, 4.

A. & S. — XXXIX. ᵇ204. — ⁱ206, (4). — ʲ212, N. 4. — ᵏ V. R. H. —
ˡ222, R. 1, (d). — ᵐ130, III.

XL. ᵃ265. — ᵇ225, III. — ᶜ270, R. 3. — ᵈ266, 3. — ᵉ257, R. 7, (a). —
ᶠ266, 2 ; 270, R. 2, (b). — ᵍ223, R. 2. — ʰ223, R. 2, N. (c). — ⁱ206, (14).
— ʲV. R. H. — ᵏ253, & N. 1. — ˡ263, 5 ; 266, 2, R. 5.

nuper in Italia [10]servīli tumultu,[k] [11]quos [12]tamen [13]aliquid[m] usus ac disciplīna, quam a. nobis accepissent, sublevārent. Ex quo judicari posset, quantum habēret in se boni[n] constantia; propterea quod, quos aliquamdiu inermos sine caussa timuissent, hos postea armātos ac victōres [14]superassent.°⊦5 Denīque hos esse eosdem, quibuscum saepenumĕro Helvetii congressi, non solum in suis, sed etiam in illōrum finībus, plerumque superārint,° qui [15]tamen pares esse nostro exercitui[p] non potuĕrint. Si quos[q] adversum proelium et fuga Gallōrum commovēret, hos, si quaerĕrent, reperīre[r] posse,[f] diutur- 10 nitāte belli defatigātis Gallis, Ariovistum, quum multos menses castris[s] se ac paludībus[s] tenuisset [16]neque sui potestātem fecisset, [16]desperantes jam de pugna et [16]dispersos subīto adortum, magis [17]ratiōne et consilio quam virtūte [14]vicisse.° [18]Cui ratiōni[t] contra homines barbăros atque imperītos locus fuisset, 15 hac[t] ne ipsum quidem sperāre nostros exercītus capi posse.[f] Qui[u] suum timōrem [19]in rei frumentariae simulatiōnem angustiasque itinĕrum [20]conferrent, facĕre[f] arroganter, quum aut de [21]officio imperatōris desperāre aut praescribĕre viderentur. Haec sibi[v] esse curae[v]: frumentum Sequănos, Leucos, Lin- 20 gŏnes subministrāre,[f] jamque esse in agris frumenta[w] matūra: de itinĕre ipsos brevi tempŏre judicatūros.[f] Quod[x] non fore dicto [22]audientes [milītes] neque signa latūri dicantur, nihil se ea re commovēri[f]; [23]scire enim, quibuscunque exercītus dicto audiens non fuĕrit, aut male re gestă fortūnam defuisse, aut 25 alīquo facinŏre comperto avaritiam esse convictam: suam [24]innocentiam perpetua vita,[y] felicitātem Helvetiōrum bello[y] esse perspectam.[f] Itaque se, [25]quod[u] in longiōrem diem collatūrus esset, repraesentatūrum,° et proxīma nocte [26]de quarta vigilia castra motūrum,° ut quam primum intelligĕre posset, 30

H. — XL. [a]374, 5. — [b]396, III. & 2, 3), (3). — [c]Dist. bet. vinco, supero, opprimo, evinco, and devinco. V. n. 14. — [d]391 & 1. — [e]455, 2. — [f]Dist. bet. reperio, invenio, &c. V. XVIII. n. 19. — [g]422, 1. — [h]387. — [i](2)414. — [k]445, 6. — [l]390. — [m]130, 2. — [n]554, IV. last parag. — [o]426 & 1.

A. & S. — XL. [p]231, R. 5, (a). — [q]212, R. 3. — [r]V. R. H. — [s]222, R. 1. — [t]138, & N. — [u]V. R. H. — [v]254, R. 3. — [w]206, (3), (a). — [x]206, (4). — [y]227. — [z]95, R. — [a]206, (14). — [b]253, N. 1.

utrum apud eos pudor atque officium an timor valēret. Quod[1]
si praeterea nemo sequātur, tamen se cum sola decĭma legiōne
itūrum,[c] de qua non dubitāret, sibĭque[x] eam [y]praetoriam
cohortem futūram.[c] Huic legiōni Caesar et indulsĕrat [z]prae-
5 cipue et propter virtūtem confidēbat [zc]maxĭme.

XLI. Hac oratiōne habĭta mirum in modum conversae
sunt omnium mentes, summāque alacrĭtas et cupidĭtas belli
gerendi innāta est,[a] princepsque[b] decĭma [1]legio per[c] tribūnos
milĭtum ei gratias egit,[d] quod de sé optĭmum judicium fecis-
10 set[e]; seque esse ad bellum gerendum paratissĭmam confirmāvit. Deinde relĭquae[f] legiōnes per tribūnos milĭtum et
primōrum ordĭnum centuriōnes [2]egērunt, uti Caesāri satis-
facĕrent: [3]se nec unquam [4]dubitasse neque timuisse neque
de [5]summa belli suum judicium, sed imperatōris[6] esse exis-
15 timavisse. Eōrum satisfactiōne accepta et itinĕre exquisĭto
per[c] Divitiăcum, quod [6]ex aliis ei[h] maxĭmam fidem habēbat,
[7]ut milium amplius quinquaginta circuĭtu [8]locis[i] apertis exercĭtum ducĕret, de quarta vigilia, ut dixĕrat, profectus est.
Septĭmo die, quum iter non intermittĕret, ab exploratorĭbus
20 certior factus est, Ariovisti copias a nostris milĭbus[j] passuum
quatuor et viginti abesse.

XLII. Cognĭto Caesāris adventu, Ariovistus legātos ad
eum mittit: quod antea de colloquio [1]postulasset, id [2]per se
fiĕri[a] licēre, quoniam propius [3]accessisset; [4]seque id sine per-
25 icŭlo facĕre posse existimāre. Non respuit conditiōnem
Caesar; jamque eum ad sanitātem [5]reverti[b] arbitrabātur,
quum id, quod antea [6]petenti denegasset, ultro pollicerētur;

H. — XL. [1]390, 2.
XLI. [a]463, 3. — [b]Dist. bet. primus and princeps. V. Ec. Cic. XXIII.
n. 1. — [c]414, 5, 1). — [d]Dist. bet. gratias agere, habere, referre, &c. V.
XXXV. n. 3. — [e]520, II. — [f]Dist. bet. reliqui and cateri. V. I. n. 14. —
[g]401. — [h]384. — [i]422, 1 & 1). — [j]378, 2.
XLII. [a]549, 1 & 2. — [b]Dist. bet. revertor, revenio, and redeo. V. n. 5.
A. & S. — XL. [a]227, R. 4.
XLI. [a]209, R. 12, (2). — [b]V. R. H. — [c]247, R. 4. — [d]V. R. H. —
[e]266, 3. — [f]V. R. H. — [g]211, R. 8, (3). — [h]223. — [i]255, 2. — [j]236, R. 4.
XLII. [a]269, R. 2; 273, 4, (a). — [b]V. R. H.

magnamque in spem veniēbat, pro suis tantis populĭque
Romāni in eum beneficiis, cognĭtis suis postulātis, fore,[c] uti
pertinacia[d] desistēret.   Dies colloquio dictus est ex eo die
quintus.   Intĕrim saepe ultro citrōque quum legāti inter eos
mitterentur, Ariovistus postulāvit, ne quem pedĭtem ad 5
colloquium Caesar adducĕret : verēri se, ne[e] per insidias ab
eo circumvenirētur : uterque cum equitātu venīret[f] : alia
[r]ratiōne sese non esse ventūrum.[g]   Caesar, quod neque colloquium, [s]interposĭta caussa, tolli volēbat neque salūtem suam
Gallōrum equitatui committĕre audēbat, commodissĭmum[h] esse 10
statuit, omnĭbus equis Gallis equitĭbus detractis, [9]eo legiona-
rios milĭtes legiōnis decĭmae, cui[i] [10]quam maxĭme confidēbat,
imponĕre, ut praesidium [10]quam amicissĭmum, si quid opus
facto[j] esset, habĕret.   Quod quum fiēret, non irridicŭle quidam
ex militĭbus decĭmae legiōnis dixit, plus, quam pollicĭtus esset, 15
Caesărem facĕre : pollicĭtum, se in cohortis praetoriae loco
decĭmam legiōnem habitūrum, [nunc] [11]ad equum rescribĕre.

XLIII.   Planities erat magna et in ea tumŭlus terrēnus
satis grandis.   Hic locus aequo fere spatio[a] ab castris [1]Ario-
visti et Caesăris abĕrat.   Eo, ut erat dictum, ad colloquium 20
venērunt.   Legiōnem Caesar, quam equis[b] devexĕrat, passĭbus[c] ducentis ab eo tumŭlo constituit.   Item equĭtes Ariovisti
pari intervallo[e] constitērunt.   Ariovistus, [2]ex equis ut colloquerentur et praeter se denos[c] ut ad colloquium adducĕrent,
postulāvit.   Ubi[d] eo ventum est,[e] Caesar initio[f] oratiōnis sua 25
senatusque in eum beneficia commemorāvit: [3]quod rex apel-
lātus esset a senātu, quod amīcus, quod [4]munĕra amplissĭma
missa ; quam rem et paucis contigisse et [5]pro magnis homĭnum

---

H. — XLII.   [a]544 & 1. — [b]425 & 2. — [c]492, 4 & 1). — [d]493, 2. —
[e]530, I. & 1. — [h] What does *com.* agree with ? — [i] 385. — [j]419, 3, 1).
XLIII.   [a]378, 2. — [b]414 & 4. — [c]174, 2, 1). — [d]304, II. — [e]301, 3. —
[f]426.
A. & S. — XLII.   [a]268, R. 4, (b). — [b]251. — [c]262, R. 7. — [f]262, R.
4. — [g]266, 2 ; 270, R. 2, (b). — [h]205, R. 8, (a). — [i]223, R. 2. — [j]243, R.
1, (a).
XLIII.   [a]236, R. 4. — [b]247, 3. — [c]119, III. — [d]259, R. 1, (2), (d). —
[e]184, 2, (a) & (b). — [f]253, & N. 1.

officiis consuesse tribui docēbat : illum, quum neque [6]adītum neque caussam [7]postulandi justam habēret, beneficio ac liberalitāte sua ac senātus ea praemia consecūtum.}- Docēbat etiam, quam vetĕres quamque justae caussae necessitudīnis [5] [8]ipsis[6] cum Aeduis intercedĕrent : quae senātus consulta, [9]quotiens quamque honorifĭca, [10]in eos facta essent ; [11]ut omni tempŏre totīus Galliae principātum[h] Aedui tenuissent, prius etiam quam nostram amicitiam appetissent. Popŭli Romāni hanc esse consuetudīnem, [12]ut socios atque amīcos non modo [10] [13]sui[i] nihil deperdĕre, sed gratia, dignitāte, honōre auctiōres velit esse ; [14]quod vero ad amicitiam popŭli Romāni attulissent, id iis[s] erĭpi quis pati posset ? Postulāvit deinde eādem, quae legātis [15]in mandātis dedĕrat ; ne aut Aeduis aut eōrum sociis bellum inferrĕt[j] ; obsĭdes reddĕret[j] ; si nullam partem [15] Germanōrum domum[k] remittĕre posset, [16]at ne [17]quos amplius Rhenum[l] transīre paterētur.[j]

　　XLIV. Ariovistus ad postulāta Caesăris pauca respondit ; [1]de suis virtutĭbus multa praedicāvit : [2]transisse Rhenum sese non [3]sua sponte,[a] sed rogātum et arcessītum a [4]Gallis : non [20] sine magna [5]spe magnisque praemiis[b] domum propinquosque[c] reliquisse : sedes habēre in Gallia ab [6]ipsis concessas : obsĭdes ipsōrum voluntāte[d] datos : stipendium capere jure[d] belli, quod victōres victis imponĕre consuērint : non sese Gallis, sed Gallos sibi bellum intulisse : [7]omnes Galliae civitātes ad se [25] oppugnandum[e] venisse, ac contra se castra habuisse : eas omnes copias a se uno proelio fusas ac superātas esse. Si itĕrum experīri velint, se itĕrum parātum esse decertāre : si pace uti velint, inīquum esse,[8]de stipendio recusāre, quod sua

　H.—XLIII. [g]386.—[h]Dist. bet. *principatus, regnum*, and *imperium.* V. III. n. 10.—[i]395 ; 396, 2, 1).—[j]386, 2.—[j]558, VI.—[k]379, 3, 1). —[l]371, 4, 1).

　XLIV. [a]Dist. bet. *sponte, ultro, sua sponte, voluntate,* and *libenter.* V. n. 3.—[b]704, II. 2. V. n. 5.—[c]Dist. bet. *propinquus, necessarius, cognatus, consanguineus,* and *affinis.* V. XI. n. 7.—[d]414 & 2.—[e]565 & 1.

　A. & S.—XLIII. [g]224.—[h]V. R. H.—[i]212, R. 3, N. 3.—[j]224, R. 2.—[j]262.—[k]237, R. 4.—[l]233, (3).

　XLIV. [a]V. R. H.—[b]V. R. H.—[c]V. R. H.—[d]249, II.—[e]275, II & III. R. 3.

voluntāte[d] ad id tempus pependĕrint. [Amicitiam popŭli
Romāni sibi[f] ornamento[f] et praesidio,[f] non detrimento[f] esse
oportēre, [9]idque se ea spe petisse. Si per popŭlum Romānum
stipendium remittātur et [10]dediticii subtrahantur, non minus
libenter sese recusatūrum popŭli Romāni amicitiam, quam 5
appetierit. [11]Quod[g] multitudĭnem Germanōrum in Galliam
tradūcat, id se sui muniendi,[e] non Galliae impugnandae[e]
caussa facĕre : ejus rei testimonio[f] esse,[h] quod [12]nisi rogātus
non venĕrit et quod bellum non intulerit, sed [13]defenderit.
Se prius in Galliam venisse, quam [14]popŭlum Romānum. 10
Nunquam ante hoc tempus exercĭtum popŭli Romāni [15]Galliae
provinciae fines egressum. Quid [16]sibi vellet : cur in suas
possessiōnes venīret? Provinciam suam [17]hanc[i] esse Galliam,
sicut illam[i] nostram. Ut ipsi concēdi non oportēret, si in
nostros fines impĕtum facĕret ; sic item nos esse inīquos, qui[j] 15
in suo jure se interpellarēmus. Quod[g] fratres [[18]e senātus
consulto] Aeduos appellātos dicĕret, non se tam barbārum
neque tam imperĭtum esse rerum,[k] ut non sciret, neque bello[l]
Allobrŏgum proxĭmo Aeduos Romānis auxilium tulisse, nequę
[19]ipsos in his contentionĭbus, quas Aedui secum et cum Sequă- 20
nis habuissent, auxilio popŭli Romāni usos esse. [20]Debēre
se suspicāri, simulāta[m] Caesărem amicitia, quod exercĭtum in
Gallia habeat, sui opprimendi[e] caussa habēre. Quī[n] nisi
[21]decēdat atque exercĭtum dedūcat ex his regionĭbus, sese illum
non pro amīco,[o] sed pro hoste[o] habitūrum. [22]Quod[g] si eum 25
interfecĕrit, multis sese nobilĭbus principibusque popŭli Romāni [23]gratum esse factūrum : id se ab ipsis per eōrum
nuncios compertum [24]habēre[p]; quorum omnium gratiam atque
amicitiam ejus morte redimĕre posset. Quod si [25]decessisset
et libĕram possessiōnem Galliae sibi tradidisset, magno se 30

H.—XLIV. [1]390.—[2]554, IV. last paragraph.—[e](2) 563.—[f](2) 390,
2.—[h] Subject of esse ?—[i]450, 1.—[j]517, I.—[k]399 & 2, 2), (2).—[l]426
& 1.—[m]431, 2, 2).—[n]453.

A. & S.—XLIV. [1]227.—[2]206, (14).—[f](2) 227, R. 2.—[h]V. R. H
—[i]207, R. 23, (a).—[j]264, 8, (1).—[k]213.—[l]253, N. 1.—[m]257, N. 1.—
[n]206, (17).—[o]210, N. 3.—[p]274, R. 4.

illum praemio remuneratūrum et, quaecunque bella geri vellet, sine ullo ejus labōre et pericūlo confectūrum.

XLV. Multa ab Caesāre [1]in eam sententiam dicta sunt,
quare negotio desistēre non posset ; [2]et neque suam neque
5 popūli Romāni consuetudīnem pati, uti optīme merītos socios
deserēret ; neque se judicāre, Galliam potius esse Ariovistī[a]
quam popūli[a] Romāni. Bello superātos esse Arvernos et
Rutēnos ab Q. Fabio Maxīmo, quibus popūlus Romānus [3]ig-
novisset, neque in provinciam redegisset, neque stipendium
10 imposuisset. Quod si antiquissīmum quodque[b] tempus[c] spec-
tāri oportēret,[d] popūli Romāni justissīmum esse in Gallia
imperium[e]: si judicium[c] senātus observāri oportēret, libēram
debēre[d] esse Galliam, [4]quam bello victam suis legībus uti
voluisset.[f] ⊢

15 XLVI. Dum haec in colloquio geruntur, Caesāri nunciātum est, equītes Ariovisti propius tumūlum[a] accedēre et ad
nostros adequitāre, lapīdes telāque in nostros conjicēre. Caesar loquendi finem [1]facit, seque ad suos recēpit, suisque
imperāvit, ne quod omnīno telum in hostes rejicērent. Nam
20 etsi sine ullo pericūlo legiōnis[b] delectae cum equitātu proelium
fore vidēbat, tamen [2]committendum[c] non putābat, ut, pulsis
hostībus, dici posset, eos ab se [3]per fidem in colloquio circumventos.[c] Posteāquam [4]in vulgus milītum elātum est, [5]qua
arrogantia in colloquio Ariovistus usus [6]omni Gallia[d] Ro-
25 mānis[e] interdixisset, impetumque in nostros ejus equītes fecissent, eāque res colloquium ut diremisset, multo major alacrītas
studiumque pugnandi majus exercitui[e] injectum est. ⊢

XLVII. Biduo[a] post Ariovistus ad Caesārem legātos mit-

H. — XLV. [a]401 ; 402, I. — [b]458 & 1. — [c]545. — [d]Dist. bet. oportet,
debeo, &c. V. IV. n. 4. — [e]Dist. bet. imperium, regnum, &c. V. III. n. 10.
— [f]531.
XLVI. [a]437, 1. — [b]396, L — [c]551 & L, 1. — [c(?)]530, I. — [d]425, 2. —
[e]386.
XLVII. [a]418.
A. & S. — XLV. [a]211, R. 8, (3). — [b]207, R. 35, (b). — [c]239. — [d]V.
R. H. — [e]V. R. H. — [f]266, 2.
XLVI. [a]238, 1, (a). — [b]211, R. 12. — [c]270, R. 3. — [d]251, R. 2. — [e]224.
XLVII. [a]253, R. 1.

tit: [1]velle[a] se de his rebus, quae inter eos agi coeptae[b] neque perfectae essent, agĕre cum eo: [2]uti aut itĕrum [3]colloquio[f] diem constituĕret[d] aut, si id minus vellet, e[e] suis legātis alĭquem ad se mittĕret. Colloquendi Caesări caussa [4]visa non est; et eo[g] magis, quod pridie ejus [5]diĕi Germāni retinēri non 5 potĕrant, [6]quin in nostros tela conjicĕrent.[h] Legātum e[e] suis sese magno cum pericŭlo ad eum missūrum, et hominĭbus feris objectūrum existimābat. Commodissĭmum visum est, C. Valerium Procillum, C. Valerii Cabūri filium, summa virtūte[i] et [7]humanitāte[i] adolescentem, cujus pater a C. Valerio 10 Flacco [8]civitāte[j] donātus erat, et propter fidem et propter linguae Gallĭcae scientiam, [9]qua multa jam Ariovistus longinqua consuetudĭne[k] utebātur, et quod in eo [10]peccandi Germānis[l] caussa non esset, ad eum mittĕre, et Marcum Mettium, qui hospitio Ariovisti utebātur. His [11]mandāvit,[m] ut, quae 15 dicĕret Ariovistus, cognoscĕrent et ad se referrent. Quos quum apud se in castris Ariovistus conspexisset, exercĭtu suo praesente, conclamāvit: Quid[n] ad se venirent[o]? [12]an speculandi caussa? Conantes dicĕre prohibuit et in catēnas conjecit. **H** 20

XLVIII. Eōdem die castra promōvit et milĭbus[a] passuum sex a Caesăris castris sub monte consēdit. Postridie ejus diĕi[b] [1]praeter castra Caesăris suas copias traduxit et milĭbus[a] passuum duōbus ultra [2]eum castra fecit, eo consilio,[c] [3]uti [4]frumento[d] commeatūque, qui ex Sequănis et Aeduis [5]supporta- 25 rētur, Caesărem intercludĕret. Ex eo die dies [6]continuos[e]

H. — XLVII. [b]297, 1. — [c]580, I. & 1. — [d]530, II. — [e]398, 4, 2). — [f]Dist. bet. sermo, colloquium, and oratio. V. n. 3. — [g]414 & 2. — [h]498 & 1. — [i]428. — [j]419, III. & 2, 1). — [k]414 & 2. — [l]387. — [m]Dist. bet. jubeo, impero, praecipio, and mando. V. VII. n. 6. — [o]529.

XLVIII. [a]378, 2. — [b]411 & 2. — [c]414 & 2. — [d]425, 2. Dist. bet. frumentum and commeatus. V. XXXIX. n. 1. — [e]Dist. bet. continuus, perpetuus, sempiternus, and aeternus. V. n. 6.

A. & S. — XLVII. [b]183, N. 2. — [c]272. — [d]273, 2. — [e]212, R. 2, N. 4. — [f]V. R. H. — [g]247, 1. — [h]262, R. 10. — [i]211, R. 6. — [j]249, I. — [k]247, 1. — [l]226. — [m]V. R. H. — [n]235, R. 11. — [o]266, 2, R. 1, (c).

XLVIII. [a]236, R. 4. — [b]212, R. 4, N. 6. — [c]247, 1. — [d]251. V. R. H. — [e]V. R. H.

quinque Caesar pro castris suas copias produxit et aciem
instructam habuit, ut, si vellet Ariovistus proelio ·contendĕre,
eif ʼpotestas non deesset. Ariovistus his omnĭbus diēbusᵉ exercĭtum castrisʰ continuit, equestri proelioⁱ quotidie contendit.
5 Genus ᵍhoc erat pugnae, quo se Germāni exercuĕrant.
Equĭtum milia erant sex: totĭdem numĕroʲ pedĭtes velocissĭmi
ac fortissĭmi, quos ex omni copia ⁹singŭli singŭlos suae salūtis
caussa delegĕrant. Cum his in proeliis versabantur: ad hos
se equites recipiēbant: hi, si quid erat durius,ᵏ concurrēbant:
10 si qui, graviōreᵏ vulnĕre accepto, equo decidĕrat, circumsis-
tēbant: ¹⁰si quo erat longiusᵏ prodeundum aut celeriusᵏ recipiendum, tanta erat horum exercitatiōne celerĭtas, ¹¹ut jubis
equōrum sublevāti cursum adaequārent.

　　XLIX. Ubi eum castris se tenēre Caesar intellexit, ne
15 diutius commeātu prohiberētur, ultra eum locum, ¹quo in loco
Germāni consedĕrant, circĭter passusᵃ sexcentos ab his castris
²idoneumᵇ locum delēgit, aciēque ³triplĭci instructa, ad eum
locum venit. Primam et secundam ⁴aciem in armis esse,
tertiam castra munīre jussit. Hic locus ab hoste circĭter
20 passusᵃ sexcentos, uti dictum est, abĕrat. Eo circĭter ⁵homĭ-
num numĕroᶜ sedĕcim milia expedīta cum omni equitātu
Ariovistus misit, ⁶quae copiae nostros perterrērentᵈ et munitiōne prohibērent.ᵈ Nihĭloᵉ secius Caesar, ut ante constituĕrat,
duas acies hostem propulsāre, tertiam opus perficĕre jussit.
25 Munĭtis castris, duas ibi legiōnes relĭquit et partem ⁷auxiliō-
rum, quattuor relĭquas in castra majora reduxit.

　　L. Proxĭmo die institūtoᵃ suo Caesar e castris utrisqueᵇ
copias suas eduxit; paullumque a majorĭbus castris progressus,

---

H.—XLVIII. ¹386, 2. — ᵍ378, 1.— ʰ422, 1.— ⁱDist. bet. pugna,
acies, and proelium. V. XV. n. 8.—ʲ429.—ᵏ444, 1.
　XLIX. ᵃ433.—ᵇDist. bet. idoneus and aptus. V. n. 2.—ᶜ429.—
ᵈ500.—ᵉ418.
　L. ᵃ414 & 2.—ᵇ191, 3.
　A. & S.—XLVIII. ¹226, R. 2. — ᵍ236. — ʰ254, R. 3.—ⁱV. R. H.
—ʲ250, 1.—ᵏ256, R. 9, (a).
　XLIX. ᵃ236.—ᵇV. R. H.—ᶜ250, 1.—ᵈ264, 5.—ᵉ256, R. 16.
　L. ᵃ249, II.—ᵇ207, R. 32, (c).

aciem instruxit hostibusque pugnandi potestātem fecit. Ubi
ne tum quidem eos prodīre intellexit, circīter [1]meridiem[e] ex-
ercītum in castra reduxit. Tum [2]demum Ariovistus partem
suārum copiārum, quae castra minōra oppugnāret,[d] misit.
Acrīter utrimque usque ad vespērum pugnātum est. Solis 5
occāsu[e] suas copias Ariovistus, multis et illātis et acceptis
vulnerĭbus, in castra reduxit. Quum·ex captīvis quaerĕret
Caesar, quam ob rem Ariovistus [3]proelio non decertāret,[f] hanc
reperiēbat caussam ; quod apud Germānos ea consuetūdo
esset[g] ; ut [4]matresfamiliae[h] eōrum sortĭbus et vaticinationĭbus 10
declarārent,[i] utrum proelium committi[j] [5]ex usu esset,[f] nec ne[k] :
eas ita dicĕre : non [6]esse fas,[l] Germānos superāre, si ante
novam lunam proelio contendissent. **H**

LI. Postridie ejus diĕi Caesar praesidio[a] utrisque castris,[a]
quod[b] satis esse visum est, reliquit : omnis[e] [1]alarios in con- 15
spectu hostium pro castris minorĭbus constituit, quod [2]minus
multitudĭne[d] milĭtum legionariōrum pro hostium numĕro
valēbat, ut [3]ad speciem alariis[e] uterētur : ipse, triplĭci instructa
acie, usque ad castra hostium accessit. [4]Tum demum necessario Germāni suas copias castris eduxērunt, generatimque 20
constituērunt parĭbus intervallis,[f] Harūdes, Marcomannos,
Triboccos, Vangiŏnes, Nemētes, Sedusios, Suevos, omnemque
aciem suam rhedis[g] et carris circumdedērunt, ne qua spes in
fuga relinquerētur. [5]Eo muliĕres imposuērunt, quae in
proelium proficiscentes milĭtes, passis manĭbus, flentes implo- 25
rābant, ne se in servitūtem Romānis tradĕrent.

LII. Caesar [1]singŭlis legionĭbus[a] singŭlos legātos et quae-

---

H.—L. [e] Dist. bet. *meridies* and *medius dies.* V. n. 1.—[d] 500.—[e] 426.
—[f] 525.—[g] 520, II.—[h] 125, 2.—[i] 495 & 3.—[j] 549.—[k] 526, II. 1).—
[l] Dist. bet. *concessum est, licet,* and *fas est.* V. n. 6.

LI. [a] 390 & II. 2.—[b] 445, 6.—[e] 154 ; 88, III.—[d] 414 & 2.—[e] 419, I.
—[f] 378, 2.—[g] 414 & 4 ; 384, II. 1.

LII. [a] 386.

A. & S.—L [a] V. R. H.—[a] 264, 5.—[e] 253.—[f] 265.—[g] 266, 3.—
[h] 91.—[i] 262, R. 1.—[j] 269, R. 2.—[k] 265, R. 2.—[l] V. R. H.

LI. [a] 227.—[b] 206, (4).—[e] 114, 2.—[d] 247, 1, (2).—[e] 245, I.—[f] 236.
—[g] 249, I.

LII. [a] 224.

stŏrem praefēcit, uti eos[b] testes[b] suae quisque virtūtis habēret: |
ipse a dextro cornu, quod eam partem [2]minime firmam hostium esse animum advertěrat, proelium commīsit.   Ita nostri
acrīter in hostes, signo dato, impětum fecērunt, [4]itǎque hostes
5 repente celeriterque [5]procurrērunt, ut [6]spatium pila in hostes
conjiciendi non darētur.   Rejectis pilis, commīnus gladiīs
pugnātum est.   At Germāni, celerīter ex consuetudīne sua
[7]phalange facta, [8]impětus gladiōrum excepērunt.   Reperti
sunt [9]complūres nostri milītes, [10]qui in [11]phalangas insilīrent,[c]
10 et scuta manĭbus revellěrent,[c] et desuper vulnerārent.[c]   Quum
hostium acies a sinistro cornu pulsa atque in fugam conversa
esset, [12]a dextro cornu vehementer multitudīne suōrum nostram aciem premēbant.   Id quum animadvertisset Publius
Crassus adolescens, qui equitatui[a] praeěrat, quod [13]expeditior
15 erat, quam hi, qui inter aciem versabantur, tertiam aciem laborantĭbus nostris[d] subsidio[d] misit.   i

LIII.   Ita proelium restitūtum est, atque omnes hostes
terga vertērunt, neque prius fugěre destitērunt, quam ad flumen[a] Rhenum milia passuum ex eo loco circīter quinquaginta
20 pervenērunt.   Ibi perpauci,[b] aut viribus[c] confīsi tranāre con-
tendērunt, | aut, lintrĭbus inventis,[d] sibi salūtem reperērunt.[d]
In his fuit Ariovistus, qui navicūlam[e] deligātam ad ripam
nactus[d] ea profūgit: relīquos omnes equitātu consecūti[d] nostri
interfecērunt.   [1]Duae fuērunt Ariovisti uxōres, una[h] Sueva
25 natiōne,[f] quam domo[g] secum duxěrat, altěra[h] Norīca, regis
Voctiōnis soror, quam in Gallia [2]duxěrat a fratre missam:
utrāque in ea fuga periērunt.[i]   Duae filiae harum, altěra[h]
occīsa, altěra[h] capta est.   Caius Valerius Procillus, quum a
custodĭbus in fuga [3]trinis catēnis vinctus [4]traherētur, [5]in ipsum
30 Caesărem hostes equitātu persequentem incīdit.   Quae qui-

H.—LII.   [b]373.—[c]501, I.—[d]390.
LIII.   [a]Dist. bet. flumen, fluvius, and amnis.   V. I. n. 24.—[b]441.—
[a]419, II.—[d]Dist. bet. invenio, reperio, nanciscor, &c.   V. XVIII. n. 19.—
[e]315, 4 & 2).—[f]429.—[g]424, 2.—[h]363.—[i]461 & 3.
A. & S.—LII.   [b]230.—[c]264, 1, (a) & (b).—[d]227.
LIII.   [a]V. R. H.—[b]127, 2.—[c]245, II. (1), or 223, R. 2.—[d]V. R.
H.—[e]100, 3.—[f]250, 1.—[g]255, R. 1.—[h]204, R. 10.—[i]209, R. 11, (4).

dem res Caesāri non minōrem, quam ipsa victoria, voluptātem attŭlit; quod homĭnem honestissĭmum provinciae Galliae, suum familiārem et hospĭtem, ereptum e manĭbus hostium, sibi restitūtum vidēbat; neque ejus [6]calamitāte de tanta voluptāte et gratulatiōne quidquam fortūna deminuĕrat. Is, se [5] praesente,[j] de se ter sortĭbus consultum[k] dicēbat, utrum igni statim necarētur, an in aliud tempus reservarētur: sortium beneficio se esse incolŭmem. Item Marcus Mettius repertus et ad eum reductus est.

LIV. Hoc proelio trans Rhenum nunciāto, Suevi, qui ad [10] ripās Rheni venĕrant, domum reverti coepērunt; quos ubi Ubii, qui proxĭmi Rhenum[a] incŏlunt, perterrĭtos sensērunt, insecūti magnum ex his numerum occidērunt. Caesar, una aestāte duōbus maxĭmis bellis confectis, maturius paulo,[b] quam tempus anni postulābat, in hiberna in Sequănos exercĭtum [15] deduxit: hibernis Labiĕnum praeposuit: ipse [1]in citeriōrem Galliam [2]ad conventus agendos profectus est.

LIBER II.

ARGUMENT.

I. Conspiracy of the Belgians and War with them. Conspiracy of the Belgians, Chap. 1. Surrender of the Remi at the approach of Caesar, 2, 3. Origin and forces of the Belgians, 4. Caesar's march to the river Axona: his camp, 5. Attack upon a town by the name of Bibrax: Caesar relieves Bibrax, 6, 7. Favorable situation of Caesar's camp, 8. Unsuccessful attack upon Titurius: departure of the Belgians to defend their own territories: their defeat, 9-11. Surrender of the Suessiones and Bellovaci, 12-14. Surrender of the Ambiani: customs of the Nervii, 15. Nervian war: defeat: surrender, 16-28. War with the Aduatuci: the blockading of their town: their perfidy: their complete overthrow, 29-33. — II. Expedition of P. Crassus into Armorica.

H. — LIII. [j]430. — [k]301, 3.
LIV. [a]391, 2, 2). — [b]418.
A. & S. LIII. [j]257, R. 7. — [k]270, R. 3.
LIV. [a]238, 1, a). — [b]256, R. 16.

Several maritime states are conquered by Crassus, 34.—III. TRANSAC-
TIONS AFTER THE BELGIANS WERE SUBDUED. Opinion of this war
among the Germans ; they send ambassadors to Caesar : he marches into
Italy and Illyricum : winter quarters : thanksgiving at Rome, 35.

I. Quum esset Caesar in citeriōre Gallia in hibernis, ita
uti [1]supra demonstravīmus, [2]crebri[a] ad eum rumōres affere-
bantur, litterisque item Labiēni certior fiēbat, omnes Belgas,
[3]quam[b] tertiam esse Galliae partem [4]dixerāmus, contra pop-
5 ŭlum Romānum conjurāre obsidesque inter se dare,' Conju-
randi has esse caussas : primum, quod vererentur,[c] ne, [5]omni
pacāta Gallia, ad eos exercĭtus noster adducerētur : deinde,
quod ab nonnullis Gallis sollicitarentur,[c] [6]partim qui, ut Germānos diutius in Gallia versāri noluĕrant,[d] ita popŭli Romāni
10 exercĭtum hiemāre atque inveterascēre[e] in Gallia moleste
ferēbant,[d] partim qui mobilitāte[f] et levitāte anĭmi [7]novis imperiis[g] studēbant,[d] ab [8]nonnullis etiam, quod in Gallia a
potentiorĭbus atque his, qui [9]ad conducendos homĭnes facul-
tātes habēbant,[d] vulgo [10]regna[h] occupabantur[d]; qui minus
15 facĭle eam rem [11]imperio[i] nostro consĕqui potĕrant.[d]
II. His nunciis litterisque commōtus, Caesar duas legiōnes
in citeriōre Gallia novas conscripsit, et, [1]inīta aestāte, in inte-
riōrem Galliam [2]qui deducĕret,[a] Quintum Pedium legātum
misit. Ipse, quum primum pabŭli copia esse [3]incipĕret,[b] ad
20 exercĭtum venit : [4]dat negotium Senonĭbus reliquisque Gallis,
qui finitĭmi Belgis[c] erant, [5]uti ea, quae apud eos gerantur, cognoscant seque de his rebus certiōrem faciant. Hi [6]constanter
omnes nunciavērunt, manus [7]cogi, exercĭtum in unum locum
[7]condūci. Tum vero [8]dubitandum non existimāvit, quin ad

H.—I. [a]Dist. bet. saepe, crebro, frequenter, frequentare, celebrare, &c.
V. n. 2.—[b]445, 4.—[c]520, II.—[d]531, 4.—[e]332, II.—[f]414 & 2.—
[g]384.—[h]Why plural? V. n. 10.—[i]426, 1.
II. [a]500 & 1.—[b]Dist. bet. incipio, ordior, inchoo, and coepi. V. n. 3.
—[c]391 & 1.
A. & S.—I. [a]V. R. H.—[b]206, (10).—[c]266, 3.—[d]266, 2, R. 5.—
[e]187, II. 2, (a) & (c).—[f]247, 1, (2).—[g]223, R. 2.—[h]Why plural? V.
n. 10.—[i]257, R. 9, (2).
II. [a]264, 5.—[b]V. R. H.—[c]222, R. 1.

eos proficiscerētur. Re frumentaria comparāta, castra movet, diebusque[d] circĭter quindĕcim ad fines Belgārum pervēnit.

III. Eo quum de improvīso [1]celeriusque omni opiniōne venisset, Remi, qui proxĭmi [2]Galliae[a] ex Belgis[b] sunt, ad eum legatos, Iccium et [3]Andocumborium, primos civitātis, misērunt, 5 qui dicĕrent,[c] [4]se suáque omnia in fidem atque in potestātem popŭli Romāni [5]permittĕre[d]; neque se cum Belgis reliquis[e] consensisse, neque contra popŭlum Romānum conjurasse; paratosque esse et obsĭdes dare, et imperāta facĕre, et oppĭdis[f] recipĕre, et frumento ceterisque rebus juvāre : relĭquos omnes 10 Belgas in armis esse; Germanosque, qui cis Rhenum incŏlant, sese cum his conjunxisse; tantumque esse eorum omnium furōrem, ut ne[s] Suessiōnes quidem, fratres consanguineosque suos, qui eōdem [6]jure[h] et eisdem legĭbus utantur, unum imperium unumque magistrātum cum ipsis habeant, deter- 15 rēre [7]potuĕrint, [8]quin cum his consentīrent.[i]

IV. Quum ab [1]his quaerĕret, quae civitātes [2]quantaeque in armis essent[a] et quid[b] in bello possent,[a] sic[c] reperiēbat : [5]plerosque[d] Belgas esse ortos ab Germānis; Rhenumque[e] antiquĭtus traductos, propter loci fertilitātem ibi consedisse, 20 Gallosque, qui ea loca incolĕrent, expulisse; solosque esse, qui patrum nostrōrum memoria,[f] omni Gallia vexāta, Teutŏnos Cimbrosque intra fines suos ingrĕdi[s] prohibuĕrint: qua ex re fiĕri, uti eārum rerum memoria[h] magnam sibi auctoritātem magnosque spirĭtus in re militāri sumĕrent. De numĕro 25 eōrum omnia se habēre explorāta Remi dicēbant; propterea

---

H.—II. [a]378, 1.

III. [a]391 & 1.— [b]398, 4, 2).— [c]500 & 1.— [d]Dist. bet. *fido, confido, fidem habeo, committo*, and *permitto*. V. n. 5.— [e]441, 6.— [f]422, 1.— [g]602, III. 2.— [h]Dist. bet. *jus* and *lex*. V. n. 6.— [i]498 & 1.

IV. [a]525.— [b]380, 2.— [c]304, III.— [d]Dist. bet. *plerique* and *plurimi*. V. n. 3.— [e]374, 6.— [f]426 & 1.— [g]551, II. & 1.— [h]414 & 2.

A. & S.—II. [a]253.

III. [a]222, R. 1.— [b]212, R. 2, N. 4.— [c]264, 5.— [d]V. R. H.— [e]205, R. 17.— [f]254, R. 3.— [g]279, 3, (d).— [h]V. R. H.— [i]262, R. 10, N. 7.

IV. [a]265.— [b]232, (3).— [c]207, R. 22.— [d]V. R. H.— [e]233, (1); 234, I. R. 1, (b).— [f]253.— [g]262, R. 11, N.— [h]247, 1.

4 *

quod [1]propinquitatibus affinitatibusque conjuncti,[quantam
quisque multitudinem in communi Belgarum concilio ad id
bellum pollicitus sit,[2] cognoverint.) Plurimum inter eos Bellovacos et virtute[3] et auctoritate[3] et hominum numero[4] valere :
5 hos posse conficere [5]armata milia centum : pollicitos ex eo
numero [7]electa [8]sexaginta, totiusque belli imperium sibi pos-
tulare. |_ Suessiones [8]suos esse finitimos : fines latissimos
feracissimosque agros possidere. Apud eos fuisse regem
nostra etiam memoria[6] [9]Divitiacum, totius Galliae [10]potentissi-
10 mum ; qui [11]quum magnae partis harum regionum, tum etiam
Britanniae, imperium obtinuerit : nunc esse regem Galbam :
ad hunc propter justitiam prudentiamque suam totius belli
[12]summam omnium voluntate deferri : oppida habere numero[k]
CXII ; polliceri milia [5]armata quinquaginta : totidem Nervios,
15 qui maxime feri inter ipsos habeantur, longissimeque absint :
quindecim milia Atrebates : Ambianos X milia : Morinos XXV
milia : Menapios IX milia : Caletos X milia : Velocasses et
Veremanduos totidem : Aduatucos XXIX milia : Condrusos,
Eburones, Caeroesos, Paemanos, qui uno nomine Germani
20 appellantur,[l] [13]arbitrari ad XL milia.

V. Caesar, Remos cohortatus, [2]liberaliterque oratione
prosecutus, omnem senatum ad se convenire, principumque
liberos obsides[a] ad se adduci jussit. Quae[b] omnia ab his diligenter ad diem facta sunt. Ipse, Divitiacum Aeduum
25 [3]magnopere cohortatus, docet, [4]quanto opere rei publicae[c]
communisque salutis[c] intersit, [5]manus hostium distineri, ne cum
tanta multitudine uno tempore [6]confligendum sit. Id fieri
posse, si suas copias Aedui in fines Bellovacorum introdux-
erint, et eorum agros populari coeperint. His[d] mandatis, eum
30 ab se dimittit. Postquam omnes Belgarum copias in unum
locum coactas ad se venire vidit, [5]neque jam longe abesse ab
his, quos miserat, exploratoribus[e] et ab Remis cognovit,

H.—IV. [1]414 & 2.—[j]Sc. esse.—[k]429.—[l]531, 4.

V. [a]362.—[b]453.—[c]406, III. & 1.—[d]430.— [e]Dist. bet. explorator,
speculator, and emissarius. V. I. 21, n. 1.

A. & S.—IV. [1]247, 1, (2).—[7]270, R. 3.—[k]250, 1.—[l]266, 2, R. 5.

V. [a]210, & (b).—[b]206, (17).—[c]219.—[d]257.—[e]V. R. H.

flumen 'Axŏnam, quod' est in extrēmis Remŏrum finĭbus, exercĭtum traducĕre maturāvit, atque ibi castra posuit. |'Quae res et latus unum castrōrum ripis fluminis muniēbat |et, post eum quae essent, tuta ab hostĭbus reddēbat et, commeātus ab Remis reliquisque civitatĭbus ut sine pericŭlo ad eum 'portāri' 5 possent, efficiēbat. | In eo flumĭne pons erat. Ibĭ praesidĭum ponit, et 'in altĕra' parte flumĭnis Q. Titurium Sabīnum legātum cum 10sex cohortĭbus relinquit : castra in altitudĭnem pedum' duodĕcim vallo fossāque 11duodeviginti pedum' 12munīre jubet.' 10

VI. Ab his castris oppĭdum Remōrum, nomĭne* Bibrax, abĕrat milĭa passuum octo. Id 'ex itĭnĕre magno impĕtu' Belgae oppugnāre coepērunt. Aegre eo die sustentātum est. Gallōrum 'eādem atque Belgārum oppugnatĭo 'est haec. Ubi, circumjecta multitudĭne homĭnum totis (moenĭbus,') undĭque 15 lapĭdes in murum jaci coepti sunt murusque defensorĭbus' nudātus est, 'testudĭne facta, portas succēdunt murumque subruunt. Quod' tum facĭle fiēbat. Nam quum tanta multitŭdo lapĭdes ac tela conjicĕrent,' in muro| consistendi |potestas erat nulli.' Quum finem oppugnandi nox fecisset, Iccius Remus, 20 summa nobilitāte' et gratia inter suos, qui tum oppĭdo praeĕrat, unus ex his, qui legāti' de pace ad Caesărem venĕrant, nuncium ad eum mittit : nisi subsidium sibi submittātur, sese diutius sustinēre non posse.

VII. 'Eo de 'media nocte Caesar, iisdem ducĭbus* usus, 25 qui nuncii* ab Iccio venĕrant, 'Numĭdas et Cretas sagittarĭos

H. — V. '445, 4. — ' Dist. bet. fero, porto, and gero. V. n. 8. — ' 149.
— ' 395 ; 396, IV. — ' 545, 2, 1) ; 551, II. 1.
VI. '429. — ' 414 & 3. — : 386, 2. Dist. bet. murus, moenia, and paries.
V. I. 8, n. 4. — ' 419, III. — ' What does quod refer to ? — ' 461 & 1. —
' 387. — ' 428. — ' 362.
VII. ' 363.
A. & S. — V. ' 206, (9). — ' V. R. H. — ' 212, R. 2, N. 1, (b). — ' 211,
R. 6. — ' 273, 2, N. 4, (d).
VI. ' 250, 1. — ' 247, 2. — ' 224, R. 1, (a). V. R. H. — ' 251. — ' 206,
(13), (a). What does quod refer to ? — ' 209, R. 11, & (1), (a). — ' 226. —
' 211, R. 6, & R 8, (5). — ' 210, R. 3, (2), & R. 4.
VII. ' 204, R. 1, (a). — '^{cd} 210, R. 3, (2) & R. 4.

et funditōres Baleāres subsidio[b] oppidānis[b] mittit; quorum
adventu[c] et Remis cum spe defensiōnis studium propugnandi
accessit, et hostĭbus eādem de caussa spes potiundi[d] oppĭdi
discessit. Itaque paulisper apud oppĭdum morāti, agrosque
5 Remōrum depopulāti, ŏmnĭbus vicis aedificiisque, quos[e] adīre
potuĕrant, incensis, ad castra Caesāris omnĭbus copiis[f] con-
tendĕrunt, et [4]ab[g] milĭbus[h] passuum minus duōbus castra
posuĕrunt; quae castra, ut fumo atque ignĭbus significabātur,
amplius milĭbus[h] passuum octo in latitudĭnem patēbant.

10 VIII. Caesar primo et propter multitudĭnem hostium et
propter eximiam [1]opiniōnem virtūtis proelio[a] supersedēre
statuit; [2]quotidie tamen equestrĭbus proeliis, quid[b] hostis
virtūte posset, et quid nostri [3]audērent,[c] periclitabātur. Ubi
nostros non esse inferiōres intellexit, loco[d] pro castris ad
15 aciem instruendam natūra opportūno atque idoneo, (quod is
collis, ubi castra posĭta erant, paulŭlum[e] ex planitie edĭtus
tantum[e] [4]adversus in latitudĭnem patēbat, [5]quantum[e] loci[f] acies
instructa occupāre potĕrat, atque [6]ex utrāque parte latĕris
dejectus habēbat, et [7]in fronte lenĭter fastigātus paulātim ad
20 planitiem redĭbat,) ab utrōque latĕre ejus collis transversam
fossam obduxit circĭter passuum[g] quadringentorum; et ad
extrēmas[h] fossas castella constituit, ibĭque [8]tormenta collocāvit,
ne, quum aciem instruxisset, hostes, quod tantum[b] multitudĭne
potĕrant, [9]ab laterĭbus pugnantes suos circumvenīre possent.
25 Hoc facto, duābus legionĭbus, quas proxĭme conscripsĕrat, in
castris relictis, ut, si quo[i] opus esset, subsidio[j] duci possent,
relĭquas sex legiōnes pro castris in acie constituit. Hostes
item suas copias ex castris [10]eductas instruxĕrant.

H. — VII. [b]390 & II. 2). — [c]414 & 2. — [d]562, 4. — [e]386, 3. — [f]414,
7. — [g]378, 2. — [h]417.
VIII. [a]425, 2 & 1). — [b]380, 2. — [c]Distinguish bet. *audeo, conor,* and
molior. V. n. 3. — [d]422, 1 & 1). — [e]378. — [f]396, 2, 3), (3). — [g]396, IV.
— [h]441, 6. — [i]419, V. — [j]390 & 2.
A. & S. — VII. [b]227. — [c]247, 1, (2). — [d]275, II. & R. 1. — [e]233,
(3). — [f]249, III. R. — [g]236, R. 6. — [h]256, R. 6.
VIII. [a]242. — [b]232, (3). — [c]V. R. H. — [d]254, R. 2, (b). — [e]236. —
[f]212, R. 3. — [g]211, R. 6. — [h]205, R. 17. — [i]243. — [j]227, R. 2.

IX. Palus erat non magna inter nostrum atque hostium exercĭtum. Hanc [1]si nostri transīrent,[a] hostes exspectābant[b]; nostri autem, si ab illis initium transeundi fĭĕret,[c] [2]ut impedītos aggrederentur,[d] parāti in armis erant. Intĕrim proelio[e] equestri inter duas acies contendebātur.[f] Ubi neutri[g] tran- 5 seundi initium faciunt,[h] secundiōre equĭtum proelio[i] nostris, Caesar suos in castra reduxit. Hostes protĭnus ex eo loco ad flumen Axŏnam contendērunt, quod esse[j] post nostra castra demonstrātum est.[f] Ibi, vadis repertis, partem suarum copi-ārum traducĕre conāti sunt, eo consilio,[k] ut,[l] si possent, castel- 10 lum, cui[m] praeĕrat Quintus Tīturius legātus, expugnārent pontemque interscindĕrent: [3]si minus potuissent, agros Re-mōrum [4]popularentur, qui magno nobis[n] usui[n] ad bellum gerendum erant, commeatūque[o] nostros [4]prohibērent.

X. Caesar certior factus ab Tīturio, omnem equitātum et 15 levis armatūrae[a] Numĭdas, funditōres sagittariosque pontem tradūcit, atque ad eos contendit. Acrĭter in eo loco pugnātum est. Hostes impedītos nostri in flumĭne aggressi, magnum eōrum numĕrum [1]occidērunt[b]: per eōrum corpŏra relĭquos audacissĭme transīre conantes multitudĭne telōrum repulērunt: 20 primos, qui transiĕrant, equitātu [2]circumventos interfecērunt. Hostes, ubi et de expugnando oppĭdo et de flumĭne transeundo spem se fefellisse intellexērunt, neque nostros in locum in-iquiōrem progrĕdi pugnandi caussa vidērunt, atque ipsos res frumentaria deficĕre coepit, concilio convocāto, constituērunt 25 [3]optĭmum ésse,[d] domum[e] suam quemque reverti, et, [4]quorum

H. — IX. [a]480; 481, II.; 525 & 1. — [b]468. — [c]503, III.; 512 & 1. — [d]489, I. — [e]414 & 3. — [f]301, 3. — [g]441. — [h]467, III. — [i]431. — [j]549. — [k]414 & 2. — [l]What does ut explain? — [m]386. — [n]390. — [o]425 & 2.

X. [a]396, IV. — [b]Dist. bet. interficio, perimo, interimo, neco, occido, ju-gulo, obtrunco, trucido, and percutio. V. n. 1. — [c]379, 3, 1). — [d]549, 2. Subject of esse?

A. & S. — IX. [a]258, I. 2; 198, 11, R. (e), last sentence. — [b]145, II. — [c]260, II. — [d]262. — [e]247, 2. — [f]184, 2, (a). — [g]207, R. 32, (c). — [h]145, I. 3. — [i]257, R. 7. — [j]272. — [k]247, 1. — [l]V. R. H. — [m]224. — [n]227. — [o]251.

X. [a]211, R. 6. — [b]V. R. H. — [c]237, R. 4. — [d]Subject of esse? 269, R. 3.

in fines primum Romāni exercĭtum introduxĭssent; ad eŏs defendendos undĭque convenīrent, ut potĭus in suis quam in
aliēnis finĭbus decertārent, et [5]domesticis cŏpiis rei frumentariae uterentur. Ad eam sententiam cum reliquis caussis
[5] haec quoque ratio eos deduxit; quod [6]Divĭtiacum atque
Aeduos finĭbus Bellovacōrum appropinquāre cognovērant:
[7]his[8] persuadēri,[9] ut diutius morarentur neque suis auxilĭum
ferrent, non potĕrat. ⊢

XI. Ea re constitūta, secunda [1]vigilia magno cum strepĭtu
[10] ac tumultu castris egressi nullo certo ordĭne[2] neque imperio,
[3]quum sibi quisque primum itinĕris locum petĕret et domum
pervenīre properāret, fecĕrunt, ut consimĭlis fugae profectio
viderētur. Hac re [5]statim [b] Caesar per speculatōres[c] cognĭta,
insidias verĭtus, quod, qua de caussā discĕdĕrent,[d] nondum
[15] perspexĕrat, exercĭtum equitatumque castris continuit. Prima
luce, confirmāta re ab exploratorĭbus,[e] omnem equitātum, qui
[4]novissĭmum agmen morarētur,[f] praemīsit. [5]His[f] Quintum
Pedium et Lucium Aurunculeium Cottam legātos[g] praefēcit.
Titum Labiēnum legātum[g] cum legionĭbus tribus subsĕqui
[20] jussit. Hi [4]novissĭmos adorti, et multa milia passuum prosecūti, magnam multitudĭnem eōrum fugientium concidērunt,
[6]quum ab extrēmo agmĭne, ad quos[f] ventum erat, consistērent
fortiterque impĕtum nostrōrum milĭtum sustinērent[h]; [7]priōres,
quod abesse a pericūlo viderentur,[i] neque ulla necessitāte
[25] neque imperio continerentur,[i] exaudīto clamōre, perturbātis ordinĭbus, omnes [8]in fuga sibi praesidium ponĕrent.[k]
Ita sine ullo pericūlo tantam eōrum multitudĭnem nostri
interfecērunt, [9]quantum fuit diēi spatium, sub occasumque

H. — X. [a]385; 301, 3.
XI. [a]414 & 3. — [b] Dist. bet. *repente, subito, extemplo, e vestigio, illico,
statim, protinus, confestim,* and *continuo.* V. n. 3. — [c] Dist. bet. *exploratores,
speculatores,* and *emissarii.* V. I. 21, n. 4. — [d] 525. — [e] 500 & I. — [f] 445, 5.
— [g] 363. — [h] 518, II. 1. — [i] 520, II.
A. & S. — X. [a] 223, R. 2, (c).
XI. [a] 247, 2. — [b] V. R. H. — [c] V. R. H. — [d] 265. — [e] 266, 5. — [f] 206,
(11), (a) ; 323, 3, (4). — [g] 204. — [h] 263, 5. — [i] 266, 3.

solis destitērunt, seque in castra, ut erat imperātum, recepērunt.

XII. Postridie ejus [1]diēi Caesar, priusquam se hostes ex terrōre ac fuga [2]recipěrent,[a] in fines Suessiōnum, qui proxĭmi Remis erant, exercĭtum duxit, et magno itinĕre confecto, ad 5 oppĭdum Noviodūnum contendit. Id [3]ex itinĕre oppugnāre conātus, quod vacuum ab defensorĭbus esse audiēbat, propter latitudĭnem fossae murīque altitudĭnem, [4]paucis defendentĭbus, expugnāre non potuit. Castris munītis, [5]vineas agĕre, quaeque ad oppugnandum usui[b] erant, comparāre coepit. Intĕrim[c] 10 omnis ex fuga Suessiōnum multitūdo in oppĭdum proxĭma nocte convēnit. Celeriter vineis ad oppĭdum actis, [6]aggĕre jacto, [7]turribusque constitūtis, magnitudĭne[d] opĕrum, quae neque vidĕrant ante Galli neque audiĕrant, et celeritāte[d] Romanōrum permōti, legātos ad Caesărem de deditiōne mittunt, 15 et, petentĭbus Remis, ut conservarentur,[e] impĕtrant.

XIII. Caesar, obsidĭbus acceptis, [1]primis[a] civitātis atque ipsīus Galbae regis[a] duōbus filiis,[a] armisque omnĭbus ex oppĭdo tradĭtis, [2]in deditiōnem Suessiōnes accēpit, exercitumque in Bellovăcos [3]ducit. Qui[b] quum se suăque omnia in oppĭdum 20 Bratuspantium contulissent, atque ab eo oppĭdo Caesar cum exercĭtu circĭter milia[c] passuum quinque abesset, omnes majores natu,[d] ex oppĭdo egressi, manus ad Caesărem tendĕre et voce significāre coepērunt, [4]sese in ejus fidem ac potestātem venīre, neque contra popŭlum Romānum armis contendĕre. 25 Item, quum ad oppĭdum accessisset[e] castrăque ibi ponĕret,[f] puĕri mulieresque ex muro, passis manĭbus[g] suo more,[h] pacem ab Romānis petiĕrunt.[f]

XIV. Pro his Divitiăcus (nam post discessum Belgārum, dimissis Aeduōrum copiis, ad [1]eum revertĕrat) [2]facit verba: 30

H. — XII. [a]523, II. & 2. — [b]390 & 2. — [c]Dist. bet. interim and interea. V. L 16, n. 1. — [d]414 & 2, 3), (2). — [e]481, IV. 2.

XIII. [a]363. — [b]453. — [c]433 ; 178. — [d]429. — [e]472. — [f]468. — [g]430. — [h]414 & 3. — [(i)]471, II.

A. & S. — XII. [a]263, 3. — [b]227, & R. 4. — [c]V. R. H. — [d]247, 1. — [e]258, R. 1, (a).

XIII. [a]204. — [b]206, (17). — [c]236 ; 118, 6, (a). — [d]250, 1. — [e]145, V. — [f]145, II. — [g]257. — [h]247, 2 ; or 249, II. — [(i)]145, IV. & R.

Bellovācos omni tempŏre [a]in fide atque amicitia civitātis[a]
Aeduae fuisse: impulsos ab suis princĭpĭbus, qui dicĕrent,[b]
Aeduos a Caesăre in servitūtem redactos omnes indignitātes
contumeliasque perferre, et ab Aeduis [d]defecisse et popŭlo Ro-
5 māno bellum intulisse.   Qui[c] ejus consilii [e]princĭpes fuissent,[b]
quod intelligĕrent,[b] quantam calamitātem civitāti intulissent,
in Britanniam profugisse.   [f]Petĕre non solum Bellovācos,
sed etiam pro his Aeduos, ut sua [g]clementia ac mansuetudĭne[d]
in eos [e]utātur.   Quod si [f]fecĕrit, Aeduōrum auctoritātem
10 apud omnes Belgas [g]amplificatūrum; quorum auxiliis atque
opĭbus, si qua bella [e]incidĕrint, sustentāre [e]consuērint. ⊢.

XV.   Caesar [1]honōris Divitiăci atque Aeduōrum caussa
sese eos in fidem receptūrum et conservatūrum dixit; sed
quod erat civĭtas magna inter Belgas'auctoritāte,[a] atque hom-
15 ĭnum multitudĭne[b] praestābat, sexcentos obsĭdes poposcit.
His tradĭtis, omnibusquè armĭs ex oppĭdo collātis, ab eo loco
in fines Ambianōrum 'pervēnĭt, qui se suăque omnia sine
mora dedidērunt.   Eōrum fines Nervii attingēbant; quorum
de natūra moribusque Caesar quum [2]quaerĕret,[c] sic[d] repe-
20 riēbat: nullum adĭtum esse ad eos mercatorĭbus[e]: nihil pati
vini[f] reliquarumque, rerum[f] ad luxuriam pertinentium inferri,
quod iis rebus relangueseĕre anĭmos et remitti virtūtem existimārent: esse homĭnes feros magnaeque virtūtis[a]: increpitāre
atque incusāre rĕlĭquos Belgas, qui se popŭlo Romāno dedi-
25 dissent[g] [a]pătriamque virtūtem projecissent[g]: [h]confirmāre, sese
neque legātos missūros, neque ullam conditiōnem pacis ac-
ceptūros.

XVI.   Quum per eōrum fines triduum[a] iter fecisset, inve-

H. — XIV.   [a]396, II. — [b]531. — [c]445, 6. — [d]Dist. bet. *mansuetudo* and
clementia.   V. n. 7.

XV.   [a]428. — [b]414 & 2. — [c]Dist. bet. *quaero, scrutor, rimor, investigo,*
and *indago.*   V. n. 2. — [d]387. — [e]396, 2 & 1). — [f]∞ 396, IV.; 428, 4. —
[g]519.

XVI.   [a]378.

A. & S. — XIV.   [a]211, R. 12. — [b]266, 2. — [c]206, (4). — [d]V. R. H.
XV.   [a]211, R. 6. — [b]247, 1. — [c]V. R. H. — [d]207, R. 22. — [e]226. —
[f]212, R. 1. — [g]264, 8, (1).

XVI.   [a]236.

niĕbat ex captīvis, Sabim flumen ab castris suis non amplius[b] milia[a] passuum decem [1]abesse[c]: trans id flumen omnes Nervios consĕdisse, adventumque ibi Romanōrum [2]exspectāre una cum Atrebatĭbus et Veromanduis, finitĭmis suis: (nam his utrisque[d] persuasĕrant, uti eandem belli fortūnam experiren- 5 tur:) exspectāri etiam ab his Aduatucōrum copias, atque esse in itinĕre: muliĕres, quique per aetātem ad pugnam inutīles viderentur, in eum locum [3]conjecisse, [4]quo propter palūdes exercitui[e] adĭtus non esset.

XVII. His rebus cognĭtis, exploratōres centurionesque 10 praemittit, qui locum idoneum[a] castris[b] delĭgant.[c] Quumque ex dediticiis[d] Belgis reliquisque Gallis[d] complūres, Caesărem secūti, una iter facĕrent, quidam ex his,[d] ut postea ex captīvis cognĭtum est, [1]eōrum diērum[e] consuetudĭne itinĕris[e] nostri ex- ercĭtus ͏perspecta, nocte ad Nervios pervenērunt atque his 15 demonstrārunt, inter singŭlas[f] legiōnes impedimentōrum mag- num [2]numĕrum intercedĕre, [3]neque esse quidquam negotii,[e] quum prima legio in castra venisset reliquaeque legiōnes magnum spatium abessent,[f] [4]hanc sub sarcĭnis adorīri: [5]qua pulsa impedimentisque direptis, futūrum,[h] ut relīquae contra 20 consistĕre non audērent. [6]Adjuvābat etiam eōrum consilium,[i] [7]qui rem deferēbant, quod[i] Nervii antiquĭtus, quum equitātu nihil[j] possent, (neque enim ad hoc tempus [8]ei rei student, sed, quidquid[j] possunt, pedestrĭbus valent copiis,[k]) quo facilius fini- timōrum equitātum, si praedandi caussa ad eos venisset, 25 impedīrent,[l] [9]tenĕris arborĭbus[m] incīsis atque inflexis, crebris in latitudĭnem ramis[m] enātis et rubis sentibusque[m] interjectis, effecĕrant, ut instar muri[n] hae sepes munimentum praebērent,

H. — XVI. [b] 417, 3. — [c] Dist. bet. absum, desum, and deficio. V. n. 1. — [d] 385. — [e] 387.

XVII. [a] Dist. bet. idoneus and aptus. V. I. 49, n. 2. — [b] 391. — [c] 500. — [d] 398, 4, 2). — [e] 397, 2. — [f] 174, 2, 1). — [g] 396, 2, 3) & (3). — [h] 544. — [i] 385, 1. — [j] 380, 2. — [k] 414, & 2. — [l] 489, I.; 497. — [m] 430. — [n] 395.

A. & S. — XVI. [b] 256, R. 6, (a). — [c] V. R. H. — [d] 207, R. 32, (c). — [e] 226.

XVII. [a] V. R. H. — [b] 222, 3. — [c] 264, 5. — [d] 212, R. 2, N. 4. — [e] 211, R. 10. — [f] 119, III. — [g] 212, R. 3. — [h] 268, R. 4, (b). — [i] 223, R. 2, (2). — [j] 232, (3). — [k] 247, 1, (2). — [l] 262, R. 9. — [m] 257. — [n] 211.

[10]quo non modo[a] intrāri, sed ne perspĭci quidem posset.   His
rebus quum iter[a] agmĭnis nostri impedirētur, non omittendum
sibi consilium Nervii aestimavērunt.

XVIII.   Loci natūra erat [1]haec, [2]quem locum nostri castris
5 delegērant : collis ab summo aequalĭter declīvis, ad flumen
Sabim, quod supra nominavĭmus, vergēbat.   Ab eo flumĭne
pari acclivitāte collis nascebātur, [3]adversus huic et contrarius,
passus circĭter ducentos : [4]infĭmus apertus, ab superiōre parte
silvestris, ut non facĭle introrsus perspĭci posset.   Intra eas
10 silvas hostes in occulto sese continēbant : in aperto loco
[5]secundum flumen paucae statiōnes equĭtum videbantur.
Flumĭnis[a] erat altitūdo pedum[b] circĭter trium. H

XIX.   Caesar, equitātu praemisso, subsequebātur omnĭbus
copiis[a] ; sed ratio ordōque agmĭnis [1]alĭter se habēbat[a] ac[a]
15 Belgae ad Nervios detulĕrant.   Nam quod ad hostes appro-
pinquābat, consuetudĭne[d] sua Caesar sex legiōnes [2]expedĭtas
ducēbat : post eas totius exercĭtus impedimenta collocārat :
inde duae legiōnes, quae proxĭme conscriptae erant, totum
agmen claudēbant praesidiōque[a] impedimentis[a] erant.   Equĭtes
20 nostri cum funditorĭbus sagittariisque flumen transgressi, cum
hostium equitātu proelium commisērunt.   Quum se illi idem-
tĭdem in silvas[f] ad suos recipĕrent, ac rursus ex silva in
nostros impĕtum facĕrent, neque nostri longius, quam [4]quem
ad finem porrecta ac loca aperta pertinēbant, [5]cedentes insĕqui
25 audērent, intĕrim legiōnes sex, quae primae venĕrant, opĕre
dimenso,[g] castra munīre coepērunt.   Ubi prima impedimenta
nostri exercĭtus ab his, qui in silvis abdĭti latēbant, visa sunt,
([6]quod tempus inter eos committendi[h] proelii[h] convenĕrat,)

H. — XVII.   [a]584, 2. — [b]Dist. bet. iter, via, trames, semita, and callis.
V. I. 9, n. 1.
XVIII.   [a]395. — [b]401.
XIX.   [a]414, 7. — [b]463, 3. — [c]459, 2. — [d]414 & 2. — [e]390. — [f]435 & 1.
— [g]221, 2. — [h]563 & 1, 1).
A. & S. — XVII.   [a]277, I. R. 6, (a). — [b]V. R. H.
XVIII.   [a]211. — [b]211, R. 6, & R. 8, (1).
XIX.   [a]249, III. R. — [b]209, R. 12, (2). — [c]198, 3, R. — [d]247, 1 ; or
249, II. — [e]227. — [f]235, (2). — [g]142, 4, (b). — [h]211 ; 275, II.

[9]ita ut intra silvas aciem ordinesque constituĕrant, atque ipsi
sese confirmavĕrant, subĭto omnĭbus copiis[a] provolavĕrunt,
impetumque in nostros equĭtes fecērunt. [8]His facĭle pulsis
ac proturbātis, incredibĭli celeritāte ad flumen decucurrērunt,[i]
(ut paene[j] uno tempŏre et ad silvas et in flumĭne et jam [9]in   5
manĭbus nostris hostes viderentur.) Eādem autem celeritāte,
[10]adverso colle,[k] ad nostra castra atque eos, qui in opĕre occu-
pāti[l] erant, contendērunt.

XX. Caesāri[a] omnia uno tempŏre erant agenda[b]: [1]vexil-
lum proponendum,[b] quod erat insigne, quum ad arma concurri 10
oportēret; [2]signum tuba dandum[b]; ab opĕre revocandi[b]
milĭtes; qui[e] paullo[d] longius[e] [3]aggĕris petendi caussa proces-
sĕrant, arcessendi[b]; acies instruenda[b]; milĭtes cohortandi[b];
[4]signum dandum[b]: quarum rerum magnam partem tempŏris
brevĭtas et [5]successus hostium impediēbat.[f] His difficultatĭbus[f] 15
duae res erant subsidio,[g] scientia atque usus milĭtum; quod
superiorĭbus proeliis exercitāti, [6]quid fiĕri oportēret, non
minus commŏde ipsi sibi praescribĕre, quam ab aliis docēri
potĕrant; et quod ab opĕre [7]singulisque legionĭbus singŭlos
legātos Caesar discedĕre, [8]nisi munītis castris,[h] vetuĕrat. 20
[9]Hi propter propinquitātem et celeritātem hostium nihil jam
Caesāris imperium[e] exspectābant, sed per se, quae [10]videban-
tur, administrābant.

XXI. Caesar, necessariis rebus imperātis, ad cohortandos
milĭtes, [1]quam in partem[a] fors obtŭlit, decucurrit, et ad legiō- 25
nem decĭmam devēnit. Milĭtes [2]non longiōre oratiōne[b]
cohortātus, quam uti suae pristĭnae[c] virtūtis memoriam reti-

---

H. — XIX. [i]254 & 1 & 5. — [j]Dist. bet. *fere, ferme, paene,* and *prope.*
V. I. 1, n. 15. — [k]430.

XX. [a]388, I. — [b]229. — [c]445, 6. — [d]418. — [e]444, 1. — [f]463, 3. — [g]390.
— [h]431.

XXI. [a]453, 2. — [b]414 & 4. — [c]Dist. bet. *vetus, vetustus, antiquus, priscus,* and *pristinus.* V. I. 13, n. 11.

A. & S. — XIX. [i]163, Exc. 1. — [j]V. R. H. — [k]257, R. 7. — [l]162,
12, (2).

XX. [a]225, III. — [b]274, R. 8, (a)₁ — [c]206, (4). — [d]256, R. 16. — [e]254.
R. 9, (a). — [f]209, R. 12, (2). — [g]227. — [h]257, & R. 10.

XXI. [a]206, (3). — [b]247, 3. — [c]V. R. H.

nērent, [2]neu perturbarentur anĭmo,[3] hostiumque impĕtum fortĭter sustinērent, quod non longius hostes abĕrant, quam [4]quo
telum adjĭci posset, proelii committendi signum dedit.　Atque
in altĕram partem item cohortandi caussa profectus, [5]pugnan-
tĭbus[5] occurrit.　(Tempŏris tanta fuit exiguĭtas, hostiumque
tam parātus ad dimicandum anĭmus, ut non modo ad [6]insignia
accommodanda, sed etiam ad galeas induendas scutisque[7]
[7]tegimenta detrudenda tempus defuĕrit.　Quam quisque ab
opĕre in partem casu[8] devēnit, quaeque prima signa conspexit,
10 ad haec constĭtit, ne [8]in quaerendis suis pugnandi tempus
dimittĕret.

XXII.　Instructo exercĭtu, magis ut loci natūra dejectus-
que collis et necessĭtas tempŏris, quam ut rei militāris ratio
atque ordo postulābat, quum, [1]diversis legionĭbus,[2] aliae[b] alia
15 in parte hostĭbus resistĕrent, sepibusque [2]densissĭmis,[c] ut ante
demonstravĭmus, interjectis, [3]prospectus impedirētur, neque
[4]certa subsidia [5]collocāri, neque quid in quaque parte opus[4]
esset [6]providēri, neque ab uno omnia imperia [7]administrāri
potĕrant.　Ităque in tanta rerum iniquitāte fortūnae quoque
20 eventus varii sequebantur.)

XXIII.　Legiōnis nonae et decĭmae milĭtes, ut in sinistrā
parte acie[a] constitĕrant, pilis emissis, [1]cursu[b] ac lassitudĭne
exanimātos, vulneribusque confectos Atrebātes ([2]nam his ea
pars obvenĕrat) celerĭter ex loco superiōre in flumen compu-
25 lērunt, et, transīre conantes insecūti gladiis, magnam partem
eorum impedītam interfecērunt.　[3]Ipsi transīre flumen non
dubitavērunt, et, in locum inĭquum progressi, rursus resistentes hostes, redintegrāto proelio, in fugam dedērunt.　Item
alia in parte [4]diversae duae legiōnes, undecĭma et octāva,

H. — XXI.　[4]429. — [5]386. — [6]425 & 2. — [7]414 & 3.
XXII.　[a]431. — [b]459, 1. — [c]Dist. bet. *angustus, arctus, densus*, and *spissus*.
V. n. 2. — [4]419, 3, 2), (1).
XXIII.　[a]119, 4. — [b]414 & 2.
A. & S. — XXI.　[4]250, 1. — [5]224. — [6]242; or 251. — [7]247, 2, last
sentence.
XXII.　[a]257, R. 7. — [b]207, R. 32, (a). — [c]V. R. H. — [4]243, R. 2.
XXIII.　[a]90, 2. — [b]248, II.

profligātis Veromanduis, quibuscum erant congressi, [5]ex loco superiōre in ipsis flumĭnis ripis proeliabantur. At tum, totis fere a fronte et ab sinistra parte [6]nudātis castris, quum in dextro cornu legio duodecĭma et non magno ab ea intervallo septĭma constitisset, omnes Nervii [7]confertissĭmo agmĭne,[e] 5 duce Boduognāto,[c] qui summam imperii tenēbat, ad eum locum contendērunt; quorum pars [8]aperto latĕre[d] legiōnes circumvenīre, pars summum castrōrum locum petĕre coepit.

XXIV. Eōdem tempŏre equĭtes nostri levisque armatū-rae[a] pedĭtes, qui cum iis una fuĕrant, quos primo hostium 10 impĕtu pulsos [1]dixĕram, quum se in castra recipĕrent, [2]adver-sis hostĭbus occurrēbant, ac rursus aliam in partem fugam petēbant; et calōnes, qui [3]ab decumāna porta ac summo[b] jugo collis nostros victōres flumen transīre conspexĕrant, praedandi caussa egressi, quum respexissent et hostes[c] in nostris castris 15 versāri[c] vidissent, praecipĭtes fugae sese mandābant. Simul eōrum, qui cum impedimentis veniēbant, clamor fremitusque oriebātur,[d] aliīque[e] aliam in partem perterrĭti ferebantur. Quibus omnĭbus rebus permōti equĭtes [4]Trevĭri, [5]quorum inter Gallos virtūtis opinio est singulāris, qui auxilii caussa ab 20 civitāte ad Caesărem missi venĕrant, quum multitudĭne[f] hostium castra nostra complēri, nostras legiōnes premi et paene circumventas tenēri, calōnes, equĭtes, funditōres, Numĭdas, [6]diversos dissipatosque in omnes partes fugere vidissent, desperātis nostris rebus, domum [7]contendērunt: Romānos pulsos 25 superatosqûe,[g] castris[h] impedimentisque eorum hostes potĭtos[g] civĭtāti renunciavērunt.

XXV. Caesar, [1]ab decĭmae legiōnis cohortatiōne ad dex-trum cornu profectus, ubi [2]suos urgēri, [3]signisque[a] in unum

H. — XXIII. [a]430. — [d]422, 1, 2).

XXIV. [a]396, IV. — [b]441, 6. — [c]545; 551 & L — [d]463, 3. — [e]459, L — [f]419, III. — [g]530, L — [h]419, I.

XXV. [a]431.

A. & S. — XXIII. [a]257, R. 7. — [d]254, R. 3.

XXIV. [a]211, R. 6. — [b]205, R. 17. — [c]239; 272. — [d]209, R. 12, (2). — [e]207, R. 32, (a). — [f]249, I. — [g]270, R. 3. — [h]245, L

XXV. [a]257.

locum collātis duodecīmae legiōnis confertos milītes sibi[b] ipsos[c]
ad pugnam esse impedimento,[b] quartae cohortis [4]omnĭbus centuriōnĭbus occīsis signiferōque interfecto, signo amisso, reliquā-
rum cohortium omnĭbus fere centuriōnĭbus aut vulnerātis aut
5 occīsis, in his [5]primipīlo, P. Sextio Bacŭlo, fortissĭmo viro,
multis gravibusque vulnerĭbus confecto, ut jam se [6]sustinēre[d]
non posset, relĭquos esse tardiōres; et nonnullos [7]ab novissĭmis
[8]desertos proelio excedĕre ac tela vitāre; hostes [9]neque a
fronte ex inferiōre loco [10]subeuntes intermittĕre, et ab utrōque
10 latĕre instāre; et rem esse in angusto vidit, neque ullum esse
subsidium, quod submitti posset: scuto ab novissĭmis [11]uni
milĭti[e] detracto, quod ipse eo sine scuto venĕrat, in primam
aciem [12]processit, centurionibusque nominātim appellātis,
relĭquos cohortātus milītes [13]signa inferre et manipŭlos laxare
15 jussit, quo facilius gladiis uti possent. Cujus adventu[f] spe
illāta militĭbus ac redintegrāto animo, quum pro se quisque
in conspectu imperatōris [14]etiam in extrēmis suis rebus opĕram
navāre cupĕret, paullum[g] hostium impĕtus tardātus est.

XXVI. Caesar, quum septĭmam legiōnem, quae juxta
20 constitĕrat, item urgēri ab hoste vidisset, tribūnos milĭtum
monuit, ut paullātim sese legiōnes conjungĕrent et [1]conversa
signa in hostes inferrent. Quo facto, quum alius alii subsidium ferret, neque timērent, ne [2]aversi ab hoste circumve-
nirentur,[a] audacius resistĕre ac fortius pugnāre coepērunt.
25 Intĕrim milītes legiōnum duārum, quae in novissĭmo agmĭne
praesidio[b] impedimentis fuĕrant, proelio nunciāto, [3]cursu in-
citāto, in summo colle ab hostĭbus conspiciebantur; et T.
Labiēnus castris[c] hostium potītus, et ex loco superiōre, quae
res in nostris castris gererentur, conspicātus, decĭmam legiō-

H.—XXV. [b]390.—[c]452, 1.—[d]Dist. bet. *fero, tolero, perfero,* perpetior, sustineo, sino, and sustento. V. n. 6.—[e]386, 2.—[f]414 & 2.—
[g]380, 2.
XXVI. [a]492, 4 & 1).—[b]390.—[c]419; I.
A. & S.—XXV. [b]227.—[c]207, R. 28, (a).—[d]V. R. H.—[e]322, 2,
(b); 224, R. 2.—[f]247, 1; 248, II.—[g]192, II. 4, (b).
XXVI. [a]262, R. 7.—[b]227.—[c]245, I.

nem subsidio[d] nostris misit. [4]Qui[e] quum ex equitum et calōnum fuga, quo in [5]loco res esset,[f] quantōque in periculo et castra, et legiōnes, et imperātor [6]versarētur,[f] cognovissent, [f]nihil ad celeritātem sibi reliqui[h] fecērunt.

XXVII. [1]Horum adventu[a] tanta rerum commutatio est 5 facta, ut nostri, etiam qui vulnerĭbus[a] confecti procubuissent, scutis[b] innixi, proelium redintegrārent[c] ; tum calōnes, perterrĭtos hostes conspicāti, etiam inermes armātis[b] occurrĕrent[c] ; equĭtes vero, ut turpitudĭnem fugae virtūte delērent, [2]omnĭbus in locis pugnae se legionariis militĭbus[b] praeferrent.[c] At 10 hostes etiam in extrēma spe salūtis tantam virtūtem praestitērunt, ut quum [3]primi eōrum cecidissent, proxĭmi jacentĭbus[b] insistĕrent, atque ex eōrum corporĭbus pugnārent ; [4]his dejectis et coacervātis cadaverĭbus, qui[d] superessent, [5]ut ex tumŭlo, tela in nostros conjicĕrent et pila intercepta remit- 15 tĕrent ; [6]ut non nequidquam tantae virtūtis homĭnes judicāri debēret ausos esse transĭre latissĭmum flumen,[a] ascendĕre altissĭmas ripas, subĭre iniquissĭmum locum[a] : [7]quae[f] facilia[f] ex difficillĭmis animi magnitūdo redegĕrat. ⟨

XXVIII. Hæc proelio facta, et prope ad internecionem 20 gente ac nomĭne Nerviōrum redacto, majōres natu,[a] quos una cum puĕris mulieribusque in aestuaria ac palūdes collectos [b]dixerāmus, hac pugna nunciāta, quum victorĭbus [2]nihil impedītum, victis nihil tutum arbitrarentur, omnium, qui superērant, consensu legātos ad Caesărem misērunt, seque ei 25 dedidērunt, et, in commemorandā[b] civitātis calamitāte, ex sexcentis ad tres senatōres, ex homĭnum milĭbus LX vix ad

---

H.—XXVI. [4]390, II. & 2).—[e]445, 5.—[f]525.—[c]463, I.—[h]396, 2, 1).

XXVII. [a]414 & 2.—[b]386.—[c]494.—[d]445, 6.—[a]371, 4 & 1).— [f]373 & 1 & 3.

XXVIII. [a]429.—[b]566, II. & 1.

A. & S.—XXVI. [4]227, R. 1.—[e]296, (11), (a); 323, 3, (4).— [f]265.—[e]209, R. 12, (4).—[h]212, R. 1, & R. 3, N. 3.

XXVII. [a]247, 1 ; 248, H.—[b]224.—[c]362.—[d]296, (4).—[a]283, (3). —[f]230, & N. 3.

XXVIII. [a]250, 1.—[b]275, II.

quingentos, qui arma ferre possent, sese redactos esse dixērunt.
Quos Caesar, ut in misĕros ac supplĭces usus° misericordia
viderētur,° diligentissĭme conservāvit, suisque finĭbus atque
oppĭdis uti jussit,ᵈ et finitĭmis imperāvit,ᵈ ut ab injuria et ma-
5 leficio se suosque prohibērent.

XXIX.   Aduatŭci, de quibus supra scripsĭmus, quum omnĭbus copiisᵃ auxilioᵇ Nerviisᵇ venĭrent, hac pugna nunciāta,
ex itinĕre domum° revertērunt: cunctisᵈ oppĭdis castellisque
desertis, sua omnia in unum oppĭdum egregie natūra munītum
10 contulērunt. ¹Quod quum ex omnĭbus in circuĭtu partĭbus
altissĭmas ²rupes° despectusque habēret, una ex parte lenĭter
acclīvis adĭtus in latitudĭnem non amplius ³ducentōrum pedumᶠ
relinquebātur: ⁴quem locum duplĭci altissĭmo muro muniē-
rant; tum magni pondĕrisᶠ saxa et praeacūtas trabes in muro
15 collocārant.   Ipsi erant ex Cimbris Teutonisque prognāti;
qui, quum iter in provinciam nostram atque Italiam facĕrent,
iis impedimentis, quae secum ⁵agĕre ac portāre non potĕrant,
citra flumen Rhenum deposĭtis, custodĭaeᵇ ex suisᶠ ac praesidio sex milia homĭnum ⁶una reliquērunt.   Hi, post ⁷eōrum
20 obĭtum, multos annos a finitĭmis exagitāti, ⁸quum alias bellum
inferrent, alias illātum defendĕrent, consensu eōrum omnium
pace facta, hunc sibi domicilio locum delegērunt.

XXX.   Ac primo adventuᵃ exercitus nostri crebras ex
oppĭdo excursiōnes faciēbant, parvulisque proeliisᵇ cum nostris
25 contendēbant: postea, vallo ¹pedum xii in circuĭtu quindĕcim
milium crebrisque castellis circummunīti, oppĭdo sese continēbant.   Ubi ²vineis actis, ³aggĕre exstructo ⁴turrim° procul
constitui vidērunt, primum irridēreᵈ ex muro atque increpi-

H. — XXVIII.   °547, I. & 2; 549, 4 & 1). — ° Dist. bet. *jubeo, impero,*
and *praecipio.*   V. I. 7, n. 6.

XXIX.   ᵃ414, 7. — ᵇ390. — °379, 3, 1). — ᵈ Dist. bet. *omnis, cunctus,
universus,* and *totus.*   V. I. 1, n. 2. — °Dist. bet. *saxum, rupes, cautes, petra,
scopuli,* and *lapis.*   V. n. 2. — ᶠ396, IV. & 1. — ᵇ⁽ᵍ⁾ 390, 2. — ⁸398, 4.

XXX.   ᵃ426, 1. — ᵇ414 & 3. — °85, III. 3. — ᵈ545, 1.

A. & S. — XXVIII.   ᵃ270, R. 3; 271, N..2. — ᵈ V. R. H.

XXIX.   ᵃ249, III. R. — ᵇ227. — °237, R. 4. — ᵈ V. R. H. — °V. R. H.
— ᶠ211, R. 6. — ᵇ⁽ᵍ⁾ 227, R. 2. — °212, R. 2, N. 4.

XXX.   ᵃ253, N. 1. — ᵇ247, 2. — °79, 3. — ᵈ209, R. 5, & N. 7.

tāre[d] vocĭbus, [a]quo tanta machinatio [b]ab[e] tanto spatĭo[f] insti-
tueretur! quibusnam manĭbus aut quibus virĭbus, praesertim
homĭnes tantŭlae statūrae,[f] (nam plerumque omnĭbus Gallis[h]
prae magnitudĭne corpŏrum suōrum brevĭtas nostra contemptui[h] est,[i] tanti onĕris[g] turrim in muro sese collocāre 5
confidĕrent!

XXXI. Ubi vero [1]movēri[a] et appropinquāre moenĭbus
vidērunt, nova atque inusitāta specie commōti, legātos ad
Caesārem de pace misērunt, [2]qui,ad hunc modum locūti : non
[3]existimāre Romānos sine ope divīna bellum gerĕre, qui tan- 10
tae altitudĭnis[c] machinatiōnes tanta celeritāte[d] promovēre
possent[b] : se suāque omnia eōrum potestāti [3]permittĕre dixērunt. Unum petĕre ac [4]deprecāri : si forte [5]pro sua clementia[e]
ac mansuetudĭne, quam ipsi ab aliis [6]audīrent, statuisset
Aduatŭcos esse conservandos, ne se armis despoliāret. Sibi 15
omnes fere finitĭmos esse inimĭcos ac suae virtūti invidēre ; a
quibus se defendĕre, tradĭtis armis, non possent. [7]Sibi prae-
stāre, si in eum casum deducerentur, quamvis fortūnam a
popŭlo Romāno pati, quam ab [8]his per cruciātum interfĭci,
inter quos domināri consuessent. | 20

XXXII. Ad haec Caesar respondit, se magis consuetudĭne[a] sua, quam, merĭto[a] eōrum, civitātem conservatūrum, si
prius, quam murum [1]aries attigisset, se dedidissent ; sed dedi-
tiōnis nullam esse conditiōnem, nisi armis[b] tradĭtis. Se id,
quod [2]in Nerviis fecisset, factūrum, finitimisque imperatūrum, 25
ne quam dedititiis popŭli Romāni injuriam inferrent. Re
nunciāta ad suos, quae imperarentur, [3]facĕre dixērunt. Armōrum magna multitudĭne de muro in fossam, quae erat ante
oppĭdum, jacta, sic ut prope summam muri aggerisque altitudĭnem acervi armōrum adaequārent, et tamen circĭter parte 30

H. — XXX. [a,f]434. — [e]396, IV. & 1. — [h]390.
XXXI. [a]Subject ? — [b]519. — [c]396, IV. — [d]414 & 3. — [e]Dist. bet. *cle-
mentia* and *mansuetudo.* V. 14, n. 7.
XXXII. [a]414 & 2. — [b]430.

A. & S. — XXX. [a]236, R. 6. + [f]236, R. 4. — [e]211, R. 6. — [h]227.
XXXI. [a]Subject ? — [b]264, 8. (1). — [e]211, R. 6. — [d]247, 2. — [e]V. R. H.
XXXII. [a]247, 1. — [b]257, & R. 10.

tertia, ut postea perspectum est, celāta atque in oppĭdo retenta, portis patefactis, eo die pace sunt usi.

XXXIII. Sub vespĕrum Caesar portas claudi militesque ex oppĭdo exīre jussit, ne quam noctu oppidāni ab militĭbus 5 injuriam accipĕrent. Illi, ante inīto, ut intellectum est, con- silio, quod, deditiōne facta, nostros praesidia deductūros, [1]aut denĭque indiligentius servatūros credidĕrant, partim cum his, quae retinuĕrant et celavĕrant, armis, partim scutis ex cortĭce factis aut viminĭbus intextis, quae subĭto, ut tempŏris exiguĭtas 10 postulābat, [2]pellĭbus induxĕrant, tertia vigilia, qua minĭme arduus ad nostras munitiōnes ascensus videbātur, omnĭbus copiis[a] repentĭno ex oppĭdo eruptiōnem fecĕrunt. Celerĭter, ut ante Caesar imperārat, ignĭbus significatiōne facta, ex proxĭmis castellis eo concursum est, pugnatumque ab hostĭbus 15 ita acrĭter est, [3]ut a viris fortĭbus in extrēma spe salūtis, inīquo loco, contra eos, qui ex vallo turribusque tela jacĕrent,[b] pugnāri debuit, quum in una virtūte omnis spes salūtis con- sistĕret. Occīsis [4]ad homĭnum milĭbus quatuor, relĭqui in oppĭdum rejecti sunt. Postridie ejus [5]diēi refractis portis, 20 quum jam defendĕret nemo, atque intromissis militĭbus nostris [6]sectiōnem ejus oppĭdi universam Caesar vendĭdit. Ab his, qui emĕrant, capĭtum numĕrus ad eum relātus est milium quin- quaginta trium.

XXXIV. Eōdem tempŏre a Publio Crasso, quem cum 25 legiōne una misĕrat ad Venĕtos, Unellos, Osismos, Curioso- lĭtas, Sesuvios, Aulercos, Rhedŏnes, quae sunt maritĭmae civitātes [1]Oceanumque attingunt, certior factus est, omnes eas civitātes [2]in deditiōnem potestatemque popŭli Romāni esse redactas.

30 XXXV. His rebus gestis, omni Gallia pacāta, tanta hujus belli ad barbăros opinio perlāta est, uti ab his nationĭbus, quae trans Rhenum [1]incolĕrent,[a] mitterentur legāti ad Caesă- rem, qui se obsĭdes datūras, imperāta factūras pollicerentur.[b]

H. — XXXIII. [a]414, 7. — [b]501, I.
XXXV. [a]501, L — [b]500 & 1.
A. & S. — XXXIII. [a]249, III. R. — [b]264, 1, (a).
XXXV. [a]264, 1, (a); or 266, 1. — [b]264, 5.

Quae[c] legatiōnes Caesar, quod in Italiam Illyricumque pro-
perābat, [2]inĭta proxĭma aestāte,[d] ad se reverti jussit. Ipse,
in Carnūtes, Andes, Turōnesque, quae civitātes propinquae
his locis[e] erant, ubi bellum gessĕrat, legionĭbus in hiberna
deductis, in Italiam profectus est; ob easque res ex littĕris 5
Caesăris [3]dies quindĕcim supplicatio decrēta est; quod ante id
tempus accĭdit nulli.

LIBER III.

ARGUMENT.

I. WAR WITH THE ALPINE TRIBES. Winter quarters of Servius
Galba among the Veragri and Nantuates, Chap. 1. Revolt of the Gauls,
2. Perilous position of the Roman legion: victory: march into the province, 3-6. — II. WAR WITH THE VENETI. New war in Armorica
instigated by the Veneti: preparation for this war, 7-11. Situation of
the towns of the Veneti, 12. Construction and equipment of their ships,
13. Naval engagement: defeat of the Veneti, 14-16. — III. WAR WITH
THE UNELLI. March of L. Titurius against the Unelli: camp, 17. The
Unelli overcome by stratagem, 18, 19. — IV. EXPEDITION OF P. CRAS-
SUS INTO AQUITANIA. Satiates conquered by Crassus: account of the
Soldurii, 20-22. Surrender of the principal part of Aquitania, 23-27.
— V. EXPEDITION OF CAESAR AGAINST THE MORINI AND MENAPII.
Caesar's march to the enemy: their withdrawal into the forests: attack
upon the Romans, 28. Caesar's plans frustrated by storms: winter
quarters, 29.

I. Quum in Italiam proficiscerētur[a] Caesar, Servium Gal-
bam cum legiōne duodecĭma et parte equitātus in Nantuātes,
Verăgros Sedūnosque misit, qui ab finĭbus Allobrŏgum et lacu 10
Lemanno et flumĭne Rhodăno ad summas[b] Alpes pertĭnent.
Caussa mittendi fuit, quod iter per Alpes, [1]quo magno cum
pericŭlo [2]magnisque cum portoriis mercatōres ire consuĕrant,

---

H. — XXXV. [c]453. — [d]431, 1 & 2, (2). — [e]391.
I. [a]Dist. bet. proficiscor, iter facio, and peregrinor. V, L 3, n. 2.— [b]441, 6.
A. & S. — XXXV. [c]206, (17). — [d]257, & N. 1. — [e]223, R. 2.
I. [a]V. R. H. — [b]205, R. 17.

patefiĕri⁸ volēbat. Huic permīsit, si opus esse arbitrarētur,
uti in his locis legiōnem hiemandi⁴ caussa collŏcāret. Galba,
secundis aliquot proeliis factis, castellisque complurĭbus eorum
expugnātis, missis ad eum undīque legātis, obsidibusque datis,
5 et pace facta, constituit cohortes duas in Nantuatĭbus collŏ-
cāre, et ipse cum reliquis ejus legiōnis cohortĭbus in vico
Veragrōrum, qui appellātur Octodūrus, hiemāre; qui vicus,
posĭtus in valle, non magna adjecta planicie, altissĭmis montĭ-
bus⁸ undīque continētur. Quum ⁶hic in duas partes flumĭne
10 dividerētur,ᶠ altĕramᶠ partem ejus vici Gallis ad hiemandum
concessit, altĕram,ᶠ vacuam ab illis relictam, cohortĭbus attribuit. ⁴Eum locum vallo fossāque munīvit. ⊢

  II. Quum dies hibernōrum complūres ¹transissent, fru-
mentumque ²eo comportāri jussisset, subĭto per exploratōres
15 certior factus est, ex ea parte vici, quam Gallis concessĕrat,
omnes noctu discessisse, montesque, qui impendĕrent,⁸ a maxĭma multitudĭne Sedunōrum et Veragrōrum tenēri. ⁵Id
aliquot de caussis accidĕrat, ut subĭto Galli belliᵇ renovandiᵇ
legionisque opprimendaeᵇ consilium capĕrent : primum, quod
20 ⁴legiōnem, neque eam plenissĭmam, detractis cohortĭbus duabus
et complurĭbus singillātim, qui commeātus petendiᵇ caussa
missi erant, absentĭbus, propter paucitātem despiciēbant⁶; tum
etiam, quod propter iniquitātem loci, quum ipsi ex montĭbus
in vallem ⁵decurrĕrent et tela conjicĕrent, ne primum quidem
25 posse impĕtum suum sustinēri existimābant. ⁶Accedēbat,
quod suos ab se libĕros abstractos⁴ obsĭdum ᶠnomĭne⁸ dolēbant,
et Romānosᶠ non solum itinĕrum caussa, sed etiam perpetuae
possessionis, culmina Alpium occupare conariᶠ et ea loca finitĭmae provinciae adjungere ⁸sibi persuasumᶠ habebant.

H.—I. ⁸294, 3.—⁴559; 563.—⁴414 & 2.—ᶠ Dist. bet. divido, di-
rimo, dispertio, distribuo, and partior.—⁶459.
  II. ⁸531.—ᵇ562 & 2; 563.—⁸Dist. bet. sperno, contemno, despicio,
aspernor, and recuso. V. L 13, n. 16.—⁴551, III.—⁸414, 3.—ᶠ545;
551, I. 2.—⁶558, VI. 2.
  A. & S.—I. ⁸180, N.—⁴275, L R. 1.—⁸248, II.—ᶠV. R. H.—
⁶212, R. 2, N. 1, (b).
  II. ⁸266, 2.—ᵇ275, II.—⁸V. R. H.—⁴273, N. 7.—⁸247, 2; 230,
N. 4, (5).—ᶠ239; 273, 2, N. 4, (e).—⁶274, R. 4.

III. His nunciis acceptis, Galba, quum neque [1]opus hibernorum munitionesque plene essent perfectae, neque de
frumento reliquoque [2]commeātu [3]satis esset provisum, quod,
deditione facta obsidibusque acceptis, nihil de bello timendum
existimaverat, consilio celeriter convocato, sententias ex- 5
quirere coepit. / Quo in consilio, quum tantum repentini
pericŭli[a] praeter opinionem accidisset,] ac jam omnia fere
superiora loca multitudine armatorum completa conspiceren-
tur, [4]neque subsidiŏ[b] veniri, neque commeātus supportari,
interclusis itineribus, possent, prope jam desperata salute, non- 10
nullae hujusmŏdi[c] sententiae dicebantur ; ut, impedimentis
relictis, eruptione facta, iisdem itineribus, quibus eo pervenissent, [5]ad salutem contenderent. Majori tamen parti placuit,
hoc reservato ad extrēmum consilio, intĕrim [6]rei eventum
experiri et castra defendere. 15

IV. Brevi spatio interjecto, vix ut [1]his rebus, quas con-
stituissent, collocandis atque administrandis[a] tempus daretur,
hostes ex omnibus partibus, signo dato, decurrere,[b] lapides
gaesaque in vallum conjicere.[b] Nostri primo, [2]intĕgris viribus,[c] fortĭter repugnare,[b] neque ullum frustra telum ex loco 20
superiore mittere[b] ; ut quaeque pars castrorum nudata defensoribus[d] premi videbatur, eo occurrere[b] et auxilium ferre[b] ;
sed [3]hoc[c] superari,[b] quod diuturnitate pugnae hostes defessi
proelio [4]excedebant,[f] [5]alii intĕgris viribus succedebant ; quarum rerum[g] a nostris propter paucitatem fieri nihil poterat ; 25
ac non modo[h] [6]defesso pugna-pugna excedendi, sed ne saucio
quidem ejus loci, ubi constiterat, relinquendi[a] ac [7]sui recipiendi[a] facultas dabatur.

V. Quum jam ampliuš hŏris[a] sex continenter pugnaretur,[b] ac non solum vires, sed etiam tela [1]nostris deficerent, 30

H.—III. [a]396, 2 & 3), (3).—[b]390 & 2.—[c]396, IV. 1 & 1).

IV. [a]564.—[b]545, 1.—[c]430.—[d]419, III.—[e]414 & 2.—[f]469, I.—
[g]396, 2 & 1).—[h]584, 2.

V. [a]417.—[b]301, 3.

A. & S.—III. [a]212, R. 3.—[b]227, & R. 2.—[c]211, R. 6, (5)

IV. [a]275, II.—[b]209, R. 5.—[c]257, R. 7.—[d]251.—[e]247, 1.—[f]145,
II.—[g]212, R. 1.—[h]277, R. 6, (a).

V. [a]256, 2.—[b]184, 2, (a).

atque hostes acrius[c] instarent, languidioribusque nostris,[d] vallum scindere et fossas complere coepissent, resque esset jam [a]ad extrēmum perducta casum, Publius Sextius Bacŭlus, [a]primi pili centurio, quem Nervico proelio compluribus con-
5 fectum vulneribus diximus, et item Caius Volusēnus, tribūnus militum, vir et consilii[e] magni et virtutis,[e] ad Galbam accur-runt atque [a]unam esse spem salutis docent, si, eruptione facta, [b]extrēmum auxilium experirentur. Ităque, convocatis centu-rionibus, celeriter milites [e]certiores facit, paullisper intermit-
10 terent[f] proelium, ac tantummŏdo tela missa exciperent,[f] seque ex labore reficerent,[f] post, datq signo, ex castris erumperent[f] atque omnem spem salutis in virtute ponerent.[f]

VI. [1]Quod[a] jussi sunt,[a] faciunt; ac, subĭto omnibus portis[b] eruptione facta, neque cognoscendi, quid fieret,[c] neque [2]sui
15 colligendi hostibus facultatem relinquunt. Ita commutata fortūna, eos, qui in spem potiundorum[d] castrorum venerant, undĭque [3]circumventos interficiunt; et ex hominum milibus amplius[e] triginta, quem numĕrum[f] barbarorum ad castra venisse constabat,[f] plus[e] tertia parte interfecta, relĭquos per-territos in fugam conjiciunt, ac ne in locis quidem superioribus consistere patiuntur. Sic omnibus hostium copiis fusis armis-que[b] exutis, se in castra munitionesque suas recipiunt. Quo proelio facto, quod saepius fortūnam tentare Galba nolebat, atque [a]alio se in hiberna consilio[g] venisse meminerat, [3]aliis [b]occurrisse rebus viderat, maxime frumenti commeatusque in-opia[g] permotus, postĕro die omnibus ejus vici aedificiis incensis, in provinciam reverti contendit; ac nullo hoste prohibente aut iter demorante, incolŭmem legionem in Nantuātes, inde in Allobrŏges perduxit, ibĭque hiemavit.

H.—V. [a]305; 335 & 2.—[d]430.—[e]395; 396, IV.—[f]530, II.
VI. [a]Sc. facere; 549, 4, 1).—[b]422, 2.—[c]525.—[d]238.—[e]417, 3.—
[f]545; 549 & 1.—[b(2)]419, 2 & 1).—[g]414 & 2.
A. & S.—V. [a]194, 1 & 2.—[d]257, R. 7.—[e]211, R. 6.—[f]262, R. 4.
VI. [a]272, R. 6; V. R. H.; 234, N. 1, & I.—[b]242. The verbal noun has here the construction of its verb.—[c]265.—[d]162, 20.—[e]256, R. 6, (a).—[f]239; 269, R. 2.—[b(2)]251.—[g]247, 1.

VII. His rebus gestis, quum omnibus de caussis Caesar pacatam Galliam [1]existimaret, superatis Belgis, expulsis Germānis, victis in Alpibus Sedūnis, atque [2]ita, inita hieme,[a] in Illyricum [1]profectus esset, quod eas quoque nationes[b] adire et regiones cognoscere[c] volebat, subītum bellum in Gallia coortum · 5 est. Ejus belli haec fuit caussa. Publius Crassus adolescens cum legione septima proximus mare[d] [4]Oceănum in Andibus hiemarat. Is, quod in his locis inopia frumenti erat, [5]praefectos tribunosque militum complūres in finitimas civitates frumenti [commeatusque petendi] caussa dimisit; quo in numĕro 10 erat Titus Terrasidius, missus in Sesuvios, Marcus Trebius Gallus in Curiosolītas, Quintus Velanius cum Tito Silio in Venĕtos.

VIII. Hujus est civitatis longe amplissima auctorītas omnis orae maritĭmae regionum earum, quod et naves habent 15 Venĕti plurimas, quibus in Britanniam navigare [1]consuerunt,[a] et scientia[b] atque usu nauticarum rerum relĭquos antecēdunt, et [2]in magno impĕtu maris atque aperto, paucis portibus interjectis, quos tenent ipsi, omnes fere, qui eo mari uti consuerunt, habent vectigāles. Ab his fit initium retinendi Silii 20 atque Velanii, quod per[c] eos suos se obsides, quos Crasso dedissent, recuperaturos existimabant. Horum auctoritate finitimi adducti, (ut sunt Gallorum subĭta[d] et repentīna con+ silia,) eadem de caussa Trebium Terrasidiumque retinent, et, celerĭter missis legātis, per suos principes inter se conjurant, 25 nihil nisi commūni consilio [3]acturos eundemque omnis[e] fortūnae exĭtum esse laturos; reliquasque civitates sollicitant, ut in ea libertate, quam a majoribus acceperant, permanere, quam Romanorum servitutem perferre mallent.[f] Omni ora mari-

---

H. — VII. [a]431. — [b]386, 3. — [c]Dist. bet. *intelligo, sentio,* and *cognosco.* V. I. 17, n. 11. — [d]391, 2 & 2).

VIII. [a]Dist. bet. *soleo* and *consuesco.* V. n. 1. — [b]414 & 2. — [c]414, 5, 1). — [d]Dist. bet. *subito* and *repente.* V. II. 11, n. 3. — [e]154; 88, III. — [f]480; 481, IV. 2.

A. & S. — VII. [a]257, & N. 1. — [b]233, (3). — [c]V. R. H. — [d]238, 1, (a).

VIII. [a]V. R. H. — [b]247, 1. — [c]247, R. 4. — [d]V. R. H. — [e]114, 2 — [f]258, R. 1, (a).

tĭma celerĭter ad suam sententiam perducta, commūnem legationem ad P. Crassum mittunt : si velit[f] suos recipere, obsides
[4]sibi remittat.[h]

IX. Quibus de rebus Caesar ab Crasso certior factus,
5 quod ipse aberat longius,[a] naves intĕrim longas aedificari[b] in
flumine Ligĕre, quod influit in Oceānum, remiges ex provincia [1]institui,[b] nautas gubernatoresque comparari jubet. His
rebus celerĭter administratis, ipse, [2]quum primum per anni
tempus potuit, ad exercĭtum contendit. Venĕti reliquaeque
10 item civitates, [3]cognito Caesaris adventu,[c] certiores facti,
[4]simul quod, [5]quantum in se facĭnus admisissent,[d] intelligebant, [6]legātos, quod nomen ad omnes nationes sanctum in-
violatumque semper fuisset, retentos[e] ab se et in vincŭla
conjectos, [f]pro magnitudine pericŭli bellum parare, et maxime
15 ea, quae ad usum navium pertinent, providere instituunt :
[8]hoc[f] majore spe,[g] quod multum natūra[h] loci confidebant.
Pedestria esse itinera concisa aestuariis, [9]navigationem impeditam propter inscientiam locorum paucitatemque portuum
sciebant, neque[i] nostros exercĭtus propter frumenti inopiam
20 diutius apud se morari posse confidebant ; [10]ac jam, ut[j] omnia
contra opinionem acciderent, tamen se plurimum navibus[f]
posse ; Romānos neque ullam facultatem habere navium,
neque eorum locorum, ubi bellum gesturi essent, vada, portus,
insŭlas novisse ; ac longe [11]aliam esse navigationem [12]in con-
25 cluso mari atque[k] in vastissimo atque apertissimo Oceāno
perspiciebant. His initis consiliis, oppĭda muniunt, frumenta
ex agris in oppĭda comportant, [13]naves in Venetiam, ubi
Caesarem primum esse bellum gesturum constabat, quam
plurimas possunt, cogunt. [14]Socios[l] sibi ad id bellum Osismos,[l]

H. — VIII. [f]531. — [h]530, II.

IX. [a]444, 1. — [b]530, 3, 1). — [c]431. — [d]Dist. bet. *admitto* and *committo.*
V. n. 5. — [e]580. — [f]414 & 2. — [g]430. — [h]419, II. — [i]587, I. 2. — [j]515, L
— [k]459, 2. — [l]373 & 1.

A. & S. — VIII. [f]266, 2. — [h]266, 2, R. 1, (b).

IX. [a]256, R. 9, (a). — [b]273, 2, N. 4, d. — [c]257. — [d]V. R. H. — [e]274,
2, R. 5, (a). — [f]247, 1. — [g]257, R. 7. — [h]245, II. — [i]198, 1. — [j]262, R.
2. — [k]198, 3, R. — [l]230, R. 2.

Lexovios, Nannētes, Ambiliātos, Morĭnos, Diablintes, Menapios adsciscunt : auxilia ex Britannia, quae contra eas regiones posita est, arcessunt.

X. Erant [1]hae[a] difficultates belli gerendi, quas supra ostendimus, sed [2]multa Caesarem tamen ad id bellum incitabant : 5 [3]injuriae[b] retentorum[c] equĭtum Romanorum ; [4]rebellio[d] facta post deditionem ; defectio[e] datis obsidibus ; tot civitatum conjuratio[d] ; in [5]primis, ne, hac [6]parte neglecta, relĭquae nationes sibi idem[f] licere arbitrarentur. Ităque quum intelligeret, omnes fere Gallos [7]novis rebus[g] studere, et ad bellum mobi- 10 liter celeriterque excitari, omnes [8]autem homines [9]natura[h] libertati[g] studere et conditionem servitutis odisse, priusquam plures civitates conspirarent,[i] partiendum[j] sibi[k] ac latius distribuendum[l] exercĭtum putavit.

XI. Ităque Titum Labiēnum legātum in Trevĭros, qui 15 proxĭmi flumini Rheno[a] sunt, cum equitatu mittit. Huic mandat, Remos[b] reliquosque Belgas adeat[c] atque in officio contineat,[c] Germanosque, qui auxilio[d] a Belgis arcessiti dicebantur, si per vim navibus flumen transire conentur, prohibeat.[e] P. Crassum cum [1]cohortibus legionariis duodĕcim et magno 20 numĕro equitātus in Aquitaniam proficisci jubet, ne ex his nationibus auxilia in [2]Galliam mittantur ac tantae nationes conjungantur. Quintum Titurium Sabīnum legātum cum legionibus tribus in Unellos, Curiosolītas Lexoviosque mittit, [3]qui eam manum distinendam curet.[c] Decĭmum Brutum 25 [4]adolescentem[f] classi[g] Gallicisque navibus, quas ex Pictonibus

---

H. — X. [a] 450. — [b] 363. — [c] 580. — [d] 363. — [e] Dist. bet. rebellio and defectio. V. n. 4. — [f] 545. — [g] 384. — [h] 414 & 2. — [i] 523, II. — [j] 229. — [k] 368, L — [l] Dist. bet. distribuo and partior. V. I. 1, n. 3.

XI. [a] 391. — [b] 386, 3. — [c] 530, 3, 2). — [d] 390, 2. — [e] 500 & 1. — [f] Dist. bet. puer, infans, adolescens, juvenis, vir, vetus, and senex. V. n. 4. — [g] 386.

A. & S. — X. [a] 207, R. 23, (a). — [b] 95, R.; 204, R. 10. — [c] 274, 2, R. 5, (a). — [d] 204, R. 10. — [e] V. R. H. — [f] 239. — [g] 223, R. 2. — [h] 247, 1. — [i] 263, 3. — [j] 270, R. 3. — [k] 225, III. — [l] V. R. H.

XI. [a] 222, R. 1. — [b] 233, (3). — [c] 262, R. 4. — [d] 227, & R. 2. — [e] 264, 5. — [f] V. R. H. — [g] 224.

et Santŏnis reliquisque pacatis regionibus convenire jusserat, praeficit, et, quum primum posset, in Venĕtos proficisci jubet. Ipse eo pedestribus cópiis[h] contendit.

XII. Erant ejusmŏdi fere situs oppidorum, ut, posita in 5 extrēmis[a] lingulis promontoriisque, neque pedibus[b] adĭtum haberent, quum ex alto [1]se aestus incitavisset, quod bis accidit semper horarum [2]duodĕcim spatio, neque navibus,[b] quod, rursus [3]minuente aestu,[c] naves in vadis afflictarentur.[d] Ita [4]utrăque re oppidorum oppugnatio impediebatur ; ac si quan-
10 do magnitudine [5]operis forte superati, extruso mari aggere ac molibus, atque [6]his oppĭdi moenibus[e] adaequatis, suis fortū- nis[f] desperare coeperant, magno numĕro navium appulso, [7]cu- jus rei summam facultatem habebant, sua deportabant omnia, seque in proxima oppida recipiebant : ibi se rursus iisdem
15 opportunitatibus loci defendebant. Haec eo[g] facilius magnam partem[h] aestatis faciebant, quod nostrae naves tempestatibus detinebantur, summaque erat, vasto atque aperto mari,[i] mag- nis aestibus,[i] [8]raris ac prope nullis portibus,[i] difficultas navi- gandi.

20 XIII. [1]Namque ipsorum naves ad hunc modum factae armataeque erant : carīnae aliquanto[a] planiores quam nostra- rum [2]navium, quo facilius vada ac decessum aestus [3]excipere possent[b] ; prorae admŏdum erectae[c] atque item puppes, ad magnitudinem fluctuum tempestatumque accommodātae ; na-
25 ves totae factae[c] ex robore [4]ad quamvis vim et contumeliam perferendam ; [5]transtra pedalibus in latitudinem trabibus[d] confixa[e] clavis[e] ferreis [6]digĭti[d] pollicis crassitudine[d] ; ancŏrae pro funibus ferreis catēnis[e] revinctae[c] ; [7]pelles[c] pro velis

---

H. — XI. [b]414, 7.

XII. [a]441, 6. — [b]414 & 4. — [c]430. — [d]520, II. — [e]386. — [f]386, 2. — [g]414 & 2. — [h]378. — [i]430.

XIII. [a]418. — [b]497. — [c]460, 3. — [d]428. — [e]414 & 4. — [d(2)]428, 2.

A. & S. — XI. [b]249, III. R.

XII. [a]205, R. 17. — [b]247, 3. — [c]257. — [d]266, 3. — [e]223, R. 2, (1), (c). — [f]224, R. 1, (a). — [g]247, 1. — [h]236. — [i]257, R. 7.

XIII. [a]256, R. 16. — [b]262, R. 9. — [c]209, R. 4. — [d]211, R. 6. — [e]247, 3. — [d(2)]211, R. 6, (1).

alutaeque tenuĭter confectae; [8]hae[c] sive[f] propter lini inopiam atque ejus usus inscientiam, sive eo,[g] quod est magis verisimĭle, quod tantas tempestates Oceăni tantosque impĕtus ventorum sustineri ac tanta onera navium regi velis[e] non [9]satis commŏde posse arbitrabantur. [10]Cum his navibus nostrae 5 classi[h] ejusmŏdi[d] congressus erat, ut [11]una celeritate et pulsu remorum [12]praestaret, [13]relĭqua [14]pro loci natūra, pro vi tempestatum [15]illis[i] essent aptiora et accommodatiora. Neque enim his[j] nostrae [16]rostro nocere poterant, (tanta in his erat firmitūdo,) neque propter altitudinem facĭle telum adjicieba-10 tur, et eadem de caussa minus commŏde [17]copŭlis continebantur. Accedebat, ut, quum saevire ventus coepisset,[k] et se vento dedissent,[k] et tempestatem ferrent[l] facilius, et in vadis consisterent[l] tutius, et, ab aestu relictae, nihil saxa et cautes timerent; quarum rerum omnium nostris navibus[m] [18]casus erat ex- 15 timescendus.

XIV. Compluribus expugnatis oppĭdis, Caesar, ubi intellexit, [1]frustra[a] tantum laborem sumi, neque hostium fugam, captis oppĭdis, [2]reprĭmi, [3]neque his[b] noceri[c] posse, statuit [4]exspectandam classem. Quae ubi convēnit ac primum ab 20 hostibus visa est, circĭter CCXX naves eorum paratissimae atque [5]omni genere armorum ornatissimae, profectae ex portu, nostris adversae constiterunt; neque satis Bruto, qui classi[d] praeerat, vel tribūnis militum centurionibusque, quibus singŭlae naves erant attributae, constabat, quid agerent[e] aut 25 [6]quam rationem pugnae insisterent.[e] Rostro enim noceri non posse cognoverant; [7]turribus autem excitatis, tamen has altitūdo puppium ex[f] barbăris navibus superabat, ut neque ex inferiore loco satis commŏde tela adjici possent, et missa ab

---

H. — XIII. [e]What do sive — sive, seu — seu often connect ? V. I. 23, n. 5. — [f]414 & 2. — [h]387. — [d(8)]396, IV. 1 & 1). — [i]391 & 1. — [j]385. — [k]518 & II. 1. — [l]556 & II. & 1. — [m]388, L

XIV. [a]Dist. bet. *frustra, nequidquam, irritus,* and *incassum.* V. n. 1. — [b]385. — [c]549, 2. — [d]386. — [e]525. — [f]398, 4.

A. & S. — XIII. [f]V. R. H. — [g]247, 1. — [h]226. — [i]222, R. 1. — [j]223, R. 2. — [k]263, 5, R. 2. — [l]262, R. 3. — [m]225, III.

XIV. [a]V. R. H. — [b]223, R. 2. — [c]223, R. 2, N. (c). — [d]224. — [e]265. — [f]212, R. 2, N. 4.

Gallis gravius acciderent. Una erat magno usui[e] res prae-
parata a nostris, [8]falces praeacutae, insertae affixaeque longuriis, [9]non absimīli forma[h] muralium falcium. His quum funes,
qui antemnas ad malos destinabant, comprehensi adductique
5 erant, navigio remis incitato, praerumpebantur. Quibus ab-
scisis, antemnae necessario concidebant; ut, quum omnis
Gallīcis navibus[i] spes in velis [10]armamentisque consisteret,
his ereptis, omnis usus navium uno tempore eriperetur. Reliquum[j] erat certāmen positum in virtute, qua nostri milites
10 facīle superabant, atque eo magis, quod in conspectu Caesaris
atque omnis exercītus res gerebatur; ut nullum [11]paullo[k] fortius factum latere posset; omnes enim colles ac loca superiora,
unde erat propinquus despectus in mare, ab exercītu tenebantur.

15 XV. Dejectis, ut diximus, antemnis, quum singŭlas[a] binae[a]
[1]ac ternae[a] naves circumsteterant, milites summa vi[b] [2]tran-
scendere in hostium naves contendebant. Quod[e] postquam
barbări fieri animadverterunt, expugnatis compluribus navibus, quum ei rei nullum reperirētur auxilium, fuga salutem
20 petere contenderunt; ac jam, conversis in eam partem navibus,
quo ventus ferebat, tanta subīto malacia ac tranquillītas
exstitit,[d] ut se ex loco commovere non possent. Quae quidem
res ad negotium conficiendum maxime fuit opportūna; nam
singŭlas[a] nostri consectati expugnaverunt, ut perpaucae ex
25 omni numĕro noctis interventu ad terram pervenerint, quum
ab [3]hora fere quarta usque ad solis occasum pugnaretur.

XVI. Quo proelio bellum Venetorum totiusque orae maritĭmae confectum est. Nam [1]quum omnis juventus, omnes
etiam gravioris aetatis,[a] in quibus aliquid consilii[b] aut dignita-
30 tis fuit, eo convenerant, tum [2]navium[b] quod ubīque fuerat, in

---

H. — XIV. [e] 390, 2. — [h] 428. — [i] 384; 398, 5. — [j] 441, 6. — [k] 418.
XV. [a] 174, 2, 1). — [b] 414 & 3. — [c] 453. — [d] 463, 3.
XVI. [a] 396, IV. — [b] 396, III. 2, 3) & (3).
A. & S. — XIV. [e] 227, & R. 2. — [h] 211, R. 6. — [i] 223; 211, R. 5, N.
— [j] 205, R. 17. — [k] 256, R. 16.
XV. [a] 119, III. — [b] 247, 2. — [c] 206, (17). — [d] 209, R. 12, (2).
XVI. [a] 211, R. 6. — [b] 212, R. 3.

unum locum coëgerant; quibus amissis, [2]reliqui neque quo se
reciperent[a] neque quemadmŏdum oppĭda defenderent,[c] habe
bant. Ităque se suăque omnia Caesari dediderunt. In quos
[4]eo gravius Caesar vindicandum statuit, quo diligentius in relĭquum tempus a barbăris jus legatorum conservaretur. 5
Ităque, omni senātu necato, relĭquos [5]sub corōna vendidit.

XVII. Dum haec in Venĕtis geruntur, [1]Quintus Titurius
Sabīnus cum his copiis, quas a Caesare acceperat, in fines
Unellorum pervēnit. His praeerat Viridŏvix ac summam
imperii tenebat earum omnium civitatum, quae defecerant, ex 10
quibus exercĭtum [2]magnasque copias coëgerat; [3]atque[a] [4]his
paucis diebus[b] Aulerci [5]Eburovĭces Lexoviique, senātu suo
interfecto, quod auctores belli esse [6]nolebant, portas clauserunt
seque cum Viridovĭce conjunxerunt; magnăque praeterea multitudo undĭque ex Gallia perditorum hominum latronumque 15
convenerat, quos spes praedandi studiumque bellandi ab agricultūra et quotidiāno labore revocabat. Sabīnus idoneo [7]om-
nĭbus rebus[c] loco[d] castris[e] se tenebat, quum Viridŏvix contra
eum [8]duum milium spatio[f] consedisset, quotidiēque productis
copiis pugnandi potestatem faceret; ut jam non solum hosti- 20
bus[f] in contemptionem[g] Sabīnus veniret, sed etiam nostrorum
militum vocibus [9]nonnĭhil[h] carperetur; tantamque [10]opinionem
timoris praebuit, ut jam ad vallum castrorum hostes accedere
auderent. Id ea de caussa faciebat, quod cum tanta multitudine hostium, praesertim [11]eo absente, qui summam imperii 25
teneret, nisi aequo loco[i] aut opportunitate[i] aliqua data, [12]legāto[j]
dimicandum non existimabat.

XVIII. Hac confirmata opinione timoris, idoneum[a] quen-

H. — XVI. [a]485; 486, III.
XVII. [a]How is *atque* used? V. n. 3. — [b]378, 1. — [c]429. — [d]422, 1
& 1). — [e]422, 1. — [f]378, 2. — [g]390, 2. — [h]585, 1; 380, 2. — [i]430. —
[j]388, I.
XVIII. [a]Dist. bet. *idoneus* and *aptus.* V. I. 49, n. 2.
A. & S. — XVI. [a]265; 264, 7, N. 3.
XVII. [a]V. R. K.; 198, 1, R. (b). — [b]253. — [c]250, 1. — [d]254, R.
3, (b). — [e]254, R. 3. — [f]236, R. 4. — [g]227, & R. 4. — [h]277, R. 5, (c); 232,
(3). — [i]257, R. 10. — [j]225, III.
XVIII. [a]V. R. H.

dam homĭnem et callĭdum delēgit, Gallum ex his, quos auxilii caussa secum habebat. Huic[b] magnis praemiis pollicitationibusque persuādet, uti ad hostes transeat, et, quid fieri velit,[c] edŏcet. Qui,[d] ubi pro perfŭga[e] ad eos venit,[e] timorem Roma-
5 norum propōnit, quibus angustiis ipse Caesar a Venĕtis prematur, docet, [f]nequĕ longius abesse, quin proxima nocte Sabīnus clam ex castris exercĭtum edūcat,[g] et ad Caesarem auxilii ferendi caussa proficiscatur.[g] Quod[d] ubi auditum est, conclāmant omnes, occasionem negotii bene gerendi amitten-
10 dam non esse: [a]ad castra iri oportere. Multae res ad hoc consilium Gallos hortabantur: superiorum dierum[h] Sabīni cunctatio, perfŭgae confirmatio, inopia cibariorum, cui rei parum diligenter ab his erat provisum, [a]spes Venetici belli, et [i]quod fere libenter homines id, quod volunt, credunt. His
15 rebus adducti non prius Viridovĭcem reliquosque duces ex concilio dimittunt, quam ab his sit concessum, arma uti capiant et ad castra contendant. Qua re concessa, laeti [j]ut explorata victoria,[j] sarmentis virgultisque collectis, [c]quibus fossas Romanorum compleant,[j] ad castra pergunt.

20 XIX. Locus erat castrorum editus et paullātim ab imo acclīvis, circĭter passus[a] mille. Huc magno [b]cursu[b] contenderunt, ut [a]quam minimum spatii ad se colligendos[c] armandosque Romānis daretur, exanimatique pervenerunt. Sabīnus, suos hortatus, cupientibus signum dat. Impedītis hostibus
25 propter ea, quae ferebant, onera, subĭto duabus portis[d] eruptionem fieri jubet. Factum est[e] opportunitate[e] loci, hostium inscientia[e] ac defatigatione, virtute[e] militum et superiorum pugnarum exercitatione,[e] ut ne unum quidem nostrorum

B.—XVIII. [b]385. — [c]525. — [d]453. — [e]471, II. — [f]Dist. bet. perfuga, transfuga, profugus, and fugitivus. V. I. 23, n. 4. — [g]498 & 3. [h]39?, 2. — [i]414. — [j]500.

XIX. [a]378. — [b]414 & 3. — [c]565 & 1. — [d]422, 2. — [e]414 & 2. — [f]49? & 2; 556 & II. Subject of factum est?

A. & S.—XVIII. [b]223, R. 2. — [c]265. — [d]206, (17.) — [e]259, R. 1, 2), (d).—[f]V. R. H.—[g]262, R. 10, & N. 7.—[h]211, R. 10. — [i]247.—[j]264, 5.

XIX. [a]236. — [b]247, 2. — [c]275, II.—[d]242; V. VI b). — [e]247, 1, (2). —[f]209, R. 3, (5).

impĕtum ferrent, ac statim terga verterent. Quos impeditos integris viribus milites nostri consecuti, magnum numĕrum eorum occiderunt; relīquos equites consectati, paucos, [2]qui ex fuga evaserant, reliquerunt. Sic uno tempore et de navāli pugna Sabīnus et de Sabīni victoria Caesar certior 5 factus; civitatesque omnes se statīm Titurio dediderunt. Nam ut ad bella suscipienda[a] Gallorum alăcer ac promptus est [4]ani- mus, sic [5]mollis ac minime resistens ad calamitates perferendas[a] mens eorum est.

XX. Eodem fere[a] tempore P. Crassus, quum [1]in Aquita- 10 niam pervenisset, quae pars, ut [2]ante dictum est, et regionum latitudine[b] et multitudine[b] hominum [3]ex tertia parte Galliae est aestimanda, [4]quum intelligeret in his locis sibi[c] bellum gerendam, ubi [5]paucis ante annis[d] L. Valerius Praeconīnus legātus, exercĭtu pulso, interfectus esset, atque unde L. Mallius 15 proconsul, impedimentis amissis, profugisset, non mediŏcrem sibi[c] diligentiam adhibendam intelligebat. Ităque, re frumen- taria provisa, auxiliis equitatuque comparato, multis praeterea viris fortibus Tolōsa,[e] Carcasōne[e] et Narbōne,[e] quae sunt [6]civi- tates Galliae provinciae, finitīmae his regionibus,[f] nominātim 20 evocatis, in Sotiātum fines exercĭtum introduxit. Cujus ad- ventu cognito, Sotiātes, magnis copiis coactis equitatuque, quo[g] plurimum valebant, in itinere agmen nostrum adorti primum equestre proelium commiserunt: deinde equitătu suo pulso atque insequentibus nostris, subĭto pedestres copias, quas in 25 convalle in insidiis collocaverant, [7]ostenderunt.[h] Hi nostros disjectos adorti proelium renovarunt.

XXI. Pugnatum est diu atque acrĭter, quum Sotiātes, superioribus victoriis[a] freti, in sua virtute totīus Aquĭtaniae salutem positam putarent; nostri autem, quid sine [1]imperatore 30 et sine relīquis legionibus, adolescentŭlo[b] duce, efficere pos-

---

H. — XX. [a] Dist. bet. *fere, ferme, paene,* and *prope.* V. I. 1, n. 15. — [b] 429; — [c] 388, I. — [d] 427 & 1. — [e] 421, II. — [f] 391. — [g] 414 & 2. — [h] Dist. bet. *ostendo, monstro,* and *declaro.* V. n. 7.

XXI. [a] 419, IV. — [b] 431.

A. & S. — XX. [a] V. R. H. — [b] 250, 1. — [c] 225, III. — [d] 253, R. 1. — [e] 255. — [f] 222, R. 1. — [g] 247, 1, (2). — [h] V. R. H.

XXI. [a] 244. — [b] 257, R. 7.

sent,[c] perspici cuperent: tandem confecti vulneribus hostes
terga vertere.[d]　Quorum magno numĕro interfecto, Crassus ex
itinere oppĭdum Sotiātum oppugnare coepit.　Quibus fortĭter
resistentibus [2]vineas [3]turresque egit.　Illi, alias eruptione
5 tentata, alias [4]cuniculis ad aggerem vineasque actis, [5]cujus
rei[e] sunt longe peritissimi Aquitāni, propterea quod multis
locis apud eos aerariae [6]structūrae sunt, ubi diligentia nostrorum nihil his rebus profici posse intellexerunt, legātos ad
Crassum mittunt, seque in deditionem ut recipiat, petunt,
10 Qua re impetrata, arma tradere jussi faciunt.

　XXII. / Atque in ea re omnium nostrorum intentis anĭmis,
alia ex parte oppĭdi Adiatūnus, qui summam imperii tenebat,
[1]cum sexcentis devotis, quos[a] illi soldurios[a] appellant, (quorum
haec est conditio, ut omnibus in vita commŏdis una cum his
15 fruantur, quorum se amicitiae dediderint; si quid his per
vim accĭdat, aut eundem casum una ferant, aut sibi mortem
consciscant; neque adhuc hominum memoria[b] repertus est
quisquam, qui eo interfecto, cujus se amicitiae devovisset,
mortem recusaret,[c]) [2]cum his Adiatūnus eruptionem facere
20 conatus, clamore ab ea parte munitionis sublato, quum ad
arma milites concurrissent, vehementerque ibi pugnatum esset,
repulsus in oppĭdum, [3]tamen uti eadem deditionis conditione
uteretur, ab Crasso impetravit. ⌐

　XXIII.　Armis obsidibusque acceptis, Crassus in fines Vo-
25 catium et Tarusatium profectus est.　Tum vero barbāri commoti, quod oppĭdum [1]et natūra loci et manu munitum paucis
diebus, [2]quibus[a] eo ventum erat, expugnatum cognoverant,
legātos quoquoversum dimittere, conjurare, obsides inter se
dare, copias parare coeperunt.　Mittuntur etiam ad eas civi-
30 tates legāti, quae sunt citerioris Hispaniae,[b] finitĭmae Aquitaniae: inde auxilia ducesque arcessuntur.[c]　Quorum adventu[d]

H. — XXI.　[a]525. — [d]545, 1. — [e]399, 2, 2).

XXII.　[a]373. — [b]426 & 1. — [c]501, I.

XXIII.　[a]427, 4. — [b]401; 403. — [c]Dist. bet. *arcesso, accio, evoco*, and
accerso.　V. I. 31, n. 8. — [d]426, 1.

A. & S. — XXI.　[c]265. — [d]209, R. 5. — [e]213.

XXII.　[a]230. — [b]253. — [c]264, 7.

XXIII.　[a]253, N. 4. — [b]211, R. 8. — [c]V. R. H. — [d]253, N. 1.

[1]magna cum auctoritate et magna cum hominum multitudine
bellum gerere conantur. Duces[a] vero ii deliguntur, qui una
cum Q. Sertorio [b]omnes annos fuerant, summamque scientiam
rei militaris habere existimabantur. Hi [5]consuetudine[c] popūli
Romāni loca [d]capere, castra munire, commeatibus nostros intercludere [7]instituunt. [8]Quod ubi Crassus animadvertit, suas
copias propter exiguitatem non facile didūci, hostem et vagari
et vias obsidere et castris satis praesidii[e] relinquere, ob eam
caussam minus commŏde frumentum commeatumque sibi
supportari, [9]in dies hostium numĕrum augeri, non [10]cunctandum
existimavit, [11]quin pugna decertaret.[h] Hac re ad consilium
delata, ubi omnes idem sentire intellexit, postĕrum diem
[12]pugnae[i] constituit.

XXIV. Prima[a] luce,[b] productis omnibus copiis, [1]duplici
acie instituta, auxiliis in mediam[c] aciem conjectis, quid hostes
consilii[c] caperent,[d] exspectabat. Illi, etsi propter multitudinem
et veterem belli[e] gloriam paucitatemque nostrorum se tuto
dimicaturos existimabant, tamen tutius[f] esse arbitrabantur,
obsessis viis, commeātu intercluso, sine ullo vulnere victoria
potiri; et, si propter inopiam rei frumentariae Romani [2]sese
recipere coepissent, [3]impeditos in agmine et sub sarcĭnis infirmiore anĭmo[g] adoriri cogitabant. Hoc consilio probato ab ducibus, productis Romanorum copiis, sese castris tĕnebant. Hac
re perspecta, Crassus, [4]quum sua cunctatione atque opinione
timidiores hostes nostros milites alacriores ad pugnandum effecissent, atque omnium voces audirentur, [5]exspectari[h] diutius
non oportere,[i] quin ad castra iretur,[j] cohortatus suos, omnibus
cupientibus, ad hostium castra contendit.

H. — XXIII. [a]362 & 2, 2). — [b]414 & 3. — [c]396, 2 & 4), (1). — [d]423
& 1. — [i]384.

XXIV. [a]441, 6. — [b]426, 1. — [c]396, 2, 3) & (3). — [d]525. — [e]395. —
[f]What does *tutius* agree with ? — [g]428. — [h]301, 3; 549 & 1. — [i]530, I. &
1. — [j]301, 3; 498.

A. & S. — XXIII. [a]210. — [b]247, 2; or 249, II. — [c]212, R. 4. — [h]262,
R. 10. — [i]223.

XXIV. [a]205, R. 17. — [b]253, N. 1. — [c]212, R. 3. — [d]265. — [e]211, R.
12. — [f]205, R. 8, (a). — [g]211, R. 6, & 8. — [h]184, 2, (a); 269, R. 2. —
[i]270, R. 2, (b); 272. — [j]184, 2, (a); 262, R. 10.

XXV. Ibi quum alii fossas complerent, alii, multis telis conjectis, defensores vallo munitionibusque depellerent, auxiliaresque, quibus[a] ad pugnam non multum Crassus confidebat,[b] lapidibus telisque subministrandis[c] et ad aggerem caespitibus
5 comportandis[c] speciem atque [1]opinionem pugnantium praeberent; quum item ab hostibus constanter ac non timide pugnaretur, telāque [2]ex loco superiore missa non frustra acciderent; equites, circumitis hostium castris, Crasso renunciaverunt, non eādem esse diligentia[d] [3]ab decumana porta
10 castra munita facilemque aditum habere.

XXVI. Crassus, equitum [1]praefectos cohortatus, ut magnis praemiis pollicitationibusque suos excitarent,[a] quid fieri[b] vellet,[c] ostendit. Illi, ut erat imperatum,[d] eductis quatuor cohortibus, quae, praesidio[e] castris[e] relictae, [2]intritae ab
15 labore erant, et longiore itinere[f] circumductis, ne ex hostium castris conspici possent,[g] omnium oculis mentibusque ad pugnam intentis, celeriter ad [3]eas, quas diximus, munitiones pervenerunt, atque, his prorutis, [4]prius in hostium castris constiterunt, quam plane ab his videri aut, quid rei[g] gereretur,[g]
20 cognosci posset. Tum vero clamore ab ea parte audito, nostri, redintegratis viribus,/ quod[h] plerumque in spe victoriae accidere consuevit,/ acrius impugnare coeperunt. Hostes undique circumventi, desperatis omnibus rebus, se per munitiones dejicere et fuga[i] salutem petere intenderunt. Quos[j]
25 equitatus apertissimis campis[k] consectatus, ex milium quinquaginta numĕro, quae[l] ex Aquitania Cantabrisque convenisse[l] constabat, vix quarta parte relicta, [5]multa nocte[m] se in castra recepit. ☞

H. — XXV. [a]419, II. — [b]Dist. bet. *fido* and *confido*. V. II. 3, n. 5.
— [c]562; 566, I. — [d]414 & 3.
XXVI. [a]492 & 2. — [b]551, II. — [c]525. — [d]301, 3. — [e]390. — [f]414 & 4.
— [(?)]491. — [g]396, 2 & 3), (3). — [h]445, 7. — [i]414 & 4. — [j]453. — [k]422,
1 & 2). — [l]545; 549, 1. — [m]426.
A. & S. — XXV. [a]223, R. 2. — [b]V. R. H. — [c]275, II. — [d]247, 2.
XXVI. [a]262. — [b]273, 4, (a). — [c]265. — [d]184, 2, (a). — [e]227. — [f]255,
2. — [g]212, R. 3. — [h]206, (13), (a). — [i]247, 3. — [j]206, (17). — [k]255, 2. —
[l]239; 269, R. 2. — [m]253.

XXVII. Hac audita pugna, maxima pars Aquitaniae sese Crasso dedidit obsidesque ultro misit; quo in numĕro fuerunt Tarbelli, Bigerriōnes, Ptiāni, Vocātes, Tarusātes, Elusātes, Gates, Ausci, Garumni, Sibuzātes, Cocosātes : paucae ultimas nationes anni tempore[a] confisae, quod hiems suberat, hoc 5 facere neglexerunt.

XXVIII. Eodem fere[a] tempore Caesar, etsi prope[a] exacta jam aestas erat, tamen, quod, omni Gallia pacata, Morini Menapiique supererant, qui in armis essent[b] neque ad eum unquam legātos de pace misissent,[b] arbitratus, id bellum ce- 10 lerĭter confici posse, eo exercĭtum adduxit: qui [1]longe alia ratione, ac[c] relĭqui Galli, bellum gerere instituerunt. Nam quod intelligebant maximas nationes, quae proelio[d] conten- dissent, pulsas superatasque esse, [2]continentesque silvas ac paludes habebant, eo se suāque omnia contulerunt. Ad qua- 15 rum initium silvarum quum Caesar pervenisset castraque munire instituisset, neque hostis intĕrim visus esset, dispersis in opere nostris, subĭto ex omnibus partibus silvae evolaverunt et in nostros impĕtum fecerunt. Nostri celerĭter arma cepe- runt eosque in silvas repulerunt; et, compluribus interfectis, 20 longius[e]. [3]impeditioribus locis[f] secuti, paucos ex suis deperdi- derunt.

XXIX. [1]Relĭquis deinceps diebus[a] Caesar silvas caedere instituit; et, ne quis inermibus imprudentibusque militibus[b] [2]ab latere impĕtus fieri posset, omnem eam materiam, quae 25 erat caesa, [3]conversam ad hostem collocabat, et pro vallo ad utrumque latus exstruebat. Incredibĭli celeritate magno spatio paucis diebus confecto, quum jam pecus[c] atque extrema[d] im-

---

H. — XXVII. [a]419, II.

XXVIII. [a] Dist. bet. fere, prope, ferme, and paene. V. I. 1, n. 15. — [b]501, I. — [c]459, 2. — [d]414, 3. — [e]444, 1. — [f]422, 1 & 2).

XXIX. [a]378, 1.—[b]384.—[c]Dist. bet. pecus, armentum, jumentum, and grex. V. I. 3, n. 3.—[d]441, 6.

A. & S. — XXVII. [a]245, II. 1.

XXVIII [a] V. R. H.—[b]264, 1, (a & b).—[c]196, 3, R.—[d]247, 2.— [e]256, R. 9, (a).—[f]255, 2.

XXIX. [a]253.—[b]223.—[c]V. R. H.—[d]206, R. 17.

pedimenta ab nostris tenerentur, ipsi densiores 'silvas' peterent, ejusmŏdi sunt tempestates consecutae, uti opus necessario
intermitteretur, et continuatione⁵ imbrium' diutius ⁶sub pellibus
milites contineri non possent. Ităque, vastatis omnibus eorum
5 agris, vicis aedificiisque incensis, Caesar exercĭtum reduxit,
et in Aulercis Lexoviisque, relĭquis item civitatibus, quae
proxime bellum fecerant, in hibernis collocavit.

LIBER IV.

ARGUMENT.

I. WAR WITH THE USIPETES AND TENCHTHERI. Passage of the
Usipetes and Tenchtheri into Gaul: manners and customs of the Suevi.
Chap. 1 - 3. Expulsion of the Menapii, 4. Caesar undertakes a war with
the Germans, 5, 6. Embassy of the Germans to Caesar, 7 - 9. Description of the Mosa and Rhenus, 10. Perfidy of the Germans: defeat: flight,
11 - 15. — II. PASSAGE OF CAESAR INTO GERMANY. Bridge over the
Rhine, 16, 17. Caesar's arrival among the Sigambri: return to Gaul, 18,
19. — III. CAESAR CROSSES INTO BRITAIN. Caesar's design of going
into Britain: Volusenus sent forward to explore the coast, 20, 21. Morini
reduced to subjection: passage to the island: flight of the Britons: surrender, 22 - 27. Roman fleet shattered by a storm, 28, 29. Revolt of the
Britons: mode of fighting from their chariots: defeat of the Britons:
Caesar's return into Gaul, 30 - 36. — IV. WAR WITH THE MORINI AND
MENAPII. Perfidy of the Morini, 37. Country of the Menapii laid waste:
thanksgiving at Rome, 38.

I. Ea, quae secuta est, 'hieme,ᵃ qui fuit annus, Cn. Pompeio,ᵇ Marco Crassoᵇ ²consulibus, Usipĕtes ³Germāniᶜ et item
10 Tenchthĕri magna cum multitudine hominum flumen Rhenum
transierunt, non longe a mari, ⁴quo Rhenus influit. Caussa
transeundi fuit, quod ab Suevis complures annos ⁵exagitati
bello premebantur et agricultūra prohibebantur. Suevorum

H. — XXIX. 'Why plural? V. n. 5. — ⁵ 414 & 2.
I. ᵃ 426. — ᵇ 431 & 1. — ᶜ 363.
A. & S. — XXIX. 'Why plural? V. n. 5. — ⁵ 247, 1.
I. ᵃ 253. — ᵇ 257, N. 1, & R. 7. — ᶜ 204.

gens est longe maxima[d] et bellicosissima[d] Germanorum omnium. Hi centum pagos habere [e]dicuntur, ex quibus quotannis 'singŭla milia armatorum bellandi caussa ex finibus
educunt. Relĭqui, qui domi manserunt, se atque [g]illos alunt.
Hi[f] rursus iñ vicem anno[e] post in armis sunt, illi[f] domi remă- 5
nent. Sic neque agricultūra nec[g]ratio atque usus belli inter-
mittitur. Sed privati ac separati agri[g] apud eos nihil est,
neque longius anno[h] remanere uno in loco incolendi caussa
licet. Neque multum frumento,[i] sed maximam partem[j] lacte[i]
atque pecore[i] vivunt [10]multumque sunt in venationibus : quae 10
res et[k] cibi genere[l] et quotidiāna exercitatione[l] et libertate[l]
vitae, quod a pueris nullo officio[m] aut disciplīna[m] assuefacti
nihil omnīno contra voluntatem [11]faciant,[n] et vires alit et[k]
immăni corporum magnitudine[o] homines efficit. Atque in
[12]eam se consuetudinem adduxerunt, ut locis frigidissimis neque 15
vestītus[s] praeter pelles habeant quidquam, quarum propter
[13]exiguitatem magna est corporis pars [14]aperta, et lavantur[p]
in fluminibus.

II. Mercatoribus[a] est ad eos aditus magis eo,[b] ut [1]quae
bello ceperint,[c] quibus vendant,[c] [2]habeant,[d] quam [3]quo ullam 20
rem ad se'importari desiderent.[e] Quin etiam jumentis,[f] quibus maxime Galli delectantur, quaeque impenso parant pretio,[h]
Germāni [3]importatis his non utuntur ; sed quae sunt apud eos
nata, [4]prava atque deformia, haec quotidiāna exercitatione,
[5]summi ut sint laboris,[i] efficiunt. Equestribus proeliis[j] saepe 25
ex equis desiliunt ac pedibus[k] proeliantur ; equosque eodem

---

H.—I. [d]444.— [e]427 & 1.— [f]450, 2.— [g]396, 2 & 1).— [h]417.— [i]414
& 4.— [j]380, 2.— [k]587, I. 5.— [l]414 & 2.— [m]414 & 4.— [n]520, II.— [o]428.
— [s(o)]396, 2, 3), (3).— [p]465.

II. [a]387.— [b]414 & 2.— [c]501 & I.— [d]491.— [e]497.— [f]419, I.— [h]416.
— [i]401.— [j]426, 1.— [k]414 & 3.

A. & S.—I. [d]205, R. 12, (a).— [e]253, R. 1.— [f]207, R. 23, (a).—
[g]212, R. 1.— [h]256, 2.— [i]245, II. 4.— [j]234, II. R. 3.— [k]198, 1, R. (e).
— [l]247, 1.— [m]245, II. 3.— [n]266, 3.— [o]211, R. 6.— [p]248, R. 1, (2).

II. [a]226.— [b]247, 1, (2).— [c]264, 1.— [c(d)]264, 5,— [d]262, R. 1.
— [e]262, R. 9.— [f]245, I.— [h]252.— [i]211, R. 8, (2).— [j]253, N. 1.—
[k]247, 3.

remanere vestigio assuefecerunt, ad quos se celeriter, quum
[6]usus est, recipiunt; neque eorum moribus[1] [7]turpius[m] quidquam
aut inertius habetur, quam ephippiis uti. Itáque [8]ad quemvis
numĕrum ephippiatorum equitum, quamvis pauci, adire au-
5 dent. Vinum ad se omnīno importari non sinunt, quod ea re
ad laborem ferendum remollescere[n] homines atque effeminari
arbitrantur.

III. [1]Publĭce maximam putant esse laudem, quam latis-
sime a suis finibus [2]vacare agros: [3]hac re significari,[a] magnum
10 numĕrum civitatium[b] suam vim sustinere non posse. Itáque
una ex parte [4]a Suevis circĭter milia passuum sexcenta agri
vacare dicuntur. Ad alteram partem succedunt Ubii, (quorum fuit civĭtas ampla atque florens, [5]ut est captus Germanorum,) [6]et paullo, quam sunt ejusdem generis, sunt ceteris
15 humaniores, propterea quod Rhenum attingunt multumque ad
eos mercatores ventĭtant,[c] et ipsi propter propinquitatem
Gallĭcis sunt moribus[d] assuefacti. Hos quum Suevi, [7]multis
saepe bellis[e] experti, propter amplitudinem [8]gravitatemque
civitatis [9]finibus expellere non potuissent, tamen vectigāles
20 sibi fecerunt ac multo[f] humiliores infirmioresque redegerunt.

IV. In eadem [1]caussa fuĕrunt Usipĕtes et Tenchthēri,
quos supra diximus, qui complūres annos Suevorum vim sustinuerunt; [2]ad extrēmum tamen agris expulsi, et multis Ger-
maniae locis triennium vagati, ad Rhenum pervenerunt; quas
25 regiones Menapii incolebant, et ad utramque ripam fluminis
agros, aedificia[a] vicosque habebant; sed tantae multitudinis
adĭtu perterriti, ex his aedificiis, quae trans flumen habuerant,
demigraverunt et, cis Rhenum dispositis praesidiis, Germānos[b]

H. — II. [1]414 & 2. — [a]Dist. bet. *teter, foedus, turpis,* and *deformis.*
V. n. 7. — [n]332, II. & 2.

III. [a]549, 2. Subject? — [b]89, 5, 2). — [c]332, I. & 2. — [d]414 & 4. —
[e]414 & 4. — [f]418.

IV. [a]Dist. bet. *aedificium, domus,* and *aedes.* V. I. 5, n. 4. — [b]545;
551, II. & 1.

A. & S. — II. [1]249, II. — [m]V. R. H. — [n]187, II. 2.

III. [a]269, R. 3. — [b]83, II. 4, (1). — [c]187, II. 1. — [d]245, II. 3. — [e]247,
3. — [f]256, R. 16.

IV. [a]V. R. H. — [b]239; 273, 4, (a).

transire prohibebant. Illi omnia experti, quum neque vi°
contendere propter inopiam navium, neque clam transire
propter custodias Menapiorum possent, reverti[d] se in suas
sedes regionesque simulaverunt; et, tridui viam° progressi,
rursus reverterunt, atque, omni hoc itinere una nocte equitā-　5
tu confecto, inscios inopinantesque Menapios oppresserunt,
qui de Germanorum discessu per exploratores certiores facti
sine metu trans Rhenum in suos vicos remigraverant. His
interfectis navibusque eorum occupatis, priusquam ea pars
Menapiorum, quae citra Rhenum quieta in suis sedibus erat,　10
certior fieret, flumen transierunt, atque, omnibus eorum aedificiis occupatis, reliquam partem hiemis se eorum [a]copiis[f]
aluerunt.

V. His de rebus Caesar certior factus et [1]infirmitatem
Gallorum veritus, quod sunt in consiliis capiendis[a] mobiles et　15
novis plerumque rebus[b] student, [2]nihil his committendum existimavit. Est autem [3]hoc Gallicae consuetudinis,[d] [4]uti et
viatores etiam invitos consistere cogant, et, quod quisque eorum de quaque re audierit[d] aut cognoverit,[d] quaerant, et
mercatores in oppidis vulgus circumsistat, quibusque ex　20
regionibus veniant[d] quasque ibi res cognoverint,[d] pronunciare
cogant. His rebus atque auditionibus permoti de summis
saepe rebus consilia° ineunt, quorum[f] eos e vestigio[f] poenitere
necesse est, [5]quum incertis rumoribus[h] serviant et [6]plerique ad
voluntatem eorum ficta respondeant.　25

VI. Qua consuetudine cognita, Caesar, ne graviori[a] bello[b]
occurreret, maturius, quam consuerat, ad exercitum proficiscitur. Eo quum venisset, ea, quae fore suspicatus erat, facta°

H. — IV.　°414 & 4. — [d]551 & I. — °371, 1 & 3). — [f]414 & 4.

V. °562; 566, II. & 1. — [b]384. — °401; 402, I. — [d]525. — °371, 4, 1).
— [f]Dist. bet. *repente, subito, extemplo, e vestigio, illico, statim, protinus, confestim,* and *continuo.* V. II. 11, n. 3. — [g]410 & III. 1. — [h]385.

VI. °444, 1. — [b]386. — °551, I.

A. & S. — IV. °247, 3. — [d]272. — °232, (1). — [f]247, 3.

V. °276, II. — [b]223, R. 2. — °211, R. 3, (3). — [d]265. — °233, (3). —
[f]V. R. H. — °215, 1. — [h]223, R. 2.

VI. °256, R. 9, (a). — [b]224. — °270, R. 3.

cognovit: missas[c] legationes ab nonnullis civitatibus ad Germanos, invitatosque[c] eos, [1]uti ab Rheno discederent, omniaque, quae postulassent, ab se fore parata. Qua spe adducti Germāni latius jam vagabantur et in fines Eburōnum et Con-
5 drusorum, qui sunt Trevirorum clientes, pervenerant. Principibus Galliae evocatis, Caesar ea, quae cognoverat, dissimulanda[c] sibi[d] existimavit, eorumque animis permulsis et confirmatis, [2]equitatuque imperato, bellum cum Germanis gerere constituit.

10 VII. Re frumentaria comparata equitibusque delectis, iter in ea loca facere coepit, [1]quibus in locis esse Germānos audiebat. A quibus quum paucorum dierum iter[a] abesset, legāti ab his venerunt, quorum [2]haec fuit oratio: [3]Germānos neque priores poptilo Romāno bellum inferre,[b] neque tamen re-
15 cusare,[b] si lacessantur, quin armis contendant[c]; quod Germanorum consuetūdo haec sit a majoribus tradita, quicunque bellum inferant, [4]resistere neque [5]deprecari. Haec tamen dicere: venisse[b] invītos, ejectos domo ;ı si suam gratiam Romāni velint, [6]posse[b] eis utiles esse amicos; vel sibi agros
20 attribuant,[d] vel patiantur[d] eos tenere, quos armis [7]possederint[c]; sese unis Suevis concedere, quibus ne dii quidem immortāles pares esse [7]possint[c]: reliquum quidem [8]in terris esse neminem, quem non superare [7]possint[c]. ⊢

VIII. Ad haec, quae [1]visum est, Caesar [2]respondit; sed
25 exitus fuit orationis: sibi [3]nullam cum his amicitiam esse posse,[a] si in Gallia remanerent; neque [4]verum esse,[a] [5]qui suos fines tueri non potuerint,[b] aliēnos occupare; neque ullos in Gallia vacare[a] agros, qui dari tantae praesertim multitudini sine injuria possint[b]; sed [6]licere,[a] si velint, in Ubiorum finibus
30 considere, quorum sint[b] legāti apud se, et de Suevorum in-

H. — VI. [4]388, I.

VII. [a]378. —[b] 530, I. & 1. —[c] 498 & 1. —[d] 530, II. —[e] 531.

VIII. [a] 530, I. —[b] 531 ; 482, 8.

A. & S. — VI. [4] 225, III.

VII. [a] 236. —[b] 266, 2; 270, R. 2, (b). —[c] 262, R. 10. —[d] 266, 2, R. 1, (a). —[e] 266, 2.

VIII. [a] 266, 2. —[b] 266, 2.

juriis querantur,[b] et a se auxilium petant[b]: ['hoc[c] se Ubiis[d] imperaturum.[c]

IX. Legāti haec se ad suos relaturos dixerunt et, re deliberata, post diem tertium ad Caesarem reversuros: interea ne propius se[a] castra moveret, petierunt. Ne[b] id quidem 5 Caesar ab se impetrari posse dixit. Cognoverat enim magnam partem equitātus ab iis aliquot diebus[c] ante praedandi[d] frumentandique caussa ad Ambivaritos trans Mosam missam: hos exspectari equites atque ['ejus rei caussa moram interpōni arbitrabatur. 10

X. Mosa profluit ex monte Vosĕgo, qui est in finibus Lingŏnum, et, parte quadam ex Rheno recepta, quae appellatur ['Vahālis, insulam efficit Batavorum, neque longius ab Oceāno milibus passuum LXXX in Rhenum influit. Rhenus autem oritur ex Lepontiis, qui Alpes incŏlunt, et longo spatio[a] 15 per fines Nantuatium, Helvetiorum, Sequanorum, Mediomatricorum, Tribocorum, Trevirorum ['citatus fertur, et, ubi Oceāno[b] appropinquat, ['in plures defluit partes, multis[c] ingentibusque insūlis effectis, quarum pars magna a feris barbarisque nationibus incolitur, ex quibus ['sunt, qui piscibus[d] atque ovis[d] 20 avium vivere existimantur, multisque ['capitibus[c] in Oceānum influit.

XI. Caesar quum ab hoste non amplius passuum XII milibus abesset, ['ut erat constitutum, ad eum legāti revertuntur; qui, in itinere congressi, magnopere, ne longius progrederetur, 25 orabant. Quum id non impetrassent,[a] petebant, uti ad eos equites, qui agmen antecessissent,[a] praemitteret eosque pugna[b] prohiberet, sibique uti ['potestatem faceret in Ubios legātos[c]

H.—VIII. [a]384, II.—[d]384, II.

IX. [a]437 & 1.—[b]602, III. 2. Emphatic word?—[c]427 & 1.—[d]559; 563.

X. [a]378, 2.—[b]386.—[c]438 & 2.—[d]414 & 4.—[c]414 & 4.

XI. [a]472.—[b]425, 2 & 1).—[c]559; 561.

A. & S.—VIII. [a]223, R. 2, (1), (b).—[d]223, R. 2; (1), (b).

IX. [a]238, 1, (a).—[b]279, 3, (d).—[c]253, R. 1.—[d]211; 275, I.

X. [a]236.—[b]224.—[c]205, R. 16, (b).—[d]245, II. 4.—[c]247, 3.

XI. [a]145, V.—[b]251.—[c]275, I.

6

mittendi; quorum si principes ac senatus sibi jurejurando
[a]fidem fecissent,[d] ea [c]conditione,[c] quae a Caesare ferretur, se
usuros ostendebant: ad has res conficiendas[f] sibi tridui spatium [g]daret. Haec omnia Caesar [e]eodem illo pertinere arbitra-
5 batur, ut, tridui mora interposita, equites eorum, qui abessent,
reverterentur; tamen sese non longius milibus passuum quattuor aquationis caussa processurum eo die dixit: huc postero
die [f]quam frequentissimi convenirent,[g] ut de eorum postulatis
cognosceret. Interim ad [s]praefectos, qui cum omni equitatu
10 antecesserant, mittit, qui[h] nunciarent,[i] ne hostes proelio[j] [j]laces-
serent[k] et, si ipsi lacesserentur, sustinerent, quoad ipse cum
exercitu propius accessisset.

XII.   At hostes, ubi[a] primum nostros equites conspexe-
runt, quorum[b] erat quinque milium[c] numerus, quum ipsi non
15 amplius[d] octingentos equites haberent, quod ii, qui frumen-
tandi caussa ierant trans Mosam, nondum redierant, nihil
timentibus nostris, quod legati [1]eorum paullo ante a Caesare
discesserant atque is dies induciis erat ab his petitus, impetu
facto, celeriter nostros perturbaverunt. [2]Rursus [3]resistentibus,
20 consuetudine[e] sua ad pedes desiluerunt, [4]subfossis equis com-
pluribusque nostris dejectis, reliquos in fugam conjecerunt
atque ita perterritos egerunt, ut non prius fuga desisterent,
quam in conspectum agminis nostri venissent. In eo proelio
ex equitibus nostris interficiuntur quattuor et septuaginta: in
25 his vir fortissimus Piso, Aquitanus, amplissimo genere[f] natus,
cujus avus in civitate sua regnum obtinuerat, [g]amicus ab senatu nostro appellatus. Hic quum fratri intercluso ab hostibus
auxilium ferret, illum ex periculo eripuit; ipse equo[g] vulner-

H.—XI. [a]533, 4.—[c]419, I.—[f]562; 565, 1.—[e]530, II.—[h]445, 6.
—[i]506.—[j]414 & 4.—[k]Dist. bet. *lacesso, irrito,* and *sollicito.* V. n. 9.
   XII. [b]395.—[c]401.—[d]417, 3.—[a]414 & 2.—[f]425 & 3, 1).—[s]425
& 2.
   A. & S.—XI. [a]260, II. R. 1, (4); 266, 2, R. 4.—[c]245, I.—
[f]275, II.—[s]266, 2, R. 1, (a).—[h]206, (4).—[i]264, 5.—[j]247, 3.—
[k]V. R. H.
   XII. [a]259, R. 1, (2), (d).—[b]211.—[c]211, R. 6, & 10.—[d]256, R. 6,
(a).—[e]249, II.; or 247, 1.—[f]246.—[g]251.

ato dejectus, quoad potuit, fortissime restitit. Quum circumventus, multis vulneribus acceptis, cecidisset, atque id frater, qui jam proelio[f] excesserat, procul animadvertisset, incitato equo, se hostibus obtulit atque interfectus est.

XIII. Hoc facto proelio, Caesar neque jam sibi[a] legatos 5 audiendos neque conditiones accipiendas arbitrabatur ab [1]his, qui per dolum atque insidias, petita pace, ultro belum intulissent[b]: exspectare vero, dum hostium copiae augerentur[c] equitatusque reverteretur,[e] summae dementiae[d] esse judicabat; et, cognita Gallorum infirmitate, quantum jam apud eos 10 hostes uno proelio auctoritatis[e] essent consecuti,[f] sentiebat; quibus ad consilia capienda nihil spatii[e] dandum existimabat. His constitutis rebus et consilio cum legatis et quaestore communicato, ne quem diem [g]pugnae[g] praetermitteret, opportunissima res accidit, quod postridie ejus [4]diei mane, eadem et 15 perfidia et simulatione usi, Germani frequentes, omnibus principibus majoribusque natu[h] adhibitis, ad eum in castra venerunt, [5]simul, ut dicebatur, [6]sui purgandi caussa, quod [7]contra atque esset dictum et ipsi petissent, proelium pridie commisissent, simul ut, si quid[i] possent, [8]de induciis fallendo impetra-20 rent. Quos sibi Caesar oblatos[j] gavisus, illos retineri jussit: ipse omnes copias castris eduxit, equitatumque, quod recenti proelio perterritum esse existimabat, agmen subsequi jussit.

XIV. Acie triplici instituta, et celeriter octo milium itinere confecto, [1]prius ad hostium castra pervenit, quam, quid 25 [2]ageretur, Germani sentire possent. Qui omnibus rebus subito perterriti, et celeritate adventus nostri et discessu [3]suorum, neque consilii habendi neque arma capiendi spatio dato, [4]perturbantur, copiasne adversus hostem educere, an[e] castra

H.—XIII. [a]388, I.—[b]500 & 2.—[c]521 & I.—[d]401; 402 & I. Subject of esse? Dist. bet. amentia and dementia. V. I. 40, n. 5.—[e]396, 2 & 3), (3).—[f]525.—[g]396, 2 & 1).—[h]384.—[h]429.—[i]380, 2.—[j]551 & III.
XIV. [a]346, II. 2.

A. & S.—XIII. [a]235, III.—[b]264, 1, (a).—[c]263, 4, (1).—[d]211, R. 8, (3). V. R. H.—[e]212, R. 3.—[f]265.—[g]212, R. 1.—[h]223 & N—[h]250, 1.—[i]232, (3).—[j]273, N. 7.
XIV. [a]265, R. 2.

defendere, an fuga salutem petere praestaret. Quorum timor quum fremĭtu et concursu significaretur, milites nostri pristīni diei perfidia incitati in castra irruperunt. Quo loco qui[b] celerĭter arma capere potuerunt, [5]paullisper[c] nostris restite-
5 runt atque inter carros impedimentaque proelium commisse-
runt; at relĭqua multitūdo puerorum mulierumque (nam cum omnibus suis domo excesserant Rhenumque transierant) passim fugere coepit; ad quos consectandos Caesar equitātum misit.

XV. Germāni, post tergum [1]clamore audito, quum suos 10 interfĭci viderent, armis abjectis signisque militaribus relictis, se ex castris ejecerunt; et, quum ad confluentem Mosae et Rheni pervenissent, [2]relĭqua fuga desperata, magno numĕro interfecto, relĭqui se in flumen praecipitaverunt, atque ibi timore, lassitudine, vi fluminis oppressi perierunt. Nostri [3]ad 15 unum omnes incolŭmes, perpaucis vulneratis, [4]ex tanti belli timore, quum hostium[a] numĕrus capitum[b] cccCXXX milium[c] [5]fuisset, se in castra receperunt. Caesar his, quos in castris retinuerat, discedendi potestatem fecit. Illi supplicia cruciatusque Gallorum veriti, quorum agros vexaverant, remanere 20 se apud eum velle dixerunt. His Caesar [6]libertatem con-
cessit.

XVI. Germanĭco bello confecto, multis de caussis Caesar statuit sibi Rhenum esse transeundum; quarum[a] [1]illa fuit jus-
tissima, quod, quum videret Germānos tam facĭle impelli, ut 25 in Galliam venirent, [2]suis quoque rebus[b] eos timere voluit, quum intelligerent et posse et audere popŭli Romāni exercitum Rhenum transire. [3]Accessit etiam, quod illa pars equitātus Usipĕtum et Tenchtherorum, quam [4]supra com-
memoravi praedandi frumentandique caussa Mosam transisse 30 neque proelio[c] interfuisse, post fugam suorum se trans Rhenum in fines Sigambrorum receperat, seque cum iis conjunxerat.

H. — XIV. [b]445, 6. — [c]Dist. bet. *parumper* and *paullisper*. V. 2. 5.
XV. [a]395. — [b]396, 2 & 2). — [c]401.
XVI. [a]396, 2 & 3), (2). — [b]384; 385, 3. — [c]386.
A. & S. — XIV. [b]206, (4). — [c]V. R. H.
XV. [a]211. — [b]212, R. 2. — [c]211, R. 6, & 10.
XVI. [a]212, R. 2. — [b]223. — [c]224.

Ad quas[d] quum Caesar nuncios misisset, qui postularent,[e] eos,
qui sibi Galliaeque bellum intulissent, sibi dederent,[f] responde-
rant, popŭli Romāni imperium Rhenum finire : si, se invito,
Germānos in Galliam transire non aequum[g] existimaret, cur
sui[h] quidquam esse imperii[i] aut potestatis trans Rhenum po- 5
stularet ? Ubii autem, qui uni ex[j] Transrhenānis ad Caesarem
legātos miserant, amicitiam fecerant, obsides dederant, magnopere orabant, ut sibi auxilium ferret, quod gravĭter ab Suevis
premerentur,[k] vel, si id facere [5]occupationibus rei publicae
prohiberetur, exercĭtum modo Rhenum transportaret : id sibi[l] 10
[[6]ad] auxilium spemque relĭqui temporis satis futurum. Tantum esse nomen atque opinionem ejus exercĭtus, Ariovisto
pulso et hoc novissimo proelio facto, etiam [8]ad ultimas Germanorum nationes, uti opinione et amicitia popŭli Romāni tuti
esse possint. Navium magnam copiam ad transportandum 15
exercĭtum pollicebantur.

XVII. Caesar his de caussis, quas commemoravi, Rhenum
transire decreverat, sed navibus transire neque satis tutum
esse arbitrabatur, neque [1]suae neque popŭli Romāni dignitatis[a]
esse statuebat. Itaque, etsi summa difficultas faciendi pontis 20
[2]proponebatur propter latitudinem, rapiditatem altitudinemque
fluminis, tamen id sibi[b] contendendum aut alĭter non traducendum exercĭtum existimabat. [3]Rationem pontis hanc instĭtuit.
[4]Tigna bina sesquipedalia, paullum ab imo praeacŭta, [5]dimen-
sa ad altitudinem fluminis, intervallo[c] pedum duorum inter se 25
jungebat. Haec quum machinationibus [6]immissa in flumen
defixerat [7]fistucisque adegerat [8]non sublĭcae modo[d] directa ad
perpendicŭlum, sed prona ac fastigāta, [9]ut secundum natūram
fluminis procumberent, his[e] item contraria duo ad eundem mo-

H.—XVI. [d]453.—[e]500.—[f]493, 2.—[g]438, 3.—[h]401.—[i]396, 2 &
3), (3).—[j]398, 4.—[k]520, II.—[l]390, 2.
XVII. [a]401 ; 402, I —[b]388, I.—[c]378, 2.—[d]414 & 3.—[e]391.
A. & S.—XVI. [d]206, (17).—[e]264, 5.—[f]262, R. 4.—[g]205, R. 8,
(a).—[h]211, R. 8.—[i]212, R. 3.—[j]212, R. 2, N. 4.—[k]266, 3.—[l]227, &
R. 4.
XVII. [a]211, R. 8, (3).—[b]225, III.—[c]236.—[d]247, 2.—[e]222, R. 1.

dum juncta intervallo[e] pedum quadragēnum[f] [10]ab inferiore
parte [11]contra vim atque impētum fluminis conversa statuebat.
[12]Haec utrăque, insŭper [13]bipedalibus trabibus[g] immissis,
[14]quantum[h] eorum tignorum junctūra distabat, [15]binis utrimque
5 fibŭlis[i] ab extrēma parte distinebantur ; [16]quibus disclusis atque
in contrariam partem revinctis, tanta erat operis firmitŭdo
atque [17]ea rerum natūra, ut, quo[j] major vis aquae se incitavisset,
hoc[j] artius illigata tenerentur. [18]Haec directa materia injecta
contexebantur, et longuriis cratibusque consternebantur ; [19]ac
10 nihĭlo[j] secius [20]sublĭcae et ad inferiorem partem fluminis oblique agebantur, [21]quae, pro ariĕte subjectae et cum omni opere
conjunctae, vim fluminis exciperent,[k] et [22]aliae item supra
pontem mediŏcri spatio,[c] ut, si arborum trunci sive naves
[23]dejiciendi operis[l] essent a barbăris missae, his defensoribus
15 earum rerum vis minueretur, neu ponti nocerent.

XVIII. Diebus[a] decem, [1]quibus[b] materia coepta erat
comportari, omni opere effecto, exercĭtus traducitur. Caesar,
ad utramque partem pontis firmo praesidio relicto, in fines
Sigambrorum contendit. Intĕrim[c] a complŭribus civitatĭbus
20 ad eum legāti veniunt, quibus pacem atque amicitiam petentibus liberalĭter respondit, obsidesque ad se addūci [2]jubet. At
Sigambri ex eo tempore, quo[b] pons [3]institui coeptus est, fuga
comparata, hortantibus iis, quos ex Tenchthēris atque Usipe-
tibus apud se habebant, finibus suis excesserant suăque omnia
25 exportaverant sequē[4]in solitudinem[d] ac silvas abdiderant.

XIX. Caesar paucos dies in eorum finibus moratus, omnibus vicis aedificiisque[a] incensis frumentisque succisis, se in
fines Ubiorum recepit, atque his auxilium suum pollicitus, si
ab Suevis premerentur, haec ab iis cognovit : Suevos, postea-

H.—XVII. [f]179.—[g]431 & 1.—[h]378.—[i]414 & 4.—[j]418.—[k]500.
—[l]563, 5.
XVIII. [a]378, 1.—[b]427, 4.—[c]Dist. bet. *interea* and *interim.* V. L 16,
n. 1.—[d]Why acc. ? V. n. 4.
XIX. [a]Dist. bet. *aedificium, domus,* and *aedes.* V. L 5, n. 4.
A. & S.—XVII. [f]119, III.—[g]257.—[h]236.—[i]247, 3.—[j]256, R.
16.—[k]264, 5.—[l]275, III. R. 1, (5).
XVIII. [a]253.—[b]253, N. 4.—[c]V. R. H.—[d]235, (2). V. n. 4.
XIX. [a]V. R. H.

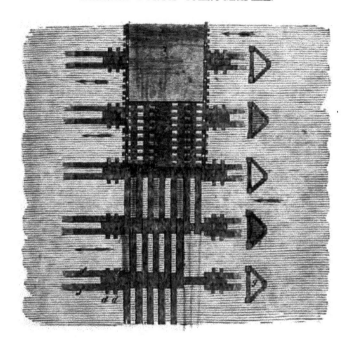

Prima Pontis Sectio. *Sectio Secunda.*

a. Bina tigna sesquipedalia prona ac fastigata secundum fluminis naturam.—*b.* Alia bina ex adverso defixa.—*c.* Trabes bipedales.—*d.* Binae fibulae.—*e.* Materia directa. —*f.* Sublicae obliquae.—*g.* Defensores.—*h.* Longurii.—*i.* Crates.

quam per exploratores pontem fieri comperissent, more[a] suo
concilio habito, nuncios in omnes partes dimisisse, uti de oppidis demigrarent, liberos, uxores suaque omnia in silvis depo-
nerent atque omnes, qui arma ferre possent, unum in locum
convenirent: hunc esse delectum [1]medium fere regionum 5
earum, quas Suevi obtinerent: hic Romanorum adventum
[2]exspectare atque [3]ibi decertare [c]constituisse. Quod[d] ubi
Caesar comperit, omnibus rebus his confectis, quarum [4]rerum
caussa traducere exercitum constituerat, [5]ut Germanis metum
injiceret, ut Sigambros [6]ulcisceretur, ut Ubios [7]obsidione libe- 10
raret, diebus omnino decem et octo trans Rhenum consumptis,
[8]satis et ad laudem et ad utilitatem profectum arbitratus, se
in Galliam recepit pontemque rescidit.

XX. Exigua parte[a] aestatis reliqua, Caesar, etsi in his
locis, quod omnis Gallia ad septentriones vergit, [1]maturae sunt 15
hiemes, tamen in Britanniam proficisci contendit, quod omnibus fere Gallicis bellis[b] hostibus nostris [2]inde subministrata
auxilia intelligebat; et, si tempus anni ad bellum gerendum
deficeret, tamen magno sibi[c] usui[c] fore arbitrabatur, si modo
insulam[d] adisset et genus hominum perspexisset, loca, portus, 20
aditus[e] cognovisset[e]; quae omnia fere Gallis erant incognita.
Neque enim [3]temere praeter mercatores [4]illo adit quisquam,
neque [5]his ipsis quidquam praeter oram maritimam atque eas
regiones, quae sunt contra Gallias, notum est. Itaque, evocatis ad se undique mercatoribus, neque quanta esset[f] insulae 25
magnitudo, neque quae aut quantae nationes incolerent,[f] neque [6]quem usum belli haberent[f] aut quibus institutis uterentur,[f] neque qui essent[f] ad majorum navium multitudinem
idonei portus, reperire poterat.

XXI. Ad haec cognoscenda, priusquam periculum face- 30

H. — XIX. [1]414 & 3. — [c]530, L — [d]453.
XX. [a]430. — [b]426, 1. — [c]390. — [d]386, 3. — [e]704, L 1. — [f]525.
A. & S. — XIX. [b]247, 2; or 249, II. — [c]266, 2. — [d]206, (17).
XX. [a]257, R. 7, (a). — [b]253, N. 1. — [c]227. — [d]233, (3). — [e]278, R.
6, (b). — [f]265.

ret,[a] idoneum esse arbitratus Caium Volusēnum, cum navi longa [1]praemittit. Huic mandat,[b] uti, exploratis omnibus rebus,
ad se quam primum revertatur. Ipse cum omnibus copiis in
Morĭnos proficiscitur, quod inde erat brevissimus in Britan-
5niam trajectus. [3]Huc naves undique ex finitĭmis regionibus
et, quam superiore aestate ad Venetĭcum bellum [3]effecerat,
classem jubet convenire. Intĕrim, consilio ejus cognito et per
mercatores perlato ad Britannos, a compluribus insūlae civitatibus ad eum legāti veniunt, qui polliceantur[c] obsides [4]dare
10 atque imperio popŭli Romāni [5]obtemperare.[d] Quibus auditis,
liberalĭter [6]pollicitus hortatusque, ut in ea sententia perma-
nerent, eos domum[e] remittit; et cum his una Commium, quem
ipse, Atrebatibus superatis, regem[f] [7]ibi constituerat, cujus et
virtutem et consilium probabat, et quem sibi fidēlem esse arbi-
15 trabatur, cujusque auctorĭtas in [8]his regionibus magni[g] habebatur, mittit. Huic impĕrat,[b] quas possit,[h] adeat[i] civitates
[9]horteturque,[i] [10]ut popŭli Romāni fidem sequantur, [11]seque
celerĭter eo venturum nunciet.[i] Volusēnus, perspectis regionibus omnibus, [12]quantum ei facultas dari potuit, qui navi
20 egrĕdi ac se barbăris committere non auderet,[h] quinto die ad
Caesarem revertitur, quaeque ibi perspexisset, renunciat.

XXII. Dum in his locis Caesar navium parandarum
caussa moratur, ex magna parte Morinorum ad eum legāti
venerunt, qui se [1]de superioris temporis consilio excusarent,[a]
25 quod homines barbări et nostrae consuetudinis[b] imperīti bellum popŭlo Romāno fecissent,[c] seque ea, quae imperasset,[d]
facturos pollicerentur.[e] Hoc sibi Caesar satis opportūne
accidisse arbitratus, quod neque post tergum hostem relinquere
volebat, neque belli gerendi propter anni tempus facultatem

H.—XXI. [a]523, II. & 2. — [b]Dist. bet. jubeo, impero, praecipio, and
mando. V. I. 7, n. 6. — [c]500. — [d]Dist. bet. pareo, obedio, dicto audiens
sum, obsequor, obsecundo, and obtempero. V. n. 5.— [e]379, 3, 1).— [f]373 & 1.
— [g]402, III; 403, 2. — [h]531. — [i]530, II. 3, 2). — [k(2)]519.
XXII. [a]500. — [b]399, 2, 2). — [c]520, II. — [d]531.
A. & S.—XXI. [a]263, 3. — [b]V. R. H. — [c]264, 5. — [d]V. R. H.—
[e]237, R. 4.— [f]230. — [g]214.— [h]266, 2.— [i]266, 2, R. 1, (b). — [k(2)]264, 8.
XXII. [a]264, 5. — [b]213. — [c]266, 3. — [d]266, 1.

habebat, neque [3]has tantularum rerum occupationes Britanniae[c] anteponendas judicabat, magnum iis[f] numĕrum[s] obsidum impĕrat. Quibus adductis, eos in fidem recepit. Navibus circĭter LXXX onerariis [3]coactis contractisque, quot satis esse ad duas transportandas legiones existimabat, quod praeterea 5 navium[h] longarum habebat, quaestori, legātis [4]praefectisque distribuit. Huc accedebant XVIII onerariae naves, quae ex eo loco [5]ab milibus passuum octo vento tenebantur, quo minus in eundem portum venire possent[i] : has equitibus distribuit. Relĭquum exercĭtum Quinto Titurio Sabīno et Lucio Aurun- 10 culeio Cottae, legātis, in Menapios atque in eos pagos Morinorum, ab quibus ad eum legāti non venerant, deducendum[j] dedit : Publium Sulpiciam Rufum, legātum, cum eo praesidio, quod satis esse arbitrabatur, portum tenere jussit.

XXIII. His constitutis rebus, nactus[a] idoneam ad navi- 15 gandum tempestatem, tertia fere [1]vigilia [2]solvit, equitesque in ulteriorem portum progredi et naves conscendere et se sequi jussit. A quibus quum paullo[b] tardius[c] esset administratum, ipse hora circĭter diei quarta cum primis navibus Britanniam attigit, atque ibi in omnibus collibus [3]expositas hostium copias 20 armatas conspexit. Cujus loci haec erat natūra : [4]adeo montibus[d] angustis mare continebatur, uti ex locis superioribus in litus telum adigi posset. Hunc ad egrediendum nequāquam idoneum locum arbitratus, dum relĭquae naves eo convenirent,[e] ad horam nonam in ancŏris exspectavit. Intĕrim legātis tri- 25 bunisque militum convocatis, et quae ex Volusēno cognosset, et quae fieri vellet, ostendit, [5]monuitque, ut rei militāris ratio, maxime ut maritĭmae res postularent, ut [quae] celĕrem atque

---

H.—XXII. [a]386. — [f]384 & II. — [s]371. — [h]396, 2, 3) & (3). — [i]499 — [j]578, V.

XXIII. [a]Dist. bet. invenio, reperio, deprehendo, nanciscor, adipiscor, consequor, and assequor. V. L. 18, n. 19. — [b]418. — [c]444, 1. — [d]414 & 2. — [e]521, I.; 522, II.

A. & S.—XXII. [a]224. — [f]223, R. 2. — [s]223, R. 2, (1), (b). — [h]212, R. 3. — [i]262. — [j]274, R. 7, (a).

XXIII. [a]V. R. H. — [b]256, R. 16. — [c]256, R. 9, (a). — [d]248, II. — [e]263, 4, (1).

instabīlem motum haberent,[f] ad nutum et ad tempus omnes
res ab iis administrarentur.[g]   His dimissis, et ventum et
aestum uno tempore nactus secundum, dato signo et sublatis
ancŏris, circĭter milia passuum septem ab eo loco progressus,
5 aperto ac plano litore naves constĭtuit.

XXIV. At barbări, consilio Romanorum cognĭto, praemisso equitātu et [1]essedariis, [2]quo plerumque genere in proeliis uti consuerunt, relĭquis copiis[a] subsecuti nostros, navibus
egrĕdi prohibebant.   Erat ob has caussas summa difficultas,
10 quod naves propter magnitudĭnem [3]nĭsi in alto constĭtui non
poterant; [4]milĭtibus[b] autem, ignotis locis,[c] impeditis manĭbus,[c]
magno et gravi [4]armorum onere oppressis, simul et de navĭbus
desiliendum et in fluctibus consistendum et cum hostibus erat
pugnandum; quum illi, aut ex arĭdo, aut paullum in aquam
15 progressi, omnibus membris[e] expedĭtis, notissimis locis,[c] audacter tela conjĭcerent et equos [6]insuefactos incitarent. Quibus rebus nostri perterrĭti atque hujus omnĭno generis[d] pugnae
imperīti, non eadem alacritate[e] ac studio, quo in pedestrĭbus
uti proeliis consuerant, nitebantur.

20 XXV. Quod ubi Caesar animadvertit, naves longas, quarum et species erat barbăris inusitatior et motus ad usum
  expeditior, paullum removeri ab onerariis navibus et remis incitari et ad latus apertum hostium constĭtui, atque inde fundis,
sagittis, tormentis hostes propelli ac submoveri jussit; quae
25 res magno usui[a] nostris fuit.   Nam et navium figūra et remorum motu et inusitāto genere tormentorum permoti barbări
constiterunt, ac [1]paullum[b] modo pedem retulerunt.   Atque
nostris milĭtibus cunctantĭbus, maxime propter altitudĭnem
maris, [2]qui[c] decĭmae legionis aquĭlam ferebat, contestatus
30 deos, ut [3]ea res legioni felicĭter evenīret, Desilite, inquit,[d]
  commilitones, nisi vultis [4]aquĭlam hostibus prodere : ego

H. — XXIII. [f]519 & 3. — [g]493, 2.
XXIV. [a]414, 7. — [b]388, I. — [c]431. — [d]399, 2, 2). — [e]414 & 3.
XXV. [a]390. — [b]378. — [c]445, 6. — [d]528, 2.
A. & S. — XXIII. [f]264, 8, (2). — [g]262, R. 4.
XXIV. [a]249, III. R. — [b]225, III. — [c]257. — [d]213. — [e]247, 2.
XXV. [a]227. — [b]192, II. 4, (b). — [c]206, (4). — [d]279, 6.

'certe' meum rei publicae atque imperatori officium 'praesti- ' tero.' Hoc quum voce magna dixisset, se ex navi projecit atque in hostes aquilam ferre coepit. Tum nostri cohortati inter se, ne tantum dedecus admitteretur, universi[f] ex navi[h] desiluerunt. Hos item ex proximis 'primis navibus ⁸quum ꜱ conspexissent, subsecuti, hostibus appropinquarunt.

XXVI. Pugnatum est ab utrisque[a] acriter. Nostri ta- men, quod neque 'ordines servare neque firmiter insistere neque signa subsequi poterant, atque ²alius alia ex navi, qui- buscunque signis occurrerat, se aggregabat, magnopere per- 10 turbabantur; hostes vero, notis omnibus vadis, ubi ex litore aliquos ⁸singulares ex navi egredientes conspexerant, incitatis equis, impeditos adoriebantur: plures paucos circumsistebant: alii ⁴ab latere aperto ⁵in universos tela conjiciebant. Quod quum animadvertisset Caesar, scaphas longarum navium, item 15 speculatoria navigia militibus compleri jussit et, quos labo- rantes conspexerat, his subsidia submittebat. Nostri, ⁶simul in arido constiterunt, suis omnibus consecutis, in hostes impĕtum fecerunt atque eos in fugam dederunt; neque longius prosĕqui potuerunt, quod ⁷equites cursum tenere atque insŭlam ⁸capere 20 non potuerunt. Hoc unum ad pristĭnam fortŭnam Caesari[b] defuit.

XXVII. Hostes proelio superati, simul atque se ex fuga receperunt, statim ad Caesarem legātos de pace miserunt, obsides daturos(quaeque) imperasset facturos sese polliciti 25 sunt.[a] Una cum his legātis Commius Atrĕbas venit, quem ¹su- pra ²demonstraveram a Caesare in Britanniam praemissum. Hunc illi e navi egressum, quum ad eos ³oratoris modo[b] Cae- saris ⁴mandāta deferret, comprehenderant atque in vincŭla

---

H.—XXV. ⁰582.—'473, 1.—ᵉDist. bet. omnis, cunctus, universus, and totus. V. I. 1, n. 2.—ᵇ87, III. 1.

XXVI. ⁰414, 5.—ᵇ386, 2.

XXVII. ⁰704, I. 1.—ᵇ414 & 3.

A. & S.—XXV. ⁰192, N. 1.—'259, R. 1, (5).—ᶜV. R. H.—ᵇ82, Exc. 3, (a).

XXVI. ⁰207, R. 32, (c).—ᵇ226, R. 2.

XXVII. ⁰278, R. 6.—ᵇ247, 2.

conjecerant: tum, proelio facto, [5]remiserunt, et in petenda
pace ejus rei culpam in multitūdinem [6]contulerunt, et, propter
imprudentiam ut ignosceretur,[a] petiverunt. Caesar questus,
quod, quum, ultro in [7]continentem legātis missis, pacem ab
5 se petissent, bellum sine caussa intulissent,[d] [8]ignoscere impru-
dentiae[e] dixit, obsidesque imperavit; quorum illi partem
statim dederunt, partem ex longinquioribus locis arcessi-
tam paucis diebus sese daturos dixerunt. Interea suos [9]remi-
grare in agros jusserunt; principesque undīque convenire et
10 se civitatesque suas Caesari commendare coeperunt.

XXVIII. His rebus pace confirmata, post diem[a] quartum,
quam est in Britanniam ventum, naves XVIII, de quibus [1]su-
pra demonstratum est, quae equites [2]sustulerant, ex [3]superi-
ore portu leni vento solverunt. Quae quum appropinquarent
15 Britanniae et ex castris viderentur, tanta tempestas subīto
coorta est, ut nulla earum cursum tenere posset, sed aliae
eodem, unde erant profectae, referrentur, aliae ad inferiorem
partem insūlae, quae est propius solis occāsum,[b] magno [4]sui
cum pericūlo dejicerentur; [5]quae tamen, ancōris[c] jactis, quum
20 fluctibus [6]complerentur, necessario adversa nocte in altum
provectae[d] continentem petierunt. ⌐—

XXIX. Eadem nocte accĭdit, ut esset luna plena, qui
dies maritĭmos aestus maximos in Oceăno efficere consuevit;
nostrisque id erat incognitum. Ita uno tempore et longas
25 naves, quibus Caesar exercĭtum transportandum[a] curaverat
quasque in arĭdum subduxerat, aestus complebat, et onerarias,
quae ad ancŏras erant deligatae, tempestas afflictabat; neque
ulla nostris facultas aut [2]administrandi aut auxiliandi dabatur.
Compluribus navibus fractis, relīquae quum essent, funibus,
30 ancŏris reliquisque armamentis amissis, ad navigandum inutĭ-
les, magna, id quod necesse erat accidere, totīus exercĭtus

H. — XXVII. [a]301, 3. — [d]520, II. — [e]385.
XXVIII. [a]427, 1 & 3. — [b]437 & 1. — [c]431. — [d]579.
XXIX. [a]551, II. 1.
A. & S. — XXVII. [a]184, 2, (a). — [d]273, 5, R. & (3). — [e]223, R. 2.
XXVIII. [a]253, N. 3. — [b]238, 1, (a). — [c]257. — [d]274, 3, (b).
XXIX. [a]274, R. 7, (a).

perturbatio facta est.   Neque enim naves erant aliae, quibus
reportari possent,[b] et omnia deerant, quae ad reficiendas naves[c]
erant usui,[d] et, [3]quod omnibus constabat hiemare in Gallia
oportere, frumentum his in locis in hiemem provisum non
erat.   5

XXX.   Quibus rebus cognitis, principes Britanniae, qui
post proelium [factum] ad Caesarem convenerant, [1]inter se
collocuti, quum equites et naves et frumentum Romanis deesse
intelligerent et paucitatem militum ex castrorum exiguitate
cognoscerent, quae hoc[a] erant [2]etiam angustiora, quod sine im- 10
pedimentis Caesar legiones transportaverat, optimum factu[b]
esse duxerunt, rebellione facta, frumento[c] commeatuque nostros
prohibere et rem in hiemem producere, quod, iis superatis aut
reditu[d] interclusis, neminem postea belli inferendi caussa in
Britanniam transiturum confidebant.   Itaque rursus conjura- 15
tione facta, paullatim ex castris discedere ac suos clam [3]ex
agris deducere coeperunt.

XXXI. At Caesar, etsi nondum eorum consilia cognoverat,
tamen et [1]ex eventu navium suarum, et ex eo, quod obsides
dare intermiserant, fore id, quod accidit, suspicabatur.   Itaque 20
ad omnes casus [2]subsidia comparabat.   Nam et frumentum
ex agris quotidie in castra conferebat, et, quae gravissime
afflictae erant naves,[a] earum materia atque aere ad reliquas
reficiendas utebatur, et, quae[b] ad eas res[c] erant usui, ex con-
tinenti comportari jubebat.   Itaque, quum summo studio[d] a 25
militibus administraretur,[e] duodecim navibus amissis, reliquis[f] ut navigari[e] commode posset,[g] effecit.

XXXII. Dum ea geruntur, legione [1]ex consuetudine una

H. — XXIX. [b]501, I. — [c]565 & 1. — [d]390, 2.

XXX. [a]414 & 2. — [b]570 & 1. — [c]Dist. bet. *frumentum* and *commeatus.*
V. I. 39, n. 1. — [d]425 & 2.

XXXI. [a]594, II. — [b]445, 6. — [c]390, 2. — [d]414 & 3. — [e]301, 3. —
[f]414 & 4. — [g]549.

A. & S. — XXIX. [b]264, 7. — [c]227, R. 4. — [d]227.

XXX. [a]247, 1. — [b]276, III. — [c]V. R. H. — [d]251.

XXXI. [a]206, (3), & (a). — [b]206, (4). — [c]227, R. 4. — [d]247, 2. — [e]184,
2, (a). — [f]247, 3. — [g]209, R. 3, (6).

frumentatum⁰ missa, quae appellabatur septima, neque ulla ad
id tempus belli suspicione ⁵interposita, quum pars ⁶hominum
in agris remaneret, pars etiam in castra ventitaret,ᵇ ii, qui pro
portis castrorum ⁴in statione erant, Caesari nunciaverunt, pul-
5 verem majorem, ⁵quam consuetūdo ferret, in ea parte videri,
quam in partem legio iter fecisset. Caesar id, ⁶quod erat,
suspicatus, ⁷aliquid novi a barbăris initumᵉ consilii,ᵈ ⁸cohortes,
quae in stationibus erant, secum in eam partem proficisci, ⁹ex
reliquis duas in stationem cohortes succedere, reliquas armari⁰
10 et confestim sese subsĕqui jussit. Quum paullo longius a
castris processisset, suos ab hostibus premi atque aegre sustinere et, conferta legione, ex omnibus partibus tela conjici
animadvertit. Nam quod, omni ex reliquis partibus demesso
frumento, pars una erat reliqua, suspicati hostes, huc nostros
15 esse venturos, noctu in silvis delituerant; tum dispersos,
depositis armis, in metendo occupatos subito adorti, paucis
interfectis, reliquos, ¹⁰incertis ordinibus,ᶠ perturbaverant : simul equitātu atque essĕdis circumdederant.

XXXIII. Genus hoc est ex essĕdis pugnae: primo per
20 omnes partes perequitant et tela conjiciunt, atque ¹ipso terrore
equorum et strepitu rotarum ordines plerumque perturbant,
et, quum se inter equitum turmas insinuaverunt, ex essĕdis
desiliunt et pedibusᵉ proeliantur. Aurigae interim paullātim
ex proelio excedunt, atque ita carros collocant, ut, si ²illi a
25 multitudine hostium premantur, expeditum ad suos receptum
habeant. Ita ⁴mobilitatem equitum, stabilitatem peditum in
proeliis praestant, ac tantum usu quotidiāno et exercitatione
efficiunt, uti in declīvi ac praecipiti loco ⁴incitatos equos sustinere, et brevi moderari ac flectere, et per temonem percur-
30 rere, et in jugo insistere, et inde se in currus citissime recipere
consuerint.

H. ⸺XXXII. ⁰559.⸺ᵇ532, I. & 2.⸺⁰551, I.⸺⁴396, 2 & 3), (3).
—⁰551, II. —ᶠ430.
XXXIII. ⁴414 & 3.
A. & S. — XXXII. ⁴276, II. —ᵇ187, II. 1, (a & c).—⁰270, R. 3. —
⁴392, R. 3.—ᵉ248, R. 1, (2).—ᶠ257, R. 7.
XXXIII. ⁰247, 2.

XXXIV. [1]Quibus rebus[a] perturbatis nostris[b] novitate pugnae, tempore opportunissimo Caesar auxilium tulit; namque ejus adventu[c] hostes constiterunt, nostri[d] se ex timore receperunt. Quo facto, ad lacessendum et ad committendum proelium aliěnum esse tempus arbitratus suo se loco[e] continuit, 5 et, brevi tempore intermisso, in castra legiones reduxit. Dum haec geruntur, nostris omnibus occupatis, qui erant in agris [2]reliqui, [3]discesserunt. Secutae sunt continuos complures dies[f] tempestates, quae et nostros in castris continerent[g] et hostem a pugna prohiberent.[g] Intěrim barbări nuncios in 10 omnes partes dimiserunt paucitatemque nostrorum militum suis praedicaverunt, et, quanta praedae faciendae atque in perpetuum [4]sui liberandi facultas daretur, si Romãnos castris expulissent, demonstraverunt. [5]His rebus celeriter magna multitudine peditătus equitatusque coacta, ad castra venerunt. 15

XXXV. Caesar, etsi idem, quod superioribus diebus acciderat, fore videbat, [1]ut, si essent hostes pulsi, [2]celeritate periculum effugerent; tamen nactus equites circiter triginta, quos Commius Atrěbas, [3]de quo ante dictum est, secum transportaverat, legiones in acie pro castris constituit. Commisso 20 proelio, diutius nostrorum militum impětum hostes ferre non potuerunt, ac terga verterunt. Quos tanto spatio[a] secuti, quantum cursu et viribus efficere potuerunt, complūres ex iis occiderant; deinde omnibus longe lateque aedificiis incensis, se in castra receperunt. 25

XXXVI. Eodem die legāti ab hostibus missi ad Caesarem de pace venerunt. His[a] Caesar numěrum obsidum, quem [1]antea imperaverat, duplicavit eosque in continentem addūci jussit, quod, propinqua die[b] [2]aequinoctii, infirmis navibus,[b]

H. — XXXIV. [a]414 & 2. — [b]430. — [c]414 & 2. — [d]704, L 1. — [e]422 & 1. — [f]378. — [g]501, I.

XXXV. [a]378, 2.

XXXVI. [a]384. — [b]430.

A. & S. — XXXIV. [a]247, 1. — [b]257. — [c]247, 1; or 253, N. 1. — [d]278, R. 6. — [e]254, R. 2, (b). — [f]236. — [g]264, 1, (a) & (b).

XXXV. [a]236.

XXXVI. [a]223. — [b]257, R. 7.

hiemi navigationem subjiciendam non existimabat. Ipse idoneam tempestatem nactus paullo post mediam[c] noctem naves
solvit, quae omnes incolŭmes ad continentem pervenerunt;
sed ex iis onerariae duae [2]eosdem, quos relĭquae, portus ca-
5 pere non potuerunt, et paullo [4]infra delatae sunt.

XXXVII. [1]Quibus ex navibus quum essent expositi milites
circĭter trecenti, atque in castra contenderent, Morĭni, quos
Caesar in Britanniam proficiscens [2]pacātos reliquerat, spe
praedae adducti primo non ita magno suorum numĕro circum-
10 steterunt, ac, si sese intĕrfĭci nollent, arma ponere jusserunt.
Quum illi, orbe facto, sese defenderent, celerĭter ad clamorem
hominum circĭter milia sex convenerunt. Qua re nunciata,
Caesar omnem ex castris equitātum suis[a] auxilio misit. Intĕrim nostri milites impĕtum hostium sustinuerunt atque amplius
15 horis[b] quattuor fortissime pugnaverunt, et paucis vulneribus
acceptis, complūres ex his occiderunt. [3]Postea vero quam
equitātus noster in conspectum venit, hostes, abjectis armis,
terga verterunt, magnusque eorum numĕrus est occisus.

XXXVIII. Caesar postĕro die Titum Labiēnum legātum
20 cum his legionibus, quas ex Britannia reduxerat, in Morĭnos,
qui rebellionem fecerant, misit. Qui quum propter siccitates
paludum, [1]quo se reciperent, non haberent, quo perfugio [2]supe-
riore anno fuerant usi, omnes fere in potestatem Labiĕni pervenerunt. At Q. Titurius et L. Cotta legāti, qui in Menapio-
25 rum fines legiones duxerant, omnibus eorum agris vastatis,
frumentis succisis, aedificiis incensis, quod Menapii se omnes
in densissimas silvas abdiderant, se ad Caesarem receperunt.
Caesar in Belgis omnium legionum hiberna constituit. [3]Eo
duae omnīno civitates ex Britannia obsides miserunt: relĭ-
30 quae neglexerunt. His rebus gestis, ex literis Caesaris dierum viginti supplicatio a senātu decreta est.

H.— XXXVI. [c]441, 6.
XXXVII. [a]390.—[b]417.
A. & S. — XXXVI. [a]205, R. 17.
XXXVII. [a]227.—[b]256, 2.

C. SALLUSTII CRISPI

C.ATILINA.

ARGUMENT.

the suspicions entertained against Crassus, 48. The attempts of Catulus and Piso to criminate Caesar, 49. The plans of Lentulus and Cethegus for their rescue, and the deliberations of the senate, 50. The speech of Caesar on the mode of punishing the conspirators, 51. The speech of Cato on the same subject, 52. The condemnation of the prisoners: the causes of Roman greatness, 53. Parallel between Caesar and Cato, 54. The execution of the criminals, 55. Catiline's warlike preparations in Etruria, 56. He is compelled by Metellus and Antonius to hazard an action, 57. His exhortation to his men, 58. His arrangements, and those of his opponents, for a battle, 59. His bravery, defeat, and death, 60, 61.

I.   Omnis[a] [1]homines,[b] qui sese[c] student praestare[d] ceteris animalibus,[e] [2]summa ope[f] niti decet, ne vitam[g] [3]silentio[h] transeant[i] veluti pecora, quae natura [4]prona atque ventri obedientia finxit. Sed nostra omnis vis in animo et corpore sita est: [5][5]animi imperio, corporis servitio magis utimur: alterum[j] nobis[k] cum diis, alterum[l] cum beluis commune est. Quo[m] mihi rectius[n] videtur,[o] [6]ingenii quam virium opibus[p] gloriam quaerere, et, quoniam vita ipsa qua[q] fruimur brevis est, [7]memoriam nostri[r] [8]quam maxume longam efficere. Nam diviti[10]arum et formae gloria [9]fluxa atque fragilis est, virtus [10]clara aeternaque habetur. Sed diu magnum inter mortalis[s] certamen fuit, [11]vine corporis an [12]virtute animi res militaris magis procederet.[t] Nam et priusquam incipias,[t] consulto,[u] et ubi consulueris,[t] mature facto[u] opus est. Ita [13]utrumque, per se [15]indigens, alterum[v] alterius auxilio[w] eget.

II.   [1]Igitur[a] initio[b] reges, (nam in terris nomen imperii id

---

H.—I. [a]154; 88, III.—[b] Dist. bet. *homo*, *vir*, and *mas*. V. n. 1.—
[c]545; 184, 4. —[d] 264, 2.—[e] 386. —[f] 414 & 3. —[g] 371, 4, 1). —[h] 414 & 3.
[i]491.—[j] 459. —[k] 391. —[l] 149.—[m] 414 & 2. —[n] 438, 3.—[o] 549, 1.—[p] 414
& 4.—[q] 419, I.—[r] 396, II.—[s] 525; 526, II. 1.—[t] 523, II. & 1.—[u] 419,
V. 3, 1).—[w] 486, III.—[v] 363.—[w] 419, III.

II. [a] 602, III.—[b] 426, 1.

A. & S.—I. [a] 114, 2.—[b] V. R. H.—[c] 239.—[d] 165, *sto.*—[e] 224.—
[f] 247, 2. —[g] 233, (3).—[h] 247, 2, end of last paragraph. —[i] 262, & R. 5.
—[j] 212, R. 2, N. 1, (b). —[k] 222, 3. —[l] 107.—[m] 247, 1, (2).—[n] 205, R.
8, (a). —[o] 209, R. 3, (5) —[p] 247, 3.—[q] 245, I.—[r] 211, R. 3, (a).—[s] 265, &
R. 2.—[t] 209, R. 7, (a) ; 263, 3.—[u] 243, R. 1, (a).—[v] 204, R. 10.—[w] 250,
2, (2).

II. [a] 279, 3, (b).—[b] 253, N. 1.

primum fuit,) [2]diversi, [3]pars[c] ingenium, alii[e] corpus exercebant: etiamtum vita hominum sine cupiditate [4]agitabatur;
[5]sua cuique[d] satis placebant. [6]Postea vero quam in Asia
Cyrus, in Graecia Lacedaemonii et Athenienses coepere[e]
urbes atque nationes subigere, [7]lubidinem[f] dominandi[f] caussam[g] 5
belli habere, maxumam gloriam in maxumo imperio putare,
tum demum [8]periculo[h] atque negotiis compertum est in bello
plurimum ingenium posse. Quodsi[i] regum atque imperatorum [9]animi virtus in pace ita ut in bello valeret, aequabilius
atque constantius sese res humanae haberent, [10]neque aliud[j] 10
alio ferri, neque mutari ac misceri omnia cerneres.[k] Nam
imperium facile iis [11]artibus retinetur, quibus initio partum
est. Verum[l] ubi pro labore desidia, pro [12]continentia[m] et
aequitate lubido atque superbia invasere, fortuna simul cum
moribus immutatur. Ita imperium semper ad optumum quem- 15
que[n] a minus bono [13]transfertur. [14]Quae homines arant, navi-
gant, aedificant, [15]virtuti omnia parent. Sed multi mortales,
dediti ventri atque somno, indocti incultique vitam [16]sicuti
peregrinantes transiere[o]; quibus profecto[p] contra naturam
corpus voluptati,[q] anima oneri[q] fuit. Eorum ego vitam mor- 20
temque [17]juxta aestimo, quoniam de utraque siletur. [18]Verum
enim vero [19]is demum mihi vivere atque frui anima videtur,
qui [20]aliquo negotio[r] intentus praeclari facinoris aut artis bonae
famam quaerit. Sed in magna copia [21]rerum [22]aliud alii[j] natura iter ostendit. 25

III. Pulchrum est bene facere reipublicae[a]; etiam bene
dicere [1]haud absurdum est: vel pace[b] vel bello clarum[c] fieri

---

H. — II. [c] 363. — [d] 385. — [e] 297. — [f] 563. — [g] 373. — [h] 414 & 2. —
[i] 453, 6. — [j] 459, 1. — [k] 510 & 1. — [l] 587, III. 2. — [m] Dist. bet. *moderatio,
continentia,* and *abstinentia.* V. n. 12. — [n] 602, I. 2. — [o] 235; 295, 2. —
[p] 335, 4 & 2). — [q] 390, 2. — [r] 414 & 4.

III. [a] 385. — [b] 426, 1. — [c] 545, 2, 3); 546.

A. & S. — II. [c] 204, R. 10. — [d] 223, R. 2. — [e] 259, R. 1, (2), (d). —
[f] 275, I; and III. R. 1. — [g] 230. — [h] 247, 1. — [i] 206, (14). — [j] 207, R. 32,
(a). — [k] 209, R. 7, (a). — [l] 198, 9, R. (a). — [m] V. R. H. — [n] 207, R. 35, (b).
— [o] 162, 7, (b). — [p] 191, III. — [q] 227. — [r] 247, 3.

III. [a] 225, I. & N. — [b] 253, N. 1. — [c] 269, R. 5.

licet; et qui [2]fecere, et qui facta aliorum scripsere, multi laudantur. Ac [3]mihi quidem, tametsi haudquaquam par gloria
sequitur scriptorem et auctorem rerum, tamen imprimis
arduum[d] videtur[e] res [4]gestas scribere: primum, quod [5]facta
5 dictis[f] exaequanda sunt: deinde, quia plerique [6]quae[g] delicta
reprehenderis[h] malevolentia[i] et invidia dicta putant; ubi de
magna virtute atque gloria bonorum memores, quae sibi[j] quisque[k] facilia factu[l] putat, aequo animo[m] accipit; [7]supra ea,
veluti ficta pro falsis ducit. Sed ego adolescentulus initio,[b]
10 sicuti plerique, [8]studio ad rempublicam latus sum, [9]ibique mihi
multa adversa fuere. Nam pro [10]pudore, pro abstinentia, pro
virtute audacia, largitio, avaritia vigebant. Quae tametsi
animus aspernabatur insolens malarum artium,[n] tamen inter
tanta vitia imbecilla aetas ambitione [11]corrupta tenebatur;
15 [12]ac me, quum ab reliquorum malis moribus dissentirem,
nihilo[o] minus honoris cupido, eademque quae ceteros, fama[i]
atque invidia[i] vexabat.

IV. Igitur ubi animus ex multis miseriis atque periculis
requievit, et mihi[a] reliquam[b] aetatem a republica procul ha-
20 bendam decrevi, non fuit consilium [1]socordia[c] atque desidia
[2]bonum otium conterere, neque vero agrum colendo[d] aut
venando, [3]servilibus officiis,[e] intentum aetatem agere, sed a
quo[f] incepto studioque me ambitio mala detinuerat, [4]eodem
regressus, statui res gestas populi Romani [5]carptim, ut quae-
25 que[g] memoria[h] digna videbantur, perscribere; eo[i] magis, quod
mihi[j] a spe, metu, partibus reipublicae animus liber erat.

H. — III. [4]438, 3. — [c]549, 1. — [f]414 & 4. — [g]445, 6. — [h]531. —
[i]414 & 2. — [j]391 & 1. — [k]602, I. 2. — [l]570 & 1. — [m]414 & 3. — [n]399, 2,
2), (2). — [o]418.

IV. [a]388, I. — [b]441, 6. — [c] Dist. bet. *ignavia, inertia, segnitia, desidia,
socordia,* and *pigritia.* V. n. 1. — [d]564. — [e]363. — [f]445, 8. — [g]445, 5. —
[h]419, IV. — [i]414 & 2. — [j]387.

A. & S. — III. [d]205, R. 8, (a). — [e]209, R. 3, (5). — [f]248, II. — [g]206,
(3), (a). — [h]266, 2; 209, R. 7, (a). — [i]247, 1. — [j]222, R. 1. — [k]279, 14. —
[l]276, III. — [m]247, 2. — [n]213. — [o]256, R. 16.

IV. [a]225, III. — [b]205, R. 17. — [c] V. R. H. — [d]275, III. R. 2 & (1). —
[e]204; 148, 2. — [f]206, (3), & (a). — [g]205, R. 7, (2), N. 1. — [h]244. — [i]247,
1. — [j]226.

Igitur de Catilinae conjuratione, quam verissume potero, paucis[k] [e]absolvam. Nam id facinus imprimis ego memorabile existimo sceleris atque periculi novitate.[1] De cujus hominis moribus pauca prius explananda sunt, quam initium narrandi faciam.[1]

V. Lucius Catilina, nobili genere[a] natus, fuit magna vi[b] et animi et corporis, sed [1]ingenio[b] malo[c] pravoque. Huic ab [2]adolescentia bella intestina, caedes, rapinae, discordia civilis, grata[d] fuere, [3]ibique juventutem suam exercuit. Corpus[e] [4]patiens inediae,[f] algoris, vigiliae, supra quam cuiquam credi- 10 bile est. Animus[e] audax, subdolus, varius, [5]cujus rei lubet simulator[e] ac dissimulator, alieni[f] appetens, sui[h] profusus, ardens in cupiditatibus: satis eloquentiae,[i] sapientiae[i] parum: [6]vastus animus immoderata,[j] incredibilia, nimis alta semper cupiebat. Hunc [7]post dominationem L. Sullae lubido maxu- 15 ma invaserat reipublicae capiundae[k]; [8]neque id quibus modis assequeretur,[l] dum sibi regnum pararet,[m] quidquam pensi[n] habebat. Agitabatur magis magisque [9]in dies animus ferox inopia rei familiaris et conscientia scelerum, quae[o] utraque [10]iis artibus auxerat, quas supra memoravi. Incitabant[p] prae- 20 terea corrupti civitatis mores, quos pessuma ac [11]diversa inter se mala, luxuria[q] atque avaritia,[q] [12]vexabant.[p] [13]Res ipsa hortari videtur, quoniam[r]de moribus civitatis [14]tempus admonuit, [15]supra repetere, ac paucis instituta majorum domi militiaeque,[s] [16]quomodo rempublicam habuerint[t] quantamque 25 reliquerint,[l] ut, paulatim immutata, ex pulcherruma atque optuma, pessuma ac flagitiosissuma facta sit,[l] disserere.

H.—IV. [k]414 & 3. — [l]523, II. & 2).

V. [a]425, 3 & 1). — [b]428 & 2. — [c]Dist. bet. *malus, pravus*, and *nequam.* V. n. 1. — [d]439, 3. — [e]460, 3. — [f]399 & 2, 1). — [g]Dist. bet. *simulator* and *dissimulator.* V. n. 5. — [h]399, 2 & 2), (3). — [i]396, 2 & 4), (1). — [j]441, 2. — [k]238; 562; 563 — [l]525. — [m]505. — [n]396, 2 & 3), (3). — [o]439, 3. — [p]468. — [q]363. — [r]311, 7. — [s]424, 2.

A. & S.—IV. [k]247, 2. — [l]263, 3.

V. [a]246. — [b]211, R. 8, (2), & R. 6. — [c]V. R. H. — [d]205, R. 9, (2). — [e]209, R. 4. — [f]213. — [g]V. R. H.— [h]213. — [i]212, R. 4. — [j]205, R. 7, (2). — [k]162, 20; 275, II. — [l]265. — [m]263, 2, (1). — [n]212, R. 3. — [o]205, R. 2, N. — [p]145, II. — [q]204. — [r]198, 7, & R. (b). — [s]221, R. 3.

VI. Urbem Romam, sicuti ego accepi, condidere atque habuere initio Trojani, qui, Aenea[a] duce, profugi, [1]sedibus[1] incertis, vagabantur, cumque iis Aborigines, genus hominum agreste, sine legibus, sine imperio, liberum atque solutum.
5 Hi postquam in una[b] moenia convenere, [2]dispari genere,[1] dissimili lingua,[a] [3]alius[c] alio more viventes, incredibile memoratu[d] est[e] quam facile coaluerint.[f] Sed postquam [4]res eorum civibus,[h] moribus, agris aucta,[g] satis prospera satisque pollens videbatur, [5]sicuti pleraque mortalium habentur, invidia ex
10 opulentia orta est. Igitur reges populique finitumi bello tentare[i]: pauci ex[j] amicis auxilio[k] esse : nam ceteri metu perculsi a periculis aberant. At Romani domi[l] militiaeque intenti [6]festinare,[m] parare,[l] alius[c] alium hortari,[l] hostibus[n] obviam ire,[l] libertatem, patriam parentesque armis tegere.[l] Post, ubi pericula virtute propulerant, sociis atque amicis [7]auxilia[o] portabant,
15 magisque dandis quam accipiundis beneficiis amicitias parabant. [8]Imperium legitumum, nomen imperii regium habebant : delecti, quibus[p] corpus annis[q] infirmum, ingenium sapientia[q] validum erat, reipublicae [9]consultabant. Ii vel aetate vel curae
20 similitudine patres appellabantur. Post, ubi regium imperium, quod initio [10]conservandae libertatis[r] atque augendae reipublicae[r] fuerat, in superbiam dominationemque convertit,[a] immutato more, annua [11]imperia [12]binosque imperatores sibi fecere : eo modo minime posse putabant [13]per licentiam insolescere
25 animum humanum.

VII. [1]Sed ea [2]tempestate[a] coepere [3]se quisque[b] extollere

---

H. — VI. [a]430. — [b]176, 1. — [c]459, 1. — [d]570 & 1. — [e]Subject of est? — [f]525. — [g]704, I. 2. — [h]429. — [i]545, 1. — [j]398, 4. — [k]390, 2. — [l]424, 2. — [m]Dist. bet. propero and festino. V. n. 6. — [n]392 & 2. — [o]132. — [p]387. — [q]414 & 2. — [r]563, 5. — [s]471, II.

VII. [a]Dist. bet. dies, tempus, tempestas, diu, and interdiu. V. n. 2. — [b]461 & 3.

A. & S. — VI. [a]257, R. 7, (a). — [b]118, R. 2. — [c]207, R. 32, (b); 204, R. 10. — [d]276, III. — [e]209, R. 3, (5). — [f]265. — [g]323, 1, (b), (2), (a). — [h]250, 1. — [i]209, R. 5, & N. 7. — [j]212, R. 2, N. 4. — [k]227, & R. 2. — [l]221, R. 3. — [m]V. R. H. — [n]228, & 1. — [o]95, R. — [p]226. — [q]247, 1, (1). — [r]275, III. R. 1, (5). — [s]259, R. 1, (2), (d).

VII. [a]V. R. H. — [b]209, R. 11, (4).

magis, [4]magisque ingenium in promptu habere. Nam regibus[6]
[5]boni quam mali suspectiores sunt, semperque iis aliena virtus
formidolosa est. Sed civitas, incredibile memoratu[d] est,[e]
adepta[f] libertate, quantum [6]brevi creverit[s]: tanta cupido
gloriae [7]incesserat. Jam primum juventus, simul ac [8]belli pa- 5
tiens erat, in castris per laborem usu militiam [9]discebat, magisque in decoris armis et militaribus equis quam in scortis atque
conviviis lubidinem habebant.[h] Igitur talibus viris non labos
insolitus, non locus ullus asper aut arduus erat, non armatus
hostis formidolosus; virtus omnia domuerat. Sed gloriae 10
maxumum certamen inter [10]ipsos erat: se[i] quisque hostem
ferire,[i] murum ascendere,[i] conspici,[i] dum tale facinus faceret,
[11]properabat: [12]eas[j] divitias,[j] eam[j] bonam famam[j] magnamque
nobilitatem[j] putabant: laudis[k] avidi, pecuniae[l] liberales erant:
gloriam ingentem, divitias honestas volebant. Memorare pos- 15
sem,[m] quibus in locis maxumas hostium copias populus Romanus parva manu fuderit,[r] quas urbes natura munitas pugnando
ceperit,[s] [13]ni ea res longius[n] nos ab incepto traheret.[m]

VIII. Sed profecto fortuna in omni re dominatur: [1]ea res
cunctas [2]ex lubidine magis quam ex vero [3]celebrat obscurat- 20
que. Atheniensium res gestae, sicuti ego aestimo, satis amplae
magnificaeque fuere, verum [4]aliquanto[a] minores tamen quam
fama feruntur. Sed quia provenere ibi scriptorum magna
ingenia, per terrarum orbem Atheniensium facta [5]pro maxumis celebrantur. Ita eorum, qui ea fecere, virtus tanta habe- 25
tur, quantum ea verbis potuere extollere praeclara ingenia.
At populo[b] Romano numquam [6]ea copia fuit, quia [7]prudentissu-
mus quisque[c] maxume negotiosus[d] erat: ingenium nemo sine
corpore exercebat: optumus quisque[e] facere[e] quam dicere,[e]

H. — VII. [a]384. — [b]570 & 1. — [c]Subject of *est*? — [d]221, 2. — [e]525.
—[b]461. — [i]545; 551, II. & 1. — [j]373. — [k]399. — [l]399, 2, 2), (3) —[m]510.
—[n]444, 1.
    VIII. [a]418. — [b]387. — [c]458, 1. — [d]323. — [e]545, 2 & 1); 552.

A. & S. — VII. [a]223. — [b]276, III. — [c]209, R. 3, (5). —[f]162, 17, (a).
— [g]265. — [h]209, R. 11, (2). — [i]239; 273, 4, (a). — [j]230; 206, (10). —
[k]213, —[l]213, R. 5, (1). —[m]261, 1. —[n]256, R. 9, (a).
    VIII. [a]256, R. 16. — [b]226. — [c]207, R. 35, (b). — [d]128, 4. — [e]270.

sua ab aliis bene facta' laudari quam ipse ⁸aliorum narrare'
malebat.

IX.   Igitur domiᵃ militiaeque boni mores colebantur : con-
cordia maxuma, minuma avaritia erat: ¹jus bonumque apud
5 eos non legibusᵇ magis quam naturaᵇ valebat.ᶜ   Jurgia, dis-
cordias, simultates cum hostibus exercebant : cives cum civibus
de virtute certabant : ⁸in suppliciis deorum magnifici, domi
parci, ⁸in amicis fideles erant.   Duabus his artibus, audacia
in bello, ubi pax evenerat, aequitate, ⁴seque remque publicam
10 curabant.   Quarum rerum ego maxuma documenta haec habeo : quod inᵈ bello saepius ⁵vindicatum est in eos, qui contra
imperium in hostem pugnaverant, quique tardius revocati
proelio excesserant, ⁶quam qui ⁷signa relinquere aut pulsi
⁸loco⁹ cedere ausi erant; in pace vero, quod ⁹beneficiis quam
15 metu imperium agitabant, et, accepta injuria, ignoscere quam
persequi malebant.

X.   Sed ubi laboreᵃ atque justitia respublica crevit,ᵇ reges
magni belloᵉ domiti,ᵈ nationesᵉ ferae et ¹populi ingentes vi'
subacti,ᵈ Carthago, aemula imperii Romani, ab stirpe interiit,ᵇ
20 cuncta maria terraeque patebant'; saevire fortuna ac miscere
omnia coepit.   Qui labores, pericula, dubias atque asperas
res facile toleraverant, iis,ᵍ otium divitiaeque, ⁸optandaʰ aliis,ⁱ
oneri⁶ miseriaeque fuere.   Igitur primo pecuniae, deinde imperii cupido crevit: eaʰ quasi ⁸materies omnium malorum
25 fuere.   Namque avaritia fidem, probitatem ceterasque ⁴artes
bonas subvertit : pro his superbiam, crudelitatem, deos ⁵negle-
gere,ʲ omnia venalia habereʲ edocuit : ambitio multos mortalis
falsos fieri subegit; aliud clausum in pectore, aliud in lingua

H. — VIII. ⁷545.

IX. ᵃ424, 2. —ᵇ414 & 2. —ᶜ463, 3. —ᵈ426, 2, 2). —ᵉ425, 2.

X.   ᵃ414 & 2. —ᵇ471, II.—ᶜ414 & 4.—ᵈ460, 2.—ᵉ Dist. bet. gens,
natio, civitas, and populus. V. n. 1.—ᶠ468.—ᵍ392, _. ᵃ439, 2 & 3).—
ⁱ386, I.—ʲ550.

A. & S. — VIII. ⁷239 ; 273, 4, (a).

IX. ᵃ221, R. 3.—ᵇ247, 1.—ᶜ209, R. 12, (2).—ᵈ253, N. 1.—ᵉ251.

X.   ᵃ247, 1.—ᵇ259, R. 1, (2), (d).—ᶜ247, 2.—ᵈ209, R. 4.—ᵉ V. R.
H.—ᶠ145, II.—ᵍ227.—ʰ205, R. 2, (2) —ⁱ2'), III.—ʲ270 ; 229, R.ᵏ

promptum habere; amicitias inimicitiasque, non [6]ex re, sed ex commodo, aestimare, magisque [7]voltum quam ingenium bonum habere. Haec primo paulatim crescere,[k] interdum vindicari[k]: post, ubi [8]contagio, quasi pestilentia, invasit,[b] civitas immutata[d]; imperium ex justissumo atque optumo crudele intole- 5 randumque factum.[d]

XI. Sed primo magis ambitio quam avaritia animos hominum exercebat, [1]quod tamen vitium propius virtutem[e] erat. Nam gloriam, honorem, imperium bonus et ignavus aeque sibi exoptant; sed ille[b] [2]vera via[c] nititur, huic[b] quia 10 [3]bonae artes desunt, dolis atque fallaciis contendit. Avaritia pecuniae studium [4]habet, quam nemo sapiens concupivit: ea, quasi [5]venenis malis imbuta, corpus animumque virilem effeminat; semper infinita, insatiabilis est; neque copia neque inopia minuitur. Sed postquam L. Sulla, [6]armis recepta re- 15 publica, [7]bonis initiis[d] malos eventus habuit, rapere[e] omnes, trahere[e]: domum alius, alius agros cupere[e]: neque modum neque modestiam victores habere[e]: foeda crudeliaque [8]in civibus facinora facere.[e] Huc accedebat, quod L. Sulla exercitum, quem in Asia [9]ductaverat, quo sibi fidum faceret,[f] contra mo- 20 rem majorum luxuriose nimisque liberaliter habuerat. Loca[g] amoena, voluptaria facile [10]in otio feroces militum animos molliverant. Ibi primum insuevit exercitus populi Romani [11]amare, [12]potare,[h] signa, tabulas pictas, vasa caelata mirari, ea [13]privatim ac publice rapere, delubra spoliare, sacra profa- 25 naque omnia polluere. Igitur hi milites, postquam victoriam adepti sunt, [14]nihil reliqui[i] victis[j] fecere. Quippe secundae res sapientium animos [15]fatigant, [16]ne illi corruptis moribus victoriae[k] temperarent.

H.—X. [k]545, 1.
XI. [a]391, 2, 2); 433.—[b]450, 2 & 1).—[c]414 & 3.—[d]430.—[e]545, 1. —[f]489; 497.—[g]141.—[h]Dist. bet. *pato* and *bibo*. V. n. 12.—[i]396, 2 & 1).—[j]384 & II.—[k]385, 3.
A. & S.—X. [k]209, R. 5, & N. 7.
XI. [a]238, 1, (a).—[b]207, 23, (a).—[c]247, 2.—[d]257, R. 7.—[e]209, R. 5, & N.7.—[f]262, R. 9.—[g]92, I 2.—[h]V. R. H.—[i]212, & R.1.—[j]223. —[k]223, R. 2, & (1), (a).

XII.   Postquam divitiae honori[a] esse coepere et eas gloria,
imperium, potentia sequebatur,[b] hebescere virtus, paupertas
probro[c] haberi, [1]innocentia pro malevolentia duci coepit.   Igitur [2]ex divitiis juventutem luxuria atque avaritia cum superbia
5 invasere : rapere,[d] consumere[d]; sua parvi[e] pendere,[d] aliena
cupere,[d] [3]pudorem,[f] pudicitiam,[f] divina atque humana[f] promiscua, nihil[f] pensi[g] neque moderati[g] habere.[d]   [4]Operae[h] pretium
est, quum domos atque villas cognoveris in urbium modum
exaedificatas, visere templa deorum, quae nostri majores, re-
10 ligiosissumi mortales, fecere.   Verum illi[k] delubra deorum
pietate, domos suas gloria decorabant, neque victis[l] quidquam
praeter injuriae licentiam eripiebant.   At hi[k] contra ignavis-
sumi homines per summum scelus omnia ea sociis[l] adimere,[d]
quae fortissumi viri victores reliquèrant ; proinde quasi inju-
15 riam facere [5]id demum esset[l] imperio uti.

XIII.   Nam quid[a] ea memorem,[b] quae, nisi iis qui videre,
nemini credibilia sunt : a privatis compluribus [1]subversos
montes, maria constructa esse.[c]   Quibus[d] mihi videntur ludibrio[d] fuisse divitiae, [2]quippe quas honeste habere licebat,
20 [3]abuti per turpitudinem properabant.   Sed lubido stupri,
ganeae ceterique [4]cultus non minor incesserat: * * * * *
[5]vescendi caussa terra marique omnia exquirere[e]; dormire[e]
priusquam somni cupido esset ; non famem aut sitim, neque
frigus neque lassitudinem opperiri,[e] sed ea omnia luxu ante-
25 capere.[e]   Haec juventutem, ubi familiares opes defecerant, ad
facinora incendebant.   Animus imbutus malis artibus [6]haud
facile lubidinibus carebat : eo[f] profusius omnibus modis [7]quae-
stui atque sumptui[g] deditus erat.

H. — XII.   [a] 390, 2. — [b] 463, I. — [c] 390, 1, 2) & 2. — [d] 545, 1. — [e] 402,
III. & 1. — [f] 373 & 1. — [g] 396, 2 & 1. — [h] 395. — [i] 386, 2. — [k] 450, 1. —
[l] 503, II.

XIII.   [a] 445, 2. — [b] 485 ; 486, II. — [c] 363 ; 553, II. — [d] 390. — [e] 545, 1.
— [f] 414 & 2. — [g] Dist. bet. *sumptus* and *impensae*. V. Caes. I. 18, n. 9.

A. & S. — XII.   [a] 227, & R. 2. — [b] 209, R. 12, (2). — [c] 227, R. 1. —
[d] 209, R. 5. — [e] 214. — [f] 230. — [g] 212, R. 1. — [h] 211. — [i] 222, 2, (b) ; 224,
R. 2. — [k] 207, R. 23. — [l] 263, 2.

XIII.   [a] 235, R. 11. — [b] 260, R. 5. — [c] 204, R. 9. — [d] 227. — [e] 209, R.
5. — [f] 247, 1. — [g] V. R. H.

XIV. In tanta tamque corrupta civitate, Catilina, id[a] quod factu[b] facillimum erat, omnium [1]flagitiorum atque facinorum circum se, tamquam [2]stipatorum,[c] catervas habebat.   Nam quicumque impudicus, adulter, ganeo, [3]manu, ventre, * * bona patria laceraverat; quique [4]aes alienum grande[d] conflaverat, 5 quo [5]flagitium[e] aut facinus [6]redimeret[f]; praeterea omnes undi-que parricidae, sacrilegi, [7]convicti judiciis, aut pro factis judi-cium timentes; [8]ad hoc, quos [9]manus atque lingua perjurio aut sanguine civili alebat; postremo omnes, quos flagitium, egestas, [10]conscius animus exagitabat; ii Catilinae [11]proxumi 10 familiaresque erant. Quodsi quis etiam a culpa vacuus in ami-citiam ejus inciderat, quotidiano usu atque illecebris facile [12]par similisque ceteris efficiebatur.   Sed maxume adolescen-tium familiaritates[g] appetebat; eorum animi molles et aetate[h] fluxi dolis haud difficulter capiebantur.   Nam ut cujusque 15 studium [13]ex aetate flagrabat, aliis scorta praebere,[i] aliis canes atque equos mercari,[j] postremo neque sumptui[j] neque [14]mode-stiae suae parcere,[j] dum illos [15]obnoxios fidosque sibi faceret.[k] Scio fuisse nonnullos, qui [16]ita existimarent,[l] juventutem, quae domum Catilinae frequentabat,[m] [17]parum honeste pudicitiam 20 habuisse; sed ex aliis rebus magis, quam quod cuiquam id compertum foret, haec fama valebat.

XV. Jam primum adolescens Catilina multa nefanda stu-pra fecerat cum virgine nobili, cum sacerdote Vestae, alia hujuscemodi contra [1]jus fasque.   Postremo captus amore 25 Aureliae Orestillae, cujus[a] praeter formam nihil umquam bonus laudavit, quod ea [2]nubere[c] illi[b] dubitabat timens [3]privignum

---

XIV. [a]445, 7.—[b]570 & 1.—[c] Dist. bet. *stipator* and *satelles*. V. n. 2. —[c] Dist. bet. *maleficium, facinus, flagitium, scelus,* and *nefas*. V. n. 5.— [f]489, I.; 497.—[e]130, 2.—[b]414 & 2.—[i]545, 1.—[j]385.—[k]521, I.; 522, II.—[l]529.—[m]531, 4.

XV. [a]396, 2 & 1.—[b]385 & 2.—[c] Dist. bet. *nubere* and *ducere*. V. n. 2.
A. & S. — XIV. [a]206, (13), (a), & (b).—[b]276, III.—[c] V. R. H.—
—[d]205, R. 16, (a), & (c).—[e] V. R. H.—[f]262, R. 9.—[g]95, R.—[h]247, I, (1).—[i]209, R. 5.—[j]223, R. 2.—[k]263, 2, (1).—[l]266, 2.—[m]266, 2, R. 5.

XV. [a]212, & R. 1.—[b]223, R. 2.—[c] V. R. H.

adulta aetate,[d] pro certo [c]creditur,[c] necato [e]filio, vacuam domum scelestis nuptiis[f] fecisse. Quae quidem res mihi in primis
videtur caussa fuisse [g]facinoris maturandi. Namque animus
impurus, diis hominibusque infestus [7]neque vigiliis[e] neque
5 quietibus sedari poterat; [8]ita conscientia mentem excitam
vastabat.[ ] Igitur color ejus exsanguis, foedi oculi, citus modo,
modo tardus incessus, prorsus in [9]facie[h] vultuque vecordia
inerat:

XVI. Sed juventutem,[a] quam, ut supra diximus, illexerat,
10 multis modis mala facinora[a] edocebat. Ex illis testes signa-
toresque [1]falsos [2]commodare[b]: [3]fidem, [4]fortunas, pericula vilia
habere, post, ubi eorum famam atque [5]pudorem attriverat,
majora alia imperabat: si caussa peccandi in praesens [6]minus
suppetebat, nihilo minus [7]insontes sicuti sontes [8]circumvenire,[b]
15 jugulare[b]: scilicet, ne per otium torpescerent manus aut animus, [9]gratuito potius malus atque crudelis erat. His amicis[c]
sociisque confisus Catilina, [10]simul quod [11]aes alienum per
omnis terras ingens erat, et quod plerique [12]Sullani milites,
largius[d] suo usi, rapinarum et victoriae [13]veteris memores,
20 civile bellum [14]exoptabant,[e] opprimundae[f] reipublicae consilium
cepit. In Italia nullus exercitus: Cn. Pompeius in [15]extremis
terris bellum gerebat: [16]ipsi[c] [17]consulatum petenti magna spes:
senatus [18]nihil sane intentus: tutae tranquillaeque res omnes;
sed [19]ea prorsus opportuna Catilinae.

25 XVII. Igitur [1]circiter Kalendas Junias,[a] L. [2]Caesare et C.
Figulo consulibus, primo singulos appellare[b]: hortari alios,
[3]alios tentare: opes suas, imparatam rempublicam, magna

H. — XV. [d]426. — [c]704, III. 4. — [f]131, 1, 4). — [g]414 & 4. — [h]Dist.
bet. facies, os, oculi, and vultus. V. n. 9.
XVI. [a]874. — [b]545, 1. — [c]385 & 1. — [d]444, 1. — [e]Force of ax in this
word ? — [f]238; 562 & 1. — [g]387.
XVII. [a]798, 2. — [b]545, 1.
A. & S. — XV. [d]211, R. 6. — [e]523, 3, (5). — [f]96. — [g]247, 3. — [h]V.
R. H.
XVI. [a]231. — [b]209, R. 5. — [c]223, R. 2. — [d]256, R. 9, (a). — [e]V. R.
H. — [f]162, 20; 275, II. — [g]226.
XVII. [a]326, 2, (1), & (5), (b). — [b]209, R. 5.

praemia conjurationis docere. Ubi satis explorata sunt[c] quae
voluit, [d]in unum omnis convocat,[d] quibus maxuma [b]necessitudo
et plurimum audaciae inerat.[c] Eo convenere senatorii ordinis P. Lentulus Sura, P. Autronius, L. Cassius Longinus, C.
Cethegus, P. et Servius Sullae, Servii filii, L. Vargunteius, 5
Q. Annius, M. Porcius Laeca, L. Bestia, Q. Curius: praeterea ex equestri ordine M. Fulvius Nobilior, L. Statilius, P.
Gabinius Capito, C. Cornelius: ad hoc multi ex coloniis et
municipiis domi[c] nobiles. Erant praeterea complures paulo
occultius consilii hujusce participes nobiles, quos magis domi- 10
nationis spes hortabatur, quam inopia[f] aut alia [h]necessitudo.
Ceterum [g]juventus pleraque, sed maxume nobilium, Catilinae
inceptis favebat: quibus[g] in otio vel magnifice vel molliter
[f]vivere copia erat, incerta pro certis, bellum quam pacem malebant. Fuere item [g]ea tempestate, qui[g] crederent,[h] M. Lici- 15
nium Crassum non ignarum ejus consilii fuisse; [g]quia Cn.
Pompeius, invisus ipsi,[i] magnum exercitum ductabat, cujusvis
opes [10]voluisse contra illius potentiam crescere; simul confi-
sum, si conjuratio valuisset, facile apud [11]illos principem se
fore. 20

XVIII. Sed [1]antea item conjuravere pauci contra rempublicam, in quibus Catilina fuit; [2]de qua, quam verissume
potero, dicam. [3]L. Tullo, M'. Lepido consulibus, P. Autronius et P. Sulla, [4]designati consules, legibus[a] [5]ambitus inter-
rogati, [6]poenas dederant. Post paulo Catilina, [7]pecuniarum 25
repetundarum reus, prohibitus erat consulatum petere, quod
intra legitimos dies profiteri nequiverat. Erat eodem tempore
Cn. Piso, adolescens nobilis, summae audaciae,[b] egens, factio-
sus, quem ad perturbandam rempublicam inopia atque mali
mores stimulabant. Cum hoc Catilina et Autronius circiter 30

H.—XVII. [c]471, II.—[d]467, III.—[c]468.—[c]424, 2.—[f]Dist. bet.
paupertas, inopia, egestas, and mendicitas. V. Caes. I. 27, n. 1.—[g]445, 6.
—[h]501 & I.—[i]391.

XVIII. [a]414 & 2.—[b]395; 396, IV.

A. & S.—XVII. [c]V. R. H.—[d]145, I. 3.—[c]221, R. 3.—[f]V. R.
H.—[g]206, (4).—[h]264, 6.—[i]222, 3.

XVIII. [a]247, 1.—[b]211, R. 6.

[e]Nonas Decembris,[c] consilio communicato, parabant in Capitolio Kalendis [9]Januariis L. Cottam et L. Torquatum consules
interficere, [10]ipsi, fascibus correptis, Pisonem cum exercitu ad
obtinendas[d] duas [11]Hispanias mittere.   Ea re cognita, rursus
5 in Nonas Februarias consilium caedis transtulerant.   [12]Jam
tum non consulibus modo, sed plerisque senatoribus perniciem
machinabantur.   [12]Quodni[e] Catilina maturasset pro curia
signum sociis dare, eo die post conditam[f] urbem Romam pessumum facinus patratum foret: quia nondum frequentes
10 armati convenerant, ea res consilium diremit.

XIX.   Postea Piso in [1]citeriorem Hispaniam quaestor [2]pro
praetore missus est, [3]adnitente Crasso, quod eum infestum
[4]inimicumque Cn. Pompeio cognoverat.   Neque tamen senatus
provinciam invitus[e] dederat, quippe foedum hominem a repub-
15 lica procul esse volebat: simul[b] quia boni complures [5]prae-
sidium in eo putabant; [6]et jam tum potentia Pompeii formidolosa erat.   Sed is Piso in[c] provincia ab equitibus Hispanis,
quos in exercitu ductabat, iter faciens occisus est.   [7]Sunt qui
ita dicunt, imperia ejus injusta, superba, crudelia barbaros
20 nequivisse pati; alii autem equites illos, Cn. Pompeii veteres
fidosque [8]clientes, voluntate[d] ejus Pisonem aggressos[e]; numquam Hispanos [9]praeterea tale facinus fecisse, sed imperia
saeva multa antea perpessos.[e]   Nos eam rem [10]in medio relin-
quemus.   De superiore conjuratione satis dictum.

25   XX.   Catilina, ubi eos, quos [1]paullo[a] ante memoravi, convenisse videt, tametsi cum singulis multa saepe egerat, tamen
[2]in rem fore credens universos[b] appellare et cohortari, in abdi-
tam partem [3]aedium secedit, atque ibi, omnibus arbitris procul
amotis, orationem hujuscemodi[c] habuit.   " Ni virtus fidesque

H. — XVIII. [e]708, 2. — [d]565 & 1. — [e]453, 6. — [f]580.

XIX. [a]443. — [b]Force of *simul* alone ? V. Caes. III. 9, n. 4. — [d]414 &
2. — [e]530, I.

XX. [a]418. — [b]Dist. bet. *omnis, universus, cunctus,* and *totus.* V. Caes.
I. 1, n. 2. — [c]396, IV. 1 & 1).

A. & S. — XVIII. [a]326, 2, (5), (b). — [d]275, II. — [e]206, (14). —
[f]274 R. 5, (a).

XIX. [a]205, R. 15. — [b]V. R. H. — [e]235, (2). — [d]247, 1. — [e]270, R. 3.

XX. [a]256, R. 16, (3). — [b]V. R. H. — [e]211, R. 6, & (5).

vestra [4]spectata[d] mihi[e] forent, nequicquam[f] opportuna res
cecidisset, spes magna, dominatio in manibus frustra fuissent;
neque ego[g] [5]per ignaviam aut vana ingenia incerta pro certis
captarem. Sed quia multis[h] et magnis [6]tempestatibus vos
cognovi fortes fidosque mihi, eo[i] animus ausus est maxumum 5
atque pulcherrumum facinus incipere,[j] simul quia vobis[k] eadem [7]quae mihi[k] bona malaque esse intellexi; [8]nam idem velle
atque idem nolle, ea[l] demum firma amicitia est. Sed ego
quae mente agitavi, omnes jam antea [9]diversi audistis. Ceterum mihi[m] in dies magis animus accenditur, quum considero, 10
quae conditio vitae futura sit,[n] nisi nosmet ipsi[o] [10]vindicamus
in libertatem. Nam postquam respublica [11]in paucorum potentium jus atque ditionem concessit, semper illis reges, te-
trarchae vectigales esse,[p] [12]populi, nationes stipendia pendere[p];
ceteri omnes, strenui, boni, nobiles atque ignobiles [13]vulgus 15
fuimus, sine gratia, sine auctoritate, iis obnoxii, quibus,[q] si
respublica valeret,[r] formidini[q] essemus. Itaque omnis gratia,
potentia, honos, divitiae apud illos sunt aut, ubi illi volunt: nobis
reliquere pericula, repulsas, judicia, egestatem. Quae[s] quousque [14]tandem patiemini, fortissumi viri? nonne[t] emori per 20
virtutem praestat, quam vitam miseram atque inhonestam, ubi
alienae superbiae[q] ludibrio[q] fueris,[u] per dedecus amittere?
[15]Verum enim vero pro deum[v] atque hominum fidem[v] victoria
in manu nobis[m] est: viget aetas, animus valet: contra illis[m]
annis atque divitiis [16]omnia consenuerunt: tantummodo in- 25
cepto[x] opus est; [17]cetera res expediet. Etenim quis mortalium,[y] cui virile ingenium inest, tolerare potest, illis divitias

---

H. — XX. [4]439, 3. — [e]388, II. — [f]Dist. bet. *frustra, nequidquam,* and
incassum. V. Caes. III. 14, n. 1. — [g]446. — [h]414 & 2. — [j]Dist. bet. *incipio, ordior, inchoo,* and *coepi.* V. Caes. II. 2, n. 3. — [k]389. — [l]445, 4. —
[m]398, 5; 392, 1. — [n]525. — [o]452, 1. — [p]545, 1. — [q]390, 2. — [r]510. —
[s]453. — [t]346, II. 1, 2). — [u]485; 486, III. — [v]45, 6. — [x]381. — [y]419, V.
— [z]396, 2, 3), (1).

A. & S. — XX. [4]205, R. 2, N. — [e]225, II. — [f]V. R. H. — [g]209, R.
1, (a), & (b). — [h]278, R. 5. — [i]247, 1. — [j]V. R. H. — [k]228, N. — [l]206,
(13), (c). — [m]211, R. 5, (1). — [n]265. — [o]207, R. 28, (a). — [p]209, R. 5. —
[q]227. — [r]261, 1. — [s]206, R. 17. — [t]198, 11, R. (c). — [u]260, & N. — [x]53.
— [y]238, 2. — [z]243. — [y]212, R. 2.

[18]superare, quas profundant[a] in [19]exstruendo mari et montibus
coaequandis, nobis rem familiarem etiam ad necessaria
deesse? illos binas aut [20]amplius domos continuare, nobis [21]la-
rem familiarem nusquam ullum esse? Quum tabulas, signa,
5 [22]toreumata emunt, nova diruunt, alia aedificant, postremo
omnibus modis pecuniam [23]trahunt, vexant, tamen summa
lubidine divitias suas vincere nequeunt. At nobis est domi
inopia, foris aes alienum, [24]mala res, spes multo asperior : denique quid reliqui habemus praeter miseram animam? [25]Quin
10 igitur expergiscimini! En illa, illa, quam saepe optastis,
libertas, praeterea divitiae, decus, gloria in oculis sita sunt !
fortuna omnia ea victoribus praemia[aa] posuit. Res, tempus,
pericula, egestas, belli spolia magnifica magis quam oratio mea
vos hortentur.[bb] Vel imperatore[cc] vel milite me utimini ;
15 neque animus neque corpus a vobis aberit. Haec ipsa, ut
spero, vobiscum una consul[cc] agam, [26]nisi forte me animus
fallit, et vos servire magis quam imperare parati estis."

XXI. Postquam accepere ea homines, quibus mala
abunde omnia erant, sed neque res neque spes bona ulla, ta-
20 metsi illis [1]quieta movere magna [2]merces[a] videbatur,[b] tamen
postulare[c] plerique, ut proponeret quae conditio belli foret,
quae armis praemia peterent, [3]quid ubique opis aut spei haberent. Tum Catilina polliceri[c] [4]tabulas novas, proscriptionem
locupletium, magistratus, sacerdotia, rapinas, alia omnia quae
25 bellum atque lubido victorum [5]fert.[d] Praeterea [6]esse in Hispania [7]citeriore Pisonem, in Mauritania cum exercitu P. Sitti-
um Nucerinum, consilii[e] sui participes ; [8]petere consulatum
C. Antonium, quem sibi collegam fore speraret, hominem[f] et
familiarem et omnibus [9]necessitudinibus circumventum ; [10]cum
30 eo se consulem initium agendi facturum. Ad hoc maledictis

H. — XX. [a]501, I. — [aa]373. — [bb]487; 488, L — [cc]363.
XXI. [a]Dist. bet. praemium, pretium, and merces. V. n. 2. — [b]556, L
— [c]545, 1. — [d]463, 3. — [e]399 & 2, 2). — [f]363.
A. & S. — XX. [a]264, 1, (a) & (b). — [aa]230, R. 2. — [bb]260, R. 6. —
[cc]204, R. 1.
XXI. [a]V. R. H. — [b]210, R. 3, (3), (c). — [c]209, R. 5. — [d]209, R. 12,
(2). — [e]213. — [f]204.

increpat omnis bonos ; suorum unumquemque nominans laudare* :· admonebat alium egestatis,* alium [11]cupiditatis* suae,
complures periculi* aut ignominiae,* multos victoriae* Sullanae,
quibus[h] ea praedae[h] fuerat. Postquam omnium animos ala-
cres videt, cohortatus ut [12]petitionem suam curae[i] haberent, 5
conventum dimisit.

XXII. Fuere ea tempestate, qui dicerent,* Catilinam, oratione habita, quum ad jusjurandum [1]populares sceleris sui
adigeret, humani corporis sanguinem vino permixtum in pate-
ris circumtulisse ; [2]inde quum post [3]exsecrationem omnes 10
degustavissent, sicuti in sollemnibus sacris fieri consuevit,
aperuisse consilium suum, atque [4]eo, dictitare, fecisse, quo inter
se fidi magis forent, [5]alius alii[b] tanti facinoris* conscii. Nonnulli ficta et haec et multa praeterea existimabant ab iis, qui
[6]Ciceronis invidiam, quae postea orta est, leniri credebant 15
atrocitate sceleris eorum, qui poenas dederant. Nobis[d] ea
res [7]pro magnitudine parum comperta est.

XXIII. Sed [1]in ea conjuratione fuit Q. Curius, natus
[2]haud obscuro loco,* flagitiis[b] atque facinoribus coopertus, quem
censores senatu* probri [3]gratia moverant. Huic homini[d] non 20
minor [4]vanitas inerat quam audacia : neque reticere* quae audierat, neque suamet[f] [5]ipse* scelera occultare* : [6]prorsus neque
dicere neque facere quidquam pensi habebat. Erat ei[h] cum
Fulvia, muliere nobili, [7]stupri vetus consuetudo ; cui quum
minus gratus esset, quia inopia[i] minus largiri poterat, repente 25
glorians [8]maria montesque [9]polliceri[j] coepit, minari interdum
ferro, nisi obnoxia foret, postremo ferocius [10]agitare quam solitus erat. At Fulvia, [11]insolentiae Curii caussa cognita, tale

H.— XXI. *410.— [b]390.— [i]390, 2. (Sc. sibi.)
XXII. *501, L— [b]391.— *399 & 6.— [d]388, II.
XXIII. *425 & 3, 1).— [b]Dist. bet. facinus and flagitium. *V. XIV. n.
5.— *425 & 3, 3).— [d]386.— *545, 1.— [f]185, 1.— *Force of ipse? V.
n. 5.— [b]387.— [i]Dist. bet. paupertas, inopia, egestas, and mendicitas. V.
Caes. I. 27, n. 1.— [j]Dist. bet. polliceor, promitto, and recipio. V. n. 9.

A. & S.— XXI. *218.— [b]227.— [i]227, R. 2.
XXII. *264, 6.— [b]222, R. 1.— *213 ; 222, R. 3.— [d]225, II.
XXIII. *246.— [b]V. R. H.— *251.— [d]224.— *209, R. 5.— [f]189, R.
1.— *V. R. H.— [b]226.— [i]V. R. H.— [j]V. R. H.

periculum reipublicae haud occultum habuit, sed, [12]sublato auctore, de Catilinae conjuratione, quae [13]quoque modo audierat, compluribus narravit. Ea res in primis studia hominum accendit ad consulatum mandandum M. Tullio Ciceroni.

5 Namque antea [14]pleraque nobilitas invidia [15]aestuabat, et quasi pollui consulatum credebant,[k] si eum, quamvis egregius, [16]homo novus adeptus foret. Sed ubi periculum advenit, invidia atque superbia [17]postfuere.

XXIV. Igitur, comitiis habitis, consules declarantur M. 10 Tullius et C. Antonius ; [1]quod factum primo populares conjurationis concusserat ; neque tamen Catilinae furor minuebatur, sed in dies plura agitare,[a] arma per Italiam locis opportunis parare,[a] pecuniam, sua aut amicorum fide [2]sumptam mutuam, Faesulas[b] ad Manlium quemdam [3]portare,[c] qui 15 postea [4]princeps[c] fuit belli faciundi. Ea tempestate plurimos cujusque generis homines adscivisse sibi dicitur[d] ; mulieres etiam aliquot, quae primo ingentis[e] sumptus stupro corporis toleraverant, post, ubi aetas tantummodo quaestui [5]neque luxuriae modum fecerat, aes alienum grande conflaverant. Per 20 eas se Catilina credebat posse servitia urbana sollicitare, urbem incendere, viros earum vel adjungere sibi vel interficere.

XXV. Sed in iis erat [1]Sempronia, quae multa saepe virilis audaciae[a] facinora commiserat. Haec mulier [2]genere[b] atque 25 forma, praeterea viro[b] atque liberis satis fortunata fuit ; literis[b] Graecis atque Latinis docta, psallere[c] et saltare elegantius, quam necesse est [3]probae, [4]multa alia,[c] quae instrumenta luxuriae sunt. Sed ei cariora semper omnia quam decus atque pudicitia fuere : pecuniae[d] an famae minus parceret,[c] haud

H. — XXIII. [k] 461 & 1.
XXIV. [a] 545, 1. — [b] 379. — [c] Dist. bet. *princeps* and *primus*. V. Ec. Cic. XXIII. n. 1 — [d] 549, 4 & 1). — [e] 154 ; 88, III. 1.
XXV. [a] 396, IV. & 1 ; 395. — [b] 429. — [c] 374 & 1 & 4. — [d] 385. — [e] 525 ; 526 & II. 2.
A. & S. — XXIII. [k] 209, R. 11, (2).
XXIV. [a] 209, R. 5. — [b] 237. — [c] V. R. H. — [d] 271, R. 2. — [e] 114, 2.
XXV. [a] 211, R. 6. — [b] 250, 1. — [c] 269, (b) ; 234, I. — [d] 223, R. 2. — [e] 265, & R. 2.

facile ⁵'discerneres': lubidine sic accensa,ᶠ ut saepius peteret viros quam peteretur. Sed ea saepe antehac fidem prodiderat, ⁶creditum abjuraverat, caedisʰ ⁷conscia fuerat, luxuria atque inopia ⁸praeceps abierat. Verum ingenium ejus ⁹haud absurdum : posseⁱ versus facere, jocum movere, sermone uti 5 vel modesto vel molli vel procaci : prorsus multae ¹⁰facetiaeʲ multusque lepos inerat.ᵏ

XXVI. His rebus comparatis, Catilina nihiloᵃ minus ¹in proxumum annum consulatum petebat, sperans, ²si designatus foret, facile se ex voluntate Antonio usurum. Neque interea 10 quietus erat, sed omnibus modis insidias parabat Ciceroni. Neque ³illi tamen ad cavendum ⁴dolus aut astutiae deerant. Namque a principio consulatus sui multa pollicendo per Fulviam effecerat, ut Q. Curius, de quo ⁵paullo ante memoravi, consilia Catilinae sibi proderet.ᵇ ⁶Ad hoc ⁷collegam suum 15 Antonium pactione provinciae perpulerat, ne contra rem publicam sentiret : circum se praesidia amicorum atque clientium occulte habebat. Postquam dies comitiorum venit et Catilinae neque petitio neque insidiae, quas ⁸consuli in ⁹campo fecerat, prospere cessere, constituit bellum facere et extrema omnia 20 experiri, quoniam quae occulte tentaverat ¹⁰aspera foedaque evenerant.

XXVII. Igitur C. Manlium Faesulasᵃ atque in eam partem Etruriae, ¹Septimium quemdam, Camertem, in agrum Picenum, C. Julium in Apuliam dimisit : praeterea ²alium 25 alio, quem ⁵ubique opportunum [sibi] fore credebat. Interea Romaeᵃ multa simul moliri,ᵇ consuli insidias tendere,ᵇ parareᵇ incendia, opportuna loca armatis hominibus obsidere,ᵇ ipse ⁴cum telo esse,ᵇ item ⁵alios jubere,ᵇ hortariᵇ uti semper intenti

---

H. — XXV. ⁷485 ; 486, 4. — ᶠ460, 3. — ʰ399. — ⁱ545, 1. — ʲDist. bet. *lepos* and *facetiae.* V. n. 10. — ᵏ463, I.

XXVI. ᵃ418. — ᵇ489, I.; 492 & 1.

XXVII. ᵃ379. — ᶜ⁽²⁾ 421, II. — ᵇ545, 1.

A. & S. — XXV. ᶠ260, R. 2 ; 209, R. 7, (a). — ᶜ209, R. 4. — ʰ213. — ⁱ209, R. 5. — ʲ V. R. H. — ᵏ209, R. 12, (3).

XXVI. ᵃ256, R. 16. — ᵇ262.

XXVII. ᵃ237. — ᶜ⁽²⁾221, 1. — ᵇ209, R. 5.

paratique essent, dies noctesque festinare,[b] vigilare,[b] neque
insomniis neque labore fatigari.[b] Postremo, ubi multa [4]agi-
tanti nihil procedit, rursus intempesta nocte conjurationis
principes convocat per M. Porcium [7]Laecam, [5]ibique, multa
5 de ignavia eorum questus, docet, se Manlium praemisisse ad
eam multitudinem, quam ad capiunda arma paraverat[c]; item
alios in alia loca opportuna, qui initium belli facerent[d]; seque
ad exercitum proficisci cupere, si prius Ciceronem oppressisset: eum suis consiliis[e] multum officere.

10   XXVIII. Igitur, perterritis ac dubitantibus ceteris, C. Cornelius, eques Romanus, operam suam pollicitus, et cum eo L.
Vargunteius senator, constituere, ea nocte paullo post, cum
armatis hominibus, [1]sicuti salutatum,[a] introire ad Ciceronem,
ac de improviso domi[b] suae imparatum confodere. Curius,
15 ubi [5]intellegit quantum periculum consuli[c] impendeat,[d] propere
per Fulviam Ciceroni dolum qui parabatur enunciat. Ita illi,
janua[e] prohibiti, tantum facinus frustra susceperant. Interea
Manlius in Etruria plebem sollicitare, [3]egestate[f] simul ac dolore injuriae novarum rerum cupidam, quod [4]Sullae dominati-
20 one[f] [5]agros bonaque omnia amiserat: praeterea [6]latrones
cujusque generis, quorum in ea regione magna copia erat,
nonnullos ex Sullanis colonis, quibus lubido atque luxuria ex
magnis rapinis nihil reliqui[g] fecerant.

    XXIX. Ea quum Ciceroni nunciarentur,[a] [1]ancipiti malo
25 permotus, quod neque urbem ab insidiis privato consilio longius tueri poterat neque, exercitus Manlii quantus aut quo
consilio[b] foret, [2]satis compertum[c] habebat, rem ad senatum
refert [3]jam antea vulgi rumoribus exagitatam. Itaque, quod
plerumque [4]in atroci negotio [5]solet, senatus decrevit, darent[d]

H.—XXVII. [a]531, 4.—[d]489, II.; 500.—[c]386.

XXVIII. [a]569.—[b]424 & 2.—[c]386.—[d]525.—[e]414 & 4.—[f]414 & 2.
—[g]396, 2 & 1).

XXIX. [a]518, II. & 1.—[b]414 & 2.—[c]574.—[d]489, I.; 493, 2.

A. & S.—XXVII. [a]266, 2, R. 5.—[d]264, 5.—[e]224.

XXVIII. [a]276, II.—[b]221, R. 3.—[c]224.—[d]265.—[e]248, II.—[f]247,
1, (1).—[g]212, & R. 1.

XXIX. [a]263, 5, R. 2.—[b]247, 1, (2).—[c]274, R. 4.—[d]262, R. 4.

operam consules, ne quid respublica detrimenti caperet.[a] Ea potestas per senatum, more Romano, magistratui [6]maxuma permittitur,[f] exercitum [7]parare, bellum gerere, coercere omnibus modis socios atque cives, domi militiaeque [8]imperium atque judicium summum habere : [9]aliter sine populi jussu nullius earum rerum consuli[g] jus est.

XXX. Post paucos dies[a] L. Saenius senator in senatu [1]literas[d] recitavit, quas Faesulis[b] allatas sibi[c] dicebat, in quibus scriptum erat, C. Manlium arma cepisse cum magna multitudine [2]ante diem VI. Kalendas Novembres.   Simul, id quod[f] in tali re solet, alii [3]portenta[e] atque [4]prodigia nunciabant, alii conventus fieri, arma portari, Capuae[g] atque in Apulia servile bellum moveri.   Igitur senati[h] decreto Q. Marcius Rex Faesulas,[g] Q. Metellus Creticus in Apuliam [5]circumque ea loca missi : [6]ii utrique [7]ad urbem imperatores erant, impediti, ne triumpharent,[i] calumnia paucorum, [8]quibus omnia[j], honesta[k] atque inhonesta, vendere mos erat.   Sed [9]praetores, Q. Pompeius Rufus Capuam,[g] Q. Metellus Celer in agrum Picenum ; iisque permissum,[i] uti [10]pro tempore atque periculo exercitum compararent : [11]ad hoc, si quis indicavisset de conjuratione, quae contra rempublicam facta erat, [12]praemium[m] servo[n] libertatem et [13]sestertia centum,[o] libero[n] impunitatem [14]ejus rei[i] et sestertia ducenta[o] ; itemque decrevere uti [15]gladiatoriae familiae Capuam[g] et in cetera municipia distribuerentur [16]pro cujusque opibus ; Romae per totam urbem vigiliae haberentur, iisque[o] [17]minores magistratus praeessent.

H.—XXIX. [a]489, I.; 499 & 1.—[f]Dist. bet. committo and permitto. V. Caes. II. 3, n. 5.—[g]387.

XXX. [a]427 & 1.—[b]421, II.—[c]386.—[d]Dist. bet. literae, epistola, and codicilli. V. n. 1.—[e]Dist. bet. auguria, auspicia, prodigia, ostenta, portenta, omina, and monstra. V. n. 3.—[f]445, 7.—[g]421, II.—[h]117, 3.—[i]489, I.; 499, 2.—[j]441, 2.—[k]363.—[l(2)]379.—[l]460, 3.—[m]363.—[n]384.—[o]713 & III.

A. & S.—XXIX. [a]262, R. 5.—[f]V. R. H.—[g]226.

XXX. [a]253, R. 1.—[b]255, 1.—[c]224.—[d]V. R. H.—[e]V. R. H.— [f]206, 13, (b).—[g]221.—[h]89, 2.—[i(2)]237.—[i]262, & R. 11.—[j]205, R. 7, (2).—[k]204.—[l]209, R. 4.—[m]204, R. 1; 230, R. 2.—[n]223.—[o]327, R. 5.

XXXI. Quibus rebus permota[a] civitas, atque immutata[a]
urbis facies erat: ex summa laetitia atque lascivia, quae[b] diuturna [1]quies pepererat, repente omnis[c] tristitia invasit: festinare,[d] trepidare: neque loco neque homini cuiquam satis
5 credere[d]: neque bellum gerere[d] neque pacem habere: suo
quisque metu[e] pericula metiri.[d] Ad hoc, mulieres, quibus[f]
[2]reipublicae magnitudine[g] belli timor insolitus incesserat, afflictare sese, manus supplices ad coelum tendere, miserari
parvos liberos, [3]rogitare,[h] omnia[i] [4]pavere, superbia atque
10 deliciis omissis, sibi[j] patriaeque diffidere. At Catilinae crudelis animus [5]eadem illa movebat, tametsi praesidia [6]paraban-
tur et ipse [7]lege Plautia interrogatus erat ab L. Paulo.
Postremo dissimulandi caussa et [8]ut sui expurgandi, [9]sicuti
jurgio lacessitus foret, in senatum venit. Tum M. Tullius
15 consul, sive praesentiam ejus timens sive ira commotus, [10]ora-
tionem habuit luculentam atque utilem reipublicae, [11]quam
postea scriptam edidit. Sed, ubi ille assedit,[k] Catilina, ut erat
paratus[a] ad dissimulanda omnia, demisso voltu,[l] voce supplici
postulare coepit, patres conscripti ne quid de se temere
20 crederent[m]: ea [12]familia ortum, ita se ab adolescentia vitam
instituisse, [13]ut omnia bona in spe haberet: ne aestimarent,[n]
sibi,[o] patricio homini, [14]cujus ipsius atque majorum plurima
beneficia in populum Romanum essent, [15]perdita[p] republica
opus esse, quum eam servaret M. Tullius, [16]inquilinus civis
25 urbis Romae. Ad hoc maledicta alia quum adderet, obstrepere[d] omnes, hostem atque parricidam vocare.[d] Tum
ille furibundus, Quoniam quidem circumventus, inquit,[q] ab
inimicis praeceps agor, [17]incendium meum ruina restinguam.

H. — XXXI. [a]575. — [b]439, 3. — [c]154; 68, III. 1. — [d]545, 1. —
[e]414 & 4. — [f]386. — [g]414 & 2. — [h]332, I. & 1. — [i]371. What does Dietsch
say of *pavere ?* — [j]385. — [k]431. — [l]489, I.; 492 & 3. — [m]530, II. — [n]387.
— [o]580; 419, V. — [p]528, 2.

A. & S. — XXXI. [a]162, 12, (2). They are not pluperfects. — [b]206,
(15), (a). — [c]114, 2. — [d]209, R. 5. — [e]247, 3. — [f]224. — [g]247, 1, (1). —
[h]187, II. 1, (b). — [i]232, (2). V. R. H. — [j]223, R. 2. — [k]259, R. 1, (2),
(d). — [l]257. — [m]262, & R. 5. — [n]266, 2, R. 1, (a). — [o]226. — [p]243, R. 1,
(a); 274, R. 5, (a). — [q]279, 6.

XXXII. Deinde se ex curia domum proripuit. Ibi multa secum [1]ipse volvens, quod [2]neque [3]insidiae consuli procedebant et[a] ab incendio [4]intellegebat urbem vigiliis munitam, [5]optumum factu[b] credens exercitum augere, ac priusquam [6]legiones scriberentur[c] multa antecapere quae bello[d] usui forent,[e] nocte in 5 tempesta [7]cum paucis in Manliana castra profectus est. Sed Cethego atque Lentulo ceterisque, quorum cognoverat promptam audaciam, mandat,[e] [8]quibus rebus possent, opes factionis confirment,[f] insidias [9]consuli maturent,[g] caedem, incendia aliaque belli facinora parent[g] : sese propediem cum magno 10 exercitu ad urbem accessurum.[h] Dum haec Romae geruntur, C. Manlius ex suo numero legatos ad Marcium Regem mittit cum [9]mandatis [10]hujuscemodi.[i]

XXXIII. Deos hominesque testamur, imperator, nos arma [1]neque contra patriam cepisse, neque quo periculum aliis face 15 remus, sed uti corpora nostra ab injuria tuta forent, [2]qui miseri, egentes, violentia atque crudelitate feneratorum [3]plerique [4]patriae,[a] sed omnes fama[a] atque fortunis expertes sumus ; neque cuiquam nostrum[b] licuit more[c] majorum [5]lege uti, neque, amisso patrimonio, liberum corpus habere: tanta 20 saevitia feneratorum atque [6]praetoris fuit. Saepe majores vestrum,[b] miseriti plebis[d] Romanae, decretis suis inopiae[e] ejus [7]opitulati sunt, ac novissume memoria[f] nostra propter magnitudinem aeris alieni, volentibus omnibus bonis, [8]argentum aere solutum est. [9]Saepe ipsa plebes, aut dominandi 25 studio permota aut superbia magistratuum, armata a patribus secessit. At nos non imperium neque divitias petimus, qua

---

H. — XXXII. [a]587, L 5. — [b]570 & 1. — [c]521, II.; 523, II. — [d]390. — [e]Dist. bet. *jubeo, impero, praecipio,* and *mando.* V. Caes. I. 7, n. 6. — [f]501, I. — [g]493, 2 ; 530, 3, 2). — [h]530, 1. — [i]396, IV. 1, 1).

XXXIII. [a]399 & 2, 2), & 5, 3). — [b]446, 3. — [c]414 & 3. — [d]406, I. — [e]385. — [f]426 & 1.

A. & S. — XXXII. [a]198, 1, (c). — [b]276, III. — [c]263, 3. — [d]227. — [e]V. R. H. — [f]266, 1. — [g]262, R. 4. — [h]272; 270, R. 2, (b). — [i]211, R. 6, & (5).

XXXIII. [a]213, & R. 5, (2); 250, 2, (1). — [b]212, R. 2, N. 2. — [c]247, 2. — [d]215, (1) — [e]223, R. 2. — [f]253.

rum rerum causae bella atque certamina omnia inter mortalis sunt, sed libertatem, quam nemo bonus nisi cum anima
simul [10]amisit.[c] Te atque senatum obtestamur, consulatis[b]
miseris civibus, legis praesidium, quod iniquitas praetoris eri-
5 puit, restituatis, neve nobis eam necessitudinem imponatis, ut
quaeramus, [11]quonam modo maxume ulti sanguinem nostrum
pereamus.

XXXIV. Ad haec Q. Marcius respondit: si quid ab
senatu petere vellent, ab armis [1]discedant,[a] Romam supplices
10 proficiscantur[a]; ea mansuetudine[b] atque misericordia senatum
populumque Romanum semper fuisse,[c] ut nemo umquam ab
eo frustra auxilium petiverit. At Catilina [2]ex itinere plerisque consularibus, praeterea [3]optumo cuique[a] litteras mittit:
se, falsis criminibus circumventum, quoniam factioni inimico-
15 rum resistere nequiverit, fortunae cedere.[c] Massiliam in exilium proficisci,[c] [4]non quo sibi[a] tanti sceleris[f] conscius esset,
sed uti respublica quieta foret, [5]neve ex sua [6]contentione seditio oriretur. [7]Ab his longe diversas literas Q. Catulus in
senatu recitavit, quas sibi nomine[g] Catilinae redditas dicebat:
20 [8]earum exemplum infra scriptum est.

XXXV. [1]L. Catilina Q. Catulo. [2]Egregia tua fides, re
cognita, grata mihi magnis in meis periculis, fiduciam com-
mendationi meae tribuit. [3]Quamobrem [4]defensionem [5]in novo
consilio [6]non statui parare; satisfactionem [7]ex nulla conscien-
25 tia de culpa proponere decrevi, [8]quam mediusfidius veram
[9]licet cognoscas.[a] Injuriis [10]contumeliisque[b] concitatus, quod
fructu[c] laboris industriaeque meae privatus [11]statum dignitatis
non obtinebam, publicam miserorum caussam pro mea consu-

H. — XXXIII. [c]Dist. bet. amitto and perdo. V. n. 10. — [b]493 & 2.
XXXIV. [a]530, II. — [b]438. — [c]530, I. — [d]458, 1. — [e]391. — [f]399. —
[g]414 & 3.
XXXV. [a]496, 1. — [b]Dist. bet. contumelia and injuria. V. n. 10. —
[c]419, III.
A. & S. — XXXIII. [c]V. R. H. — [b]262, R. 4.
XXXIV. [a]266, 2, R. 1, (a). — [b]211, R. 6, & (7). — [c]266, 2. — [d]279,
14; 267, R. 35, (b). — [e]222, R. 1, & 3. — [f]213, & R. 7. — [g]247; 2.
XXXV. [a]262, R. 4. — [b]V. R. K. — [c]251.

etudine suscepi; [12]non quin [13]aes alienum meis nominibus[d] ex: possessionibus solvere possem, [14]quum et alienis nominibus[f] liberalitas Orestillae suis filiaeque copiis persolveret, sed quod [15]non dignos homines honore[g] honestatos videbam, meque falsa suspicione[d] [16]alienatum esse sentiebam. [17]Hoc nomine[d] satis 5 honestas [18]pro meo casu spes reliquae dignitatis conservandae[f] sum secutus. Plura quum [19]scribere vellem, nunciatum est vim mihi parari. Nunc Orestillam [20]commendo tuaeque fidei trado: eam ab injuria defendas[f] per liberos tuos rogatus. [21]Haveto.[h] 10

XXXVI. Sed [1]ipse paucos dies commoratus apud C. Flaminium in agro Aretino, dum vicinitatem, antea sollicitatam, armis exornat, cum [2]fascibus atque aliis imperii insignibus in castra ad Manlium contendit. Haec ubi Romae comperta sunt, senatus Catilinam et Manlium [3]hostes judicat; ceterae 15 multitudini diem statuit, ante quam [4]sine fraude liceret ab armis discedere, [5]praeter rerum capitalium condemnatis. Praeterea decernit, uti consules delectum habeant, Antonius cum exercitu Catilinam persequi maturet, Cicero urbi praesidio[e] sit. Ea tempestate mihi imperium populi Romani 20 [6]multo maxume miserabile visum est; cui[d] [7]quum ad occasum ab ortu solis omnia domita armis parerent, domi [8]otium[e] atque divitiae, quae prima[f] mortales putant, affluerent, fuere tamen cives, qui seque remque publicam obstinatis animis[f] [9]perditum[h] irent.[i] Namque, [10]duobus senati[j] decretis,[k] ex tanta 25 multitudine neque praemio inductus conjurationem patefecerat neque ex castris Catilinae quisquam omnino discesserat:

H.—XXXV. [d]414 & 2.—[e]419, 2 & 1).—[f]562; 563.—[g]487; 488, II.—[h]Dist. bet ave, salve, and vale. V. n. 27.

XXXVI. [a]Dist. bet. adversarius, hostis, and inimicus. V. Caes. I. 10, n. 5.—[b]410, & 2 & 5.—[c]390.—[d]385.—[e]Dist bet. otium, pax, and concordia. V. n. 3.—[f]373.—[g]414 & 3.—[h]569;—[i]501, I.—[j]117, 3.—[k]480.

A. & S.—XXXV. [d]247, 1.—[e]249, I.—[f]275, II.—[g]260, R. 6.—[h]V. R. H.

XXXVI. [a]V. R. H.—[b]217.—[c]227.—[d]233, R. 2.—[e]V. R. H.—[f]230.—[g]247, 2.—[h]275, II.—[i]264, 1, (e) & (b).—[j]82, 2.—[k]257, R. 7.

tanta vis morbi, [11]uti tabes, plerosque civium animos invaserat.

XXXVII. Neque solum illis[a] aliena mens erat, qui conscii conjurationis[b] fuerant, sed [1]omnino cuncta[c] plebes novarum rerum studio[d] Catilinae incepta probabat. [2]Id adeo more suo videbatur facere. Nam semper in civitate, quibus[e] opes nullae sunt, bonis[f] invident, malos [3]extollunt, vetera[g] odere, nova[g] exoptant, odio[d] suarum rerum mutari omnia student, turba atque seditionibus [4]sine cura aluntur, quoniam egestas [5]facile habetur sine damno. Sed urbana plebes, [6]ea vero [7]praeceps ierat multis de caussis. [8]Primum omnium, qui ubique probro atque petulantia maxume praestabant, item alii, [9]per dedecora patrimoniis amissis, postremo omnes, quos flagitium aut facinus domo expulerat, ii Romam sicuti [10]in sentinam confluxerant. Deinde multi memores Sullanae victoriae,[h] quod ex gregariis militibus [11]alios senatores videbant, alios ita divites [12]ut regio victu atque cultu aetatem agerent, sibi [13]quisque,[i] si in armis forent, ex victoria talia sperabant. Praeterea juventus, quae in agris manuum mercede inopiam toleraverat, [14]privatis atque publicis largitionibus excita, urbanum otium ingrato labori praetulerat: [15]eos atque alios omnis malum publicum alebat. [16]Quo minus mirandum est, homines egentes, malis moribus,[j] maxuma spe,[j] reipublicae [17]juxta ac sibi consuluisse. Praeterea quorum[e] victoria Sullae parentes proscripti, bona erepta, [18]jus libertatis imminutum erat, haud sane alio animo belli eventum exspectabant. Ad hoc quicumque aliarum atque[l] senatus partium[k] erant, conturbari rempublicam quam minus valere ipsi[m] malebant. [19]Id adeo malum multos post annos in civitatem reverterat.

XXXVIII. Nam postquam, Cn. Pompeio et M. Crasso

H.—XXXVII. [a]387. — [b]399. — [c]Dist. bet. *omnis,* *universus,* *cunctus,* and *totus.* V. Caes. I. 1, n. 2. — [d]414 & 2. — [e]453. — [f]385. — [g]441 & 2. — [h]399 & 2, 2). — [i]363 & 2. — [j]428. — [k]401. — [l]459, 2. — [m]452 & 1.

A. & S.—XXXVII. [a]226; or 211, R. 5, (1) — [b]213. — [c]V. R. H. — [d]247, 1. — [e]206, (4). — [f]223, R. 2. — [g]205, R. 7, (2). — [h]213. — [i]204, R. 10. — [j]211, R. 6. — [k]211, R. 8, (2). — [l]198, 3, R. — [m]207, R. 28, (a).

consulibus, tribunicia potestas [1]restituta est, homines adolescentes [2]summam potestatem nacti, quibus aetas animusque
ferox erat, coepere senatum* criminando plebem [3]exagitare,
deinde largiundo atque pollicitando magis incendere : ita ipsi
clari potentesque fieri.[b] Contra eos summa ope* nitebatur 5
[4]pleraque nobilitas, [5]senatus specie* pro sua magnitudine.
Namque, [6]uti paucis verum absolvam, per illa tempora [6]quicumque rempublicam agitavere, [7]honestis nominibus,[d] alii*
sicuti populi jura defenderent, pars* quo senatus auctoritas
maxuma foret, bonum publicum simulantes pro sua quisque* 10
potentia certabant: neque illis [9]modestia neque modus contentionis erat: utrique[f] victoriam crudeliter exercebant.

XXXIX. Sed postquam Cn. Pompeius ad [1]bellum maritumum atque Mithridaticum missus est, [2]plebis opes imminutae, paucorum potentia crevit. [4]Hi magistratus, provincias alia- 15
que omnia tenere: ipsi [5]innoxii, florentes, sine metu aetatem
agere, [6]ceteros judiciis terrere, quo plebem in magistratu placidius tractarent. [6]Sed ubi primum, dubiis rebus,* novandi spes
oblata est, [7]vetus certamen [8]animos eorum arrexit. [10]Quodsi
primo praelio[b] Catilina superior aut aequa manu discessisset,* 20
profecto magna clades atque calamitas rempublicam oppressisset[d]; [11]neque illis,* qui victoriam adepti forent, [12]diutius ea
uti licuisset, [13]quin defessis[f] et exsanguibus, qui[g] plus posset,[h]
imperium atque libertatem extorqueret.[i] Fuere [14]tamen extra
conjurationem complures, qui ad Catilinam initio profecti sunt: 25
in iis erat A. Fulvius senatoris filius, quem retractum ex itinere parens necari jussit. Iisdem temporibus Romae Lentulus,
sicuti Catilina praeceperat, quoscumque moribus[j] aut fortuna

---

H. — XXXVIII. *559. — [b]545, 1. — *429. — [d]430. — *363. —
[f]191, 3.

XXXIX. *431. — [b]425 & 2. — *510. — [d]463, 3. — *384. — [f]386, 2. —
*453. — [b]501, I. — [i]498 & 3. — [j]414 & 2.

A. & S. — XXXVIII. *275, I. — [b]209, R. 5. — *247, 2. — [d]257, R.
7. — *204, R. 10. — [f]207, R. 32, (c).

XXXIX. *257, R. 7. — [b]251. — *261, 1. — [d]209, R. 12, (2). — *223,
R. 2. — [f]224, R. 2; 222, 2, (b). — *206, (4). — [h]264, 1. — [i]262, R. 10, &
2. — [j]247, 1, (1).

novis rebus[k] idoneos[l] credebat, aut per se aut per alios [16]solli-
citabat; neque solum cives, sed [14]cujusque modi genus hominum, quod modo bello usui foret.[m]

XL.   Igitur P. Umbreno cuidam [1]negotium dat, uti legatos
5 Allobrogum requirat, eosque, si possit, impellat ad societatem
belli: existimans, [2]publice privatimque aere alieno oppressos,
praeterea, quod natura gens Gallica bellicosa esset,[a] facile eos
ad tale consilium adduci posse. Umbrenus, quod in Gallia
negotiatus erat, [3]plerisque principibus civitatium[b] notus erat
10 atque eos noverat; itaque sine mora, ubi primum legatos in
foro conspexit, percontatus pauca de statu civitatis, et [4]quasi
dolens ejus casum, requirere coepit, quem exitum [5]tantis malis
sperarent? Postquam illos videt queri de avaritia magistratuum, accusare senatum quod in eo auxilii nihil esset,[c] mise-
15 riis suis remedium mortem sperare, At ego, inquit, vobis, si
modo viri esse vultis, rationem ostendam qua tanta ista mala
effugiatis. Haec ubi dixit, Allobroges in maximam spem
adducti Umbrenum [7]orare,[c] ut sui[d] misereretur: nihil tam
asperum neque tam difficile esse, quod non cupidissume facturi
20 essent, dum ea res civitatem aere alieno liberaret.[e] Ille eos
in domum D. Bruti perducit, quod foro propinqua erat [8]neque
aliena consilii[f] propter Semproniam; nam tum Brutus ab
Roma aberat. Praeterea Gabinium accersit, quo major auctoritas sermoni inesset. Eo praesente, conjurationem aperit,
25 nominat socios, praeterea multos cujusque generis [9]innoxios,
quo legatis[s] [10]animus amplior esset, deinde eos pollicitos operam suam [11]domum dimittit.

XLI.   Sed Allobroges [1]diu in incerto habuere quidnam
consilii caperent.[a] [2]In altera parte erat aes alienum, [3]studium

---

H. — XXXIX. [k]391 & 1. — [l]Dist. bet. *idoneus* and *aptus*. V. Caes. I.
49, n. 2. — [m]503, I.

XL. [a]531. — [b]89, 5, 2). — [c]545, 1. — [d]406, I. — [e]503, I.; 505. — [f]399,
3 & 3). — [s]387.

XLI. [a]524; 525, 1 & 2. — [b]482, 3.

A. & S. — XXXIX. [k]222, R. 1. — [l]V. R. H. — [m]263, 2.

XL. [a]266, 2. — [b]83, II. 4, (1). — [c]209, R. 5. — [d]215, (1). — [e]263, 2.
— [f]213, & R. 5, (4). — [s]226.

XLI. [a]265, N. 1 & 2. — [b]V. R. H.

belli, magna merces [4]in spe victoriae, at in altera [5]majores opes, tuta consilia, pro incerta spe [6]certa praemia. Haec illis volventibus, tandem vicit fortuna reipublicae. Itaque Q. Fabio-Sangae, [7]cujus patrocinio civitas plurimum utebatur, rem omnem, uti cognoverant, aperiunt. Cicero, per Sangam 5 consilio cognito, legatis [a]praecepit,[b] ut studium conjurationis vehementer simulent, ceteros[c] adeant, bene polliceantur, denique operam, uti eos quam maxume manifestos habeant.

XLII. Iisdem fere temporibus in Gallia citeriore atque ulteriore, item in agro Piceno, Bruttio, Apulia motus erat. 10 Namque illi, [1]quos antea Catilina dimiserat, inconsulte ac veluti per dementiam [2]cuncta simul agebant: nocturnis consiliis, armorum atque telorum [3]portationibus, festinando, agitando omnia, plus timoris quam periculi effecerant. Ex eo numero complures Q. Metellus Celer praetor ex senati con- 15 sulto, [4]caussa cognita, in vincula conjecerat; item in ulteriore Gallia [5]C. Murena [6]qui ei provinciae legatus praeerat.

XLIII. At Romae Lentulus cum ceteris, qui principes conjurationis erant, paratis, ut [1]videbantur, magnis copiis, constituerant,[a] uti, quum Catilina in agrum Faesulanum cum 20 exercitu venisset, L. Bestia tribunus plebis, [2]concione[b] [3]habita, quereretur de [4]actionibus Ciceronis, bellique gravissumi invidiam optumo consuli imponeret; [5]eo signo,[c] proxuma nocte, cetera multitudo conjurationis [6]suum quisque[d] negotium exsequeretur. Sed ea [7]divisa [8]hoc modo dicebantur, Statilius et 25 Gabinius uti cum magna manu duodecim simul opportuna loca urbis incenderent, quo tumultu facilior aditus ad consulem ceterosque, quibus insidiae parabantur, fieret[e]; Cethegus Ciceronis januam obsideret, eumque vi adgrederetur, [9]alius autem alium; sed [10]filii familiarum, quorum ex nobilitate maxuma 30 pars erat, parentes interficerent; simul, caede et incendio

H. — XLI. [a]371, 4, 1).

XLIII. [a]461 & 4. — [b]Dist. bet. concilium, concio, comitia, coetus, and conventus. V. n. 2. — [c]414 & 2. — [d]363. — [e]480, L; 457.

A. & S. — XLI. [a]233, (3).

XLIII: [a]209, R. 12, (6). — [b]V. R. H. — [c]247, 1. — [d]304, R. 1d. — [e]262, R. 9.

perculsis omnibus, ad Catilinam erumperent. Inter haec parata atque decreta Cethegus semper querebatur de ignavia sociorum, [11]illos dubitando et [12]dies prolatando magnas opportunitates corrumpere, facto, non consulto in tali periculo opus 5 esse, seque, si pauci adjuvarent, languentibus aliis,[c] impetum in curiam facturum. Natura[h] ferox, vehemens, manu promptus maxumum bonum in celeritate putabat.

XLIV. Sed Allobroges ex praecepto Ciceronis [1]per Gabinium ceteros conveniunt : ab Lentulo, Cethego, Statilió, item 10 Cassio postulant jusjurandum, quod [2]signatum ad cives perferant : [3]aliter haud facile [4]eos ad tantum negotium impelli posse. Ceteri nihil suspicantes dant, Cassius semet [5]eo brevi venturum pollicetur ac paullo ante legatos ex urbe proficiscitur. Lentulus cum iis T. Volturcium quemdam, [6]Crotonien-15 sem, mittit, ut Allobroges, priusquam domum pergerent,[a] cum Catilina, data atque accepta fide, societatem confirmarent.[a] Ipse Volturcio [7]literas ad Catilinam dat, quarum exemplum infra scriptum est. "[8]Quis sim,[b] ex eo quem ad te misi, cognosces. [9]Fac cogites[c] in quanta calamitate sis,[b] et [10]memine-20 ris[c] te virum esse : consideres[c] quid [11]tuae rationes postulent[b] : auxilium petas[c] ab omnibus, etiam ab [12]infimis." Ad hoc [13]mandata verbis dat : Quum ab senatu hostis judicatus sit, quo consilio servitia repudiet[d] ? in urbe parata esse, quae jusserit; ne cunctetur[d] ipse [14]propius accedere.

25 XLV. His rebus ita actis, constituta nocte, qua proficiscerentur, [1]Cicero, per legatos cuncta[a] edoctus, L. Valerio Flacco et C. Pomptino praetoribus imperat, uti in ponte Mulvio per insidias Allobrogum comitatus deprehendant : rem omnem aperit, cujus gratia mittebantur : [2]cetera,[b] uti facto[a]

H. — XLIII. [f]419, V. & 3, 1). — [g]431. — [h]414 & 2.
XLIV. [a]481, IV. — [b]525. — [c]493, 2. — [d]529; 530, II. — [e]529; 530, I.
XLV. [a]374 & 1. — [b]380, 2. — [c]419, V. & 3, 1).
A. & S. — XLIII. [f]243, R. 1, (a). — [g]257. — [h]247, 1, (1).
XLIV. [a]258, R. 1, (a). — [b]265. — [c]262, R. 4 ; 267, R. 3. — [d]266, 2, R. 1, (c). — [e]266, 2. — [f(?)]266, 2, R. 1, (b).
XLV. [a]234, I. — [b]234, II. — [c]243, R. 1, (a).

opus sit, ita agant[d] permittit. [5]Illi, homines militares, sine tumultu praesidiis collocatis, sicuti praeceptum erat, occulte pontem obsidunt. Postquam [4]ad id loci[e] legati cum Volturcio venerunt et [5]simul [6]utrimque clamor exortus est, Galli, cito cognito consilio, sine mora praetoribus se tradunt. Volturcius primo cohortatus ceteros gladio se a multitudine defendit; deinde, ubi a legatis desertus est, multa[f] prius de salute sua Pomptinum[f] obtestatus, quod ei notus erat, postremo timidus ac vitae[g] diffidens, velut hostibus, sese praetoribus [7]dedit.

XLVI. Quibus rebus confectis, omnia propere per nun-10 tios consuli declarantur. At illum ingens cura atque laetitia simul occupavere; nam laetabatur [1]intelligens,[a] conjuratione patefacta, civitatem periculis ereptam esse; [2]porro autem anxius erat [1]dubitans,[a] in maxumo scelere tantis civibus depre-hensis, quid facto opus esset: poenam illorum [3]sibi[b] oneri, 15 impunitatem [4]reipublicae[c] perdundae fore credebat. [5]Igitur, confirmato animo, vocari ad sese jubet Lentulum, Cethegum, Statilium, Gabinium, item Coeparium quendam, Terracinen-sem, qui in Apuliam ad concitanda servitia proficisci parabat. Ceteri sine mora veniunt: Coeparius paullo ante domo egres-20 sus, cognito indicio, ex urbe profugerat. Consul Lentulum, quod praetor erat, [6]ipse manu tenens in senatum perducit; re-liquos cum custodibus in aedem Concordiae venire jubet. [7]Eo senatum advocat, magnaque frequentia[d] ejus ordinis, Volturci-um cum legatis introducit: Flaccum praetorem scrinium cum 25 literis, quas a legatis acceperat, eodem afferre jubet.

XLVII Volturcius interrogatus de itinere, de literis, postremo [1]quid aut qua de caussa consilii habuisset, primo fingere [2]alia, dissimulare de conjuratione; post, ubi [3]fide[a] pu-blica dicere jussus est, omnia, uti gesta erant, aperit, docetque 30

H.—XLV. [4]493, 2.—[5]396, 2, 3) & (3).—[f]374.—[g]385.
XLVI. [a]578 & II.—[b]390.—[c]563, 5.—[d]431.
XLVII. [a]414 & 3.
A. & S.—XLV. [4]262, R. 4.—[e]212, R. 3.—[f]231.—[g]223, R. 2.
XLVI. [a]274, 3, (a).—[b]227.—[c]275, III. R. 1, (5).—[d]257, R. 7.
XLVII. [a]247, 2.

8

'se paucis ante diebus a Gabinio et Coepario sociam ascitum
nihil amplius scire quam legatos; tantummodo 'audire solitum
ex Gabinio, P. Autronium, Servium Sullam, L. Vargunteium,
multos praeterea in ea conjuratione esse.   Eadem Galli fa-
5 tentur, ac 'Lentulum dissimulantem coarguunt praeter literas
sermonibus, quos ille habere solitus erat: ex libris Sibyllinis
regnum Romae 'tribus Corneliis portendi; 'Cinnam atque
Sullam antea, se tertium esse, cui fatum foret urbis' potiri;
praeterea ab incenso' Capitolio illum esse vigesimum annum,
10 quem saepe ex prodigiis haruspices respondissent bello civili
cruentum fore.   Igitur perlectis literis, quum prius 'omnes
signa sua cognovissent, senatus decernit, uti, 'abdicato magistratu, Lentulus, itemque ceteri 'in liberis custodiis haberentur.   Itaque Lentulus P. Lentulo Spintheri, qui tum aedilis
15 erat, Cethegus Q. Cornificio, Statilius C. Caesari, Gabinius
M. Crasso, Coeparius, nam is paullo ante ex fuga retractus
erat, Cn. Terentio senatori, traduntur.

XLVIII. · Interea plebes, conjuratione patefacta, quae
primo cupida rerum novarum nimis bello favebat, mutata
20 mente, Catilinae consilia exsecrari, 'Ciceronem ad coelum
tollere; veluti ex servitute erepta 'gaudium' atque laetitiam
'agitabat.   Namque alia belli facinora 'praedae' magis quam
detrimento' fore, incendium vero crudele, immoderatum 'ac
sibi maxume calamitosum putabat, 'quippe cui omnes copiae
25 in usu quotidiano et cultu corporis erant.   'Post eum diem
quidam L. Tarquinius ad senatum adductus erat, quem ad
Catilinam proficiscentem retractum ex itinere 'aiebant.' Is,
quum se 'diceret indicaturum de conjuratione si fides publica
'data esset, jussus a consule, quae sciret edicere, eadem fere
30 quae Volturcius de paratis' incendiis, de caede bonorum, 'de
itinere hostium senatum docet; praeterea se 'missum a M.
Crasso, qui Catilinae nunciaret, ne eum Lentulus et Cethegus

H. — XLVII. ' 409, 3. — ' 580.
XLVIII. ' Dist. bet. gaudium and laetitia. V. n. 2. — ' 390, 2. — ' Dist.
bet. dico and aio. V. n. 3. — ' 580.
A. & S. — XLVII. ' 220; 4. — ' 274, R. 5, (a).
XLVIII. ' V. R. H. — ' 227, R. 2. — ' V. R. H. — ' 274, R. 5, (a).

aliique ex conjuratione deprehensi[d] terrerent,[e] eoque[f] magis properaret[g] ad urbem accedere, quo et ceterorum animos reficeret[h] et [13]illi facilius periculo eriperentur.[h] Sed ubi Tarquinius Crassum nominavit, hominem nobilem, maxumis divitiis,[i] summa potentia,[i] alii rem incredibilem rati, pars 5 tametsi verum existimabant,[j] tamen quia in[k] tali tempore [13]tanta vis hominis magis leniunda quam exagitanda [14]videbatur, plerique [15]Crasso ex negotiis privatis obnoxii conclamant, indicem falsum esse, deque ea re postulant uti [16]referatur. Itaque, [17]consulente Cicerone, frequens senatus 10 decernit Tarquinii indicium falsum videri, eumque in vinculis retinendum, [18]neque amplius potestatem faciundam, nisi de eo indicaret, cujus consilio tantam rem esset mentitus. Erant eo tempore, qui existimarent[l] indicium illud a P. Autronio machinatum, quo facilius appellato Crasso, [19]per societatem 15 periculi reliquos illius potentia tegeret. Alii Tarquinium a Cicerone immissum aiebant, ne Crassus, more suo [20]suscepto malorum patrocinio, rempublicam conturbaret. Ipsum Crassum ego postea [21]praedicantem audivi, tantam illam contumeliam sibi ab Cicerone impositam. 20

XLIX. Sed iisdem temporibus Q. Catulus et C. Piso [neque precibus] [1]neque pretio neque gratia Ciceronem impellere potuere, uti per Allobroges aut alium indicem C. Caesar falso [2]nominaretur. Nam uterque[a] cum illo graves inimicitias exercebant: [3]Piso, [4]oppugnatus in judicio pecunia- 25 rum repetundarum propter cujusdam Transpadani supplicium injustum; Catulus, [5]ex petitione pontificatus odio incensus, quod extrema aetate,[b] maxumis honoribus usus, ab [6]adolescentulo Caesare victus discesserat. [7]Res autem opportuna videbatur, quod is [8]privatim egregia liberalitate, publice [9]maxumis mu- 30 neribus grandem pecuniam debebat. Sed ubi consulem ad

H. — XLVIII. [c]530, II. — [f]414 & 2. — [g]530, II. — [h]489, I.; 497. — [i]428. — [j]461, 1. — [k]426, 2 & 1). — [l]501, I.

XLIX. [a]461, 3. — [b]428.

A. & S. — XLVIII. [c]266, 2, R. 1, (a). — [f]247, 1. — [g]262, & R. 5. — [h]262, R. 9. — [i]211, R. 6. — [j]209, R. 11. — [k]253, N. 1. — [l]264, 6.

XLIX. [a]209, R. 11, (4); 204, R. 10. — [b]211, R. 6.

tantum facinus impellere nequeunt, ipsi singulatim circume-
undo atque ementiundo, [10]quae se ex Volturcio aut Allobro-
gibus audisse dicerent, magnam illi invidiam conflaverant,
usque adeo, ut nonnulli equites Romani, qui praesidii caussa
5 cum telis erant circum aedem Concordiae, seu periculi magnitudine seu animi nobilitate impulsi, [11]quo studium suum in
rempublicam clarius esset, egredienti ex senatu Caesari gladio
minitarentur.

L. Dum haec in senatu aguntur et dum legatis Allobro-
10 gum et Tito Volturcio, comprobato eorum indicio, praemia
decernuntur, [1]liberti[a] et pauci ex clientibus[b] Lentuli diversis
itineribus [2]opifices atque servitia in vicis ad eum eripiendum
[3]sollicitabant; partim exquirebant duces [4]multitudinum, qui
pretio rempublicam vexare soliti erant. Cethegus autem per
15 nuncios [5]familiam atque libertos suos, lectos et exercitatos
in audaciam, orabat, ut, grege facto, cum telis ad sese irrum-
perent. Consul, ubi ea parari cognovit, dispositis praesidiis,
ut res atque tempus monebat,[c] convocato senatu, refert quid
de his fieri placeat[d] qui in custodiam traditi erant.[e] Sed eos
20 paullo ante frequens senatus judicaverat [6]contra rempublicam
fecisse. Tum D. Junius Silanus, primus sententiam[f] rogatus,
quod eo tempore consul [7]designatus erat, de iis qui in custodiis
tenebantur, et praeterea de L. Cassio, P. Furio, P. Umbreno,
Q. Annio, si deprehensi forent, [8]supplicium sumendum [9]decre-
25 verat; isque postea permotus oratione C. Caesaris, [10]pedibus
in sententiam Tib. Neronis iturum se dixerat, qui de ea re,
[11]praesidiis additis, referundum censuerat. Sed Caesar, ubi
ad eum ventum est, rogatus sententiam a consule [12]hujusce-
modi verba locutus est.

30 LI. "Omnis homines, Patres conscripti, qui de rebus
dubiis consultant, ab odio,[a] amicitia, ira atque misericordia

H. — L [a]Dist. bet. *libertus* and *libertinus.* V. n. 1. — [b] 398, 4. — [c] 468,
3. — [d] 525. — [e] 474. — [f] 374 & 1.
  LI. [a] 399, 5, 3).
  A. & S. — L. [a] V. R. H. — [b] 212, R. 2, N. 4. — [c] 209, R. 12, (2). —
[d] 265. — [e] 266, R. 5. — [f] 234, I.
  LI. [a] 213, R. 4, (4).

vacuos esse decet. [1]Haud facile animus verum provid*e*t ubi illa officiunt ; neque quisquam omnium[b] lubidini simul et usui paruit. Ubi intenderis ingenium, valet: si lubido possidet, ea dominatur, animus nihil valet. Magna mihi copia est me- morandi, [2]P. C., [3]quae reges atque populi ira aut misericordia 5 impulsi male consuluerint;sed ea malo dicere, quae majores nostri contra lubidinem animi sui recte atque [4]ordine[c] fecere. Bello Macedonico,[d] quod cum rege Perse gessimus, Rhodio- rum civitas magna atque magnifica, quae populi Romani opibus creverat, infida et adversa nobis fuit ; sed postquam, 10 bello confecto, de Rhodiis consultum est, majores nostri, ne quis divitiarum magis quam [5]injuriae caussa bellum inceptum diceret, impunitos eos dimisere. Item bellis[d] Punicis omni- bus, quum saepe Carthaginienses et in pace et per inducias multa nefaria facinora fecissent, numquam ipsi [6]per occasionem 15 talia fecere : magis quid se[e] dignum foret, quam quid in illos jure[e] fieri posset quaerebant. Hoc item vobis[f] providendum est, Patres conscripti, ne plus apud vos valeat P. Lentuli et ceterorum scelus quam vestra dignitas, [7]neu magis irae[g] ves- trae quam famae consulatis. Nam si digna poena pro factis 20 eorum reperitur, [8]novum consilium approbo ; sin magnitudo sceleris omnium [9]ingenia exsuperat, [10]iis utendum censeo, quae legibus comparata sunt. Plerique eorum, qui ante me sen- tentias dixerunt, composite atque magnifice casum reipublicae miserati sunt : quae belli saevitia esset, quae victis acciderent, 25 [11]enumeravere[h] ; rapi[i] virgines, pueros, divelli liberos a paren- tum complexu, matres familiarum pati quae victoribus colli- buissent,[j] fana atque domos spoliari, caedem, incendia fieri, postremo armis, cadaveribus, cruore atque luctu omnia com- pleri. Sed, per deos immortalis, [12]quo illa oratio pertinuit? 30 [13]an uti vos infestos conjurationi faceret ? [14]Scilicet quem res tanta et tam atrox non permovit, eum [15]oratio accendet. Non ita est ; neque cuiquam mortalium injuriae suae parvae viden-

H.—LI. [b]396, 2, 3) & (1).—[c]414 & 3.—[d]426, 1.—[e]419, IV.— [f]388 & L.—[g]385 & 3.—[h]704, I. 2.—[i]530 & I.—[j]531.

A. & S.—LI. [b]212, R. 2.—[c]247, 2.—[d]253, N. 1.—[e]244.—[f]225, III.—[g]223.—[h]323, 1, (b), & (2), (a).—[i]272.—[j]266, 2.

tur: multi [16]eas gravius aequo habuere. Sed [17]alia aliis
licentia est, Patres conscripti: qui demissi in obscuro vitam
habent, si quid[k] iracundia deliquere, pauci sciunt ; fama atque
fortuna eorum pares sunt: qui magno imperio[l] praediti in
5 excelso aetatem agunt, eorum facta cuncti mortales novere.
Ita in maxuma fortuna minuma licentia est: neque [18]studere
neque odisse, sed minime irasci decet: quae apud alios iracundia dicitur, ea [19]in imperio superbia atque crudelitas appellatur. Equidem ego sic[m] existimo, Patres conscripti: omnia
10 cruciatus minores quam facinora illorum esse ; sed plerique
mortales [20]postrema meminere, et [21]in hominibus impiis sceleris[n] eorum obliti de poena disserunt, si ea paullo severior[o] fuit.
D. Silanum, virum fortem atque strenuum, certe scio, quae
dixerit studio[p] reipublicae[q] dixisse ; neque illum in tanta re
15 gratiam aut inimicitias exercere : [22]eos mores eamque mode-
tiam viri cognovi. Verum sententia ejus mihi non crudelis
(quid enim in talis homines crudele fieri potest ?), sed [23]aliena
a republica nostra videtur. Nam profecto aut [24]metus aut
injuria te subegit, Silane, consulem designatum, genus poenae
20 novum decernere. De timore supervacaneum est disserere,
quum praesertim diligentia clarissumi viri, consulis, tanta
praesidia sint in armis. [25]De poena possum equidem dicere,
[26]id quod res habet, in luctu atque miseriis mortem aerum-
narum requiem, non cruciatum esse,[i] eam cuncta mortalium
25 mala dissolvere,[i] [27]ultra neque curae neque gaudio locum esse.[i]
Sed, per deos immortalis, quamobrem in sententiam non addidisti, uti prius verberibus in eos animadverteretur ? An, quia
[28]lex Porcia vetat ? At aliae leges item condemnatis civibus[r]
non animam eripi, sed exilium permitti, jubent. [29]An, quia
30 gravius est verberari quam necari ? Quid autem acerbum
aut nimis grave est in homines tanti facinoris convictos ?
[30]Sin, quia levius est, [31]qui[s] convenit in minore negotio legem
timere, quum eam in majore neglexeris ? [32]At enim quis re-

H.—LI. [k]371, 1, 3), (2).—[l]419, III.—[m]553, II.—[n]406, II.—
[o]444, 1.—[p]414 & 2.—[q]396, II.—[r]386, 2.—[s]188, 2.

A. & S.—LI. [k]233, (3).—[l]244.—[m]207, R. 22.—[n]216.—[o]256, R.
9, (a).—[p]247, 1.—[q]211, R. 2.—[r]224, R. 2.—[s]136, R. 1.

prehendet quod is parricidas reipublicae decretum erit?
Tempus, dies, fortuna, cujus lubido gentibus moderatur.
Illis merito accidet, quicquid evenerit; ceterum vos, Patres
conscripti, quid in alios statuatis, considerate. Omnia mala
exempla ex bonis orta sunt; sed ubi imperium ad ignaros aut
minus bonos pervenit, novum illud exemplum ab dignis et
idoneis ad indignos et non idoneos transfertur. Lacedaemonii
devictis Atheniensibus triginta viros imposuere, qui rempublicam eorum tractarent.' Ii primo coepere pessumum quemque et omnibus inviswm indemnatum necare: ea populus
laetari et merito dicere fieri. Post, ubi paullatim licentia
crevit, juxta bonos et malos lubidinose interficere, ceteros
metu terrere. Ita civitas servitute oppressa stultae laetitiae
graves poenas dedit. Nostra memoria victor Sulla quum
Damasippum et alios ejusmodi, qui malo' reipublicae cre-
verant, jugulari jussit, quis non factum ejus laudabat? Homines scelestos et factiosos, qui seditionibus rempublicam
exagitaverant, merito necatos aiebant. Sed ea res magnae
initium cladis fuit. Nam uti quisque domum aut villam, postremo vas aut vestimentum alicujus concupiverat, dabat operam, ut is in proscriptorum numero esset. Ita illi, quibus Dama-
sippi mors laetitiae fuerat, paullo post ipsi trahebantur; neque
prius finis jugulandi fuit, quam Sulla omnes suos divitiis ex-
plevit. Atque ego haec non in M. Tullio neque his temporibus vereor sed in magna civitate multa et varia, ingenia
sunt. Potest alio tempore, alio consule, cui item exercitus,
in manu sit, falsum aliquid pro vero credi: ubi hoc exemplo'
per senati decretum gladium consul eduxerit, quis illi finem
statuet aut quis moderabitur? Majores nostri, Patres conscripti, neque consilii neque audaciae unquam eguere'; neque
illis superbia obstabat, quo minus aliena instituta, si modo
proba erant, imitarentur. Arma atque tela militaria ab
Samnitibus, insignia magistratuum ab Tuscis pleraque sump-

H. — LI. 500. — 391. — 371 & 3. — 395. — 390. — 471, II.;
468.

A. & S. — LL. 264, 5. — 222, 3. — 232, (2). — 211, R. 12. —
227. — 145, II. & IV.

serunt : postremo quod **ubique apud socios aut hostes idoneum videbatur cum summo studio domi exsequebantur; **imitari quam invidere bonis malebant. Sed eodem illo tempore, Graeciae morem imitati, verberibus animadvertebant in cives, de 5 condemnatis summum supplicium sumebant. Postquam respublica adolevit et multitudine⁰ civium factiones valuere, circumveniri innocentes, aliaque hujuscemodi fieri coepere; tum lex Porcia aliaeque leges paratae sunt; quibus legibus exsilium damnatis permissum est. Hanc ego caussam, Patres 10 conscripti, **quominus novum consilium capiamus,* imprimis magnam puto. Profecto virtus atque sapientia major in illis fuit, qui ex parvis opibus tantum imperium fecere, quam in nobis, qui **ea bene parta vix retinemus. Placet igitur eos dimitti et augeri exercitum Catilinae? Minume; sed ita** 15 censeo: publicandas** eorum pecunias, ipsos in vinculis habendos **per municipia, quae maxume opibus⁰ valent; **neu quis de iis postea ad senatum referat⁰⁰ neve cum populo agat; qui aliter fecerit, senatum existimare,** **eum contra rempublicam et salutem omnium facturum."

20 LII. Postquam Caesar dicendi finem fecit, ¹ceteri verbo alius* alii varie assentiebantur; at M. Porcius Cato, rogatus sententiam, hujuscemodi orationem habuit: " ²Longe mihi alia mens est, Patres conscripti, quum res atque pericula nostra considero et quum sententias nonnullorum mecum ipse reputo. 25 Illi mihi disseruisse videntur de ³poena eorum, qui patriae, parentibus, aris atque focis suis bellum paravere; res autem monet, cavere ab illis [magis] quam, quid in illos statuamus, consultare. Nam cetera malefacta tum ⁴persequare,⁰ ubi facta sunt; hoc, nisi provideris⁰ ne accidat, ubi evenit, frustra ⁵judicia 30 implores⁰ : capta urbe, ⁶nihil fit reliqui⁰ victis. Sed, per deos immortalis, vos ego appello, qui semper domos, villas, signa,

---

H. — LI. *499. — **530, I. — **530, II.

LII. *459; 363. — ¹485. — *509. — ⁴396, 2, (1).

A. & S. — LI. *262, R. 9. — **266, 2. — **273, 3, (a); 266, 2, R. 1, (a).

LII. ¶207, R. 32, (a); 204, R. 10. — ¹209, R. 7, (a); 260, R. 4. — *260, II. — ⁴212, & R. 1.

tabulas vestras 'pluris' quam rempublicam fecistis, si 'ista,' cujuscumque modi' sunt,[h] quae amplexamini, retinere, si voluptatibus vestris otium praebere vultis, expergiscimini aliquando et capessite rempublicam. Non 'agitur de vectigalibus neque de sociorum injuriis; libertas et anima nostra in dubio 5 est. Saepe numero, Patres conscripti, multa verba in hoc ordine feci, saepe de luxuria atque avaritia nostrorum civium questus sum, multosque mortalis ea caussa adversos habeo. [10]Qui mihi atque animo meo nullius umquam delicti gratiam fecissem,[i] haud facile alterius lubidini malefacta condonabam. 10 Sed [11]ea tametsi vos parvi' pendebatis, tamen respublica firma erat; [12]opulentia neglegentiam tolerabat. Nunc vero non id agitur, [13]bonisne an malis moribus[j] vivamus, neque quantum aut quam magnificum imperium populi Romani sit, [14]sed, cujus haec cumque modi' videntur,[h] nostra,[k] an nobiscum una, 15 hostium[l] futura sint. [15]Hic mihi quisquam mansuetudinem et misericordiam nominat. Jampridem equidem nos vera rerum vocabula amisimus; quia bona aliena largiri liberalitas, malarum rerum audacia fortitudo vocatur: [16]eo respublica in extremo sita est. Sint[b] sane, quoniam ita se mores habent, 20 liberales ex sociorum fortunis, sint misericordes [17]in furibus aerarii; ne illi sanguinem nostrum largiantur,[b] et, dum paucis sceleratis parcunt, bonos omnis perditum eant. Bene et composite C. Caesar paullo ante in hoc ordine de vita et morte disseruit: [18]credo, falsa existimans ea, quae de inferis memo- 25 rantur: [19]diverso itinere malos a bonis loca tetra, inculta, foeda atque formidolosa habere. Itaque censuit pecunias eorum publicandas, ipsos per municipia in custodiis habendos: [20]videlicet timens, ne si Romae sint aut a popularibus conjurationis .aut a [21]multitudine conducta per vim eripiantur. 30 Quasi vero mali atque scelesti tantummodo in urbe, [22]et non per totam Italiam sint, aut non ibi plus possit audacia, ubi

---

H. — LII. *402, III. & 1; 403. — [f]450, 4. — [g]396, IV. 1 & 1). — [b]475, 3. — [i]519. — [j]414.&3. — [k]398, 3.—[l]401; 402, I.—[k(l)]487; 488, I.

A. & S. — LII. *214, & R. 1, (a), (1). — [f]207, R. 25. — [g]211, R. 6, & (5). — [h]259, R. 4, (3). — [i]264, 8, (1). — [j]247, 2. — [k]211, R. 3, (b). — [l]211, R. 3, (3). — [k(l)]260, R. 6.

8*   L

ad defendendum opes minores sunt. Quare vanum equidem
hoc consilium est, si periculam ex illis [a]metuit; sin in tanto
omnium metu solus non timet, eo magis refert me mihi[o] atque
vobis timere. Quare quum de P. Lentulo ceterisque status-
5 tis, pro certo habetote,[p] vos simul de exercitu Catilinae et de
omnibus conjuratis decernere. [24]Quanto vos attentius ea agetis, tanto illis animus infirmior erit: si paullulum modo vos
languere viderint, [25]jam omnes feroces aderunt. Nolite existimare, majores nostros armis rempublicam ex parva mag-
10 nam fecisse. [26]Si ita esset, multo pulcherrumam nos eam
haberemus, quippe sociorum atque civium, praeterea armorum
atque equorum major nobis copia quam illis est. Sed alia
fuere quae illos magnos fecere, quae nobis nulla sunt: domi
industria, foris justum imperium, animus in consulendo liber,
15 [27]neque delicto neque lubidini obnoxius. Pro his nos habemus luxuriam atque avaritiam, publice egestatem, [28]privatim
opulentiam: laudamus divitias, sequimur inertiam: inter
bonos et malos discrimen nullum: omnia [29]virtutis praemia
ambitio possidet. Neque mirum; ubi vos separatim [30]sibi
20 quisque consilium capitis; ubi domi voluptatibus, [31]hic pecuniae aut gratiae servitis: eo[r] fit ut impetus fiat [32]in vacuam
rempublicam. Sed ego haec omitto. Conjuravere nobilissu-
mi cives patriam incendere: Gallorum gentem infestissumam
nomini Romano ad bellum accersunt: dux hostium cum
25 exercitu [33]supra caput est: vos cunctamini etiamnunc, quid
intra moenia deprehensis hostibus[s] faciatis? [34]Misereamini[t]
censeo, (deliquere homines adolescentuli per ambitionem,)
atque etiam armatos dimittatis.[t] [35]Ne ista[r] vobis mansuetudo
et misericordia, si illi arma ceperint, in miseriam vertet.
30 [36]Scilicet res ipsa aspera est, sed vos non timetis eam. [37]Immo
vero maxume; sed inertia[r] et mollitia animi alius[s] alium exspectantes cunctamini, videlicet diis immortalibus confisi qui
hanc rempublicam in maxumis saepe periculis servavere.

H.—LII. [o]385 & 3.—[p]537, I.—[r]414 & 2.—[s]384 & II.—[t]492, 3;
483, 2.

A. & S.—LII. [o]223, R. 2, (1), (a).—[p]267, (3).—[r]247, 1, (2).—
[s]222, 2, (b).—[t]262, R. 4.

Non votis neque suppliciis muliebribus auxilia deorum parantur: vigilando, agendo, bene consulendo omnia prospera cedunt: ubi socordiae te atque ignaviae tradideris,c nequicquam deos implores[b]: irati infestique sunt. Apud majores nostros T. Manlius Torquatus [38]bello Gallico filium suum, 5 quod is contra imperium in hostem pugnaverat, necari jussit, atque ille egregius adolescens immoderatae fortitudinis morte poenas dedit: vos de crudelissumis parricidis quid statuatis cunctamini? [39]Videlicet cetera vita eorum huic sceleri obstat. [40]Verum parcite dignitati[m] Lentuli, si ipse pudicitiae, si famae 10 suae, si diis aut hominibus unquam ullis pepercit: ignoscite Cethegi adolescentiae, nisi iterum jam patriae bellum fecit. Nam quid ego de Gabinio, Statilio, Coepario loquar? [41]quibus si quidquam unquam pensi fuisset, non ea consilia de republica habuissent. Postremo, Patres conscripti, [42]si mehercule 15 peccato locus esset, facile paterer vos ipsa re corrigi, quoniam verba mea contemnitis; sed undique circumventi sumus. Catilina cum exercitu [43]faucibus urget: alii intra moenia atque in sinu urbis sunt hostes: neque parari neque consuli quicquam potest [44]occulte; quo magis properandum est. Quare 20 ita censeo: quum nefario consilio sceleratorum civium respublica in maxuma pericula venerit, iique indicio T. Volturcii et legatorum Allobrogum convicti confessique sint, caedem, incendia, aliaque se foeda atque crudelia facinora in civis patriamque paravisse, de confessis sicuti de manifestis rerum[e] 25 capitalium more majorum supplicium sumendum."

LIII. Postquam Cato assedit, consulares omnes itemque senatus magna pars sententiam ejus laudant, virtutem animi ad coelum ferunt, [1]alii alios increpantes timidos vocant, Cato clarus atque magnus habetur, senati decretum fit sicuti ille 30 censuerat. Sed mihi[a] [2]multa legenti, multa audienti, quae populus Romanus domi militiaeque, mari atque terra praeclara facinora fecit, forte lubuit attendere, [3]quae res maxume

---

H.—LII. [a] 399 & 3, 1).
LIII. [b] 385.
A. & S.—LII. [a] 213.
LIII. [a] 223, R. 2.

tanta negotia sustinuisset. Sciebam, saepe numero parva
manu cum magnis legionibus hostium ⁴contendisse : cognove-
ram parvis copiis bella gesta cum opulentis regibus ; ad hoc
saepe fortunae violentiam toleravisse ; facundiaᵇ Graecos,
5 gloriaᵇ belli Gallos ⁵ante Romanos fuisse. Ac mihi multa
⁶agitanti constabat, paucorum civium egregiam virtutem
cuncta patravisse ; eoque factum, uti divitias paupertas, multitudinem paucitas superaret. Sed postquam luxu atque
desidia civitas corrupta est, rursus respublica magnitudineᶜ
10 sua imperatorum atque magistratuum vitia sustentabat, ac,
⁷sicuti effeta parente, ⁸multis tempestatibus haud sane quisquam Romae virtute magnus fuit. Sed memoria mea ingenti
virtute,ᵈ diversis moribusᵈ fuere viri duo, M. Cato et C. Caesar ; ⁹quos, quoniam res obtulerat, silentioᵉ praeterire non fuit
15 consilium, ¹⁰quin utriusque naturam et mores quantum ingenio
possem aperirem.ᶠ

LIV. Igitur iis genus, aetas, eloquentia prope ¹aequaliaᵃ
fuere ; magnitudo animi par, item gloria ; sed ²alia alii. Caesar
beneficiisᵇ ac munificentia magnus habebatur ; integritateᵇ
20 vitae Cato. Illeᶜ mansuetudineᵇ et misericordia clarus factus ;
huicᶜ severitas dignitatem addiderat. Caesar dando, suble-
vando, ignoscendo ; Cato nihil largiundo gloriam adeptus est.
In altero miseris perfugium erat, in altero malis pernicies ;
illius ³facilitas, hujus constantia laudabatur. Postremo Caesar
25 ⁴in animum induxerat laborare, vigilare : negotiis amicorum
intentus, sua neglegere : nihil denegare, quod dono dignum
esset : sibi magnum imperium, exercitum, bellum novum ex-
optabat, ubi virtus enitescere posset.ᵈ At Catoni studium
modestiae, decoris, sed maxume severitatis erat. Non divitiis
30 cum divite neque factione cum factioso, sed cum strenuo vir-

H. — LIII. ᵇ429. — ᶜ414 & 2. — ᵈ428. — ᵉ414 & 3. — ᶠ498 & 3.
LIV. ᵃ439, 2 & 3). Dist. bet. *aequalis* and *par.* V. n. 1. — ᵇ414 & 2.
— ᶜ450, 2 & 1). — ᵈ485.
A. & S. — LIII. ᵇ250, 1. — ᶜ247, 1. — ᵈ211, R. 6. — ᵉ247, 2. — ᶠ262,
R. 10, 2.
LIV. ᵃ205, R. 2, (2). V. R. H. — ᵇ247, 1. — ᶜ207, R. 23. — ᵈ264,
5, R. 2.

tate, cum modesto pudore, cum innocente abstinentia certabat:
esse quam videri bonus malebat: ita quo minus petebat
gloriam, eo magis illum [f]sequebatur.

LV. Postquam, ut dixi, senatus [1]in Catonis sententiam
discessit, consul optumum factu[a] ratus noctem, quae instabat, 5
antecapere, [2]ne quid[b] eo spatio novaretur, [3]triumviros, quae
supplicium postulabat, parare jubet: [4]ipse, dispositis praesidiis,
Lentulum in carcerem deducit: idem fit ceteris per praetores.
Est in carcere locus, quod[c] Tullianum appellatur, [5]ubi paullulum ascenderis[d] ad laevam,[e] circiter duodecim pedes humi[f] 10
depressus. Eum muniunt undique parietes, atque insuper
[6]camera lapideis fornicibus vincta; sed [7]incultu, tenebris,
odore foeda atque terribilis ejus facies est. In eum locum
postquam demissus est Lentulus, vindices rerum capitalium,
quibus praeceptum erat, laqueo gulam fregere. Ita ille patri- 15
cius ex gente clarissuma Corneliorum, qui consulare imperium
Romae habuerat, dignum moribus factisque suis exitum vitae
invenit. De Cethego, Statilio, Gabinio, Coepario eodem
modo supplicium sumptum est.

LVI. Dum ea Romae geruntur, Catilina [1]ex omni copia, 20
quam et ipse adduxerat et Manlius habuerat, duas legiones
instituit, cohortes pro numero militum complet; deinde, ut
quisque voluntarius aut ex [2]sociis in castra [3]venerat, aequaliter distribuerat, ac brevi spatio legiones [4]numero hominum
expleverat, quum initio non amplius duobus milibus habuisset. 25
Sed ex omni copia circiter pars quarta erat militaribus armis
instructa: ceteri, ut quemque casus armaverat, sparos aut
lanceas, [5]alii praeacutas sudes portabant. Sed postquam Antonius cum exercitu adventabat, Catilina per montes iter
facere[a]; modo ad urbem, modo in Galliam versus,[b] castra 30
movere; hostibus occasionem pugnandi non dare; sperans

H.—LV. [a]570 & 1.—[b]380, 2.—[c]445, 4.—[d]485.—[e]441, 3.—
[f]424, 2.
    LVI. [a]545, 1.
    A. & S.—LV. [a]276, III.—[b]232, (3).—[c]206, (10).—[d]209, R. 7,
(a).—[e]205, R. 7, (1).—[f]221, R. 3.
    LVI. [a]209, R. 5.—[b]235, R. 9.

propediem magnas copias sese habiturum, si Romae socii incepta patravissent.   Interea ⁶servitia repudiabat, ⁷cujus initio
ad eum magnae copiae concurrebant, opibus⁰ conjurationis
fretus, simul ⁸alienum suis rationibus⁴ existimans, videri
5 caussam civium cum servis fugitivis communicavisse.

LVII.   Sed postquam in castra nuntius pervenit, Romae
conjurationem patefactam, de Lentulo et Cethego ceterisque,
quos supra memoravi, supplicium sumptum, plerique, quos ad
bellum spes rapinarum aut novarum rerum studium illexerat,
10 dilabuntur : reliquos Catilina per montes asperos magnis iti-
neribus⁰ in agrum Pistoriensem abducit, eo consilio,ᵇ uti per
tramites⁰ occulte profugeret in Galliam Transalpinam.   At
Q. Metellus Celer cum tribus legionibus in agro Piceno ¹prae-
sidebat, ²ex difficultate rerum ³eadem illa existimans, quae
15 supra diximus, Catilinam agitare.   Igitur, ubi iter ejus ex
perfugis cognovit, castra propere movet, ac sub ipsis radicibus
montium consedit, qua illi descensus erat in Galliam prope-
ranti.   Neque tamen Antonius procul aberat, ⁴utpote qui
magno exercitu⁴ locis aequioribus ⁵expeditus in fuga sequere-
20 tur.   Sed Catilina, postquam videt montibus atque copiis hostium sese clausum, in urbe res adversas, neque fugae neque
praesidii ullam spem, optumum factu ratus in tali re fortunam
belli tentare, statuit cum Antonio quam primum confligere.
Itaque, concione advocata, hujuscemodi orationem habuit.

25   LVIII.   " Compertum⁰ ego habeo, milites, verba virtutem
non addere, neque ex ignavo strenuum, neque fortem ex
timido exercitum, oratione imperatoris, fieri.   Quanta cujusque animo audacia naturaᵇ aut moribus inest, tanta in bello
patere solet : quem neque gloria neque pericula excitant, ne-
30 quicquam hortere⁰ ; timor animi auribus officit.   Sed ego vos,

H.—LVI.   *419, IV.—⁴391.

LVII.   *414 & 3.—ᵇ414 & 2.—*Dist. bet. *iter, via, trames, semita,* and
' *callis.*   V. Caes. I. 9, n. 1.—⁴414 & 7.

LVIII.   *V. A. & S.—ᵇ414 & 2.—*485.

A. & S.—LVI.   *244.—ᵈ222, R. 1.

LVII.   *247, 2.—ᵇ247, 1.—*V. R. H.—⁴249, III. R.

LVIII.   *274, 2, R. 4.—ᵇ247, 1, (2).—*260, R. 4.

quo pauca monerem, advocavi, [1]simul uti caussam [2]mei consilii
aperirem. Scitis equidem, milites, socordia atque ignavia
Lentuli quantam ipsi nobisque cladem attulerit, quoque modo,
dum ex urbe praesidia opperior, in Galliam proficisci nequi-
verim. Nunc vero quo in loco res nostrae sint, [3]juxta mecum 5
omnes intellegitis. Exercitus hostium duo, unus ab urbe,
alter a Gallia obstant; diutius in his locis esse, [4]si maxume
animus ferat, frumenti atque aliarum rerum egestas prohibet.
Quocumque ire placet, ferro iter aperiundum est. Quapropter vos moneo, uti forti atque parato animo[d] sitis, et, quum 10
praelium inibitis, memineritis, vos divitias, decus, gloriam,
praeterea libertatem atque patriam in dextris vestris portare.
Si vincimus, omnia nobis tuta erunt, [5]commeatus abunde,
municipia atque coloniae patebunt; sin metu cesserimus, eadem illa adversa fient; neque locus neque amicus quisquam 15
teget, quem arma non texerint. Praeterea, milites, non eadem
nobis et illis necessitudo impendet; nos pro patria, pro libertate, pro vita certamus; illis supervacaneum est pugnare pro
potentia paucorum. Quo audacius aggredimini, memores
pristinae virtutis. Licuit vobis cum summa turpitudine in 20
exilio aetatem agere; potuistis [6]nonnulli Romae, amissis bonis,
[7]alienas opes exspectare: quia illa foeda atque intoleranda
[8]viris videbantur, [9]haec sequi decrevistis. Si haec relinquere
voltis, audacia opus est, nemo nisi victor pace[e] bellum mutavit.
Nam in fuga salutem sperare, quum arma, quibus corpus 25
tegitur, ab hostibus averteris,[f] [10]ea vero dementia est. Semper
in praelio iis maximum est periculum, qui maxume timent:
audacia pro[g] muro habetur. Quum vos considero, milites, et
quum facta vestra aestimo, magna me spes victoriae tenet.
Animus, aetas, virtus vestra me hortantur: praeterea necessi- 30
tudo, quae etiam timidos fortes facit. Nam multitudo hostium
ne circumvenire queat,[h] prohibent angustiae loci. [11]Quodsi

---

virtuti vestrae fortuna inviderit, [12]cavete inulti animam amitta-
tis, neu capti potius sicuti pecora trucidemini, quam virorum
more pugnantes cruentam atque luctuosam victoriam hostibus
relinquatis."

5 · LIX. Haec ubi dixit, paullulum commoratus [1]signa canere
jubet, atque instructos ordines in locum aequum deducit. Dein,
[2]remotis omnium equis, quo militibus, exaequato periculo, animus amplior esset, ipse [3]pedes exercitum [4]pro loco atque
copiis instruit. Nam, uti planities erat [5]inter sinistros montes
10 et ab dextra rupe[a] aspera, octo cohortes in fronte constituit,
reliquorum [6]signa in subsidio artius collocat. [7]Ab his centu-
riones, omnis lectos,[b] et evocatos, praeterea ex gregariis
militibus optumum quemque armatum in primam aciem subducit. C. Manlium in dextra, Faesulanum quemdam in si-
15 nistra parte curare jubet: ipse cum libertis et [8]colonis propter
aquilam adsistit, quam bello Cimbrico C. Marius in exercitu
habuisse dicebatur. At ex altera parte C. Antonius, pedibus[c]
aeger, quod praelio adesse nequibat, M. Petreio legato exercitum permittit. Ille cohortes veteranas, quas tumulti[d] causa
20 conscripserat, in fronte, post eas ceterum exercitum in subsidiis locat: ipse equo circumiens unumquemque nominans
appellat, hortatur, rogat, ut meminerint se contra latrones inermes pro patria, pro liberis, pro aris atque focis suis certare.
[9]Homo militaris, quod amplius annos[e] triginta tribunus, aut
25 praefectus, aut legatus, aut praetor cum magna gloria in exercitu fuerat, plerosque [10]ipsos factaque eorum fortia noverat :
ea commemorando militum animos accendebat.

LX. Sed ubi, omnibus exploratis, Petreius tuba signum
dat, cohortes paullatim incedere jubet: idem facit hostium
30 exercitus. Postquam eo ventum est, unde a ferentariis praelium committi posset, maxumo clamore cum infestis signis
concurrunt, pila omittunt, gladiis res geritur. Veterani, pristinae virtutis memores, cominus acriter instare : [1]illi haud

---

H.—LIX. [a]414 & 2.—[b]363.—[c]429.—[d]117, 3.—[e]378; 417, 3.
A. & S.·—LIX. [a]247, 1, (1).—[b]204.—[c]250, 1.—[d]89, 2.—[e]256,
R. 6, (a).

timidi resistunt : maxuma vi certatur. Interea Catilina cum expeditis in prima acie versari,[a] laborantibus succurrere, integros pro sauciis accersere, omnia providere, multum ipse . pugnare, saepe hostem ferire. Strenui militis et boni imperatoris officia simul exsequebatur. Petreius, ubi videt Catili-[5] nam, [2]contra ac ratus erat, magna vi[b] [3]tendere, [4]cohortem praetoriam in medios hostes inducit, eosque perturbatos atque [5]alios alibi resistentes interfecit : deinde utrimque [6]ex lateribus ceteros aggreditur. Manlius et Faesulanus [7]in primis pugnantes cadunt. Catilina postquam fusas copias seque [10] cum paucis relictum videt, memor generis atque pristinae suae dignitatis, in confertissumos hostes incurrit, ibique pugnans confoditur.

LXI. Sed, confecto praelio, tum vero cerneres,[a] quanta audacia quantaque vis animi fuisset in exercitu Catilinae. [15] Nam fere quem quisque vivus pugnando locum[b] ceperat, eum,[b] amissa anima, corpore tegebat. Pauci autem, [1]quos medios cohors praetoria disjecerat, [2]paullo diversius, sed omnes tamen adversis volneribus conciderant. Catilina vero longe a suis inter hostium cadavera repertus est, paullum [20] [3]etiam spirans, ferociamque animi, quam habuerat vivus, in voltu retinens. Postremo ex omni copia, neque in praelio neque in fuga quisquam civis ingenuus captus est : ita cuncti suae hostiumque vitae [4]juxta pepercerant. Neque tamen exercitus populi Romani laetam aut incruentam victoriam adep-[25] tus erat ; nam [5]strenuissumus quisque aut occiderat in praelio, aut graviter volneratus discesserat. Multi autem, qui de castris visundi aut spoliandi gratia processerant, volventes hostilia cadavera, amicum alii,[c] pars[c] hospitem aut cognatum reperiebant : fuere item, qui inimicos suos cognoscerent. Ita [30] varie per omnem exercitum [6]laetitia, moeror, luctus atque gaudia agitabantur.

H.—LX. [a]545, 1.—[b]414 & 3.
LXI. [a]486, 4.—[b]V. A. & S.—[c]363.
A. & S.—LX. [a]209, R. 5.—[b]247, 2.
LXI. [a]209, R. 7, (a).—[b]206, (3), (a).—[c]204, R. 10.

L. CATILINAM ORATIO PRIMA

HABITA IN SENATU.

I.   1. [1]Quousque tandem abutere, Catilina, patientia[a] [2]nostra? quamdiu [3]etiam furor [4]iste[b] tuus nos [5]eludet? [6]quem ad finem [7]sese effraenata jactabit audacia? [8]Nihilne te nocturnum praesidium [9]Palatii, nihil [10]urbis vigiliae, nihil [11]timor populi, 5 nihil concursus bonorum omnium, nihil hic munitissimus habendi[c] senatus [12]locus, nihil [13]horum ora[d] vultusque moverunt? Patere tua consilia [14]non[e] sentis? [15]Constrictam jam omnium horum conscientia teneri conjurationem tuam non vides? Quid [16]proxima, quid superiore, nocte[f] egeris,[g] ubi fueris,[g] 10 [17]quos convocaveris,[g] [18]quid consilii[h] ceperis,[g] quem nostrum[i] ignorare arbitraris?

2. O tempora! O mores! Senatus haec intelligit, consul videt; hic tamen vivit! . Vivit? [19]Immo vero etiam [20]in senatum venit: fit publici consilii[j] particeps: notat et designat 15 oculis ad caedem unumquemque nostrum.[i] Nos autem, fortes [21]viri, satisfacere rei publicae [22]videmur, si [23]istius furorem ac tela vitemus.[k]

H.— I.   [a]419, I. —[b]450. —[c]562; 563. —[d]Dist. bet. *facies, os, vultus*, and *oculus.* V. Salt. XV. n. 9. —[e] Dist. bet. *non* and *nonne* in direct questions. V. n. 14. —[f]426.—[g]525; 480. —[h]396, 2, 3) & (3). —[i]446, 3.— [j]399, 2 & 2). —[k]503 & III.

A. & S.—I.   [a]245, I. —[b]207, R. 25.—[c]275, II. —[d]V. R. H. —[e]V. R. H. —[f]253. —[g]258, A. & B. I. 1; 265. —[h]212, R. 3. —[i]212, R. 2, & N. 2. —[j]213. —[k]261, 2.

Ad mortem te, Catilina, duci [26]jussu consulis jampridem [27]oportebat[1] : in te conferri pestem, quam tu in nos [28][jamdiu] machinaris.[m]   3. [29]An vero vir amplissimus, P. Scipio, [30]pontifex maximus, [31]Ti. Gracchum, mediocriter labefactantem statum rei publicae, privatus interfecit: Catilinam, orbem 5 terrae caede atque incendiis vastare cupientem, nos consules perferemus?   [32]Nam illa nimis antiqua praetereo, quod C. Servilius Ahala [33]Sp. Melium, [34]novis rebus studentem, manu sua occidit.   [35]Fuit, fuit ista quondam in hac re publica virtus, ut viri fortes acrioribus suppliciis civem perniciosum quam 10 acerbissimum hostem coërcerent.[n]   Habemus senatus consultum in te, Catilina, vehemens et grave: non deest rei publicae [36]consilium, neque auctoritas [37]hujus ordinis: nos, nos, dico aperte, consules desumus.

II.   4. Decrevit quondam senatus, ut [1]L. Opimius [2]consul 15 videret,[a] ne quid res publica [3]detrimenti[b] caperet.[a]   Nox nulla intercessit : interfectus est propter quasdam [4]seditionum suspiciones C. Gracchus clarissimo [5]patre,[c] [6]avo,[c] majoribus[c] : occisus est cum liberis M. Fulvius consularis.   Simili senatus consulto, C. Mario[d] et L. Valerio consulibus est permissa 20 res publica.   [7]Num[e] unum diem[f] postea L. Saturninum tribunum plebis, et C. Servilium praetorem mors ac rei publicae[g] poena remorata est[h] ?   At nos[i] vicesimum jam diem[f] patimur hebescere[j] aciem horum auctoritatis.   Habemus enim hujuscemodi senatus consultum, verum inclusum in tabulis, tamquam 25 in vagina reconditum ; quo [8]ex senatus consulto confestim te interfectum esse, Catilina, [9]convenit.   Vivis ; et vivis non ad deponendam,[k] sed ad confirmandam audaciam.   Cupio,

H.—I. [1]Dist. bet. necesse est, oportet, opus est, and debeo.   V. Caes. I. 4, n. 4. — [m]467, 2. — [n]489, I.; 494. — [o]395.

II.   [a]489, I.; 492. — [b]Dist. bet. damnum, detrimentum, and jactura.   V. n. 2. — [c]428. — [d]385. — [e]346, II. 1, 3). — [f]378. — [g]395. — [h]463, 3. — [i]446. — [j]551, II. & 1. — [k]562 ; 565 & 1.

A. & S.—I. [1]V. R. H. — [m]145, I. 2. — [n]262. — [o]211.

II. [a]262. — [b]212, R. 3.   V. R. H. — [c]211, R. 6, & R. 8, (2). — [d]223, R. 2. — [e]198, 11, R. (b). — [f]236. — [g]211. — [h]209, R. 12, (2). — [i]209, R. 1, (b). — [j]273, 4, (a). — [k]275, II.

[10]Patres Conscripti, [11]me[l] esse clementem ; cupio in tantis
rei publicae periculis me[l] non dissolutum videri ; sed jam me
ipse[m] inertiae[n] nequitiaeque condemno.

5. Castra sunt in Italia contra populum Romanum [12]in
5 Etruriae faucibus collocata : crescit in dies singulos[o] hostium
numerus ; eorum autem[p] [13]castrorum imperatorem ducemque
hostium intra moenia [14]atque adeo in senatu videmus intesti-
nam aliquam quotidie perniciem rei publicae molientem.[q] Si
te jam, Catilina, comprehendi, si interfici, jussero[r] ; [15]credo,
10 erit verendum mihi, ne[s] non hoc potius omnes boni serius a
me, quam quisquam[t] crudelius factum esse [16]dicat. Verum
ego hoc, quod jampridem factum esse oportuit, [17]certa de
causa, nondum adducor, ut faciam. Tum denique interficiere,
quum jam nemo tam improbus, tam perditus, tam [18]tui[u] simi-
15 lis inveniri poterit, qui id non jure factum esse fateatur.[v] 6.
Quamdiu [19]quisquam[w] erit, qui te defendere audeat,[x] vives ;
et vives ita, ut vivis, multis meis et firmis praesidiis obsessus,
ne commovere te contra rem publicam possis. Multorum te
etiam oculi et aures non sentientem, sicut adhuc fecerunt,
20 speculabuntur atque custodient.

III. Etenim quid est, Catilina, quod jam amplius exspec-
tes,[a] si neque nox tenebris obscurare coetus [1]nefarios,[b] nec
[2]privata domus parietibus[c] continere [3]voces conjurationis [tuae]
potest? si [4]illustrantur, si erumpunt omnia ? Muta jam [5]istam
25 mentem ; mihi crede : obliviscere caedis[d] atque incendio-

---

H. — II. [1]545. — [m]452 & 1. — [n]410, II. & 1. — [o]Dist. bet. *quotidie* and
in singulos dies. V. Caes. I. 16, n. 2. — [p]587, III. 2 & 4. — [q]Dist. bet.
audeo, conor, and *molior.* V. Caes. II. 8, n. 3. — [r]508. — [s]492, 4, 1).—
[t]457. — [u]391, 2, 4, (2). — [v]500. — [w]Explain *quisquam* as here used. V.
n. 19.

III. [a]501, I. — [b]Dist. bet. *scelestus, sceleratus, nefarius, impius,* and *ne-*
fandus. V. n. 1. — [c]Dist. bet. *murus, moenia,* and *paries.* V. Caes. I. 8, n.
4. — [d]406, II.

A. & S. — II. [1]271, R. 4. — [m]207, R. 28, (a). — [n]217. — [o]V. R. H.
— [p]198, 9, R. (a). — [q]V. R. H. — [r]261, R. 1. — [s]262, R. 7. — [t]V. R. H.
207, R. 31. — [u]222, R. 2, (b). V. R. H. — [v]264, 1, (a). — [w]V. R. H.

III. [a]264, 7. — [b]V. R. H. — [c]V. R. H. — [d]216.

rum. Teneris undique : luce[e] sunt clariora nobis[f] tua consilia omnia ; [6]quae jam mecum licet recognoscas.[g] 7. [f]Memin-istine me [8]ante diem XII. Kalendas Novembres,[h] dicere[i] in senatu, fore in armis certo die, qui [10]dies futurus esset [11]ante diem VI. Kalendas Novembres,[k] C. Manlium, audaciae 5 satellitem atque administrum tuae? Num[j] me fefellit, Catili-na, [12]non modo res tanta, tam atrox tamque incredibilis, verum, [13]id quod[k] multo magis est admirandum, dies? Dixi ego idem[l] in senatu, [14]caedem te optimatium contulisse in ante diem V. Kalendas Novembres,[h] tum quum multi principes 10 civitatis Roma[m] non tam [15]sui conservandi quam tuorum con-siliorum reprimendorum causa profugerunt. Num[j] infitiari potes te [16]illo ipso die meis praesidiis, mea diligentia circum-clusum commovere te contra rem publicam non potuisse, quum tu [17]discessu[n] ceterorum [18]nostra tamen, qui remansissemus,[o] 15 caede[p] te contentum esse dicebas?

8. [19]Quid? quum te [20]Praeneste [21]Kalendis ipsis Novembri-bus occupaturum nocturno impetu esse confideres, [22]sensistine illam coloniam meo jussu[q] meis praesidiis,[r] custodiis, vigiliis esse munitam? [23]Nihil agis, nihil moliris, nihil cogitas, quod 20 non ego non modo audiam,[s] sed etiam videam[s] planeque sentiam.[s]

IV. Recognosce tandem mecum [1]noctem illam superio-rem: jam intelliges multo[a] me vigilare acrius[b] ad salutem quam te ad perniciem rei publicae. Dico te priore nocte 25 venisse [2]inter falcarios (non agam obscure) in M. Laecae domum: [3]convenisse eodem complures ejusdem amentiae scelerisque socios. Num negare audes? Quid taces? [4]Con-

---

H. — III. [e]417. — [f]391. — [g]496, 1. — [h]708, III. 2. — [i]Why present infin. ? V. n. 9. — [j]346, II. 1, 3). — [k]445, 7. — [l]451, 3. — [m]421, II. — [n]426, 1. — [o]531 ; 445, 6, 3). — [p]419, IV. — [q]414 & 2. — [r]414 & 4.

IV. [a]418. — [b]305.

A. & S. — [e]256, 2. — [f]222, R. 1. — [g]262, R. 4. — [h]326, 2, (5), (b). — [i]V. R. K. — [j]198, 11, R. (b). — [k]206, (13), (a) & (b). — [l]207, R. 27, (a). — [m]255, 1. — [n]253, & N. 1. — [o]266, 2 ; 209, R. 6 ; 206, (12). — [p]244 — [q]247, 1. — [r]247, 3.

IV. [a]256, R. 16. — [b]194, 1 & 2.

vincam, si negas; video enim esse hic in senatu quosdam, qui tecum una fuerunt.

9. O dii immortales! ubinam gentium[e] sumus? in qua urbe vivimus? quam rem publicam habemus? Hic, hic sunt 5 in nostro numero, Patres Conscripti, in hoc orbis terrae sanctissimo gravissimoque [f]consilio, qui de [g]nostro omnium[d] interitu, qui de hujus urbis [7]atque adeo de orbis terrarum exitio [8]cogitent.[e] Hosce ego video [consul] et [9]de re publica sententiam rogo; et quos ferro trucidari oportebat, [10]eos nondum 10 voce vulnero. Fuisti [11]igitur apud Laecam illa nocte, Catilina: [12]distribuisti partes Italiae: statuisti quo quemque[f] proficisci placeret[h]: [13]delegisti quos Romae relinqueres,[i] quos tecum educeres[i]: descripsisti urbis partes ad incendia: [14]confirmasti te ipsum jam esse exiturum: dixisti [15]paulum tibi[j] 15 esse etiam nunc morae, quod ego viverem.[k] Reperti[i] sunt [16]duo equites Romani, qui te ista cura liberarent,[m] et sese illa ipsa nocte paulo ante lucem me in meo lectulo interfecturos pollicerentur.[m] 10. Haec ego omnia, [17]vix dum etiam coetu[n] vestro dimisso, [18]comperi: domum meam majoribus praesidiis 20 munivi atque firmavi: exclusi eos, quos tu [19]ad me salutatum[o] miseras, quum illi ipsi venissent, quos ego jam multis[p] ac summis viris ad me [20]id temporis venturos esse praedixeram.

V. Quae quum ita sint,[a] Catilina, perge, quo coepisti: egredere aliquando ex urbe: patent portae: proficiscere. 25 Nimium diu te imperatorem [1]tua illa[b] Manliana castra desiderant. Educ tecum etiam omnes tuos; [2]si minus, quam plurimos: purga urbem. Magno me metu liberabis, dummodo inter me atque te murus intersit.[c] Nobiscum versari

---

H. — IV. [e] 396, 2, 4) & (2). — [d] 397, 3. — [e] 501, I. — [f] 545. — [g] 525. — [i] 501, I. — [j] 387. — [k] 520, II. — [l] Dist. bet. *invenio, reperio, deprehendo, nanciscor, adipiscor, consequor,* and *assequor.* V. Caes. I. 18, n. 19. — [m] 501, I. — [n] Dist. bet. *concilium, concio, comitia, coetus,* and *conventus.* V. Sall. XLIII. n. 2, — [o] 569.

V. [a] 517, I. — [b] 450. — [c] 503, I.; 505.

A. & S. — IV. [e] 212, R. 4, N. 2, (a). — [d] 205, R. 13, (a). — [e] 264, 6 — [f] 239. — [h] 265. — [i] 264, 1. — [j] 226. — [k] 266, 3. — [l] V. R. H. — [m] 264, 1, (a) & (b). — [n] V. R. H. — [o] 276, II. — [p] 205, R. 16, (b).

V. [a] 263, 5. — [b] 207, R. 23, (a). — [c] 263, 2, (1).

jam diutius non potes: non feram,[4] non patiar, non sinam.
11. [3]Magna diis immortalibus habenda est atque huic ipsi Jovi
Statori, antiquissimo custodi hujus urbis, gratia,[e] quod hanc
tam tetram, tam horribilem, tamque infestam rei publicae
pestem [4]toties jam effugimus. Non est saepius [5]in uno homine 5
summa salus periclitanda rei publicae. Quamdiu mihi, [6]con-
suli designato, Catilina, insidiatus es, non publico me praesidio, sed privata diligentia defendi. Quum [7]proximis comitiis[f]
consularibus me consulem [8]in campo et [9]competitores tuos
interficere voluisti, compressi conatus nefarios tuos amicorum 10
praesidio et copiis, nullo tumultu publice concitato: denique,
quotiescumque me [10]petisti, per me tibi obstiti; quamquam
videbam perniciem meam cum magna calamitate rei publicae
esse conjunctam. 12. [11]Nunc jam aperte rem publicam universam petis: templa deorum immortalium, tecta urbis, vitam 15
omnium civium, Italiam [12][denique] totam [13]ad exitium et
vastitatem vocas.

Quare quoniam [14]id, quod est primum et quod hujus imperii[g]
disciplinaeque[g] majorum proprium est, facere nondum audeo;
faciam [15]id, quod est ad severitatem lenius et ad communem 20
salutem utilius. Nam si te interfici jussero, residebit in re
publica reliqua[h] conjuratorum manus; sin tu, quod te jamdudum [16]hortor, exieris, exhaurietur ex urbe [17]tuorum comitum
magna et perniciosa sentina rei publicae.[i] 13. [18]Quid est,
Catilina? num dubitas id, me imperante, facere, quod jam tua 25
sponte[j] faciebas? Exire ex urbe jubet hostem consul. In-
terrogas me, num [19]in exsilium? Non jubeo, sed, si me consulis, suadeo.

VI. [1]Quid est enim, Catilina, quod te jam in hac urbe
delectare possit[a]? in qua nemo est extra [2]istam conjuratio- 30

H. — V. [4]Dist. bet. *fero, patior, sino,* &c. V. Caes. II. 25, n. 6. —
[e]Dist. bet. *gratias agere, habere, referre; grates; gratari; gratulari.* V.
Caes. I. 35, n. 3. — [f]426, 1. — [g]399, 3 & 3). — [h]441, 6. — [i]397, 2. — [j]Dist.
bet. *sponte, sua sponte, ultro, voluntate,* and *libenter.* V. Caes. I. 44, n. 3.

VI. [a]501, I.

A. & S. — V. [4]V. R. H. — [e]V. R. H. — [f]253, N. 1. — [g]222, R. 2,
(a). — [h]205, R. 17. — [i]211, R. 10. — [j]V. R. H.

VI. [a]264, 7.

nem perditorum hominum, qui te non metuat[a] : nemo, qui
non oderit.[a] Quae[2] nota domesticae turpitudinis non inusta
vitae[b] tuae est? quod privatarum rerum dedecus non haeret
infamiae? 'quae libido ab oculis, quod facinus[c] a manibus
5 umquam tuis, quod flagitium a toto corpore, abfuit? [5]Cui tu
adolescentulo,[b] quem corruptelarum illecebris irretisses,[d] non
aut ad audaciam ferrum aut ad libidinem facem praetulisti?
14. [6]Quid vero? nuper quum morte superioris uxoris [7]novis
nuptiis domum vacuefecisses, nonne etiam [8]alio incredibili
10 scelere[e] hoc scelus cumulasti? quod ego praetermitto et
facile patior sileri, ne in hac civitate tanti facinoris immanitas
aut exstitisse aut non vindicata esse videatur. Praetermitto
ruinas fortunarum tuarum, quas omnes impendere tibi[b] proximis [9]Idibus[f] senties: ad illa venio, quae non ad privatam
15 ignominiam vitiorum tuorum, non ad [10]domesticam tuam difficultatem ac turpitudinem, sed [11]ad summam rem publicam
atque ad omnium nostrum vitam salutemque pertinent.

15. Potestne tibi[f] haec lux, Catilina, aut [12]hujus coeli spiritus
esse jucundus,[h] quum scias[i] horum esse neminem, qui nesciat[a]
20 te [13]pridie Kalendas[k] Januarias, [14]Lepido et Tullo consulibus,
stetisse in [15]comitio[l] [16]cum telo? [17]manum consulum et principum civitatis interficiendorum causa paravisse? sceleri ac
furori[b] tuo [18]non mentem aliquam, aut timorem, sed fortunam
populi Romani obstitisse? Ac jam illa omitto; ([19]neque enim
25 sunt aut obscura, aut non multa commissa): quotiens tu me
designatum, quotiens consulem interficere conatus es! quot ego
tuas [20]petitiones ita conjectas, ut vitari non posse viderentur,
[21]parva quadam declinatione et, ut aiunt, corpore effugi! [Ni-
hil agis,] nihil assequeris, [nihil moliris,] ; neque tamen co-

---

H. — VI. [b]386.—[c]Dist. bet. *maleficium, facinus, flagitium,* and *nefas.*
V. Sall. XIV. n. 5.—[d]501, I. —[e]419, III. & 2, 1).—[f]436.—[g]391.—
[h]Dist. bet. *gratus, jucundus,* and *acceptus.* V. Caes. I. 3, n. 11.—[i]517, I.
—[k]437 & 1.—[l]Dist. bet. *comitium* and *comitia.* V. n. 15.

A. & S.—VI. [b]294.—[c]V. R. H.—[d]264, 1, (a) & (b).—[e]249,
I.—[f]253.—[g]222, R. 1.—[h]V. R. H.—[i]263, 5.—[k]238, 1, (b).—
[l]V. R. H.

nari ac velle desistis. 16. Quotiens tibi[m] jam extorta est sica ista de manibus! quotiens vero excidit casu aliquo et elapsa est! [[22]tamen ea carere diutius non potes]; [23]quae quidem quibus abs te initiata sacris ac devota sit nescio, quod eam necesse putas esse in consulis corpore[n] defigere.

VII. Nunc vero, quae[a] tua est [1]ista vita? sic enim jam tecum loquar, non ut odio permotus esse videar, quo debeo, sed ut misericordia, [2]quae tibi nulla debetur. [3]Venisti paulo[b] ante in senatum. Quis te ex hac tanta frequentia, tot ex tuis amicis ac necessariis salutavit? Si hoc post hominum memoriam [4]contigit[c] nemini, [5]vocis exspectas contumeliam, quum ais[d] gravissimo [6]judicio taciturnitatis oppressus? [7]Quid? quod [8]adventu[e] tuo ista[f] [9]subsellia vacuefacta sunt? quod omnes consulares, qui tibi[g] persaepe ad caedem constituti fuerunt, simul atque assedisti, partem istam[f] subselliorum nudam atque inanem reliquerunt, quo [10]tandem animo[h] tibi[i] ferendum putas? 17. [11]Servi mehercule mei si me isto pacto metuerent,[i] ut te metuunt omnes cives tui, domum meam relinquendam putarem: tu [12]tibi urbem non arbitraris? Et si me meis civibus [13]injuria suspectum tam graviter atque [14]offensum viderem,[i] carere me adspectu civium quam infestis omnium oculis conspici mallem: tu, [15]quum conscientia[e] scelerum tuorum agnoscas odium omnium justum et jam tibi diu debitum, [16]dubitas,[i] quorum mentes sensusque vulneras, eorum adspectum praesentiamque vitare? Si te parentes timerent[i] atque odissent tui, neque eos ulla ratione placare posses, ut opinor, ab eorum oculis [17]aliquo concederes: nunc te patria, quae communis est parens omnium nostrum, odit ac metuit et jam-

---

H. — VI. [m]398, 5. — [n]435 & L

VII. [a]454. — [b]418. — [c]Dist. bet. *accidit, evenit, contingit, obvenit,* and *obtingit.* V. Caes. I. 18, n. 17. — [d]417, L. — [e]414 & 2. — [f]Why *ista* rather than *haec* or *illa?* — [g]388, II. — [h]414 & 3. — [i(2)]388, L. — [i]510. — [j]What are the constructions of *dubito* and *non dubito?*

A. & S. — VI. [m]222, 2, (b); 224, R. 2. — [n]241, R. 5.

VII. [a]137, 1, & R. 3. — [b]256, R. 16, (3). — [c]V. R. H. — [d]263, 5. — [e]247, 1. — [f]V. R. H. — [g]225, II. — [h]247, 2. — [i(2)]235, III. — [j]261, 1. — [i]V. R. H. V. n. 16.

M

diu de te nihil judicat[k] nisi de [18]parricidio suo cogitare. Hujus tu neque auctoritatem verebere neque judicium sequere neque vim pertimesces ?   18. Quae[l] tecum, Catilina, sic agit, et quodammodo tacita loquitur : " Nullum jam aliquot annis[m] 5 facinus[n] exstitit nisi per te[o]; nullum flagitium sine te : tibi uni multorum civium neces, tibi [19]vexatio direptioque sociorum impunita fuit ac libera: [20]tu, non solum ad negligendas leges et quaestiones, verum etiam ad evertendas perfringendasque valuisti.   Superiora illa, quamquam ferenda non fue- 10 runt, tamen, ut potui, tuli : nunc vero [21]me totam esse[p] in metu propter unum te, [22]quidquid increpuerit,[q] Catilinam timeri,[r] nullum videri[r] contra me consilium iniri posse, [23]quod a tuo scelere abhorreat, non est[r] ferendum.   Quamobrem discede atque hunc mihi[s] timorem eripe : si est verus, ne opprimar ; 15 sin falsus, ut [24]tandem aliquando timere desinam."

VIII. 19. Haec si tecum, ut dixi, patria loquatur, [1]nonne impetrare debeat,[a] etiamsi vim adhibere non possit ?   [2]Quid ? quod tu te ipse[b] in [2]custodiam dedisti ? [3]quod vitandae[c] suspicionis causa ad [4]M.' Lepidum te habitare velle dixisti ? a 20 quo non receptus, etiam ad me venire ausus es ; atque, ut domi[d] meae te asservarem, rogasti.   Quum a me quoque id responsum tulisses, me nullo modo posse [5]iisdem parietibus[e] tuto esse tecum, qui magno in periculo essem,[f] quod iisdem moenibus[g] contineremur, ad [6]Q. Metellum praetorem venisti ; 25 a quo repudiatus, ad sodalem tuum, [7]virum optimum, M. Metellum, demigrasti ; quem tu [8]videlicet et ad custodiendum[e] [te] diligentissimum et ad suspicandum sagacissimum et [9]ad

---

H. — VII. [k] 467, 2. — [l] 453. — [m] 378, 1. — [n] Dist. bet. *facinus* and *flagitium*.   V. Sall. Cat. XIV. n. 5. — [o] 414, 5, 1). — [p] 549. — [q] 486, 5. — [r] Subject of *est ?* — [s] 386, 2.

VIII. [a] Why subj. present ?   V. n. 1. — [b] 452, 1. — [c] 562 ; 563. — [d] 424, 2. — [e] Dist. bet. *murus*, *paries*, and *moenia*.   V. Caes. L 8, n. 4. — [f] 517, L ; 519. — [g] 414.

A. & S. — VII. [k] V. R. H. — [l] 206, (17). — [m] 253. — [n] V. R. H. — [o] 247, R. 4. — [p] 269. — [q] 266, 2. — [r] V. R. H. — [s] 224, R. 2.

VIII. [a] V. R. H. — [b] 207, R. 28, (a). — [c] 275, II. — [d] 221, R. 3. — [e] V. R. H. — [f] 264, 8, (1). — [g] 248. II.

vindicandum fortissimum fore putasti. Sed quam longe [10]videtur a carcere atque a vinculis abesse debere, qui se ipse[b] jam dignum custodia[h] judicarit[i]?

20. Quae quum ita sint, Catilina, dubitas, [11]si emori aequo animo[j] non potes, abire in [12]aliquas terras, et vitam istam,[k] 5 multis suppliciis[l] justis debitisque ereptam, fugae solitudinique mandare?

" [13]Refer," inquis,[m] " ad senatum;" id enim postulas; et, si hic ordo placere decreverit te ire in exsilium, obtemperaturum te esse dicis. [14]Non referam, id quod[n] abhorret a meis 10 moribus; et tamen faciam ut intelligas, quid hi de te sentiant. Egredere ex urbe, Catilina: libera rem publicam metu: in exsilium, [14]si hanc vocem exspectas, [16]proficiscere. Quid est, Catilina? [17]ecquid attendis, ecquid animadvertis horum silentium? Patiuntur, tacent. Quid exspectas auctoritatem 15 loquentium, quorum voluntatem tacitorum perspicis?

21. At si hoc idem huic adolescenti optimo, [18]P. Sestio, si fortissimo viro, [19]M. Marcello, dixissem, jam mihi consuli hoc ipso in templo senatus jure optimo [20]vim et manus intulisset. De te autem, Catilina, quum quiescunt, probant: quum pati-20 untur, decernunt: quum tacent, clamant. Neque hi solum, quorum tibi auctoritas est [s]videlicet cara, [21]vita vilissima, sed etiam illi equites Romani, honestissimi atque optimi viri, ceterique fortissimi cives, [22]qui circumstant senatum, quorum tu et frequentiam videre, et studia perspicere, et voces paulo 25 ante exaudire potuisti. [23]Quorum ego vix abs te jamdiu manus ac tela contineo,[o] eosdem facile adducam, ut te haec, quae vastare jampridem studes,[o] relinquentem, [24]usque ad portas prosequantur.

IX. 22. [1]Quamquam quid loquor? te [2]ut ulla res frangat[a]? 30 tu ut umquam te corrigas[a]? tu ut ullam fugam meditere[a]?

H. — VIII. [b]419, IV. — [i]501, L. — [j]414 & 3. — [k] Why *istam?* — [l]425 & 2, 2). — [m]528, 2. — [n]445, 7. — [o]467, 2.

IX. [a]495, 2, 2).

A. & S. — VIII. [b]244. — [i]264, 1, (a) & (b). — [j]247, 2. — [k] V. R. H. — [l]251. — [m]279, 6. — [n]206, (13), (a) & (b). — [o] V. R. H. 145, I. 2.

IX. [a]270, R. 2, (a).

tu ut ullam exsilium cogites[a]? Utinam tibi istam mentem
dii immortales [3]duint[b] ! tametsi video, si, mea voce perterritus,
ire in exsilium animum induxeris, quanta tempestas invidiae
nobis, si minus in praesens tempus, recenti memoria[c] scelerum
5 tuorum, [4]at in posteritatem impendeat.[d] Sed [5]est tanti,[f] dummodo [6]ista [7]privata sit[g] calamitas et a rei publicae periculis
sejungatur.[g] Sed tu ut vitiis tuis commoveare, ut legum poenas pertimescas, ut [8]temporibus rei publicae cedas, non est
postulandum ; neque enim [9]is es, Catilina, ut te aut [10]pudor
10 umquam a turpitudine, aut metus a periculo, aut ratio a furore revocarit.[h]

23. Quamobrem, ut saepe jam dixi, proficiscere ; ac si mihi
inimico, ut praedicas, tuo conflare vis invidiam, [11]recta perge
in exsilium. Vix feram [12]sermones hominum, si id feceris :
15 vix molem istius[i] invidiae, si in exsilium jussu[e] consulis ieris,
sustinebo. Sin autem servire meae laudi[j] et gloriae mavis,
egredere cum importuna sceleratorum manu : confer te ad
Manlium : concita perditos cives : secerne te a bonis : infer
patriae bellum : exsulta impio latrocinio,[e] ut a me [13]non[k] ejec-
20 tus ad alienos, sed invitatus ad tuos isse videaris.[l]

24. [1]Quamquam quid[m] ego te invitem,[b] a quo jam sciam
esse praemissos qui tibi ad [14]Forum Aurelium [15]praestolaren-
tur[n] armati ? cui sciam pactam et constitutam cum Manlio
diem ? a quo etiam [16]aquilam illam argenteam, quam tibi[e] ac
25 tuis omnibus confido perniciosam ac funestam futuram, cui domi
tuae [17]sacrarium scelerum tuorum constitutum fuit, sciam
esse praemissam ? Tu [2]ut illa[p] carere diutius possis,[o] quam
venerari ad caedem proficiscens solebas ? a cujus altaribus
saepe istam impiam dextram ad necem civium transtulisti ?

H.—IX. [a]239 & 3; 465, II. 1.—[c]414 & 2.—[d]525.—[f]401 ; 402,
III. 1.—[g]503, I.; 505.—[h]500 & 2.—[i]Why iste ?—[j]385.—[k]602, IV.
—[l]489, I.—[n]380, 2.—[b(l)]485 ; 466, II.—[e]Dist. bet. maneo, exspecto,
praestolor, and opperior. V. n. 15.—[o]391.—[p]419, III.

A. & S.—IX. [a]162, 1; 263, 1.—[c]247, 1.—[d]265.—[f]214.—[g]263,
2, (1).—[h]262, R. 1.—[i]V. R. H.—[j]223, R. 2.—[k]V. R. H.—[l]262.
—[n]235, R. 11.—[b(l)]260, R. 5.—[e]V. R. H.—[o]222, R. 1.—[p]250,
2, (2).

X. 25. Ibis [1]tandem aliquando, quo te jampridem tua ista cupiditas effraenata ac furiosa rapiebat. [2]Neque enim tibi [3]haec res affert dolorem, sed quandam incredibilem voluptatem: ad hanc te amentiam natura peperit, voluntas exercuit, fortuna servavit. Numquam tu non modo otium, sed ne bellum quidem nisi nefarium concupisti. [4]Nanctus es ex perditis, atque ab omni non modo fortuna, verum etiam spe derelictis[a] conflatam improborum manum.

26. Hic tu qua laetitia[b] perfruere! quibus gaudiis[c] exsultabis! quanta in voluptate bacchabere, quum in tanto numero tuorum neque audies virum bonum quemquam, neque videbis. [5]Ad hujus vitae studium meditati[f] illi sunt, [6]qui feruntur, labores tui: [7]jacere humi non modo [8]ad obsidendum[d] stuprum, verum etiam ad facinus obeundum; vigilare non solum insidiantem somno maritorum, verum etiam bonis [9]otiosorum. [10]Habes, ubi ostentes[g] tuam illam praeclaram [11]patientiam famis, frigoris, inopiae rerum omnium; quibus te brevi tempore confectum senties. 27. Tantum profeci tum, quum te [12]a consulatu repuli, ut exsul potius tentare quam consul vexare rem publicam posses; atque ut id, quod est abs te scelerate susceptum, latrocinium potius quam bellum nominaretur.

XI. Nunc ut a me, Patres Conscripti, quandam prope justam patriae querimoniam [1]detester ac deprecer,[a] percipite, quaeso, diligenter quae dicam, et ea penitus [2]animis[b] vestris mentibusque mandate. Etenim [3]si mecum patria, quae mihi vita[c] mea multo[d] est carior, si cuncta Italia, si omnis res publica loquatur, "M. Tulli,[e] quid agis? tune eum, quem esse hostem comperisti, quem ducem belli futurum vides, quem exspectari imperatorem in castris hostium sentis, auctorem

---

H. — X. [a]Force of *de* in *derelictis*. V. n. 4. — [b]Dist. bet. *laetitia* and *gaudium*. V. Sall. Cat. XLIII. n. 2. — [c]414 & 2. — [d]562; 565, 1. — [f]221, 2. — [g]485; 486, III.

XI. [a]Dist. bet. *detestor* and *deprecor*. V. n. 1. — [b]Dist. bet. *anima*, *animus*, and *mens*. V. n. 2. — [c]417. — [d]418. — [e]45, 5, 2).

A. & S. — X. [a]V. R. H. — [b]V. R. H. — [c]247, 1. — [d]275, II — [f]162, 17, (a). — [g]264, R. 3.

XI. [a]V. R. H. — [b]V. R. H. — [c]256, 2. — [d]256, R. 16. — [e]52.

sceleris, principem conjurationis, [4]evocatorem servorum et civium perditorum, exire patiere, ut abs te non emissus ex Urbe,
sed immissus in Urbem esse videatur? Nonne hunc in vincula duci, non ad mortem rapi, non summo supplicio mactari
5 [5]imperabis[f]? 28. Quid [6]tandem te impedit? mosne majorum?
at [7]persaepe etiam privati in hac re publica perniciosos cives
morte multaverunt: an leges, [8]quae de civium Romanorum
supplicio rogatae sunt? at numquam in hac urbe, qui a re
publica [9]defecerunt, civium jura tenuerunt. An invidiam
10 posteritatis times? [10]Praeclaram vero populo Romano refers
gratiam, qui te, hominem [11]per te cognitum, nulla commendatione[f] majorum [12]tam mature ad summum imperium per omnes honorum gradus extulit, si propter invidiam aut alicujus[h]
periculi metum salutem civium tuorum negligis. 29. Sed si
15 quis[h] est invidiae metus, num est vehementius [13]severitatis ac
fortitudinis invidia quam inertiae ac nequitiae pertimescenda?
An quum bello vastabitur Italia, vexabuntur urbes, tecta ar-
debunt, tum te non existimas invidiae incendio conflagra-
turum?"

20 XII. [1]His ego sanctissimis rei publicae vocibus et eorum
hominum, qui idem sentiunt, mentibus pauca respondebo.
Ego, si [2]hoc optimum factu[a] [3]judicarem, Patres Conscripti,
Catilinam morte multari, unius usuram horae [4]gladiatori isti ad
vivendum non dedissem. Etenim si summi et clarissimi viri,
25 Saturnini et Gracchorum et Flacci et [5]superiorum complurium sanguine non modo se non contaminarunt, sed etiam
[6]honestarunt,[b] certe verendum mihi[c] non erat, ne[d] quid, hoc
parricida civium interfecto, invidiae[e] mihi [f]in posteritatem
redundaret. Quod[f] si ea mihi[g] maxime impenderet, tamen

H. — XI. [f]What is said of the construction of *impero*? V. n. 5. —
[g]428. — [h]455 & 1.
XII. [a]570 & 1. — [b]Dist. bet. *honoro* and *honesto*. V. n. 6. — [c]388, I.
— [d]492, 4 & 1). — [e]395; 396, III. 2, 3) & (3). — [f]453, 6. — [g]386.
A. & S. — XI. [f]V. R. H. 273, N. 4. — [g]211, R. 6. — [h]138.
XII. [a]276, III. — [b]V. R. H. — [c]225, III. — [d]262, R. 7. — [e]212, R. 3.
— [f]206, (14). — [g]224.

hoc animo[h] semper fui, ut invidiam virtute[i] partam gloriam,[j] non invidiam putarem.[k]

30. [8]Quamquam nonnulli[l] sunt in [9]hoc ordine, qui aut ea, quae imminent, non videant,[m] aut ea, quae vident, dissimulent[m]; [10]qui[n] spem Catilinae [11]mollibus sententiis aluerunt, 5 conjurationemque nascentem non credendo corroboraverunt. Quorum auctoritatem secuti multi, non solum improbi, verum etiam imperiti, si in hunc animadvertissem, crudeliter [12]et regie factum esse dicerent.[o] Nunc intelligo, si [13]iste, quo intendit, in Manliana castra pervenerit, neminem [14]tam stultum 10 fore, qui non videat[m] conjurationem esse factam, neminem tam improbum, qui non fateatur.[m] Hoc autem uno interfecto, intelligo hanc rei publicae pestem paulisper [15]reprimi, non in perpetuum comprimi posse. Quod[f] si se ejecerit secumque suos eduxerit, et eodem ceteros undique [16]collectos [17]naufragos ag- 15 gregarit, exstinguetur atque delebitur non modo haec tam adulta rei publicae pestis, verum etiam stirps ac semen malorum omnium.

XIII. 31. Etenim [1]jamdiu, Patres Conscripti, in his periculis conjurationis insidiisque [2]versamur; sed [3]nescio quo pacto, 20 omnium scelerum ac [4]veteris furoris et audaciae maturitas in nostri consulatus tempus erupit. [5]Quod si ex tanto latrocinio iste unus tolletur, videbimur fortasse ad breve quoddam tempus cura et metu esse relevati, periculum autem residebit, et erit inclusum penitus in venis atque in [6]visceribus rei pub- 25 licae. Ut saepe homines aegri morbo[a] gravi, quum [7]aestu febrique[a] jactantur, si aquam gelidam biberint; primo relevari videntur, deinde multo gravius vehementiusque afflictantur; sic hic morbus, qui est in re publica, relevatus istius poena, vehementius, vivis reliquis,[b] ingravescet.[c]   30

32. Quare secedant[d] improbi; secernant[d] se a bonis; unum

H. — XII.   [h]428. — [i]414 & 2. — [j]373. — [k]495 & 3. — [l]585, 1. — [m]501, L — [n]453. — [o]504, 2. — [m(2)]500 & 2.

XIII.   [a]414 & 2. — [b]431. — [c]332, II. — [d]487.

A. & S. — XII.   [b]211, R. 6, & R. 8, (2). — [i]247, 1. — [j]230. — [k]262. — [l]277, R. 5, (c). — [m]264, 1, (a) & (b). — [n]206, (17). — [o]261, 1.

XIII.   [a]247, 1. — [b]257, R. 7. — [c]187, II. 2. — [d]260, R. 6.

in locum congregentur[d] ; muro denique, id quod saepe jam dixi, discernantur a nobis : desinant insidiari domi suae consuli, circumstare tribunal [e]praetoris urbani, obsidere cum gladiis curiam, [g]malleolos et faces ad inflammandam urbem compa-
5 rare : sit denique inscriptum in fronte uniuscujusque, quid de re publica sentiat.[e] Polliceor hoc vobis, Patres Conscripti, tantam in nobis consulibus fore diligentiam, tantam in vobis auctoritatem, tantam in equitibus Romanis virtutem, tantam in omnibus bonis consensionem, ut, Catilinae profectione,[e] om-
10 nia patefacta, illustrata, oppressa, vindicata esse videatis.

33. [10]Hisce ominibus,[f] Catilina, cum summa rei publicae sa-
lute, cum tua peste ac pernicie cumque eorum exitio, qui se tecum omni scelere parricidioque junxerunt, proficiscere ad impium bellum ac nefarium. [11]Tu, Juppiter, qui iisdem, qui-
15 bus [12]haec urbs, auspiciis a Romulo es constitutus, quem Statorem hujus urbis atque imperii vere nominamus, hunc et hujus socios a tuis ceterisque templis, a tectis urbis ac moenibus, a vita fortunisque civium arcebis ; et homines bonorum inimicos,[g] hostes patriae, latrones Italiae, scelerum foedere
20 inter se ac nefaria societate conjunctos, aeternis suppliciis vivos mortuosque [13]mactabis.

H. — XIII. [e]525. — [f]414 & 3. — [g]Dist. bet. *adversarius, hostis,* and *inimicus.* V. Caes. I. 10, n. 5.
A. & S. — XIII. [e]265. — [f]247, 2. — [g]V. R. H.

M. TULLII CICERONIS

IN

L. CATILINAM ORATIO SECUNDA

AD QUIRITES.

I. 1. ¹Tandem aliquando, ²Quirites, L. Catilinam, furen-
tem audacia,ᵃ scelusᵇ anhelantem, pestem patriae nefarie
molientem, vobisᶜ atque huic urbi ferroᵈ flammaque minitantem, ex urbe velᵉ ejecimus, vel ³emisimus, vel,⁴ipsum egredientem, ⁵verbis prosecuti sumus. ⁶Abiit, excessit, evasit, erupit. 5
Nulla jam pernicies a ⁷monstro illoᶠ atque prodigioᵍ moenibus
ipsis intra moenia comparabitur.   Atque hunc quidem unum,
hajus belli domestici ducem, ⁸sine controversia vicimus.
⁹Non enim jam inter latera nostra ¹⁰sica illa versabitur : non
in campo, non in foro, non in curia, non denique intra domes- 10
ticos parietes ¹¹pertimescemus. ¹²Locoʰ ille motus est, quum
est ex urbe depulsus : palam jam cum hoste, nullo impedi-
ente, ¹³bellum [justum] geremus.   Sine dubio perdidimus
hominem magnificeque vicimus, quum illum ex occultis insidiis
in apertum latrocinium conjecimus.   2. Quod vero ¹⁴non cru- 15
entum mucronem, ut voluit, extulit, quod, vivis nobis,ⁱ egres-

---

H. — I. ᵃ414 & 2. — ᵇ Dist. bet. *maleficium, facinus, flagitium, scelus,*
and *nefas.* V. Sall. Cat. XIV. n. 5. — ᶜ385. — ᵈ414 & 4. — ᵉ587, II. 2.
— ᶠ450. — ᵍ Dist. bet. *prodigium, ostentum, portentum,* and *monstrum.* V.
Sall. Cat. XXX. n. 3. — ʰ425, 3, 3). — ⁱ431.

A. & S. — I. ᵃ247, 1. — ᵇ V. R. H. — ᶜ223, R. 2. — ᵈ247, 3. — ᵉ198,
2, R. (a). — ᶠ207, R. 23, (a). — ᵍ V. R. H. — ʰ251. — ⁱ257, R 7.

sus est, quod ei[j] ferrum de manibus extorsimus,[k] quod incolumes cives, quod stantem urbem reliquit[k]; quanto [15]tandem
illum moerore[a] afflictum esse et profligatum putatis? Jacet
ille nunc prostratus, Quirites, et [16]se perculsum atque abjectum
5 esse sentit; et [17]retorquet oculos profecto saepe ad hanc urbem, quam[l] e suis faucibus ereptam esse luget; quae quidem
laetari mihi videtur, quod tantam pestem evomuerit[k] forasque
projecerit.

II. 3. Ac si quis est talis, quales esse omnes[a] [1]oportebat,
10 qui in hoc ipso, in quo exsultat et triumphat oratio mea, me
vehementer accuset,[b] quod tam capitalem hostem non com-
prehenderim[c] potius quam emiserim[c]; non est ista mea culpa,
sed temporum. Interfectum esse L. Catilinam et gravissimo
supplicio[d] affectum jampridem oportebat; idque a me et mos
15 majorum et hujus imperii severitas et res publica postulabat.[e]
Sed quam multos fuisse putatis, qui quae ego[f] deferrem[f] non
crederent[f]? quam multos, qui etiam defenderent[f]? [quam
multos, qui propter [3]improbitatem faverent[f]]? [4]Ac si, illo
sublato, depelli a vobis omne periculum [5]judicarem, jampridem
20 ego L. Catilinam non modo invidiae [6]meae, verum etiam vitae
periculo[h] sustulissem. 4. Sed quum viderem,[i] [7]ne vobis
quidem omnibus re etiam tum probata, si illum, ut erat meritus, morte multassem, fore,[j] ut ejus socios, invidia oppressus,
persequi non possem; [8]rem huc deduxi, ut tum [9]palam[k] pug-
25 nare possetis, quum hostem aperte[k] videretis.

[10]Quem quidem ego hostem quam vehementer foris esse
timendum putem,[l] licet [11]hinc intelligatis,[m] quod [12]illud etiam

---

H. — I. [j] 398, 5. — [k] 520, I. — [l] 545. — [k(?)] 520, II.

II. [a] 545. — [b] 500. — [c] 520, II. — [d] 419, III. & 2, 1). — [e] 463, I. — [f] 531.
— [g] 446. — [h] 414 & 3. The attributive genitive is equivalent to an adjective. — [i] What is the object of *viderem?* — [j] 544. What is the sub. acc.
of *fore?* — [k] Dist. bet. *aperte, palam,* and *manifesto.* V. n. 8. — [l] 525. —
[m] 496, 1.

A. & S. — I. [j] 224, R. 2; 222, 2, (b). — [k] 273, 5, & R. — [l] 239.

II. [a] 239. — [b] 264, 1. — [c] 266, 3. — [d] 249, I. — [e] 209, R. 12, (2). — [f] 266,
2. — [g] 209, R. 1, (a) & (b). — [h] 247, 2. V. R. H. — [i] V. R. H. — [j] 268,
R. 4, (b). — [k] V. R. H. — [l] 265. — [m] 262, R. 4.

moleste fero, quod ex Urbe [13]parum comitatus exierit. Utinam ille omnes secum suas copias eduxisset[n]! [14]Tongilium
mihi[o] eduxit, quem amare in [15]praetexta coeperat; [16]Publicium
et Minucium, quorum aes alienum contractum in popina [17]nul-
lum rei publicae motum afferre poterat: reliquit quos viros! 5
quanto aere[p] alieno! quam valentes! quam nobiles!

III. 5. Itaque ego illum exercitum, prae [1]Gallicanis[a] legionibus et hoc dilectu, quem [2]in agro Piceno et Gallico [3]Q.
Metellus habuit, et his copiis, quae a nobis quotidie [4]compa-
rantur, magno opere contemno, collectum ex [5]senibus despera- 10
tis, ex [6]agresti luxuria, ex rusticis [7]decoctoribus, ex iis, qui
[8]vadimonia deserere quam illum exercitum maluerunt; quibus
ego non modo si [9]aciem exercitus nostri, verum etiam si [10]edic-
tum praetoris ostendero, concident. Hos, quos video volitare
in foro, quos stare ad curiam, quos etiam in senatum venire, 15
qui [11]nitent[b] unguentis,[c] qui [12]fulgent purpura,[e] mallem[d] secum
[13]milites eduxisset,[e] qui si hic permanent, mementote non tam
exercitum illum esse nobis,[f] quam hos, [14]qui exercitum deseruerunt, pertimescendos.

Atque hoc etiam sunt timendi magis, quod quidquid cogi- 20
tant me scire sentiunt, neque tamen permoventur. 6. Video,
[15]cui sit Apulia attributa, quis habeat Etruriam, quis agrum
Picenum, quis Gallicum, quis sibi [16]has urbanas insidias caedis atque incendiorum depoposcerit. Omnia [17]superioris noctis
consilia ad me perlata esse sentiunt; patefeci in senatu hes- 25
terno die; Catilina ipse pertimuit, profugit: hi quid exspectant? ne illi vehementer errant, si illam meam pristinam leni-
tatem perpetuam sperant futuram.

IV. Quod exspectavi, jam sum assecutus, ut vos omnes
factam esse aperte conjurationem contra rem publicam vide- 30

H. — II. [a]488, 1 & 2. — [b]389. — [p]428.

III. [a]Dist. bet Gallicanae legiones and Gallicae legiones. V. n. 1. —
[b]Dist. bet. luceo, fulgeo, splendeo, and niteo. V. n. 11. — [c]414 & 2. — [d]485.
— [e]493, 2. — [f]388, I.

A. & S. — II. [a]263, 1 & R. — [o]228, N. (a). — [p]211, R. 6.

III. [a]V. R. H. — [b]V. R. H. — [c]247, 1. — [d]260, R. 2. — [e]262, R. 4.
— [f]225, III.

retis; [1]nisi vero [si] quis est, qui Catilinae[a] [2]similes cum
Catilina [3]sentire non putet.[b] Non est jam lenitati locus:
severitatem res ipsa flagitat. Unum etiam nunc concedam:
exeant,[c] proficiscantur,[c] ne patiantur [4]desiderio[d] sui Catilinam
5 miserum tabescere. Demonstrabo iter: [5]Aurelia via[e] profectus est: si accelerare volent, [6]ad vesperam consequentur. 7.
O fortunatam rem publicam[f] si quidem hanc [7]sentinam urbis
ejecerit! Uno mehercule Catilina [8]exhausto, levata mihi et
recreata res publica videtur. Quid enim mali aut sceleris
10 fingi aut cogitari potest, quod non ille conceperit[b]? quis[f] tota
Italia[g] veneficus, quis gladiator, quis latro, quis sicarius, quis
parricida, quis testamentorum subjector, quis circumscriptor,
quis ganeo, quis nepos, quis adulter, quae mulier infamis, quis
corruptor juventutis, quis corruptus, quis perditus inveniri po-
15 test, qui se cum Catilina non familiarissime vixisse fateatur[h]?
quae caedes per hosce annos sine illo facta est? quod[h] nefarium stuprum non per illum[i]? 8. [9]Jam vero [10]quae tanta umquam in ullo homine juventutis illecebra fuit, quanta in illo?
qui alios ipse amabat turpissime, aliorum amori[j] flagitiosissime
20 serviebat, aliis fructum libidinum, aliis mortem parentum
non modo [11]impellendo, verum etiam adjuvando pollicebatur.
Nunc vero quam subito non solum ex urbe, verum etiam ex
agris ingentem numerum perditorum hominum collegerat!
Nemo non modo Romae, sed nec ullo quidem in angulo totius
25 Italiae oppressus aere alieno fuit, quem non ad hoc incredibile sceleris foedus adsciverit.[b]

V. 9. Atque ut [1]ejus diversa studia in dissimili ratione perspicere possitis, nemo est in ludo gladiatorio paulo ad facinus
audacior,[a] qui se non [2]intimum Catilinae esse fateatur: nemo

---

H. —IV. [a]399, 3, 2). Dist. bet. the use of *similis* with the gen. and
with the dat. V. I. 2, n. 18. — [b]501, I.— [c]485. —[d]414 & 2.— [e]414 & 4.—
[f]381. — [g]454, 1.— [h(2)]422, 1 & 1). — [b]454. — [i]414, 5, 1).— [j]385.

V. [a]444, 1.

A. & S. — IV. [a]222, R. 2, (b). — [b]264, 6.— [c]260, R. 6. — [d]247, 1.
—[e]254, R. 3. — [f]238, 2. — [b(2)]264, 7. — [g]137, 1. — [c(2)]254, R. 2, (b).—
[h]137, 1.— [i]247, R. 4.—[j]223, R. 2.

V. [a]256, R. 9, (a).

[5]in scena levior et nequior, qui se non ejusdem prope sodalem fuisse commemoret. Atque idem tamen, stuprorum et scelerum exercitatione[b] assuefactus [c]frigore[c] et fame et siti et vigiliis perferendis,[d] [e]fortis ab istis praedicabatur, quum industriae [e]subsidia atque instrumenta virtutis in libidine audaciaque consumeret.

10. Hunc vero si secuti erunt sui comites, si ex urbe exierint desperatorum hominum flagitiosi greges, O nos beatos! O rem publicam fortunatam! O praeclaram laudem consulatus mei! Non enim jam sunt mediocres [7]hominum libidines, non humanae ac [8]tolerandae audaciae[e]: nihil cogitant, nisi caedem, nisi incendia, nisi rapinas. Patrimonia sua profuderunt, fortunas suas obligaverunt: [9]res eos jampridem, fides deficere nuper coepit; eadem tamen illa, quae erat in abundantia, libido permanet. Quod si in vino et [10]alea comissationes solum et scorta quaererent, essent illi quidem desperandi, sed tamen essent ferendi. Hoc[f] vero quis ferre possit, inertes homines[h] fortissimis viris insidiari, stultissimos prudentissimis, ebriosos sobriis, dormientes vigilantibus? qui [11]mihi[e] accubantes in conviviis, complexi mulieres impudicas, vino languidi, conferti cibo, sertis redimiti, unguentis obliti, debilitati stupris, eructant sermonibus suis caedem bonorum atque urbis incendia.

11. Quibus ego confido impendere fatum aliquod, et poenam jamdiu improbitati, nequitiae, sceleri, libidini debitam aut [12]instare jam plane aut certe appropinquare. Quos si meus consulatus, quoniam sanare non potest, sustulerit, [13]non breve nescio quod tempus, sed multa saecula propagarit rei publicae. Nulla est enim natio, quam pertimescamus; nullus rex, qui bellum populo Romano facere possit. Omnia sunt externa [14]unius virtute terra marique pacata: domesticum bellum manet; intus insidiae sunt; intus inclusum periculum est; intus

---

H. — V. [1]414 & 2. — [2]414 & 4. — [3]439; 562. — [4]130, 2. — [5]450, 3. — [6]382. — [b] Dist. bet. *homo* and *vir.* V. Sall. Cat. I. n. 1.

A. & S. — V. [1]247, 1. — [2]245, II. 3. — [3]205, Exc. to R. 2; 275, II. — [4]95, R. — [5]207, R. 22. — [6]228, N. (a). — [b] V. R. H.

est hostis. Cum luxuria nobis,[1] cum amentia, cum scelere
certandum est. Huic ego me bello ducem profiteor, Quirites:
suscipio inimicitias hominum perditorum. Quae sanari poterunt, quacumque ratione sanabo : quae resecanda erunt, non
5 patiar ad perniciem civitatis manere. [15]Proinde aut exeant[1]
aut quiescant ; aut, si et in urbe et in eadem mente permanent, ea quae merentur exspectent.

    VI. 12. At etiam [1]sunt, qui dicant, Quirites, a me in ex-
silium ejectum esse Catilinam. Quod ego si verbo assequi
10 possem, istos ipsos ejicerem, qui haec loquuntur. Homo enim
[2]videlicet[2] timidus aut etiam permodestus vocem consulis ferre
non potuit : simul atque ire in exsilium jussus est, paruit.

    Quid ? ut [3]hesterno die, quum domi meae paene interfectus
essem, senatum in aedem Jovis Statoris convocavi, rem om-
15 nem ad patres conscriptos detuli,—quo quum Catilina venisset,
quis eum senator appellavit ? quis salutavit ? quis denique ita
adspexit ut perditum civem, ac non potius ut importunissimum
hostem ? quin etiam principes [4]ejus ordinis partem illam subselliorum, ad quam ille accesserat, nudam atque inanem reli-
20 querunt : — hic ego, vehemens [5]ille consul, qui verbo cives in
exsilium ejicio, quaesivi[b] a Catilina, in nocturno conventu apud
M. Laecam fuisset necne.[d] 13. Quum ille, [6]homo audacissimus,
conscientia convictus primo reticuisset, patefeci cetera : quid
[7]ea nocte egisset, quid [8]in proximam constituisset, quemadmo-
25 dum esset ei[e] [9]ratio totius belli descripta, edocui. Quum
haesitaret, quum [10]teneretur, quaesivi, quid[f] dubitaret proficisci
eo, quo jampridem pararet,[g] quum arma, quum secures, quum
[11]fasces, quum tubas, quum signa militaria, quum aquilam
illam argenteam, cui ille etiam sacrarium [scelerum] domi
30 suae fecerat, scirem esse praemissam.[h] 14. In exsilium ejiciebam,[i] quem jam ingressum esse in bellum videbam ? Etenim,

H. — V. [1]388, I. —[15]487 ; 488, II.

    VI. [b]374, 3, 4). —[4]526, 1). —[5]388, II. —[7]380, 2. —[e]527. —[h]439.
—[i]468.

    A. & S. — V. [1]225, III. —[15]260, R. 6.

    VI. [b]198, 7, R. (a). —[b]231, R. 4. —[4]265, R. 2. —[5]225, II. —[7]235,
R. 11. —[g]266, 1. —[h]205, Exc. R. 2. —[i]145, II.

[12]credo, Manlius iste centurio, qui in [13]agro Faesulano castra posuit, bellum populo Romano suo nomine[j] indixit, et illa castra nunc non Catilinam ducem exspectant, et ille ejectus in exsilium se Massiliam,[k] ut aiunt, non in haec castra conferet.

VII. O conditionem[a] miseram, non modo administrandae, 5 verum etiam conservandae rei publicae! Nunc si L. Catilina consiliis, laboribus, [1]periculis[b] meis circumclusus ac debilitatus subito pertimuerit, sententiam mutaverit, deseruerit suos, consilium belli faciendi[c] abjecerit, ex hoc cursu sceleris ac belli iter ad fugam [2]atque in exsilium converterit,[b] [3]non ille a me 10 spoliatus armis[d] audaciae, non obstupefactus ac perterritus mea diligentia, non de spe conatuque depulsus, sed indemnatus, innocens, in exsilium ejectus a consule vi et minis esse dicetur; et erunt, qui illum, si hoc fecerit, non improbum, sed miserum, me non diligentissimum consulem, sed crudelissimum 15 tyrannum existimari velint. 15. 'Est mihi[e] tanti,' Quirites, hujus invidiae falsae atque iniquae tempestatem subire, dummodo a vobis hujus horribilis belli ac nefarii periculum depellatur.[g] Dicatur[h] sane ejectus esse a me, dummodo eat[g] in exsilium; sed mihi credite, non est iturus.[i] Numquam ego 20 a diis immortalibus optabo, Quirites, invidiae meae levandae[c] causa, ut L. Catilinam ducere exercitum hostium atque in armis volitare audiatis; sed triduo tamen audietis: multoque magis [5]illud timeo, [6]ne[j] mihi sit invidiosum[k] aliquando, quod illum emiserim[l] potius, quam quod ejecerim.[l] Sed quum sint 25 homines, qui illum, quum profectus sit, ejectum esse dicant, iidem, si interfectus esset, quid dicerent?

16. [7]Quamquam isti, qui Catilinam [8]Massiliam ire dictitant,[m] non tam hoc queruntur, quam verentur. Nemo est istorum

H. — VI. [j]414 & 2. — [k]379.

VII. [a]381. — [b]704, I. 1. — [c]562. — [d]419, III. — [e]389. — [f]401; 402, III. 1. — [g]503 & I. — [h]488 & I.; 549, 4. — [i]228. — [j]492, 4, 1). — [k]323. — [l]556, I.; 520, II. — [m]332, I. & 2.

A. & S. — VI. [j]247, 1. — [k]237.

VII. [a]238, 2. — [b]278, R. 6, (b). — [c]275, II. — [d]251. — [e]228, N. (a). — [f]214. — [g]263, 2. — [h]260, R. 6; 271, R. 2. — [i]162, 14. — [j]262, R. 7. — [k]128, I. 4. — [l]266, 3. — [m]187, II. 1, (c).

tam misericors [9]qui illum non ad Manlium, quam ad Massili-
enses ire malit. Ille autem, si mehercule [10]hoc, quod agit,
namquam antea cogitasset, tamen latrocinantem se interfici
mallet, quam exsulem vivere. Nunc vero, quum ei nihil ad-
5 huc praeter ipsius voluntatem cogitationemque acciderit, nisi
quod, vivis nobis," Roma profectus est, optemus potius, ut eat
in exsilium, quam [11]queramur.

VIII. 17. Sed cur tamdiu de uno hoste loquimur, et de eo
hoste, [1]qui jam fatetur se esse hostem, et quem, quia, quod
10 semper volui, murus interest, non timeo; [2]de iis, qui dissim-
ulant, qui Romae remanent, qui nobiscum sunt, nihil dicimus?
quos quidem ego, si ullo modo fieri possit, non tam ulcisci
studeo quam sanare sibi ipsos, placare rei publicae; neque, id
quare fieri non possit, si me audire volent, intelligo. Expo-
15 nam enim vobis, Quirites, ex quibus generibus hominum [3]istae
copiae comparentur: [4]deinde singulis medicinam consilii atque
orationis meae, [5]si quam potero, afferam.

18. Unum genus [6]est eorum," qui [7]magno in aere alieno
majores etiam possessiones habent; quarum amore[b] adducti
20 [8]dissolvi nullo modo possunt. Horum hominum [9]species est
honestissima; sunt enim locupletes; voluntas vero et causa
impudentissima. [10]Tu agris,[c] tu aedificiis,[c] tu [11]argento,[c] tu
familia,[c] tu rebus[c] omnibus ornatus et copiosus sis,[d] et dubites[d]
de [12]possessione detrahere, acquirere ad fidem? Quid enim
25 exspectas? bellum? Quid? ergo in vastatione omnium tuas
possessiones sacrosanctas futuras putas? [13]An tabulas novas?
Errant, qui istas a Catilina exspectant. [14]Meo beneficio tabulae novae proferentur, verum auctionariae; neque enim isti,
qui possessiones habent, alia ratione ulla salvi esse possunt.
30 Quod si maturius facere voluissent, [15]neque (id quod stultissi-
mum est) certare cum usuris fructibus praediorum, et [16]locu-

---

H. — VII. [a]431.
VIII. [a]401. — [b]414 & 2. — [c]419, III. — [d]485.
A. & S. — VII. [a]257, R. 7.
VIII. [a]211, R. 8, (1). V. n. 6. — [b]247, 1. — [c]249, I. — [d]260, R. 5.

pletioribus his et melioribus civibus uteremur. Sed ·hosce
homines minime puto pertimescendos, quod aut deduci de
sententia possunt; aut, si permanebunt, magis mihi videntur
vota facturi contra rem publicam quam arma laturi.

IX. 19. Alterum genus est eorum,[a] qui, quamquam pre- 5
muntur aere alieno, [1]dominationem tamen exspectant : rerum[b]
potiri volunt : honores, quos, quieta re publica,[c] desperant,
perturbata, se consequi posse arbitrantur. [2]Quibus[d] hoc[e] praecipiendum[f] videtur,[g] unum scilicet et idem, quod[e] [3]reliquis[d]
omnibus, ut desperent,[h] id quod conantur se[i] consequi[j] posse[i] : 10
primum omnium,[k] [4]me ipsum vigilare, adesse, providere rei
publicae ; deinde magnos animos esse in bonis viris, magnam
concordiam in maxima multitudine, magnas praeterea copias
militum ; deos denique immortales huic invicto populo, clarissimo imperio, pulcherrimae urbi contra tantam vim sceleris 15
[5]praesentes auxilium esse laturos. Quod[l] si jam sint id, quod
cum summo furore[m] cupiunt, adepti, num[n] illi in cinere urbis
et sanguine civium, [6]quae mente[o] conscelerata ac nefaria con
cupiverunt, se consules aut dictatores aut etiam reges sperant
futuros ? Non vident id se cupere, quod[p] si adepti sint, [7]fugi- 20
tivo alicui aut gladiatori concedi[p] sit necesse ?

20. Tertium genus est [8]aetate[q] jam affectum, sed tamen
exercitatione robustum ; quo ex genere est ipse Manlius, cui
nunc Catilina succedit. Sunt [9]homines ex iis coloniis, quas
Sulla constituit ; [10]quas ego universas civium esse optimorum 25
et fortissimorum virorum[r] sentio ; sed tamen ii sunt coloni, qui
[11]se in insperatis ac repentinis pecuniis sumptuosius insolenti-
usque jactarunt. Hi, dum aedificant, tamquam [12]beati, dum
praediis, [13]lecticis, familiis magnis, conviviis apparatis delectan-

---

H. — IX. [a]401. —[b]409, 3. —[c]431. —[d]453; 386. —[e]545. —[f]549.—
[g]549, 1. —[h]495, 3. —[i]545 ; 551, L & 1. —[j]552 & 1. —[k]396, 2, 3) & (2).
—[l]453, 6. —[m]414 & 3. —[n]346, II. 1, 3). —[o]414 & 3. —[p]545 ; 549. —
[q]419, III. —[r]401.

A. & S. — IX. [a]V. VIII. a, & n. 6. —[b]220, 4. —[c]257, R. 7. —[d]224;
206, (17). —[e]239. —[f]270, R. 3. —[g]209, R. 3, 5. —[h]262. —[i]272; 239.
—[j]271. —[k]212, R. 2. —[l]206, (14). —[m]247, 2. —[n]198, 11, R. (b). —[o]247,
2. —[p]239. —[q]249, I. —[r]211, R. 8, (1). V. VIII. n. 6.

N

tur, in tantum aes alienum inciderunt, ut, si salvi esse velint,
Sulla sit [iis[e]] ab inferis excitandus. Qui etiam nonnullos
agrestes, homines tenues atque egentes, in eandem illam spem
[14]rapinarum veterum impulerunt. Quos ego utrosque in eodem
5 genere praedatorum direptorumque pono ; sed eos hoc[f] moneo : desinant furere ac proscriptiones et dictaturas cogitare.
Tantus enim [15]illorum temporum dolor inustus est civitati,[c]
ut jam ista [16]non modo homines, sed ne pecudes quidem mihi
passurae esse videantur.

10　　X. 21. Quartum genus est sane [1]varium et mixtum et
turbulentum ; qui [2]jampridem premuntur, qui numquam emer-
gunt ; qui partim inertia,[a] partim male gerendo negotio,[c]
partim etiam sumptibus[b] [3]in vetere aere alieno vacillant ;
qui [4]vadimoniis, judiciis, proscriptionibus bonorum defatigati,
15 [5]permulti et ex urbe et ex agris se in illa castra conferre dicuntur. Hosce ego non tam milites acres, quam [6]infitiatores
lentos esse arbitror. Qui[c] homines primum si stare non possunt, corruant ; sed ita, ut [7]non modo civitas, sed ne vicini
quidem proximi sentiant. Nam illud non intelligo. quamob-
20 rem, si vivere honeste non possunt, perire turpiter velint[d] ;
aut cur minore dolore[e] perituros se cum multis, quam si soli
pereant, arbitrentur.[d]

22. Quintum genus est [8]parricidarum, sicariorum, denique
omnium facinorosorum ; quos ego a Catilina non revoco ; nam
25 neque ab eo divelli possunt ; et pereant sane in latrocinio,
quoniam sunt ita multi, ut eos carcer capere non possit.

[9]Postremum autem genus est, non solum numero,[f] verum
etiam genere[f] ipso atque vita,[f] [10]quod proprium Catilinae[g] est,
de ejus delectu, [11]immo vero [12]de complexu ejus ac sinu ; quos
30 pexo capillo,[h] nitidos aut [13]imberbes aut [14]bene barbatos videtis, manicatis et talaribus [15]tunicis,[h] [16]velis amictos, non togis ;

H. — IX. [9]388, I. — [6]410, 8 & 1.
X. [a]414 & 2. — [b]Dist. bet. sumptus and impensae. V. Caes. I. 18, n. 9.
— [c]453. — [d]525. — [e]414 & 3. — [f]429. — [g]399, 3, 3). — [h]428.
A. & S. — IX. [9]225, III. — [6]218, R. 1.
X. [a]247, 1. — [b]V. R. H. — [c]206, (17). — [d]265. — [e]247, 2. — [f]250, 1.
— [g]222, R. 2, (a). — [h]211, R. 6.

quorum omnis industria vitae et vigilandi labor in antelucanis
coenis expromitur. 23. In his gregibus omnes [17]aleatores, omnes adulteri, omnes impuri impudicique versantur. Hi pueri
tam lepidi ac delicati non solum amare et amari, neque saltare
et [18]cantare,[j] sed etiam sicas vibrare et spargere venena didi- 5
cerunt; qui [19]nisi exeunt, nisi pereunt, etiamsi Catilina perie-
rit, scitote[l] hoc in re publica [20]seminarium Catilinarum futurum.
Verumtamen quid sibi isti miseri volunt? Num suas secum
mulierculas sunt in castra ductari? Quemadmodum autem
illis[k] carere poterunt, his praesertim jam noctibus? Quo au- 10
tem pacto illi Apenninum atque illas pruinas ac nives perfe-
rent? nisi idcirco se facilius hiemem toleraturos putant, quod
nudi in conviviis saltare didicerunt.

XI. 24. O bellum magno opere pertimescendum, quum
hanc sit habiturus Catilina scortorum [1]cohortem praetoriam! 15
Instruite nunc, Quirites, contra has tam praeclaras Catilinae copias vestra praesidia vestrosque exercitus; et primum gladiatori illi confecto et saucio consules imperatoresque
vestros opponite; deinde contra illam naufragorum ejectam
ac debilitatam manum florem totius Italiae ac robur educite. 20
[2]Jam vero [3]urbes coloniarum[a] ac municipiorum [4]respondebunt
Catilinae tumulis silvestribus. Neque ego ceteras copias,
[5]ornamenta, praesidia vestra, cum illius latronis inopia atque
egestate conferre debeo. 25. Sed si, omissis his rebus quibus[b]
nos suppeditamur, [6]eget ille, senatu,[c] equitibus Romanis, [pop- 25
ulo,] urbe, aerario, vectigalibus, cuncta Italia, provinciis
omnibus, [7]exteris[d] nationibus, si, his rebus omissis, ipsas causas, quae inter se confligunt, [8]contendere velimus; [9]ex eo ipso,
[10]quam valde illi jaceant, intelligere possumus. [11]Ex hac enim
parte pudor pugnat, illinc petulantia; hinc pudicitia, illinc 30
stuprum; hinc fides, illinc fraudatio; hinc pietas, illinc scelus;

H. — X. [1]537, I. —[j]Dist. bet. *cano*, *canto*, and *psallo*. V. n. 18.—
[l]419, III.

XI. [a]396, V. —[b]419, III.—[c]363.—[d]Dist. bet. *externus* and *exterus*.
V. n. 7.

A. & S. — X. [1]267, (2).—[j]V. R. H.—[k]250, 2, (2).

XI. [a]211, R. 2, N.—[b]249, L.—[c]204.—[d]V. R. H.

hinc constantia, illinc furor; hinc honestas, illinc turpitudo;
hinc continentia, illinc libido: denique aequitas, temperantia,
fortitudo, prudentia, virtutes omnes certant cum iniquitate,
luxuria, ignavia, temeritate, cum vitiis omnibus: postremo,
5 copia cum egestate, [12]bona ratio cum perdita, mens sana cum
amentia, bona denique spes cum omnium rerum desperatione
confligit.   In ejusmodi certamine ac proelio nonne, etiam si
hominum [13]studia deficiant, dii ipsi immortales cogant [14]ab[c] his
praeclarissimis virtutibus tot et tanta vitia superari ?

10 XII. 26. Quae quum ita sint, Quirites, vos quemadmodum jam antea, vestra tecta vigiliis custodiisque defendite:
mihi,[a] ut [1]urbi sine vestro motu ac sine ullo tumultu satis esset
praesidii,[b] [2]consultum atque provisum est.   Coloni omnes mu-
nicipesque vestri, certiores a me facti de hac nocturna [3]ex-
15 cursione Catilinae, facile urbes suas finesque defendent : gladiatores, quam[d] sibi[e] ille manum certissimam fore putavit,
quamquam [4]animo[e] meliore sunt quam pars patriciorum, potestate tamen nostra [5]continebuntur.   Q. Metellus, quem ego
hoc prospiciens in agrum Gallicum Picenumque praemisi,
20 aut opprimet [6]hominem aut omnes ejus motus conatusque
prohibebit.   Reliquis autem de rebus constituendis, maturan-
dis, agendis jam ad senatum referemus, [7]quem vocari videtis.

27. Nunc illos, qui in urbe remanserunt, [8]atque adeo [qui]
contra urbis salutem omniumque vestrum, in urbe a Catilina
25 relicti sunt, quamquam sunt hostes, tamen, quia nati sunt cives,
monitos [9]eos etiam atque etiam volo.   Mea lenitas si cui adhuc solutior[f] visa est, hoc [10]exspectavit, ut id quod latebat,
erumperet.   [11]Quod[g] reliquum est, jam non possum oblivisci,
meam hanc esse patriam, me horum esse consulem, mihi aut
30 cum his vivendum aut pro his esse moriendum.   Nullus est
portis custos, nullus insidiator viae : si qui exire volunt, con-

---

H. — XI. [*]414, 6.
XII. [a]388, II. — [b]396, 2, 4) & (1). — [c]390, 2. — [d]445, 4. — [e]428. —
[f]444, 1. — [g]445, 7.
A. & S. — XI. [*]Why is ab necessary? V. n. 14.
XII. [a]225, II — [b]212, R. 4. — [c]227, & R. 4. — [d]206, (10). — [e]211,
R. 8, (2). — [f]256, R. 9, (a). — [g]206, 13, (a).

nivere possum. Qui[h] vero se in urbe commoverit, cujus ego
non modo [12]factum, sed inceptum ullum conatumve contra patriam deprehendero, sentiet in hac urbe esse consules vigilan-
tes, esse egregios magistratus, esse fortem senatum, esse arma,
esse carcerem, quem vindicem nefariorum ac manifestorum 5
scelerum majores nostri [13]esse voluerunt.

XIII. 28. Atque haec omnia sic agentur, Quirites, ut
maximae res minimo motu,[a] pericula summa nullo tumultu,[a]
bellum intestinum ac domesticum, post hominum memoriam
crudelissimum et maximum, [1]me uno togato duce et impera- 10
tore, sedetur.[b] Quod ego sic administrabo, Quirites, ut, si ullo[c]
modo fieri poterit, ne improbus quidem quisquam[d] in hac urbe
poenam sui sceleris sufferat. Sed si vis manifestae audaciae,
si impendens patriae periculum me necessario de hac animi
lenitate deduxerit, illud profecto perficiam, quod in tanto et tam 15
insidioso bello [2]vix optandum videtur, ut neque bonus quisquam
intereat, paucorumque poena vos omnes salvi esse possitis.

29. Quae quidem ego neque mea prudentia[e] neque hu-
manis consiliis[e] fretus polliceor vobis, Quirites, sed multis et
non dubiis deorum immortalium [3]significationibus,[c] [4]quibus[f] 20
ego ducibus, in hanc spem sententiamque sum ingressus ; qui
jam non procul, ut quondam solebant, ab [5]externo hoste atque
longinquo, sed hic praesentes suo numine atque auxilio sua
templa atque urbis tecta defendunt ; quos vos, Quirites, pre-
cari,[g] venerari, implorare debetis ut, [6]quam[h] urbem pulcherri- 25
mam florentissimamque esse voluerunt, hanc,[h] omnibus hostium copiis terra marique superatis, a perditissimorum civium
nefario scelere defendant.

H. — XII. [b] 445, 6.

XIII. [a] 414 & 3. — [b] 463, I. — [c] 'When are *quisquam* and *ullus* used after
si ? V. I. 2, n. 19. What words are commonly used after si to express
"any ?" V. ib. — [d] In what kinds of sentences is *quisquam* commonly
used ? 457. — [e] 419, IV. — [f] 431. — [g] Dist. bet. *rogo, oro, obsecro, obtestor,
precor,* and *supplico.* V. Caes. I. 20, n. 1.

A. & S. — XII. [b] 206, (4).

XIII. [a] 247, 2. — [b] 209, R. 12, (8). — [c] V. R. H. — [d] V. R. H. 207, R.
31. — [e] 244. — [f] 257, R. 7. — [g] V. R. H. — [h] 206, (3) & (a).

M. TULLII CICERONIS

IN

L. CATILINAM ORATIO TERTIA

AD QUIRITES.

I. 1. Rem publicam, [1]Quirites, vitamque omnium[a] vestrum,
bona, fortunas, conjuges liberosque[b] vestros atque[b] hoc domicilium clarissimi imperii, fortunatissimam pulcherrimamque
urbem,[c] hodierno die deorum immortalium summo erga vos
5 amore, laboribus, consiliis, [2]periculis meis, e flamma atque
ferro ac paene ex faucibus fati ereptam et[b] vobis conservatam
ac restitutam videtis. 2. Et si non minus nobis jucundi atque
[3]illustres sunt ii dies, quibus[d] conservamur, quam illi, quibus[d]
nascimur, quod salutis certa laetitia est, nascendi incerta con-
10 ditio, et quod sine [4]sensu nascimur, cum [5]voluptate servamur;
profecto, quoniam illum, qui hanc urbem condidit, ad deos
immortales [6]benevolentia famaque sustulimus, [7]esse apud
vos posterosque vestros in honore debebit is, qui eandem
hanc urbem conditam[f] amplificatamque servavit. Nam toti
15 urbi,[e] templis, delubris, tectis ac moenibus subjectos[f] prope jam
ignes circumdatosque restinximus; iidemque[h] gladios in rem
publicam districtos[g] retudimus, mucronesque eorum a jugulis
vestris dejecimus. 3. Quae quoniam in senatu [8]illustrata,

H.—I. [a]446, 3.—[b]587, I. 2.—[c]363.—[d]378, 1.—[e]386.—[f]378, I.
—[g]577.—[h]451, 3.

A. & S.—I. [a]212, R. 2, N. 2.—[b]198, 1, R. (a).—[b]([bb])198, 1, R.
(b).—[c]204.—[d]253.—[e]224.—[f]274, 3, (a).—[g]274, 3, (a).—[h]207, R.
27, (a).

patefacta, comperta sunt per me, vobis jam exponam breviter, Quirites, ut [9]et quanta et qua ratione investigata et comprehensa sint, vos, qui ignoratis [10]et exspectatis, scire possitis.

Principio, [11]ut Catilina paucis ante diebus[i] erupit ex urbe, quum sceleris sui socios, hujusce nefarii belli acerrimos du- 5 ces, Romae reliquisset, semper vigilavi et providi, Quirites, quemadmodum in tantis et tam absconditis insidiis, salvi esse possemus.[j]

II. Nam tum, quum ex urbe Catilinam ejiciebam, (non enim jam vereor [1]hujus verbi invidiam, quum [2]illa magis sit 10 timenda, quod vivus exierit,[a]) [3]sed tum, quum illum exterminari volebam, aut reliquam[b] conjuratorum manum simul exituram aut eos, qui restitissent, infirmos sine illo ac debiles fore putabam. 4. [4]Atque ego, ut vidi, quos maximo furore et scelere esse inflammatos sciebam, eos nobiscum esse et Romae 15 remansisse, [5]in eo omnes dies noctesque consumpsi, ut, quid agerent, quid molirentur, sentirem ac viderem; ut, quoniam auribus[c] vestris propter incredibilem magnitudinem sceleris [6]minorem[d] fidem faceret[e] oratio mea, [7]rem ita comprehenderem, ut tum demum animis[e] saluti vestrae provideretis, quum oculis[e] 20 maleficium ipsum videretis. 5. Itaque ut [8]comperi legatos [9]Allobrogum belli [10]Transalpini et [11]tumultus Gallici excitandi causa a P. [12]Lentulo esse sollicitatos, eosque in Galliam ad suos cives [13]eodemque itinere cum [14]literis mandatisque ad Catilinam esse missos, comitemque iis adjunctum [15]T. Voltur- 25 cium, atque huic esse ad Catilinam datas literas, facultatem mihi oblatam putavi, ut, quod erat difficillimum quodque ego semper optabam ab diis immortalibus, [16]ut tota res non solum a me, sed etiam a senatu et a vobis manifesto deprehenderetur.

Itaque hesterno die [17]L. Flaccum et [18]C. Pomptinum, prae- 30 tores, fortissimos atque amantissimos rei publicae[f] viros, ad

---

H. — I. [1]427 & 1. — [j]525.

II. [a]520, II. What word does *quod* explain? — [b]441, 6. — [c]384. — [d]244, 1. — [e]517 & II. — [f]399 & 2, 1).

A. & S. — I. [i]253, R. 1. — [j]265.

H. [a]273, 5, (2); 266, 3. — [b]205, R. 17. — [c]223. — [d]256, R. 9, (a). — [e]260, II. & (2). — [f]213.

me vocavi: rem exposui: quid fieri placeret ostendi. Illi
[19]autem, [20]qui omnia de re publica praeclara atque egregia
sentirent,[f] sine recusatione ac sine ulla mora negotium susce-
perunt; et, quum advesperasceret, occulte ad pontem [21]Mul-
5 vium pervenerunt; atque ibi in proximis villis ita bipartito
fuerunt, ut Tiberis inter eos et pons interesset.[h] Eodem autem
et ipsi sine cujusquam suspicione multos fortes viros eduxe-
rant, et ego [22]ex praefectura Reatina complures delectos adolescentes, quorum opera utor assidue in re publica, [23]praesidio[i]
10 cum gladiis miseram.   6. Interim, tertia fere[j] [24]vigilia exacta,
quum jam pontem Mulvium cum magno comitatu legati Allobrogum ingredi inciperent unaque Volturcius, fit in eos impetus: educuntur et ab illis gladii et a nostris. Res praetoribus
erat nota solis: ignorabatur a ceteris.

15   III.   Tum interventu Pomptini atque Flacci pugna [quae
erat commissa] sedatur. Literae, quaecumque erant[a] in eo
comitatu, integris signis,[b] praetoribus traduntur: ipsi comprehensi ad me, quum jam dilucesceret,[d] deducuntur. Atque
horum omnium scelerum improbissimum machinatorem, [1]Cim-
20 brum Gabinium, statim[e] ad me, [2]nihildum suspicantem, vocavi; deinde item arcessitus est [3]L. Statilius et post eum
[4]C. Cethegus; tardissime autem [5]Lentulus venit, [6]credo, quod
in literis dandis [7]praeter consuetudinem proxima nocte vigi-
larat.

25   7. Quum summis et clarissimis hujus civitatis viris,[f] qui,
audita re, frequentes ad me mane convenerant, literas[g] a me
prius aperiri, quam ad senatum deferrem, placeret, ne, si nihil
esset inventum, temere a me tantus tumultus injectus civitati[h]

H. — II. [f]519. — [h]463, 3. — [i]390, 2. — [j]Dist. bet. *fere, ferme, paene,*
and *prope.* V. Caes. I. 1, n. 15.

III. [a]475, 3. — [b]431. — [d]481, IV. — [e]Dist. bet. *repente, subito, extemplo,*
e vestigio, illico, statim, protinus, confestim, and *continuo.* V. Caes. II. 11, n. 3.
— [f]385. — [g]545. — [h]386.

A. & S. — II. [f]264, 8, (1). — [h]209, R. 12, (2). — [i]227, R. 2. — [j]V.
R. H.

III. [a]259, R. 4, (3). — [b]257, R. 7. — [d]258, R. 1. — [e]V. R. H. — [f]223.
R. 2. — [g]239. — [h]224.

videretur, [8]negavi me esse facturum, ut de periculo publico non ad consilium publicum rem integram deferrem. Etenim, Quirites, si ea, quae erant ad me delata, reperta non essent, tamen ego non arbitrabar, in tantis rei publicae periculis, esse mihi[i] nimiam diligentiam pertimescendam. Senatum fre- 5 quentem celeriter, ut vidistis, coëgi. 8. Atque interea statim admonitu[j] Allobrogum, C. Sulpicium praetorem, fortem virum, misi, [9]qui ex aedibus Cethegi, si quid telorum esset, efferret[k]; ex quibus ille maximum sicarum numerum et gladiorum extulit. 10

IV. Introduxi Volturcium sine [1]Gallis: [2]fidem publicam jussu[a] senatus dedi: hortatus sum, ut ea, quae sciret, sine timore indicaret. Tum ille dixit, quum vix se ex magno timore recreasset, a P. Lentulo se habere ad Catilinam [3]mandata et literas, ut [4]servorum praesidio[b] uteretur, ut ad urbem 15 quam primum cum exercitu accederet; [5]id autem eo consilio,[a] ut quum urbem [6]ex omnibus partibus, quemadmodum descriptum distributumque erat, incendissent, caedemque infinitam civium fecissent, praesto esset ille, qui et fugientes exciperet[c] et se cum his urbanis [7]ducibus conjungeret.[c] 9. Introducti au- 20 tem Galli, [8]jusjurandum sibi et literas ab Lentulo, Cethego, Statilio, ad suam gentem data esse dixerunt, atque ita sibi ab his et a L. Cassio esse praescriptum, ut equitatum in Italiam quam primum mitterent: [9]pedestres sibi copias non defuturas; Lentulum autem [10]sibi confirmasse ex [11]fatis Sibyllinis 25 haruspicumque responsis, se esse tertium illum Cornelium, ad quem regnum hujus urbis atque imperium pervenire esset necesse; Cinnam ante se et Sullam fuisse; eundemque[d] dixisse [12]fatalem hunc esse annum ad interitum hujus urbis atque imperii, qui esset[e] annus decimus post [13]virginum absolutionem, 30 post [14]Capitolii autem incensionem vicesimus. 10. Hanc au-

---

H. — III. [1]388, I. — [j]414 & 2. — [k]500.
IV. [a]414, 2, 3). — [b]419, I. — [c]500. — [d]451, 3. — [e]519.
A. & S. — III. [1]225, III. — [j]247, 1. — [k]264, 5.
IV. [a]247, 1, & R. 2, (a). — [b]245, I. — [c]264, 5. — [d]207, R. 27, (a). — [e]264, 8, (1).

10

tem Cethego' cum ceteris controversiam fuisse dixerunt, quod
Lentulo et aliis, caedem ¹⁴Saturnalibus² fieri atque urbem incendi placeret, Cethego nimium id longum videretur.

V. Ac, ¹ne longum sit, Quirites, ²tabellas proferri jussimus,
5 quae a quoque dicebantur datae. Primum ostendimus Cethego signum: ³cognovit. Nos linum incidimus: legimus.
Erat scriptum ipsius manu Allobrogum senatui et populo,
sese, quae eorum legatis ⁴confirmasset,² esse facturum²:
orare,² ut item illi facerent, quae sibi eorum legati ⁵recepis-
10 sent.² Tum Cethegus, ⁶qui paulo ante aliquid tamen de gladiis ac sicis, quae ⁷apud ipsum erant deprehensa, respondisset
dixissetque ⁸se semper bonorum ferramentorum⁰ studiosum
fuisse, recitatis literis debilitatus atque abjectus, conscientia
convictus, repente conticuit.

15 Introductus est Statilius: cognovit et signum et manum
suam. Recitatae sunt tabellae ⁹in eandem fere sententiam:
confessus est.

Tum ostendi tabellas Lentulo, et quaesivi, cognosceretne
signum. Adnuit. "Est vero, inquam, notum quidem sig-
20 num, imago ¹⁰avi tui, clarissimi viri, qui amavit unice patriam
et cives suos; ¹¹quae quidem te a tanto scelere etiam muta
revocare debuit." 11. ¹²Leguntur eadem ratione⁴ ad senatum Allobrogum populumque literae. Si quid de his rebus
dicere vellet, ¹³feci potestatem. Atque ille primo quidem ne-
25 gavit; post autem aliquanto, toto jam indicio exposito atque
edito, ¹⁴surrexit: quaesivit a Gallis, ¹⁵quid sibi⁴ esset cum iis;
quamobrem domum² suam venissent; itemque a Volturcio.
Qui² quum illi² breviter constanterque respondissent, per
¹⁶quem² ad eum quotiensque venissent, quaesissentque ab eo,
30 nihilne secum esset de fatis Sibyllinis locutus, tum ille subito,

---

H. — IV. '387. — ⁵426, 1.

V. ³529; 531. — ⁵530, I. — ⁰399 & 2, 2). — ⁴428. — ⁰387. — ⁵379, 3
& 1). — ⁵453. — ⁵384. — ¹414, 5, 1).

A. & S. — IV. '226. — ⁵253, & N. 1.

V. ³266, 2. — ⁵266, 2. — ⁰213. — ⁴211, R. 6. — ⁰226. — ⁵237, R. 4.
— ⁵206, (17). — ⁵223, R. 2. — ¹247, R. 4.

scelere[j] demens,[k] quanta conscientiae vis esset, ostendit. Nam, quum id posset infitiari, repente praeter opinionem omnium confessus est. Ita[l] eum, non modo ingenium illud et dicendi exercitatio, qua[m] semper valuit, sed etiam propter vim sceleris manifesti atque deprehensi impudentia, qua[m] superabat om- 5 nes, improbitasque defecit.[n]

12. Volturcius vero subito literas proferri atque aperiri jubet, quas sibi a Lentulo ad Catilinam datas esse dicebat. Atque ibi [17]vehementissime perturbatus Lentulus, tamen et signum et manum suam cognovit. [18]Erant autem [scriptae] 10 sine nomine, sed ita: [19]QUIS SIM,[o] SCIES EX EO, QUEM AD TE MISI. CURA, UT VIR SIS; ET COGITA QUEM IN LOCUM SIS[o] PROGRESSUS; VIDE, QUID JAM TIBI SIT[o] NECESSE, ET CURA, UT OMNIUM TIBI AUXILIA ADJUNGAS, ETIAM [20]INFI-MORUM. Gabinius deinde introductus, [21]quum primo impu- 15 denter respondere coepisset, ad extremum nihil ex iis, quae Galli insimulabant, negavit. 13. Ac mihi quidem, Quirites, [22]quum [23]illa certissima visa sunt argumenta atque indicia sceleris, tabellae, signa, manus, denique uniuscujusque confessio, tum multo certiora illa, color, oculi, vultus, taciturnitas. 20 Sic enim [24]obstupuerant, sic terram intuebantur, sic furtim nonnumquam inter se adspiciebant, [25]ut non jam ab aliis indicari, sed indicare se ipsi[p] viderentur.

VI. [1]Indiciis expositis atque editis, senatum consului, [2]de summa re publica quid fieri placeret. Dictae sunt a [3]princi- 25 pibus acerrimae ac fortissimae sententiae, quas senatus [4]sine ulla varietate est secutus. Et quoniam nondum [5]est perscriptum senatus consultum, ex memoria vobis, Quirites, quid senatus censuerit, exponam. 14. Primum mihi gratiae verbis[a] amplissimis aguntur,[b] quod virtute, consilio, providentia mea 30

H. — V. [j]414 & 2. — [k]Dist. bet. amens, demens, furor, delirium, and rabies. V. Caes. I. 40, n. 5. — [l]304, III. — [m]414 & 2. — [n]463, I. — [o]525. — [p]452, I.

VI. [a]414 & 3. — [b]Dist. bet. gratiam (gratias) habere, agere, and referre. V. Caes. I. 35, n. 3.

A. & S. — V. [j]247, 1. — [k]V. R. H. — [l]191, R. 5. — [m]247, 1. — [n]209, R. 12, (2). — [o]265. — [p]207, R. 28, (a).

VI. [a]247, 2. — [b]V. R. H.

res publica periculis maximis [6]sit[9] liberata ; deinde L. Flaccus
et C. Pomptinus, praetores, quod eorum opera forti fidelique
usus essem, merito ac jure[d] laudantur ; atque etiam viro[e] forti,
[7]collegae meo, laus impertitur, quod eos, qui hujus conjura-
5 tionis[f] participes fuissent,[g] a suis et [8]rei publicae consiliis re-
movisset.[e] Atque ita censuerunt, ut P. Lentulus, [9]quum se
praetura abdicasset, [10]in custodiam traderetur ; itemque uti C.
Cethegus, L. Statilius, P. Gabinius, qui omnes praesentes
erant, in custodiam traderentur ; atque idem hoc decretum est
10 in L. Cassium, qui sibi procurationem incendendae urbis de-
poposcerat ; in M. [11]Caeparium, cui [12]ad sollicitandos pastores
Apuliam attributam esse erat indicatum ; in [13]P. Furium, qui
est ex his [14]colonis, quos Fesulas L. Sulla deduxit ; in Q.
Manlium [15]Chilonem, qui una cum hoc Furio semper erat in
15 hac Allobrogum sollicitatione versatus ; in [16]P. Umbrenum,
libertinum[h] hominem, a quo primum Gallos ad Gabinium
perductos esse constabat. 15. Atque [17]ea lenitate senatus est
usus, Quirites, ut ex tanta conjuratione tantaque hac multitudine domesticorum hostium [18]novem hominum perditissimorum
20 poena, re publica conservata, reliquorum mentes sanari posse
arbitraretur.

Atque etiam [19]supplicatio diis immortalibus pro singulari
eorum merito meo nomine[i] decreta est, quod mihi primum
post hanc urbem conditam[j] [20]togato contigit ; et his decreta
25 verbis est: QUOD URBEM INCENDIIS, CAEDE CIVES, ITA-
LIAM BELLO LIBERASSEM.[e] Quae supplicatio si cum ceteris
conferatur,[k] hoc [21]intersit,[l] quod [22]ceterae, bene gesta, haec
una, conservata re publica, constituta est.

Atque illud, quod faciendum primum fuit, [23]factum atque
30 transactum est. [24]Nam P. Lentulus, quamquam [25]patefactus
indiciis et confessionibus suis, judicio senatus non modo praetoris jus, verum etiam civis amiserat, tamen magistratu[m] se

---

H. — VI. [a]520, II. — [d]414 & 3. — [e]386. — [f]399 & 2, 2). — [g]501, I.
— [h]Dist. bet. *libertus* and *libertinus*. V. Sall. Cat. L. n. 1. — [i]414 & 2. —
[j]580. — [k]509. — [l]509. — [m]425.

A. & S. — VI. [a]266, 3. — [d]247, 2. — [e]224. — [f]213. — [g]264, 1. — [h]V.
R. H — [i]247, 1. — [j]274, R. 5, (a). — [k]261, 2. — [l]260, R. 4. — [m]251.

abdicavit; ut, quae [25]religio C. Mario,[a] clarissimo viro, non fuerat, [27]quominus C. Glauciam, de quo nihil [28]nominatim erat decretum, praetorem occideret,[c] ea nos religione in [29]privato P. Lentulo puniendo liberaremur.

VII. 16. Nunc quoniam, Quirites, consceleratissimi peri- 5 culosissimique belli nefarios duces [1]captos jam et comprehen- sos tenetis, existimare debetis, omnes Catilinae copias, omnes spes atque opes his depulsis urbis periculis concidisse. Quem quidem ego quum ex urbe [2]pellebam, hoc providebam animo, Quirites, remoto Catilina, non mihi esse P. Lentuli [3]som- 10 num, nec L. Cassii adipes nec C. Cethegi furiosam temeri- tatem pertimescendam. [4]Ille erat unus timendus ex istis omnibus, sed [5]tamdiu, dum moenibus urbis continebatur. Omnia norat, omnium aditus tenebat: appellare, tentare, sol- licitare poterat, audebat: erat ei[a] [6]consilium ad facinus [7]ap- 15 tum[b]; consilio[a] autem neque manus neque lingua deerat. [8]Jam ad [9]certas res conficiendas[c] [10]certos homines delectos[d] ac descriptos[d] habebat. [11]Neque vero, quum aliquid mandarat, confectum putabat: nihil erat, quod non ipse obiret, [12]occur- reret, vigilaret, laboraret[e]: frigus, sitim, famem ferre poterat. 20

17. Hunc ego hominem tam acrem, tam audacem, tam paratum, tam callidum, tam in scelere vigilantem, tam [13]in per- ditis rebus diligentem, nisi ex [14]domesticis insidiis in castrense latrocinium compulissem, (dicam id, quod sentio, Quirites,) non facile hanc tantam molem mali a cervicibus vestris depu- 25 lissem. Non ille nobis Saturnalia constituisset [15]neque tanto[f] ante exitii ac fati diem rei publicae denuntiavisset; [16]neque commisisset, ut signum, ut literae suae testes manifesti scele- ris deprehenderentur. Quae nunc, illo absente, sic gesta sunt, ut nullum in privata domo furtum umquam sit tam 30 palam inventum, quam haec tanta in re publica conjuratio

---

H. — VI. [a]387. — [4]489, I.; 499.

VII. [a]387. — [b]How are *aptus, ineptus, utilis, inutilis,* constructed? V. n. 7. — [a(2)]386, 2. — [c]562. — [e]501, I. — [f]418.

A. & S. — VI. [a]226. — [c]262.

VII. [a]226. — [b]V. R. H. — [c(2)]226, R. 2. — [e]275, II. — [d]274, R. 4. — [4]264, 7. — [f]256, R. 16, (3).

manifesto inventa atque deprehensa est. Quod[c] si Catilina
in urbe ad hanc diem[h] remansisset, [17]quamquam, quoad fuit,
omnibus ejus consiliis occurri atque obstiti, tamen, [18]ut levissime dicam, dimicandum nobis[i] cum illo fuisset ; neque nos
5 umquam, quum ille in urbe hostis fuisset, tantis periculis rem
publicam, tanta pace,[j] tanto otio, tanto silentio liberassemus.

VIII. 18. [1]Quamquam haec omnia, Quirites, ita sunt a
me administrata, ut deorum immortalium nutu atque consilio
et gesta et provisa esse videantur. [2]Idque quum conjectura
10 consequi possumus, quod vix videtur [3]humani consilii[a] tanta-
rum rerum gubernatio esse potuisse, [4]tum[b] vero [5]ita praesentes his [6]temporibus opem et auxilium nobis tulerunt, ut eos
paene oculis videre possemus. Nam, ut illa omittam, visas
nocturno tempore ab occidente [7]faces ardoremque coeli, [8]ut
15 fulminum jactus, ut terrae motus, ut cetera, quae tam multa,
nobis[c] consulibus, facta sunt, ut haec, quae nunc fiunt, canere
dii immortales viderentur ; hoc certe, quod sum dicturus,
neque praetermittendum neque relinquendum est.

19. Nam profecto memoria tenetis, [9]Cotta et Torquato con-
20 sulibus, complures in Capitolio res [10]de coelo esse percussas,
quum et simulacra deorum [11]depulsa sunt et statuae veterum
hominum dejectae, et [12]legum aera liquefacta, et tactus est etiam
ille, qui hanc urbem condidit, Romulus ; [13]quem inauratum in
Capitolio parvum atque lactentem, uberibus[d] lupinis inhian-
25 tem, fuisse meministis. [14]Quo quidem tempore, quum [15]haru-
spices ex tota Etruria convenissent, caedes atque incendia
et legum interitum et bellum civile ac domesticum et totius
urbis atque imperii occasum appropinquare dixerunt, nisi dii
immortales omni ratione placati suo numine prope fata ipsa
30 flexissent.

20. Itaque illorum responsis[e] tum et[f] ludi per decem dies

H. — VII. [c]453, 6. — [h]120, Exc. — [i]388, I. — [j]414 & 3.
VIII. [a]401 ; 402, I. ; 403, 2, — [b]In *quam — tum* which is the more
important notion ? and what is the force of *vero* ? V. n. 4. — [c]431.—
[d]386. — [e]414 & 2. — [f]587, I. 5.
A. & S. — VII. [c]206, (14). — [h]90, 1, & N. — [i]225, III. — [j]247, 2.
VIII. [a]211, R. 8, (3). — [b]V. R. H. — [c]257, R. 7. — [d]224. — [e]247, 1.
— [f]198, 1, R. (e).

facti sunt, neque[f] res ulla, quae ad placandos deos pertineret, praetermissa est ; iidemque jusserunt simulacrum Jovis facere majus et in excelso collocare et [16]contra, atque antea fuerat, ad orientem convertere ; ac se sperare dixerunt, si illud signum, quod videtis, solis ortum et forum curiamque conspiceret, 5 fore,[g] ut ea consilia, quae clam essent inita contra salutem urbis atque imperii, illustrarentur, ut a senatu populoque Romano perspici possent. Atque [17]illud signum collocandum consules illi locaverunt; sed tanta fuit operis tarditas, ut, neque a [18]superioribus consulibus neque a [19]nobis ante hodiernum 10 diem collocaretur.

IX. 21. Hic quis potest esse tam aversus a vero, tam praeceps, tam [1]mente captus, qui neget[a] haec omnia, quae videmus, praecipueque hanc urbem deorum immortalium nutu ac potestate administrari? Etenim quum esset ita re- 15 sponsum, caedes, incendia, interitumque rei publicae [2]comparari, [3]et ea per cives, quae tum propter magnitudinem scelerum nonnullis incredibilia videbantur, ea non modo cogitata a nefariis civibus, verum etiam suscepta esse sensistis. [4]Illud vero nonne ita praesens est, ut nutu Jovis [5]Optimi[b] 20 Maximi factum esse videatur, ut, quum hodierno die mane per forum meo jussu et conjurati et eorum indices in aedem Concordiae ducerentur, eo ipso tempore signum [6]statueretur? quo collocato atque ad vos senatumque converso, omnia quae erant contra salutem omnium cogitata, illustrata et patefacta vidistis. 25

22. Quo[c] etiam majore sunt isti odio supplicioque digni, qui non solum vestris domiciliis atque tectis, sed etiam deorum [4]templis[d] atque delubris sunt funestos ac nefarios ignes inferre conati. Quibus ego si me restitisse dicam,[e] nimium mihi [7]sumam[f] et non sim[f] ferendus : [8]ille, ille Jupiter restitit : ille 30

H.—VIII. [9]544.

IX. [a]500. — [b]704, L 1. — [c]414 & 2. — [d]Dist. bet. templum, fanum, delubrum, aedes, and sacellum. V. n. 6. — [e]509. — [f]509.

A. & S. — VIII. [9]268, R. 4, (b).

IX. [a]264, 1. — [b]278, R. 6. — [c]247, 1, (1). — [d]V. R. H. — [e]261, 2. — [f]260, R. 4.

Capitolium, ille haec templa, ille hanc urbem, ille vos omnes
salvos esse voluit. Diis ego immortalibus ducibus, [9]hanc mentem, Quirites, voluntatemque suscepi atque ad haec tanta indicia
perveni. [10]Jam vero illa Allobrogum sollicitatio sic a Lentulo
5 ceterisque domesticis hostibus, tanta res,[g] tam dementer credita et ignotis et barbaris, commissaeque literae nunquam
essent profecto, nisi ab diis immortalibus [11]huic tantae audaciae[h] [12]consilium esset ereptum. Quid vero? [13]ut homines
Galli, ex civitate [14]male pacata, quae gens una restat, quae
10 bellum Romano populo facere posse et [15]non nolle videatur,
spem imperii ac rerum maximarum ultro[i] sibi a patriciis
hominibus oblatam negligerent vestramque salutem suis [16]opi-
bus anteponerent, id non divinitus esse factum putatis? praesertim [17]qui nos non pugnando, sed tacendo superare potue-
15 rint?

X. 23. Quamobrem, Quirites, quoniam [1]ad omnia pulvinaria supplicatio decreta est, celebratote[a] illos dies cum conjugibus ac liberis vestris. Nam multi saepe honores diis
immortalibus justi habiti sunt ac debiti, sed profecto justiores
20 numquam. Erepti enim estis ex crudelissimo ac miserrimo
interitu, erepti sine caede, sine sanguine, sine exercitu, sine
dimicatione: togati, [2]me uno togato duce et imperatore, vicis-
tis. Etenim recordamini, Quirites, omnes civiles dissensiones,[c] non solum eas, quas audistis, sed eas, quas vosmet[b] ipsi
25 meministis atque vidistis. L. Sulla [3]P. Sulpicium oppressit;
ex urbe ejecit C. Marium, [4]custodem hujus urbis; multosque
fortes viros [5]partim ejecit ex civitate, partim interemit. [6]Cn.
Octavius, consul, armis expulit ex urbe collegam: [7]omnis hic
locus acervis corporum et civium sanguine redundavit.[d]
30 Superavit postea [8]Cinna cum Mario. Tum vero, clarissimis
viris interfectis, lumina civitatis exstincta sunt. Ultus est
hujus victoriae crudelitatem [9]postea Sulla, ne dici quidem

H. — IX. [c]363. — [h]386, 2. — [i]Dist. bet. *ultro* and *sponte.* V. Caes. L.
44, n. 3.

X. [a]537, I. — [b]184, 3. — [c]407, 1. — [d]704, I. 2.

A. & S. — IX. [c]204. — [h]224, R. 2. — [i]V. R. H.

X. [a]267, (3). — [b]133, R. 2. — [c]216. — [d]323, 1, (b), (2), (a).

opus est, quanta deminutione* civium et quanta calamitate*
rei publicae. Dissensit [10]M. Lepidus a clarissimo ac fortissimo
viro, Q. Catulo : attulit non tam [11]ipsius interitus rei publicae
luctum, quam ceterorum.

Atque illae tamen omnes dissensiones erant [12]ejusmodi,* 5
quae non ad delendam, sed [13]ad commutandam rem publicam pertinerent* : non illi nullam esse rem publicam, sed in
ea, quae esset, se esse principes,[h] neque hanc urbem confla-
grare, sed se in hac urbe florere voluerunt. 25. [Atque
illae [14]tamen omnes dissensiones, quarum nulla exitium rei 10
publicae quaesivit, [15]ejusmodi' fuerant, ut [16]non reconciliatione
concordiae, sed internecione civium dijudicatae sint.] In hoc
autem uno[i] post hominum memoriam maximo crudelissimoque
bello, quale bellum nulla umquam barbaria cum sua gente
gessit, quo in bello lex haec fuit a Lentulo, Catilina, Cassio, 15
Cethego constituta, ut omnes, qui salva urbe salvi esse possent,
in hostium numero ducerentur, ita me gessi, Quirites, ut salvi
omnes conservaremini; et, quum hostes vestri [16]tantum civium superfuturam putassent, quantum infinitae caedi restitisset,
[17]tantum autem urbis, quantum flamma obire non potuisset, et 20
urbem et cives integros[j] incolumesque servavi.

XI. 26. Quibus pro tantis rebus, Quirites, nullum ego a
vobis praemium virtutis, nullum insigne honoris, nullum
monumentum laudis postulo* praeterquam hujus diei memoriam sempiternam. In animis ego vestris omnes triumphos 25
meos, omnia ornamenta honoris, monumenta gloriae, laudis
insignia condi et collocari volo. [1]Nihil me mutum potest delectare, nihil tacitum, nihil denique ejusmodi, quod etiam
minus digni assequi possint.[b] Memoria vestra, Quirites, res

---

H.—X. *414 & 8.—'401.—*500.—[h] Dist. bet. *princeps* and *primus.*
V. Ec. Cic. XXIII. n. 1.—'444, 3, 2). Explain the force of *uno.* V. Ec.
Cic. XX. n. 10.—[j] Dist. bet. *integer, incolumis, salvus,* and *sospes.* V. n. 18.

XI. [a]Dist. bet. *peto, rogo, posco, oro, postulo, exigo,* and *flagito.* V.
Caes. I. 16, n. 3.—[b]500.

A. & S.—X. *247, 2.—'211, R. 6, (5), & R. 8, (1).—*264, 1.—
[h]V. R. H.—[i]V. R. H.—[j]V. R. H.

XI. *V. R. H.—[b]264, 1.

[2]nostrae alentur, sermonibus crescent, literarum monumentis
inveterascent et corroborabuntur; [3]eandemque diem intelligo,
quam spero aeternam fore, propagatam esse et ad salutem
urbis et ad memoriam consulatus mei, unoque tempore in hac
5 re publica duo cives exstitisse, [4]quorum alter fines vestri
imperii non terrae, sed coéli regionibus terminaret,[b] alter
ejusdem imperii domicilium sedesque servaret.[b]

XII. 27. Sed quoniam earum rerum, quas ego gessi, non
eadem est[a] fortuna atque conditio, [1]quae illorum, qui externa
10 bella gesserunt, quod mihi[b] cum iis vivendum est, quos vici
ac subegi, [2]illi hostes aut interfectos aut oppressos reliquerunt,
vestrum[c] est, Quirites, si ceteris[d] facta sua prosunt, mihi[d] mea
ne quando obsint providere. [3]Mentes enim hominum auda-
cissimorum sceleratae ac nefariae ne vobis[d] nocere possent,
15 ego providi: [4]ne mihi noceant, vestrum est providere. Quamquam,[e] Quirites, mihi quidem ipsi nihil ab istis[f] jam noceri
potest; magnum enim est in bonis praesidium, quod mihi in
perpetuum comparatum est: magna in re publica dignitas,
quae me semper [5]tacita defendet: magna vis conscientiae,
20 quam qui negligent, quum me violare volent, [6]se [ipsi] indicabunt.

28. [7]Est etiam nobis is animus, Quirites, ut non modo nullius audaciae cedamus, sed etiam omnes improbos ultro semper lacessamus. Quod[g] si omnis impetus domesticorum hos-
25 tium depulsus a vobis se in me unum converterit, vobis[h] erit
videndum, Quirites, qua conditione posthac eos esse velitis,[h]
qui se pro salute vestra obtulerint[i] invidiae periculisque omnibus. Mihi quidem ipsi quid est, quod jam ad vitae fructum
possit adquiri, quum praesertim néque [8]in honore vestro neque
30 in gloria virtutis quicquam videam altius, quo mihi libeat
ascendere? 29. Illud profecto perficiam, Quirites, ut ea,
quae gessi in consulatu, privatus tuear atque ornem; ut, si

H.—XII. [a]463, L.—[b]388, L.—[c]404, 1.—[d]485.—[e]What is the
force of *quamquam?* V. I. 9, n. 1.—[f]Force of *istis.* V. I. n. 4.—[g]453,
6.—[h]525.—[i]501, I.

A. & S.—XII. [a]209, R. 12, (2).—[b]225, III.—[c]211, R. 8, (3), (a).
—[d]223, R. 2.—[e]V. R. H.—[f]V. R. H.—[g]206, (14).—[h]265.—[i]266, 1.

qua est invidia conservanda re publica suscepta, laedat invi-
dos, [9]mihi valeat ad gloriam. Denique ita me in re publica
tractabo, ut meminerim semper quae gesserim, curemque, ut
ea virtute, non casu gesta esse videantur.

Vos, Quirites, quoniam [10]jam nox est, venerati Jovem, illum 5
custodem hujus urbis ac [11]vestrum, in vestra tecta discedite;
et ea, quamquam jam est periculum depulsum, tamen aeque
ac priore nocte, custodiis vigiliisque defendite. Id ne vobis
diutius faciendum sit, atque ut in perpetua pace esse possitis,
providebo.   10

M. TULLII CICERONIS

IN

L. CATILINAM ORATIO QUARTA

HABITA IN SENATU.

I. 1. Video, Patres Conscripti,[a] in me omnium vestrum ora[b] atque oculos esse conversos: video vos non solum de vestro ac rei publicae, verum etiam, [1]si id depulsum sit, [2]de meo periculo esse sollicitos. Est mihi jucunda[c] in [3]malis et
5 grata in dolore vestra erga me [4]voluntas; sed eam, per deos immortales, deponite, atque obliti salutis[d] meae de vobis ac de vestris liberis cogitate. Mihi [5]si haec conditio consulatus data est, ut omnes acerbitates, omnes dolores cruciatusque, perferrem, feram non solum fortiter, verum etiam libenter,
10 dummodo meis laboribus vobis populoque Romano dignitas salusque pariatur.[e]

2. Ego sum ille consul, Patres Conscripti, cui non forum, [6]in quo omnis aequitas continetur; non [7]campus consularibus auspiciis [8]consecratus; non [9]curia, summum auxilium omnium
15 gentium; non domus, [10]commune perfugium; non [11]lectus, ad quietem datus; non denique haec sedes honoris, unquam vacua mortis periculo[f] atque insidiis fuit. Ego [12]multa tacui, multa pertuli, multa concessi, multa meo quodam dolore [13]in vestro timore sanavi.

H.—I. [a]Explain this term. V. I. 2, n. 10.—[b]Dist. bet. *facies, oculus, os,* and *vultus.* V. Sall. Cat. XV. n. 9.—[c]Dist. bet. *gratus, jucundus,* and *acceptus.* V. Caes. I. 3, n. 11.—[4]406, II.—[5]503, I.; 505. —[f]399, 5, 3); 419, III.

A. & S.—I. [a]V. R. H.—[b]V. R. H.—[c]V. R. H.—[4]216.—[5]263, 2, (1); 209, R. 12, (2). —[f]250, 2, (1).

Nunc, si hunc exitum consulatus mei dii immortales esse voluerunt, ut vos populumque Romanum ex caede miserrima, conjuges liberosque vestros [14]virginesque Vestales ex acerbissima vexatione, templa atque delubra, hanc pulcherrimam patriam omnium nostrum[f] ex foedissima flamma, totam Italiam ex bello et vastitate eriperem, quaecunque mihi uni proponetur fortuna, subeatur.[h] Etenim, si P. Lentulus [14]suum nomen, inductus a vatibus, fatale ad perniciem rei publicae fore putavit, cur ego non laeter[h] meum consulatum ad salutem populi Romani prope fatalem exstitisse? 10

II. 3. Quare, Patres Conscripti, consulite vobis,[a] prospicite patriae,[a] conservate vos, conjuges, liberos, fortunasque vestras, populi Romani nomen salutemque defendite: [1]mihi parcere ac de me cogitare desinite. Nam primum debeo sperare, omnes deos, qui huic urbi praesident, [2]pro eo mihi, ac 15 mereor, relaturos gratiam esse; [3]deinde, si quid [4]obtigerit, aequo animo paratoque moriar. Nam neque turpis mors forti viro potest accidere neque immatura consulari nec misera sapienti. Nec tamen ego sum [5]ille ferreus, qui [6]fratris carissimi atque amantissimi praesentis moerore non movear horumque omnium lacrimis, a quibus me circumsessum videtis. 20 Neque[b] meam mentem non[b] domum saepe revocat exanimata [7]uxor et abjecta metu filia et parvulus filius, quem mihi videtur amplecti res publica tamquam obsidem consulatus mei; [8]neque ille, qui exspectans hujus exitum diei, stat in conspectu 25 meo [9]gener. Moveor his rebus omnibus, sed [10]in eam partem, ut salvi sint vobiscum omnes, etiam si me aliqua vis oppresserit, potius quam et illi et nos [11]una rei publicae peste pereamus.

4. Quare, Patres Conscripti, incumbite ad salutem rei pub- 30 licae: circumspicite omnes procellas, quae impendent, nisi providetis. Non [12]Ti. Gracchus, quod iterum tribunus plebis fieri

---

H. — I. [f]446, 3. — [b]487; 488, I.— [h(3)]485; 486, II.

II. [a]385 & 3. — [b]585.

A. & S. — I. [f]212 R. 2, N. 2.— [b]260, R. 6.— [h(3)]260, R. 5.

II. [a]223.— [b]277, R. 4.

voluit; non [13]C. Gracchus, quod agrarios concitare conatus est; non [14]L. Saturninus, quod C. Memmium occidit, [15]in discrimen aliquod atque in vestrae severitatis judicium adducitur: tenentur ii, qui ad urbis incendium, ad vestram omnium[c] cae-
5 dem, ad Catilinam accipiendum Romae[d] restiterunt. Tenentur literae, signa, manus, denique uniuscujusque confessio: sollicitantur Allobroges: servitia excitantur: Catilina arcessitur: id est initum consilium, ut, interfectis omnibus, nemo ne ad deplorandum quidem populi Romani nomen atque ad
10 lamentandam tanti imperii calamitatem relinquatur.

III. 5. Haec omnia [1]indices detulerunt, rei confessi sunt; vos multis jam judiciis[a] judicavistis: primum, quod mihi gratias egistis[b] singularibus verbis,[a] et mea virtute atque diligentia perditorum hominum conjurationem esse patefactam
15 decrevistis; deinde, quod P. Lentulum [2]se abdicare praetura coëgistis; tum quod eum et ceteros, de quibus judicastis, in custodiam dandos censuistis; maximeque, quod meo nomine[c] supplicationem decrevistis, qui honos [3]togato habitus ante me est nemini[d]; postremo, hesterno die [4]praemia legatis Allobro-
20 gum Titoque Vulturcio dedistis amplissima. Quae sunt omnia ejusmodi, ut ii, qui in custodiam nominatim dati sunt, sine ulla dubitatione a vobis damnati esse videantur.

6. Sed ego institui [5]referre ad vos, Patres Conscripti, tamquam integrum et de facto, quid judicetis,[e] et de poena, quid
25 censeatis.[e] Illa [6]praedicam, quae sunt consulis.[f]

Ego [7]magnum in re publica versari furorem et nova quaedam misceri et concitari mala jampridem videbam; sed hanc tantam, tam exitiosam haberi conjurationem a civibus, numquam putavi. Nunc, [8]quidquid est, quocunque vestrae men-
30 tes inclinant atque sententiae, statuendum vobis [9]ante noctem est. Quantum facinus ad vos delatum sit, videtis. Huic[e] si

H.—II. [c]397, 3.—[d]421, II.
III. [a]414 & 3.—[b] Dist bet. *agere gratias, habere,* and *referre.* V. Caes.
I. 35, n. 3.—[c]414 & 2.—[d]388, II.—[e]525.—[f]401.—[g]391, 2, 4).
A. & S.—II. [c]205, R. 13, (a).—[d]221.
III. [a]247, 2.—[b]V. R. H.—[c]247, 1.—[d]225, II.—[e]265.—[f]211, R. 8, (3).—[g]222, 3.

paucos putatis affines esse, vehementer erratis. Latius opinione[h] disseminatum est hoc malum : [10]manavit[i] non solum per Italiam, verum etiam transcendit Alpes et obscure serpens multas jam provincias occupavit. Id opprimi [11]sustentando ac prolatando nullo pacto potest. Quacunque ratione placet, 5 celeriter vobis vindicandum est.

IV. 7. Video duas adhuc esse sententias : unam D. Silani, qui censet eos, qui [1]haec delere conati sunt, morte esse multandos ; alteram C. Caesaris, qui mortis poenam removet, ceterorum suppliciorum omnes acerbitates amplectitur. Uter- 10 que et [2]pro sua dignitate et pro [3]rerum magnitudine in summa severitate [4]versatur. Alter[a] eos, qui nos omnes, [qui populum Romanum,] vita privare conati sunt, qui delere imperium, qui populi Romani nomen exstinguere, punctum[b] temporis frui vita[c] et hoc communi spiritu[c] [5]non putat oportere ; 15 atque hoc genus poenae saepe in improbos cives in hac re publica esse usurpatum [6]recordatur. Alter[a] [7]intelligit mortem ab diis immortalibus non esse supplicii causa constitutam, sed aut necessitatem naturae aut laborum ac miseriarum quietem esse. Itaque[d] eam [8]sapientes numquam inviti,[e] fortes saepe 20 etiam libenter [9]oppetiverunt. Vincula vero et ea sempiterna certe ad singularem poenam nefarii sceleris inventa sunt. [10]Municipiis dispertiri jubet. Habere videtur [11]ista res iniquitatem, si imperare velis ; difficultatem, si rogare. Decernatur[f] tamen, si placet. 8. [12]Ego enim suscipiam, et, ut spero, 25 reperiam, [13]qui id, quod salutis omnium causa statueritis, non putet[g] esse suae dignitatis[h] recusare.

Adjungit gravem poenam municipibus, si quis [14]eorum vincula ruperit : horribiles custodias circumdat, et [15]digna scelere hominum perditorum sancit, ne quis eorum poenam, 30

H. — III. [h] 417, 6. — [i] Dist. bet. *fluo*, *mano*, and *liquere*. V. n. 10.

IV. [a] 459. — [b] 378. — [c] 419, I. — [d] 587, IV. — [e] 443. — [f] 487. — [g] 501, I. — [h] 401 ; 402, I.

A. & S. — III. [h] 256, R. 9. — [i] V. R. H.

IV. [a] 212, R. 2, N. 1, (b). — [b] 236. — [c] 245, I. — [d] 198, 6, R. — [e] 205, R. 15. — [f] 260, R. 6. — [g] 264, 6. — [h] 211, R. 8, (3).

quos condemnat, aut per senatum aut per populum levare
possit: eripit etiam spem, quae sola homines in miseriis consolari solet. Bona praeterea publicari jubet: vitam solam
relinquit nefariis hominibus; quam si eripuisset, [16]multos uno
5 dolore dolores animi atque corporis et omnes scelerum poenas
ademisset. Itaque ut aliqua in vita formido improbis esset
posita, apud inferos [17]ejusmodi quaedam illi antiqui supplicia
impiis constituta esse [18]voluerunt; quod videlicet intelligebant,
[19]his remotis, non esse mortem ipsam pertimescendam.

10 V. 9. Nunc, Patres Conscripti, [1]ego mea* video quid[b] intersit. Si eritis secuti sententiam C. Caesaris, quoniam hanc
is in re publica viam, quae popularis habetur, secutus est,
fortasse minus erunt, hoc auctore[c] et [2]cognitore hujusce sententiae, mihi populares impetus pertimescendi; sin illam
15 alteram, [3]nescio an[d] amplius mihi[e] negotii[f] contrahatur. Sed
tamen meorum periculorum [4]rationes utilitas rei publicae
vincat.[g] Habemus enim a C. Caesare, sicut ipsius[h] dignitas
et majorum ejus amplitudo postulabat,[i] sententiam [5]tamquam
obsidem perpetuae in rem publicam [6]voluntatis. Intellectum
20 est, [7]quid intersit inter levitatem contionatorum et animum
vere popularem, saluti populi consulentem.

10. Video [8]de istis,[j] qui se populares haberi volunt, abesse
non neminem,[k] ne de capite [9]videlicet civium Romanorum
sententiam ferat. [10]Is et nudiustertius in custodiam cives Ro-
25 manos dedit, et supplicationem mihi decrevit, et indices hesterno die maximis praemiis[l] affecit. [11]Jam hoc nemini dubium est, [12]qui reo custodiam, [13]quaesitori gratulationem, indici
praemium decrevit, quid de tota re et causa judicarit. At
vero C. Caesar intelligit [14]legem Semproniam esse de civibus
30 Romanis constitutam; qui autem rei publicae sit hostis, eum

---

H. — V. [a]408, 1, 2). — [b]408, 2. — [c]431. — [d]526, II. 2). — [e]385. —
[f]396, 2, 3), (3). — [g]487. — [h]What objects are here contrasted by means
of *ipse?* V. Sall. Cat. XXIII. n. 5. — [i]468, 1. — [j]593, 4. — [k]585, 1. —
[l]419, III.

A. & S. — V. [a]219, R. 1, & R. 2. — [b]219, R. 4. — [c]257, R. 7. —
[d]265, R. 3. — [e]224. — [f]212, R. 3. — [g]260, R. 6. — [h]V. R. H. — [i]209, R.
12, (2). — [j]212 R. 2, N. 4. — [k]277, I. R. 5, (c). — [l]242, I.

civem nullo modo esse posse; denique ipsum laterem Sem-
proniae legis [14]jussu populi poenas rei publicae dependisse.
Idem[m] ipsum Lentulum [16]largitorem et prodigum non putat,
quum de pernicie populi Romani, et [17]exitio[n] hujus urbis tam
acerbe tamque crudeliter cogitarit, etiam appellari posse [18]pop-   5
ularem.   Itaque homo mitissimus atque lenissimus non dubi-
tat P. Lentulum aeternis tenebris vinculisque mandare, et
sancit in posterum, ne quis hujus supplicio° [19]levando se jactare
et [20]in pernicie populi Romani posthac popularis esse possit.
Adjungit etiam publicationem bonorum, ut omnes animi cru- 10
ciatus et corporis etiam egestas ac mendicitas consequatur.[i]

VI.   11. Quamobrem [1]sive hoc statueritis, [2]dederitis mihi
[3]comitem ad concionem populo carum atque jucundum; sive
Silani sententiam sequi malueritis, facile me atque vos crudelitatis [4]vituperatione populus Romanus exsolvet, atque [5]obtine- 15
bo eam multo leniorem fuisse. Quamquam,[a] Patres Conscripti,
quae potest esse in tanti sceleris immanitate punienda[b] crudelitas?   Ego enim de meo sensu judico.   Nam [6]ita mihi salva
re publica vobiscum perfrui liceat, ut ego, quod in hac causa
vehementior sum, non atrocitate animi moveor, (quis enim 20
est me mitior?) sed singulari quadam humanitate et misericordia.   Videor[c] enim mihi videre hanc urbem, lucem orbis
terrarum atque [7]arcem omnium gentium, subito [8]uno incendio
concidentem: cerno animo[d] sepulta in patria miseros atque
insepultos acervos civium: [9]versatur mihi ante oculos aspectus 25
Cethegi, et furor in vestra caede [10]bacchantis.   12. Quum
vero mihi proposui [11]regnantem Lentulum, sicut ipse se ex
[12]fatis sperasse confessus est, [13]purpuratum esse huic° Gabinium, cum exercitu venisse Catilinam, tum lamentationem
matrumfamilias, tam fugam virginum atque puerorum ac 30
[14]vexationem virginum Vestalium perhorresco; et, quia mihi

H. — V.   [m]451. — [n]Dist. bet *pernicies* and *exitium*.   V. n. 17. — [i]414
& 2. — [o]463, II. 2.
    VI. [a]How used?   V. I. 9, n. 1. — [b]566, II. 1. — [c]549, 4. — [d]414. —
[e]390, 2.
    A. & S. — V.   [m]207, R. 27, (a). — [n]V. R. H. — [i]247, 1.
    VI. [a]V. R. H. — [b]275, II. — [c]271, R. 2. — [d]247, 2. — [e]297, R. 4.

vehementer haec videntur misera atque miseranda, idcirco in
eos, qui ea perficere voluerunt, me severum vehementemque
praebeo. Etenim quaero, si quis paterfamilias, liberis suis a
servo interfectis,[f] uxore occisa, incensa domo, supplicium
5 de servo non [15]quam[g] acerbissimum sumpserit, utrum is
clemens ac misericors, an inhumanissimus et crudelissimus
esse videatur? [16]mihi vero importunus ac ferreus, qui non
dolore et cruciatu nocentis suum dolorem cruciatumque leni-
erit.[h] Sic nos [17]in his hominibus, qui nos, qui conjuges, qui
10 liberos nostros trucidare voluerunt, qui singulas uniuscujusque
nostrum domos et hoc universum rei publicae domicilium
delere conati sunt, [18]qui id egerunt, ut gentem Allobrogum in
vestigiis hujus urbis atque in cinere deflagrati imperii collocarent, si vehementissimi fuerimus, misericordes habebimur;
15 sin remissiores[i] esse voluerimus, summae nobis crudelitatis
[19]in patriae civiumque pernicie [20]fama subeunda est.

18. [21]Nisi vero cuipiam L. Caesar, vir fortissimus et amantissimus rei publicae, crudelior[j] nudiustertius visus est, quum
sororis [22]suae, foeminae lectissimae, [23]virum praesentem et
20 audientem vita privandum esse dixit, quum [24]avum suum
jussu consulis interfectum, filiumque ejus impuberem, [25]lega-
tum a patre missum, in carcere necatum esse dixit. Quorum
quod [26]simile factum? quod initum delendae rei publicae consilium? Largitionis voluntas tum in re publica versata est,
25 et partium quaedam contentio. Atque, eo tempore hujus
[27]avus Lentuli, vir clarissimus, armatus Gracchum est perse-
cutus: [28]ille etiam grave tum vulnus accepit, ne quid de summa re publica deminueretur; hic ad evertenda rei publicae
fundamenta Gallos arcessit, servitia concitat, Catilinam vocat,
30 attribuit nos trucidandos[j] Cethego[k] et ceteros cives interfici-
endos[j] Gabinio,[k] urbem inflammandam Cassio, totam Italiam
vastandam diripiendamque Catilinae. [29]Vereamini[l] censeo, ne

---

H. — VI. [f]Dist. bet. *interficio, perimo, interimo. neco. occido, jugulo, obtrunco, trucido,* and *percutio.* V. Caes. II. 10, n. 1. — [g]444, 3, 2). — [h]517,
I.; 519. — [i]444, 1. — [j]578, V. — [k]386. — [l]492, 3; 493, 2.

A. & S. — VI. [f]V. R. H. — [g]V. R. H. — [h]264, 8, (1). — [i]256, R. 9,
(a). — [j]274, R. 7, (a). — [k]223. — [l]262, R. 4.

in hoc scelere tam immani ac nefando nimis aliquid severe statuisse videamini[m] : multo magis est verendum, ne remissione
poenae crudeles in patriam, quam ne severitate animadversi-
onis nimis vehementes in acerbissimos hostes fuisse videamur.[m]

VII.   14. Sed ea quae exaudio, Patres Conscripti, dissim- 5
ulare non possum.   Jaciuntur enim [1]voces, quae perveniunt
ad aures meas, eorum qui vereri videntur, ut habeam[a] satis
praesidii ad ea, quae vos statueritis hodierno die, transigenda.
Omnia et provisa et parata et constituta sunt, Patres Conscripti, [2]quum mea summa cura atque diligentia, tum multo 10
etiam majore populi Romani ad summum imperium retinendum et ad communes fortunas conservandas voluntate.   Omnes adsunt omnium ordinum homines, omnium denique
aetatum: plenum est forum, plena templa circum forum,
pleni omnes aditus [3]hujus templi ac loci.   Causa enim [4]est 15
post Urbem conditam[a] haec inventa[b] sola, in qua omnes sentirent unum atque idem, praeter eos, qui, quum sibi viderent
esse pereundum, cum omnibus potius quam soli perire voluerunt.   15. Hosce ego homines excipio et secerno libenter,
neque in improborum civium, sed in acerbissimorum hostium 20
numero habendos puto.   Ceteri vero, dii immortales! qua
frequentia,[d] quo studio, qua virtute ad communem dignitatem
salutemque consentiunt!   Quid[e] ego hic equites Romanos
commemorem[f]? qui vobis [5]ita [6]summam ordinis consiliique
concedunt, ut vobiscum de amore rei publicae certent; quos 25
[7]ex multorum annorum dissensione ad hujus ordinis societatem concordiamque revocatos, hodiernus dies vobiscum atque
[8]haec causa conjungit; quam si conjunctionem, in consulatu
confirmatam meo, perpetuam in re publica tenuerimus, confirmo vobis, nullum posthac malum civile ac domesticum ad 30
ullam rei publicae partem esse venturum.   Pari studio de-

H. — VI.   [a]489, I.; 492, 4, 1).

VII.   [a]492, 4, 1). — [b]Dist. bet. *invenio* and *reperio*.   V. Caes. I. 18, n.
19. — [c]580. — [d]414 & 3. — [e]445, 2. — [f]485.

A. & S. — VI.   [a]262, R. 7.

VII.   [a]262, R. 7. — [b]V. R. H. — [c]274, R. 5, (a). — [d]247, 2. — [e]235,
R. 11. — [f]260, R. 5.

fendae rei publicae convenisse video [9]tribunos aerarios, fortissimos viros; [10]scribas item universos,[f] quos quum [11]casu haec
dies ad aerarium frequentasset, video ab exspectatione sortis
ad communem salutem esse conversos. Omnis ingenuorum
5 adest multitudo, etiam tenuissimorum. 16. Quis est enim, cui
non haec templa, adspectus urbis, possessio libertatis, lux denique haec ipsa, et hoc commune patriae solum, quum sit[h]
carum, tum vero dulce atque jucundum?

VIII. Operae pretium est, Patres Conscripti, libertinorum[a]
10 hominum studia[b] cognoscere; qui [1]virtute sua fortunam hujus
civitatis consecuti hanc suam patriam esse judicant, quam
quidam hinc nati et summo loco[c] nati non patriam suam, sed
urbem hostium esse judicaverunt. Sed quid[d] ego [2]hujusce
ordinis homines commemoro, quos privatae fortunae, quos
15 communis res publica, quos denique libertas, ea quae dulcis-
sima est, ad salutem patriae defendendam excitavit? Servus
est nemo, qui modo tolerabili conditione sit[e] servitutis, qui non
audaciam civium perhorrescat[f]; qui non [3]haec stare cupiat;
qui non quantum audet et quantum potest conferat ad salutem
20 voluntatis.[g]

17. Quare, si quem vestrum forte commovet hoc, quod auditum est, [4]lenonem quendam Lentuli concursare circum
[5]tabernas, pretio sperare sollicitari[h] posse [6]animos egentium
atque imperitorum, est id quidem coeptum atque tentatum;
25 sed nulli sunt inventi tam aut fortuna[i] miseri aut voluntate[i]
perditi, [7]qui non ipsum illum sellae atque operis et [8]quaestus[j]
quotidiani locum, qui non cubile ac lectulum[l] suum, qui denique non cursum hunc otiosum vitae suae, salvum esse velint.[k]

H. — VII. [f] Dist. bet. *omnis*, *universus*, *totus*, and *cunctus*. V. Caes.
I. 1, n. 2. — [h] 463, I.
VIII. [a] Dist. bet. *libertus* and *libertinus*. V. Sall. Cat. L. n. 1. — [b] 139,
2. — [c] 425 & 3, 1). — [d] 380, 2. — [e] 503, I.; 505. — [f] 501, I. — [g] 396, 2, 3),
(3). — [h] 552 & 1. — [i] 429. — [j] Dist. bet. *lucrum*, *emolumentum*, *quaestus*, and
compendium. V. n. 6. — [k] 480; 481, I. — [l] 315, 1.
A. & S. — VII. [f] V. R. H. — [h] 209, R. 12, (2).
VIII. [a] V. R. H. — [b] 95, R. — [c] 246. — [d] 255, R. 11. — [e] 263, 2, (1). —
[f] 264, 7. — [g] 212, R. 3. — [h] 271. — [i] 250, 1. — [j] V. R. H. — [k] 258, L 1. —
[l] 100, 3.

Multo vero maxima pars eorum, qui in tabernis sunt, [9]immo vero, (id enim potius est dicendum,) genus hoc universum amantissimum est [10]otii. Etenim omne instrumentum, omnis opera ac quaestus frequentia civium sustentatur, alitur otio; quorum si quaestus, [11]occlusis tabernis, minui solet, quid [12]tan- 5 dem, incensis, futurum fuit?

IX. 18. Quae quum ita sint, Patres Conscripti, vobis populi Romani praesidia non desunt: vos ne populo Romano deesse videamini, providete.

Habetis consulem ex plurimis periculis et insidiis [1]atque 10 ex media[a] morte, non ad vitam suam, sed ad salutem vestram reservatum: omnes ordines ad conservandam rem publicam [2]mente,[b] voluntate, voce, consentiunt: obsessa facibus et telis impiae conjurationis, vobis supplex manus tendit patria communis; vobis se, vobis vitam omnium civium, vobis arcem et 15 Capitolium, vobis aras Penatium,[c] vobis ignem illum Vestae sempiternum, vobis omnium deorum templa atque delubra, vobis muros atque urbis tecta commendat. Praeterea de vestra vita, de conjugum vestrarum ac liberorum anima, de fortunis omnium, de sedibus, de focis vestris hodierno die vobis 20 judicandum est.

19. Habetis ducem memorem vestri, oblitum sui; [3]quae non semper facultas datur: habetis omnes ordines, omnes homines, universum populum Romanum, id quod [4]in civili causa hodierno die primum videmus, unum atque idem sentientem. 25 [5]Cogitate, quantis laboribus fundatum imperium, quanta virtute stabilitam libertatem, quanta deorum benignitate auctas exaggeratasque fortunas una nox paene delerit.[d] Id ne umquam posthac, non modo non confici, sed ne cogitari quidem possit a civibus, hodierno die providendum est. Atque haec, non ut 30 vos, qui mihi studio paene praecurritis, excitarem, locutus sum, sed ut mea vox, quae debet esse in re publica [6]princeps, officio[e] functa consulari videretur.

X. 20. Nunc, ante quam [1]ad sententiam redeo, de me

H. — IX. [a]441, 6. — [b]429. — [c]89, 5, 2). — [d]525. — [e]419, I.
A. & S. — IX. [a]205, R. 17. — [b]250, 1. — [c]83, II. 4, (1). — [d]265. — [e]245, I.

pauca dicam. Ego, quanta manus est conjuratorum, quam
videtis esse permagnam, tantam me inimicorum multitudinem
suscepisse video; sed eam judico esse turpem et infirmam et
abjectam. Quod[a] si [2]aliquando alicujus furore et scelere con-
5 citata manus ista plus valuerit quam vestra ac rei publicae
dignitas, me[b] tamen meorum factorum[c] atque consiliorum
numquam, Patres Conscripti, poenitebit. Etenim mors, quam
illi fortasse minitantur, omnibus est parata : vitae tantam laudem, [3]quanta vos me vestris decretis honestastis, nemo est
10 assecutus. Ceteris enim bene gesta, mihi uni, conservata re
publica, gratulationem decrevistis.

21. Sit [4]Scipio clarus ille, cujus consilio atque virtute Hannibal [5]in Africam redire atque Italia decedere coactus est :
ornetur [6]alter eximia laude Africanus, qui duas urbes huic
15 imperio infestissimas, Karthaginem Numantiamque, delevit :
habeatur vir egregius [7]Paulus ille, cujus currum rex potentissimus quondam et nobilissimus Perses[d] honestavit : sit aeterna
gloria[e] Marius, qui [8]bis Italiam obsidione et metu servitutis
liberavit : anteponatur omnibus[f] Pompeius, [9]cujus res gestae
20 atque virtutes iisdem, quibus solis cursus, regionibus ac terminis continentur : erit profecto inter horum laudes aliquid loci[g]
nostrae gloriae,[h] [10]nisi forte majus est patefacere nobis provincias, quo exire possimus,[i] quam curare, ut etiam illi [11]qui
absunt habeant, [12]quo victores revertantur.[i]

25 22. Quamquam[j] est [13]uno loco conditio melior externae
victoriae, quam domesticae ; [14]quod hostes alienigenae aut
oppressi serviunt, aut recepti *in amicitiam* beneficio se obli-
gatos putant. Qui autem ex numero civium dementia aliqua
depravati hostes patriae semel esse coeperunt, eos, quum a
30 pernicie rei publicae repuleris, nec vi coërcere, nec beneficio
placare [15]possis.[k] Quare mihi cum perditis civibus aeternum.

H.— X. [a]453, 6.— [b]410 & III.— [c]410 & III.— [d]43.— [e]428 & 2).
— [f]386. — [g]396, 2, 3), (3). — [h]387. — [i]485. — [j]Force ? V. L 9, n. 1.—
[k]485.

A. & S.— X. [a]206, (14).— [b]229, R. 6. — [c]215, (1).— [d]44.— [e]211,
R. 6, (7). — [f]224. — [g]212, R. 3.— [h]226. — [i]264, R. 2.— [j]V. R. H.—
[k]260, R. 4.

bellum susceptum esse video : id ego vestro bonorumque omnium auxilio memoriaque tantorum periculorum, quae non
modo in hoc populo, qui servatus est, sed in omnium gentium sermonibus ac mentibus semper haerebit, a me atque a
meis facile propulsari posse confido. Neque ulla profecto 5
tanta vis reperietur, [16]quae conjunctionem vestram equitum-
que Romanorum, et tantam conspirationem bonorum omnium,
confringere et labefactare possit.[1]

XI. 23. Quae quum ita sint, [1]pro imperio, pro exercitu,
pro provincia, quam neglexi, [2]pro triumpho, ceterisque laudis 10
insignibus, quae sunt a me propter urbis vestraeque salutis
custodiam repudiata, pro [3]clientelis hospitiisque provinciali-
bus, [4]quae tamen urbanis opibus non minore labore tueor, quam
comparo ; pro his [5]igitur omnibus rebus, pro meis in vos singularibus studiis proque hac, quam conspicitis, ad conservan- 15
dam rem publicam diligentia, nihil a vobis nisi hujus temporis
totiusque mei [6]consulatus memoriam postulo : quae [7]dum erit
in vestris fixa mentibus, tutissimo me muro saeptum esse arbi-
trabor. Quod si meam spem vis improborum fefellerit atque
superaverit, commendo vobis parvum meum filium, cui pro- 20
fecto satis erit praesidii non solum ad salutem, verum etiam
ad dignitatem, si ejus, qui haec omnia [8]suo solius[a] periculo
conservaverit, illum filium esse memineritis.

24. Quapropter de summa salute vestra populique Romani,
de vestris conjugibus ac liberis, [9]de aris ac focis, de fanis ac 25
templis, de totius urbis tectis ac sedibus, de imperio, de libertate, de salute Italiae, de universa re publica decernite diligenter, [10]ut instituistis, ac fortiter. Habetis eum consulem,
qui et parere vestris decretis non dubitet,[b] [11]et ea quae statueritis, quoad vivet, defendere et per se ipsum praestare possit.[b] 30

H. — X. [1]500.
XI. [a]397, 3. — [b]500.
A. & S. — X. [1]264, 1, (a) & (b).
XI. [a]205, R. 13, (a). — [b]264, 1.

M. TULLII CICERONIS

ORATIO PRO LEGE MANILIA

AD QUIRITES.

I. 1. Quamquam mihi semper [1]frequens conspectus vester
multo[a] jucundissimus, [2]hic autem[b] locus [3]ad agendum amplissimus, ad dicendum ornatissimus est visus, [4]Quirites; tamen
[5]hoc aditu[c] laudis, qui semper optimo cuique[d] maxime patuit,
5 non mea me voluntas, sed [6]vitae meae rationes, [7]ab ineunte
aetate susceptae, prohibuerunt. Nam quum antea [8]per aetatem nondum[e] hujus auctoritatem loci attingere auderem, sta-
tueremque nihil huc nisi perfectum ingenio, elaboratum
industria afferri oportere, omne meum tempus amicorum
10 [9]temporibus transmittendum putavi. 2. [10]Ita neque[f] hic locus
vacuus unquam fuit ab[f] iis qui vestram [11]causam defenderent,[k]
et meus labor, in privatorum periculis [12]caste integreque versatus, ex vestro judicio [13]fructum est amplissimum consecutus.
Nam quum propter [14]dilationem comitiorum [15]ter praetor[j]
15 primus [16]centuriis cunctis renuntiatus sum, facile intellexi,
Quirites, et quid de me judicaretis[j] et [17]quid aliis praescriberetis.[j] Nunc, quum et auctoritatis[k] in me tantum[l] sit, [18]quan-
tum[m] vos honoribus[n] mandandis[o] esse voluistis, et [19]ad agendum

---

H.—I. [a]418.—[b]Force of *autem?* V. Ec. Cic. XX. n. 5.—[c]425, 2
& 2).—[d]458, 1.—[e]Force of *dum* with negatives? V. in Cat. I. 4, n. 17.
—[f]399, 5 & 3).—[g]500.—[h]362.—[i]525.—[k]396, 2, 3) & (3).—[l]441:—
[m]545.—[n]566, I.—[o]562.

A. & S.—I. [a]256, R. 16.—[b]V. R. H.—[c]251.—[d]207, R. 35, (b).
—[e]V. R. H.—[f]213, R. 4, (4).—[g]198, 1, R. (e).—[h]264, 1.—[i]210.—
[j]265.—[k]212, R. 3.—[l]206, (16).—[m]239.—[n]247, 3.—[o]275, II.

facultatis[k] tantum, quantum homini vigilanti ex forensi usu prope quotidiana dicendi exercitatio potuit afferre, certe, et, si quid auctoritatis in me est, [19]apud eos utar, qui eam mihi dederunt, et si quid [20]in dicendo consequi possum, iis ostendam potissimum,[p] qui [21]ei quoque rei fructum suo judicio tribuendum 5 esse duxerunt. 8. Atque [22]illud[r] in primis mihi[s] laetandum jure[q] esse video, quod in hac insolita mihi ex hoc loco ratione dicendi causa talis oblata est, in qua oratio deesse nemini possit.[h] Dicendum est enim de Cn. Pompeii singulari eximiaque [23]virtute; hujus autem orationis difficilius est exitum 10 quam principium invenire[t]: ita mihi non tam [24]copia quam [25]modus in dicendo quaerendus est.

II. 4. Atque ut inde oratio mea proficiscatur, unde haec omnis causa ducitur, bellum grave et periculosum vestris [1]vectigalibus[a] ac sociis[a] a duobus potentissimis regibus infertur, 15 Mithridate[b] et Tigrane; quorum [2]alter relictus, alter lacessitus, occasionem sibi ad occupandam [3]Asiam oblatam esse arbitrantur. [4]Equitibus[a] Romanis, honestissimis viris, afferuntur ex Asia quotidie literae, quorum magnae res aguntur, [5]in vestris vectigalibus exercendis occupatae; qui[e] ad me pro [6]neces- 20 situdine, quae mihi est cum illo ordine, [7]causam rei publicae periculaque rerum suarum detulerunt: 5. Bithyniae, quae nunc [8]vestra provincia est, [9]vicos[d] exustos esse complures; [10]regnum[d] Ariobarzania, quod finitimum est vestris vectigalibus,[e] totum esse in hostium potestate; Lucullum,[d] magnis 25 rebus[f] gestis, ab eo bello discedere; [11]huic qui successerit,[g] non satis esse paratum ad tantum bellum administrandum; [12]unum ab omnibus sociis et civibus ad id bellum imperatorem[d] deposci atque expeti; eundem hunc unum[d] ab hostibus metui, praeterea neminem.[d] 30

H.—I. [19]Force of potissimum? V. Ex. Cic. XXVI. n. 5.—[20]414 & 3.—[21]371, 3.—[22]388, I.—[23]549.

II. [1]386.—[2]363.—[3]453.—[4]545.—[5]391 & 1.—[6]431.—[7]529.

A. & S.—I. [19]V. R. H.—[20]247, 2.—[21]232, (3).—[22]225, III.—[23]269.

II. [1]224.—[2]204.—[3]206, (17).—[4]239.—[5]222, R. 1.—[6]257—[7]266, 2.

11   P

6. [13]Causa quae sit,[h] videtis: nunc, quid agendum sit,[h] considerate. Primum mihi videtur de genere belli, deinde de magnitudine, tum [14]de imperatore deligendo, esse dicendum. Genus est belli [15]ejusmodi,[i] quod maxime vestros animos
5 excitare atque inflammare [16]ad persequendi studium debeat[j]; [17]in quo agitur populi Romani gloria, quae vobis a majoribus, quum magna in rebus omnibus, tum[k] summa in re militari, tradita est: agitur salus sociorum atque amicorum, pro qua multa majores vestri magna et gravia bella gesserunt: agun-
10 tur certissima populi Romani vectigalia et maxima; quibus amissis, et pacis ornamenta et subsidia belli, [18]requiretis: aguntur bona multorum civium, quibus[m] est a vobis[l] et ipsorum et rei publicae causa consulendum.

III. 7. Et quoniam semper appetentes gloriae[a] praeter
15 ceteras gentes atque avidi laudis[b] fuistis, delenda vobis[c] est illa[d] macula [1]Mithridatico bello superiore concepta; quae [2]penitus[e] jam insedit ac nimis inveteravit in populi Romani nomine; [3]quod is, qui uno die, tota in Asia, tot in civitatibus, [4]uno nuntio atque una significatione, cives Romanos necandos[f]
20 trucidandosque denotavit, non modo adhuc poenam nullam suo dignam scelere suscepit,[g] sed ab illo tempore annum jam tertium et vicesimum regnat; et ita regnat, ut se non Ponti neque Cappadociae [5]latebris occultare velit, sed emergere ex [6]patrio regno atque in vestris vectigalibus, hoc est, [7]in Asiae
25 luce versari. 8. Etenim adhuc ita nostri cum illo rege contenderunt imperatores, ut ab illo [8]insignia victoriae, non victoriam reportarent. Triumphavit [9]L. Sulla, triumphavit L. Murena de Mithridate, duo fortissimi viri, et summi impera-

---

H.—II. [h]525.—[i]401.—[j]500.—[k]587, I. 5.—[l]414, 5.—[m]385.

III. [a]399 & 2, 1).—[b]399 & 2, 2).—[c]388, I.—[d]450.—[e]Dist. bet. *plane, omnino, prorsus, penitus*, and *utique*. V. n. 2.—[f]Dist. bet. *interficio, perimo, interimo, neco, occido, jugulo, obtrunco, trucido*, and *percutio*. V. Caes. II. 10, n. 1.—[g]520, I. What does this clause explain?

A. & S.—II. [h]265.—[i]211, R. 6, (5), & R. 8.—[j]264, 1.—[k]277, I. R. 9.—[l]225, III. R. 2.—[m]223, R. 2.

III. [a]213, R. 1, (2).—[b]213, R. 1, (3).—[c]225, III.—[d]207, R. 23, (a).—[e]V. R. H.—[f]V. R. H.—[g]273, 5.

tores; sed [16]ita triumpharunt, ut ille pulsus[h] superatusque regnaret. Verum tamen illis imperatoribus laus est tribuenda, [11]quod egerunt, venia danda, quod reliquerunt; propterea quod ab eo bello Sullam in Italiam [12]res publica, Murenam Sulla revocavit. 5

IV. 9. Mithridates autem [1]omne reliquum tempus non ad oblivionem veteris belli, sed ad comparationem novi contulit; [2]qui[a] posteaquam maximas aedificasset ornassetque classes, exercitusque permagnos, quibuscumque ex gentibus potuisset, comparasset, et se [3]Bosporanis, finitimis suis, bellum inferre 10 simularet,[b] usque[c] in Hispaniam legatos ac litteras misit ad [4]eos duces, quibuscum tum bellum gerebamus, ut, quum [5]duobus in locis [6]disjunctissimis maximeque diversis [7]uno consilio a binis[d] hostium copiis bellum terra marique gereretur, vos ancipiti contentione districti [8]de imperio dimicaretis. 15

10. Sed tamen [9]alterius[e] partis periculum, Sertorianae atque Hispaniensis, [10]quae multo plus firmamenti ac roboris habebat, Cn. Pómpeii [11]divino consilio ac singulari virtute depulsum est: [12]in altera parte ita res a L. Lucullo, summo viro, est administrata, ut [13]initia illa rerum gestarum magna atque 20 praeclara non felicitati ejus, sed virtuti, [14]haec autem extrema, quae nuper acciderunt,[f] non culpae, sed fortunae tribuenda esse videantur.[g] Sed de Lucullo dicam alio loco; et ita dicam, Quirites, ut neque vera laus ei[h] detracta oratione mea, neque falsa afficta esse videatur: 11. de vestri imperii dignitate 25 atque gloria, quoniam is est exorsus orationis meae, [15]videte, quem vobis animum suscipiendum putetis.

V. Majores nostri saepe, mercatoribus aut naviculariis nostris injuriosius[a] tractatis, bella gesserunt: vos, [1]tot civi-

---

H.—III. [b]578, IV.

IV. [a]453. —[b] Ec. Cic. II. n. 1. Why imperf.? —[d]174, 2, 3).— [f]Dist. bet. *accidit, evenit, contingit, obvenit,* and *obtingit.* V. Caes. I. 18, n. 17. —[g]549, 4, 1).—[h]386, 2.

V. [a]444, 1.

A. & S.—III. [b]274, 3, (a).

IV. [a]206, (17). —[b] V. R. H.—[c]235, R. 9.—[d]120, 4, (a).—[e]212, R. 2, N. 1, (b).—[f]V. R. H.—[g]271, R. 2.—[h]224, R. 2.

V. [a]256, R. 9, (a).

um Romanorum militbus uno nuntio atque uno tempore
necatis, quo tandem[b] animo[c] esse debetis? Legati quod
[2]erant appellati superbius,[a] Corinthum patres vestri, totius
Graeciae [3]lumen,[d] exstinctum[e] esse voluerunt: vos eum re-
5 gem inultum esse patiemini, qui [4]legatum populi Romani
consularem, vinculis ac verberibus atque omni supplicio
excruciatum,[f] necavit? Illi libertatem [5]civium Romanorum
imminutam non tulerunt: vos ereptam vitam negligetis? Jus
legationis verbo violatum[g] illi [6]persecuti sunt: vos legatum,
10 omni supplicio interfectum,[g] relinquetis? 12. Videte, ne, ut
illis pulcherrimum fuit[h] tantam vobis imperii gloriam tradere,
sic vobis turpissimum sit,[h] id quod accepistis, tueri et conservare non posse.

[7]Quid, quod salus sociorum [8]summum in periculum ac dis-
15 crimen vocatur, quo tandem animo [9]ferre debetis? Regno
expulsus est [10]Ariobarzanes rex, socius populi Romani atque
amicus: imminent [11]duo reges toti Asiae, non solum vobis
inimicissimi, sed etiam vestris sociis atque amicis: civitates
autem omnes [12]cuncta Asia atque Graecia vestrum auxilium
20 exspectare propter periculi magnitudinem coguntur: [13]impe-
ratorem a vobis certum deposcere, quum praesertim vos [14]alium
miseritis, neque audent, neque se id facere sine [15]summo periculo posse arbitrantur.

13. Vident et sentiunt hoc idem, quod vos, unum virum
25 esse, [16]in quo summa sint[i] omnia, et eum [17]propter esse; [18]quo[j]
etiam carent aegrius; cujus adventu ipso atque nomine,
tametsi ille ad maritimum bellum venerit,[k] tamen impetus
hostium repressos esse intelligunt ac retardatos. [19]Hi vos,
quoniam libere loqui non licet, tacite rogant, ut se quoque,
30 sicut ceterarum provinciarum socios, [20]dignos existimetis,
quorum salutem tali viro commendetis[l]; [21]atque hoc[j] etiam

H. — V.   [b]Force of *tandem?*   V. Sall. Cat. XX. n. 14. — [c]428 & 1,
2). — [d]Dist. bet. *lumen* and *lux.*   V. n. 3. — [e]462. — [f]579. — [g]573. —
[h] Sub. of *fuit?* — [i]529. — [j]414 & 2. — [k]515 & III — [l]591, III.

A. & S. — V.   [b]V. R. H. — [c]211, R. 6 & 8. — [d]V. R. H. — [e]205, R.
5, (b). — [f]274, 3, (b). — [g]274, 3, (a). — [h]Sub. of *fuit?* — [i]266, 3. — [j]247,
1. — [k]263, 2, (4). — [l]264, 9.

magis, quod ceteros in provinciam [22]ejusmodi homines [23]cum
imperio mittimus, ut, etiamsi ab hoste defendant, tamen ipsorum adventus[a] in urbes sociorum non multum [24]ab hostili
expugnatione differant,[a] hunc audiebant [25]antea, nunc praesentem vident tanta [26]temperantia,[a] tanta mansuetudine,[a] tanta 5
humanitate,[a] ut ii beatissimi esse videantur, apud quos ille
diutissime commoratur.

VI.   14. Quare, si propter socios, nulla ipsi injuria laces-
siti, majores nostri cum [1]Antiocho, cum [2]Philippe, cum [3]Aeto-
lis, cum [4]Poenis bella gesserunt, quanto vos studio[a] convenit, 10
injuriis provocatos, sociorum salutem una cum imperii vestri
dignitate defendere, praesertim [5]quum de vestris maximis
vectigalibus agatur! Nam ceterarum provinciarum vectigalia, Quirites, [6]tanta sunt, ut iis[b] ad ipsas provincias tutandas
vix contenti esse possimus; Asia vero tam opima est ac fer- 15
tilis, ut et [7]ubertate[b] agrorum et varietate fructuum et magnitudine pastionis et multitudine earum rerum, quae exportantur, [8]facile omnibus terris[c] antecellat. Itaque haec vobis
provincia, Quirites, si et [9]belli utilitatem et pacis dignitatem
retinere vultis, non modo a calamitate, sed etiam a metu ca- 20
lamitatis, est defendenda.

15. Nam ceteris in rebus, quum [10]venit calamitas, tum detrimentum accipitur; at [11]in vectigalibus non solum adventus
mali, sed etiam metus ipse affert calamitatem.   Nam quum .
hostium copiae non longe absunt, etiamsi irruptio nulla facta 25
est, tamen pecua relinquuntur, agricultura deseritur, merca-
torum navigatio conquiescit. Ita neque [12]ex portu, neque
ex decumis, neque ex scriptura, vectigal conservari potest;
quare saepe totius anni fructus uno rumore periculi atque
uno belli terrore amittitur.   30

16. Quo tandem igitur animo[d] esse existimatis aut eos, qui
vectigalia nobis pensitant, aut eos, [13]qui exercent atque exi-

---

H. — V.   [22]130, 2. — [a]489 & L.; 494.
VI.   [a]414 & 3. — [b]419, IV. — [b(2)]429. — [c]386. — [d]423 & 1, 2).
A. & S. — V.   [22]95, R. — [a]262.
VI.   [a]247, 2. — [b]244. — [b(2)]247, 1, or 250, 1. — [c]224. — [d]211, R. 6 & 8.

gunt, quum duo reges cum maximis copiis propter adsint?
quum una excursio equitatus perbrevi tempore totius anni
vectigal auferre possit? qunm publicani [14]familias maximas,
quas in [15]saltibus habent, quas in agris, quas in portubus*
5 atque [16]custodiis, magno periculo* se habere arbitrentur? Pu-
tatisne vos illis rebus frui posse, nisi eos, [17]qui vobis* fructui
sunt, conservaritis, non solum, ut antea dixi calamitate, sed
etiam calamitatis formidine liberatos?

VII. 17. Ac ne* illud quidem vobis negligendum est,
10 quod mihi ego [1]extremum proposueram, [2]quum essem de belli
genere dicturus, quod[b] ad multorum bona civium Romanorum
pertinet; [3]quorum vobis pro vestra sapientia, Quirites, habenda est ratio diligenter. Nam [4]et[c] publicani, homines honestissimi atque ornatissimi, [5]suas rationes et copias in illam
15 provinciam contulerunt; [6]quorum ipsorum per se res et fortunae vobis[d] curae esse debent. Etenim, si vectigalia nervos
esse rei publicae semper duximus, eum certe* ordinem, qui
exercet illa, firmamentum ceterorum[f] ordinum recte esse dicemus.

20 18. [7]Deinde ex ceteris ordinibus homines navi atque in-
dustrii [8]partim ipsi[g] in Asia negotiantur, quibus vos absentibus
consulere debetis, partim eorum[h] in ea provincia [9]pecunias
magnas collocatas[i] habent. Est igitur humanitatis[j] vestrae,
magnum numerum eorum civium calamitate[k] prohibere, sa-
25 pientiae,[j] videre multorum civium calamitatem a re publica
sejunctam esse non posse. Etenim primum [10]illud[l] parvi[m]
refert, nos publicanis [11]amissis vectigalia postea victoria recu-

---

H. — VI. *116, 4, 1). — [f]390.

VII. *602, III. 2. — [b]311, 7; 520, I. — *704, III. 4. — [d]390. — *582.
— [f]Dist. bet. *ceteri* and *reliqui*. V. Caes. I. 1, n. 14. — [g]Force of *ipsi?*
V. Sall. Cat. XXIII. n. 5. — [h]396, 2, 4) & (1). — [i]574. — [j]401; 402 & I.
— [k]425 & 2, 2). — [l]408, 2. — [m]408, 3. — [n]387.

A. & S. — VI. *89, 5. — [f]227.

VII. *279, 3, (d). — [b]198, 7, & R. (b). — *323, 3, (5). — [d]227. —
*192, N. 1. — [f]V. R. H. — [g]V. R. H. — [h]212, R. 4. — [i]274, R. 4. — [j]211,
R. 8, (3). — [k]251. — [l]219, R. 4. — [m]219, R. 5. — [n]226.

perare ; neque enim iisdem[n] [12]redimendi facultas erit propter calamitatem, neque aliis[n] voluntas propter timorem.

19. Deinde, quod[o] nos[o] eadem Asia atque idem iste Mithridates [13]initio belli Asiatici docuit, id quidem certe,[o] calamitate docti, memoria[p] retinere debemus. Nam tum, quum 5 in Asia [14]res magnas permulti amiserant, scimus Romae,[q] solutione impedita, [15]fidem concidisse. Non enim possunt una in civitate multi rem ac fortunas amittere, [16]ut non plures secum in eandem trahant calamitatem. A quo periculo prohibete rem publicam, et mihi credite, [17]id quod ipsi videtis, haec fides 10 atque [18]haec ratio pecuniarum, quae Romae, quae [19]in foro versatur, implicita est cum illis pecuniis Asiaticis et cohaeret: ruere [20]illa non possunt, [16]ut haec non eodem labefacta motu concidant. Quare videte, num dubitandum[r] vobis sit omni studio ad id bellum incumbere, in quo gloria nominis vestri, 15 salus sociorum, vectigalia maxima, fortunae plurimorum civium conjunctae cum re publica defendantur.[s]

VIII. 20. Quoniam de genere belli dixi, nunc de magnitudine pauca dicam. Potest enim hoc[a] dici : belli genus esse ita necessarium, ut sit gerendum, non esse ita magnum, ut sit 20 pertimescendum. In quo maxime laborandum est, ne forte vobis,[b] quae diligentissime providenda sunt, contemnenda esse videantur.

Atque ut omnes intelligant me L. Lucullo[c] tantum impertire laudis, quantum forti [1]viro[d] et sapienti homini et 25 magno imperatori debeatur,[e] dico, [2]ejus adventu[f] [3]maximas Mithridatis copias omnibus rebus[g] ornatas atque instructas fuisse, [4]urbemque Asiae clarissimam nobisque[h] amicissimam, Cyzicenorum, obsessam esse ab ipso rege maxima multitudine et oppugnatam vehementissime, quam L. Lucullus virtute, 30

H. — VII. [*]374. — [2]414 & 4. — [3]421, II. — [r]Construction of *dubito?*
V. in Cat. I. 7, n. 16. — [s]517, I.; 519.

VIII. [a]553, II. — [b]388, I. — [c]386. — [d]Dist. bet. *homo* and *vir.* V. n.
1, and Sall. Cat. I. n. 1. — [e]529. — [f]426, 1. — [g]419, III. — [h]391.

A. & S. — VII. [*]231. — [2]247, 3. — [3]221. — [r]V. R. H. — [s]264, 8, (1).
VIII. [a]207, R. 22. — [b]225, III. — [c]224. — [d]V. R. H. — [e]266, 2. —
[f]253, N. 1. — [g]249, I. — [h]222, R. 1.

assiduitate, consilio summis obsidionis periculis liberavit; ab
eodem imperatore classem magnam et ornatam, [a]quae, ducibus[1] Sertorianis, ad Italiam studio atque odio inflammata raperetur,[j] superatam esse atque depressam; [b]magnas hostium
5 praeterea copias multis proeliis esse deletas, patefactumque
nostris legionibus[k] esse [7]Pontum, qui antea populo[k] Romano
[8]ex omni aditu clausus fuisset; [9]Sinopen atque Amisum,
quibus in oppidis erant domicilia regia, omnibus rebus ornatas
atque refertas, ceterasque urbes Ponti et Cappadociae per-
10 multas [10]uno aditu adventuque esse captas; regem spoliatum
regno [11]patrio atque avito, [12]ad alios se reges atque ad alias
gentes supplicem contulisse; atque haec omnia, salvis populi
Romani sociis atque [13]integris vectigalibus, esse gesta. Satis
[14]opinor[l] haec esse laudis,[m] [15]atque ita, Quirites, ut vos intelli-
15 gatis, [16]a nullo[n] istorum, qui huic [17]obtrectant legi atque
causae, L. Lucullum similiter ex hoc loco esse laudatum.

IX. 22. Requiretur fortasse nunc, quemadmodum, quum
haec ita sint, [1]reliquum[a] possit[b] magnum esse bellum. Cog-
noscite, Quirites; non enim hoc sine causa quaeri videtur.
20 Primum, ex suo regno sic Mithridates profugit, ut ex eodem
Ponto [2]Medea [3]illa quondam profugisse dicitur; quam praedicant in fuga fratris sui membra in iis locis, qua[c] se parens
persequeretur, dissipavisse, ut [4]eorum collectio dispersa moe-
rorque patrius celeritatem persequendi retardaret.[d] Sic
25 Mithridates, fugiens, maximam vim auri atque argenti pul-
cherrimarumque rerum omnium, quas et a majoribus acceperat, et ipse, bello[e] superiore ex tota Asia [5]direptas, in suum
regnum congesserat, in Ponto omnem reliquit. Haec dum
nostri colligunt omnia diligentius,[f] rex ipse e manibus effugit.

H. — VIII. [1]480. — [j]V. Caes. L 31, n. 16. — [k]384. — [l]Dist. bet. cen-
seo, judico, arbitror, aestimo, opinor, puto, and reor. V. n. 14. — [m]396, 2,
4) & (1). — [n]457, 2.
IX. [a]441, 6. — [b]525. — [c]386. — [d]463 & I. — [e]426, 1. — [f]444, 1.
A. & S. — VIII. [1]257, R. 7. — [j]V. R. H.; 145, N. 3. — [k]223. — [l]V.
R. H. — [m]212, R. 4. — [n]207, R. 31, (c).
IX. [a]205, R. 17. — [b]265. — [c]206, (20). — [d]209, R. 18, (2). — [e]253,
N. 1. — [f]256, R. 9, (a).

Ita illum[a] in persequendi studio moeror, hos[f] laetitia retardavit.

23. Hunc[g] in illo[f] timore et fuga Tigranes, rex Armenius,
excepit, diffidentemque rebus[h] suis confirmavit, et afflictum
erexit, perditumque recreavit; cujus in regnum posteaquam 5
L. Lucullus cum exercitu venit,[i] [6]plures etiam gentes contra
imperatorem nostrum concitatae sunt. Erat enim metus injectus iis nationibus,[j] quas nunquam populus Romanus [7]neque
lacessendas bello neque tentandas putavit; erat etiam alia
gravis atque [8]vehemens opinio, quae animos gentium bar- 10
bararum pervaserat, [9]fani locupletissimi et religiosissimi diripiendi causa in eas oras nostrum esse exercitum adductum.
Ita nationes multae[k] atque magnae [10]novo quodam terrore ac
metu concitabantur. Noster autem exercitus, tametsi [11]urbem
ex Tigranis regno ceperat et proeliis usus erat secundis, tamen 15
[12]nimia longinquitate locorum ac desiderio suorum commovebatur.

24. Hic jam plura non dicam. [13]Fuit enim illud extremum,
ut ex iis locis a militibus nostris reditus magis maturus quam
processio longior quaereretur. Mithridates autem et suam 20
manum jam confirmarat [et [14]eorum, qui se ex ipsius regno
collegerant], et magnis adventiciis auxiliis multorum regum
et nationum juvabatur. Jam hoc [15]fere sic fieri solere accepimus, ut regum afflictae fortunae facile multorum opes alliciant
ad misericordiam, maximeque eorum, qui aut[l] reges sunt, aut[l] 25
vivunt in regno; ut iis nomen regale magnum et sanctum
esse videatur.[m] 25. Itaque tantum victus[n] efficere potuit,
quantum [16]incolumis nunquam est ausus optare. Nam quum
se in regnum suum recepisset, non fuit eo[o] contentus, quod ei
praeter spem acciderat, [17]ut illam, posteaquam pulsus erat, 30
terram unquam attingeret; sed in exercitum nostrum clarum
atque victorem impetum fecit.

H. — IX. [a]450 & 1. — [b]385. — [c]386. — [d]587, II. & 2. — [e]489, I.:
494. — [f]578, IV. — [g]412, IV.

A. & S. — IX. [f]207, R. 23, (a). — [h]223, R. 2. — [i]259, R. 1, (2), (
— [j]294. — [k]205, R. 16, (b). — [l]198, 2, R. (e). — [m]262 — [n]274, 3, (a).
[o]244.

11 *

Sinite hoc loco,[p] Quirites, sicut poëtae solent, qui res Romanas scribunt, praeterire me [18]nostram calamitatem ; quae
tanta fuit, ut eam ad aures [19]imperatoris non ex proelio nuntius, sed [20]ex sermone rumor afferret. 26. Hic in illo ipso malo
5 gravissimaque belli offensione, L. Lucullus, qui tamen aliqua
ex parte iis incommodis[q] mederi fortasse potuisset,[r] vestro
jussu coactus, qui [21]imperii diuturnitati modum statuendum
vetere exemplo[s] putavistis,[t] partem militum, qui jam [22]stipen-
diis confecti erant, dimisit, partem M'. Glabrioni tradidit.
10 Multa praetereo consulto ; [23]sed ea vos conjectura perspicite,
quantum illud bellum factum putetis, quod conjungant reges
potentissimi, renovent agitatae nationes,[u] suscipiant integrae
gentes,[x] novus imperator noster accipiat, vetere exercitu pulso.

Satis mihi multa verba fecisse videor,[v] quare esset hoc
15 bellum genere[w] ipso necessarium, magnitudine[w] periculosum :
restat, ut [24]de imperatore ad id bellum deligendo ac tantis
rebus praeficiendo dicendum esse videatur.

X. 27. Utinam, Quirites, virorum fortium atque innocen-
tium copiam tantam haberetis,[a] ut haec vobis deliberatio diffi-
20 cilis esset, quemnam[b] potissimum[c] tantis rebus ac tanto bello
praeficiendum putaretis[d] ! Nunc vero, quum sit[e] unus Cn.
Pompeius, qui non modo eorum hominum, qui nunc sunt,[f]
gloriam, sed etiam antiquitatis memoriam virtute superarit,[g]
quae res est, quae cujusquam animum in hac causa dubium
25 facere possit[h] ? 28. Ego enim sic[i] existimo, [i]in summo imperatore quatuor has res inesse oportere, scientiam rei militaris,
virtutem, auctoritatem, felicitatem.[j] Quis igitur hoc homine
[k]scientior unquam aut fuit aut esse debuit ? qui, e ludo atque

---

H. — IX. [p]422, 1. — [q]385. — [r]485. — [s]414 & 2. — [t]460 ; 445, 6, 3).
— [u]Dist. bet. *natio* and *gens*. V. Sall. Cat. X. n. 1. — [v]549, 4 & 1). —
[w]414 & 2.

X. [a]487 ; 488, 1. — [b]188, 3. — [c]Force of ? V. Ec. Cic. XXVI. n. 5.
— [d]525 & 1. — [e]517, I. — [f]474. — [g]501, II. — [h]501, I. — [i]704, L 1.

A. & S. — IX. [p]254, R. 2, (b). — [q]223, R. 2, & (1), (a). — [r]261, R. 4.
— [s]249, II. — [t]206, (12). — [u]V. R. H. — [v]271, R. 2. — [x]247, I, (1).

X. [a]263, 1, & R. — [b]137, 2. — [c]V. R. H. — [d]265. — [e]263, 5. — [f]259.
— [g]264, 10. — [h]264, 7. — [i]207, R. 22. — [j]278, R. 6, (b).

pueritiae disciplinis, [3]bello[1] maximo, atque acerrimis hostibus,[1] ad [4]patris exercitum atque in militiae disciplinam profectus est; qui [5]extrema pueritia[m] miles in exercitu summi fuit imperatoris, ineunte adolescentia maximi ipse exercitus [6]imperator; qui saepius cum hoste[q] conflixit, quam quisquam[o] 5 cum inimico concertavit, plura bella gessit, quam ceteri legerunt, plures provincias [7]confecit, quam alii concupiverunt; cujus adolescentia ad scientiam rei militaris non alienis praeceptis, sed [8]suis imperiis, non [9]offensionibus belli, sed victoriis, non [10]stipendiis, sed [11]triumphis est erudita. Quod denique 10 genus esse belli potest, in quo illum non exercuerit fortuna rei publicae? [12]Civile, [13]Africanum, [14]Transalpinum, [15]Hispaniense, [16]mixtum ex civitatibus atque ex bellicosissimis nationibus, [17]servile, [18]navale bellum, [19]varia[p] et diversa[p] genera et bellorum et hostium, non solum gesta ab hoc uno, sed etiam 15 confecta, nullam rem esse declarant in usu positam militari, quae hujus viri scientiam fugere possit.

XI. 29. [1]Jam vero virtuti[a] Cn. Pompeii quae potest oratio par inveniri? quid est, quod quisquam aut illo[b] dignum, aut vobis[c] novum, aut cuiquam[c] inauditum, [2]possit[d] afferre? 20 [3]Neque enim illae sunt solae virtutes imperatoriae, quae vulgo existimantur, labor[e] in negotiis, fortitudo[e] in periculis, industria in agendo, celeritas in conficiendo, consilium in providendo; quae tanta sunt in hoc uno, quanta in omnibus reliquis imperatoribus, quos aut vidimus aut audivimus, non fuerunt. 25

30. Testis est [4]Italia, quam ille ipse victor, L. Sulla, hujus virtute[f] et subsidio confessus est liberatam. Testis est [5]Sicilia, quam multis undique cinctam periculis non terrore belli, sed

---

H. — X. [1]426, 1. — [a]426, 1. — [a]Dist. bet. *adversarius, hostis,* and *inimicus.* V. Caes. L. 10, n. 5. — [c]457. — [p]Dist. bet. *varius* and *diversus.* V. n. 19.

XI. [a]391. — [b]419, IV. — [c]391. — [d]501, I. — [e]363. — [f]414 & 4.

A. & S. — X. [1]257, R. 7. — [a]253, N. 1. — [a]V. R. H. — [a]207, R. 31, (a). — [p]V. R. H.

XI. [a]222, R. 1. — [b]244. — [c]222, 3. — [d]264, 7. — [e]204. — [f]247, 3.

consilii [6]celeritate explicavit. Testis est [7]Africa, quae magnis
oppressa hostium copiis eorum ipsorum [8]sanguine redundavit.
Testis est [9]Gallia, per quam legionibus nostris iter in Hispaniam Gallorum internecione patefactum est.   Testis est [10]His-
5 pania, quae [11]saepissime plurimos hostes ab hoc superatos
prostratosque conspexit.   Testis est iterum et saepius Italia,
quae, quum servili bello [12]tetro periculosoque premeretur, ab
hoc auxilium absente expetivit; quod bellum exspectatione
ejus attenuatum atque imminutum est, [13]adventu sublatum ac
10 sepultum.   31. Testes nunc vero [14]jam omnes orae atque omnes
exterae[e] gentes ac nationes, denique maria omnia, [15]quum universa, tum in singulis oris omnes sinus atque portus.   Quis
enim [16]toto mari locus per hos annos aut tam firmum habuit
praesidium, ut tutus esset, aut tam fuit [17]abditus, ut lateret?
15 Quis navigavit, qui non se aut mortis aut servitutis periculo
[18]committeret,[d] [19]quum aut hieme aut referto praedonum[i] mari
navigaret[j]?   Hoc tantum bellum, tam turpe, tam [20]vetus, tam
late divisum atque dispersum, quis unquam arbitraretur[k] aut
ab omnibus imperatoribus uno anno aut omnibus annis ab uno
20 imperatore confici posse?   Quam provinciam tenuistis a
praedonibus liberam per hosce annos? quod vectigal vobis
tutum fuit? quem socium defendistis? cui[l] praesidio[l] omnibus[m] vestris fuistis? quam multas existimatis insulas esse
desertas! quam multas aut metu relictas aut a praedonibus
25 [21]captas urbes esse sociorum!

    XII.   Sed quid[a] ego longinqua commemoro?   [1]Fuit hoc
quondam, fuit [2]proprium populi[b] Romani, longe a domo bellare
et [3]propugnaculis imperii sociorum fortunas, non sua tecta defendere.   Sociis ego nostris mare hosce per clausum annos
30 fuisse [4]dicam,[c] quum exercitus vestri nunquam a [5]Brundisio,
[6]nisi hieme summa, transmiserint?   Qui[d] ad vos ab exteris

H. — XI. [e]Dist. bet. *externus* and *exterus*.   V. in Cat. II. 11, n. 7. —
[i]419, III. — [j]517, I. — [k]485 ; 486 & II. — [l]390. — [m]414 & 4.
    XII. [a]445, 2. — [b]399, 3, 3). — [c]486 & II. — [d]445, 6.
    A. & S. — XI. [e]V. R. H. — [1]213. — [2]263, 5. — [5]260, R. 5. — [6]227.
— [6]247, 3.
    XII. [a]235, R. 11. — [b]222, R. 2, (a). — [c]260, R. 5. — [d]206, (4).

nationibus [7]venirent,[8] captos querar,[9] quum legati populi Romani redempti sint? Mercatoribus tutum mare non fuisse dicam,[5] quum [6]duodecim secures in praedonum potestatem pervenerint? 33. [9]Cnidum aut Colophonem aut Samum, nobilissimas urbes, [10]innumerabilesque alias captas esse commemorem,[5] quum vestros portus atque eos portus, [11]quibus vitam ac spiritum ducitis, in praedonum fuisse potestate sciatis? [12]An vero ignoratis portum [13]Caietae [14]celeberrimum ac plenissimum navium, inspectante [15]praetore, a praedonibus esse direptum? ex [16]Miseno autem [17]ejus ipsius liberos, qui cum praedonibus antea ibi bellum gesserat, a praedonibus esse sublatos? Nam quid[a] ego [18]Ostiense incommodum atque illam labem atque ignominiam rei publicae querar, quum, prope inspectantibus vobis, classis ea, cui [19]consul populi Romani praepositus esset, a praedonibus capta atque oppressa est? Pro dii immortales! tantamne unius hominis incredibilis ac divina virtus tam brevi tempore lucem afferre rei publicae potuit, ut vos, qui modo ante ostium Tiberinum classem hostium videbatis, [20]ii nunc nullam intra [21]Oceani ostium praedonum navem esse audiatis? 34. Atque haec qua celeritate gesta sint, quam-quam videtis, tamen a me in dicendo praetereunda non sunt. Quis enim unquam aut obeundi negotii aut consequendi quaestus studio tam brevi tempore tot loca[f] adire, tantos cursus conficere potuit, quam celeriter, Cn. Pompeio[s] duce, tanti [22]belli impetus navigavit? qui, [23]nondum tempestivo ad navigandum mari,[s] Siciliam[f] adiit, Africam exploravit, inde Sardiniam[h] cum classe venit, atque haec tria frumentaria subsidia rei publicae firmissimis praesidiis classibusque munivit. 35. Inde quum se in Italiam recepisset, [24]duabus Hispaniis et Gallia Cisalpina praesidiis ac navibus confirmata,[l] missis item in oram Illyrici maris et in Achaiam omnemque Graeciam navibus, Italiae [25]duo maria maximis classibus firmissimisque praesidiis adornavit; ipse autem, [26]ut Brundisio[h] profectus est,

H.—XII. [a]468.—[f]371, 4, 1).—[s]430.—[h]379, 3, 2).—[l]439.—[b(c)]421, II.

A. & S.—XII. [a]145, II. 4.—[f]232, (3).—[s]257, R. 7.—[h]237, R. 5, (b).—[l]205, Exc. to R. 2.—[b(c)]255.

undequinquagesimo die totam ad imperium populi Romani [29]Ciliciam adjunxit: omnes, qui ubique praedones fuerunt, partim capti interfectique sunt, partim unius hujus se imperio ac potestati dediderunt. Idem [30]Cretensibus,[j] quum ad eum 5 usque in Pamphyliam legatos deprecatoresque misissent, spem deditionis non ademit obsidesque[k] imperavit. Ita tantum bellum tam diuturnum, tam longe lateque dispersum, quo bello omnes gentes ac nationes premebantur, Cn. Pompeius extrema[l] hieme apparavit, ineunte vere[m] suscepit, media[l] aestate 10 confecit.

XIII. 86. [1]Est haec divina atque incredibilis virtus imperatoris. [2]Quid [3]ceterae, quas paulo ante commemorare coeperam, quantae atque quam multae sunt! Non enim [4]bellandi virtus solum in summo ac perfecto imperatore quae-15 renda est; sed multae sunt [5]artes eximiae, hujus administrae[a] comitesque virtutis. Ac primum quanta [6]innocentia[b] debent esse imperatores! quanta deinde in omnibus rebus [7]temperantia[b]! quanta fide[b]! quanta [8]facilitate[b]! quanto [9]ingenio[b]! quanta humanitate[b]! Quae[c] breviter, qualia sint in Cn. Pom-20 peio, consideremus.[d] [10]Summa enim omnia sunt, Quirites, sed ea magis [11]ex aliorum contentione quam ipsa per sese cognosci atque intelligi possunt.

87. Quem enim imperatorem[e] possumus [12]ullo in numero putare, cujus in exercitu centuriatus [13]veneant[f] atque venie-25 rint[f]? [14]quid hunc hominem magnum aut amplum de re publica cogitare, qui pecuniam ex aerario depromptam ad bellum administrandum aut [15]propter cupiditatem provinciae magistratibus diviserit aut propter avaritiam Romae [16]in quaestu reliquerit? [17]Vestra admurmuratio facit,[g] Quirites, ut ag-

---

H. — XII. [j] 384 & II. — [k] Force of? V. Ec. Cic. XXI. n. 10. — [l] 441, 6. — [m] 430.

XIII. [a] 363. — [b] 428 & 1, 2). — [c] 439, 2, 3). — [d] 487. — [e] Sc. esse. — [f] 501, L — [g] Object?

A. & S. — XII. [j] 222, 1. — [k] 223, R. 2, (1), (b). — [l] 205, R. 17. — [m] 257.

XIII. [a] 204. — [b] 211, R. 6, & R. 8, (2). — [c] 205, R. 2, (2). — [d] 260, R. 6. — [e] 270, R. 3. — [f] 264, 1. — [g] Object?

noscere[h] videamini, qui haec fecerint[i]; ego autem nomino neminem; quare irasci mihi[j] nemo poterit, nisi qui[k] ante de se
voluerit confiteri.   Itaque propter hanc avaritiam imperatorum quantas calamitates, quocunque ventum sit,[l] nostri exercitus ferant,[l] quis ignorat? 88. Itinera, quae per hosce annos 5
in Italia per agros atque oppida civium Romanorum nostri
imperatores fecerint,[l] recordamini: tum facilius statuetis,
quid apud exteras nationes fieri [18]existimetis.[l]   Utrum plures
arbitramini per hosce annos militum vestrorum armis hostium
urbes, an hibernis sociorum civitates esse deletas?   Neque 10
enim potest exercitum is continere imperator, qui se ipse[m]
non continet; neque severus esse in judicando, qui alios in
se severos esse judices non vult.

89. [19]Hic miramur [20]hunc hominem tantum excellere ceteris,[n] cujus legiones sic in Asiam [21]pervenerint,[o] ut non modo 15
manus tanti exercitus, sed ne vestigium quidem cuiquam pa-
cato nocuisse dicatur?   Jam vero quemadmodum milites
[22]hibernent,[l] quotidie sermones ac literae perferuntur: non
modo, [23]ut sumptum faciat in militem, nemini vis affertur, sed
ne cupienti quidem cuiquam permittitur.   [24]Hiemis enim, non 20
avaritiae perfugium majores nostri in sociorum atque amicorum tectis esse voluerunt.

XIV. 40. [1]Age vero, ceteris in rebus quali sit [2]temperan-
tia,[a] considerate.   Unde illam tantam celeritatem et tam incredibilem cursum [3]inventum putatis?   Non enim illum exi- 25
mia vis remigum [4]aut ars inaudita quaedam gubernandi aut
venti aliqui novi tam celeriter [5]in ultimas terras pertulerunt,
sed eae res, quae ceteros remorari solent, non retardarunt:
[6]non avaritia ab instituto cursu ad praedam aliquam devoca-
vit, non [7]libido ad voluptatem, [8]non amoenitas ad delectatio- 30
nem,[9]non nobilitas urbis ad cognitionem, non denique labor

H. — XIII. [h] Object? — [i] 501, L. — [j] 385. — [k] 455 & 2. — [l] 301, 3. —
[m] 452 & 1. — [n] 386, 2. — [o] 519.

XIV. [a] 428 & 1, 2).

A. & S. — XIII. [b] Object? — [1] 264, 1. — [2] 223, R. 2. — [3] 138, & 137,
R. (3). — [4] 184, 2, (a). — [5] 207, R. 28, (a). — [6] 223, R. 2. — [7] 264, 3, (1).

IV. [8] 211, R. 6, & R. 8, (2).

ipse ad quietem; postremo signa et tabulas ceteraque ornamenta Graecorum oppidorum, [10]quae ceteri tollenda esse
arbitrantur, [11]ea sibi ille ne visenda quidem existimavit. 41.
Itaque omnes nunc in iis locis Cn. Pompeium sicut aliquem
5 non ex hac urbe missum, sed de coelo delapsum intuentur:
nunc denique incipiunt credere, fuisse homines Romanos hac
quondam [12]continentia[a]; quod jam nationibus exteris incredibile ac falso memoriae proditum [13]videbatur: nunc imperii
vestri splendor illis gentibus lucem afferre coepit: nunc intel-
10 ligunt non sine causa majores suos tum, quum ea temperantia
magistratus habebamus, servire populo Romano quam imperare aliis maluisse.

Jam vero[b] ita faciles aditus ad eum privatorum, ita liberae
[14]querimoniae[c] de aliorum injuriis esse dicuntur, ut is, qui
15 dignitate[d] principibus[e] excellit, [15]facilitate[f] infimis[e] par esse
videatur. 42. Jam quantum [16]consilio,[d] quantum dicendi
gravitate[d] et copia valeat, [17]in quo ipso inest quaedam dignitas imperatoria, vos, Quirites [18]hoc ipso ex loco saepe cognovistis.[g] Fidem vero ejus quantam inter socios existimari
20 putatis, [19]quam hostes omnes omnium generum sanctissimam
judicarint[h]? Humanitate jam tanta est, ut difficile[i] dictu[j] sit,
utrum hostes magis virtutem ejus pugnantes timuerint, an
mansuetudinem victi dilexerint. Et quisquam dubitabit, quin
huic hoc tantum bellum transmittendum sit, qui ad omnia
25 [20]nostrae memoriae bella conficienda divino [21]quodam consilio
natus esse videatur[k]?

XV. 43. Et quoniam aucteritas quoque in bellis administrandis multum atque imperio militari valet, certe nemini
dubium est, quin ea re idem ille imperator plurimum possit[a]

H. — XIV. [b]How used? V. Ec. Cic. XXIII. n. 30. — [c]Dist. bet.
querimonia and querela. V. n. 14. — [d]414 & 2. — [e]386, 2. — [f]429. —
[g]391. — [e]Object? — [h]519. — [i]What does it agree with? — [j]570 & 1. —
[k]500.

XV. [a]498 & 3.

A. & S. — XIV. [b]V. R. H. — [c]V. R. H. — [d]247, 1, or 250, 1. —
[e]222, R. 2. — [f]250, 1. — [g]222, R. 1. — [e]Object? — [h]264, 8, (1). — [i]V.
R. H. — [j]276, III. — [k]264, 1.

XV. [a]262, N. 7.

Vehementer autem pertinere[b] ad bella administranda, quid
hostes, quid socii de imperatoribus nostris existiment,[c] quis
ignorat,[d] quum sciamus homines in tantis rebus, ut aut con-
temnant aut metuant, aut oderint aut ament, [1]opinione non
minus et fama quam aliqua certa ratione commoveri? Quod [5]
igitur nomen unquam in orbe terrarum clarius fuit? cujus
res gestae pares? de quo homine vos, id quod maxime facit
auctoritatem, [2]tanta et tam praeclara judicia fecistis?

44. An vero ullam usquam esse oram tam [3]desertam putatis, quo non illius diei fama pervaserit,[e] quum universus[f] pop-[10]
ulus Romanus, referto foro completisque omnibus templis,
ex quibus hic locus conspici potest, unum sibi ad [4]commune
omnium gentium bellum Cn. Pompeium imperatorem depo-
poscit? Itaque, ut plura non dicam neque aliorum exemplis
confirmem, quantum auctoritas valeat in bello, ab eodem Cn. [15]
Pompeio omnium rerum egregiarum exempla sumantur[g]; qui
quo die a vobis maritimo bello praepositus est imperator,
tanta repente [5]vilitas annonae [6]ex summa inopia et caritate rei
frumentariae consecuta est unius hominis spe ac [7]nomine,
quantam vix in summa ubertate agrorum diuturna pax efficere [20]
potuisset.

45. [8]Jam, accepta [9]in Ponto calamitate ex eo proelio, de
quo vos paulo ante invitus admonui, quum socii pertimuissent,
hostium opes animique crevissent, satis firmum praesidium
provincia non haberet,[h] amisissetis[i] Asiam, Quirites, nisi, ad [25]
ipsum discrimen ejus [10]temporis divinitus Cn. Pompeium ad
eas regiones fortuna populi Romani attulisset. Hujus adventus et Mithridatem [11]insolita inflammatum victoria continuit,
et Tigranem magnis copiis minitantem Asiae[j] retardavit.
Et quisquam dubitabit, quid virtute perfecturus sit, qui tantum [30]
auctoritate perfecerit? aut quam facile imperio atque exercitu

---

H. — XV. [b]550; 551, I. What is the sub.? — [c]525. — [d]Object
acc.? — [e]500. — [f]Dist. bet. *omnis, totus, universus,* and *cunctus.* V.
Caes. I. 1, n. 2. — [g]487. — [h]Why imperf.? V. Ec. Cic. II. n. 1. — [i]510.
— [j]385.

A. & S. — XV. [1]272. What is the sub.? — [2]265. — [3]Object acc.? —
[4]264, 1. — [5]V. R. H. — [6]260, R. 6. — [7]V. R. H. — [8]261, 1. — [9]223, R. 2.

socios et vectigalia conservaturus sit, qui ipso nomine ac
rumore defenderit?

XVI. 46. [1]Age vero, [2]illa res quantam declarat ejusdem
hominis apud hostes populi Romani auctoritatem, quod ex
5 locis tam longinquis tamque diversis tam brevi tempore omnes huic se uni dediderunt! quod [3]Cretensium legati, cum in
eorum insula noster imperator exercitusque esset, ad Cn.
Pompeium in [4]ultimas prope terras venerunt, eique se omnes
Cretensium civitates dedere velle dixerunt! [5]Quid? idem
10 iste Mithridates nonne ad eundem Cn. Pompeium legatum
usque in Hispaniam misit? [6]eum quem Pompeius legatum
semper judicavit; [7]ii,[a] quibus erat [semper] molestum ad eum
potissimum[b] esse missum, speculatorem quam legatum judicare
maluerunt. Potestis igitur jam constituere, Quirites, hanc
15 auctoritatem multis [8]postea rebus gestis magnisque vestris
judiciis amplificatam quantum apud illos reges, quantum
apud exteras nationes valituram esse [9]existimetis.

47. Reliquum est, ut de felicitate, quam [10]praestare de se
ipso nemo potest, meminisse[a] et commemorare de altero possu-
20 mus, sicut aequum[a] est [11]homines [12]de potestate deorum,
[13]timide et pauca dicamus. Ego enim sic existimo, [14]Maximo,
[15]Marcello, [16]Scipioni, [17]Mario et ceteris magnis imperatoribus, non solum propter virtutem, sed etiam propter fortunam
saepius imperia mandata atque exercitus esse commissos.
25 [18]Fuit enim profecto quibusdam summis viris quaedam ad
amplitudinem et gloriam et ad res magnas bene gerendas
divinitus adjuncta fortuna; de hujus autem hominis felicitate,
de quo nunc agimus, [19]hac utar moderatione dicendi, [20]non ut
in illius potestate fortunam positam esse dicam,[d] sed ut prae-
30 terita meminisse, reliqua sperare videamur, ne aut invisa diis
immortalibus oratio nostra aut ingrata esse videatur.

48. Itaque non sum praedicaturus, quantas ille res [21]domi
militiae,[a] terra[f] marique, quantaque felicitate[g] gesserit; [22]ut

---

H. XVI. [a]704, I. 1. — [b] V. Ec. Cic. XXVI. n. 5. — [c]549 & 1. —
[d]489, I. — [e]424, 2. — [f]422 & 1. — [g]414 & 3.

A. & S. — XVI. [a]278, R. 11. — [b]V. R. H. — [c]269, R. 2. — [d]262. —
[e]221, R. 3; 278, R. 6. — [f]254, R. 2, (b). — [g]247, 2.

ejus semper voluntatibus non modo cives assenserint, socii obtemperarint,[h] hostes obedierint, sed etiam venti tempestatesque obsecundarint: hoc brevissime dicam, neminem unquam tam impudentem fuisse, qui ab diis immortalibus tot et tantas res tacitus[i] auderet optare, [20]quot et quantas dii immor- 5 tales ad Cn. Pompeium detulerunt. Quod ut illi proprium ac perpetuum sit, Quirites, quum communis salutis atque imperii, tum ipsius hominis causa, sicuti facitis, [21]velle[j] et optare debetis.

49. Quare, quum et bellum sit ita necessarium ut negligi non possit, ita magnum, ut accuratissime sit administrandum, 10 et quum ei imperatorem praeficere possitis, in quo sit eximia belli scientia, singularis virtus, clarissima auctoritas, egregia fortuna, dubitabitis,[k] Quirites, quin hoc tantum boni,[l] quod vobis ab diis immortalibus oblatum et datum est, in rem publicam conservandam atque amplificandam [22]conferatis? 15

XVII. 50. Quod[a] si Romae Cn. Pompeius privatus esset[b] hoc tempore, tamen ad tantum bellum is erat[c] deligendus atque mittendus: nunc, quum ad ceteras summas utilitates haec quoque [1]opportunitas adjungatur, ut in iis ipsis locis adsit, ut habeat exercitum, ut [2]ab iis, qui habent, accipere statim[d] pos- 20 sit, quid exspectamus? aut cur non, ducibus diis immortalibus, eidem, cui [3]cetera summa cum salute rei publicae commissa sunt, hoc quoque [4]bellum regium committamus[e]?

51. [5]At enim[f] vir clarissimus, amantissimus rei publicae,[g] vestris [6]beneficiis[i] amplissimis affectus, Q. [7]Catulus, itemque 25 summis ornamentis[i] honoris, fortunae, virtutis, ingenii praedi-

---

H. — XVI. [h] Dist. bet. pareo, obedio, dicto audiens sum, obsequor, obsecundo, and obtempero. V. Caes. IV. 21, n. 5. — [i]443. — [j] Dist. bet. volo, opto, and expeto. V. n. 24. — [k] Construction of dubito and non dubito. V. Caes. II. 2, n. 8, and in Cat. I. 7, n. 16. — [l] 396, 2 & 3), (3).

XVII. [a] 453, 6. — [b] 510. — [c] 512, 2 & 2). — [d] Dist. bet. repente, subito, extemplo, e vestigio, illico, statim, protinus, confestim, and continuo. V. Caes. II. 11, n. 3. — [e] 485; 426 & II. — [f] Explain at enim. V. Sall. Cat. LI. n. 32. — [g] 399. — [h] 419, III. & 2, 1). — [i] 419, III.

A. & S. — XVI. [h] V. R. H. — [i] 205, R. 15, (b). — [j] V. R. H. — [k] V. R. H. — [l] 212, R. 3.

XVII. [a] 206, (14). — [b] 261, 1. — [c] 259, R. 3, (d). — [d] V. R. H. — [e] 260, R. 5. — [f] V. R. H. — [g] 216. — [i] 249, I. — [(2)] 244.

tus, [8]Q. Hortensius, ab hac ratione dissentiunt; quorum ego
auctoritatem apud vos [9]multis locis[j] plurimum valuisse et
valere oportere confiteor; sed in hac causa, [10]tametsi cogno-
scetis auctoritates contrarias virorum fortissimorum et clarissi-
5 morum, tamen, omissis auctoritatibus, [11]ipsa re ac ratione
exquirere possumus veritatem; atque [12]hoc[k] facilius, quod ea
omnia, quae a me adhuc dicta sunt, [13]iidem isti vera esse concedunt, et necessarium bellum esse et magnum et in uno Cn.
Pompeio [14]summa esse omnia.

10　　52. Quid igitur ait Hortensius? Si uni omnia tribuenda
sint, dignissimum esse Pompeium; sed ad unum tamen omnia
deferri non oportere. Obsolevit jam ista oratio, [15]re multo
magis quam verbis refutata. Nam tu idem,[l] Q. Hortensi,[m]
multa [16]pro tua summa copia ac singulari facultate dicendi et
15 in senatu contra virum fortem A. [17]Gabinium graviter orna-
teque dixisti, quum is de uno imperatore contra praedones
constituendo legem promulgasset, et [18]ex hoc ipso loco permulta item contra eam legem verba fecisti. 53. Quid? tum, per
deos immortales! si plus apud populum Romanum auctoritas
20 tua quam ipsius populi Romani salus et [19]vera causa valuisset,
hodie hanc gloriam atque hoc orbis terrae imperium tenere-
mus? [20]An tibi tum imperium hoc esse videbatur, quum populi
Romani legati, quaestores praetoresque [21]capiebantur[a]? quum
ex omnibus provinciis [22]commeatu[o] et privato et publico prohi-
25 bebamur? quum ita clausa nobis erant maria omnia, ut neque
privatam rem transmarinam neque publicam jam obire possemus?

　　XVIII. 54. Quae civitas antea unquam fuit, non dico
[1]Atheniensium, quae satis late quondam mare tenuisse dicitur,
30 non Karthaginiensium, qui permultum classe[a] ac maritimis
rebus valuerunt, non Rhodiorum, quorum usque ad [2]nostram

H. — XVII. [j]422, 1 & 1). — [k]414 & 2. — [l]451, 3. — [m]45, 5, 2). —
[a]469, II. — [o]425, 2 & 2).
　　XVIII. [a]414 & 2.
　　A. & S. — XVII. [j]254, R. 2, (b). — [k]247, 1. — [l]207, R. 27, (a). —
[m]52. — [a]145, II. 1. — [o]251.
　　XVIII. [a]247, 1.

memoriam disciplina navalis et gloria remansit, [3]quae civitas
unquam antea tam tenuis, quae tam parva insula fuit, quae
non portus suos et agros et aliquam partem regionis atque
orae maritimae per se ipsa[b] defenderet[c]? At hercle aliquot
annos continuos ante legem Gabiniam [4]ille populus Romanus, 5
cujus usque ad nostram memoriam nomen invictum in navalibus pugnis permanserit,[c] magna [5]ac multo maxima parte[d] non
modo [6]utilitatis, sed dignitatis atque imperii caruit: 55. nos,
quorum majores [7]Antiochum regem classe [8]Persenque[d] supe-
rarunt, omnibusque navalibus pugnis Karthaginienses, homines 10
in maritimis rebus exercitatissimos paratissimosque, vicerunt,
[9]ii[f] nullo in loco jam praedonibus[g] pares esse poteramus: nos,
qui antea non modo Italiam tutam habebamus, sed omnes
socios in ultimis oris auctoritate nostri imperii salvos [10]prae-
stare poteramus, tum, quum insula Delos tam procul a nobis 15
in Aegaeo mari posita, quo omnes undique cum mercibus
atque oneribus commeabant, referta divitiis,[d] parva, sine muro,
[11]nihil timebat, iidem[f] non modo provinciis atque oris Italiae
maritimis ac portubus[h] nostris, sed etiam [12]Appia jam via care-
bamus: et iis temporibus non pudebat magistratus populi Ro- 20
mani [13]in hunc ipsum locum escendere, quum eum nobis majores
nostri [14]exuviis nauticis et classium spoliis ornatum reliquissent!

XIX. 56. [1]Bono te animo[a] tum, Q. Hortensi, populus
Romanus et ceteros, qui erant in eadem sententia, dicere existimavit ea, quae sentiebatis[b]; sed tamen in salute communi 25
idem populus Romanus [2]dolori suo maluit quam auctoritati
vestrae obtemperare. Itaque [3]una lex, unus vir, unus annus
non modo nos illa miseria ac turpitudine liberavit, sed etiam
effecit, ut aliquando vere videremur omnibus gentibus[c] ac
nationibus terra marique imperare.   30

H. — XVIII. [b]452 & 1. — [c]500. — [d(2)]501, I. — [d]419, III. — [e]43. —
[f]Use of *ii.* V. XII. n. 20. — [g]391. — [h]116, 4, 1).
    XIX. [a]414 & 3. — [b]463, 1. — [c] Dist. bet. *gens, natio,* and *populus.* V.
Sall. Cat. X. n. 1.
    A. & S. — XVIII. [b]207, R. 28, (a). — [c]264, 1, (a). — [d]250, 2, (2).
— [e]44. — [f]V. R. H. — [g]222, R. 1. — [h]89, 5.
    XIX. [a]247, 2. — [b]209, R. 12, (7). — [c] V. R. H.

57. [4]Quo[d] mihi etiam indignius videtur obtrectatum esse adhuc, Gabinio dicam anne Pompeio an utrique, id quod est verius, ne legaretur A. Gabinius Cn. Pompeio expetenti ac postulanti. Utrum ille, qui postulat ad tantum bellum lega-
5 tum, quem velit, [5]idoneus non est qui impetret, quum ceteri, [6]ad expilandos socios diripiendasque provincias, quos voluerunt, legatos eduxerint; an ipse, cujus lege salus ac dignitas populo Romano atque omnibus gentibus constituta est,[e] expers esse debet gloriae ejus imperatoris atque ejus exercitus,
10 qui[e] consilio ipsius ac [7]periculo est constitutus? 58. [8]An C. Falcidius, Q. Metellus, Q. Coelius Latiniensis, Cn. Lentulus, quos omnes [9]honoris causa nomino, quum tribuni plebi fuissent, anno proximo legati esse potuerunt: [10]in uno Gabinio sunt tam [11]diligentes, qui in hoc bello, quod lege Gabinia
15 geritur, in hoc imperatore atque exercitu, quem [12]per vos ipse constituit, [13]etiam praecipuo jure esse deberet? [14]de quo legando consules spero [15]ad senatum relaturos. Qui si dubitabunt aut gravabuntur, ego [16]me profiteor relaturum; neque me impediet [17]cujusquam inimicum edictum, quominus, fretus
20 vobis,[f] [18]vestrum jus beneficiumque defendam[g]; neque [19]praeter intercessionem quidquam audiam; de qua, ut arbitror, isti ipsi, qui minantur, etiam atque etiam, [20]quid liceat, considerabunt. Mea quidem sententia,[h] Quirites, unus A. Gabinius, [21]belli maritimi rerumque gestarum Cn. Pompeio socius
25 adscribitur; propterea quod alter uni illud bellum suscipiendum vestris suffragiis detulit, alter delatum susceptumque confecit.

XX. 59. Reliquum est, ut de Q. Catuli auctoritate et sententia dicendum esse videatur. Qui quum ex vobis quaereret,
30 si in uno Cn. Pompeio omnia poneretis, [1]si quid eo[a] factum esset, in quo spem essetis[b] habituri, cepit magnum suae virtutis fructum ac dignitatis, quum omnes una prope voce [2]in ipso vos spem habituros esse dixistis. Etenim [3]talis est vir,

---

H. — XIX. [4]414 & 2. — [e]463, 3. — [f]419, IV. — [g]499. — [h]414 & 2, 1).
XX. [a]385, 5. — [b]525.
A. & S. — XIX. [4]247, 1. — [e]209, R. 12, (2). — [f]244. — [g]262. — [h]249, II
XX. [a]250, R. 3. — [b]265.

ut nulla res tanta sit ac tam difficilis, quam ille non et consilio
regere et integritate tueri et virtute conficere possit. Sed [4]in
hoc ipso ab eo vehementissime dissentio, quod, [5]quo[e] minus
certa est hominum ac minus diuturna vita, hoc[e] magis res publica, dum per deos immortales licet, frui debet summi viri vita 5
atque virtute.

60. At [6]enim ne quid novi fiat[d] contra exempla atque instituta majorum. [7]Non dicam hoc loco, majores nostros semper
in pace consuetudini, in bello utilitati paruisse; semper ad
novos casus temporum [8]novorum consiliorum rationes accom- 10
modasse: non dicam, duo bella maxima, [9]Punicum atque
Hispaniense, ab [10]uno imperatore esse confecta, duasque urbes
potentissimas, quae huic imperio maxime minabantur, Cartha-
ginem atque Numantiam, ab eodem Scipione esse deletas:
non commemorabo, nuper ita vobis patribusque vestris esse 15
visum, ut in uno [11]C. Mario spes imperii poneretur, ut idem
cum Jugurtha, idem cum Cimbris, idem cum Teutonis bellum
administraret: in ipso Cn. Pompeio, in quo novi constitui
nihil vult Q. Catulus, [12]quam multa sint nova summa Q. Catuli voluntate constituta, recordamini. 20

XXI. 61. Quid tam novum, [1]quam adolescentulum[a] privatum exercitum difficili rei publicae tempore [2]conficere[a]? confecit: huic[b] praeesse? praefuit: rem optime ductu suo gerere?
gessit. Quid tam praeter consuetudinem, quam homini per-
dolescenti, [3]cujus aetas a senatorio gradu longe abesset, impe- 25
rium[a] atque exercitum dari,[4] Siciliam permitti atque Africam
[5]bellumque in ea provincia administrandum? Fuit in his
provinciis singulari innocentia,[c] gravitate,[c] virtute[c]: bellum
in Africa maximum [5]confecit, victorem exercitum deportavit.
Quid vero tam inauditum, quam [6]equitem[a] Romanum trium- 30
phare? at eam quoque rem populus Romanus non modo vidit,
sed [7]omnium etiam studio visendam[d] et concelebrandam putavit. 62. Quid tam inusitatum, quam ut, quum [8]duo consules

---

H. — XX. [*]418. — [4]487.
XXI. [*]545; 549. — [b]386. — [c]428. — [d]551, I.
A. & S. — XX. [*]256, R. 16, & (2). — [4]260, R. 6, & (b).
XXI. [*]239; 269, R. 2. — [b]224. — [c]211, R. 6, & R. 8, (2). — [6]187, 5.

clarissimi fortissimique essent, eques Romanus ad [9]bellum maximum formidolosissimumque [10]pro consule mitteretur[a]? missus est. Quo quidem tempore, quum esset nonnemo[f] in senatu, qui diceret, *non oportere mitti hominem privatum pro*
5 *consule,* [11]L. Philippus dixisse dicitur, *non se illum sua sententia* [12]*pro consule, sed pro consulibus mittere.* Tanta in eo rei publicae bene gerendae spes constituebatur, ut duorum consulum munus unius adolescentis virtuti committeretur. Quid tam singulare, quam ut, ex senatus consulto legibus[g]
10 solutus, consul ante fieret,[a] quam [13]ullum alium magistratum per leges capere licuisset? quid tam incredibile, quam ut [14]iterum eques Romanus ex senatus consulto triumpharet[a]? Quae in omnibus hominibus nova[h] post hominum memoriam constituta sunt, ea tam[i] multa non sunt, quam[i] haec, quae in
15 hoc uno homine vidimus.   63. Atque haec tot exempla, tanta ac tam nova, [15]profecta sunt in eundem hominem a Q. Catuli atque a ceterorum ejusdem dignitatis amplissimorum hominum auctoritate.

   XXII. Quare [1]videant, ne sit periniquum et non ferendum,
20 illorum [2]auctoritatem de Cn. Pompeii [3]dignitate a vobis comprobatam semper esse, vestrum ab illis de eodem homine judicium populique Romani auctoritatem improbari, praesertim quum jam [4]suo jure populus Romanus in hoc homine suam auctoritatem [5]vel contra omnes, qui dissentiunt, possit
25 defendere; propterea quod, [6]iisdem istis reclamantibus, vos [7]unum illum ex omnibus delegistis, quem bello praedonum praeponeretis.[a]   64. Hoc si vos temere fecistis, et rei publicae parum consuluistis, recte isti [8]studia vestra suis consiliis regere conantur; sin autem [9]vos plus tum in re publica vidis-
30 tis, [10]vos, iis repugnantibus, per vosmet ipsos dignitatem huic imperio, salutem orbi terrarum attulistis, aliquando isti

---

H.—XXI. [9]489, I.; 496, 2.—[f]585, 1.—[g]425, 3, 2).—[h]441, 2.
XXII. [a]500.
A. & S.—XXI [9]262. R. 3, N. 3.—[f]277, R. 5, (c).—[g]251.—[h]206,
R. 19, (3), & (a).—[i]277, R. 11.
XXII. [a]264, 5.

[n]principes et sibi[b] et ceteris populi Romani universi auctoritati[c] parendum[d] esse fateantur.

Atque in hoc [12]bello Asiatico et regio non solum militaris illa virtus, quae est in Cn. Pompeio singularis, sed aliae quoque virtutes animi magnae et multae requiruntur. [13]Difficile est in [14]Asia, Cilicia, Syria regnisque [15]interiorum nationum [16]ita versari[e] nostrum imperatorem, ut nihil aliud nisi de hoste ac de laude cogitet. Deinde etiam si qui sunt [17]pudore ac temperantia[f] moderatiores, tamen eos esse tales propter multitudinem cupidorum hominum nemo arbitratur. 65. Difficile est dictu,[g] Quirites, quanto in odio simus apud exteras nationes propter eorum, quos ad eas per hos annos cum imperio misimus, libidines et injurias. Quod enim fanum putatis in illis terris nostris magistratibus[h] religiosum, quam civitatem sanctam, quam domum satis clausam ac munitam fuisse? Urbes jam locupletes et copiosae requiruntur, quibus [18]causa belli propter diripiendi cupiditatem inferatur.[e] 66. Libenter haec [19]coram cum Q. Catulo et Q. Hortensio, summis et clarissimis viris, disputarem[i]; noverunt enim sociorum vulnera, vident eorum calamitates, querimonias audiunt. Pro sociis vos contra hostes exercitum mittere putatis, an hostium simulatione contra socios atque amicos? Quae civitas est in Asia, quae non modo imperatoris aut legati, sed unius tribuni militum [20]animos[j] ac spiritus capere possit?

XXIII. Quare, etiam si quem habetis, qui, [1]collatis signis, exercitus regios superare posse videatur, tamen, nisi erit idem, qui a pecuniis sociorum, qui ab eorum conjugibus ac liberis, qui ab ornamentis fanorum atque oppidorum, qui ab auro gazaque regia manus, oculos, animum cohibere possit, non erit [2]idoneus qui ad bellum Asiaticum regiumque mittatur. 67. Ecquam putatis civitatem [3]pacatam fuisse, quae locuples sit? ecquam esse locupletem, [4]quae istis pacata esse

H.—XXII. [a]388, I.—[b]385.—[c]301, 2 & 3.—[d]549 & 1.—[e]414 & 2. —[f]570 & 1.—[h]291.—[i]485.

A. & S.—XXII. [a]225, III.—[b]223, R. 2.—[c]184, 2, (a), & 3.— [d]269, R. 2.—[e]247, 1, (1).—[f]276, III.—[h]222, R. 1.—[i]261, 1, & R. 4. —[j]95, R.

12

videatur ? Ora maritima, Quirites, Cn. Pompeium non solum
propter rei militaris gloriam, sed etiam propter animi [5]con-
tinentiam requisivit. [6]Videbat enim, praetores locupletari
quotannis pecunia publica praeter paucos, neque eos quidquam
5 aliud assequi classium nomine, nisi ut detrimentis[a] accipiendis[b]
majore affici turpitudine videremur. Nunc qua cupiditate
homines in provincias, quibus [7]jacturis et [8]quibus conditionibus proficiscantur, ignorant [9]videlicet isti, qui ad unum defe-
renda omnia esse [10]non arbitrantur: quasi vero Cn. Pompeium
10 non [11]quum suis virtutibus, tum etiam alienis vitiis magnum
esse videamus.[c]

68. Quare nolite[d] dubitare,[e] quin huic uni credatis omnia,
qui inter tot annos unus inventus sit,[f] quem socii in urbes suas
cum exercitu venisse gaudeant.[g] Quod si auctoritatibus hanc
15 causam, Quirites, confirmandam putatis, [12]est vobis auctor, vir
bellorum omnium maximarumque rerum peritissimus, [13]P.
Servilius; cujus tantae res gestae ¡terra marique exstiterunt,
ut, quum de bello deliberetis, auctor vobis gravior nemo esse
debeat: est [14]C. Curio, summis vestris [15]beneficiis maximisque
20 rebus gestis, summo ingenio et prudentia praeditus: est Cn.
[16]Lentulus, in quo omnes [17]pro amplissimis vestris honoribus
summum consilium, summam gravitatem esse cognovistis: est
C. [18]Cassius, [19]integritate, virtute, constantia singulari. Quare
[20]videte, ut, horum auctoritatibus illorum orationi, qui dissenti-
25 unt, respondere posse videamur.

XXIV. 69. Quae quum ita sint, C. Manili, primum [1]istam
.tuam et legem et voluntatem et sententiam laudo vehemen-
tissimeque comprobo; deinde te hortor, ut, auctore populo
Romano, maneas in sententia [2]neve[a] cujusquam vim aut mi-

H.— XXIII. [a] Dist. bet. *damnum, detrimentum,* and *jactura.* V. in
Cat. I. 2, n. 3.—[b] 562; 566, I.—[c] 503 & II.—[d] 538, 2.—[e] Construction
of *dubito* and *non dubito.* V. Caes. II. 2, n. 8, and in Cat. I. 7, n. 16.—
[f] 519.—[g] 501, II.

XXIV. [a] 587, II. 2.

A. & S.— XXIII. [a] V. R. H.—[b] 275, II.—[c] 263, 2, (1).—[d] 267, N.
& R. 3.—[e] V. R. H.—[f] 264, 8, (1).—[g] 264, 10.

XXIV. [a] 198, 8; 262, N. 4.

nas pertimescas. Primum in te satis esse animi perseve-
rantiaeque arbitror; deinde quum tantam multitudinem cum
tanto studio adesse videamus, quantam [3]iterum nunc in eodem
homine praeficiendo videmus, quid est quod aut [4]de re aut de
perficiendi facultate dubitemus? Ego [5]autem, quidquid est 5
in me studii, consilii, laboris, ingenii, quidquid hoc beneficio
populi Romani [6]atque[b] hac potestate praetoria, quidquid auctoritate, fide, constantia possum, id omne ad hanc rem confici-
endam tibi et populo Romano polliceor ac [7]defero; 70. testor-
que omnes deos, et eos maxime, qui huic [8]loco [9]temploque prae- 10
sident, qui omnium mentes eorum, [10]qui ad rem publicam
adeunt, maxime perspiciunt, me hoc neque rogatu[c] facere
cujusquam, neque quo[d] Cn. Pompeii gratiam mihi per hanc
causam conciliari putem, neque quo[d] mihi ex cujusquam am-
plitudine aut praesidia periculis aut adjumenta[11]honoribus 15
quaeram; propterea quod pericula facile, [12]ut hominem praestare oportet, innocentia tecti repellemus; honorem autem
neque ab uno neque ex hoc loco, sed eadem illa nostra labo-
riosissima [12]ratione vitae, [14]si vestra voluntas feret, consequemur.   20

71. Quamobrem, quidquid in hac causa mihi[c] susceptum
est, Quirites, id omne ego me rei publicae causa suscepisse
confirmo; [14]tantumque abest, ut aliquam mihi bonam gratiam
quaesisse videar, ut multas me etiam [16]simultates[f] partim ob-
scuras, partim apertas intelligam mihi non necessarias, vobis 25
non inutiles suscepisse. Sed ego me [17]hoc honore praeditum
tantis vestris beneficiis affectum statui, Quirites, vestram voluntatem et rei publicae dignitatem et salutem provinciarum
atque sociorum [18]meis omnibus commodis et rationibus praeferre oportere.   ,   30

H. — XXIV. [b]Dist. bet. *et*, *que*, and *atque*. 587, I. 2. — [c]414 & 2, 3).
— [d]489, L; 497. — [e]388, II. — [f]Dist. bet. *inimicitia* and *simultas*. V.
n. 16.

A. & S. — XXIV. [b]196, 1, R. (a) & (b). — [c]247, 1, & R. 2, (a). —
[d]262, & R. 9. — [e]225, II. — [f]V. R. H.

M. TULLII CICERONIS

PRO A. LICINIO ARCHIA POETA

ORATIO AD JUDICES.

I. 1. Si quid[a] est[b] in[c] me [1]ingenii,[d] judices,[e] quod[f] sentio
quam sit[g] exiguum,[h] aut[i] si qua [2]exercitatio dicendi,[j] in qua
[3]me[k] non inſitior mediocriter esse versatum; aut si [4]hujusce[l]
rei ratio aliqua [5]ab optimarum artium studiis ac disciplina
5 profecta, a qua ego nullum confiteor[m] aetatis meae tempus
abhorruisse; [6]earum rerum omnium [7]vel[n] in primis hic[o] A.
Licinius fructum[p] a me [8]repetere [9]prope[q] suo jure[r] debet.
Nam quoad longissime[s] potest mens mea respicere spatium
praeteriti temporis et [10]pueritiae memoriam recordari ultimam,
10 [11]inde usque repetens hunc video mihi[t] [12]principem[u] et ad
[13]suscipiendam[v] et ad ingrediendam [14]rationem horum studiorum exstitisse. Quod[w] si haec vox, hujus [15]hortatu praeceptisque conformata, nonnullis[x] aliquando saluti[x] fuit, a quo

---

H.—I. [a]189; 190 & 1.—[b]508.—[c]435 & 1.—[d]396, 2, & 3), (3).—
[e]369.—[f]453.—[g]525.—[h]438.—[i]587 & II.—[j]563.—[k]545.—[l]186, 1.
—[m]466.—[n]Force of *vel?* V. Ec. Cic. XXVI. n. 16.—[o]450.—[p]116;
371.—[q]Dist. bet. *sere, serme, paene,* and *prope.* V. Caes. I. 1, n. 15.—
[r]414 & 2.—[s]305.—[t]390 & 2.—[u]362.—[v]562 & 2; 565 & 1. Dist. bet.
suscipio and *ingredior* here. V. n. 13.—[w]453, 6.—[x]390.

A. & S.—I. [a]138, & N.—[b]259, N.—[c]241, R. 4.—[d]212, R. 3.
—[e]240.—[f]206, R. 19, & (17).—[g]265.—[h]205.—[i]198, 2, & R. (a).—
[j]275, I. & R. 3.—[k]239; 272.—[l]134, R. 4.—[m]258, A. & B.—[n]198, 2,
R. (a).—[o]207, R. 23, (a).—[p]229; 87.—[q]V. R. H.—[r]247, 1.—[s]194,
2.—[t]227, R. 4.—[u]210, & R. 3, (2).—[v]275, II. & V. R. H.—[w]206,
(14).—[x]227.

id accepimus, quo [16]ceteris[y] opitulari et alios servare posse- '
mus,[x] huic profecto ipsi, quantum est situm in nobis, et opem
et salutem ferre debemus.

2. Ac ne quis a nobis hoc [17]ita dici forte miretur, quod
[18]alia quaedam in hoc facultas sit ingenii [19]neque haec dicendi 5
ratio aut disciplina, ne nos quidem huic uni [20]studio penitus
unquam dediti fuimus. Etenim omnes [21]artes, quae ad [22]hu-
manitatem pertinent, habent quoddam commune vinculum et
quasi cognatione quadam inter se continentur.

II. 3. Sed ne cui vestrum[a] mirum esse videatur,[b] me[c] [1]in 10
quaestione[d] legitima et [2]in judicio[e] publico, [3]quum res[f] agatur
apud [4]praetorem populi Romani, lectissimum virum,[g] et apud
severissimos judices, tanto conventu[h] hominum ac frequentia,
[5]hoc uti[e] genere[i] dicendi, quod non modo a consuetudine judiciorum, verum etiam a forensi[j] sermone[k] abhorreat,[l] quaeso a 15
vobis, ut in hac causa mihi detis hanc veniam, accommo-
datam huic reo,[m] vobis,[n] quemadmodum spero, non molestam,
[6]ut [7]me pro summo poëta[o] atque eruditissimo[p] homine dicentem,[q] [8]hoc concursu[h] hominum literatissimorum, [9]hac vestra[r]
humanitate,[s] [6]hoc denique praetore[t] [10]exercente judicium, pa- 20
tiamini de studiis humanitatis ac literarum paulo loqui [11]libe-
rius et [12]in ejusmodi persona, quae propter otium ac studium
minime in judiciis periculisque tractata est,[u] uti prope novo
quodam et inusitato genere dicendi. 4. Quod[v] si mihi a vobis
tribui concedique sentiam,[w] perficiam profecto, ut hunc A. 25
Licinium[x] non modo non segregandum, quum sit[y] civis, a nu-

---

H.—I. [7]385.—[8]501, I.

II. [a]446, 3; 396, 2, 3) & (1).—[b]489, L; 480; 481, I.—[c]545; 549
& 1.—[d]100, 3.—[e]47. —[f]120. —[g]363. —[h]118; 430.—[i]419, I.; 115.—
[j]156, II.—[k]100. —[l]500.—[m]391.—[n]391.—[o]44, (1). —[p]162. —[q]571.
—[r]185. —[s]105. —[t]431. —[u]531, 3. —[v]453. —[w]470 & 2. —[x]545. —
[y]517, I.

A. & S.—I. [7]223, R. 2. —[8]264, 1, (a).

II. [a]212, R. 2, & N. 2. —[b]262; 258, I. 1. —[c]239; 269, R. 2. —[d]59,
I. —[e]46. —[f]90. —[g]204. —[h]257, R. 7, (a); 87. —[i]245, I; 66. —[j]113, 1.
—[k]58. —[l]264, 1, (a). —[m]222, R. 1. —[n]222, R. 1. —[o]42, 1. —[p]124, 1,
& 2. —[q]274, 2. —[r]139, 1. —[s]62. —[t]257. —[u]266, 2, R. 5. —[v]206, (17).
—[w]145, III. —[x]239.—[y]263, R. 1.

mero civium, verum etiam, si non esset, putatis adsciscendum fuisse."

III. Nam ut primum ex pueris[a] excessit[b] Archias[c] atque ab iis[d] [1]artibus, quibus[e] aetas puerilis ad [2]humanitatem infor-
5 mari[f] solet,[g] se[h] [3]ad scribendi studium contulit, primum Antiochiae,[i] (nam ibi natus est [4]loco[j] nobili,) [5]celebri quondam urbe[k] et copiosa atque eruditissimis hominibus[l] liberalissimisque studiis affluenti,[m] celeriter antecellere omnibus[n] ingenii gloria[o] [6]contigit. Post in ceteris Asiae partibus cunctaque
10 Graecia [7]sic ejus adventus celebrabantur,[p] ut famam ingenii exspectatio hominis, exspectationem ipsius adventus admiratioque superaret.[q] 5. Erat [8]Italia tum plena Graecarum artium[r] ac disciplinarum, studiaque haec et in Latio vehementius tum colebantur, quam nunc iisdem in oppidis, et hic
15 Romae [9]propter tranquillitatem rei publicae [10]non negligebantur. Itaque[s] hunc et [11]Tarentini et Rhegini et Neapolitani civitate[t] ceterisque praemiis donarunt, et omnes, qui aliquid de ingeniis poterant judicare, cognitione[u] atque hospitio dignum existimarunt.
20 Hac tanta celebritate famae quum esset jam [12]absentibus notus, Romam[i] venit, [13]Mario consule et Catulo. Nactus est primum consules eos, quorum alter [14]res ad scribendum maximas, alter quum [15]res gestas, tum etiam [16]studium atque aures adhibere posset. Statim [17]Luculli, quum [18]praetextatus etiam
25 tum Archias esset, eum domum[v] suam receperunt. [19]Sed etiam hoc non solum ingenii[w] ac literarum, verum etiam

H. — II. [a]229.

III. [a]425. — [b]471, II. — [c]43. — [d]451. — [e]414 & 4. — [f]552, 1. — [g]272, 3; 465, 3. — [h]449, I. — [i]428, II. — [j]425 & 3, 1). — [k]423, 3, 3). — [l]419, III. — [m]156, 1. — [n]386. — [o]414 & 2. — [p]469, II. — [q]463, I.; 481, II. — [r]399 & 2, 2); 89, II. & 4. — [s]587, IV. — [t]419, III. — [u]419, IV. — [v]379, [w]379, 3, 1). — [v]401.

A. & S. — II. [a]162, 15.

III. [a]251, R. 1. — [b]259, R. 1, (2), (d). — [c]44. — [d]207, R. 26, (a). — [e]248. — [f]271. — [g]142, 2. — [h]208, R. 37, (a). — [i]221, 1. — [j]246. — [k]204, R. 7; 221, R. 2, (c). — [l]250, 2, (2). — [m]113, 2. — [n]224. — [o]247, 1, or 250, 1. — [p]145, II. — [q]209, R. 12, (2); 258, I. 2. — [r]213; 83, II. 3. — [s]198, 6, R. — [t]249, I. — [u(2)]237. — [v]244. — [w]237, R. 4. — [v]211, R. 8, (3).

naturae atque virtutis, ut domus, quae hujus adolescentiae prima fuit, eadem esset familiarissima [20]senectuti. 6. Erat temporibus[x] illis jucundus [21]Q. Metello illi Numidico et ejus [22]Pio filio: audiebatur[y] a [23]M. Aemilio: [24]vivebat[y] cum Q. Catulo et [25]patre et [26]filio: a [27]L. Crasso colebatur[y]: Lucullos vero 5 et [28]Drusum et [29]Octavios et [30]Catonem et totam [31]Hortensiorum domum devinctam consuetudine quum teneret, afficiebatur summo honore, quod eum non solum colebant, qui aliquid [32]percipere atque audire studebant, verum etiam si qui[z] forte [33]simulabant. 10

IV. Interim satis longo intervallo,[a] quum esset[b] cum M. Lucullo in Siciliam profectus et quum ex ea provincia cum eodem Lucullo decederet,[c] venit[c] [1]Heracleam. [2]Quae[d] quum esset civitas aequissimo jure[e] ac foedere, [3]adscribi[f] se[f] in eam civitatem voluit; idque, [4]quum ipse per se dignus putaretur,[g] 15 tum auctoritate[h] et gratia Luculli ab Heracliensibus impetravit. 7. Data est civitas [5]Silvani lege et Carbonis, SI QUI [6]FOEDERATIS CIVITATIBUS ADSCRIPTI FUISSENT; SI TUM, CUM LEX FEREBATUR, IN ITALIA DOMICILIUM HABUISSENT; et, SI SEXAGINTA DIEBUS[i] APUD PRAETOREM ESSENT PRO- 20 FESSI. Quum[j] hic domicilium Romae [7]multos jam annos[l] haberet,[m] professus est apud praetorem [8]Q. Metellum, familiarissimum[n] suum.

8. Si nihil aliud nisi [9]de civitate ac lege dicimus,[o] nihil dico amplius[p]: [10]causa dicta[q] est. Quid enim[s] horum[r] infirmari, 25 Grati,[t] potest? Heracleaene esse tum adscriptum negabis? Adest vir summa auctoritate[u] et [11]religione[v] et fide[v] M. Lu-

---

H.—III. [x]426.—[y]469, II.—[z]189; 190 & 1.

IV. [a]430.—[b]478.—[c]477.—[d]471, II.—[e]453.—[f]428.—[g]545; 551, II. & 1.—[h]517, I.—[i]414 & 2.—[j]426; 120, Exc.—[l]378.—[m]481, II.—[n]441, 3.—[o]508.—[p]305.—[q]471, I.—[r]396, 2, 3) & (3).—[s]587, V. 3.—[t]45, 5, 2).

A. & S.—III. [x]253.—[y]145, II.—[z]137, R. 3.

IV. [a]257, R. 7.—[b]145, V.—[c]145, II.—[d]145, IV.—[e]206, (17). —[f]211, R. 6.—[g]239; 271, R. 4.—[h]263, 5.—[i]247, 1.—[j]253; 90, 1. —[l]236.—[m]258, I. 2.—[n]205, R. 7, (1).—[o]259, N.—[p]194, 2.—[q]145, IV. R.—[r]212, R. 2.—[s]198, 7, R.—[t]52.

cullus, qui se non opinari, sed scire, non audisse, sed vidisse,
[11]non interfuisse, sed egisse dicit. Adsunt Heraclienses legati,
nobilissimi homines: [13]hujus judicii[u] causa, cum [14]mandatis et
cum publico testimonio venerunt, qui hunc adscriptum Hera-
5 cliensem[v] dicunt.

    [15]Hic tu[v] tabulas desideras Heracliensium publicas, quas
[16]Italico bello, incenso tabulario, interisse scimus omnes. Est
ridiculum[x] ad ea, quae habemus, nihil dicere, quaerere, quae
habere non possumus, et de [17]hominum memoria tacere, [18]lite-
10 rarum memoriam flagitare; et quum habeas[s] amplissimi viri
religionem, [19]integerrimi municipii jusjurandum fidemque, ea,
quae depravari nullo modo possunt, repudiare, tabulas, quas
idem dicis solere corrumpi, desiderare.

    9. [20]An domicilium Romae non habuit is, qui [21]tot annis
15 ante civitatem datam[y] sedem omnium rerum ac fortunarum
suarum Romae collocavit? At[z] non est professus. [22]Immo
vero iis tabulis professus, quae solae ex illa professione colle-
gioque praetorum obtinent publicarum tabularum auctoritatem.

20   V. Nam[a] quum [1]Appii[b] tabulae [2]negligentius[c] asservatae[d]
dicerentur, [3]Gabinii, [4]quamdiu incolumis fuit, [5]levitas, post
damnationem [6]calamitas omnem tabularum fidem [7]resignasset,
Metellus, homo sanctissimus [8]modestissimusque omnium, tanta
diligentia[e] fuit, ut ad L. [9]Lentulum praetorem et ad judices
25 [10]venerit[f] et unius[g] nominis litura[h] se commotum esse dixerit.
His igitur[i] tabulis nullam lituram in nomine A. Licinii videtis.

    10. Quae quum ita sint, quid est quod de ejus civitate du-
bitetis, praesertim quum [11]aliis quoque in civitatibus fuerit
adscriptus? Etenim quum mediocribus[j] multis et aut nulla

H. — IV. [a]395. — [b]362. — [v]446. — [x]Why neuter? — [y]580. — [z]Force
of at?   V. Sall. Cat. LI. n. 32.

    V. [a]587, V.; 602, III. — [b]395. — [c]444, 1. — [d]Sc. ess. — [e]428. — [f]482,
2. — [g]149. — [h]414 & 2. — [i]587, IV. 3. — [j]441.

    A. & S. — IV. [a]247, R. 2, (a). — [b]210. — [v]209, R. 1, (b). — [x]Why
neuter? — [y]274, R. 5, (a). — [z]V. R. H.

    V. [a]198, 7, R. — [b]211. — [c]194, 2; 256, R. 9, (a). — [d]270, R. 3. —
[e]211, R. 6, & R. 8, (2). — [f]262. — [g]107. — [h]247, 1. — [i]198, 6, R. — [j]205,
R. 7, (1).

aut humili aliqua arte[k] praeditis gratuito civitatem in [13]Grae-
cia homines impertiebant, Rheginos [13]crèdo aut Locrenses aut
Neapolitanos aut Tarentinos, quod [14]scenicis artificibus[l] largiri
solebant,[m] [15]id huic, summa ingenii praedito gloria, noluisse.
Quid? quum ceteri non modo post [16]civitatem datam,[n] sed 5
etiam post [17]legem Papiam aliquo modo in [18]eorum municipiorum tabulas [19]irrepserint, hic, qui ne utitur quidem illis, in
quibus est scriptus, quod semper se° Heracliensem[p] esse
voluit, rejicietur?

11. [20]Census nostros requiris. [21]Scilicet; [22]est[q] enim obscu- 10
rum [23]proximis censoribus[r] hunc cum clarissimo imperatore,[s]
L. Lucullo, [24]apud exercitum fuisse, [25]superioribus cum eodem
quaestore[t] fuisse in Asia, [26]primis, Julio et Crasso, nullam
populi partem[u] esse censam.[z] Sed quoniam census non jus[v]
civitatis confirmat[w] ac tantummodo indicat eum, qui sit[x] cen- 15
sus, [[27]ita] se jam tum gessisse pro cive, iis temporibus, [28]quem
tu criminaris ne ipsius quidem[y] judicio[z] in civium Romanorum jure esse versatum, et [29]testamentum saepe fecit nostris
legibus et adiit hereditates civium Romanorum et [30]in beneficiis ad aerarium delatus est a L. Lucullo pro consule. 20

VI.· Quaere argumenta, si quae potes; nunquam enim
hic [1]neque suo neque amicorum judicio[a] [2]revincetur.[b]

12. Quaeres a[c] nobis, Grati, cur tantopere hoc homine[d]
delectemur. Quia suppeditat nobis, [3]ubi et animus ex hoc
forensi strepitu reficiatur[e] et aures convicio[d] defessae conqui- 25
escant.[e] [4]An tu existimas aut [5]suppetere nobis[f] posse, quod[e]
quotidie dicamus[h] in tanta varietate rerum, nisi animos nostros

---

H.—V. [k]419, III.—[l]384.—[m]465, 3.—[n]590.—°545; 551, II.—
[p]362.—[q]549 & 1.—[r]426.—[s]414, 7.—[t]363.—[u]545; 549.—[v]115.—
[w]520, I.—[x]529.—[y]602, III. 2.—[z]414 & 2.

VI. [a]414 & 2.—[b]470.—[c]374, 3, 4).—[d]414 & 2.—[e]485.—[f]386.—
[g]445, 6.—[h]529.

A. & S.—V. [k]244.—[l]223.—[m]142, 2.—[n]274, R. 5, (a).—°239;
271, R. 4.—[p]210.—[q]209, R. 3, (5).—[r]253.—[s]249, III.—[t]204, R. 1,
(a).—[u]239; 269, R. 2.—[v]66.—[w]198, 7, R. (b).—[x]266, 2.—[y]279, 3,
(d).—[z]249, II.

VI. [a]249, II.—[b]145, III.—[c]231, R. 4.—[d]247, 1.—[e]264, 6, R. 3.
—[f]224.—[g]206, (3), (a).—[h]266, 2.

doctrina excolamus, aut ferre animos ⁶tantam posse contentionem, nisi eos doctrina eadem relaxemus? Ego vero fateor
me his studiis esse deditum. Ceteros pudeat,ⁱ si qui ita se
literisʲ abdiderunt, ut nihil possintᵏ ex iis ¹neque ad commu-
5 nem afferre fructum neque in adspectum lucemque proferre;
me autem quidˡ pudeat, qui tot annosᵐ ita vivo,ⁿ judices, ut a
nullius unquam me ⁷tempore aut commodo aut otium meum
abstraxerit aut voluptas avocarit aut denique somnus retar-
darit?

10   13. Quare quis tandem me reprehendatᵒ aut quis mihiᵖ
jureᑫ succenseat, si, quantumʳ ceteris ad suas res obeundas,ˢ
quantumʳ ad festos diesᵗ ludorum celebrandos,ᵘ quantumʳ ad
alias voluptates et ad ipsam requiem animi et corporis conce-
ditur ⁸temporum, quantumʳ alii tribuunt ⁹tempestivis conviviis,
15 quantum denique alveolo, quantumʳ pilae, tantumʳ mihi ego-
metᵘ ad haec studia recolendaˢ sumpseroᵛ? Atque hoc ¹⁰eo
mihi concedendum est magis, quod ex his studiis ¹¹haec quoque crescit oratio et facultas, quae, quantacunque in me est,
nunquam amicorum periculisʷ defuit. ¹²Quae si cui levior
20 videtur, illa quidem certe, ¹³quae summa sunt, ex quo fonte
hauriamˣ sentio. 14. Nam nisi multorum praeceptis ¹⁴multisque
literis mihiʸ ab adolescentia suasissem, nihil esse in vita magnopere expetendum nisi laudem atque honestatem, in ea autem
persequenda omnes cruciatus corporis, omnia pericula mor-
25 tis atque exsilii parviᶻ esse ducenda, nunquam me pro salute
vestra in tot ac tantas dimicationes atque in hos profligato-
rum hominum quotidianos impetus objecissem. Sed ¹⁵pleni
omnes sunt libri, plenae sapientium voces, plena ¹⁶exemplorum
vetustas, quae jacerent in tenebris omnia, nisi literarum lu-
30 men accederet. Quam multas nobis ¹⁷imagines non solum ad

H. — VI. ¹298; 299; 487. — ʲ414 & 4. — ᵏ481, I. — ˡ445, 2. — ᵐ378.
— ⁿ467, 2. — ᵒ485. — ᵖ385. — ᑫ414 & 3. — ʳ187, 7; 186, 4. — ˢ562, 1 &
2. — ᵗ120, Exc. — ᵘ184, 3. — ᵛ473. — ʷ386, 2. — ˣ525. — ʸ385. — ᶻ401;
402, III.
    A. & S. — VI. ¹184, (a); 260, R. 6. — ʲ247, 3. — ᵏ258, I. 1. — ˡ235,
R. 11. — ᵐ236. — ⁿ145, I. 2. — ᵒ260, R. 5. — ᵖ223, R. 2. — ᑫ247, 2. —
— ʳ139, 5, (2), R. & (3). — ˢ275, II. — ᵗ90, 1. — ᵘ133, R. 2. — ᵛ145, VI.
— ʷ226, R. 2. — ˣ265. — ʸ223, R. 2. — ᶻ214.

intuendum, verum etiam ad imitandum fortissimorum virorum
[18]expressas scriptores et Graeci et Latini reliquerunt! quas
ego mihi semper in administranda re publica proponens animum et mentem meam [19]ipsa cogitatione hominum excellentium conformabam.   5

VII. 15. Quaeret quispiam, Quid? illi ipsi summi viri,
quorum virtutes literis proditae sunt, istane[a] doctrina,[b] quam[c]
tu[d] effers laudibus, eruditi fuerunt? Difficile est[e] hoc de
omnibus confirmare; sed tamen [1]est[c] certum, quid respondeam. Ego multos homines excellenti animo[f] ac virtute fuisse 10
et sine doctrina, naturae ipsius [2]habitu prope divino, per[e]
se ipsos et moderatos et graves exstitisse fateor: etiam illud
adjungo, [3]saepius ad laudem atque virtutem naturam sine doctrina quam sine natura valuisse doctrinam. [4]Atque idem[h]
ego contendo, quum ad naturam eximiam et illustrem [5]acces- 15
serit ratio quaedam conformatioque doctrinae, tum [6]illud[i] nescio quid praeclarum ac singulare solere[j] exsistere[j]: 16. ex hoc
[7]esse hunc numero, quem patres nostri viderunt,[k] divinum
hominem, [8]Africanum; ex hoc [9]C. Laelium, [10]L. Furium, mo-
deratissimos homines et continentissimos; ex hoc fortissimum 20
virum et illis temporibus doctissimum, [11]M. Catonem illum
senem; qui profecto, si [12]nihil ad percipiendam colendamque
virtutem literis [13]adjuvarentur, nunquam se ad earum studium
contulissent.

Quod[l] si non hic tantus fructus ostenderetur,[m] et si ex his 25
studiis delectatio sola peteretur, tamen, ut opinor, hanc animi [14]remissionem humanissimam ac liberalissimam [15]judicare-
tis.[n] Nam [16]ceterae neque [17]temporum[o] sunt neque aetatum
omnium neque locorum; at haec studia adolescentiam alunt,

H. — VII. [a]346, II. & 1, 1); 450. — [b]414 & 4. — [c]445. — [d]446.
— [e]549 & 1. — [f]525, 2. — [g]428. — [h]414, 5, 1). — [i]451, 3. — [j]545;
530, I. — [k]552, 1. — [l]531, 3. — [m]453, 6. — [n]510. — [o]510. — [p]401;
402, L

A. & S. — VII. [a]198, 11, R. (c). — [b]247,3.—[c]206, R. 19, (a), (b), &
(2). — [d]209, R. 1, (a) & (b). — [e]209, R. 3, (5). — [f]211, R. 6. — [g]247, R.
4. — [h]207, R. 27, (a). — [i]239; 272. — [j]271. — [k]256, 1, R. 2, last sentence.
[l]206, (14). — [m]261, 1. — [n]261, 1. — [o]211, R. 8 (8).

senectatem oblectant, secundas res ornant, adversis[p] perfugium ac solatium praebent, delectant domi,[q] non impediunt
foris, pernoctant nobiscum, peregrinantur, rusticantur.　Quod
si ipsi haec [18]neque attingere neque sensu nostro gustare
5 possemus, tamen ea mirari deberemus, etiam quum in aliis
videremus.

VIII.　17. Quis nostrum[a] tam animo[b] agresti ac duro fuit,
ut [1]Roscii morte[c] nuper non commoveretur[d]? qui quum esset
senex mortuus, tamen propter[e] excellentem artem ac venusta-
10 tem videbatur omnino mori non debuisse.　[2]Ergo ille corporis
motu tantum amorem sibi conciliarat a nobis omnibus: nos
[3]animorum incredibiles motus celeritatemque ingeniorum neg-
ligemus?　18. Quotiens ego hunc Archiam[f] vidi, judices,
(utar enim[g] vestra benignitate,[h] quoniam me [4]in hoc novo
15 genere dicendi tam diligenter[i] attenditis,) quotiens ego hunc
vidi, quum literam scripsisset nullam, magnum numerum
optimorum versuum de iis ipsis rebus, [5]quae tum agerentur,
dicere ex tempore! quotiens [6]revocatum[j] eandem rem dicere,
commutatis verbis[k] atque sententiis!　Quae[l] vero accurate[m]
20 cogitateque scripsisset, ea sic vidi probari, [7]ut ad veterum[n]
scriptorum laudem perveniret.　Hunc[o] ego non diligam[p]? non
admirer? non omni ratione defendendum[q] putem?

Atque sic[r] a summis hominibus eruditissimisque accepimus,
ceterarum rerum studia et doctrina[s] et praeceptis et arte [8]con-
25 stare, poëtam [9]natura[t] ipsa valere et mentis viribus excitari
et quasi divino [10]quodam spiritu inflari.　Quare [11]suo jure[u]

H. — VII.　[p]384 & II.—[q]424, 2.

VIII.　[a]396, 2, 3) & (1); 446, 3.—[b]428.—[c]414 & 2.—[d]431, II.—
[e]414, 2, 3), (1).—[f]43.—[g]602, III.—[h]419, I.—[i]335 & 2.—[j]578, I.—
[k]431.—[l]445.—[m]335 & 1.—[n]158, 3 & 2).—[o]485.—[p]Sc. esse.—[q]414
& 4.—[r]414 & 2.—[s]414 & 3.

A. & S. — VII.　[p]223.—[q]221, R. 3.

VIII.　[a]212, R. 2, N. 2.—[b]211, R. 6, & R. 8, (2).—[c]248.—[d]258, I.
2.—[e]247, R. 1.—[f]44.—[g]198, 7, R. (a).—[h]245, I.—[i]192, II. 2.—
[j]274, 3, (a).—[k]257.—[l]206, R. 19, (a).—[m]192, II. 1.—[n]114, 1.—[o]198,
11, R. (a).—[p]260, R. 5.—[q]270, R. 3.—[r]207, R. 22.—[s]245, II. 5.—[t]247,
1, (2).—[u]247, 2.

noster ille [19]Ennius sanctos appellat poëtas, quod quasi deorum aliquo [14]dono[v] atque munere commendati nobis esse videantur.[v]

19. Sit[p] igitur, judices, sanctum apud vos, humanissimos homines, hoc poëtae nomen, quod nulla unquam barbaria vio- 5 lavit. Saxa et solitudines voci respondent; [14]bestiae saepe immanes cantu flectuntur atque consistunt: nos instituti rebus[x] optimis non poëtarum voce moveamur? Homerum Colophonii civem esse dicunt suum,[y] Chii suum vindicant, Salaminii repetunt, Smyrnaei vero[z] suum esse confirmant; 10 itaque etiam delabrum ejus in oppido dedicaverunt: permulti alii praeterea pugnant inter se, atque contendunt.

IX. [1]Ergo illi[a] alienum, quia poëta fuit,[b] post mortem etiam expetunt: nos hunc[c] vivum, qui et voluntate[c] et legibus noster est repudiabimus? praesertim quum omne olim studi- 15 um atque omne ingenium contulerit Archias ad populi Romani gloriam laudemque celebrandam. Nam et [2]Cimbricas res adolescens[d] attigit et ipsi illi [3]C. Mario,[c] qui durior[f] ad haec studia videbatur, jucundus fuit. 20. Neque enim quisquam[g] est tam aversus a Musis, qui non mandari versibus 20 aeternum suorum laborum facile praeconium patiatur.[h] Themistoclem [4]illum, summum Athenis[i] virum dixisse aiunt, quum ex eo quaereretur, [5]quod acroama aut cujus vocem libentissime audiret,[j] "ejus, a quo sua virtus optime praedicaretur."[k] Itaque ille Marius item eximie [6]L. Plotium dilexit,[l] cujus in- 25 genio putabat[l] ea, quae gesserat, posse celebrari.

21. Mithridaticum vero bellum, magnum atque difficile et

H. — VIII. [v] Dist. bet. *donum* and *munus*. V. n. 13. — [v] 520, II. — [p(2)] 467. — [x] 414 & 4. — [y] 449, II. — [z] 587, III. 2 & 4.

IX. [a] 450. — [b] 520, I. — [c] 414 & 3. — [d] 363 & 3. — [e] 391. — [f] 444, 1. — [g] 457. — [h] 500. — [i] 421, I. & II. — [j] 525. — [k] 531. — [l] 471, II. — [l(2)] 469, II.

A. & S. — VIII. [v] V. R. H. — [v] 266, 3. — [x(2)] 260, R. 6. — [x] 249, I. — [y] 206, R. 37, (1). — [z] 198, 9, R. (a).

IX. [a] 207, R. 23, (a). — [b] 198, 7, R. (b). — [c] 247, 2. — [d] 204, R. 1, (a). — [e] 222, R. 1. — [f] 256, R. 9, (a). — [g] 207, R. 31, (a) & (c). — [h] 264, 1, (a). — [i] 254. — [j] 265. — [k] 266, 2. — [l] 145, IV. — [l(2)] 145, II. 1.

[7]in multa varietate terra[m] marique versatum, [8]totum ab hoc expressum est : [9]qui[n] libri non modo[o] L. Lucullum, fortissimum et clarissimum virum, verum etiam populi Romani nomen illustrant. Populus enim Romanus aperuit, Lucullo
5 imperante, [10]Pontum, et regiis quondam opibus et ipsa natura regionis vallatum : populi Romani exercitus, eodem[p] duce, [11]non maxima manu[q] innumerabiles Armeniorum copias fudit : populi Romani laus est, [12]urbem amicissimam Cyzicenorum ejusdem consilio ex omni impetu regio ac[r] totius belli ore[s]
10 ac faucibus ereptam esse atque servatam : [13]nostra semper feretur et praedicabitur, L. Lucullo dimicante, cum interfectis[t] ducibus depressa[t] hostium classis et incredibilis [14]apud Tenedum pugna illa navalis ; nostra sunt tropaea, nostra monumenta, nostri triumphi : quae quorum ingeniis feruntur, ab iis
15 populi Romani fama celebratur. 22. Carus fuit [15]Africano superiori noster Ennius ; itaque etiam [16]in sepulchro Scipionum putatur is esse constitutus ex marmore.[x] At [17]iis laudibus certe non solum ipse, qui laudatur, sed etiam populi Romani nomen ornatur. In coelum [18]hujus [19]proavus Cato tollitur :
20 magnus honos populi Romani rebus adjungitur. Omnes denique illi [20]Maximi, Marcelli, Fulvii non sine communi[v] omnium nostrum laude decorantur.

X. [1]Ergo illum, qui haec fecerat, [2]Rudinum[a] hominem, majores nostri in civitatem receperunt : nos hunc Heraclien-
25 sem,[a] multis civitatibus expetitum,[b] in hac autem legibus constitutum, de nostra civitate ejiciemus?

23. [3]Nam si quis [4]minorem gloriae fructum putat ex Graecis versibus percipi quam ex Latinis, vehementer errat, propterea quod [5]Graeca[c] leguntur in omnibus fere gentibus,

---

H.—IX. [m]422, 1 & 1).—[n]453.—[o]587, I. 5.—[p]430.—[q]118 & 1.
—[r]102, 2.—[s]587, I. 3.—[t]580.—[u]101, 2.—[v]156, II.
　X. [a]441, 5.—[b]577.
　A. & S.—IX. [m]254, R. 2, (b).—[n]206, (17).—[o]277, R. 10.—[p]257,
R. 7.—[q]88, 1.—[r]61, 3.—[s]198, 1, R. (b).—[t]274, R. 5, (a).—[u]61.—
[v]113, 1.
　X. [a]246, R. 3.—[b]274, 3, (a).

Latina[e] [c]suis finibus,[d] exiguis sane, continentur. Quare si res eae, quas gessimus, orbis terrae regionibus definiuntur, cupere[e] debemus, quo [f]manuum nostrarum tela pervenerint, eodem gloriam[f] famamque penetrare[f]; quod quum[g] ipsis populis,[h] de quorum rebus scribitur,[i] haec [8]ampla sunt, tum iis[j] certe, [9]qui 5 de vita gloriae[k] causa dimicant, hoc maximum et periculorum[l] incitamentum est et laborum.

24. Quam multos [10]scriptores rerum suarum magnus ille Alexander secum habuisse dicitur[m]! Atque is tamen, quum [11]in Sigeo ad Achillis tumulum adstitisset, "O fortunate," 10 inquit,[o] "adolescens, qui tuae virtutis Homerum praeconem[p] inveneris[n]!" Et vere; nam [12]nisi Ilias illa exstitisset, idem tumulus, qui corpus ejus contexerat, nomen etiam obruisset. Quid? noster [13]hic Magnus, qui cum virtute fortunam adaequavit, nonne[q] [14]Theophanem Mitylenaeum,[s] scriptorem rerum 15 suarum, in concione militum civitate donavit, et nostri illi fortes viri, sed rustici ac milites, dulcedine[r] quadam gloriae commoti, quasi participes [15]ejusdem laudis,[s] magno illud clamore[t] approbaverunt?

25. Itaque, [16]credo, si civis Romanus Archias legibus non 20 esset, [17]ut ab aliquo imperatore civitate donaretur, perficere non potuit[n]! Sulla, quum Hispanos et Gallos donaret,[u] credò, hunc petentem[v] repudiasset! quem[w] nos in concione vidimus, [18]quum ei libellum malus poëta de populo subjecisset, quod epigramma in eum fecisset tantummodo alternis versibus[x] lon- 25 giusculis, statim ex iis rebus, quas tunc [19]vendebat, jubere[w] ei praemium tribui, sed ea conditione,[t] ne quid postea scriberet.

H.—X. [a]441.—[b]414.—[c]552, 1.—[f]545; 551, II.—[g]587, L 5.—[h]391.—[i]301, 3.—[j]390 & 2.—[k]395.—[l]393.—[m]549, 4.—[n]528, 2.—[o]519.—[p]363.—[q]346, II. 2.—[r]414 & 2.—[s]399.—[t]414 & 3.—[u]511, I.—[v]518, II.—[w]576.—[x]545; 551, L.—[z]423.

A. & S.—X. [a]205, R. 7, (1).—[b]248.—[c]271.—[f]239; 271, R. 4.—[g]277, R. 9.—[h]222, 3.—[i]184, 2, (a), & 248, R. 1, (1).—[j]227, & R. 4.—[k]247, R. 2, (a).—[l]211, R. 12.—[m]271, R. 2.—[n]264, 8, (1).—[o]279, 6.—[p]230.—[q]198, 11, R. (c).—[r]248, II.—[s]213.—[t]247, 2.—[u]259, R. 3, & (d).—[v]263, 5.—[w]274, 3, (a).—[x]239; 272.—[z]211, R. 6.

[20]Qui sedulitatem mali poëtae duxerit[n] aliquo [21]tamen praemio dignam [22]hujus ingenium et virtutem in scribendo et copiam non expetisset? 26. Quid? a Q. Metello Pio, familiarissimo suo, qui civitate multos donavit, neque per[y] se neque per Lu-
5 cullos impetravisset? qui praesertim [23]usque eo de suis rebus scribi[i] cuperet,[n] ut etiam [24]Cordubae[s] natis poëtis, [25]pingue quiddam sonantibus[v] atque peregrinum, tamen aures suas dederet.

XI. [1]Neque enim est hoc dissimulandum, quod obscurari
10 non potest, sed [2]prae nobis ferendum : trahimur omnes studio laudis et optimus quisque[a] maxime gloria ducitur. Ipsi illi philosophi etiam in iis libellis, quos de contemnenda gloria scribunt, nomen suum inscribunt: in eo ipso, in quo prae-dicationem [3]nobilitatemque despiciunt, [4]praedicari[b] de se ac
15 nominari[b] volunt. 27. [5]Decimus [6]quidem Brutus, summus vir et imperator, [7]Attii, amicissimi sui, carminibus [8]templorum ac monumentorum [9]aditus exornavit suorum. [9]Jam vero ille, qui cum[e] Aetolis, Ennio[d] comite, bellavit, [10]Fulvius, non du-bitavit Martis manubias Musis consecrare. Quare, in qua[e]
20 urbe [11]imperatores prope armati poëtarum nomen et Musarum delubra coluerunt, in ea[e] non debent togati judices a Musarum honore et a poëtarum salute abhorrere.

28. Atque ut id libentius faciatis,[f] jam [12]me vobis, judices, indicabo, et de meo quodam amore gloriae, nimis acri fortasse,
25 veruntamen honesto, vobis confitebor. Nam, [13]quas res nos in consulatu nostro, vobiscum simul pro salute hujus urbis atque imperii et pro vita civium proque universa re publica gessimus, [14]attigit hic versibus atque inchoavit ; quibus audi-tis, quod mihi magna res et jucunda visa est, hunc ad perfici-
30 endum[g] [15]adornavi. Nullam enim virtus aliam mercedem[h] laborum periculorumque desiderat praeter [16]hanc laudis et

---

H. — X. [y]414, [i]5, 1).— [z]421, [n]II.
XI. [a]458, 1. — [b]301, [3]3.— [c]414, 7. — [d]430. — [e]445, 8. — [f]451. —
[g]459, I. ; 491. — [h]565 & 1. — [i]104, 1.
A. & S. — X. [y]217, R. 4. — [z]221.
XI. [a]207, R. 85, (b). — [b]248, R. 1, (1). — [c]249, III. — [d]257, R. 7. —
[e]206, R. 19, (3) & (a). — [f]262. — [g]275, III. R. 3. — [h]61, 1.

gloriae; qua quidem detracta, judices, [17]quid est quod in hoc tam exiguo vitae curriculo et tam brevi tantis nos in laboribus exerceamus[i]?

29. Certe,[j] si [18]nihil animus praesentiret in posterum, et si, quibus[e] regionibus vitae spatium circumscriptum est, eisdem[e], omnes cogitationes terminaret suas, nec tantis se laboribus frangeret neque tot curis vigiliisque angeretur neque totiens [19]de vita ipsa dimicaret. [20]Nunc insidet [21]quaedam in optimo quoque[a] virtus, quae noctes ac dies[k] animum gloriae stimulis concitat atque admonet, [22]non cum vitae tempore esse dimit-10 tendam commemorationem nominis nostri, sed cum omni posteritate adaequandam.

XII. 30. [1]An vero [2]tam parvi animi[a] videamur[b] esse omnes, qui in re publica atque in his vitae periculis laboribusque versamur,[e] ut, quum [3]usque ad extremum[d] spatium nullum 15 tranquillum atque otiosum[e] spiritum duxerimus,[f] nobiscum simul moritura omnia arbitremur[g]? [4]An statuas et imagines, non animorum simulacra, sed corporum, studiose multi summi homines reliquerunt, consiliorum relinquere ac virtutum nostrarum effigiem nonne multo[h] malle debemus, summis ingeniis 20 [5]expressam et politam? Ego vero omnia, quae gerebam, jam tum [6]in gerendo spargere me ac disseminare arbitrabar in orbis terrae memoriam sempiternam. [7]Haec vero sive[i] a meo [8]sensu post mortem abfutura est, sive, ut sapientissimi homines putaverunt, ad aliquam mei partem pertinebit, nunc qui-25 dem certe[j] cogitatione quadam [9]speque delector.

31. Quare conservate, judices, hominem [10]pudore[a] eo, [11]quem[k] amicorum videtis comprobari quum dignitate, tum etiam vetustate, [12]ingenio[a] autem tanto, quantum id[l] convenit[m] existi-

---

H. — XI. [1]501, I. & 1. — [j]582. — [k]378.

XII. [a]401; 402, III. — [b]485. — [c]332, I. & 2. — [d]441, 6. — [e]323. — [f]513 & L — [g]489, I.; 494. — [h]418. — [i]587, II. 3. — [j]582. — [k(2)]428 & 4. — [k]545. — [l]545; 549 & 1. — [m]301.

A. & S. — XI. [i]264, 7, N. 3. — [j]192, II. 4, N. 1, last sentence. — [k]236.

XII [a]211, R. 6, & R. 8, (2). — [b]260, R. 5. — [c]187, II. 1, (a) & (d). — [d]205, R. 17. — [e]128, I. 4. — [f]263, 5. — [g]262. — [h]256. R. 16, (3). — [i]198, 2, R. (e). — [j]192, II. 4, N. 1, last sentence. — [k(2)]211, R. 6. — [l]239. — [l]239; 269, R. 2. — [m]184, (a) & (b).

mari,[1] quod [12]summorum hominum ingeniis expetitum esse
videatis,[13] [14]causa[o] vero ejusmodi, quae [15]beneficio legis, auctoritate [16]municipii, testimonio Luculli, tabulis Metelli, comprobetur.[a] Quae quum ita sint, petimus a vobis, judices, si qua
5 non modo humana, verum etiam divina in tantis ingeniis
commendatio debet esse, ut eum,[p] qui vos, qui vestros imperatores, qui populi Romani res gestas semper ornavit, qui etiam
[17]his recentibus nostris vestrisque domesticis periculis[q] aeternum se testimonium laudis daturum esse profitetur estque ex
10 eo numero, qui semper apud omnes sancti sunt habiti itaque
dicti, sic in vestram accipiatis fidem, ut humanitate vestra
levatus potius quam acerbitate violatus esse videatur. 32.
Quae de causa pro mea consuetudine breviter simpliciterque
dixi, judices, ea confido probata esse omnibus[r]: quae non fori,
15 neque judiciali consuetudine, et de hominis ingenio, [18]et com-
muniter de ipsius studio locutus sum, ea, judices, a vobis spero
esse in bonam partem accepta ; [19]ab eo, qui judicium exercet,
certo[j] scio.

H. — XII. [a]519. — [o]428, 2. — [p]500. — [q]Object of what verb ? —
[r]384 & II. — [j]388, II.

A. & S. — XII. [a]264, 8, (1). — [o]211, R. 6, (5). — [p]264, 1, (a). —
[q]Object of what verb ? — [r]223. — [j]225, II.

EPISTOLA I.*

(Scr. Romae A. U. C. 692.)

A. U. C. 692. Ante C. N. 62. Anni Cic. 45.

Coss. D. Junius Silanus, L. Licinius Murena.
Praett. C. Julius Caesar, Q. Tullius Cicero (Marci pater).
Trib. plebis, M. Porcius Cato.

Catilina, adversus quem Antonius procos. cum exercitu missus erat,
victus ab ejus legato M. Petreio perit. Antonius in Macedoniam, quae
provincia ei obtigerat, proficiscitur. Pompeius confecto Mithridatico bello
redit. Hoc anno Cic. habuit orationem pro P. Cornelio Sulla, a L. Torquato conjurationis accusato.

M. Tullius M. F. Cicero S. D. Cn. Pompeio Cn. F.
Magno, ¹Imperatori.

1. ²S. T. E. Q. V. B. E. Ex litteris tuis, quas ³publice
misisti, cepi una cum omnibus incredibilem voluptatem; tantam enim ⁴spem otii ostendisti, quantam ego semper omnibus
te uno fretus ⁵pollicebar. Sed hoc scito, tuos ⁶veteres hostes,
novos amicos, vehementer litteris perculsos atque ⁷ex magna 5
spe deturbatos ⁸jacere. 2. Ad me autem litteras, quas misisti,
quamquam ⁹exiguam significationem tuae erga me voluntatis
habebant, tamen mihi scito jucundas fuisse; nulla enim re
tam laetari soleo quam ¹⁰meorum officiorum conscientia, quibus
si quando non mutue respondetur, ¹¹apud me plus officii resi- 10
dere facillime patior. ¹²Illud non dubito, quin, si te ¹³mea
summa erga te studia parum mihi adjunxerint, res publica

---

* Ad Fam. V. 7.

nos inter nos conciliatura conjuncturaque sit. 3. Ac, ne ignores,
quid ego in tuis litteris [14]desiderarim, scribam aperte, sicut et
mea natura et nostra amicitia postulat. Res [15]eas gessi, [16]qua-
rum aliquam in tuis litteris et nostrae necessitudinis et rei
5 publicae causa gratulationem exspectavi; quam ego abs te
praetermissam esse arbitror, quod [17]vererere, ne [18]cujus animum offenderes. Sed scito, ea, quae [19]nos pro salute patriae
gessimus, orbis terrae judicio ac testimonio comprobari. Quae,
quum veneris, tanto consilio tantaque animi magnitudine a
10 me gesta esse cognosces, ut tibi [20]multo majori, quam [21]Afri-
canus fuit, tamen non multo minorem quam Laelium facile et
in re publica et in amicitia adjunctum esse patiare. Vale.

EPISTOLA II.*

(Scr. Romae A. U. C. 692.)

M. CICERO [1]S. D. [2]C. ANTONIO M. F. IMP.

1. Etsi statueram nullas ad te litteras mittere nisi commendaticias, (non quo [3]eas [4]intelligerem satis apud te valere, sed
15 ne iis, qui [5]me rogarent, aliquid de nostra conjunctione imminutum · esse ostenderem,) tamen, quum [6]T. Pomponius,
homo [7]omnium meorum in te studiorum et officiorum maxime
conscius, tui cupidus, nostri amantissimus, [8]ad te proficisce-
tur, aliquid mihi scribendum putavi, praesertim quum aliter
20 ipsi Pomponio satisfacere non possem. 2. [9]Ego si abs te
summa officia desiderem, mirum nemini videri [10]debeat.
[11]Omnia enim a me in te profecta sunt, quae ad tuum commodum, quae ad honorem, quae ad dignitatem pertinerent. Pro
his rebus nullam mihi abs te relatam esse gratiam, tu es
25 optimus testis: [12]contra etiam esse aliquid abs te profectum
ex multis audivi. Nam [13]" comperisse" me non audeo dicere,
ne forte id ipsum verbum [14]ponam, quod abs te aiunt [15]falso

* Ad Fam. V. 5.

in me solere conferri. Sed ea, quae ad me delata sunt; malo
te ex Pomponio, cui non minus molesta fuerunt, quam ex
meis litteris cognoscere. Meus in te animus quam singulari
[16]officio fuerit, et senatus et populus Romanus testis est: tu
quam gratus erga me fueris, ipse existimare potes: quantum 5
mihi debeas, ceteri [17]existimant. 8. [18]Ego quae tua causa
antea feci, voluntate sum adductus posteaque constantia. Sed
[19]reliqua, mihi crede, multo majus meum studium majoremque ·
gravitatem et laborem [20]desiderant. Quae ego si non profun-
dere ac perdere videbor, omnibus meis viribus [21]sustinebo; 10
sin autem ingrata esse sentiam, non committam, ut tibi ipse
insanire videar. [22]Ea quae sint et cujusmodi, poteris ex
Pomponio cognoscere. Atque ipsum tibi Pomponium ita
commendo, ut, quamquam ipsius causa confido te facturum
esse omnia, tamen abs te hoc petam, ut, si quid in te residet 15
amoris erga me, id omne in Pomponii negotio ostendas. Hoc
mihi nihil gratius facere potes.

EPISTOLA III.*

(Scr. Romae VI. Kal! Febr. A. U. C. 693.)

A. U. C. 693. Ante C. N. 61. Anni Cic. 46.

[1]Coss. M. Pupius Piso, M. Valerius Messala.

Clodius incesti crimine accusatus id amoliri studet, quum diceret, se illa
nocte non Romae, sed Interamnae fuisse. Cicero testis productus dicit
illum eodem die ad se domum venisse; Clodius tamen absolvitur. Q.
Ciceroni M. fratri ex praetura Asia provincia obtingit. Cicero Clodium
in senatu tum oratione perpetua, tum altercatione frangit. Hoc anno idem
orationem pro *Archia poeta* habuit.

Pompeius III. et prid. Kal. Octobr. de Mithridate, Tigrane aliisque
regibus victis triumphum agit. Caesar ex praetura Hispaniam obtinet.

Cicero Attico [3]S.

1. Accepi tuas tres [5]jam epistolas: unam a M. Cornelio,
quam Tribus Tabernis, ut opinor, ei dedisti; alteram, quam

---

* Att. I. 13.

mihi [4]Canusinus tuus hospes reddidit; tertiam, quam, ut
scribis, [5]ancora soluta, de phaselo dedisti: quae fuerunt omnes
[6]rhetorum. Pure loquuntur, quum humanitatis sparsae sale,
tum insignes amoris notis. Quibus epistolis sum equidem abs
5 te lacessitus ad scribendum; sed idcirco sum tardior, quod
non invenio [7]fidelem[a] tabellarium. [8]Quotus enim [9]quisque[b] est,
qui epistolam paullo graviorem ferre possit, nisi eam pellec-
tione relevarit? [10]Accedit eo, quod mihi non perinde est,
ut quisque in Epirum proficiscitur. Ego enim te arbitror,
10 caesis apud [11]Amaltheam tuam [12]victimis, statim esse [13]ad
Sicyonem oppugnandum profectum. Neque tamen id ipsum
certum habeo, quando ad Antonium proficiscare, aut quid in
Epiro temporis [14]ponas. Ita neque Achaicis hominibus neque
Epiroticis paullo liberiores litteras committere audeo. 2.
15 Sunt autem post discessum a me tuum res dignae litteris nostris, sed non committendae ejusmodi periculo, ut aut interire
aut aperiri aut intercipi possint. Primum igitur scito [15]pri-
mum me non esse rogatum sententiam, praepositumque esse
nobis [16]pacificatorem Allobrogum, idque [17]admurmurante se-
20 natu neque me invito esse factum. Sum enim et ab obser-
vando homine perverso liber et [18]ad dignitatem in re publica
retinendam contra illius voluntatem solutus; et ille secundus
in dicendo locus habet auctoritatem paene principis et voluntatem non nimis devinctam beneficio consulis. Tertius est
25 Catulus, quartus (si etiam hoc quaeris) Hortensius. Consul
autem ipse parvo animo et pravo, tantum cavillator genere
illo moroso, quod etiam sine [19]dicacitate[c] ridetur, [20]facie magis
quam facetiis ridiculus, [21]nihil agens cum re publica, sejunc-
tus ab optimatibus, a quo nihil speres boni rei publicae, quia
30 non vult; nihil [metuas] mali, quia non audet. Ejus autem
collega et in me perhonorificus et partium studiosus ac defensor bonarum. Quin nunc leviter inter se dissident. 3. Sed
vereor, [22]ne hoc, quod infectum est, serpat longius. Credo

EPIST. III. [a] Dist. bet. *fidus, fidelis, infidus, infidelis, perfidus,* and *perfidiosus.* V. n. 7.— [b] Dist. bet. *quisque, quivis, quilibet, unusquisque,* and *singuli.* V. n. 9. — [c] Dist. bet. *sales, cavillatio, dicacitas, lepos,* and *facetiae.*
V. n. 19.

enim te audisse, quum [25]apud Caesarem pro populo [26]fieret, venisse eo muliebri vestitu virum ; idque sacrificium quum [25]virgines instaurassent, mentionem a Q. Cornificio in senatu factam: (is fuit princeps,[d] ne tu forte [26]aliquem nostrum putes :) postea rem ex senatus consulto ad pontifices relatam, 5 idque ab iis nefas esse decretum: deinde ex senatus consulto consules [27]rogationem promulgasse: [28]uxori Caesarem nuntium remisisse. In hac causa Piso amicitia P. Clodii ductus operam dat, ut ea rogatio, quam ipse [29]fert et fert ex senatus consulto [30]et de religione, antiquetur. Messala vehementer 10 adhuc agit severe. Boni viri precibus Clodii removentur a causa: [31]operae comparantur.: nosmet ipsi, qui Lycurgei a principio fuissemus, quotidie demitigamur: instat et urget Cato. Quid multa? Vereor, ne haec, neglecta a bonis, defensa ab improbis, magnorum rei publicae malorum causa sint. 15

4. [32]Tuus autem ille amicus (scin' quem dicam? de quo tu ad me scripsisti, postea quam non auderet reprehendere, laudare coepisse) nos, ut ostendit, admodum diligit, amplectitur, amat, aperte laudat: occulte, sed ita, ut perspicuum sit, invidet. Nihil come, nihil simplex, nihil [33]ἐν τοῖς πολιτικοῖς honestum, 20 nihil illustre, nihil forte, nihil liberum. Sed haec ad te scribam alias [34]subtilius ; nam neque adhuc mihi satis nota sunt, et huic terrae filio [35]nescio cui committere epistolam tantis de rebus non audeo. 5. Provincias [36]praetores nondum sortiti sunt. Res eodem est [37]loci, quo reliquisti. [38]Τοποθεσίαν, quam pos- 25 tulas, Miseni et Puteolorum, includam [39]orationi meae. [40]A. d. III. Non. Decembr. mendose fuisse animadverteram. Quae laudas ex orationibus, mihi crede, valde mihi placebant, sed non audebam antea dicere ; nunc vero, quod a te probata sunt, multo mi [41]ἀντικώτερα videntur. In illam orationem [42]Metelli- 30 nam addidi quaedam. Liber tibi mittetur, quoniam te amor nostri [43]φιλορήτορα reddidit. 6. Novi tibi quidnam [44]scribam? [45]quid? Etiam. Messala consul Autronianam domum emit [46]HS. CXXXIV. Quid id ad me, inquies? Tantum, quod ea emptione et nos bene emisse judicati sumus et homi- 35

---

nes intelligere coeperunt, licere amicorum facultatibus in
emendo ad dignitatem aliquam pervenire. *Teucris illa len-
tum negotium est, sed tamen est in spe. Tu ista confice. A
nobis liberiorem epistolam exspecta.

5   VI. Kalend. Febr. M. Messala, M. Pisone coss.

EPISTOLA IV.*

(Scr. Romae A. U. C. 694.)

A. U. C. 694.   Ante C. N. 60.   Anni Cic. 47.

Coss. Q. CAECILIUS METELLUS CELER, L. AFRANIUS.

Initio anni Cicero effecit, ne Q. fratri in Asia succederetur.   P. Clodius
Ciceronis ulciscendi causa tribunatus cupidus transitionem ad plebem mo-
litur.   Cicero *commentarium consulatus* sui scribit; de eodem librum Graece
scriptum edit; denique poëma de consulatu tribus libris conscribit.   Item
Arati prognostica versibus Latinis interpretatur.

Hoc anno ad finem vergente Pompeius cam C. Julio Caesare et M. Lici-
nio Crasso coitionem facit.

CICERO ATTICO S.

1. Nihil mihi nunc scito tam deesse quam ¹hominem eum,
quocum omnia, quae me cura aliqua afficiunt, una communi-
cem, qui me amet, qui sapiat, quicum ego etiam loquar, nihil
fingam, nihil dissimulem, nihil obtegam.   Abest² enim frater
10 ²ἀφελέστατος et amantissimus; Metellus ⁸non homo, sed litus
atque aër et solitudo mera; tu autem, qui saepissime curam
et angorem animi mei sermone et consilio levasti tuo, qui mihi
et in publica re socius et in privatis omnibus ⁴conscius et omnium meorum sermonum et consiliorum particeps esse soles, ubi-
15 nam es?   Ita sum ab omnibus destitutus, ut ⁵tantum requietis
habeam, quantum cum ⁶uxore et filiola et mellito Cicerone con-
sumitur.   Nam illae ⁷ambitiosae nostrae fucosaeque amicitiae

---

* Att. I. 18.
EPIST. IV.   * Where was Quintus?

[4]sunt in quodam splendore forensi; fructum domesticum non
habent. Itaque, [9]quum bene [10]completa domus est tempore ma-
tutino, quum ad forum stipati gregibus amicorum descendimus,
reperire ex magna turba neminem possumus, quocum aut jocari
libere aut suspirare familiariter possimus. Quare te exspecta- 5
mus, te desideramus, te jam etiam arcessimus; multa sunt enim,
quae me sollicitant anguntque, quae mihi videor, aures nactus
tuas, unius ambulationis sermone exhaurire posse. 2. Ac do-
mesticarum quidem sollicitudinum aculeos omnes et scrupulos
occultabo, neque ego huic epistolae atque ignoto tabellario 10
committam. Atque hi (nolo enim te permoveri) non sunt
permolesti, sed tamen insident et urgent et nullius amantis
consilio aut sermone requiescunt. In re publica vero, [11]quam-
quam animus est praesens, tamen voluntas etiam atque etiam
ipsa medicinam refugit. Nam, ut ea breviter, quae post tuum 15
discessum acta sunt, colligam, jam [12]exclames necesse est res
Romanas diutius stare non posse. Etenim, post profectionem
tuam, [13]primus, ut opinor, introitus fuit in causam fabulae
Clodianae; in qua ego nactus, ut mihi videbar, [14]locum [15]rese-
candae libidinis et coërcendae juventutis, vehemens fui et 20
omnes profudi vires animi atque ingenii mei, non odio adductus alicujus, sed spe rei publicae [16]corrigendae[b] et sanandae
civitatis. 3. Afflicta res publica est [17]empto constupratoque
judicio. Vide, quae sint postea consecuta. [18]Consul est im-
positus is nobis, quem nemo praeter nos philosophos adspicere 25
sine suspiritu possit. Quantum hoc vulnus? Facto senatus
consulto de ambitu, de judiciis, nulla lex perlata, exagitatus
senatus, [19]alienati equites Romani. Sic ille annus duo firma-
menta rei publicae, per me unum constituta, evertit; nam et
senatus auctoritatem abjecit et ordinum concordiam disjunxit. 30
* * * * * * 4. Est autem C. Herennius quidam tribunus
pl., quem tu fortasse ne nosti quidem; tametsi potes nosse;
tribulis enim tuus est, et Sextus, pater ejus, [20]nummos vobis
dividere solebat: is [21]ad plebem P. Clodium traducit; idemque [22]fert, ut universus populus in campo Martio suffragium 35

EPIST. IV. [b] Dist. bet. *corrigo* and *emendo*. V. n. 16.

18 a.

²³de re Clodii ferat. Hunc ego ²⁴accepi in senatu, ut soleo ; sed nihil est illo homine lentius. 5. Metellus est consul egregius et nos amat, sed imminuit auctoritatem suam, quod habet dicis causa ²⁵promulgatum illud idem de Clodio. ²⁶Auli 5 autem filius, O dii immortales! quam ignavus ac ²⁷sine animo miles! ²⁸quam dignus, qui Palicano, sicut facit, os ad male audiendum quotidie praebeat! 6. ²⁹Agraria autem promulgata est a Flavio, sane levis, eadem fere, quae fuit Plotia. Sed interea ³⁰πολιτικὸς ἀνὴρ οὐδ' ὄναρ quisquam 10 inveniri potest. Qui poterat, familiaris noster, (sic est enim : volo te hoc scire,) Pompeius, ³¹togulam illam pictam silentio tuetur suam. Crassus verbum nullum ³²contra gratiam. Ceteros jam nosti ; qui ita sunt stulti, ut amissa re publica ³³piscinas suas fore salvas sperare videantur. 7. Unus est, 15 qui ³⁴curet constantia magis et integritate, quam, ut mihi vide- tur, consilio aut ingenio, Cato ; qui miseros publicanos, quos habuit amantissimos sui, tertium jam mensem vexat, neque iis a senatu ³⁵responsum dari patitur. Ita nos cogimur reliquis de rebus nihil decernere ante, quam publicanis responsum sit. 20 Quare etiam ³⁶legationes rejectum iri puto. 8. Nunc vides, quibus fluctibus jactemur ; et, si ex iis, quae scripsimus, ³⁷tan- ta etiam a me non scripta perspicis, revise nos aliquando ; et quamquam ³⁸sunt haec fugienda, quo te voco, tamen fac, ut amorem nostrum tanti aestimes, ut eo vel cum his molestiis 25 perfrui velis. Nam, ³⁹ne absens censeare, curabo edicendum et proponendum locis omnibus. ⁴⁰Sub lustrum autem censeri ⁴¹germani negotiatoris est. Quare cura, ut te quam primum videamus.

Vale. XI. Kal Febr. Q. Metello, L. Afranio coss.

EPISTOLA V.*

(Scr. Romae exeunte Quintili A. U. C. 695.)

A. U. C. 695. Ante C. N. 59. Anni Cic. 48.

Coss. C. JULIUS CAESAR, M. CALPURNIUS BIBULUS.

Cicero legationem sibi a Caesare oblatam aspernatur, idemque locum in XX. Viris agro Campano dividundo recusat. Quod Caesar aegre ferens Clodium, qui se P. Fonteio plebeio homini in adoptionem dederat, ad plebem traducit. Hoc anno C. Antonius, post reditum e provincia accusatus, a Cicerone defenditur. Condemnatus tamen exsul abit in Cephaleniam. Postea Cicero Aulum Thermum bis defendit, effecitque, ut absolveretur. Deinde orationem habuit pro L. VALERIO FLACCO a D. Laelio repetundarum accusato, eumque de manifestissimis criminibus joci opportunitate exemit.

Caesari consuli, rogatione P. Vatinii trib. pl., invito senatu, Gallia citerior cum Illyrico et tribus legionibus in quinquenium decernitur, quo facto senatus ei Galliam ulteriorem cum alia legione addit. P. Clodius comitiis tribunitiis trib. pl. designatur eumque tribunatum adit mense Decembri.

CICERO ATTICO S.

1. De re publica quid ego tibi [1]subtiliter ? Tota periit, atque hoc est miserior, quam reliquisti, quod tum videbatur ejusmodi dominatio civitatem oppressisse, quae jucunda esset multitudini, [2]bonis autem ita molesta, ut tamen sine [3]pernicie[a]; nunc repente tanto in odio est omnibus, ut, [4]quorsus eruptura 5 sit, horreamus. Nam iracundiam atque intemperantiam illorum sumus experti, qui [5]Catoni irati omnia perdiderunt. Sed ita lenibus uti videbantur venenis, ut posse videremur sine dolore interire. Nunc vero sibilis vulgi, sermonibus honestorum, fremitu Italiae vereor ne exarserint. 2. Equidem spe- 10 rabam, ut saepe etiam loqui tecum solebam, sic [6]orbem rei publicae esse conversum, ut vix sonitum audire, vix impressam orbitam videre possemus ; et fuisset ita, si homines transitum [7]tempestatis[b] exspectare potuissent : sed quum diu occulte .

---

* Att. II. 21.

EPIST. V. * Dist. bet. lues, contagium, pestilentia, pestis, exitium, pernicies, interitus, and exitus. V. n. 3.

suspirassent, postea jam gemere, ad extremum vero loqui omnes et clamare coeperunt. 3. Itaque ille [8]amicus noster, insolens infamiae, semper [9]in laude versatus, circumfluens gloria, [10]deformatus corpore, fractus animo, quo se conferat

5 nescit: [11]progressum praecipitem, inconstantem [12]reditum videt: bonos inimicos habet, improbos ipsos non amicos. Ac vide mollitiem [13]animi. Non tenui lacrimas, quum illum a. d. VIII Kal. Sext. vidi de edictis Bibuli contionantem. Qui antea solitus esset jactare se magnificentissime illo in loco, summo

10 cum amore populi, cunctis faventibus, ut ille tum humilis, ut demissus erat, ut ipse etiam sibi, non iis solum, qui aderant, displicebat! 4. O spectaculum uni [14]Crasso jucundum, ceteris non item! nam, [15]quia deciderat ex astris, lapsus quam progressus potius videbatur; et, ut Apelles, si [16]Venerem, aut

15 si Protogenes Ialysum illum suum coeno oblitum videret, magnum, credo, acciperet dolorem, sic ego hunc omnibus a me pictum et politum artis coloribus subito deformatum non sine magno dolore vidi. Quamquam nemo putabat, propter Clodianum negotium, me illi amicum esse debere; tamen tantus

20 fuit amor, ut exhauriri nulla posset injuria. Itaque [17]Archilochia in illum edicta Bibuli populo ita sunt jucunda, ut eum locum, ubi proponuntur, prae multitudine eorum, qui legunt, transire nequeam: ipsi ita acerba, ut tabescat dolore: mihi mehercule molesta, quod et eum, quem semper dilexi, nimis excru-

25 ciant, et timeo, tam vehemens vir tamque acer in ferro et tam insuetus contumeliae, ne omni animi impetu dolori et iracundiae pareat. 5. Bibuli qui sit exitus futurus, nescio. Ut nunc res se habet, admirabili gloria est. Quin quum comitia in mensem Octobrem distulisset, quod solet ea res populi volun-

30 tatem offendere, putarat Caesar oratione sua posse impelli contionem, ut iret [18]ad Bibulum: multa quum seditiosissime diceret, vocem exprimere non potuit. Quid quaeris? [19]Sentiunt se nullam ullius partis voluntatem tenere; eo magis vis nobis est timenda. 6. Clodius inimicus est nobis. Pompeius

35 confirmat [20]eum nihil esse facturum contra me. Mihi periculosum est credere: ad resistendum me paro. Studia spero

---

me summa habiturum omnium ordinum. Te ²¹quum ego desidero, tum vero res ad tempus illud vocat. Plurimum consilii, animi, praesidii denique mihi, si te ad tempus videro, accesserit. Varro mihi satisfacit: Pompeius loquitur divinitus. Spero nos aut certe cum summa gloria aut sine molestia 5 etiam discessuros. Tu, quid agas, quemadmodum te oblectes, quid ²²cum Sicyoniis egeris, ut sciam, cura.

EPISTOLA VI.*

(Scr. Brundisii prid. Kal. Maii A. U. C. 696.)

A. U. C. 696. Ante C. N. 58. Anni Cic. 49.

Coss. L. Calpurnius Piso Caesoninus, A. Gabinius.

Clodius trib. pl. leges tulit 1. ut frumentum populo gratis daretur; 2. ne quis per eos dies, quibus cum populo agi liceret, de coelo servaret; 3. de collegiis restituendis novisque instituendis; 4. ne quem censores in senatu legendo praeterirent, neve qua ignominia afficerent, nisi qui apud eos accusatus, et utriusque censoris sententia damnatus esset. Praeterea legem tulit, ut, qui civem Romanum indemnatum interemisset, ei aqua et igni interdiceretur. Quo facto, Cicero vestem mutat, et sordidatus populo supplicat. Multi senatores et XX millia hominum aliorum, imprimis equites fere omnes, vestitum mutant. Cicero mense Martio extremo urbe cedit. Post ejus discessum Clodius de ejus exsilio ad populum fert, edictumque proponit, ut illi aqua et igni interdiceretur, et ne intra quadringenta millia passuum ei liceret esse. Deinde Ciceronis domum in Palatio, item villam Tusculanam et Formianam incendit, bona diripit. Cicero Vibonem, Thurium, Tarentum, Brundisium, petit, et X. Kal. Jun. Thessalonicam venit. Inde quum ei spes reditus facta esset, Dyrrhachium redit circa VI. Kal. Dec. Q. frater ante Kal. Maias Asia provincia decessit, quam per triennium obtinuerat.

Cicerone expulso, Clodius legem tulit de Ptolemaeo, rege Cypri, ut bona ejus publicarentur, et regnum in provinciae formam redigeretur; quod negotium M. Catoni mandatum est.

Tullius Terentiae, et Tulliolae, et Ciceroni Suis ¹S. P. D.

1. Ego minus saepe do ad vos litteras, quam possum, propterea quod quum omnia mihi tempora sunt misera, tum vero,

---

* Ad Fam. XIV. 4.

quum aut scribo ad vos, aut vestras lego, conficior lacrimis
sic, ut ferre non possim. [2]Quod utinam minus vitae cupidi
[3]fuissemus! certe nihil aut non multum in vita mali [4]vidisse-
mus. Quodsi nos ad aliquam alicujus commodi aliquando
5 reciperandi spem fortuna reservavit, minus est erratum a nobis; sin haec mala fixa sunt, ego vero te quam primum, mea
vita, cupio videre et in tuo complexu emori, quoniam neque
dii, quos tu castissime coluisti, neque homines, quibus ego
semper servivi, nobis gratiam retulerunt. 2. Nos Brundisii
10 apud M. Laenium Flaccum dies XIII. fuimus, virum optimum, qui periculum fortunarum et capitis sui prae mea
salute neglexit, neque [5]legis improbissimae poena deductus
est, quo minus hospitii et amicitiae jus officiumque praestaret.
Huic utinam aliquando gratiam referre[a] possimus! habebi-
15 mus[a] quidem semper. 3. [6]Brundisio profecti sumus prid.
Kalendas Maias: per Macedoniam Cyzicum petebamus. O
me perditum! O afflictum! quid nunc rogem te, ut venias,
mulierem aegram, et corpore et animo confectam? Non
rogem? Sine te igitur sim? Opinor, sic agam: si est spes
20 nostri reditus, eam confirmes et rem adjuves; sin, ut ego
metuo, [7]transactum est, quoquo modo potes ad me fac venias.
Unum hoc scito: si te habebo, non mihi videbor [8]plane[b] perisse. Sed quid [9]Tulliola mea fiet? Jam id vos videte;
mihi deest consilium. Sed certe, quoquo modo se res habe-
25 bit, illius misellae et [10]matrimonio et famae serviendum est.
Quid? Cicero meus quid aget? Iste vero sit in sinu semper et complexu meo. Non queo plura jam scribere: impedit maeror. Tu quid egeris, nescio: utrum aliquid teneas,
an, quod metuo, plane sis spoliata. 4. [11]Pisonem, ut scribis,
30 spero fore semper nostrum. [12]De familia liberata, nihil est,
quod te moveat. Primum, tuis ita promissum est, te factu-
ram esse, ut quisque esset meritus. Est autem in officio
adhuc Orpheus; praeterea magno opere [13]nemo. Ceterorum
servorum ea causa est, ut, [14]si res a nobis abisset, liberti

---

EPIST. VI. [a]Dist. bet. *Gratias agere, habere, referre.* V. Caes. I. 35, n.
3. — [b]Dist. bet. *plane, omnino, prorsus, penitus,* and *utique.* V. n. 8.

nostri essent, [15]si obtinere potuissent; sin ad nos [16]pertineret, servirent, praeterquam oppido pauci. Sed haec minora sunt. 5. Tu [17]quod me hortaris, ut animo sim magno et spem habeam reciperandae salutis, id [18]velim sit ejusmodi, ut recte sperare possimus. Nunc, miser quando tuas jam litteras acci- 5 piam? quis ad me perferet? quas ego exspectassem Brundisii, si esset licitum per nautas, qui tempestatem praetermittere noluerunt. Quod reliquum est, sustenta te, mea Terentia, ut potes, honestissime. Viximus; floruimus; non vitium nostrum sed virtus nostra nos afflixit. Peccatum est nullum, nisi 10 quod non una animam cum ornamentis amisimus. Sed si hoc fuit liberis nostris gratius, nos vivere, cetera, quamquam ferenda non sunt, feramus. Atque ego, qui te confirmo, ipse me non possum. 6. Clodium Philhetaerum, quod valetudine oculorum impediebatur, hominem fidelem, remisi. Salustius 15 officio vincit omnes. Pescennius est perbenevolus nobis; quem semper spero tui fore observantem. Sicca dixerat se mecum fore, sed Brundisio discessit. Cura, quoad potes, ut valeas, et sic existimes, me vehementius tua miseria quam mea commoveri. Mea Terentia, fidissima atque optima 20 uxor, et mea carissima filiola, et spes reliqua nostra, Cicero, valete.

Pridie Kalendas Maias, Brundisio.

EPISTOLA VII.*

(Data Thessalonicae a. d. III. Non. Octobr. A. U. C. 696.)

M. TULLIUS S. D. TERENTIAE ET TULLIOLAE ET CICERONI SUIS.

1. Noli putare me ad quemquam longiores epistolas scribere, nisi si quis ad me plura scripsit, cui puto rescribi oportere. 25 Nec enim habeo, quid scribam, nec hoc tempore quidquam difficilius facio. Ad te vero et ad nostram Tulliolam non queo

---

*Ad Fam. XIV. 2.

sine plurimis lacrimis scribere.   Vos enim video esse miserri-
mas, quas ego beatissimas semper esse volui idque praestare
debui et, nisi tam timidi fuissemus, praestitissem. 2. Pisonem nostrum merito ejus amo plurimum.   Eum, ut potui, per
5 litteras cohortatus sum gratiasque egi, ut debui. In nobis tribunis pl. intelligo spem te habere.   Id erit firmum, si Pompeii
voluntas erit; sed Crassum tamen metuo.   A te quidem omnia
fieri fortissime et amantissime video, nec miror; sed maereo
casum ejusmodi, ut tantis tuis miseriis meae miseriae subleven-
10 tur.   Nam ad me P. Valerius, homo officiosus, scripsit, id quod
ego maximo cum fletu legi, quemadmodum [1]a Vestae [2]ad tabulam Valeriam ducta esses.   Hem, mea lux, meum desiderium,
unde omnes opem petere solebant! [3]te nunc, mea Terentia,
sic vexari, sic jacere in lacrimis et sordibus! idque fieri mea
15 culpa, qui ceteros servavi, ut nos periremus! 3. Quod de
domo scribis, hoc est, [4]de area: ego vero tum denique mihi
videbor restitutus, si illa nobis erit restituta.   Verum haec
non sunt in nostra manu.   Illud doleo, [5]quae impensa facienda
est, in ejus partem te miseram et despoliatam venire.   Quod
20 si conficitur negotium, omnia consequemur; sin eadem nos
fortuna premet, etiamne reliquias tuas misera projicies?
Obsecro te, mea vita, quod ad sumptum attinet, sine alios, qui
possunt, si modo volunt, sustinere, et valetudinem istam infirmam, si me amas, noli vexare.   Nam mihi ante oculos dies
25 noctesque versaris : omnes labores te excipere video; timeo,
ut sustineas.   Sed video in te esse omnia.   Quare, ut id, quod
speras et quod agis, consequamur, servi valetudini. 4. Ego,
ad quos scribam, nescio, nisi ad eos, qui ad me scribunt, aut
ad eos, de quibus ad me vos aliquid scribitis.   Longius, quo-
30 niam ita vobis placet, non discedam; sed velim quam saepissime litteras mittatis, praesertim, si quid est firmius, quod
speremus.   Valete, mea desideria, valete.

D. a. d. III. Nonas Octobres.   Thessalonica.

EPISTOLA VIII.*

(Data Dyrrhachii prid. Kal. Dec. A. U. C. 696.)

M. Tullius S. D. Terentiae suae et Tulliae et Ciceroni.

1. Accepi ab Aristocrito tris epistolas, quas ego lacrimis prope* delevi. Conficior enim maerore, mea Terentia, nec meae me miseriae magis excruciant quam tuae vestraeque. Ego autem hoc miserior sum quam tu, quae es miserrima, quod ipsa calamitas communis est utriusque nostrum, sed cul- 5 pa mea propria est. Meum fuit officium, vel ¹legatione vitare periculum, vel diligentia et copiis resistere, vel cadere fortiter. ²Hoc miserius, turpius, indignius nobis nihil fuit. 2. Quare quum dolore conficior, tum etiam pudore. Pudet enim me uxori meae optimae, suavissimis liberis virtutem et diligentiam 10 non praestitisse. Nam mi ante oculos dies noctesque versatur squalor vester et maeror et infirmitas valetudinis tuae; spes autem salutis pertenuis ostenditur. Inimici sunt multi, invidi paene* omnes. Ejicere nos magnum fuit, excludere facile est. Sed tamen quamdiu vos eritis in spe, non deficiam, ne omnia 15 mea culpa cecidisse videantur. 3. Ut tuto sim, quod laboras, id mihi nunc facillimum est, quem etiam inimici volunt vivere in his tantis ²miseriis.ᵇ Ego tamen faciam, quae praecipis. Amicis, quibus voluisti, egi gratias, et eas litteras Dexippo dedi, meque de eorum officio scripsi a te certiorem esse factum. 20 Pisonem nostrum mirifico esse ⁴studio in nos et officio et ego perspicio et omnes praedicant. ⁵Dii faxint, ut tali genero mihi praesenti tecum simul et cum liberis nostris frui liceat! Nunc spes reliqua est in novis tribunis pl. et in primis quidem diebus; nam ⁶si inveterarit, actum est. 4. ⁷Ea re ad te statim⁶ 25 Aristocritum misi, ut ad me continuo initia rerum et rationem

---

* Ad Fam. XIV. 3.

Epist. VIII. *Dist. bet. *paene, prope, fere,* and *ferme.* V. Caes. I. 1, n. 15. —ᵇ Dist. bet. *infortunium, calamitas, infelicitas,* and *miseria.* V. n. 3. —*Dist. bet. *repente, subito,* &c. V. Caes. II. 11, n. 3.

13 *

totius negotii posses scribere; etsi Dexippo quoque ita imperavi, statim huc ut recurreret, et ad fratrem misi, ut crebro
tabellarios mitteret. Nam ego eo nomine sum Dyrrhachii
hoc tempore, ut quam celerrime, quid agatur, audiam, et sum
5 tuto; civitas enim haec semper a me defensa est. Quum
[8]inimici nostri venire dicentur, tum in Epirum ibo. 5. Quod
scribis te, si velim, ad me venturam: ego vero, quum sciam
magnam partem istius oneris abs te sustineri, te istic esse
volo. Si perficitis quod agitis, me ad vos venire oportet; sin
10 autem ———— sed nihil opus est reliqua scribere. Ex primis
aut [9]summum secundis litteris tuis constituere poterimus, quid
nobis faciendum sit. Tu modo ad me [10]velim omnia diligentissime perscribas; etsi magis jam [11]rem quam litteras debeo
exspectare. Cura, ut valeas et ita tibi persuadeas, mihi te
15 carius nihil esse nec unquam fuisse. Vale, mea Terentia,
quam ego videre videor, itaque debilitor lacrimis.

　　Vale. Pridie Kalendas Decembres.

EPISTOLA IX.[*]

(Scr. post initium anni A. U. C. 697.)

A. U. C. 697. Ante C. N. 57. Anni Cic. 50.

Coss. P. CORNELIUS LENTULUS SPINTHER, Q. CAECILIUS
METELLUS NEPOS.

Kalendis Januariis Lentulus Spinther cos. de revocando Cic. in senatu
agere coepit, adjuvantibus fere omnibus tribunis plebis, in primis P. Sextio
et T. Annio Milone. His studiis effectum est, ut primum S. Ctum fieret de
ejus salute, deinde lex de eo revocando ad populum lata prid. Non. Sextil. omnium centuriarum consensu perlata est. Eodem die Cic. Dyrrhachio
profectus Nonis Sextil. Tulliae natali Brundisium venit. Inde per Italiam
omnium municipiorum, praefecturarum, coloniarum summa gratulatione et
plausu exceptus Romam venit prid. Non. Sept. Postridie senatui, deinde
populo, concione a consulibus data gratias egit. Prid. Kal. Oct. Cic. apud
pontifices pro domo dicit. Domus in Palatio, Tusculana et Formiana
villa, pecunia publica, aestimatione facta, aedificanda locatur.

---

[*] Ad Fam. V. 4.

M. Cicero S. D. Q. Metello Cos.

1. **Litterae** Quinti fratris et T. Pomponii, necessarii mei, tantum spei dederant, ut in te non minus auxilii quam in tuo collega mihi constitutum fuerit. Itaque ad te litteras statim misi, per quas, ut fortuna postulabat, et gratias tibi egi et de reliquo tempore auxilium petii. Postea mihi non tam meorum 5 litterae quam sermones eorum, qui hac iter faciebant, animum tuum immutatum significabant: quae res fecit, ut tibi litteris obstrepere non auderem. 2. Nunc mihi Quintus frater meus mitissimam tuam orationem, quam in senatu habuisses, perscripsit; qua inductus ad te scribere sum conatus, et abs te, 10 quantum [1]tua fert voluntas, peto quaesoque, ut tuos mecum serves potius quam propter arrogantem crudelitatem [2]tuorum me oppugnes. Tu, tuas inimicitias ut rei publicae donares, te vicisti: alienas ut contra rem publicam confirmes, adduceris? Quodsi mihi tua clementia opem tuleris, omnibus in 15 rebus me fore [3]in tua potestate tibi confirmo; sin mihi neque magistratum neque senatum neque populum auxiliari propter eam vim, quae me cum re publica vicit, licuerit, vide, ne, quum velis revocare tempus omnium reservandorum, quum, [4]qui servetur, non erit, non possis. Vale. 20

EPISTOLA X.[*]

(Scr. Romae A. U. C. 697.)

Cicero Attico S.

1. Quum primum Romam veni, fuitque, cui recte ad te litteras darem, nihil prius faciendum mihi putavi, quam ut tibi absenti de reditu nostro gratularer. Cognoram enim, ut vere scribam, [1]te in consiliis mihi dandis [2]nec fortiorem nec prudentiorem quam me ipsum, nec etiam, pro praeterita mea in te 25 observantia, nimium in custodia salutis meae diligentem; [3]eun-

---

[*] Ad Att. IV. 1.

demque te, qui primis temporibus 'erroris nostri aut potius
furoris particeps et falsi timoris socius fuisses, acerbissime di-
scidium nostrum tulisse, plurimumque operae, studii, diligentiae, laboris ad conficiendum reditum meum contulisse. 2.
5 Itaque hoc tibi vere affirmo, in maxima laetitia et exoptatis-
sima gratulatione unum ad cumulandum 'gaudium' conspectum aut potius complexum mihi tuum defuisse, quem semel
nactus nunquam dimisero ; ac, nisi etiam praetermissos fructus tuae suavitatis praeteriti temporis omnes 'exegero, profecto
10 hac restitutione fortunae me ipse non satis dignum judicabo.
3. Nos adhuc in nostro statu, quod difficillime recuperari posse
arbitrati sumus, splendorem nostrum illum forensem et in
senatu auctoritatem et apud viros bonos gratiam magis, quam
optaramus consecuti sumus. In re autem familiari, quae
15 quemadmodum fracta, dissipata, direpta sit, non ignoras, valde
laboramus, tuarumque non tam 'facultatum, quas ego nostras
esse judico, quam consiliorum ad colligendas et constituendas
reliquias nostras indigemus. 4. Nunc, etsi omnia aut scripta
esse a tuis arbitror aut etiam nuntiis ac rumore perlata, tamen
20 ea scribam brevi, quae te puto potissimum ex meis litteris velle
cognoscere. Pridie Nonas Sext. Dyrrhachio sum profectus,
ipso illo die, quo lex est lata de nobis. Brundisium veni
Nonis Sext. Ibi mihi Tulliola mea fuit praesto natali suo
ipso die, qui casu idem natalis erat et Brundisinae coloniae
25 et tuae vicinae 'Salutis ; quae res animadversa a multitudine
summa Brundisinorum gratulatione celebrata est. Ante diem
VI. Id. Sext. cognovi, quum Brundisii essem, litteris Quinti
fratris, mirifico studio omnium aetatum atque ordinum, incredibili concursu Italiae legem comitiis centuriatis esse perlatam.
30 Inde a Brundisinis honestissimis ornatus, iter ita feci, ut undique ad me cum gratulatione legati convenerint. 5. Ad urbem
ita veni, ut nemo ullius ordinis homo 'nomenclatori notus fuerit, qui mihi obviam non venerit, praeter eos inimicos, [10]quibus
id ipsum non liceret aut dissimulare aut negare. Quum

EPIST. X. ' Dist. bet. *Gaudeo, laetor,* and *hilaris sum ; laetus, hilaris,* and
alacer ; laetitia, hilaritas, and *alacritas; Gaudeo* and *laetor,* and *exsulto* and
and *gestio ; jucundus* and *laetus.* V. n. 5.

venissem ad portam Capenam, gradus templorum ab infima
plebe completi erant; a qua plausu maximo quum esset mihi
gratulatio significata, similis et frequentia et plausus me usque
ad Capitolium celebravit; in foroque et in ipso Capitolio miranda multitudo fuit. Postridie in senatu, qui fuit dies Non. 5
Septembr., senatui gratias egimus. 6. [11] Eo biduo quum esset
annonae summa caritas, et homines ad theatrum primo, deinde
ad senatum concurrissent, impulsu Clodii, mea opera frumenti
inopiam esse clamarent; quum per eos dies senatus de annona
haberetur, et [12]ad ejus procurationem sermone non solum 10
plebis, verum etiam bonorum Pompeius vocaretur, idque ipse
cuperet, multitudoque a me nominatim, [13]ut id decernerem,
postularet; feci et accurate sententiam dixi, quum abessent
consulares, quod tuto se negarent posse sententiam dicere,
praeter Messalam et Afranium. Factum est senatus consul- 15
tum in meam sententiam, ut cum Pompeio [14]ageretur, ut eam
rem susciperet, lexque ferretur; quo senatus consulto recitato,
quum continuo more hoc insulso et novo, plausum [15]meo nomine recitando dedisset, [16]habui contionem: omnes magistratus praesentes praeter unum praetorem et duos tribunos pl. 20
[17]dederunt. 7. Postridie senatus frequens et omnes consulares
nihil Pompeio postulanti negarunt. Ille legatos quindecim
quum postularet, me principem nominavit et [18]ad omnia me
alterum se fore dixit. Legem consules conscripserunt, qua
Pompeio per quinquennium omnis potestas rei frumentariae 25
toto orbe terrarum daretur; alteram Messius, qui omnis
pecuniae dat potestatem et adjungit classem et exercitum et
majus imperium in provinciis, quam sit eorum, qui eas obtineant. Illa nostra lex consularis nunc modesta videtur, haec
Messii non ferenda. Pompeius illam velle se dicit, familiares 30
hanc. Consulares, duce Favonio, fremunt; nos tacemus, et
eo magis, quod de domo nostra nihil adhuc pontifices responderunt. Qui si sustulerint [19]religionem, aream praeclaram
habebimus; [20]superficiem consules ex senatus consulto aestimabunt; sin aliter, [21]demolientur, suo nomine [22]locabunt, rem 35
totam aestimabunt. 8. Ita sunt res nostrae: [23]ut in secundis,
fluxae; ut in adversis, bonae. In re familiari valde sumus,

ut scis, perturbati. Praeterea sunt quaedam domestica, quae
litteris non committo. Quintum fratrem, insigni pietate, virtute, fide praeditum, sic amo, ut debeo. Te exspecto, et oro,
ut matures venire, eoque animo venias, ut me tuo consilio
5 egere non sinas. Alterius vitae quoddam initium ordimur.
Jam quidam, qui nos absentes defenderunt, incipiunt praesentibus occulte irasci, aperte invidere. Vehementer te requi-
rimus.

EPISTOLA XI.*

(Scr. Romae a. d. XVI. Kal. Febr. A. U. C. 698.)

A. U. C. 698. Ante C. N. 56. Anni Cic. 51.

Coss. Cn. Cornelius Lentulus Marcellinus, L. Marcius
Philippus.

Initio anni Cic. in senatu agit, ut P. Lentulo Ciliciae procos. negotium
daretur Ptolemaei regis in regnum reducendi. P. Sextius, Bestia, et alii
a Cicerone defenduntur.

C. Julius Caesar, exercitu in hibernis collocato, discedens in Italiam
Lucae hiemat. Eo Pompeium et Crassum vocat, cum iisque paciscitur, ut
ambo consulatum alterum petant, et hac ratione L. Domitium consulatu
detrudant, qui minatus erat, se, si consul factus esset, Caesari exercitus
adempturum.

M. Cicero S. D. P. [1]Lentulo Procos.

1. Idibus Januariis in senatu nihil est confectum, propterea
10 quod dies magna ex parte consumptus est [2]altercatione[3] Lentuli consulis et Caninii tribuni pl. Eo die nos quoque multa
verba fecimus maximeque visi sumus senatum commemora-
tione tuae voluntatis erga illum ordinem permovere. Itaque
postridie [3]placuit, ut breviter sententias diceremus. Videba-
15 tur enim reconciliata nobis voluntas esse senatus ; quod quum
dicendo, tum singulis appellandis rogandisque perspexeram.

---

* Ad Fam. I. 2.
Epist. XI. [2]Dist. bet. *disceptatio, litigatio, controversia, contentio, altercatio, jurgium* and *rixa.* V. n. 2.

Itaque quum sententia prima Bibuli pronunciata esset, ut
tres legati [4]regem reducerent; secunda Hortensii, ut tu sine
exercitu reduceres; tertia Volcatii, ut Pompeius reduceret:
postulatum est, ut Bibuli [5]sententia divideretur. Quatenus de
[6]religione dicebat, cui rei jam obsisti non poterat, Bibulo as- 5
sensum est; de tribus legatis [7]frequentes ierunt in alia omnia.
2. Proxima erat Hortensii sententia, quum Lupus, tribunus
pl., quod ipse de Pompeio [8]rettulisset, [9]intendere coepit, ante
se oportere discessionem facere quam consules. Ejus orationi
vehementer ab omnibus reclamatum est; erat enim et iniqua 10
et nova. Consules neque concedebant neque valde repugna-
bant, diem consumi volebant; id quod est factum. Perspiciebant enim in Hortensii sententiam [10]multis partibus plures
ituros, quamquam aperte Volcatio assentirentur. Multi [11]ro-
gabantur, atque id ipsum consulibus invitis; nam ii Bibuli 15
sententiam valere cupierunt. 3. Hac controversia usque ad
noctem ducta, senatus dimissus; et ego eo die casu apud
Pompeium coenavi nactusque tempus hoc magis idoneum
quam unquam antea, quod post tuum discessum is dies hones-
tissimus nobis fuerat in senatu, ita sum cum illo locutus, ut 20
mihi viderer animum hominis ab omni alia cogitatione ad tuam dignitatem tuendam traducere. Quem ego ipsum quum
audio, prorsus eum libero omni suspicione [12]cupiditatis; quum
autem ejus familiares omnium ordinum video, perspicio, id
quod jam omnibus est apertum, totam rem istam jam pridem 25
a certis hominibus, non invito rege ipso consiliariisque ejus,
esse corruptam. 4. Haec scripsi a. d. XVI. Kal. Febr. ante
lucem. Eo die senatus erat futurus. Nos in senatu, quemadmodum spero, dignitatem nostram, ut potest in tanta hominum perfidia et iniquitate, retinebimus. [13]Quod ad popula- 30
rem rationem attinet, hoc videmur esse consecuti, ut ne quid
agi cum populo aut salvis auspiciis aut salvis legibus aut denique sine vi possit. De his rebus pridie, quam haec scripsi,
[14]senatus auctoritas gravissima intercessit; cui quum Cato et
Caninius intercessissent, tamen est perscripta. Eam ad te 35
missam esse arbitror. De ceteris rebus, quidquid erit actum,
scribam ad te, et, ut quam rectissime agatur, omni mea cura,
opera, diligentia, gratia providebo.

EPISTOLA XII.*

(Scr. Romae A. U. C. 698.)

M. CICERO S. D. P. LENTULO PROCOS.

1. A. Trebonio, qui in tua provincia magna negotia et ampla et expedita habet, multos annos utor valde familiariter. Is quum antea semper et suo splendore et nostra ceterorumque amicorum commendatione gratiosissimus in provincia 5 fuit, tum hoc tempore propter tuum in me amorem nostramque necessitudinem vehementer confidit his meis litteris se apud te gratiosum fore. 2. Quae ne spes eum fallat, vehementer rogo te commendoque tibi ejus omnia negotia, libertos, procuratores, familiam, in primisque ut, quae ¹T. Ampius de 10 ejus re decrevit, ea comprobes omnibusque rebus eum ita tractes, ut intelligat meam commendationem non vulgarem fuisse.

EPISTOLA XIII.†

(Scr. Romae A. U. C. 699.)

A. U. C. 699. Ante C. N. 55. Anni Cic. 52.

Coss. CN. POMPEIUS MAGNUS II. M. LICINIUS CRASSUS II.

Consules ex interregno magistratum ineunt.   Provinciae iis in quinquennium decernuntur, Pompeio Hispaniae cum Africa, Crasso Syria, Galliae Caesari in alterum quinquennium prorogantur.   Pompeius provincias suas per legatos Afranium et Petreium administrari jubet, ipse in Italia manet. M. Crassus ad bellum Parthis inferendum antequam paludatus in provinciam exiret, apud Ciceronem in Crassipedis generi hortis coenat.

Hoc anno Cicero orationem habuit in *Pisonem*, scripsitque libros tres *de Oratore*.

M. CICERO S. D. M. MARIO.

1. Si te dolor aliqui corporis aut infirmitas valetudinis tuae tenuit, quo minus ¹ad ludos venires, fortunae magis tribuo

---

* Ad Fam. I. 3.   † Ad Fam. VII. 1.

quam sapientiae tuae ; sin haec, quae ceteri mirantur, contemnenda duxisti, et, quum per valetudinem posses, venire tamen noluisti, [2]utrumque laetor, et sine dolore corporis te fuisse et animo valuisse, quum ea, quae sine causa mirantur alii, neglexeris ; [3]modo ut tibi constiterit fructus otii tui, quo quidem 5 tibi perfrui mirifice licuit, quum esses in [4]ista amoenitate paene solus relictus. Neque tamen dubito, quin tu ex illo cubiculo tuo, ex quo tibi [5]Stabianum perforasti et patefecisti Misenum, per eos dies matutina tempora lectiunculis consumpseris, quum [6]illi interea, qui te istic reliquerunt, spectarent communes mi- 10 mos semisomni. Reliquas vero partes diei tu consumebas iis delectationibus, quas tibi ipse ad arbitrium tuum compararas ; nobis autem erant ea perpetienda, quae scilicet Sp. [7]Maecius probavisset. 2. Omnino, si quaeris, ludi apparatissimi, sed non tui stomachi ; conjecturam enim facio de meo. Nam pri- 15 mum [8]honoris causa in scenam redierant ii, quos ego [9]honoris causa de scena decessisse arbitrabar. Deliciae vero tuae, noster Aesopus, ejusmodi fuit, ut ei desinere per omnes homines liceret. Is jurare quum coepisset, vox eum defecit in illo loco : *Si sciens fallo.* Quid tibi ego alia narrem ? nosti enim 20 reliquos ludos. Quid ? ne id quidem leporis habuerunt, quod solent mediocres ludi ; apparatus enim spectatio tollebat omnem hilaritatem ; quo quidem apparatu non dubito, quin animo aequissimo carueris. Quid enim delectationis habent [10]sexcenti muli in [11]Clytaemnestra ? aut in [12]Equo Trojano 25 [13]craterarum tria milia ? aut armatura varia peditatus et equitatus in aliqua pugna ? quae popularem admirationem habuerunt, delectationem tibi nullam attulissent. 3. Quodsi tu per eos dies operam dedisti [14]Protogeni tuo, dummodo is tibi quidvis potius quam orationes meas legerit, nae tu haud paullo 30 plus, quam quisquam nostrum, delectationis habuisti. Non enim te puto [15]Graecos aut Oscos ludos desiderasse, praesertim quum [16]Oscos ludos vel in [17]senatu vestro spectare possis, Graecos ita non ames, ut ne ad villam quidem tuam [18]via Graeca ire soleas. Nam quid ego te athletas putem deside- 35 rare, qui gladiatores contempseris ? in quibus ipse Pompeius confitetur se et operam et oleum perdidisse. Reliquae sunt

T

venationes binae per dies quinque, magnificae (nemo negat,)
sed quae potest homini esse polito delectatio, quum aut homo
imbecillus a [19]valentissima bestia laniatur, aut praeclara bestia
venabulo transverberatur? Quae tamen, [20]si videnda sunt, saepe
5 vidisti; neque nos, qui [21]haec spectamus, quidquam novi vidimus. Extremus [22]elephantorum dies fuit; in quo admiratio
magna vulgi atque turbae, delectatio nulla exstitit. Quin etiam misericordia quaedam consecuta est atque opinio ejusmodi,
esse quandam illi beluae cum genere humano societatem.

10 4. His ego tamen diebus, ludis scenicis, ne forte videar tibi
non modo beatus, sed liber omnino fuisse, dirupi me paene in
judicio Galli · Caninii, familiaris tui. Quodsi tam [23]facilem
populum haberem, quam Aesopus habuit, libenter mehercule
artem desinerem, tecumque et cum similibus nostri viverem.
15 Nam me [24]quum antea taedebat, quum et aetas et ambitio me
hortabatur et licebat denique, quem nolebam, non defendere,
tum vero hoc tempore vita [25]nulla est. Neque enim fructum
ullum laboris exspecto, et cogor nonnunquam homines non
optime de me meritos rogatu eorum, qui bene meriti sunt, de-
20 fendere. 5. Itaque quaero causas omnes aliquando vivendi
arbitratu meo, teque et istam rationem otii tui et laudo vehementer et probo, quodque nos minus intervisis, hoc fero animo
aequiore, quod, si Romae esses, tamen neque nos lepore tuo,
neque te, si qui est in me, meo frui liceret propter molestissi-
25 mas occupationes meas; quibus si me relaxaro, (nam, ut plane
exsolvam, non postulo,) te ipsum, qui multos annos nihil aliud
commentaris, docebo profecto, quid sit [26]humaniter vivere.
Tu mihi modo istam imbecillitatem valetudinis tuae sustenta
et tuere, ut facis, ut nostras villas obire et mecum simul
30 lecticula concursare possis. 6. Haec ad te pluribus verbis
scripsi, quam soleo, non otii abundantia, sed amoris erga te,
quod me quadam epistola subinvitaras, si memoria tenes, ut
ad te aliquid ejusmodi scriberem, quo minus te praetermisisse
ludos poeniteret. Quod si assecutus sum, gaudeo; sin minus,
35 hoc me tamen consolor, quod posthac ad ludos venies nosque
vises, [27]neque in epistolis relinques meis spem aliquam delectationis tuae. Vale.

EPISTOLA XIV.*.

(Scr. Romae A. U. C. 700.)

A. U. C. 700. Ante C. N. 54. Anni Cic. 53.

Coss. L. Domitius Ahenobarbus, Ap. Claudius Pulcher.

Cicero Crassi causam in senatu defendit: orationes habet pro Vatinio, pro Messio et Druso, pro M. Aemilio Scauro a C. Triario repetundarum postulato, pro Cn. Plancio, pro A. Gabinio repetundarum accusato (quem rogatu Pompeii defendit); pro C. Rabirio Postumo majestatis reo. Otium impendit libris de re publica scribendis. Q. Cicero legatus Caesaris in Galliam proficiscitur.

Julia Caesaris filia Cn. Pompeii Magni uxor moritur.

TULLIUS TIRONI S.

Omnia a te data mihi putabo, si te valentem videro. Summa ¹cura* exspectabam adventum Menandri, quem ad te miseram. Cura, si me diligis, ut valeas, et, quum te bene confirmaris, ad nos venias.

Vale. IV. Idus April.

EPISTOLA XV.†

(Scr. Romae A. U. C. 700.)

TULLIUS TIRONI S.

1. Andricus postridie ad me venit, quam exspectaram. Itaque habui noctem plenam timoris ac miseriae. Tuis litteris nihilo sum factus certior, quomodo te haberes; sed tamen sum recreatus. Ego omni ¹delectatione* litterisque omnibus careo; quas ante, quam te videro, attingere non possum. Me-10

---

* Ad Fam. XVI. 13.
Epist. XIV. *Dist. bet. *cura, sollicitudo, angor, dolor,* and *aegritudo.* V. n. 1.
† Ad Fam. XVI. 14.
Epist. XV. *Dist. bet. *oblectatio* and *delectatio.* V. n. 1.

dico ²mercedis, quantum poscet, promitti jubeto : id scripsi ad
Ummium.   2.₊Audio te animo angi et medicum dicere ex eo
te laborare.   Si me diligis, excita ex somno tuas litteras hu-
manitatemque, propter quam mihi es carissimus.   Nunc opus
5 est te animo valere, ut corpore possis.   Id quum tua, tum
mea causa facias, a te peto.   Acastum retine, quo commodius
tibi ministretur.   Conserva te mihi : dies promissorum adest;
quem etiam ²repraesentabo, si adveneris.   Etiam atque etiam
vale.   III. Idus hora VI.

EPISTOLA XVI.*

(Scr. Romae A. U. C. 700.)

TULLIUS TIRONI S.

10   1. Aegypta ad me venit pridie Idus Apriles.   Is etsi mihi
nuntiavit te plane febri carere et belle habere, tamen, quod
negavit te potuisse ad me scribere, curam mi attulit, et eo
magis, quod Hermia, quem eodem die venire oportuerat, non
venerat.   Incredibili sum sollicitudine de tua valetudine;
15 qua si me liberaris, ego te omni cura liberabo.   Plura scriberem, si jam putarem lubenter te legere posse.   Ingenium
tuum, quod ego ¹maximi facio, confer ad te mihi tibique conservandum.   Cura te etiam atque etiam diligenter.   Vale.
2. Scripta jam epistola, Hermia venit.   Accepi tuam episto-
20 lam ²vacillantibus litterulis; nec mirum, tam gravi morbo.
Ego ad te Aegyptam misi, quod nec inhumanus est et te
visus est mihi ²diligere,* ut is tecum esset, et cum eo cocum
quo uterere.   Vale.

---

* Ad Fam. XVI. 15.
EPIST. XVI. *Dist. bet. *diligo* and *amo*.   V. n. 3.

EPISTOLA XVII.*

(Scr. Romae A. U. C. 701.)

A. U. C. 701.   Ante C. N. 53.   Anni Cic. 54.

Coss. Cn. Domitius Calvinus, M. Valerius Messala.

Hi consules non Kal. Januariis magistratum inierunt, sed post plura in-
terregna mense Aprili demum creati sunt.

Cicero, postquam M. Crassus, exercitu a Parthis deleto, perierat, in ejus
locum augur factus est.

M. T. Cicero C. ¹Curioni S. D.

1. Epistolarum genera multa esse non ignoras ; sed unum
illud ²certissimum, cujus causa inventa res ipsa est, ut certiores
faceremus absentes, si quid esset, quod eos scire aut ³nostra
aut ipsorum interesset.   Hujus generis litteras a me profecto
non exspectas.   Tuarum enim rerum domesticos habes et 5
scriptores et nuntios ; in meis autem rebus nihil est sane novi.
Reliqua sunt epistolarum genera duo, quae me magno opere
delectant : unum familiare et jocosum, alterum severum et
grave.   Utro me minus deceat uti, non intelligo.   Jocerne
tecum per litteras ?   Civem mehercule non puto esse, qui 10
⁴temporibus his ridere possit.   An gravius aliquid scribam ?
Quid est, quod possit graviter a Cicerone scribi ad Curionem,
nisi de re publica ?   Atque in hoc genere haec mea causa est,
ut ⁵neque ea, quae sentio, nec quae non sentio velim scribere.
2. Quamobrem, quoniam mihi nullum scribendi argumentum 15
relictum est, utar ea clausula, qua soleo, teque ad studium
summae laudis cohortabor.   Est enim tibi ⁶gravis adversaria
constituta et parata, incredibilis quaedam exspectatio ; quam
tu una re facillime ⁷vinces,* si hoc statueris, quarum laudum
gloriam adamaris, quibus artibus eae laudes comparantur, in 20
iis esse elaborandum.   In hanc sententiam scriberem plura,

---

* Ad Fam. II. 4.

Epist. XVII. * Dist. bet. *vinco* and *supero ; evinco* and *devinco ; vinco*
and *opprimo.*   V. n. 7.

nisi te tua sponte satis incitatum esse confiderem; et hoc,
quidquid attigi, non feci inflammandi tui causa, sed testificandi
amoris mei. Vale.

EPISTOLA XVIII.*

(Scr. Romae A. U. C. 702.)

A. U. C. 702. Ante C. N. 52. Anni Cic. 55.

Cos. Cn. Pompeius Magnus III.

Hoc anno Milo, P. Plautius Hypsaeus et Q. Metellus Scipio consulatum,
Clodius praeturam petebat. Ambitus non more majorum, sed largitione
aperta agebatur: denique res ad vim et caedem spectabat. XIII. Kal.
Febr. quum Milo Lanuvium ad flaminem ibi prodendum proficisceretur,
obviam ei fit Clodius Aricia rediens, et pugna coorta interficitur. Pompeius ab interrege Ser. Sulpicio V. Kal. Martias cos. creatus paullatim coepit se a Caesare avertere. Uxorem duxit Corneliam Q. Metelli Scipionis
filiam, socerumque sibi in quinque extremos h. a. menses collegam in consulatu subrogavit.

Cicero Milonem de vi accusatum defendit, sed ita, ut fori adspectu, jussu
Pompeii militibus circumdati, et acclamationibus Clodianorum perturbatus
parum constanter diceret. Eam quae exstat pro Milone orationem postea
scripsit quum Milo condemnatus Massiliam exsulatum abiisset. Deinde
defendit M. Saufeium, qui absolutus est. Mense Decembri T. Munatius
Plancus Bursa, tribunatu plebis deposito, accusatus a Cicerone et condemnatus est. Hoc anno post Milonianum judicium scripsit Cicero libros de
legibus.

M. Cicero S. D. M. Mario.

1. ¹Mandatum tuum curabo diligenter. Sed homo acutus
5 ei mandasti ²potissimum, cui expediret illud venire quam
³plurimo. Sed ⁴eo vidisti multum, quod praefinisti, quo ne
⁵pluris emerem. ⁶Quodsi mihi permisisses, qui meus amor in
te est, confecissem cum coheredibus: nunc, quoniam tuum
pretium novi, ⁷illicitatorem potius ponam, quam illud minoris
10 veneat. Sed de joco satis est. 2. Tuum negotium agam,
sicuti debeo, diligenter. De ⁸Bursa, te gaudere certo scio;

---

sed nimis verecunde mihi gratularis. Putas enim, ut scribis, propter hominis sordes minus me magnam illam laetitiam putare. Credas mihi velim magis me judicio hoc quam morte [9]inimici laetatum. Primum enim judicio [10]malo quam gladio, deinde gloria [11]potius amici quam calamitate. In primisque 5 me delectavit tantum studium bonorum in me exstitisse contra incredibilem contentionem [12]clarissimi et potentissimi viri. 3. Postremo, (vix verisimile fortasse videatur,) oderam multo pejus hunc quam illum ipsum Clodium. Illum enim oppugnaram, hunc defenderam. Et ille, quum omnis res publica in 10 meo capite discrimen esset habitura, magnum quiddam spectavit; nec sua sponte, sed eorum auxilio, qui, me stante, stare non poterant: hic simiolus [13]animi causa me, in quem inveheretur, delegerat persuaseratque nonnullis invidis meis se in me emissarium semper fore. Quamobrem valde jubeo gau-15 dere te: magna res gesta est. Numquam ulli fortiores cives fuerunt, quam qui ausi sunt eum contra tantas opes ejus, [14]a quo ipsi lecti judices erant, condemnare. Quod fecissent nunquam, nisi iis dolori meus fuisset dolor. 4. Nos hic in multitudine et celebritate judiciorum et novis legibus ita dis-20 tinemur, ut quotidie vota faciamus, [15]ne intercaletur, ut quam primum te videre possimus.

EPISTOLA XIX.*

(Scr. in itinere ex castris ad Cybistra in Ciliciam medio Sept. A. U. C. 703.)

A. U. C. 703. Ante C. N. 51. Anni Cíc. 56.

Coss. Ser. Sulpicius Rufus, M. Claudius Marcellus.

Quum superiore anno senatus consulto cautum esset, ne quis praetorius aut consularis intra quinquennium in provinciam iret, coacti sunt ii provincias administrare, qui in eas e consulatu et praetura nondum iverant. Itaque Ciceroni obtigit Cilicia pro consule regenda, cum exercitu peditum XII. m., equitum MMDC.

Successit in provincia Ap. Claudio. Laodiceam in provinciam venit prid. Kal. Sext.

---

* Ad Fam. XV. 2.

M. Tullius M. F. Cicero Procos. S. P. D. Coss.
Praett. Tribb. Pl. Senatui.

1. ¹S. V. V. B. E. E. Q. V. Quum pridie Kalend. Sext.
in ²provinciam venissem neque maturius propter itinerum et
navigationum difficultatem venire potuissem, maxime convenire officio meo reique publicae conducere putavi, parare ea,
5 quae ad exercitum quaeque ad rem militarem pertinerent.
Quae quum essent a me cura magis et diligentia quam facultate et copia constituta, nuntiique et litterae de bello a Parthis
in provinciam Syriam illato quotidie fere afferrentur, iter
mihi faciendum per Lycaoniam et per Isauros et per Cappa-
10 dociam arbitratus sum. Erat enim magna suspicio, Parthos,
si ex Syria egredi atque irrumpere in meam provinciam conarentur, iter ³eos per Cappadociam, quod ea maxime pateret,
esse facturos. 2. Itaque cum exercitu per Cappadociae partem eam, quae cum Cilicia continens est, iter feci, castraque
15 ad Cybistra, quod oppidum est ad montem Taurum, locavi;
ut Artuasdes, rex Armenius, quocunque animo esset, sciret,
non procul a suis finibus exercitum populi Romani esse, et
Deiotarum, fidelissimum regem atque amicissimum rei publicae nostrae, ⁴maxime conjunctum haberem, cujus et consilio
20 et opibus adjuvari posset res publica. 3. Quo quum in loco
castra haberem equitatumque in Ciliciam misissem, ut et meus
adventus iis civitatibus, quae in ea parte essent, nuntiatus firmi-
ores animos omnium faceret et ego mature, quid ageretur in
Syria, scire possem, tempus ejus tridui, quod in iis castris
25 morabar, in magno officio et necessario mihi ponendum putavi. 4. Quum enim ⁵vestra auctoritas intercessisset, ut ego
regem Ariobarzanem ⁶Euseben et Philoromaeum tuerer
ejusque regis salutem, incolumitatem⁶ regnumque defenderem,
regi regnoque praesidio essem ; adjunxissetisque salutem ejus
30 regis populo senatuique magnae curae esse, quod nullo unquam de rege decretum esset a nostro ordine ; existimavi me

---

Epist. XIX. ⁶Dist. bet. *salvus, sospes, incolumis,* and *integer.* V. Cic.
in Cat. III. 10, n. 18.

judicium vestrum ad regem deferre debere eique praesidium meum et fidem et diligentiam polliceri, ut, quoniam salus ipsius, incolumitas regni mihi commendata esset a vobis, diceret, si quid vellet. 5. Quae quum essem 'in consilio meo cum rege locutus, initio ille orationis suae vobis maximas, ut debuit, deinde etiam mihi gratias egit, quod ei permagnum et perhonorificum videbatur, S. P. Q. R. tantae curae esse salutem suam meque tantam diligentiam adhibere, ut et mea fides et commendationis vestra auctoritas perspici posset. Atque ille primo, quod mihi maximae laetitiae fuit, ita mecum locutus est, ut nullas insidias neque vitae suae neque regno diceret se aut intelligere fieri aut etiam suspicari. Quum ego ei gratulatus essem idque me gaudere dixissem, cohortatus, ut recordaretur 'casum illum interitus paterni et vigilanter se tueretur atque admonitu senatus consuleret saluti suae, tum a me discessit in oppidum Cybistra. 6. Postero autem die cum 'Ariarathe, fratre suo, et cum paternis amicis majoribus natu ad me in castra venit, perturbatusque et flens, quum idem et frater faceret et amici, meam fidem, vestram commendationem implorare coepit. Quum admirarer, quid accidisset novi, dixit ad se indicia manifestarum insidiarum esse delata, quae essent ante adventum meum occultata, quod ii, qui ea patefacere possent, propter metum reticuissent; eo autem tempore spe mei praesidii complures ea, quae scirent, audacter ad se detulisse; in iis amantissimum sui, summa pietate praeditum fratrem dicere ea, quae me is quoque audiente dicebat, se sollicitatum esse, ut regnare vellet; id vivo fratre suo accipere non potuisse; se tamen ante illud tempus eam rem nunquam in medium propter periculi metum protulisse. Quae quum esset locutus, monui regem, ut omnem diligentiam ad se conservandum adhiberet, amicosque patris ejus atque avi [10]judicio probatos hortatus sum, regis sui vitam docti casu acerbissimo patris ejus omni cura custodiaque defenderent. 7. Quum rex a me equitatum cohortesque de exercitu meo postularet, etsi intelligebam vestro senatus consulto non modo posse me id facere sed etiam debere, tamen, quum res publica postularet propter quotidianos ex Syria nuntios, ut quam primum exer-

14

citum ad Ciliciae fines adducerem, quumque mihi rex, patefactis jam insidiis, non egere exercitu populi Romani, sed
posse se suis opibus defendere videretur, illum cohortatus
sum, ut in sua vita conservanda primum regnare disceret; a
5 quibus perspexisset sibi insidias paratas, in eos uteretur jure
regio; poena afficeret eos, quos necesse esset; reliquos metu
liberaret; praesidio exercitus mei ad eorum, qui in culpa
essent, timorem potius quam ad contentionem uteretur; fore
autem, ut omnes, quoniam senatus consultum nossent, intelli-
10 gerent me regi, si opus esset, ex auctoritate vestra praesidio
futurum. 8. Ita confirmato illo, ex eo loco castra movi; iter
in Ciliciam facere institui, quum hac opinione e Cappadocia
discederem, ut consilio vestro, casu incredibili ac paene divino
regem, quem vos honorificentissime appellassetis, nullo postu-
15 lante, quemque meae fidei commendassetis et cujus salutem
magnae vobis curae esse decressetis, meus adventus praesentibus insidiis liberarit. Quod ad vos a me scribi non alienum
putavi, ut intelligeretis ex iis, quae paene acciderunt, vos
multo ante, ne ea acciderent, providisse; eoque vos studiosius
20 feci certiores, quod in rege Ariobarzane ea mihi signa videor
virtutis, ingenii, fidei benevolentiaeque erga vos perspexisse,
ut non sine causa tantam curam in ejus vos salutem, diligen-
tiamque videamini contulisse.

EPISTOLA XX.*

(Scr. Initio Januarii A. U. C. 704.)

A. U. C. 704. Ante C. N. 50. Anni Cic. 57.

Coss. L. AEMILIUS PAULUS, C. CLAUDIUS MARCELLUS.

Ciceroni Romae pro re bene gesta supplicationes decernuntur. Ipse
III. Kal. Sextil. de provincia decedens C. Coelium quaestorem ei praefecit.
Epheso profectus Kal Oct. Athenas venit prid. Id. Patris Tironem ae-
grum reliquit. Brundisium venit VII. Kal. Dec.

* Ad Fam. XV. 4.

M. T. Cicero Imp. M. Catoni S. D.

1. Summa tua auctoritas fecit meumque perpetuum[a] de tua singulari virtute judicium, ut magni mea interesse putarem et res eas, quas gessissem, tibi [1]notas esse, et non ignorari a te, qua aequitate et continentia tuerer socios provinciamque administrarem. Iis enim a te cognitis arbitrabar facilius me tibi, 5 quae vellem, probaturum. 2. Quum in provinciam pridie Kal. Sext. venissem et propter anni tempus ad exercitum mihi confestim esse eundum viderem, biduum Laodiceae fui, deinde Apameae quatriduum, triduum Synnadis, totidem dies Philomelii. Quibus in oppidis quum magni conventus fuissent, 10 multas civitates acerbissimis [2]tributis et gravissimis usuris et falso aere alieno liberavi. Quumque ante adventum meum seditione quadam exercitus esset dissipatus, quinque cohortes sine legato, sine tribuno militum, denique etiam sine centurione ullo apud Philomelium consedissent, reliquus exercitus 15 esset in Lycaonia, M. Anneio legato imperavi, ut eas quinque cohortes ad reliquum exercitum duceret coactoque in unum locum exercitu castra in Lycaonia apud Iconium faceret. 3. Quod quum ab illo diligenter esset actum, ego in castra a. d. VII. Kal. Septembr. veni, quum interea superioribus diebus 20 ex senatus consulto et evocatorum firmam manum et equitatum sane idoneum et populorum liberorum regumque sociorum auxilia voluntaria comparavissem. Interim quum, exercitu lustrato, iter in Ciliciam facere coepissem, Kal. Septembr. legati a rege Commageno ad me missi [3]pertumultuose, neque 25 tamen non vere, Parthos in Syriam transisse nuntiaverunt. 4. Quo audito, vehementer sum commotus quum de Syria, tum de mea provincia, de reliqua denique Asia. Itaque exercitum mihi ducendum per Cappadociae regionem eam, quae Ciliciam attingeret, putavi. Nam si me in Ciliciam demisis- 30 sem, Ciliciam quidem ipsam propter montis Amani naturam facile tenuissem; (duo sunt enim aditus in Ciliciam ex Syria,

---

Epist. XX. [a] Dist. bet. *continuus, perpetuus, sempiternus*, and *aeternus*. V. Caes. I. 48, n. 6.

quorum uterque parvis praesidiis propter angustias intercludi
potest, nec est quidquam Cilicia contra Syriam munitius ;) sed
me Cappadocia movebat, quae patet a Syria regesque habet
finitimos, qui etiamsi sunt etiam amici nobis, tamen aperte
5 Parthis inimici esse non audent. Itaque in Cappadocia extrema non longe a Tauro apud oppidum Cybistra castra feci,
ut et Ciliciam tuerer et Cappadociam tenens nova finitimorum
consilia impedirem. 5. Interea in hoc tanto motu tantaque
exspectatione maximi belli rex Deiotarus, cui non sine causa
10 plurimum semper et meo et tuo et senatus judicio tributum
est, vir quum benevolentia et fide erga populum Romanum
singulari, tum praesentia, magnitudine et animi et consilii, legatos ad me misit se cum omnibus suis copiis in mea castra
esse venturum. Cujus ego studio officioque commotus egi ei
15 per litteras gratias, idque ut maturaret, hortatus sum. 6.
Quum autem ad Cybistra propter rationem belli quinque dies
essem ⁴moratus,ᵇ regem Ariobarzanem, cujus salutem a senatu,
te auctore, commendatam habebam, ⁵praesentibus⁶ insidiis
necopinantem liberavi ; neque solum ei saluti fui, sed etiam
20 curavi, ut cum auctoritate regnaret. Metram et eum, quem
tu mihi diligenter commendaras, Athenaeum, importunitate
Athenaidis exsilio multatos, maxima apud regem auctoritate
gratiaque constitui. Quumque magnum bellum in Cappadocia concitaretur, si ⁶sacerdos armis se, quod facturus putabatur,
25 defenderet, adolescens et equitatu et peditatu et pecunia
paratus ex toto iis, qui novari aliquid volebant, perfeci, ut e
regno ille discederet rexque sine tumultu ac sine armis, omni
auctoritate aulae communita, regnum cum dignitate obtineret.
. 7. Interea cognovi multorum litteris atque nuntiis magnas
30 Parthorum copias et Arabum ad oppidum Antiocheam acces-
sisse magnumque eorum equitatum, qui in Ciliciam transisset,
ab equitum meorum turmis et a cohorte praetoria, quae erat
Epiphaneae praesidii causa, occidione occisum. Quare quum
viderem a Cappadocia Parthorum copias aversas, non longe

EPIST. XX. ᵇ Dist. bet. *maneo, moror, tardo,* and *detineo.* V. n. 4. —
⁶ Dist bet *adesse, interesse,* and *presens esse.* V. n. 5.

a finibus esse Ciliciae, quam potui maximis itineribus ad
Amanum exercitum duxi. Quo ut veni, hostem ab Antiochea
recessisse, [7]Bibulum Antiocheae esse cognovi : Deiotarum
confestim jam ad me venientem cum magno et firmo equitatu et peditatu et cum omnibus suis copiis certiorem feci non 5
videri esse causam, cur abesset a regno, meque ad eum, si
quid novi forte accidisset, statim litteras nuntiosque missurum
esse. 8. Quumque eo animo venissem, ut utrique provinciae,
si ita tempus ferret, subvenirem, tum id, quod jam ante statueram vehementer interesse utriusque provinciae, pacare 10
Amanum et perpetuum hostem ex eo monte tollere, agere
perrexi. Quumque me discedere ab eo monte simulassem
et alias partes Ciliciae petere, abessemque ab Amano iter
unius diei, et castra apud Epiphaneam fecissem, a. d. IIII.
Idus Octobres, quum advesperasceret, expedito exercitu ita 15
noctu iter feci, ut a. d. III. Idus Octobres, quum lucisceret,
in Amanum ascenderem, distributisque cohortibus et auxiliis,
quum aliis Q. frater legatus mecum simul, aliis C. Pomptinius
legatus, reliquis M. Anneius et L. Tulleius legati praeessent ;
plerosque necopinantes oppressimus, qui occisi captique sunt, 20
interclusi fuga. Eranam autem, quae fuit non vici instar, sed
urbis, quod erat Amani caput, itemque Sepyram et Commo-
rim, acriter et diu repugnantibus, Pomptinio illam partem
Amani tenente, ex antelucano tempore usque ad horam diei
decimam, magna multitudine hostium occisa, cepimus ; cas- 25
tellaque sex capta ; complura incendimus. 9. His rebus ita
gestis, castra in radicibus Amani habuimus apud Aras Alexandri quatriduum, et in reliquiis [8]Amani delendis agrisque
vastandis, quae pars ejus montis meae provinciae est, id tempus omne consumpsimus. 10. Confectis his rebus, ad oppidum 30
Eleutherocilicum Pindenissum exercitum adduxi ; quod quum
esset altissimo et munitissimo loco ab iisque incoleretur, qui
ne regibus quidem unquam paruissent ; quum et fugitivos reciperent et Parthorum adventum acerrime exspectarent, ad
existimationem imperii pertinere arbitratus sum comprimere 35
eorum audaciam, quo facilius etiam ceterorum animi, qui alieni
essent ab imperio nostro, frangerentur. Vallo et fossa cir-

cumdedi; sex castellis castrisque maximis saepsi; aggere,
vineis, turribus oppugnavi; ususque tormentis multis, multis
sagittariis, magno labore meo, sine ulla molestia sumptuve
sociorum, septimo quinquagesimo die rem confeci, ut omnibus
5 partibus urbis disturbatis aut incensis compulsi in potestatem
meam pervenirent. His erant finitimi pari scelere et audacia Tibarani; ab iis, Pindenisso capto, obsides accepi; exercitum in hiberna dimisi.　Q. fratrem negotio praeposui, ut in
vicis aut captis aut male pacatis exercitus collocaretur.　11.
10 Nunc velim sic tibi persuadeas, si de his rebus ad senatum
relatum sit, me existimaturum summam mihi laudem tribu-
tam, si tu honorem meum sententia tua comprobaris.　Idque,
etsi talibus de rebus gravissimos homines et rogare solere et
rogari scio, tamen admonendum potius te a me quam rogan-
15 dum puto.　Tu es enim is, ⁹qui me tuis sententiis saepissime
ornasti; qui oratione, qui praedicatione, qui summis laudibus
in senatu, in contionibus ad caelum extulisti; cujus ego semper tanta esse verborum pondera putavi, ut uno verbo tuo
cum mea laude conjuncto omnia assequi me arbitrarer.　Te
20 denique memini, quum cuidam clarissimo atque optimo viro
¹⁰supplicationem non decerneres, dicere te decreturum, si refer-
etur ob eas res, ¹¹quas is consul in urbe gessisset.　Tu idem
mihi supplicationem decrevisti togato, non, ut multis, re publica bene gesta, sed, ut nemini, re publica conservata.　12. ¹²Mit-
25 to, quod invidiam, quod pericula, quod omnes meas tempestates
et subieris et multo etiam magis, si per me licuisset, subire paratissimus fueris, quod denique ¹³inimicum meum tuum inimicum putaris; cujus etiam interitum, ut facile intelligerem, mihi
quantum tribueres, Milonis causa in senatu defendenda appro-
30 baris.　A me autem haec sunt profecta, quae ego in beneficii
loco non pono sed in veri testimonii atque judicii, ut praestantis-
simas tuas virtutes non tacitus admirarer; (quis enim in te id
non facit?) sed in omnibus orationibus, sententiis dicendis, causis agendis, omnibus scriptis, Graecis Latinis, omni denique va-
35 rietate litterarum mearum, te non modo iis, quos vidissemus, sed
iis, de quibus audissemus, omnibus anteferrem.　13. Quaeres
fortasse, quid sit, quod ego hoc nescio quid gratulationis et ho-

noris a senatu tanti aestimem. Agam jam tecum familiariter,
ut est et studiis et officiis nostris mutuis et summa amicitia
dignum et necessitudine etiam paterna. Si quisquam fuit unquam remotus et natura et magis etiam, ut mihi quidem
sentire videor, ratione atque doctrina ab inani laude et.ser- 5
monibus vulgi, ego profecto is sum. Testis est consulatus
meus, in quo, sicut in reliqua vita, fateor ea me studiose secutum, ex quibus vera gloria nasci posset, ipsam quidem gloriam
per se nunquam putavi expetendam. Itaque et [14]provinciam
ornatam et spem non dubiam triumphi neglexi; [15]sacerdo- 10
tium denique, quum, (quemadmodum te existimare arbitror,)
non difficillime consequi possem, non appetivi. Idem post
injuriam acceptam, (quam tu rei publicae calamitatem semper
appellas, meam non modo non calamitatem, sed etiam gloriam,)
studui quam ornatissima senatus populique Romani de me ju- 15
dicia intercedere. Itaque et augur postea fieri volui, quod
antea neglexeram, et eum honorem, qui a senatu tribui rebus
bellicis solet, neglectum a me olim, nunc mihi expetendum puto.
14. Huic meae voluntati, in qua inest aliqua vis desiderii ad
sanandum vulnus injuriae, ut faveas adjutorque sis, quod 20
paullo ante me negaram rogaturum, vehementer te rogo, [16]sed
ita, si non jejunum hoc nescio quid, quod ego gessi, et contem-
nendum videbitur, sed tale atque tantum, ut multi nequaquam
paribus rebus honores summos a senatu consecuti sint. Equidem etiam illud mihi animum advertisse videor; (scis enim, 25
quam attente te audire soleam;) te non tam res gestas quam
mores, instituta atque vitam imperatorum spectare solere in
habendis aut non habendis honoribus. Quod si in mea causa
considerabis, reperies me exercitu imbecillo contra metum
maximi belli firmissimum praesidium habuisse aequitatem et 30
continentiam. His ego subsidiis ea sum consecutus, quae
nullis legionibus consequi potuissem, ut ex alienissimis sociis
amicissimos, ex infidelissimis firmissimos redderem, animosque
novarum rerum exspectatione suspensos ad veteris imperii benevolentiam traducerem. 15. Sed nimis haec multa de me, 35
praesertim ad te, [17]a quo uno omnium sociorum querelae audiuntur: cognosces ex iis, qui meis institutis se recreatos putant;

quumque omnes uno prope consensu de me apud te ea, quae mihi optatissima sunt, praedicabunt, tum duae maximae clientelae
tuae, Cyprus insula et Cappadociae regnum, tecum de me loquentur: puto etiam regem Deiotarum, qui uni tibi est maxime
5 necessarius.   18Quae si etiam majora sunt et in omnibus seculis
pauciores viri reperti sunt, qui suas cupiditates, quam qui hostium copias vincerent, est profecto tuum, quum ad res bellicas
haec, quae rariora et difficiliora sunt, genera virtutis adjunxeris,
ipsas etiam illas res gestas 15justiores esse et majores putare.
10 16. Extremum illud est, ut quasi diffidens rogationi meae
philosophiam ad te allegem, qua nec mihi carior ulla unquam
res in vita fuit, nec hominum generi majus a deis munus ullum
est datum. ·Haec igitur, quae mihi tecum communis est, societas studiorum atque artium nostrarum, quibus a pueritia
15 dediti ac devincti soli propemodum nos philosophiam veram
illam et antiquam, quae quibusdam otii esse ac desidiae videtur, in forum atque in rem publicam atque in ipsam aciem
paene deduximus, tecum agit de mea laude, cui negari a
Catone fas esse non puto.   Quamobrem tibi sic persuadeas
20 velim: si mihi tua sententia tributus honos 20ex meis litteris
fuerit, me sic existimaturum, quum auctoritate tua, tum benevolentia erga me mihi, quod maxime cupierim, contigisse.

EPISTOLA XXI.*

TULLIUS TERENTIAE SUAE S.

S. V. B. E. E. V.   Valetudinem tuam velim cures diligentissime.   Nam mihi et scriptum et nuntiatum est te in febrim
25 subito incidisse.   Quod celeriter me fecisti de Caesaris litteris
certiorem, fecisti mihi gratum.   Item posthac, si quid opus
erit, si quid acciderit novi, 1facies, ut sciam.   Cura, ut valeas.
Vale.   D. IIII. Nonas Jun.

---

* Ad Fam. XIV. 8.

EPISTOLA XXII.*

(Scr. Athenis a. d. XV. Kalendas Novembres A. U. C. 704.)

M. T. C. TERENTIAE ET TULL. SUIS S. P. D.

1. Si tu et Tullia, lux nostra, valetis, ego et suavissimus
Cicero valemus. Pridie Idus Octobres Athenas venimus,
quum sane adversis ventis usi essemus tardeque et incommode
navigassemus. De nave exeuntibus nobis Acastus cum litteris praesto fuit [1]uno et vicesimo die, sane strenue. Accepi 5
tuas litteras, quibus intellexi te vereri, ne superiores mihi
redditae non essent. Omnes sunt redditae diligentissimeque
a te perscripta omnia; idque mihi gratissimum fuit. Neque
sum admiratus hanc epistolam,* quam Acastus attulit, brevem
fuisse; jam enim me ipsum expectas sive nos ipsos, qui qui- 10
dem quam primum ad vos venire cupimus, etsi, in quam rem
publicam veniamus, intelligo. Cognovi enim ex multorum
amicorum litteris, quas attulit Acastus, ad arma rem spectare;
ut mihi, quum venero, dissimulare non liceat, quid sentiam.
Sed, quoniam subeunda fortuna est, eo citius dabimus operam, 15
ut veniamus, quo facilius de tota re deliberemus. Tu velim,
quod commodo valetudinis tuae fiat, quam longissime poteris,
obviam nobis prodeas. 2. [2]De hereditate Preciana, quae qui-
m mihi magno dolori est, (valde enim illum amavi,) sed hoc
etim cures: si auctio ante meum adventum fiet, ut Pompo- 20
nius aut, si is minus poterit, Camillus nostrum negotium curet.
Nos quum salvi venerimus, reliqua per nos agemus; sin tu
jam Roma profecta eris, tamen curabis, ut hoc ita fiet. Nos,
si dii adjuvabunt, circiter Idus Novembres in Italia speramus
fore. Vos, mea suavissima et optatissima Terentia, si nos 25
amatis, curate ut valeatis.

Vale. Athenis, a. d. XV. Kalendas Novembres.

---

* Ad Fam. XIV. 5.

EPIST. XXII. * Dist. bet. litterae and epistola. V. Sall. Cat. XXX. n. 1.
14 * U

EPISTOLA XXIII.*

(Scr. ad urbem prid. Id. Jan. A. U. C. 705.)

A. U. C. 705. Ante C. N. 49. Anni Cic. 58.

Coss. C. CLAUDIUS MARCELLUS, L. CORNELIUS LENTULUS CRUS.

Cicero prid. Non. Jan. ad urbem accedens in ipsam incidit flammam civilis discordiae inter Caesarem et Pompeium. Kal. Jan. factum est senatus consultum, ut ante Kal. Mart. Caesar exercitum dimitteret ; si non faceret, eum adversus rem publ. facturum videri. Ei senatus consulto intercedunt tribuni pleb. M. Antonius et Q. Cassius. Senatus consulibus, praetoribus, tribunis pl. iisque qui pro consulibus ad urbem erant, negotium dedit, ut curarent, ne quid res publica detrimenti caperet. Cicero, quum frustra omnia esset expertus, quae ad concordiam pertinerent, postquam Caesar, Rubicone trajecto, complura oppida occupaverat, una cum consulibus aliisque optimatibus, qui Pompeium sequebantur, ab urbe discessit, et Capuam oramque maritimam a Formiis tuendam suscepit. Pompeius VIII. Kal. Mart. Brundisium venit. VII. Id. Mart. Caesar ad murum castra ponit. XXVI. Kal. April. Pompeius Brundisio cum omnibus copiis, navibus in Graeciam trajicit. Caesar postero die oppidum ingressus et concionatus, Romam proficiscitur, quo in itinere Cicero eum convenit. VII. Id. Jun. postquam Arpini filio togam puram dederat, Pompeium in Graeciam secuturus, navem conscendit. Caesar Hispania potitur, superatis Pompeii legatis, et a M. Lepido praetore dictator dictus Romae comitia habet, quibus ipse cum P. Servilio cos. creatur.

TULLIUS ET CICERO, TERENTIA, TULLIA, Q. FRATER ET Q. F. TIRONI S. P. D.

1. Etsi opportunitatem operae tuae omnibus locis desidero, tamen non tam mea, quam tua, causa doleo te non valere. Sed quoniam [1]in quartanam conversa vis est morbi, (sic enim scribit Curius,) spero te, diligentia adhibita, etiam firmiorem 5 fore. Modo fac, id quod est [2]humanitatis tuae, ne quid aliud cures hoc tempore, nisi ut quam commodissime convalescas. Non ignoro, quantum ex desiderio labores ; sed erunt omnia facilia, si valebis. Festinare te nolo, ne nauseae molestiam suscipias aeger et periculose hieme naviges. 2. Ego [3]ad ur-

---

* Ad Fam. XVI. 11.

bem accessi pridie Nonas Januar. Obviam mihi sic est proditum, ut nihil possit fieri ornatius. Sed incidi in ipsam
flammam civilis discordiae vel potius· belli ; cui quum cupe-
rem mederi et, ut arbitror, possem, cupiditates certorum hominum, (nam ex utraque parte sunt, qui pugnare cupiant,) 5
impedimento mihi fuerunt. Omnino et ipse Caesar, amicus
noster, minaces ⁴ad senatum et acerbas litteras miserat, et erat
adhuc impudens, qui exercitum et provinciam, invito senatu,
teneret ; et Curio meus illum incitabat. Antonius quidem
noster et Q. Cassius, ⁵nulla vi expulsi, ad Caesarem cum Curi- 10
one profecti erant. 3. Posteaquam senatus consulibus, praetoribus, tribunis pl. et nobis, qui ⁶pro coss. sumus, negotium
dederat, ut curaremus, NE QUID RES PUBLICA DETRIMENTI
CAPERET, nunquam majore in periculo civitas fuit ; nunquam
improbi cives habuerunt paratiorem ducem. Omnino ex hac 15
quoque parte diligentissime ⁷comparatur. Id fit auctoritate
et studio Pompeii nostri, qui Caesarem sero coepit timere.
Nobis inter has turbas senatus tamen frequens flagitavit triumphum ; sed Lentulus consul, quo majus suum beneficium
faceret, simul atque expedisset, quae essent necessaria de re 20
publica, dixit se relaturum. Nos agimus nihil cupide, eoque
est nostra pluris auctoritas. Italiae regiones descriptae sunt,
quam quisque partem tueretur. Nos Capuam sumpsimus.
Haec te scire volui. Tu etiam atque etiam cura, ut valeas
litterasque ad me mittas, quotiescunque habebis, cui des. 25
Etiam atque etiam vale.

    D. pridie Idus Jan.

EPISTOLA XXIV.*

(Scr. Minturnis VIII. Kal. Febr. A. U. C. 705.)

TULLIUS TERENTIAE ET PATER TULLIAE, DUABUS ANIMIS
SUIS, ET CICERO MATRI OPTIMAE, SUAVISSIMAE SORORI
S. P. D.

1. Si vos valetis, nos valemus. Vestrum jam consilium est,
non solum meum, quid sit vobis faciendum. Si [1]ille Romam
modeste venturus est, recte in praesentia domi esse potestis;
sin homo amens diripiendam urbem daturus est, vereor, ut
5 [2]Dolabella ipse satis nobis prodesse possit. Etiam illud metuo, ne jam intercludamur, ut, quum velitis exire, non liceat.
Reliquum est, quod ipsae optime considerabitis, vestri similes
feminae sintne Romae. Si enim non sunt, [3]videndum est, ut
honeste vos esse possitis. Quomodo quidem nunc se res ha-
10 bet, modo ut haec nobis loca tenere liceat, [4]bellissime vel
mecum vel in nostris praediis esse poteritis. Etiam illud
verendum est, ne brevi tempore fames in urbe sit. 2. His de
rebus velim cum Pomponio, cum Camillo, cum quibus vobis
videbitur, consideretis. Ad summam, animo forti sitis. La-
15 bienus [5]rem meliorem fecit. Adjuvat etiam Piso, quod ab
urbe discedit et sceleris condemnat [6]generum suum. Vos,
meae carissimae animae, quam saepissime ad me scribite, et
vos quid agatis et quid istic agatur. Quintus pater et filius
et [7]Rufus vobis salutem dicunt.
20 Valete. VIII. Kalend. Febr. Minturnis.

---

* Ad Fam. XIV. 14.

EPISTOLA XXV.*

(Scr. Romae mense Maio A. U. C. 706.)

A. U. C. 706.   Ante C. N. 48.   Anni Cic. 59.

Coss. C. Julius Caesar II., P. Servilius Vatia Isauricus.

Caesar prid. Non. Jan. Brundisio in Epirum trajicit, Pompeium Dyrrhachii obsidet, qui inde elapsus bellum in Thessaliam transtulit, ubi praelio ad Pharsalam prid. Kal. Oct. a Caesare victus in Aegyptum fugit ad Ptolemaeum puerum, ibique interficitur. Caesar bellum Alexandrinum gerit.

Cicero ab armis discedens Brundisium venit.

DOLABELLA CICERONI S. D.

1. [1]S. V. G. V. et Tullia nostra [2]recte V. Terentia minus belle habuit, sed certum scio jam convaluisse eam. Praeterea rectissime sunt [3]apud te omnia. Etsi nullo tempore [4]in suspicionem tibi debui venire, partium causa potius, quam tua, tibi suadere, ut te aut cum Caesare nobiscumque conjungeres, aut 5 certe in otium referres, praecipue nunc, jam inclinata victoria, ne possum quidem in ullam aliam incidere opinionem, nisi in eam, in qua scilicet tibi suadere videar, quod pie tacere non possum. Tu autem, mi Cicero, sic haec accipies, ut, sive probabuntur tibi sive non probabuntur, ab optimo certe animo ac 10 deditissimo tibi et cogitata et scripta esse judices. 2. Animadvertis Cn. Pompeium nec [5]nominis sui, nec rerum gestarum gloria, neque etiam regum ac nationum clientelis, quas ostentare crebro solebat, esse tutum, et hoc etiam, quod infimo cuique contigit, illi non posse contingere, ut honeste effugere 15 possit, pulso Italia, amissis Hispaniis, [6]capto exercitu veterano, [7]circumvallato nunc denique; quod nescio an nulli unquam nostro acciderit imperatori. Quamobrem, quid aut ille sperare possit aut tu, animum adverte [8]pro tua prudentia; sic enim facillime quod tibi utilissimum erit consilii capies. Illud 20 autem te peto, ut, si jam ille evitaverit hoc periculum et se

---

* Ad Fam. IX. 9.

abdiderit in classem, tu tuis rebus consulas et aliquando tibi
potius quam cuivis sis amicus.   Satisfactum est jam a te vel
officio vel familiaritati : satisfactum etiam 9partibus et ei rei
publicae, quam tu probabas.   3. Reliquum est, ut ubi nunc
5 est res publica, ibi simus potius quam, dum illam veterem
sequimur, simus in nulla.   Quare velim, mi jucundissime
Cicero, si forte Pompeius, pulsus 10his quoque locis, rursus
alias regiones petere cogatur, ut tu te vel Athenas vel in
quamvis quietam recipias civitatem.   Quod si eris facturus,
10 velim mihi scribas, ut ego, si ullo modo potero, ad te advolem.
Quaecumque de tua dignitate ab imperatore erunt impe-
tranda, 11qua est humanitate Caesar, facillimum erit ab eo
tibi ipsi impetrare ; et meas tamen preces apud eum non minimum auctoritatis habituras puto.   Erit tuae quoque fidei et
15 humanitatis curare, ut is tabellarius, quem ad te misi, 12reverti
possit ad me et a te mihi litteras referat.

EPISTOLA XXVI.*

(Scr. Brundisii A. U. C. 706.)

TULLIUS TERENTIAE SUAE S. D.

1In maximis meis doloribus excruciat me valetudo Tulliae
nostrae.   De qua nihil est, quod ad te plura scribam ; tibi
enim aeque magnae curae esse certo scio.   Quod me propius
20 vultis accedere, video ita esse faciendum.   Etiam ante fecissem ; sed me multa impediverunt, quae ne nunc quidem expedita sunt.   Sed a Pomponio exspecto litteras, quas ad me
quam primum perferendas cures velim.   Da operam, ut valeas.

---

* Ad Fam. XIV. 19.

EPISTOLA XXVII.*

(Scr. Brundisii mense, ut videtur, Sextili A. U. C. 707.)

A. U. C. 707.   Ante C. N. 47.   Anni Cic. 60.

C. Jul. Caesar II. Dictator, M. Antonius Magister Equitum.

Caesar, bello Alexandrino confecto, mense Septembri in Italiam rediit, eique Cicero obviam processit. Caesar ut eum sibi occurrere vidit, descendit, eumque salutavit, cum eoque colloquens multa stadia processit. Paulo post Cicero, qui hucusque Brundisii commoratus erat, in urbem venit.

Tribus extremis h. a. mensibus coss. fuerunt Q. Fufius Calenus et P. Vatinius. Caesar VI. Kal. Jan. Lilybaeo in Africam trajecit, bellum adversus Pompeianos, Scipionem et Catonem et Jubam Mauritaniae regem gesturus.

M. Cicero S. D. C. Cassio.

1. Etsi uterque nostrum [1]spe pacis et odio civilis sanguinis abesse a belli necessarii pertinacia voluit, tamen, quoniam ejus consilii princeps ego fuisse videor, plus fortasse tibi praestare ipse debeo quam a te exspectare. Etsi, ut saepe soleo mecum recordari, sermo familiaris meus tecum, et item mecum tuus, 5 adduxit utrumque nostrum ad id consilium, ut uno proelio putaremus, si non totam causam, at certe [2]nostrum judicium definiri convenire. Neque quisquam hanc nostram sententiam vere unquam reprehendit praeter eos, qui arbitrantur melius esse deleri omnino rem publicam quam [3]imminutam et debili-10 tatam manere. Ego autem ex interitu ejus nullam spem scilicet mihi proponebam, ex reliquiis magnam. 2. Sed [4]ea sunt consecuta, ut magis mirum sit accidere illa potuisse, quam nos non vidisse ea futura, nec, homines quum essemus, divinare potuisse. Equidem fateor meam conjecturam hanc fuisse, ut, 15 illo quasi quodam [5]fatali proelio facto, et victores communi saluti consuli vellent et victi suae; [6]utrumque autem positum esse arbitrari in celeritate victoris. [7]Quae si fuisset, eandem clementiam experta esset Africa, [8]quam cognovit Asia, quam

---

* Ad Fam. XV. 15.

etiam Achaia, [9]te, ut opinor, ipso allegato ac deprecatore.
[10]Amissis autem temporibus, quae plurimum valent, praesertim in bellis civilibus, [11]interpositus annus alios induxit, ut victoriam sperarent, alios, ut [12]ipsum vinci contemnerent.
5 Atque horum malorum omnium culpam fortuna sustinet.
Quis enim aut Alexandrini belli [13]tantam moram huic bello adjunctum iri, aut [14]nescio quem istum Pharnacem Asiae terrorem illaturum putaret? 3. Nos tamen in consilio pari casu dissimili usi sumus. Tu enim eam partem petisti, ut et
10 consiliis interesses et, quod maxime curam levat, futura animo prospicere posses. Ego, qui festinavi, ut Caesarem in Italia viderem, (sic enim arbitrabamur,) eumque multis honestissimis viris conservatis redeuntem, ad pacem [15]currentem, ut aiunt, incitarem, ab illo longissime et absum et abfui. Versor autem [16]in gemitu Italiae et in urbis miserrimis querelis,
15 quibus aliquid opis fortasse ego [17]pro mea, tu pro tua, pro sua quisque parte ferre potuisset, si [18]auctor affuisset. 4. Quare velim pro tua perpetua erga me benevolentia scribas ad me, quid videas, quid sentias, quid exspectandum, quid agendum
20 nobis existimes. Magni erunt mihi tuae litterae; atque utinam primis illis, quas Luceria miseras, paruissem! sine ulla enim molestia dignitatem meam retinuissem.

EPISTOLA XXVIII.[*]

(Scr. Brundisii XVII. Kal. Quinctil. A. U. C. 707.)

TULLIUS S. D. TERENTIAE SUAE.

S. V. B. E. V. Tullia nostra venit ad me pridie Idus Junias; cujus summa virtute et singulari humanitate graviore
25 etiam sum dolore affectus nostra factum esse [1]negligentia, ut longe alia in fortuna esset, atque ejus pietas ac dignitas postulabat. Nobis erat in animo Ciceronem [2]ad Caesarem mittere et cum eo Cn. Salustium. Si profectus erit, faciam te certiorem. Valetudinem tuam cura diligenter.
30   Vale. XVII. Kalendas Quinctil.

---

[*] Ad Fam. XIV. 11.

EPISTOLA XXIX.*

(Scr. Brundisii XII. Kal. Quinctil. A. U. C. 707.)

TULLIUS S. D. TERENTIAE.

Si vales, bene est. Constitueramus, ut ad te antea scripseram, obviam Ciceronem Caesari mittere; sed mutavimus consilium, quia de illius adventu nihil audiebamus. De ceteris rebus, etsi nihil erat novi, tamen, quid velimus et quid hoc tempore putemus opus esse, ex Sicca poteris cognoscere. Tul- 5 liam adhuc mecum teneo. Valetudinem tuam cura diligenter.

Vale. XII. Kalendas Quinctil.

EPISTOLA XXX.†

(Scr. Brundisii pridie Idus Sext. A. U. C. 707.)

TULLIUS TERENTIAE SUAE S. D.

S. V. B. E. V. [1]Redditae mihi tandem sunt a Caesare litterae satis liberales, et ipse opinione celerius venturus esse dicitur. Cui utrum obviam procedam, an hic eum exspectem, 10 quum constituero, faciam te certiorem. Tabellarios mihi velim quam primum remittas. Valetudinem tuam cura diligenter.

Vale. D. pridie Idus Sext.

EPISTOLA XXXI.‡

(Scr. Venusiae Kal. Octobr. A. U. C. 707.)

TULLIUS S. D. TERENTIAE SUAE.

[1]In Tusculanum nos venturos putamus aut Nonis aut postridie. Ibi [2]ut sint omnia parata. Plures enim fortasse 15

---

* Ad Fam. XIV. 15.   † Ad Fam. XIV. 23.
‡ Ad Fam. XIV. 20.

nobiscum erunt et, ut arbitror, diutius ibi commorabimur.
Labrum si in balineo non est, ut sit; item cetera, quae sunt
ad victum et valetudinem necessaria.

Vale. Kal. Octobr. de ³Venusino.

EPISTOLA XXXII.*

(Scr. Romae mense Sept. A. U. C. 708.)

A. U. C. 708.   Ante C. N. 46.   Anni Cic. 61.

Coss. C. JULIUS CAESAR III., M. AEMILIUS LEPIDUS.

Caesar initio mensis Aprilis Scipionem et Jubam vincit.   Paucis diebus
post M. Cato Uticae sibi mortem consciscit.   Caesar, Africano bello confecto, Idib. Jun. classem conscendit, et die tertio in Sardiniam venit.   Inde
III. Kal. Quint. profectus Romam venit a. d. VII. Kal. Sext.   Ibi quatuor
triumphis actis rem publ., summam potestatem nactus, constituit.   Extremo
anno ad bellum Hispaniense adversus Pompeii liberos profectus est, et
post XXVII. dies in Hispaniam venit.   Eodem anno Caesar fastos cor-
rexit, et, ut in posterum ex Kal. Jan. temporum ratio magis congrueret,
inter Novembr. et Decembrem menses duos alios interjecit, ita ut hic annus,
servato vetere mense intercalario, XV. mensium esset.

Cicero h. a. *Partitiones Oratorias*, deinde *Laudem Catonis* scripsit, cui
Caesar *Anti-Catonem* opposuit.   Deinde scripsit *Oratorem* ad M. Brutum,
qui tum Galliae Cisalpinae praeerat.   Prid. Kal. intercalar. priores apud
Caesarem habuit orationem pro *Q. Ligario*, quem Q. Aelius Tubero accusa-
verat. Extremo anno cum Terentia uxore divortium fecit.

M. T. CICERO S. D. ¹M. MARCELLO.

5   I. Etsi eo te adhuc ²consilio usum intelligo, ut id reprehendere non audeam, non quin ab eo ipse dissentiam, sed quod
ea te sapientia esse judicem, ut meum consilium non antepo-
nam tuo; tamen et amicitiae nostrae vetustas et tua summa
erga me benevolentia, quae mihi jam a pueritia tua cognita
10 est, me hortata est, ut ea scriberem ad te, quae et saluti tuae
conducere arbitrarer et non aliena esse ducerem a dignitate.
2. Ego eum te esse, qui horum malorum initia multo ante
videris, consulatum magnificentissime atque optime gesseris,

---

* Ad Fam. IV. 7.

praeclare memini; sed idem etiam illa vidi, neque te consilium civilis belli ita gerendi nec copias Cn. Pompeii nec genus
exercitus probare semperque summe diffidere; qua in sententia me quoque fuisse memoria tenere te arbitror. Itaque neque
tu multum interfuisti rebus gerendis et ego id semper egi, ne 5
interessem. Non enim iis rebus pugnabamus, quibus valere
poteramus, consilio, auctoritate, causa, quae erant in nobis superiora, sed lacertis et viribus, quibus pares non eramus. Victi
sumus igitur, aut, si vinci dignitas non potest, fracti certe et
abjecti. In quo tuum consilium nemo potest non maxime lau- 10
dare, quod cum spe vincendi simul abjecisti certandi etiam
cupiditatem ostendistique sapientem et bonum civem initia
belli civilis invitum suscipere, extrema libenter non persequi.
3. Qui non idem consilium, quod tu, secuti sunt, eos video in
duo genera esse distractos. Aut enim renovare bellum conati 15
sunt, hique se in Africam contulerunt; aut, quemadmodum
nos, victori sese crediderunt. Medium quoddam tuum consilium fuit, qui hoc fortasse humilis animi duceres, illud pertina-
cis. Fateor a plerisque, vel dicam ab omnibus, sapiens tuum
consilium, a multis etiam magni ac fortis animi judicatum. 20
Sed habet ⁵ista ratio, ut mihi quidem videtur, quendam modum; praesertim quum tibi nihil deesse arbitrer ad tuas fortunas omnes obtinendas praeter voluntatem. Sic enim intellexi, nihil aliud esse, quod dubitationem afferret ei, penes quem
est potestas, nisi quod vereretur, ne tu illud beneficium omni- 25
no non putares. De quo quid sentiam, ⁴nihil attinet dicere,
quum appareat, ipse quid fecerim. 4. Sed tametsi jam ita con-
stituisses, ut abesse perpetuo malles quam ea, quae nolles, videre; tamen id cogitare deberes, ubicunque esses, te fore in ejus
ipsius, quem fugeres, potestate. Qui si facile passurus esset te 30
carentem patria et fortunis tuis quiete et libere vivere, cogitandum tibi tamen esset Romaene et domi tuae, ⁵cuicuimodi res esset, an Mitylenis aut Rhodi malles vivere. Sed quum ita late
pateat ejus potestas, quem veremur, ut terrarum orbem com-
plexa sit, nonne mavis sine periculo tuae domi esse quam cum 35
periculo alienae? Equidem, etiamsi oppetenda mors esset, domi
atque in patria mallem quam in externis atque alienis locis.

Hoc idem omnes, qui te diligunt, sentiunt; quorum est magna
pro tuis maximis clarissimisque virtutibus multitudo. 5. Habemus etiam rationem rei familiaris tuae, quam dissipari nolu-
mus. Nam etsi nullam potest accipere injuriam, quae futura
5 perpetua sit, propterea, quod neque is, qui tenet rem publicam, patietur neque ipsa res publica; tamen impetum
praedonum in tuas fortunas fieri nolo. Hi autem qui essent,
auderem scribere, nisi te intelligere confiderem. 6. Hic te
unius sollicitudines, unius etiam multae et assiduae lacrimae C.
10 Marcelli, fratris optimi, deprecantur: nos cura et dolore proximi sumus, precibus tardiores, quod jus adeundi, quum ipsi
deprecatione eguerimus, non habemus. [6]Gratia tantum possumus, quantum victi; sed tamen consilio, studio [7]Marcello
non desumus. A tuis reliquis non [8]adhibemur: [9]ad omnia
15 parati sumus.

EPISTOLA XXXIII.*

(Scr. Asturae mense Maio A. U. C. 709.)

A. U. C. 709.   Ante C. N. 45.   Anni Cic. 62.

C. JULIUS CAESAR III. Dictator, M. AEMILIUS LEPIDUS Mag. Equitum.

Caesar simul IV. consul sine collega fuit.

Caesar, victis in Hispania Pompeii filiis, Sexto et Cnaeo, mense Octobri
Romam reversus consulatu se abdicat, et Q. Fabium Maximum et Trebo-
nium sibi sufficit. Ultimo autem Decembris die quum Fabius decessisset,
Trebonius autem abesset, C. Caninius Rebilus cos. renuntiatur, qui, ut
Cicero jocabatur, adeo vigilans consul fuit, ut toto consulatu somnum non
viderit.

Cicero initio h. a. vel superiore exeunte, dimissa Terentia, Publiliam
uxorem duxit. Tullia ejus filia post divortium cum Dolabella factum, Romae filiolum peperit, et paullo post diem obiit supremum. Cicero, vehementer ejus morte afflictus, Publilia dimissa, Asturae se abdit, doloremque
suum partim fani Tulliae erigendi consilio, partim libris scribendis lenire
studet. Scripsit igitur h. a. Consolationem s. librum de luctu minuendo,
libros de finibus bonorum et malorum, Academicas questiones. Animum etiam

---

* Ad Fam. IV. 6.

adjecit libro ad Caesarem de re publ. ordinanda scribendo. Mense Aprili
filium suum studiorum causa Athenas mittit; et paullo post Astura discedit, reliquosque menses partim in Tusculano, partim in Arpinati aliisque
villis transigit, mense Octobri Romam se confert; mense autem Decembri
in Puteolanum, ubi XII. Kal. Jan. Caesarem ejusque comites hospitio
accepit.

M. CICERO S. D. SER. SULPICIO.

1. Ego vero, Servi, vellem, ut scribis, in meo gravissimo
casu affuisses. Quantum enim praesens me adjuvare potue-
ris et consolando et prope aeque dolendo, facile ex eo intelligo,
quod litteris lectis aliquantum acquievi. Nam et ea scripsisti,
quae levare luctum possent, et in me consolando non mediocrem 5
ipse animi dolorem adhibuisti. Servius tamen tuus omnibus
officiis, quae illi tempori tribui potuerunt declaravit et quanti
ipse me faceret et quam suum talem erga me animum tibi
gratum putaret fore; cujus officia jucundiora licet saepe mihi
fuerint, nunquam tamen gratiora. Me autem non oratio tua 10
solum et societas paene aegritudinis, sed etiam auctoritas con-
solatur. Turpe enim esse existimo me non ita ferre casum
meum, ut tu, tali sapientia praeditus, ferendum putas. Sed
opprimor interdum et vix resisto dolori, quod ea me solatia
deficiunt, quae ceteris, quorum mihi exempla propono, simili 15
in fortuna non defuerunt. Nam et Q. Maximus, qui filium
consularem, clarum virum et magnis rebus gestis, amisit, et L.
Paullus, qui duo septem diebus, et [1]vester Gallus et [2]M. Cato,
qui summo ingenio, summa virtute filium perdidit, iis temporibus [3]fuerunt, ut eorum luctum ipsorum dignitas consolaretur 20
ea, quam ex re publica consequebantur. 2. Mihi autem,
amissis ornamentis iis, quae ipse commemoras, quaeque eram
maximis laboribus adeptus, unum manebat illud solatium, quod
ereptum est. Non amicorum negotiis, non rei publicae procuratione impediebantur cogitationes meae; nihil in foro agere 25
libebat; adspicere curiam non poteram; existimabam, id quod
erat, omnes me et industriae meae fructus et fortunas perdidisse. Sed, quum cogitarem haec mihi tecum et cum quibusdam esse communia, et quum frangerem jam ipse me, coge-
remque illa ferre toleranter, habebam quo confugerem, ubi 30

conquiescerem, cujus in sermone et suavitate omnes curas
doloresque deponerem.   Nunc autem hoc tam gravi vulnere
etiam illa, quae consanuisse videbantur, recrudescunt.   Non
enim, ut tum me a re publica maestum domus excipiebat, quae
5 levaret, sic nunc domo maerens ad rem publicam confugere
possum, ut in ejus bonis acquiescam.   Itaque et⁴domo abeum
et foro, quod nec eum dolorem, quem a re publica capio, domus jam consolari potest, nec domesticum res publica. 3.
Quo magis te exspecto, teque videre quam primum cupio.
10 Major mihi levatio afferri nulla potest quam conjunctio
consuetudinis sermonumque nostrorum; quamquam spera-
bam tuum adventum, (sic enim audiebam,) appropinquare.
Ego autem quum multis de causis te exopto quam primum
videre, tum etiam, ut ante commentemur inter nos, qua ra-
15 tione nobis traducendum sit hoc tempus, quod est totum ad
⁵unius voluntatem accommodandum et prudentis et liberalis
et, ut perspexisse videor, nec a me alieni et tibi amicissimi.
Quod quum ita sit, magnae tamen est deliberationis, quae
ratio sit ineunda nobis, non agendi aliquid, sed illius concessu
20 et beneficio quiescendi.

EPISTOLA XXXIV.*

(Scr. Romae exeunte Septembri A. U. C. 710.)

A. U. C. 710.   Ante C. N. 44.   Anni Cic. 63.

Coss. C. Julius Caesar V., M. Antonius.

Primis anni mensibus Cicero absolvit *Tusculanas disputationes.*
Caesar Idibus Martiis in Curia a conjuratis M. Bruto, C. Cassio aliisque
interficitur.   Conjurati se recipiunt in Capitolium.   Dolabella in Caesaris
locum cos. sufficitur.

CICERO ¹PLANCO.

1. Et afui proficiscens in Graeciam, et posteaquam de meo
cursu rei publicae sum voce revocatus, nunquam ²per M. An-

---

* Ad Fam. X. 1.

tonium quietus fui; cujus tanta est, [2]non insolentia, (nam id quidem vulgare vitium est,) sed [3]immanitas, non modo ut [4]vocem, sed ne vultum quidem liberum possit ferre cujusquam. Itaque mihi maximae curae est, non de mea quidem vita, cui satisfeci vel aetate vel factis vel (si quid etiam hoc ad rem 5 pertinet) gloria; sed me patria sollicitat, in primisque, mi Plance, exspectatio consulatus tui, [6]quae ita longa est, ut [7]optandum sit, ut possimus ad id tempus rei publicae [8]spiritum ducere. Quae potest enim spes esse in ea re publica, in qua hominis impotentissimi atque intemperantissimi armis oppressa 10 sunt omnia, et in qua nec senatus nec populus vim habet ullam, nec leges ullae sunt, nec judicia, nec omnino [9]simulacrum aliquod ac vestigium civitatis? .2. Sed quoniam [10]acta omnia [11]mitti ad te arbitrabar, nihil erat, quod singulis de rebus scriberem. Illud autem erat amoris mei, quem a tua pueritia 15 susceptum non servavi solum, sed etiam auxi, monere te atque hortari, ut in rem publicam omni cogitatione curaque incumberes. Quae si ad tuum tempus [12]perducitur, facilis gubernatio est; ut perducatur autem, magnae quum diligentiae est, tum etiam fortunae. 3. Sed et te aliquanto ante, ut spero, 20 habebimus, et, praeterquam quod rei publicae consulere debemus, tamen tuae dignitati ita favemus, ut omne nostrum consilium, studium, officium, operam, laborem, diligentiam ad amplitudinem tuam conferamus. Ita facillime et rei publicae, quae mihi carissima est, et amicitiae nostrae, quam 25 sanctissime nobis colendam puto, me intelligo satisfacturum. 4. [13]Furnium nostrum tanti a te fieri, quantum ipsius humanitas et dignitas postulat, nec miror [14]et gaudeo; teque hoc existimare volo, quidquid in eum judicii officiique contuleris, id ita me accipere, ut in me ipsum te putem contulisse. 30

EPISTOLA XXXV.*

(Scr. Romae initio Quintilis A. U. C. 711.)

A. U. C. 711.   Ante C. N. 43.   Anni Cic. 64.

Coss. C. VIBIUS PANSA, A. HIRTIUS.

XVII. Kal. Maias Antonius proelio ad Mutinam superatus est, in qua
alter cos.   Hirtius cecidit, alter Pansa vulneratus est et paucis post diebus
Bononiae mortuus.   Laeto autem nuntio de victoria Mutinensi Romam
allato, Cicero ab ingenti multitudine, maximo plausu, in Capitolium ductus,
in rostris collocatus, inde domum reductus est.   IV. Kal. Jun. M. Lepidus
se eum Antonio, post proelium Mutinense Alpes transgresso, conjunxit, et
prid. Kal. Quint. hostis judicatus est.   Paullo post Caesar Octavianus causam optimatium deseruit, Antoniumque et Lepidum in Italiam arcessivit;
et cum Pedio consul creatus X. Kal. Oct. consulatum adiit.   Deinde pace
facta inter Caesarem Octavianum, Antonium et Lepidum, apud confluentes
inter Perusiam et Bononiam congressos, convenit, ut ipsi triumviri rei
publ. constituendae per quinquennium essent, et ut suos quisque inimicos
proscriberet.   Itaque Antonius in Ciceronem, qui urbe relicta Asturam con-
fugerat, percussores immisit Herennium centurionem et M. Popilium Lae-
natem, a quibus VII. Id. Decembres interfectus est.

M. T. CICERO C. CASSIO S. P. D.

1. Lepidus, [1]tuus affinis, meus familiaris, pridie Kal. Quinc-
tiles sententiis omnibus hostis a senatu judicatus est, ceterique, qui una cum illo a re publica defecerunt; quibus tamen
ad sanitatem redeundi ante Kal. Septembr. potestas facta est.
5 Fortis sane senatus, sed maxime spe subsidii tui.   Bellum
quidem, quum haec scribebam, sane magnum erat [2]scelere et
levitate Lepidi.   Nos de Dolabella quotidie, [3]quae volumus,
audimus; sed adhuc sine capite, sine auctore, rumore nuntio.

2. Quod quum ita esset, tamen litteris tuis, quas Nonis Maiis
10 ex castris datas acceperamus, ita persuasum erat civitati, ut
illum jam oppressum omnes arbitrarentur, te autem in Italiam
venire cum exercitu; ut, si haec ex sententia confecta essent,
consilio atque auctoritate tua; sin quid forte titubatum, ut fit
in bello, exercitu tuo niteremur.   Quem quidem ego exerci-

---

* Ad Fam. XII. 10.

tum quibuscunque potuero rebus ornabo; cujus rei tum tempus erit, quum, quid opis rei publicae laturus is exercitus sit aut quid jam tulerit, notum esse coeperit. Nam adhuc tantum conatus audiuntur, optimi illi quidem et praeclarissimi, sed gesta res exspectatur; 4quam quidem aut jam esse aliquam 5 aut appropinquare confido. 3. Tua virtute et magnitudine animi nihil est nobilius. Itaque optamus, ut quam primum te in Italia videamus. Rem publicam nos habere arbitrabimur, si vos habebimus. Praeclare 5viceramus, nisi spoliatum, inermem, fugientem Lepidus recepisset Antonium. Itaque 10 nunquam tanto odio civitati Antonius fuit, quanto est Lepidus. Ille enim ex turbulenta re publica, hic ex pace et victoria bellum excitavit. Huic oppositos 6consules designatos habemus; in quibus est magna illa quidem spes, sed anceps cura propter incertos exitus proeliorum. 4. Persuade tibi igitur, 15 7in te et in Bruto tuo esse omnia; vos exspectari, Brutum quidem jam jamque. Quodsi, ut spero, victis hostibus nostris veneritis, 8tamen auctoritate vestra res publica exsurget et in aliquo statu tolerabili consistet. Sunt enim permulta, quibus erit medendum, etiam si res publica satis esse videbitur scele- 20 ribus hostium liberata. Vale.

15

LIST OF ABBREVIATIONS.

A., Arnold.
Ad init., at the beginning.
Ad fin., at the end.
A. & S., Andrews and Stoddard.
Arch., Archias.
A. U. C., anno urbis conditae.
Bet., between.
C. or Chap., chapter.
Caes., Caesar.
Cat., Catiline.
Cf., compare.
Cic., Cicero.
C. N., Christi natum.
Cos., consul.
Coss., consuls.
D., Dietsch.
Dist., distinguish.
Död , Döderlein.
Bo. Cic., Eclogae Ciceronianae.
Epp Cic., Epistolae Ciceronis.
F., filius.
Gr., grammar.
H., Harkness.
i. e., id est.

Jug., Jugurtha.
K. or Küh., Kühner.
Lit., literal, or literally.
M. Matthiæ.
N. or n., note.
O., Orelli.
Opp., opposition, or opposed.
Praet., praetor.
Praett., praetors.
R., Remark.
Ramsh., Ramshorn.
Sall., Sallust.
S. D., salutem dicit.
Sc., scilicet, namely.
S., Schütz.
Sub., subject.
Subj., subjunctive.
Syn., synonyms.
Scr., scripta.
Tr. pl., tribunus plebis.
V., vide, see.
V. R. H., see references to Harkness.
V. R. K., see references to Kühner.
Z., Zumpt.

⌐⌐NOTES.⌐⌐

ECLOGAE CICERONIANAE.

Narrations.

CH. I. 1. **Tantum tribuitur aetati** — is so much respect shown to age.

2. **Ludis.** The great festival of the Panathenaea is referred to. V. Smith's *Dict. Gr. and Rom. Antiq.,* Art. *Panathenaea.*

3. **Theatrum.** The Attic theatre is supposed to have been large enough to contain 50,000 persons.

4. **In loco certo.** In the theatre, the places for generals, the archons, priests, foreign ambassadors, and other distinguished persons, were in the lowest rows of benches, and nearest to the orchestra. The aged Athenian, therefore, on the present occasion, must pass by a large portion of the audience before reaching the lower seats of the ambassadors.

5. **Senem illum sessum recepisse** — gave that old man a seat: lit. received that old man in order to sit.

6. **Dixisse:** depending upon *proditum est.*

CH. II. 1. **Venisset, quaereret.** When the imperfect and pluperfect subjunctive are thus united in the same construction, the imperfect is used to denote that the action was *going on,* and not *completed,* at the time marked by the tense of the verb of the principal clause.

2. **Quid:** sc. *ais,* or some word of similar meaning.

3. **Te:** sc. saying, when she said.

CH. III. 1. **Sacerdotis.** Her name was Cydippe.

2. **Illam — jus esset** — it was the law that she; i. e. it was incumbent, absolutely necessary.

3. **Statum** — appointed, stated. " *Stata sacrificia sunt, quae certis diebus fieri debent.*" Festus.

Page

12   4. **Satis longe.** It was forty-five stadia from the town to the temple.

5. **Fanum.** The temple of Juno.

6. **Morarentur** — were delaying; i. e. they had not yet arrived.

7. **Praemium — quod maximum** — the greatest reward which. It is very common to find the adjective which describes the subject or object of the principal clause, especially if it is in the superlative degree, standing in the relative clause and in agreement with the relative.

8. **Pietate** — filial affection.

9. **Adolescentes — dedisse :** sc. *dicitur* — it is said.

13   Ch. IV. 1. **Meditando** — by exercise, practice.

2. **Neque is consistens** — and he (was) not (accustomed to do this) standing. When some person or thing is to be repeated *with an addition, is* with *et, atque, que, et quidem,* and, if the clause is negative, *neque* or *nec,* must be used. V. A. & S. 207, R. 26, (c).

3. **Ascensu ingrediens arduo** — going up a steep ascent.

Ch. V. 1. **In — contra** — against — in opposition to.

2. **Miraremini.** The imperfect is used here instead of the more common pluperfect, to denote that the action is conceived as *going on* simultaneously with that of the verb in the other clause.

3. **Ipsum** is here used to contrast emphatically Demosthenes with Æschines. *We* should express the idea by an emphatic *him.* V. Sall. Cat. XXIII. n. 5.

14   Ch. VI. 1. **Videret.** V. c. II. n. 1.

2. **Ut primum** — as soon as.

Ch. VII. 1. **Rem familiarem** — his property, estate.

2. **In judicium vocatus est** — was summoned to a trial.

3. **Quemadmodum .... solet** — as, in accordance with our usage, fathers who manage their affairs badly are accustomed to be forbidden the use of their property: lit. it is customary to be forbidden (the use of) their property to fathers. V. Caes. I. 46, n. 6.

4. **Quasi desipientem** — as if in his dotage.

5. **Eam fabulam** — the play.

6. **Proxime** — most recently, last.

7. **Oedipum Coloneum** — entitled the Œdipus at Colonus.

15   Ch. VIII. 1. **An quis alius** — or some other one. *An* here seems to be used in the sense of *aut,* but this results from the omission of the principal verb, *incertum est,* which Zumpt says (V. Z. Gr., 354) is understood in such cases. V. also A. & S. 198, 11, R. (e).

2. **Oblivionis:** sc. *artem.*

3. **Quae — quae.** Supply the ellipses thus: ea *quae* meminisse *nolo* : ea *quae* oblivisci *volo.*

4. **Incredibili .... ingenii** — (a man) of extraordinary skill and natural capacity: lit. of a certain incredible greatness of skill, &c.

5. **Dixisse:** sc. *dicitur.*

6. **Ut:** sc. *illam artem posse efficere.*

7. **Gratius .... facturum** — that he would have done a more agreeable service to him: lit. that he would have acted more agreeably to him.

8. **Qui** — since he.

9. **Ingratae .... debuit** — did not patiently endure the wrong inflicted by his ungrateful country, which he ought to have so endured.

10. **Fecit idem;** viz. became an enemy to his country.

CH. IX. 1. **Non opus esse** — *perniciosum esse;* i. e. would 16 be disastrous: lit. would not be useful. An example of litotes. V. Sall. Cat. XXIII. n. 2; and A. & S. 324, 9.

2. **Ille:** sc. *dixit.*

3. **Frangi .... esset** — the resources of the Lacedemonians must needs be destroyed.

4. **Esset.** The subj. refers the thought to the mind of Themistocles. He thought this would be the result.

5. **Magna exspectatione** — amid great expectations; i. e. on the part of the people.

CH. X. 1. **In Xenophontis Oeconomico** — in the Oeconomicus of Xenophon. This is the title of a treatise of Xenophon on the management of a household, and on agriculture.

2. **Cyrum minorem, regem Persarum** — that Cyrus the younger, the Persian prince. This Cyrus was called the younger to distinguish him from Cyrus the elder, or Cyrus the Great, the founder of the Persian empire. He was the son of Darius Nothus, and attempted to dethrone his brother Artaxerxes, but lost his life in the attempt. He was merely satrap over some of the western provinces of Asia Minor, and therefore the term *regem* in the text is to be regarded as having only the force of *regulum,* prince.

3. **Imperii;** i. e. his government as satrap or viceroy.

4. **Virtutis** — ability. It cannot mean moral virtue here, for Lysander was especially deficient in this.

5. **Sardis.** The accusative plural for *Sardes.*

Page

15   6. **Directos in quincuncem** — arranged in the form of a quincunx. This arrangement was such that from whatever side it was viewed it presented the form of the Roman numeral V, as the following plan will show.

```
    *   *   *   *
      *   *   *
    *   *   *   *
      *   *   *
    *   *   *   *
      *   *   *
    *   *   *   *
```

7. **Subactam atque puram** — smooth and clear.

8. **Qui afflarentur** — which were breathed. The subj. refers the thought to the mind of Lysander: which were breathed *as he said*; i. e. to those to whom he afterwards related the story.

9. **Dixisse:** depending upon *narrat* at the beginning.

17   10. **Descripta** — planned.

11. **Ista;** i. e. these things to which you allude. V. Cic. in Cat. I. 1, n. 4.

12. **Nitorem .... gemmis** — the elegance of his person, and the Persian garniture of much gold and many gems.

CH. XI.   1. **Ain tu** — dost thou say so? It is a formula expressive of wonder.

2. **An ego possim?** — Can I? i. e. Do you think I can? The subj. is used because the reference is to what is passing in the mind of the other. V. Caes. I. 47, n. 12.

3. **Quid.** V. II. n. 2.

4. **Urgeret** — was near at hand. For the tense, V. II. n. 1.

18   5. **Assequi — nactus eris — consequetur** — to find by searching, by exertion — shall have come upon accidentally — will meet with, come up with. For the distinction between these synonyms, V. Caes. I. 18, n. 19.

6. **Ferretur.** V. Caes. I. 31, n. 16.

7. **Cujatem se esse diceret** — of what country he would say that he was a citizen.

8. **Mundanum:** sc. *me esse dicerem.*

9. **Contentius** — with more exertion than usual.

10. **Obsonare** — famem — was catering for an appetite.

CH. XII.   1. **De .... esset** — the contest was for supreme power.

2. **Proposuisset.** In direct discourse this would be the fut.

perf.; which regularly becomes the plup. subj. in oblique discourse: 18
I will kill him, if you shall have offered me a reward (*oratio
recta*): he said, that he would kill him, if he had offered him a reward (*oratio obliqua*).

3. **Speciem utilitatis opinionemque** — an appearance
of advantage and a (mere) opinion.

4. **Sustulisset** — might have put an end to. 19

5. **Dedecus et flagitium.** These words belong to the predicate after *fuisset* understood, and *eum superatum* with *esse* understood, is the subject. Translate, "that he, with whom the strife for
glory had been, should be overcome, not by valor, but by a wicked
act, would have been," &c. V. XXIII. n. 27.

CH. XIII. 1. **Qui invenisset** — (to any one) who should discover. The indefiniteness of the antecedent renders the subj. necessary in the relative clause. The plup. is used here, where we
should use the imperf., because the action is really completed before
the action of the principal verb; i. e. the discovering must precede
the giving of the reward: the Latin marking distinctions of time
more accurately than the English. For another example see *attulisset
below*.

2. **Qua ipsa** — with *this*. The force of *ipsa* is best given here
by laying emphasis upon *qua*.

3. **Nos .... possemus** — I could wish that we were able to
draw out (some one) by a reward.

CH. XIV. 1. **Cultu** — refinement. It is opposed to a state of
nature.

2. **Negavit unquam se** — affirmed that he never.

3. **Videlicet** — doubtless. With some irony.

4. **Cibarius — panis** — black bread. Cf. Isid. Orig. *Panis
cibarius est, qui ad cibum servis datur, nec delicatus.*

CH. XV. 1. **Consul iterum.** Regulus was proconsul at the
time (B. C. 255) he was taken captive in Africa. He had been consul the second time the preceding year.

2. **Juratus** — after he had been bound by an oath. The sub- 20
stantive sentence introduced by *ut* depends upon *juratus*.

3. **Res** — the result, the sequel.

4. **Talis** — as follows.

5. **Manere in patria; esse domi, etc.; tenere. etc.**
These infinitive clauses are in apposition with *speciem*.

6. **Quam .... judicantem** — regarding the defeat which
he had met with in the war as common to the fortune of war.

Page

20 *Judicantem* agrees with *eum* understood, the suppressed subject acc. of *tenere*.

7. **Locupletiores auctores** — more reliable witnesses, better authority: sc. *quam hae virtutes sunt.*

8. **Sententiam . . . . recusavit** — he refused to give his opinion, to vote; i. e. to act as a senator.

9. **Se** — (saying) that he. The acc. with the infin. very often depends upon the idea of saying, or communicating, implied in some preceding verb or expression.

10. **Dixerit quispiam** — will any one presume to say ?

11. **Illos enim** — for (he said) that they. The idea is implied in *negavit.*

12. **Exquisita** — carefully sought out; i. e. skilfully contrived, and very severe.

13. **Vigilando necabatur** — he was worried to death by watching; i. e. by being deprived of his sleep.

21 Ch. XVI. 1. **Major:** sc. *natu.* This Dionysius is called the elder to distinguish him from Dionysius the younger, his son, who was also tyrant of Sicily.

2. **Lecto . . . . picto** — a couch covered with a very beautiful wrought bed-spread (which was) embroidered with splendid works.

3. **Abacos** — tables. It properly signifies tables curiously adorned with mosaic-work, for vases, gold and silver vessels, &c.

4. **Eximia forma** — of excellent figure.

5. **Odores** — *suffimenta, aromata, thura odorifera.* The effect for the cause, by metonymy.

6. **In . . . . apparatu** — in the midst of 'this magnificent parade.

7. **Quod — nollet.** The subj. refers the thought to the mind of Damocles: because (as he said), &c.

8. **Satisne** — *nonne satis.* V. Cic., in Cat. I. 3, n. 7.

9. **Nihil . . . . beatum** — that he has no peace: lit. that nothing is to him peaceful.

22 Ch. XVII. 1. **Perses hostis** — a Persian enemy.

2. **Negavit.** V. XIV. n. 2.

3. **Coenae caput** — the chief part of the meal.

4. **Illa** — that and things like it: the plural referring rather to the class of things represented by the noun, than to the noun itself.

5. **Tandem** — pray. V. Sall. Cat. XX. n. 14.

6. **Ad Eurotam** — on the banks of the Eurotas. On the banks

of this river the Lacedemonian youth were accustomed to exercise **22** themselves.

Cн. XVIII. 1. **Decedens ex Syria** — on his journey from Syria. The present participle is here used to signify that he had the wish *all the way* from Syria to Rhodus.

2. **Quod .... laborarent** — because his joints were in extreme pain. The disease here referred to was the gout.

3. **Nec committam** — nor will I cause.

4. **De hoc ipso** — on this very subject.

5. **Itaque** — *et ita.*

6. **Quasi faces doloris** — the flames, as it were, *of* the pain. An elegant metaphor for *ardentissimi dolores.*

Cн. XIX. 1. **Tabernam** — inn, tavern. **23**

2. **Nam .... inventum** — for so the story goes after the discovery.

3. **Illum alterum** — the one: lit. that one of the two.

4. **Ex.** V. Sall. Cat. XII. n. 2.

5. **Propter appositum** — placed by his side.

6. **Illum alterum** — the other.

7. **Ipse** places the subject in contrast with *gladium.*

8. **Semel et saepius** — repeatedly.

9. **Reus fit** — is accused.

Cн. XX. 1. **Archimedis** limits *sepulchrum.*

2. **Quum .... negarent** — since they declared that it did not exist at all. This clause depends upon *ignoratum.*

3. **Tenebam** — I recollected. **24**

4. **Senariolos** — verses consisting of six feet.

5. **Autem** — now, moreover, and, &c. It is much used in the philosophical writings of Cicero as a mere particle of transition, the office of which is to prevent abruptness by connecting what follows with what precedes.

6. **Ad portas Achradinas** — near the Achradine gates. *Achradina* was the name of a part of the city of Syracuse.

7. **Quo** — thither, to this place.

8. **Ad adversam basim** — to the front part of the pedestal.

9. **Exesis .... fere** — although the latter parts of the verses, almost up to the middle, had been effaced by time.

10. **Sui .... acutissimi** — of its most clear-sighted, intelligent citizen. *Unus* strengthens the superlative by marking out the individual (person or thing) of whom the statement is made from all

15 *

Page

24 others. *Unus omnium maxime* and *unus ex omnibus maxime* are forms for the same idea, which also occur.

11. **Arpinate.** Cicero was from *Arpinum.*

CH. XXI. 1. **Dedimus operam** — I gave attention to, listened to. Plural for singular. V. A. & S. 209, R. 7, (b).

25 2. **Quum — tum** — not only — but also, but more particularly: the latter being generally the more important notion.

3. **Tamen** — nevertheless, however. It is adversative to what is said in the preceding sentence of his special attention to the dialectic art.

4. **Commentabar .... cum** — while exercising myself in rhetorical delivery, I often debated with.

5. **Similiter** — similarly; i. e. after the Greek style, ornately.

6. **Laterum contentio** — exertion of lungs.

7. **Quodvis .... adeundum** — that I should expose myself to any danger whatever, rather.

8. **Commutato genere dicendi** — by changing the mode of delivery.

9. **Ea** stands for the clause introduced by *ut*, but takes the gender of the following noun.

10. **Que** — but. *Que* (also *atque, et*) has sometimes an adversative force, especially after a negative clause followed by an affirmative one by which the same thought is expressed or continued. A

11. **Intermiseram — rursus — renovavi.** By *intermiseram*, Cicero means that the study of philosophy had never been entirely given up, but had been prosecuted privately and during his leisure hours; whereas by *renovavi* he refers to the renewal of the study as a regular employment. *Rursus* merely strengthens *renovavi.*

26 12. **Ipsis lubentibus** — to their own pleasure, joy.

13. **Si .... est** — if to have nothing of affectation nor of vain display is characteristic of the Attic orators.

14. **In veris causis** — important causes; i. e. causes involving the defence of the government and laws, in opposition to those that were private and comparatively trivial: causes *really worthy of* the name.

15. **In .... vitiis** — in condemning and punishing vice.

16. **Si .... potuit** — if he could only accomplish this. *Id* stands for the clause introduced by *ut.*

17. **Redundantes .... coerceret.** The figure is that of a swollen and overflowing river.

Maxims.

Ch. **XXII.** 1. **Conscientia** — good conscience.   26

2. **Pluris est** — is worth more, weighs more.

3. **Id :** standing for *nescire* by a sort of apposition. V. A. & S.   27
209, R. 3, (5), (a), last sentence.

4. **Ubicumque erit gentium** — wheresoever on earth he
shall be.

5. **Expetendam** — that ought to be sought for.

6. **Expetendarum fugiendarumque** — that should be
sought and avoided.

7. **Meorum . . . . conscientia** — in the consciousness of my   28
kind offices ; i. e. towards my friends.

8. **Cognitio . . . . sit** — acquaintance with the cause of everything : lit., acquaintance (with) what may be the cause of everything.

9. **Ex quo efficitur** — from this it follows.

10. **Inferiora virtute** — subordinate to virtue : lit. lower than
virtue.

11. **Natura — valuit.** V. Cic. pro Arch. VII. n. 3.

12. **Animorum ingeniorumque** — of the soul and of the
understanding.

Descriptions.

Ch. **XXIII.** 1. **Primus, princeps.** *Primus* is the first, so
far as, in space or time, he makes his *appearance first*, and others follow him : *princeps*, so far as he *acts first*, and others follow his example. Död.

2. **Quae — venissent.** In narrative, the relative and adverb   29
are sometimes followed by the imperf. and plup. subj. when a repeated action is spoken of in past time.

3. **Nisi . . . . pateret** — unless that resource for (lit. aid of)
corn and place of refuge had been accessible to our fleets. For the
tense of *pateret*, see V. n. 2.

4. **Ille** — the well-known, the famous. The Marcellus here referred to is the celebrated M. Claudius Marcellus, who was five
times consul, and the conqueror of Syracuse, B. C. 212.

5. **Hostes ;** i. e. the Carthaginians under Himilco and Hippocra-
tes and such of the Sicilians as had joined the Carthaginians. — **Misericordiam victi.** When Marcellus took Syracuse, he spared the

29 lives of the free citizens. *Victi* is one of the subjects of *perspexerunt.* —**Ceteri Siculi**; i. e. the Sicilians who remained faithful to the Romans.

6. **Superatis** — after they were overcome.

7. **Urbem .... Syracusas** — that most beautiful city, Syracuse. Observe the position of *urbem.* A noun in apposition with a proper name *generally* stands after it; but if the attention is to rest upon the apposition, or if it has a nearer relation to some preceding noun, it stands first.

8. **Quum .... tum.** V. XXI. n. 2.

9. **Manu** — by art.

10. **Loci natura** — by its natural situation.

11. **Idem** — at the same time.

12. **Continentiae** — of his moderation, self-restraint; i. e. with reference to the plunder and destruction of the city. Cicero extols the clemency and moderation of Marcellus too highly. "The booty found in the captured city was immense: besides the money in the royal treasury, which was set apart for the coffers of the state, Marcellus carried off many of the works of art with which the city had been adorned, to grace his own triumph and the temples at Rome." V. Smith's Cl. Dict., Art. *Marcellus.*

13. **Quid, &c.** The pupil should observe that *quid expugnasset* refers to *victoriae*, *quibus pepercisset* to *mansuetudinis*, and *quae reliquisset* to *continentiae.*

14. **Tantum .... habendum** — that so great honor should be shown to Sicily.

15. **Puto, arbitror.** *Puto* means to pass judgment under the form of a private opinion, to think: *arbitror*, to pass judgment as an arbitrator, to decide.

16. **Ex sese possit efferre** — it was able to yield, produce.

17. **Conditum** — stored up.

30 18. **Nostro** — of ours.

19. **Coriis .... suppeditando** — by supplying skins, &c. *Vestivit* has reference to *tunicis*, *aluit* to *frumento*, and *armavit* to *coriis.*

20. **Quid.** V. II. n. 2.

21. **Quod .... habent** — that we have many richer citizens, because they have. This clause explains the preceding, *illa, quae— sentimus.*

22. **Quo .... gerant** — to which they may make excursions easily, and in which they may carry on business with pleasure ; or,

to bring out more plainly the use of *quo* and *ubi* with the subj., such
that they may make excursions to it (*quo*) easily, and carry on business in it (*ubi*) with pleasure.

23. **Quos partim — partim —** some of whom — others.

24. **Quaestus, compendium.** *Quaestus* is the gain which
we have *sought* for: *compendium*, the profit or saving produced by a
careful management of business.

25. **Ut . . . . libeat —** in order that they may be pleased (inclined) to engage in agriculture, in tending flocks (*pascere*), and in
trade.

26. **Collocare:** sc. *libeat.*

27. **Tamtum . . . . detineri.** This sentence is in apposition
with *commodum.* The infin. with its subject acc. may be regarded
as, in all respects, a substantive in the nom. and acc. cases. V. XII.
n. 5.

28. **Quasi quaedam —** so to speak.

29. **Vectigalia —** revenues.

30. **Jam vero —** moreover, besides. Used to mark transition.

31. **Ea —** *talis.*

32. **Nihil . . . . Graecorum —** they are like the other Greeks
in nothing: lit. nothing of the other Greeks is like (them).

Ch. XXIV. 1. **Et —** and at the same time.

31

2. **Habent rationem —** have an account, have to do, have
dealings.

3. **Recusat imperium —** disputes their right to command.

4. **Alias — plerumque —** at one time, sometimes — commonly (however).

5. **Quamquam —** and yet. V. Cic. in Cat. I. 9, n. 1.

6. **Mollito ac subacto —** softened and subdued.

7. **Occaecatum —** concealed.

8. **Ex . . . . est —** from which (i. e. *occaecatum*) that which does
this (i. e. concealing) has been named harrowing.

9. **Deinde . . . . includitur —** then it splits it (the seed) made
tepid by its warmth and pressure and draws forth from it the green
blade (*viriditatem*) just beginning to sprout, which, supported by the
fibres of its roots, begins gradually to expand, and, having shot up in
a stem of many joints, now beginning to be pubescent, as it were, is
inclosed by sheaths.

10. **Frugem . . . . structam —** the fruit of the ear arranged in
rows.

11. **Aristarum —** of bearded spikes.

81   12. **Quid — commemorem** = why should I mention ?

13. **Satiari delectatione** = to be satisfied with delight (at such a spectacle) ; i. e. I cannot have enough of it.

14. **Ut — pernoscatis** = that you may thoroughly know : i. e. to give you a full and complete idea of the recreation and amusement, &c.

15. **Malleoli . . . . propagines.** These are different modes of propagating the vine. *Malleoli* = mallet-shoots, are the shoots of a vine cut off for planting, with a small piece of the old wood on each side, in the form of a *little mallet;* whence the name. *Plantæ* = suckers, are shoots of a plant springing from the main stock. or root. *Sarmenta* = cuttings, are young twigs cut off for the purpose of being set out. *Propagines* = layers, means branches bent down and fastened in the earth until they take root, when they are severed from the parent stem. By *viviradices* = quicksets, are meant plants set out with the roots; that is, having a quick, or living root.

82   16. **Multiplici lapsu et erratico** = with a luxuriant and erratic growth (lit. gliding).

17. **Ferro amputans** = by pruning.

18. **In omnes partes** = in every direction.

19. **In iis :** sc. *sarmentis.*

20. **Exsistit . . . . sarmentorum** = there appears at the joints, as it were, of the branches.

21. **Nec . . . . ardores** = it is neither deprived of a moderate degree of warmth, and at the same time keeps off the excessive heat of the sun.

22. **Qua :** sc. *uva.* — **Quum — tum.** V. XXI. n. 2.

23. **Fructu laetius — adspectu pulchrius** = more pleasant as a fruit — more beautiful as a sight.

24. **Capitum jugatio** = the yoking together of the tops (of these) ; i. e. of the props.

25. **Immissio** = the letting grow.

26. **Repastinationes** = trenching ; i. e. the digging up of the ground around the roots.

27. **Tum** = furthermore : sc. *res rusticae laetae sunt.*

83   Ch. XXV.   1. **Quisquam** may be used adjectively with designations of persons.

2. **Ex . . . . terrena** = arising from some contact with the earth.

3. **Allapsus extrinsecus** = having come from some foreign source.

4. **Ut . . . . austro** — as we see on plasterings, in consequence of the south wind.

5. **Accedit** — add to this also.

6. **Quum — tum.** V. XXI. n. 2.

7. **Quorum . . . . unum** — of which this is the only deed, action; i. e. *corrodens.*

8. **Quasi . . . . intersit** — as if, forsooth, there is any difference.

9. **Diem noctem** — day and night, continually. The conjunction is sometimes omitted when two single words, as comprehending the whole idea, are opposed to each other.

10. **Platonis Politiam** — the State of Plato: the title of one of Plato's works.

11. **Putarem.** V. V. n. 2.

12. **An vero illa nos terrent** — or do these things (— the following things; i. e. *portentosa* — unnatural things, monstrosities) in reality terrify us. The interrogative *an,* in direct interrogations, when no interrogative sentence precedes, supposes a previous question, or a preceding thought, which must be supplied by the mind, to which it forms an antithesis. In this passage we may suppose *utrum aliud nos terret,* or something similar, to be the thought to be supplied. V. Caes. I. 47, n. 12.

13. **Ne sim longior** — not to be too prolix.

14. **Illud . . . . habeto** — you should nevertheless consider this certain.

15. **Naturae ratione** — by reasons drawn from the nature of things.

16. **Coeli discessus** — lightning.

Ch. XXVI. 1. **Copia dicendi** — fluency of delivery. 34

2. **Non minimam — invectam partem incommodorum** — very great disadvantages have been occasioned: lit. *not* the least part of, &c. *Non minimam* — *maximam;* by litotes. V. A. & S. 324, 9; also Sall. XXIII. n. 2.

3. **Ex . . . . repetere** — to trace out from history.

4. **Animi ratione** — by the reasoning faculty of the mind.

5. **Potissimum** — in preference to all others. It refers to the act of choosing one thing in preference to another; and hence is used especially with verbs of choosing, preferring, &c. It follows the word whose meaning it strengthens, and its force would be often best given in English by putting emphasis on this word. A.

6. **Quo velit, unde velit.** When the reference made by the

34 relative (pronoun or adverb) is at all *vague* or *indefinite*, the subj. must follow.

7. **Autem.** V. XX. n. 5.

8. **Haec una res;** i. e. *eloquentia.*

9. **Praecipue** (— *prae aliis*) properly speaks of actions done in a higher degree in one case than in any other; hence it properly stands with verbs. A. Here it refers to a distinction (*floruit*) which the art of eloquence enjoys above all others, and to the exclusion of all others: — particularly, exclusively.

10. **Existere unum** is the subject of *est* understood. V. XXIII. n. 27.

35 11. **Religiones** — scruples.

12. **Unius** — of a single individual.

13. **Retinere .... civitate** — lit. to retain men in the state; i. e. to save them from exile.

14. **Lacessitus** — when you have been attacked.

15. **Magis .... humanitatis** — better adapted to human nature.

16. **Vel** — even. It is often used to strengthen the superlative.

17. **Uno maxime** — most of all. V. XX. n. 10.

18. **Ut .... veniamus** — but to come now to the chief point of all.

19. **Comprehendam brevi** — I will sum up the whole in a few words.

36 Ch. XXVII. 1. **Esse aliquod numen.** V. XXIII. n. 27.

2. **Quo — regantur.** V. XXVI. n. 6.

3. **Roges** — suppose you ask. When something is stated merely as a supposition, or as a fictitious supposition, the subjunctive is used. Schmitz's Gr. 346.

4. **Hoc idem** — this very same question.

5. **Deliberandi** — for deliberation; lit. of deliberating. It depends upon *diem.*

6. **Quanto diutius — tanto obscurior** — the longer — the more obscure.

7. **Deorum providentia.** These words are inserted in the text simply to show what *haec* stands for. · They are the subject of discourse in the passage from which the extract is taken.

8. **Quam** is intensive and — the very. It is much used to strengthen the superlative.

37 9. **Quid in se admittat** — what unlawful act he gives a free admittance to himself; i. e. what crime he commits.

10. **Colat religiones** — he attends to his religious rites.

Ch. XXVIII. 1. **Scipio.** P. Cornelius Scipio Aemilianus Africanus Minor; to whom, together with Laelius, the treatise De Senectute, from which this is an extract, is supposed to be addressed.

2. **Patrem tuum Paullum.** L. Aemilius Paullus Macedonicus.

3. **Duos avos, Paullum et Africanum.** L. Aemilius Paullus, who fell at Cannae B. C. 216, and P. Cornelius Scipio Africanus Major, the former his grandfather by nature, the latter by adoption.

4. **Africani patrem aut patruum.** Publius Cornelius Scipio and Cn. Cornelius Scipio Calvus, who fell in Spain B. C. 211: the former was the father of Africanus Major, the latter his paternal uncle.

5. **Esse conatos** — would have attempted.

6. **Quae** — **pertinerent** — as to reach.

7. **Posteritatem . . . . pertinere** — that future ages concerned them.

8. **An censes** — or dost thou think? On the use of an, v. Caes. I. 47, n. 12.

9. **Ut — aliquid — glorier** — to boast a little.

10. **Domi militiaeque** — in peace and in war. In his civil capacity Cato had incurred many enmities by his stern and unflinching discharge of public duties; while in his military career he had been engaged in various and important wars.

11. **Si . . . . terminaturus** — if I had been going to limit my glory by the same bounds as my life. V. Cic. pro Arch. XI. 29. *Vitam :* sc. *sim terminaturus.*

12. **Erigens se** — stretching upward, striving to rise.

13. **Victurus esset** — it were going truly to live.

14. **Quod . . . . niteretur** — and, indeed, unless it were so, that souls were immortal, the soul of the very best would not most strive after an immortality of glory. The clause *ut . . . . essent* is explanatory of the *quod.*

15. **Quid, quod** (sc. *dicam de eo*) — what shall be said of this, that? how is it that? The phrase may be translated more freely, *furthermore, moreover,* without the interrogative form.

16. **Aequissimo animo — iniquissimo** — with the greatest equanimity — with the least.

17. **Se . . . . proficisci** — that it is departing to a happier state.

18. **Ille autem** — while that. Sc. *videtur.*

W

38   19. **Videre :** sc. *se ad meliora proficisci.*

20. **Efferor studio — videndi** — I am transported with eagerness to see.

21. **Convenire —** to meet.

22. **Quo .... retraxerit —** whither, indeed, as I proceed, no one assuredly shall easily force me back.

23. **Quod —** and.

24. **Ex hac aetate —** from this period of life.

25. **Quid .... laboris —** rather what trouble has it not?

26. **Sed .... sane —** but suppose it has them (*commoda*, advantages) if you like (*sane*).

27. **Habet .... modum —** yet it assuredly has either satiety or limitation (of its pleasures).

28. **Deplorare vitam —** to deplore the loss of life.

29. **Et ii —** and those too.

30. **Ex hospitio —** from an inn.

31. **Commorandi .... dedit —** for nature has given it to us as an inn to stop at, not as a place to dwell in.

32. **Colluvione —** collection of impurities; i. e. sordid employments of humanity.

33. **Catonem meum.** His son, M. Porcius Cato Licinianus, who had died only a few years before.

34. **Quod contra —** instead of which, whereas.

35. **Meum :** sc. *corpus cremari.*

36. **Quo .... veniendum —** whither it saw that I myself was destined to come.

37. **Non .... ferrem —** not that I bore it with equanimity.

COMMENTARII DE BELLO GALLICO.

BOOK I.

40   CH. I. 1. **Gallia omnis.** By *all Gaul* is here meant only that part of *Gallia* proper which had not yet been subdued by the Romans; hence it excludes *Cisalpine Gaul*, the Roman province in *Transalpine Gaul*, commonly called by Cæsar *provincia*, or *provincia nostra*, and the country of the *Allobroges.*

2. **Omnis, universus,** and **cunctus** denote original indi-

vidualities, which form a whole by their association; whereas *totus* denotes that which is originally a whole, but which is liable to fall to pieces by accident. *Omnes* denotes all, without exception, merely as a totality, in opposition to *nemo, unus, aliquot; universi*, all taken collectively, in opp. to *singuli* and *unusquisque;* and *cuncti*, altogether, all in their combined reality, in opp. to *dispersi*. Död.

3. **Divido** refers to a whole of which the parts are merely locally and mechanically joined, and therefore severs only an exterior connection: *dirimo* refers to a whole, of which the parts organically cohere, and destroys an interior connection: *dispertio* means to separate into parts with reference to future possessors; *distribuo*, with reference to the right owners, or to proper and suitable places: *partior* means to divide, in order to get the parts of the whole, and to be able to dispose of them. Död.

4. **Aliam** — *alteram.*

5. **Tertiam, qui:** sc. *ii incolunt.*

6. **Inter se** — from one another.

7. **Dividit** is in the singular, because the two rivers form one common boundary.

8. **Propterea quod** (lit. on account of this; that) — because.

9. **Cultu . . . . humanitate.** *Cultus* here refers to the refinement and comforts of civilized life: *humanitas* to moral and intellectual culture.

10. **Provinciae.** That part of Transalpine Gaul which had been already conquered by the Romans: subsequently called *Gallia Narbonensis.*

11. **Minime — saepe** — very seldom.

12. **Quae . . . . pertinent** — which tend to enervate the mind.

13. **Proximique . . . . Germanis:** sc. *propterea quod.* A second cause is here assigned for the Belgae being the bravest of the Gauls.

14. **Reliqui** means the rest, as merely the remainder that complete the whole: *ceteri*, the others, as in direct opposition to those first mentioned. Död.

15. **Paene** and **prope** serve to soften an expression that is much too strong, and as a salvo to a hyperbole: *paene*, in opp. to *plane*, — almost; *prope* — nearly; whereas *fere* and *ferme* serve only as a salvo to the accuracy of an expression, like "about." Död.

16. **Suis**, the *Helvetii.* **Eos**, the *Germani.* **Ipsi**, the *Helvetii.* **Eorum**, the *Germani.*

40 17. **Eorum ....pars** — one part belonging to these: referring to the preceding *hi omnes*; i. e. the *Belgae*, *Celtae*, and *Aquitani*.

18. **Dictum est** — we have said; lit. it has been said; i. e. in the first sentence above: *nostra Galli appellantur*.

19. **Continetur** — it is bounded.

20. **Attingit .... Rhenum** — it extends also to the river Rhine, on the side of the *Sequani* and *Helvetii*.

21. **Galliae** here means only that part of the *omnis Gallia* mentioned in the first line, which was inhabited by the *Galli* or *Celtae.*

22. **Extremis finibus** — the farthest confines; i. e. with reference to Rome; hence the northern boundary of Gallia Celtica is meant.

23. **Flumen** and **fluvius** denote an ordinary stream, in opp. to a pond and lake; whereas *amnis* denotes a great and mighty river, in opp. to the sea. In *fluvius* reference is had more to the *material*, as an ever-flowing mass: in *flumen*, more to the *flowing*, as a permanent state. Död. & Ramsh.

41 24. **Ad** — next to.

Сн. II. 1. **M. Messala .... coss.** — in the consulship of M. Messala and M. Piso. This was in B. C. 61, and three years before Caesar's arrival in Gaul.

2. **Regni** — supreme authority, royalty.

3. **Civitati** — the people, the citizens.

4. **Ut exirent: perfacile esse.** The twofold construction after *persuasit* is deserving of special notice. In the first case, *ut* with the subj. is used, because a *purpose*, an *aim*, is intimated: he persuaded them *to* go forth; i. e. *in order that they might* go forth; in the second case, the acc. with the inf., because a bare *circumstance*, a *possibility*, is stated: he persuaded (— convinced) them that to possess themselves of the sovereignty of all Gaul was very easy.

5. **Exirent:** plural, because in agreement with the idea of plurality implied in *civitati.* V. H. 461; A. & S., 209, R. 11, (1), (a).

6. **Id .... persuasit** — he persuaded them to this course the more easily on this account. *Id* stands for the antecedent clause beginning with *ut*, and *hoc* refers to the subsequent one beginning with *quod.*

7. **Loci natura** — by natural boundaries: lit. by the nature of their place, or situation.

8. **Una ex parte** — on one side: sc. *continentur.*

9. **Altera** — *secunda.* Common in divisions.

10. **Tertia:** sc. *ex parte.*

11. **His .... fiebat** — the consequence of these things was: lit. on account of these things it happened.

12. **Minus late — minus facile** — less widely — less easily; i. e. than they wished. The second member of the comparison is very often suppressed.

13. **Homines bellandi cupidi** — being men fond of warfare.

14. **Pro multitudine** — in proportion to the number.

15. **Autem** — besides, moreover. A particle of transition.

16. **Gloria .... fortitudinis** — renown for war and bravery.

17. **Ferocia** and **ferocitas** denote natural and wild courage, of which even the barbarian and wild beast are capable; *ferocia*, as a feeling, *ferocitas*, as it shows itself in action; whereas *virtus* and *fortitudo* denote a moral courage, of which men only of a higher mould are capable; *virtus*, that which shows itself in energetic action, and acts on the offensive; *fortitudo*, that which shows itself in energetic resistance, and acts on the defensive.

CH. III. 1. **Quae .... pertinerent** — which related to (i. e. were requisite for) their setting out. The subj. here refers the thought to the minds of the Helvetians: it implies that they (not the writer) thought these things necessary for their departure.

2. **Proficiscor** denotes the starting-point of a journey, as to set out; whereas *iter facio* and *peregrinor*, the duration, as to travel. *Iter facio* applies to an inland journey, as well as to travelling abroad; but *peregrinor* supposes that one travels beyond the bounds of his own country; in which case the *peregrinatio* lasts, even when the point of destination is arrived at, and the *iter* ended. Död.

3. **Pecus, pecoris**, is the most general expression for domestic beasts: *jumenta* and *armenta* denote the larger sort; as bullocks, asses, horses: *pecus, pecudis*, the smaller sort; as swine, goats, and especially sheep. In the second place, *jumenta* denotes beasts used in drawing carriages; as bullocks, asses, horses: *armenta*, beasts used in ploughing, as oxen, horses. As a singular and collective noun, *armentum* denotes a herd or drove of the larger cattle; while *grex* denotes a herd or flock of the smaller animals.

4. **Quam .... numerum — sementes .... maximas** — as great a number as possible — as great sowings as possible. On this use of *quam*, see Ec. Cic. XXVII. n. 8.

5. **Deligo, eligo.** The former means to choose, in the sense of not remaining undecided in one's choice: the latter, in the sense of not taking the first thing that comes.

42 6. **Is .... suscepit** — he took upon himself. *Eas res* here refers to all the before-mentioned points: the embassy he undertook himself (*sibi*); but the other matters he intrusted to the care of others. Schmitz.

7. **Ad civitates** refers to the *proximis civitatibus* above.

8. **Regnum — obtinuerat** — had held the supreme power.

9. **Ut .... occuparet** is the direct object, or accusative after *persuadet*.

10. **Principatum** — first place, precedence. *Imperium* signifies, properly, the command, which demands implicit obedience; the command, as of an army, &c.; i. e. highest authority, supreme authority, which unites with supreme power irresistible will : *principatus*, supreme place, precedence : *regnum*, autocracy, royal dignity, government. Furthermore, the duration of the *principatus* is limited and variable; whereas the *regnum* continues through life. Ramsh.

11. **Gratus** means that which is acceptable only in reference to its value with us, as precious, interesting, and worthy of thanks; but *jucundus*, in reference to the joy it brings us, as delightful. *Gratus* refers to the feeling, as wished for; *acceptus* to its expression, as welcome. Therefore (V. Freund's Lex., *acceptus*) *acceptus* is related to *gratus*, as the effect to the cause : he who is *gratus*, i. e. dear, beloved, is on that very account *acceptus*; i. e. welcome, acceptable. Död.

12. **Perfacile .... perficere** — he shows to them that to accomplish their undertakings is very easy to do. *Perfacile factu* is pleonastic. V. K. § 118, 5. Such cases of pleonasm are not uncommon in the classics.

13. **Obtemturus esset.** The subj. refers the thought to the mind of Orgetorix : it is his explanation of the *perfacile esse conatu perficere*, and not Caesar's.

14. **Totius Galliae** — *omnium Gallorum*.

15. **Regna;** i. e. in their respective states : hence the plural. **Copiis** — resources : including wealth and influence.

16. **Regno occupato** — when the sovereign power shall have been seized (in their respective states).

17. **Tres populos;** i. e. the Helvetii, Sequani, and Aedui.

Ch. IV. 1. **Ea res;** i. e. the conspiracy of Orgetorix.

2. **Ex .... dicere** — to plead his cause (i. e. to make his defence) in chains. *Ex vinculis — vinctum.*

3. **Damnatum .... cremaretur** (the order is, *oportebat, poenam, ut igni cremaretur, sequi (eum) damnatum)* — it was necessary that the punishment, that he should be burned with fire (i. e.

the punishment of being burnt to death), should befall him, if he **42** were condemned. *Ut igni cremaretur* is the *poenam ;* which was the usual punishment of traitors among the Gauls and other barbarous nations.

4. 1. **Necesse est** denotes an obligation of nature and necessity : *oportet* an obligation of morality and of honor : *opus est,* an obligation of prudence. 2. *Oportet* denotes, objectively, the moral claim which is made upon any man : *debeo,* subjectively, the moral obligation which any man is under. Död.

5. **Caussae dictio** generally refers to the defendant. **43**

6. **Ad** = about.

7. **Eodem** = to the same place ; i. e. to the trial.

8. **Ne . . . . diceret** = in order that he might not make his defence.

9. **Jus . . . . exsequi** = to maintain its right, to enforce its authority.

Ch. V. 1. **Ut . . . exeant:** an explanation of *id, quod.* Such apparently superfluous explanations are common in Caesar. V. Zumpt's Gr. § 619.

2. **Numero ad duodecim** = about twelve in number.

3. **Privata aedificia** = buildings which were isolated ; i. e. apart from towns and villages.

4. **Aedificium** is the generic term for buildings of all sorts : *domus* and *aedes* (plural) mean a dwelling-house ; *domus,* as the residence and home of a family ; *aedes,* as composed of several apartments. Död.

5. **Accendo, incendo, inflammo** mean to set on fire : *accendo,* from without, and at a single point ; *incendo,* from within ; *inflammo,* either from without or from within, but with bright flames. *Comburo* and *cremo* mean to burn up, or to consume with fire ; *comburo,* with a glowing heat ; *cremo,* with bright flames. Död.

6. **Praeterquam.** The most read *praeter.* Herzog admits that most of the MSS. have *praeterquam,* although he reads *praeter.*

7. **Domum reditionis.** Verbal substantives expressing motion may be constructed with the acc. and abl. of names of places (together with *domus* and *rus*), in the same manner as the verbs from which they are derived.

8. **Trium . . . . cibaria** = ground provisions for three months ; i. e. flour.

9. **Cum iis.** The regular construction would require *secum ;* for when a dependent clause contains the sentiment of the subject,

Page
43 of the leading sentence, or his own words, all references to him are
expressed by the reflective pronouns *sui* and *seus*; but it not unfrequently occurs that a sentiment which should have been expressed
in the form of dependence, being the sentiment of the subject, is
expressed by the writer as if it were a remark of his own. From the
view of the leading subject (i. e. Helvetii), *se* would be the proper
word: from the view of the writer, it must be *iis*. V. Chap. XI:
Liberi eorum in servitutem abduci non debuerint, and Chap. XIV:
Quod eo invito. This use of *is* for *sui* occurs more especially when
the dependent clause has its own subject; for then the pronoun *se*
or *sibi* might be referred to the subject of the dependent clause. V.
Chap. VI: *Helvetii sese Allobroges vi coacturos existimabant, ut per
suos fines eos ire paterentur:* also Cic. p. Arch. 10, *Sulla melo poe-
tae, quod epigramma in eum fecisset, premium tribui jussit.* Zumpt's
Gram. § 550.

10. **Receptos .... adsciscunt** — they receive and join to
themselves as allies. The Latin often employs a participle and verb,
when *we* should use two verbs connected by a conjunction.

Ch. VI. 1. **Quibus itineribus .... possent** — by which
routes they could go forth from home. The repetition of the noun
to which the relative refers is more common in Caesar than in any
other classical writer.

44 2. **Qua** (sc. *parte*) — *ubi, ut ea.*

3. **Autem.** V. c. II. n. 15.

4. **Nuper.** About two years before Caesar's entrance into Gaul.

5. **Pertinet** — extends.

6. **Bono animo** — well disposed: lit. of a good mind.

7. **Viderentur.** The sentiment of the Helvetii. The indic.
would refer the statement to the mind of Caesar.

8. **A. d. v. Kal. Aprilis,** for *ante diem quintum Kalendas
Aprilis* — the fifth day before the Kalends of April; i. e. the 28th
of March, B. C. 58. In explanation of the acc. in this phrase, Zumpt
says (V. Gram. §§ 868, 869): " This peculiarity, instead of the correct *die quinto ante Kalendas*, cannot be explained otherwise than by
the supposition that *ante* changed its place, and that afterward the
abl. was changed into the acc., as if it were dependent on *ante*, while
the real acc., *Kalendas*, remained unchanged. The expression *ante
diem* must be considered as an indeclinable substantive, since we
often find it preceded by prepositions which govern the acc. or abl."
Aprilis in the above phrase is properly an adjective in agreement
with *Kalendas*: the ending is for *es* according to H. 154; 88, III. 1, and
A. and S. 114, 2.

Ch. VII. 1. **Provinciam nostram.** V. I. n. 10.

2. **Urbe;** i. e. Rome.

3. **Quam .... itineribus** — by as long marches as possible.
V. Ea. Cic. XXVII n. 8.

4. **Galliam ulteriorem** — farther Gaul; i. e. *Gallia Transalpina.* *Gallia* is called *ulterior* and *citerior* with reference to Rome.

5. **Provinciae .... imperat** — he orders the whole province to raise as great a number of soldiers as possible.

6, **Jubeo** means to bid, merely in consequence of one's own wish and will, in opp. to *veto: impero*, to command, by virtue of a military supreme authority: *praecipio*, to enjoin, by virtue of an authority as a teacher, &c.: *mando*, to charge, in consequence of thorough confidence in a person. Död.

7. **Certiores .... sunt** — were informed.

8. **Qui dicerent** — in order that they might say, to say. 42

9. **Sibi .... animo** — that it was their intention: more lit. that they had it in mind.

10. **Rogare:** sc. *se:* in the same construction with *esse* above.

11. **Occisum:** sc. *fuisse:* also, with *pulsum* and *missum.*

12. The **jugum,** or yoke, consisted of two spears set upright in the ground, and one put across them at the top: under this the conquered were compelled to pass without their arms, as a sign of subjugation.

13. **Diem** — *tempus.*

14. **Si .... vellent.** " By *si quid vellent*, Caesar pretends not to know what they are about." Schmitz.

Ch. VIII. 1. **Qui .... influit.** The river Rhone flows into and through Lake Lemannus; and, as Caesar has in view the point at which the river makes its egress from the lake, the lake may, with sufficient propriety, be said to flow into the river.

2. **Ad** — towards, in the direction of.

3. **Millia .... novem** — nineteen miles; i. e. Roman miles. The *passus* was 4 ft. 10.248 in., and consequently the *milia passuum* was 4,854 feet, or 1,618 yards, which is 142 yards less than the English statute mile contains.

4. **Murus** denotes any sort of a wall, merely with reference to its form, without reference to its use: *paries*, especially a wall, as the side of a building, or as a partition to separate the rooms: *moenia*, the walls of a city, as a defence against the enemy. Död.

5. The student should notice the intensive force of **com** (*cum*) in **communit** — fortifies on all sides, fortifies strongly.

16

Page

45 6. **se invito** — against his will.

7. **Conarentur — possit.** *Disponit* and *communit* being historical presents, the verbs dependent upon them might be either in the present or imperfect. In this case it is both: a construction which is occasionally met with. V. Chap. VII., above: *quod aliud iter haberent nullum: ut ejus voluntate id sibi facere liceat.*

8. **Negat, se more et exemplo populi Romani posse, etc.** — he declares that he cannot, consistently with the usage and example of the Roman people, &c. *More* refers more to the settled usage of the Romans, and *exemplo* more to their conduct on particular occasions. *Negat, posse,* &c. — *declarat, ostendit, significat, non posse,* &c. Often so.

9. **Ea spe dejecti** — disappointed in this hope : lit. cast down from this hope *De* in such compounds — down; i. e. from an elevation, *real* or *figurative:* e. g. *loco, gradu, opinione dejicere.*

10. **Navibus . . . . factis** — by means of boats joined together, and many rafts constructed (for the purpose). .

45 11. **Alii** — some, a few. Most commentators on this passage say that another *alii* is understood before *navibus;* but Dr. Schmitz, whose interpretation we have adopted, says: "*Alii,* which is neither preceded nor followed by another *alii,* must mean 'some,' or 'a few'; so that the meaning is, the Helvetii generally, or most of them, tried to cross by boats, but some tried to ford the river."

12. **Si — possent.** *Si* often follows verbs signifying to see, to expect, to try, like the Greek *εἰ* (— whether), in indirect questions.

13. **Operis munitione** — by the strength of the fortification: referring to the *murum, fossam,* and *castella* mentioned above.

14. **Desino** denotes only a *condition* in reference to persons, things, and actions, as to cease; whereas *desisto,* an act of the will, of which persons only are capable, as to desist. Död. ,

Ch. IX. 1. 1. **Iter** denotes the progress which one makes, the going, the journey, in an abstract sense : *via,* the path on which a person goes, in a concrete-sense. 2. *Iter,* in a concrete sense, denotes a way that leads directly to a particular point, whether beaten and trodden, or not; whereas *via,* a way, which, if not beaten, is the ordinary and usual way. 3. *Via* and *iter* may be narrow or wide; whereas *trames, semita,* and *callis* denote only a narrow way or path: *trames,* a by-road in a plain and town, by which one may arrive, partly in a shorter time, partly without being so much observed as in the open road, to a given point : *semita,* a foot-path which often runs by the side of the high-road: *callis,* a path over a mountain or through a wood, which is scarcely passable, except for cattle. 46 Död.

2. **Sua sponte** — by themselves; i. e. without the aid of others.

3. **Impetrarent:** sc. *hoc*; i. e. the privilege of passing through their territory.

4. **Gratia .... poterat** — on account of his popularity and liberality, had very great influence with the Sequani.

5. **Novis .... studebat** — desired a revolution.

6. **Inter se** — to each other.

7. **Sequani.** The construction completed would be thus: *perficit uti Sequani obsides dent.* So with *Helvetii* in the next clause.

Ch. X. 1. **Renuntiare** is to make an announcement to a person with reference to some commission received from him; and — to report.

2. **Helvetii .... animo** — that the Helvetii intended: more lit. had in mind.

3. **Magno .... ut — haberet** — that it would be attended with great danger to the province, to have (lit. that it, i. e. *provincia*, should have). The clause *ut .... haberet* is the subject of *futurum:* sc. *esse*.

4. **Locis .... frumentariis** — to an open and very fruitful 47 country.

5. **Adversarius** is the generic term for every opposer, in the field, in politics, in a court of judicature: *hostis* is "the enemy" in the field and war, opp. to *pacatus: inimicus*, "an enemy" in heart, opp. to *amicus*. Död.

6. **Vicini** are neighbors, in reference to house and yard; whereas *finitimi* and *confines*, with reference to the boundaries of the land: *finitimi*, in a one-sided relationship, as the neighbors of others, who dwell near their boundaries, in a mere geographical sense: *confines*, in a mutual relationship, as opposite neighbors, who have boundaries in common, with the moral accessory notion of friendship associated with neighborhood. The *finitimi* are *finibus dirempti;* whereas the *confines* are *confinio conjuncti*. Död.

7. **Caussas;** i. e. the *homines bellicosos*, the *populi Romani inimicos*, and the *locis patentibus maximeque frumentariis finitimos*.

8. **Munitione.** V. Chap. VIII.

9. **Italiam;** i. e. Cisalpine Gaul. Consult Chap. XXIV., where it is said that the two legions here spoken of had been levied in *Gallia citerior;* which is the same as the *citerior provincia* mentioned below.

47 10. **Proximum** — shortest.

11. **Extremum**; i. e. with reference to Rome. Sc. *oppidum.*

Ch. XI. 1. **Vasto** means to lay waste, from rage or from policy to destroy the property of an enemy.; whereas *populor* and *diripio,* to plunder for one's own use : *populor,* on a great scale ; for example, to lay waste all the crops, and drive off the herds : *diripio,* on a small scale ; to break into the houses, and break open the closets. Furthermore, *spolio* and *populor* mean to plunder in a state of open warfare. Död.

2. **Sua** — their property.

3. **Ita se, etc.** : depending upon the idea of saying involved in *rogatum.* Some say that *dicentes* is to be supplied in such cases ; but this is unnecessary.

4. **Omni tempore** ; i. e. ever since they first formed an alliance with the Romans. The Aedui were the earliest friends, and the most steadfast allies of the Romans in Gaul.

5. **Debuerint.** As *meruisse ese* depends upon a historical present, its time is really that of the pluperfect ; and this tense regularly requires the imperfect to follow it ; but in clauses with *ut,* containing a conclusion, the perfect is also properly placed instead of the imperfect, because such sentences are generally considered independent. V. Kreb's Guide, § 264.

6. **Aedui Ambarri.** These were of the same stock as the Aedui. Some read *eodem tempore quo Aedui, Ambarri quoque.*

7. 1. **Necessarius** means any one to whom one is bound by a permanent connection, whether of an official kind, as *collega, patronus, cliens,* or of a private nature, as *familiaris, amicus : propisquus,* any one to whom one is bound by a family connection ; a relation, as a species of *cognatus* and *consanguineus,* related by blood : *affinis,* a relation by marriage, or in law. 2. *Cognatio* is the relationship by blood existing between members of the same family : *consanguinitas,* the relationship of nations by derivation from a common origin. Död.

8. **Certiorem faciunt** — inform.

48 9. **Demonstrant** — mention, say, inform : the usual sense in Caesar.

10. **Sibi .... reliqui** — they had nothing left.

11. **Non .... sibi** — that he ought not to wait.

Ch. XII. 1. **Flumen .... Arar** — there is a river (called) Arar. *Quod* agrees with *flumen* because it is the more important word. V. Ec. Cic. XXIII. n. 7.

2. Em .... partem — in which direction, which way.

3. Flumnem is governed by *trans* in composition. Many verbs are followed by an acc. or abl. depending on a preposition in their composition.

4. De .... vigilia — in the third night-watch. The Romans divided the night into four *vigiliae*: the first beginning at sunset, the second midway between sunset and midnight, the third at midnight, and the fourth midway between midnight and sunrise. Each *vigilia* was divided into three *horae*, making twelve *horae* in one night, which, of course, differed considerably in length at different seasons of the year, and were equal to our *hour* only at the equinoxes. *De* with expressions of time does not mark the point of beginning, but indicates that a portion of the time referred to is spent along with the time which follows. Hence, Caesar set out, not "*at* midnight," but *in* (in the course of, during) the third watch. V. Zumpt's Gr. § 308.

5. Occulto means to prevent any thing being seen, by keeping it covered; whereas *abdo, condo,* and *abscondo,* by removing the thing itself: *abdo,* by laying it aside, and putting it away: *condo,* by depositing it in a proper place of safety: *recondo,* by hiding carefully and thoroughly: *abscondo,* by putting it away and preserving it. Död.

6 Sub jugum. V. VII. n. 12. The event mentioned happened B. C. 107.

7. Quae pars .... ea. Translate as if the order was thus: *ea pars civitatis Helvetiae, quae insignem .... intulerat, princeps poenas persolvit.*

8. Princeps .... persolvit — was the first to suffer punishment.

9. Quod .... interfecerant — because the Tigurini had killed L. Piso, the lieutenant, grandfather of L. Piso, his (Caesar's) father-in-law, in the same encounter in which (they had killed) Cassius.

Ch. XIII. **1. Consequi** — overtake.

2. In Arare — over the Arar.

3. Ut .... transirent explains *id, quod.* V. V. n. 1.

4. Bello Cassiano. So called from Cassius, the leader of the Romans in that war. It was customary to name the war after the principal actor, or actors, in it.

5. Agit — discourses, treats.

6. Futuros (*esse*) — would remain.

7. Eos constituisset — should assign them a place. In indirect discourse (*oratio obliqua*) the pluperf. is used, when, in direct discourse (*oratio directa*), the future perfect would be required.

8. **Sin bello** (*eos*) **persequi** (Caesar) **perseveraret.** That
Caesar is the subject is clear from the following *pop. Rom.*

9. **Reminisceretur** — he should remember. In *oratio directa*
it would be *reminiscere*, or *reminiscaris*. So, also, *tribueret, despicent,
committeret* below.

10. **Veteris incommodi.** Alluding to the defeat of Casius.

11. 1. **Antiquus** and **priscus** denote that which formerly existed, and is now no more, in opp. to *novus : vetus* and *vetustus,* what
existed long since, and has no longer any share in the disadvantages
or advantages of youth, in opp. to *recens.* Hence, *antiquus homo* is
a man who existed in ancient times : *vetus,* an old man. 2. *Vetus*
refers only to length of time, and denotes age, sometimes as a subject
of praise, sometimes as a reproach : *vetustus* refers to the superiority
of age, inasmuch as that which is of long standing is at the same time
stronger, more worthy of honor, more approved of, than that which is
new. 3. *Antiquus* denotes age only in reference to time, as a former
age in opp. to the present : *priscus,* as a solemn word, with the qualifying accessory notion of a former age worthy of honor, and a sacred
primitive age in opp. to the fashion of the day. 4. *Antiquus* and
priscus denote a time long past : *pristinus,* generally, denotes only a
time that is past. Död.

12. **Quod .... esset** — that he had attacked, as to his having
attacked.

13. **Possent.** The imperf. marks a *continuing* possibility;
whereas the pluperf., *adortus esset* and *transissent,* mark a *completed*
action.

14. **Eam rem;** i. e. *quod — adortus esset.*

15. **Ne .... tribueret** — he should not ascribe it very much to
his own valor.

16. 1. *Spernimus rejicienda, fugienda; ut libidines : contemnimus
magna, metuenda ; ut pericula, mortem : despicimus infra nos posita;
ut vulgi opiniones.* Or, *sperno, aspernor* mean not to care for a thing,
in opp. to *appeto, concupisco ;* whereas *contemno,* not to fear a thing,
in opp. to *timeo, metuo ;* and *despicio, despecto,* not to value a thing,
in opp. to *suspicio, revereor, admiror.* 2. *Sperno* denotes despising,
as an inward feeling : *aspernor,* as an utterance of that feeling. In
sperno, the notion of holding cheap, predominates : in *aspernor,* that
of aversion or rejection. 3. *Aspernor* is confined to the simple
avowal of aversion ; whereas *recuso* includes the decided declaration
of unwillingness. Död.

17. **Ut .... niterentur** — that they contended more by valor

Page

than (they contended) by artifice, or relied upon ambuscades. Sc. 49
contenderent after *virtute.*

18. **Quare .... proderet** — wherefore he should not cause
that that place, where they (the Helvetii) had taken their stand,
should take its name from the overthrow of the Roman people and
from the slaughter of his army, or transmit the remembrance (of the
event to posterity).

CH. XIV. 1. **His;** i. e. what Divico had said.

2. **Dari;** i. e. by the speech of Divico.

3. **Memoria teneret** — he remembered.

4. **Eo .... accidissent** — he bore them the more heavily
(i. e. he resented them the more indignantly), the less they had happened from the desert of the Roman people. The subject of *accidissent* refers to *eas res* above.

5. **Qui** (referring to *populi Romani*) .... **fuisset** — if they (the
Roman people) had been conscious to themselves of *any* injury (i. e.
of doing to them (the Helvetii) *any* injury, however trifling). *Quis*
is the usual form of the indefinite pronoun after *si, nisi, ne, num,* &c.,
but *aliquis* is here used because there is strong emphasis. Zumpt
says (V. Gr. § 708), *Aliquis* is used after those conjunctions which
usually require *quis,* when it stands in an antithetical relation to
something else, and, accordingly, has a stronger emphasis.

6. **Cavere** (sc. *ab iis*) — to be on their guard (against them; i. e.
the Helvetii).

7. **Deceptum:** sc. *esse populum Romanum.*

8. **Commissum** (sc. *esse*) is impersonal and — that any offence
had been committed.

9. **Timendum:** sc. *esse sibi;* i. e. *populo Romano.* 50

10. **Num memoriam .... posse?** — could he (Caesar)
forget also? lit. could he lay aside the remembrance also?

11. **Eo invito** — against his (Caesar's) will. For the use of *eo*
instead of *se,* V. V. n. 9.

12. **Quod .... pertinere** — their boasting so insolently of
their victory, and their wondering that they had inflicted injuries so
long with impunity, pertained to the same thing; i. e. to the way
the gods conducted the affairs of men; as explained in the next sentence. Lit. that they boasted, &c.: the clauses beginning with *quod*
being the subjects accusative of *pertinere.*

13. **Ex commutatione rerum** — from a change of circumstances.

14. **Secundiores res** — greater prosperity.

50 15. **Quum . . . . sint** — although these things are so.

16. **Iis,** the Helvetii : *sibi,* Caesar.

17. **Facturos :** sc. *eos esse.*

18. **Ipsis** is used to contrast the Aedui with their allies.

Ch. XV. 1. **Movent ;** i. e. the Helvetii.

2. **Coactum habebat** — had collected.

3. **Qui videant** — to see.

4. **Cupidius** — too eagerly.

5. **Novissimum agmen** — the rear ; i. e. the part of the army which is "newest" to those pursuing, since they come in contact with it first. *Agmen* is properly an army on the march ; while *exercitus* signifies a disciplined army, and *acies* an army in battle-array.

6. **Alieno loco** — in an unfavorable place : opposed to *suo loco.*

7. **Quo proelio sublati** — elated by this engagement.

8. **Pugna** denotes, in a general sense, any conflict, from a single combat to the bloodiest pitched battle : *acies,* the conflict of two contending armies, drawn up in battle-array with tactical skill, the pitched battle : *proelium,* the occasional rencounter of separate divisions of the armies ; as an engagement, action, skirmish. Död.

51 9. **Audacius subsistere coeperunt** — began to take a bolder stand.

10. **Ex . . . . agmine** — on the rear.

11. **Satis . . . . praesentia** — deemed it sufficient for the present.

12. **Nostrum primum** (sc. *agmen*) — our van.

13. **Quinis aut senis** — five or six each day. Distributives are used because the custom of several days is referred to.

Ch. XVI. 1. **Interea** refers to a business of some duration, which takes place in a space of time, as in the mean time : *interim,* to a momentary business, as in the midst of this. They have the same relation to each other as a point of time to a space of time. Död.

2. **Quotidie** applies to things that are daily repeated ; whereas *in singulos dies,* to things that, from day to day, are making an advance. Död.

3. **Flagitare** — kept demanding. **Publice** — for the state, in the name of the state. 1. *Peto* and *rogo* are the most general expressions for asking anything, whether as a request or as a demand ; and stand, therefore, in the middle between *posco* and *oro,* yet somewhat nearer to a request : *peto* generally refers to the object which

is wished for ; whereas *rogo*, to the person who is applied to ; hence 51 we say, *petere aliquid ab aliquo*, but *rogare aliquem aliquid*. 2. *Postulo* and *exigo* denote simply a demand without any enhancing accessory notion, as a quiet utterance of the will : *postulo*, more as a wish and will ; *exigo*, more as a just claim ; whereas *posco* and *flagito*, as an energetic demand : *posco*, with decision, with a feeling of right or power ; *flagito*, with importunity, in consequence of a passionate and impatient eagerness. Död.

4. **Sub septentrionibus** — towards the north ; more lit. under the north. Said in reference to Italy.

5. **Ut ante dictum est.** V. I. ad fin.

6. **Suppetebat** — was at hand.

7. **Autem.** V. VI. n. 3.

8. **Quod .... subvexerat** — which he had conveyed up the river Arar in vessels : lit. which he had brought up with vessels by means of the river Arar. *Navibus* denotes the instrument, and *flumine* the means. *Subvexerat*, in its primitive sense : to bring up from below.

9. **Diem .... ducere** — put him off from day to day : more lit. were protracting (the affair) day after day.

10. **Conferri .... adesse** — that it was collecting (by individuals), bringing together (into one place), (and) at hand. *Conferri* refers to the delivery and the contribution from several subjects to the authorities of the place : *comportari*, the delivery of these contributions by the authorities of the place to Caesar. Död.

11. **Se .... duci** — that he was put off too long ; i. e. longer than he thought right.

12. **Frumentum.** The stipendium, or pay, of the Roman soldier consisted of money and an allowance of clothes, armor, and corn. V. Smith's Dict. of Gr. and Rom. Antiquities, Art. *Stipendium*. He had to prepare and make bread for himself out of the corn.

13. **Summo .... praeerat** — held the office of chief magistrate.

14. **Qui :** referring, not to the magistracy, but to the magistrate invested with it.

15. **Posset :** sc. *frumentum*.

16. **Sit destitutus** — has been left destitute. 52

Ch. XVII. 1. **Quod .... proponit** — discloses what he had previously passed over in silence.

2. **Plurimum valeat** — is very powerful.

3. **Qui .... possint** — who, though invested with no office, have more influence. Some read *privati :* the sense is essentially the same.

52 4. **Hos;** i. e. *qui privatim.*

5. **Seditiosa .... oratione** — by seditious and wicked speeches.

6. **Quod .... perferre** — because it must be better, (they say; i. e. the *qui privatim,*) if they could no longer continue to hold the sovereignty of Gaul, (V. Ch. XLIII.: *ut omni tempore totius Galliae principatum Aedui tenuissent*), to bear the dominion of the Gauls (i. e. the Helvetii) than that of the Romans.   The text is here various.

7. **Eisdem;** i. e. *qui privatim.*

8. **Quaeque** — *et quae.*

9. **A se** — by himself; i. e. as Vergobretus.

10. **Quod .... sese** — as to his having, being compelled by necessity, made known the affair to Cæsar, he clearly saw, &c.

11. **Intelligo** denotes a rational discernment, by means of reflection and·combination: *sentio,* a natural discernment, by means of the feelings, immediate images, or perceptions, whether of the senses or of the mind: lastly, *cognosco* denotes a historical discernment, by means of the senses and of tradition.   Död.

CH. XVIII. 1. **Pluribus praesentibus** — in the presence of so many: lit. more (than usual) being present.

2. **Solo:** sc. *Lisco.*

3. **Ipsum .... audacia, etc.** — that it was Dumnorix himself, a man of the greatest boldness, of great personal influence, &c.

4. **Rerum novarum** — of a revolution.

5. **Portoria** — port duties, customs; i. e. duties on imports and exports.

53 6. **Vectigalia** is the general term for *revenues,* from whatever source derived.

7. **Redempta habere** — has farmed.   The *publicani,* or farmers of the revenues, bought them of the government at the lowest price they could, and then collected them for their own use.

8. **Facultates ad largiendum magnas** — extensive resources for bribery.

9. **Sumptus** means expense, so far as it diminishes wealth and capital; allied to prodigality: *impensae,* so far as it serves to the attainment of an object; allied to sacrifice.   Död.

10. **Alo** denotes nourishment, as conducive to development and growth: *nutrio,* only as it prolongs and secures existence.   Död.

11. **Largiter posse** — has great influence.

12. **Potentia, potentatus,** and **potestas** denote an exte-

rior power, which acts by means of men, and upon men; whereas *vis* and *robur* denote an interior power and strength, independent of the co-operation and good-will of others. *Potentia* denotes a merely factitious power, which can be exerted at will: *potentatus*, the exterior rank of the ruler, which is acknowledged by those who are subject to him: *potestas*, a just and lawful power, with which a person is intrusted. *Vis* is the strength which shows itself in moving and attacking, as an ability to restrain others: *robur*, the strength which shows itself in remaining quiet, as an ability to resist attack, and remain firm. Död.

13. **Collocasse** = had given in marriage.

14. **Ex . . . . habere.** The daughter of Orgetorix. V. III.

15. **Sororem ex matre** = his sister by his mother, or on his mother's side.

16. **Suo nomine** = on his own account; i. e. on personal grounds.

17. **Accidit** and **evenit** denote both favorable and unfavorable occurrences; but the *accidentia*, unexpected, overtaking us by surprise; the *evenientia*, expected, foreseen: *contingit, obvenit, obtingit* are generally confined to fortunate occurrences. The *accidentia* are fortuitous, the *evenientia* result from foregoing acts or circumstances: the *contingentia* are the favors of Fortune: the *obtingentia* and *obvenientia*, the gifts of lot. Död.

18. **Imperio populi Romani** = *imperante populo Romano*, under the government of the Roman people. *Imperio* may be considered the abl. of time, K. § 91, 10, or the abl. absolute, § 100, 4, and R. 3: the abl. absolute often expressing time, and the verb *sum* having no present participle.

19. 1. **Invenio** denotes, as a general term, to find: *reperio* and *deprehendo* suppose a previous concealment of the thing found, and an intention, and pains employed on the part of the finder; but the *reperiens* merely discovers what was concealed, and now lies before his eyes; the *deprehendens*, what was intended to be concealed, or to escape, and now is in his power. 2. *Invenio, reperio, deprehendo* imply a concealed object, which is discovered; whereas *nanciscor, adipiscor, assequor, consequor*, only a distant object, which is reached: the *nanciscens* arrives at his object with or without trouble, sometimes even against his wish; as to light upon: the *adipiscens*, only by exertion; as to achieve: the *consequens* arrives at the object of his wish with or without assistance: the *assequens* at the object of his endeavors by means of exertion. Död.

53 20. **In quaerendo** — on making inquiry.

21. **Quod .... esset factum** — with regard to the fact that
an unsuccessful engagement of the cavalry had taken place a few
days before.

22. **Ejus fugae.** The "flight" is implied in *proelium adversum*.

CH. XIX. 1. **Certissimae res accederent** — the most undoubted facts were added. *Res* is explained by the clauses beginning with *quod*.

54 2. **Injussu suo .... ipsis** — without his (Cæsar's) command
and (that) of his (Dumnorix's) state, but even without their (the
Aedui) knowledge. *Ipsis* refers to the idea of *civibus* implied in
civitatis.

3. **Unum** — one consideration. *Quod* explains it.

4. **Studium** — attachment. **Voluntatem** — affection.

5. **Principem .... provinciae** — a leading man in the
province of Gaul.

6. **Cui .... habebat** — in whom he was accustomed to put
the highest confidence in all things.

7. **Sine .... animi** — without any offence to his feelings.

8. **Ipse;** i. e. Caesar.

9. **Caussa cognita** — now that the case had been investigated.

CH. XX. 1. 1. **Rogo** and **oro** denote simply a request, as the
quiet utterance of a wish; but the *rogans* feels himself on a par with
the person whom he ,asks, and asks only a courtesy; the *orans* acknowledges the superiority of the other, and asks a benefit; whereas
obsecro and *obtestor* denote a passionate asking, as to conjure; but
the *obsecrans* asks urgently; the *obtestans* in a suppliant manner. 2.
Precor denotes the calm act of prayer, in which one raises one's hand
to heaven; but *supplico* denotes the passionate act of supplication,
in which one throws one's self on one's knees, or on the ground, and
wrings one's hands.   By hyperbole, however, *precor* denotes any
urgent request; *supplico*, any humble request, addressed to a human
being. Död.

2. **Scire se** depends upon the idea of saying implied in *obsecrare*.
Translate, saying that he knew.

3. **Illa:** the charges against Dumnorix, previously mentioned.

4. **Ex eo;** i. e. Dumnorige.

5. **Ipse:** sc. Divitiacus.

6. **Ille:** Dumnorix.

55 7. **Se:** Divitiacus.

8. **Propterea .... uteretur** — because, when he himself was 55
able to effect very much by (his) influence at home and in the rest
of Gaul, (but) he (Dumnorix) very little on account of (his) youth,
he (Dumnorix) had risen to distinction through him (Divitiacus);
which distinction and power he was employing, not only to diminish
his influence, but almost to his destruction.

9. **Quum .... teneret** — when he himself (Divitiacus) was
holding so high a place in his (Caesar's) friendship. *Eum = talem.*
Apud eum: lit. with him.

10. **Neminem non — sua voluntate** — every one — at
his desire.

11. **Reipublicae injuriam et suum dolorem** — the
injury done to the state and the insult offered to himself.

12. **Adhibet** — brings in.

Ch. XXI. 1. **Exploratores** are scouts, publicly ordered to
explore the state of the country or of the enemy : *speculatores*, spies,
secretly sent out to observe the condition and plans of the enemy :
emissarii, secret agents, commissioned with reference to eventual
measures and negotiations. Död.

2. **Milia passuum octo.** V. VIII n. 3.

3. **In circuitu** — by a circuitous route.

4. **Qui .... misit** — he sent men to ascertain.

5. **Facilem :** sc. *ascensum.*

6. **De tertia vigilia.** V. XII. n. 4.

7. **Legatum pro praetore** — his lieutenant with praetorian
power. Whenever the consuls were absent from the army, or when
a pro-consul left his province, the legati, or one of them, took his
place, and then had the insignia as well as the power of his superior.
He was in this case called *legatus pro praetore.*

8. **Et his ducibus** — and with those as guides.

9. **Quid ... sit** — what his plan is.

10. **In :** sc. *exercitu.*

Ch. XXII. 1. **Ipse :** Caesar : sc. *et.*   55

2. **Equo admisso** — at full speed.

3. **A .... insignibus** — by the Gallic arms and ornaments.
The *insignia* here were probably the decorations of the armor : as of
the helmet and shield. V. II. 21.

4. **Ipsius :** Caesar.

5. **Multo die** — when the day was far spent. Cf. 26, and III.
26.

6. **Quod .... renuntiasse** — had reported to him (Caesar)

66 as seen (*pro viso*) what he had not seen. *Pro viso :* lit. for seen.
On *renunciasse*, v. x. n. 1.

7. **Quo consuerat, intervallo** — at the usual distance;
i. e. at the distance described at the end of Chap. XV.

CH. XXIII. 1. **Postridie** — *postero die*, and therefore has the
force of a substantive, by virtue of which it governs the genitive.

2. **Prospiciendum :** sc. *esse sibi.*

3. 1. **Perfuga** and **transfuga** denote the deserter, who flees
from one party to another ; but the *perfuga* goes over as a delin-
quent, who betrays his party ; the *transfuga*, as a waverer, who
changes and forsakes his party ; whereas *profugus* and *fugitivus*
denote the fugitive who forsakes his abode ; but *profugus* is the unfortunate man who is obliged to forsake his home, and, like a banished man, wanders in the wide world : *fugitivus*, the guilty person
who flees from his duty, his post, his prison, his master. 2. The *perfuga* and *transfuga* are generally thought of as soldiers : the *profugus*
as a citizen : the *fugitivus* as a slave. Död.

4. **Sive — sive, seu — seu, seu — sive** or **sive — seu**
— whether — or, either — or : properly, *if it be this, or if it be that;
be it this, or be it that.* They often connect two words or notions, of
which the speaker either does not know which is the right or more
correct one, or chooses to leave it undecided. Also, they often stand
in conditional sentences to express that, if *either* of the two conditions
be realized, the consequence will follow. `A.

5. **Eo magis** — and the more on this account : more freely,
and the more. The clause with *quod* explains *eo :* giving an additional reason why the Helvetii thought that the Romans were
departing from them through fear. The subjunctive refers the
explanation to the minds of the Helvetii.

57 6. **Posse :** sc. *eos ;* i. e. *Romanos.*

7. **A . . . . agmine** — on the rear. V. XV. n. 5.

CH. XXIV. 1. **Id** depends on *ad* in *advertit. Animum advertit*
is the same as *animadvertit.*

2. **Triplicem** — in three lines.

3. **Mons** denotes the mountain with reference to its dimension of
height ; whereas *jugum* with reference to its breadth and length:
sometimes as the uppermost ridge, which, according as it is flat or
pointed, is with yet greater precision called either *dorsum* or *cacumen*, in opp. to *radices montis ;* sometimes as a range of mountains,
particularly in an ascending direction, by which several mountains
become joined, so as to form a chain, or pile of mountains, in opp. to
the mountain itself.

4. Gallia citeriore. V. X. n. 9.

5. Eum : sc. *locum.*

6. In . . . . acie — in the upper line. *Constiterant* from *consisto :* lit. had placed themselves, had taken their stand; i. e. stood.

7. Confertissima acie — in very close array.

8. Phalange. Not the celebrated Macedonian phalanx, but an arrangement similar to the Roman *testudo*, adopted probably from the Germans.

9. Sub . . . . aciem — close up to our front line. **Primam.** The *first* that they met, and, of course, the lowest on the hill.

Ch. XXV. 1. **Suo :** sc. *equo remoto.*

2. Scutum is a larger shield, covering the whole body : *clypeus* and *parma*, smaller shields, of a round form : *clypeus*, for foot-soldiers ; *parma*, for horse-soldiers also. Död.

3. Quod . . . . poterant. This clause is properly the subject of *erat.* The javelins pierced several shields at once, and bent : thus making it impossible to pull them out, and to fight with ease. It must be borne in mind that the shields were placed above their heads, so as to overlap each other ; hence the javelins sent from the higher ground might enter several, and fasten them together.

4. Nudo — unprotected ; i. e. by the shield.

58

5. Pedem referre — to retreat.

6. Mille is here used as a substantive in the singular.

7. Agmen . . . . claudebant — brought up the enemies' rear.

8. Ex itinere — during the march.

9. Latere aperto — on the right flank. This side is called *aperto* because the shield was carried on the left side.

10. Conversa . . . . intulerunt — faced about and advanced in two divisions. V. V. n. 10. One division consisted of the first and second lines, which continued to advance in the same direction in which they were going, in order to offer resistance to the Helvetii who had been repulsed, and were returning to renew the fight : the other division consisted of the third line, and was the only one that faced about. This movement was made to meet the Boii and Tulingi, who were advancing to attack the Romans in the rear.

11. Victis ac submotis : sc. *Helvetiis. Venientes :* sc. *Boios et Tulingos*

Ch. XXVI. 1. **Ancipiti proelio.** The encounter is here called *anceps*, "double," because it was going on in two places at one time : that of the first division with the Helvetii, and that of the second with the Boii and Tulingi.

Page

58 2. **Alteri — alteri.** The former refers to the *Helvetii*, the latter to the *Boii* and *Tulingi.*

3. **Quamm** — although.

4. **Hora septima.** The Romans divided the day, like the night (V. XII. n. 4), into four equal parts, and each of these parts into three *horæ.* The seventh hour would answer nearly to our one o'clock.

5. **Aversum hostem** — an enemy's back: lit. an enemy turned away; i. e. in flight.

6. **Ad .... noctem** — till late at night. Compare XXII. n. 5.

59 7. **Se habiturum** (*esse*) depends upon the idea of saying implied in *literas nunciosque misit.*

8. **Eodem loco, quo** (*habent*) **Helvetios** — in the same position as (he regarded) the Helvetians.

Ch. XXVII. 1. **Paupertas** denotes poverty only as narrowness of means, in consequence of which one must economize, in opp. to *dives;* whereas *inopia* and *egestas* denote galling poverty, in consequence of which one suffers want, and has recourse to shifts; *inopia*, objectively, as utterly without means, so that one cannot help one's self, in opp.' to *copia* or *opulentia;* *egestas*, subjectively, as penury, when a man feels want, in opp. to *abundantia;* lastly, *mendicitas*, as absolute poverty, in consequence of which one must beg. The *pauper* possesses little enough: the *inops* and *egenus*, too little: the *mendicus*, nothing at all.

2. **Eos :** the Helvetii who sent the ambassadors.

3. **Essent.** The subj. here refers the thought to the mind of the ambassadors: "where they said they were."

4. **Eo :** where the Helvetii were.

5. **Perfugiescent.** The ind. would have made Caesar responsible for the assertion as a *fact;* whereas the subj. represents it as a conceived result of the character of the antecedent.

6. **Ea** includes the men as well as the arms.

7. **Nocte intermissa** — a night having intervened.

Ch. XXVIII. 1. **Si .... vellent** — if they wished to be exculpated by him.

60 2. **Ipsos** — them; i. e. Helvetios, &c.

3. The order is, *concessit Aeduis petentibus, ut* (Aedui) *collocarent Boios in finibus suis, quod* (Boii) *egregia virtute erant cogniti.; quibus illi* (Aedui), &c.

4. **Quosque .... receperunt** — and whom they afterwards received into the same condition with respect to their rights and freedom that they themselves enjoyed

Ch. XXIX. 1. **Tabulae** — tablets, or lists.

2. **Literis .... confectae** — made out in Greek characters.

3. **Ratio** — an account.

4. **Pueri**; i. e. *qui pueri*, &c. *essent*.

5. **Rerum** refers to the different classes of persons mentioned above. Cf. *ea* in Chap. XXVII.

6. **Capitum Helvetiorum** — Helvetians: lit. heads of Helvetians.

7. **Ex his, etc.**; i. e. *ex his* (ii), *qui arma ferre possent*, (erant,) *ad milia* LXXXXII. The phrase *ad milia* LXXXXII. may be regarded as the predicate nominative after *erant* understood.

8. **Fuerunt.** The plural is used on account of the plurality of idea contained in the phrase, *ad milia* CCCLXVIII, which constitutes the predicate nominative.

9. **Censu habito.** Not a *census* in the Roman use of the term, but a mere *enumeration*.

Ch. XXX. 1. **Galliae**; i. e. Celtic Gaul, the third of the three divisions mentioned in Chap. I.

2. **Gratulatum**: sc. *eum*.

3. **Intelligere**: depending on the idea of saying contained in *gratulatum*.

4. **Helvetiorum .... Romani** — injuries which the Helvetians did to the Roman people. The former is the subjective, and the latter the objective genitive.

5. **Ex usu** — to the advantage.

6. **Uti .... potirentur.** This clause explains *eo consilio*.

7. **Ex .... copia**; i. e. of places.

8. **Quem .... judicassent** — the one which they should judge, &c.

9. **Ex .... consensu** — in accordance with general consent; i. e. if the general consent of their countrymen could first be obtained.

10. **Jurejurando .... sanxerunt** — solemnly bound themselves by an oath. *Jusjurandum*, and the later word *juramentum*, denote a civil oath, by which a man confirms or promises something: *sacramentum* denotes a military oath, by which the soldier solemnly pledges and binds himself not to forsake his standard. Död.

11. **Nisi quibus**: sc. *ii*.

Ch. XXXI. 1. **Secreto in occulto** — in a secret place without witnesses. *In occulto* is rejected by some, but the best texts retain it. *Secreto* means separate, or apart from others, *remotis arbitris*; but *in occulto*, the concealed or secret place of the negotiation. The passage is, therefore, not tautological.

Page

61 2. Se .... contendere. V. XXX. n. 3.

3. Non .... laborare — (saying) that they strove and labored not less for this. The clause, ne .... enunciarentur, is in apposition with *id.*

4. Factiones — parties.

5. Principatum tenere — stood at the head.

6. Hi; i. e. *Arverni* and *Aedui.*

7. Factum esse — it came to pass.

8. Arcessere and accersere denote, in the most general sense, merely, to send for: *accire* supposes a co-ordinate relation in those that are sent for, as, to invite: *evocare*, a subordinate relation, as, to summon. The *arcessens* asks, the *acciens* entreats, the *evocans* commands, a person to make his appearance. Död.

9. Cultum — manner of life.

10. Ad numerum is here the subject acc. of *esse.*

11. Pulsos: sc. *Aeduos.*

62 12. Fractos: sc. *eos* (*Aeduos*), the antecedent of *qui* and subject of *coactos esse.*

13. Hospitio. Hospitality between states is meant. There was, among the Romans, the *hospitium publicum*, as well as the *hospitium privatum.*

14. Unum se esse — that he (Divitiacus) was the only one.

15. Pejus — a worse thing.

16. Quibus .... pararentur — for whom a place and habitations were procuring; i. e. for whom he was procuring, &c. The English language being destitute of a passive form which expresses the continuance of the action, affords no exact equivalent for the Latin pres., imperf., and fut. passive, which always express that the act under which the person or thing spoken of is passive, is still going forward at the time supposed. "Were procuring" is not a common English idiom to express a passive idea, but it is the exact equivalent of *pararentur.*

17. Futurum esse — it would come to pass.

18. Conferendum esse — was not to be compared (in respect to fertility); i. e. it was so far superior to it as not to admit of a comparison with it.

19. Hanc: sc. *Gallicam.* Illa: sc. *Germana.*

20. Ut semel — as soon as.

21. In .... edere — exhibited in them all sorts of examples and tortures. *Edere exemplum in aliquem* means to inflict a heavy punishment upon some one, in order that his punishment may be an

example or warning to others. *Cruciatus* is merely an explanation 62
of *exempla* : the examples consisting in the infliction of tortures.

22. **Quid auxilii** — some aid.

23. **Ut . . . . emigrent** explains *quod*.

24. **Fortunamque . . . . experiantur** — and make trial of whatever fortune may befall them.

25. **Dubitare :** sc. *se* ; i. e. *Divitiacum.* 63

26. **Deterrere :** sc. *eum* ; i. e. Ariovistum. Translate, could prevent a greater number of Germans from being led over the Rhine.

27. **Rhenum** is governed by the *trans* in *traducatur*.

Ch. XXXII. 1. **Habita** — having been delivered.

2. **Quam reliquorum** — than that of the rest. Some read **prae reliquorum** — in comparison with that of the rest : *fortunam* being understood in the former case, and *fortuna* in the latter.

3. **Propterea quod . . . . daretur** — because the means of escape were still afforded to the rest (although they might not be able to offer resistance to Ariovistus). Some such thought as that expressed in the parenthesis is understood, to which the *tamen* refers.

Ch. XXXIII. 1. **Sibi . . . . futuram** — that he would attend to this matter : lit. that this thing should be for a care to him.

2. **Se habere :** depending upon the idea of saying involved in *pollicitus est.*

3. **Beneficio.** In the consulship of Caesar, and through his influence, Ariovistus had been styled king and friend by the Roman senate. V. XXXV. and XLIII.

4. **Et . . . . putaret** — and after these things (the representations made by the Gauls) many (other) circumstances urged him to (lit. why he should) think that this business should be considered and undertaken by him.

5. **Paulatim** and **sensim** represent gradual motions under 64 the image of an imperceptible progress : *paulatim*, by little and little, in opp. to *semel*, at once ; *sensim*, imperceptibly, in opp. to *repente ;* whereas *gradatim* and *pedetentim*, under the image of a self-conscious progress : *gradatim*, step by step, in opp. to *cursim, saltuatim*, &c. ; *pedetentim*, a foot's pace, in opp. to *curru, equo, volatu, velis.* Död.

6. **Germanos consuescere** and **multitudinem venire** are the subjects acc. of *esse* understood. *Periculosum* agrees with them.

7. **Sibi temperaturos** — would restrain themselves.

8. **Quin exirent** — from going : lit. that they might not go.

64   9. **Rhodanus;** i. e. the Rhone alone ; or, nothing but the Rhone ; since it was fordable. V. VI.

10. **Quam.** V. III. n. 4.

11. **Occurendum** — that he must meet, or counteract.

CH. XXXIV. 1. **Placuit ei** — he resolved.

2. **Aliquem . . . . utriusque** — some place midway between both. *Utriusque* depends upon *medium*. A Grecism. Cf. IV. 19, *medium regionum.*

3. **Velle :** depending upon the idea of saying implied in *legatos mitteret.*

4. **Si quid ille se velit** — if he (Caesar) has anything to say to him (Ariovistus), if he wants anything of him. *Se* is not the abl., as some suppose, but the acc. and subject of *facere* understood. The phrase is colloquial and elliptical.

5. **Quid negotii** — what business.

65   CH. XXXV. 1. **His responsis** — this reply. The Latin employs the plural with reference to the parts which make up the whole : the English viewing them as a whole, requires the *singular.* So *his mandatis* below — this message.

2. **Hanc** — *talem.*

3. **Gratiam** or **gratias habere** means to feel thankful; whereas *gratias agere*, to return thanks in words : lastly, *gratiam referre*, to show one's self thankful by deeds. *Gratias agere* is the usual, *grates agere*, a select and solemn form of speech. In the same manner *gratulari* denotes an occasional expression of thanks without oblation, and a congratulation without formality ; whereas *gratari*, a solemn thanksgiving, or congratulation. Död.

4. **Gravaretur** — he was unwilling to do it.

5. **Neque . . . . putaret** — and did not think he ought to speak concerning a matter of common interest, and investigate it.

6. **Illis ;** i. e. the *Sequani. Ejus;* i. e. Ariovistus.

7. **Id itn.** A redundancy common in Caesar.

8. **Fecisset.** In direct discourse it would be the future perfect.

9. **Si . . . . impetraret** — if he (Caesar) did not obtain (it); i. e. what he demanded. *Impetraret* is here used absolutely.

10. **Obtineret.** The provinces were assigned to the consuls by lot.

11. **Quod . . . . Posset** — as far as he could do it consistently with the interests of the republic.

12. **Sese.** A repetition of the *sese* above for the sake of perspicuity. The passage which intervenes is parenthetical.

CH. XXXVI. 1. **Ad haec.** V. XXXV. n. 1.

2. **Uteretur :** sc. *populus Romanus.*

3. **Oportere .... impediri** — he (Ariovistus) ought not to be hindered by the Roman people in the exercise of his rights.

4. **Sibi deteriora** — less valuable to him.

5. **Facere, faceret.** These imperfects denote an endeavor or attempt.

6. **Injuria** — without just cause.

7. **Quod convenisset** — which had been agreed upon.

8. **Fecissent.** V. XXXV. n. 8.

9. **Longe .... afuturum** — the name of brother given to them by the Roman people would be far from benefiting them : lit. far from them.

10. **Quod .... denunciaret** — as to Caesar's intimating to him.

CH. XXXVII. 1. **Eodem tempore** — et — at the same time — that. *Et* (more frequently *atque*) with adverbs and adjectives of likeness, unlikeness, and equality, may be translated *that*, or *as.*

2. **Haec mandata.** V. XXXV. n. 1.

3. **Aedui :** sc. *veniebant.*

4. **Transportati essent, popularentur.** The subj. in these verbs refers the thought to the mind of the *legati.*

5. **Obsidibus datis** — by giving hostages.

6. **Pacem .... redimere :** lit. to purchase the peace of Ariovistus : we should say, to purchase peace of Ariovistus.

7. **Potuisse.** *Questum* is here followed by *Quod* and the subj. to denote the conceived ground of the complaint, and by the acc. with the inf. to denote the object of it.

8. **Treviri :** sc. *veniebant questum.*

9. **Pagos.** The district by metonymy for the inhabitants. It is generally supposed that only the army of the Suevi is here meant. We learn from Lib. IV. c. I. that each canton furnished one thousand fighting men, making an army one hundred thousand strong.

10. **Conarentur.** V. n. 4.

11. **Posset :** sc. Ariovistus.

12. **Quam.** V. III. n. 4, and Ec. Cic. XXVII. n. 8.

CH. XXXVIII. 1. **Contendere, profecisse.** The student will distinguish between the imperf. and pluperf. infin. : was hastening — had accomplished.

2. **Magno opere** is the same as *magnopere.*

67 8. **Facultas** = abundance.

4. **Magnam . . . . facultatem** — it afforded ample means
for protracting the war.

5. **Occasio** and **opportunitas** are the opportunities which
fortune and chance offer; *occasio*, the opportunity to undertake
something in a general sense : *opportunitas*, the opportunity to undertake something with facility, and the probability of success;
whereas *potestas* and *copia* are opportunities offered by men, and
through their complaisance : *potestas* denotes the possibility of doing
something with legal authority ; *copia*, the possibility of doing something with convenience : lastly, *facultas*, as the most general expression, the possibility of doing something in a general sense. Död.

6. **Alduasdubis.** Most copies read Dubis.

7. **Ut . . . . circumductum** — as if drawn around by a pair
of compasses ; i. e. as if its circular course was traced by a pair of
compasses.

8. **Pedum sexcentorum :** sc. *spatio.*

9. **Intermittit** — leaves an interval. *Intermitto* means merely
to leave off for a time ; whereas *omitto*, to leave out altogether. Död.

10. **Continet** = comprises, fills.

11. **Ripae,** the gen. limiting *parte.* Some make it the nom.
plural to *contingant.* Sc. *eam ;* i. e. *ripam*, for the object of *contingant.*

12. **Hunc :** sc. *montem.*

Ch. XXXIX. 1. **Rei . . . . commeatusque** = of corn and
other supplies. *Commeatus* is the general term for the provisions and
supplies of an army, including *res frumentariae*, or *frumentum*, which
expresses the same idea ; but when it is coupled with either of these
latter expressions, it stands opposed to it, and means every kind of
supplies not included in it.

2. **Ex percontatione** — from the inquiries.

3. **Corporum** = of body.

4. **Vultum . . . . oculorum** — the expression of their coun-
tenances and the fierce look of their eyes.

5. 1. **Metus** is fear only as the anticipation of an impending evil,
and reflection upon it, the apprehension that proceeds from foresight
and prudence, synonymously with *cautio;* whereas *timor*, the fear
that proceeds from cowardice and weakness. Or, *metus* is an intellectual notion : fear, as from reflection, in opp. to *spes;* whereas
timor is a moral notion : fear, as a feeling, in opp. to *fiducia, animus.*
2. *Metus* and *timor* have their foundation in reflection, whereby a
person is made clearly aware of the object and ground of his appre-

hension ; **whereas** *horror* and *formido* is an immediate feeling, which 67
overpowers the understanding by the dreadful image of the nearness
of some horrid object, and can give no account of the ground of its
fear : *formido* expresses this state immediately as a state of mind ;
whereas *horror*, as the bodily expression of this state, by the hair
standing on end, the eyes wildly staring, &c. Död.

6. **Non mediocriter.** An instance of litotes. V. Sall. Cat.
XXIII. n. 2.

7. **Quorum .... diceret** = of whom one having assigned
one reason, and another another, which they said was a necessary
one (i. e. rendered it necessary) for them to set out (for home).

8. **Vultum fingere** = to change the countenance ; i. e. for
the purpose of dissembling : more freely, to assume a cheerful countenance.

9. **Vulgo** = as a general thing. 68

10. **Vereor** has its foundation in what is strikingly venerable :
metuo and *timeo*, in the threatening danger of an object. The *timens*
and *metuens* fear the danger : the *verens*, the disgrace and shame.
Död.

11. **Rem frumentariam :** a Grecism for *ut satis commode
res frumentaria supportari posset.*

12. **Renunciabant.** V. X. n. 1.

Ch. XL. 1. **Omnium — ordinum — centurionibus —**
The centurions of all ranks. Ordinarily a council of war consisted
of the commander-in-chief, the legati, or lieutenants, the tribuni, or
commanders of the legions, and the chief centurion of each legion.
In this case, however, all the centurions were summoned, of whom
there were sixty in each legion. The word properly signifies the
commander of a hundred men, but as the number in a legion varied
at different periods from about three thousand to about six thousand,
the number in a century would vary likewise from fifty to a hundred.

2. **Ariovistum, etc.** The *oratio obliqua* depending upon the
idea of saying implied in *incusavit.* This construction continues
through the chapter ; and, indeed, it is so common, that further
remark upon it will not be necessary.

3. **Officio** = duty.

4. **Aequitate** = fairness.

5. 1. **Amentia** shows itself negatively and passively : *dementia*,
positively and energetically. The *amens* is without reason, and
either acts not at all, or acts without reason, like the idiot : the
demens, while he fancies that he is doing right, acts in direct oppo-

68 sition to reason, like the madman. 2. *Furor* denotes mental irrita-
tion, ecstasy, as raging : *delirium*, a physical and childish remission
of the mental faculties : *rabies*, a half moral condition of a passionate
insanity, as frantic. The *furibundus* forgets the bounds of sense, the
delirus babbles nonsense, the *rabidus* will bite and injure when he
can. Död.

   6. **Quid .... vererentur** — what, pray, should they fear?

   7. **Sua** — their own : **ipsius** — his; i. e. *Caesar's*.

   8. **Factum** (*esse*) **periculum** — trial had been made.

   9. **Factum** : sc. *periculum*.

69   10. **Servili tumultu** — at the time of the insurrection of the
slaves.

   11. **Quos** relates to the idea of *servi* contained in *servili*.

   12. **Quos tamen** — and yet — them.

   13. **Aliquid** — some, somewhat.

   14. 1. **Vinco** means to drive an adversary from his place : *supero*,
to win a place from an adversary. The *vincens* has more to do with
living objects, with enemies: the *superans*, with inanimate objects,
with difficulties. 2. *Evinco* denotes especially the exertion and duration of the conflict: *devinco*, its consequence, and the completeness of the victory. 3. *Vinco* means to conquer by fighting : *opprimo*,
without fighting, by merely appearing, in consequence of a surprisal,
or of a decided superiority of forces. Död.

   15. **Neque .... fecissent** — and had given (them) no opportunity of fighting with him.

   16. **Desperantes, dispersos :** sc. *Gallos.*

   17. **Ratione et consilio** — by stratagem and craft.

   18. **Cui .... posse** — that not even he himself (Ariovistus)
expected that our armies could be deceived by that stratagem, for
which there had been room against rude and inexperienced men.

   19. **In .... simulationem** — to a pretended anxiety relative to provisions : lit. to the pretence of provisions.

   20. **Conferrent** — attributed.

   21. **Officio** — ability.

   22. **Audientes** — obedient.

   23. **Scire .... convictam** — for he knew that to whomsoever
an army has not been obedient to orders, either success has been
wanting through (some) mismanagement of an affair, or avarice has
been clearly proved (against them), in consequence of the discovery
of some base deed.

   24. **Innocentiam** — integrity, disinterestedness : opp. to *avaritiam.*

25. **Quod .... repraesentaturum** — would perform imme- 69 diately what he was intending to defer to a more distant day.

26 **De quarta vigilia.** V. XII. n. 4.

27. **Praetoriam cohortem.** This was the general's body- 70 guard. They were distinguished by double pay and especial privileges.

28. **Praecipue.** V. Ec. Cic. XXVI n. 9.

29. **Maxime** is emphatic, as it stands at the end of the sentence.

Ch. XLI. 1. **Decima legio.** The legions were numbered in the order in which they were raised.

2. **Egerunt** (sc. *id*) — (lit.) had this in view, aimed at this. The whole may be rendered, endeavored to excuse themselves to Caesar.

3. **Se, etc.** — saying (implied in *egerunt*) that they, &c.

4. **Dubitasse .... timuisse:** sc. *de summa belli*.

5. **Summa** — command-in-chief. **Suum** (*esse*) — belonged to them.

6. **Ex aliis** — of all others.

7. **Itinere exquisito, — ut duceret** — the route having been inquired into (and found to be such) that he could lead. *Ut duceret* depends upon *exquisito;* for the phrase in the parenthesis is implied in *exquisito.*

8. **Locis apertis** — through an open country.

Ch. XLII. 1. **Postulasset.** V. XXXIV.

2. **Per se** — through his (Caesar's) own means.

3. **Accessisset:** sc. Caesar.

4. **Se;** i. e. Ariovistus.

5. **Revertor** and **revenio** denote properly only momentary actions; *revertor,* in opp. to *proficiscor,* the turning back; *revenio,* in opp. to *advenio,* the return; whereas *redeo* denotes a more lasting action, which lies between turning back and the return, in opp. to *porro ire,* the journey home. Död.

6. **Petenti** — to him (Caesar) asking; i. e. to his request.

7. **Alia ratione** — on any other terms. 71

8. **Interposita causa** — under any pretext.

9. **Eo** — *in eos:* sc. *equos.*

10. **Quam.** V. III. n. 4.

11. **Ad .... rescribere** — he was transferring them to the cavalry. The *equites* occupied a more honorable position, and received higher pay, than the *pedites,* or infantry.

Ch. XLIII. 1. **Ariovisti et Caesaris.** Instead of these words, many copies have *utrisque.*

Page
71 2. **Ex equis** — on horseback : lit. from their horses.

3. **Quod rex — quod amicus — quod munera.** The repetition of a word at the beginning of successive clauses renders each clause emphatic. The figure is called *anaphora.* V. A. & S. 324, 13.

4. **Munera.** When the Romans conferred the title of king upon any one, it was customary to make him rich presents as a token of their friendship.

5. **Pro .... officiis** — in consideration of important services of men.

72 6. **Aditum :** sc. *ad senatum.*

7. **Postulandi :** sc. *ea ;* i. e. *praemia.*

8. **Ipsis .... intercederent** — existed between them (i. e. the Romans) and the Aedui.

9. **Quoties :** commonly written *quoties.*

10. **In eos** — respecting them ; i. e. to honor them.

11. **Ut** — how.

12. **Ut velit** — to wish. The clause introduced by *ut* explains *consuetudinem.*

13. **Sui** — of their own ; i. e. rights, honors, privileges, &c.

14. **Quod .... posset** — but who could bear that that should be stripped from them, which they had brought to the friendship of the Roman people ? i. e. which they possessed when they entered into the alliance.

15. **In .... dederat** — had given in charge.

16. **At** — yet at least.

17. **Quos amplius** — any more.

Ch. XLIV. 1. **De .... praedicavit** — spoke many things boastfully of his own merits.

2. The whole chapter from **transisse** is in indirect discourse. V. H. 528, and A. & S. § 266, 2, for the use of modes.

3. 1. **Sponte** means voluntarily ; whereas *ultro,* in an over ready manner ; so that *sponte* refers to the mind of the agent, *ultro* to the thing itself. *Sponte accusare* means to accuse of one's own accord ; whereas *ultro accusare* means to obtrude one's self into the office of an accuser, when one should be satisfied with not being one's self accused. 2. *Sponte,* from choice, is in opp. to *casu,* or *necessitate ;* whereas *sua sponte,* quite of one's own accord, in opp. to *rogatus, provocatus,* or *invitatus.* 3. *Sponte* and *spontaneus* paint the voluntary action as an act of the understanding : *voluntate* and *voluntarius,* as an act of the will, in opp. to *invite : libenter* and *libens,* as an act of feeling, in opp. to *taedio.* Död.

4. **Gallis ;** i. e. the *Arverni* and *Sequani.* V. XXXI. 72

5. **Hendiadys** for *magna spe magnorum praemiorum.* This figure is the expression of an idea by two nouns connected by a conjunction, instead of a noun and a limiting adjective or genitive.

6. **Ipsis :** sc. *Gallis.*

7. **Omnes . . . . civitates.** This is not strictly true : only the Aedui and their allies fought against him.

8. **De . . . . recusare.** Caesar had made no such refusal directly, but he had demanded that he should restore the hostages; thereby depriving him of the only means of enforcing the payment of tribute. Hence (as Dr. Schmitz remarks), he says *de stipendio recusare,* and not *stipendium recusare.*

9. **Id ;** i. e. *amicitiam populi Romani.* The *id* gives a more gen- 73 eral meaning than *eam* would.

10. **Dedititii** — those who have surrendered.

11. **Quod traducat** — with regard to the fact that he is leading over. So *quod diceret* below.

12. **Nisi rogatus** — without being asked.

13. **Defenderet** — has warded it off.

14. **Populum :** sc. *venisse.* A false statement.

15. **Galliae provinciae.** V. I. n. 10.

16. **Sibi ;** i. e. Caesar. **Suas ;** i. e. Ariovistus.

17. **Hanc Galliam** — this part of Gaul.

18. **E senatus consulto.** Most copies read *a senatu.*

19. **Ipsos ;** i. e. *Aeduos.*

20. **Debere . . . . habere** — that he ought to suspect that Caesar, under the pretence of friendship (towards, to the Aedui), inasmuch as he has an army in Gaul, has it (there) for the purpose of crushing him (Ariovistus).

21. **Decedat.** The student will notice that the tenses of this speech frequently change from the imperf. to the pres., and *vice versa :* accordingly, the *verbum dicendi* understood, on which the whole depends, must be supposed to be changed from the perf. historical to the pres. historical.

22. **Quod . . . . interfecerit** — if, however, he kills him (Caesar). Here the *verbum decendi* must be supposed to be in the present; consequently, what would be the fut. perf. in direct, becomes the perf. sub. in indirect discourse.

23. **Gratum . . . . facturum** — he shall do (a thing) pleasing. Caesar had many violent opponents at Rome, who had already become apprehensive of his insatiable ambition

78   24. **Compertum habere.** V. XV. n. 2.

25. **Decessisset.** Now the *verbum dicendi* must be supposed to be changed to the historical perf., since the fut. perf. of the direct has become the pluperf. of the indirect discourse.

74   Ch. XLV. 1. **In . . . . sententiam** — for this purpose; i. e. to show why (*quare*).

2. **Et . . . . suam, etc.** — and that neither his own custom nor that of the Roman people permitted, &c.

3. **Quibus ignovisset — in provinciam redegisset.** A conquered nation was said to be pardoned, when the people were permitted to enjoy their own laws and choose their own rulers: on the contrary it was said to be reduced to a province when they were deprived of their sovereignty, and compelled to pay tribute.

4. **Quam . . . . voluisset** — since they (*senatus*) had decreed (lit. willed) that it (*quam*), though conquered in war, should enjoy its own laws.

Ch. XLVI. 1. **Facit — recepit — imperavit.** Such changes of tense in the same sentence are not uncommon among the historians; though the text seems to be quite unsettled in this place: some reading *fecit*, and others *facit* and *recipit*.

2. **Committendum** (sc. *sibi*) — that he should cause, that he should so act. V. XIII. at the end for an example of *committo* followed by *ut*.

3. **Per fidem** — on account of the appearance, or pretence, of faithfulness; i. e. on the part of Caesar.

4. **In . . . . militum** — among the common soldiers.

5. **Qua arrogantia — usus** — with what arrogance: lit. using what arrogance. The subjunctives, *interdixisset, fecissent, diremisset*, are all in the same construction; namely, indirect questions: the first two depending upon *qua*, and the last upon *ut* = how.

6. **Omni . . . . interdixisset** — had forbidden the Romans the use of all Gaul. *Interdico* is constructed with the acc. and abl., the acc. and dat. (very rare), and, as in the present instance, with the dat. and abl.

75   Ch. XLVII. 1. **Velle se — ut constitueret.** The student will notice the twofold construction after *legatos mittit*. This expression implies *saying*, and therefore requires the acc. with the inf.: it also implies *asking*, and accordingly requires *ut* with the subj. V. II. n. 4.

2. **Uti.** — (asking) that.

3. 1. **Sermo** denotes a conversation accidentally arising, or at

least carried on without any fixed and serious purpose; whereas
colloquium, generally a conversation agreed upon for a particular
purpose, like a conference. 2. *Sermo* is a natural mode of speaking:
oratio, a speech premeditated and prepared according to the rules of
art. Död.

4. **Visa . . . . est** = did not appear good, sufficient.

5. **Pridie ... .diei.** V. XXIII. n. 1.

6. **Quin — conjicerent** = from hurling.

7. **Humanitate** = refinement.

8. **Civitate** = with citizenship.

9. **Qua :** sc. *lingua.* **Multa** = *multum*, frequently, for the most
part.

10. **Peccandi — causa** = ground for offending.

11. **Hospitio** = guest-friendship.

12. **An . . . . causa** = was it not to act as spies? lit. for the
purpose of spying? This must not be considered a simple indirect
question. With a single exception, (V. K. § 116, R. 3, and A. & S.
§ 198, 11, R. [*e*],) *an* is, in its proper sense, used only in a second,
or opposite question, where we use *or*. The question to which it is
opposed is often to be supplied by the mind. In the present case,
the sentence completed would stand thus: *utrum aliud venirent, an
speculandi causa (venirent)?* The *not* in the translation indicates
that the answer cannot be doubtful; and this is the sense which the
sentence gives when the part omitted is supplied. V. Ec. Cic. XXV.
n. 12, and Zumpt, § 353.

Ch. XLVIII. 1. **Praeter** = by, or past.

2. **Eum ;** i. e. *montem.*

3. **Uti — intercluderet.** This clause explains *eo consilio.*

4. **Frumento commeatuque.** V. XXXIX. n. 1.

5. **Supportaretur** = was on the way; lit. was in the act of
being carried, or was carrying. V. XXXI. n. 16.

6. 1. **Continuum** means that which hangs together without
break or chasm : *perpetuum*, that which arrives at an end without
breaking off before. 2. *Perpetuus, sempiternus,* and *aeternus* denote
continued duration ; but *perpetuus*, relatively, with reference to a
definite end, that of life for example ; *sempiternus* and *aeternus*, absolutely, with reference to the end of time in general : *sempiternus*
means the everlasting, what lasts as long as time itself, and keeps
pace with time ; *aeternum* (from *aetas*), the eternal, that which out-
lasts all time, and will be measured by ages, for *Tempus est pars
quaedam aeternitatis.* Död.

Page

76 7. **Potestas** — opportunity.

8. **Hoc erat** — was the following, was as follows : referring to the description about to be given.

9. **Singuli singulos** — each horseman one.

10. **Si . . . . recipiendum** — if it was necessary to advance farther, or retreat with greater speed than usual.

11. **Ut . . . . adaequarent** — that, supported by the manes of the horses, they could keep pace with them : lit. could equal their speed.

CH. XLIX. 1. **Quo.** V. VI. n. 1.

2. **Idoneus** denotes a passive, *aptus* an active fitness for anything.   Or, the *idoneus* is fitted by his qualifications, and, through outward circumstances, for any particular destination : the *aptus*, by his worth and adequacy.   The *idoneus* is in himself inactive, and suffers himself to be employed for a particular purpose, for which he is qualified : the *aptus* himself engages in the business, because he is adequate to it.   Död.

3. **Triplici.**   V. XXIV. n. 2.

4. **Aciem** — line, division.

5. **Hominum expedita** — light-armed troops; i. e. without baggage, and lightly equipped.

6. **Quae copiae** — that these forces.

7. **Auxiliorum.**   The auxilia, or auxiliares, were the troops furnished by the foreign states which were in alliance with the Romans.

77 CH. L. 1. **Meridies** denotes noon, as a point of time, which separates the forenoon from the afternoon : *medius dies*, the middle of the day, as a space of time which lies between the morning and evening.   Död.

2. **Tum demum** — then at last, then at length : said of things long expected.   Hand says, *non antequam Caesar, frustra instructa acie, exercitum in castra reduxisset.*

3. **Proelio** here — in a general battle.

4. **Matres familiae.**   "The Germans treated their women with esteem and confidence, consulted them on every occasion of importance, and fondly believed that in their breasts resided a sanctity and wisdom more than human.   Some of the interpreters of fate, such as Velleda, in the Batavian war, governed, in the name of the Deity, the fiercest nations of Germany."   Gibbon's Rome, V. I. p. 268.

5. **Ex usu esset** — it would be advantageous.

6. **Concessum est** means what is generally allowed, and has

Page

a **kindred** signification with *licet, licitum est*, which mean what is al- 77 lowed by human laws, whether positive, or sanctioned by custom and usage : *fas est* means what is allowed by Divine laws, whether the precepts of religion, or the clear dictates of the moral sense.

CH. LI. 1. **Alarios** — auxiliaries. The foreign troops that served with the Roman armies were so called, because they were stationed on the *alae*, or wings of the army. V. Smith's Gr. and Rom. Antiq., Art. *Ala*.

2. **Minus multitudine.... valebat** — had fewer legionary soldiers than the enemy : lit. was less strong in the number of legionary soldiers in comparison with the number of the enemy.

3. **Ad speciem** — for a show.

4. **Tum demum.** V. L. n. 2.

5. **Eo** — *in iis* ; i. e. *in rhedis et carris.*

CH. LII. 1. **Singulis .... quaestorem** — a lieutenant and questor to each legion.

2. **Minime firmam** — weakest, 78

3. **Animum adverterat** — *animadverterat.*

4. **Itaque** — *et ita.*

5. **Procurrerunt** — ran forward ; i. e. to meet them.

6. **Spatium** ; i. e. of time.

7. **Phalange.** V. XXIV. n. 8.

8. **Impetus .... exceperunt** — sustained the assaults (i. e. impetuous blows) of the swords.

9. **Complures .... milites** — many of our soldiers.

10. **Qui — insilirent** — so fearless, so daring, that they leaped upon.

11. **Phalangas.** As the Germans fought *generatim* (by nations), there would be, of course, as many phalanxes as there were nations.

12. **A dextro cornu** — on the right wing ; i. e. of the army of the Germans.

13. **Expeditior** — more disengaged.

CH. LIII. 1. **Duae uxores.** Among the ancient Germans polygamy was not in use except among the princes, and among them only for the sake of multiplying their alliances.

2. **Duxerat** — had married.

3. **Trinis catenis** — a threefold chain.

4. **Traheretur.** V. XXXI. n. 16.

5. **In ipsum — incidit** — fell in with Caesar himself.

6. **Calamitate** — by the loss ; i. e. the death. 79

Page
79   Ch. LIV. 1. **In .... Galliam.** V. VII. n. 4, and X. n. 9.

2. **Ad .... agendos** — to hold the courts. To facilitate the administration of justice, each province was divided into a certain number of districts, in each of which the proconsul held a conventus, or court. At this court litigant parties applied to the proconsul, who selected a number of judges, generally from among the Romans who resided in the province, to try their causes. The proconsul himself presided at the trials, and pronounced the sentence according to the views of the judges. V. Smith's Gr. & Rom. Antiq., Art. *Conventus.*

BOOK II.

80   Ch. I. 1. **Supra demonstravimus.** V. Bk. I. 54.

2. 1. **Saepe** denotes often, in opp. to *semel, nonnunquam, semper;* whereas *crebro* and *frequenter,* in opp. to *raro: crebro,* often, and in quick succession, and rather too often than too seldom; but *frequenter,* often, and not too seldom; for in general *creber* denotes a multifarious assembly, inasmuch as it is dense and crowded; whereas *frequens,* inasmuch as it is numerously attended. Consequently, *frequens* rather implies praise, like *largus; creber,* blame, like *spissus.* And *frequentes senatores* denote the senate, when represented as complete; *crebri senatores* as wanting room on account of their number, and forced to sit close. 2. *Frequentare* means to visit a place often, and not neglect it; whereas *celebrare,* to visit it often, and thereby to enliven it, and fill it with festive sounds. Död.

3. **Quam tertiam partem.** Not a third part, mathematically, but one of the three divisions of Gaul made at the beginning of Bk. I. V. I. 1.

4. **Dixeramus;** i. e. *diximus;* but the pluperfect indicates that between the time *when he said it* and the present moment, something took place which is now past. Caesar is very partial to this use of the pluperfect *dixeramus.* V. XXIV. and XXVIII., and IV. 27. Schmitz.

5. **Omni Gallia.** In a restricted sense. Belgic Gaul must be excepted.

6. **Partim qui — partim qui** — a part of whom — others.

7. **Novis imperiis** — a change of government.

8. **Ab nonnullis:** sc. *sollicitarentur.*

9. **Ad .... facultates** — means for hiring troops.

10. **Regna** — the sovereignty. Plural, because several states are referred to.

11. **Imperio nostro.** V. I. 18, n. 18.

Сн. II.   1. **Inita aestate** — in the beginning of summer.

2. **Qui deduceret** — to lead (them).

3. **Incipio** denotes the beginning, in opp. to the state of rest, which precedes and follows: consequently it is in opp. to *cesso* and *desino, desisto, finio;* whereas *ordior,* in opp. to an advancement: consequently in opp. to *continuo,* and its intransitive *pergo:* lastly, *inchoo,* in opp. to ending and accomplishing: consequently in opp. to *perficio, consummo, perago, absolvo,* &c. *Coepi* refers more to the action which is begun; *incepi,* more to the beginning which has been made. *Coepi* is a sort of auxiliary verb; *incepi* is emphatic; hence *coepi* has an infinitive, *incipio* a substantive for its object. Död.

4. **Dat negotium** — he gives orders.

5. **Uti cognoscant** — to ascertain.

6. **Constanter** — uniformly.

7. **Cogi — conduci** — were raising — was collecting. V. I. 31, n. 16.

8. **Dubitandum .... proficisceretur** — he thought that he ought not to hesitate to march to them. The construction of *quin* with the sub. after *non dubito,* in the sense of "I do not hesitate," occurs but a few times in Cicero and Caesar. The regular construction is the infinitive. V. Cic. Cat. I. 7, n. 16.

Сн. III.   1. **Celeriusque .... opinione** — and more quickly 81 than any one supposed.

2. **Galliae;** i. e. to Celtic Gaul.

3. **Andocumborium.** The common reading is *Antebrogium.*

4. **Se.** Another *se* must be supplied for the subject of *permittere.* The general rule requires the subject acc., when a personal pronoun, to be expressed; and the omission of *se* as the acc. of the subject (which would be *ego* in direct speech) is frequent only in a long *oratio obliqua* in historians. V. Zumpt, § 605.

5. 1. **Fido** means to trust; *confido,* to trust firmly, both with reference to strength and assistance; whereas *fidem habeo,* to give credit, and *credo,* to place belief; namely, with reference to the good intentions of another. 2. *Fido,* &c. denote trust as a feeling; *committo, permitto,* as an action: the *committens* acts in good trust in the power and will of another, whereby he imposes upon him a moral responsibility, to intrust: the *permittens* acts to get rid of the business himself, whereby he imposes at most only a political or juridical responsibility, as to leave to. Död.

6. **Jus** means right, as the authorization of action founded in na-

17 *

Page

81 ture on law and custom, and as the aggregate of all binding laws: *lex*, a law, or binding precept of superior authority, for actions of free agents; it is a species of the genus *jus*. Ramsh.

7. **Potuerint;** i. e. the Remi.

8. **Quin .... consentirent** — from uniting with them (*reliqui Belgae*).

Ch. IV. 1. **His;** i. e. the *legati*.

2. **Quantaeque** — and how powerful.

3. **Plerique** means a great many in an absolute sense: *plurimi*, most, in a superlative sense. Död.

82 4. **Propinquitatibus .... conjuncti** — united by ties of consanguinity and affinity.

5. **Armata milia** — *armatorum milia*.

6. **Sexaginta:** sc. *milia*.

7. **Electa** — picked men.

8. **Suos;** i. e. *Remorum*.

9. **Divitiacum.** Not to be confounded with Divitiacus, the Aeduan.

10. **Potentissimum;** sc. *hominem, or regem*.

11. **Quum — tum** — not only — but also.

12. **Summam** — the command-in-chief.

13. **Arbitrari:** sc. *se;* i. e. *legatos Remorum*.

Ch. V. 1. **Liberaliterque .... prosecutus** — having addressed them kindly.

2. **Quanto opere** — *quantopere*. **Magnopere** — earnestly.

3. **Manus .... distineri** — that the forces of the enemies be kept apart.

4. **Ne confligendum sit** — that it may not be necessary to contend.

5. **Neque .... abesse — cognovit** — and knew that they were not now far distant.

83 6. **Axonam.** V. I. 12, n. 3.

7. **Quae res** — this position.

8. 1. **Fero** means to carry anything portable from one place to another: *porto*, to carry a load. 2. *Fero* and *porto* express only an exterior relation: that of the carrier to his load; whereas *gero, gesto*, an interior relation: that of the possessor to his property. Död.

9. **In .... parte** — on the other side.

10. **Sex cohortibus.** Each legion was divided into ten cohorts. The number in a legion varied, at different periods, from three thousand to six thousand men: in Caesar's time it probably

consisted of about five thousand; and consequently the detachment 83
of Sabinus was about three thousand strong.

11. **Duodeviginti pedum**; i. e. in breadth; though some
say depth.

12. **Munire**; sc. *milites*. V. Zumpt, § 617.

Ch. VI.   1. **Ex itinere.** V. I. 25, n. 8.

2. **Eadem atque.** V. I. 37, n. 1.

3. **Est haec.** V. I. 48, n. 8.

4. **Testudine facta.** *Testudo* was a name applied to the covering made by a close body of soldiers, who placed their shields over
their heads to secure themselves against the darts of the enemy.
The shields fitted so closely together as to present one unbroken surface, without any interstices between them, and were also so firm
that men could walk upon them, and even horses and chariots be
driven over them. A *testudo* was formed either in battle to ward off
the arrows and other missiles of the enemy, or, which was more
frequently the case, to form a protection to the soldiers when they
advanced to the walls or gates of a town, for the purpose of attacking them. Sometimes the shields were disposed in such a way as to
make the testudo slope. The soldiers in the first line stood upright,
those in the second stooped a little, and each line successively was a
little lower than the preceding down to the last, when the soldiers
rested on one knee. V. Smith's Dict. Gr. and Rom. Antiq., Art.
Testudo.

Ch. VII.   1. **Eo** — therefore, on this account. It may mean
thither; viz. to Bibrax; but the former seems preferable.

2. **De .... nocte** — in the middle of the night. V. I. 12, n. 4.

3. **Numidas — Baleares.** The light-armed troops (*levis armatura*) of the Roman armies consisted, at this time and onward to
the downfall of the republic, for the most part, of foreign mercenaries
possessing peculiar skill in the use of some national weapon. They
were formed into a regular corps under their own officers, and did
not enter into the constitution of the legion.

4. **Ab millibus — duobus** = less than two miles off (*ab*). 84
After *ab* supply *iis*; i. e. *castris Caesaris.*

Ch. VIII.   1. **Opinionem virtutis** = reputation for valor.

2. **Quotidie .... periclitabatur** = yet he made attempts
daily by skirmishes with the cavalry, (to ascertain) what the enemy
could effect by their valor, and what our men had the courage
(to do).

3. **Audeo** denotes an enterprise with reference to its danger,

Page

84 and the courage of him who undertakes it; whereas *conor*, with reference to the importance of the enterprise, and the energy of him who undertakes it : lastly, *molior*, with reference to the difficulty of the enterprise, and the exertion required of him who undertakes it. Död.

4. **Adversus** — opposite, facing (the enemy). An adjective agreeing with *collis*.

5. **Tantum — quantum .... poterat** — as much space (*loci*) as the line drawn up in battle array was able to fill.

6. **Ex .... habebat** — had steep declivities on both sides: It. had declivities of side on each part.

7. **In .... fastigatus** — gently sloping in front.

8. **Tormenta.** These were military engines for throwing stones and other missiles.

9. **Ab .... pugnantes** — on the sides while fighting.

10. **Eductas instruxerant.** V. L 25, n. 10.

85 Ch. IX. 1. **Si.** V. I. 8, n. 12.

2. **Ut impeditos aggrederentur** — to attack (them) embarrassed (with the difficulties of crossing).

3. **Si minus potuissent** — if they were not able.

4. **Popularentur :** sc. *ut* from the preceding sentence.

Ch. X. 1. 1. **Interficio** and **perimo** are the most general expressions for putting to death, in whatever manner, and from whatever motive, *fame, veneno, suspendio, ferro, suppliciis, dolo ;* but *interficio* as a usual, *perimo* as an old, forcible, poetical expression. *Interimo* involves the accessory notion of privacy ; as to remove out of the way : *neco*, that of injustice, or, at least, cruelty ; to murder. 2. *Occido, jugulo, trucido, obtrunco, percutio,* denote a sanguinary death-blow : *occido* means by cutting down, especially the business of the soldier, in honorable open battle ; *jugulo*, by cutting the throat or neck, or rather by a skilfully directed thrust into the collar-bone, especially the business of the bandit, after the pattern of the gladiator ; *obtrunco* means to butcher, massacre, and cut to pieces, after the manner of the awkward murderer ; *trucido*, to slaughter as one would a steer, after the manner of the blood-thirsty miscreant, who, without meeting resistance, plays the hero on the defenceless ; *percutio*, to execute, as a mere mechanical act, after the manner of the headsman, or other executioner of a sentence of condemnation, or, at least, of a death-warrant. Död.

2. **Circumventos interfecerunt** — surrounded and slew. V. L 25, n. 10.

3. **Optimum esse,** — **quemque reverti; et** (sc. *ut*) — **convenirent.** V. I. 2, n. 4.   85

4. **Quorum in fines** — into whosesoever territory.

5. **Domesticis .... frumentariae** — the abundance of pro- 86 visions which they had at home.

6. **Divitiacum .... appropinquare.** This they were doing in accordance with the request of Caesar. V. V.

7. **His .... poterat** — it was not possible to persuade these (i. e. the Bellovaci) to stay longer, and not bear aid to their (countrymen at home).

C͞H. XI.   1. **Secunda vigilia.** V. I. 12, n. 4.

2. **Quum .... peteret** — since each strove to obtain for himself the foremost place in the route.

3. **Repente** and **subito** denote suddenly: *repens* means sudden, in opp. to *exspectatus*, expected; but *subitus*, in opp. to foreseen, *ante provisus*, *meditatus*, *paratus*. *Extemplo* and *e vestigio*, in opp. to delay; *extemplo*, in a moment, with reference to time; *e vestigio*, on the spot, with reference to place. *Illico* and *illicet*, in opp. to slowness: *illico* (in *loco*) is used in prose; *illicet*, by writers of comedy and poets. *Statim* and *protinus*, in opp. to at a future time: *statim*, immediately, in opp. to *deinde*, *postea; protinus*, forthwith. *Confestim* and *continuo*, in opp. to *ex intervallo*. Död.

4. **Novissimum agmen.** V. I. 15, n. 5.

5. **His;** i. e. *equitatum.*

6. **Quum .... ventum erat** — while those in the rear, with whom they had come up.

7. **Priores:** sc. *et* — and the foremost.

8. **In .... ponerent** — caused their safety to depend upon flight.

9. **Quantum .... spatium** — as the length of the day allowed: lit. as there was space of day. 87

CH. XII.   1. **Postridie ejus diei.** V. I. 23,′ n. 1.

2. **Reciperent** — recovered.

3. **Ex itinere.** V. I. 25, n. 8.

4. **Paucis defendentibus** — although but few were defending it.

5. **Vineas agere** — to push forward the *vineae. Vinea* was a term applied by the Romans to a roof under which the besiegers of a town protected themselves against darts, stones, fire, and the like, which were thrown by the besieged upon the assailants. V. Smith's Dict. of Gr. and Rom. Antiq., Art. *Vinea.*

6. **Aggere jacto** = a mound having been thrown up. The *agger* was a mound, usually composed of earth, though sometimes of wood, hurdles, and similar materials, which was raised round a besieged town, and which was gradually increased in breadth and height, till it equalled or overtopped the walls. V. Smith's Dict. of Gr. and Rom. Antiq.

7. **Turribus.** Towers were either stationary, or movable: the former were employed to strengthen the fortifications of cities and camps, and also the *agger* formed around a besieged town: the latter were built so far from the besieged place as to be out of the enemy's reach, placed upon wheels (generally six or eight), situated for security inside of the towers, and then pushed up to the walls by men stationed inside of and behind them. They were six, ten, fifteen, and even twenty stories high, and contained slingers, archers, engines of war, scaling-ladders, bridges, missiles, &c.

Ch. XIII. 1. **Primis :** sc. *hominibus.*

2. **In .... accepit** = received the Suessiones on surrender.

3. **Ducit.** V. I. 46, n. 1.

4. **Sese .... venire** = that they would place themselves under his protection and in his power; i. e. they would surrender at discretion.

Ch. XIV. 1. **Eum ;** i. e. *Caesarem.*

2. **Facit verba** = speaks.

88 3. **In fide atque amicitia civitatis Aeduae fuisse** = had been faithful and friendly to the Aeduan state: lit. in faithfulness and friendship towards, &c. *Civitatis* is the objective genitive.

4. **Defecisse :** sc. *Bellovacos.*

5. **Principes** = instigators.

6. **Petere, utatur, etc.** V. I. 44, n. 21.

7. **Mansuetudo** is the mildness and magnanimity of a private individual, who does not take vengeance for a mortification suffered, in opp. to *iracundia ;* whereas *clementia,* the mercifulness and humanity of the ruler, or the judge, who does not inflict upon the malefactor the punishment which he deserves, in opp. to *crudelitas.* Död.

8. **Amplificaturum** (*esse*): sc. *eum ;* i. e. *Caesarem.*

Ch. XV. 1. **Honoris .... caussa** = out of respect to Diviciacus and the Aeduans.

2. 1. **Quaero** denotes seeking, in a general sense, as the wish and want to get at something; whereas *scrutor, rimor, investigo,* and *indago,* involve the accessory notion of taking pains. 2. *Scrutor* and *rimor* means to search for something hidden: *scrutor,* by rummag-

ing, with evident interest and eagerness; *rimor*, by digging for, with 88
evident exertion and skill on the part of the searcher; whereas
investigo and *indago* mean to search after something at a distance;
investigo, like the huntsman, who cautiously follows the visible track
of the wild animal; *indago*, like the hound, which, guided by instinct,
follows the scent. Död.

3. Patriam virtutem — the bravery of their fathers.

4. Confirmare — they assert.

CH. XVI. 1. 1. **Absum** denotes absence as a local relation, 89
" to be away" from a place; but *desum* denotes an absence by which
a thing is rendered incomplete, and means " to fail," " to be wanting," in opp. to *sum* and *supersum*. 2. *Desum* denotes a finished,
deficio, a commencing state.

2. Exspectare — were waiting for.

3. Conjecisse — they had hastily conveyed.

4. Quo — whither, to which.

CH. XVII. 1. **Eorum .... perspecta** — our army's mode
of marching in those days having been observed.

2. Numerum — quantity.

3. Neque .... negotii — and that there would be no difficulty.

4. Hanc .... adoriri — in attacking this under their loads.
The load (*sarcina*) of a Roman soldier, while on the march, generally consisted, in addition to his armor, of provisions for at least
fourteen days, sometimes thirty, a saw, hatchet, basket, mattock,
hook, leathern strap, chain, pot, and three or four stakes. The
heavy baggage (*impedimenta*), including camp equipage, provisions,
intrenching tools, &c., was drawn by beasts of burden.

5. Qua : sc. *legione.*

6. Adjuvabat — it (the circumstance; i. e. the substantive
clause introduced by *quod*) favored.

7. Qui .... deferebant — who brought the intelligence.

8. Ei .... student — apply themselves to this; i. e. the training of cavalry.

9. Teneris .... effecerant — by cutting into and bending
down young trees, branches sprouting out thickly in a lateral direction, and intermixed with brambles and thorn-bushes, had caused.
Nervii is the subject of *effecerant.*

10. Quo — so that.   90

CH. XVIII. 1. **Haec.** V. I. 48, n. 8.

2. Quem locum. V. I. 6, n. 1.

3. Adversus .... contrarius — facing this and directly opposite.

Page

90 4. **Infimus .... posset** — the bottom (of the hill was) open
and clear, (but) on the upper part it was (so) covered with woods,
that nothing could be distinctly seen within (them). The common
reading is *infima*.

5. **Secundum .... equitum** — along the river a few guards
of horse.

Ch. XIX. 1. **Aliter .... detulerant** — was otherwise than
the Belgae had announced to the Nervii.

2. **Expeditas** — without baggage; i. e. unencumbered by the
load of baggage which each soldier was accustomed to bear. V.
XVII. n. 4.

3. **Silva.** The whole, of which *silvas* above are the parts.

4. **Quem .... aperta** — as far as the plain and open ground.
Schmitz takes *porrecta* for a substantive, on account of its position:
Hinzpeter and Andrews reject *ac*.

5. **Cedentes :** sc. *eos ;* i. e. *hostium equitatum.*

6. **Quod .... convenerat** — which had been agreed upon
between them as the time for joining battle.

91 7. **Ita .... confirmaverant** — just as they had stationed the
line and the ranks within the woods, and had themselves encouraged
each other (to do).

8. **His ;** i. e. *nostris equitibus.*

9. **In .... nostris** — close to us.

10. **Adverso colle** — up the hill.

Ch. XX. 1. **Vexillum.** A red flag hoisted upon the general's
tent as a signal for marching, or making ready for battle.

2. **Signum tuba.** The signal to call the soldiers together.

3. **Agger** — materials for a mound.

4. **Signum** — the watchword.

5. **Successus** — the near and rapid approach.

6. **Quid .... oporteret :** the object acc. of *praescribere* and
deceri.

7. **Singulisque legionibus** — and from their respective
legions.

8. **Nisi .... castris** — until the camp was fortified.

9. **Hi ;** i. e. *legati.*

10. **Videbantur** — seemed proper (to them).

Ch. XXI. 1. **Quam .... decucurrit ;** i. e. *in eam partem
decucurrit, quam fors obtulit.*

2. **Non .... oratione — quam .... retinerent** — in a
speech not longer than was necessary to remind them of their former
valor : lit. than that they might retain the remembrance of, &c.

3 **Neve** (*neu*) (= and not) is properly used only after *ut, ne,* 92 and *ut ne.*

4. **Quo** = whither.

5. **Pugnantibus :** sc. *iis.*

6. **Insignia.** V. I. 22, n. 3.

7. **Tegimenta.** The shields were covered while on the march, to keep them bright.

8. **In ... suis** = while seeking his own.

CH. XXII. 1. **Diversis .... resisterent** = the legions being separated, some offered resistance to the enemy in one place, and others in another.

2. 1. **Angustus** and **arctus** relate to space itself, and to the proximity of its enclosing limits : *densus* and *spissus,* to things existing in space, and to their proximity to one another. 2. The *angustum* is bounded only by lines, and forms mostly a small oblong, opp. to *latus :* the *arctum* is fenced in by lists, walls, or mounds, and forms mostly a square or circle, and so forth, close, in opp. to *laxus.* 3. *Densus* denotes objects only as pressed near to one another, and without distinguishable gaps, in opp. to *rarus: spissus,* as pressed close to one another, and without any spaces between, in opp. to *solutus,* loose. By *densus* is principally meant the rich abundance of objects, which have necessarily not room to receive, and keep them far asunder : by *spissus,* the want of empty space, from all the spaces between objects being filled up, owing to their being crowded together. Död.

3. **Prospectus impediretur** = the view was obstructed.

4. **Certa** = with certainty.

5. **Collocari :** sc. *poterant.*

6. **Provideri :** sc. *poterat.*

7. **Administrari** = be given.

CH. XXIII. 1. **Cursu .... exanimatos** = breathless from running and weariness.

2. **His .... obvenerat** = this part (i. e. Atrebates) had fallen to their lot.

3. **Ipsi ;** i. e. *Legionis nonae et decimae milites.*

4. **Diversae .... legiones** = two other legions.

5. **Ex .... superiore** = from the higher ground. Construe 93 with *profligatis.*

6. **Nudatis :** sc. *defensoribus.* The ninth and tenth legions, which had been stationed on the left of the camp, had pursued the Atrebates across the river ; and the eighth and eleventh, which had

z

93 occupied the position in front, were fighting with the Veromandui on the bank of the river.

7. **Confertissimo agmine.** V. I. 24, n. 7.

8. **Aperto latere** — on their unprotected flank. This would be the right flank of the twelfth legion, and the left of the seventh; for as the twelfth stood on the extreme right (*in dextro cornu*), and the seventh not far from it (*non magno ab ea intervallo*), we must suppose the seventh to be on the left of the twelfth, and flanked by the eighth and eleventh, which must have occupied the centre in front of the camp. The withdrawal of these last to pursue the Veromandui would leave the left flank of the seventh legion exposed to the attack of the Nervii.

Ch. XXIV. 1. **Dixeram.** V. XIX. For pluperfect, v. I. n. 4.

2. **Adversis** — in front, facing (them).

3. **Ab .... porta** — from the deciman gate. A Roman camp had four gates: the *porta principalis dextra* and the *porta principalis sinistra* at the two extremities of the wide street called *principia*; the *porta praetoria*, so called from being situated on that side of the camp nearest to the *praetorium*, or general's tent; and the *porta decumana*, so called from being situated on that end where the tenth turmae and the tenth maniples of each division were quartered. The *porta decumana* was the main entrance, and was situated on the side of the camp most remote from the enemy.

4. **Treviri** — Trevirian: here an adjective.

5. **Quorum .... singularis** — whose reputation for valor is very high among the Gauls.

6. **Diversos dissipatosque** — separated and scattered.

7. **Contenderunt** agrees with *equites Treviri*.

Ch. XXV. 1. **Ab .... cohortatione.** Where he was in the 21st chap. In the transactions of the 22d, 23d, and 24th chapters, Caesar had no part.

2. **Suos urgeri:** depending upon *vidit*.

3. **Signisque .... milites** — and that the soldiers of the twelfth legion being crowded thickly together in consequence of the standards having been brought together.

94 4. **Omnibus centurionibus.** Each legion was divided into ten cohorts, each cohort into three maniples, each maniple into two centuries; there would, therefore, be sixty centuries in a legion, and six in a cohort. The commanding officer of a century was called a centurion.

5. **Primipilo.** The legion was also divided into three divi-9̶4̶ sions, called *hastati, principes,* and *triarii.* The *triarii* formed the third or rear line of the legion, and consisted of veteran soldiers. The *primipilus* was the first centurion of the first maniple of the *triarii,* and consequently was the chief centurion of the legion. He bore the *aquila,* or principal standard of the legion, had a seat with the consul and tribunes in the council of war, and had the same pay as the *equites.*

6. 1. **Fero** represents the bearing, only with reference to the burden which is borne, altogether objectively; whereas *tolero, perfero,* and *patior, perpetior,* with subjective reference to the state of mind of the person bearing: the *tolerans* and *perferens* bear their burden without sinking under it, with strength and self-control, synonymously with *sustinens,* sustaining: the *patiens* and *perpetiens,* without striving to get rid of it, with willingness and resignation, enduring it, synonymously with *sinens. Fero* and *tolero* have only a noun for their object, but *patior* also an infinitive. 2. *Perfero* is of higher import than *tolero,* as *perpetior* is of higher import than *patior,* to endure heroically and patiently. 3. *Tolero* means to keep up under a burden, and not sink down; but *sustineo* means to keep up the burden, and not let it sink. 4. *Patior* denotes an intellectual permission, no opposition being made, like to let happen; whereas *sino* denotes a material permission, not to hold anything fast, nor otherwise to hinder, to leave free. *Patior* has, in construction, the action itself for its object, and governs an infinitive: *sino,* the person acting, and is in construction with *ut.* 5. *Sustineo* means to hold up, in a general sense; whereas *sustento,* to hold up with trouble and difficulty. Död.

7. **Ab novissimis** — in the rear.

8. **Desertos;** i. e. *a ducibus.* Their officers had been killed, and they no longer had any to urge them on to the combat.

9. **Neque — et.** A negative sentence with *neque* (*nec*) is often followed by an affirmative one with *et* or *que.* The notion introduced by *et, que,* is often the stronger opposite notion to that which is rejected. The force may often be given by *not — but rather.* Arnold.

10. **Subeuntes intermittere** — did not (*neque*) cease advancing.

11. **Uni milito detracto** — having been taken from a soldier. The dat. of disadvantage.

12. **Processit.** The subject is *Caesar,* the first word in the chapter.

Page

94   13. **Signa .... laxare** — to advance and extend the maniples.

14. **Etiam .... rebus** — even in his greatest danger.

,CH. XXVI. 1. **Conversa .... inferrent.** V. I. 25, n. 10.
The movement consisted in putting the legions back to back: thus
forming a double front, and each covering the rear of the other.

2. **Aversi** — in their rear.

3. **Cursu incitato** — having quickened their pace.

95   4. **Qui** relates to *legionem*, but agrees in gender and number
with the noun *milites* implied in it.

5. **Loco** — condition.

6. **Versaretur** — were.

7. **Nihil .... fecerunt** — made all the haste they could: lit.
caused nothing (to be) left by them in regard to speed.

CH. XXVII. 1. **Horum**; i. e. *decimae legionis.*

2. **Omnibus .... praeferrent** — in every quarter of the
fight thrust themselves before the legionary soldiers; i. e. endeavored
to surpass them in deeds of valor.

3. **Primi** — the foremost.

4. **His**; i. e. those who had stood upon, and fought from, the
bodies of their fallen countrymen.

5. **Ut ex tumulo** — as from an eminence.

6. **Ut .... ausos esse** — so that it ought to be concluded that
men of so great valor did not without reason dare.

7. **Quae facilia** — these things easy. **Redegerat** — *re-
diderat.*

CH. XXVIII. 1. **Dixeramus.** V. I. n. 4.

2. **Nihil** (*esse*) **impeditum** — that nothing was a hinderance.

96   CH. XXIX. 1. **Quod .... haberet** — while it had on all
sides round about very high rocks and commanding views (of the
country below).

2. 1. *Saxum, rupes,* and *cautes,* are greater; *lapis, calx,* and *scrupus,* smaller masses of stone. 2. *Saxa* are greater masses of stone, in
whatever form: *rupes* and *petrae* are steep and high, like rocks, and
therefore difficult to climb: *cautes* and *scopuli* are rough and pointed,
like crags, and therefore threaten danger: the *cautes* are smaller,
and also not visible in the water, and therefore deceitful: the *scopuli*
jutting upwards, threaten and announce danger. 3. *Lapis* is the
most general expression, and denotes the stone only as a material
substance, without regard to its form. Död.

3. **Ducentorum pedum** limits *aditus.*

4. **Quem locum :** referring to *aditus.*

5. **Agere** — to drive : referring to their cattle.

6. **Una :** sc. *cum impedimentis.*

7. **Eorum obitum** — their overthrow; i. e. of the Cimbri and Teutoni by C. Marius.

8. **Quum alias bellum** (*finitimis*) **inferrent, alias** (*bellum sibi a finitimis*) **illatum defenderent.**

Ch. XXX. 1. **Pedum :** sc. *in altitudinem.*

2. **Vineis actis.** V. XII. n. 5.

3. **Aggere.** V. XII. n. 6.

4. **Turrim.** V. XII. n. 7.

5. **Quo** — (asking) for what purpose. The narrative to the end 97 of the chapter depends upon the idea of *saying,* implied in *increpitare.*

6. **Ab** — from (them) : sc. *se.*

Ch. XXXI. 1. **Moveri** — was moving; i. e. the tower.

2. **Qui** is the subject of *dixerunt.*

3. **Existimare :** sc. *se.* V. III. n. 4. The sentence from *non to possent* depends upon *locuti,* and is explanatory of *hunc modum.*

4. **Deprecari** means, properly, to avert something by praying, to pray that something will not take place ; therefore *unum deprecari* — prayed that he would not do one thing. The clause, *ne se armis despoliaret,* explains *unum.*

5. **Pro** — conformably to.

6. **Audirent.** The subj. refers the statement to the mind of the legati : — they heard of, as they said.

7. **Sibi praestare** — it would be better for them.

8. **His ;** i. e. *finitimis*

Ch. XXXII. 1. **Aries.** This engine consisted of a large beam, 80, 100, or even 120 feet in length, made of the trunk of a tree, especially of a fir or an ash. To one end was fastened a mass of bronze or iron, which resembled in its form the head of a ram. A hundred men, or even a greater number, were sometimes employed to strike with it. Josephus says, that there was no tower so strong, no wall so thick, as to resist the force of this machine, if its blows were continued long enough. V. Smith's Dict. of Gr. and Rom. Antiq.

2. **In Nerviis** — in the case of the Nervii. V. XXVIII.

3. **Facere.** "It is here the imperfect ; 'they were doing'; i. e. 'would immediately do'; and indicative of the most prompt and ready obedience." Andrews.

Ch. XXXIII. 1. **Aut denique** — or at least, or at all events. 98

2. **Pellibus induxerant** — had covered with skins.

98 3. **Ut — pugnari debuit** — as it ought to be fought; i. e. as it would be reasonable to suppose that brave men would fight under the circumstances.

4. **Ad.** V. I. 4, n. 6.

5. **Postridie ejus diei.** V. I. 28, n. 1.

6. **Sectionem — universam** — all the spoils. They consisted of all kinds of movable goods, and of men. They were first sold in the lump to purchasers, who afterwards retailed them in small quantities. It is with reference to this sale that the word *sectio* is used; which means literally a dividing, a parcelling out.

Сн. XXXIV. 1. **Oceanum.** The Atlantic.

2. **In .... Becmoo** — to a surrender and to the power of the Roman people. Most editions read *ditionem.*

Сн. XXXV. 1. **Incoherent.** The idea here suggested by the subj. is, that *legati* were sent *even by such* nations as dwelt, &c.; i. e. although they dwelt beyond the Rhine, and had no cause to fear, yet they sent ambassadors.

99 2. **Inita proxima aestate** — in the beginning of the next summer.

3. **Dies quindecim supplicatio** — a thanksgiving of fifteen days.

BOOK III.

Сн. I. 1. **Quo :** sc. *itinere.*

2. **Magnisque cum portoriis** — and with heavy imposts. *Portoria* signified first, duties levied upon imported and exported goods, but was afterwards extended to mean duties raised upon goods for being carried through a country or over a bridge. In the latter sense it is used here.

100 3. **Hic :** sc. *vicus.*

4. **Eum locum ;** i. e. the part assigned to the cohorts.

Сн. II. 1. **Transissent** — had passed, elapsed.

2. **Eo ;** i. e. in *hiberna.*

3. **Id** refers to what precedes, and is still further explained by the clause, *ut — caperent.*

4. **Legionem, neque eam plenissimam** — a (one) legion, and that not very full. The cause is immediately assigned; viz. *detractis cohortibus duabus,* &c. The legion was said to be *plenissima,* when it contained the full complement of officers and men prescribed

by the law of the time. The number was different at different 100
periods.

5. **Decurrerent** — should run down.

6. **Accedebat** — an additional reason was: lit. it was added to
(this).

7. **Nomine** — on account of, for the sake of, for.

8. **Sibi .... habebant** — they were fully persuaded.

Ch. III. 1. **Opus .... munitionesque.** Hendiadys for 101
opus hibernorum muniendorum.

2. **Commeatu.** V. I. 39, n. 1.

3. **Satis .... provisum** — had sufficient provision been made.

4. **Neque subsidio veniri** (sc. *posset*) — neither could aid
come : lit. neither could it be come for aid (by their countrymen).

5. **Ad .... contenderent** — they should hasten to seek safety.

6. **Rei .... experiri** — to try the issue of the affair.

Ch. IV. 1. **His .... administrandis** — for arranging and
executing those things.

2. **Integris viribus** — while their strength was fresh.

3. **Hoc superari** — in this they were surpassed ; i. e. the enemy had the advantage over them.

4. **Excedebant** — kept retiring.

5. **Alii** — (while) others.

6. **Defesso** : sc. *militi.*

7. **Sui recipiendi** — of recovering himself.

Ch. V. 1. **Nostris.** The dative with *deficio* is very rare, and
mostly poetical.

2. **Ad .... casum** — to the last extremity. 102

3. **Primipili.** V. II. 25, n. 5.

4. **Unam spem** — the only hope.

5. **Extremum auxilium** — the last resource.

6. **Certiores facit** — he orders : lit. he informs.

Ch. VI. 1. **Quod jussi sunt.** *Jubeo* may be properly considered one of the verbs, which, in the active voice, take two accusa-
tives : the acc. of the thing being expressed by the infinitive. Accordingly, like those verbs, it may have a personal passive with the
acc. of the thing remaining. *Quod*, which is here equivalent to *quod
facere*, is in the acc. and governed by *jussi sunt* in accordance with
this principle. V. Z. § 607, and Schmitz, § 373.

2. **Sui colligendi.** The rule for the agreement of the gerundive with its noun is here violated. *Sui* is plural. The construction
is an unusual one, instead of *se colligendi.* V. Z. § 660.

Page

102   3. **Circumventos interficiunt** — surround and kill.

    4. **Alio — consilio** — with one view. Probably to enjoy peace and recruit his men.

    5. **Aliis .... rebus** — (and) had met different things (from this). *Et* is commonly omitted before *alius, reliquus,* and *cetera.*

103   Ch. VII. 1. **Existimaret — profectus esset.** Observe the change of tense: "was thinking," action continued — "had set out," action completed.

    2. **Ita** — on this account.

    3. **Haec.** V. I. 48, n. 8.

    4. **Mare Oceanum** — the ocean. *Oceanum* is here used adjectively, and is appended to *mare* to distinguish it from the Mediterranean.

    5. **Praefecti.** By *praefecti militum* are here meant officers of the allies of the same rank as the *tribuni militum* of the Roman legions. They were the chief officers of the legions; and as each Roman legion had six *tribuni militum,* so each legion of the allies had six *praefecti militum.*

  Ch. VIII. 1. **Soleo** is used of events and of actions, to be used; whereas *consuesco* only of an action, with reference to a person, to be wont. Död.

    2. **In .... aperto** — in a violent and open sea. *In* has here a causal force; and the passage may be freely rendered, "as the open sea is impetuous, and there are but few harbors," &c.

    3. **Acturos:** sc. se.

104   4. **Suos — sibi:** referring to different subjects. In *oratio recta* it would be: "If you wish to receive your (*tuos*) men, send hostages to us (*nobis*)."

  Ch. IX. 1. **Institui** — to be procured.

    2. **Quum .... potuit** — as soon as the time of year permitted.

    3. **Cognito .... facti** — being apprised by the knowledge of Caesar's approach (of what they might expect); i. e. they learned by Caesar's arrival that they should have him also to contend with, and not Crassus alone.

    4. **Simul** — and also. *Simul* alone adds a less weighty reason to one already stated. A.

    5. **Quantum .... admisissent** — how great a crime they had committed against themselves. *Admitto* expresses rather the moral liability incurred freely; while *committo* designates only the overt act, punishable by civil law.

    6. **Legatos — retentos .... conjectos** is in apposition with

facinus, and — the retaining of the ambassadors, and casting them 104 into prison. Lit. the ambassadors retained and cast into prison by them.

7. **Pro** — in proportion to.

8. **Hoc majore spe** — their hope (of success) being greater on this account.

9. **Navigationem impeditam** — access by sea was embarrassed.

10. **Ac jam** — and besides

11. **Aliam .... atque** — different from (what it was).

12. **In concluso mari;** i. e. the Mediterranean.

13. **Naves — quam .... possunt** — as many ships as possible.

14. **Socios sibi — adsciscunt.** V. I. 5, n. 10.

Cн. X. 1. **Hae** — such; i. e. the difficulties *just* mentioned in 105 the preceding chapter.

2. **Multa** — many considerations.

3. **Injuriae, etc.** The *equitum Romanorum* here mentioned are the *legati* of the preceding chapter, who were of the equestrian order. The wrong done them consisted mainly in their detention as public officials; though personal injuries are not necessarily excluded.

4. **Rebellio — defectio.** The former means the renewal of hostilities; the latter, merely a revolt, a refusal to obey established authority.

5. **In primis** — among the first; i. e. among the first considerations that led him to prosecute the war, was the one, that other nations might not, by seeing these go unpunished, be encouraged to revolt. The substantive clause, **me .... arbitrarentur**, is, like *injuriae, rebellio*, &c., in app. with *multa*.

6. **Parte:** sc. *Galliae*.

7. **Novis rebus** — political changes, revolutions.

8. **Autem.** V. I. 2, n. 15.

9. **Natura** — naturally.

Cн. XI. 1. **Cohortibus .... duodecim;** i. e. one legion and two cohorts. V. II. 5, n. 10.

2. **Galliam;** i. e. Celtic Gaul.

3. **Qui .... curet** — to see that those forces (i. e. the *Unelli*, &c.) be prevented from uniting (with the rest). *Eam manum — eorum manum.*

4. **Puer,** in a wider sense, is the man in his dependent years, so long as he neither can be, nor is, the father of a family, a young

18

105 person, in three periods; as *infans*, from his first year till he is
seven; as *puer*, in a narrower sense, from his seventh year till he is
sixteen; as commencing *adolescens*, a youngster, from his sixteenth
year. *Juvenis*, in a wider sense, is as long as he remains in his years
of greatest strength, from about the time of his being of age to the
first appearances of advanced age, as the young man, which also may
be divided into three periods; as ceasing to be *adolescens*, from his
eighteenth year; as *juvenis*, in a narrower sense, from his four-and-
twentieth year; as beginning to be *vir*, from his thirtieth year.
Maturus is the man in his ripest years, when the wild fire of youth
has evaporated, and may be divided into three periods; as ceasing
to be *vir* from his fortieth year; as *vetus*, from his fiftieth year; as
senex, from his sixtieth year. Död.

106   Ch. XII. 1. **Se .... incitavisset** — the tide had rushed in.

  2. **Duodecim.** Some read *viginti quatuor*, but without manuscript authority. From high water to high water again, is, in most
places, about twelve hours; so that, although it is not true that high
water happens twice every twelve hours, yet it is true that there
may be high water twice *within the space* of twelve hours.

  3. **Minuente aestu :** sc. *se :* — when the tide ebbed.

  4. **Utraque re** — by both causes; i. e. the ebbing and flowing
of the tide.

  5. **Operis :** referring to *aggere ac molibus* below.

  6. **His ;** i. e. *aggere* and *molibus*.

  7. **Cujus rei** — *quarum :* sc. *navium*.

  8. **Raris .... portibus** — as there were few and almost no
harbors.

  Ch. XIII. 1. **Namque ipsorum.** *Namque* is explanatory
of the last sentence of the preceding chapter; and *ipsorum* is used
to contrast strongly the ships here spoken of with the *nostrae naves*
above.

  2. **Navium :** sc. *carinae*.

  3. **Excipere** — to meet, withstand. A personification.

  4. **Ad .... perferendam** — for bearing any violence and injury whatever. *Vis* and *contumelia*, which, properly, can proceed
only from persons, are here applied to the sea: the personification
continuing from the preceding sentence.

  5. **Transtra** — rowers' benches.

  6. **Digiti pollicis crassitudine** — of the thickness of the
thumb. *Pollicis* is here to be regarded as an adjective, and an attributive of *digiti*, *digiti pollicis* as an attributive of *crassitudine*, and

digiti pollicis crassitudine as an attributive of *clavis*. Instead of an **106**
adjective agreeing with it according to the rule (K. 88, 9), *crassitu-*
dinis has here an attributive genitive limiting it, which is logically
the same thing. This construction is especially common with the
compound attributive *ejusmodi* (*hujusmodi*). See beginning of preceding chapter, where *ejusmodi* (= *ejus modi*) limits, or is the attributive of, *situs*, according to the rule cited above. Also below : *con-*
gressus erat ejusmodi. V. A. & S. 211, R. 6, (1).

7. **Pelles — alutaeque .... confectae** — raw hides and
thinly dressed leather.

8. **Hae** — these (were used) ; i. e. *pelles* and *alutae*. **107**

9. **Satis commode** — with sufficient ease.

10. **Cum .... erat** — the meeting of our fleet with these ships
was of such a nature.

11. **Una** — sola

12. **Praestaret :** sc. *classis.*

13. **Reliqua** — (while) all other things. V. VI. n. 5.

14. **Pro** — considering.

15. **Illis :** sc. *navibus.*

16. **Rostro.** The *rostrum*, or beak, consisted of a beam just below the prow, and projecting a little above the keel, to which were
attached sharp and pointed irons, or the head of a ram and the like.
It was used for the purpose of attacking another vessel, and of breaking in its sides.

17. **Copulis** — by grappling-irons.

18. **Casus** — chance, danger.

CH. XIV. 1. 1. **Frustra** means in vain, with reference to the
subject, whose expectations and calculations have been disappointed ;
whereas *nequidquam*, (that is, *in nequidquam*, *in nihil*,) to no purpose,
refers to the nullity in which the thing has ended. 2. Hence *frustra*,
used adjectively, refers to the person ; whereas *irritus*, the actual
adjective, refers to the thing. 3. *Frustra* and *nequidquam* denote
merely a failure, without imputing a fault ; whereas *incassum* involves the accessory notion of a want of consideration, by which the
failure might have been calculated upon, and foreseen, as in attempting anything manifestly or proverbially impossible. Död.

2. **Reprimi :** sc. *posse.*

3. **Neque .... posse** — and that no injury could be done to
them, they could not be injured.

4. **Expectandam :** sc. *esse* and *sibi.*

5. **Omni .... armorum** — with every kind of equipment.

Page

107 *Arma* here refers to the tackle of a ship; such as mast, sails, rudder, ropes, &c.

6. **Quam . . . . Insisterent** — what mode of fighting they should follow.

7. **Turribus . . . . has** — moreover, although towers were raised, yet even these. The abl. abs. is often equivalent to a subordinate clause introduced by *quamquam, etiamsi,* &c. Towers were erected on ships, in order that engines might be placed on them for hurling missiles at the enemy.

108 8. **Falces praeacutae** — hooks with the edges sharpened towards the points.

9. **Non . . . . falcium** — the form being not unlike that of mural hooks. Sc. *formae.* The *murales falces* were hooks fastened to the ends of long poles, or beams, and used for pulling down the walls of besieged towns, or dragging down their defenders.

10. **Armamentis** — rigging.

11. **Paullo fortius** — a little braver than usual.

Ch. XV. 1. **Ac** — and even.

2. **Transcendere in** — to board.

3. **Hora quarta.** Answering to about our ten o'clock in the morning.

Ch. XVI. 1. **Quum — tum** — as — so also

2. **Navium . . . . fuerat** — whatever shipping they had: lit. what of ships there had been anywhere (to them).

109 3. **Reliqui;** i. e. the persons, here contrasted with ships.

4. **Eo — quo** — for this reason — that.

5. **Sub corona vendidit** — he sold as slaves.

Ch. XVII. 1. **Quintus Titurius Sabinus.** V. Chap. XI.

2. **Magnasque copias;** i. e. *ingens frumenti ac commeatus copia.*

3. **Atque** — and what is more. *Atque* is an *emphatic* copulative particle; and must therefore *not* be used to add a *less important* notion to a more important one, but either a notion of *at least* equal importance, especially a nearly synonymous one, or a notion of *greater importance.* A.

4. **His paucis diebus** — within these few days; i. e. the time it had taken Sabinus to reach the Unelli.

5. **Aulerci Eburovices:** one people. There were three branches of the *Aulerci,* of which one was the *Aurlerci Eburovices.*

6. **Nolebant:** sc. *senatores,* which is implied in *senatu.*

7. **Omnibus rebus** — in every respect: lit. in all things.

8. Duum. A second form of the gen. of *duo* and the regular one 109 in compounds; as *duumvir;* but is frequently used, also, in connection with *milium.* Z.

9. Nonnihil carperetur — was reviled somewhat, to some extent.

10. Opinionem timoris; i. e. the opinion which the enemy entertained of his fear.

11. Eo absente; i. e. Caesar.

12. Legato dimicandum — that a battle should be fought by a lieutenant.

Ch. XVIII. **1. Neque .... educat** — and that it is not far- 110 ther off than on the next night that Sabinus intends to lead out his army from the camp secretly.

2. Ad .... oportere — that they ought to march to the camp.

3. Spes .... belli. They had not yet heard of the result of this war.

4. Quod .... credunt. A general reflection; very few of which are found in Caesar.

5. Laeti ...... victoria — pleased as with certain victory.

6. Quibus — in order that with them.

Ch. XIX. **1. Cursu** — speed.

2. Quam .... spatii. V. I. 3, n. 4.

3. Qui .... evaserant — who had got away from the flight. 111

4. Animus is courage, *mens,* mind, the thinking faculty.

5. Mollis .... resistens — weak, and by no means capable of making resistance.

Ch. XX. **1. In Aquitaniam.** V. Chap. XI.

2. Ante dictum est. V. I. 1.

3. Ex .... aestimanda — is to be reckoned as a third part of Gaul: lit. is to be estimated according to the third part (which is fixed upon as a standard).

4. Quum. A repetition of the first *quum,* on account of the parenthetical clause which intervenes. This repetition is called *epanalepsis.* It may be translated *and.*

5. Paucis ante annis. Allusion is probably made to the war with Sertorius, which was concluded twenty-seven years before.

6. Civitates — cities.

7. Ostendo means to show as far as one makes something observable, lets it be seen, and does not keep it secret: *monstro* means to show, as far as one imparts information thereby : lastly, *declaro,* to make evident, as far as one makes a thing clear, and dispels doubt. Död.

Page

111 Ch. XXI. 1. **Imperatore;** i. e. Cæsar.

112 2. **Vineas.** V. II. 12, n. 5.

3. **Turres.** V. II. 12, n. 7.

4. **Cuniculis.** The *cuniculus* was a mine or subterraneous passage, so called from its resemblance to the burrowing of a rabbit. The object of the *cuniculus* was the destruction of a mound or fortification, by removing the earth from beneath it, and thus causing it to be overturned.

5. **Cujus rei** — in which art; i. e. the art of applying the *cuniculus*.

6. **Structurae.** Most copies have *secturae.*

Ch. XXII. 1. **Cum . . . . devotis** — with six hundred faithful followers.

2. **Cum his :** repeated for the sake of perspicuity after the long parenthesis which precedes : *epanalepsis.* V. XX. n. 4.

3. **Tamen** — nevertheless ; i. e. although he tried to effect his escape, yet (*tamen*) he obtained, &c.

Ch. XXIII. 1. **Et .`.. manu** — both by its natural situation and by the hand of man ; i. e. by nature and art.

2. **Quibus . . . . erat** — after they had come thither. *Ventum erat :* sc. *a Romanis. Quibus* — *postquam.* V. IV. c. 18.

113 3. **Magna cum auctoritate** — with great confidence and energy.

4. **Omnes annos** — during all the years (he had been in Spain).

5. **Consuetudine** — following the custom. These things they had learned under Sertorius.

6. **Capere** — to choose, select.

7. **Instituunt** — begin.

8. **Quod ubi** — when therefore.

9. **In dies** — every day.

10. **Cunctandum :** sc. *sibi esse.*

11. **Quin pugna decertaret** — to contend in battle.

12. **Pugnae ;** i. e. *ad pugnam.*

Ch. XXIV. 1. **Duplici** — in two lines. The usual arrangement was three lines (*triplici acie*) with the auxiliaries on the wings; but here, probably because his number was so small, and he had so little confidence in the auxiliaries, Crassus makes an entire change in the arrangement : forming two lines only, and putting the auxiliaries in the centre.

2. **Sese recipere** — to retreat.

3. **Impeditos . . . . cogitabant** — they intended to attack

them (*Romanos*) embarrassed on their march, and of weaker courage 113 under their packs; i. e. of weaker courage *because* they were under their packs. The common text has *inferiores animo. Sarcinas.* V. II. 17, n. 4. *Infirmiore animo* is an attributive of *Romanos* understood.

4. **Quum . . . . effecissent** — as the too timid enemy by their delay and by the opinion (which, by their delay, they had created among the Romans) had rendered our soldiers more eager to fight.

5. **Expectari .... iretur** — that they ought not to delay longer to go to the camp: lit. that it was not proper that it should be waited longer, that they should not go to the camp.

Ch. XXV. 1. **Opinionem pugnantium** — opinion (i. e. 114 on the part of the enemy) that they were fighting: lit. opinion of them fighting.

2. **Ex loco superiore:** i. e. *ex vallo munitionibusque.*

3. **Ab** — at. V. II. 24, n. 3.

Ch. XXVI. 1. **Praefectos;** i. e. commanders of the cavalry of the same rank as the *tribuni militum.* V. VII. n. 5.

2. **Intritae** — not exhausted.

3. **Eas munitiones:** alluding to the fortifications near the deciman gate.

4. **Prius — quam .... videri — posset** — before it could plainly be seen by them. *Priusquam* and *antequam* are often separated by a clause. In translating, they should be united, and construed with the clause with which the *quam* stands.

5. **Multa nocte** — late at night. V. I. 22 and 26.

Ch. XXVIII. 1. **Longe .... Galli** — in a far different way 115 from the other Gauls.

2. **Continentes** — neighboring, contiguous.

3. **Impeditioribus locis** — amid the more intricate parts.

Ch. XXIX. 1. **Reliquis .... diebus** — in the remaining days (i. e. of summer) in succession.

2. **Ab latere** — on the side.

3. **Conversam ad hostem** — facing the enemy.

4. **Confecto** — cleared.

5. **Silvas** — the parts of the forest. The plural of this word is 116 used in this sense throughout this and the preceding chapter.

6. **Sub .... possent** — could not be kept under their skins; i. e. in their tents, which were covered with skins.

BOOK IV.

116 Ch. I. 1. **Hieme, qui fuit annus;** i. e. *hieme ejus anni, qui fuit annus.* The time here mentioned was the winter of 56 and 55 B. C.

2. **Cn. Pompeio .... consulibus** — when Cneius Pompeius and Marcus Crassus were consuls.

3. **Germani** — a people of Germany.

4. **Quo** — *in quod.*

5. **Exagitati** — harassed.

117 6. **Dicuntur.** V. I. 37.

7. **Singula .... armatorum** — a thousand of armed men each; i. e. from each canton.

8. **Illos;** i. e. the warriors.

9. **Ratio atque usus** — theory and practice.

10. **Multumque sunt** — and are much (employed).

11. **Faciant.** The subj. refers the account here given of their mode of living to the mind of the Germans, as if it was their statement, and not that of the writer.

12. **Eam** — *talem.*

13. **Exiguitatem** — scantiness.

14. **Aperta** — uncovered, naked.

Ch. II. 1. The order is, *ut habeant (illos) quibus vendant (ea) quae bello ceperint.*

2. **Quo** — because. *Quo* is here equivalent to *eo quod:* lit. on account of this, that.

3. **Importatis** — when imported. Construe *his* with *jumentis.*

4. **Prava atque deformia:** sc. *jumenta.* Many read *parva.*

5. **Ut .... laboris** — that they may be capable of the greatest labor.

118 6. **Usus** — need.

7. **Teter** is the ugliness which disturbs the feeling of security, and excites fear or shuddering, like hideous, shocking: *foedus,* that which offends natural feeling, and excites loathing and aversion: *turpis,* that which offends the moral feeling, or sense of decency, and excites disapprobation or contempt, in opp. to *honestus, gloriosus: deformis,* that which offends the finer sensations, and excites dislike, in opp. to *formosus.* Död.

8. **Ad — adire** — to go to meet, to go to attack.

Ch. III. 1. **Publice** — in a public point of view.

2. **Vacare** — to be uninhabited.

3. **Hac re significari** — that by this it is shown: sc. *putant*.

4. **A. Suevis** — from the Suevi; i. e. reckoning from the frontier of the Suevi.

5. **Ut . . . . Germanorum** — according to German notions.

6. **Et paulo, etc.** The text is here doubtful. The commonly received reading is the one given in the text, and may be construed thus: *et paulo humaniores quam* (*homines*) *ejusdem generis sunt, et* (*paulo humaniores*) *ceteris* (*Germanis*) — and a little more civilized than (men) of the same extraction are, and (even) a little more civilized than the other Germans are.

7. **Multis . . . . experti** — although they had often attempted it by many wars.

8. **Gravitatem** — importance, power.

9. **Finibus:** sc. *eorum;* i. e. *Ubiorum.*

CH. IV. 1. **Caussa** — case, condition.

2. **Ad extremum tamen** — at last however.

3. **Copiis.** V. III. 17, n. 2.

119

CH. V. 1. **Infirmitatem** — fickleness.

2. **Nihil his committendum** — that nothing should be intrusted to them; i. e. none of his plans.

3. **Hoc . . . . consuetudinis** — this belongs to Gallic custom; i. e. is one of the Gallic customs.

4. **Uti, etc.** explains *hoc.*

5. **Quum — serviant** — since they are slaves.

6. **Plerique . . . . respondeant** — the most make answers invented to please them.

CH. VI. 1. **Uti . . . . discederent** — to remove from the Rhine; i. e. to penetrate into Gaul. 120

2. **Equitatuque imperato.** The cavalry of the Roman armies was usually furnished by the allies.

CH. VII. 1. **Quibus.** V. I. 6, n. 1.

2. **Haec fuit.** V. I. 48, n. 8.

3. **Germanos, etc.** This passage is in the *oratio obliqua* depending on the idea of saying implied in *oratio.*

4. **Resistere:** sc. *iis,* referring to *quicunque.*

5. **Deprecari** — to sue for peace.

6. **Posse:** sc. *se.* V. II. 3, n. 4.

7. **Possederint — possint.** Subj. because the sentiment of the Suevi, and not of Caesar.

8. **In terris** — on earth.

18 *

AA

120 Ch. VIII. 1. **Visum est:** sc. *respondere.*

2. **Respondit:** sc. *ea.*

3. **Nullam amicitiam.** V. VII. n. 3.

4. **Verum —** consistent, reasonable.

5. **Qui;** i. e. *eos qui.*

6. **Licere:** sc. *iis.*

121 7. **Hoc:** sc. *faciendum.*

Ch. IX. 1. **Ejus rei;** i. e. the return of the cavalry.

Ch. X. 1. **Vahalis — Batavorum:** sometimes written *Vacalus* and *Vatavorum.*

2. **Citatus —** rapidly.

3. **In plures defluit partes —** flows (i. e. divides) into several branches.

4. **Sunt:** sc. *nonnulli.*

5. **Capitibus —** mouths.

Ch. XI. 1. **Ut erat constitutum.** V. IX.

2. **Potestatem faceret.** V. I. 40, n. 15.

122 3. **Fidem fecissem —** would give security.

4. **Ea conditione.** V. VIII.

5. **Daret:** sc. *petebant, ut.*

6. **Eodem illo pertinere —** tended to the same thing. *Eodem illo* is explained by *ut — reveterentur.*

7. **Quam.** V. I. 3, n. 4.

8. **Praefectos.** V. III. 26, n. 1.

9. 1. **Lacesso** means to excite the reason and will of another to resistance: *irrito,* to provoke his feelings or passions to anger. 2. *Lacesso* means to excite, when a man in a coarse manner disturbs the peace of another: *sollicito,* when a man disturbs the quiet of another in a refined manner. Död.

Ch. XII. 1. **Eorum;** i. e. of the Germans.

2. **Rursus —** on the other hand.

3. **Resistentibus:** sc. *nostris.*

4. **Subfossis equis —** in consequence of their horses being stabbed under the belly.

5. **Amicus:** sc. *et.*

123 Ch. XIII. 1. **His —** *talibus.*

2. **Hostes;** i. e. the Germans.

3. **Ne . . . . praetermitteret —** that he would not let any day pass for a battle; i. e. without coming to an engagement. Schmits thinks *pugnae* is the dat. depending on *diem* and — day fit for a battle. V. Sall. Cat. XXXII. n. 3.

4. Postridie ejus diei. V. I. 23, n. 1.

5. Simul — simul — both — and.

6. Sui. Instead of *se.* V. III. 6, n. 2.

7. Contra .... petissent. — contrary to what had been said (by them) and what they themselves had requested.

8. De .... impetrarent — might obtain a truce by deceiving (him). More literally, might bring something to pass concerning a truce.

Ch. XIV. 1. **Prius — quam.** V. III. 26, n. 4.

2. **Ageretur** — was doing. V. I. 31, n. 16.

3. **Suorum ;** i. e. of their principal men and elders whom Caesar had detained.

4. **Perturbantur** — are (so) confounded (that they do not know).

5. **Parumper** means in a short time : *paulisper*, during a short time. Hence acts of the mind are particularly in construction with *parumper ;* acts of the body with *paulisper ;* for with the former is necessarily connected the glance at the future, which lies in *parumper :* in *paulisper*, duration of time only is considered ; for example, we use the expression *paulisper morari*, but *parumper dubitare.* Död.

Ch. XV. 1. **Clamore ;** i. e. 'of the women and children ; to whom the following *suos* chiefly refers.

2. **Reliqua fuga** — farther flight : lit. the rest of their flight.

3. **Ad unum** — to a man.

4. **Ex timore** — after the alarm.

5. **Fuisset** — had consisted of.

6. **Libertatem :** sc. *remanendi.*

Ch. XVI. 1. **Ille,** like *hic* (V. I. 48, n. 8), though less often, is sometimes — the following, as follows.

2. **Suis quoque rebus** — for their own possessions also.

3. **Accessit etiam** — another reason also was : lit. it was added also.

4. **Supra commemoravi.** V. IX. and XII.

5. **Occupationibus reipublicae** — by the occupations (in which he was engaged) for the republic. *Reipublicae* is the objective genitive.

6. **Ad .... temporis** — for (present) aid and for the hope of future time.

7. **Opinionem** — reputation.

8. **Ad** — *apud.*

Ch. XVII. 1. **Suae neque — dignitatis** — consistent with his own dignity nor that, &c.

2. **Proponebatur** — was placed before (him); i. e. by those whom he consulted on the subject.

3. **Rationem** — plan.

4. **Tigna** — piles. These were pieces of timber a foot and a half thick, pointed at the lower end (*ab imo*), made longer or shorter (*dimensa*) according to the depth of the river, and driven into its bed in pairs: the pieces forming each pair being two feet apart. The distributive *bina* is used because there were many pairs.

5. **Dimensa** — proportioned. They were all of the same length above the surface of the water, but, as the river was of different depths in different places, different lengths would be required below the surface.

6. **Immissa.** V. L 5, n. 10.

7. **Fistucis** — with rammers. These are different from the *machinationibus*.

8. **Non .... perpendiculum** — not quite perpendicular like a stake: lit. not straight according to a plumb-line.

9. **Ut .... procumberent** — that they might lean forward according to the natural descent of the stream. The *tigna* here described were those placed highest up the stream, and sloped down the stream (*secundum naturam fluminis*), while those set opposite them (*his contraria*), and forty feet below (*intervallo pedum quadragenum*), sloped up the stream (*contra vim atque impetum fluminis conversa*).

126 10. **Ab inferiore parte** (sc. *fluminis*) — lower down the river.

11. **Contra — conversa** — inclined towards.

12. **Haec utraque** — both of these (pairs); i. e. the pair above and the pair opposite below.

13. **Insuper .... immissis** — when beams two feet thick had been let in from above between (the piles of each pair). The *trabes* were sticks of timber forty feet in length, extending from one pair of piles to the opposite pair. These were supported and enclosed at both ends (*ab extrema parte*) by two clasps or braces (*fibulis*) framed into the piles, one on each side (*utrimque*); i. e. one above the *trabs* on the inside of the pair of piles, and one below the *trabs* on the outside of the piles.

14. **Quantum .... distabat** — which was equal to the distance between the piles, viz. two feet: lit. as much as the joining of these piles was apart. The clause is explanatory of *bipedalibus*.

15. **Binis .... distinebantur** — were kept apart by two braces, one on each side, at the end.

16. **Quibus .... revinctis** — these (i. e. the pair of piles above and the opposite pair below) being (thus) kept apart and (at the same time) bound firmly together in the opposite direction (by the braces). These words are explanatory of the sentence, *haec utraque,* &c.

17. **Ea** — *talis. Ea rerum natura* — such the nature of the materials. •

18. **Haec .... consternebantur** — these (*trabes*) were connected by timber laid upon (them) lengthwise *of the bridge* (*directa*), and were (then) covered with long poles and hurdles. The *materia* was laid upon the *trabes*, the *longurii* upon the *materia*, and the *crates* upon the *longurii*. Thus a comparatively smooth surface was obtained.

19. **Ac nihilo secius** — and nevertheless, and besides all this.

20. **Et** — too. *Sublicae.* These were piles driven into the bed of the river more obliquely than the *tigna*, on the lower side of the bridge, and serving as props, to support it against the violence of the current.

21. **Quae, pro ariete subjectae** — in order that they, placed beneath for a support.

22. **Aliae :** sc. *sublicae.* These, which are called *defensores* just below, were merely stakes driven down a short distance above the bridge to break the force of any floating substances which might be sent against the bridge.

23. **Dejiciendi operis** — for the purpose of throwing down the work; i. e. the bridge. For the government of *operis*, some supply *causa*. But it is not certain that a case of the ellipsis of *causa* after the gerund or gerundive denoting a purpose, is found in Caesar. This passage is not decisive, first, because the readings are various, and, secondly, because the genitive may perhaps depend on *naves*. Z. § 764.

24. **Neu.** V. II. 21, n. 8.

Ch. XVIII. 1. **Quibus.** V. III. 28, n. 2.

2. **Respondit — jubet.** A change from the historical perf. to the historical pres. is not unusual. It gives vividness to the narrative.

3. **Institui** — to be constructed.

4. **In solitudinem, etc.** The acc. because the idea of going into a place for the purpose of concealment is meant; whereas the abl. would express the idea of being in a place before the attempt at concealment was made.

127   Ch. XIX.   1. **Medium fere** — about in the centre.   **V. I. 34,** n. 2.

  2. **Expectare atque — constituisse:** sc. *Suevos.* The student will notice the change of tense from the imperf. infin., denoting continued action, to the pluperf. infin., denoting action completed.

  3. **Ibi** — *hic.*

  4. **Rerum.** V. I. 6, n. 1.

  5. **Ut** — namely, that. The three clauses beginning with **ut** are explanatory of the phrase, *omnibus rebus his confectis.*

  6. **Ulcisceretur** — that he might punish.

  7. **Obsidione** — from pressing, imminent danger.

  8. **Satis — profectum:** sc. *esse.* From *proficio.*

  Ch. XX.   1. **Maturae** — early.

  2. **Inde:** referring to Britain.

  3. **Temere** — *facile,* easily, upon any slight occasion.

  4. **Illo;** i. e. *in Britanniam.*

  5. **His ipsis;** i. e. *mercatoribus.*

  6. **Quem usum belli** — what experience in war.

128   Ch. XXI.   1. **Praemittit:** sc. *eum.*

  2. **Huc naves — et — classem jubet convenire** — he orders the ships — and the fleet — to come hither.

  3. **Effecerat** — *fecerat.*

  4. **Dare** — *se daturos : obtemperare* — *se obtemperaturos.*

  5. **Pareo, obedio,** and **dicto audiens sum,** denote obedience as an obligation, and a state of duty and subjection; *pareo,* in a lower relation, as that of a servant to his master, a subject to his sovereign, in opp. to *impero ; obedio,* in a freer relation, as that of an inferior to his superior, of a citizen to the law and magistrate ; *dicto audiens sum,* in a relation of the greatest subordination, as that of a soldier to his general, as to obey orders; whereas *obsequor, obsecundo,* and *obtempero,* as an act of free will. The *obsequens* and *obsecundans* obey from love and complaisance, showing their readiness to obey : the *obtemperans,* from persuasion, esteem, or fear, evincing his conformity to another's will.

  6. **Pollicitus:** sc. *iis.* **Hortatus:** sc. *eos.*

  7. **Ibi;** i. e. among the Atrebates.

  8. **His regionibus;** i. e. of Gaul.

  9. **Hortetur:** sc. *eas.*

  10. **Ut .... sequantur** — to seek, to put themselves under, the protection of the Roman people.

  11. **Se;** i. e. Caesar.

12. **Quantum :** sc. *tantum* — so far as.

Ch. XXII. 1. **De .... excusarent** — for their former conduct.

2. **Has .... occupationes** — these engagements in such trifling affairs.

3. **Coactis** refers to the ships which had been collected and brought *into* the place from which he intended to set out, while *contractis* refers to those which were already assembled *at* the place.

4. **Praefectis.** V. III. 7, n. 5.

5. **Ab** — at the distance of.

Ch. XXIII. 1. **Vigilia.** V. I. 12, n. 4.

2. **Solvit** (sc. *naves*) — put to sea.

3. **Expositas** — drawn out, displayed.

4. **Adeo .... continebatur** — the sea was confined by mountains so close (to it). *Angustus* refers to the narrow space between the mountains and the shore.

5. **Monuitque .... administrarentur.** The order is, *monuitque,* (*ut*) *omnes res administrarentur ab iis ad nutum et ad tempus* (at a beck and at the moment), *ut rei militaris ratio* (as the principles of military discipline) (*et*) *maxime ut maritimae res postularent* (required), *ut quae* (since they) *celerem atque instabilem motum haberent.*

Ch. XXIV. 1. **Essedariis** — *essedarii ;* i. e. those who fought from the *essedum,* a war-chariot of British or Gallic origin.

2. **Quo — genere** — which kind (of troops).

3. **Nisi in alto** (sc. *mari*) **constitui** — to be moored except in the open sea.

4. **Militibus — desiliendum, etc.** — the soldiers had to leap down, &c.

5. **Armorum onere.** V. II. 17, n. 4.

6. **Insuefactos** — accustomed ; i. e. to going into the water.

Ch. XXV. 1. **Paullum modo** — only a little.

2. **Qui — aquilam ferebat.** This was the principal standard of the legion, and was borne by the oldest or chief centurion of the legion. The standards of the several cohorts were called *signa,* and those of still smaller subdivisions, *vexilla.* V. II. 25, n. 5.

3. **Ea res ;** i. e. the thing which he was about to do.

4. **Aquilam prodere.** It was considered the greatest disgrace to lose the eagle.

5. **Certe** — for one, for my part.

6. **Praestitero :** sc. *hoc ita facto,* or *re ita gesta ;* i. e. if this shall have been done.

Page

131 7. **Primis** — in front, in the front line (of ships). Some editors omit *primis*, others enclose it in brackets.

8. **Quuma** : sc. *milites.*

Сн. XXVI. 1. **Ordines** — lines.

2. **Alius alia navi** — one from one ship, and another from another.

3. **Singulares** — one by one.

4. **Ab** — on.

5. **In universos** — against them in a body ; i. e. when they saw a whole ship's crew coming out, they hurled darts at them. *Universos* is opposed to *singulares* above.

6. **Simul** — *simul ac.*

7. **Equites.** Referring to those who had embarked on board the eighteen transports. V. XXII.

8. **Capere** — *attingere.*

Сн. XXVII. 1. **Supra.** V. XXI.

2. **Demonstraveram.** V. II. 1, n. 4.

3. **Oratoria mode** — in the character of an ambassador.

4. **Mandata.** V. I. 35, n. 1.

132 5. **Remiserunt** : sc. *eum.*

6. **Contulerunt** — laid.

7. **Continentem** ; i. e. Gaul.

8. **Ignoscere.** V. II. 3, n. 4.

9. **Remigrare in agros** ; i. e. to return home, the war being at an end.

Сн. XXVIII. 1. **Supra.** V. XXII. and XXIII.

2. **Sustulerant** — had taken on board.

3. **Superiore portu.** The *ulteriorem portum* of Ch. XXIII.

4. **Sui** — *suo.*

5. **Quae .... petierunt** — yet these, when at anchor they were filling with water, through necessity put to sea in an unfavorable night, and strove to reach the continent. *Tamen* refers to a *quamvis* understood : although the storm was violent, yet, &c. *Necessario* belongs both to *provectae* and *petierunt*, which should be translated as two verbs connected by *and*.

6. **Complerentur.** V. I. 31, n. 16.

Сн. XXIX. 1. **Dies** — time, period.

2. **Administrandi** — of managing (them).

133 3. **Quod .... constabat** — because it was known to all. This is the reason that no provision had been made for wintering in Britain (*his in locis*).

Ch. **XXX.** 1. **Inter se collocuti** — having held a private 133 conference.

2. **Etiam** — still.

3. **Ex . . . . deducere.** Cf. *remigrare in agros*, end of Chap. **XXVII.**

Ch. **XXXI.** 1. **Ex eventu** — from the fate.

2. **Subsidia comparabat** — prepared resources, provided.

Ch. **XXXII.** 1. **Ex** — according to.

2. **Interposita** — having been excited. 134

3. **Hominum :** sc. *Britannorum.*

4. **In statione** — on guard.

5. **Quam . . . . ferret** — than was usual : lit. than custom brought.

6. **Quod erat** — which was really the case.

7. **Aliquid . . . . consilii.** This clause is in apposition with *id.*

8. **Cohortes.** A cohort was stationed at each gate ; hence the plural *cohortibus.*

9. **Ex . . . . succedere** — two of the remaining cohorts to take their place.

10. **Incertis ordinibus** — because they did not know their ranks. Being suddenly attacked while out of their ranks gathering corn, they could not immediately resume them.

Ch. **XXXIII.** 1. **Ipso terrore equorum** — by the very fear inspired in the horses ; i. e. of the foe. An objective genitive.

2. **Illi ;** i. e. *essedarii.*

3. **Mobilitatem — praestant** — exhibit the agility.

4. **Incitatos . . . . flectere** — to rein in their horses when at full gallop, and to manage and turn them with great rapidity (*brevi :* sc. *tempore*).

Ch. **XXXIV.** 1. **Quibus rebus** — in consequence of these 135

2. **Reliqui** — *relicti.*   [things.

3. **Discesserunt ;** i. e. from the fields to join the army : alluding to the Britons who still remained at home. V. **XXXII.**

4. **Sui liberandi ;** i. e. from the yoke of the Romans. V. III. 6, n. 2.

5. **His rebus** — by these means.

Ch. **XXXV.** 1. **Ut — effugerent** explains *idem — fore.*

2. **Celeritate** — by their swiftness.

3. **De . . . . dictum est.** V. **XXI.** and **XXVII.**

Ch. **XXXVI.** 1. **Antea.** V. **XXVII.**

2. **Aequinoctii.** The autumnal equinox must be meant, be-

135 cause in the twentieth chapter it was said, *exigua parte aestatis reliqua.*

136 3. **Eosdem .... capere** — to reach the same harbor as the rest.

4. **Infra ;** i. e. a little farther down the Gallic coast to the west.

Ch. XXXVII. 1. **Quibus.** Referring to the two transports mentioned in the preceding chapter.

2. **Pacatos reliquerat.** V. XXII.

3. **Postea — quam.** Tmesis.

Ch. XXXVIII. 1. **Quo se reciperent** — whither to betake themselves.

2. **Superiore anno.** V. III. 28 and 29.

3. **Eo ;** i. e. in *Belgis hiberna.*

C. SALLUSTII CRISPI CATILINA.

138 Ch. I. 1. **Homines.** *Homo* (from *humus*) means a human being, man or woman, in opp. to *deus* and *bellua : mas* and *vir* mean only the man ; *mas* in a physical sense, in opp. to *femina ; vir* in a physical sense, in opp. to *mulier.* Död.

Homo denotes man, as the nobler, rational creature, in contradistinction to the brute : *vir,* man, inasmuch as he is distinguished by peculiar qualities from other men ; by strength, courage, intrepidity, merits, honorable offices. Ramsh.

2. **Summa spe niti** — to strive with all their might.

3. **Silentio** — in inaction, in obscurity. *Vitam silentio transire dicuntur, qui ita vivunt, ut alii eos vivere plane non sentiant.*

4. **Prona** — bent downward ; i. e. in opp. to the erect form of man.

5. **Animi .... utimur** — we use more the government of the mind, the service of the body ; i. e. the mind governs, the body is in subjection.

6. **Ingenii** — of intellect : *virium* — physical strength.

7. **Memoriam .... longam** — the remembrance of ourselves as long as possible.

8. **Quam.** V. Ec. Cic. XXVII. n. 8.

9. **Fluxa** (fleeting, transitory) applies more properly to *divitia-* 188 *rum*, *fragilis* (perishable), to *formae:* likewise *clara* is opposed to *fluxa*, and *aeterna* to *fragilis*.

10. **Clara** .... **habetur** — is an illustrious and eternal possession. *Habetur* is not — *creditur*, *putatur*.

11. **Vine :** *ne* — *utrum*.

12. **Virtute animi** — by energy of mind. **Res** .... **procederet** — a military enterprise might succeed better.

13. **Utrumque;** i. e. *animus* and *corpus*.

Ch. II. 1. **Igitur.** The frequent position of this word at the beginning of a sentence is peculiar to Sallust.

2. **Diversi** — pursuing different courses. 189

3. **Pars** instead of *alii* for the sake of variety.

4. **Agitabatur.** Sallust is very fond of frequentative words, and especially of *agito*.

5. **Sua, etc.;** i. e. one did not covet the property of another. These words explain *cupiditate*.

6. **Postea vero quam.** Tmesis for *posteaquam vero*.

7. **Lubidinem dominandi** — thirst for dominion.

8. **Periculo atque negotiis** — from (ordinary) dangers and (more complicated) affairs.

9. **Animi virtus** — mental energy. *Regum* limits *animi virtus* as a single idea.

10. **Neque** .... **cerneres** — you would neither see one thing borne in one direction and another in another, nor all things changed and thrown into confusion.

11. **Artibus** — means.

12. 1. **Moderatio** denotes moderation in matters of business, in opp. to *cupiditas;* whereas *continentia*, moderation in enjoyments, in opp. to *libido.* 2. *Continentia* denotes command over sensual desires, continence: *abstinentia*, over the desire for that which belongs to another, firm integrity. Död.

13. **A minus bono transfertur** — passes from the less worthy. *Transfertur* — *transit*.

14. **Quae** .... **aedificant** — in agriculture, navigation, and architecture: lit. whatever men plough, navigate, build.

15. **Virtuti** — *animi virtuti.* V. n. 9.

16. **Sicuti peregrinantes** — like travellers in a foreign land; i. e. ignorant of all things, and taking no interest in what is passing around them.

17. **Juxta** — alike.

Page
139 18. **Verum enim vero** — but truly. Emphatic.

19. **Is demum.** *Demum* is used enclitically after demonstrative pronouns to strengthen them, and = *maxime, quidem.* We could express the force of it by laying stress of voice upon the pronoun.

20. **Qui .... quaerit** — who by means of some employment intently seeks for the reputation attendant upon a praiseworthy deed or a useful profession. *Aliquo negotio* must not be joined with *intentus*, but with *quaerit. Intentus* is here used absolutely; as in chapters VI. and XXVII. and numerous passages in Jug.

21. **Rerum** = occupations.

22. **Aliud alii — iter** = one path to one and another to another.

CH. III. 1. **Haud absurdum** = not inglorious. By litotes for "very glorious." *Clarum : sc. se. Licet : sc. homini.*

140 2. **Fecere :** sc. *facta.*

3. **Mihi quidem** = to me at least, to me for one : *sc.* whatever others may think of it.

4. **Res gestas** = History : more lit. events, occurrences.

5. **Facta .... exaequanda** — the events must be balanced by the words ; i. e. they must be related with historic accuracy just as they occurred.

6. **Quae .... putant** = think (those things), which you may have censured as faults, said from malevolence and envy.

7. **Supra .... ducit** = (whatever is) beyond this (i. e. beyond the capacity of the reader), he regards as false, just as (he regards) fictitious things.

8. **Studio .... latus sum** — was borne on by an ardent desire to (engage in) public affairs.

9. **Ibi ;** i. e. *in re publica.*

10. **Audacia** is opp. to *pudore, largitio* to *abstinentia,* and *avaritia* to *virtute.*

11. **Corrupta tenebatur** — was corrupted and held fast. V. Caes. I. 5, n. 10.

12. **Ac .... vexabat.** There is great confusion here in the text. The reading we have adopted presents as little difficulty as any, and is supported by the best manuscript authority. The whole sentence may be translated as follows : and, although I dissented from the evil practices of others, nevertheless the desire for honor (i. e. for political preferment), and that, too, the same (i. e. *honoris cupido*) which disquieted the rest, disquieted me by reason of the infamy and odium (attendant upon it). The *que* in *eademque* has an explicative force, — adding a particular instance to a general statement, — and is nearly = that is to say.

CH. IV. 1. 1. *Ignavia* denotes the love of idleness, in an ideal 140
sense, inasmuch as the impulse to action distinguishes the more noble
from the ordinary man, and gives him an absolute value; whereas
inertia denotes the love of idleness in a real sense, inasmuch as
activity makes a man a useful member of society, and gives him a
relative value. *Ignavia* is inherent in the disposition, and has no
inclination for action: the *inertia* lies in the character and habits,
and has no desire to work. A lazy slave is called *iners*: a person of
rank, that passes his time in doing nothing, is *ignavus*. 2. *Segnitia*,
desidia, *socordia*, and *pigritia* are the faults of a too easy temperament. *Segnitia* wants rousing, or compulsion, and suffers them to
come, before it resigns its ease, in opp. to *promptus*. *Desidia* (from
sedere) lays its hands on its lap, and expects that things will happen
of themselves: *socordia* is susceptible of no lively interest, and neg-
lects its duties from thoughtlessness, like phlegm: *pigritia* has an
antipathy to all motion, and always feels best in a state of absolute
bodily rest, like slothfulness. Död.

2. **Bonum** — pleasant, agreeable, fair.

3. **Servilibus officiis.** Not servile occupations in themselves
considered, but relatively: requiring more the *servitium corporis* than
the *imperium animi*.

4. **Eodem,** an adv. — *eidem incepto studioque.*

5. **Carptim** — in separate parts.

6. **Absolvam** — I will treat.   141

CH. V. 1. **Ingenio .... pravoque** — of a wicked and depraved character. *Malus homo* is a morally bad man, but *nequam* a
good-for-nothing man, whose faultiness shows itself in aversion to
useful labor, and a propensity to roguish tricks, in opp. to *frugi:*
pravus, a man whose character has taken a vicious direction, in a
physical, or intellectual, or moral point of view; in opp. to *rectus.*
Död.

2. **Adolescentia — juventutem.** These words do not seem
to express here distinct periods of life, as they usually do (V. Caes.
III. 11, n. 4), but the former, the beginning, and the latter, the continuance, of the same period.

3. **Ibique** — and in these; i. e. — *in bellis intestinis*, &c. V.
III. n. 9.

4. **Patiens inediae** — capable of enduring want of food;
whereas *Patiens inediam* would mean actually enduring want of
food.

5. **Cujus rei libet** — of whatever he pleased. Tmesis for *cu-*

141 *juslibet rei. Simulator* means one who pretends to be what he is not : *dissimulator*, one who conceals what he really is.

　　6. **Vastus** — insatiable.

　　7. **Post dominationem** — ever since the despotic rule.

　　8. **Neque — quidquam .... habebat** — nor did he have any care at all.

　　9. **In dies** — *in singulos dies.* V. Caes. I. 16, n. 2.

　　10. **Iis artibus** — by those practices.

　　11. **Diversa inter se** — opposite to each other. "*Avariæ enim habendi, luxuria profundendi lubido est.*" Dietsch.

　　12. **Vexabant** — kept aggravating.

　　13. **Res ipsa** — the subject itself.

　　14. **Tempus** — the occasion.

　　15. **Supra repetere** — to begin farther back. After such verbs as *hortor, moneo*, &c., the ordinary construction is *ut* with the subj. V. H. 558, VI. and A. & S. 273, 2.

　　16. **Quomodo .... habuerint** — how they governed the republic.

142 Ch. VI. 1. **Sedibus incertis** — having no fixed abode.

　　2. **Dispari genere** — though different in their origin.

　　3. **Alius .... viventes** — though living one in one way and another in another. *Alius* distributes *hi.*

　　4. **Res .... aucta** — their state increased in citizens, improved in manners, enlarged in territory.

　　5. **Sicuti .... habentur** — as is commonly the fate of mortals.

　　6. **Propero** denotes the haste which, from energy, sets out rapidly to reach a certain point, in opp. to *cesso;* whereas *festino* denotes the haste which springs from impatience, and borders upon precipitation. Död.

　　7. **Auxilia portabant.** *Auxilium portare* is unusual: *auxilium ferre* being the common expression for "bearing aid." The plural, *auxilia*, signifies the repetition of the act.

　　8. **Imperium .... habebant** — they had a government regulated by laws, (but) the title of the government monarchical.

　　9. **Consultabant** — *consulere solebant.* Sallust is very fond of frequentative and intensive words.

　　10. **Conservandae libertatis — fuerat** — had a tendency to preserve liberty.

　　11. **Imperia** — offices of magistracy.

　　12. **Binos** — two each (year).

　　13. **Per licentiam** — through want of restraint.

Cʜ. **VII.**   **1. Sed —** now. It denotes here merely a transition 142 o something new.

2. 1. Dies denotes time in its pure abstract nature, as mere extension and progression; whereas *tempus* and *tempestas*, with a qualifying and physical reference, as the weather and different states of time : *tempus* denotes rather a mere point of time, an instant, an epoch : *tempestas*, an entire space of time, a period. Hence, *dies docebit* refers to a long space of time, after the lapse of which information will come; whereas *tempus docebit* refers to a particular point of time which shall bring information.   2. *Die* means by the day, in opp. to by the hour or by the year; whereas *interdiu* and *diu*, by day, in opp. to *noctu;* but *interdiu* stands in any connection : *diu* only in direct connection with *noctu.*

3. Se — extollere magis — to make greater efforts to rise . " *ad majora et excelsiora niti.*" Dietsch.

4. Magis . . . . habere — to display more openly his abilities.   143

5. Boni — the talented. *Mali —* those of inferior abilities.

6. Brevi — in a short time.

7. Incesserat — had seized upon (them); i. e. the individuals implied in *civitas.*

8. Belli patiens. V. V. n. 4.

9. Discebat — habebant. The former referring to the discipline of the *juventus* as a body, or whole class, requires the singular, the latter referring more to the effect of this discipline upon the mind of each, requires the plural. *Libidinem habebant —* had pleasure, delighted.

10. Ipsos is used to contrast strongly their mutual strife for glory with the united valor with which they opposed their common foes.

11. Properabat. The acc. with infin. is very unusual with this verb, and is admissible only on the ground that it implies wish, desire.

12. Eas — eam : referring to the preceding infinitives, but attracted into the feminine gender by the nouns which follow. ,

13. Ni ea res — were it not that this course.

Cʜ. **VIII.**   1. **Ea ;** i. e. *fortuna.*

2. Ex lubidine — from caprice.

3. Celebrat obscuratque — makes famous and renders obscure.

4. Aliquanto — considerably.

5. Pro maxumis — as though they were the greatest.

6. Ea copia — that advantage.

7. Prudentissumus — the most intelligent.

144 8. **Aliorum:** sc. *facta.*

CH. IX. 1. **Jus bonumque** — justice and probity.

· 2. **In suppliciis** — in the worship.

3. **In** — in respect to, in the case of.

4. **Seque .... curabant** — they regulated both themselves and the state. A more common form would be *et se et rem publicam.*

5. **Vindicatum est** — punishment was inflicted.

6. **Quam** — than (upon those).

7. **Signa relinquere.** To leave the standard in the hands of the enemy was considered the height of disgrace.

8. **Loco cedere** — to leave their post.

9. **Beneficiis .... agitabant** — they maintained their authority as well by favors as by fear. Supply *tam* before *beneficiis.* Most supply *magis ;* but an ellipsis of this word is too unusual to be supposed, unless the sense clearly demands it.

CH. X. 1. 1. **Gens** and **natio** denote a people, in a physical sense, in the description of nations, as a society originating in common descent and relationship, without any apparent reference to civilization ; whereas *populus* and *civitas* denote a people in a political sense, as a society formed by civilization and compact. 2. *Gens* includes all people of the same descent : *natio,* a single colony of the same. 3. *Civitas* denotes the citizens of a town collectively, merely with regard to their interior connection, as including the inhabitants who are in the enjoyment of the .full rights of citizenship, and the lawful possessors of the land : *populus* means the people, more commonly in reference to their social relations, interior and exterior, and with the included notion of belonging to the state. A people can determine upon war as a *civitas ;* but can carry it on only as a *populus.* A *civitas* is necessarily stationary ; but a *populus* may consist of *Nomades,* or wanderers from one pasture to another.

2. **Optanda aliis** — things necessarily desired by others ; *i. e.* a necessity arising from the nature of the human mind.

3. **Quasi materies** — the germ as it were.

4. **Artes bonas** — virtues.

5. **Negligere, habere.** These infinitives have the same relation to *edocuit* that *superbiam* and *crudelitatem* have.

145 6. **Ex re** — according to their true value.

7. **Magisque .... habere** — to preserve a fair exterior rather than a virtuous heart.

8. **Contagio .... invasit** — a moral contagion, a pestilence as it were, had spread abroad.

Cʜ. XI. 1. **Quod vitium**; i. e. *ambitio*. *Tamen* = however. 145

2. **Vera via** = honorable means: lit. the true path: opp. to *dolis atque fallaciis* below.

3. **Bonae artes** = honorable means.

4. **Habet** = implies.

5. **Vementis malis** = by poisonous drugs, by poisons.

6. **Armis .... re publica** = having got possession of the state by force of arms.

7. **Bonis initiis** = though his beginnings were good. V. Cic. in Cat. II. 9, n. 9.

8. **Im.** V. IX. n. 3.

9. **Ductaverat** = had commanded. V. II. n. 4.

10. **Im otio** = in a time of peace.

11. **Amare, potare** = to indulge in licentiousness, in drunkenness.

12. **Bibo** means to drink like a human being; whereas *poto*, to drink like a beast, and, metaphorically, to tipple.

13. **Privatim ac publice** = whether private or public property. This is the sense usually given to these words, but Dietsch says, *pro se quisque et universi pro re publica ; nempe non singuli solum rapiebant, quibus aut villas et domos suas exornarent, aut venditis lucrum facerent ; sed etiam publice artium opera auferebantur, quibus aut publica aedificia, loca, templa Deorum decorarentur, aut ex divenditis pecunia in aerarium redigeretur.*

14. **Nihil .... fecere** = left nothing to the conquered.

15. **Fatigant** = weakens, corrupts.

16. **Ne** (for *nedum*) **illi .... temperarent** = much less could they (the soldiers of Sulla), after their manners were corrupted, make a moderate use of victory.

Cʜ. XII. 1. **Innocentia .... duci** = integrity to be regard-146 ed as malevolence ; i. e. those who were really upright in their lives got no credit for their honesty, inasmuch as it was regarded by others as the offspring of envy and ill-will.

2. **Ex** = in consequence of. *Ex* in such passages indicates the cause in the widest sense of the word: that *from* which anything arises, proceeds, takes place.

3. **Pudorem .... habere** = they had no regard at all for modesty, chastity, things divine and human without distinction, and (in their violation of them) they had no self-restraint. Sc. *nihil* before *moderati*. The two negatives *neque nihil* do not destroy each other, as is generally the case, but strengthen the negation. V. Zumpt. § 754.

Page

146 4. **Operae .... est** = it is worth the while: more lit. it is a reward for the trouble.

5. **Id demum** = *id ante omnia, id maxime, id quidem. Id stands* for *injuriam facere,* and is in apposition with it.

Ch. XIII. 1. **Subversos .... esse:** referring to the expensive improvements of their pleasure-grounds around their villas, and the immense *piscinae,* or fish-ponds, resembling seas, constructed by the wealthy Romans.

2. **Quippe** = since, inasmuch as.

3. **Abuti:** sc. *iis* referring to *divitiae.*

4. **Cultus** = luxurious habits.

5. **Vescendae causa** = for the sake of gratifying their appetite. This clause explains *ganeae;* while the following, from *domini* to *antecapere,* explain *ceteri cultus.*

6. **Haud .... carebat** = did not easily forego the enjoyment of sensual indulgences.

7. **Quaestui atque sumptui** = to the acquisition and squandering (of money).

147 Ch. XIV. 1 **Flagitiorum atque facinorum:** abstract for the concrete; i. e. *flagitiosorum* and *facinorosorum.*

2. **Satelles** denotes an attendant, as a hired servant: *stipator,* as a guard. Död.

3. **Manu, ventre** = by playing at dice, (and) by gluttony.

4. **Aes alienum** = debt: lit. another's money.

5. 1. **Maleficium** is any misdeed which, as springing from evil intention, deserves punishment; but *facinus,* a crime which, in addition to the evil intention, excites astonishment and alarm from the extraordinary degree of daring requisite thereto. 2. *Flagitium* is an offence against one's self, against one's own honor, by gluttony, licentiousness, cowardice: in short, by actions which are not the consequence of unbridled strength, but of moral weakness, as evincing *ignavia,* and incurring shame; whereas *scelus* is an offence against others, against the right of individuals, or the peace of society, by robbery, murder, and particularly by sedition, by the display, in short, of malice: *nefas* is an offence against the gods or against nature, by blasphemy, sacrilege, murder of kindred, betrayal of one's country; in short, by the display of *impietas,* an impious outrage. Död.

6. **Redimeret** = pay for, purchase impunity for.

7. **Convicti judiciis** = persons convicted on trial.

8. **Ad hoc** = in addition to this.

9. **Manus,** etc. *Manus* refers to *sanguine civili, lingua* to *per-* 147 *jurio.* Cf. Cic. in Cat. II. 4.

10. **Conscius animus** — a guilty conscience.

11. **Proxumi familiaresque** — bosom friends and intimate companions.

12. **Par similisque** — equal to and like; i. e. possessing the same wicked principles, and carrying them to the same extent. *Par* refers to quantity, *similis* to quality.

13. **Ex aetate.** V. XII. n. 2.

14. **Modestiae suae** — his own honor.

15. **Obnoxios** — submissive, obedient.

16. **Ita** is explained by the infinitive clause which follows. V. K. 106, R. 6, and A. & S. 207, R. 22.

17. **Parum .... habuisse** — had too little regard for virtue. Ch. XV. 1. **Jus fasque** — human and divine law.

2. **Nubere,** — to marry : lit. to veil herself (sc. *se*), because the bride wore a veil during the marriage ceremony, is said only of the woman ; whilst *ducere,* — to marry, lit. to lead home (sc. *domum*), because the husband led the wife from her father's house to his own after the marriage, is said only of the man.

3. **Privignum.** A son of Catiline by a former marriage, and would become her step-son on her marriage with Catiline.

4. **Creditur** is to be considered impersonal. The sentence there-148 fore furnishes an instance of anacoluthon ; for the writer begins with the intention of making Catiline the subject, putting *captus* in the nominative, and then after the introduction of the parenthetical clause, *cujus .... aetate,* changes the construction from the personal to the impersonal.

5. **Necato filio.** Cicero (in Cat. I. 6) barely alludes to this circumstance of killing his son, but says expressly that, to make way for this wicked marriage, he murdered his own wife.

6. **Facinoris.** Referring to the crime of conspiracy against his country.

7. **Neque .... quietibus** — neither in watchings nor slumbers, neither waking nor sleeping.

8. **Ita** — to such a degree.

9. **Facies** and **oculi** denote the face and eyes only in a physical point of view, as the natural physiognomy and the organs of sight ; but *os* and *vultus* with a moral reference, as making known the temporary, and even the habitual state of the mind, by the looks and eyes : *os* by the glance of the eye, and the corresponding expression

148 of the mouth; *vultus*, by the motion of the eye, and the simultaneous expression of the parts nearest to it, the serene and the darkened brow. Död.

Cr. XVI. 1. **Falsos** qualifies both nouns.

2. **Commodare** — he lent out; i. e. to those who required such service.

3. **Fidem .... imperabat.** The order is, *imperabat habere fidem*, &c. The infinitive being of the nature of the substantive, may, either with or without an object, be associated with substantives, as the object of a verb. *Fidem .... habere* and *majora alia*, therefore, sustain the same relation to *imperabat*. V. c. X. *pro his superbiam, crudelitatem, deos negligere, omnia venalia habere edocuit.*

4. **Fortunas** — condition in life, consideration in the eyes of the world.

5. **Pudorem** — sense of shame.

6. **Minus suppetebat** — did not offer.

7. **Insontes .... sontes** — those who had given him no cause of offence, as well as those who had: lit. the guiltless as well as the guilty.

8. **Circumvenire, jugulare;** i. e. by the agency of these associates.

9. **Gratuito potius** — without any motive of advantage, from choice.

10. **Simul — et — et — et.**

11. **Aes .... terras.** To understand this universal indebtedness, it must be remembered that Roman magistrates were accustomed to plunder with the greatest rapacity all the provinces to which they were sent, and that farmers of the revenues and tax-gatherers were generally unjust and extortionate in their exactions. V. Cic. Pro Leg. Manil. XXII. 65 – 67.

12. **Sullani milites.** V. Cic. in Cat. II. 9, 20.

13. **Victoriae veteris;** i. e. the victory of Sulla over the party of Marius.

14. **Exoptabant.** The *ex* in this word is intensive and = earnestly.

15. **Extremis terris;** i. e. Pontus and Armenia where Pompey was then carrying on the Mithridatic war. Called thus, because the parts lying beyond were wholly unknown to the Romans.

16. **Ipsi:** sc. *Catilinae.*

17. **Consulatum petenti** — now a candidate for the consulship: lit. to him seeking the consulship. The reading of some editors

is *petendi*, **which** gives the idea that he was not now a candidate, but **148** entertained the hope of being one.

18. **Nihil sane intentus** — truly in no way attentive; i. e. not apprehensive of danger.

19. **Ea** — these things, such a state of things : referring to all of the preceding statements.

Ch. XVII. 1. **Circiter Kalendas.** The acc. or abl. after *circiter* is, after the analogy of *ante* and *post* (v. K. 89, R. 8, and 91, 11), independent of *circiter* : therefore *circiter* is not to be considered a preposition. By some, however, it is treated as such. V. H. 433. A. & S. 235.

2. **L. Caesare .... consulibus**; i. e. B. C. 64.

3. **Alios tentare** — he sounded others.

4. **In unum** — together. **149**

5. **Necessitudo** = need, want : the primitive use of the word.

6. **Juventus pleraque** — most of the young men. *Plerusque* is obsolete in the singular, and is used only by Sallust, who is fond of old forms of expression.

7. **Vivere copia** — *vivendi copia.*

8. **Ea tempestate** — *eo tempore.* *Tempestas* is anteclassical in this sense.

9. **Quia Cn. Pompeius, etc.** This sentence is explanatory of the preceding statement, and is connected with it by *nam* understood.

10. **Voluisse** : sc. *crederent eum* (i. e. *Crassum*).

11. **Illos** (sc. *conjuratos*) refers by synesis to *conjuratio.*

Ch. XVIII. 1. **Antea.** Sallust, in this and the following chapters, makes a digression, in order to give an account of an unsuccessful conspiracy to overturn the government, which took place three years before, and in which Catiline took a part.

2. **De qua** : sc. *conjuratione,* implied in *conjuravere.*

3. **L. Tullio, etc.**; i. e. B. C. 66.

4. **Designati consules** — consuls elect. The consuls were called *designati* from the time of their election in July to the time of entering upon the duties of their office in January.

5. **Ambitus**; i. e. of bribery in securing office. The laws against bribery were very severe. By the Lex Calpurnia, passed B. C. 67, the penalties were fine, exclusion from the senate, and perpetual incapacity to hold office ; to which was added by the Lex Tullia, passed B. C. 63, ten years' exile.

6. **Poenas dederant.** In this expression *poenas* does not mean punishment, but satisfaction ; *poenas dare,* therefore, signifies lit. to

149 give satisfaction (i. e. to the state) ; hence, to suffer punishment. So likewise *poenas sumere* (lit. to take satisfaction) signifies to inflict punishment.

7. **Pecuniarum** . . . . **reus** — being accused of extortion: lit. a defendant (on a charge) of money to be demanded back. In the year 68, B. C., Catiline was elected praetor, and obtained Africa as his province. On his return to Rome, he was accused of extortion in the administration of the affairs of the province ; and, as his trial was not concluded in season, he could not declare himself a candidate (*profiteri nequiverat*) for the consulship within the days prescribed by law (*intra legitimos dies*). Every candidate for the consulship was obliged by law to declare himself such at least seventeen days previous to the time of election, and must be free from all accusation.

150 8. **Nonas.** V. XVII. n. 1.

9. **Kalendis Januariis ;** i. e. the day for the inauguration of the new consuls, Cotta and Torquatus, who had been elected to take the places of Autronius and Sulla, who had been convicted of bribery and set aside.

10. **Ipsi** (sc. *parabant*), **fascibus correptis** — (and) of their own authority, having seized the consular power.

11. **Duas Hispanias ;** i. e. *Hispania Tarraconensis*, or *Provincia citerior*, and *Hispania Baetica*, or *Provincia ulterior*.

12. **Jam tum** — even then. These particles intimate a comparison between past and future time. Sallust therefore says that the conspirators had *already, even at that time*, the same plan formed, which they afterwards had at the time of the second conspiracy.

13. **Quodni** — and had not.

Ch. XIX. 1. **Citeriorem ;** i. e. with reference to Rome. V. XVIII. n. 11.

2. **Pro Praetore** — with praetorian power.

3. **Adnitente** — exerting himself (to effect this).

4. **Inimicum.** V. Caes. I. 10, n. 5. V. also XVII. at the end.

5. **Praesidium in eo ;** i. e. against the formidable power of Pompey.

6. **Et jam tum** — for even then. *Et* here introduces an explanatory clause.

7. **Sunt qui dicunt.** The relative is here joined with the indicative, because a simple fact is stated without any intimation of quality. The expression is — some persons say ; whereas *sunt qui dicant* would mean, there are persons of such a character as to say.

8. **Clientes** — adherents.

9. **Praeterea** — except in this case.

10. **In medio** — undetermined.

Ch. XX. 1. **Paulo ante;** i. e. in the beginning of Chap. XVII.

2. **In rem fore** — that it would be of advantage.

3. **Aedium** — of the house. In this sense used only in the plural, as a collection of several apartments for one object.

4. **Spectata mihi forent** — had been tested by me. 151

5. **Per .... ingenia** — by the assistance of cowardly and fickle men. The abstract for the concrete : lit. by means of cowardice and fickle minds.

6. **Tempestatibus.** V. XVII. n. 8. Here — occasions, emergencies.

7. **Quae mihi:** sc. *sunt bona malaque.*

8. **Idem .... nolle** — to have the same desires and the same aversions. *Ea demum.* V. VII. n. 12. This expression may here be rendered into English by an emphatic *that.*

9. **Diversi** — apart, separately.

10. **Nisi .... libertatem** — unless we *ourselves* set ourselves free.

11. **In — jus .... concessit** — passed under the control and power.

12. **Populi, nationes.** V. X. n. 1.

13. **Vulgus fuimus** — have been the rabble ; i. e. have been treated as the rabble.

14. **Tandem** — pray, I should like to know. *Tandem* in interrogations is strongly intensive, and expresses impatience. V. Cic. in Cat. I. 1.

15. **Verum enim vero.** The thought to which the *enim* refers, and of which it introduces the explanation, is understood. It may be supplied thus : *Verum (minime metuendum est, ne interituri simus) enim vero.*

16. **Omnia** — all their powers.

17. **Cetera res expediet** — the rest the thing (itself) will bring about. *Cetera* is the acc. pl.

18. **Superare** — *abunde esse.* 153

19. **In .... coaequandis.** V. XIII. n. 1.

20. **Amplius:** sc. *binas.* V. H. 417, 3, and A. & S. 256, R. 6, (c). Notice the distributive force of *binas:* "two or more houses each."

21. **Larem familiarem** — (by metonymy) house, home : lit. domestic tutelar divinity.

22. **Toreumata** — *vasa caelata.* V. XI.

23. **Trahunt, vexant** — they squander, they expend in the most lavish manner.

24. **Mala res** — a wretched condition.

25. **Quin** — why not.

26. **Nisi forte, nisi vero** introduce a case as an exception, and describe it at the same time as improbable. *Nisi forte* is thus chiefly used in an ironical sense. Zumpt, 526.

Сн. XXI. 1. **Quieta movere** — to disturb the public peace. Sallust is fond of using the neuter plural of adjectives for substantives. *Movere* is the subject of *videbatur*.

2. **Praemium** is a prize of honor, that confers distinction on the receiver, as a reward, in opp. to *poena;* whereas *pretium* and *merces* are only a price, for the discharge of a debt, as a payment: *pretium*, as a price for an article of merchandise, in opp. to *gratis:* *merces* denotes wages for personal services of some duration, or hire for something hired.

3. **Quid ubique . . . . haberent;** i. e. *quid opis aut spei haberent et ubi (id haberent).* *Ubique* for *et ubi* is common in Sallust.

4. **Tabulas novas** — new account-books; i. e. the abolition of debts either in part or in whole. The *tabulae* consisted of tablets of wood covered with wax, upon which legal documents, wills, and accounts were written with a sharp-pointed iron instrument, called a *stilus.* The outer sides of the tablets consisted merely of wood: it was only the inner sides that were covered over with wax. They were fastened together at the back by means of wires, which answered the purpose of hinges, so that they opened and shut like our books; and to prevent the wax of one tablet from rubbing against the wax of the other, there was a raised margin around each. When a change or reduction of debts was resorted to, as was frequently the case in the regulation of debts in favor of debtors in the revolutions of ancient republics, the old accounts were erased by smoothing over the surface of the wax with the head of the *stilus,* and new ones (*tabulae novae*) were substituted in their place.

5. **Fert** — bring with them.

6. **Esse . . . . petere:** depending upon the idea of *saying* implied in *polliceri.*

7. **Citeriore.** V. XVIII. n. 11.

8. **Petere** — was a candidate for.

9. **Necessitudinibus.** V. XVII. n. 5.

10. **Cum . . . . facturum** — that in conjunction with him (An-

tonius) he (Catiline), if elected consul, would make a beginning of 152
the enterprise.

11. **Cupiditatis suae** — of his ruling passion. 153

12. **Petitionem suam;** i. e. for the consulship.

Ch. XXII. 1. **Populares** — *participes, socii.*

2. **Inde — degustavissent** — had tasted thereof. *Inde* —
ex ea potione, referring to *sanguinem vino permixtum.* Some, however,
think *inde* — *deinde,* then.

3. **Exsecrationem;** i. e. a curse imprecated upon themselves,
in case they violated their oath.

4. **Eo, dictitare, fecisse, quo** — they reported (*dictitare:*
historical infin. for *dictitabant*) that he did it with this view, in order
that.

5. **Alius alii** — one to another.

6. **Ciceronis invidiam** — odium against Cicero.

7. **Pro magnitudine** — considering its magnitude.

Ch. XXIII. 1. **In ea conjuratione** — in that band of conspirators.

2. **Haud obscuro loco.** An example of *litotes:* a figure by
which less is asserted than is really meant.

3. **Probri gratia** — *propter turpem ignominiosamque vitam.*

4. "**Vanus et vanitas** *de eo homine dicuntur, qui neque recto
neque constanti consilio utitur, neglectisque bonis, magnis, honestis levia,
futilia, inania sectatur.*" Dietsch.

5. **Ipse** has the force of separating, by contrast, that object (person or thing) to which it refers, from all others. The point here emphatically brought out by means of *ipse* is not, that it was his *own*
crimes that he did not conceal, but that *he himself* was the man who
did not conceal them.

6. **Prorsus . . . . habebat** — in short he paid no regard at
all to what he either said or did. *Dicere* and *facere* instead of *in
dicendo* and *in faciendo.*

7. **Stupri vetus consuetudo** — an illicit intimacy of long
standing.

8. **Maria . . . . polliceri** — to make (her) extravagant promises: lit. to promise seas and mountains.

9. **Polliceor** means to promise, generally from a free impulse,
and as an act of obliging courtesy: *promitto,* to promise, generally,
at the request of another, as an act of agreement, and in reference
to the fulfilment of the promise: *recipio,* to take upon one's self, and
pass one's word of honor, as an act of generosity, inasmuch as one

19

Page
153 sets at ease the mind of a person in trouble. The *pollicens* makes agreeable offers: the *promittens* opens secure prospects: the *recipiens* removes anxiety from another. Död.

10. **Agitare** — to act, to behave.

11. **Insolentiae** — of the unusual conduct.

12. **Sublato** — *non nominato, non divulgato.*

154 13. **Quoque modo** — *et quo modo.*

14. **Pleraque.** V. XVII. n. 6.

15. **Aestuabat, et — credebant.** When two or more clauses have the same collective noun as their subject, the verb is frequently singular in one, and plural in another. A. & S. 209, R. 11, (2).

16. **Homo novus** was a name applied to a man, none of whose ancestors had obtained a curule office; i. e. the office of consul, quaestor, praetor or curule aedile. Such men were naturally looked upon by the nobility with jealousy and contempt.

17. **Postfuere** — were set aside : lit. fell in the rear.

CH. XXIV. 1. **Quod . . . . concusserat** — this deed had at first intimidated the accomplices of the conspiracy. Although the perf. historical may seem to us more natural here than the pluperf., yet the pluperf. is necessary to express the proper relation between *concusserat* and *minuebatur.* The exact relation and meaning of the two clauses would have been more directly expressed by making the former subordinate to the latter by means of *quum ;* and Sallust might have written, *Quod factum quum primo — concussisset, tamen Catilinae furor non minuebatur ;* (although this deed had intimidated, &c., yet the rage of Catiline was not diminished ;) but as he wished to bring out each proposition distinctly and prominently, he connected them co-ordinately rather than subordinately.

2. **Sumptam mutuam** — borrowed.

3. **Portare** — ordered to be taken. The English verb " to order," or " have " in the sense of " to order," is frequently not expressed in Latin, but is implied in the verb, which, in English is dependent upon the verb " to order ;" as *Piso annulum sibi fecit,* Piso ordered a ring to be made for himself, or had a ring made for himself. Z. Gram. § 713.

4. **Princeps . . . . faciundi** — was the first to begin the war.

5. **Nec** and **neque** are not only equivalent to the simple " and " with " not," but frequently connect notions that have an adversative relation to each other (= and yet not, but not, but yet not). A.

CH. XXV. 1. **Sempronia.** She was the wife of D. Junius

Brutus, who had been consul B. C. 77, and mother of the D. Brutus 154 who conspired with M. Brutus, C. Cassius, and others to murder Cæsar. We know from chap. XL. that her husband was not engaged in the conspiracy, and that he was at that time absent from Rome.

2. **Genere.** She belonged to the famous Sempronian family, from which also the Gracchi descended.

3. **Probae** — *pudicae, modestae* (sc. *mulieri*).

4. **Multa .... sunt** — (and) many other accomplishments which tend to luxury. The abl. *literis*, the infin. *psallere* and *saltare* and the acc. *alia* all depend upon *docta*. Such variety of construction is not unusual in Sall.

5. **Discerneres;** i. e. if you had been there.

6. **Creditum abjuraverat** — had falsely denied under oath 155 her indebtedness; i. e. that which had been loaned to her : the primitive sense of *credo*.

7. **Conscia** — accessory to.

8. **Praeceps abierat** — had plunged headlong into ruin.

9. **Haud absurdum.** V. XXIII. n. 2.

10. **Lepos** denotes the lightest wit, in opp. to dull gravity : *facetiae*, the jocund wit, in opp. to sober seriousness. Död.

Ch. XXVI. 1. **In proximum annum** — for the next year; i. e. B. C. 62.

2. **Si designatus foret** — if he should be elected. V. XVIII. n. 4.

3. **Illi :** sc. *Ciceroni*.

4. **Dolus :** in a good sense.

5. **Paulo ante.** V. XXIII.

6. **Ad hoc** — *praeterea*. V. XIV. n. 8.

7. **Collegam .... sentiret** — he had prevailed upon Antony, his colleague, by making over to him his province according to agreement, not to cherish sentiments hostile to the republic. The proconsular provinces were annually determined before the election of the consuls in order to prevent disputes; and the consuls entered upon the administration of the provinces to which they were entitled immediately on the expiration of the consular office. The provinces were generally distributed by lot, but the distribution was sometimes arranged by agreement between the persons entitled to them. Already Cicero had obtained by lot the rich province of Macedonia, which he exchanged by the transaction here mentioned for Cisalpine Gaul, which had fallen to the lot of Antony, who was supposed to be

155 favorable to the designs of Catiline. He afterwards declined the
latter province also, that he might remain at Rome to watch and
thwart, if possible, the conspiracy.

8. **Consuli;** i. e. Cicero.

9. **Campo;** i. e. the Campus Martius, a large plain along the
Tiber, consecrated to Mars, where the elections (*comitia centuriata*)
were held for choosing consuls, praetors, censors, and other magistrates.

10. **Aspera foedaque** — unsuccessfully and disgracefully.

CH. XXVII. 1. **Septimium . . . . Camertem** — one Septimius, a Camertian; i. e. a native of Camerinum, a town of Umbria
in the eastern part of Italy, and near the borders of Picenum. Septimius was an obscure individual, of whom nothing is known save the
mention which is here made of him.

2. **Alium alio** — one to one place, and another to another.

3. **Ubique** — *et ubi.* V. XXI. n. 3.

4. **Cum telo esse** — carried a weapon: lit. was with a weapon.

5. **Alios:** sc. *cum telis esse.*

156 6. **Agitanti:** sc. *illi.*

7. **Laecam.** Cicero says that the meeting took place at the
house of Laeca. V. in Cat. I. 4.

8. **Ibique** — *et apud eum,* or, as some think, *in eoque conventu.*

CH. XXVIII. 1. **Sicuti salutatum** — as if to pay their respects (to him). Such an early morning call upon the wealthy was
customary at Rome at this time, and was considered a mark of politeness. V. Cic. in Cat. I. 4, n. 19.

2. **Intellegit:** an old form for *intelligit.*

3. **Egestate . . . . cupidam** — eager for a revolution as well
from poverty as from resentment on account of injury.

4. **Sullae dominatione** — *per tyrannidem Sullae.* Kritz.

5. **Agros . . . . amisit.** Sulla had distributed to his followers
the lands belonging to those Etrurians who had espoused the cause
of Marius.

6. **Latrones:** sc. *Manlius sollicitare.*

CH. XXIX. 1. **Ancipiti malo;** i. e. the danger apprehended
from Catiline and his accomplices in the city, and from Manlius and
his army abroad.

2. **Satis . . . . habebat** — had he ascertained with sufficient
accuracy.

3. **Jam . . . . exagitatum** — already noised abroad by the ru-
mors of the people.

4. **In atroci negotio** — in a perilous emergency.

5. **Solet** — *fieri solet.*

6. **Maxuma permittitur** — *est maxima quae permittitur.*

7. **Parare** — gerere, etc. These infinitives are in apposition with *potestas.*

8. **Imperium .... habere** — to have the highest military and civil power.

9. **Aliter ;** i. e. unless the senate make such a decree.

Ch. **XXX.** 1. **Literas recitavit** — read aloud a letter. *Literae* is the most general expression for a letter : *epistola* is one directed to a distant friend, and sent by a messenger : *codicilli,* an address to one within the same walls, as a note. Död.

2. **Ante diem,** etc. V. Caes. I. 6, n. 8.

3. **Auguria** and **auspicia** are appearances in the ordinary course of nature, which for the most part possess a meaning for those only who are skilful in the interpretation of signs ; *auguria,* for the members of the college of augurs, who are skilled in such things ; *auspicia,* for the magistrates, who have the right to take auspices : whereas *prodigia, ostenta, portenta, monstra,* are appearances out of the ordinary course of nature, which strike the common people, and only receive a more exact interpretation from the soothsayer : lastly, *omina* are signs which any person, to whom they occur, can interpret for himself, without assistance. The primary notion in *prodigium* is, that the appearance is replete with meaning, and pregnant with consequences : in *ostentum,* that it excites wonder, and is great in its nature : in *portentum,* that it excites terror, and threatens danger : in *monstrum,* that it is unnatural and ugly. Död.

4. **Prodigia.** See an account of these in Cic. in Cat. III. 8.

5. **Circum** is here used adverbially.

6. **Ii utrique** for *eorum uterque.* V. K. 94, 13, and A. & S., 207, R. 32 (c).

7. **Ad urbem** — near the city. No citizen was allowed to hold military authority within the walls of Rome. It required a special law to be passed to give them permission to hold military authority within the city on the day of their triumph. When, therefore, commanders returned from their provinces, if they claimed a triumph, they were obliged to wait outside of the city walls until the senate decided upon their application. Marcius, proconsul of Cilicia, and Metellus, proconsul of Crete, which he had conquered and brought under the Roman sway, were thus waiting : being prevented from triumphing (*impediti, ne triumpharent*) by the intrigues of a few sen-

157 ators (*calumnia paucorum*) who had been bribed to oppose them, or were waiting for a bribe to withdraw their opposition.

8. **Quibus omnia .... mos erat** — *qui omnia .... vendere solebant.*

9. **Praetores :** sc. *quoque missi sunt.*

10. **Pro .... periculo** — in proportion to the exigency and the danger.

11. **Ad hoc.** V. XXVI. n. 6.

12. **Praemium :** sc. *decrevere.*

13. **Sestertia.** The *sestertium* was a sum of money, not a coin, = 1,000 *sestertii,* and worth in our currency about $ 39. A hundred *sestertia,* therefore, would amount to $ 3,900 : no small reward to give a slave besides his freedom.

14. **Ejus rei ;** i. e. *conjurationis ;* for *indico* is here said, as is often the case, of those who inform concerning a crime in which they themselves are implicated.

15. **Gladiatoriae familiae** — schools of gladiators. Gladiators consisted either of captives, slaves, and condemned malefactors, or (in later times) of free-born citizens, who fought voluntarily. They were kept in schools (*ludi*), where they were trained by persons called *lanistae.* The whole body of gladiators under one *lanista* was frequently called *familia.* They were sometimes the property of the *lanistae,* who let them out to persons who wished to exhibit a show of gladiators ; but at other times belonged to citizens, who kept them for the purpose of exhibition, and engaged *lanistae* to instruct them.

16. **Pro cujusque opibus** — according to the means of each (town). The gladiators were a class of men, who, from their character, could be easily prevailed upon to join a conspiracy against the state ; hence it was desirable to keep them as widely separated as possible.

17. **Minores magistratus.** The consuls, praetors, and censors were called *majores magistratus,* the aediles, tribunes, quaestors, &c. *minores magistratus* (inferior magistrates). Cf. Cic. in Cat. I. 1 : *Urbis vigiliae,* &c.

158 Ch. XXXI. 1. **Diuturna quies.** From the time of Sulla to this time, a period of about twenty years, there had been no civil commotion at Rome.

2. **Quibus .... incesserat** — upon whom, on account of the greatness of the state, the dread of war had rarely come : more lit. had come unusual ; i. e. had been unusual. Connect *magnitudine* with *insolitus.*

3. **Rogitare** — made frequent and earnest inquiries.

4. **Pavere** *semper metum significat, qui pallorem et tremorem ficit.* **Dietsch.**

5. **Eadem illa movebat** — continued to push forward those ame measures (which he had commenced).

6. **Parabantur.** V. Caes. I. 31, n. 16.

7. **Lege Plautia.** This law was enacted against those who were guilty of either open or secret violence. The penalty was exile.

8. **Ut sui expurgandi** — as if for the sake of exculpating himself.

9. **Sicuti** — just as if.

10. **Orationem habuit.** This is the first of the four orations against Catiline.

11. **Quam .... edidit** — which he afterwards wrote out and published. V. Caes. I. 5, n. 10.

12. **Ea familia ortum** (sc. *se esse*) — that he had sprung from such a family. The acc. with infin. depending upon the notion of saying implied in *postulare.* On the omission of *se*, V. Caes. II. 3, n. 4.

13. **Ut .... haberet** — as to hope for all preferments.

14. **Cujus .... essent** — whose own numerous services, and those of his ancestors, had been bestowed on the Roman people.

15. **Perdita republica** — of ruining the republic.

16. **Inquilinus civis** — an adventitious citizen. Cicero was born at Arpinum, and was, therefore, not a native of Rome.

17. **Incendium meum ruina** — the conflagration that threatens me by the ruin (of my enemies).

Ch. XXXII. 1. **Ipse** is here used to bring out emphatically the idea that he pondered his plans *alone :* communicating them to no other individual, and asking counsel of no one. V. XXIII. n. 5.

2. **Neque — et.** V. Caes. II. 25, n. 9.

3. **Insidiae consuli procedebant.** Much difference of opinion exists among grammarians as to the dependence of the dative upon nouns : some, as Bullions, Andrews and Stoddard, and Anthon, teaching that it often does, while others, as Kritz, Zumpt, Kühner, and Dietsch are decidedly opposed to this view. They deny that, in the writers of the Golden Age, the dat. ever depends directly upon a noun, except in the case of verbal nouns, which are derived from verbs requiring a dat. for their object ; in which case the noun is an abbreviated expression for a subordinate clause ; as *justitia est obtemperatio legibus institutisque populorum — justitia est ea virtus, quae*

Page

159 *obtemperat*, &c. I adopt the latter view. Accordingly, *consuli dou* not depend upon *insidiae*, neither does it depend upon *procedebant* alone, but upon *insidiae procedebant*. The principle under consideration is illustrated more clearly by the passage below : *insidiae consuli maturent*. Here *maturent* joined with *insidias* is clearly = *mature parent*. It cannot be doubted, therefore, that the dat. should be connected with the verb. Both cases are examples of the dat. of disadvantage. V. K. 90, R. 4. The "Revised Edition" of A. & S. substantially adopts this view. V. 211, R. 5, N. V. also H. 392. 1.

4. **Intellegebat :** old form for *intelligebat*.

5. **Optimum factu** = the best thing to be done, the best course to take. Some editions have *factum*. *Augere* and *antecapere* are the subjects acc. of *esse* understood, and *optimum* agrees with them.

6. **Legiones scriberentur ;** i. e. which the praetors Pompeius, Rufus, and Metellus Celer were authorized to levy. V. Ch. XXX.

7. **Cum paucis.** V. Cic. in Cat. II. 4.

8. **Quibus rebus possent** = by such means as they could.

9. **Mandatis.** V. Caes. I. 35, n. 1.

10. **Hujuscemodi.** V. Caes. III. 18, n. 6.

Ch. XXXIII. 1. **Neque contra patriam — neque quo** = neither against our country nor in order that thereby.

2. **Qui — sumus.** *Qui* agrees in gender, number, and person with the substantive pronoun *nostrum*, implied in *nostra*.

3. **Plerique — omnes** = the most of us — all of us.

4. **Patriae — fama atque fortunis.** *Expertes* is here constructed with both the gen. and abl. V. XXV. n. 4.

5. **Lege uti** = to avail himself of the law. Reference is probably had to the lex Papiria Poetelia, which had been enacted, B. C. 326, and which forbade imprisonment for debt, and made the property of the debtor the only security of the creditor.

6. **Praetoris.** The *praetor urbanus* is here meant, to whom belonged the general administration of public justice.

7. **Opitulati sunt** = relieved.

8. **Argentum .... est** = silver was paid with copper. The allusion is to the Valerian law, by which a *sestertius*, a silver coin, was paid with an *as*, a copper coin of one fourth its value. By this partial abolition of debts the debtor retained seventy-five per cent of the capital which he had borrowed. V. XXI. n. 4.

9. **Saepe ipsa plebes.** The commons (*plebes*) are here spoken of in opp. to the patricians (*patres*). Three secessions of the

o..mmons are said to have occurred: the first, B. C. 495, on account 159
of the cruelty of creditors, the second, B. C. 449, on account of the
insupportable tyranny of the decemviri, and the third, B. C. 286, on
account of the burden of their debts.

10. **Amitto** means to lose something, so that it ceases to be in 160
our possession, in opp. to *retinere*: *perdo* means to lose something, so
that it is destroyed and rendered useless, in opp. to *servare*. Död.

11. **Quonam modo .... pereamus** — in what way we
may perish after having avenged our blood most effectually; i. e.
how we may sell our lives as dearly as possible.

CH. XXXIV. 1. **Discedant.** The usual construction would
require the imperfect; but sometimes a writer makes use of the same
tenses in indirect discourse, which he would use if he were quoting
the speech in direct discourse.

2. **Ex itinere** — on his way.

3. **Optimo cuique**; i. e. *principibus optimatium*, the most distinguished men.

4. **Non quo** — not as if, not because.

5. **Neve.** V. Caes. II. 21, n. 3.

6. **Contentione** — private quarrel.

7. **Ab his .... literas** — a letter far different from this.

8. **Earum exemplum** — a copy of it.

CH. XXXV. 1. **L. Catilina Q. Catulo** — L. Catiline to
Q. Catulus greeting. The usual form for the beginning of a letter
was *L. Catilina Q. Catulo salutem dicit*: commonly written *L. Catilina Q. Catulo S. D.* Here it is still further abbreviated by omitting
the *S. D.* The *S.*, however, is retained in some editions.

2. **Egregia .... tribuit** — your distinguished faithfulness, fully
known by experience, (and) pleasing to me amid my great perils,
has given confidence to my recommendation; i. e. to the recommendation of my interests to your care. See *Orestillam commendo* at the
end of the chapter. There is great confusion in the text here. I
have adopted the reading of the most and best books.

3. **Quamobrem**; i. e. on account of my confidence in your
friendship.

4. **Defensionem** is a formal defence against an adversary:
satisfactionem, an apology, an explanation, such as may satisfy a
friend. Supply *sed* before *satisfactionem*.

5. **In novo consilio** — in reference to my new enterprise;
i. e. the raising of an army.

6. **Non statui parare** — *statui non parare.*

OO

160   7. **Ex .... culpa** — since I am conscious of no crime : lit. from no consciousness of crime. *De culpa* nearly — *culpae.*

8. **Quam :** referring to *satisfactionem. Veram : sc. esse.*

9. **Licet cognoscas** — you may be assured.

10. **Contumelia, injuria.** *Contumelia* denotes a wrong done to the honor of another : *injuria,* a violation of another's right. A blow is an *injuria,* so far as it is the infliction of bodily harm ; and a *contumelia,* so far as it brings on the person who receives it the imputation of a cowardly or servile spirit. Död.

11. **Statum dignitatis** — the position of honor which I deserved ; i. e. the consulship. V. XVIII., *paulo post,* &c.

161   12. **Non quin — possem** — not as if I could not.

13. **Aes .... nominibus** — my own debts. So *alienis nominibus,* (sc. *aes alienum,*) — the debts of others.

14. **Quum et** — *quum etiam.*

15. **Non dignos** — unworthy.

16. **Alienatum** — discarded.

17. **Hoc nomine** — on this account.

18. **Pro meo casu** — considering my unfortunate condition.

19. **Scribere vellem :** a mere pretence, cunningly devised to avoid further explanation.

20. **Commendo :** sc. *tuae fidei* from the next clause.

21. **Ave** is a salutation used at meeting and parting ; whereas *salve* is used at meeting only, *vale* at parting. Död.

Cн. XXXVI. 1. **Ipse** is added, because those things which pertain to Catiline are opposed to those things which he himself did pertaining to others.

2. **Fascibus .... insignibus.** V. Cic. in Cat. II. 6, 13.

3. **Hostes judicat.** *Qui hostis judicatus erat, et jus civitatis amisit et bello persequendus fuit.* D.

4. **Sine fraude** — without risk ; i. e. with impunity.

5. **Praeter** (*illis*) — **condemnatis** — except for those condemned. *Praeter* is an adverb, and *condemnatis* depends upon *licerd.*

6. **Multo maxime miserabile** — by far the most deplorable ; i. e. of all governments.

7. **Quum** — although.

8. **Otium** denotes quiet times in general, as a species of *pax,* with reference to foreign relations : *concordia,* with reference to internal relations. Död.

9. **Perditum irent** — were bent on ruining. The verb *eo* joined with the supine expresses an end, purpose, wish. This con-

struction is quite frequent in Sallust, but is not found in Cicero, who 161
uses, instead of it, the periphrastic conjugation by means of *esse* and
the participle future active.

10. **Duobus senati decretis** — although two decrees of the
senate had been made. The first of these is mentioned in Ch. XXX.,
and the other in this chapter.

11. **Uti tabes** — like a consuming fever. 162

Ch. XXXVII. 1. **Omnino** — in general.

2. **Id adeo** — this even, this very thing. *Adeo* with pronouns
has an intensive force. So *id adeo malum*, &c., at the end of the
chapter.

3. **Extollunt** — they elevate; i. e. to office.

4. **Sine cura** — without any anxiety (for themselves). It is
more fully explained by the following clause.

5. **Facile habetur** — is easily kept; i. e. poverty (= poor
people) having nothing, has nothing to lose.

6. **Ea vero** — they in particular. *Ea* is added to distinguish
particularly the *urbana plebes* from the *cuncta plebes* mentioned at
the beginning of the chapter. This use of demonstrative pronouns is
not uncommon. V. XII. n. 5, and XX. n. 8.

7. **Preceps ierat;** i. e. into the designs of Catiline.

8. **Primum omnium.** The populace are here divided into
five distinct classes, the description of which is introduced severally
by the words *primum omnium, deinde, praeterea, praeterea, ad hoc.*
The first general division is subdivided into three classes by the
words *qui ubique, item alii, postremo.*

9. **Per dedecora** — by disgraceful excesses.

10. **Sentinam** is here not the place where the filth gathers, as
some interpret, but the filthy gathering itself, into which foul and
dirty streams flow. *Comparatur Roma cum ipsa spurcitie, in quam
tanquam sordidi rivuli confluxerint homines turpes.* Dietsch.

11. **Alios senatores:** sc. *esse.*

12. **Ut . . . . agerent** — that they passed life in princely luxury
and refinement.

13. **Quisque** is in apposition with *multi.*

14. **Privatis . . . . largitionibus;** i. e. the largesses bestowed by private demagogues of wealth and rank to cater for popular favor, and the distribution of corn, consisting in the later times
of the republic of five *modii* per month to an individual, made by
the government to the indigent population of Rome, either gratui-
tously or at a rate considerably below the market price.

Page

162 15. **Eos** refers to the collective noun *juventus*.

16. **Quo** — on this account.

17. **Juxta ac** — just as; i. e. as badly as, no better than.

18. **Jus .... erat.** By the lex Cornelia, of which Sulla was the author, the sons and grandsons of proscribed persons were forever excluded from all public offices.

19. **Id adeo malum :** referring probably to the civil dissensions in the time of Sulla.

163 Ch. XXXVIII. 1. **Restituta est.** The power of the tribunes had been greatly restricted by Sulla, but was restored in the consulship of Pompey and Crassus.

2. **Summam potestatem** — very great power. As the power of the tribunes is referred to, it must not be translated " the highest power," for that was vested in the consuls. It means the highest degree of tribunician power.

3. **Exagitare** — to stir up, excite.

4. **Pleraque.** V. XVII. n. 6.

5. **Senatus specie pro sua magnitudine** — apparently to support the senate, (but in reality) for their own aggrandisement.

6. **Ut .... absolvam** — to relate the truth in a few words.

7. **Honestis nominibus** — under honorable pretexts.

8. **Quicunque** is divided into two classes by *alii — pars,* and then again into individuals by *quisque.*

9. **Modestia — modus** — moderation — limit.

Ch. XXXIX. 1. **Bellum maritimum ;** i. e. the war against the Cilician pirates, which he terminated within the space of forty days. The next year, B. C. 66, he was, by the Manilian law, invested with the leadership of the war against Mithridates, king of Pontus.

2. **Plebis opes imminutae ;** i. e. in consequence of the almost unlimited power delegated to a single individual, Pompey.

3. **Innexii** — unharmed.

4. **Hi ;** i. e. *pauci,* the few.

5. **Ceteros .... tractarent** — they frightened the others (i. e. of the patricians who were suspected of courting popular favor, or of belonging to the popular party) with judicial processes, in order that they (i. e. the *ceteros*), when in office (i. e. the tribuneship), might lead the people more gently (i. e. without harshness towards the patricians : not exciting them against the patricians ; for by thus exciting them, they would render themselves liable to prosecution by the patricians as soon as their term of office had expired).

6. **Sed .... oblata est** — but as soon as, the state of affairs

being **dangerous**, the hope of overthrowing the existing form of gov- 163
ernment **was** presented (to them, i. e. the *ceteros*).

7. **Vetus certamen** ; i. e. between the patricians and plebeians.

8. **Animos eorum** ; i. e. the minds of the *ceteros*.

10. **Quodsi** — and if.

11. **Neque** — *neque tamen*.

12. **Diutius** — very long.

13. **Quin .... extorqueret** — without some one who might be more powerful wresting their power and liberty from them, exhausted and powerless. *Defessis et exsanguinibus* belong to *illis* understood : the dat. of disadvantage.

14. **Tamen** — yet ; i. e. notwithstanding these considerations.

15. **Sollicitabat** — attempted to gain over. 164

16. **Cujusque .... hominum** — every sort of men : lit. a class of men of every sort.

Ch. XL. 1. **Negotium .... requirat** — he charges to seek out.

2. **Publice privatimque** — as a state and as individuals.

3. **Plerisque principibus** — to most of the leading men.

4. **Quasi .... casum** — as if deploring its calamity.

5. **Tantis malis** may be the dat. depending upon *exitum sperarent* (V. XXXII. n. 3), or the abl. absolute according to H. 431, 1 & 2, or A. & S. 257, R. 7. If the former, the sense is, " what issue they expected for so great evils" : if the latter, " what issue they expected since the evils were so great." I prefer the latter.

6. **Miseriis.** V. XXXII. n. 3. The dat. here depends upon the compound expression, *remedium expectare*.

7. **Orare** — began to entreat.

8. **Neque aliena consilii** — and indeed convenient for consultation.

9. **Innoxios** — innocent persons ; i. e. persons not connected with the conspiracy.

10. **Animus amplior** — more courage.

11. **Domum :** not their native country, but their place of residence in Rome.

Ch. XLI. 1. **Diu .... caperent** — were a long time uncertain what course they should take. *Habuere :* sc. *se*.

2. **In altera parte — at in altera.** First the motives they had to engage in the conspiracy are stated, then those they had to betray it.

3. **Studium belli.** This motive grew out of the warlike character of the Allobroges, who were a *natura gens bellicosa*.

4. **In spe victoriae ;** i. e. in the victory which they hoped for.

5. **Majores opes** — greater power and influence ; i. e. to be enjoyed by the ambassadors personally, as a reward for betraying the conspiracy.

6. **Certa praemia.** V. XXX. In this passage the ambassadors are comparing the interests of their state with their own private interests. The first class of motives mentioned is drawn from considerations of state policy : the second refers to private advantages ; so that *aes alienum* is opposed to *majores opes*, *studium belli* to *twa consilia*, and *magna merces* to *certa praemia*.

7. **Cujus patrocinie.** Not only individuals, but also sometimes cities, and even entire states, which were in a certain relation of subjection or friendship to Rome, put themselves under the patronage of distinguished individuals, who took an interest in their affairs, and defended their cause in the senate. This patronage was hereditary. Q. Fabius Sanga had derived his right of patronage over the Allobroges from his ancestor, Q. Fabius Maximus, who finally reduced them to subjection, and hence was surnamed *Allobrogicus*.

8. **Precepit — simulent.** The perf. historical followed by the present is an unusual construction, and confined to the historians.

Ch. XLII. 1. **Quos . . . . dimiserat.** V. XXVII.

2. **Cuncta . . . . agebant** — commenced doing all things at one and the same time.

3. **Portationibus.** The plural is used because the arms were carried in many places, and by many individuals.

4. **Causa cognita** — after trial : lit. the cause having been investigated.

5. **C. Murena :** sc. *complures in vincula conjecerat*.

6. **Qui — legatus** — who as deputy.

Ch. XLIII. 1. **Videbantur :** sc. *illae*, referring to *copiis*.

2. 1. **Concilium, concio,** and **comitia** are meetings summoned for fixed purposes : *concilium*, an assembly of noblemen and persons of distinction, of a committee, of the senate, the individual members of which are summoned to deliberate ; whereas *concio* and *comitia* mean a meeting of the community, appointed by public proclamation, for passing resolutions or hearing them proposed : *concio* means any orderly meeting of the community, whether of the people or of the soldiery, in any state or camp : *comitia* is a historical term confined to a Roman meeting of the people. 2. *Coetus* and *conventus* are voluntary assemblies : *coetus*, for any purpose, for merely social purposes, for a conspiracy, and so forth : whereas *conventus*, for a

serious purpose, such as the celebration of a festival, the hearing of 165 a discourse, and so forth. Död.

3. **Concione habita.** Probably the assembly of the Quirites, before which Cicero delivered the 2d Orat. in Cat.

4. **Actionibus** — the proceedings; i. e. with reference to the expulsion of Catiline from Rome.

5. **Eo signo** — upon this signal; i. e. the attack to be made on Cicero by the tribune during his address to the people. Some understand *dato*, but it is not necessary.

6. **Suum .... negotium** — each his part.

7. **Divisa** (sc. *esse*) — to be assigned. *Sed.* V. VII, n. 1.

8. **Hoc** — *tali*.

9. **Alius** (sc. *aggrederetur*) **autem alium** — moreover one should attack one, and another should attack another; i. e. each should single out his victim.

10. **Filii familiarum** — minors; i. e. sons who are still under the father's authority. To these Cicero is thought to allude in Orat. II. in Cat. *Hos, quos video volitare,* &c.

11. **Illos — corrumpere** — (saying) that they lost, threw 166 away.

12. **Dies prolatando** — by putting off the day of execution: lit. by putting off days; i. e. the times appointed for the execution of an affair. V. Cic. in Cat. III. 4, 10.

Ch. XLIV. 1. **Per .... conveniunt** — have an interview with the rest through Gabinius. V. XLI. *ad finem.*

2. **Signatum** — sealed.

3. **Aliter** — *nisi id fiat;* i. e. unless the oath is given. V. XXIX. n. 9.

4. **Eos;** i. e. *cives.*

5. **Eo;** i. e. into the country of the Allobroges.

6. **Crotoniensem** — an inhabitant of Crotona.

7. **Literas — exemplum.** V. XXXIV. n. 7.

8. **Quis sim, etc.** V. Cic. in Cat. III. 5, 12.

9. **Fac cogites** — see that you consider.

10. **Memineris te virum esse.** Cicero has quoted it thus: *Cura, ut vir sis.*

11. **Tuae rationes** — your interests, circumstances. *Rationes sunt omnia, quae quis in consilio perficiendo sequi debeat.* D. Cf. LVI. *fin.*

12. **Ab infimis.** From the following clause, *quo consilio servitia repudiet,* it is evident that by "the lowest," slaves are meant.

166 13. **Mandata verbis** — a verbal message.

14. **Propius :** sc. *urbem.*

CH. XLV. 1. **Cicero — imperat.** V. Cic. in Cat. III. 2, :

2. **Cetera** — as for the rest. *Uti* — as. *Ita agant* — that the may so act.

167 3. **Illi homines militares ;** i. e. *praetores.*

4. **Ad id loci** — *ad eum locum.*

5. **Simul** — *simul ac.*

6. **Utrinque.** The praetors stationed a force at both extremitie of the bridge, and as soon as the ambassadors entered the bridge, : shout arose both before and behind them.

7. **Dedit :** not the perf. of *do,* but the present of *dedo.*

CH. XLVI. 1. **Intelligens** — because he knew. *Dubitan* — because he hesitated.

2. **Porro autem** — then moreover.

3. **Sibi oneri — fore** — would prove a source of odium to himself.

4. **Reipublicae . . . . fore** — would tend to ruin the republic.

5. **Igitur — jubet Lentulum, etc.** V. Cic. in Cat. III. 3, *ad init.*

6. **Ipse . . . . tenens.** This was to show respect to the official character of Lentulus.

7. **Eo ;** i. e. to the temple of Concord.

CH. XLVII. 1. **Quid . . . . habuisset** — what design he had entertained, or for what reason he had entertained it.

2. **Alia** — things other than the truth, or things that did not pertain to the conspiracy.

3. **Fide . . . . dicere** — to speak under a public pledge of impunity.

168 4. **Se . . . . legatos** — that he, having been admitted a few days before, as an associate, by Gabinius and Ceeparius, knew nothing more (i. e. no other person) than the ambassadors (sc. to be concerned in the conspiracy). This is the interpretation of Kritz. The more obvious meaning, however, — viz. that he knew nothing more than the ambassadors (knew), — may after all be the true one, though it is not easy to see how this can be.

5. **Audire solitum** — (he) was accustomed to hear.

6. **Lentulum . . . . erat** — convict Lentulus of dissembling, not only by letters (lit. besides letters), but also, in addition to them, by the conversations which he was accustomed to hold.

7. **Tribus Corneliis** — to three of the Cornelian family. V. Cic. in Cat. III. 4, 9.

8. **Cinnam atque Sullam :** sc. *urbis potitos fuisse.* They 168 were members of the Cornelian family.

9. **Signa .... cognovissent** — had acknowledged their seals.

10. **Abdicato magistratu** — having resigned his office. A Roman citizen could not be put on trial while in office.

11. **In .... custodiis** — in private custody: equivalent to our phrase "held to bail." When a person of high rank was charged with crime, instead of being thrown into prison, and kept there until his trial, he was committed to the charge of some responsible individual. This was called *libera custodia.*

CH. XLVIII. 1. **Ciceronem .... tollere.** The change in the minds of the people, which is here described, was caused by a speech of Cicero, which he delivered to them on leaving the senate, and in which he related in detail the arrest of the Allobroges and the transactions of the senate. This is the speech which has come down to us as the third oration against Catiline.

2. **Gaudium .... laetitiam.** The chief distinction between *gaudium* and *laetitia* is, that *gaudium* is the inward, simple emotion of joy; whereas *laetitia* is the outward manifestation, the utterance of joy. On *atque*, V. Caes. III. 17, n. 8.

3. **Agitabat.** The change from the historical infin. to the present imperf., in the same sentence, will be recognized by the observing student as a not unusual construction in Sallust.

4. **Praedae :** sc. *sibi.*

5. **Ac** is here used to add a notion which defines more accurately the notion contained in *immoderatum.*

6. **Quippe .... erant** — since all their means consisted in articles for daily use, and clothes for the body. *Usu* and *cultu* are the abstract for the concrete.

7. **Post eum diem** — *postridie.*

8. **Dico** denotes to say, as conveying information, in reference to the hearer, in opp. to *taceo;* but *aio* expresses an affirmation, with reference to the speaker, in opp. to *nego.* Död.

9. **Data esset.** V. Caes. I. 13, n. 7.

10. **De itinere hostium ;** i. e. of the approach of Catiline and Manlius towards Rome with an army.

11. **Missum a M. Crasso.** V. XVII. *ad fin.*

12. **Illi ;** i. e. *Lentulus et Cethegus aliique.* 169.

13. **Tanta vis hominis** — *homo tantae vis.*

14. **Videbatur :** personal, yet it will be better to translate it impersonally.

20

169   15. **Crasso — obnoxii.** Being a man of great wealth, many
were " under obligations to " him, on account of the loans with which
he had accommodated them, and consequently were afraid of offending him.

16. **Referatur:** sc. *ad se.* Before the senate could vote upon
any measure, it must be brought regularly before them by a magistrate authorized to do the same: commonly the consul presiding,
though it could be done by a tribune of the people, and even by a
praetor.

17. **Consulente Cicerone** (sc. *senatum*) — Cicero consulting
the senate; i. e. referring the subject to them, putting the question
to them. *Frequens* — full.

18. **Neque amplius** (sc. *indicandi*) **potestatem faciundam** — and that power of giving further information ought not to
be given.

19. **Per . . . . periculi** — by his being made to share in the
danger.

20. **Suscepto . . . . patrocinio** — by undertaking the defence
of the vicious.

21. **Praedicantem** — openly declaring.

CH. XLIX.   1. **Neque . . . . gratia** — nor by money nor marks
of favor.

2. **Nominaretur;** i. e. as an accomplice.

3. **Piso:** sc. *inimicitiam exercebat.*

4. **Oppugnatus . . . . injustum** — because he had been attacked (by him; i. e. Caesar), when on trial for extortion, on account
of the unjust punishment of a certain one who lived beyond the Po.
The meaning of the passage is not that Piso was accused of extortion
by Caesar, but that Caesar availed himself of the opportunity of this
trial for extortion to bring Piso to justice for an alleged unjust punishment of one of the Transpadani, whose patron he (Caesar) was.

5. **Ex . . . . pontificatus.** For the meaning of *ex*, V. XII. n. 2.
Caesar had defeated Catulus in his canvass for the office of *pontifex
maximus.*

6. **Adolescentulo.** Caesar, though now thirty-six years old,
could be called young in comparison with the aged Catulus.

7. **Res . . . . videbatur** — the circumstances, however, seemed
favorable; i. e. for injuring the reputation of Caesar; for being
deeply involved in debt, he would be more readily suspected of
being engaged in the conspiracy.

8. **Privatim — publice** — in private life — in public life.

9. **Maxumis muneribus** — by the most splendid exhibitions. 169

10. **Quae se — audisse dicerent:** a peculiar construction, 170 though not uncommon in Cicero, = *quae audivissent, ut dicebant.*

11. **Quo .... esset:** depending upon *minitarentur.*

Ch. L. 1. **Libertus** means the freedman, with reference to his master, in opp. to *servus: libertinus*, with reference to his rank, in opp. to *civis* and *ingenuus.*

2. **Opifices atque servitia.** V. Cic. in Cat. IV. 8, 17.

3. **Sollicitabant:** sc. *partim*, corresponding with *partim* in the next clause.

4. **Multitudinum** — of factions, mobs.

5. **Familiam** — slaves, i. e. belonging to a family.

6. **Eos — contra .... fecisse.** This was the usual formula of condemnation against those who had committed any high crime against the state. For *sed*, see Ch. VII. n. 1.

7. **Designatus.** V. XVIII. n. 4.

8. **Supplicium** — capital punishment.

9. **Decreverat — dixerat — censuerat.** These pluperfs. may be explained, says Kritz, on the supposition that the writer was tacitly referring what he was relating to the *senatus consultum*, which was finally made.

10. **Pedibus .... iturum se** = that he would go over to the opinion of Tiberius Nero; i. e. when they came to vote upon the question; which was not done till all the senators had had an opportunity to express their opinions. The allusion is to the mode of voting. The mode of proceeding in the Roman senate was as follows: First, the presiding magistrate (in the time of the republic one of the consuls) announced the subject for deliberation. This was called *relatio*, or *referre ad senatum.* Then each member was called upon to state his opinion, (*rogare sententiam, sententiam dicere,*) which he delivered either by a single word, sitting, or in a set speech, standing. This was merely *an expression of opinion*, which he was allowed to retract when he actually voted; as did Silanus in the passage before us. In the earlier times the *princeps senatus*, and at a later period the *consules designati* were first called on; then the question was put to the others in the order of their official rank. After this followed the actual voting, which was usually by *discessio, pedibus ire in sententiam alicujus;* i. e. the members who voted on the same side joined together, and thus separated from those who voted otherwise. In the present case Silanus at first gave his opinion in favor of the severest punishment. Many others followed him, adopting the same course.

170 At length it came to the turn of Tiberius Nero to give his opinion:
who opposed capital punishment, at least, for the present, but was in
favor of strengthening the guards, retaining the prisoners in custody,
and postponing the whole subject till after Catiline was overcome,
when it should be resumed, and final action taken upon it. Caesar
spoke next, opposing capital punishment altogether, and advocating
imprisonment for life. The effect of his speech was very great: he
seemed about to carry the senate with him. Silanus was made to
modify his opinion so far as to adopt that of Nero. At this point
Cicero arose, and pronounced the fourth Catilinarian oration; in
which he reviewed in a masterly manner the speeches of Silanus and
Caesar, and urged prompt and vigorous measures. He failed, however, to turn the scale completely, and it was not till after the
speeches of Lutatius Catulus, the inveterate enemy of Caesar, and
Cato, tribune of the commons elect, whose burning eloquence elec-
trified the senate, and bore down nearly all opposition, that a majority could be obtained to favor his views.

11. **Praesidiis additis;** i. e. *cum praesidia addita essent.*

12. **Hujuscemodi.** From this expression it is evident that we
have not the language, but only the sentiments of the speech.

171 CH. LI. 1. **Haud .... paruit.** This sentence contains the
reason of the preceding, the connective *nam* being omitted, as is not
unfrequently the case. *Lubidini simul et usui* — passion and reason
at the same time.

2. **P. C.** for *Patres Conscripti.*

3. **Quae — male consuluerint** — what injurious measures
kings and nations have taken.

4. **Ordine** — properly.

5. **Injuriae;** i. e. done to us.

6. **Per .... fecere** — retaliated when opportunity offered.

7. **Neu.** V. Caes. II. 21, n. 3.

8. **Novum consilium.** The new measure here alluded to
was the punishment of Roman citizens by death.

9. **Ingenia** — the imaginations.

10. **Iis:** sc. *poenis.*

11. **Enumeravere** can be connected with *saevitia* only by
zeugma. Translate it "have shown," and "have enumerated."

12. **Quo .... pertinuit** — for what object was that strain of
oratory?

13. **An.** V. Caes. I. 47, n. 12. The ellipsis may be supplied
thus: *alione pertinuit, an eo pertinuit?*

14. **Scilicet** — no doubt, forsooth. Strongly ironical.

15. **Oratio accendet** — a mere speech will inflame.

16. **Eas . . . . habuere** — have felt them too severely. 172

17. **Alia . . . . est** = there is one degree of freedom of action to one class of persons, and another to another; i. e. all have not the same degree of freedom.

18. **Studere** = to favor: sc. *in maxima fortuna.*

19. **In imperio** — in those who command.

20. **Postrema** — the last things, the last of an affair: in the present case the punishment.

21. **In** — in the case of, in regard to.

22. **Eos . . . . cognovi** — such I know to be the character and such the moderation of the man.

23. **Aliena . . . . nostra** — not suited to the principles of our government.

24. **Metus — injuria;** i. e. fear, not for himself, but for the state, for the public weal — the wrong, the nature of the wrong, the atrocity of the crime.

25. **De poena.** Having thus summarily disposed of the first cause of Silanus's opinion, viz. *metus,* he now proceeds to discuss at length the second, *injuria.*

26. **Id . . . . habet** — that which is in the nature of the thing: lit. that which the thing has. He means to assert that the views which he is about to set forth are philosophically correct, and in accordance with nature.

27. **Ultra :** sc. *mortem.* See Cicero's review of this doctrine in the fourth oration against Catiline.

28. **Lex Porcia.** The Porcian law enacted that a Roman citizen should not be scourged or put to death.

29. **An :** sc. *in sententiam non addidisti.*

30. **Sin :** sc. *in sententiam non addidisti,* &c. *Levius est :* sc. *verberari.*

31. **Qui . . . . neglexeris** — how is it consistent (in you) to observe the law in the less matter (i. e. the scourging), when you have disregarded it in the greater (i. e. the capital punishment).

32. **At** is much used to denote objections; and even such as the speaker raises himself, for the purpose of upsetting or weakening that which was said before. In *at enim* there is an ellipsis : *at* represents the objection, and *enim* introduces the explanation of it. Here the ellipsis may be supplied thus : but some one may say, what need is there of all this discussion, for who will blame, &c.

Page
178 **33. Tempus, dies, fortuna:** sc. *reprehendet.* An answer
to the preceding question. This course, if adopted, argues the
speaker, may at some future time prove a dangerous precedent.
Libido — caprice.

34. Illis; i. e. the conspirators.

35. In alios — against others; i. e. by being used as a precedent, it may, at some future day, be the source of great abuse and
injustice to others.

36. Dignis: sc. *poena: idoneis* — fit subjects of it.

37. Damasippus was only a surname of L. Junius Brutus, an
active and unprincipled partisan of Marius. He was praetor urbanus
B C. 82; and at the request of Marius he summoned the senate
upon some false pretext, and procured the assassination of a number
of the senators, whose bodies were thrown unburied into the Tiber.

38. Atque — certainly.

39. Ingenia — characters.

40. Potest. The order is, *alio tempore,* &c., *falsum aliquid potest
pro vero credi.*

41. Quominus — imitarentur == from imitating.

42. Arma atque tela — pleraque sumpserunt — most
of their arms, offensive and defensive, they borrowed. Join *pleraque*
with *arma* as well as *insignia.*

174 **43. Ubique** — wherever it was, wherever they found it. The
words, *apud socios aut hostes,* illustrate the force of *ubique.*

44. Imitari .... malebant — they preferred to imitate
rather than envy their good institutions. Sc. *institutis* after *bonis.*
Some supply *hominibus.* Here two verbs are connected, one of
which governs the acc. and the other the dat., and the object is put
in the case required by the one that stands nearest. The common
construction repeats the object with each verb in the case which that
verb requires.

45. Quominus .... capiamus — why we should not take
a new measure. *Causam* implies hindering, and is, therefore, followed by *quominus* and the subj.

46. Ea bene parta — those things which have been happily
obtained (from them): referring to *imperium* not grammatically, but
ad intellectum.

47. Per municipia — among the *municipia.* The *municipia*
were towns, the inhabitants of which had been formerly *peregrini,*
but were now *cives.* They enjoyed the rights of Roman citizenship,
but were governed by their own magistrates, and managed their
affairs according to their own customs.

48. **Neu quis** — and that no one. Observe the double construction after *censeo;* first the acc. with the infin., then *neu* with
the subj., after which the acc. with infin. is resumed: *senatum existimare,* &c. Compare Cic. in Cat. IV. 4, 8.

49. **Eum** .... **facturum.** V. L. n. 6.

CH. LII. 1. **Ceteri** .... **assentiebantur;** i. e. gave their
opinions verbally, without rising, and adopting one or another of the
opinions of the preceding speakers. The regular form of speech on
such occasions was *assentior,* adding the name of the person whose
opinion he adopted; as *assentior Silano, assentior Caesari,* &c. *Varie*
refers, not to *verbo,* but to *alius alii.*

2. **Longe** .... **est** — **et** — I have a far different opinion —
from what I do.

3. **Poena;** i. e. the kind of punishment. Cato says the real
question at issue is, not the kind of punishment suitable for the conspirators, but what measures shall be adopted to prevent the success
of the conspiracy.

4. **Persequare** — you may punish.

5. **Judicia** — the (aid of) tribunals.

6. **Nihil fit reliqui victis** — nothing is left to the vanquished.

7. **Pluris** — **fecistis** — have valued higher.

8. **Ista.** The severity of Cato's manners led him to speak with
contempt of the luxuries so highly prized by many of his hearers.

9. **Agitur** — the question is.

10. **Qui** .... **fecissem** — who had never excused myself and
my own inclination for any offence. *Lubidini* — to gratify the lust:
lit. for the lust.

11. **Ea:** sc. *verba.*

12. **Opulentia** .... **tolerabat** — (for) its resources bore your
negligence; i. e. saved it from the consequence of your negligence.

13. **Bonisne** .... **vivamus** — whether we are living under
good or bad morals.

14. **Sed** (*num*) .... **futura sint** — but whether these things,
of whatever character they appear to be, are to be our own, or together with ourselves to become the property of our enemies. *Cujus
haec cumque,* by tmesis, for *haec cujuscumque.*

15. **Hic** — *in tali rerun conditione, quae cum ita sint.*

16. **Eo** .... **sita est** — (and) in consequence of this the state
has been placed on the brink of ruin.

17. **In** — in the case of. *Ne* — only not. *Et: neu* might have
been used. The influence of *ne* extends on to *eant.* For *perditum
eant,* V. XXXVI. n. 9.

175 18. **Credo** — I suppose, being parenthetical, does not affect the construction of the sentence. *De inferis* — concerning the dead.

19. **Diverso .... bonis — habere** — that the wicked, their route being different from (that of) the good, inhabit places dismal, &c. This sentence is an explanation of *ea quae — memorantur.*

20. **Videlicet timens :** strongly ironical.

21. **A multitudine conducta** — by a hired mob.

22. **Et non** is used instead of *neque* when the negation belongs, not to the whole sentence or clause, but only to a single word or notion; also when the negation is emphatic. Here the negation is limited to *per totam Italiam.*

176 23. **Metuit — timet :** sc. Caesar. The direct inference from Cato's argument is, that if Caesar alone fears no danger from the conspirators, he must have some connection with the conspiracy.

24. **Quanto .... agetis** — the more vigorously you shall act in this case : lit. the more attentively you shall do these things.

25. **Jam .... aderunt** — they will all be upon us immediately with savage ferocity.

26. **Si ita esset.** The argument is thus : it is erroneous to suppose that our government became great by military prowess; for if this were the case, it would now be in the most flourishing condition; for our military resources are much greater than were those of our fathers.

27. **Neque .... obnoxius** — and not addicted to vice nor sensual pleasures.

28. **Publice — privatim** — as a state — as individuals. The public treasury is plundered by the powerful, who lavish in private their ill-gotten wealth.

29. **Virtutis praemia** — the rewards of merit; i. e. the posts of honor and emolument.

30. **Sibi quisque** — each one for himself.

31. **Hic .... servitis** — here (i. e. in the senate) you are slaves to money or favor.

32. **Vacuum** — defenceless. Sc. *a defensoribus.*

33. **Supra caput est** — is close at hand.

34. **Misereamini censeo** — I suppose you should pity them. Ironical. Cf. Cic. Cat. IV. 6, n. 29.

35. **Ne** — *nae.*

36. **Scilicet .... est** — the crisis itself is indeed dangerous.

37. **Immo vero** — nay indeed. Sc. *eam timetis.*

177 38. **Bello Gallico.** According to Livy and others, this event took place in the war with the Latins.

39. Videlicet cetera vita — forsooth, the rest of their life. 177
Strong irony.

40. Verum — well then.

41. Quibus . . . . fuisset — if they had ever had regard for
any considerations.

42. Si — peccato locus esset — if there were any room for
a mistake; i. e. in the decision to be arrived at. The meaning is,
there is no time to be lost: if an erroneous decision be made, our
doom will be sealed before there will be time to correct it.

43. Faucibus urget — is upon our necks, is close upon us:
lit. presses at our throats.

44. Occulte. A hint that some of the senators were implicated
in the conspiracy, and betrayed their deliberations to the conspirators.

Ch. LIII. 1. **Alii . . . . vocant** — chiding, they call each other
timid.

**2. Multa — quae . . . . Romanus — praeclara . . . . fe-
cit** — the many illustrious achievements which the Roman people
have performed.

3. Quae . . . . sustinuisset — what thing most of all had sustained so great undertakings; i. e. had helped them to carry through:
the *negotium* being viewed as a *burden*.

4. Contendisse: sc. *populum Romanum.* 178

5. Ante Romanos fuisse — had excelled the Romans.

6. Agitanti — reflecting.

7. Sicuti effeta parente — the parent being, as it were, exhausted by bearing. Rome is here compared with a mother who
has ceased to bear children. Few passages have perplexed critics
more than this. Some read *effeta parentum,* some *effetae parentum,*
and some *veluti effeta parentum.* The text which is here adopted is
that suggested by Müller.

8. Multis tempestatibus — for a long period of time.

9. Quos . . . . aperirem. The tenses in this passage are used
in the same manner that they are in epistolary writings. V. H. 472,
1. Translate the perfect and imperfect as presents, and the pluperf.
as a pres. perf.

10. Quin — aperirem — without portraying.

Ch. LIV. 1. **Par** denotes similarity with respect to greatness,
power, and value, or equality and proportion with regard to number:
aequalis refers to interior qualities. The *par* is considered as in a
state of activity, or, at least, as determined and prepared to measure
himself with his match in contest: the *aequalis,* in a state of rest, and
claiming merely comparison and equality as to rank. Död.

2 *

DD

Page

178　Caesar was of patrician origin, and Cato of plebeian; but noble deeds and the highest honors of the state had raised the latter to a full equality with the former. At the time of the conspiracy, Cato was about thirty-three years of age, and Caesar about thirty-seven.

2. **Alia alii** — one (kind of glory) to the one, and another to the other. *Alii* is not properly used with reference to two persons only, but the writer having used *alia* must use *alii* to correspond with it.

3. **Facilitas** — the yielding temper.

4. **In animum induxerat** — had determined.

179　5. **Sequebatur:** sc. *gloria.*

Ch. LV. 1. **In Catonis sententiam discessit.** V. L. n. 10.

2. **Ne quid .... novaretur** — lest some new outbreak might be made during that time. *Novaretur* is impersonal, and *quid* is the synecdochical acc.

3. **Triumviros.** The *triumviri capitales* are here meant, who were charged with the execution of police ordinances, the discovery of offenders, arrests, the superintendence of prisons and executions, and the punishments of slaves and inferior persons.

4. **Ipse — Lentulum.** V. XLVI. n. 6.

5. **Ubi .... laevam.** The books vary between *ascenderis* and *decenderis.* If *ascenderis* is, as we suppose, the true reading, the clause is not descriptive of the *Tullianum,* but of the elevated ground on which the prison stood.

6. **Camera .... vincta** — a vaulted roof secured by stone arches.

7. **Incultu** — from want of cleanliness; hence from filth.

Ch. LVI. 1. **Ex omni copia, etc.** The meaning is, he formed all his men into two legions, dividing them into twenty cohorts (ten to each legion), and filling the cohorts as full as he could with the men that he had. As new recruits arrived, he distributed them equally among the cohorts of the two legions, until they contained the usual number. V. Caes. II. 5, n. 10.

2. **Sociis:** sc. *conjurationis.*

3. **Venerat — distribuerat — expleverat.** The plup. is here used with reference to the narrative of past events which follows; i. e. the actions which these verbs describe had taken place before the arrival of Antonius (*Antonius cum exercitu adventavit*).

4. **Numero;** i. e. the usual number.

5. **Alii.** V. Caes. I. 8, n. 11.

6. **Servitia repudiabat.** He at first intended to employ 180 slaves. V. XXIV. and XLVI.

7. **Cujus :** sc. *generis hominum.*

8. **Alienum suis rationibus** — prejudicial to his interests. V. XLIV. *ad fin.* Alienum is the predicate, and (*se*) *videri* the subject. For the omission of *se*, V. Caes. II. 3, n. 4.

Ch. LVII. 1. **Praesidebat** — was on guard.

2. **Ex difficultate rerum** — from the difficulties which surrounded him.

3. **Eadem illa ;** i. e. his escape into Gaul.

4. **Utpote qui** — inasmuch as he.

5. **Expeditus .... sequeretur** — unimpeded was pursuing him in his flight.

Ch. LVIII. 1. **Simul.** V. Caes. III. 9, n. 4. 181

2. **Mei consilii** — of my resolution.

3. **Juxta mecum** — as well as I do.

4. **Si .... ferat** (sc. *nos*) — if we should be ever so much inclined.

5. **Commeatus abunde** (sc. *erunt*) — there will be provisions in abundance.

6. **Nonnulli** — some of you.

7. **Alienas opes** — help from others.

8. **Viris** — to men of spirit. Emphatic.

9. **Haec sequi** — to follow these measures, to adopt this course.

10. **Ea vero.** V. VII. n. 12, and XXXVII. n. 6.

11. **Quodsi .... inviderit** — if, however, fortune shall deny success : lit. shall cast an evil eye upon your valor.

12. **Cavete** (sc. *ne*) — be sure that you do not. 182

Ch. LIX. 1. **Signa canere** — the signals to be given. *Canere* is both transitive and intransitive ; hence *signum canit* may mean either " he (the trumpeter) sounds or gives the signal," or, " the signal sounds or is given." The sense is the same either way. In this passage it is by most considered intransitive.

2. **Remotis .... equis.** See a similar passage in Caes. I. 25, at the beginning.

3. **Pedes** — on foot.

4. **Pro .... copiis** — according to the ground and the number of his troops.

5 **Inter .... aspera** — between the mountains on the left and a place on the right craggy with rocks. *Aspera* is for *aspera loca* in the acc. plu. Some consider *rupe aspera* in the abl. abs., and the

Page

182 passage a case of anacoluthon for *rupem asperam*. The interpretation
I have given is the one preferred by Kritz and Dietsch.

6. **Signa .... artius** — the standards (i. e. the troops, each
maniple having its *signum*) in closer order in the line of reserve;
i. e. the *triarii*.

7. **Ab his — subducit** — from these (i. e. the body of the
reserve) he withdraws the centurions, all picked men, and the veterans, &c. The *evocati* were those soldiers who, after having served
out their time, were *called upon* to do military duty as volunteers.

8. **Colonis** — with the colonists (of Sulla). V. XVI.

9. **Homo militaris** is one who is experienced in war.

*10. **Ipsos** — personally.

Ch. LX. 1. **Illi**; i. e. the veterans of Catiline. *Haud timid.*
V. XXIII. n. 2.

183 2. **Contra ac ratus erat** — contrary to what he had expected.

3. **Tendere** — was exerting himself.

4. **Cohortem praetoriam.** V. Caes. l. 40, n. 27.

5. **Alios alibi** — some in one place and some in another.

6. **Ex lateribus** — in flank, on their flanks.

7. **In primis** — among the first, in the van. Join *in primis*
with *pugnantes*. This is the opinion of Dietsch. Others join these
words with *cadunt*, making them refer to time.

Ch. LXI. 1. **Medios** — in the centre.

2. **Paulo diversius** — in a manner somewhat more scattered.

3. **Etiam** — still.

4. **Juxta** — alike; i. e. equally little.

5. **Strenuissumus quisque** — the very bravest.

6. **Laetitia .... agitabantur** — joy, sadness, sorrow, and
gladness prevailed.

ORATIO I. IN CATILINAM.

INTRODUCTION.

THIS oration was delivered in the senate on the 8th of November, B. C.
63, under the following circumstances : On the night of the 6th of November Catiline met the ringleaders of his adherents at the dwelling of M.
Porcius Laeca; and, after complaining of their backwardness and inactivity,
informed them that he had despatched Manlius to Etruria, Septimius of
Camers to Picenum, C. Julius to Apulia, and others of less note to different parts of Italy, to raise open war, and to organize a general revolt of the
slave population. He added, that he was desirous to place himself at the
head of his troops, but that it was absolutely necessary in the first place to
remove Cicero, whose vigilance was most injurious to their cause. Upon
this, L. Vargunteius, a senator, and C. Cornelius, a knight, undertook to
repair at an early hour the following morning to the house of the consul,
to make their way into his chamber, as if for the purpose of paying their
respects, and then to stab him on the spot. The whole of these proceedings was instantly reported to their intended victim by Fulvia, a dissolute
woman of high rank, who was on terms of intimacy with Q. Curius, one
of the conspirators who was present at this nocturnal meeting, by whom
they were immediately communicated to her. The assassins, when they
presented themselves, found the house guarded, and were refused admission ; and, certain intelligence having been now received that the rebellion
had actually broken out on the 27th of October, in Etruria, Cicero, on the
8th of November, went down to the senate, which, for greater security, had
been summoned to meet in the temple of Jupiter Stator. The principal
object for which he had summoned the senate was to lay before them the
facts which he had gathered from Fulvia and others, in reference to the
imminent danger that threatened the commonwealth. To his utter surprise
and astonishment, he found Catiline present with the other senators ; instead, therefore, of proceeding to the transaction of the business for which
he had called the senate together, he arose and delivered this oration ;
which paralysed the traitor, not so much by the vehemence of the invec-
tive, as by the intimate acquaintance which it displayed with all his most
hidden contrivances. Catiline, who upon his entrance had been avoided
by all, and was sitting alone upon a bench from which every one had
shrunk, rose to reply with downcast countenance, and in humble accents
implored the fathers not to listen to the malignant calumnies of an upstart
foreigner against the noblest blood in Rome ; but scarcely had he commenced, when his words were drowned by the shouts of "enemy" and
"parricide," which burst from the whole assembly, and he rushed forth
with threats and curses on his lips.

Page
184　　This oration is the more interesting to us, because we must infer, both
from the circumstances under which it was delivered, and from the language of Sallust (Chap. XXXI.), that it was a purely extemporaneous
speech, which Cicero afterwards wrote out and published ; and, therefore.
it furnishes us the most perfect evidence of his brilliant and successful
eloquence.

ANALYSIS.

Ch. I.　The orator expresses his astonishment that Catiline should have
the audacity to make his appearance among the senators whose ruin he
was plotting, reminds him that he ought long since to have been put to
death, and that this course was warranted by numerous examples drawn
from the early history of the republic.

Ch. II.　The promptness and decision of former consuls, under similar
circumstances, are contrasted with his own forbearance and remissness, and
the reason is given why he has not put Catiline to death.

Ch. III., IV.　He exhorts him to abandon his nefarious purpose, reminding him that all his plots were clearly known, that he had correctly
predicted in the senate, on the 21st of October, the atrocious plans which
he was to execute on the 27th and 28th, that his contemplated attack by
night upon Præneste had been foreseen and prevented, that the meeting
of the conspirators at the house of Læca, together with all the particulars
thereof, including the arrangements for the burning of Rome and the murder of the consul, had been completely discovered.

Ch. V.　Therefore he summons him to depart from the city, and take
his accomplices with him.

Ch. VI.　He enumerates some of the shameful vices and crimes that
have disgraced his private and public life.

Ch. VII., VIII.　He reminds him that the senators had shown their
abhorrence of his character by removing from the bench on which he had
seated himself, as soon as he had sat down ; that he had been the instigator
of every daring deed and infamous pollution that had been committed for
several years ; and he again urges him to depart from the city, and free his
native country from fear ; he also reminds him that he had proposed to
place himself in the custody of various persons as a pledge to keep the
peace, all of whom had declined to receive him, and that the senate, by an
emphatic silence, demanded his immediate removal.

Ch. IX.　It is useless to talk ; Catiline is incorrigible. If he would
bring odium upon the consul, he should go into exile : if glory, he should
betake himself to the camp of Manlius, whither he had been making preparations to go.

Ch. X.　He will withdraw to the camp of Manlius, because, first, his
depraved inclinations and traitorous character are hurrying him on to make

open war upon his native country, and, secondly, it is there only that he 184 will be able to enjoy the society of those who are as wicked as himself.

CH. XI. He has not been prevented from putting Catiline to death by the custom of ancestors, nor the laws, nor the odium of posterity, nor the fear of any danger; but, on the contrary,

CH. XII. He has allowed him to withdraw, because he considers it the safest and most advantageous course to the State; inasmuch as, in this case, his fellow-conspirators will follow him, and thus the seeds of disorder and ruin be extirpated.

CH. XIII. After stating briefly other arguments of the same kind in justification of this course, Cicero concludes by promising to the senate the co-operation of all orders in suppressing the conspiracy, and supplicating Jupiter to protect the Roman state and visit the conspirators with the punishments which they deserve.

CH. I. 1. **Quousque tandem** — how long, pray? V. Sall. Cat. XX. n. 14.

2. **Nostra:** referring to the consuls and senators.

3. **In etiam** (— *et jam*), sometimes the notion of time prevails, and it — still. *Quamdiu etiam* — how long still. A.

4. **Iste tuus** — that of thine. *Iste* generally refers to the person spoken to, or to things connected with him, and is accordingly termed the demonstrative of the second person. From its frequent use in speeches in courts of justice and its application to the opponent, arose the accessory idea of scorn or contempt, which it often conveys. *Tuus* is here added to direct this idea more emphatically to its object.

5. **Eludet** — will baffle: it is a gladiator's term signifying, properly, to elude or parry an enemy's blow, and is here used with the accessory notion of mockery and insult.

6. **Quem ad finem** — to what limit, how far.

7. **Sese jactabit** — *insolenter se efferet*. The notion is derived from the proud gesture of one who tosses his head contemptuously, walks with a conceited swing, &c. A.

8. **Nihil** — not: lit. in nothing, in no respect. *Nihil* here, strictly a noun in the acc., is used adverbially for an emphatic *non*. Additional force is given to the sentence by the figure *repetitio*, which consists in the repetition of the same word at the beginning of the several clauses of a sentence.

9. **Palatii** — the Palatine hill, or *Mons Palatinus*, which overhung the Forum on the south. It was the highest of the seven hills on which Rome was built, and on account of its commanding situation

Page

184 a garrison was stationed upon it in times of public alarm to prv —.
the city. In early times, it was the residence of the kings, and also
of distinguished Romans. Later, the emperors took up their residence here; hence the term *palatium* came to signify the residence
of the emperor; and hence the English word *palace*.

10. **Urbis vigiliae.** Cf. Sall. Cat. XXX. *Romae per totam
urbem vigiliae, &c.*

11. **Timor populi.** The subjective, or possessive genitive.
For a description of this consternation, see Sall. Cat. XXXI. *repente
omnes tristitia invasit*, &c.

12. **Locus.** The Temple of Jupiter Stator at the foot of the
Palatine. The epithet *munitissimus* is added on account of the garrison stationed on the Palatine in times of public danger.

13. **Horum ora vultusque.** All the senators rose up and
left the bench on which Catiline seated himself.

14. **Non sentis.** Orelli states very clearly and neatly the difference between *non* and *nonne* in direct questions: " Ubi dico *non
— est!* certus sententiae meae adversarii responsum non curo: ubi
interrogo *nonne — est!* opto atque exspecto eum, quem interrogo,
mihi assensurum. In illo igitur major vis inest."

15. **Constrictam .... teneri —** is already held firmly grasped
by the knowledge of all these. The metaphor compares the conspiracy to a chained wild beast. The compound *conscientia* (instead
of the simple *scientia*) implies that many were acquainted with the
conspiracy.

16. **Proxima — superiore, nocte.** The *superiore nocte*
here mentioned is the same as that called *priore* in ch. IV. § 8; viz.,
the night of the 6th of November. This was the night in which the
meeting was held at the house of M. Laeca. How Catiline was employed on the next night (*proxima nocte*), i. e. the night of the 7th of
November, we are not informed.

17. **Quos convocaveris.** For the names of the individuals
here referred to, V. Sall. Cat. XVII.

18. **Quid consilii.** V. IV. 9; Sall. Cat. XXVII, XXVIII.

19. **Immo** signifies " no," but with this peculiarity; that, at the
same time, something stronger is put in the place of the preceding
statement which is denied. This increase may be sometimes expressed in English by " nay," or " nay even." *Vero, potius, hercle,*
&c., are often added to strengthen it. Z.

20. **In senatum.** For Catiline's motive in appearing in the
senate, see Sall. Cat. XXXI: *Postremo dissimulandi causa*, &c.

21. **Viri fortes.** Ironical.

22. **Videmur:** sc. nobis.

23. **Istius** = of that wretch. Strong contempt.

24. **Jussu consulis.** In time of peace and quiet the power 185 of the consuls was very much limited; but when there were civil commotions, or some great danger threatened the safety of the state, they were invested by the senate with absolute power. Such was the case at this time.

25. **Oportebat.** The verbs *oportet, necesse est, debeo, convenit, possum, licet,* and *par, fas, aequum, justum, consentaneum est,* or *aequius, melius, utilius, optabilius est,* are put in the indicative imperf., pluperf., and hist. perf., where we should expect the imperf. or pluperf. subj. The imperf. indic. of these verbs and expressions is used when we wish to express that at some past time something should or ought to have been done, but at the same time intimate that the time for doing it is not yet passed, or that it is not yet too late : thus in this passage, " you ought to have been put to death long ago," the imperf. indic. of *oportet* suggests that it is not too late yet, and that it may still be done. The hist. perf. and pluperf. indic. of the same expressions are used when we wish to intimate that something should or ought to have been done, but that the time for it is now past, and that it is too late. Schmitz.

26. **Jamdiu machinaris.** The present tense, especially with *jamdiu, jamdudum,* and *jampridem,* is sometimes used to express an action that has been going on for some time, and is still going on.

27. **An vero, &c.** This is a formula of the argument *a minore ad majus* stated thus: whereas P. Scipio, a *private individual,* slew Ti. Gracchus, *much more* ought the *consuls* to have slain Catiline. In this case, when the sentence is of the form, " *Can* A do this — (but) B *not* do it ? " consisting of two questions, the first is often introduced by *an* or (stronger) *an vero,* and the second often has *vero* or *autem* with it. The adversative particle is here omitted, as is frequently the case, in describing a progress from smaller to greater things. — For the use of *an,* see Caes. I. 47, n. 12. The ellipsis may be supplied thus: Am I wrong in my assertion, or did in fact, &c. ?

28. **Pontifex — privatus.** As the *pontifex* was not a *magistratus,* the epithets *pontifex* and *privatus* could both be properly applied to the same individual at the same time.

29. **Ti. Gracchum.** Ti. Gracchus, descended from a father who had been twice consul, and Cornelia, daughter of the elder Africanus, when tribune of the commons, promised the rights of citi-

185 zenship to the whole of Italy. At the same time, moreover, having
promulgated the agrarian laws, he deprived his colleague Octavius of
his office, and constituted himself, his father-in-law Appius, and his
brother Caius, a triumvirate for the division of lands and the plantation of colonies. Upon this, P. Scipio Nasica, his cousin-german, from
the upper part of the Capitol, summoned all who had at heart the
welfare of their country to follow him, and rushed upon the crowd of
Gracchus's adherents. Gracchus, as he fled, was struck down by the
fragment of a bench, and expired at the very gates of the temple,
B. C. 132. Here and below, II. 4, Cicero speaks mildly of the offence of the Gracchi, to contrast the conduct for which they suffered
with the fearful crime that Catiline meditated. A. The student
should notice the antithetical character of this passage : *Catilinam* is
contrasted with *Gracchum, statum rei publicae* with *orbem terrae, mediocriter labefactantem* with *caede atque incendiis vastare cupientem,*
and *privatus* with *consules.*

30. **Nam** introduces the reason for not citing other examples
rather than that of Gracchus. As if he had said, I might mention
other cases, but I do not, " for those I pass over, as being of too remote a date ; (for example) that C. Servilius Ahala," &c. A.

31. **Spurius Melius :** a Roman knight, who, when the Roman
people were suffering from famine, distributed corn to them at his
own expense. Having thus gained over the commons, he aimed at
regal power, and was slain by Servilius Ahala, at the command of Q.
Cincinnatus the dictator, B. C. 438. A.

32. **Nobis rebus studentem.** V. Caes. I. 9, n. 5.

33. **Fuit, fuit ista.** Repeated for emphasis. The figure is
called *geminatio.* Also *nos, nos* below. *Ista* = *talis.*

34. **Consilium** = the council ; i. e. counsellors : those whose duty
it is to look out for the welfare of the state. The abstract for the
concrete.

35. **Hujus ordinis :** the senate.

Ch. II. 1. **L. Opimius, &c.** When C. Gracchus and M.
Fulvius Flaccus, a man of consular rank, and who had been honored
with a triumph, were summoned to appear before the senate, they
disobeyed, and occupied the Aventine, posting themselves at the
temple of Diana. Twice they sent the younger son of Fulvius to
make terms ; but the second time Opimius caused him to be seized,
and advanced to the attack. The insurgents fled : Fulvius, with his
eldest son, was slain : Gracchus prevailed on his slave to despatch
him. The younger son of Fulvius, who had been seized, was allowed
to choose the manner of his own death. A.

Page

2. Consul .... caperet: the usual formula by which the sen- 185
ate conferred unlimited power upon the consuls. Sometimes both
consuls were named in the decree, and sometimes but one.

3. Damnum is a loss incurred by one's self, in opp. to *lucrum;*
whereas *detrimentum* (from *detrivisse*) means a loss endured, in opp.
to *emolumentum;* lastly, *jactura* is a voluntary loss, by means of, which
one hopes to escape a greater loss or evil, a sacrifice. Hence *damnum* is used for a fine; and in the form, Videant Coss., ne quid resp.
detrimenti capiat, the word *damnum* could never be substituted for
detrimentum. Död.

4. Seditionum suspiciones. V. I. n. 29.

5. Patre: Ti. Sempronius Gracchus, who had been twice consul
(B. C. 176 and 162) and censor, and triumphed for a victory over
the Celtiberians.

6. Avo: Publius Scipio Africanus Minor.

7. Num — mors .... remorata est = did death and the
satisfaction due to the state put off (i. e. reprieve) ? As both *things*
and *persons* are said *differri,* Cicero here, instead of saying that
their death was put off, speaks of death (whom he here personifies)
putting off, *reprieving,* as it were, Saturninus to a more distant day.
A. For some account of L. Saturninus and C. Servilius Glaucia. V.
IV. 2, n. 14.

8. Ex. V. Sall. Cat. XII. n. 2.

9. Convenit. V. I. n. 25.

10. Patres Conscripti: The customary mode of addressing 186
the senate. At first the senators were called *patres.* We are informed by Livy that Romulus chose 100 senators (*patres*). When
the Sabines joined the Romans, the number was increased to 200.
Lastly, Tarquinius Priscus chose senators from the new patrician
families (*patres minorum gentium*), by which the number was increased to 300. As this was diminished by later kings, the consuls
restored the original number of 300 by the introduction of new
members, who at first were distinct from the *patres,* properly so called.
These new members were styled *conscripti* (chosen, elect). Hence
the customary mode of addressing the whole senate henceforth always was, *patres conscripti;* i. e. *patres et conscripti:* (lit. fathers
and elect).

11. Cupio — me esse .... videri. The two wishes are opposed : " *I wish to be lenient,*" and (on the other hand, or, at the same
time,) " *I am anxious not to be justly thought guilty of any want of
proper firmness.*" The introduction of the acc. pronoun (*cupio me*

186 *esse clementem,* for *esse clemens*) gives more *prominence* to the *circumstance wished,* by disconnecting it from the *cupio.*

12. **In Etruriae faucibus** — in the narrow pass of Etruria; i. e. that opens upon Etruria. This was at Faesulae. V. Sall. Cat. XXVII. and XXVIII.

13. **Imperatorem.** Catiline.

14. **Atque adeo** — nay more, nay even.

15. **Credo** — I presume. Ironically. In this parenthetical use, it does not affect the construction of the rest of the sentence. The ironical force of the *credo* and the following *non* constitute substantially two negatives, which are equivalent to an affirmative; so that we may translate either, " I presume " (retaining the ironical force of *credo*) " I shall have to fear that all patriots will say (*dicant*) that this has not been done too late by me, rather than that any one will say that it has been done too cruelly," or, (laying aside the irony,) I believe I shall have to fear that all patriots will say that this has been done too late, rather than, &c. The latter rendering presents the meaning more clearly; the former is more literal.

16. **Dicat** agrees with the nearest subject.

17. **Certa de causa** — for a certain reason. *De* is sometimes used to denote the cause of an action. Cicero explains more fully his reason for not putting Catiline to death immediately near the end of the oration in ch. XII. and in Or. II. 2, 3.

18. **Tui similis.** *Similis* and *dissimilis* take the gen., when an internal resemblance, or a resemblance in character and disposition, is to be expressed, and the dat., when an external resemblance is to be expressed.

19. **Quisquam** and *ullus* are sometimes used after *si,* instead of *aliquis* or *quis,* not in a negative sense, but only to increase the indefiniteness which would be implied in *aliquis* or *quis :* also they are used without a preceding *si,* when the indefiniteness is to be made emphatic (answering to the emphatic *any*).

Ch. III. 1. **Scelestus** (from *scelus*) has reference to the mind, like *ad scelera pronus* and *promptus ;* whereas *sceleratus,* to actions, like *sceleribus pollutus atque opertus.* Hence the epithet *sceleratus* is applied to things, to *porta, campus, vicus ;* and, in general, things can be called *scelesta* only by personification. In the like manner *nefarius* and *impius* are applied to the impiety of the person who acts, only with this distinction, that the *impius* is impious only in mind, the *nefarius* in his actions also ; whereas *nefandus* refers to the horrible enormity of an action. Död.

2. **Privata domus:** alluding particularly to the house of 186 Laeca.

3. **Voces conjurationis** = *voces conjuratorum.*

4. **Si illustrantur, si erumpunt omnia** = if all (your secret plans) are made clear, if they burst forth. *Illustrantur* is opp. to *tenebris obscurare*, and *erumpunt*, to domus . . . . *continere.*

5. **Istam mentem** — that detestable purpose of thine. V. I. n. 4.

6. **Quae jam mecum licet recognoscas** = and these 187 you may now recall to mind along with me.

7. **Meministine** = *nonne meministi.* The interrogative particle *ne* is occasionally used for *nonne;* i. e. to indicate that the interrogator expects an affirmative answer.

8. **Ante diem XII. Calendas Novembres** — on the 12th day before the Calends of November. This was the 21st of October: the day on which the *senatus consultum* was passed, which is mentioned in the 1st and 2d chapters. For the construction, see Caes. I. 6, n. 8.

9. **Dicere.** *Memini,* in a narrative of events at which the speaker himself has been present, is joined with the present infinitive, although the action may be completed; and the speaker thus transfers himself to the past, and describes the action as if it was in progress before his eyes. V. Z. 589.

10. **Dies.** V. Caes. I. 6, n. 1.

11. **Ante diem VI.;** i. e. the 27th of October.

12. **Non modo** — not merely, not to say, I will not say.

13. **Id quod.** *Id* is in apposition with *me fefellit* — *dies.*

14. **Caedem . . . . diem V.** — that you had conferred together about (and as the result of your conference had fixed upon) the slaughter of the nobles for the fifth day; i. e. the 28th of October. *In* governs the portion of the sentence which follows it, regarded as a substantive phrase. V. Caes. I. 6, n. 8, last part.

15. **Sui conservandi — causa** — for the sake of preserving themselves. For the construction, see Caes. III. 6, n. 2.

16. **Illo ipso die** — on that very day.

17. **Discessu ceterorum** = *quum ceteri discessissent.* The expression indicates both time and cause. The whole clause may be translated thus: "When you said that, even if the others had withdrawn, yet you were content with the slaughter of us, who had remained."

18. **Nostra — caede — nostri caede.** *Qui* refers to the pronoun of the first person plural implied in *nostra.*

Page
187   19. **Quid:** sc. *dicam.*

20. **Praeneste,** a town of Latium (now *Palestrina*), being two hundred stadia from Rome, and very strongly fortified, was well suited for insurrectional purposes, as was Capua on the other side, which Catiline also attempted to secure by C. Marcellus.

21. **Kalendis ipsis Novembribus** — on the very Calends of November; i. e. on the first day of November. The names of the months are properly adjectives.

22. **Sensistine** = *nonne sensisti.* V. n. 7.

23. **Nihil agis — quod .... videam** — Thou dost nothing — which I do not only hear, but also see.

Ch. IV. 1. **Noctem illam superiorem** — that former night; i. e. the night of the 6th of November. Also *priore nocte* below, referring to the same. V. I. n. 16.

1. **Inter falcarios** — among the scythe-makers; i. e. into the street, or quarter, inhabited by the scythe-makers.

3. **Convenisse eodem complures.** V. Sall. Cat. XVII.

4. **Convincam** =. I will prove (it) incontestably.

188   5. **Consilio;** i. e. the Roman senate.

6. **Nostro omnium** = of us all. With *omnium* the pronoun is generally put in the gen. plur., and always is so put when the *omnium* precedes.

7. **Atque adeo.** V. II. n. 14.

8. **Sunt — qui — cogitent** = are men of such character that they are plotting.

9. **De .... rogo** = I ask their opinion on public affairs; i. e. I treat them as honorable senators, notwithstanding I know them to be guilty of treasonable designs. For a description of the mode of procedure in the Roman senate, see Sall. Cat. L. n. 10.

10. **Eos .... vulnero;** i. e. I do not openly accuse them by calling them by name.

11. **Igitur.** The office of this word here is to resume the thought which was interrupted by the outburst of indignation beginning with *O dii immortales.*

12. **Distribuisti partes Italiae.** V. Sall. Cat. XXVII.

13. **Delegisti .... incendia.** V. Sall. Cat. XLIII.

14. **Confirmasti** — you affirmed, assured (them).

15. **Paulum — morae** = a little hinderance.

16. **Duo equites.** V. Sall. Cat. XXVIII.

17. **Vixdum** — scarcely yet. The conjunction *dum* (while) alters its meaning when added to negatives, and becomes an adverb

signifying " yet ; " as, *nondum* — not yet. Hence, when attached to 188
the negative adverb *viz*, the same principle applies.

18. **Comperi.** By means of Curius and Fulvia. V. Sall. Cat.
XXVIII.

19. **Ad me salutatum** — to me to salute (me). It was customary for persons of high rank to receive visitors in the morning,
even while they were in bed: the earlier the call, the greater the
respect shown. V. Sall. Cat. XXVIII. n. 1.

20. **Id temporis — eo tempore.** The *id* here may be regarded as a sort of Greek acc., (V. H. 380, 2; A. & S. 234, II. R.
3,) and the *temporis*, as a partitive genitive.

Ch. V. 1. **Illa** refers to the former mention of this camp as
well as to its remoteness.

2. **Si minus, quam plurimos** — if not, as many as possible : lit. if less, i. e. if less than all.

3. **Magna .... Statori** — we ought to be very thankful to the 189
immortal gods, and in particular to this Jupiter Stator. For the force
of *ipsi*, see Sall. Cat. XXIII. n. 5. The force of *huic* is also notice-
able, as referring to the god as present in his own temple, in which
the senate was then convened. We may imagine that the orator at
the same time points to an image of Jupiter before him. The epithet
stator (stayer, supporter) was (according to Livy, bib. I. c. XII.)
given to Jupiter by Romulus under the following circumstances : the
Sabines held the citadel: the Roman army occupied the plain between the Palatine and Capitoline hills. As the Romans advanced
to the attack, and were ascending the hill towards the citadel, the
Sabines came out to meet them: at length the Romans, in consequence of the disadvantage of the ground and the loss of their intrepid leader, Hostus Hostilius, gave way and were driven back to
the old gate of the Palatium. Romulus himself, being forced along
by the flying crowd, raised his hand toward heaven, and said, " O
Jupiter ! by the direction of thy auspices, I, here on the Palatine hill,
laid the first foundation of my city. The Sabines are already in
possession of our citadel, which they obtained by fraud : from thence
they now make their way hither in arms, and have passed the middle of the valley ; but do thou, O father of gods and men ! from
hence at least repel the enemy : remove dismay from the minds of
the Romans, and stop their shameful flight. I vow a temple here to
thee, Jupiter Stator, as a testimony to posterity of the city being
preserved by thy immediate aid." Having prayed thus, as if he per-
ceived that his supplications were heard, he cried out, " Here, Ro-

189 mans, Jupiter, supremely good and great, orders you to halt and renew the fight." The Romans, as if they had heard a voice from
heaven, halted, renewed the attack, and finally won the victory.

4. **Toties.** Catiline had on a former occasion been engaged in
a conspiracy against the state. V. Sall. Cat. XVIII.

5. **In uno homine** — in the person of one man; i. e. Cicero.
Some think, however, that by *homine*, Catiline is meant.

6. **Consuli designato.** V. Sall. Cat. XVIII. n. 4.

7. **Proximis comitiis consularibus** — at the last consular election. Those which were held on the 21st of October.

8. **In campo.** V. Sall. Cat. XXVI. n. 9.

9. **Competitores.** D. Junius Silanus and L. Licinius Murena.

10. **Petisti** — you aimed a blow at. A gladiatorial term for
aiming a thrust at an antagonist.

11. **Nunc jam.** *Jam nunc* is " *even now,*" (i. e. *before* the regular time,) or " *now at last,*" " *now,*" as opposed to a preceding time
or to other circumstances: *nunc jam* has the same meaning of an
emphatic *now*. A.

12. **Denique,** more commonly used to form the conclusion of a
series after *primum, deinde,* &c., sometimes, even without these adverbs preceding, concludes a series by introducing the greatest or
most important, and is then equivalent to the English " in short,"
or " in fine."

13. **Ad . . . . vocas** = you are bringing to ruin and devastation.

14. **Id . . . . proprium est** — that which is first, (i. e. which
ought in justice to be done first; viz., to have you put to death,) and
which is in accordance with (the principles of) this government and
the teaching of our ancestors.

15. **Id . . . . lenius** — that which in point of severity is more
lenient; viz., to force you to go into exile.

16. **Jamdudum.** V. I. n. 26.

17. **Tuorum comitum — sentina rei publicae** — the
filthy gathering of thy associates in the state. Observe the two genitives, dependent in different relations on the same substantive *sentina*. For the meaning of *sentina*, see Sall. Cat. XXXVII n. 10.

18. **Quid est** — how so?

19. **In exilium.** *Exilium* was not properly a lawful punishment
for crime among the Romans. Cicero could not, therefore, command
Catiline to go into banishment, without transcending his powers.
Persons, however, who foresaw that they should· be sentenced, in a
judicium publicum, to the punishment called *aquae et ignis interdictio,*

Page

often went into voluntary exile, in order to evade the sentence of 189
the law.

Ch. VI. 1. **Quid enim.** *Enim* introduces the reason for the advice given in the preceding sentence.

2. **Istam.** V. I. n. 4.

3. **Nota domesticae turpitudinis** is different from *priva-* 190 *tarum rerum dedecus: res privatae* may *include*, but is more extensive than *res domesticae:* the latter relates to moral or immoral domestic life, the former to all *private* actions as opposed to those that belong to a man's *public character;* e. g. to *money* transactions, &c. A.

4. **Quae libido —** what scene of impurity.

5. **Cui tu adolescentulo .... praetulisti —** before what youth hast thou not borne either a sword for (i. e. to encourage) his audacity, or a torch for (i. e. to excite) his lust ? The passage alludes to Catiline's initiating the young into his nightly revels, and guiding them, as it were, to scenes of debauchery. V. Sallust's description of Catiline as a corrupter of youth. Cat. XIV. *Sed maxime adolescentium,* &c.

6. **Quid vero :** sc. *censes.*

7. **Novis nuptiis —** for a new marriage; i. e. with Aurelia Orestilla, a woman of most abandoned character. V. Sall. Cat. XV.

8. **Alio — scelere :** supposed to refer to the murder of his son, mentioned by Sallust in Cat. XV.

9. **Proximis Idibus —** on the next Ides; i. e. on the 13th of November, only five days from that time. This was the day on which it was usual to pay the interest of borrowed money.

10. **Domesticam —. difficultatem —** distressed circumstances: alluding to his indebtedness. Schmitz says, Because Catiline could not pay (*difficultatem*); and because he did not think of paying (*turpitudinem*).

11. **Ad summam rem.—**to the highest interest of the state.

12. **Hujus coeli spiritus —** the breathing of this atmosphere.

13. **Pridie .... Januarias;** i. e. the 31st of December, B. C. 66.

14. **Lepido et Tullo consulibus.** *M.' Aemilius Lepidus* and *L. Volcatius Tullus* were consuls, B. C. 66. The *consules designati* were *P. Autronius Paetus* and *P. Cornelius Sulla;* but these were found to be disqualified by bribery, and *L. Aurelius Cotta* and *L. Manlius Torquatus* (their accusers) obtained the consulship. V. Sall. Cat. XVIII.

15. **Comitio.** *Comitium* (sing.) was a place in the forum in front of the *Curia Hostilia* where the *comitia* were held.

EE

190   16. **Cum telo.** The law of the twelve tables prohibited it.

17. **Manum — paravisse** — that you procured a band.

18. **Non mentem .... timorem** — that not any intention or fear.

19. **Neque enim .... commissa;** i. e. *nam quae a te commissa sunt, ea neque obscura sunt, neque pauca.* After negatives *aut — aut* are sometimes used for *neque — neque*.

20. **Petitiones ita conjectas** — thrusts so aimed. A term of the fencing-school.

21. **Parva .... corpore** — by some slight bending aside, and, as they say, by the body; i. e. by a movement of the body to avoid a blow. *Ut aiunt* is inserted to indicate the proverbial character of the expression.

191   22. **Tamen .... potes** — still you cannot do without it longer: i. e. than the present moment.

23. **Quae .... defigere** — indeed I know not by what sacred rites it (*quae*) has been consecrated and devoted by you, that you deem it necessary to plunge it into the body of the consul. That a dagger or other weapon might execute successfully the purpose it was to be used for, its owner used to devote it, as it were, to that purpose by solemn rites, accompanied with a vow, that, after the accomplishment of it, he would offer it up to some god. A.

Ch. VII.   1. **Ista vita.** V. I. n. 4.

2. **Quae — nulla** — none of which.

3. **Venisti — senatum.** V. Sall. Cat. XXXI.

4. **Contigit.** This passage shows that *contingit* is not confined to *desirable* occurrences.

5. **Vocis .... quum** — do you wait to be reproached by words, seeing that: lit. do you wait for a reproach of the voice, seeing that.

6. **Judicio taciturnitatis:** referring to the fact just mentioned, that no one of the senators saluted him, as he entered the senate chamber.

7. **Quid, quod** — what shall I say about this, that: sc. *dicam de eo.*

8. **Adventu tuo** — *quum tu advenisses.* Cf. III. n. 17.

9. **Subsellia:** lit. low benches, in reference to the elevated position of the consul's chair, *sella.*

10. **Tandem.** V. Sall. Cat. XX. n. 14.

11. **Servi — si.** The usual position of *si* is at the beginning of its clause, but when any word is to be made peculiarly emphatic, this word and all that belong to it are placed before it. Here *servi* is strongly contrasted with *cives.*

12. Tibi: sc. *relinquendam.*

13. Injuria — without cause.

14. Offensum — *invisum, odiosum.*

15. Cum .... justum — since, by the knowledge of your crimes (i. e. the knowledge which others have along with yourself: the term *conscientia* is opposed to *injuria,* and refers to the open and unrestrained manner in which he had committed his crimes) you admit the hatred of all (to be) just. The argument involved in the whole sentence is this : if I, in consequence of the undeserved suspicion and hatred of my fellow-citizens, should wish to go out of their presence, for a still stronger reason should you, deservedly odious to them, shun their sight.

16. Dubitas — vitare. *Dubito* and *non dubito* signifying " I scruple," " I hesitate," are regularly construed, in Cic. and Caes. with the infinitive, though sometimes with *quin* and the subjunctive (V. Caes. II. 2, n. 8); but when *non dubito* signifies "I doubt not," it is invariably followed, in Cic. and Caes., by *quin* with the subj.; while in C. Nepos it is followed exclusively by the acc. with the infin. This latter construction often occurs in Livy, Curtius, and the later writers.

17. Aliquo — to some other place.

18. Parricidio. The country being here represented as the 192 " common parent of all," the enormity of Catiline's guilt in plotting her ruin is vividly set forth by the term *parricidium.* The personification of *patria* is continued to the end of the chapter.

19. Vexatio direptioque sociorum; i. e. during his administration of his province of Africa; on his return from which he was impeached for extortion by P. Clodius, afterwards the enemy of Cicero, but acquitted by the unfairness of his judges.

20. Tu .... valuisti — thou hast succeeded, not only in paying no heed to the laws and public prosecutions, but also in subverting and breaking through them.

21. Me totam esse: referring to *patria,* which is represented as the speaker. For the construction, see Ec. Cic. XXIII. n. 27. Observe that *me totam* is contrasted with *te unum.*

22. Quidquid increpuerit — at every stir, on every alarm: lit. whatever noise may have been made.

23. Quod .... abhorreat — which is not connected with thy crimes.

24. Tandem aliquando — at length. *Aliquando* merely serves to strengthen the meaning of *tandem.*

Page

192 CH. VIII. 2. **Nonne .... debeat** — ought she not to prevail; i. e. to obtain her request. "In animated or rhetorical style we sometimes find the present subjunctive, both in the protasis and apodosis, where we should have expected the imperfect subjunctive, it being implied that the supposition is not true, and that, accordingly, the inference cannot be true ; as *haec si patria tecum loquatur, nonne impetrare debeat ?* supposing (for a moment) your country were speaking to you about these matters, ought she not to obtain her end ?" Schmitz.

2. **In custodiam :** sc. *liberam.* V. Sall. Cat. XLVII n. 11.

3. **Quid, quod.** V. VII. n. 7.

4. **M.' Lepidum.** Consul, B. C. 66.

5. **Iisdem parietibus — iisdem moenibus** — in the same house — in the same city.

6. **Q. Metellum.** Q. Caecilius Metellus Celer, afterwards consul, B. C. 60, was poisoned by his wife Clodia, B. C. 59.

7. **Virum optimum :** said ironically.

8. **Videlicet** — it is easy to see, of course, forsooth. Ironically.

9. **Ad vindicandum** — to bring you to justice.

193 10. **Videtur** is personal, but tr. "does it seem that that man," &c.

11. **Si emori.** *Sententia igitur haec est: Conscientia scelerum oppressus, aequo animo mortem nec exspectare, nec tibi ipse consciscere potes : quin igitur abis, etc. ?* Orelli.

12. **Aliquas** — some other.

13. **Refer ad senatum** — lay (it) before the senate. This was the usual phrase for bringing a subject before the senate for consideration and decision.

14. **Non .... moribus** — I will not lay it before them, (since to do so is) a thing (*id*) which is inconsistent with my character. Cf. II. 4 : *Cupio me esse clementem.*

15. **Si hanc vocem exspectas** — if you are waiting for this word; i. e. *exsilium.*

16. **Proficiscere.** We may imagine that the orator made a short pause at the end of this sentence, and then broke the impressive silence which prevailed by the question, *Quid est, Catilina ?* What is this, Catiline ?

17. **Ecquid attendis** — are you attending to it ? *Ecquid* is used in impassioned questions as a mere interrogative adverb like *num,* only stronger. Here (not commonly) it is used in an affirmative sense ; that is, in expectation of an affirmative answer.

18. **P. Sestius :** then the quaestor of the consul *C. Antonius.*

Page

19. **M. Marcello:** he was consul twelve years afterwards with 193
Serv. Sulpicius. Cicero afterwards defended P. Sestius, and spoke
in favor of Marcellus before Caesar in the senate.

20. **Vim et manus** — violent hands : lit. violence and hands.

21. **Vita vilissima** — (whose) life (is) most cheap.

22. **Qui circumstant senatum.** Interest in the proceedings and the excitement of the occasion had drawn a large crowd
of citizens around the temple in which the senate was convened.

23. **Quorum ego vix, &c.** Arrange thus : *facile adducam
eosdem, quorum manus ac tela ego vix abs te jamdiu contineo, ut prosequantur usque ad portas te relinquentem haec* (moenia) *quae, &c.*

24. **Usque ad · portas prosequantur** — follow to the
gates. It was customary for their friends to attend those to the gates
of the city who were going into exile. Cicero says that such would
be the general joy at getting rid of him, that he could easily secure
him a safe escort of citizens to the gates.

CH. IX. 1. **Quamquam** — and yet. This word is often used
in independent sentences to *limit* or *correct* something said in the
preceding sentence.

2. **Ut.** Supply *potest fieri*, and render, is it possible that. Such
elliptical questions are expressive of indignation.

3. **Duint:** an ancient form of the pres. subj. of *do*, instead of *dent.* 194

4. **At** — yet, at least. *At* often has this force after negative sentences beginning with *si.*

5. **Est mihi tanti** — *res est satis gravis, operae pretium est* —
it is worth this price to me ; i. e. I esteem it a light thing.

6. **Ista** — that which you would bring upon me.

7. **Privata;** i. e. may affect me alone.

8. **Temporibus** — the circumstances of the time ; i. e. the
dangerous or distressful circumstances, the exigences.

9. **Is** — *talis.*

10. **Pudor, metus,** and **ratio** refer severally to the three
clauses beginning with *ut.*

11. **Recta** (sc. *via*) — straightway.

12. **Sermones hominum;** i. e. their censure, as in "to be
the talk of the town."

13. **Non ejectus.** *Non*, when it belongs to a single word of a
proposition, always stands immediately before that word ; but if the
negative belongs to the proposition generally, and not to any specific
word, *non* stands before the verb, and more particularly before the
finite verb, if an infinitive depends upo

194 14. **Forum Aurelium :** a little town in Etruria, between the
rivers Armenta and Marta, not far from the sea, now called *Mo'ro
Alto*. It was named probably from some *Aurelius*, who paved the
via Aurelia from Rome to Pisa.

15. 1. **Maneo** denotes a mere physical act, to remain in a place,
till something has happened; whereas *exspecto, praestolor*, and *opperior* denote a mental act, to wait for, to wait in conscious expectation
of some event, or of some person. 2. *Exspecto* denotes waiting for,
almost as a mere mental act, as a feeling, without practical reference
or accessory meaning; whereas *praestolor* and *opperior*, with the accessory notion that the person waiting intends, after the arrival of
the object waited for, to do something. 3. The *praestolans* waits for
a person in order to perform services for him : the *opperiens*, for an
occurrence, in order not to be taken by surprise. The *praestolans*
stands in subordinate relation to the person waited for ; the *opperiens*,
in co-ordinate, whether as friend or foe. Lastly, *praestolor* is a prose
expression; *opperior*, a poetical, or, at least, a select expression.
Död.

16. **Aquilam illam argenteam.** The allusion is supposed
to be to *the eagle* which Sallust mentions in speaking of the engagement. V. Sall. Cat. LIX. : *Ipse cum libertis et colonis,* &c.

17. **Sacrarium scelerum tuorum** = a sanctuary of your
crimes ; i. e. a sanctuary, or chapel, in which this *eagle*, intended for
a standard in a criminal undertaking, was laid up and made the object of an unhallowed reverence. " *Nam erat etiam quum signorum
militarium omnium, tum* aquilae *quaedam* religio, *et in* sacello *illa reponebantur.*" M. The expressions *quam venerari,* and *cujus altaribus*
develop more fully the meaning involved in *sacrarium scelerum.*

195 Ch. X. 1. **Tandem aliquando** = at last. *Aliquando* serves
merely to strengthen the *tandem.*

2. **Neque enim.** In this phrase the *neque* should be translated
the same as if it were *non.*

3. **Haec res ;** i. e. the war against his native country and the
slaughter of his fellow-citizens.

4. **Nactus es** = you have obtained, got together. The *ordo* is
thus : *nactus es manum improborum conflatam ex perditis atque derelictis ab omni non modo fortuna, verum etiam spe.* *Conflatam* =
brought together. *De in derelictis* is intensive : *wholly* forsaken.

5. **Ad hujus vitae studium** = for the pursuit of such a life
as this.

6. **Qui feruntur** = which are mentioned, extolled ; i. e. by
your friends.

7. **Jacere — vigilare.** These infinitives are in apposition 195 with *labores.*

8. **Ad obsidendum stupram** — "*ad tempus stupro opportu-num observandum.*" M.

9. **Otiosorum —** of the peaceably disposed.

10. **Habes** (*locum*), **ubi, &c.** — you have (a field) where, &c.

11. **Patientiam famis.** For a full description see Sall. Cat. **V.** : *Corpus patiens,* &c.

12. **A consulatu reppuli ;** i. e. at the last election. V. Sall. **Cat.** XXVI. : *Postquam dies comitiorum venit,* &c.

Ch. XI. 1. **Ut a me — detester ac deprecer** — that I may solemnly and earnestly remove and avert from myself. It is very difficult to express in a translation the full meaning of the origi-nal in this passage. The general idea of averting some evil prevails in both verbs : the former means to avert solemnly, as by calling the gods to witness ; the latter rises upon this, meaning to avert by ear-nest and fervent entreaty.

2. 1. **Anima** denotes " the soul " physiologically, as the princi-ple of animal life, in men and brutes, that ceases with the breath : *animus,* psychologically and ethically, as the principle of moral per-sonality, that ceases with the will. *Anima* is a part of bodily existence ; *animus,* in direct opposition to the body. 2. *Animus* de-notes also the human soul, as including all its faculties, and is distin-guished from *mens,* the thinking faculty, as a whole from one of its parts. 3. As in practical life the energy of the soul is displayed in the faculty of volition, so *animus* itself stands for a part of the soul ; namely, feeling an energy of will in co-ordinate relation to *mens,* the intellect or understanding. And, lastly, so far as thought precedes the will, and the will itself, or determination, stands as mediator between thought and action, in the same way as the body is the servant of the will, so *mens* is related to *animus,* as a whole to its part. Död.

3. **Si mecum.** · The apodosis is found at the beginning of the next chapter : *ego — respondebo.*

4. **Evocatorem servorum.** The aid of these he afterwards 196 rejected (V. Sall. Cat. LVI.) ; though Lentulus urged him to make use of them. · V. Sall. Cat. XLIV.

5. **Hunc — duci — imperabis.** The construction of *impero* with the acc. with infin. is very uncommon in the Augustan period, and is confined to the infin. passive.

6. **Tandem.** V. Sall. Cat. XX. n. 14.

196   7. **Persaepe — privati.** A rhetorical exaggeration. V. L.
n. 28.

8. **Quae — rogatae sunt —** which have been enacted. The
Valerian and Porcian laws are probably referred to : by the former,
enacted B. C. 508, no Roman citizen could be killed or scourged by
a magistrate without first having the right to appeal to the people :
for the latter, see Sall. Cat. LI. n. 28. — For the force of *et* in this
sentence, see Sall. Cat. LI. n. 32.

9. **Defecerunt — tenuerunt —** have withdrawn their allegi-
ance — have retained.

10. **Praeclaram — gratiam.** Ironical.

11. **Per te —** through your own merits. The idea is more fully
brought out by the next phrase : *nulla commendatione majorum.*
Cicero was what was called a *novus homo.* V. Sall. Cat. XXIII.
n. 16.

12. **Tam mature.** By the *lex Villia annalis,* enacted B. C.
180, the age of 31 was required for the quaestorship, 37 for the
Aedileship, 40 for the Praetorship, and 43 for the consulship. Cicero
was elected to all these offices in the order here given, (for this was
the order prescribed by law, *honorum gradus,*) as soon as he was
eligible to them on account of his age.

13. **Severitatis, &c. —** arising from severity, &c. The subjective gen.

Ch. XII. 1. **His vocibus ;** i. e. the *querimonia* of the preceding chapter.

2. **Hoc** is explained by *Catilinam morte multari.*

3. **Judicarem — dedissem.** For the use of the imperf. see
Ec. Cic. V. n. 2.

4. **Gladiatori isti.** Contempt. As applied to Catiline, the
term signifies one accustomed to the commission of murder.

5. **Superiorum complurium —** of many men of former
times.

6. **Honoro** means to honor anybody, by paying him singular
respect, and yielding him honor ; but *honesto* means to dignify, or
confer a permanent mark of honor upon anybody. Död.

7. **In posteritatem —** in the future.

197   8. **Quamquam.** V. IX. n. 1.

9. **Hoc ordine :** i. e. the senate.

10. **Qui —** and these. A statement of fact ; and, therefore, the
indicative ; whereas the preceding *sunt qui* requires the subj., because
the statement is a mere conception.

11. **Mollibus sententiis** — by ·indulgent expressions of 197 opinion.

12. **Regie** — despotically, tyrannically.

13. **Iste.** V. I. n. 4.

14. **Tam stultum — qui non videat** — so stupid as not to see.

15. **Reprimi — comprimi** — repressed — suppressed. An example of *paronomasia:* a figure which is based upon resemblance of sound, and which arises whenever words resembling each other in · sound are placed in opposition. V. *emissus — immissus*, c. XI.

16. **Collectos — aggregaverit.** V. Caes. I. 5, n. 10.

17. **Naufragos** — ruined (followers); i. e. in property and character.

Ch. XIII. 1. **Jamdiu.** The whole three years from the consulate of Lepidus and Tullius. A.

2. **Versamur** — we have been living. V. I. n. 26.

3. **Nescio quo pacto.** Beier (Cic. off. 1) rightly informs us that *quo pacto* is used for *quomodo*, with reference to things which one *would wish had not been done.* A.

4. **Veteris** — that have existed for a long time.

5. **Quod .... latrocinio** — if however from so numerous a band of robbers. Abstract for concrete.

6. **Visceribus** — vitals.

7. **Aestu febrique** — with a burning fever. By a figure called *hendiadys,* two nouns connected by a conjunction are sometimes used instead of a noun and an adjective or attributive genitive.

8. **Praetoris urbani.** L. Valerius Flaccus. The especial 198 province of the praetor was the administration of justice; and that of the *praetor urbanus* was the settlement of disputes between citizens. The partisans of Catiline beset his tribunal at this time in order to intimidate him and deter him from the faithful discharge of his duties.

9. **Malleolos** — fire darts. The term *malleolus* denoted a hammer, the transverse head of which was formed for holding pitch and tow; which having been set on fire was projected slowly, so that it might not be extinguished during its flight, upon houses and other buildings in order to set them on fire; and which was therefore commonly used in sieges together with torches and falaricae. Dict. Gr and Rom. Antiq.

10. **Hisce ominibus** — with these omens. *Ominibus* is explained by the three phrases introduced by *cum. Cum* is added to

21 *

198 the abl. of manner to denote an accompanying circumstance as a *result* or *consequence* of the action. Here the safety of the state. Catiline's own ruin, and the destruction of his associates are the consequence of his leaving Rome to engage in open war against his country; whereas *hisce ominibus* barely expresses the circumstances under which he would leave without this additional thought.

11. **Tu, Juppiter.** *What is here said* of *Jupiter* is strictly true only of the *Temple* of *Jupiter.* A. V. V. n. 8.

12. **Haec urbs:** sc. *constituta est.*

13. **Mactabis** — thou wilt visit.

---

199   ORATIO II. IN CATILINAM.

INTRODUCTION.

On the next day after the delivery of the preceding oration, (i. e. the 9th of November, B. C. 63,) this Second Speech was addressed to the people in the forum. Catiline on his return home from the senate, the day before, perceiving that there was now no hope of destroying Cicero, his hated foe, and that the strict watch kept throughout the city rendered tumult and fire-raising difficult, if not impossible, for the present, resolved to strike some decisive blow before troops could be levied to oppose him; and accordingly, leaving the chief control of his affairs at Rome in the hands of Lentulus and Cethegus, with the promise at the same time to march with all speed to their support at the head of a powerful army, set forth in the dead of night, (8th - 9th November,) and after remaining a few days with his adherents in the neighborhood of Arretium, where he assumed the fasces and other ensigns of lawful military command, proceeded to the camp of Manlius, having previously addressed letters to the most distinguished consulars and others, solemnly protesting his innocence, and declaring that unable to resist the cabal formed among his enemies he had determined to retire to Marseilles that he might preserve his country from agitation and disturbance. To show the people that this was a mere pretence on the part of Catiline, intended to conceal his real design to place himself at the head of his troops, and to counteract the influence of the conspirators remaining at Rome who were endeavoring to give currency to this falsehood; to explain to them what had transpired in the senate on the preceding day; and to vindicate himself, on the one hand, from the charge preferred against him by the well-disposed citizens, that he had suffered Catiline to escape unpunished, and, on the other, from that maintained by the friends of Catiline, that he had been dealt with too severely by the consul, were the principal objects for which this oration was delivered.

ANALYSIS.

Cʜ. I.   By way of introduction, Cicero congratulates the people that Catiline has left the city, and can do no more injury.

Cʜ. II.   He admits that Catiline deserved death, and that precedent required that he should be punished with death, but at the same time justifies himself for allowing him to escape, by showing that, if he had put him to death, it would have been impossible, in consequence of the odium that would have been heaped upon him by the incredulous, the ignorant, and the vicious, to bring his associates to justice ;

Cʜ. III.   That, from a comparison of the character of those who composed Catiline's army with that of the forces raised by the authority of the state, that army was not so much to be feared as the other conspirators were who still remained at Rome ;

Cʜ. IV.   That, as a result of Catiline's departure and of his putting himself at the head of his army, it was evident that a conspiracy had been formed against the government ; that Catiline, while in the city, was the chief source of corruption, especially to the young ;

Cʜ. V.   That the most audacious and worthless of the lowest classes were his intimate friends and constant companions ; that it would have been the good fortune of the republic, as well as the glory of his consulship, if his vile, bankrupt, and abandoned associates had accompanied him ; and that the only enemy that Rome had to fear, was the enemy within her walls.

Cʜ. VI.   Having, in the four preceding chapters, fully vindicated himself from the charge of too great lenity, Cicero now proceeds to defend himself against the charge of too great severity brought against him by the adherents of Catiline.   This he does, first, by stating what had transpired in the senate the day before ; and, secondly,

Cʜ. VII.   By showing, from several circumstances, that Catiline, so far from having been driven into banishment to Marseilles, had no intention of going thither, but had actually gone to his army.

Cʜ. VIII.   To vindicate himself still further, and to show the extent of the conspiracy and the imminent danger which threatened the commonwealth, he divides the conspirators into six classes.   The first class is composed of those who are greatly in debt, and yet might pay their debts if they would : these are not greatly to be feared.

Cʜ. IX.   The second class consists of those who are overwhelmed with debts, and yet are aiming at supreme power in the state.   The third class are somewhat advanced in years, yet strong and vigorous : these too have, through extravagance, fallen so greatly into debt that their only hope is in a renewal of the universal plunder and rapine which existed in the time of Sulla.

Cн. X. The fourth class have been ruined by various causes : some by indolence, some by mismanagement, and some by extravagance. These he does not consider worth saving; but hopes that they may so fall that the state may not perceive the shock. The fifth class is made up of parricides and cutthroats. Catiline is welcome to them. The sixth class are the lowest and meanest of mankind in life and morals : they are Catiline's bosom companions.

Cн. XI. The resources, character, and principles of Catiline and his faction are compared, by way of contrast, with those of the opposite party.

Cн. XII. Cicero exhorts the citizens to guard their houses with the utmost vigilance, and assures them that he will protect the city : he warns the conspirators that the time for lenity is past ; and that the first attempt of a treasonable kind will meet with the punishment which it deserves.

Cн. XIII. He promises the citizens that he will so manage affairs that an end shall be put to this civil war without a resort to arms on their part, and calls upon them to supplicate the gods for the preservation of the state.

Cн. I. 1. **Tandem aliquando.** V. I. 10, n. 1.

2. **Quirites — cives.** The Romans called themselves, in their civil capacity, *Quirites*, but in their political and military capacity, *Romani*.

3. **Emisimus** = have let go.

4. **Ipsum** = of his own accord.

5. **Verbis** = execrations. V. I. 8, n. 24.

6. **Abiit .... erupit.** A climax.

7. **Monstro illo ;** i. e. Catiline. The place of *iste*, so frequent in the preceding oration, is now supplied by *ille :* the notion of re- moteness prevails.

8. **Sine controversia** — beyond dispute, without doubt.

9. **Non enim jam** — for no longer *Jam* after negatives an- swers to our "longer." Z. Cf. *nulla jam*, above.

10. **Sicca illa.** V. I. 6, *in fin.*

11. **Pertimescemus** is here used intransitively = *timorem habebimus*, "*shall not fear or be afraid.*" A.

12. **Loco ille motus est** = he was dislodged from his posi- tion ; i. e. his favorable position. The term is used of a gladiator, and Cicero calls Catiline a gladiator in the preceding oration.

13. **Justum bellum** = an open, regular war : opposed to *latrocinium.*

14. **Non cruentum — vivis — incolumes — stantem.**

)bserve the emphatic position of these adjectives, which, as contain- 500
1g the principal thought of the expressions, stand before their nouns.

15. **Tandem.** V. Sall. Cat. XX. n. 14.

16. **Se . . . . esse** — that he is ruined and cast away; i. e. as a
vorthless thing.

17. **Retorquet;** i. e. like the savage beast, from whose jaws the
prey has just been snatched.

Ch. II.   1. **Oportebat.** V. I. n. 25.

3. **Improbitatem** — utter worthlessness.

4. **Ac.** In the beginning of a proposition which further explains
that which precedes, and where the simple connection is insufficient,
the particles *atque* and *ac* introduce a thing with great weight and
may be rendered in English by " now."

5. **Judicarem — sustulissem.** V. Ec. Cic. V. n. 2.

6. **Meae — mei,** the objective genitive.

7. **Ne . . . . probata** — the fact (i. e. of the existence of a conspiracy) not having been even at that time clearly shown to you all
at least (quidem).

8. **Rem huc deduxi** — I brought the matter to this issue.

9. **Aperte** means "openly," and without concealment, so that
everybody can perceive and know, in opp. to *occulte: palam* (from
planus), " openly," and without concealment, so that everybody can
see and hear, in opp. to *clam: manifesto*, so that one is spared all
inquiry, all conjecture, all exertion of the senses and of the mind.

10. **Quem — hostem** — that this enemy.

11. **Hinc** — from this: explained by the clause introduced by
quod.

12. **Illud** — this: explained by the clause introduced by the
next *quod.*

13. **Parum comitatus.** V. Sall. Cat. XXXII. *Cum paucis.* 501

14. **Tongilium mihi** — my Tongilius. Ironical. The dat.,
as here used, is idiomatic, and the exact force can hardly be expressed
in English.

15. **Praetexta:** sc. *toga.* The *toga praetexta* was the outer
garment, having a broad purple border, worn by the higher magistrates, and by freeborn children till they assumed the *toga virilis*, at
the age of 17 years.

16. **Tongilius, Publicius, Municius** are unknown per-
sonages. They were probably persons noted for nothing but their
vices.

17. **Nullum . . . . poterat.** Because it was small.

291   Ch. III. 1. **Gallicanis legionibus.** These are legions of
Roman soldiers serving in Gaul. *Gallicae legiones* would mean inhabitants of Gaul.

2. **In agro Piceno et Gallico.** Territories in the northeast
part of Italy. The Gallic territory was situated in the south part of
Gallia Cispadana, and inhabited by the *Galli Senŏnes*. The Picene
was bounded on the north by the river *Aesis* and on the east by the
Adriatic Sea.

3. **Q. Metellus.** V. Sall. Cat. XXX. *Sed praetores*, &c.

4. **Comparantur** — are procuring, are raising. V. Caes. I.
31, n. 16.

5. **Senibus desperatis.** Those who had served under Sulla.
V. IX. 20, and Sall. Cat. XVI.

6. **Agresti luxuria** — debauched rustics. Abstract for concrete.

7. **Decoctoribus.** *Decoquere* and *decoctor* are not used of
every bankrupt, but of one who arranges matters with his creditors by
an *assignment* of his goods (*cessio bonorum*); without a public com-
pulsory *venditio bonorum :* the *decoctor* did not lose his civil rights. A.

8. **Vadimonia deserere** — to forfeit their recognizance, to
fail to appear. When the praetor had granted an action, the plaintiff required the defendant to give security for his appearance before
the praetor on a certain day. The defendant, on finding a surety,
was said *vadimonium promittere*, or *facere.* If the defendant appeared
on the day appointed, he was said *vadimonium sistere :* if he did not
appear, he was said *vadimonium deseruisse*, and the praetor gave to
the plaintiff the *bonorum possessio.* V. Smith's Dict. Antiq. *actio.*

9. **Aciem** — battle-array.

10. **Edictum praetoris.** In which the praetor's judgment
against debtors was announced. A.

11. **Luceo, fulgeo, splendeo,** and **niteo,** denote a steady
and continued brightness : *fulgeo* through a glaring light, or a dazzling fiery color ; *luceo* through a beneficial light, and a soft fiery
color ; *splendeo* as the consequence of a clear and pure light, in opp.
to *sordeo; niteo* as the consequence of humidity, oiling, or washing,
to glisten, in opp. to *squaleo.*

12. **Fulgent purpura.** Those senators and equestrians are
meant who had joined the conspiracy. The distinctive badge of the
former was a broad purple stripe or band, extending perpendicularly
from the neck down the centre of the tunica ; and that of the
latter consisted of two narrow purple slips running parallel to each

other from the top to the bottom of the tunic, one from each shoul- 201
der. Dict. Antiq., *Latus clavus.*

13. **Milites** = as his soldiers. In apposition with *hos.*

14. **Qui exercitum deseruerunt.** The following extract
from the oration *pro Murena* (XXXVII. 79), which was delivered
B. C. 63, between November 9 (the date of this) and December 10,
and consequently within a month of the delivery of this oration, furnishes the best possible comment upon the text in this place. *Quaeris a me, quid ego Catilinam metuam. Nihil ; et curavi, ne quis
metueret ; sed copias illius quas hic video, dico esse metuendas ; nec tam
timendus est nunc exercitus L. Catilinae, quam isti ; qui illum exercitum
*DESERUISSE DICUNTUR. NON ENIM DESERUERUNT, sed ab illo in
speculis atque insidiis relicti, in capite atque in cervicibus nostris restiterunt.*

15. **Cui Apulia.** V. Sall. Cat. XXVII.

16. **Has .... incendiorum.** V. Sall. Cat. XLIII.

17. **Superioris noctis.** The night of the 6th of November,
on which the conspirators met at the house of M. Laeca.

Ch. IV. 1. **Nisi — si** = except if, unless. V. Sall. Cat. XX. n. 26. 202

2. **Similes :** sc. *eos.*

3. **Sentire non putet.** With verbs of thinking the *non* is
prefixed to the verb rather than the infinitive. A. In translating,
join the "not" with the infinitive : "that they do not agree with,
entertain the same sentiments with."

4. **Desiderio sui** = in consequence of longing after, of regret
for, them.

5. **Aurelia via.** This road extended from Rome to Alsium on
the sea-board, thence north along the coast through Etruria as far as
Pisa. It was the direct route, therefore, to the camp of Manlius,
which was situated in Etruria. V. I. 2, 5.

6. **Ad vesperam consequentur** = they will overtake
(him) by evening.

7. **Sentinam.** V. Sall. Cat. XXXVII n. 10.

8. **Exhausto.** With reference to the figure introduced by *sentinam.*

9. **Jam vero.** V. Ec. Cic. XXIII. n. 30.

10. **Quae — illecebra.** V. I. 6.

11. **Impellendo** = by inciting (them to murder them, that they
might come into possession of their property).

Ch. V. 1. **Ejus .... ratione** = his different propensities in
contrast with each other : lit. in an unlike relation.

Page

202 2. **Intimum** — a most intimate friend.

203 3. **In .... nequior.** Stage actors were either freed-men, strangers, or slaves, and were generally held in contempt.

4. **Assuefactus .... perferendis** — accustomed to enduring cold, &c. V. Sall. Cat. V. *Corpus patiens*, &c.

5. **Fortis .... praedicabatur** — was extolled as brave by these fellows.

6. **Subsidia atque instrumenta.** These refer to the words *frigore, fame,* &c.

7. **Hominum** — of (these) men.

8. **Tolerandae** — such as are to be borne.

9. **Res — fides** — property — credit.

10. **Alea.** Gaming was considered disreputable at Rome; and hence *aleator* was used as a term of reproach. It was also forbidden by special laws, during the times of the republic, and under the emperors.

11. **Mihi.** V. II. n. 14.

12. **Instare** — is pressing upon them, weighing them down.

13. **Non .... tempus** — not some short. period of time: lit. not a short, I do not know what time. V. Epp. Cic. III. n. 35.

14. **Unius ;** i. e. Cn. Pompey.

204 15. **Proinde** — therefore.

Ch. VI. 1. **Sunt — qui dicant.** V. Sall. Cat. XIX. n. 7.

2. **Videlicet.** Strongly ironical to the end of the sentence.

3. **Hesterno die.** There is an apparent discrepancy between this and the statements made in Or. I. §§ 1, 9, 10. Either the first oration was delivered on the 7th, and this on the 8th of November, or Cic. is guilty of a slight inaccuracy here, due, perhaps, to excitement of feeling; · but various statements made in the first oration seem to fix with certainty the date of that oration on the 8th. There are some, however, who fix it on the 7th.

4. **Ejus ordinis ;** i. e. *senatus.* Had he been addressing the senate, he would have said *hujus ordinis.*

5. **Ille consul.** Referring emphatically and ironically to the beginning of the chapter: *sunt, qui dicant.*

6. **Homo audacissimus** — although a man of the most consummate audacity.

7. **Ea nocte ;** i. e. the night of the 6th of November at the house of Laeca.

8. **In proximam** — for the next : sc. *noctem ;* i. e. the night of the 7th November.

9. **Ratio** — plan.

10. **Temeretur** — he was embarrassed, speechless.

11. **Fasces** were rods bound in the form of a bundle, and containing an axe (*securis*) in the middle, the iron of which projected from them. These rods were carried by lictors before the superior magistrates at Rome as a badge of authority. V. Sall. Cat. XXXVI, and Cic. in Cat. I. § 24.

12. **Credo** — I suppose, presume. Ironical.

13. **Agro Faesulano.** A district of Etruria, taking its name from **Faesulae**, its principal town.

CH. VII. 1. **Periculis meis** — by my dangerous measures; i. e. by measures dangerous to me, but directed against Catiline.

2. **Atque in exsilium.** These words are an advance upon, and a nearer definition of, *fugam.*

3. **Non.** Observe the emphatic position of *non*, and its repetition at the beginning of each clause of the apodosis.

4. **Est mihi tanti.** V. I. 9, n. 5.

5. **Illud.** V. Caes. IV. 16, n. 1.

6. **Ne .... aliquando** — that it may at some time prove a source of odium to me.

7. **Quamquam.** V. I. 9, n. 1.

8. **Massiliam.** V. Sall. Cat. XXXIV.

9. **Qui non malit** — as not to wish rather.

10. **Hoc quod agit — cogitasset** — he had thought of this which he is doing; i. e. of making war upon his country.

11. **Queramur:** sc. if he should go into exile.

CH. VIII. 1. **Qui .... hostem;** i. e. by his withdrawal to the camp of Manlius, which is now assumed to be a fact.

2. **De iis** — (while) concerning those.

3. **Istae copiae** — those contemptible forces. Cf. III. *illum exercitum — magnopere contemno.*

4. **Deinde .... meae — afferam** — then I will apply to them (i. e. these classes) one by one the remedy of my advice and exhortation.

5. **Si quam potero:** sc. *medicinam afferre.*

6. **Est eorum** — consists of those: lit. is the class (sc. *genus*) of those. The genitive in this and similar cases cannot depend upon *esse:* it is nearly equivalent to the predicate nominative: one class is those. V. A. and S. 211, R. 2, N. K. 88, R. 8.

7. **Magno in aere alieno** — although greatly in debt.

8. **Dissolvi** — to be separated (from them); i. e. they are so

FF

206 strongly attached to their estates that they are unwilling to free themselves from debt by parting with a portion of them.

9. **Species est honestissima** — the appearance is very respectable.

10. **Tu.** The class is personified and addressed as a single individual. The repetition of the pronoun indicates strong emphasis.

11. **Argento, familia** — with silver plate, with slaves.

12. **De .... fidem** — to take away from your possessions and add to your credit.

13. **An tabulas novas:** sc. **exspectas.** V. Sall. Cat. XXI. n. 4.

14. **Meo .... auctionariae:** By my good services *fresh* bills shall be proposed, *but* they shall be *bills of sale.* Cicero here plays upon the term *tabulae novae,* which usually signifies a *revision of debts;* by which, in revolutionary times, the creditor was forced to give the debtor a *fresh bill,* making a stated deduction (often very considerable) from the old one. *Tabulae auctionariae* were schedules, in which the debtor's property was summed up, preparatory to a sale by auction for the benefit of his creditors. These might in jest be called *novae* (i. e. *insolitae*), as being a proceeding quite unexpected by the debtors. A.

15. **Neque .... praediorum** — and not struggle to meet the usurious interest demanded by their creditors with the mere incomes derived from their estates; i. e. instead of *selling* a part to set the rest free. The interest they had to pay frequently exceeded their entire income. A.

16. **Locupletioribus .... uteremur** — we should have in them both richer and better citizens. A.

207 Ch. IX. 1. **Dominationem — exspectant.** Cf. below *se consules ac dictatores, aut etiam reges, sperant futuros.* V. also Sall. Cat. XXI.

2. **Quibus .... videtur** — it seems proper that this warning should be given them.

3. **Ceteris:** sc. *praecipiendum, esse videtur.*

4. **Me .... vigilare, &c.** These infinitive clauses depend upon *praecipiendum.*

5. **Praesentes** — in person.

6. **Quae** — which state of things: referring to *cinere urbis* and *sanguine civium.*

7. **Fugitivo .... necesse** — must necessarily be yielded up to some fugitive or gladiator. Alluding to Catiline.

8. **Aetate — affectum** — advanced in years.

9. **Homines — Sulla constituit.** One of Sulla's measures for the support of his power was the establishment of military colonies throughout Italy. The inhabitants of the Italian towns, which had opposed Sulla, were deprived of the full Roman franchise which had been lately conferred upon them, and their land was confiscated and given to the soldiers who had fought under him. Twenty-three legions, or, according to another statement, forty-seven legions, received grants of land in various parts of Italy. A great number of these colonies were settled in Etruria about Faesulae, the population of which was thus almost entirely changed. These colonists having in a short time squandered the wealth which they had thus suddenly become possessed of, were ripe for another revolution by which they might enrich themselves anew. They were ready, therefore, to join the ranks of Catiline, whose treacherous scheme offered them the desired opportunity. V. Sall. Cat. XI.

10. **Quas — universas** — these as a whole, in general.

11. **Se — sumptuosius .... jactarunt** — have made too extravagant and unusual a display. Cf. I. 1, n. 7.

12. **Beati** — opulent, rich.

13. **Lecticis :** litters, sedans, in which slaves (*lecticarii*) carried their masters. At first they were used chiefly in journeys, but afterwards became a common article of luxury among the wealthy Romans.

14. **Rapinarum veterum ;** i. e. such as were committed by the colonies established by Sulla. 208

15. **Illorum temporum ;** i. e. the times of Sulla's dictatorship.

16. **Non modo — sed.** When two sentences are connected by means of "not only not — but not even," *non modo (solum) non — sed ne quidem*, the second *non* is omitted if both sentences have the same verb, and if the verb is contained in the second sentence ; for the negative *ne* is then considered to belong conjointly to both sentences. Z.

CH. X. 1. **Varium ;** i. e. various in respect to the causes which produced their ruin.

2. **Jampridem.** V. I. 1, n. 26.

3. **In .... vacillant** — are staggering beneath a load of old debts.

4. **Vadimoniis, judiciis, proscriptionibus.** The exact order of procedure is here observed ; for, first, the creditor took bail of the debtor : secondly, if the debtor failed to make his appearance

208 the creditor was put in possession ; thirdly, if the creditor remained in possession thirty days, the property was proscribed. *Muretus.*

5. **Permulti** — in great numbers.

6. **Infitiatores lentos** — bad debtors. *Infitiator* is properly one who denies a just debt, and *lentus* means slow, backward in paying.

7. **Non modo, &c.** V. IX. n. 16.

8. **Parricidarum :** sc. *genus.* V. VIII. n. 6.

9. **Postremum autem genus est** (sc. *postremum*), **non solum numero, &c.** — but the last class is so (i. e. the last), not only in regard to number, &c. ; i. e. it is not only the weakest in numbers, but the lowest and vilest in character.

10. **Quod .... Catilinae** — which is Catiline's own (class).

11. **Immo vero.** V. I. 1, n. 19.

12. **De .... sinu** — of his embrace and bosom ; i. e. his most intimate associates and bosom companions.

13. **Imberbes ;** i. e. too young to have beards.

14. **Bene barbatos.** According to Varro and Pliny, the Roman beards were not shaven till B. C. 300, when P. Ticinius Maenas brought over a barber from Sicily ; and Pliny adds, that the first Roman who was shaved every day was Scipio Africanus. His custom, however, was soon followed, and shaving became a regular thing. In the later times of the republic, there were many who shaved the beard only partially, and trimmed it, so as to give it an ornamental form : to them the terms *bene barbati* and *barbatuli* were applied.

15. **Tunicis.** It was considered a mark of effeminacy for men to wear tunics with long sleeves (*manicatae*) and reaching to the feet (*talares*). Dict. Antiq.

16. **Velis amictos, non togis ;** i. e. in such loose and flowing togas that they should rather be called *veils*. A close fitting toga indicated a person of strict character. So, *of course*, an ample flowing toga belonged to *luxurious, effeminate* livers. A.

209 17. **Aleatores.** V. V. n. 10.

18. **Cano** means, in the most general sense, to make music : *canto*, with vocal music : *psallo*, with instrumental music, and indeed with string-instruments. Död.

19. **Nisi.** V. Sall. Cat. XX. n. 26.

20. **Seminarium Catilinarium** — nursery of Catilines.

Ch. XI. 1. **Cohortem praetoriam** — body-guard.

2. **Jam vero.** V. Ec. Cic. XXIII. n. 30.

3. Urbes coloniarum ac municipiorum — the cities, 209 namely, the colonies and municipal towns. These genitives are not a limitation of *urbes*, but a sort of apposition. *Urbes* is the genus, and *coloniarum ac municipiorum* the species.

4. Respondebunt .... silvestribus — will answer to (i. e. will prove a match for) the woody hills of Catiline. The contrast introduced in the preceding sentence between the troops of the two parties is here extended to their positions and defences. *Tumuli silvestres* are such localities as cowards flee to, who seek lurking-places for ambuscades, and dare not give battle in the open plain. A.

5. Ornamenta — equipments.

6. Eget: sc. quibus. Cf. Sall. Cat. LVI.: *sed et omni copia*, &c., and LIX.: *latrones inermes.*

7. Externus denotes a merely local relation, and is applicable to things as well as to persons; but *exterus*, an intrinsic relation, and is an epithet for persons only. *Externae nationes* is a merely geographical expression for nations that are situated without: *exteras nationes*, a political expression for foreign nations. Död.

8. Comtendere — compare.

9. Ex eo ipso; i. e. from this comparison of the causes, or principles, of the two parties.

10. Quum .... jaceant — how very low they lie; i. e. to what a miserable condition they are reduced.

11. Ex hac parte — *hinc.*

12. Bona .... perdita (sc. *ratione*) — sound judgment with 210 folly.

13. Studia — zealous efforts.

14. Ab — virtutibus. The preposition is expressed because *virtutibus* is personified.

CH. XII. **1. Urbi** — for the city; i. e. as a whole, in opposition to the individual houses (*tecta*). He enjoins upon them each to guard their houses; he would take care of the city.

2. Consultum ac provisum est — measures have been taken and means provided.

3. Excursione; i. e. of last night. V. Sall. Cat. XXXII.

4. Meliore .... sunt — are better disposed. Some interpret *meliore animo* by *potentiores et fortiores*.

5. Continebuntur. In order that the gladiators might be held in check more easily, the senate had decreed that they should be distributed in Capua and other municipal towns. V. Sall. Cat. XXX.

Page

210 6. **Hominem ;** i. e. Catiline.

7. **Quem . . . . videtis** — which you see has been summoned
and is now assembling. On the passive expressing continuance, see
Caes. I. 31, n. 16.

8. **Atque adeo** — *vel potius*, or rather.

9. **Eos** is not necessary to the construction, being a mere repetition of *illos* in consequence of the long clause which intervenes.
This apparently superfluous use of *is*, which is not uncommon, especially after an intervening relative clause, indicates emphasis.

10. **Exspectavit** — it (*mea lenitas*) waited for.

11. **Quod . . . . est** — as to what remains.

211 12. **Factum** — open act.

13. **Esse voluerunt** — intended, ordained, should be.

CH. XIII. 1. **Me imperatore** — I alone clad in the toga
being your leader and commander. The toga was the dress of the
citizen as such, in opp. to that of the soldier, or foreigner. The consuls on leaving the city to take command of the army laid aside the
toga, and put on the *sagum*, or military cloak. Cicero says, therefore,
that he shall be able to quell the insurrection in a peaceful manner,
without taking the field at the head of an army.

2. **Vix optandum videtur ;** i. e. as being so impossible that
it would be idle to wish for it. A. In classical prose the participle
in *dus* signifies possibility only when joined with the particle *vix*.

3. **Significationibus** — tokens, intimations.

4. **Quibus — ducibus** — under whose guidance.

5. **Externo.** V. XI. n. 7.

6. **Quam urbem — hanc.** V. Caes. I. 12, n. 7.

212

ORATIO III. IN CATILINAM.

INTRODUCTION.

THIS oration was addressed to the people in the forum, late in the day,
on the 3d of December, twenty-four days after the delivery of the preceding oration. This time was spent by Catiline in the camp of Manlius in
Etruria, recruiting his army, and preparing for an open attack upon Rome:
while Lentulus, Cethegus, Statilius, and others of the conspirators were
busily employed in carrying his instructions into execution within the city.
The 17th of December, the time of the Saturnalia, had been fixed upon
by them for a general conflagration and massacre. It seemed impossible

Page 212

to avert the impending ruin; for, although the existence of the conspiracy and the names of the leading conspirators were known, not only to the magistrates, but to the public at large, yet there was no legal evidence against any individual. The favorable moment, however, at length arrived. Certain Allobrogian deputies were in Rome at this time, seeking the redress of certain grievances of their nation. Lentulus, thinking that he could make these available for his own purposes, made known the plot to them, and tried to induce them to co-operate with him by stimulating their countrymen to insurrection. At first they listened somewhat favorably to his plan; but after calculating and balancing the chances, they resolved to secure a certain and immediate recompense, rather than to speculate upon doubtful and distant advantages. Accordingly they revealed all to Q. Fabius Sanga, the patron of their state, who in his turn acquainted Cicero, and, by the instructions of the latter, enjoined the ambassadors to affect great zeal in the undertaking, and, if possible, to get possession of some tangible documentary proof. They succeeded in doing this. A written agreement, signed by Lentulus, Cethegus, and Statilius, was placed in their hands, and having quitted Rome soon after midnight on the 3d of December, accompanied by T. Volturcius, who was charged with despatches for Catiline, they were all arrested, while crossing the Milvian bridge, by two of the praetors who had been stationed in ambush to intercept them.

Cicero having been informed of the success of his plan, early in the morning summoned Lentulus, Cethegus, Statilius, and Gabinius to his presence, who, as they suspected nothing of what was going on, came without hesitation. He then assembled the senate in the temple of Concord, whither the accused together with Volturcius and the Allobroges were conducted for an examination. The whole plot having been thus discovered, and the guilt of Lentulus, Cethegus, and seven others established beyond a doubt, Lentulus, who was praetor, was forced to abdicate his office, and then along with the rest was consigned to the charge of certain individuals of high station who became responsible for their appearance. Immediately after the adjournment of the senate, Cicero gave a detailed account of the whole affair to the people in the following speech.

ANALYSIS.

CH. I. Cicero announces to his fellow-citizens that the state is saved through the favor of the gods and by his own efforts, bespeaks for himself a share of the honor, and begins the narrative of the proceedings which had led to the full discovery of the plot.

CH. II. Narrative continued: including the tampering with the Allobroges by Lentulus, their setting out from Rome accompanied by Volturcius, the arrangement of the posse under the praetors, Flaccus and Pomptinus, at the Milvian bridge, and the seizure by them of the whole party;

Page

212   Ch. III. The delivery of the letters and documents to the praetors, the summoning of Gabinius and others before Cicero, the reference of the whole matter to the senate, which had been called together for that purpose, and the finding, by Sulpicius the praetor, of a quantity of arms at the house of Cethegus;

Ch. IV. The testimony of Volturcius, who turned state's evidence, and that of the Gauls;

Ch. V. The showing of their letters to Cethegus, Statilius, Lentulus, and Gabinius, and their several confessions;

Ch. VI. The debate in the senate, which followed these transactions, the decree of the senate delivering the accused to custody, and finally the appointment of a thanksgiving to the Gods in Cicero's name.

Ch. VII. Cicero shows why he was so anxious to remove Catiline from the city, and declares, that, unless he had forced him into open warfare, the conspiracy could not have been crushed.

Ch. VIII. - IX. He attributes his success in arriving at a full discovery of the plot chiefly to the aid and favor of the gods, they having indicated by the clearest signs the imminent danger which threatened the republic. ·

Ch. X. He exhorts the people to celebrate the thanksgiving which had been decreed to the gods, showing by a comparison between this and other civil dissensions which had arisen at Rome, that they had been delivered from a war of unparalleled atrocity.

Ch. XI. He asks no reward for his services, except that the remembrance of his consulship may be perpetuated.

Ch. XII. He commends himself to their protection, promising, even after the termination of his consulship, to labor for the welfare of the state.

Ch. I. 1. **Quirites.** V. II. n. 2.

2. **Periculis meis.** V. II. 7, n. 1.

3. **Illustres** == memorable.

4. **Sensu** == consciousness.

5. **Voluptate** == conscious delight.

6. **Benevolentia famaque** — by our affectionate regard and by tradition; i. e. we honor him as a god, and thus confirm the voice of tradition.

7. **Esse — in .... is** — he will be honored, he will deserve to be honored. *Debeo* (from *de — habeo*) signifies literally, I have something from some one: it seems to be here used in this sense.

8. **Illustrata .... per me.** *Per me;* i. e. mea opera atque industria, non *a me. Illustrata,* in luce posita, ita ut non amplius laterent; *patefacta,* ita illustrata, ut omnibus paterent. *Comperta,* certis indiciis cognita et deprehensa. M.

9. **Et quanta:** sc. sint.

10. **Exspectatis.** The common text has *ex actis* — accurately, according to the official reports of what has taken place. A.

11. **Ut** — ever since. *Paucis ante diebus:* this was the 25th day since his departure.

CH. II. 1. **Hujus verbi;** i. e. *ejiciebam.*

2. **Illa:** sc. *invidia.*

3. **Sed** is sometimes used in the resumption of a discourse after a parenthesis, and is — I say.

4. **Atque** — and so. It is here a particle of transition.

5. **In eo** — in this. It is explained by the clause introduced by *ut.*

6. **Minorem fidem faceret** — might produce too little belief.

7. **Rem ita comprehenderem** — I might demonstrate the fact so clearly.

8. **Comperi;** i. e. through Q. Fabius Sanga. V. Sall. Cat. XLI.

9. **Allobrogum:** a Gallic people bounded on the north and west by the Rhone, and on the south by the Isère. On the east their territory extended to within the Alps: thus including the northern part of Dauphiné and the Dukedom of Savoy. They were conquered and brought under the Roman yoke by Fabius Maximus; and their ambassadors had now come to Rome to complain of the oppression and rapacity of the rulers, whom the Roman government had set over them. V. Sall. Cat. XL.

10. **Transalpini;** i. e. in farther Gaul. *Gallici;* i. e. in hither Gaul.

11. **Tumultus** — civil war, rebellion, insurrection. *Tumultus* is properly any sudden and unexpected occurrence that causes confusion. As a war, it is one that breaks out suddenly and violently: it is, therefore, more to be feared than a *bellum.*

12. **Lentulus,** a praetor under Cicero, was a wicked and ambitious man.

13. **Eodemque itinere.** Their route into Gaul lay through Etruria, where Catiline now was.

14. **Literis mandatisque.** *Literae* properly signifies a written, and *mandata* a verbal communication. V. Sall. Cat. XLIV.: *ad hoc mandata verbis dat.*

15. **Volturcium.** Nothing is known of this individual, except that he was of Crotona, and one of Catiline's conspirators. V. Sall. Cat. XLIV.

22

213 16. **Ut** is a repetition of the *ut* above. This frequently happens after a parenthetical relative clause.

17. **L. Flaccum.** L. Valerius Flaccus served in Cilicia as a tribune of the soldiers in B. C. 78, and afterwards as quaestor in Spain. In the year after his praetorship he had the administration of Asia. In B. C. 59 he was accused of extortion in his province of Asia, was defended by Cicero (in the oration *pro Flacco*, which is still extant) and Hortensius, and, though undoubtedly guilty, was acquitted.

18. **C. Pomptinum.** C. Pomptinus is first mentioned in B. C. 71, when he served as legate in the Servile war. Besides the praetorship which he held in B. C. 63, he obtained the province of Gallia Narbonensis, and in B. C. 61 defeated the Allobroges who invaded the province. For this victory he obtained the honor of a triumph in B. C. 54 in the face of strong opposition from the senate; and in B. C. 51 he accompanied Cicero as legate to Cilicia.

214 19. **Autem —** and. It is merely transitional. V. K. 102, R. 3. A. and S. 198, 9, R. (a).

20. **Qui omnia — praeclara .... sentirent —** since they entertained every noble and patriotic sentiment.

21. **Mulvium.** The Mulvian or Milvian bridge led across the Tiber above the city three Roman miles (3,000 paces) from the column in the Roman forum. The road to Etruria led over this bridge.

22. **Ex .... Reatina —** from the praefecture of Reate. *Praefecturae* were towns entirely dependent upon Rome. They were governed by a *praefectus juri dicundo*, who was chosen annually at Rome and sent thither. The inhabitants of Reate were clients of Cicero.

23. **Praesidio :** sc. *illis.*

24. **Tertia vigilia.** V. Caes. I. 12, n. 4.

Ch. III. 1. **Cimbrum Gabinium.** Probably the same as P. Gabinius Capito. V. Sall. Cat. XVII. In his *ex equestri ordine P. Gabinius Capito;* quod familiae nomen longe probabilius est, quam *Cimber.* Puto rhetorem memoriae vitio errasse. O. Little is known of him besides his connection with the conspiracy of Catiline.

2. **Nihildum.** V. I. 4, n. 17.

3. **L. Statilius** was a man of equestrian rank (V. Sall. Cat. XVII.), one of the conspirators, and was put to death with Lentulus and others in the Tullianum. V. Sall. Cat. LV. Nothing further is known of him.

4. C. Cornelius Cethegus was of senatorial rank. His 214 profligate character showed itself in early youth (Cic. *pro Sulla*, 25); the heavy debts he had contracted made him ready for any desperate political attempt; and before he was old enough to be aedile, he had leagued himself with Catiline (B. C. 63). V. Sall. Cat. XVII. and XLIII. : *Natura ferox, vehemens*, &c.

5. Lentulus. P. Cornelius Lentulus, surnamed Sura, a patrician by birth, was quaestor in B. C. 81, praetor in B. C. 75, consul in B. C. 71, and was ejected from the senate the next year, with 63 others, for infamous life and manners. It was this probably that led him to join Catiline and his crew. From his distinguished birth and high rank, he calculated on becoming chief of the conspiracy; and a prophecy of the Sibyline books was applied by flattering haruspices to him. Three Cornelii were to rule Rome, and he was the third after Sulla and Cinna: the twentieth year after the burning of the capitol, &c., was to be fatal to the city. To gain power, and recover his place in the senate, he became praetor again in B. C. 63. He was obliged to abdicate his office, and finally was strangled with the other conspirators in prison on the 5th of December.

6. Credo. Ironical.

7. Praeter consuetudinem — contrary to his custom. Lentulus was notoriously indolent.

8. Negavi (= *dixi non*) **me esse facturum** — I declared 215 that I would not act (in such a manner). V. Caes. I. 8, n. 8, and Cic. in Cat. II. 4, n. 3.

9. Qui — efferret — to bring (them) forth.

Ch. IV. 1. **Gallis**; i. e. *legatis Allobrogum*.

2. Fidem publicam — dedi — I promised (him) protection, security, in the name of the state.

3. Mandata et literas. V. II. n. 14.

4. Servorum. V. Sall. Cat. XLIV. Called *infimi* in the end of c. 7 below.

5. Id autem (sc. *faceret*) — and that he should do this; i. e. approach the city.

6. Ex — in. Sallust says it was agreed to set fire to the city in twelve places. V. Sall. Cat. XLIII.

7. Ducibus. These "leaders" are mentioned immediately below. Compare Sall. Cat. XLIII. and foll.

8. Jusjurandum . . . . esse — that an oath (i. e. in writing) and letters were given to them by P. Lentulus, &c. for their people; i. e. to take to their people. V. Sall. Cat. XLIV.

215　9. **Pedestres :** sc. saying; it is implied in *praescriptam*.

10. **Sibi confirmasse** — had assured them.

11. **Fatis Sibyllinis.** V. Dict. Antiq., Art. *Sibylini Libri.*

12. **Fatalem** — destined by fate.

13. **Virginum** (sc. *Vestalium*). Probably the trial, in which Fabia, the sister of Cicero's wife Terentia, was acquitted. She was accused of a connection with Catiline. A. The violation of her vow of chastity by a vestal was supposed to portend some terrible calamity to the state, and was punished by burying alive.

14. **Capitolii — incensionem.** The burning of the capitol took place on the 6th of July, B. C. 83, and is supposed to have arisen from the carelessness of the guards.

216　15. **Saturnalibus.** This was the festival of Saturnus, to whom the inhabitants of Latium attributed the introduction of agriculture and the arts of civilized life. It fell on the 19th of December; and in later times it began on the 17th and continued three days. It was celebrated in ancient times as a sort of harvest-home, and in every age was viewed by all classes of the community as a period of absolute relaxation and unrestrained merriment. During its continuance no public business could be transacted. All ranks devoted themselves to feasting and mirth, and presents were interchanged among friends. Such a time, therefore, was favorable to the purposes of the conspirators, for no one would be likely to think of a conspiracy or the outbreak of an insurrection.

Ch. V.　1. **Ne longum sit** — not to be tedious.

2. **Tabellas — literas.** For a general description of the waxen tablet (*tabula* or *tabella*) see Sall. Cat. XXI. n. 4. These tablets were used among the Romans for almost every species of writing, where great length was not required. Letters were frequently written upon them, which were secured by being fastened together with packthread (*linum*) and sealed (*signum*) with wax.

3. **Cognovit** — he acknowledged (it to be his).

4. **Confirmasset.** V. IV. n. 10.

5. **Sibi — recepissent** — had promised to him (i. e. Cethegus).

6. **Qui — aliquid tamen — respondisset** — who, (although his guilt was manifest,) had *nevertheless* made some reply.

7. **Apud ipsum** — at his own house.

8. **Se .... fuisse** — that he had always been fond of good tools. This was intended as a piece of witticism to hide the agitation of the moment, and give an air of composure.

9. **In .... sententiam** — to nearly the same purport.

10. **Avi tui.** This was P. Lentulus, the *princeps senatus*, who was consul with Cn. Domitius B. C. 162.

11. **Quae :** sc. *imago.*

12. **Leguntur .... literae** — his letter of the same tenor (which was addressed) to the senate and people of the Allobroges is read.

13. **Feci potestatem.** V. Caes. I. 40, n. 15.

14. **Surrexit ;** i. e. for the purpose of speaking.

15. **Quid .... iis** — what he had to do with them.

16. **Quem ;** i. e. P. Umbrenus. V. Sall. Cat. XL.

17. **Vehementissime perturbatus** — though very violently agitated : as if *Quamvis* were expressed, corresponding to the following *tamen.*

18. **Erant autem, scriptae** — now it had been written.

19. **Qui sim.** V. Sall. Cat. XLIV., who quotes this letter in a somewhat different form, though the purport is the same.

20. **Infimorum ;** i. e. the slaves.

21. **Cum primo** — although at first.

22. **Cum — tum** — not only — but also.

23. **Illa.** V. Caes. IV. 16, n. 1.

24. **Obstupuerant — intuebantur — inter se aspiciebant** — they had been confounded — continued to look down — continued to look at each other. Observe the change of tense.

25. **Ut .... viderentur** — that they did not now seem to be informed against by others, but themselves to inform against themselves.

Cн. VI. 1. **Indiciis** — proofs.

2. **De summa re publica** — for the safety of the state.

3. **A principibus** — by the leading men. These were probably the consuls elect, the consulares, and the praetors. The senators were asked to give their opinions in the order of their rank : beginning with the consuls elect, if present ; if not, with the *princeps senatus*, then the *consulares*, and so on.

4. **Sine ulla varietate** — without any diversity of sentiment, unanimously.

5. **Perscriptum est** — has been written out. When a *senatusconsultum* had been passed, it was usually engraved on a bronze tablet, and deposited in the Aerarium.

6. **Sit liberata.** The subj. refers the thought to the senate. It is the cause assigned by them, and not by Cicero.

7. **Collegae meo.** C. Antonius, who at first was favorable to

Page

218 the designs of Catiline, but was gained over by Cicero, who yielded
to him the rich province of Macedonia which had fallen to his own
lot.   V. Sall. Cat. XXI.

8. **Rei publicae consiliis** may be — *consiliis de republica*, as
deorum opinio — *opinio de diis*, or it may mean the measures taken
by the state for the suppression of the conspiracy.   The latter is the
interpretation of Benecke, which I prefer.

9. **Cum .... abdicasset** — when he had abdicated the praetorship.   No person at Rome could be brought to trial or punished
while holding an office.   He must first resign.

10. **In custodiam :** sc. liberam.   V. Sall. Cat. XLVII. n. 11.

11. **M. Coeparium.**   V. Sall. Cat. XLVI, XLVII, and LV.
These passages of Sall. and this oration of Cic. contain all that is
known of this individual.

12. **Ad .... pastores** — for instigating the shepherds (to rise).

13. **P. Furium.**   The history of P. Furius is comprised, so far
as known, in this passage, and in Sall. Cat. L.

14. **Colonis.**   V. II. 9, n. 9.

15. **Chilonem.**   Cf. Sall. Cat. XVII. and L., who mentions one
Q. Annius, but no mention is made elsewhere of Chilo.

16. **P. Umbrenum.**   He had formerly carried on business in
Gaul as a money-lender, and was therefore employed by Lentulus
to persuade the ambassadors to take part in the conspiracy.   V. Sall.
Cat. XL.

17. **Ea lenitate — ut — arbitraretur** — such lenity, as to
think.

18. **Novem.**   Sall. Cat. LV. mentions only *five*, who were put to
death, and Cic. pro Sulla. ch. XL. speaks of the same number, as
being seized and put to death.   There is, however, necessarily no
discrepancy between the two statements; for Cic. is not here speaking of the number who were actually seized and executed, but of the
number against whom the decree had been made, and whose punishment doubtless seemed to him then certain.   The other four either
might not have been in custody at the time, or might have afterwards
made their escape.

19. **Supplicatio** — a public thanksgiving.

20. **Togato.**   V. II. 13, n. 1.

21. **Hoc intersit** — there will be this difference.   The subj. is
here used to express a *modest assertion*.

22. **Ceterae :** sc. *supplicationes constitutae sunt*.

23. **Factum atque transactum est.**   This was a regular

phrase used by lawyers in contracts, deeds, &c., to express that all 218 the necessary steps had been taken, and that the transaction was concluded. Hence, it is adopted by other writers. M.

24. Nam is explanatory. Cicero begins to explain how all the proper preliminary steps had been taken. A.

25. Patefactus — convicted.

26. Religio — religious scruple. The repetition of this word 219 indicates strong emphasis. Arrange the sentence thus : *Ut, in puni-endo P. Lentulo, privato, nos liberaremur ea religione, quae religio non fuerat,* &c.

_ **27. Quominus — occideret** — to prevent him from putting to death. Lit. that he should not put to death. This C. Glaucia is the C. Servilius mentioned in Cic. Cat. I. 2. His whole name is C. Servilius Glaucia. The event here referred to took place in Marius's sixth consulship, B. C. 100.

28. Nominatim; i. e. he had not been *named* in the senatus consultum, which it was the duty of Marius as consul to execute.

29. Privato; i. e. because he had resigned the praetorship.

Ch. VII. 1. Captos jam et comprehensos — already taken and in custody.

2. Pellebam — I was endeavoring to drive. Cf. *ejiciebam*, II.

3. Somnum — adipes — sleepiness — corpulence ; and hence, laziness. Cf. Sall. Cat. XLIII. : *Cethegus semper querebatur,* &c.

4. Ille : Catiline. Compare Sallust's description of him. Sall. Cat. V.

5. Tamdiu, dum — so long (only), as. *Dum — quamdiu.*

6. Consilium — a power of planning, ability to contrive. We · sometimes express the idea by saying, " he has a *head* for it."

7. Ad facinus. *Aptus, ineptus,* also *utilis, inutilis,* with *things,* are usually constructed with *ad,* but are always followed by the dat. of the *person.*

8. Jam — besides. V. Ec. Cic. XXIII. n. 30.

9. Certas res ; i. e. things before determined upon.

10. Certos — reliable.

11. Neque .... putabat — nor indeed, when he had committed anything (to one's charge), did he think (that it was) accomplished ; i. e. he continued to look after it till it was done. The next clause is explanatory of this.

12. Occurreret — (to which) he did (not) hasten to lend aid. This verb means to go to meet for the purpose of aiding, as here, or to go to meet for the purpose of opposing, as in the end of this chap-

Page
219 ter. None of the verbs in this series properly governs the acc. except the first; the pupil, therefore, must supply the right case of the relative after each.

13. **In perditis rebus** — in a hopeless cause.

14. **Domesticis insidiis** — secret plots at home; i. e. in the city, as opposed to an open warfare without (*castrense latrocinium*).

15. **Neque — denuntiasset** — nor have named.

16. **Neque commisisset** — nor have caused, so acted. Cf. Caes. I. 13, n. 18.

220   17. **Quamquam**, V. I. 9, n. 1.

18. **Ut levissime dicam** — to speak in the mildest manner.

CH. VIII. 1. **Quamquam.** V. I. 9, n. 1. As if he had spoken too strongly before and taken too much of the glory to himself. Cic. now attributes all his success in crushing the conspiracy to the direction and foresight of the gods, and claims to be nothing but their instrument.

2. **Idque . . . . possumus** — and this not only are we able to conjecture: lit. to attain to by conjecture.

3. **Humani consilii — esse** — to be within the range of human wisdom.

4. **Quum — tum.** V. Ec. Cic. XXI. n. 2. *Vero* imparts still greater force to the notion introduced by *tum* and is — specially.

5. **Ita praesentes** — in so visible a manner. V. II. 9, n. 5.

6. **Temporibus**. V. I. 9, n. 8.

7. **Faces ardoremque coeli.** These words are probably descriptive of some unusual phenomena connected with the aurora borealis, which might have been seen at that time.

8. **Ut:** sc. *omittam.*

9. **Cotta et Torquato consulibus.** L. Aurelius Cotta and L. Manlius Torquatus were consuls, B. C. 65, two years before.

10. **De coelo** — with lightning: lit. from heaven.

11. **Depulsa sunt — dejectae** — were removed from (their places) — were cast down from (their pedestals).

12. **Legum aera** — the brass tablets on which the laws were inscribed.

13. **Quem inauratum** — a gilded statue of whom. This statue represented Romulus as an infant (*parvum*) in the act of sucking a she-wolf. It is said that this statue is still preserved in the modern Capitol of Rome, with the marks of the lightning *visible* upon it.

14. **Quo tempore;** i. e. when Cotta and Torquatus were consuls.

15. **Haruspices.** They were originally introduced into Rome **230** from Etruria, whence they were often sent for by the Romans on important occasions.

16. **Contra atque ante fuerat** — contrary to what it had **231** been before.

17. **Illud .... locaverunt** — those consuls contracted for having it so placed.

18. **Superioribus consulibus;** i. e. by the consuls of the former year, L. Julius Caesar and C. Marcius Figulus.

19. **Nobis;** i. e. Cicero and his colleague. Böttiger, according to Orelli, has proved that this was a piece of Cicero's clever contrivance to strike the people with religious awe. A.

Ch. IX. 1. **Mente captus** — deprived of reason.

2. **Comparari.** V. Caes, I. 31, n. 16.

3. **Et ea** — and that too. After *ea*, sc. *comparari.*

4. **Illud.** V. Caes. IV. 16, n. 1.

5. **Optimi Maximi.** V. Ec. Cic. XXV. n. 9.

6 **Templum, fanum,** and **delubrum** denote properly the temple, together with the consecrated environs; whereas *aedes*, the building only; and *sacellum*, a consecrated place without the building, with merely an altar. In a narrower sense, *templum* denotes a great temple of one of the principal gods; whereas *fanum* and *delubrum*, a smaller temple of an inferior god, or of a hero. Död.

7. **Sumam — sine.** V. VI. n. 21.

8. **Ille, ille.** We may suppose the orator to have accompanied these words with a gesture, pointing to the newly erected statue.

9. **Hanc mentem — suscepi** — I have formed this design; **222** i. e. of exposing the treason of these wicked men.

10. **Jam vero.** V. Ec. Cic. XXIII. n. 30. This passage is generally considered corrupt, but without any conjectural amendments, which have been resorted to by some, it may be rendered thus: Furthermore, that tampering with the Allobroges (not the *ambassadors* of the Allobroges, but the attempt to induce the *nation* of the Allobroges to rise up against the senate) in such a manner by Lentulus and other domestic enemies, an affair of so great importance, would never have been so madly intrusted (*credita:* sc. *nunquam esset* from the following clause) to both strangers and barbarians (i. e. the ambassadors of the Allobroges), &c.

11. **Huic tantae audaciae.** Abstract for concrete. The dat. of disadvantage.

12. **Concilium** — judgment, foresight.

Page

222 13. **Ut homines.** This clause is represented below by *i.l.* explains it.

14. **Male pacata** — hardly reduced to subjection.

15. **Non nolle** — an emphatic *velle.* Litotes. **V.** Sall. XXIII. n. 2.

16. **Opibus** — interesta.

17. **Qui** — *quum illi.*

Ch. X. 1. **Ad omnia pulvinaria** — before all the s of the gods; i. e. in all the temples. Sacrifices being of the natur feasts, the Greeks and Romans on occasions of extraordinary sol nities placed images of the gods reclining on couches (*pulvina* with tables and viands before them, as if they were really partal of the things offered in sacrifice.

2. **Me . . . . imperatore.** V. II. 13, n. 1.

3. **P. Sulpicium.** In B. C. 88, L. Sulla obtained the consul-and was appointed to the command of the Mithridatic war. C. M rius having, through the influence and efforts of C. Sulpicius, w was tribune that year, obtained a law by which the war agai: Mithridates was conferred upon him, Sulla, who was then at Nola Campania, marched upon Rome at the head of his army. Mari and Sulpicius were obliged to fly from the city. Marius succeed in making his escape to Africa, but Sulpicius was discovered in villa and put to death.

4. **Custodem.** Marius was so called because he defeated th Cimbri and Teutones, B. C. 102 — 101, who invaded Italy with a army of several hundred thousand men.

5. **Partim — partim** — some — others.

6. **Cn. Octavius.** L. Cornelius' Cinna endeavored to restore Marius's party upon the departure of Sulla, but was driven out of the city by his colleague Octavius. They were consuls, B. C. 87.

7. **Omnis hic locus;** i. e. the Forum.

8. **Cinna cum Mario.** Cinna gathered an army, and with Marius, who, on hearing of the revolution at Rome, had returned from Africa, entered Rome, and murdered or proscribed all the senators and nobles of Sulla's party.

9. **Postea.** This took place in B. C. 82. Besides those slain in battle, he is said to have put to death 90 senators, of whom 15 had been consuls, 2,600 knights, and 70,000 citizens.

223 10. M. Lepidus, consul B. C. 78, after the death of Sulla, which took place in the early part of his (Lepidus's) consulship, made the bold attempt to rescind the laws of Sulla and overthrow the aristo-

Page
223

cratical constitution which he had established. In this he was opposed by his colleague Q. Lutatius Catulus, a partisan of Sulla, and in the beginning of the following year, (B. C. 77,) having been declared a public enemy by the senate, he raised an army in Etruria and marched to Rome. In the battle which was fought between him and Catulus in the Campus Martius he was defeated, and soon after fled to Sardinia, where he died in a short time of chagrin and sorrow, which is said to have been increased by the discovery of the infidelity of his wife.

11. **Ipsius :** Lepidus.

12. **Ejusmodi.** V. Caes. III. 13, n. 6. Some read, *atque illae dissensiones :* omitting *tamen omnes*, and making *non illi . . . . voluerunt* parenthetical.

13. **Ad commutandem** — to reform, to change.

14. **Tamen.** Ernesti says that *tamen* here = *inquam igitur,* (as a particle of *resumption,*) after a parenthesis; but M. properly remarks that it has not a *simple resumptive power*, but can only be used when the second portion of a sentence, interrupted by a parenthesis, contains a statement *opposed* to the *parenthetical* statement: e. g. here the force is, *although those dissensions had for their object, not the overthrow of the state, but a change of the constitution.*

15. **Non reconciliatione concordiae — dijudicatae sint** — were settled not by the restoration of harmony.

16. **Tantum civium** — so many citizens only. Tantus is here used in a restrictive sense; instances of which are elsewhere found in Cic., and also in Caes. Cf. Cic. *pro lege Manilia* VI. 14: *vectigalia tanta sunt.* Also Epp. Cic. IV. n. 5.

17. **Tantum urbis :** sc. *superfuturum esse.* See preceding note.

18. **Salvus** and **sospes** denote being safe and sound, in opp. to being killed; *salvus* is the customary, *sospes* a select expression; whereas *incolumis* and *integer* denote being unhurt and untouched; *incolumis*, in opp. to being wounded, &c.; *integer*, (from *tangere*,) in opp. to being attacked. Död.

Ch. XI. 1. **Nihil . . . . mutum :** e. g. a statue.

2. **Nostra res** — my actions.

224

3. **Eandemque diem**, &c. This passage is probably corrupt. I subjoin the opinion of Arnold. " *As propagare tempus, multa secula*, &c., *reipublicae*, is, to grant it or procure for it an extended duration, &c., so *propagare diem* (reipublicae) is to *extend the period of its duration ;* and *eandem diem propagare* is to *grant the same extended*

Page

224 *duration* to two or more objects, &c. Hence the meaning would be, ' *And I know that the same extended period . . . . and I hope it may be an unlimited one . . . . has been granted both for the safety of the state and for the remembrance of my consulship.*' Perhaps the clause, *usque tempore exstitisse,* &c., is loosely connected with *ad memoriam consulatûs mei* (i. e. *for the remembrance of my consulship,* and of the fact that *at the same time,* &c.)."

4. **Quorum alter:** Cn. Pompey, who had just concluded the Mithridatic war (B. C. 63), and four years before (B. C. 67) had brought to a successful termination the war against the pirates.

CH. XII. 1. **Quae illorum** — as is that of those.

2. **Illi** — (while) they; i. e. the commanders who have carried on foreign wars. From *quod* to *reliquerunt* is parenthetical.

3. **Mentes** — designs.

4. **Ne mihi noceant.** Cicero seems here to anticipate the possibility of what afterwards actually took place; for his subsequent exile was brought about by men who hated him on account of the measures which he took to crush this conspiracy.

5. **Tacita** — **defendet.** " *Quia, qui me laedet, is violandae* reip. animum prodet." Weiske.

6. **Se ipsi indicabunt.** Cf. V. 13: *indicare se ipsi.*

7. **Est etiam nobis is animus** — I have also such a spirit. The plural for the singular is very common in the first person.

8. **In honore vestro;** i. e. in the honors which you have to bestow.

225 9. **Mihi . . . . gloriam** — (but) promote my glory: lit. it may avail to me for glory.

10. **Jam nox est.** From these words it is clear that this speech was delivered towards evening.

11. **Vestrum** is here used objectively, instead of *vestri.* This is not common.

226
ORATIO IV. IN CATILINAM.

INTRODUCTION.

IMMEDIATELY after the arrest and conviction of the leading conspirators, as detailed in the preceding speech, a vigorous effort was made by the clients of Lentulus to excite the dregs of the multitude to attempt his rescue. The danger appearing imminent, Cicero summoned the senate on the 5th (the nones) of December, and laid before them the question, what

Page 236

was their pleasure with regard to those who were now in custody. This oration was pronounced in the senate in the course of the debate which arose on this question. For a more particular account of the proceedings in this debate, see Sall. Cat. chap. L., note 10.

ANALYSIS.

CH. I. By way of introduction, Cicero expresses his gratitude for the kind feeling which they had manifested towards him, enumerates some of the perils to which he had exposed himself for their safety and that of the Roman people, declares his willingness to incur these perils still, provided he may thereby rescue his country from ruin, but

CH. II. Entreats them, without regard to his own safety, to consider only the welfare of the state. At the same time he testifies his anxiety for his terror-stricken family, and, on this account, again urges the senate to exert themselves for the safety of the republic. He calls attention to the cruelty and enormity of the crime of which the prisoners

CH. III. Were guilty, to the clearness with which their guilt had been established, and to the several decrees which had been passed by the senate at their previous meeting, and urges the importance of speedy action.

CH. IV. The two opinions which have thus far been given, that of D. Silanus, who was in favor of immediate death, and that of C. Caesar, who was in favor of imprisonment for life, are stated, and the arguments by which they were supported are briefly reviewed.

CH. V. It might be for his personal interest for the senate to adopt the opinion of Caesar, since he might be shielded by the popular favor which he (Caesar) enjoyed from popular violence; nevertheless he would have them take that course which the interests of the state demanded, irrespective of all private considerations. Finally he states Caesar's opinion that the conspirators were excluded from the benefits of the Sempronian law, since, having become enemies to the state, they had forfeited all the privileges of citizens.

CH. VI. If they should follow the opinion of Silanus, they could easily clear themselves of the charge of cruelty, for there could be no cruelty in punishing a crime of such magnitude. This proposition is illustrated by comparison and example.

CH. VII. In answer to the reports in circulation that the consul had not a sufficient force to execute the decree of the senate, he replies that ample provision has been made for that; that for the first time in the history of the nation all ranks and parties, except those engaged in the conspiracy, were united for the common defence and welfare; the senate, the knights, the tribunes of the treasury, the public clerks, the freeborn citizens,

CH. VIII. The freedmen, and even the slaves; and that an attempt made by a certain tool of Lentulus to excite the lower classes had failed.

226 CH. IX. In conclusion, the consul exhorts them to immediate and decisive action; reminding them that they ought to provide that day that such a crime should not only never be committed afterwards, but not even thought of, by citizens:

CH. X. As to himself he assures them that he shall never regret the measures he has taken to save his country, whatever violence his enemies may, in consequence, inflict upon him; he wishes that the Scipios, Paulus, Marius, and Pompey may have their full meed of praise; there will be room enough still for his glory; yet, as the condition of him who incurs the hatred of enemies at home has special disadvantages, he trusts, that, by the recollection of the perils from which he has delivered them, he and his will always be protected from danger and harm:

CH. XI. Finally he asks no return for the sacrifices he has made for his country and the benefits he has conferred upon it but their remembrance of his consulship; and closes by again urging them to promptness and courage in making their decision.

CH. I. 1. **Si id depulsum sit;** i. e. by inflicting punishment upon those in custody.

2. **De meo periculo:** especially if the opinion of Silanus should be adopted.

3. **In malis:** sc. *reipublicae.*

4. **Voluntas —** kind feeling, affection. Cf. Caes. I. 19: *Summam in se voluntatem.*

5. **Si haec .... data est;** i. e. if the consulship has been given on this condition.

6. **In quo .... continetur:** because the courts of law were held, and justice was administered, in the forum.

7. **Campus.** V. Sall. Cat. XXVI, n. 9. In this place Catiline made several attempts to kill Cicero. V. I. 5.

8. **Consecratus.** Before an election, or the transaction of any important public business in the *Campus Martius*, the auspices were always consulted by the presiding magistrate assisted by the augurs; hence the place was said to be "hallowed by the auspices."

9. **Curia.** Especially the *curia Hostilia*, where the sessions of the senate were usually held. It is called *summum auxilium*, because the fate of subjugated nations was decided there.

10. **Commune perfugium.** In Roman law a man's house was his sanctuary; which was inviolable: not even an officer of justice could drag him forth from it to the court. Cf. *pro domo*, 41:

Quid est sanctius, quid omni religione munitius, quam domus unius- **226**
cujusque civium ? . . . . *hoc perfugium est ita sanctum omnibus, ut inde*
abripi neminem fas sit.

11. Lectus. Cf. I. 4, *ad fin.* and Sall. Cat. XXVIII.

12. Multa tacui. Cicero has in mind probably certain men of
influence, as Crassus, Caesar, and others, who were suspected of being secretly connected with the conspiracy.

13. In vestro timore = *quum in timore essetis.*

14. Virginesque vestales. V. Sall. Cat. XV. **227**

15. Suum nomen; i. e. Cornelius. V. III. 4. *Inductus* =
misled. *Fatale :* V. III. 4, n. 12.

Cн. II. 1. **Mihi parcere** = to favor me ; i. e. he would have
them adopt the opinion of Silanus, although he knew it might result
disastrously to him.

2. Pro . . . . esse = will reward me as I deserve.

3. Deinde corresponds to *primum* above.

4. Obtigerit, which is commonly used of *favorable* occurrences,
is here used in the sense of *acciderit,* which is commonly used of *unfavorable* occurrences.

5. Ille ferreus, qui = so unfeeling, that I.

6. Fratris : Quintus Cicero.

7. Uxor — filia — filius : Terentia — Tullia — Marcus.

8. Neque ille : sc. *meam mentem non domum saepe revocat.*

9. Gener : Calpurnius Piso Frugi, the husband of Tullia.

10. In eam partem = merely to the end. *Eam* has here the
restrictive sense which is noticed with regard to *tantus* in III. 10, n. 16.

11. Una pestis = *pestis quae omnes eodem tempore corripit.* See
below, *uno incendio.* A.

12. Ti. Gracchus. V. I. 1, n. 29.

13. C. Gracchus. V. I. 2, n. 1. **228**

14. L. Saturninus was a demagogue, who possessed considerable powers of oratory, but was of a loose and dissolute character. By
murder and other foul means, he obtained the tribuneship for the
year 100 B C. In the struggle for the consulship for the following
year C. Glaucia, (V. III. 6, *ad fin.,*) who next to Saturninus was the
greatest demagogue of the day, and C. Memmius were rival candidates. As the latter seemed likely to carry his election, Saturninus
and Glaucia hired some ruffians, who murdered him openly in the
comitia. The senate declared them public enemies, and ordered the
consuls to put them down by force. Driven out of the forum, they
took refuge in the Capitol, but the partisans of the senate cut off the

228 pipes which supplied the Capitol with water. Unable to hold out longer, they surrendered to Marius, the consul. He did all he could to save their lives: as soon as they descended from the Capitol, he placed them for security in the Curia Hostilia, but the mob pulled off the tiles of the senate-house, and pelted them with the tiles till they died.

15. **In discrimen aliquod** — into some danger.

16. **Nemo ne — quidem.** Two negatives do not mutually destroy each other in the case of *non* being followed by *ne — quidem*. Z.

CH. III. 1. **Indices :** the Allobroges and Volturcius.

2. **Se abdicare** — to resign.

3. **Togato.** V. II. 13, n. 2.

4. **Praemia — amplissima.** V. Sall. Cat. XXX. *ad fin.* and notes 13 and 14.

5. **Referre .... censeatis** — to lay before you anew (*tanquam integrum*) the question, both in regard to the fact (*itself*), what you may judge; and in regard to the punishment, what you may decree.

6. **Praedicam** — before this I will say. *Quae sunt consulis.* Cf. c. IX. *ad fin.*

7. **Magnum — versari .... mala** — that a wide-spread frenzy was prevalent, and that certain evils unknown before were stirred up and called into action.

8. **Quidquid est, quocunque .... inclinant.** The two clauses *quidquid est* and *quocunque vestrae mentes inclinant* are grammatically independent and co-ordinate : the second may be considered *explanatory* of the first. *Quidquid est, id est, quocunque vestrae mentes inclinant.* M.

9. **Ante noctem.** Both because a decree of the senate was not lawful, if passed after sunset or before sunrise, and because, if the subject was postponed to the next day, there was danger of an attempt being made to rescue those in custody by night.

229 10. **Fluo** denotes flowing, with reference to the motion of the fluid ; *mano*, with reference to the imparting of the fluid ; and *liquere* with reference to the nature of the fluid. The cause of the *fluendi* is, that the fluid has no dam, and according to the law of gravity flows on; whereas the cause of the *manandi* is the over-fulness of the spring : lastly, *liquere*, to be liquid, is the negative state of *fluo* and *mano*. Dod.

11. **Sustentando ac prolatando** — by forbearance and delay.

CH. IV. 1. **Haec** — these things : a comprehensive expression, including the city, government, &c.

2. **Pro** — conformably to, consistently with.

3. **Rerum** — of the crisis.

4. **Versatur** — insists upon.

5. **Non putat.** V. II. 4, n. 3.

6. **Recordatur** — commemorat. A.

7. **Intelligit** — thinks, is of the opinion. Cf. III. 11, n. 3.

8. **Sapientes** — sages, philosophers.

9. **Oppetiverunt.** With *sapientes*, render this word "approached, met," but with *fortes*, "desired, courted."

10. **Municipiis** — per **municipia.** V. Sall. Cat. LI. *ad fin.* and n. 47.

11. **Ista res** — that proposition of yours: addressing Caesar.

12. **Ego suscipiam** — I will undertake it; i. e. the task of imploring some of the *municipia* to receive them. A.

13. **Qui — non .... recusare** — who will think that it is not consistent with his dignity to refuse.

14. **Eorum;** i. e. the prisoners.

15. **Digna .... sancit, ne quis** — he enacts penalties worthy of the guilt of abandoned men, (i. e. such as abandoned men deserve: the severest penalties,) in order that no one. Cf. Sall. Cat. LI. *ad fin.: Neu quis de iis,* &c.

16. **Multos .... corporis** — by one pang many pangs of mind 220 and body.

17. **Ejusmodi** — of that nature; i. e. of a nature to put restraint upon wicked men.

18. **Voluerunt** — supposed, were of opinion.

19. **His:** sc. *suppliciis.*

Ch. V. 1. **Ego .... intersit** — I see what is for my interest; i. e. in reference to the opinions of Silanus and Caesar.

2. **Cognitor** — supporter, defender.

3. **Nescio .... contrahatur** — perhaps more trouble will be incurred by me: lit , I know not whether, &c. The formula *nescio an,* while it expresses doubt, leans to an affirmation.

4. **Rationes** — considerations.

5. **Tanquam obsidem** — (which is) as it were a pledge.

6. **Voluntatis.** V. I. n. 4.

7. **Quid .... popularem** — what a difference there is between the inconstancy of demagogues and a mind truly devoted to the interests of the people. This is an artful compliment to Caesar. The student should notice the different shades of meaning which the word *popularis* has in this chapter.

220 8. **De istis.** Contempt.

9. **Videlicet.** Ironical.

10. **Is :** referring to *non neminem.* It is not known who this person was, but some suppose that it was Q. Metellus Nepos.

11. **Jam** here marks a conclusion, and is — now, accordingly.

12. **Qui** relates to the subject of *judicarit,* and *quid — judicari* depends upon *dubium est* and explains *hoc.*

13. **Quaesitori** — to the investigator. Cicero had not really been appointed (as *quaesitor*) to *try* the cause, nor had there been a regular trial; but he puts a *general* case, to which the present was *analogous,* though not *identical* with it. A.

14. **Legem Semproniam.** This law, proposed by C. Gracchus B. C. 123, enacted that the *caput* or condition of a Roman citizen could not be affected without a trial and vote of the people.

221 15. **Jussu populi.** Cic. elsewhere says (Cat. I. 2, 4) that C. Gracchus was killed by L. Opimius in pursuance of a decree of the senate giving unlimited power to the consuls; and this is known to be the fact. It is difficult, therefore to understand how the statement in the text can be true, unless indeed that can be said to be done by the command of the people, which the people did not endeavor to prevent, nor afterwards condemn. By giving *jussu* the sense of " *approval*," which it will hardly bear, the difficulty would in a measure be removed.

16. **Largitorem et prodigum** — though lavish and prodigal; i. e. in his expenditures for shows and entertainments for the people.

17. **Pernicies** has an active meaning, and denotes the destruction of a living being by murder; whereas *exitium* has a passive meaning, and denotes the destruction even of lifeless objects by annihilation. Död.

18. **Popularem** — a friend of the people.

19. **Levando se jactare** — to exert himself in order to mitigate, for the mitigation.

20. **In pernicie** — when he is destroying. Cf. *in vestro timore,* I. n. 13.

Ch. VI. 1. **Sive — sive.** V. Caes. I. 23, n. 4.

2. **Dederitis.** This is not for *dabitis,* but, (as *Matthiae* observes,) the Romans used *two future perfects* in this way, when the second action was not merely consequent upon the first, (so as then to *begin* to take place,) but both *were completed together.*

3. **Comitem ad concionem.** As the people could reverse

ıy **decree of** the senate, it was customary, when a bill was reported **221**
them **from** the senate, for the mover or some prominent supporter
ʔ it **to appear** before them to defend it.

4. **Vituperatione .... exsolvet** — the Roman people will
ree from the charge.

5. **Obtinebo .... fuisse** — I shall maintain that this is by far
he milder (opinion).

6. **Ita mihi — perfrui liceat, ut ego — moveor** — may
I be permitted so to enjoy, &c., as I am not moved. A form of strong
asseveration.

7. **Arcem** — the refuge.

8. **Uno incendio.** Cf. *una peste*, II. n. 11.

9. **Versatur** — is present.

10. **Bacchantis** — as he revels.

11. **Regnantem Lentulum** — That Lentulus is king. V.
III. 4. No language could be better fitted to arouse the indignation
of the Romans; for the term *rex* was peculiarly odious to them.

12. **Fatis :** sc. *Sibyllinis.*

13. **Purpuratum esse huic** — is his minister of state. So
called because the attendants upon royalty were clad in purple.

14. **Vexationem virginum Vestalium.** V. Sall. Cat. XV.

15. **Quam.** V. Caes. I. 3, n. 4.　　　　　　　　　　　　**222**

16. **Mihi vero :** sc. *videtur.*

17. **In** — in the case of. V. Sall. Cat. LI. n. 21.

18. **Qui id egerunt** — who have aimed at this. *Id* is explained by the following clause.

19. **In — pernicie.** V. V. n. 20.

20. **Fama** — the reputation; i. e. the bad reputation, the infamy.

21. **Nisi vero.** V. Sall. Cat. XX. n. 26.

22. **Sororis suae.** Julia, who after the death of her first husband, *M. Antonius Creticus,* (by whom she had *M. Antonius* the Triumvir,) married *P. Cornelius Lentulus.* A.

23. **Virum** — the husband. Lentulus.

24. **Avum.** M. Fulvius Flaccus. V. I. 2, n. 1. His daughter
Fulvia was the wife of L. Julius Caesar, who was consul, B. C. 90,
and *L. Caesar* (consul, B. C. 64) was their son.

25. **Legatum.** V. I. 2, n. 1.

26. **Simile :** sc. to that of the conspirators. *Quorum* limits *factum.*

27. **Avus.** L. Cornelius Lentulus, consul, B. C. 162.

28. **Ille — hic** — the former; i. e. *avus* — the latter; i. e. the
conspirator.

Page

222 29. **Vereamini censeo** — I suppose you should fear. Ironical. Cf. Sall. Cat. LII. n. 34.

233 Ch. VII. 1. **Voces — eorum** — remarks — of those, on the part of those.

2. **Quum — tum.** V. Ec. Cic. XXI. n. 2.

3. **Hujus templi.** Not the temple of Jupiter Stator, but of Concord. V. 2 Phil. VIII. 19, and XLVI. 119.

4. **Est — inventa** — has been met with, has occurred.

5. **Ita — ut** — indeed — but.

6. **Summam ordinis consiliique** — the precedence in rank and in the administration of the goverment. *Consilium* here refers to the national council, or senate, to which the *equites* were not, as a class, eligible.

7. **Ex .... dissensione.** The reference is to the quarrel which, from the time of the Gracchi, existed between the senate and the equites as to the exercise of the judicial power. Prior to that time judges were taken from the senators; but by the Sempronian law of C. Gracchus, enacted B. C. 123, the judicial power was transferred from the senate to the equites. Sulla restored it to the senate, B. C. 81; and in B. C. 70 L. Aurelius Cotta procured a law (the *lex Aurelia*) by which the exercise of the judicial function was intrusted jointly to the senate, the equites, and the *tribuni aerarii*. This, however, was not satisfactory to either party, and consequently did not settle the matter which had been so many years in dispute. It remained for the common danger which threatened all ranks and parties in the Catilinarian conspiracy to effect a cordial reconciliation.

8. **Haec causa;** i. e. the conspiracy.

9. **Tribunos aerarios.** These were first employed (B. C.

234 406) in collecting the *tributum* and paying it to the soldiers. In later times their duties appear to have been confined to collecting the *tributum*, which they made over to the military quaestors, who paid the soldiers. Afterwards, however, the state taking into its own hands the payment of the troops, their office was for many years discontinued; but they were revived in B. C. 70, as a distinct class in the commonwealth by the lex Aurelia which gave the judicial power to the senators, equites, and tribuni aerarii. They were chosen from the plebeians, with a property qualification of 200,000 sestertii.

10. **Scribas.** These were public clerks, who were placed at the disposal of the magistrates for the transaction of the less important business, and who received a salary from the public treasury. They were distributed among the magistrates by lot.

11. **Casu haec dies.** They did not *happen* to meet on that 234 day; but that day, the day on which Cicero was speaking, *happened* to be the *regular* day that brought the *scribae* to the *aerarium*. A.

CH. VIII. 1. **Virtute .... consecuti** — having by their own merits obtained the right of citizenship. He calls it *fortuna civitatis*, because, though gained by merit, yet merit could not always gain it: a man must be *lucky* enough to have a good opportunity of calling attention to his claims. A.

2. **Hujusce ordinis;** i. e. *libertini.*

3. **Haec.** V. IV. n. 1.

4. **Lemonem quendam Lentuli,** V. Sall. Cat. L.: *liberti et pauci ex clientibus Lentuli,* &c.

5. **Tabernas** are shops either for work or trade.

6. **Animos** is the subject of *posse.*

7. **Qui non** — **velint** — as not to wish.

8. **Lucrum** and **emolumentum** denote gain in any condition of life; *lucrum,* gain deserved and earned by one's self, in opp. to *damnum; emolumentum,* gain falling to one's share without any exertion of one's own, in opp. to *detrimentum;* whereas *quaestus* and *compendium* denote gain in the course of trade : *quaestus,* more continued gain in the course of continued services, in opp. to *sumptus; compendium,* more a single gain of considerable amount, in opp. to *dispendium.* Död.

9. **Immo vero.** V. I. 1, n. 19. 235

10. **Otii** — of peace, quiet. So above, *otiosum* — peaceful.

11. **Occlusis tabernis.** In times of public disturbance or mourning the shops were usually closed by an edict of the consul.

12. **Tandem.** V. Sall. Cat. XX. n. 14.

CH. IX. 1. **Atque.** V. II. 12, n. 8.

2. The common text has *mente, voluntate, studio, virtute, voce.*

3. **Quae facultas** — an advantage which.

4. **In civili causa :** the same as *bellum intestinum ac domesticum,* and in opp. to *bellum externum.*

5. **Cogitate .... imperium, &c. — una .... delerit —** reflect, by how great labors the empire was founded, &c. — and one night has almost destroyed them.

6. **Princeps** — first.

CH. X. 1. **Ad sententiam** — to the question : sc. *rogandam :* lit. to asking (you) for (your) opinions.

2. **Aliquando alicujus.** More emphatic than the simple 236 forms *quando* and *quis,* which are commonly used after *si, nisi, ne, num,* &c. V. Caes. I. 14, n. 5.

Page

226 3. **Quanta** == as. It agrees with *laude* understood.

4. **Scipio.** P. Cornelius Scipio Africanus Major, who conquered
Hannibal at the battle of Zama, October 19, B. C. 202, and thus put
an end to the second Punic war.

5. **In . . . . decedere.** An example of the figure called ὕστε-
ron proteron, by which that is put last which in the natural order
comes first. Cf. Virg. Aen. II. 353: *Moriamur, et in media arma
ruamus.*

6. **Alter Africanus.** P. Cornelius Scipio Aemilianus Africanus Minor, who was the youngest son of L. Aemilius Paulus, and was
adopted by P. Scipio, the son of the conqueror of Hannibal. He
ended the third Punic war by the destruction of Carthage, B. C. 146,
at the age of 39 years.

7. **Paulus.** L. Aèmilius Paulus, the father of Scipio Africanus
Minor, was consul the first time, B. C. 182, and the second time, B. C
168 ; in which year he defeated Perseus the king of Macedonia, on
the 22d of June, near Pydna.

8. **Bis :** referring to his victory over the Teutones and Ambrones
near Aquae Sextiae in Gaul, B. C. 102, and over the Cimbri near
Vercellae in Italy, B. C. 101.

9. **Cujus res gestae.** V. III. 11, 26, *ad fin.*

10. **Nisi forte.** Ironical. V. Sall. XX. n. 26.

11. **Qui absunt.** *Pompey* was now absent, being engaged in
the Mithridatic war.

12. **Quo** — a place to which.

13. **Uno loco** — in one respect.

14. **In amicitiam.** These words are not in the common text,
but Halm found them in three codices, and has introduced them into
his text in italics.

15. **Possis** — you may be able. A statement, not of fact, but
of probability. Hence the subjunctive.

227 16. **Quae — possit** — that it can.

Ch. XI. 1. **Pro imperio . . . . neglexi.** V. Sall. Cat.
XXVI. n. 7.

2. **Pro triumpho ;** i. e. for the honors of a triumph which he
might reasonably anticipate for his services in his province.

3. **Pro clientelis hospitiisque** — clientships and guest-
friendships. The relation of patron and client existed among the
Romans from the earliest period of their history. It was the glory of
illustrious families to have many clients, not only at Rome, but in the
provinces. Nor were clientships limited to individuals : the colonies,

and the states connected with Rome by alliance and friendship, and **287**
the conquered states, had their patrons at Rome; and the senate frequently referred the disputes between such states to their patrons,
and abode by their decision.

4. **Quae .... comparo** = which, notwithstanding (my relinquishment of them), I support by my resources in the city (including authority and influence) with no less labor than I acquire. To show the value of the sacrifice he has made, he confesses his eagerness to establish clientships at home.

5. **Igitur** = *inquam*.

6. **Consulatus memoriam.** V. III. 11, 26.

7. **Dum.** V. III. 7, n. 5.

8. **Suo solius periculo** = at his *own* peril: more lit. at the peril of himself alone.

9. **De aris ac focis:** a formula (= homes) used to express attachment to all that was most dear and venerable. Altars were erected in the courts of houses (*impluvia*) for the family gods (*penates*), while the house gods (*lares*) received offerings upon a small hearth (*focus*) in the family hall (*atrium*). Freund.

10. **Ut instituistis** = as you have begun.

11. **Et — defendere .... possit** = and is able to defend and by his own efforts to execute.

ORATIO PRO LEGE MANILIA. **288**

INTRODUCTION.

THE oration *pro Lege Manilia*, or, as it is called in the manuscripts, *de Imperio Cn. Pompeii*, was delivered, B. C. 66, in the 41st year of Cicero's age, and three years before the orations against Catiline. The consuls that year were M.' Aemilius Lepidus and L. Volcatius Tullus. Cicero was then praetor, and this was the first speech which he delivered from the rostra. The circumstances of the time were extremely favorable to the orator; for Mithridates, the king of Pontus, who, for more than twenty years, had been engaged in a vigorous war against the Romans, had not yet been compelled to desist from his hostilities against them. It was just about this time that Mithridates was recovering the advantages of which he had been deprived by Lucullus, who had commanded the Roman armies in the east for a period of seven years, and had now been recalled. The Pontic king had again advanced from the mountains of Armenia into Asia Minor, and Acilius Glabrio, who was consul in B. C. 67, and succeeded Lucullus, was

Page

228 unable to offer him any effectual resistance. At the time when Mithridates
was gradually recovering his strength, Pompey had been engaged in a
short, but successful and brilliant war against the pirates : he had subdued
and pursued them to the remotest corners in the east of the Mediterranean.
When Cicero delivered the present speech Pompey's campaign against the
pirates was at an end, but he still possessed unlimited command of the
fleet and army in all parts of the Mediterranean, and on all its coasts to a
considerable distance from the sea. At this juncture of affairs, the tribune
C. Manilius brought forward a bill proposing that the war against Mithridates should be committed to Pompey ; that he should conduct it with all
the means he still held at his command ; and that, accordingly he should
be left in possession of his unlimited powers ; and, moreover, that the interior of Asia also should be assigned to him as his province. The moderate and truly republican patriots thought that this was going too far, and
that it was dangerous to intrust so much power to one man.   Q. Catulus
and the orator Hortensius, accordingly, opposed the bill of Manilius ; while
others, and especially Julius Caesar, either in order to establish a precedent,
or to create a reaction against Pompey, by committing so much power to
him, spoke in favor of Manilius and Pompey.   Cicero himself defended the
Manilian bill with all the influence of his brilliant eloquence, and induced
the people unanimously to intrust to Pompey the supreme command in
the war against Mithridates.

The following chronological arrangement of the events of the war against
Mithridates may be useful to the student : —

B. C.

74. The third Mithridatic war. Lucullus is appointed commander of the
land forces, and L. Aurelius Cotta, of the fleet. Mithridates besieges Cyzicus, and is surrounded by the army of Lucullus.

73. Mithridates, after the loss of his army, takes to flight, and loses his
fleet in a storm.

72. Lucullus penetrates into Pontus, and besieges Amisus ; while Cotta
besieges Heraclea, and Pompey brings the war against Sertorius
to a close.

71. Lucullus fights in Cappadocia without gaining any decisive result,
but in the end puts the enemy to flight. L. Murena near Amisus.
Pompey brings the servile war to a close.

70. Lucullus takes Amisus, Sinope, and other towns. Cotta allows his
soldiers to plunder Heraclea. Pompey consul. Mithridates flees.

69. Lucullus advances across the Euphrates ; conquers Tigranes ; lays
siege to Tigranocerta, and there completely defeats Tigranes ;
takes and plunders Tigranocerta.

68. Lucullus is prevented by a mutiny among his soldiers from advancing further ; he returns, and winters at Nisibis. Mithridates returns, defeats Fabius, and recovers Armenia Minor

67. Mithridates defeats Triarius on the Iris, and recovers Pontus. Lu-

ANALYSIS.

Ch. I. By way of introduction, Cicero states the reasons which have
hitherto prevented him from addressing the people from the rostra, expresses his gratitude for the honor they have conferred in electing him to the
praetorship, promises to use the influence which the office gives for the
welfare of the state, and congratulates himself that in his first effort from
the rostra he is favored with so fruitful a theme.

Ch. II. After a brief narration of the leading facts in the case, he proceeds at once to make a threefold division of his subject; viz. the character of the war, its magnitude, and the commander who should be chosen to
conduct it. He then distributes what he has to say under the first head into
four subdivisions: (a) the glory of the Roman people is at stake; (b) the
safety of their allies is endangered; (c) the largest and surest revenues of
the state are liable to be lost; (d) the property of many citizens, whom it
was their duty to secure against pecuniary loss, was exposed to great
danger.

Ch. III. – V. In these chapters the orator discusses the first of those
subdivisions: showing that the foul stain with which the Roman name had
been tarnished in the first Mithridatic war, had not yet been wiped away.

Ch. V. He treats the second subdivision: showing that their allies were
exposed to imminent danger, and that they earnestly desired that Pompey
should be sent to their relief, as the only man capable of affording it.

Ch. VI. The third subdivision. It was of the utmost importance not
only that the revenues themselves should be protected, but also that those
who farmed them should be secured against all fear of loss.

Ch. VII. As the fourth subdivision, he shows, that, as many citizens,

* From Schmitz and Zumpt.

528 particularly farmers of the revenues and merchants, had invested large sums of money in the province of Asia, any considerable depreciation in the value of their property there must bring disastrous consequences upon credit in Rome itself.

CH. VIII. Under the second general head, the extent and importance of the war, the orator awards due praise to Lucullus for the ability with which he has conducted the war, and for the many brilliant victories which he has achieved; yet

CH. IX. He at the same time shows that Mithridates has become powerful again since his defeats, (a) by the failure of the Roman army, retarded by the rich spoils they found in Pontus, to follow up the victories which they had gained and secure Mithridates while he was within their grasp, (b) by the aid of Tigranes and many nations of Asia, (c) by the refusal of the army to follow their general farther, and (d) by the return of Mithridates to his kingdom, strengthened and reinforced, and the signal overthrow of the Roman army under Fabius and Triarius, which Lucullus was prevented from retrieving in consequence of his recall to Rome.

CH. X. Under the third general head, the man suitable to be appointed to take command of the war, he endeavors to show that Pompey, who unites in himself all the qualities of a great general, is the only man to whom the command can be properly given; for (a) no man possesses so much practical knowledge of war as he;

CH. XI. (b) He possesses the greatest valor, as shown in the Italian, African, Gallic, and Spanish wars; and especially in the piratic war, which,

CH. XII. Although of great magnitude, of long standing, and existing in many seas, he had prosecuted with so much skill and vigor, that, having commenced it in the early part of spring, he had brought it to a successful termination by the middle of summer: moreover,

CH. XIII. He not only possesses the valor necessary to a great commander, but many kindred and subsidiary qualities; such as moral purity and disinterestedness;

CH. XIV. Self-control, affability, discretion, eloquence, good faith, and human kindness;

CH. XV. (c) He surpasses all in high reputation, as shown by the unanimity with which the whole body of the Roman people demanded his appointment to the command of the war against the pirates, by the sudden fall in the price of provisions consequent upon that appointment, by the effect of his bare presence in the vicinity of Pontus in checking Mithridates and Tigranes after the defeat of the Roman army under Triarius, and

CH. XVI. By the fact that the Cretans and others manifested a special preference to surrender to him, and that Mithridates himself sent an ambassador to him even into Spain; and (d) he is the especial favorite of fortune.

CH. XVII. Having completed the argument, the orator refutes two opposite opinions: those of Hortensius and Catulus. The former had objected that all power ought not to be conferred upon one man. To this objection he replies that the Roman people had acted wisely, as the result had shown, in giving Pompey, in opposition to this view of Hortensius, the command of the war against the pirates.

Ch. XVIII. The wisdom of this course is illustrated by showing that for several years before the passage of the Gabinian law, the Roman people had been deprived of much of their dignity and power by the pirates, and also of the use of their provinces, the coast of Italy, their harbors, and even of the Appian way.

Ch. XIX. Cicero adds, by way of digression, that opposition seems to have been unreasonably made to the appointment of Gabinius as one of Pompey's legates, since Pompey earnestly desires it, and there are precedents to justify it.

Ch. XX. To the objection of Catulus, (of whose ability and integrity he speaks in the highest terms,) that such a measure was contrary to the examples and institutions of their ancestors, he replies, that their ancestors had often given the entire management of a war to one man, and that Catulus himself had, on former occasions, repeatedly voted to confer extraordinary powers upon Pompey.

Ch. XXI. A review of some of the instances in which unusual powers had been given to Pompey by the Roman people with the concurrence of Catulus and other distinguished citizens.

Ch. XXII. In the second place, he replies that unusual measures ought to be adopted in the case of Pompey, for their other generals were accustomed to pillage the temples, cities, and houses of the allies, and had thus destroyed their confidence in them ;

Ch. XXIII. But Pompey's complete self-control had enabled him to withstand the temptations to which others had yielded, and had already won the confidence of foreign nations: furthermore, if authorities were wanted, they could be found in P. Servilius, C. Curio, Cn. Lentulus, and C. Cassius ; all of whom were in favor of the bill.

Ch. XXIV. Since these things are so, he praises Manilius on account of the law which he had proposed, and exhorts him to persevere ; pledges to him and the Roman people all the influence and power which his abilities and office will give, to aid them in securing the passage of the law ; and solemnly affirms, that in all this he is not prompted by motives of self-interest, but by love of country.

Ch. I. 1. **Frequens conspectus vester** — the sight of your crowded assembly.

2. **Hic locus ;** i. e. the rostra, from which this oration was pronounced. Rostra, or the Beaks, was the name applied to the stage

Page

288 in the forum, from which the orators addressed the people. This
stage was originally called *templum* (Liv. II. 56), because it was consecrated by the augurs; but it obtained its name of *Rostra* at the
conclusion of the great Latin war, when it was adorned with the
beaks (*rostra*) of the ships of the Antiates.

3. **Ad .... ornatissimus** — the most dignified for treating
(with the people), the most honorable for haranguing. The former
of these expressions has special reference to magistrates; the latter, to any others who might be deemed worthy to address the people
from the *rostra*. Only magistrates had the right to submit questions
to the people (*cum populo agere*) for their decision, but any person
who had the requisite qualifications (*optimo cuique maxime*) might
harangue the people upon these questions. As a general rule, none
were admitted to the *rostra* but men of the highest talents and most
finished oratory.

4. **Quirites.** V. in Cat. II. 1, n. 2.

5. **Hoc aditu laudis** — from this avenue to glory; i. e. the
rostra.

6. **Meae vitae rationes** — my plan of life; i. e. pleading
causes.

7. **Ab ineunte aetate** — from early manhood. Cicero pleaded his first private cause at the age of 26 years, and his first public
cause when he was 27.

8. **Per aetatem** — on account of my youth; i. e. he had not
yet attained the age necessary to render him eligible to any of the
high offices.

9. **Temporibus.** V. in Cat. I. 9, n. 8. Cf. § 2: *privatorum
periculis*. This sentence is explanatory of the *vitae meae rationes*
above.

10. **Ita.** A dependent thought, which would regularly be expressed
subordinately, is sometimes put in a co-ordinate relation to the principal thought. Thus in this passage, the clause, *neque hic locus*, &c.,
does not follow from the preceding proposition, as the word *ita* would
seem to indicate, but is logically subordinate to the clause, *et meus
labor*, &c. In agreement with this is the fact, that in *neque — et*
the latter notion is often the more important. The sense is, my labor,
honestly and indefatigably employed in the trials of private persons,
has met the amplest reward; while at the same time, as a consequence of this labor thus employed, the *rostra* has not been destitute
of men who could defend the interests of the state. Cicero could
doubtless make this boast, inasmuch as, through his power and indus-

try as an advocate, many valuable men had been preserved to the state.

11. Causam — interest.

12. Caste integreque. There is in these words an allusion to the Cincian law, passed B. C. 204 and entitled *de donis et muneribus*; one provision of which forbade a person to take anything for his pains in pleading a cause. The object of this provision was to prevent bribery and corruption.

13. Fructum refers to the office of praetor, to which he had recently been elected. It is used below in the same sense.

14. Dilationem comitiorum. The postponement of the comitia to another day necessarily occurred, 1st, when it was discovered that the auspices had been unfavorable, or when the gods manifested their displeasure by rain, thunder, or lightning; 2d, when a tribune interposed his veto; 3d, when the sun set before the business was over, for it was a principle that the auspices were valid only for one day from sunrise to sunset; 4th, when one of the assembled citizens was seized with an epileptic fit; 5th, when the vexillum was taken away from the Janiculum, this being a signal which all citizens had to obey; 6th, when any tumult or insurrection broke out in the city. In all these cases, the assembly had to continue its business on some other day, sometimes on the next. The only exception was in case of the election of censors : here the proceedings of the assembly could not be *continued* from day to day, but it was necessary to begin the election afresh; and if one had been elected, his election was not valid.

15. Ter praetor primus. *Primus* does not refer to his rank as praetor, for this was determined by lot after the election; neither does *ter* imply that he was "thrice" elected; for, according to the preceding note, this could not be. He was said to be *primus praetor*, who received the highest number of votes; and, in declaring the result of the election, his name was always mentioned first. The meaning then is, that Cicero was *first* declared to be elected praetor on *three successive election days*.

16. Centuriis cunctis. The praetors were elected by the *comitia centuriata*, as were also the consuls and censors. All the citizens were divided into 193 centuries, and these centuries into six classes according to the valuation of their estates : the richest being placed in the first class, and so on. The number of centuries in the different classes was different; the first class containing 82 of the 193, which, with 18 centuries of equites, constituted a majority of the

238 whole. Each century, further, was counted as one vote; so that a
class had as many votes as it contained centuries. The 18 centuries
of equites voted first, then the centuries of the first class, and then
those of the other five classes in order. It is clear from this, that, if
the equites and the centuries of the first class were united upon any
measure, the affair was decided: the vote of the remaining five
classes could not alter it.   These statements make the meaning of the
text plain : Cicero received 193 votes: that being the whole number
(*centuriis cunctis*).   The number of praetors in Cicero's time was
eight.

17. **Quid aliis praescriberetis;** i. e. others must pursue
the same course in early life which he had pursued, if they would as
signally receive the proofs of popular favor which he had received.

18. **Quantum .... voluistis** — as you have willed that
there should be by conferring honors (upon me).

239   19. **Apud eos utar** — I will use (it; i. e. *quid auctoritatis*)
before those.

20. **In dicendo** — in oratory; i. e. if I am able to exercise any
influence *as an orator generally*.   *Dicendo*, which is the common
reading, would rather mean " by a particular speech."

21. **Ei quoque rei** — for this thing also; i. e. skill as an
orator: referring to the thought expressed by *dicendo*.   For the
meaning of *fructum*, see note 13.   *Suo judicio* refers to the vote for
praetor.   For *duxerunt*, most read *censuerunt*.

22. **Illud.** V. Caes. IV. 16, n. 1.

23. **Virtute** — manly qualities, talents, merits.

24. **Copia** — copiousness; i. e. the abundance of materials which
the merits of Pompey cannot fail to supply the speaker.

25. **Modus** — a limit, moderation in the use of the materials
(*copia*).

Ch. II.   1. **Vectigalibus** — tributaries.

2. **Alter relictus,** sc. Mithridates : *alter lacessitus,* sc. Tigranes.
In B. C. 72, six years before the time of this oration, Lucullus had
by a succession of victories completely destroyed the army of Mithridates, and Mithridates himself had effected his escape, though nar-
rowly, from Pontus to Armenia, and had placed himself under the
protection of his son-in-law Tigranes. The soldiers of Lucullus, having stopped to enrich themselves with the vast spoils which they
found in Pontus, abandoned their pursuit of Mithridates; and he is,
therefore, said in the text to have been *left* (*relictus*). V. Chap.
IX. § 22. Subsequently the Roman general demanded his surrender,

Page

which Tigranes refused; whereupon he entered his dominions, de- **239**
feated him in a battle, and took Tigranocerta, his capital (B. C. 69).
Provoked (*lacessitus*) by his loss, he, assisted by Mithridates, made
great efforts to retrieve his affairs, and, in consequence of a mutiny
in the Roman camp, and of the recall of Lucullus, (B. C. 67,)
ravaged Cappadocia, and was carrying his depredations into other
provinces.

3. Asiam ; i. e. the Roman provinces in Asia Minor, comprising
Mysia, Lydia, Caria, and the greater part of Phrygia. These provinces afforded very rich revenues; and hence the tempting nature of
the prize.

4. Equitibus. The revenues were not collected immediately
by the government, but were farmed out by the censors for a lease of
five years to the highest bidder. They were purchased most commonly by the *knights*, who, as being the richest private individuals,
were able to undertake these contracts. Usually, however, they
formed themselves into companies for this purpose. At Rome this
class of individuals was much respected, but in the provinces they
were often deservedly detested.

5. In .... occupatae = being employed in farming your
revenues.

6. Necessitudine. Cicero belonged to the equestrian order.

7. Causam. V. I. n. 11.

8. Vestra provincia. By the will of the deceased king,
Nicomedes Philopator, who died B. C. 74, having bequeathed his
kingdom to the Roman people, because, having no children, he had
been reinstated on his throne by them, when driven from it by
Mithridates.

9. Vicos exustos esse depends upon *afferuntur .... literae.*

10. Regnum Ariobarzanis ; i. e. Cappadocia, which Mithridates took possession of B. C. 66, after the recall of Lucullus.

11. Huic qui successerit : M.' Acilius Glabrio, who was
consul B. C. 67, and proconsul of Cilicia B. C. 66 ; to which Bithynia
and Pontus were added by the Gabinian law. Sc. *eum* as the antecedent of *qui*, and subject of *esse*. The subjunctive here intimates that
Cicero does not state this as a fact within his own knowledge, but as
the general supposition and belief that Glabrio has by this time assumed the command ; so that *qui successerit* = who is said by this
time to have succeeded.

12. Unum = that one individual : alluding to Pompey.

13. Causa quae sit = what is the nature of the case. *Quae* **243**
= *qualis.*

Page

240 14. **De imperatore deligendo** — concerning the choosing
of a suitable commander-in-chief. The notion of fitness is implied in
the verb *deligo*.

15. **Ejusmodi** — of such a nature.

16. **Ad persequendi studium** — to the desire of taking
vengeance.

17. **In quo agitur** — for in this (war) is at stake.

18. **Requiretis** — you will look in vain for.

Ch. III. 1. **Mithridatico bello superiore concepta;**
i. e. in the latter part of B. C. 88.

2. **Plane** means completely, in opp. to *paene*, or *vix; omnino*, altogether and generally, in opp. to partly, in some instances, with
some exceptions; in opp. also to *magna ex parte*, or *separatim; prorsus*, exactly in opp. to in some measure, or almost; *penitus*, thoroughly,
deeply, in opp. to in a certain degree, or superficially; *utique*, especially, in opp. to at any rate, or possibly.   Död.

3. **Quod is;** i. e. Mithridates. This clause explains *illa macula*.
He secretly notified all the governors of his Asiatic provinces to put
to death on a certain day all the Romans and Italians who might be
in their respective districts. Memnon and Valerius Maximus put
the number killed at 80,000; while Plutarch increases it to 150,000.

4. **Uno . . . . significatione** — by one messenger and one
notice. Some have *literarum* after *significatione*, and some before it.

5. **Latebris occultare** is opp. to *in luce versari*.

6. **Ex patrio regno.** This was the sixth Mithridates that had
sat upon the throne of Pontus.

7. **In . . . . versari** — to carry on his operations under the very
eyes of Asia.

8. **Insignia victoriae;** i. e. triumphs.

9. **L. Sulla.** Both Sulla and Murena obtained triumphs in
B. C. 81.

241 10. **Ita** — only in so far. What is said in Or. in Cat. III. 10,
n. 16, of *tantus*, is true of *ita*.

11. **Quod egerunt — quod reliquerunt** — for what they
did — for what they left undone. *Quod* relates to *ejus*, or *propter id*,
understood. Some treat *quod* as a causal conjunction. In that case
the verbs must both be used absolutely.

12. **Res publica** — public affairs. The successors of the Marian faction at Rome caused Sulla to make a treaty of peace with
Mithridates and to return to Italy. He left affairs in Asia in charge
of Murena, one of his lieutenants, who in violation of the treaty

made war upon Mithridates. This together with, perhaps, the fact 141
that Sulla needed all his troops in Italy, occasioned his recall.

Ch. IV. 1. **Omne reliquum tempus;** i. e. after the return
of Murena.

2. **Qui — misit —** for, after, &c., he sent.

3. **Bosporani.** The people who dwelt on or near the Cim-
merian Bosporus, now the strait of Yenikale, which connects the Sea
of Azoff with the Black Sea. Mithridates had conquered the Bosporani and several other nations dwelling on the eastern and northern
shores of the Euxine in the early part of his reign; some of which,
including the Bosporani, subsequently revolted, but he without much
difficulty re-established his power over them, and gave them his son
Machares for a king about B. C. 82.

4. **Eos duces.** Sertorius and his generals. He was the ablest
and most powerful among the leaders of the Marian faction.

5. **Duobus in locis.** Asia and Spain.

6. **Disjunctissimis maximeque diversis —** very widely
separated (from each other) and in the most opposite directions (from
Rome).

7. **Uno consilio —** acting in concert.

8. **De imperio —** for the very existence of your empire. V.
in Cat. I. 2, n. 17.

9. **Alterius .... Hispaniensis —** the danger arising from
one side, (namely,) from Sertorius and Spain.

10. **Quae .... habebat;** i. e. in consequence of the skill and
ability of Sertorius.

11. **Divino .... virtute.** This is sheer adulation; for if we
may judge by his success, Sertorius was the greater general of the
two. He had for eight years maintained his ground in Spain in opposition to the power of Rome, and, had he not been assassinated by
the treachery of Perperna and others of his followers, he would undoubtedly have come off victorious in the contest. After his death
Perperna usurped his place, as leader of the faction, but being a man
of mean abilities, it cost Pompey scarcely an effort to conquer him,
and thus put an end to the contest. So that " the godlike wisdom
and unequalled valor of Cn. Pompey," even if he possessed them, do
not seem to have availed anything against Sertorius, nor to have
been called into exercise after his death.

12. **In altera parte;** i. e. Asia.

13. **Initia .... gestarum.** V. chapter VIII.

14. **Haec autem extrema.** V. chapter IX.

23 *

Page

241 15. **Videte** .... **putetis** — consider what feelings (i. e. of resentment) should be entertained by you. This sentence affords an instance of a pleonasm which is quite common with the verbs of thinking, believing, &c., inasmuch as *puto* and *existimo* are expressly added in the dependent sentence, although a word of similar meaning has preceded ; e. g. the construction in the text, instead of *videte, qui vobis animus suscipiendus sit.* For a similar passage, see IX. n. 23.

Ch. V. 1. **Tot** .... **milibus.** V. III. n. 3.

242 2. **Erant** .... **superbius.** Livy says they were insulted and forcibly driven away. Cicero purposely lessens the offence committed by the Corinthians, in order that the conduct of Mithridates may be the more strongly contrasted with it.

3. **Lumen** is a luminous body : *lux,* a streaming mass of light. Also, in a figurative sense, *lumen* denotes distinction, *lux* only clearness. Cicero calls Corinth, *Greciae totius lumen,* but Rome, (in Cat. IV. 6,) *lucem orbis terrarum :* Corinth is compared to a glimmering point of light ; Rome is distinguished as that city in comparison with which all other cities lie in darkness. Död.

4. **Legatum — consularem.** This was M.' Aquillius, who was consul in B. C. 101. In B. C. 88 he was sent as an ambassador into Asia for the purpose of restoring Nicomedes and Ariobarzanes to their kingdoms, from which they had been driven by Mithridates. This he succeeded in doing, but afterwards fell into the hands of Mithridates, who treated him in the most barbarous manner, and eventually put him to death by pouring molten gold down his throat, as a reproach to Roman cupidity.

5. **Civium Romanorum ;** i. e. the *mercatoribus aut naviculariis* above.

6. **Persecuti sunt** — avenged. It is opp. to *relinquetis.*

7. **Quid, quod.** V. in Cat. I. 7, n. 7.

8. **Summum** .... **vocatur** — is exposed to the most imminent danger : lit. to the greatest danger and hazard. Two nearly synonymous words are sometimes employed instead of one merely to give force to the expression.

9. **Ferre :** sc. *hoc.*

10. **Ariobarzanes.** V. II. n. 10.

11. **Duo reges.** Mithridates and his son-in-law Tigranes.

12. **Cuncta Asia atque Grecia** — throughout all Asia and Greece. By some these words are considered nominatives.

13. **Imperatorem — certum.** Pompey.

Page

14. **Alium.** Glabrio, the consul of the previous year (B. C. 67). **242**

15. **Sine summo periculo;** i. e. without the danger of offending Glabrio.

16. **In .... omnia** — in whom all qualities exist in the highest perfection; i. e. all the qualities requisite for the successful management of a war.

17. **Propter** — in the neighborhood; i. e. on the coast of Cilicia, to which the piratic war had led him, B. C. 67.

18. **Quo** — for which reason. *Carent:* sc. *Pompeio.*

19. **Hi;** i. e. the people of Asia and Greece.

20. **Dignos — quorum .... commendetis** — worthy of having their safety committed by you to such a man: lit. worthy, whose safety you may commit, &c.

21. **Atque hoc etiam magis, quod — hunc .... temperantia** — and on this account even the more, because, &c., — did they formerly hear that this man (was, and) now see that he (being) present (is, a man) of so great self-control, &c. The common text has a period after *differant*, making *hoc* depend upon *rogant* understood; but Baiter, whose text I follow, puts a comma after *differant* in order that *hunc* may be opp. to *ceteros*, and *audiebant* and *vident* may depend upon the preceding *hoc etiam magis quod*, &c.

22. **Ejusmodi** — of such character. Alluding to the avarice **243** and rapacity which usually characterized the governors of Roman provinces.

23. **Cum imperio** — with military power.

24. **Ab hostili expugnatione.** For the conduct of the Roman commanders in Asia, see chapters XXII. and XXIII.

25. **Antea;** i. e. when he was carrying war in Italy, Africa, Gaul, and Spain.

26. **Temperantia.** This virtue is placed first in order to contrast it more emphatically with the rapacity of others.

CH. VI. 1. **Antiocho.** Antiochus the great, king of Syria. He was persuaded by the Aetolians to form an alliance with them for the purpose of checking the progress of the Romans in the east. They made an attack upon the Allies of the Romans in Greece B. C. 192, but were completely humbled B. C. 190.

2. **Philippo.** Philip, king of Macedonia, but not Philip, the father of Alexander, who lived long before. He attacked the Athenians, who were allies of the Romans. The war lasted from B. C. 200 to B. C. 197, and ended in the humiliation of Philip.

3. **Aetolis.** The Aetolians were in alliance with Antiochus. V.

Page

243 4. **Poenis.** B. C. 264 — 241, 218 — 201, 150 — 146.

5. **Cum .... agatur** — when your most important revenues are at stake.

6. **Tanta** — so inconsiderable. V. in Cat. III. 10, n. 16.

7. **Ubertate .... exportantur.** Referring to the three great sources of revenue; namely, tithes (*decumae*) from land, rents paid for the use of pasturage (*scriptura*), and import and export duties (*portoria*).

8. **Facile** — unquestionably, beyond dispute.

9. **Belli utilitatem** — what is useful for war; i. e. for carrying on war and defraying the expenses of it.

10. **Venit calamitas.** Observe the emphatic position of the verb before its subject. *We* should express the same thought in speaking by laying stress on the verb.

11. **In.** V. Sall. Cat. LI. n. 21.

12. **Ex portu;** i. e. from exports and imports.

13. **Qui exercent atque exigunt** — who farm and collect them. The first verb refers particularly to the *equites* or *publicani*, (v. II. n. 4,) and the second to those employed under them.

244 14. **Familias** — slaves.

15. **Saltibus** — woodland pastures. Most books read *salinis* — salt works.

16. **Custodiis** — watch-houses. These were places where the servants of the publicani kept watch to prevent smuggling.

17. **Qui .... sunt;** i. e. both the publicani and the inhabitants of the provinces.

CH. VII. 1. **Extremum** — as the last point.

2. **Quum essem — dicturus** — when I should come to speak.

3. **Quorum .... diligenter** — whom you according to your wisdom, Romans, ought carefully to regard.

4. **Et — deinde:** lit. both — (and) in the next place. We should expect another *et* to correspond with this; but instead of finishing the construction thus commenced, Cicero leaves it unfinished, and begins a new sentence with *deinde* at § 18. It is a case of *anacoluthon*.

5. **Suas rationes et copias** — their business matters and resources. *Rationes* is explained immediately after by *res*, and *copias* by *fortunae*.

6. **Quorum .... fortunae** — the affairs and fortunes of these very (men) on their own account.

7. **Deinde.** V. n. 4.

8. **Partim — partim** — some — others. The construction is 244 analogous to partitive apposition. V. K. 86, 9.

9. **Pecunias magnas** — large sums of money.

10. **Illud — parvi refert** — this is of little importance. *Il-lud* stands for the infinitive clause which follows. *Primum* corresponds with *deinde* below.

11. **Amissis** — having been ruined. The common reading is *amissa.*

12. **Redimendi** — of farming them again. 245

13. **Initio belli Asiatici.** V. III. n. 1. 22 years before.

14. **Res magnas** — large sums.

15. **Fidem concidisse** — credit fell. The capitalists at Rome not receiving returns from those in Asia to whom they had loaned large amounts, were unable to meet their engagements; and, as a consequence, payments were suspended and credit was impaired.

16. **Ut non — trahant** — without drawing. In this construction *quin* is more common than *ut non.* V. K. 108, 3, a. H. 498, 8.

17. **Id** stands for the sentence, *haec — cohaeret.*

18. **Haec ratio pecuniarum** — these moneyed operations: lit. this account, or reckoning of moneys.

19. **In foro.** The offices of the bankers were situated around the forum; and hence it became their usual place for meeting and transacting business.

20. **Illa — haec.** Referring in this case, not to the remote and near position of the words in the sentence, but to the actually remote and near localities of Asia and Rome.

Ch. VIII. 1. **Viro — homini.** When *homo* and *vir* are both used with epithets of praise, *homo* relates rather to the qualities that characterize man as such, or one man from another, with this exception; that those which denote *bravery, strength of mind,* and all that distinguishes *man* from *woman,* are usually expressed by *vir* with a proper epithet, and also those which imply eminence and worth in social life. A.

2. **Ejus adventu ;** i. e. B. C. 74.

3. **Maximas Mithridates copias.** His army consisted of 120,000 foot-soldiers, armed and disciplined in the Roman manner, and 16,000 horse besides a hundred scythed chariots; but, in addition to this regular army, he was supported by a vast number of auxiliaries from the barbarian tribes of the Chalybes, Achaeans, Armenians, and even the Scythians and Sarmatians. The entire force of Lucullus amounted to only 30,000 infantry and 2,500 horse.

245 4. **Urbem — Cyzicenorum.** The city of Cyzicus was a city of Mysia, situated on the isthmus of a promontory of the same name extending into the Propontis.

246 5. **Quae . . . . raperetur** — which, inflamed with an eager desire for revenge and with hatred, was hurrying away towards Italy under leaders sent by Sertorius. (V. IV. n. 11.) There was in reality but one general sent, though perhaps Cicero intends by the use of the plural to include the subordinate officers of the expedition. The facts seem to be these: in B. C. 75 Sertorius made a treaty with Mithridates, one condition of which was, that he should send to him a general and some troops. He sent M. Varius, a Roman senator, who had fled to Sertorius in Spain. On his arrival in Asia, Mithridates gave him the command of a part of his troops; and after he had been defeated in several successive engagements by Lucullus, he gathered up the scattered fragments of his army and fitted out a fleet for the invasion of Italy, the command of which he gave to Varius. Lucullus went in pursuit, overtook and destroyed the fleet near the island of Tenedos, and took Varius prisoner, whom he afterwards put to death. See pro Archia, chapter IX. and Murena chapter XV., where Cicero mentions this naval battle, and says distinctly that it was fought near Tenedos.

6. **Magnas — copias.** According to Plutarch, Mithridates lost in this campaign nearly 300,000 men.

7. **Pontum.** A country of Asia Minor, bounded north by the Euxine Sea, east by Armenia, south by Armenia Minor and Cappadocia, and west by Galatia and Paphlagonia. On the landward sides it was enclosed by a chain of mountains; and besides this natural barrier, Mithridates had guarded the frontier by 75 fortresses. See pro Arch. c. IX.: *Populus enim Romanus aperuit*, &c.

8. **Ex omni aditu** — on every side.

9. **Sinopen atque Amisum.** Both situated on the Euxine: the former in Paphlagonia, the latter in Pontus, about 130 miles to the southeastward of Sinope.

10. **Uno aditu adventuque** — by one approach and arrival (before them).

11. **Patrio atque avito.** V. III. n. 6.

12. **Ad alios se reges.** First to Tigranes, his son-in-law, and, after he was defeated, to the king of the Parthians.

13. **Integris** — unimpaired.

14. **Censeo, judico, arbitror, aestimo,** denote passing judgment with competent authority, derived from a call to the office

of judge : *censeo*, as possessing the authority of a censor, or of a **246**
senator giving his vote ; *judico*, as possessing that of a judge passing
sentence ; *arbitror*, as possessing that of an arbitrator ; *aestimo*, as
that of a taxer making a valuation ; whereas *opinor*, *puto*, and *reor*,
denote passing judgment under the form of a private opinion, with a
purely subjective signification : *opinor*, as a mere sentiment and
conjecture, in opp. to a clear conviction and knowledge ; *puto*, as
one who casts up an account ; *reor*, as a poetical term. Död.

15. **Atque ita** (sc. *esse*) — and that it is such a degree of praise.

16. **Nullo istorum ;** i. e. Catulus and Hortensius.

17. **Obtrectant** — disparage, decry.

Ch. IX. 1. **Reliquum — bellum —** what remains of the war.

2. **Illa —** the famous, the celebrated. Used like the Greek article, to indicate some well-known, or celebrated object.

3. **Medea.** A sorceress, daughter of Aeëtes, king of Colchis.
She fell in love with Jason, the leader of the Argonautic Expedition,
who went in pursuit of the golden fleece which was in the possession
of Aeëtes, assisted him by her sorceries in securing it, and then
eloped with him by night in company with her brother Absyrtus.
Her father pursued her, and when he was upon the point of overtaking her, she murdered Absyrtus, cut him in pieces and threw them
into the sea ; and while he was stopping to gather up the scattered
limbs of his son, she was enabled to gain sufficient time to elude his
grasp. Colchis was a country connected with Pontus ; hence Cic.
says *ex eodem Ponto*.

4. **Eorum collectio dispersa —** the collection of them in
their scattered state. The figure called hypallage.

5. **Direptas — congesserat.** V. Caes. I. 5, n. 10.

6. **Plures gentes ;** i. e. the Gordyenians, Medes, Adiabenians, **247**
Arabians, Albanians, and Iberians. V. Plutarch, Luc.

7. **Neque . . . . tentandas —** should neither be provoked by
war nor agitated.

8. **Vehemens —** powerfully exciting.

9. **Fani.** Cicero refers to the temple of Bellona at Comana in
Cappadocia, which had been before this plundered by Murena, the
lieutenant of Lucullus ; hence there was some ground for the opinion.
It was regarded with the greatest reverence by the natives, and the
priest of it was in power second only to the king.

10. **Novo quodam terrore.** It is called a *new sort of terror*
because their religious fears were excited.

11. **Urbem —** the capital city ; i. e. Tigranocerta, the capital of

Page

247 **Armenia.** It contained immense wealth. Lucullus found there, besides the royal treasures and a vast amount of other rich booty, 8,000 talents in coined money : about 9,000,000 of dollars. V. Plut. Luc.

12. **Nimia . . . . commovebatur.** Cicero here artfully throws a veil over the conduct of Lucullus and his soldiers. According to Plutarch, after the taking of Tigranocerta he abandoned the pursuit of Mithridates and Tigranes, and formed the plan of invading Parthia. At this his men mutinied and refused to advance further, but said that they would follow him in pursuit of Tigranes. Being thus compelled to yield to the dictation of his army, he followed Tigranes into Upper Armenia and determined to attack Artaxata, the capital; but just before arriving at that city the soldiers again became refractory and refused to proceed. Having earnestly exhorted them to go forward, and finding his eloquence ineffectual, he was obliged to return. Plutarch attributes his unpopularity with his soldiers to his haughty and unsympathizing nature, and also in some degree to the influence of the infamous P. Clodius, who was an officer in his army, and who labored secretly to excite mutiny and insubordination among his men.

13. **Fuit . . . . extremum** — for the final result was this.

14. **Et eorum . . . . collegerant.** This clause is enclosed in brackets to indicate that it is probably an interpolation. By considering the *et* superfluous, it may be retained as an explanation of *suam manum*, and will be — consisting of those who had gathered themselves together from his kingdom.

15. **Fere** — commonly, generally.

16. **Incolumis** — in the time of his prosperity.

17. **Ut . . . . attingeret.** This clause explains *eo contentus, quod,* &c.

248 18. **Nostram calamitatem.** Before Lucullus had returned from Armenia (V. n. 12), Mithridates re-entered Pontus and defeated the Romans, first under Fabius, and then under Triarius, lieutenants of Lucullus. More than 7,000 Romans were killed, including 150 centurions and 24 tribunes.

19. **Imperatoris;** i. e. Lucullus.

20. **Ex sermone rumor** — report passing from mouth to mouth: lit. report from conversation.

21. **Imperii diuturnitati.** Lucullus had held the command in Asia from B. C. 74 to B. C. 67: a period of seven years.

22. **Stipendiis confecti erant** — were worn out by military service.

23. Sed .... potentissimi — but do you conjecture how **248** great that war has become, which the most powerful kings unite in carrying on. *Ea* refers to the clauses which follow, and may be omitted in translating. For the construction of *videtis*, see IV. n. 15.

24. De imperatore — deligendo. V. II. n. 14.

CH. X. 1. **In summo imperatore** — in a complete general.

2. **Scientior** — more thoroughly acquainted with (military affairs):

3. **Bello maximo.** The Social war, in which more than **249** 300,000 men are said to have perished.

4. **Patris.** Cn. Pompeius Strabo. Pompey was at this time but 17 years of age.

5. **Extrema pueritia.** This was in the civil war against Cinna, while Pompey was still serving under his father.

6. **Maximi .... imperator.** In B. C. 83, when only 23 years of age, Pompey without any public office and without any authority from the senate or the people, levied three legions in Picenum, assumed the command, gained a brilliant victory over M. Brutus, one of the Marian generals, and then proceeded to offer his services to Sulla, who had just landed at Brundisium on his return from the first Mithridatic war. At this time he received an unprecedented mark of honor; for when he leaped down from his horse, and saluted Sulla with the title of Imperator, the latter returned the compliment by addressing him by the same title.

7. **Confecit** — has subdued, settled, put an end to the disorders of.

8. **Suis imperiis** — by his own repeated discharge of the office of commander.

9. **Offensionibus** — by the misfortunes, disasters.

10. **Stipendiis** — by inactive campaigns, the mere time of service.

11. **Triumphis.** Pompey had already enjoyed the honor of two triumphs: the first in September, B. C. 81, at the age of 25, for his victory over Cn. Domitius Ahenobarbus, the son-in-law of Cinna, and Hiarbas, the king of Numidia, by which he terminated the African war, and the other on the 31st of December, B. C. 71, at the age of 36, in honor of his successful termination of the war in Spain against Sertorius and his followers. Up to this time he was a simple eques: having filled none of the offices of state. On the next day, (January 1, B. C. 70,) he entered on his consulship with M. Crassus, to which he had been previously elected without opposition, notwithstanding he was by law ineligible to the office, inasmuch as he was

249 absent from Rome at the time, had not yet reached the legal age (43), and had not held any of the lower civil offices. Such was his popularity that the senate did not dare to make any resistance to his election, and they, therefore, deemed it prudent to release him from the laws which disqualified him from the consulship.

12. **Civile.** The war between Sulla and the Marian faction, against Cinna and Carbo, B. C. 88 – 81.

13. **Africanum.** Against Cn. Domitius and Hiarbas (see n. 11), B. C. 81.

14. **Transalpinum.** That on his march over the Alps against Sertorius, B. C. 76.

15. **Hispaniense.** That against Sertorius himself, B. C. 80 – 72.

16. **Mixtum . . . . nationibus** — a compound of (revolted) states and of the most warlike tribes: lit. composed of, &c. By *civitatibus* are meant Roman colonies in Spain which had joined Sertorius, and by *nationibus*, the native tribes which were not of Roman origin; hence it is called a *mixtum bellum.*

17. **Servile.** That against Spartacus with his gladiators and slaves, B. C. 71.

18. **Navale.** That against the pirates, B. C. 67.

19. **Varius** means possessing differences in its own texture, varied; whereas *diversus*, differing from something else, distinct. Död.

CH. XI. 1. **Jam vero.** V. Ec. Cic. XXIII. n. 30.

2. **Possit afferre** — can bring forward; i. e. say.

3. **Neque . . . . existimantur** — for those are not the only virtues of a general, which are commonly esteemed (such). After mentioning the virtues which follow, we should naturally expect him to say, *sed aliae etiam*, &c., but this he omits to do, until he comes to § 36 : *quid ceterae*, &c.

4. **Italia.** V. X. n. 12.

5. **Sicilia.** In B. C. 82, after the Marian party had been completely conquered in Italy, Sulla sent Pompey at the head of an army into Sicily. He drove Perperna from the island, took Carbo prisoner, put him to death, and sent his head to Sulla.

250 6. **Consilii celeritate** — by the promptness of his measures.

7. **Africa,** V. X. n. 13.

8. **Sanguine.** Out of an army of 20,000, only 3,000 survived the decisive battle.

9. **Gallia.** V. X. n. 14.

10. **Hispania.** V. X. n. 15.

Page

11. **Saepissime plurimos.** Exaggeration. V. IV. n. 11. **250**

12. **Tetro periculosque.** Called "disgraceful" from the character of the enemy, who were slaves and gladiators; and "dangerous" from these gladiators having been trained to the profession of arms, and, also, from the abilities of Spartacus, their leader. V. X. n. 17.

13. **Adventu .... sepultum.** Exaggeration. The decisive battle had been fought, Spartacus slain, and the war really terminated by Crassus before the arrival of Pompey from Spain; but Pompey, while on his way, happened to fall in with 6,000 of the fugitives, whom he cut to pieces, and thereupon wrote to the senate, "Crassus, indeed, has defeated the enemy, but I have extirpated the war by the roots."

14. **Nunc jam.** V. in Cat. I. 5, n. 11.

15. **Quum universa, tum** — not only as a whole, but.

16. **Toto mari;** i. e. the Mediterranean.

17. **Abditus** — remote, retired.

18. **Qui non — committeret** — who did not expose.

19. **Cum — navigaret** — since he must sail.

20. **Vetus.** It had already lasted 20 years.

21. **Captas urbes.** Plutarch says that the number of their galleys amounted to 1,000, and the cities taken to 400.

Cн. XII. 1. **Fuit — fuit.** V. in Cat. I. 1, n. 38.

2. **Proprium** — the peculiar characteristic.

3. **Propugnaculis** — by the forces. The word, as here used, includes fleets, armies, and all other means of defence.

4. **Dicam** — need I say. So *querar, dicam, commemorem*, below.

5. **Brundisio.** A town of Calabria on the southeast coast of Italy, and the usual port of embarkation for Greece and the east.

6. **Nisi summa hieme** — except in the dead of winter. When they were not so liable to be waylaid by pirates, navigation being for the most part suspended in the winter season.

7. **Venirent** — were coming, were endeavoring to come. **251**

8. **Duodecim secures** — two praetors, because in the provinces each praetor had six lictors, with the *fasces* and *secures*. In the city they had but two, and without the *secures*. Their names, according to Plutarch, were Sextilius and Bellinus.

9. **Cnidum .... Samum.** Cities in Asia Minor: the first, a Doric town in Caria, the second, an Ionian town in Lydia, the last, a city and island of the same name near the coast.

10. **Innumerabiles.** V. XI. n. 21.

Page

251   11. **Quibus .... ducitis.** The pirates having possession of
the harbors of Italy, no grain could be brought from Asia, Africa,
Sicily, or Sardinia.

12. **An vero.** V. Ec. Cic. XXV. n. 12, and Caes. I. 47, n. 12.

13. **Caietae.** A town and harbor of Latium, named for the
nurse of Aeneas, who died there. V. Virg. Ae. VII. vs. 1 and 2.

14. **Celeberrimum** = very populous.

15. **Praetore.** M. Antonius Creticus, the father of M. Antonius,
the triumvir, is supposed to be meant.

16. **Miseno.** A promontory, town, and harbor in Campania.

17. **Ejus ipsius liberos.** Plutarch says that the pirates
seized the daughter of Antony, as she was going to her country house,
and he was forced to pay a large ransom for her release. — Various
passages show that the Romans not unfrequently used the plural
liberi, when speaking either of one son or one daughter.

18. **Ostiense.** Ostia was a sea-port town in Latium at the
mouth of the Tiber. It was regarded as the harbor of Rome. The
allusion is to the capture of the Roman fleet at this place by the pirates.

19. **Consul.** What consul is here alluded to is not known.

20. **Ii** stands for *vos*, and may be omitted in translating. *Is*,
(and also *idem*, though less often,) is used for the sake of emphasis to
repeat or resume a noun or pronoun after an intervening clause. Cf.
in Cat. II. 12, n. 9. This use, quite common with nouns and pronouns of the third person, is very seldom with those of the first and
second.

21. **Oceani ostium;** i. e. the Strait of Gibraltar.

22. **Tanti belli impetus** is a poetic circumlocution for *tantum
bellum*, with the accessory idea of impetuosity and power. *Navigavit*
likewise is poetical, and peculiarly appropriate, as the force consisted
of the fleet of Pompey.

23. **Nondum tempestivo** — not yet suitable. V. in Cat. I.
4, n. 17.

24. **Duabus Hispaniis.** Spain was divided by the Iberus
(now the Ebro) into *Hispania citerior* and *ulterior*, just as Gaul was
divided by the Alps into *Gallia cisalpina* and *transalpina*.

25. **Duo maria;** i. e. the Adriatic and Tuscan : the one on the
east, and the other on the west.

26. **Ut** = *postquam*.

252   27. **Ciliciam.** The pirates had made Cilicia the principal cen-
ter of their operations; for which its rugged coast and mountainous
regions well fitted it.

28. **Cretensibus.** Crete was, next after Cilicia, the greatest 258
nursery of the pirates. The conduct of Pompey in the affair alluded
to in the text was far from honorable. Q. Metellus, afterwards surnamed Creticus, had been invested with the command of the war
against the Cretan pirates the year (B. C. 68) before Pompey was
appointed to the command of the piratic war, and was rapidly bringing it to a successful termination. He had already taken several
towns, and the remainder, which were besieged, thinking that they
might obtain more favorable terms from Pompey than from Metellus,
sent ambassadors, offering to submit to him. Pompey, desirous of
appropriating to himself the honors which rightfully belonged to Me-
tullus, listened to their application and sent two legates into Crete,
enjoining Metellus to take no further steps in the war, and ordering
the cities not to obey Metellus, but L. Octavius, one of the legates,
whom he had sent. Metellus, however, paid no attention to Pompey,
or his legates, but prosecuted the war until the whole island surrendered to him.

Ch. XIII. 1. **Est haec** — such is; i. e. such as I have just
described.

2. **Quid;** as here used, is a sort of interrogative interjection, serving merely to introduce the interrogation. It may be explained
grammatically by supposing an ellipsis of *ais*, or *censes*, (— what
think you?) but in translating, it may be omitted.

3. **Ceterae** (sc. *virtutes*) — the other virtues. V. XI. n. 3.

4. **Bellandi virtus** — ability in waging war.

5. **Artes** — qualities.

6. **Innocentia** — disinterestedness. It is opp. to avarice.

7. **Temperantia** — self-control.

8. **Facilitate** — affability.

9. **Ingenio** — natural capacity, talents. V. § 42, where *con-*
silium and *dicendi gravitas et copia* (— eloquence) correspond to
ingenio.

10. **Summa .... sunt.** V. V. n. 16.

11. **Ex aliorum contentione** — by comparison with others.

12. **Ullo in numero** — in any estimation.

13. **Veneant atque venierint** — are still sold and have
been sold. The allusion is probably to Glabrio.

14. **Quid .... cogitare** (sc. *possumus putare*) — what high
or noble sentiment can we suppose this man to entertain, &c.

15. **Propter .... provinciae** — from a desire of (retaining)
his province. The time of holding a province was sometimes ex-

Page
252 tended. The money was distributed to the magistrates at l
for the sake of procuring a particular province, but in order
them to interfere and to prevent a recall of the individual, a
piration of his year, from the province in which he was then

16. **In quaestu reliquerit** — has let (it) out at inte

17. **Vestra admurmuratio** — your murmurs (of diss
tion) ; i. e. at such unworthy conduct.

253 18. **Existimetis.** V. IV. n. 15.

19. **Hic** — under these circumstances, since these things a

20. **Hunc hominem ;** i. e. Pompey.

21. **Pervenerint ;** i. e. in the piratic war.

22. **Hibernacat.** Pompey's army was now encamped in t
ders of Cilicia.

23. **Ut . . . . militem** — in order that he may incur expes
a soldier; i. e. not only is no one compelled to go to expense t
soldiers, but he is not allowed to do so even if he wishes it.

24. **Hiemis . . . . perfugium** — a shelter from the w
not for the indulgence of avarice. *Avaritiae perfugium* is a r
to which avarice may flee to glut itself.

Ch. XIV. 1. **Age vero** — well then, now indeed. Used
verbially in transitions. The following verb may be in the plur

2. **Temperantia.** V. XIII. n. 7.

3. **Inventum** (sc. *esse*) — was attained.

4. **Aut — aut —** *neque — neque.*

5. **In ultimas terras.** Pamphylia and Cilicia are referre
Cf. § 35, *ad eum usque in Pamphyliam*, and § 46, where the same
bassadors are said to have come to Pompey *in ultimas prope terra*

6. **Nom.** V. in Cat. I. 9, n. 13.

7. **Libido ad voluptatem.** Plutarch says that of all
concubines of Mithridates that were brought before Pompey he
not touch one, but sent them to their parents or husbands.

8. **Non amoenitas** — no charming scenery.

9. **Non nobilitas urbis** — no famous city : lit. no fame o
city. Alluding probably to Athens, where Pompey, on his way
Cilicia, stopped only long enough to offer sacrifice to the gods a
make an address to the people. Plutarch says that such was
haste, that he passed by many cities.

254 10. **Quae ceteri tollenda.** The conduct of Pompey is he
favorably contrasted with that of other Roman generals, who we
accustomed to plunder without scruple cities, temples, and priva
dwellings, and consider the statues, paintings, and other ornamen
which they might find as the perquisites of their office.

11. **Ea.** V. in Cat. II. 12, n. 9.

12. **Continentia** — temperantia.

13. **Videbatur** — was beginning to seem.

14. **Querimonia** and **querela** are expressions of indignation: *querimonia* in the just feeling of the injured person, who will not brook an act of injustice: *querela* in, for the most part, the blamable feeling of the discontented person, who will brook no hardship. The *querimonia* is an act of the understanding, and aims at redress or satisfaction: the *.querela* is an act of feeling, and aims, for the most part, only at easing the heart. Död.

15. **Facilitate.** V. XIII. n. 8.

16. **Consilio** — in judgment, wisdom, discretion. V. XIII. n. 9.

17. **In quo ipso** — in which very talent; i. e. *dicendi gravitate et copia :* referring to the talent of haranguing, which is so important in a commander.

18. **Ex hoc ipso loco.** V. I. n. 2.

19. **Quam . . . . judicarint** — when all his enemies of every kind have judged it most inviolable. As is shown by their unconditional surrender to him. V. § 46.

20. **Nostrae memoriae** — of our time.

21. **Quidam,** when joined to substantives and adjectives, is very often used merely to soften the expression, when the speaker feels that he has made use of too strong an expression, especially when he means to suggest that the word he has used should not be taken in its literal, but in a figurative sense. Z.

Ch. XV. 1. **Opinione . . . . ratione** — not less by their 255 opinion (of a commander) and by his reputation than by some definite reason.

2. **Tanta . . . . judicia.** Alluding to the extraordinary honors which had been conferred on Pompey. V. X. n. 11.

3. **Desertam** — remote: lit., deserted, uninhabited. As all countries of which Cicero had any certain knowledge were inhabited, a region without inhabitants would be, in his mind, synonymous with remoteness.

4. **Commune . . . . bellum ;** i. e. the war against the pirates, the management of which had been committed to Pompey by the Gabinian law.

5. **Vilitas annonae** — cheapness of grain. The pirates had so completely gained possession of the sea, that the Romans were cut off from their usual supplies of grain from Africa, Sicily, and Sardinia, and were beginning to apprehend a famine. So great confi-

Page
255 dence, however, had the people in the success of Pompey that the
price of corn immediately fell.

6. **Ex** — immediately after.

7. **Nomine.** Plutarch says, "As the price of provisions immediately fell, the people were highly pleased, and it gave them occasion to say, 'that the very name of Pompey had terminated the war.'"

8. **Jam** — moreover. *Jam* alone is sometimes used in transitions like *jam vero.* V. Ec. Cic. XXIII. n. 30.

9. **In Ponto calamitate.** Alluding to the defeat of Triarius. V. § 25.

10. **Ipsum . . . . temporis** — the very crisis of that time.

11. **Insolita — victoria.** In the encounters of Mithridates with Sulla and Lucullus, defeat was the rule, victory the exception.

256 CH. XVI. 1. **Age vero.** V. XIV. a. 1.

2. **Illa res** — the following circumstance. It is explained by the clauses beginning with *quod.* V. Caes. IV. 16, n. 1.

3. **Cretensium legati.** V. XII. n. 28.

4. **Ultimas prope terras.** V. XIV. n. 5.

5. **Quid.** V. XIII. n. 2.

6. **Eum quem** — one whom.

7. **Ii** — (while) those. Referring particularly to Metellus Pius, who had had the command of the war against Sertorius in Spain for three years before Pompey had been sent to assist him, and who was displeased that a legate should be sent to Pompey, who was a much younger man and who had filled none of the offices of state, in preference to himself, who was a man of consular rank.

8. **Postea ;** i. e. subsequent to the war against Sertorius.

9. **Existimetis.** V. IV. n. 15.

10. **Praestare . . . . ipso** — be responsible for, guarantee, in his own case ; i. e. good fortune is something wholly at the disposal of the gods ; and therefore no one can secure it just when he pleases.

11. **Homines :** sc. dicere.

12. **De potestate deorum** — concerning (that which is wholly in) the power of the gods.

13. **Timide** — cautiously ; and therefore *pauca* — briefly.

14. **Maximo.** Q. Fabius Maximus, surnamed Cunctator from his caution in war, who was five times consul, (B. C. 233, 228, 215, 214, 209,) and the most prominent and most successful Roman general in the second Punic war.

15. **Marcello.** M. Claudius Marcellus, who was five times consul, (B. C. 222, 215, 214, 210, 209,) and the renowned conqueror of Syracuse (B. C. 212).

16. Scipioni. It is uncertain whether the elder or the younger 256 Africanus is meant. Manutius thinks the latter. Both, however, may be said to have had the *felicitas* of which the orator speaks.

17. Mario. C. Marius, the conqueror of Jugurtha, the Cimbri and Teutones, and seven times consul, (B. C. 107, 104, 103, 102, 101, 100, 86). He died B. C. 86, on the eighteenth day of his seventh consulship, in the 71st year of his age. V. Cat. III. 10, n. 4.

18. Fuit. The order is, *enim profecto quaedam fortuna divinitus fuit adjuncta quibusdam,* &c.

19. Hac — such.

20. Non ut .... videatur; i. e. if he said that fortune was under his control, his language would be offensive to the gods (*invisa diis*); but if he did not call to mind his past successes and hope for the future, he would be guilty of ingratitude (*ingrata*) to them for the favors of fortune which they had already bestowed upon him.

21. Domi militiae. V. Ec. Cic. XXV. n. 9.

22. Ut — how.

23. Quot et quantas are correlatives of *tot et tantas,* but may 257 together be rendered " as."

24. Volo means to wish, and co-operate towards the realization of one's wish : *opto,* to wish, and leave the realization of one's wish to others, or to fate: *expeto,* to wish, and to apply to others for the realization of one's wish. Död.

25. Conferatis — to make use of, to avail yourselves of.

Ch. XVII. **1. Opportunitas** — favorable circumstance.

2. Ab iis; i. e. Lucullus and Glabrio.

3. Cetera: sc. *bella.*

4. Bellum regium; i. e. against Mithridates and Tigranes.

5. At enim. V. Sall. Cat. LI. n. 32. The ellipsis may be supplied thus: But it seems this must not be done, for Q. Catulus, &c.

6. Beneficiis: referring to the offices with which he had been often honored by the people.

7. Catulus. Q. Lutatius Catulus was distinguished throughout life as one of the prominent leaders of the aristocracy, but rose far superior to the great body of his class in purity and singleness of purpose, and received from the whole community marks of esteem and confidence seldom bestowed with unanimity in periods of excitement upon an active political leader. He was consul along with M. Aemilius Lepidus in B. C. 78. He was not considered an orator, but at the same time possessed the power of expressing his opinions with learning, grace, and wisdom.

24

258   8. **Q. Hortensius,** the orator, born in B. C. 114, ei;
before Cicero.   At the early age of nineteen he appeare
forum, and his first speech gained the applause of the c(
Crassus and Q. Scaevola, the former the greatest orator. 1
the first jurist of the day.   He was so distinguished as a ple.
Cicero calls him *rex judiciorum.*   This domination over tl
continued up to about the year B. C. 70, when Hortensius
tained by Verres against Cicero.   The issue of this contes;
dethrone Hortensius from the seat which had ' been alread
ing, and to establish his rival, the despised provincial of Arpi
the first orator and advocate of the Roman forum.   He wa
B. C. 69.   Politically he attached himself closely to the aris
party ; and after his consulship he took a leading part in sup
the optimates against the rising power of Pompey.   He accui
vast wealth, lived to a good age, and spent the last years of hi:
luxury and ease.

9. **Multis locis** — on many occasions.

10. **Tametsi .... clarissimorum** — although you si
(that) the opinions of the strongest and most illustrious men
opposite (to the views of Catulus and Hortensius).   This seem:
said with reference to the opinions cited in § 68, and which the
here for a moment anticipates.   As if he had said, I intend bt
close, to offset against these views of Hortensius and Catuli
views of others equally weighty, but for the present, setting op
entirely aside, we are able to seek for the truth from the me;
the case.

11. **Ipsa re ac ratione** — by means of the case itself a;
reasoning.

12. **Hoc facilius :** sc. *exquirere possumus.*

13. **Iidem isti ;** i. e. Hortensius and Catulus.

14. **Summa esse omnia.**   V. V. n. 16.

15. **Re** — by facts.

16. **Pro tua** — with your usual.   The eloquence of Horten
was of the *florid* or (as it was called) " Asiatic " style, fitter for bt
ing than reading.

17. **A. Gabinium.**   He was a man of profligate character ;
prodigal habits.   In B. C. 67 he was tribune, of the plebs, and p
posed and procured the passage of the Gabinian law, by whi
Pompey was invested with the command of the war against 1
pirates and with almost absolute authority over the greater part
the Roman world.   It proposed that the people should elect a m;

with consular rank, who should possess unlimited and irresponsible 258 **power** for three years over the whole of the Mediterranean, and to **a distance** of fifty miles inland from its coasts, who should have 15 **legates** from the senate, a fleet of 200 ships, with as many soldiers **and** sailors as he thought necessary, and 6,000 Attic talents. The **bill** did not name Pompey, but it was clear who was meant. It **pleased** the people, but met with the most violent opposition by the **aristocracy.** Catulus and Hortensius spoke against it with great **eloquence,** but with no effect.

18. **Ex hoc ipso loco ;** i. e. *ex rostris.*

19. **Vera causa.** V. I. n. 11.

20. **An.** V. Ec. Cic. XXV. n. 12, and Caes. I. 47, n. 12.

21. **Capiebantur —** were repeatedly taken. V. XII.

22. **Commeatu —** from supplies.

23. **Privatam . . . . publicam.** V. §§ 31, 32.

Ch. XVIII. 1. **Atheniensium :** sc. *civitatem.*

2. **Nostram memoriam.** V. XIV. n. 20.

3. **Quae civitas.** These words resume the question, which is 259 interrupted by the parenthetical passage beginning with *non dico.*

4. **Ille.** V. IX. n. 2.

5. **Ac = atque adeo.** V. in Cat. I. 2, n. 14.

6. **Utilitatis —** *vectigalium.*

7. **Antiochum.** V. VI. n. 1.

8. **Persen.** Perseus, or Perses, the last king of Macedonia. No mention is made in history of a naval engagement between Perseus and the Romans. After a protracted war of three years, he was conquered by the Romans under L. Aemilius Paulus in B. C. 168, and 20,000 of his army were slain. Perseus himself fled with a few followers to the island of Samothrace, where he was quickly blockaded by the praetor, Cn. Octavius, with the Roman fleet, and was at length compelled to surrender. The following year he was carried to Rome, where he was made to adorn the splendid triumph of Octavius, November 30, B. C. 167..

9. **Ii.** V. XII. n. 20.

10. **Praestare —** to exhibit, show.

11. **Nihil timebat.** Because the Roman power, on which it relied for protection, was then what it should be.

12. **Appia via.** This road was commenced by Appius Claudius Caecus, B. C. 312, from whom it took its name. At first it extended from Rome to Capua, but afterwards was continued as far as to Brundisium. Where it touched the sea, or came near to it, it was rendered dangerous by the landing of the pirates.

Page
259   13. **In hunc ipsum locum** ; i. e. the rostra.

14. **Exuviis nauticis** — with naval trophies. V. L n.

Ch. XIX.   1. **Bono — animo** — with a good intentic

2. **Dolori suo** — their own indignation. *Dolor* is a
term designating every painful, oppressive feeling.   The
must determine the particular feeling meant.   Here it seem
note the feeling of indignation arising from the wrongs and in
which the Roman people had received from the pirates.   V.

3. **Una lex** ; i. e. the Gabinian.   *Unus vir* ; i. e. Pompe

260   4. **Quo .... postulanti** — on this account it seems to n
more unreasonable that opposition has been hitherto made, sh
to Gabinius, or to Pompey, or to both of them, (that which is
the truth,) in order that A. Gabinius might not be appointed
tenant to Cn. Pompey, though striving to obtain and dem
(him for one).   The case is simply this : Gabinius in his tribu
procures the passage of a law investing Pompey with almost u
ed power : among other extraordinary grants, allowing him 15 l
(he afterwards obtained 24) from the senate.   (V. XVII. :
These Pompey had the right to nominate, but the nomination
be confirmed by the senate.   Pompey, to reward Gabinius for :
forts in his behalf, asked that Gabinius might be appointed one
legates.   The senate very properly refused to grant his request
in the first place, it was contrary to the Licinian law, which pro
that no person should be appointed legate of a general who ha
ceived his commission during the tribuneship of the former, till a
had elapsed from the expiration of the tribuneship ; and, in
second place, it tended to foster corruption in the state.   Alth
Gabinius had, up to this time, failed, in consequence of the se
opposition of the senate, to secure the office of legate under the
binian law, yet he hoped to obtain it under the Manilian law ;
Cicero, very strangely, as it would seem, since he well knew the ille
ity and corrupting tendency of such a course, and the worthless cha
ter of Gabinius, argues that the senate ought to ratify the nominati

5. **Idoneus — qui impetret** — worthy to obtain.

6. **Ad expilandos socios, &c.**   Cicero must have belie
that Gabinius, if appointed legate, would do the very same thing.

7. **Periculo** — at his peril.   Because if Pompey had been t
successful, Gabinius must have shared the blame as the proposer
the law.

8. **An.**   V. Caes. I. 47, n. 12.   After a preceding question,
may be rendered by " not."

9. **Honoris causa** — out of respect.

10. **In.** V. Sall. Cat. LI. n. 21.

11. **Diligentes** — careful, strict; i. e. to observe the law in reference to the appointment of tribunes to the office of lieutenant. V. n. 4.

12. **Per vos;** i. e. by your suffrages.

13. **Qui — etiam .... deberet** — who — ought to be (a lieutenant) even by a special right.

14. **De quo legando** — concerning the choosing of him as a lieutenant.

15. **Ad .... relaturos** — will bring a motion, a proposition, before the senate.

16. **Me — relaturum.** It was the proper business of the consuls to bring questions for discussion and decision before the senate, but in case they failed, or were disinclined, to do it, the praetor had the right to do it, even in the presence of the consuls; they must yield, however, if the consuls interposed to prevent them. No magistrate except the tribune of the plebs could propose a measure in the senate in opposition to the will of the consuls, when they were present. The language of Cicero in the text, therefore, seems to be rather bold and boastful; for he knew perfectly well that he could not bring his proposition before the senate, if the consuls were disposed to prevent it.

17. **Cujusquam .... edictum :** referring to the right of the consuls, mentioned in the preceding note, to forbid any magistrate except a tribune to bring a proposition before the senate.

18. **Vestrum jus beneficiumque** — your right and favor; i. e. your right to confer office (*beneficium*) on whom you please. By the Gabinian law Pompey was empowered to select his lieutenants from the senate; the refusal, therefore, of the senate to confirm the nomination of Gabinius as one of those lieutenants was virtually to thwart the will of the people as expressed by that law.

19. **Praeter intercessionem** — except intercession; i. e. the tribunitian veto. A tribune could veto any action which a magistrate might undertake during the time of his office, and this without giving any reason for it.

20. **Quid liceat** — how far it is allowable to go. The tribunes were the especial guardians of the interests of the people; and Cicero here cautions them, lest they may go so far as to injure the interests which it was their business to defend.

21. **Belli .... adscribitur** — is added (i. e. is a fit person to be

Page

260 added) to Cn. Pompey as a sharer in the maritime war
exploits.

CH. XX. 1. **Si .... esset** — if anything should have
to him, should have become of him. It is a euphemistic exp
if he should have died. *Fio* and *facio* are joined with the
note that something is to be made or become out of somet
in the same sense they are construed also with the dat.,
rarely with *de.*

2. **In ipso** — in *him*; i. e. Catulus. The occasion of
in the text was when Catulus was making his speech ag
Gabinian law. According to Plutarch, after he had fre
Pompey all due honor, and said much in his praise, he advi
to spare him, and not to expose such a man to so many dan

3. **Talis est vir;** i. e. Catulus.

261 4. **In hoc ipso** — on this very point: referring to the
Catulus above, *in uno .... poneretis,* and to his argument
would expose Pompey to too great danger.

5. **Quo minus** — the less.

6. **At enim.** V. XVII. n. 5, and Sall. Cat. LI. n. 32.

7. **Non dicam;** i. e. for the purpose of refuting this ob

8. **Novorum consiliorum rationes** — new measu
circumlocution for *nova consilia.* *Ratio* is often thus used.

9. **Punicum atque Hispaniense;** i. e. the third
and the Numantine wars.

10. **Uno imperatore;** i. e. P. Cornelius Scipio Aen
Africanus Minor. V. XVI. n. 16, and in Cat. IV. 10, n. 6.

11. **C. Mario.** V. in Cat. IV. 10, n. 8, and this oration, XVI

12. **Quam .... constituta** — how many innovations
upon established custom) have been determined upon with th
fect concurrence of Q. Catulus. The meaning of *novus* here n
determined by the variety of expressions used for it in the
chapter; viz. *praeter consuetudinem, inauditum, inusitatum, sing
incredibile.*

CH. XXI. 1. **Quam adolescentulum privatum**
X. n. 6. The skill of the orator, as shown in the variety of cons
tion in this chapter, is deserving of particular notice. The first
questions are constructed with *quam* and the acc. with the *infin.*
the next three with *quam* and *ut* with the *subj.* *Adolescentulum
ficere* may be regarded as the subject nominative of *est* unders
V. Ec. Cic. XXIII. n. 27. The same remark applies to *imperium*
and *equitem triumphare* below.

2. Conficere — should collect, levy. V. X. n. 6.

3. Cujus aetas. The earliest age at which a man could become a senator was, during the republic, probably 32. Augustus afterwards fixed the senatorial age at 25, which appears to have remained unaltered throughout the times of the empire. Pompey was at this time 24.

4. Bellum. V. X. n. 13.

5. Confecit — he terminated.

6. Equitem — triumphare. V. X. n. 11.

7. Omnium — studio — zealously by all: lit. with the zeal of all. The common reading is *omni studio*.

8. Duo consules. Aemilius Lepidus and D. Junius Brutus, B. C. 77.

9. Bellum maximum. V. X. n. 15.

262

10. Pro consule — instead of a consul, with consular power.

11. L. Philippus. He was consul, B. C. 91, and one of the most distinguished orators of his time.

12. Non — pro consule, sed pro consulibus; i. e. not with the power of one consul, but of both of them: intimating the incapacity of the consuls of that year.

13. Ullum alium magistratum. This alludes to the higher or curule magistracies, the lowest of which was the aedileship, to which a person was eligible by law at the age of 37. Pompey was now 36. V. X. n. 11.

14. Iterum — triumpharet. V. X. n. 11.

15. Profecta sunt . . . . a — auctoritate — have taken their rise in favor of the same man from the recommendation, &c.

CH. XXII. **1. Videant, ne sit —** they should consider whether it may not be; i. e. let them fear that it may be. *Video* in the sense of "consider" is followed by *ut* or *ne* after the analogy of verbs of *fear* and *solicitude*. V. Z. 534.

2. Auctoritatem — advice, opinion, views.

3. Dignitate — elevation; i. e. to posts of honor.

4. Suo jure — with peculiar, perfect right.

5. Vel. V. Ec. Cic. XXVI. n. 16.

6. Iisdem istis; i. e. Hortensius, Catulus, and their adherents.

7. Unum illum ex omnibus. V. Ec. Cic. XX. n. 10.

8. Studia vestra — your zeal (for Pompey), your wishes.

9. Vos . . . . vidistis — you at that time saw more clearly (than they did) what was for the interests of the state: lit. saw more (than they did) in reference to the state.

Page

262 10. **Vos :** so. *sin.*

263 11. **Principes** — leaders ; i. e. of the senate.

12. **Bello .... regio.** V. XVII. n. 4.

23. **Difficile ést.** It was difficult because, those provinces being rich and remote from Italy, the temptation was greater to turn aside from the path of duty and yield to considerations of personal interest.

14. **Asia.** V. II. n. 3.

15. **Interiorum** — further inland.

16. **Ita versari** — so to employ himself.

17. **Pudore .... moderatiores** — under more restraint (than others) from a sense of shame and from self-control.

18. **Causa belli** — a pretext for war.

19. **Coram** — in your presence.

20. **Animos .... possit** — can satisfy the arrogance and pride.

CH. XXIII. 1. **Collatis signis** — in an actual engagement, in a pitched battle.

2. **Idoneus qui — mittatur** — fit to be sent.

3. **Pacatum .... sit** — has been subdued, which is rich; i. e. and still remains rich. *Ec quis* (*ecqui*), like *num*, commonly implies that the interrogator expects a negative answer. V. in Cat. I. 8, n. 17.

4. **Quae .... videntur** — which appears to such men to have been subdued; i. e. so long as a state is opulent, however peaceful or friendly it may be, they will continue to find some pretext for waging war against it for the sake of plunder.

264 5. **Continentium.** V. XIV. n. 12.

6. **Videbat :** so. *ora maritima* ; i. e. the inhabitants.

7. **Jacturis;** i. e. money spent in bribery for the purpose of securing a province or some foreign command. The individual intended to reimburse himself for these heavy losses by plundering his province.

8. **Quibus conditionibus** — under what engagements. These were agreements or stipulations to be fulfilled at some future time.

9. **Videlicet.** Ironical; for he says, chapter XXII., *noverunt sociorum vulnera,* &c.

10. **Non.** V. in Cat. I 9, n. 13.

11. **Quum — tum.** V. Ec. Cic. XXI. n. 2.

12. **Est vobis auctor** — you have as an adviser (of the measure).

the city, and enjoyed the ... as Vatia, surnamed Isauricus from his ... family Archias also as ... raised to the consulship by Sulla in B. C. ... him his instructor, it ... or was sent as proconsul to Cilicia in ... also engaged at ... kes. He subdued the strongholds of the pi... later, he accompanied ... a Roman province, and on his return to Rom... turn they passed through ...d the city in triumph. He had spoken before Ci... the mediation of Luc... Manilian law.

14. **C. Cu...** ... C. Scribonius Curio, who was consul in B. C. 76. The... he obtained Macedonia as his province, and carried on ... three years against the Dardanians and Moesians in the north part of it with great success. In B. C. 71 he celebrated a triumph over the Dardanians.

15. **Beneficiis — ingenio — praeditus.** A species of zeugma. With the first two ablatives translate *praeditus* " distinguished," and with the last two, " endowed."

16. **Lentulus.** Cn. Cornelius Lentulus Clodianus was consul in B. C. 72. As an orator, he concealed his want of talent by great skill and art, and by a good voice.

17. **Pro ==** in accordance with.

18. **Cassius.** C. Cassius Longinus Varus was consul B. C. 73. The next year he commanded as proconsul in Cisalpine Gaul, and was defeated by Spartacus near Mutina.

19. **Integritate singulari :** sc. *vir*. A proper name is not directly qualified by an adjective, nor ordinarily by the gen. or abl. of quality, but through the noun *vir* or *homo* in apposition. V. K. 86, R. 3.

20. **Videte, ut —** see how.

Ch. XXIV. 1. **Istam tuam.** V. in Cat. I. 1, n. 4.

2. **Neve.** V. Caes. II. 21, n. 3.

3. **Iterum.** The first time was when the Gabinian law was passed. 265

4. **De .... facultate —** about the thing itself (i. e. the election of such a man) or about (our) ability to carry (it ; i. e. the election). The enthusiasm which the people manifested was an indication of success.

5. **Autem.** V. Ec. Cic. XX. n. 5.

6. **Atque .... praetoria.** *Atque* here serves to connect with the preceding a phrase which is merely explanatory of it : beneficium being used to designate any office within the gifts, or *favor*, of the people.

7. **Defero —** I place at the disposal.

8. **Loco ;** i. e. the forum, which was surrounded with numerous temples.

Page
265 9. **Templo;** i. e. rostra. Any place consecrated by the e
might be called a *templum.*

10. **Qui . . . . adeunt** == who engage in public affairs.

11. **Honoribus.** Particularly the consulship; which w:
only remaining object of his ambition.

12. **Ut . . . . tecti** == shielded by the unblemished cha
which a man ought to exhibit: lit. as a man *ought to exh* (it).
The words *ut . . . . oportet* are explanatory of *innocentia* , and
ut is equivalent to *quam.*

13. **Ratione vitae** == course of life: sc. which have hitherto
pursued. V. § 1.

14. **Si . . . . feret** == if your will shall ermit. Cicero is fond of
acknowledging the sovereign will of th people.

15. **Tantumque . . . . videar** == and so far from seeming to
have sought for myself any grateful return. The clause, *ut . . . . videar,* is the subject of *abest,* and the clause, *ut . . . . intelligam,* depends upon *tantum.*

16. **Inimicitia** denotes any enmity which has its foundation in
antipathy or disagreement; whereas *simultas* denotes a political enmity, which has its foundation in rivalship. Död.

17. **Hoc honore;** i. e. the praetorship.

18. **Meis . . . . rationibus** == to all my own advantages and
considerations; i. e. to everything of a personal consideration; and
hence to all the enmities to which I expose myself for your sake.

266

ORATIO PRO ARCHIA POETA.

INTRODUCTION.

A. LICINIUS ARCHIAS, born and educated at Antioch in Syria, a city renowned for the cultivation of Greek art and learning, acquired at a very
early age a considerable reputation as a poet. He had scarcely grown out
of the age of boyhood, when, according to the fashion of the time, he went
out on a journey, the object of which was to improve himself and increase
his knowledge. He travelled through Asia Minor and Greece, and thence
to Southern Italy, where he visited the towns of Tarentum, Locri, Rhegium,
and Naples. His talent was everywhere recognized and appreciated, and
the above-mentioned towns attested their estimation by honoring him with
the franchise. In B. C. 102, in the consulship of C. Marius and Q. Lutatius Catulus, Archias came to Rome: he was received into the first families

Page
266

of the city, and enjoyed the particular hospitality of the Luculli, in honor
of which family Archias also assumed its gentile name Licinius. As Cicero
calls him his instructor, it would seem that Archias, besides his poetical
occupations, also engaged at that time in instructing young Romans. Some
years later, he accompanied M. Lucullus on a journey to Sicily, and on
their return they passed through Heraclea in Lucania. There, too, he was,
through the mediation of Lucullus, honored with the franchise; and this
was the more valuable to him, as that town was in a nearly equal legal relation to, and alliance with, Rome, and as Archias seems to have determined to spend the remainder of his life at Rome. In B. C. 92, the tribunes M. Plautius Silvanus and C. Papirius Carbo brought forward a bill
(*lex Plautia Papiria*) by which the franchise was conferred upon all those
who were enrolled as citizens in an allied town, provided they had a domicile in Italy at the time of the passing of the law, and gave in their name
to the praetor within sixty days. Archias fulfilled these conditions, and
gave in his name for registration to the praetor Q. Metellus. But in B. C.
65 a law was passed (*lex Papia*), enacting that all *peregrini*, or strangers,
should be expelled from Rome, and that the Socii Latini (who were not
Roman citizens) should be sent away to their native places. On that occasion a certain Gratius, who may have been induced by hatred, or avarice,
or by enmity against Lucullus, came forward, asserting that Archias was a
peregrinus, and had illegally assumed the name of a Roman citizen. Archias was unable to bring forward any evidence of his franchise, for the
archives of Heraclea had been destroyed by fire: during his long stay at
Rome, moreover, he had never entered his name as a citizen in the census
lists. Cicero now undertook the defence of his old teacher and friend;
not, indeed, with a strict legal argumentation, for the proofs were wanting,
but he sets up the dignity of the accused, the affection he had met with
everywhere, and his services to literature and art, as so many proofs of the
truth of his assertion that he was in lawful possession of the Roman franchise; nay, Cicero maintains that if Archias were not already a Roman
citizen, his life and merits made it a duty for Rome to admit him among
the number of her citizens, in order to secure a man of such eminence to
the commonwealth. Such a defence, which Cicero sought in the personal
character of the accused, and laid before the judges, who could not well
sacrifice the cause of learning and humanity to such an accusation, —
such a defence could not so much urge the legal points at issue, for which,
as we have already observed, the documents were wanting, as set forth the
praise of varied acquirements, and of a life devoted to the cultivation of
the beautiful. And it is this very praise of the *humaniora* that makes this
speech a useful, agreeable, and inciting study to young readers; though it
must not be left unnoticed that some critics consider it as spurious, and
unworthy of Cicero; and the ancients themselves regard it as less excellent than other orations. Respecting the result of the speech, which was

266 delivered in B. C. 62,* before Q. Cicero, who was then praetor urbanus, nothing is known, and the remaining period of Archias's life is buried in utter obscurity. To judge from the few specimens of his poetry which have come down to us, it appears that he did not possess so very great a poetical talent as Cicero describes it in his oration ; and it is probable that Archias, who was intimate with so many Roman families, was more particularly skilled in making verses upon the passing events of the day, and also, as some believe, knew how to make himself agreeable by improvisation, or extempore composition of verses. — *Schmitz.*

ANALYSIS.

Ch. I. The orator acknowledges, that, in undertaking the defence of Archias, he is but discharging a duty to him as the teacher and guide of his youth, to whom he is indebted for much of his success as a pleader at the bar.

Ch. II. After apologizing for turning aside from the usual mode of forensic pleading to speak of the advantages of literature, he lays down the leading proposition, which consists of two parts : (a) Archias is already a citizen, and (b) if he were not, he ought to be admitted to citizenship.

Ch. III. Archias's birthplace, his early devotion to poetic composition, his great reputation in Asia and Greece, arrival in Italy, where he was presented with citizenship by the inhabitants of Tarentum, Rhegium, and Neapolis, and finally at Rome, where he was honored with the intimate friendship of the Luculli, Metelli, and other distinguished Romans.

Ch. IV. He comes to Heraclea with M. Lucullus, through whose influence, as well as on account of his own merits, he obtains the Roman franchise of the Heracleans in accordance with the provisions of the law of Silvanus and Carbo. He had complied with the conditions of this law, inasmuch as he had had for many years a domicile at Rome, had given his name to the praetor within sixty days after his enrolment, and the fact of his enrolment had been proved by the testimony of M. Lucullus and the Heraclean ambassadors.

Ch. V. The probability of Archias's citizenship is shown by the fact that he had been enrolled in the registers of Metellus, who was a man of remarkable conscientiousness and integrity, that he had been made a citizen of various other allied cities, and that he had in various ways enjoyed the rights and privileges of a Roman citizen. The fact that his name was not found in the census lists did not militate against his claim to be a citizen ; for, in the first place, he was absent from Rome when the census was taken, and at the time when he was present it was not taken ; and, in the second

* Generally assigned to B. C. 61. — *Smith's Class. Dict.* If this is the correct time, Cicero was in the forty-sixth year of his age. — *Editor.*

the fact that a person's name was found in the census lists did not prove his citizenship. This completes the first point of the defence; viz., that Archias was a Roman citizen.

CH. VI. To establish the second point of the defence, viz., that Archias ought to be admitted as a citizen, if he were not already one, Cicero speaks first of the advantages of letters, and especially of poetry, (a) to orators;

CH. VII. (b) To the most distinguished men of the state; (c) as affording pleasure in every age of life, in all times and all places:

CH. VIII. Then he describes the remarkable poetic talent of Archias, and shows by examples how highly poets were esteemed by antiquity:

CH. IX. In the next place, Archias has claims on the love and gratitude of the Roman people, because he has contributed to the fame and glory of the Roman name by celebrating in verse the victories of some of their most distinguished generals:

CH. X. Lastly, he is none the less meritorious because he has written in Greek verse instead of Latin; and as various writers were honored by Alexander, Theophanes by Pompey, a miserable poet by Sulla, Corduban poets by Metellus,

CH. XI. And Attius by Brutus, so ought Archias to be rewarded by the judges. Cicero himself also confesses to the weakness of desiring the safety of Archias, because he has begun to celebrate in verse the praises of his consulship.

CH. XII. In conclusion, he asks of the judges a verdict favorable to his client, on account of his personal merits, on account of his legal claim to such a verdict, and on account of the important services he has rendered to the Roman people, and craves their indulgence for having departed from the usual course of a forensic argument to speak of his talents and profession.

CH. I. 1. **Ingenii** — natural talent; i. e. as an orator. V. p. l. Manil. XIII. n. 9.

2. **Exercitatio** — practice, the readiness acquired by practice. Cf. in Cat. III. § 11: *Ingenium, &c.*

3. **Me — mediocriter esse versatum** — that I have moderately employed myself. Notice the modesty of this passage.

4. **Hujusce .... aliqua** — any knowledge of this same art; i. e. *dicendi* — public speaking, oratory. *Aliqua* is stronger than the simple *qua*. V. Caes. I. 14, n. 5, and in Cat. IV. 10, n. 2.

5. **Ab .... profecta** — arising from the zealous pursuit and disciplining influence of the most liberal arts.

6. **Earum .... omnium**; i. e. *ingenium, exercitatio, ratio*: the three chief requisites for forming an orator.

7. **Vel in primis** — especially: lit. even among the first.

8. **Repetere** — to claim in return.

9. **Prope suo jure;** i. e. because he had been Cicero's instructor.

10. **Pueritiae.** According to Dr. Middleton Cicero was five years old when he was placed under the instruction of Archias.

11. **Inde usque repetens** — recollecting even from that early period. *Inde usque* marks a *continuous* progress from the distant point mentioned *quite up to* the moment present to the speaker.

12. **Principem** — chief guide.

13. **Suscipiendam** refers to the *design*, or *purpose*, to learn the art of public speaking, and *ingrediendam*, to the *act* of learning it.

14. **Rationem** — the path, course. *Horum studiorum* is not to be confined to the study of oratory, but includes also liberal studies in general.

15. **Hortatu praeceptisque.** The former looks to *suscipiendam*, the latter, to *ingrediendam.* The abl. of *hortatus* is found in only one other passage in Cic.

16. **Ceteris . . . . servare** — to aid others and save some. *Ceteris* and *alios* are not used with reference to each other, but, to *huic ipsi* below. On the use of a single *alii*, see Caes. I. 8 : *Alii vadis Rhodani.* See also this oration, VI. 13 : *Ceteris — alii;* where these words are used with reference to *egomet.*

17. **Ita** — so emphatically.

18. **Alia quaedam — facultas — ingenii** — a certain other kind of talent. Because he was a poet, and not an orator.

19. **Neque disciplina** — and not this theoretical or practical knowledge of oratory which I possess. This which I possess, which belongs to me, is the force of *haec.* To connect *ne — miretur* with the apodosis *ne nos quidem — dediti fuimus*, sc. " let me tell you."

20. **Studio ;** sc. *dicendi.*

21. **Artes.** Viz. poetry, eloquence, philosophy, history, mathematics, &c.

22. **Humanitatem** — a mental cultivation befitting a man, — a liberal education.

Cr. II. 1. **In quaestione legitima** — in a legal investigation. The question at issue, viz. whether Archias was a citizen or not, was a strictly legal one : one to be settled by law.

2. **In judicio publico** — at a public trial, in opp. to *judicium privatum ;* i. e. a trial in which the interests of the state were involved, in opp. to one in which the interests of private individuals

were concerned. The rights of Archias as a citizen, it is true, were 267 at stake, but then the question turned on the interpretation of a law involving the interests of the state.

3. **Quam res agatur** — when the case is pleaded.

4. **Praetorem ;** i. e. Q. Cicero, the orator's brother.

5. **Hoc — genere dicendi** — a (— such a) kind of pleading. " It was unusual in judicial transactions and speeches to treat of literature and the arts." *Hic qui* is used for *is qui*, when the thing spoken of is *present.* Here it is the style he is *now* going to adopt. A.

6. **Ut . . . . patiamini** explains *hanc veniam.*

7. **Me — loqui** is the object of *patiamini.*

8. **Hoc —** *tali.*

9. **Hac . . . . humanitate** — such being your own liberal knowledge.

10. **Exercente** — administering.

11. **Liberius :** sc. than is usual.

12. **In . . . . tractata est** — in case of such a personage, (character; i. e. as Archias is,) which, on account of retirement and study, has been by no means brought forward (*acted*) in legal trials and the dangers (attendant upon them). *Tractare personam* is properly said of an actor.

Ch. III. 1. **Artibus.** V. I. n. 21. 268

2. **Humanitatem.** V. I. n. 22.

3. **Ad scribendi studium** — to the study of composition; i. e. poetic composition.

4. **Loco —** birth, family.

5. **Celebri —** populous.

6. **Contigit —** (and) it happened (to him). This verb is connected with *contulit* by *et* understood. The usual construction is *contigit alicui ut antecelleret.* The *infinitive* gives less prominence and *definiteness* to the consequence.

7. **Sic . . . . superaret —** his arrivals were so much talked of, that the expectation (i. e. the desire to see) of the man exceeded the reputation of his talent, whereas his actual (*ipsius*) arrival and the admiration (it excited) exceeded (even) the expectation (with which his arrival had been looked for).

8. **Italia** here means Southern Italy, or Magna Graecia: so called from its Greek inhabitants. It was especially after the destruction of Carthage (B. C. 146), that Greek civilization began to be introduced into Italy.

9. **Propter tranquillitatem rei publicae.** From B. C. 99 to B. C. 90, when the Social War broke out.

10. **Non negligebantur.** Less strong than *colebantur*.

11. **Tarentini, &c.** Tarentum, Rhegium, and Neapolis wer
the most celebrated towns in Southern Italy, and, being of Greek
origin, would naturally be favorably disposed towards the Greek poet
and would be likely to honor him with their most valuable gifts.
This they did in bestowing upon him the *civitas* (== privileges of a
citizen, citizenship); but this fact availed him nothing *in* a legal
point of view as to *Roman* citizenship, and Cicero knew it perfectly
well: he is only paving the way, as it were, for his receiving the
civitas at Heraclea.

12. **Absentibus** — to persons absent; i. e. who were at a distance, and who had never seen him.

13. **Mario consule et Catulo.** B. C. 102. The usual order
is *Mario et Catulo consulibus.* V. in Cat. III. 10, n. 4, and p. l. Manil.
XVI. n. 17. The Catulus here mentioned was a highly educated
and generally accomplished man, deeply versed in Greek literature,
and especially famed for the extreme grace and purity with which he
spoke and wrote his own language. He, together with Marius, conquered the Cimbri, B. C. 101.

14. **Res — maximas** == the noblest subjects. *Ad scribendum.*
V. n. 3.

15. **Res gestas;** i. e. the victory over the Cimbri.

16. **Studium atque aures** — an interest and a critical ear;
i. e. an interest in literary works and a correct literary taste. Catulus wrote both history and poetry.

17. **Luculli;** i. e. L. Licinius Lucullus, the conqueror of Mithridates, and a man of great learning, and M. Licinius Lucullus, who
gained a triumph over the Thracians and Macedonians in B. C. 71.

18. **Praetextatus** — *adolescentulus* == a youth. This word
must not be taken literally, as, in the first place, foreigners were forbidden to wear the toga, and, in the second place, Archias, who must
have been at this time about eighteen years of age, was too old to
wear the toga praetexta, which Roman youth laid aside on entering
the seventeenth year.

19. **Sed .... senectuti** — but this indeed (was) in consequence,
not only of his natural talents and literary attainments, but also of
his natural disposition and virtuous character, that the same house
which was the first (to receive him) in his youth, was also most
friendly to his old age. Supply *fuit* after *hoc.* The † indicates that
the passage is supposed to be corrupt. "The more usual explication
of *hoc* is *quod.* Matthiae observes, that, wherever *ut* is so used, it

conveys the explanation, as at the same *time* an *effect* or *consequence* of what had been stated: e. g. here it is the consequence of Archias's good character." A.

20. Senectuti. Archias was now probably in his sixtieth year.

21. Q. Metello. Q. Metellus Numidicus, consul B. C. 109, the conqueror of Jugurtha in Numidia, for which victory he received the honorary surname of Numidicus, was distinguished for his personal integrity, his abilities in war and peace, and his generous patronage of literature and art.

22. Pio. Q. Metellus Pius, consul B. C. 80, went the following year (B. C. 79) as proconsul into Spain, where he commanded eight years against Sertorius. He received the surname Pius on account of the love which he displayed for his father when he besought the people to recall him from banishment in B. C. 99; whom he resembled in his abilities, personal character, and patronage of learning.

23. M. Aemilio. M. Aemilius Scaurus, consul B. C. 115, and a second time B. C. 107, was a Roman nobleman of eminent abilities, though his character was tarnished by cupidity.

24. Vivebat — he had friendly intercourse.

25. Patre. V. n. 13.

26. Filio. V. p. l. Manil. XVII. n. 7.

27. L. Crasso. L. Licinius Crassus, the orator. He was consul in B. C. 95.

28. Drusum. M. Livius Drusus was tribune of the plebs in B. C. 91, and carried many laws, but was assassinated in his own house the same year by his political opponents.

29. Octavios. Cn. Octavius, consul B. C. 87, (V. in Cat. III. 10, n. 6,) L. Octavius, son of the former, consul B. C. 75, and perhaps another Cn. Octavius, who was consul B. C. 76.

30. Catonem. M. Porcius Cato, a tribune of the plebs and father of Cato Uticensis.

31. Hortensiorum. Q. Hortensius (V. p. l. Manil. XVII. n. 8) and L. Hortensius his father, who was praetor of Sicily in B. C. 97.

32. Percipere — to learn.

33. Simulabant — affected (this desire).

Ch. IV. 1. Heracleam. A seaport of Lucania, on the bay of Tarentum, founded, it is said, by the Tarentini, B. C. 428.

2. Quae .... foedere — since this was a state of (i. e. enjoying) the most favorable privilege and the most equitable treaty; i. e. with Rome. This alliance was formed in B. C. 278, in the consulship of C. Fabricius; and by it Heraclea obtained greater privileges than

Page

269 other towns, such as Tarentum, Rhegium, and Neapolis. To this idea *aequissimo* refers, expressing the fact of its being *nearly on a level* with Rome itself. It was for this reason that Archias endeavored to obtain the franchise of Heraclea.

3. **Adscribi se** — to be enrolled, received (as a citizen).

4. **Quum** — not only because.

5. **Silvani lege et Carbonis;** i. e. the *lex Plautia et Papiria.* This law was proposed and carried by the tribunes M. Plautius Silvanus and C. Papirius Carbo in B. C. 89.

6. **Foederatis civitatibus** — in the allied states. In the seventh century of Rome these words expressed those Italian states which were connected with Rome by a treaty (*foedus*). They did not include Roman colonies or Latin colonies, or any place which had obtained the Roman civitas. Among the Foederati were the Latini, who were the most nearly related to the Romans, and were designated by this distinctive name: the rest of the Foederati were comprised under the name of Socii or Foederati. They were independent states, yet under a general liability to furnish a contingent to the Roman army. Thus they contributed to increase the power of Rome, but they had not the privileges of Roman citizens. The discontent among the Foederati, and their claims to be admitted to the privileges of Roman citizens, led to the Social War. The Julia Lex (B. C. 90) gave the civitas to the Socii and Latini; and a lex of the following year (*lex Plautia et Papiria*) contained, among other provisions, one for the admission to the Roman civitas of those *peregrini* (foreigners) who were entered on the lists of the citizens of federate states, and who complied with the provisions of the lex; that is, who had a domicile in Italy at the time the law was enacted, and who gave in their names to the prætor within sixty days.

7. **Multos — annos;** i. e. from B. C. 102 to 89.

8. **Q. Metellum.** Q. Metellus Pius, who was prætor in B. C. 89. V. III. n. 22.

9. **De civitate ac lege** — *de civitate ac de lege (Plautia Papiria) qua civitas data est foederatis populis.*

10. **Causa dicta est** — the case is pleaded; i. e. if I confine myself to the fact of his enrolment as a citizen of Heraclea, and of his having complied with the provisions of the law of Silvanus and Carbo, there is nothing further to be said : the matter is settled.

11. **Religione** — scrupulousness.

270 12. **Non interfuisse** — was not present (merely).

13. **Hujus .... venerunt.** Parenthetical.

14. **Mandatis** — documents.

15. **Hic tu.** This form implies something of *indignant* feeling.

16. **Italico bello.** Called also the *Social* war, because it was waged by the Latin allies against Rome to extort from it the rights of citizenship, and the *Marsic*, because it was begun by the Marsi.

17. **Hominum memoria:** referring to the testimony given by Lucullus and the Heraclean deputies.

18. **Literarum memoriam:** referring to the registers of Heraclea.

19. **Integerrimi municipii;** i. e. Heraclea, which from a *foederata civitas*, which was its condition when Archias became a citizen of it, had become a *municipium*. For the meaning of *municipium*, see Sall. Cat. LL n. 47. During the Social War Heraclea remained faithful to Rome; hence the word *integerrimi*.

20. **An .... habuit** — did not he have, &c. ?

21. **Tot annis.** V. n. 7.

22. **Immo .... auctoritatem** — nay, indeed he did make a public declaration of his claim to citizenship in those registers, which alone by reason of that declaration and of the college of prætors have the authority of public registers; i. e. the case is made still stronger in favor of Archias by the fact, that his name was registered in the lists of Metellus, a man of undoubted fidelity and integrity ; whereas a doubt might have arisen as to the genuineness of the registration, if his name had been found in those of such men as Appius and Gabinius. *Solae* is used antithetically with reference to the registers of Appius and Gabinius mentioned below. For *immo vero*, see in Cat. I. 1, n. 19; and for *ex* used in a causal sense, see Sall. Cat. XII. n. 2.

CH. V. 1. **Appii.** Appius Claudius Pulcher, who was prætor in B. C. 89, along with Gabinius and Metellus.

2. **Negligentius.** So that forgeries might be easily introduced into them.

3. **Gabinii.** P. Gabinius Capito, who was prætor in B. C. 89, and afterwards proprætor in Achaia, where he was guilty of extortion, for which, upon his return to Rome, he was accused by L. Piso, (whom the Achaei had selected as their patronus) and condemned.

4. **Quamdiu incolumis fuit;** i. e. before his impeachment.

5. **Levitas** — recklessness.

6. **Calamitas** — his ruin.

7. **Resignasset** — had destroyed. His condemnation, by injuring his character for probity, naturally lessened the authority of his papers.

270 8. **Modestissimus** — a most careful observer.

9. **L. Lentulum.** Lucius Lentulus was prætor B. C. 89.

10. **Venerit — dixerit.** After *ut* a *consequence* (but not a *purpose*) is often put in the *perf.* subj. instead of the *imperf.*, after a past tense. The *perf.* denotes a single action: *veniret — diceret* would rather denote a continued or repeated one. A.

11. **Aliis quoque in civitatibus.** Archias's enrolment in other states is not mentioned as giving him any claim to Roman citizenship, but only to increase the probability of his having been enrolled as a citizen of Heraclea.

271 12. **Graecia ;** i. e. Magna Graecia in Southern Italy.

13. **Credo.** Ironical. In this sense *credo* is not commonly followed by the *acc.* with *infin.*

14. **Scenicis artificibus** — stage players, actors. The Romans considered the profession of the actor ignoble and fit only for the slave.

15. **Id :** sc. *largiri.*

16. **Civitatem datam ;** i. e. by the law of Silvanus and Carbo.

17. **Legem Papiam.** See Introduction. In consequence of this law, many foreigners got their names entered in the lists of the municipia, in order to be able to pass as Roman citizens.

18. **Eorum municipiorum ;** i. e. Rhegium, Locri, Neapolis, and Tarentum. They had been made *municipia* from *foederatae civitates* by the law of L. Julius Caesar (*lex Julia*), B. C. 90.

19. **Irrepserint.** By means of the negligence or corruption of the prætors.

20. **Census nostros requiris.** Gratius had objected to Archias's being a citizen on the ground that his name was not found in the censors' lists. Cicero replies, that when the census was taken Archias was absent from Rome with Lucullus, and when he was present, the census was not taken. The censors were usually chosen once every five years, and, at first, continued in office for five years; but afterwards, lest they should abuse their authority, a law was passed ordaining that they should be elected every five years, but that their power should continue only a year and a half.

21. **Scilicet** — of course. Ironical.

22. **Est enim obscurum** — for it is not known. The irony is still continued.

23. **Proximis censoribus ;** i. e. the censors of B. C. 70 : L. Gellius and Cn. Lentulus.

24. **Apud exercitum fuisse,** " *to be with the army,*" is said of non-military persons attending the general for any reason. A.

25. Superioribus: sc. *censoribus:* L. Marcius Phillippus and 271 M. Perperna, B. C. 86. Here was a period of sixteen years from B. C. 86 to B. C. 70, during which no censors were chosen.

26. Primis; i. e. the first after giving in his name to the prætor and obtaining the Roman franchise: P. Licinius Crassus and L. Julius Caesar, B. C. 89.

27. [Ita] se .... cive — [so far] even then had conducted himself as a citizen. *Ita,* which is enclosed in brackets to indicate that its genuineness is doubtful, refers to *sit census,* and means, "so far as his enrolment was concerned," " by the very fact of his enrolment."

28. Quem (sc. **iste Archias**) .... **versatum —** (that same Archias) whom you charge to have, not even in his own opinion, enjoyed the right of Roman citizens.

29. Testamentum — fecit. None but Roman citizens could make a valid will, or, as a general rule, become heirs of Roman citizens.

30. In beneficiis — among those recommended to favor. In the time of Cicero it was usual for a general, or a governor of a province, to report to the treasury the names of those under his command who had done good service to the state: those who were included in such a report were said *in beneficiis ad aerarium deferri.* It was required by a Lex Julia that the names should be given in within thirty days after the accounts of the general or governor.

CH. VI. **1. Neque — neque —** either — or, after negatives.

2. Revincetur — will be refuted.

3. Ubi — wherewith, that with which.

4. An tu existimas — dost thou think then ? By supplying the ellipsis which is implied before *an,* we can give *an* its usual meaning in double questions, thus: do you believe this, or do you really think ? For this *an,* see Ec. Cic. XXV. n. 12, and Caes. I. 47, n. 12.

5. Suppetere nobis posse — that we could have at hand.

6. Tantam — contentionem — so long-continued exertion. 272 The figure is derived from the bending of a bow; to which *relaxemus* (— unbend) immediately after is well suited.

7. Tempore. V. in Cat. I. 9, n. 8, and pro lege Manil. I. n. 9.

8. Temporum — tantum — so much time.

9. Tempestivis conviviis. *Tempestiva convivia* were such entertainments as began before the accustomed hour, or while it was yet day, and were lengthened out till very late at night.

10. Eo — on this account.

11. Haec — crescit oratio et facultas — this faculty of

272 public speaking which I possess is increased : lit. *increases*.   *Oratio et
facultas* by hendiadys *for orationis facultas*.   V. Caes. I. 44, n. 5.   For
the force of *haec*, see I. n. 19.

12. **Quae :** sc. *haec oratio et facultas*.

13. **Quae summa sunt** — which are of the highest importance ; i. e. those principles which are necessary for man's guidance
in practical life.

14. **Multisque litteris** — and from many literary works; i. e.
the works of poets, historians, orators, philosophers.   *Litterae* are opposed to *praecepta*, which are imparted *viva voce :* the *sapientium voces*,
afterwards mentioned.

15. **Plena ;** i. e. full of those principles the power of which he
has just stated.

16. **Exemplorum vetustas — exempla vetusta** — ancient examples, examples of antiquity.   *Exemplorum* may, however,
limit *plena*.

17. **Imagines** — likenesses, delineations ; i. e. of moral character.

273 18. **Expressas** — portrayed, sketched.

19. **Ipsa .... excellentium** — even by thinking upon excellent men.

Ch. VII.   1. **Est .... respondeam** — I know what to reply.

2. **Habitu prope divino** — by the almost divine character.

3. **Saepius — naturam — valuisse** — that natural abilities have oftener been effectual.

4. **Atque idem** — and yet for all that.

5. **Accesserit ..... doctrinae** — a sort of training (lit.,
method) and moulding (of the mental powers) which learning pro-
duces have been added.

6. **Illud nescio quid** — something : lit. that, I know not
what.   V. Epp. Cic. III. n. 35.

7. **Esse hunc :** sc. *contendo*.

8. **Africanum.**   V. in Cat. IV. 10, n. 6.

9. **C. Laelium.**   C. Laelius, surnamed Sapiens, the intimate
friend of the younger Scipio.   He was tribune of the plebs in B. C.
151, praetor in B. C. 145, and consul in B. C. 140.

10. **L. Furium.**   L. Furius Philus, consul B. C. 136.   A contemporary of the younger Scipio and of Laelius, Philus participated
with them in a love for Greek literature and refinement.   He cultivated the society of the most learned Greeks, and was himself a man
of no small learning for those times.   He was particularly celebrated
for the purity with which he spoke his mother tongue.

11. M. Catonem. M. Porcius Cato, surnamed Sapiens, and **273** also Censorius, which is his most common, as well as his most characteristic appellation, since he filled the office of censor with extraordinary repute, and was the only Cato that ever filled it. He was consul B. C. 195 and censor B. C. 184. He applied himself in old age to the study of Greek literature, with which in youth he had no acquaintance, although he was not ignorant of the Greek language. He lived to the advanced age of 85, or, as some say, of 90.

12. Nihil. V. in Cat. I. 1, n. 8.

13. Adjuvarentur — contulissent. V. Ec. Cic. V. n. 2. Cf. also in Cat. II. 2, § 3. *Judicarem — sustulissem.*

14. Remissionem = relaxation, recreation.

15. Judicaretis = you should judge.

16. Ceterae: sc. *animi remissiones.*

17. Temporum — omnium = suited to all times. *Omnium* belongs to each genitive.

18. Neque .... gustare = neither prosecute them nor enjoy **274** them by our own perceptions.

Ch. VIII. **1. Roscii.** Q. Roscius, the comedian, who was the most celebrated comic actor at Rome, and whom Cicero defended in a speech, the most of which is still extant. He paid the greatest attention to his art, and obtained excellence in it by the most careful and elaborate study. So careful and assiduous was he in his preparations, that even in the height of his reputation, he did not venture upon a single gesture in public which he had not previously well considered and practised at home.

2. Ergo ille. A form of the argument *a minore ad majus*, the more common form of which is *an ille* .... ? followed by *non* .... ?

3. Animorum .... ingeniorum. These words refer primarily to Archias; but the plurals *animorum* and *ingeniorum* make the thought more general.

4. In .... dicendi. V. II. n. 5.

5. Quae tum agerentur = which were then topics of discussion.

6. Revocatum .... sententiis = when called back (i. e. encored), to speak on the same subject with an entire change of words and ideas.

7. Ut ad — perveniret = that he attained to.

8. Constare = depends upon.

9. Natura ipsa valere = derives his power from nature herself.

Page

274 10. **Quodam.** V. pro lege Manil. XIV. n. 21.

275 11. **Suo jure.** V. pro lege Manil. XXII. n. 4.

12. **Ennius,** whom the Romans ever regarded with a sort of filial reverence as the parent of their literature, was born, B. C. 239 in Rudiae, a Calabrian village among the hills near Brundisium. He served as a centurion in the second Punic War, of which he composed a poetical history. He also wrote tragedies, satires, a eulogy on the elder Scipio Africanus, and numerous other works; but fragments only are extant. He died at the age of 70; and, at the desire of Africanus, his remains were deposited in the sepulchre of the Scipios, and his bust allowed a place among the effigies of that noble house.

13. **Donum** means a present, as a gratuitous gift, by which the giver wishes to confer pleasure; whereas *munus* as a reward for services, whereby the giver shows his love or favor. Död.

14. **Bestiae saepe:** alluding to the fable of Orpheus. The orator, carried away by his feelings, represents as of frequent occurrence what was a matter of individual experience.

Ch. IX. 1. **Ergo illi.** V. VIII. n. 2.

2. **Cimbricas res — attigit —** he undertook, began to write, the history of the Cimbrian war. Cf. § 28, *attigit atque inchoavit.*

3. **C. Mario.** V. in Cat. III. 10, n. 4, and pro lege Manil. XVI. n. 17.

4. **Illum.** V. pro lege Manil. IX. n. 2.

5. **Quod acroama —** what music.

6. **L. Plotium.** L. Plotius Gallus, a native of Cisalpine Gaul, was the first person that ever set up a school at Rome for the purpose of teaching Latin and rhetoric. This was about B. C. 88.

276 7. **In .... versatum —** carried on with many vicissitudes on land and sea.

8. **Totum.** Particularly that part which was carried on by Lucullus; and embracing the period from B. C. 73 to 67. The Mithridatic war, which extended over a period of about 30 years, was first carried on by Sulla, then by Lucullus, and was completed by Pompey, who had Theophanes of Mitylene for his eulogist. See § 24.

9. **Qui libri;** i. e. Archias's poem on the Mithridatic war, which consisted of several books.

10. **Pontum.** V. pro lege Manil. VIII. n. 7.

11. **Non maxima manu — innumerabiles Armeniorum copias.** Cicero refers to the taking of Tigranocerta. V. pro lege Manil. IX. n. 11. The forces of Tigranes on this occasion, according to Plutarch, amounted to 260,000; while those of Lucullus

consisted of only 10,000 infantry, 1,000 slingers, and, according to 276
Appian, 500 cavalry.

12. **Urbem — Cyzicenorum.** V. pro lege Manil. VIII. n. 4.

13. **Nostra .... praedicabitur — cum .... classis, &c.**
— the sinking of the enemies' fleet together with the killing of the
leaders, &c., will always be named and celebrated as *our* exploit : lit.
as *ours*. *Nostra* refers grammatically to *classis* and *pugna*. Its position in this and the following clauses indicates strong emphasis.

14. **Apud Tenedum pugna.** V. pro lege Manil. VIII.
n. 5.

15. **Africano superiori.** V. in Cat. IV. 10, n. 4.

16. **In sepulchro Scipionum.** V. VIII. n. 12.

17. **Iis laudibus ;** i. e. of Ennius.

18. **Hujus ;** i. e. Cato Uticensis, who was present at the trial.

19. **Proavus Cato.** V. VII. n. 11.

20. **Maximi, Marcelli, Fulvii.** These were the most celebrated generals in the second Punic War. For Maximus and Marcellus, see pro lege Manil. XVI. n. 14 and 15. Q. Fulvius Flaccus
was four times consul (B. C. 237, 224, 212, 209), and the conqueror
of Capua B. C. 211.

Ch. X. 1. **Ergo illum.** V. VIII. n. 2.

2. **Rudinum hominem.** V. VIII. n. 12.

3. **Nam.** An objector might urge, in answer to the foregoing
question, that Ennius was honored with the Roman franchise because
he composed in Latin verse, whereas Archias wrote Greek. *Nam* introduces the reasoning which shows such an objection to be unfounded.

4. **Minorem gloriae fructum — percipi —** that a less
harvest of glory is reaped.

5. **Graeca — Latina —** the Greek — the Latin.

6. **Suis finibus ;** i. e. Latium. This was true at that time, for 277
in Upper Italy the Etruscan and Gallic dialects prevailed, in Lower
Italy the Greek. Afterwards, however, the Latin language became
more widely disseminated.

7. **Manuum nostrarum tela —** the weapons of our hands ;
i. e. wielded by our hands.

8. **Ampla —** honorable, glorious.

9. **Qui de vita — dimicant —** who fight at the risk of life.

10. **Scriptores rerum suarum.** No contemporary author
of the campaigns of Alexander survives. Our best account comes
from Arrian, who lived in the second century of the Christian era,
but who drew up his history from the accounts of Ptolemy, the son

277 of Lagus, and Aristobulus of Cassandria.   V. Smith's Dict. Gr. and
Rom. Biog.

11. **In Sigeo.** Sigeum was the name of a promontory on the
coast of Troy, where Achilles was supposed to have been buried.

12. **Ilias illa.** V. pro lege Manil. IX. n. 2. Cf. *magnus ille*
above.

13. **Hic Magnus.** Pompey.

14. **Theophanem.** Theophanes of Mytilene in Lesbos, a
learned Greek, was one of the most intimate friends of Pompey,
whom he accompanied in many of his campaigns, and who frequently
followed his advice on public as well as private matters.

15. **Ejusdem laudis;** i. e. as their commander.

16. **Credo.** Ironical. So below.

17. **Ut — perficere non potuit —** he could not have
brought it about, that.

18. **Quum .... longiusculis =** when a wretched poet from
the common people had put in his hand a petition, because he had
made an epigram in his praise only in verses alternately somewhat
longer (than the others) ; i. e. in alternate hexameters and pentame-
ters. The thought suggested by *tantummodo* is, that its *only* merit consisted in its being composed in verses alternately long and short : it
was not poetry. *Libellum* is any short composition. *Poëta de populo*
= an obscure poet.

19. **Vendebat.** V. Sall. Cat. XXIV. n. 3.

278   20. **Qui =** since he.

21. **Tamen;** i. e. notwithstanding the poet was bad.

22. **Hujus;** i. e. Archias.

23. **Usque eo =** to that degree.

24. **Cordubae.** Now the town of Cordova in Spain. It was
proverbial for the bad poets it produced, yet it gave birth to some
men of uncommon parts ; among whom were the two Senecas and
Lucan.

25. **Pingue .... peregrinum =** although uttering something
coarse and foreign; i. e. provincial. They could not write pure
Latin.

CH. XI. 1. **Neque enim.** V. in Cat. I. 10, n. 2.

2. **Prae nobis ferendum —** we must let it be seen, must
openly acknowledge it : lit. it must be carried before us.

3. **Nobilitatem —** celebrity, fame.

4. **Praedicari de se ac nominari =** to be praised and
rendered famous.

5. **Decimus Brutus,** surnamed Gallaecus from his victory 278 over the Gallaeci, a warlike tribe in the western part of Spain, was consul B. C. 138, and one of the most distinguished generals of his age. With the booty obtained in Spain, he erected temples and other public buildings, for which the poet L. Accius (Attius) wrote inscriptions in verse.

6. **Quidem** — for instance : one being selected out of many persons mentioned or alluded to.

7. **Attii.** L. Accius, or Attius, an early Roman tragic poet and the son of a freed man, was born B. C. 170, and lived to a great age. Cicero, when a young man, frequently conversed with him. One of his tragedies, entitled Brutus, was probably in honor of his patron, D. Brutus.

8. **Templorum — suorum ;** i. e. which he had built.

9. **Jam vero.** V. Ec. Cic. XXIII. n. 80.

10. **Fulvius.** M. Fulvius Nobilior was consul B. C. 189, and that year received the conduct of the war against the Aetolians, whom he compelled to sue for peace. He had a taste for literature and art, and was the patron of the poet Ennius, who accompanied him in his Aetolian campaign. In his censorship, B. C. 179, he erected a temple to Hercules and the Muses in the Circus Flaminius, as a proof that the state ought to cultivate the liberal arts, and adorned it with the paintings and statues which he had brought from Greece upon his conquest of Aetolia.

11. **Imperatores prope armati ;** i. e. who have recently laid down their arms. Opp. to *togati judices.* V. in Cat. II. 13; n. 1.

12. **Me vobis — indicabo** — I will fully disclose my feelings to you.

13. **Quae res :** referring to the conspiracy of Catiline.

14 **Attigit,** V. IX. n. 2.

15. **Adornavi** — I furnished the materials, the data. The reading is here very various.

16. **Hanc :** sc. *mercedem.*

17. **Quid est quod** — what reason is there why. *Quod* = *propter quod,* lit. on account of which.

18. **Nihil — praesentiret in posterum** — had no presentiment of the future.

19. **De vita ipsa** — for life itself.

20. **Nunc** is here used (as the Greek νῦν) to oppose the *actual state of things* to the *supposed case* (si nihil animus, &c.) rejected.

21. **Quaedam — virtus** — a certain principle.

279   22. **Non .... adaequandam** — that we ought not to let the
remembrance of our name be forgotten along with the period of our
life, but ought to make it equal with all future ages.

Ch. XII. 1. **Am.** V. Caes. I. 47, n. 12.

2. **Tam parvi animi** — of so narrow a mind.

3. **Usque ad extremum spatium** — even to the end of
our course; i. e. of life.

4. **An .... nonne.** On this form of argument see VIII. n. 2,
and in Cat. I. 1, n. 27.

5. **Expressam.** V. VI. n. 18. Of the words *expressam* and
politam, the former refers to the accuracy of the delineation, the latter to its finish.

6. **In gerendo** — *quum gerebam.*

7. **Haec :** sc. *memoria.*

8. **Sensu** — perception, consciousness.

9. **Spe :** sc. that it may be so.

10. **Pudore eo** — of that modesty.

11. **Quem .... vetustate** — which you see to be attested not
only by the high rank of his friends, but also especially by the long
continuance of their friendship.

12. **Ingenio autem tanto** — moreover of so great genius.

280   13. **Summorum hominum ingeniis** — *ab hominibus sum-*
morum ingeniorum.

14. **Causa .... quae** — **comprobetur** — and indeed of
such a cause, that it is established.

15. **Beneficio ;** i. e. the law of Silvanus and Carbo.

16. **Municipii ;** i. e. Heraclea.

17. **His .... periculis ;** i. e. the conspiracy of Catiline, which
had been suppressed the year before.

18. **Et .... studio** — and in general concerning his profession.

19. **Ab eo ;** i. e. Quintus Cicero, the brother of the orator. *Ex-*
ercst. V. II. n. 10.

EPISTOLAE CICERONIS.

Ep. I. In this letter Cicero congratulates Pompey on his victory over Mithridates, and complains that Pompey had not taken proper notice of *his* achievements in relation to the conspiracy of Catiline; nevertheless, he assures him of his continued friendship.

1. **Imperatori.** The title of *Imperator*, in the times of the republic, was very different from the meaning it afterwards obtained. After a victory it was usual for the soldiers to salute their commander as *imperator*, but it is not correct to suppose that the acclamations of the army either *conferred* or *confirmed* the title. It belonged of right to any one who possessed the *imperium*, which was the power of military command (not to be exercised *within* the city walls) solemnly confirmed by a *lex curiata*, and authorizing him to wage war in the name of the senate and people of Rome. Dict. Gr. and Rom. Antiq., Art. *Imperium.*

2. **S. T. E. Q. V. B. E.** — *Si tu exercitusque valetis, bene est.*

3. **Publice** — to the state, to the senate; i. e. not to any *private* friend, but to the senate and people, on the termination of the Mithridatic war.

4. **Spem otii :** sc. *ab externis bellis.*

5. **Pollicebar;** e. g. in the oration (*pro lege Manilia*) on the proposed bill of Manilius, by which the command against Mithridates was given to Pompey.

6. **Veteres hostes, novos amicos;** i. e. those who thenceforward would pretend to favor Pompey's cause, though they had formerly opposed him: Lucullus, Hortensius, Catulus, &c.

7. **Ex . . . . deturbatos.** In Fam. XII. 25, 2, we have *spe deturbari* (*without ex*). *Deturbare* is to cast violently down some elevated thing or person: *deturbare statuam; tegulas e tecto, hostes de vallo, milites ex praesidiis, &c.* Hence, *figuratively*, to cast a man down from his lofty hopes, &c.

8. **Jacere** — to lie prostrate; hence, to be distressed, or disheartened.

9. **Exiguam significationem** — slight marks, tokens.

10. **Meorum . . . . conscientia.** V. Ec. Cic. XXII. n. 7.

11. **Apud . . . . patior** — I very readily allow a balance of (unrequited) services to remain on my side.

12. **Illud** — this: referring to the *coming* sentence. V. Caes. IV. 16, n. 1.

Page

281   13. **Mea .... studia** — my utmost zeal towards you; i. e. for your interests.

282   14. **Desiderarim** — I have missed, have thought wanting.

15. **Eas** = *tales.* Cicero refers to the suppression of the Catilinarian conspiracy. Observe that after *is* (*ea, id*) or *ejusmodi* = *such,* the relative does not take the *subjunctive,* but the *indicative,* when the consequent statement is to be described as *certain.*

16. **Quarum aliquam — gratulationem** — some congratulation for them.

17. **Vererere.** V. K. 112. A. and S. 266, 3. H. 520, II.

18. **Cujus animum offenderes.** Lest he should offend C. Caesar or M. Crassus, who were suspected by many of having secretly favored Catiline's conspiracy.

19. **Nos .... gessimus.** Referring to Cicero *only.* V. A. and S. 209, R. 7, (b). H. 446, 2.

20. **Multo majori** — (though) much greater.

21. **Africanus;** i. e. Scipio Africanus Minor, the conqueror of Carthage. He lived in the most intimate friendship with Laelius, who, with no pretensions to military ability, was reckoned the wisest man of his age.

EP. II.   1. **S. D.** = *salutem dicit.*

2. **C. Antonio.** This is the C. Antonius who had been consul the year before with Cicero, and was now governor of the province of Macedonia.   V. Sall. Cat. XXVI. n. 7.

3. **Eas — satis .... valere** = that these (i. e. *litteras commendaticias* = letters of recommendation *or* introduction) would have sufficient weight with thee.

4. **Intelligerem.** V. A. and S. 262, R. 9.

5. **Me rogarent:** sc. *eas* = for them; i. e. letters of introduction.

6. **T. Pomponius.** T. Pomponius Atticus was born at Rome, B. C. 109, three years before Cicero, and was descended from one of the most ancient equestrian families in the state. He was educated along with L. Torquatus, the younger C. Marius, and M. Cicero, and was distinguished above all his school-fellows by the rapid progress which he made in his studies. Under the pretext of prosecuting his studies, though in reality that he might take no part in the political contests of the day, he withdrew to Athens in B. C. 85, with the greater part of his movable property. He lived on the most intimate terms with the most distinguished men of all parties; and there

Ep. I. In this letter Cicero congratulates Pompey on his victory over Mithridates, and complains that Pompey had not taken proper notice of *his* achievements in relation to the conspiracy of Catiline; nevertheless, he assures him of his continued friendship.

1. **Imperatori.** The title of *Imperator*, in the times of the republic, was very different from the meaning it afterwards obtained. After a victory it was usual for the soldiers to salute their commander as *imperator*, but it is not correct to suppose that the acclamations of the army either *conferred* or *confirmed* the title. It belonged of right to any one who possessed the *imperium*, which was the power of military command (not to be exercised *within* the city walls) solemnly confirmed by a *lex curiata*, and authorizing him to wage war in the name of the senate and people of Rome. Dict. Gr. and Rom. Antiq., Art. *Imperium.*

2. **S. T. E. Q. V. B. E.** — *Si tu exercitusque valetis, bene est.*

3. **Publice** — to the state, to the senate; i. e. not to any *private* friend, but to the senate and people, on the termination of the Mithridatic war.

4. **Spem otii :** sc. *ab externis bellis.*

5. **Pollicebar;** e. g. in the oration (*pro lege Manilia*) on the proposed bill of Manilius, by which the command against Mithridates was given to Pompey.

6. **Veteres hostes, novos amicos;** i. e. those who thenceforward would pretend to favor Pompey's cause, though they had formerly opposed him: Lucullus, Hortensius, Catulus, &c.

7. **Ex .... deturbatos.** In Fam. XII. 25, 2, we have *spe deturbari* (*without ex*). *Deturbare* is to cast violently down some elevated thing or person: *deturbare statuam; tegulas e tecto, hostes de vallo, milites ex praesidiis, &c.* Hence, *figuratively*, to cast a man down from his lofty hopes, &c.

8. **Jacere** — to lie prostrate; hence, to be distressed, or disheartened.

9. **Exiguam significationem** — slight marks, tokens.

10. **Meorum .... conscientia.** V. Ec. Cic. XXII. n. 7.

11. **Apud .... patior** — I very readily allow a balance of (unrequited) services to remain on my side.

12. **Illud** — this: referring to the *coming* sentence. V. Caes. IV. 16, n. 1.

282 gence arose from some of the conspirators themselves, who
cated to him, from time to time, the designs of their ass
was obliged to conceal the authors of these discoveries; and
in laying his allegations before the senate or people, he
the necessity of speaking only in general terms, and of assu
that he had been *informed* of the particular articles he n
But though the event proved that his informations were tr
general, this method of accusation was extremely odious.
enemies, therefore, did not fail to take advantage of this po
jection, and were perpetually repeating the phrase, *I am*
whenever they were disposed to reproach his conduct in t
action.

14. **Possam** — I may quote, use.

15. **Falso .... conferri** — is accustomed to be unji
puted to me, laid to my charge.

283 16. **Officio.** V. K. 88, 9.   A. and S. 211, R. 6.   H. 42

17. **Existimant.** The Neapolitan Edition has *existim*
this seems to me preferable.

18. **Ego .... constantia.** The idea of the passage
friendship formerly led him to espouse Antony's cause, and
afterwards induced to continue his kind offices by a prin
constancy.

19. **Reliqua;** i. e. your *present* affairs: opp. to the *quae*
the preceding sentence.   Pompey had declared his intention
strenuously insisting that Antonius should be recalled from hi
ernment, in order to give an account of his administration; wl
seems, had been extremely oppressive.   It was upon this oc
that Cicero promised him his services.   The motion to recall,
ever, was either not carried, or was dropped; for two years afte
it appears by a letter to Atticus, he was still in his government.
in the consulate of Julius Caesar, B. C. 59, he was arraigned f
ill-conduct in Macedonia, and as being concerned in Catiline's
spiracy.   The latter article of the impeachment could not be pr
though the truth of it was generally believed; but he was convi
of the former, and condemned to perpetual banishment.   Cicer
this occasion, appeared as his advocate, and thus kept the word w.
he had given in this letter.

20. **Desiderant** — need.

21. **Sustinebo** — I will defend (your cause).

22. **Ea;** i. e. the *reliqua* mentioned above, or the particu
charges and circumstances, on account of which Antonius might ne
an advocate to defend his cause.

Ep. III. 1. A. U. C. 693. Coss. "The consuls of this year 283 were M. Pupius Piso and M. Messala; the first of whom, as soon as he entered into office, put a slight affront upon Cicero; for his opinion having been asked always the first by the late consuls, Piso called upon him only the second, on Catulus the third, Hortensius the fourth. This, he says, did not displease him, since it left him more at liberty in his voting, and freed him from the obligation of any complaisance to a man whom he despised. This consul was warmly in the interest of Clodius: not so much out of friendship, as a natural inclination to the worst side; for, according to Cicero's account of him, he was a man ' of a weak and wicked mind; a churlish, captious sneerer, without any turn of wit, and making men laugh by his looks rather than by his jests; favoring neither the popular nor aristocratical party; from whom no good was to be expected, because he wished none, nor hurt to be feared, because he durst do none; who would have been more vicious, by having one vice the less, sloth and laziness,' &c. Cicero frankly used the liberty which this consul's behavior allowed, of delivering his sentiments without any reserve; giving Piso himself no quarter, but exposing everything that he did and said in favor of Clodius, in such a manner as to hinder the senate from decreeing to him the province of Syria, which had been designed, and, in a manner, promised to him. The other consul, Messala, was of a quite different character: a firm and excellent magistrate, in the true interests of his country, and a constant admirer and imitator of Cicero."

2. **S. —** *Salutem:* sc. *dicit.*

3. **Jam —** already; i. e. since the departure of Atticus for Greece.

4. **Canusinus.** Canusium was a town on the road to Brun- 284 disium, by which Atticus passed to his estate at Buthrotum in Epirus.

5. **Ancora soluta;** i. e. *ancora jam soluta,* when you were on board and on the point of sailing.

6. **Rhetorum:** sc. *epistolae.* V. A. and S. 211, R. 8, (1). *Ernestio placuit rhetoris. Vulgatum tamen ferri potest hoc sensu: epistolae adeo elegantes erant, ut a rhetoribus scriptae videri possent.* S.

7. 1. **Fidus** denotes a natural quality, like trustworthy, with relative praise; whereas *fidelis* denotes a moral characteristic, as faithful, with absolute praise. 2. *Infidus* means unworthy of trust; *infidelis,* unfaithful; *perfidus,* treacherous, in particular actions; *perfidiosus,* full of treachery, with reference to the whole character. Död.

25 *

Page

284 8. **Quotus .... relevarit** — how few there are who can carry a letter a little more weighty than usual without lightening it by a perusal.

9. 1. **Quisque, quivis,** and **quilibet** denote a totality, which is cut up into several individualities; whereas *omnes, universi,* and *cuncti* denote a combined totality. 2. *Quisque* means each individual: *quivis,* any individual you choose, without exception, and with emphasis: *quilibet,* any individual whatever, without selection, and with indifference, synonymously with *primus quisque.* 3. *Quisque* is enclitic, that is, throws back the accent on the preceding word, and in prose never stands at the beginning of a sentence; whereas *unusquisque* is accented and emphatic. ' 4. *Unusquisque* denotes each individual, in opp. to some individuals; whereas *singuli,* individuals, in opp. to the undivided totality. Död.

10. **Accedit .... proficiscitur** — add to this, that it is not just so with me, as any one sets out for Epirus; i. e. when any one is setting out for Epirus, the question with me is not exactly (*perinde*), wholly, whether he is a faithful or treacherous man. Cf. the explanation of Orelli: *Hoc dicit Cicero; sed non perinde sibi esse, qui proficiscatur, utrum homo fidelis, an perfidus ac levis. Aliud igitur supplementum dedi, servato Codicum proficiscitur.* Two MSS. have *proficiscatur,* and instead of *non perinde est,* one has *non est,* and two have *non est notum.*

11. **Amalthea.** This is the name given to the goat fabulously supposed to have nourished Jupiter, and whose horn was afterwards made the emblem of plenty. From the latter circumstance, the word *Amaltheum* is said to have been adopted by Cicero to designate the library of Atticus in Epirus, rich in variety of learning. Here Cicero uses the original word, as if the sacred goat was the divinity of the place. But Orelli's opinion is more probable, that it was an old chapel dedicated to the nymph Amalthea, of which Atticus kept up the recollection by adorning its walls with sculptured representations of different portions of her legendary history.

12. **Caesis victimis,** as was wont to be done by commanders setting out to war; to whom Cicero, in jest, compares Atticus, who was just starting " ad Sicyonem oppugnandum," that is, to extort from the Sicyonians the money they owed him.

13. **Ad Sicyonem oppugnandum.** A very unusual construction. Lambinus reads *oppugnandam.* V. K. 99, 1. A. and S. 275, III. R. 3, N. H. 565, 2.

14. **Ponas** — thou mayest spend.

15. Primum. It seems to have been the custom for the consul, 284 upon first entering into office, to call upon the consular senators for their opinion in what order he thought proper; which order was observed during the remainder of the year.

16. Pacificatorem. C. Calpurnius Piso, consul in B. C. 67, and afterwards proconsul in Gallia Narbonensis, where he suppressed an insurrection of the Allobroges.

17. Admurmurante — murmuring their disapprobation.

18. Ad .... solutus — at liberty to maintain my dignity in the state against his wishes; i. e. not bound by any obligation to the consul.

19. Sales denotes the piquant wit, in opp. to what is flat and trivial, which aims at a point, whether others may be pleasantly or painfully affected by it : *dicacitas*, the satirical wit, which is exercised at the cost of others, yet so that the jest is still the principal aim, — the pain inflicted, only an accidental adjunct; *cavillatio*, the scoffing wit, in which the mortification of others is the principal aim, the jest only a means and unimportant form. V. Sall. Cat. XXV. n. 10. Död.

20. Facie, facetiis : a play upon words. The figure is called paronomasia. V. A. and S. 324, 25.

21. Nihil .... re publica. *Nihil agere cum aliquo*, is, *not to transact any business with anybody ;* so that Cicero here *personifies*, as it were, the commonwealth, and represents it as one *with whom* the consul transacted no business. The meaning is, that he *neglected it, disregarded its interests,* &c.

22. Ne .... longius — that this infection (lit. this which has been infected) may spread farther. Muretus thinks that the crime of Clodius is referred to; while Gronovius and Schütz are of the opinion that Cicero has in mind the contagious influence of Piso's example upon his colleague : *Versor, ne talis consul collegae suo scabiem affricet.*

23. Apud Caesarem, as being pontifex maximus that year. 285 He is speaking of the rites of the Bona Dea.

24. Fieret — sacrifice was offered.

25. Virgines : sc. *vestales.* They conducted the solemnities of the Bona Dea.

26. Aliquem nostrum — any one of us; i. e. of the consulars.

27. Rogationem promulgasse. *Rogationem promulgare* is to publish the terms of a proposed motion to be made in an assembly

Page

285 of the people, whether it be proposed to found upon it a law or *ple-
biscitum.*

28. **Uxori — nuntium remisisse** == divorced his wife; i. e.
Pompeia.

29. **Fert** == brings forward, prefers.

30. **Et** == *et quidem,* and that too.

31. **Operae** is here used in a bad sense == *homines mercede con-
ducti,* men who did dirty work for pay.

32. **Tuus — amicus.** Pompey.

33. **'Εν τοῖς πολιτικοῖς** == in state affairs, politics.

34. **Subtilius** == more minutely, more in detail.

35. **Nescio cui.** *Nescio quis* and *nescio quid* have by use become one word, equivalent to *aliquis, quidam,* and, consequently, the
pronoun does not govern any particular mode of the verb, and takes
the case which the construction of the sentence requires : here it is the
dat. to agree with the preceding *filio,* which the phrase *nescio cui* in-
definitely describes.

36. **Praetores;** i. e. of the previous year.   V. Epist. I.

37. **Loci.** V. H. 396, 2, 4) & (2).   A. & S. 212, R. 4, N. 2, (a).

38. **Τοποθεσίαν** == description of the place, topography.

39. **Orationi.** The oration referred to is not known.   There
is no such description in any of the extant orations.

40. **A. d. III. Non. Decembr.** — *Ante diem tertium Nonas
Decembres.* The meaning of the whole passage is, I had discovered
(sc. before you pointed it out) my mistake about the third of December : more lit., that the third day before the Nones of December
was wrong.

41. **'Αττικώτερα** == more Attic. The Attic manner of speaking
and writing was always considered as the most perfect model.

42. **Metellinam** == against Metellus. The tribune Q. Metellus
Nepos had been active in opposing Cicero, charging him with having
put citizens to death without a trial.

43. **Φιλορήτορα** == fond of oratorical writings.

44. **Scribam.** V. K. 85, 2, a).   A. & S. 260, R. 5.   H. 486, II.

45. **Quid? Etiam.** == anything ? yes.

46. **HS. CXXXIV.** == 134 sestertia ; or about $ 5,226.   But
CXXXIV. may represent the adverbial numerals *centies tricies quater* (*centena milia* being understood) : in which case HS. CXXXIV.
== 13,400,000 sestertii == 13,400 sestertia == $ 522,600.   It appears
by one of Cicero's letters to P. Sestius, that he gave for the house of
Crassus (which is supposed to be the purchase referred to in this let-

ter to Atticus) HS. XXXV. — (according to all the commentators) 285 *tricies quinquies* (sc. *centena milia*) sestertii — 3,500 sestertia — $136,500. It would seem, therefore, that, as Cicero mentions the circumstance of Messala's purchase as a justification of his own, it is quite as reasonable to suppose the second value given above of HS. CXXXIV. to be the correct one, as the first.

47. **Teucris .... est** — that Trojan woman is a slow affair. C. 286 Antonius is commonly supposed to be alluded to. But Orelli says: Ficto hoc nomine vulgo *C. Antonium*, Ciceronis in consulatu collegam, designari putant, sed potius videtur mulier designari, Antonii fortasse necessaria, quae pecuniam Ciceroni se soluturam promiserat, sed tardius promissa patravit.

Ep. IV. **Consuls.** " Q. Caecilius Metellus Celer and L. Afranius were now consuls. The first had been praetor in Cicero's consulship, and commanded an army against Catiline, and was an excellent magistrate and true patriot ; a firm opposer of all the factions, and a professed enemy also to Pompey ; in which he was the more heated by a private resentment of the affront offered to his sister Mucia, whom Pompey had lately put away. His partner, Afranius, was the creature of Pompey's power ; but of no credit or service to him, on account of his luxury and laziness, being fonder of balls than of business. Cicero calls him a consul whom none but a philosopher could look upon without sighing ; a soldier without spirit, and a proper butt for the raillery of the senate, where Palicanus abused him every day to his face ; and so stupid as not to know the value of what he had purchased."

1. **Hominem eum** — a man : more lit. such a man.

2. Ἀφελέστατος — *simplicissimus*.

3. **Non homo .... mera**; i. e. so averse to all social intercourse, that he no more indulges in intimacy with his fellow-creatures, than the lone sea-shore, the air, or the wilderness. The correctness of the reading is here very doubtful.

4. **Conscius** — a confidant.

5. **Tantum** — so much only. For this restrictive use of *tantus*, see in Cat. III. 10, n. 16.

6. **Uxore**: Terentia. *Filiola:* Tulliola. *Cicerone:* his little son, between three and four years old.

7. **Ambitiosae** — ostentatious, interested.

8. **Sunt .... forensi** — make some public show. 287

9. **Quum** — while.

Page
287 10. **Completa domus est.** V. Sall. Cat. XXVIII. n. 1.

11. **Quamquam .... refugit** — although my courage is
ready, yet my inclination itself shuns the remedy again and again.
The correctness of the reading in this passage is very doubtful,
and, whichever of the various readings given is adopted, the sense
is somewhat obscure. The following is the explanation of Manutius:
*quamvis satis fortis sum ad dignitatem in rep. retinendam, non libet
tamen ei mederi, quia res Romanas diutius stare non posse intelligo.*
Heberden says: I understand the expression *animus* and *voluntas* to
apply not to Cicero, but to *In republica.*

12. **Exclames.** V. K. 107, R. 4.   A. & S. 262. R. 4.   H. 496, 1.

13. **Primus .... Clodianae;** i. e. Prima causa rei publicae,
quam ego ingressus sum et suscepi, fuit incestum Clodii.   S.

14. **Locum** — occasion, opportunity.

15. **Resecandae — sanandae.** Cf. in Cat. II. 5. 11: *Quae
sanari poterunt,* &c.

16. **Corrigo** means to amend, after the manner of a rigid school-
master or disciplinarian, who would make the crooked straight, and
set the wrong right; whereas *emendo*, after the manner of an experienced teacher and sympathising friend, who would make what is
defective complete.   Död.

17. **Empto constupratoque** — purchased by debauchery.
Referring to the trial of Clodius, which was carried in his favor by
the corruption of the judges.

18. **Consul:** Pupius Piso.   See preceding letter.

19. **Alienati equites;** i. e. whom Cicero had taken such pains
to attach to the senate, and who with Atticus at their head had
guarded the senate-house in the times of Catiline.

20. **Nummos vobis dividere** — to distribute money to
(among) you; i. e. among the members of your tribe for election-
eering purposes.   The Roman state was at this time divided into
thirty-five tribes or wards.

21. **Ad plebem traducit;** i. e. that by *adoption* he might become a *plebeian*, and so be enabled to stand for the tribuneship of the
commons.

22. **Fert** — introduces a motion, makes a proposition.

288 23. **De re Clodii;** i. e. *de adoptione vel de lege curiata, qua lege
posset adoptari.*

24. **Accepi** — handled.

25. **Promulgatum.** V. K. 100, 2, b), 2).   A. & S. 274, R. 4.

26. **Auli filius:** the consul Afranius.

27. Sine animo — spiritless.

28. Quam .... praebeat — how well he deserves to lend an ear every day, as he does, to hear himself abused by Palicanus: lit. how worthy, who may lend, &c. M. Lollius Palicanus, a Picentine of humble origin, was tribune of the plebs, B. C. 71. He possessed some power as an orator.

29. Agraria : sc. *lex*.

30. Πολιτικὸς **.... quisquam** — no man devoted to the welfare of the state, not even a shadow of one.

31. Togulam illam pictam. In the triumphal procession the victorious general was attired in a gold embroidered robe. By special permission Pompey continued to wear his after his triumph.

32. Contra gratiam ; i. e. of the people.

33. Piscinas suas. Alluding to L. Lucullus, Q. Hortensius, L. Philippus, and others, who were so engrossed with their fish-ponds that they seemed to have lost all care for their country.

34. Curet : sc. *rem publicam*.

35. Responsum dari ; i. e. about cancelling their contract to farm the revenues of Asia Minor for a sum which they thought too high. These *publicani* had complained in the senate, that, in making their agreement with the censors, they had been deceived by the hope of gain, and had made an improvident bargain ; therefore they petitioned that the contract might be set aside. Cato was disposed to waste time in debate, and thus did not permit (*patitur*) a decision to be reached.

36. Legationes rejectum iri — the embassies will be deferred. By the lex Gabinia it was decreed that, from the first of February to the first of March, the senate should every day give audience to foreign ambassadors.

37. Tanta — so much ; i. e. as I have written.

38. Sunt haec : sc. *loca ;* i. e. *Roma fugienda*.

39. Ne absens censeare — that you may not be registered as absent.

40. Sub lustrum — near a lustration ; i. e. at the close of the census, when the *lustrum* should begin ; for a lustration followed the census, in which the people in the Campus Martius were purified by the sacrifice of a pig, a sheep, and a bull.

41. Germani negotiatoris — the characteristic of a genuine merchant ; for merchants being entirely taken up with their business, and perhaps abroad at the time of the census, were very apt to arrive at the eleventh hour.

Page

282 gence arose from some of the conspirators themselves, who comm
cated to him, from time to time, the designs of their associate
was obliged to conceal the authors of these discoveries; and, there
in laying his allegations before the senate or people, he was un
the necessity of speaking only in general terms, and of assuring tl
that he had been *informed* of the particular articles he mentior
But though the event proved that his informations were true, yet
general, this method of accusation was extremely odious.   Cice
enemies, therefore, did not fail to take advantage of this popular
jection, and were perpetually repeating the phrase, *I am inform*
whenever they were disposed to reproach his conduct in this tra
action.

14. **Ponam** — I may quote, use.

15. **Falso .... conferri** — is accustomed to be unjustly i
puted to me, laid to my charge.

283 16. **Officio.**   V. K. 88, 9.   A. and S. 211, R. 6.   H. 428.

17. **Existimant.**   The Neapolitan Edition has *existiment*, ar
this seems to me preferable.

18. **Ego .... constantia.**   The idea of the passage is, th
friendship formerly led him to espouse Antony's cause, and he wa
afterwards induced to continue his kind offices by a principle o
constancy.

19. **Reliqua;** i. e. your *present* affairs : opp. to the *quae antea* o
the preceding sentence.   Pompey had declared his intention of very
strenuously insisting that Antonius should be recalled from his gov·
ernment, in order to give an account of his administration ; which, it
seems, had been extremely oppressive.   It was upon this occasion
that Cicero promised him his services.   The motion to recall, however, was either not carried, or was dropped ; for two years after this,
it appears by a letter to Atticus, he was still in his government.   But
in the consulate of Julius Caesar, B. C. 59, he was arraigned for his
ill-conduct in Macedonia, and as being concerned in Catiline's conspiracy.   The latter article of the impeachment could not be proved,
though the truth of it was generally believed ; but he was convicted
of the former, and condemned to perpetual banishment.   Cicero, on
this occasion, appeared as his advocate, and thus kept the word which
he had given in this letter.

20. **Desiderant** — need.

21. **Sustinebo** — I will defend (your cause).

22. **Ea;** i. e. the *reliqua* mentioned above, or the particular
charges and circumstances, on account of which Antonius might need
an advocate to defend his cause.

8. Amicus noster : Pompey.

9. In laude versatus — used to praise.

10. Deformatus — haggard. See below, *ipsi* (sc. *Pompeio*) ita acerba, ut *tabescat* dolore. Hence his haggard or squalid appearance.

11. Progressum — advance: sc. *in conspirationem cum Caesare et Crasso.*

12. Reditum : sc. *a Caesare ad optimates.*

13. Animi ; i. e. of my mind.

14. Crasso jucundum. Crassus hated Pompey personally, though he was at this time politically connected with him.

- **15. Quia deciderat ex astris.** *Gloriae fastigio, sua imprudentia et levitate lapsus potius, quam consilio et ratione progressus videbatur.* Schütz.

16. Venerem. The *Coan Venus* was the *chef-d'œuvre* of Apelles : a painting of Ialysus, (the grandson of Helios, and founder of the city of Rhodes,) that of Protogenes.

- **17. Archilochia ;** i. e. composed in the better style of the poems by which Archilochus drove Lycambes to hang himself : the *agentia verba Lycambea.* (Horace.) V. Ad Att. II. 20. *Comitia Bibulus cum Archilochio edicto — distulit.*

18. Ad Bibulum — to the house of Bibulus ; i. e. for the sake of mobbing him.

19. Sentiunt ; i. e. the triumvirs.

20. Eum : Clodius.

21. Quum — tum vero — not only — but also especially. 291 *Tempus illud ;* i. e. when Clodius should come to make the expected attack.

22. Cum Sicyoniis. V. Ep. III. n. 12.

Ep. VI. Consuls. L. Calpurnius Piso (whose daughter Caesar had married) was consul this year with Gabinius. They were both the professed enemies of Cicero, and supported Clodius in his violent measures. The province of Macedonia had fallen to the former, and he was now preparing to set out for his government, where his troops were daily arriving. Cicero has delineated the characters at large of these consuls, in several of his orations ; but he has, in two words, given the most odious picture of them that exasperated eloquence, perhaps, ever drew, where he calls them *duo rei publicae portenta ac paene funera :* an expression for which modern language can furnish no equivalent. But on one occasion Cicero speaks of Piso's

Page

291 withdrawing himself from the city in disapprobation of his son-in-law
Caesar's "impious measures"; and, bad as Piso's character was, yet we
must make some allowances for Cicero's personal feelings of hostility.

1. **S. P. D.** == *salutem plurimam dicit.* This letter was written
after Clodius had carried the law mentioned under No. 4 in the historical introduction which precedes it; which law was plainly directed against Cicero, and Cicero had, in consequence, withdrawn
from Rome at the end of March.

292 2. **Quod** == wherefore, therefore: lit. as to which. It relates, in
a general way, to the preceding statement. V. A. & S. 206, (14).
K. 110, R. 8. H. 453, 6.

3. **Fuissemus.** Observe in these letters the very general use
of the first person plural for the singular. V. A. & S. 209, R. 7, (b);
263, R.; and K. 85, 2. b) 2). H. 446, 2; 487; 488, 1.

4. **Vidissemus.** V. K. 113, R. 3. A. & S. 261, R. 4. H. 584.

5. **Legis:** sc. *Clodiae.* As soon as Cicero had withdrawn from
Rome, Clodius procured a law, which, among other articles, enacted
that no person within 400 miles (*millia passuum*) of Rome should
presume to harbor or receive him on pain of death.

6. **Brundisio profecti sumus.** This letter was written *at
Brundisium;* but, according to the Roman method, he narrates *as
past* what would have *become a past event* before the letter was read.
K. 84, 10. A. & S. 259, R. 1. (2), (c).

7. **Transactum est** == all is over; i. e. if there is no longer
any hope.

8. **Plane.** V. Cic. pro lege Manil. III. n. 2.

9. **Tulliola.** A. & S. 250, R. 3. V. pro lege Manil. XX. n. 1.

10. **Matrimonio — serviendum est** == regard must be had
for the matrimonial relations. Tullia was at this time married to Caius
Piso Frugi, a young nobleman of one of the best families in Rome.

11. **Pisonem.** See preceding note.

12. **De familia liberata** — as to the manumission of the
slaves. K. 100, R. 1. A. &. S. 274, R. 5, (a). H. 580.

13. **Nemo:** sc. *est in officio.*

14. **Si res a nobis abisset;** i. e. if my estate should be forfeited by the Clodian law.

293 15. **Si obtinere potuissent:** sc. *ut essent liberti nostri;* i. e.
if they could obtain the confirmation of their manumission by me,
which might be opposed on the ground that my right to give them
their freedom had been taken away by the Clodian law.

16. **Pertineret:** sc. *res familiaris nostra.*

17. **Quod.** K. 110, R. 8.   A. & S. 273, 6, (a).   H. 554, IV.
18. **Velim.** K. 85, 2, a).   A. & S. 260, R. 4.   H. 485.

EP. VII. 1. **A Vestae.** H. 397, 1, 1).   A. & S. 211, R. 7, (1).
Terentia had taken sanctuary in the temple of Vesta, from which
she was forcibly dragged by the directions of Clodius, in order to be
examined at a public office concerning her husband's effects.

2. **Ad tabulam Valeriam** — (lit.) to the tablet of Valerius.
This was a place in the forum beside the Curia Hostilia, called *tabula
Valeria* from the tablet erected there in memory of M. Valerius Max-
imus Messala, consul B. C. 263.

3. **Te — vexari, ut — periremus.** A. & S. 270, R. 2, (a).

4. **De area.** To make the loss of Cicero's house in Rome irre-
trievable, Clodius, after destroying it, consecrated the area where it
stood to the perpetual service of religion, and erected a temple upon
it to the goddess of Liberty.

5. **Quae impensa facienda est;** i. e. on my account, to
secure my recall.

EP. VIII. 1. **Legatione;** i. e. the *legatio* offered him by Caesar. " As it answered Caesar's purposes either to gain Cicero, or to
ruin him, he artfully laid his measures for both. And accordingly,
after having instigated Clodius to pursue Cicero, he offered to take
him into Gaul in the quality of his lieutenant (*legatus*), as a means of
protecting him from that vengeance he had secretly inflamed. But
Cicero, being more disposed to try his strength with his adversary,
imprudently declined the proposal."

2. **Hoc;** i. e. than the plan actually adopted.

3. **Infortunium** and *calamitas* denote a single misfortune; *infortunium*, more as a vexatious accident, for example, the loss of a
purse, receiving blows, &c.; *calamitas*, a tragic accident, as the loss
of a beloved person, power, &c.; whereas *infelicitas* and *miseria* denote an unfortunate state of considerable duration; *infelicitas*, merely as the absence of success; *miseria*, as an actual pressing state of
affliction. Dod.

4. **Studio et officio;** i. e. in his efforts to procure Cicero's
recall.

5. **Dii faxint.** "He had the great misfortune to be disappointed of this wish; for Piso died soon after this letter was written.
Cicero mentions him in several parts of his writings with the highest
gratitude and esteem. He represents him as a young nobleman of

Page

296 the greatest talents and application, who devoted his whole time to
the improvement of his mind and the exercise of eloquence ; as one
whose moral qualifications were no less extraordinary than his intellectual ; and, in short, as possessed of every accomplishment and
every virtue that could endear him to his friends, to his family, and
to the public."

6. **Si inveterarit, actum est** — if the affair shall be deferred, all is lost : more lit. if it shall have grown old, &c.

7. **Ea re** — therefore, on that account.

296   8. **Inimici nostri** ; i. e. the troops of Piso, not, of course, his
son-in-law, but the consul.   He had stated in a preceding letter
that it was his wish to have withdrawn to some more retired place in
Epirus, that he might be secure from *Piso* and his soldiers. See note
on the consuls, Ep. VI.

9. **Summum** — at most.

10. **Velim.** K. 85, 2, a). A. & S. 260, R. 4. H. 485.

11. **Rem** — the thing itself, the result of the affair.

Ep. IX. **Consuls.** Lentulus was Cicero's warm friend, Metellus his old enemy. The latter's promotion, therefore, was a great
discouragement to Cicero, who took it for granted that he would employ all his power to obstruct his return. He reflected, as he tells
us, that, though it was a great thing to drive him out, yet, as there
were many who hated, and more who envied him, it would not be
difficult to keep him out. But Metellus, perceiving which way Pompey's inclination and Caesar's also was turning, found reason to
change his mind, or at least to dissemble it ; and promised not only
to give his consent, but his assistance, to Cicero's restoration. Lentulus, immediately upon entering on his consular office, moved the
senate that Cicero might be restored; in which he was seconded by
Pompey with much zeal, and the whole house unanimously concurred
in the motion. Serranus, however, a tribune of the people, interpos-
ing his negative, no decree could pass at that time ; nevertheless, it
was with one consent resolved, that, on the 22d of the same month,
a law should be proposed to the people for Cicero's recall. When
the appointed day arrived, the friends of Cicero found the forum in
possession of Clodius, who had planted his mob there over night in
order to prevent the promulgation of this law. A very bloody skirmish ensued, in which several lives were lost, and many other outrages committed ; in consequence of which Clodius was impeached
by Milo as a disturber of the public peace.

1. **Tua . . . . voluntas** — so far as thy will permits.

2. **Tuorum.** Clodius was cousin to Metellus.

3. **In tua potestate** — at your service.

4. **Qui . . . . erit** — there shall be no one to be saved; i. e. it will be too late.

Notwithstanding that Pompey, Caesar, and indeed all the principal persons of the republic, now concurred in favoring Cicero's return, yet the practices of Clodius prevented a decree for that purpose till the first of June. Nor was it till the 4th of August following that this decree passed into a general law; in consequence of which Cicero soon afterwards made his triumphant entry into Rome.

Ep. X. 1. **Te :** sc. *fuisse.*

2. **Nec fortiorem.** The allusion is to a letter of Atticus to Cicero, reproaching him for a want of firmness, and giving some advice.

3. **Eundemque te, qui — fuisses** — and yet that you, although you had been.

4. **Erroris nostri.** Cicero regards it as an error, that he 298 yielded so readily to the hostile measures of Clodius, instead of making resistance to them.

5. 1. **Gaudeo** denotes joy as an inward state of mind, in opp. to *dolor;* whereas *laetor* and *hilaris sum,* the utterance of joy. 2. The *laetus* shows his joy in a calm cheerfulness, which attests perfect satisfaction with the present, in opp. to *maestus:* the *hilaris* in awakened mirth, disposing to jest and laughter, in opp. to *tristis:* the *alacer* in energetic vivacity, evincing spirit and activity, in opp. to *territus.* The *gaudens,* the *laetus,* the *hilaris,* derive joy from a piece of good fortune : the *alacer* at the same time from employment and action. *Laetitia* shows itself chiefly in an unwrinkled forehead, and a mouth curled for smiling : *hilaritas,* in ·eyes quickly moving, shining, and radiant with joy : *alacritas,* in eyes that roll, sparkle, and announce spirit. 3. *Gaudeo* and *laetor* denote a moderate, *exsulto* and *gestio,* a passionate, uncontrolled joy, as to exult and triumph: the *gestiens* discovers this by an involuntary elevation of the whole being, sparkling eyes, inability to keep quiet, &c. : the *exsultans,* by a voluntary, full resignation of himself to joy, which displays itself, if not by skipping and jumping, at least by an indiscreet outbreak of joy, bordering on extravagance. 4. *Jucundus* denotes, like *juvat me,* a momentary excitement of joy ; *laetus,* a more lasting state of joy ; hence *laetus* is used as the stronger expression. Död.

Page

298 6. **Exegero** = I shall have made amends for.

7. **Facultatum** = wealth, resources.

8. **Salutis ;** i. e. of the temple of *Salus*, on the Quirinal Hill, near the house of Atticus.

9. **Nomenclatori :** an attendant, whose duty it was to mention the name of everybody that passed. Such people were particularly employed by persons engaged in a public canvass.

10. **Quibus — liceret** = who could. *Id ipsum ;* i. e. the fact of their being enemies.

299 11. **Eo biduo ;** i. e. the day of his arrival and the one in which he thanked the senate.

12. **Ad ejus procurationem** = to the superintendence of it; i. e. *annona*.

13. **Ut id decernerem** = that I should propose a decree for this purpose.

14. **Ageretur** = an engagement should be made.

15. **Meo nomine recitando** = at the recital of my name. *Dedisset :* sc. *populus.*

16. **Habui contionem** = I harangued an assembly.

17. **Dederunt :** sc. *contionem.* No private individual could address the people without the permission of a curule magistrate or tribune of the people.

18. **Ad .... fore** = that I should be in everything another self.

19. **Religionem** = the sacred encumbrance : referring to the temple of Liberty which Clodius erected on the site where Cicero's house had stood. V. Ep. VII. n. 4. Clodius had consecrated a part only of the area : the remaining part he had planted and appropriated to his own use. Hence it is that Cicero goes on to say, if the consecration of the area be set aside, he shall have a noble space for a new house ; or if it should not be set aside, that the consuls were at least to clear the ground, and contract for the building of a house for him on the unconsecrated part.

20. **Superficiem** = the building.

21. **Demolientur ;** i. e. what is now there.

22. **Locabunt** = will contract (for a house).

23. **Ut .... bonae** = as it regards prosperity, disordered ; as it regards adversity, prosperous.

300 EP. XI. 1. **Lentulus,** who had been consul in the year of Cicero's return, was now governing Cilicia and Cyprus as proconsul.

Ptolemy Auletes, who had been most justly driven out of Egypt by 300
his subjects, was now at Rome, and was endeavoring by flattery and
corruption to procure his restoration by a Roman army. Cicero
wished to obtain the command of this army for Lentulus, who had
had so great a part in his restoration. Others favored Pompey; but
Cato produced a fictitious Sibylline oracle, which said that Egypt
must not be entered with an army.

2. 1. **Disceptatio,** *litigatio,* and *controversia* are dissensions, the
settling of which is attempted quietly, and in an orderly way: *contentio, altercatio,* and *jurgium,* such as are conducted with passion and
vehemence, but which are still confined to words: *rixae,* such as, like
frays and broils, come to blows, or at least threaten to come to blows,
and are midway between *jurgium* and *pugna.* 2. *Controversia* takes
place between two parties when they place themselves in array on
opposite sides: *disceptatio,* when they commence disputing with each
other, in order to arrive at the path of truth, or to discover what is
right, but without a hostile feeling: *litigatio,* when a hostile feeling
and a personal interest are at the bottom of the dispute. 3. *Contentio* would maintain the right against all opponents, and effect its purpose, whatever it may be, by the strenuous exertion of all its faculties: *altercatio* would not be in debt to its opponent a single word,
but have the last word itself: *jurgium* will, without hearkening to
another, give vent to its ill-humor by harsh words. *Contentio* presents the serious image of strenuous exertion: *altercatio,* the comic
image of excessive heat, as in women's quarrels: *jurgium,* the hateful
image of rude anger. Död.

3. **Placuit** — I thought it proper. *Breviter* is emphatic.

4. **Regem;** i. e. Ptolemy.   301

5. **Sententia divideretur.** When an opinion was proposed
to the senate which was thought too general, and to include several
distinct articles, it was usual to require that each part might be propounded and voted separately. Thus Bibulus moved that they
might submit to the Sibylline oracle, and appoint three private senators to restore the king. But the house required that they might
vote separately upon these two questions; and the event was, they
unanimously agreed to the former, but rejected the latter.

6. **Religione:** referring to the Sibylline oracle. V. n. 1.

7. **Frequentes .... omnia** — they went over to the opposite side by a large majority; i. e. they rejected the proposition.

8. **Rettulisset** — had made a motion.

9. **Intendere .... consules** — began to insist that it was his

301 privilege (i. e. in virtue of his office) to make the division (i. e. of the house) prior to the consuls.

10. **Multis partibus plures** — a very large majority: lit. more by many parts.

11. **Rogabantur** ; i. e. to give their opinions.

12. **Cupiditatis** ; i. e. of a desire to receive the commission to restore Ptolemy to his throne.

13. **Quod .... attinet** — as to bringing the affair before the people.

14. **Senatus auctoritas.** When an act passed the senate in a full house, held according to the prescribed forms, and without any opposition from the tribunes, (who had the privilege of putting a negative upon all proceedings in the senate,) it was called a *senatus consultum*, a decree of the senate. But if any of these essentials were wanting, or a tribune interposed, it was then only styled a *senatus auctoritas*, an order of the senate, and considered as of less authority.

302 EP. XII. 1. **T. Ampius.** The predecessor of Lentulus in the government of Cilicia.

EP. XIII. In this letter Cicero describes the games exhibited by Pompey in his second consulship, which he congratulates Marius that he had not seen, expresses a wish to be relieved from his forensic labors, and to pass his time in the retreat of the country.

1. **Ad ludos.** They were exhibited by Pompey at the opening of his theatre, one of the most magnificent structures of ancient Rome, and so extensive as to contain no less than 80,000 spectators. Some remains of this immense building still subsist.

303 2. **Utrumque** is explained by the two following clauses. K. 89, R. 2. A. & S. 232, (2).

3. **Modo .... tui** — provided only the enjoyment of thy retirement may have been constant, uninterrupted.

4. **Ista amoenitate** — that pleasant scenery of thine.

5. **Stabianum .... Misenum** — thou didst cut through Stabianum (i. e. for the sake of a prospect) and (thus) didst lay open Misenum to view.

6. **Illi** ; i. e. his neighbors who went to Rome to see the theatrical exhibitions.

7. **Maecius** (also written *Maetius*). This person is supposed by the commentators to be the same to whose judgment Horace advises the Pisos to refer their poetical compositions :

Si quid tamen olim
Scripseris, in Maeci descendat judicis aures.

But the compliment paid in these lines to the taste of Maecius ill agrees with the contemptuous manner in which Cicero here speaks of Pompey's dramatic censor.

8. **Honoris causa**; i. e. in honor of the festival.

9. **Honoris causa**; i. e. to preserve the reputation which they had already acquired.

10. **Sexcenti muli**; i. e. laden with the spoils of Troy.

11. **Clytaemnestra**: a play of Attius founded on the return of Agamemnon.

12. **Equo Trojano**: a play of Livius Andronicus.

13. **Craterarum**; i. e. the vessels taken at Troy and exhibited in a triumphal procession on the stage.

14. **Protogeni**: Marius's reader. It was usual with persons of distinction among the Romans to keep a slave in their family, whose sole business it was to read to them.

15. **Graecos ludos**: probably a sort of pantomimes in imitation of those in the Grecian theatre.

16. **Oscos ludos**: rude plays, or farces; encounters of boisterous mirth and ribaldry.

17. **Senatu vestro.** The municipal or corporate towns in Italy were governed by magistrates of their own.

18. **Via Graeca.** Perhaps the Grecian road might be much out of repair, and little frequented at the time when this letter was written; and on that circumstance Cicero, it is possible, may have founded his witticism.

19. **Valentissima bestia.** Beasts of the wildest and most un- 304 common kinds were sent for, on these occasions, from every corner of the known world; and Dion Cassius relates, that no less than 500 lions were killed at these hunting matches, with which Pompey entertained the people.

20. **Si videnda sunt** — if they are worthy of being seen.

21. **Haec** — these which I am now describing.

22. **Elephantorum.** Pliny says, that twenty, or according to others sixteen, elephants fought at these games.

23. **Facilem** — compliant, favorable; i. e. if they were as much inclined to favor my retirement from public life as they were to favor that of Aesopus from the stage.

24. **Quum — tum vero** — if — then surely.

25. **Nulla est** — is of no account, has no enjoyment.

26

304   26. **Humaniter** == in a manner becoming a human being; i. e.
courteously, socially, and virtuously.

27. **Neque .... meis,** &c. == *neque solum in epistolis meis,* &c.;
i. e. will not reduce me to only one method of affording you any
amusement; namely, that of writing to you.

305   Ep. XIV. 1. **Cura,** *sollicitudo,* and *angor,* mean the disturbance
of the mind with reference to a future evil and danger: *cura,* as
thoughtfulness, uneasiness, apprehension, in opp. to *incuria; sollicitudo,* as sensitiveness, discomposure, anxiety, in opp. to *securitas; angor,*
as a passion, anger, fear, in opp. to *solutus animus;* whereas *dolor*
and *aegritudo* relate to a present evil: *dolor* as a hardship or pain, in
opp. to *gaudium; aegritudo,* as a sickness of the soul, in opp. to *alacritas.* Död.

Ep. XV. 1. **Oblectatio** is a pleasant occupation, conversation,
amusement, which disperses ennui, and confers a relative pleasure;
whereas *delectatio* is a real delight, which procures positive enjoyment, and confers absolute pleasure. Död.

306   2. **Mercedis:** sc. *tantum.*

3. **Repraesentabo** == I will anticipate.

Ep. XVI. 1. **Maximi.** K. 88, 10. A. & S. 214. H. 403.

2. **Vacillantibus litteralis.** H. 428. A. & S. 211, R. 6.

3. **Diligo** is love arising from esteem, and, as such, a result of
reflection on the worth of the beloved object; whereas *amo* is love
arising from inclination, which has its ground in feeling, and is involuntary, or quite irresistible: *diligo* denotes a purer love, which, free
from sensuality and selfishness, is also more calm; *amo,* a warmer
love, which, whether sensual or Platonic, is allied to passion.

307   Ep. XVII. 1. **Curioni.** C. Scribonius Curio — a friend of
Cicero, and a young senator of great natural talents, which, however,
he left uncultivated from carelessness and want of industry — was
at this time quaestor in Asia. Cicero knew him from his childhood,
and did all he could to direct his great talents into a proper channel,
to suppress his love of pleasure and of wealth, and to create in him
a desire for true fame and virtue, but without any success: Curio
was and remained a person of most profligate character.

2. **Certissimum:** i. e. on which one can reckon with the most
confidence; which one is the most certain to receive; hence nearly
== *creberrimum, the most usual.*

3. Nostra aut ipsorum. H. 408, 1, 2). A. & S. 219, & R. 1. **307**

4. Temporibus his. Affairs at Rome were at this time in the utmost confusion, occasioned by the factious interruption that was given to the usual election of the magistrates. · This state of tumult, or, indeed, to speak more properly, of almost absolute anarchy, was however somewhat composed towards the latter end of the present year, by the election of Domitius Calvinus and Valerius Messala to the consular office.

5. Neque — velim scribere. The disturbances mentioned in the preceding note, were artfully fomented by Caesar and Pompey, in order to turn them to the advantage of their ambitious purposes. But this was too delicate a circumstance for Cicero to explain himself upon; especially as he was now cultivating a friendship with both.

6. Gravis adversaria — a powerful antagonist. *Adversaria* is here a noun, and *exspectatio* is in apposition with it. The idea is, that the high expectations which had been formed of him would require the utmost exertions on his part in order to meet them.

7. 1. Vinco means, to drive an adversary from his place : *supero*, to win a place from an adversary. The *vincens* has more to do with living objects, with enemies : the *superans*, with inanimate objects, with difficulties. 2. *Evinco* denotes especially the exertion and duration of the conflict : *devinco*, its consequence, and the completeness of the victory. 3. *Vinco* means, to conquer by fighting : *opprimo*, without fighting, by merely appearing, in consequence of a surprisal, or of a decided superiority of forces. Död.

Ep. XVIII. 1. **Mandatum** — commission. Cicero begins this **308** letter by alluding jestingly to some purchase which Marius had requested him to make for him.

2. Potissimum. V. Ec. Cic. XXVI. 5.

3. Plurimo. H. 416. A. & S. 252, R. 3.

4. Eo .... multum — so far you were wise : lit. saw much.

5. Pluris — for more ; i. e. than a certain sum. K. 88, 10. A. & S. 214, & R. 1, (a). H. 402, 1.

6. Quodsi .... coheredibus — if, however, you had intrusted me (with an unlimited order), I would have settled (the affair) with my co-heirs according to my love for you (*qui meus amor in te est*) ; i. e. on the most advantageous terms in your behalf.

7. Illicitatorem — one who bids at an auction to make others bid higher, a fictitious bidder.

808   8. **Bursa** (*T. Munatius Plancus*) was tribune the year this letter
was written, and had distinguished himself by inflaming those disturbances in Rome which were occasioned by the assassination of Clodius.   The body of Clodius being produced before the people in the
forum, Bursa, together with one of his colleagues, infused such a
spirit of riot into the populace, that, snatching up the corpse, they
instantly conveyed it to the *Curia Hostilia*, where they paid it the
funeral honors.   This they executed in the most insolent and tumultuous manner, by erecting a funeral pile with the benches, and
setting fire to the senate-house itself, which was burnt to the ground.
Bursa, not satisfied with these licentious outrages, endeavored likewise to instigate the mob to fall upon Cicero, the avowed friend and
advocate of Milo, by whom Clodius had been killed.   Cicero, therefore, as soon as Bursa was out of his office, accused him of violating
the public peace; and Bursa, being found guilty, was condemned to
suffer banishment.

809   9. **Inimici;** i. e. Clodius.

10. **Malo:** sc. *laetari.* Melmoth translates the whole passage
thus: Much rather, indeed, would I see my adversaries vanquished
by the hand of justice than of violence: as I would choose it should
be in a way that does honor to the friends of my cause, without exposing them, at the same time, to any uneasy consequences.

11. **Potius** is sometimes used redundantly with *malo.*

12. **Clarissimi viri.** Pompey.

13. **Animi causa** == for the sake of amusement.

14. **A quo . . . . erant.** Pompey, in his consulship, made some
alterations with respect to the method of choosing the judges, and
elected a certain number out of the three orders of the state, for the
cognizance of civil and criminal causes.

15. **Ne intercaletur** — that there may be no intercalation.
The Roman months being lunar, a proper number of supplemental
days were added every two years, in order to adjust their reckoning
to the course of the sun. This was called an *intercalation*, and was
performed by the pontifical college at their own discretion. Accordingly they often exercised this important trust as interest or ambition
dictated; and by their arbitrary intercalations, either advanced or
retarded the stated times for transacting civil or religious affairs, as
best suited the private purposes of themselves or their friends.

810   EP. XIX. 1. **S. V. V. B. E. E. Q. V.** — *Si vos valetis, bene*
(*est*): *ego exercitusque valemus.*

2. **Provinciam.** Cicero's province comprehended not only 310
Cilicia, but Pamphylia, Lycaonia, part of Phrygia, and the island
of Cyprus, together with some other less considerable appendages.
Cilicia was first added to the Roman provinces by Publius Servilius,
surnamed Isauricus, in the year of Rome 680.

3. **Eos,** referring to *Parthos,* is used pleonastically for the sake of
emphasis, but may be omitted in translating.

4. **Maxime conjunctum** — as near as possible.

5. **Vestra auctoritas intercessisset** — your order had
been added. V. Ep. XL n. 14.

6. **Eusebem et Philoromaeum.** These were surnames of
Ariobarzanes, and meant, literally, pious and friendly to Rome.
They are merely Greek words Latinized.

7. **In consilio meo** — in the presence of my council.   311

8. **Casum interitus paterni ;** *quia pater Ariobarzanes II.
interfectus erat per insidias (Mithridatis veneno), quum expulsum e regno Pompeius restituisset in bello Mithridatico.* Ernesti.

9. **Ariarathe.** He was made king of Cappadocia after his
brother's death.

10. **Judicio probatos** — (who had been) approved by their
judgment.

Ep. XX. 1. **Notas esse** — should be known.   312

2. **Tributis ;** i. e. *tributa* imposita ad impensas in praesidibus faci-
endas. *Usurae graves* sunt intelligendae ex Epp. ad Att. VI. 1, 2.
quaternarum centesimarum (48 per cent) *cum anatocissimo,* quas ne-
gotiatores exigebant, et inde *falsum aes alienum.* Ernesti. Cicero
reduced this exorbitant rate of interest to 12 per cent compound
interest.

3. **Pertumultuose .... vere** — in a very agitated manner,
and yet not untruly.

4. 1. **Maneo** denotes remaining, in opp. to going away ; where- 314
as *moror* denotes tarrying, as an interruption of motion, in opp. to
going forwards. 2. *Morari aliquem* means, to prevail upon any one
to stay of his own free-will by proposing conditions : *tardare,* to prevent a person's hastening on his way by opposing difficulties : *detinere,* to hinder him from going forwards by force. *Tardare* has
generally an action for its object : *detinere,* a person : *morari,* either.
Död.

5. **Praesentibus** — that were actually prepared. 1. *Adesse*
means to be near a person or thing ; but *interesse,* to assist in a trans-

814 action. 2. *Adesse* denotes generally the presence in a circle to which we belong: *praesentem esse*, absolute, audible, and visible presence. When an expected guest is within our walls, *adest*: he, who is in the same room with us, *praesens est*. Död.

6. **Sacerdos.** It appears, from a passage which Manutius cites from Hirtius, that the high-priest of the temple of Bellona, at Comana, a city in Cappadocia, was next in rank and power to the king himself.

815 7. **Bibulum.** M. Calpurnius Bibulus, proconsul of Syria. He was consul with Julius Caesar in B. C. 59. See notes on Ep. V., Consuls.

8. **Armani;** i. e. of its inhabitants.

816 9. **Qui . . . . ornasti.** Cicero, soon after his consulate, had very particular obligations to Cato of the kind he mentions; for the latter being tribune at that time, procured him a confirmation, from an assembly of the people, of the glorious title of FATHER OF HIS COUNTRY.

10. **Supplicationem.** This honor was usually decreed to a general after some signal advantage obtained by his arms. It consisted in appointing a solemn festival, in order to return thanks to the gods for the public success; at which time the senate went in solemn procession to the principal temples in Rome, and assisted at the sacrifices instituted for such occasions.

11. **Quas . . . . gessisset;** i. e. his civil acts.

12. **Mitto —** I forbear to mention.

13. **Inimicum;** i. e. Clodius.

817 14. **Provinciam ornatam.** In Pis. 2, *ego provinciam Galliam, senatus auctoritate exercitu et pecunia instructam et ornatam . . . . in concione deposui . . . . Ea provincia accepta, triumphare poterat de Salassis et aliis Inalpinis gentibus, quibuscum postea Metellus bellum gessit.* Melmoth. On the distribution of the consular provinces for the year succeeding Cicero's consulship, see Sall. Cat. XXVI. n. 7. Cicero's bargain with Antonius, by which he yielded his title to the rich province of Macedonia, was not his only sacrifice: he patriotically resigned his claim to the other province also — that of Cisalpine Gaul — to Metellus. It is to this particularly, and to the triumph, which a successful administration of the affairs of this province would have probably won for him, that he alludes in the text.

15. **Sacerdotium;** i. e. the office of augur.

16. **Sed ita, si . . . . videbitur —** but on this condition, if this small service (*hoc nescio quid*), which I have performed, shall not seem insignificant and contemptible.

17. **A quo uno.** Cato settled a correspondence throughout 317 the whole Roman provinces, and received constant intelligence of the conduct of the several governors in their respective commands: so attentive was this vigilant patriot to whatever concerned the interest of the commonwealth. Plut. in Vit. Caton.

18. **Quae;** i. e. quae ornamenta, quae virtutes in toga; i. e. ae- 318 quitas and *continentia* mentioned in § 14.

19. **Justiores,** eo sensu, quo *justa victoria, justus triumphus* dicitur, cui nihil est, quique jure ita vocari potest.

20. **Ex meis litteris;** i. e. ad senatum missis.

Ep. XXI. 1. **Facies.** V. H. 470, 1. A. & S. 259, R. 1, (4).

Ep. XXII. 1. **Uno et vicessimo die;** i. e. after he had 319 set out from Rome.

2. **De hereditate Preciana** — as to the legacy left by Precius. Who this Precius was is not known.

Ep. XXIII. 1. **In quartanam.** A quartan ague was sup- 320 posed by the ancients to be extremely salutary in its consequences. It was called *quartana* from its occurring every fourth day.

2. **Humanitatis** — *amoris in tuos.*

3. **Ad urbem.** As Cicero claimed the honor of a triumph, he was obliged, till his pretensions should be determined, to take up his residence without the walls of the city.

4. **Ad senatum . . . . miserat.** The purport of Caesar's let- 321 ter was, that he declared himself willing to resign his command, provided Pompey did the same; but if this were not complied with, that he would immediately march into Italy, and revenge the injuries done both to himself and to the liberties of the republic.

5. **Nulla vi expulsi.** The letter mentioned in the last note was received by the senate with great indignation, and considered as an open declaration of war. Accordingly they voted, that if Caesar did not resign his command by a certain day named in their decree for that purpose, he should be deemed an enemy to his country. This decree was protested against by Curio, Quintus Cassius Longinus, and Mark Antony, in virtue of their prerogative as tribunes of the people; and while the senate were deliberating in what manner to punish the authors of this protest, they were advised by the consul Lentulus to withdraw before any decree against them had actually passed. Perhaps this is all that Cicero means when he asserts, that

Page

321 "no violence had been offered to these tribunes;" for, otherwise, his
assertion would be contradicted by the unanimous testimony of all
the ancient historians.

6. **Pro coss.** — *pro consulibus;* i. e. proconsuls.

7. **Comparatur** — preparations are making. It is here used
absolutely.

322   Ep. XXIV.   1. **Ille :** Caesar.

2. **Dolabella :** Tullia's third husband.

3. **Videndum .... possitis** — you must see to it that you
be able to act consistently with your rank: lit. that you may be able
to be with honor. This use of *sum* with an adverb is mostly confined
to familiar language.

4. **Bellissime — esse** — to be very advantageously and pleasantly situated. For the use of *sum* with an adverb, see preceding
note.

5. **Rem .... fecit** — has improved the aspect of affairs. This
is the Labienus who performed so conspicuous a part in Gaul as one
of Caesar's lieutenants. About this time he joined the Pompeian
party: it is to this fact that Cicero alludes.

6. **Generum suum :** Caesar.

7. **Rufus.** Lucius Mescinius Rufus was quaestor to Cicero in
Cilicia.

323   Ep. XXV.   1. **S. V. G. V.** — *Si vales, gaudeo. Valeo.*

2. **Recte V.** — *recte valet* — is quite well.

3. **Apud te** — at your house.

4. **In suspicionem .... suadere** — ought I to be suspected
of persuading thee more on account of the interest of my party than
for your own interest.

5. **Nominis sui :** referring to the title *Magnus*, which Sulla
gave him when he was a young man, and which he ever afterwards
assumed.

6. **Capto exercitu veterano ;** i. e. Pompey's army in Spain
under the command of his lieutenants, Afranius and Petreius, whom
Caesar had defeated.

7. **Circumvallato ;** i. e. at Dyrrhachium.

8. **Pro tua prudentia** — with your usual foresight.

324   9. **Partibus .... publicae** — for your party and for that
form of the commonwealth (or that constitution).

10. **His quoque locis ;** i. e. from Dyrrhachium.

11. **Qua .... Caesar** — such is Caesar's clemency.
12. **Reverti :** sc. *sine periculo.*

EP. XXVI. This letter was written at Brundisium between November, B. C. 48, and the end of that year. In June, B. C. 49, Cicero embarked at Brundisium for Greece, where he joined the camp of Pompey. For the space of nearly a year from this time little is known of his movements: one or two notes only have been preserved, which show that, during his residence in the camp of Pompey, he was in bad health, embarrassed by pecuniary difficulties, in the habit of inveighing against everything he heard and saw around him, and of giving way to the deepest despondency. After the battle of Pharsalia (August 9, B. C. 48), at which he was not present, he returned to Brundisium, where he remained for ten months.

1. **In maximis meis doloribus.** During the whole of the time mentioned in the end of the preceding note, "Cicero's mind was in a most agitated and unhappy condition. He was constantly tormented with unavailing remorse on account of the folly of his past conduct in having identified himself with the Pompeians when he might have remained unmolested at home; he was filled with apprehensions as to the manner in which he might be treated by Caesar, whom he had so often offended and so lately deceived; he moreover was visited by secret shame and compunction for having at once given up his associates upon the first turn of fortune; above all, he was haunted by the foreboding that they might after all prove victorious, in which event his fate would have been desperate; and the cup of bitterness was filled by the unnatural treachery of his brother and nephew, who were seeking to recommend themselves to those in power by casting the foulest calumnies and vilest aspersions upon their relative, whom they represented as having seduced them from their duty."

EP. XXVII. 1. **Spe pacis,** which they hoped would follow a complete victory, such as that of Pharsalia was.

2. **Nostrum judicium ;** i. e. our decision as to how far we ought to go in bearing arms against Roman citizens.

3. **Imminutam, &c.** — though impaired, &c.

4. **Ea** — *talia.*

5. **Fatali proelio :** that of Pharsalia.

6. **Utrumque .... victoris** — but (I confess: sc. *fateor*) that I was of the opinion that both (results) depended upon the ex-

26 *

M M

Page
325 pedition of the conqueror; i. e. upon the expedition with which he
should follow up his success.

7. **Quae si fuisset** — had there been this (expedition).

8. **Quam cognovit Asia — Achaia;** i. e. *quam cognove-
runt ii, qui post Pharsalicam pugnam se in Asiam et in Achaiam receperunt.*

326 9. **Te — ipso allegato ac deprecatore.** *Cassius post
pugnam Pharsalicam ad Caesarem transierat ab eoque benevole receptus erat. Multos igitur alios Pompeianos, Cassio ad Caesarem allegato
ac deprecatore, a Caesare veniam impetrasse satis erat credibile.*

10. **Amissis .... valent** — the critical opportunity having
been lost, which is most important.

11. **Interpositus annus;** i. e. the year that had elapsed
since the battle of Pharsalia.

12. **Ipsum vinci — ipsam cladem:** the direct object of
contemnerent.

13. **Tantam moram;** i. e. *novem mensium.*

14. **Nescio quem** — paltry, insignificant. Pharnaces (son of
the famous Mithridates, king of Pontus) taking advantage of Caesar's being engaged in the Alexandrine war, made an incursion into
Cappadocia and the lesser Armenia, the dominions of Deiotarus, a
king tributary to the Romans. Domitius Calvinus, whom Caesar
had appointed to command in Asia and the neighboring provinces,
having received notice of this invasion, marched immediately to the
assistance of Deiotarus. The two armies came to an engagement, in
which Pharnaces had the superiority. Calvinus, at the same time,
being called away by Caesar, who had occasion for those troops to
complete the conquest of Alexandria, Pharnaces took that opportunity of entering Pontus, which he seized as his hereditary dominions,
and where he committed great cruelties and devastations. This letter seems to have been written soon after the transaction above
related, and probably while Caesar himself was on the march in
order to chastise the insolence of Pharnaces. It was in giving an
account of this expedition that Caesar made use of that celebrated
expression in a letter to one of his friends, *Veni, vidi, vici.*

15. **Currentem — incitarem.** So de Orat. II. 44, 186: *facilius est currentem incitare quam commovere languentem.*

16. **In gemitu Italiae.** Caesar, after the battle of Pharsalia, sent Mark Antony into Italy, as his master of the horse; an
office, in the absence of the dictator, of supreme authority in the
commonwealth; but Antony abused the power with which he was

thus invested, and taking advantage of the disturbances at Rome 326
(excited by Dolabella and Trevellius, tribuni plebis), turned them to
his private purposes, by enriching himself with the spoils of his fellow-citizens. This seems to have been the occasion of those general
complaints to which Cicero here alludes.

17. **Pro mea, tua, sua parte** — according to my, your, his
ability.

18. **Auctor: Caesar.**

Ep. XXVIII. 1. **Negligentia.** Dolabella was greatly embarrassed in his affairs; and it seems by this passage as if he had not
allowed Tullia a maintenance, during his absence abroad, sufficient
to support her rank and dignity. The negligence with which Cicero
reproaches himself probably relates to his not having secured a
proper settlement on his daughter, when he made the second payment of her fortune to Dolabella. For in a letter written to Atticus
about this time, he expressly condemns himself for having acted imprudently in that affair.

2. **Ad Caesarem mittere;** i. e. in order to supplicate Caesar's pardon, for having engaged against him on the side of Pompey.

Ep. XXX. 1. **Redditae — sunt — litterae.** This letter 327
is not extant; but Cicero mentions the purport of it in the oration
pro Ligario, chap. III. 7, by which it appears, that he would preserve to him his former state and dignities.

Ep. XXXI. 1. **In Tusculanum.** Cicero continued at Brundisium till Caesar arrived in Italy, who came much sooner than was
expected, and landed at Tarentum some time in September. They
had an interview with each other, which ended much to the satisfaction of Cicero, who, intending to follow Caesar towards Rome, wrote
this letter to his wife, to prepare for his reception at his Tusculan villa.

2. **Ut .... parata** — let all things be ready. The complete
expression would be *fac ut sint omnia parata*. So *ut sit* below: — let
there be one; i e. *fac ut sit*.

3. **De Venusino:** sc. *agro datae*. He wrote the letter near 328
Venusia.

Ep. XXXII. 1. **M. Marcello.** Marcellus was then in exile
at Athens. He was consul with Serv. Sulpicius in B. C. 51.

2. **Consilio.** This refers to the different conduct of Cicero and

Page

328 Marcellus, after the battle of Pharsalia: the former having immediately returned into Italy, in order to throw himself at the feet of the conqueror, the latter retiring to Mitylene, the capital of Lesbos. In this city Marcellus probably resided, when this letter was written.

329   3. **Ista ratio** — that course of thine.

    4. **Nihil attinet** — it is of no use.

    5. **Cuicuimodi res esset** — whatever the situation of the public affairs might be. *Cuicuimodi*, for *cujuscujusmodi*.

330   6. **Gratia .... victi** — on the ground of merit I have influence only so far as I have been conquered; i. e. so far as I yielded, after having been conquered.

    7. **Marcello ;** i. e. C. Marcellus.

    8. **Non adhibemur** — I am non consulted.

    9. **Ad .... sumus ;** i. e. my services are ready, whenever they are desired.

Ep. XXXIII. This letter is an answer to a letter of condolence, which Sulpicius, then in Athens, wrote to Cicero on hearing of the death of his daughter Tullia.

331   1. **Vester Gallus.** Manutius conjectures that the person here mentioned is Caius Sulpicius Gallus, who was consul in the year of Rome 586.

    2. **M. Cato.** Cato the Censor.

    3. **Fuerunt** — lived.

332   4. **Domo absum.** Cicero, upon the death of his daughter, retired from his own house, to one belonging to Atticus, near Rome.

    5. **Unius.** Caesar.

Ep. XXXIV. 1. **Planco.** L. Munatius Plancus was a brother of Plancus Bursa, the great enemy of Cicero. In the beginning of the present year he was appointed by Caesar governor of the farther Gaul, where he now was, at the head of three legions. Upon the death of Caesar, to whom he had been warmly attached, Cicero employed all his arts to engage him on the side of the senate; and Plancus, after much hesitation, at length declared himself accordingly. But he soon afterwards betrayed the cause he thus professed to support, and went over with his troops to Antony.

    2. **Per .... fui ;** i. e. *Antonius assidue me vexavit.*

333   3. **Non insolentia.** *Insolens dicitur, qui sua potestate abutitur ad calumniam bonorum virorum.*

    4. **Immanitas** — *saevitia et crudelitas* — despotism.

5. **Vocem (liberam) ;** i. e. *liberam sententiam in senatu pro-* 333
nuntiatam.

6. **Quae ita longa est.** Plancus was in the number of those
whom Caesar had named to the consulate, in that general designation
of magistrates which he made a short time before his death. But as
Plancus stood last in the list, his turn was not to commence till the
year 712.

7. **Optandum sit —** it is to be wished (rather than expected).

8. **Spiritum ducere —** to live. Alii jungunt *rei publicae*
spiritum ducere — producere ; i. e. vitam rei publicae conservare.

9. **Simulacrum —** shadow, semblance.

10. **Acta :** sc. *publica.*

11. **Mitti —** *nuntiari.*

12. **Perducitur —** *durat.*

13. **Furnium.** Furnius was lieutenant to Plancus in Gaul.

14. **Et —** *sed.*

Ep. XXXV. 1. **Tuus affinis.** M. Lepidus and Cassius had 334
each of them married a sister of M. Brutus.

2. **Scelere et levitate Lepidi.** Lepidus treacherously deserted the cause of the republic, and joined himself to Antony on
the 29th of May.

3. **Quae volumus, audimus ;** i. e. that you have defeated
him. P. Cornelius Dolabella, the proconsul of Syria, had caused
Trebonius to be cruelly put to death. Upon this he was declared an
enemy by the senate, and Cassius was commissioned to make war
against him : the result was, that he was driven to shut himself up in
Laodicea, where he died by his own hands.

4. **Quam . . . . aliquam —** which indeed is either already in 335
existence ; i. e. has already been achieved.

5. **Viceramus —** we should have conquered. The indicative
expresses with more emphasis the *certainty* that the event would have
taken place under the conditions specified.

6. **Consules designatos.** Decimus Brutus and L. Munatius
Plancus.

7. **In te . . . . omnia —** that everything depends on thee and
on thy Brutus ; i. e. *Marcus* Brutus, whose legions were now occupying Achaia, Macedonia, and Illyricum.

8. **Tamen —** after all (it has suffered) ; i. e. *although* it has been
thus afflicted *by civil war*, which notion is implied by *victis hostibus*
nostris.

LIST OF ABBREVIATIONS.

a. or adj.,	. . .	adjective.
abl.,	. . . .	ablative.
absol.,	. . . .	absolute.
acc.,	. . . .	accusative.
adv.,	. . . .	adverb.
c.,	. . . .	common.
c. abl.,	. . .	cum ablative.
c. acc.,	. . .	cum accusativo.
c. acc. c. inf.,	.	cum accusative cum infinitivo.
c. dat.,	. . .	cum dativo.
c. gen.,	. . .	cum genitivo.
c. inf.,	. . .	cum infinitivo.
c. sup.,	. . .	cum supino.
compar.,	. . .	comparative.
conj.,	. . . .	conjunction.
dat.,	. . . .	dative.
dem. pr.,	. . .	demonstrative pronoun.
dim.,	. . . .	diminutive.
f.,	. . . .	feminine.
fig.,	. . . .	figuratively.
fut. inf.,	. . .	future infinitive.
gen.,	. . . .	genitive.
h. e.,	. . . .	hoc est.
impers.,	. . .	impersonal.
ind.,	. . . .	indicative.
inf.,	. . . .	infinitive.
insep. prp.,	. . .	inseparable preposition.
interj.,	. . .	interjection.
m.,	. . . .	masculine.
metaph.,	. . .	metaphoric.
n.,	. . . .	neuter.
n. pl.,	. . . .	neuter plural.
part.,	. . . .	participle.
pass.,	. . . .	passive.
pers. pr.,	. . .	personal pronoun.
plur.,	. . . .	plural.

posit.,	. . . .	positive.
p. p.,	. . . .	past participle.
prp.,	. . . .	preposition.
pres.,	. . . .	present.
pret.,	. . . .	preterite.
pron.,	. . . .	pronoun.
pron. adj.,	. .	pronominal adjective.
rel. pr.,	. . .	relative pronoun.
s. or subst.,	. .	substantive.
sc.,	. . . .	scilicet, or namely.
sing.,	. . . .	singular.
subj.,	. . . .	subjunctive.
subst. n.,	. . .	neuter substantive.
superl.,	. . .	superlative.
v.,	. . . .	verb.
v. a.,	. . . .	verb active.
v. def.,	. . .	verb defective.
v. dep.,	. . .	verb deponent.
v. dep. a.,	. . .	verb deponent active.
v. dep. n.,	. . .	verb deponent neuter.
v. freq. a.,	. . .	verb frequentative active.
v. freq. n.,	. . .	verb frequentative neuter.
v. imp.,	. . .	impersonal verb.
v. imp. inch. n.,	.	verb impersonal inchoative neuter.
v. inch. a.,	. .	verb inchoative active.
v. inch. n.,	. .	verb inchoative neuter.
v. intens. a.,	.	verbum intensivum activum.
v. n.,	. . . .	verb neuter.
v. tr.,	. . .	verb transitive.
1,	. . . . .	first
2,	. . . . .	second
3,	. . . . .	third	conjugation.
4,	. . . . .	fourth
* denotes an obsolete word.		
† " a word not classical.		

A., abridged for *Aulus; a. d. = ante diem; a. u. c. = anno urbis conditae.*

A, ab, prp. c. abl., off, from, by, (*a* before words beginning with a consonant, *ab* before words beginning with a vowel ; *ab* is *au* in *aufero* and *aufugio.*) It denotes, —

1. Place : *ab eo loco ; a sole*, out of the sun ; *a stirpe*, fundamentally ; *usque a capite*, from the very beginning ;

2. Time : *ab hora tertia ; a pueritia ; a prima pugna*, since the first combat ;

3. An agent from whom an action proceeds, or by whom it is performed : *a diis omnia facta sunt*, all things have been made by the gods . *a natura*, by nature ;

4. Cessation, prevention, keeping off, leaving off, deterring, delivering from : *desistere a defensione*, to give up the defence : *aliquem ab injuria deterrere*, to deter any one from injury ;

5. A source or origin : *quod tibi debet ab Egnatio*, what he owes thee from the hands of Egnatius.

Abacus, i, m., board, table.

Ab-dico, 1 (*dicare*), v. a., I give up, resign, lay down. renounce, abdicate ; *a. se magistratu, praeturâ, dictaturâ*, to resign the magistracy, &c.

Abdo, *idi*, *itum*, 3 (*dare*, to put, do), v. a., I remove, I hide ; *aliquem, aliquid in loco, in locum ; a. se*, to hide one's self. *a. se literis*, *in literas*, to bury one's self in learning.

Ab-dûco, *xi*, *ctum*, 3 (*ducere*, to draw), v. a., I draw, pull off ; I lead off by force, force away ; *aliquem a, de, e loco*, I entice away.

Ab-eo, *ivi* or *ii*, *itum*, *ire*, v. n., I go off, go away ; *a. e vita*, to die.

Ab-horreo, *ui*, 2, v. n., I differ much, I vary, depart from ; *abhorret a meis moribus*, it is not at all my custom.

Ab-jicio, *jeci*, *jectum*, 3, v. a. (*jacere*), I throw away, throw ; I throw down, prostrate, debase, humble ; I throw aside, lay by, remove ; *a. animum*, to be disheartened or discouraged, to despond.

Ab-jûro, 1, v. a., I deny falsely upon oath, I forswear.

Ab-lâtus, a, um, part. (*aufero ; latus = levatus*), taken away, removed.

Ab-origines, um, m. pl. (*ab origine*), the first inhabitants of Latium ; original inhabitants.

Abs-cido, *idi*, *isum*, 3 (*caedo*), v. a., I cut off, cut ; figur. : I deprive of.

Ab-scindo, *idi*, *issum*, 3 (*scindere*), v. a., I tear off, rend away, cut off, cut, part asunder.

Absens, *tis*, part. (*absum*), absent, not here, out of sight, gone away, wanting.

Ab-similis, e, adj., unlike, dissimilar ; mostly with a negation : *haud a., non a.*

Ab-solûtus, a, um, part. (*absolvo*), let loose ; adj., free, unrestrained ; acquitted, discharged, released ; finished, completed ; perfect, absolute.

Absolvo, *vi*, *ûtum*, 3, v. a., I set at liberty, discharge, absolve, liberate, release ; in law : I acquit, c. abl., gen.. or *de* ; I finish, complete, bring to a close : *a. rem paucis*, to despatch in a few words.

Abs-tinentia, *ae*, f. (*abstineo*), an abstaining from, abstinence, moderation, discreetness.

Abs-tíneo, ui, tentum, 2 (teneo), 1, v. a., I abstain from, am free from, a thing; 2, v. a., I keep or ward off, I hold back, restrain.

Ab-stráho, axi, actum, 3, v. a., I drag, draw, tear, pull off or away, take away by force.

Ab-sum, abfui, abesse, to be absent, out of the way, to be distant; figur.: to be far from, i. e. not to have, to be free from, not to belong to, to be disinclined to, to be wanting.

Absurdus, a, um, adj. (= surdus, earless), disagreeable to the ear, harsh, grating; absurd, foolish, foreign from the purpose or subject; adv., absurdè.

Ab-undantia, ae, f. (abundans), abundance, plenty, copiousness, exuberance

Ab-undè, adv. (abundus), abundantly, copiously, largely.

Ab-útor, úsus sum, 3, v. n., c. abl., 1, I use up, consume by using, waste, run through; passively, to be consumed, used up; 2, I use otherwise, contrary to original intention; 3, I abuse, turn to improper use, apply to a wrong end.

Ac, conj = atque, and (mostly before consonants, seldom before a vowel or h).

Acádēmìa, ae, f., a place near Athens, where Plato taught philosophy; hence the academical philosophy and sect.

Ac-cédo, cessi, cessum, 3 (ad-cedo), v. n., I draw near to, approach, arrive at, come to, accost; I am added, joined, annexed; with ad, c. dat., and c. acc.

Ac-cendo, ndi, nsum, 3 (ad, * cando, I make to glow, whence candeo), v. a., I set on fire, set fire to, light up; figur.: I excite, inflame, stir up.

Ac-ceptus, a, um, part. (accipio), accepted, received; adj., acceptable, grateful, pleasing.

Ac-cerso. See arcesso.

Ac-cessus, ûs, m. (accedo), an approaching, drawing near to, a coming.

Ac-cído, ídi, ísum, 3 (ad, caedo), v. a., I cut off, cut, lop, cut down, fell.

Ac-cído, ídi, 3 (ad, cado), v. n., I fall down at or before; most frequently impers., accídit, it happens, occurs, falls out; accídit praeter opinionem, it happened unawares; si quid alicui accídet, if anything should happen to one.

Ac-cipio, cēpi optum, 3 (ad, capio), I receive,

take; I receive, treat, entertain; I comprehend, understand, hear; I am sensible of, feel; voluptatem accipere, to feel pleasure; I admit of, approve, accept of.

Ac-clívis, e, adj. (ad, clivus), up-hill, steep, rising, ascending.

Ac-clívitas, átis, f. (acclivis), a bending upwards, steepness, ascent, acclivity.

Ac-commŏdātus, a, um, part. (accommodo), adapted; adj., suitable, proper, intended, calculated for.

Ac-commŏdo, 1 (ad, c.), I adapt, adjust, fit; I apply, accommodate.

Ac-cūrātē, adv. (accuratus), diligently, elaborately, carefully, attentively, accurately.

Ac-curro, cūcurri and curri, cursum, 3 (ad, curro), v. n., I run to.

Ac-cūso, 1 (ad, causa), v. a., I accuse in judgment, I arraign, impeach, blame, reprimand, aliquem, aliquem crimine, aliquem alicujus rei, de re; I complain of, blame, chide, find fault with.

Acer, ācris, ācre, adj. (aceo), sharp, sour, tart, pungent, acrid; figur.: sharp, brisk, powerful, vehement; of men: fiery, furious; severe, austere; valiant, gallant; strenuous, diligent; of mind: acute, keen, penetrating; of actions: violent; of war: cruel.

Acerbē, adv. (acerbus), sharply, keenly, harshly, bitterly; figur.: cruelly.

Acerbus, a, um, adj. (acer), harsh, sour, tart, unripe; figur.: cruel, severe, hard; of sounds: harsh; of disposition: austere, morose.

Acervus, i, m, a heap, hoard, pile; a crowd, multitude.

Achāïcus, a, um, adj., Achaean, Grecian.

Achradīna, ae, f, a part of the city of Syracuse.

Acíes, ēi, f., the sharp edge or point of anything: a line of soldiers, file, squadron; an army in battle-array; a fleet in battle-array; a battle, fight, action; figur: keen eyesight; force, power, prowess, might, weight, influence; acuteness, discernment, shrewdness of intellect, ability.

Acīnus, i, m., and acīnum, i, n., originally: a germ, seed; a grain, kernel, grape, raisin, berry.

Ac-quiesco, ēvi, ētum, 3 (ad, quiesco), v. n., I repose, take rest; figur.: I rest, have rest, find rest; I acquiesce in, dwell with delight upon, am pleased or delighted with; with *in*, c. abl., and c. dat.

Ācriter, adv. (*acer*), vehemently, keenly, sharply, eagerly; attentively, clearly, intensely; valiantly, stoutly, vigorously; exceedingly, very; severely, cruelly.

Acta, *ōrum*, n. pl. (*ago*), acts, actions, deeds; acts, decrees, resolutions; *acta publica*, public records.

Actio, *ōnis*, f. (*ago*), motion; action, operation; management, negotiation, business, treaty; in oratory: the action or delivery of a speech; a speech before a court, accusation, information, charge; an action at law.

Actor, *ōris*, m. (*ago*), agent, doer, performer; actor, comedian, player; pleader.

Aculeus, *i*, m. (*acus*), sting; prickle; figur.: sharpness, sophistry, a cutting remark.

Acuo, *ui*, *ūtum*, 3 (*acus*), v. a., I point, sharpen, whet; figur.: I sharpen, incite, excite, exercise; I stimulate, rouse, provoke, instigate.

Acutus, *a*, *um*, part. (*acuo*), pointed; adj., sharp-edged, prickly; figur.: sharp, shrill, piercing, pungent, biting, penetrating; of the mind: acute, subtile, ingenious, quick.

Ad, prep. c. acc., to, unto; 1, to a place, thing, or person; *ad urbem venire*, to come to town; *ad meridiem spectans*, looking to the south; *cum Senatus ad Caesarem accederet*; *ad hoc*, besides this; *ad verbum*, word for word; *ad summum*, to the highest degree; *ad extremum*, *ad ultimum*, at length, at last; also near, as *ad Romam*, near Rome; 2, till a time, or action; *ad quoddam tempus*, till a certain time; *ad hiemem*, towards the winter; *vita ad spem servanda*, life to be preserved for hope; 3, for *quoad*, *quod attinet ad*, as far as regards, in whatever pertains to.

Ad-aequo, 1, v. a., I equal, make equal; *adaequare famam alicujus*, to render one's self as famous as any one; *adaequare se alicui virtute*, to put one's self on a par with any one in virtue; *adaequare virtutem cum fortuna*, to be as brave as one is fortunate.

Ad-āmo, 1, v. a., I begin to love, fall in love with.

Ad-dīco, *xi*, *ctum*, 3, v. a., I adjudge, assign, make over, surrender; *addicere aliquem morti*, to condemn, doom one to death;

figur.: I consent to, approve; I devote; *aliquem ad jusjurandum*, to force, compel one to take an oath.

Ad-do, *dĭdi*, *dĭtum*, 3 (*ad*, *daro*), v. a., I add; I throw, cast in or upon, mingle with; figur.: *alicui animos*, to fire one's courage; *fidem rei*, to confirm, corroborate, give credibility to a thing.

Ad-dūco, *uxi*, *uctum*, 3, v. a., I conduct, bring, fetch; I bring on, induce, cause, occasion; I draw to, tighten, straiten; I bring to, straiten, reduce; *aliquem in angustias*, to bring one into difficulty; *in judicium*, to bring to trial, arraign, sue, summon before a court of justice; I induce, persuade.

Ad-ductus, *a*, *um*, part. (*adduco*), brought, conducted, &c.; adj., contracted, wrinkled.

Ad-eo, *ivi* and *ii*, *ĭtum*, *ire*, 1, v. n., I go near, come; *adire in jus*, to go to law; 2, v. a., I go to, I approach, go up to; figur.: I undertake, undergo, incur, adopt.

Ad-eō, adv. (for *ad id*), so far, to such a degree, insomuch; so long; *adeo dum*, *a. usque dum*, *a. donec*, *a. usque ut*, *usque a. quoad*, till, until; also = *vero*, but now.

Ad-equito, 1, v. a., I ride up to, or near to a place or person.

Ad-hibeo, *ui*, *ĭtum*, 2 (*habeo*), v. a., 1, I adopt, use, employ; 2, I adapt, apply; 3, I bring, bring on; 4, I offer, pay, give; 5, I behave to, treat; 6, I add, join; *a. animum*, to attend to; *a. se*, to conduct, carry one's self.

Ad-hūc (= *ad hoc*), adv., 1, hitherto, thus far, as yet; *usque a.*, till now; 2, beyond that, more than that, more still; 3, still, as yet, even yet.

Ad-igo, *ēgi*, *actum*, 3 (*ago*), v. a, I drive, drive in, plunge, thrust, impel; I bring, conduct; figur.: I force, compel; *adigere aliquem ad*, or *in jusjurandum*, to oblige one to make oath; *a. aliquem jusjurando*, to bind one by an oath.

Ad-imo, *ēmi*, *emptum*, 3 (*emo*), v. a., I take away, remove, deprive of, deny.

Ad-ipiscor, *aptus sum*, 3 (*apiscor*), v. dep. a., I acquire, get, procure, obtain possession of; with the acc. of a person, to arrive at, come up with, reach, overtake; figur.: I attain, understand.

Ad-ĭtus, *ūs*, m. (*adeo*), approach, entry,

access ; the place by which one approaches or enters ; the power of meeting or conversing with one ; figur.: an entrance, way, means, opportunity.

Ad-jĭcĭo, jēci, jectum, 3 (*jacio*), v. a., I cast towards or against, I apply to ; I add ; figur.: I apply, devote.

Ad-jungo, junxi, junctum, 3, v. a., 1, I add, join, adjoin, unite, annex ; figur.: I procure ; I conciliate ; 2, I yoke.

Ad-jūtor, ōris, m. (*adjuvo*), an aider, helper, assistant, promoter ; a partisan.

Ad-jŭvo, jūvi, jūtum, 1, v. a., I help, aid, assist, succor.

Ad-mĭnĭcŭlum, i, n. (*manus*), what holds like a hand, a prop, stay, used to support vines and fruit-trees.

Ad-mĭnĭstro, 1, v. n., I minister, attend, serve, work ; 2, v. a., I administer, manage, conduct, direct, govern, pay attention to, regulate.

Ad-mĭrābĭlis, e, adj. (*admiror*), worthy of admiration, admirable, wonderful, marvellous.

Ad-mĭrātĭo, ōnis, f. (*admiror*), the act of admiring, admiration, amazement, wonder ; respect, reverence, veneration.

Ad-mĭror, atus sum, 1, v. dep., 1, v. n., I wonder greatly, I marvel, I am astonished, amazed, surprised ; 2, v. a., I wonder at, I admire, look at with astonishment, regard, or esteem.

Ad-mitto, mĭsi, missum, 3, v. a., I send to or onward, push forward, give rein to go on, let or suffer one to do something, suffer something to be done ; I give admittance, adopt, choose ; I admit, consult ; I commit something ; I permit, allow ; I receive, admit.

Ad-mŏdum, adv. (*modus*), in full measure, much, very, exceedingly ; in good truth ; just, exactly, altogether.

Ad-mŏneo, ui, ĭtum, 2, v. a., I remind, put in mind, warn, admonish, advise ; *aliquem de re, aliquid, ad, ut, ne*, acc. c. inf.

Ad-mŏnĭtus, ūs, m. (*admoneo*), an advising, suggesting, intimating, warning, advice ; instigation, exhortation.

Ad-mŏveo, mōvi, mōtum, 2. v. a., I put near, bring near to, apply, bring in contact with ; figur.: I employ, apply, admit.

Ad-murmŭro, 1, v. n., I murmur, whisper at, c. acc. with or without *ad*.

Ad-nītor See *annitor*.

Ad-ŏlescens, entis, part. (*adolesco*), growing, increasing, young ; subst. m. and f., a young man, youth, one past the state of boyhood, a young woman.

Ad-ŏlescentĭa, ae, f. (*adolesco*), youth, the age succeeding boyhood.

Ad-ŏlescentŭlus, i, m. (*adolescens*), dim., a young man, youth, stripling.

Ad-ŏlesco, ōlēvi, and *ōlŭi, ultum*, 3 (*olo, olesco*, I grow, related to *alo*, I nourish), 1, v. n., I grow, grow up, increase ; figur.: I grow, increase, advance, become greater ; 2, v. a., I fasten or join together.

Ad-ŏrĭor, ortus sum, 4 (*orior*, I spring), I start ; v. a., I begin, commence ; I approach, accost ; I attempt, try, take in hand, undertake, go about ; I attack, assail, invade.

Ad-orno, 1, v. a., I ornament, embellish, adorn ; I put in order, furnish, provide, prepare ; figur.: I arrange, draw up, prepare ; I honor.

Ad-ōro, 1 (*oro*, I pray), v. a., I pray, solicit by prayer, pray for ; I adore, worship, revere, venerate ; I honor.

Adrămyttīnus, a, um, adj., of or belonging to Adramyttium.

Ad-scisco, īvi, ĭtum, 3, v. a., I take, receive something with approbation, approve, receive as true ; I receive or admit one in some character, as something (cĭvis, ally, son, etc.); I take, draw, or receive any person or thing to myself, I appropriate to myself.

Adspĭcĭo. See *aspicio*.

Ad-sum, adfui, adesse, v. n., to be present, at hand, here ; c. dat., to aid, assist, stand by.

Ad-ŭlātor, ōris, m. (*adulor*, I fondle), a fondler, seducer, debauchee ; an adulterer.

Ad-ultus, a, um, part. (*adolesco*), grown up ; adj., perfect, mature, ripe ; full, confirmed, rooted.

Ad-vĕho, vexi, vectum, 3, v. a., I conduct, carry, import from abroad, convey.

Ad-vĕnio, vēni, ventum, 4, v. n., I come, come to, arrive, arrive at, come to hand.

Ad-ventĭcĭus or *-ventītĭus, a, um*, adj. (*advenio*), come from abroad, foreign, adventitious.

Ad-vento, 1 (*advenio*), v. freq. n., I come frequently, arrive at.

Ad-ventus, ûs, m. (*advenio*), a coming to, an arrival.

Ad-versārius, a, um, adj. (*adversus*), contrary, opposite, inimical; subst. *adversarius*, i, m., an adversary; an enemy.

Ad-versus, a, um, part. (*adverto*), adj., opposite, fronting; adverse, inimical, hostile, contrary, opposing; *adversae res*, calamities, mishaps, misfortunes, adversity; *in adversum*, in a contrary direction; *ex adverso, sc. loco*, opposite, in front; *flumine adverso*, up the river.

Ad-versus and *adversum*, adv. and prp. c. acc. (*adverto*), against, in front of, opposite to, over against, facing, towards.

Ad-verto, ti, sum, 3, v. a., I turn to or towards; *advertere animum, mentem*, to apply one's thoughts, to attend, observe; absolutely, *advertere*, to advert to, apply one's thoughts to, give one's attention to, attend, heed, observe, perceive, understand.

Ad-vesperascit, avit, 3 (*vespera*), v. imp. inch. n., it grows towards evening, it grows late.

Ad vŏco, 1, v. a., I call, call to one; figur.: I summon, call to my support.

Ad-vŏlo, 1, v. n., I fly to or towards; figur.: I run to, go quickly up to.

Aedes, and *aedis*, is, f., a house, habitation, dwelling; a building, edifice; a temple, house of worship; commonly the plural *aedes* denotes a house, the singular a temple.

Aedĭ'ficium, i, n. (*aedifico*), an edifice, structure, fabric, building.

Aedĭ'fico, 1 (*aedes, facio*), v. a., I build, erect, rear a building.

Aedīlis, is, m. (*aedes*), an edile, a Roman magistrate whose chief business was to superintend the repairs of public buildings.

Aeduus, a, um, adj., of or belonging to the Aedui, Aeduan.

Aeger, gra, grum, adj., aching, sick, ill, indisposed, weak, faint, infirm, figur.: sorrowful, unhappy, low-spirited, desponding.

Aegrē, adv. (*aeger*), achingly, unwillingly, discontentedly; *aegre habere*, to be displeased with; figur.: scarcely, hardly, not easily.

Aegritūdo, ĭnis, f. (*aeger*), complaint, sickness, illness, disease, bodily infirmity;

figur.: sorrow, grief, affliction, anguish, solicitude, care.

Aegyptus, i, f. Aegypt.

Aemŭlus, a, um (related to *imitor* and *similis*), adj., like, equal to; invidious, envious; as a subst.; a rival, emulator, imitator.

Aequābĭlis, e, adj. (*aequo*), equal, of the same quality; figur.: even, uniform, equal.

Aequābĭlis, e, adj. (*aequus*), even, level, plain, flat; equal, like to, similar.; equable, uniform, constant, consistent, always the same; coeval, contemporaneous; as a subst.: a contemporary, of the same age; adv., *aequābĭliter*.

Aeque, adv. (*aequus*), equally, similarly, alike; with *et, atque, ac, acsi, quam, ut, cum*; *aeque nunc narrat, ac antes narrabat*, he relates now in the same manner as he did before; *aeque amicos et nosmet ipsos diligamus*, let us love our friends as well as ourselves; *hi coluntur aeque atque illi*, these men are no less esteemed than those.

Aequĭ-noctium, i, n. (*aequus, nox*), the equinox.

Aequĭtas, ātis, f. (*aequus*), equality; equity, impartiality; justice; evenness of mind, moderation, tranquillity of mind, reasonableness.

Aequo, 1 (*aequus*), v. a., I make equal; I level, make smooth; I compare, confront with; c. acc.: I equal, come up to, attain; I divide equally.

Aequus, a, um (akin to *aqua*), adj., level, plain, smooth, equal; suitable, convenient; figur.: equitable, just, fair, impartial; favorable, friendly; calm, composed, undisturbed; *aequo animo*, willingly, patiently.

Aër, āĕris, m., the air, atmosphere; the weather.

Aerarium, i, n. (*aes*), the place where the public money was kept, the treasury; the public money.

Aerarius, a, um (*aes*), adj., relating to copper, brass, or bronze; relating to money; *aerarius, i, m.*, one who has only to pay his tax (*aes*).

Aerumna, ae, f. (*aruo*), labor, toil, hardship; difficulty, trouble, misfortune, misery.

Aes, aeris, n. (akin to *aeros*, earth), ore,

copper, brass, bronze; anything made
of it, shield, trumpet, &c.; money, coin;
aes alienum, debt.

Aestas, ātis, f. (akin to *aestus*, heat), the
summer.

Aestĭmo, 1 (*aes*), v. a., I estimate, value,
appreciate, rate.

Aestŭārĭum, i, n. (*aestus*), a creek or arm
of the sea in which the tide ebbs and
flows; a frith, an estuary.

Aestŭo, 1 (*aestus*), v. n., I am hot, I boil
with heat; I am anxious, disturbed in
mind.

Aestŭs, ūs, m. (akin to *aestas*), burning or
scorching heat; the ebbing and flowing
of the tide.

Aetas, ātis, f. (for *aevitas* from *aevum*), age,
time of life; life, age of a man; time.

Aeternus, a, um (for *aeviternus*, from *aevum*),
adj., eternal, everlasting; durable, lasting, perpetual; *in aeternum*, eternally,
forever.

Af-fectus, a, um, part. (*afficio*), affected;
adj., disposed, inclined, constituted;
moved; afflicted, oppressed, harassed;
indisposed, sick; debilitated, weakened,
impaired.

Af-fĕro, at-tŭli, al-lātum, af-ferre (*ad, fero*),
'v a., I bring, carry; *animum alicui a.*, to
encourage any one; *vim alicui a.*, to employ force against one; *a. se*, to betake
one's self; figur.: I assert, allege; I tell,
bring word, report, announce; I produce, bring forth; I contribute, help,
assist.

Af-fĭcio, fēci, fectum, 3 (*ad, facio*), v. a., I
move, affect, influence, touch; I weak-
en, debilitate, afflict with disease; I give,
bestow; *a. aliquem beneficio*, to bestow
kindness on one; *voluptate*, to please;
poena, to punish; *molestia*, to grieve, distress; *injuria*, to injure; *ignominia*, to
render an object of ignominy; *honore*, to
honor; *macula*, to stain with reproach;
affici dolore, to grieve, to be sorrowful.

Af-fīgo, ixi, ixum, 3, v. a., I fix or fasten
to, attach to, fix upon, affix.

Af-fīnis, e (*ad, finis*), adj, adjoining, contiguous; related by marriage; subst.: a
relation by marriage; an accomplice, associate, partaker.

Af-fīnĭtas, ātis, f. (*affinis*), vicinity, near
union, connection; affinity, alliance by
marriage.

Af-firmo, 1 (*ad, firmo*), v. a., I confirm, corroborate, assure; I affirm, assert, say
confidently, declare positively.

Af-flātus, ūs, m. (*afflo*), a breathing upon,
breeze, blast; breath; figur.: inspiration, enthusiasm.

Af-flicto, 1 (*affligo*), v. intens. a., I agitate,
toss, or drive this way and that; figur.:
I afflict, vex, torment, distress, harass;
afflictare se, and *afflictari*, to be afflicted,
to grieve.

Af-flictus, a, um, part. (*affligo*), dashed, agitated; adj., troubled, harassed, distressed,
afflicted.

Af-flīgo, ixi, ictum, 3 (*ad, fligo*), v. a., I
throw or dash against anything, I overthrow; figur.: I harass, distress, vex,
disquiet, trouble; *affligere se*, to ruin
one's self.

Af-flo, 1 (*ad, flo*), v. n. and a., I blow upon,
breathe upon; I inspire.

Af-fluo, uxi, uxum, 3 (*ad, fluo*), v. n., to flow
to or towards; to run or flock towards;
figur.: I have in abundance, I abound
in, c. abl.; I am in abundance, I abound.

Africānus, i, m., a surname of the two most
distinguished Scipios.

Agĕ, pl. *agĭte* (imper. of *ago*), interj., move!
go to! come! come on! well! be it so!

Agĕr, agri, m., a field, farm; ground, land,
estate; territory.

Agger, ĕris, m. (*aggerĕre*), a heap or pile
of earth, stones, wood, rubbish, &c.; a
mound, rampart, bulwark; a bank, mole,
dam.

Ag-grĕdior, gressus sum, 3 (*ad, gradior*), v.
dep., n., and a., I go to, or up to, I come
near, approach, accost; I attack, assail,
assault, encounter; figur.: I undertake,
attempt, go about, prepare for, enter upon, commence; *aggredi aliquem pecunia*,
to bribe some one.

Ag-grĕgo, 1 (*ad, *grego*, from *grex*), v. a.,
I gather together, assemble, collect; I
unite, associate, attach.

Agĭto, 1 (*ago*), v. freq. a., I move, toss,
drive to and fro, agitate; I set in motion,
drive; I chase, pursue; figur.: I vex,
trouble, disquiet, torment, harass; I meditate, weigh, ponder over; I incite, stimulate, stir up.

Agmen, ĭnis, n. (*ago*), a moving train, a
marching army; a troop, multitude, band.

Agnosco, ōvi, agnĭtum, 3 (*ad, gnosco*), v. a.,

I acknowledge, recognize, own; I know, approve, avow, confess.

Ago, *ēgi*, *actum*, 3, v. a., I move, set in motion, conduct, drive, lead; I chase, pursue; I guide, direct, steer, manage, conduct; I emit, cast forth, shoot out; I do, perform, act, execute; I pass, spend, *vitam*.

Agrārius, *a*, *um* (*ager*), adj., of or belonging to land, fields; *lex agraria*, a law about dividing public lands among the people.

Agrestis, *e* (*ager*), adj., belonging to the fields, rustic, rural; figur.: clownish, unpolished, uncivilized, rude.

Agri-cŏla, *ae*, m. (*ager*, *colo*), one that cultivates the field, a countryman, farmer.

Agri-cultio, *ōnis*, and *agri-cultura*, *ae*, f., the tilling of the ground, tillage, agriculture.

Aio, *āis*, *ait*, v. def., I say, speak; I affirm, assert, testify, avouch; *ain'*, for *aisne?* do you say?

Ala, *ae*, f., a wing; figur.: the wing of an army.

Alacer, *cris*, *cre*, adj., light, lively, brisk, sprightly, active, prompt, apt, ready; spirited, mettlesome; swift, nimble, quick, agile, speedy; cheerful, joyful.

Alacritas, *ātis*, f. (*alacris*), lightness, agility, nimbleness; promptness, eagerness, ardor, spirit, alacrity, liveliness, briskness; gladness, excessive joy, rapture.

Alaris, *e*, and **alarius**, *a*, *um* (*ala*), adj., pertaining to or stationed on the wings of an army.

Algor, *ōris*, m. (*algeo*), great cold, shivering, chillness.

Alias, adv. (*alius*), in another way, after another fashion; at another time, on another occasion; in other respects, otherwise; elsewhere.

Alibi (*alius*), adv., elsewhere, in another place; in anything else.

Aliēno, 1 (*alienus*), v. a., I alienate, transfer; figur.: I alienate, estrange, or withdraw the affections, I set at variance.

Aliēnus, *a*, *um* (*alius*), adj., 1, belonging to another person, derived from another place, foreign; *aes alienum*, money due to another, debt; 2, of another family, not connected by affinity or acquaintance; 3, averse, unsuitable to; 4, estranged in one's affections, at variance with, *ab aliquo*; 5, foreign from the purpose, unsuitable, contrary.

Aliquam-diu, adv., a good while, rather long.

Aliquando (*alius*, *quando*), adv., at some time, sometimes, occasionally.

Aliquantus, *a*, *um* (*alius*, *quantus*), adj., somewhat, some, considerable; *aliquantum*, *i*, n., rather much, a good deal.

Aliquis, *qua*, *quod*, and *quid* (*alius*, *quis*), pron. adj., some one else, somebody, any one, — *aliquod* is an adj., *aliquid* a subst.; *aliquis*, as a partitive, governs the gen. pl., or is joined with the abl. with *de*, *e*, or *ex*.

Aliquā (*aliquis*), adv., some whither, to some place.

Aliquŏt (*alius*, *quot*), indecl. pl. adj., some, several, a few, not many.

Aliter (*alis* for *alius*), adv., in another manner, otherwise, in any other way, else. It is joined with the adv. *longe*, *multo*, *nihilo*, and often has after it the particles *ac*, *atque*, *et*, *quam*, &c.; *longe aliter atque*, much otherwise than.

Alius, *a*, *ud* (ἄλλο,), gen. *alius*, pron. adj., another, other; *alius ex alio*, one after the other; *aliud agere*, to do something else; adv., *alio*, to another place.

Al-lābor, *apsus sum*, 3 (*ad*, *labor*), v. dep. n., I glide to, slide to, arrive at, reach.

Al-lēgo, 1 (*ad*, *legare*), v. a., I send on an errand or message, depute to ask or solicit anything; I allege or adduce, mention or name.

Al-licio, *lexi*, *lectum*, 3 (*ad*, *lacio*), v. a., I allure or entice to myself, I draw to myself by alluring.

Alo, *alui*, *ălitum*, and *altum*, 3, v. a., I feed, fill, increase; I nourish, support, maintain, cherish; I cherish, defend.

Alter, *ĕra*, *ĕrum* (*alius*), adj., one of two, the other; the second.

Altercātio, *ōnis*, f. (*altercor*), a quarrelling; noisy debate, altercation; strife, contention, variance, reasoning, disputing; a dispute before a court.

Altitudo, *ĭnis*, f. (*altus*), highness, loftiness, height; depth; figur.: height, loftiness, sublimity.

Altus, *a*, *um*, part. (*alo*), fed, nourished; adj., high, tall, lofty; deep, sunk deep; figur.: high, lofty, elevated, exalted, noble, great; **altum, i, n.**, the open sea, the deep, the main.

**Alūta, ae, f. (alument), soft tawed or tanned leather.

Amābĭlis, e (amo), adj., worthy of being loved, lovely, desirable, amiable.

Amans, tis, part. (amo), loving; adj., fond of, affectionately attached to; subst., a lover; adv., **amanter**.

Amalthēa, ae, f. v., Epp. Cic. III., n. 11.

Amb-ĭtio, ōnis, f. (ambio), a going round; a soliciting or canvassing for favor, posts of honor, &c.; an eager desire of honor, ambition.

Amb-ĭtĭōsus, a, um (ambitio), adj., going round; ambitious.

Amb-ĭtus, ūs, m. (ambio), a going round or about; a compass, circuit; figur.: a canvassing for a place, a courting of popular favor, bribery.

Ambŭlātio, ōnis, f. (ambulo), a walking; a walk, place to walk in.

Ambŭlo, 1 (ambi), v. n., I walk; I go a-walking, walk for exercise or pleasure.

A-mens, entis, adj. (mens), mindless, out of his mind or wits, foolish, silly, distracted, senseless; insane, mad.

A-mentia, ae, f. (amens), madness, insanity, frenzy, folly.

Amicitia, ae, f. (amicus), friendship, amity; league of friendship, alliance.

Amicus, a, um (amo), adj., loving, friendly, favorably inclined; confederated; subst., a friend.

A-mitto, isi, issum, 3, v. a., I send away, dismiss, let go; I lose, throw away.

Amo, 1, v. a., I look at, regard tenderly, am fond of, love; I delight in, take great pleasure in; **amare se,** to be pleased or satisfied with one's self.

Amoenĭtas, ātis, f. (amoenus), pleasantness, delightfulness, desirableness.

Amoenus, a, um (amo), adj., worthy of being looked at, pleasant, delightful, sweet, charming.

A-mōlior, itus sum, 4, v. dep. a., I remove from one place to another, I put out of the way with an effort or difficulty; figur.: I repel, drive away; I send away, despatch, put away, discharge a person.

Amor, ōris, m. (amo), a looking at, regard, tenderness, love, affection, fondness, desire.

A-mŏveo, ōvi, ōtum, 2, v. a., I remove from a place, take away, withdraw.

Amplē (amplus), adv., amply, largely; figur.: copiously, bountifully, sumptuously, magnificently; comparative: **amplius,** which see.

Am-plector, exus sum, 3, v. dep. a., I embrace, encircle, surround, clasp, enclose; I love, cherish; I comprehend, include, take in, comprise.

Amplexor, atus sum, 1 (amplector), v. dep. intens. a., I embrace, love dearly, cherish.

Am-plexus, ūs, m. (amplector), the act of embracing, a surrounding, encircling, encompassing, a grasp, hug, embrace, clasping.

Amplĭfĭco, 1 (amplus, facio), v. a., I enlarge, amplify, augment, increase, enhance; I amplify, heighten, exaggerate.

Amplĭtūdo, ĭnis, f. (amplus), ampleness, amplitude, greatness, magnitude, extent, size; figur.: grandeur, dignity, excellence, distinction.

Amplius (compar. of ample), adv., more, farther, beyond that, besides; e. gen.: **amplius obsidum,** more hostages; **amplius duobus millibus,** more than two thousand; it is often followed by **quam,** which, however, is frequently suppressed: **orationes amplius centum,** more than a hundred speeches.

Amplus, a, um (plus in duplus), adj., large, spacious, ample, great, extensive; figur.: splendid, illustrious, distinguished, magnificent; noble, of great distinction, illustrious.

Am-pŭtātio, ōnis, f. (amputo), a cutting or lopping off.

Am-pŭto, 1 (am or ab, puto), I lop), v. a., I cut round or cut off, lop off, prune.

An (ἄν, ἐάν), conj., if; or if; it is used—1. As a simple particle of question, not expressed in English, **an potest ulla tam excusatio?** can there be any excuse? 2. In indirect questions, **quaesivi, an apud Laecam fuisset,** I asked if he had been at L.'s; 3. In double questions: **roga, velitne an non uxorem,** ask him whether he will take a wife or not; also joined to **ne, anne; cum interrogatur, tria pacis sint, anne multa,** when the question is, if three be little or much; **an,** joined with **nescio, dubito,** conveys a doubt, which, however, inclines to affirmation, as if it were *enava*; *est quidem id magnum, atque haud scio, an maximum*, it is important, and I do not know if it be not highly important, or it is perhaps of the utmost importance.

Anceps, cipitis (*an, caput*), adj., that has two heads; twofold, double; doubtful, uncertain, dubious.

Ancilla, ae, f. (*ancula*), a maid-servant, handmaid.

Ancora, anchora, ae, f., an anchor.

Anfractus, ûs, m. (*amb, frango*), the turning or twining of a road, a winding or bending; a circuit, revolution, compass.

Ango, anxi, 3, v. a., I make narrow, I compress; I stifle, choke, strain, strangle; I cause pain; figur.: I straiten, tease, vex, trouble, torment.

Angor, ŏris, m. (*ango*), a compression of the throat, sore throat; figur.: anguish, vexation, grief, sorrow.

Angustia, ae, f. (*angustus*), a narrow place; narrowness, straitness; *angustiae*, pl., difficulty, distress, perplexity.

Angustus, a, um (*ango*), adj., strait, narrow, close, confined, limited.

Anima, ae, f., breath; vital spirit, life; the thinking faculty, the soul; pl., shades, ghosts, spirits.

Anim-ad-verto, rti, rsum, 3 (*animum adverto*), v. a., I take heed, attend, observe, perceive, consider; I punish; *animadvertere in aliquem*, to punish any one.

Animal, ális, n. (*anima*), a living creature, an animal.

Animus, i, m., the soul, the mind; thought, will, purpose, design; inclination, disposition, regard, esteem, affection, love; courage; *animi causa*, for the sake of amusement.

An-nitor, tens, and sus sum, 3 (*ad, nitor*), v. n., I rest or lean upon anything; I strive, aim at, labor upon, exert myself to reach or obtain.

Annona, ae, f. (*annus*), the yearly produce of the earth, corn, provisions; the price of provisions, corn, &c.; a store of provisions.

Annus, i, m., time; a year; a season of the year; acc. *annum*, during a year, a whole year; abl. *anno*, in a year, or in a year's time.

Annuus, a, um (*annus*), adj., of a year's duration, lasting a year; recurring every year, yearly, annual.

Ante, prep. c. acc., before, as respects place or persons, and time; *dies ante paucos*, some days ago; in dates, *ante diem* is put for *die*: *ante diem VI. Calendas Novembres*, for *die sexto ante C. N.*, on the sixth day before the 1st of November. *Ante omnia*, before all, first of all, or above all, chiefly. *Ante* is often used adverbially: *et fecit ante, et facio nunc*, I did so before, and do so now.

Antea (*ante ea*), adv., before, formerly, heretofore, in time past.

Ante-cipio, cēpi, ceptum, 3, v. a., I take beforehand, I preoccupy; *antecapere tempus*, to anticipate.

Ante-cēdo, cessi, cessum, 3, v. n. and a., I go before, precede, take the lead; I surpass, excel.

Ante-cello, ĕre, v. a. and n., I excel, surpass, exceed, am superior to; c. dat.; *antecellere omnibus ingenii gloria*, to surpass all in the glory of genius; c. acc.: *eloquentia ceteros antecellis*, thou art superior to the others in eloquence.

Ante-fero, tŭli, lātum, 3, v. a., I carry or bear before; I prefer.

Ante-hac, adv., before now, before, formerly, in time past, hitherto, until now; before this time.

Ante-lūcānus, a, um (*lux*), adj., done before daylight, early.

Antenna, antemna, ae, f. (*en, teneo*), a sail-yard.

Ante-pōno, sui, situm, 3, v. a., I set or place before; I prefer.

Ante-quam, adv. of time, before that, before.

Antiquitas, ātis, f. (*antiquus*), antiquity, ancientness; the ancients; ancient custom, ancient manners.

Antiquitus (*antiquus*), adv., of old, anciently, in former times, in days of yore.

Antiquo, 1 (*antiquus*), v. a., I make old, put on the old footing; I annul, make void, repeal, abrogate.

Antiquus, a, um (*ante*), adj., old, ancient, of long standing.

Anxius, a, um (*ango*), adj., compressed, strained, stifled; vexed, disquieted, troubled, uneasy, anxious; apprehensive, solicitous, fearful; *a. animi*, vexed in his mind.

Ā-pĕrio, ĕrui, ertum, 4 (ab, pario), v. a.,
I bear off, take off, uncover, open, set
open; I unveil, display, discover, disclose, show; I render accessible; aperire se, to show one's self, to appear.

Ā-pertus, a, um, part. (aperio), uncovered;
adj., open; naked; public; clear, manifest, distinct, evident, appearing; sincere, faithful, trusty, frank, candid, honest; adv., ăpertē.

Ăpex, ĭcis, m., point, top, summit.

Ăpis, is, f., the bee; gen. pl., apium and
apum.

Ăp-părătus, a, um, part. (apparo) prepared;
adj., ready, provided, furnished, equipped.

Ăp-părătus, ūs, m. (apparo), a preparing,
getting ready, furnishing, preparation;
equipment, furniture, apparatus; splendor, magnificence, show.

Ăp-păreo, ui, ĭtum, 2 (ad, pareo), v. n., I
appear, come in sight, am seen, make my
appearance; I am present, attend, assist; apparet, it is clear, evident, certain,
manifest, plain.

Ăp-pello 1 (ad *pellere, to call), v. a., I call,
name, term; I speak to, address, accost;
I call upon, invoke, entreat, beseech; I
appeal from one judge to another; I call
to account, accuse.

Ăp-pello, pŭli, pulsum, 3 (ad, pello), v. a., I
drive to or towards; navem ad littus ap-
pellere, to go close to the shore, to land;
absol., I go near, approach, make for (of
ships); figur.: I apply, devote.

Ăp-pĕtens, entis, part. (appeto), begging;
adj., desirous of, longing after, fond of;
covetous, greedy; c. gen.: alieni appetens, greedy after what belongs to others.

Ăp-pĕto, ivi and ii, ĭtum, 3 (ad, peto), v. a.,
I beg for, wish for, desire eagerly, covet;
I approach, draw near; I try to get,
catch at: I assail, assault, attack.

Ăp-pĭlco, āvi, ātum and icui, icĭtum, 1 (ad,
plico), v. a., I apply, bring near to, or in
contact with, attach; of ships: I direct,
steer, bring near; I join, add.

Ăp-pōno, ŏsui, ŏsĭtum, 3 (ad, pono), v. a., I
place near or by the side of, I apply to,
bring in contact with, attach, add; I appoint, I suborn; I lay, place; I serve
up or set before one at table.

Ăp-porto, 1 (ad, porto), v. a., I bring or carry to, conduct, convey.

Ăp-pŏsĭtus, a, um, part. (appono), applied,
added; adj., contiguous, near, similar;
figur.: inclined to; proper, suited, convenient, well adapted.

Ăp-prŏbo, 1 (ad, probo), v. a., I approve,
applaud, commend, praise; I prove, confirm, make evident.

Ăp-prŏpinquo, 1 (ad, prop), v. n., I approach, draw nigh, come on, approxi-
mate.

Ăprīlis, is, m. (akin to apricus), the month
of April.

Ăptus, a, um, part. (apo), seized, fastened;
adj., added to, tied, connected; joined
together, compacted, composed; well-ar-
ranged; adapted, fit, proper, suitable,
convenient.

Ăpud, prep. c. acc., at, close by, near, with,
by, among; apud aliquem, in one's house,
or in one's writings; apud se esse, to be
in one's senses.

Ăqua, ae, f. water; aquā et igni interdicere
alicui, to forbid any one water and fire,
i. e. to banish him.

Ăquātio, ōnis, f. (aquor), the act of fetching
water, a watering.

Ăquĭla, ae, f., an eagle; the standard of a
Roman legion.

Ăquītānus, a, um, adj., of or belonging to
Aquitania, Aquitanian.

Āra, ae, f., any elevation of earth or stone,
a hearth, an altar.

Ărabs, ăbis, m., an Arab, Arabian.

Ărbĭter, tri, m. (ar = ad, bito), one who
goes near, a witness; a spectator, spy;
an arbitrator, umpire, judge, mediator.

Ărbĭtrātus, ūs, m. (arbitror), judgment,
opinion, will, choice; direction, guidance.

Ărbĭtrium, ii, n. (arbiter), the judgment
or sentence of an arbitrator; decision,
determination; will, pleasure, choice,
disposition.

Ărbĭtror, 1 (arbiter), v. dep. a., I judge,
think, am of opinion.

Ărbor, ŏris, f. (akin to robur), a tree.

Ărbustum, i, n. (arbor), a thicket of trees,
a shrubbery, an orchard planted with
trees.

Ărcesso, ivi, ĭtum, 3 (ar for ad, cio), v. intens. a., I call, send for, invite, summon;
I arraign, accuse; figur.: I repeat.

Ărchĭlŏchĭus, a, um, (Archilochus), adj., Ar-
chilochian; severe, bitter, acrimonious.

Arctus, better *artus*, a, um, part. (*arceo*), kept; adj., strait, tight, narrow, restrained, confined, close; adv., *arcte* or *arte*.

Ardens, tis, part. (*ardeo*), burning; adj., fiery, hot; figur.: eager, ardent, impatient, glowing.

Ardenter (*ardens*), adv., hotly, ardently, eagerly, keenly, earnestly.

Ardeo, *arsi*, *arsum*, 2 (*aridus*), v. n., I am on fire, I burn, blaze, shine, glitter; figur.: I am afflicted, troubled, tormented; I burn with love.

Ardor, ōris, m. (*ardeo*), heat, fire; dazzling brightness, splendor; figur.: eagerness, ardent desire, ardor, impatience.

Arduus, a, um, adj., high, lofty, steep, difficult to reach; figur.: difficult, hard, troublesome, arduous.

Area, ae, f. (akin to *ara* and *arvum*), a piece of ground, an open space, plain, field, area, square or place in a city; a yard, court.

Argentum, i, n.; silver; silver-money, money.

Argius, a, um, adj., belonging to Argos, Argive.

Argumentum, i, n. (*arguo*), a proof, reason, an argument; a sign, token, mark, evidence; circumstance, reason, cause; the subject-matter, a theme or subject.

Aridus, a, um (*areo*), adj., dried up, dry, parched, thirsty, arid, lean, meagre.

Aries, ĕtis, m., a ram; a battering-ram

Arista, ae, f., the beard of corn, the awn; an ear of corn.

Arma, ōrum, n. pl. (*aro*), 1, tools for laboring the ground, instruments of husbandry; 2, arms both offensive and defensive; arms for defence; 3, war, warfare; battle, fight.

Armamenta, ōrum, n. pl. (*arma*), implements or utensils for any purpose; in ships: tackling, oars, sails, &c.

Armatura, ae, f. (*armo*), armor of any kind; armed men, soldiers.

Armatus, a, um, part. (*armo*), armed; adj., equipped, accoutred; figur.: furnished, fortified.

Armo, 1 (*arma*), v. a., I arm, fit out, equip; I fit, strengthen, fortify.

Aro, 1, v. a., I labor at the earth, till, plough; I cultivate, farm; I reap.

Aroma, ătis, n., a spice.

Arpinas, ătis, adj., of or belonging to Arpinum.

Aretinus, a, um, adj., of or belonging to Aretium, a city of Etruria.

Arrigo, exi, ectum, 3 (*ad*, *rego*), v. a., I lift or set up, erect, raise; I rouse, excite, animate, encourage.

Arrogans, tis, part. (*arrogo*), arrogating; adj., proud, haughty, insolent, arrogant; adv., *arrogantor*.

Arrogantia, ae, f (*arrogans*), pride, haughtiness, presumption, arrogance.

Arrogo, 1 (*ad*, *rogo*), v. a., I claim or attribute to myself unjustly, arrogate; I confer, bestow.

Ars, artis, f., the method or way; an art, faculty; contrivance, skill, ability; science, profession, occupation; a quality, *malae artes*, bad qualities; contrivance, exertion, industry; fraudulent contrivance, deceitful art, stratagem.

Articulus, i, m. (*artus*), dim., a small joint; a joint or knot.

Artificium, ii, n. (*artifex*), an art, trade; artfulness, craft, fraud.

Artus. See *arctus*.

Artus, ūs, m., a joint in the bones of animals; a limb.

Arx, arcis, f., a hill, top of a hill; a castle, fortress, citadel; a town, city; figur.: a bulwark, shelter, refuge.

Ascendo, *endi*, *ensum*, 3 (*ad*, *scando*), v. a. and n., I ascend, mount, climb.

Ascensus, ūs, m. (*ascendo*), an ascent.

Ascitus (*adsc.*), a, um, part., v. adscisco.

Aspectus, ūs, m. (*aspicio*), a looking at, a beholding, sight; countenance, look, aspect, air; appearance, figure, color.

Asper, ĕra, ĕrum, adj., rough, rugged, harsh, craggy; tart; figur.: unpolished, uncouth; stubborn; cruel, savage; severe, abusive; troublesome, calamitous; stormy, perilous.

Aspernor, 1 (*ab*, *spernor*), v. dep. a., I turn away from, reject, avoid, spurn; I despise, disdain, contemn.

Aspicio, exi, ectum, 3 (*ad*, *specio*), v. a. and n., I look at, behold, see.

Assentator, ōris, m. (*assentor*), one who assents; a flatterer.

Assentio, ensi, ensum, 4, and *assentior*, ensus sum, 4, v. dep. n. and a., I assent, approve, agree, c. dat. and c. acc.

Assequor, cutus sum, 3 (*ad*, *sequor*), v. dep. a., I come up with, arrive at, reach, join, find; figur.: I gain, obtain, compass, procure ; I equal, reach, match ; I perceive, understand, comprehend.

As-sĭdeo, ēdi, essum, 2 (*ad, sedeo*), v. n., I sit down near or by the side of ; I am at hand, ready to assist.

As-sīdo, sēdi, 3 (*ad, sido*), v. n., I sit down, sit by.

As-sĭduus, a, um, (*assideo*), adj., constant in attendance upon one ; assiduous, industrious, diligent, constant, persevering ; frequent, continued, incessant ; adv., *assĭdue.*

As-sisto, stiti, 3 (*ad, sisto*), v. n., I stand near, stand by, c. dat. and c. acc. ; I stand upright ; I aid, assist, c. dat.

As-sŭĕ-fācio, ēci, actum, 3 (*assuetus, facio*), v. a., I accustom, habituate, inure, accustom to, c. abl., inf., dat.

As-suesco, ēvi, ētum, 3 (*ad, suesco*), v. n. and a., I accustom, inure myself to ; I accustom, habituate, inure.

Astrum, i, n., a star ; a constellation ; the sun.

Astŭtia, ae, f. (*astutus*), craftiness, archness, knavery ; circumspection, address, wariness.

Athenenses, ĭum, m, the inhabitants of Athens, the Athenians.

At, conj., but, yet ; at least ; indeed, to be sure.

Atheniensis, e. adj., of or pertaining to Athens, Athenian.

Athlēta, ae, m., a wrestler, prize-fighter, athlete.

Atque, (*ad, que*), conj., 1, And ; the same as *ac* and *et,* and most commonly used before vowels ; 2, Than, after comparatives and comparative adverbs, as *magis, secus, aliter, alius, aliorsum, contra, contrarius ;* 3, As, after *aeque, similiter, juxta, aequus, similis, dissimilis, par, talis, idem,* and the like ; *simul atque,* as soon as ; 4, And that to, and indeed, especially.

Atqui, conj., but, but yet, and yet, however.

Atrĕbas, ătis, an Atrebatian. Caes. IV. 35.

Atrōcĭtas, ătis, f. (*atrox*), cruelty, severity, atrocity.

Atrox, ōcis (*trux*), adj., raw, crude ; atrocious, savage, fierce, barbarous, cruel.

At-tămen, conj., but, but yet, for all that, however.

At-tendo, di, entum, 3 (*ad, tendo*), v. a., I stretch, stretch towards, extend ; *atten-*

dere animum, and *attendere absol.,* to attend, give heed, mind, apply one's mind to.

At-tentus, a, um, part. (*attendo*), stretched towards ; adj., attentive, sedulous, diligent ; adv., *attentē.*

At-tĕro, trivi, tritum, 3 (*ad, tero*), v. a., I rub against or upon ; I impair by rubbing, chafe, wear away by use ; I bruise, crush ; I wear, weaken, impair, destroy.

At-tĭneo, tĭnui, tentum, 2 (*ad, teneo*), v. a., I hold, keep, keep hold of ; I occupy, watch, guard ; I pertain, appertain, touch, relate to ; I am useful or expedient ; *quod attinet ad,* with respect to.

At-tingo, tĭgi, tactum, 3 (*ad, tango*), v. a., I touch, come in contact with ; I reach, arrive at ; I touch, border upon ; I touch lightly upon, treat slightly of ; I relate, concern, belong to.

At-trĭbuo, ui, ūtum. 3 (*ad, tribuo*), v. a., I bestow, give, attribute, ascribe, impute ; I assign, subject ; I add ; I pay.

Auctio, ōnis, f. (*augeo*), an increasing, enlarging ; an auction, public sale.

Auctor, ōris, m. and f. (*augeo*), an author, creator ; a founder, establisher, inventor ; an author, writer of a book ; a reporter, announcer, informant ; an adviser ; approver ; instigator, promoter.

Auctōrĭtas, ătis, f. (*auctor*), an increasing, producing ; authority, force, weight, interest ; influence, credit, reputation, esteem, regard, dominion ; power.

Auctus, ūs, m. (*augeo*), increase, growth, augmentation.

Auctus, a, um, part. (*augeo*), increased ; adj., large, great, only in the comparative.

Audācia, ae, f. (*audax*), boldness, impudence, audacity ; courage, valor.

Audācĭter, and *audacter* (*audax*), adv., boldly, courageously, impudently, audaciously.

Audax, ācis (*audeo*), adj., bold, confident, resolute, courageous, audacious, daring.

Audeo, ausus sum, 2, v. n., I go towards, I venture, dare, presume ; c. acc. : I attempt, undertake.

Audiens, entis, part. (*audio*), hearing, adj., obedient : subst., a hearer.

Audio, īvi, ītum, 4, v. a., I hear, perceive or learn by the ear, I hearken, listen ; I regard, approve ; I obey : *bene audire,* to be praised ; *mala audire,* to be blamed.

Audĭtĭo, ōnis, f. (audio), the act of hearing, a hearing; anything heard, hearsay, report, news.

Au-fĕro, abs-tŭli, ab-lātum, au-ferre (ab, fero), v. a., I bear away, carry off, take away, withdraw, remove; I obtain; I extort.

Augĕo, auxi, auctum, 2, v. a., I increase, amplify, augment, enlarge; I provide, equip, adorn, exalt, dignify; I advance, promote, enrich; I heighten, exaggerate; I praise, commend, extol.

Augesco, 3 (augeo), v. n., I grow greater, I increase, swell, rise.

Augur, ŭris, m. (avis, garrio), a priest who foretold events by explaining the singing of birds, an augur; a diviner, soothsayer.

Augŭrĭum, ĭi, n. (augur), the interpretation of the singing of birds, the art of augury; an omen drawn from the singing of birds; a forewarning, prediction, presentiment.

Aula, ae, f., a courtyard; a royal palace; in aula, at court; the attendants at the palace, the court.

Aureus, a, um (aurum), adj., of gold, golden; gilded, gilt.

Aur-īga, ae, m. and f. (aurea, bridle, ago), a charioteer, driver.

Auris, is, f., the ear; figur.: judgment, taste.

Aurum, i, n., gold.

Auspĭcĭum, ĭi, n. (auspex), a watching of birds, a token of some event, taken from the actions of birds; a consulting of the auspices, augury.

Auster, tri, m., the south wind.

Aut, conj., or; aut — aut, either — or; partly — partly.

Au-tem, conj., 1, also, likewise; 2, but, however, nevertheless; but now, but then.

Autronĭānus, a, um, adj., of or belonging to Autronius.

Auxĭlĭāris, e (auxilium), adj., assisting, aiding, succoring, auxiliary; auxiliares milites, auxiliary troops.

Auxĭlĭārĭus, a, um (auxilium), adj., aiding, helping; auxiliary.

Auxĭlĭor, 1 (auxilium), v. dep. n., c. dat.: I assist, help, aid, succor.

Auxĭlĭum, ĭi, n. (augeo), assistance, help, succor; auxiliary troops, auxiliaries.

Avărĭtĭa, ae, f. (avarus), greedy desire of money, avarice, covetousness; insatiable desire of, thirst after.

Avārus, a, um (aveo), adj., greedy, covetous, avaricious, stingy, sordid.

Ave. See Aveo.

Avĕo, 2, v. a., I desire earnestly, wish, long for, covet.

Avĕo, and Havĕo, 2, v. n., I grow, thrive, I am well, happy.

Ā-versus, a, um, part. (averto), turned away; adj., inverted, reversed; figur.: alienated, averse, contrary, hostile.

Ā-verto, ti, sum, 3, v. a., I turn off or away, avert, remove; I alienate, estrange.

Avĭdus, a, um (aveo), adj., greedy, desirous, eager; covetous, avaricious; adv., avĭdē.

Avis, is, f. (akin to aquila), a bird.

Ā-vŏlo, 1, v. n., I fly away; I flee away, hasten.

Avus, i, m., a father's or mother's father, grandfather; an ancestor.

B.

Balbus, a, um, adj., stammering, stuttering, lisping.

Bălĕāris, e, adj., of or belonging to the Baleares, Balearian, Balearic. The Baleares or Balearic islands consist of Majorca, Minorca, and a few small islands near them on the east coast of Spain. They were so called from a Greek word signifying to cast; because their inhabitants were very expert in the use of the sling.

Baltĕus, i, m., and baltĕum, i, n., a belt, girdle; sword-belt.

Barbărus, a, um, adj., barbarous, barbaric, not Greek or Roman, foreign; wild, uncultivated, uncivilized, rude, barbarian.

Basis, is, f., a base, a pedestal.

Beātus, a, um, part. (beo), blessed; adj., happy; rich, opulent, wealthy, prosperous; making happy, charming; figur.: copious, abundant; adv., beātē.

Bellĭcōsus, a, um (bellicus), adj., warlike, soldierlike, valiant.

Bellĭcus, a, um (bellum), adj., relating to war; warlike.

Bello, 1 (akin to pellere, to cry), v. n., I cry, quarrel, war, wage war, carry on war.

Bellua. See belua.

Bellum, i, n., cry, quarrel, war; battle, fight; contest.

Bellus, a, um, adj., clear, of light color, fine, beautiful, handsome, pretty, neat; elegant, convenient, charming; pleasant, sweet, well, in good health; good; polite, well-bred, amiable; adv., *belle*.

Belua and *bellua, ae*, f. (akin to *balo*), any large beast; a brute, beast.

Bene (bonus), adv., finely, well; largely, profusely; successfully, happily very.

Bene-ficium, ii, n. (*bene, facio*), a kindness, favor, benefit; aid, means; a conferring of any favor or office, a promotion.

Bene-volentia, ae, f. (*benevolus*), benevolence, goodness, kindness.

Bestia, ae, f., any mammiferous animal, a beast, wild beast.

Bibo, bibi, bibitum, 3, v. a., I drink; I drink in, imbibe.

Bi-duum, i, n. (*bis, dies*), a period of two days.

Bi-ennium, ii, n. (*bis, annus*), a space of two years.

Bini, ae, a (bis), adj., two and two, two by two.

Bi-partito (bipartitus), adv., into two parts.

Bi-pedalis, e (bis, pes), adj., two feet long, wide, or thick.

Bis, adv., twice; on two occasions.

Bonitas, atis, f. (*bonus*), goodness, excellence; kindness, benignity; filial piety.

Bonum, i, n. (*bonus*), any good, or blessing; *bona, orum*, goods, property, effects.

Bonus, a, um, adj., fine, good; fortunate, happy; fit, apt, suitable, convenient; skilful, practised; brave, gallant; well-disposed, friendly; large, considerable; *boni, orum*, the good, just, upright, patriotic. — Compar. *melior*, superl. *optimus*.

Brachium, ii, n., the fore-arm, the arm between the hand and the elbow; the whole arm; a bough of a tree.

Brevis, e, adj., short, brief; of short duration, transitory; *brevi*, abl., shortly, soon after, in brief, in a few words.

Brevitas, atis, f. (*brevis*), brevity, shortness; conciseness.

Breviter (brevis), adv., shortly, in brief, in a word; in a short time.

Britanni, orum, m., the inhabitants of Britania, the Britons.

Britannia, ae, f., Britain.

Brundisinus, a, um, adj., of Brundisium, Brundisian.

Bruttius, a, um, adj., sc. *ager*, Bruttium.

C.

Cacumen, inis, n., the peak or point, top or summit of anything.

Cadaver, eris, n. (*cado*), a carcass, corpse, dead body.

Cado, cecidi, casum, 3, v. n., I fall; I fall, die in battle; I fall to the ground, go to ruin, decay, perish; I fall out, happen, occur.

Caducus, a, um (cado), adj., ready to fall, falling; frail, perishable.

Caedes, is, f. (*caedo*), a cutting, felling; a striking, blow; murder, slaughter.

Caedo, cecidi, caesum, 3, v. a., I cut, cut down, lop, fell; I strike, beat; I kill, slaughter, destroy; I sacrifice.

Caelo, 1 (caelum), v. a., I carve figures in relief, on wood, stone, or ivory.

Caesar, aris, m., a Roman family name in the Julian gens.

Caespes, and *cespes, itis*, m. (*caessus*), a turf, sod.

Calamitas, atis, f., a hurt, damage, injury, calamity, disaster.

Calamitosus, a, um (calamitas), adj., hurtful, ruinous, destructive; hurt, injured, unfortunate, hapless, unhappy.

Calculus, i, m. (*calx*), dim., a pebble, small stone, particle of gravel.

Calendae, or *kalendae, arum*, f. (*calo*), the first day of the month, the calends.

Callidus, a, um (calleo), adj., cunning, artful, skilful, experienced, shrewd; maliciously cunning, crafty, subtle.

Callis, is, m. and f. (*callo, cillo*), a path, footpath, way, road.

Calo, onis, m. (*cala*, stick), a soldier's boy or drudge, who bore the sticks for pitching tents; a slave, drudge.

Calor, oris, m. (*caleo*), warmth, heat; figur.: heat, ardor, vehemence.

Calumnia, ae, f. (*calvo*), wily, deceitful conduct; chicanery, cunning conduct to injure another; slander, aspersion, calumny.

Camera, ae, f., a vault, an arched ceiling or roof.

Camers, tis, adj., of Camerinum, a town in Umbria, Camertian.

Campester, tris, tre (campus), adj., of or belonging to a plain or field, level, flat.

Campus, i, m., a flat, level plain, open field.

Cŭnis, is, m. and f., a dog, hound.

Căno, cĕcĭnī, cantum, 3, 1, v. n., I sing ; 2, v. a., I sing, express in song ; I sound or blow a musical instrument ; *classicum (sc. signum) c.,* to give the signal to the soldiers with the trumpet ; I prophesy, foretell.

Cănŭsīnus, a, um, adj., of Canusium, a very ancient town in Apulia, founded by the Greeks ; Canusian.

Căpēnus, a, um, adj., of Capena, Capenan : *porta Căpēna,* a gate in Rome, in the eastern district.

Căpesso, īvi, ītum, 3 (*capio*), v. intens. a., I lay hold of, I catch at, take up, seize ; figur.: I take in hand, undertake, enter upon ; *capessere jussa,* to perform, execute the commands.

Căpio, cēpi, captum, 3, v. a., I hold, comprehend, include ; I put up with, bear ; I comprehend, understand ; I seize, lay hold of, grasp ; I acquire, obtain ; I take ; I capture, seize, make myself master of ; I charm, captivate, allure, attract ; I take prisoner, take as booty ; I take in, deceive, cheat, wheedle ; I reach ; *arma a.,* to take up arms ; *occasionem c.,* to seize the opportunity ; *fugam c.,* to flee ; *impetum c.,* to make an attack ; *conatum c.,* to make an attempt ; *consilium c.,* to come to a conclusion or determination ; *ne quid respublica detrimenti capiat,* lest the republic receive any harm ; *prædam c.,* to make booty ; *captus mente,* out of one's wits, mad.

Căpĭtālis, e (*caput*), adj., relating to the head or life, capital, deadly, dangerous.

Căpĭtōlium, ii, n. (*caput*), the Capitol, or the splendid temple of Jupiter on the Capitoline-hill.

Căpĭtōlīnus, a, um (*Capitolium*), adj., relating to the Capitol, capitoline.

Captīvus, a, um (*capio*), adj., captive, taken prisoner ; taken in war.

Capto, 1 (*capio*), v. freq. a., I catch at, strive to obtain ; I seek to catch, to deceive ; I watch, lie in wait for.

Captus, ūs, m. (*capio*), a taking or seizing ; power of comprehension, capacity, ability, state, condition.

Căput, ĭtis, n., the head ; a man, person ; the upper part, top, summit of a thing ; the extreme part or end of a thing ; the source, also the mouth of a river ;

the beginning or origin of a thing ; life ; welfare ; figur.: head, leader, author ; chief matter, main point ; a head, chapter, paragraph.

Carcer, ĕris, m. (akin to *erx*), prison, jail.

Căreo, ui, ĭtum, 2, v. n., I am robbed or deprived of, I want, am in want of, am free from ; c. abl.

Cărīna, ae, f (akin to *caulis*), the keel, bottom of a ship.

Cārĭtas, ātis, f. (*carus*), dearth, scarcity of provisions, a high price, dearness ; figur.: high estimation, great regard, high esteem : love, attachment.

Carmen, ĭnis, n. (*garrio*), a song ; a poem ; prophecy, answer of an oracle.

Căro, carnis, f., the flesh of animals.

Carpo, psi, ptum, 3, v. a., I pull, pluck, gather ; figur.: 1 cull, select, choose ; I break off, bite off, crop, graze on.

Carptim (*carpo*), adv., by detached parts, by selecting here and there.

Carrus, i, m., a cart, wagon.

Carthāgĭniensis, e, adj., Carthaginian.

Cārus, a, um, adj., dear, beloved, costly.

Căsa, ae, f., a cottage, hut, cabin.

Cassiānus, a, um, adj., of or belonging to Cassius, Cassian.

Castellum, i, n. (*castrum*), dim., a castle, fortress, fort, fortified place.

Castra. See *castrum.*

Castrum, i, n. (*cado* and *caedo*), a castle, fort, entrenchment, redoubt ; pl., *castra, orum,* a camp ; a line of circumvallation ; a day's march ; c. *navalia,* an encampment including ships drawn to land ; *castra ponere, collocare,* to pitch a camp ; *castra movere,* to move the camp, to decamp.

Castus, a, um (Engl. *coy* akin to *castus*), adj., shy, wary, reserved, chaste, continent ; pure ; innocent, virtuous ; pious ; faithful, sincere, honest ; adv., *caste.*

Cāsus, ūs, m. (*cado*), a fall, or falling ; fall, ruin, death ; accident, misfortune, adversity, mishap, calamity : a fortuitous event, hap, fortune, chance ; risk, hazard, danger ; occasion, opportunity ; *casu,* abl., by chance, accidentally, casually.

Catēna, ae, f., a chain.

Caterva, ae, f. (akin to *turba, turma*), a troop, mass, or body of soldiers or men generally.

Caupo, ōnis, m., an innkeeper, victualler.

Causa, æ, f. (akin to cedo, I say), anything spoken, every matter or concern which is transacted or contended about; thing, matter, subject, object, question, business, affair; a lawsuit or process, a judicial process; cause; occasion, motive, opportunity; a cause or reason adduced; a pretence, pretext; an excuse; a hindrance; causam dicere, to plead; c. tenere, to gain a suit; c. perdere, to lose a suit; causam alicujus agere, to manage the affair of any one; causam esse, in causa esse, to be the cause of, to bear the blame of; ob eam causam, therefore; the abl. causâ often stands for propter, for the sake of; eâ causâ, on that account; honoris causâ, for honor's sake; meâ causâ, on my account.

Cautes, is, f., a rock, crag, cliff.

Cautus, a, um, part. (caveo) foreseen; adj., wary, provident, circumspect, cautious; cunning, artful.

Caveo, cavi, cautum, 2, v. n., c. dat.: sometimes v. a., I see, look, provide, take care, take heed; cave tibi, provide for your own surety; I beware or take heed of, I am aware, am on my guard, avoid; cavere aliquem, to beware of any one; cavere a servitio, to guard against slavery; with subjunct. and ne: cave, ne minuas, take care lest you lessen; and frequently without ne: cave existimes, beware of thinking; I give security by pledge or bond.

Cavillātor, ōris, m. (cavillor), a caviller, jeerer; a humorous person.

-Ce, a suffix, generally of the demonstrative pronoun, having the same meaning as ecce (en-ce); see! hicce, hæcce, hujusce. When, in an interrogation, ne is added, ce becomes ci; as hæccine!

Cēdo, cessi, cessum, 3, 1, v. n., I go, come; I give place, give way, withdraw, retire, depart; 2, v. a., I vacate, quit, give up, cede, concede, grant; 3, v. n., c. dat.: I yield to, comply with, submit to, accommodate myself to, act conformably to; I yield the palm to, give place to.

Cēlēber, bris, bre, adj., famous, renowned, celebrated, illustrious; frequented, much resorted to.

Cēlēbrātus, a, um, part. (celebro), praised; adj., talked of, known, notorious; celebrated, solemnized.

Cēlēbritas, ātis, f. (celeber), fame, glory, renown, celebrity; a great resort, crowd, assembly, great number.

Cēlēbro, 1 (celeber), v. a., I praise, extol, celebrate, honor, render famous; I make known, proclaim, publish abroad; I celebrate, solemnize; I frequent, resort to.

Cēler, ĕris, e, adj., swift, speedy, fleet, quick.

Cēlēritas, ātis, f. (celer), swiftness, quickness, speed, celerity, velocity.

Cēlēriter (celer), adv., quickly, speedily, immediately.

Cella, æ, f., a hole, hollow room; a buttery, pantry; an apartment for slaves; a shrine, chapel.

Cēlo, 1, v. a., I cover, conceal, hide; I conceal from, hide from one's knowledge.

Censeo, sui, sum or situm, 2, v. a., I speak, judge, think, suppose, imagine, presume, am of opinion; I ordain, decree, resolve; I estimate, rate, appraise, value; I count, reckon among.

Censor, ōris, m. (censeo), a censor, a magistrate in Rome; a censurer, examiner.

Census, ûs, m. (censeo), a judging, estimating; a census, valuation of a man's estate; a register or roll of the citizens.

Centum, card. num., a hundred.

Centūria, æ, f. (centum), a hundred; a century, a division of the Roman people.

Centūriātus, ûs, m. (centuria), a division into centuries or companies; the office of centurion.

Centūrio, 1 (centuria), v. a., I divide into centuries or companies.

Centūrio, ōnis, m. (centuria), a captain of a century, a centurion.

Cerno, crēvi, crētum, 3, v. a., I discern, distinguish, judge; I decide, decree; I contend, fight; I conclude, resolve, determine; I see, descry, discern; I perceive, comprehend, understand.

Certāmen, ĭnis, n. (certo), a contest, strife, contention, debate; a battle, engagement, fight.

Certē (certus), adv., certainly, for certain, assuredly, undoubtedly; at least, yet, notwithstanding.

Certō (certus), adv., certainly, surely.

Certo, 1 (cerno), v. intens. n., I contend, contest, strive, struggle, fight; cum aliquo certare, to struggle against or to vie with one; I go to law, engage in a law-suit.

Certus, a, um (cerno), adj., tried, faithful, to be relied on; trustworthy, sure; certain, fixed; fixed upon, established, appointed; determined, resolved; having certain knowledge, sure, well acquainted; resolute, bold, undaunted; open, clear, well ascertained, manifest; *certum scire* or *habere,* to know for a certainty; *pro certo habere,* to know for certain; and *certiorem facere aliquem,* to inform, acquaint, apprise; also for *quidam: certi homines,* certain persons.

Cervix, icis, f., the throat; the neck, especially the hinder part of the neck.

Cespes. See *caespes.*

Cetra, cetero. See *caeterus.*

Cetorum. See *ceterus.*

Ceterus, a, um, or *caeterus, a, um,* adj. (not used in the nom. sing. masc.), the other, the rest; *et cetera,* also *cetera,* and so forth; *cetera,* or *ceterum,* and *cetero,* are used adverbially: as for the rest, in other respects, otherwise.

Cibarius, a, um (cibus), adj., relating to food, fit for eating; common, ordinary in quality; figur.: sordid, vile, base; *cibaria, orum,* meat, victuals, provisions.

Cibus, i, m., food, victuals, provender.

Ciceronianus, a, um (Cicero), adj., Ciceronian.

Cimbricus, a, um, adj., pertaining to the Cimbri, Cimbrian.

Cingo, xi, nctum, 3, v. a., I gird, tie about, surround; I environ.

Circa, prp. c. acc.: around, about; 1. Around a place, thing, or person; 2. About a time: *circa eandem horam,* about the same hour; 3. About a number: *oppida circa septuaginta,* about seventy towns. As an adverb of place: around.

Circinus, i, m., a pair of compasses.

Circiter (circa), adv., about.

Circu-itus, us, m. *(circum, eo),* a going round; a circuit, revolution; the circumference, circuit; the way or path round.

Circum (acc. of *circus),* prp. c. acc.: the same as *circa:* around, about, round-about; adv., around, near.

Circum-do, dĕdi, dătum, 1, v. a., I put or set round; I surround, encompass, environ, invest; I confine, restrict.

Circum-duco, xi, ctum, 3, v. a., I lead or draw round.

Circum-eo, ii (ivi), circuitum, 4, v. a. and n., I go round or about; I surround, encompass, environ; I go round as a candidate, I solicit, canvass; I circumvent, cheat.

Circum-fero, tuli, lătum, ferre, v. a., I carry round or about.

Circum-fluo, uxi, 3, v. a., I flow round or about; I flock together; I abound.

Circum-jicio, jeci, jectum, 3, v. a. *(jacio),* I cast or throw around; I compass, comprise.

Circum-mitto, misi, missum, 3, v. a., I send round.

Circum-munio, ivi, itum, 4, v. a., I wall around, protect; I surround, invest with military works.

Circum-munitio, ĭnis, f. *(-munio),* a fortifying or fencing round, circumvallation.

Circum-sisto, stiti and *stĕti, stitum,* 3, v. a. and a., I stand round, surround; I besiege.

Circum-sto, stĕti, 1, v. a., I stand or place myself round; I beset; I surround.

Circum-vallo, 1, v. a., I surround with a rampart, invest, besiege.

Circum-venio, veni, ventum, 4, v. a., I come or stand round, I surround; I beset; I surround, invest, blockade; I circumvent, deceive, betray.

Cis (-es), prp. c. acc.: on this side.

Cis-alpinus, a, um (cis, Alpes), adj., situated on this side the Alps, Cisalpine.

Citatus, a, um, part. *(cito),* excited, adj., swift, hurried, speedy, quick.

Citer (cis), tra, trum, adj., on this side, this way; more frequently used in the comp. *citerior,* and superl. *citimus* and *citumus,* nearer, nearest; of time: nearer our own time, later, more recent; earlier, sooner.

Citimus. See *citer.*

Citius. See *cito.*

Cito (citus), adv., comp. *citius,* superl. *citissime;* soon, shortly, quickly, speedily, without delay.

Cito, 1 *(cieo),* v. freq. a., I summon, cite before; I cite, quote.

Citra (cis), prp. and adv., on this side; nearer.

Citro (cis), adv., hitherwards; *ultro et citro,* this way and that way, up and down, to and fro, backward and forward; *ultro citro,* mutually, reciprocally.

Citus, a, um, part *(cieo),* called, excited; adj., ready, quick, nimble, speedy, rapid.

Civĭlis, *e* (*civis*), adj., of or belonging to a citizen ; civil ; of the state, political ; affable, courteous.

Civis, *is*, m. and f., a possessor ; a citizen or free inhabitant of a town or city ; a fellow-citizen.

Civĭtas, *ātis*, f. (*civis*), the right of citizens, the freedom of a city, the citizenship ; the body of citizens, a municipal corporation, a city, state ; a nation ; the administration of public affairs, government.

Clādes, *is*, f., slaughter, destruction, overthrow, discomfiture ; loss, injury, disaster.

Clam (*celo*), adv., privately, privily, secretly ; prp. c. abl. : without the knowledge of ; c. acc. : *clam patrem*.

Clāmĭto 1 (*clamo*), v. freq. a. and n., I cry aloud, vociferate.

Clāmo, 1, v. a. and n., I cry, shout, cry aloud, exclaim.

Clāmor, *ōris*, m. (*clamo*), a loud cry, shout ; loud applause.

Clārus, *a*, *um*, adj., 1 (*calo*), clear, loud, distinct ; famous, illustrious, renowned, celebrated ; 2 (akin to *gloria*), clear, bright, shining, splendid ; figur. ; distinct, open, manifest, evident.

Classis, *is*, f., a class or order of citizens, a fleet of ships of war.

Claudeo, 2, *claudo*, 3, *claudico*, 1 (*claudus*), v. n., I am lame, I halt, limp.

Claudo, *si*, *sum*, 3, v. a., I close, shut ; I surround, encompass, begird ; *claudere agmen*, to bring up the rear.

Claudo, 3. See *claudeo*.

Clausŭla, *ae*, f. (*claudo*), a close, conclusion ; the end of a full sentence or period.

Clāvicŭla, *ae*, f. (*clavis*), dim., a small key ; a tendril or clasp of vine.

Clāvis, *is*, f. (*clavo*), a key ; a bar or bolt.

Clāvus, *i*, m. (*cala*, stick), a nail ; the rudder of a ship, the helm ; purple stripe on a Roman tunic.

Clēmens, *entis*, adj., placid, gentle, tranquil, peaceable, still.

Clēmenter (*clemens*), adv., mildly, gently, quietly, placidly ; kindly, benignantly, moderately.

Clēmentia, *ae*, f., clearness, calmness, mildness, stillness, tranquillity, clemency ; kindness, gentleness, benignity, humanity, mercy.

Cliens, *entis*, m. (for *cluens*, from *cluo*), a

client, one who attaches himself to some powerful man as his patron.

Clientēla, *ae*, f. (*cliens*), the state of a client, clientship ; patronage, protection ; a train of clients or dependants.

Clipeus or *clypeus*, *i*, m., a round shield.

Clodiānus, *a*, *um*, adj., of or pertaining to Clodius, Clodian.

Clypeus. See *clipeus*.

Cnaeus, *i*, m., abbrev. Cn., a Roman praenomen.

Cnidius, *a*, *um*, adj., of or belonging to Cnidus.

Co-ācervo, 1 (*con*, *ac*), v. a., I heap together, heap up, accumulate.

Co-aequo, 1, v. a., I level, make equal or even, I make alike, put on the same footing.

Co-ālesco, *lui*, *litum*, 3, v. n., I grow together, grow to, grow ; I become united, I agree.

Co-arguo, *ui*, 3, v. a., I prove, show, demonstrate ; I convince, convict, prove guilty ; I confute.

Cōcus, *i*, m. See *coquus*.

Coelestis, *e* (*coelum*), adj., of heaven, heavenly, celestial ; excellent, eminent, godlike, divine ; *coelestes*, *ium*, the gods.

Coelum, *i*, n., the vaulted heavens, the sky ; the air, region of the air ; *de coelo tangi*, to be struck by lightning ; *de coelo servare*, to take auguries by watching the heavens.

Co-ēmo, *ēmi*, *emtum* and *emptum*, 3, v. a., I buy, purchase in quantities or different articles.

Coena, *ae*, f., the Roman dinner, taken about three or four o'clock.

Coeno, 1 (*coena*), v. a. and n., I dine ; c. acc. : I dine upon.

Coenum, *i*, n. (akin to *cunio*), dirt, mire, mud, filth.

Co-eo, *ivi* and *ii*, *itum*, 4, v. n., I go or come together, assemble, meet ; v. a., *coire societatem*, to enter into a connection, to make an alliance or compact.

Coepi, *isti*, *it*, v. defect. (akin to *capio*), I begin, I have begun ; *coeptus*, *a*, *um*, part., begun, commenced.

Co-erceo, *cui*, *citum*, 2 (*arceo*), v. a., I surround, embrace, encompass ; I keep in, confine, restrain, check ; I repress, bridle, curb ; I chastise, punish.

Coetus, *ūs*, m. (for *coitus*, from *coeo*), a connection, conjunction, assemblage; a uniting union; a meeting, assembly, properly a meeting by consent.

Cŏgĭtātĭo, ōnis, f. (cogito), a thinking, considering, reflecting, meditation; a thought, idea.

Cŏgĭtātus, a, um, part. (cogito), thought; adj., meditated, deliberate, intended, planned; *cogitatum, i, n.*, thought, reflection, design, plan, intention.

Cŏgĭto, 1, v. n. and a., I think, meditate, ponder; c. inf.: I design, plan, intend.

Co-gnātus, a, um, adj., born with, generated along with, cognate; related by blood, nearly akin, closely allied, of the same descent; figur.: like, fitting, agreeable, suitable.

Co-gnĭtĭo, ōnis, f. (cognosco), an investigating, examining; reflection; information, intelligence, recognition; knowledge of anything, acquaintance with, skill in.

Co-gnōmen, ĭnis, n. (con, nomen for gnomen), the family name, which was added to the name of the gens (*nomen*); as *Cicero* in *M. Tullius Cicero*; also a title, as *Africanus*.

Co-gnosco, gnōvi, gnĭtum, 3, v. a., I examine, investigate, explore; I learn by examination, find out; I know, recognize; I perceive, see, find; I hear, learn, receive information.

Cōgo, cŏēgi, cŏactum, 3 (for co-igo, from con and ago), v. a., I drive or bring together, collect, draw together; I assemble; I confine, restrict, shut in; I drive, impel; I force, compel, constrain.

Cŏ-hēres, ēdis, m. and f., a co-heir.

Cŏ-hĭbeo, ui, ĭtum, 2 (habeo), v. a., I hold together, keep, contain; I conceal, repress, restrain.

Cŏhors, tis, f., a cohort, the tenth part of a legion; *cohors praetoria*, the suite, train, or retinue of a praetor.

Cŏ-hortātĭo, ōnis, f. (cohortor), an exhorting, encouraging.

Cŏ-hortor, 1, v. dep. a., I exhort, encourage.

Col-lēga, ae, m. (con, legere), a partner in office, a colleague.

Col-lēgĭum, ĭi, n. (collega), a college, corporation, society, community.

Col-lĭbet, and col-lŭbet, ĭbuit, ĭbĭtum est, 2, v. impers., it pleases, it is agreeable.

Col-lĭgo, 1 (con, ligare), v. a., I bind or tie together, join together, connect, bind; I comprise, comprehend.

Col-lĭgo, ēgi, ēctum, 3 (con, legere), v. a., I gather together, collect, assemble; I raise or lift up; I include in myself, embrace; I draw together, draw up, contract; I draw back; I reckon up, cast up, compute; I conclude, infer, deduce; I win, get, obtain, acquire; *colligere se*, to recover or collect one's self.

Collis, is, m., a hill, hillock, rising ground, easy ascent.

Col-lŏcātĭo, ōnis, f. (colloco), a right placing; a giving in marriage, an endowing.

Col-lŏco, 1 (con, loco), v. a., I set, place, or lay anything in its place; I set up, erect; I put in good condition, arrange, set in order, settle; I give in marriage.

Col-lŏquĭum, ĭi, n. (colloquor), a talking together, discourse, conversation.

Col-lŏquor, locūtus sum 3 (con, loquor), v. dep. n., to speak together, converse, confer.

Collum, i, n., the neck, throat.

Col-lustro, 1, v. a., I illumine, brighten; I look around upon, survey.

Col-lŭvĭes, ēi, and col-lŭvĭo, ōnis, f. (colluo), washings, a collection of impurities, filth or dirt; a mixture, medley, confusion.

Cōlo, lui, cultum, 3, v. a., I tend, cultivate, till; I bestow care upon, labor upon, take care of, attend to; I exercise, practise, pursue, study; I inhabit, dwell in; I regard, observe, mind, cherish, care for; I respect, honor, esteem; I venerate, worship.

Cŏlōnēus, a, um, adj., of or pertaining to the Attic Demos Colonos.

Cŏlōnĭa, ae, f. (colonus), a place newly cultivated, and peopled or colonized, a colony, settlement.

Cŏlōnus, i, m. (colo), a cultivator, tiller, farmer, husbandman; a colonist, inhabitant of a colony, a settler.

Cŏlor, ōris, m., a color, hue, dye, tint, complexion; appearance, cast, manner, form; coloring, embellishment, ornament; excuse, pretext, cloak, plea.

Cŏlŭmella, ae, f. (columna), dim., a small pillar or column.

Com-bŭro, ussi, ustum, 3 (con, uro), v. a., I consume by fire, I burn, scorch, dry up.

Cōm-es, ĭtis, m. (con, eo), one who goes along with, a companion, comrade, fellow, associate, attendant.

Cŏ-mĭnus, and com-mĭnus (con, manus), adv.,

nigh at hand; hand to hand, in close combat.

Cŏmis, e (cum), adj., sociable, courteous, kind, humane, gentle, mild, affable, complaisant.

Cŏmĭtātus, ûs, m. (comitor), a train or company of followers or attendants, a train, retinue.

Cŏmĭtium, ii, n. (cum, eo), a place in the Forum Romanum, where the comitia curiata were held; comitia, pl., the assembly of the whole people to make laws or to choose magistrates.

Cŏmĭtor, 1 (comes), v. dep. a., I go along with, accompany, attend or wait upon, follow.

Commăgēnus, a, um, adj., of Commagene, a country of Syria.

Com-mĕātus, ûs, m. (commeo), a passing; a passage; convoy, transport; provisions, supplies, victuals, forage.

Com-mĕmŏrātio, ōnis, f. (commemoro), a reminding, calling to recollection, mentioning, recounting.

Com-mĕmŏro, 1, v. a., I call to mind; I mention.

Com-mendātīcius or -tĭtius, a, um (commendatio), adj., containing a recommendation, commendatory.

Com-mendātio, ōnis, f. (commendo), commendation, recommendation; praise, repute, esteem; excellence, grace.

Com-mendo, 1 (con, mando), v. a., I commend, recommend, praise; I consign.

Com-mentārius, i, m., sketch, short narrative.

Com-mentor, 1 (comminiscor, commentus), v. dep. a., I meditate, think, muse upon; I produce by meditation, I write, compose; I discuss, dispute, contend; I explain, comment or remark upon.

Com-mĕo, 1 (con, meo), v. n., I go, come and go.

Com-mīlĭto, ōnis, m., a comrade, companion in war, fellow-soldier.

Com-mitto, mīsi, missum, 3, v. a., I set together: I set at variance: I begin; proelium committere, to join battle, to fight, combat; I join together, unite; I give, commit, consign, intrust, commend; I perpetrate, perform, commit; v. n., I fail, miss, mistake, transgress.

Com-mŏdē (commodus), adv., commodiously, conveniently, fitly; in good time, in due season, opportunely; suitably, well.

Com-mŏdŏ (commodus), adv., opportunely, in season.

Com-mŏdo, 1 (commodus), v. a., I accommodate, adjust, adapt; I give, afford, allow; I lend.

Com-mŏdum, i, n. (commodus), convenience, advantage, profit; income, wages, salary, pay, reward; anything lent.

Com-mŏdus, a, um (con, modus), adj., of a suitable measure, apt, fit, convenient, suitable, opportune; agreeable, acceptable; affable, polite, easy, obliging.

Com-mŏnĕ-făcio, fēci, factum, 3, v. a., I put in mind, remind, warn, advise.

Com-mŏror, 1, v. dep. n., I stay, stop, pause, abide, remain, tarry, sojourn with; 2, v. a., I detain, retard.

Com-mōtus, a, um, part. (commoveo), moved.

Com-mŏveo, ōvi, ōtum, 2, v. a., I move wholly or together, set in motion; I move, touch, affect, make an impression upon; I stir up, excite; I cause, undertake, begin; commotum esse, to be troubled, disquieted, alarmed.

Com-mūnĭco, 1 (communis), 1, v. a., I make common, communicate, impart, share with any one, make partaker of; I unite, join, connect; 2, v. n., I have conversation with, I commune; communicare cum aliquo de re, to confer, consult with one about a thing.

Com-mūnio, 4, v. a., I fortify, secure.

Com-mūnis, e (con, munus), adj., common, public, general; ordinary, usual; easy, affable, complaisant.

Com-mūtātio, ōnis, f. (commuto), a changing, change, alteration.

Com-mūto, 1, v. a., I change, alter; I exchange, barter, traffic.

Com-păro, 1 (con, paro), v. a., I prepare, put in preparation, get ready, provide; I establish, institute, ordain, provide; I acquire, procure, get; I get for money, I buy, purchase; I cause, excite, occasion; I gain over, win, secure; I connect, join, unite; I compare, with ad, cum, inter, and c. dat.; I count equal; I show, prove, or deduce by comparison.

Com-pello, pŭli, pulsum, 3, v. a., I drive together; I assemble, collect; I drive, force, bring; I bring to anything, I impel, move.

Com-pendium, ii, n., (con, pendo), a shortening, abridging, abridgment; a short way; a saving; profit, gain, advantage.

Com-pĕrio, pĕri, pertum, 4 (con, pario), v. a., I discover, find out, ascertain; I learn, am informed; comperior, tris, depon., for compertum habeo or scio.

Com-plector, exus sum, 3 (con, plecto), v. dep. a., I comprehend, compass, encircle, surround, contain; complecti cogitatione, to conceive, imagine; e. litteris, to draw up, express in writing; I clasp with my arms, I embrace; I become fond of, I love, cherish, favor; I cultivate, devote myself to; I make a conclusion, I deduce; I get, reach, obtain.

Com-pleo, ēvi, ētum, 2 (con, *pleo), v. a., I fill up, fill, satiate, deck, cover; I load, overload; I make full, complete, make up; I finish, complete; legiones e., to complete the legions.

Com-plexus, ûs, m (complector), a compassing, encircling; the circumference, circuit, compass; a joining, connecting, connection; an embracing, embrace; a fight, close combat.

Com-plūres, ĕra or ĕria, adj. pl., many, several, a great many.

Com-pōno, pŏsui, pŏsitum, 3, v. a., I put, place, or lay together; I put in order, arrange, dispose, order, regulate; I settle, adjust, accommodate; I compound, compose, join together; I build, construct; I make, contrive, bring about; I invent, feign; I agree upon, arrange; I compare.

Com-porto, 1, v. a., I carry or bring together, I collect.

Com-pŏsitē (compositus), adv., calmly, quietly, in good order; neatly; harmoniously.

Com-prĕhendo, di, sum, 3, v. a., I seize, lay hold of, grasp, catch, arrest; I comprehend, conceive, understand; I detect, find out.

Com-pressus, ûs, m. (comprimo), a pressing together, compression.

Com-primo, essi, essum, 3 (con, premo), v. a., I press or squeeze together, I compress; I hold back, keep back; I conceal, suppress; I bridle, check, restrain, curb, repress.

Com-prŏbo, 1, v. a., I hold for good, I approve, allow, acknowledge, believe in, assent to; I make good, confirm, verify; I prove to be good or effectual, I test.

Cōnātum, i, n. (conor), an endeavor, effort.

Cōnātus, ûs, m. (conor), an attempt, endeavor, effort, exertion.

Con-cēdo, cessi, cessum, 3, l, v. n., I retire, depart, withdraw, yield, give way; I stop, go, come, repair; 2, v. a., I yield, give up, grant, allow, permit, concede; I resign, relinquish, relinquish, remit, concede anything to any one.

Con-cessus, ûs, m. (concedo), a permitting, allowing; permission, leave.

Con-cĭdo, ĭdi, 3 (con, cado), v. n., I fall to pieces, fall in, fall down; figur.: I fall, perish, sink, decay.

Con-cīdo, ĭdi, īsum, 3 (con, caedo), v. a., I cut, cut up, cut in pieces; I cut to pieces, cut down, slay, kill; I break in pieces, disable, destroy; I break up, divide; I loosen, weaken, subvert, ruin, destroy.

Con-cĭlio, 1 (concilium), v. a., I bring together, join together, unite, connect; I make friendly, win, conciliate; I get, provide, procure, furnish; I acquire, bring about, make, cause.

Con-cĭlium, ii, n. (con, calare), a meeting, an assembly, company of persons, council.

Concio, ōnis, f. See contio.

Con-cĭtātus, a, um, part. (concito); adj., set in rapid motion, quick, rapid; roused, fiery, ardent.

Con-cĭto, 1, v. a., I set in motion, stir up; set in quick motion; I raise, excite, rouse; I stir up to rebellion, incite to insurrection, set in commotion; I incite, provoke, irritate, make angry.

Con-clāmo, 1, v. n. and a., to cry together; I cry out, cry aloud, proclaim; e. acc., ace. c. inf., also with ut, or the subjunctive without ut.

Con-clūdo, ūsi, ūsum, 3 (con, claudo), v. a.; I shut up, fasten up, enclose, confine, circumscribe; I shut, close, close up; I straiten, hem in, bring into a form; I conclude, infer, deduce; I show or prove by inference or deduction; I end, conclude; I round, conclude, complete in a regular and harmonious way.

Con-cordia, ae, f. (concors), concord, agreement, union, harmony, unanimity.

Con-cŭpisco, pĭvi and pii, pītum, 3 (con, cupio), v. a., I desire earnestly, long for, covet; I strive after, aim at.

Con-curro, curri, cursum, 3, v. n., I run together, run along with, meet, flock or rush together; I engage in the fight, charge; I join battle; to occur simultaneously, concur, unite.

Con-curso, 1 (concurro), v. freq. n., to run or rush together; to run to and fro, run up and down; c. acc.: omnium mortalium laetos concursare, to go round to all inhabited houses; provinciam c., to travel through a province.

Con-cursus, ûs, m. (concurro), a running or meeting together; an assembly, concourse, conflux of people; a charge, an engagement (of armies).

Con-cũtio, cussi, cussum, 3 (con, quatio), v. a., I shake, move violently, agitate; I terrify; I trouble, disturb, disquiet, agitate, distract; I injure, impair, weaken, break down, ruin.

Con-demno, 1 (con, damno), v. a., I condemn; I disapprove; condemnare aliquem capitis, to condemn any one to death.

Con-dicio, ônis, f. (condico), a contract, agreement; condition, stipulation, terms; proposition, proposal; condition, state, situation, quality, circumstances; good condition, advantage; way, manner; prescription, precept, rule.

Condīmentum, i, n. (condio), a seasoning; sauce.

Condio, 4 (condo ?), v. a., I sharpen, season, salt, pickle, give a relish to.

Condĭtio, ônis. See condicio.

Con-do, dĭdi, dĭtum, 3 (con, dars), v. a., I put together, lay up, treasure up, hoard; I shut up, hide, conceal, bury; I lose sight of, leave behind; I finish, end, spend, or pass; I put together, construct, fabricate, build, found, establish, compose, compile, write; I celebrate, sing.

Con-dōno, 1, v. a., I give freely, present, bestow, grant; I remit, excuse; I remit, pardon, forgive; I give up, devote, sacrifice.

Con-dũco, xi, ctum, 3, v. a., I bring or lead together, draw together, conduct, assemble, collect; I hire; v. n., to be profitable, advantageous, expedient.

Con-fercio, si, tum, 4 (con, farcio), v. a., I stuff or cram together; I cram, fill full.

Con-fěro, contŭli, collātum, 3, v. a., I bring or carry together, I collect, gather; I contribute, pay; I bring, set, put, place, draw together, unite, join, make com-

men; I compare; I bring or carry to any place; I promote, am serviceable to, am good for; I bring upon, lay upon; I commit, intrust, infer; I confer, give, impart; I make use of, employ, apply, convert; I direct, suit, adapt; I put off, defer; manus cum aliquo c., to engage, fight with one; signa c., to fight a pitched battle; conferre se, to betake, turn, apply one's self any whither; rem ad aliquem c., to refer the matter to any one's arbitration.

Con-fertus, a, um, part. (confercio); adj., close together, close pressed, close crowded, thick; confertum agmen, a close-marching army; confertissima acies, an army in a very close array; full.

Con-festim (akin to festino), adv., forthwith, immediately, without delay.

Con-ficio, fēci, fectum, 3 (con, facio), v. a., I make or bring together, get together, collect; I make, prepare, execute, effect; I procure, provide, get; I cause, excite; I prepare, work, elaborate; I end, finish, terminate, accomplish, complete, bring about; I bring to an end, run through, squander; I destroy, kill; I overpower, subdue; I wear away, consume, weaken, ruin; conficior, I am grieved, afflicted; part., confectus, a, um, afflicted, harassed, emaciated, weak, decrepit, reduced, exhausted.

Con-fido, fisus sum, 3, v. n., I trust, feel confident, am well assured, believe or hope confidently; c. abl., c. dat., c. acc. c. inf., or with ut.

Con-figo, xi, xum, 3, v. a., I fix or fasten together; I pierce, transfix.

Con-firmātio, ônis, f. (confirmo), a confirming, establishing, securing; encouragement, consolation; a proving, confirmation, proof; an assertion, information, declaration.

Con-firmo, 1, v. a., I make strong, strengthen, establish; I restore to health, I strengthen; I encourage, animate, hearten, enliven, console; I fasten, fix, make firm, render steady or steadfast; I ratify; I prove, show, establish by argument; I affirm, assert, assure.

Con-fisus, a, um, part. (confido); adj., trusting, trusting to, relying on.

Con-fĭteor, fessus sum, 2, v. dep. a., I say, confess, own, acknowledge; figur.:

I show, manifest, indicate, give signs of.

Con-flīgo, ixi, ictum, 3, v. a., I strike or dash one thing against another; I compare; v. n., I conflict, contend, fight, engage.

Con-flo, 1, v. a., I blow together; I bring, put or join together, compose, compound, make up, raise, acquire, contract, form; I raise, excite, stir up, cause, occasion, make; c. aes alienum, to contract debts.

Con-fluens, tis, part. (confluo); subst. m., confluens and pl., confluentes, ium, m., the place where two rivers flow together, the confluence of two streams.

Con-fluo, uxi, uxum, 3, v. n., to flow or run together; figur.: to flock together, crowd together.

Con-fŏdio, ŏdi, ossum, 3, v. a., I wound, pierce, stab, transfix; figur.: I harass, annoy.

Con-fŭgio, fŭgi, fŭgitum, 3, v. n., I flee to for succor, take refuge with, have recourse to.

Con-fundo, fūdi, fūsum, 3, v. a., I pour together, mingle, mix, blend together; I bring into disorder, I disturb, disorder, confuse, confound.

Con-grĕdior, gressus sum, 3 (con. gradior), v. dep. n., I go or move with; I go or come together with, accost, meet, converse with; I join battle, fight, encounter, engage; v. a., I attack, fall upon, engage with.

Con-grĕgo, 1 (con, grex), v. a., I collect into a flock; I collect, assemble, congregate.

Con-gressus, ūs, m. (congredior), a coming together, meeting, interview, intercourse; a conflict, encounter, contest, battle.

Con-gruo, ui, 3, v. n., I grow together, come together, meet; I agree, accord, suit, match, fit, answer, correspond.

Con-jectūra, ae, f. (conjicio), a conjecture, guess, conjectural conclusion; divination, interpretation.

Con-jĭcio, jēci, jectum, 3 (con, jacĕre), v. a., I throw together, throw, cast, fling, hurl; I thrust, drive, impel; I throw out, let fall, utter, pronounce; I conclude, conjecture, guess, divine; hostes in fugam c., to put the enemy to flight.

Con-junctio, ōnis, f. (conjungo), a joining or uniting together, conjunction, connection,

union; close attachment, intimacy, amity, alliance, relation.

Con-junctus, a, um, part. (conjungo); adj., connected; agreeing: bordering on, near to.

Con-jungo, unxi, unctum, 3, v. a., I join or unite together, connect, couple; with cum, or the dative.

Con-jūrātio, ōnis, f. (conjuro), a swearing together, conspiring together, conspiracy, plot; the body of conspirators.

Con-jūrātus, a, um (conjuro), adj., having sworn together, having conspired; conjurati, orum, m., conspirators.

Con-jūro, 1, v. n., to swear together, make a league together; to conspire, enter into conspiracy.

Con-jux, ŭgis, m. and f. (conjungo), a husband, wife, consort, spouse.

Cōnor, cōnātus sum, 1, v. dep. a., I strive, exert myself; I undertake, endeavor, attempt; I dare, presume, undertake.

Con-quiesco, ēvi, ētum, 3, v. n., I rest, am at rest, enjoy repose.

Con-quiro, sīvi, sītum, 3 (con, quaero), v. a., I seek after, search for, get or rake together, try to procure, collect.

Con-quisītus, a, um, part. (conquiro); adj., choice, exquisite.

Con-sānesco, nui, 3, v. n., I grow sound or whole, I heal.

Con-sanguineus, a, um, adj., related by blood, especially on the father's side; of the same blood or kindred; consanguinei, blood-relations, kindred.

Con-scendo, di, sum, 3 (con, scando), v. a. and n., I go or climb up, mount, get up, ascend; I go on board, I embark.

Con-scientia, ae, f. (conscius), the being conscious, consciousness; conscience; knowledge; joint knowledge; participation; c. recta, a good conscience; c. mala, a bad conscience.

Con-scisco, scīvi, scītum, 3, v. a., I vote together or by common consent; I determine, resolve, decree; I execute, put in execution; c. sibi mortem, to commit suicide.

Con-scius, a, um (scio), adj., knowing something with some one, privy to, witness of, partaking of, in the secret of, conscious; si alicujus injuriae sibi conscius fuisset, if he had felt guilty of any act of injustice.

Con-scrĭbo, psi, ptum, 3, v. a., I write together; I enlist, enroll; I draw up in writing, compose; conscribere milites, to raise, levy soldiers.

Con-scriptus, a, um, part. (conscribo); patres (et) conscripti, the formal appellation of the senate, i. e., the old senators, and those who were chosen from the equestrian order to make up the full number of the senate.

Con-sector, 1, v. dep. a., I follow after with eagerness; I chase, pursue, press upon; I hunt after; I imitate, seek to reach, affect; I strive after, seek to gain, pursue; I seek, adduce, bring forward.

Con-sēnesco, sēnui, 3, v. n., I grow old; I grow into disuse, grow out of date, become obsolete; I become weak or languid, I lose energy or strength, I waste, decay, sink, fade.

Con-sensus, ūs, m. (consentio), consent, agreement, unanimity; concord, harmony.

Con-sentio, sensi, sensum, 4, v. n., I agree, accord, am of the same opinion; plot together, conspire: v. a., I consent to, assent to, agree that something be done; with ut, or c. acc.

Con-sēpio, sepsi, septum, 4, v. a., I hedge in, fence in.

Con-sēquor, sēcūtus sum, 3, v. dep. a. and n., I follow, go after, come after, succeed, ensue, result; I follow after, seek to reach, strive to attain, pursue; I follow, imitate; I adopt, comply with, obey; I come up with, reach, overtake, equal; I obtain, gain, acquire, attain; I understand, comprehend, find out, perceive, learn; I discover, detect.

Con-sĕro, sēvi, sĭtum, 3, v. a., I sow, plant the ground; I set, plant.

Con-servo, 1, v. a., I preserve, maintain, keep, defend, protect; I save, rescue, spare; I observe strictly.

Con-sessus, ūs, m. (consideo), a sitting together or with, an assembly of persons sitting together.

Con-sĭdeo, sēdi, sessum, 2, v. n., I sit, sit together.

Con-sĭdērātio, ōnis, f. (considero), viewing, contemplation, regard, consideration.

Con-sĭdēro, 1, v. a., I consider, meditate, think of, weigh, deliberate.

Con-sĭdo, sēdi, sessum, 3, v. n., I sit down,

seat myself; I alight, settle, pitch; I encamp, pitch a camp; I take up my abode, settle at a place; I fall, fall in, give way, sink; figur.: to subside, abate.

Con-sĭliārius, a, um (consilium), adj., fit for counselling, counselling, advising; subst. m., a counsellor, adviser

Con-sĭlium, ii, n. (consulo), a speaking together; consultation, deliberation; counsel, advice; determination, resolve, plan, design; aim, view, end; prudence, discretion, sagacity, penetration, skill; contrivance, management, art, stratagem; the bench of judges, the judges; a council of war; c. inire, to form a resolution, to adopt measures; eo consilio, ut, with the design, that; consilio, on purpose, designedly.

Con-sĭmĭlis, e, adj., like, similar, with gen. or dat.

Con-sĭsto, stĭti, stĭtum, 3, v. n., I place myself anywhere, take a stand, post myself; take place; appear; I make a stand, get a firm footing, settle in a place; I stand still, remain standing, stop, stay, hold my ground; I stand firm, consist in, rest upon; I place myself with or together; I agree, accord; I consist, am made up.

Con-sĭtio, ōnis, f. (consero), a planting, setting, sowing.

Con-sōlor, 1, v. dep. a., I console, comfort, solace; I alleviate, lighten, relieve, compensate, make amends for; I hearten, encourage.

Con-spectus, a, um, part. (conspicio); adj., visible; striking, conspicuous, remarkable.

Con-spectus, ūs, m. (conspicio), a seeing, looking, look, sight, view.

Con-spĭcio, spexi, spectum, 3, v. a., I see, behold, look at or towards, observe, discern; I consider, take into account.

Con-spĭcor, 1 (conspicio), v. dep. a., I see, behold, descry.

Con-spĭro, 1, v. n., to breathe together, to agree; to plot, conspire; v. a., I blow together; conspiratus, a, um, blown together, united, collected; conspirati, conspirators.

Con-stans, tis, part. (consto); adj., steady, firm; steady, resolved, constant, even, uniform, consistent, fixed, determined, immutable; adv., constanter.

Con-stantia, ae, f. (constans), steadiness, firmness, consistency, uniformity of conduct, perseverance; equability, fixedness.

Con-sterno, strāvi, strātum, 3 (sternere), v. a., I throw to the ground; I strew or cover all over, I spread, lay.

Con-stituo, tui, tūtum, 3 (con, statuo), v. a., I put, place, station, dispose; I set up, erect, found, build, construct, raise, appoint, make, create; I fix, settle, appoint, assign; I settle, resolve, determine, decide; I decree, ordain, prescribe, lay down; I prepare, dispose, arrange, get ready.

Con-stitūtus, a, um, part. (constituo); adj., constituted, circumstanced; constitutum, an appointment, private agreement.

Con-sto, stiti, stitum, 1, v. n., to stand together; I stand, stand fast; I stand firm, I remain, continue; I subsist, last, endure; to cost; to consist in or of something, to be composed of, made up of, to rest upon, depend upon, lie in; to agree together, to accord, correspond, to be consistent; to be evident, manifest, clear; constat, it is evident, it is certain, it is the general opinion, it is agreed; mihi constat, I am determined.

Con-struo, uxi, uctum, 3, v. a., I heap or pile up, lay up, I put together, join together; I fabricate, build, construct.

Con-stupro, 1, v. a., I ravish, violate, debauch.

Con-suesco, ēvi, ētum, 3, v. n., I accustom myself, I become accustomed or used to a thing; perf., consuevi, I have accustomed myself, I am accustomed or used, I am wont.

Con-suetūdo, inis, f. (consuesco), custom, usage, use, habit; the common way of speaking; intercourse, acquaintance, familiarity, intimacy.

Con-sul, ūlis, m., a consul; consul designatus, consul elect.

Con-sulāris, e (consul), adj., of or belonging to a consul, consular; vir c., a man of consular rank, who has been consul.

Con-sulātus, ūs, m. (consul), the office of consul, consulship, consulate; the time of this office.

Con-sulo, ūlui, ultum, 3 (consul), v. n. and a., to speak together, to consult, take counsel, to deliberate, reflect, consider;

c. acc.: to deliberate upon, to consider, consult about, examine; consulere aliquem, to ask the opinion or advice of any one, to consult, to ask advice of a lawyer; c. dat.: I take counsel for any one's good, I care for, provide for, look to, regard, respect.

Con-sultō (consulto), adv., deliberately, considerately; designedly, on purpose.

Con-sulto, 1 (consulo), v. freq. a. and n., I consult, deliberate, take counsel; I consult for, take care, provide, look to; c. acc.: I consult, ask advice of.

Con-sultum, i, n. (consultus), consideration, deliberation; a decision, resolution, a decree; a measure, procedure, design, plan.

Con-sultus, a, um, part. (consulo); adj., experienced, practised, skilful, skilled, knowing; juris consultus, and jure consultus, a man learned in the law, a lawyer, jurist.

Con-summo, 1 (con, summa), v. a., I add together, collect into a sum, sum up; I finish, complete, accomplish, perfect, consummate.

Con-sūmo, sumsi or sumpsi, sumtum or sumptum, 3, v. a., I take together, take to myself, eat, devour; I consume, destroy; I weaken, debilitate, break down, wear out, take off, carry off; I put to death, kill; I use up, use the whole, lose; I lay out, spend, pass, employ, use.

Con-surgo, surrexi, surrectum, 3, v. n., to rise up together; I rise, raise myself; c. ad bellum, to rise up in arms.

Con-tāgio, inis, f. (contingo), a touching, touch, contact; connection with, participation in; intercourse, acquaintance, an infecting, infection, contagion, epidemic disease.

Con-temno, temsi and tempsi, temtum and temptum, 3 (akin to contamino), v. a., I despise, contemn, slight; contemnere se, to rate one's self low, to make nothing of one's self.

Con-templātio, inis, f. (contemplor), a viewing, beholding, gazing upon, surveying, consideration, contemplation; meditation, study; regard, respect, consideration.

Con-templor, 1 (templum), v. a., I view, survey, behold steadfastly, gaze upon; I meditate, weigh, consider, contemplate.

Con-temptio, ōnis, f. (contemno), a contemning, despising, contempt, scorn, disdain.

Con-temptus, ūs, m. (contemno), contempt, scorn, disdain, derision; contemptui esse, to be a subject of scorn.

Con-tendo, di, tum, 3, v. a. and n., I stretch, strain; I strive, struggle, endeavor, attempt, labor; I exert myself to gain something, I request, solicit, beg, entreat; I maintain energetically; I assert, insist, contend; I compare, contrast, set or match together; v. n., I hasten, make speed; I march, go, bend my course; I fight, contend, dispute.

Con-tentē (contendo), adv., with great exertion or force, earnestly, vehemently.

Con-tentio, ōnis, f. (contendo), a straining, stretching, exerting, an effort, exertion, endeavor; a striving, endeavor, exertion for something, e. gen.; a contention, contest, dispute, debate, controversy, strife.

Con-tentus, a, um, part. (contendo), extended; adj., stretched, exerted, tight.

Con-tentus, a, um, part. (contineo), kept; adj., content, contented, satisfied.

Con-tĕro, trīvi, trītum, 3, v. a., I break or bruise small, I pound, grind, break up; I wear out.

Con-testor, 1, v. dep. a., I call to witness, take to witness, conjure; I beseech, pray; I bear witness, testify, certify, declare.

Con-texo, xui, xtum, 3, v. a., I weave, weave together, interweave, entwine, join together; I connect, join, compose, devise, contrive.

Con-tinens, tis, part. (contineo); adj., extended to, contiguous, adjoining, adjacent, next to, connected with, following immediately; uninterrupted, continuous, successive, incessant, unbroken; continent, temperate, moderate in one's desires, sparing, frugal, sober; Cappadocia pars cum Cilicia continens est, a part of Cappadocia touches upon Cilicia; adv., continenter.

Con-tinentia, ae, f. (contineo), the restraining of one's own desires and passions, forbearance, moderation, temperance.

Con-tineo, ui, tentum, 2, v. a., I hold or keep together; I hold, keep; I shut in, surround, encompass; I keep in good order, maintain, support; I keep in, restrain, curb, bridle, check, hold in; I keep at something, I employ, busy; I charm, delight; I embrace, include, comprehend, contain; contineri re, to consist of, to rest upon, to be made up of a thing.

Con-tingo, tigi, tactum, 3 (con, tango), v. a. and n., I touch; I border upon; I reach, arrive at, come to; v. n., to happen, come about, turn out, come to pass; contigit, it came to pass, it happened.

Con-tinuātio, ōnis, f. (continuo), a joining without interruption, a continuation, succession.

Con-tinuō (continuus), adv., immediately, forthwith, instantly, without delay; right on, next after, without intermission.

Con-tinuo, 1 (continuus), v. a., I continue, keep on without intermission, I prolong, keep up; I join to one another, I connect, unite.

Con-tinuus, a, um (contineo), adj., continued, without intermission, uninterrupted; immediately connected, contiguous.

Con-tio, ōnis, f. (from conventio), 1, a meeting or assembly of the people or army; pro contione, before a public assembly, in public; in contione dicere, to speak publicly; 2, an oration, harangue, public speech; habere contionem apud milites, to harangue the soldiers.

Con-tiōnor, 1 (contio), v. dep. n., I make a speech, I harangue, address the people or army; v. a., I declare before the people in a harangue.

Contrā (perhaps abl., for conterā, sc. parte, as ci-, ex-, in-, ultrā), 1, adv., on the opposite side, in opposition, on the contrary, against, over against; sometimes followed by ac, atque, quam; 2, prp. c. acc.: on the opposite side of, in opposition to, contrary to, opposite to, against, over against; contra ea, on the contrary, on the other hand.

Con-tractus, ūs, m. (contraho), a contracting, shrinking, unevenness, roughness; the beginning; a contract, agreement, bargain.

Con-trăho, xi, actum, 3, v. a., I draw together, bring together; unite together, collect; I incur, fall into, take on myself, enter into; I cause, bring on, bring about, make; I draw in, bring into a smaller compass, contract; I shorten, curtail, abridge, lessen, diminish; I check, stop, restrain; I depress, dispirit.

Contrārius, a, um (contra), adj., opposite, contrary, repugnant; inimical, hostile; hurtful, injurious; opposite to, lying over against; followed by ac, atque, quam, opposite to, different from; e or ex contrario, on the other hand; ex contraria parte, on the opposite side; in contrariam partem, or in contrarium, on the contrary, to the opposite effect.

Contro-versia, ae, f. (controversus), a debate, dispute, controversy.

Con-tūmēlia, ae, f. (con, tumeo), an affront, injury with contempt, outrage, insult, derision, contumely; reproach, reproof; injury, brunt, violence.

Con-turbo, 1, v. a., I throw into disorder or confusion, I disorder, confuse; I distress, discompose, disquiet.

Con-vălesco, lui, 3, v. n., I gain strength, grow strong; I recover from a disease; I grow, increase, gain power, prevail.

Con-vallis, is, f. (vallis), a plain surrounded with hills; a valley, vale.

Con-vēnio, vēni, ventum, 4 (venio), v. n. and a., to come or resort together, to meet, assemble; to agree, correspond, harmonize; to make an agreement, to concert with any one about anything, cum aliquo, inter se, de re; to suit, agree, fit, to be adapted to; to be profitable, expedient, serviceable, c. dat.; convenit, it is fit, proper, suitable; res convenit, the thing is agreed upon, the matter is made up; convenit, it is agreed; convenire aliquem, to meet one, find, visit one, to speak with one.

Con-ventum, i, n. (convenio), a covenant, agreement, league, compact.

Con-ventus, a, um, part. (convenio), called upon, visited, spoken to.

Con-ventus, ûs, m. (convenio), a meeting, assembly, collection; an assembly or meeting of persons to listen to something; a council; court, assizes, court-day, term; an agreement, covenant, compact.

Con-verto, ti, sum, 3, v. a., I turn about; I turn, transform; I change, alter; I turn in a certain direction, I direct; figur.: I turn, direct, apply, convert the use of, turn the minds of; convertere signa, to wheel round; iter in provinciam c., to march into a province; c. se in or ad aliquem, to turn to one, to place one's hope or trust in one, to have recourse to one; c. ad se, or in rem suam, or ad commodum suum, to turn, apply, appropriate, convert to one's own use or advantage.

Con-vinco, vici, victum, 3, v. a., I conquer, put down by argument, prove to be false; I show some one to be guilty, I convict; I show clearly, demonstrate, prove incontestably; c. gen. or abl.: I convict of something, show to be guilty of a crime or fault.

Con-vivium, ii, n. (con, vivo), a feast, banquet, entertainment.

Con-vŏco, 1, v. a., I call together, assemble, summon, convoke.

Co-ŏpĕrio, rui, rtum, 4, v. a., I cover over, envelop, overwhelm.

Co-ŏrior, ortus sum, 4, v. dep. n., I arise, rise, break out, spring; to rise up together, start up.

Cōpia, ae, f. (con, ops), plenty, abundance, number, supply; material for speaking, matter; power; ability, requisite means, ample opportunity, leave, permission; c. dicendi, and in dicendo, richness of expression, fluency, copiousness, ease; copiae, -arum, pl., supplies of every kind, provisions, necessaries, stores; effects, goods, substance; troops, forces, army; copiae pedestres, infantry.

Cōpiōsus, a, um (copia), adj., copious, abundant, plentiful, rich, wealthy; c. abl.: agrio c., rich in land; of style: copious, fluent, rich, diffuse; adv., cōpiōsē.

Cōpŭla, ae, f., a band, fetter, tie, grappling-iron.

Cŏquo, coxi, coctum, 3 v. a., I cook, dress, or prepare food; figur.: I contrive, prepare, meditate, plan, concoct.

Cŏquus, and cŏcus, i, m. (coquo), a cook.

Cōram (acc. of *cora, eyeball), prp. c. abl.: before the eyes of, before, in presence of; adv., before one's eyes, face to face, in person, in one's presence, by word of mouth; openly, publicly.

Cŏrium, ii, n., the hide or skin of a beast, leather; the bark of trees; the skin, shell, or rind of fruits; crust, surface, covering.

oo

Cornŭ, ûs and û, n., a horn of a beast; a horn to blow upon, a trumpet; the wing of an army or fleet.

Cŏrōna, ae, f., a garland, wreath; a crown; what surrounds the head, or anything else; a ring or circle of men; a line of circumvallation formed of troops; sub corona vendere, to sell captives (with wreaths on their heads) for slaves.

Corpus, ŏris, n., the body; a solid substance, anything material, a mass, substance; a body politic, corps, division.

Cor-rĭgo, rexi, rectum, 3 (con, rego), v. a., I set right, make straight, set upright; I amend, correct, reform.

Cor-rĭpio, ĭpui, eptum, 3 (con, rapio), v. a., I take or catch together; I snatch or hurry away, set in rapid motion; I lay hold of, seize hastily, snatch up; I attack, seize; I carry away to trial, I accuse, bring to trial; I make away with, carry off, purloin; I chide, reprove, rebuke.

Cor-rōdo, rōsi, rōsum, 3 (con, rodo), v. a., I gnaw, gnaw up, eat away.

Cor-rumpo, rūpi, ruptum, 3 (con, rumpo), v. a., I tear apart; I waste, impair, mar, spoil, damage, hurt, injure, destroy, corrupt; I seduce, bribe.

Cor-ruptus, a, um, part. (corrumpo); adj., spoiled, ruined, bad, corrupt, depraved, vicious.

Cortex, ĭcis, m. (corium, tego), the covering bark, the rind, shell, external hard covering of anything; the bark of the cork-tree, cork.

Crassĭtūdo, ĭnis, f. (crassus), density, thickness, bigness.

Crātēr, ēris, m. and crātēra, ae, f., a large vase or bowl in which the wine was mixed with water; the vent or aperture of a volcano.

Crātes, is, f., a hurdle, crate, wicker vessel.

Crēber, bra, brum (akin to grex), adj., repeated, numerous, thick, close; doing a thing frequently, abounding in anything; adv., crebrō.

Crebrō (creber), adv., frequently, oftentimes, repeatedly.

Crēdĭbĭlis, e (credo), adj., credible, probable, likely, what may be believed; adv., crēdĭbĭlĭter.

Crēdo, dĭdi, dĭtum, 3, v. a., 1, I intrust, commit to one's trust, confide or consign to one's care; without an object named: I trust, have confidence in, rely upon, confide in, give credit to, believe; 2, I take for true, I believe; I think, suppose, imagine.

Crĕmo, 1, v. a., I burn, set on fire.

Creo, 1, v. a., I make, create, form, produce; I generate, beget, bear, bring forth; I make, cause, give, afford, bring on, occasion; I make, elect, appoint, create.

Crēs, ētis, m. (acc. plu. crētas), a Cretan. Also adj., Cretan.

Cresco, crēvi, crētum, 3, v. n., I grow, come forth, am born; I increase, become bigger; I grow up, am brought up; I rise, thrive, am promoted, am advanced, I become great.

Crībrum, i. n. (cerno), a sieve, riddle.

Crīmen, ĭnis, n. (cerno), charge, accusation, indictment, arraignment, impeachment; offence, fault, trespass, crime.

Crīmĭnor, 1 (crimen), v. dep. a., I accuse, charge with a crime; I allege as a reproach or as an accusation.

Crīnis, is, m., the hair of the head.

Crotoniensis, e, adj., of Crotona, a town in the south part of Italy, Crotonian. Subs., a Crotonian.

Crŭciātus, ûs, m. (crucio), torment, torture, pain, agony, distress, vexation, anguish.

Crŭcio, 1 (crux), v. a., I torment, torture, rack, pain, afflict, vex, harass, distress.

Crŭdēlis e (crudus), adj., hard-hearted, cruel, fierce, inhuman, savage, barbarous, inexorable; adv., crŭdēlĭter.

Crŭdēlĭtas, ātis, f. (crudelis), cruelty, barbarity, inhumanity.

Crŭdus, a, um, adj., fresh, raw; unripe, immature; untimely, premature; not cultivated, not ploughed; cruel, savage, barbarous, rough.

Cruento, 1 (cruentus), v. a., I make bloody; I injure, hurt; I stain, pollute.

Cruentus, a, um (cruor), adj., bloody; delighting in bloodshed, cruel, fierce, ferocious, savage, inhuman, barbarous; red, blood-red, ruddy; stained, polluted, contaminated.

Cruor, ŏris, m. coagulated blood, gore.

Crus, ûris, n., the leg from the knee to the ankle.

Cŭbĭcŭlum, i, n. (cubo), a bedchamber, a lodging-room.

Cŭbo, bui, bĭtum, 1, v. n., I cower, lie in bed, sit at table; I lie sick; cubĭtum ire, to go to bed.

Cŭicuimŏdi, for cujuscujusmodi, of what sort, kind, or manner soever.

Cŭjās, ātis, or cŭjātis, e (quis, gen. cujus), adj., of what country, town, or nation?

Cŭjuscĕmŏdi, for cujuscumque modi, of what kind or manner soever.

Cŭjusmŏdi(quis, modus), adv., of what kind, sort, manner, or fashion.

Culmen, ĭnis, n. (columen, akin to collis), the highest part of anything, top, summit, spire; a roof.

Culmus, i, m. (akin to calamus, caulis), the stem, stalk, or blade of plants, the straw of corn.

Culpa, ae, f., guilt, blame; error, fault, offence; transgression, crime.

Cultŭra, ae, f. (colo), cultivation, culture, care, attendance.

Cultus, a, um, part. (colo); adj., cultivated, improved, polished, adorned, dressed.

Cultus, ūs, m. (colo), cultivation, care; culture, improvement, education; anything pertaining to the maintenance of one's life, all the necessaries of life; splendor in dress and costly furniture; manner of living; worship, adoration, honor, respect; cultus animi, the improvement of the mind.

Cum, (con), prp. c. abl.: together with, with; siding with; along with, provided with; among; provided, furnished with; in; esse cum imperio, to be invested with unlimited power.

Cŭmŭlo, 1 (cumulus), v. a., I heap or pile up; I increase, augment; I heap or pour upon, I load; I bring to perfection, make perfect.

Cŭnae, arum, f., birthplace, cradle.

Cunctātio, ōnis, f. (cunctor), a delaying, lingering, deferring; dilatoriness, hesitation, delay, doubt.

Cunctor, 1, v. dep. n., I scruple, find reasons for delay, I delay; I stay, remain, stop.

Cunctus, a, um (conjunctus), adj., every one, entire, whole, in a body; cuncti, pl., all, all together.

Cŭnĭcŭlus, i, m, a coney, rabbit; a mine.

-Cunque, the same as quisque, every, but used only as a suffix of conjunctions, pronouns, or adverbs; denoting the same as the English ever, soever, as quicunque, whoever; quandocunque, whenever; ubicunque, wherever.

Cŭpĭdĭtas, ātis, f. (cupidus), a wish, desire; passion, lust; thirst after gain, covetousness, avarice; heat, ardor, passion; great partiality.

Cŭpīdo, ĭnis, f. (cupio), a wish, desire, passion; c. pecuniae, covetousness.

Cŭpĭdus, a, um (cupio), adj., fond, desirous, eager, attached to, favorably disposed to, c. gen.; avaricious, covetous; too eager, hot, ardent, vehement, passionate; adv., cŭpĭdē.

Cŭpio, īvi, and ii, ītum, 3, v. n. and a., I gape, look at, covet, wish, desire, long for; c. acc., acc. c. inf., c. inf.; c. alicui, to wish well, to favor.

Cŭr (qui or quis), adv., why, wherefore; conj., that.

Cŭra, ae, f., care, carefulness, diligence, attention, regard; the care or charge of anything, administration, management; care, concern, anxiety, solicitude, trouble, sorrow, grief; res est mihi curae, I take care of the thing, I attend to it; cum cura, carefully, diligently; habere rem curae, to pay regard to, take care of a thing; aliquem cura afficere, to cause sorrow, grief, trouble to any one.

Cŭria, ae, f., one of the thirty parts into which Romulus is said to have divided the Roman people; a building where the curiae met; the senate-house.

Cŭriōsus, a, um (curia), adj., busy, officious, careful, diligent; curious, inquisitive.

Cŭro, 1, v. a., I do, make, am busy in, take care of, see to, look to, order, provide, care, regard, attend to; I procure; with the acc. and gerundive: to cause, order; pontem faciundum curat, he orders a bridge to be made.

Curro, cŭcurri, cursum, 3, v. n., I run, go, drive.

Currus, ūs, m. (curro), a chariot, car, wagon.

Cursus, ūs, m. (curro), a running, course; motion; haste; a journey, tour, course, passage, voyage; course, career, flow, connection, continuation; cursu, in haste.

Custōdia, ae, f. (custos), watch, guard,

care ; a keeping, guarding, preserving, care, charge, protection ; carefulness, attention ; prison ; a guard or watch-house, a place where a guard is set.

Custōdio, 4 (*custos*), v. a., I guard, watch ; I defend ; I take care, am on my guard, I observe, watch ; I keep with myself, I retain ; I keep in custody or prison.

Custōs, *ōdis*, m. and f., a guard, guardian, overseer, watch, keeper, superintendent, preserver, defender, protector.

Cȳlindrus, i, m., a cylinder.

D

Damnātus, a, um, part. (*damno*) ; adj., condemned, cast, reprobated.

Damno, 1, v. a., I doom, condemn, sentence ; *d. aliquem capitis*, to condemn any one to death.

Damnum, i, n. (*damno*), hurt, harm, loss, damage, injury ; a fine, penalty, mulct.

Dē (akin to *di-* and *se-*), prp. c. abl. : of, from ; 1, of or from a place ; *de via*, from the road ; 2, of or from a thing ; *de suo*, of his own ; *de integro*, from the whole, anew, afresh ; *de industria*, from design, designedly ; 3, of or from a person ; *emere de aliquo*, to buy from any one ; *de me*, from me, touching myself, as far as I am concerned , 4, of or from a multitude ; *unus de illis*, one of them ; 5, of or from a time ; *de nocte*, from the night, by night ; *de multa nocte vigilare*, to watch from advanced night, very late at night ; *de media nocte*, from midnight, at or a little after midnight ; 6, in composition, *de* implies motion downward, as *descendo*, *deruo* ; or has a privative power, as *demens* ; or an intensive signification, as *deamo*, *deparcus*.

Dea, ae, f., a goddess.

Dēbeo, *bui*, *bitum*, 2, v. a., I need, owe, am indebted to ; I owe, am in debt ; *debet*, it needs, is due, behoves, ought, c. inf.

Debilis, e, (*his*, *debeo*), adj., needy, poor, feeble, infirm, weak, faint, impotent.

Dēbilito, 1 (*debilis*), v. a., I weaken, enfeeble, debilitate, reduce, impair ; I cripple, disable, enervate, maim.

Dē-cēdo, *cessi*, *cessum*, 3, v. n., I go away, depart, withdraw, retire, retreat ; *decedere alicui*, to avoid, shun any one ; *d. provincia*, or *ex*, or *de provincia*, to retire

from or resign the command in a province, to quit a province.

Decem, num., ten.

December, *bris*, adj. (*decem*), december, supply *mensis*, the month of December, the tenth month of the Roman year.

Dē-cerno, *crēvi*, *crētum*, 3, v. a., I separate, distinguish, decide, judge, conclude, think ; I deliberate, determine, resolve ; I decree, give sentence, pronounce ; I fight, contend, combat, engage.

Dē-certo, 1, v. n., I contend vehemently, I strive, fight for, dispute ; *armis decertare*, to fight ; *d. proelio*, to engage in battle.

Dē-cessus, *ūs*, m. (*decedo*), a going away, departure ; a retiring from an office ; death.

Decet, *uit*, 2, v. impers. n., it seems, beseems, becomes, is becoming or proper, behoves, is right, fit, suitable, or meet.

Dē-cīdo, *īdi*, *īsum*, 3 (*de*, *caedo*), v. a., I cut off ; I decide, determine, conclude, settle.

Dē-cīdo, *īdi*, 3 (*de*, *cado*), v. n., I fall from, fall down.

Decies (*decem*), adv., ten times.

Decimānus, and *decumānus*, a, um (*decimus*), adj., belonging to the tenth, relating to the tenth part ; *decumana porta*, the principal gate of the camp.

Decimus, i, m., a Roman praenomen.

Decimus, a, um (*decem*), adj., the tenth.

Dē-cipio, *cēpi*, *ceptum*, 3 (*de*, *capio*), v. a., I deceive, beguile.

Dē-clāmito, 1 (*declamo*), v. freq. a., I declaim, plead often.

Dē-clāmo, 1, v. a. and n., I declaim, make set speeches ; I plead.

Dē-clāro, 1, v. a., I make clear, show clearly, declare, evince, manifest, express, signify, maintain ; I proclaim.

Dē-clīvis, e (*de*, *clivus*), adj., bending downwards, sloping, steep.

Dē-clīvitas, *ātis*, f. (*declivis*), a declivity.

Dē-cōlōrātio, *ōnis*, f (*decoloro*), a discolouring, vitiating, corrupting.

Decōro, 1 (*decus*), v. a., I adorn, beautify, grace, embellish, decorate.

Decōrus, a, um (*decor* or *decus*), adj., beseeming, becoming, proper, decent, decorous, honorable ; comely, graceful, beautiful ; *decorum*, i, n., what is honorable, becoming, proper ; decorum.

, *ĕvi*, 3, v. n., I decrease, grow minish, decay, wear away.

i, n. (*decerno*), a decree, ordi-statute, official order.

s, a, um, part., 1 (*decerno*), decided; -sco), diminished.

es, f. (*decem*), ten of anything; division of cavalry consisting of ten hom.

ŭrio, ōnis, m. (*decuris*), the commander f a *decuria*.

-curro, curri, et cucurri, cursum, 3, v. n., run away from; I run, hasten.

eus, ōris, n. (*decet*), what beseems, an ornament, grace, beauty, credit, honor.

-dĕcus, ōris, n., disgrace, dishonor, shame, infamy; a disgraceful or shameful action.

-dĭtīcius and dē-dĭtītius, a, um (*deditio*), adj., pertaining to surrender; one who has surrendered.

-dĭtio, ōnis, f. (*dedo*), a yielding up or a surrender; *venire in deditionem*, to surrender.

, a, um, part. (*dedo*), given up or ; adj., devoted, addicted.

, dĭ-dĭdi, dĭ-dĭtum, 3 (*de, do*), v. a., give, give up, deliver; I surrender, submit.

-dūco, uxi, uctum, 3, v. a., I draw or pull down, bring or fetch down; I lead, bring, convey, conduct, or remove from; I conduct, lead out; I accompany, attend out of respect; I withdraw, diminish; I protract, put off; I deprive, depose, spoil; I bring, lead, move, induce; I reduce; *rem huc deduxi, ut*, I have brought the matter so far, that.

Dē-fătĭgātio, ōnis, f. (*defatigo*), a wearying, tiring, fatiguing; weariness, fatigue.

Dē-fătĭgo, 1, v. a., I weary or tire greatly, tire out, fatigue.

Dē-fectio, ōnis, f. (*deficio*), a failing, defect, failure, want; defection, revolt.

Dē-fendo, di, sum, 3, v. a., 1, I fence out, keep or ward off, keep away, repel; 2, I fence in, defend, keep, protect, guard, preserve, support; figur.: I maintain, assert, support.

Dē-fensio, ōnis, f. (*defendo*), a defending, defence.

Dē-fensor, ōris, m. (*defendo*), one who keeps or wards off; a defender, advocate.

Dē-fĕro, tŭli, lātum, ferre, 3, v. a., I carry away; I cast or throw down; I carry, bring, convey; I produce; figur.: I offer, proffer, exhibit, give, confer, bestow; I tell, report, inform.

Dē-fervesco, fervi and ferbui, 3 (*ferveo*), v. n., to cease to boil or ferment, to grow cool; to be abated, allayed, assuaged, to become calm.

Dē-fĕtiscor, fessus sum, 3 (*fatiscor*), v. dep. n., I am weary or faint; *defessus*, weary, faint; *defessus labore atque itinere*, weary from fatigue and travelling; *defessi vulneribus*, faint with wounds.

Dē-fĭcio, fēci, fectum, 3 (*facio*), v. a. and n., I do away, forego, leave, abandon, forsake; I am deficient or wanting, I fail; I grow feeble, I cease, perish; I am finished, I close, end; I rebel, revolt.

Dē-fīgo, xi, xum, 3, v. a., I fix in the ground, I plant; I fix, plunge, strike; I fasten, settle.

Dē-fīnio, 4, v. a., I terminate, bound, limit, define, determine; I conclude, finish; I prescribe; I resolve, determine; I define, explain, comprehend.

Dē-fluo, uxi, 3, v. n., to flow down; to fall off or out; figur.: to be gone, to escape, vanish; figur.: to go by, to perish, decay.

Dē-formis, e (*de, forma*), adj., misshapen, disfigured, deformed, ugly.

Dē-formo, 1, v. a., I form, fashion, describe; I adorn; I deform, disfigure, mar; I defame, dishonor.

Dē-gusto, 1, v. a., I taste; I graze upon; I strike gently; figur.: I touch on slightly, speak of briefly.

Dē-in (= *deinde*), adv., then, after that.

Dē-in-ceps (*dein, capio*), adv., successively, one after another; after that, besides, in the next place.

Dē-inde, adv. (*de* and *is*), thence, after that, then, afterwards, next in order.

Dē-jectus, a, um, part. (*dejicio*), thrown down, cast down; adj., low; *dejectus spe*, disappointed in his hopes; *d. opinione*, deceived in his opinion.

Dē-jectus, ūs, m. (*dejicio*), a depression, declivity.

Dē-jĭcio, jēci, jectum, 3 (*de, jacio*), v. a., I throw or cast down; I overthrow, kill, slay; *d. oculos*, to turn away one's eyes; *alicui metum d.*, to take away any one's fear ; *aliquem de sententia d.*, to reason any one out of his opinion.

Dē-lectātĭo, ōnis, f. (*delecto*), delight, pleasure, amusement.

Dē-lecto, 1 (*delicio*), v. a., I allure, invite ; I delight, please.

Dē-lectus, ūs, m. (*deligo*), a choosing, selecting, choice ; a levy of soldiers.

Dēleo, ēvi, ētum, 2, v. a., I blot out, efface, erase, expunge ; I overthrow, destroy.

Dē-lībĕrātĭo, ōnis f. (*delibero*), a consideration, consultation, deliberation.

Dē-lībĕro, 1 (*de, libra*), v. a. and n., I weigh, ponder, think upon, consider, consult, deliberate, advise, debate ; I resolve, determine.

Dē-liciae, ārum, f. pl. (*delicio*), whatever delights or amuses, delight, pastime, pleasure, favorite, darling.

Dē-lictum, i, n. (*delinquo*), a fault, crime, offence, sin.

Dē-lĭgo, lēgi, lectum, 3 (*de, legĕre*), v. a., I select, pick out, choose, make choice of.

Dē-lĭgo, 1, v. a., I bind or tie together ; I bind up, bind fast.

Dē-linquo, līqui, lictum, 3, v. a., I fail in duty, I offend, trespass, transgress, do wrong, do amiss.

Dē-lĭtesco, lĭtui, 3 (*de, lateo*), v. n., I lie hid, am concealed, I skulk, lurk.

Dē-lūbrum, i, n. (*de, luo, lavo*), a bath ; a temple, sanctuary, shrine.

Dē-mens, tis, (*de, mens*), adj., out of one's mind, mad, raving, foolish.

Dē-mentia, ae, f. (*demens*), madness, folly, foolishness.

Dē-mēto, messui, messum, 3, v. a., I mow, reap, cut down, crop, pull, pluck, gather.

Dē-mĭgro, 1, v. n., I remove, migrate, emigrate ; I go away, depart.

Dē-mĭnuo, with its derivatives. See *diminuo.*

Dē-missus, a, um, part. (*demitto*); adj., let down, low, hanging down ; cast down, disheartened, downcast, abject, mean, moderate.

Dē-mĭtĭgo, 1, v. a., I make gentle, I calm.

Dē-mitto, tsi, issum, 3, v. a., I send down, cast, thrust, or let down, let fall, lower, hang down ; *demittere animum*, to lose courage, to despond, despair.

Dē-mōlior, ītus sum, 4, v. dep., a., I bat-

ter, throw, or pull down, demolish, destroy.

Dē-monstro, 1, v. a., I show, point out, prove evidently, demonstrate, explain, declare.

Dē-mŏror 1, v. dep. a., I delay, tarry, wait for ; v. a., I stop, detain, retard, hinder, prevent.

Dēmum (akin to *dum, tum, tempus*), adv., at length, at last, not till then, finally, lastly ; indeed, certainly.

Dē-nĕgo, 1, v. a., I deny, do not suffer, say I will not ; I refuse.

Dēni, ae, a (*decem*), adj., ten by ten, ten each time.

Dēnĭque (*dein, que*), adv., in fine, at last, finally, lastly ; in short, in a word ; at least ; at the utmost ; nay rather.

Densus, a, um, adj., thick, close, set close.

Dē-nuncio, 1, v. a., I denounce, intimate, declare, forewarn, foretell ; I threaten, menace ; I command, enjoin.

Dē-pello, pŭli, pulsum, 3, v. a., I drive, put, or thrust down ; I drive away, expel, remove, repel.

Dē-perdo, dĭdi, dĭtum, 3, v. a., I lose.

Dē-pĕreo, ĭi, 4, v. n., I perish, am lost, go to ruin, am undone.

Dē-plōro, 1, v. a., I deplore, lament, bewail, bemoan ; I bewail as lost, give up as lost.

Dē-pōno, pŏsui, pŏsĭtum, 3, v. a., I lay or put down, set down, lay, put ; I lay aside ; I commit to any one's care, I intrust, deposit ; I put off, cast away, abandon ; I leave, give up ; I decline or resign an office.

Dē-pŏpŭlor, 1, v. a., I lay waste, pillage, ravage, plunder, depopulate.

Dē-porto, 1, v. a., I carry down ; I carry or convey away, transfer ; I carry off, bear away, obtain.

Dē-prĕcātĭo, ōnis, f. (*deprecor*), a praying earnestly ; praying earnestly against, deprecating, deprecation.

Dē-prĕcātor, ōris, m. (*deprecor*), he that sues or entreats for another, an intercessor.

Dē-prĕcor, 1, v. dep. n., I pray for, entreat earnestly, supplicate, beseech, sue, beg ; I deprecate, avert by prayer, pray against, beg to be freed from ; I excuse, plead in excuse ; I ask pardon.

Dē-prĕhendo, di, sum, 3, v. a., I seize, catch,

take unawares, overtake; I catch in the act, take in the act, detect, surprise; I find, discover, perceive, discern.

De-pressus, a, um, part. (deprimo); adj., depressed, sunk, deep, low.

De-primo, pressi, pressum, 3 (de, premo), v. a., I press or weigh down, depress, sink; deprimere hostem, to alarm or discourage the enemy.

De-relinquo, liqui, lictum, 3, v. a., I leave, forsake, desert, abandon.

De-scendo, di, sum, 3 (de, scando), v. n., I go or come down, descend; figur.: I stoop, condescend; ex equis descendere, to alight, dismount; d. ad sententiam alicujus, to coincide with any one's way of thinking; d. in certamen, to enter into battle.

De-scensus, us, m. (descendo), a descent.

De-scribo, ipsi, iptum, 3, v. a., I write over, copy, transcribe; I draw, delineate; figur.: I describe, express; I divide, distribute; I tax, impose; I designate, mark out, brand; I determine, regulate.

De-scriptio, onis, f. (describo), a writing out; a copy, transcript, description, arrangement, distribution; order, system; definition, explanation.

De-sero, serui, sertum, 3, v. a., I abandon, leave, forsake, desert.

De-sertus, a, um, part. (desero); adj., desert, lonely, uninhabited; desertum, i, n., a desert.

De-siderium, ii, n. (desidero), a longing for, desire, love, affection; exigency, need, want, necessity; request, petition, supplication.

De-sidero, 1, v. a., I do not see, I miss, need, want, regret; I desire, wish, long for.

De-sidia, ae, f. (deses), sloth, slothfulness, idleness, inactivity.

De-signo, 1, v. a., I mark, mark out; I signify, designate, denote, mean; I fix upon, choose; I fix, appoint; I mark or sketch out, I plan; consul designatus, consul elect.

De-silio, silii or silui, sultum, 4 (de, salio), v. n., I jump or leap down, alight; desilire ad pedes, to dismount.

De-sino, sii or sivi, situm, 3, v. n. and a., I cease, leave off, give over, desist; I abandon, desert.

De-sipio, ui, 3 (de, sapio), v. n., I am foolish, act foolishly, I dote; desipiens, foolish.

De-sisto, stiti, stitum, 3, v. n., I stand still, cease, remain, give over, desist from, leave off, discontinue.

De-spectus, us, m. (despicio), a looking down upon, a view from an elevated place.

De-spero, 1, v. n. and a., I despair of, am without hope, I despond.

De-spicio, spexi, spectum, 3 (de, specio), v. a., I look down upon; I look contemptuously upon, I despise; I overlook, disregard, pass by; I disdain, refuse.

De-spolio, 1, v. a., I spoil, plunder, ravage, lay waste, pillage, strip, rob, deprive of.

De-stino, 1, v. a., I make to stand, fasten, tie; I destine, doom; I determine, resolve; I assign, appoint, fix; I select, choose, depute, send; I prepare, design, purpose; I aim at; I buy, purchase.

De-stituo, tui, tutum, 3 (de, statuo), v. a., I leave destitute, forsake, abandon.

De-stringo, inxi, ictum, 3, v. a., I strip, rub, or pull off; pluck, tear off; I draw, unsheathe.

De-sum, fui, esse, v. n., I fail, am wanting; I am absent, am not present; c. dat.: deesse officio suo, to be wanting in one's duty.

De-super, adv., from above; above.

De-terior, ius, comp., de-terrimus, a, um, superl., *de-ter, as ci-, ex-, in-, ul-terior, adj., worse, inferior, weaker; worst, most degenerate.

De-terreo, ui, itum, 2, v. a., I deter, frighten, scare, dismay, discourage; I keep off, avert.

De-testor, 1, v. dep. a., I call to witness; I wish as a curse, I imprecate, execrate, devote to destruction; I deprecate, wish or pray to be averted or removed.

De-tineo, tinui, tentum, 2 (de, teneo), v. a., I detain, keep, hold, stop, hinder.

De-traho, axi, actum, 3, v. a., I drag or draw away, pull or pluck away, pull off, take away; I remove, withdraw; I disparage, defame; I diminish, lessen, abate.

De-trecto, 1 (de, tracto), v. a., I decline, refuse; I speak ill of, diminish, disparage.

De-trimentum, i, n. (detero), loss, harm, damage, detriment, disadvantage.

De-trūdo, si, sum, 3, v. a., I thrust down by force, I drive or push from; d. aliquem de sententia, to compel any one to give up his opinion.

Dē-turbo, 1, v. a., I tumble, beat, cast, or throw down, I overthrow, demolish.

Deus, i, m., a god, deity, or divinity.

Dē-vĕho, vexi, vectum, 3, v. a., I carry down, convey; I transport, remove to another place.

Dē-vĕnio, vēni, ventum, 4, v. n., I come or go down, I descend; I come, arrive, reach.

Dē-versor, ōris, m. (deverto), a guest, one who lodges in an inn.

Dē-versōrium, ii, n. (deversor), an inn, a lodging.

Dē-verto, ti, sum, 3, v. a., I turn away, turn aside; devertere (se), to turn aside on one's journey, to take up a lodging.

Dē-vincio, vinxi, vinctum, 4, v. a., I bind, tie; I bind fast, gain over, oblige.

Dē-vinco, vīci, victum, 3, v. a., I vanquish, conquer, subdue.

Dē-vinctus, a, um, part. (devincio); adj., obliged, closely attached; studiis d., devoted to study.

Dē-vōtus, a, um, part. (devoveo); adj., devoted, given up, attached.

Dē-vŏveo, vōvi, vōtum, 2, v. a., I vow; I vow a victim or offering; I devote to destruction, I curse, accurse; devovere se, to give one's self up to, to attach one's self to.

Dexter, tra, trum, or tĕra, tĕrum, adj., right, on the right hand; favorable, propitious, prosperous; fit, convenient, apt, suitable, proper, right; dexterous, skilful; dextĕra and dextra (supply manus), the right hand.

Di-, dis-, inseparable preposition, denoting separation or division, and sometimes negation.

Diă-lectica, ae, and diă-lectice, es, f., dialectics, logic; the art of reasoning.

Diă-lecticus, a, um, adj., belonging to dialectics, dialectical, logical; dialecticus, i, m., one skilled in dialectics, a logician.

Dicācĭtas, ātis, f. (dicax), smart repartee, raillery, wit, banter.

Dĭcis, genit.; dicis causa, for form's sake, for appearance' sake.

Dīco, 1, v. a., I take, reach, offer, give, give up, set apart, dedicate, devote,

consecrate, vow; I make known, proclaim.

Dīco, dixi, dictum, 3, v. a., I say, speak, tell; I pronounce, articulate; I affirm; I set forth, recount, relate, praise, sing, chant, celebrate; I recite, rehearse, read; I promise, assign; I appoint, agree to, determine, fix upon; I foretell, predict, prophesy; I call; I speak in public, deliver a speech; ut dicitur, as it is said, as report goes; causae dicere, to plead; d. ad or apud populum, to harangue the people; ars dicendi, rhetoric.

Dictio, ōnis, f. (dico), a speaking or uttering; a speech, discourse; a pleading.

Dictĭto, 1 (dicto), v. freq. a., I speak or tell often, say commonly; I pretend; I argue, plead.

Dictum, i, n. (dico), a saying, expression, a word; a command, precept, injunction; a proverb, saying; dicto audiens, obeying the command.

Dī-dūco, duxi, ductum, 3, v. a., I lead or draw aside, I separate, sever, part, divide, set open, stretch wide.

Dies, ēi, m. and f., in plur. m. only, a day; ex die in diem, from one day to another; in diem vivere, to live but for the present; in dies, every day; multo die, the day being considerably advanced.

Dif-fĕro, dis-tŭli, di-lātum, dif-ferre, v. a., I carry hither and thither; I spread, carry up and down, scatter, disperse; I spread abroad, divulge, publish; I defer, put off, prolong; I am different.

Dif-fĭcĭle (difficilis), adv., with difficulty, hardly, laboriously.

Dif-fĭcĭlis, e (dis, facilis), adj., not easy to be done, hard, difficult; hard to please, morose; adv., difficulter.

Dif-fĭcultas, ātis, f. (difficilis), difficulty, trouble.

Dif-fīdo, fīsus sum, 3 (dis, fīdo), v. n., I distrust, mistrust, despair.

Dif-findo, fīdi, fissum, 3 (dis, findo), v. a., I cleave, part asunder, split.

Dif-fluo, fluxi, 3 (dis, fluo), v. n., I flow apart, flow in different directions, flow away.

Digĭtus, i, m., a toe, finger; d. pollex, the thumb; d. index, the fore-finger; d. medius, the middle-finger.

Dignĭtas, ātis, f. (dignus), merit, desert;

dignity, greatness, authority, rank, honor, nobility, grandeur, excellence, eminence, worth; virtue, honesty; decorum, becomingness; splendor, magnificence.

Dignus, a, um, adj., worthy, deserving; *non dignus,* unworthy; *dignus, qui imperet,* worthy to reign.

Di-gressus, ûs, m. *(digredior),* a parting, going away, departing; a digression.

Di-judico, 1, v. a., I judge between, distinguish, discern, decide, determine.

Di-labor, lapsus sum, 3, v. dep. n., to slip or glide different ways; to flee, run away, disperse; I fall to pieces.

Di-ligens, tis, part. *(diligo)*; adj., fond of, partial to, observant; attentive, diligent, mindful, heedful, careful, studious, industrious; adv., *diligenter.*

Di-ligentia, æ, f. *(diligens),* carefulness, attention, earnestness, industry, diligence; frugality, thriftiness, economy; love.

Di-ligo, lexi, lectum, 3 *(dis, lego),* v. a., I love, esteem highly; I choose, select.

Di-mêtior, mensus sum, 4, v. a., I measure; I dispose, arrange.

Di-mico, cãvi or *cui, ctum,* 1 *(dis, mico),* v. a., I fight, skirmish, encounter, contend, struggle; I hazard, risk, contend for; *d. de vita,* to risk one's life.

Di-midio, 1 *(dimidius),* v. a., I halve; *dimidiatus,* halved, half.

Di-minuo, nui, nûtum, 3, v. a., I diminish, lessen, extenuate, abate, withdraw; I alienate.

Di-mitto, misi, missum, 3, v. a., I send different ways, send off or away, despatch; I dismiss, discharge, let go; I leave, pass over, do not animadvert upon; I abandon, leave, forsake; I give up or over; I drop, leave off, discontinue; I remit, relax; I lessen, mitigate, abate; I send down, let down.

Di-mõveo, mõvi, mõtum, 2, v. a., I move asunder, push asunder, divide; I remove, put away or aside; I remove, turn away, divert, dissuade from.

Di-rectus, a, um, part. *(dirigo)*; adj., straight, level, plain; directed, ordered right, direct; downright, plain.

Di-rigo, rexi, rectum, 3 *(dis, rego),* v. a., I make or place straight; I direct, guide, point, steer, level, aim; I measure, regu-

late; *dirigere aciem,* to arrange, range, draw up the army.

Di-rimo, rêmi, remtum and *remptum,* 3 *(rimo),* v. a., I cleave, part, divide, separate; I interrupt; I put an end to, terminate, break off; I render null or void, I frustrate.

Di-ripio, ripui, reptum, 3 *(di, rapio),* v. a., I tear asunder, tear in pieces, tear; I plunder, pillage, rob, spoil, lay waste, ravage; I take, tear, or snatch away.

Di-rumpo, rupi, ruptum, 3, v. a., I break, break in pieces; I burst or split asunder, burst into pieces; I sever, break off.

Di-ruo, rui, rûtum, 3, v. a., I pull down, overthrow, destroy, demolish.

Dis, dîtis, m. and f., *dîte, is,* a., rich.

Dis-. See *di-.*

Dis-cêdo, cessi, cessum, 3, v. a., I depart, go away, leave; I part, divide, open, gape.

Dis-cerno, crêvi, crêtum, 3, v. a., I separate, divide; I distinguish, discern, make a difference; I determine, judge, decide.

Dis-cessio, ônis, f. *(discedo),* a separation; a divorce; a going away, departure; a passing over to one's party in voting; *discessionem facere,* to make a division, come to a vote.

Dis-cessus, ûs, m. *(discedo),* a going asunder, separation, opening; a going away, departure.

Di-scidium, ii, n. *(discindo),* a rending, tearing; a separation.

Disciplina, æ, f. *(disco),* instruction; a learning or studying; erudition, learning, knowledge; a science, profession, system, art; regulation, discipline, constitution; use, custom, habit, method.

Discipulus, i, m. *(disco),* a disciple, scholar, pupil, learner, follower.

Dis-cludo, si, sum, 3 *(dis, claudo),* v. a., I separate by shutting up apart, I separate, set apart.

Disco, didici, 3, v. a., I learn; I study, acquire learning; I learn, understand, am informed of, hear, perceive; I inform myself about, inquire into.

Dis-cordia, æ, f. *(discors),* dissension, disagreement, discord, discordance, disunion, variance, debate, strife.

Dis-crimen, inis, n. *(discerno),* that which divides or separates two things; an interval, a distance; a division; a distinction, difference; a determination, decision; critical moment, risk, hazard; importance, consequence; cause, reason.

Dis-cumbo, cŭbŭi, cŭbĭtum, 3, v. n., I cower down, lie down.

Di-sertus, a, um (for *dissertus*, from *dissero*), adj., well spoken, well arranged; able to speak fitly, orderly, and clearly; eloquent.

Dis-jĭcio, jēci, jectum, 3 (*dis, jacio*), v. a., I throw or cast asunder; I destroy; I disperse, scatter, overthrow, rout, put to flight.

Dis-jungo, nxi, nctum, 3, v. a., I disunite, disjoin, separate, divide, remove.

Di-spār, ăris, adj., unequal, dissimilar, unlike, different.

Di-spergo, si, sum, 3 (*spargo*), v. a., I scatter, disperse, distribute, spread, disseminate; I sprinkle.

Di-spĭcio, spexi, spectum, 3 (**specio*), v. n. and a., I open my eyes, I see, discern, behold, perceive; I consider, reflect upon.

Dis-plĭceo, cui, cĭtum, 2 (*placeo*), v. n., c. dat.: I displease; *displicere sibi*, to be dissatisfied, out of humor.

Dis-pōno, pŏsui, pŏsĭtum, 3, v. a., I place here and there, I put at different places, I distribute; I put in a certain order, dispose in a place; I divide, order, regulate, arrange.

Dis-pŏsĭtus, a, um, part. (*dispono*); adj., orderly divided, distributed.

Dis-pŭto, 1, v. a., I calculate, estimate, compute; I discuss, treat of, argue.

Dis-sentio, sensi, sensum, 4, v. n., to differ in sentiment or opinion, to dissent, disagree, *ab* or *cum aliquo, inter se;* to be unlike, dissimilar, different, to disagree, deviate.

Dis-sĕro, rŭi, rtum, 3, v. a., I put things at intervals, put asunder; I explain, treat of, discuss, discourse, debate, reason, argue, dispute.

Dis-sĭdeo, sēdi, sessum, 2, v. n., to sit apart; to be divided or separated; to be at variance, to disagree, to differ; *dissidere ab aliquo*, to be at variance with any one; *d. inter se*, to disagree, to be different.

Dis-sĭmĭlis, e, adj., unlike, dissimilar, different.

Dis-sĭmŭlātor, ōris, m. (*dissimulo*), a dissembler.

Dis-sĭmŭlo, 1, v. a., I dissemble, cloak, disguise, conceal, keep secret, counterfeit, feign.

Dis-sĭpo, 1 (**sipo, *supo*, I throw), v. a., I throw asunder, I disperse, dissipate; I spread, disseminate, publish; I spend, squander away, consume, waste.

Dis-sŏlūtus, a, um, part. (*dissolvo*); adj., too indulgent, lax, remiss, negligent, careless, thoughtless, inattentive; dissolute, profligate, licentious, depraved, corrupt.

Dis-solvo, solvi, sŏlūtum, 3, v. a., I loose, untie, disjoin, disunite, dissolve; I separate, cut, tear, break, destroy, annul, abrogate, abolish; I solve, refute; I pay, discharge; I free, deliver.

Dis-tĭneo, tĭnui, tentum, 2 (*teneo*), v. a., I keep asunder, keep separate; I keep away, separate, divide; I keep busy, occupy, engage; I prevent, hinder, stop, detain.

Di-sto, 1, v. n., to be distant; to differ, to be different.

Dis-trăho, traxi, tractum, 3, v. a., I draw different ways, I pull asunder, tear in pieces, divide; I dissolve, separate, disjoin, divide; I decide, finish, destroy; I make doubtful, irresolute, I perplex; I prevent, thwart.

Dis-trĭbuo, ui, ūtum, 3, v. a., I divide, distribute.

Dis-turbo, 1, v. a., I disperse, break up, separate; I destroy, demolish, overthrow; I ruin, pervert, prevent.

Dĭtio, ōnis, f. (*do*), possession, dominion, power, rule, authority, empire.

Diu (abl of *dius* for *dies*), adv., all the day long, for a long time, a long while; long since, long ago.

Diurnus, a, um (*dies*), adj., of the day, done by day; lasting one day; daily.

Diuturnĭtas, ātis, f. (*diuturnus*), long duration, long continuance, length of time,

Diuturnus, a, um (*diu*), adj., of long duration or continuance, long, lasting, continued; long-lived.

Di-vello, velli, vulsum, 3, v. a., I pull asunder or in pieces, I separate; I break, break off, dissolve; I take away; I tear away; *divelli*, to be separated, to separate one's self, to part, give up.

Di-versus, a, um, part. (*diverto*); adj., turned different ways, turned to two different sides, separated; being at different places; opposed, opposite, contrary; remote, distant; different, another, not the same, unlike; adv., *diversè*.

Dī-verto, ti, *sum*, 3, v. n., I turn aside, turn out of the way; I digress; I depart from, quit.

Dīves, *ĭtis* (*dis*, *ditis*), adj., splendid, precious, sumptuous, valuable; rich.

Dī-vīdo, visi, visum, 3 (*dis*, *°vido*), v. a., I split or cleave asunder, I separate into parts, cut asunder, divide; I distribute, portion out, allot, give; I distinguish; I spread; *sententiam d.*, to separate the articles of an opinion.

Dīvīnĭtus (*divinus*), adv., from heaven or God, by divine influence; by divine inspiration.

Dīvīno, 1 (*divinus*), v. a., I divine, foresee, predict, foretell, prophesy, guess, presage.

Dīvīnus, a, *um* (*divus*), adj., relating to the Deity, divine, heavenly.

Dīvĭtiæ, *ārum*, f. pl. (*dives*), riches, wealth.

Dī-vortium, *ĭi*, n. (*diverto*), a separation; a separation of husband and wife, a divorce.

Do, *dĕdi*, *dătum*, 1, v. a., I give, bestow, grant; I spend, devote; I do, make, cause, bring on, occasion; I ascribe, attribute; I put, place, carry, throw somewhere; I allow, grant, concede, confess; I say, tell, inform, announce, notify; I show, point out; I impute, attribute, construe; *terga d.*, to run away, to flee; *d. poenas rei*, to suffer punishment, to be punished for a thing; *d. negotium, ut*, to charge one, to; *d. finem loquendi*, to cease speaking; *se dare*, to yield to, comply with, consent, not to resist; *manus d.*, to yield; *in custodiam d.*, to imprison; *se in viam d.*, to set out on a journey; *se in fugam, or fugæ d.*, to flee; *aliquem in fugam d.*, to put one to flight; *in conspectum d.*, to show, exhibit.

Dŏceo, *cui*, *ctum*, 2 (akin to *disco* and *dico*), v. a., I say, teach, instruct, tell, inform, declare, apprise, advertise, acquaint.

Doctor, *ōris*, m. (*doceo*), a teacher, instructor, master.

Doctrīna, *æ*, f. (*doceo*), instruction; a way of teaching; learning, erudition; science.

Doctus, a, *um*, part. (*doceo*); adj., learned, skilled, well versed, experienced; *d. ju-*

ris, skilled in law; *d. psallere*, skilled in playing on the lute.

Dŏcŭmentum, *i*, n. (*doceo*), a lesson, warning, an example, a pattern; proof, instance, specimen; essay, trial.

Dŏlens, *tis*, part. (*doleo*); adj., painful.

Dŏleo, *ui*, *ĭtum*, 2, v. n. and a., I howl, cry, lament, grieve, suffer, am in pain, am sad or sorry.

Dŏlor, *ōris*, m. (*doleo*), ache, pain, smart, soreness; pain of the soul, grief, sorrow, anguish, distress; suppressed anger, grudge, rancor.

Dŏlus, *i*, m., cunning, device; artifice, deceit, fraud, treachery.

Dŏmesticus, a, *um* (*domus*), adj., of a house, pertaining to a house, family, or home; domestic, familiar, private; domestic, intestine, not foreign; *d. res*, a private affair; *bellum domesticum*, civil war.

Dŏmi (*domus*), adv., at home.

Dŏmĭcĭlium, *ĭi*, n. (*domus*), a habitation, place of abode, lodging, residence.

Dŏmĭnātio, *ōnis*, f.(*dominor*), dominion, rule, authority, power; monarchy, tyranny.

Dŏmĭnātus, *ūs*, m. (*dominor*), mastership, authority, lordship, sovereignty; monarchy, tyranny.

Dŏmĭnor, 1 (*dominus*), v. dep. n., I am lord and master, I bear rule, I reign, domineer.

Dŏmĭnus, *i*, m. (*domus*), the master of a house; master, possessor, proprietor, owner; lord, ruler, commander; *dominus, a, um*, adj., belonging to a lord, of a master.

Dŏmo, *ui*, *ĭtum*, 1, v. a., I tame, break, subdue, conquer, overcome, vanquish.

Dŏmus, *ūs* and *i*, f., a house; habitation, place of abode or resort; family, household; acc.: *domum*, home; abl.: *domo*, from home, from one's own house; *domi militiaeque*, *domi belliqua*, both in peace and in war.

Dōno, 1 (*donum*), v. a., I give, bestow freely; I give, give up; I remit, forgive, pardon; I exempt, exonerate; I renounce, resign; *donare aliquid alicui*, and *d. aliquem re*, to present any one with a thing.

Dōnum, *i*, n. (*do*), a gift, free gift, a present; sacrifice.

Dormio, *ivi* and *ii*, *ītum*, 4, v. n., I breathe audibly, sleep, am asleep; I rest, slumber, am at ease, idle.

Dŭbĭtătĭo, ōnis, f. (dubito), a doubting, doubt, uncertainty, hesitation.

Dŭbĭto, 1 (duo), v. n., I doubt, am in doubt, am uncertain; I hesitate, scruple.

Dŭbĭus, a, um (duo), adj., dubious, doubtful, doubting, uncertain, hesitating; being in a critical, dangerous situation; dubia res, trouble, adversity, distress, difficulty, peril; non est dubium, quin, there is no doubt, but that; haud dubio, without doubt; dubium, i, n., doubt, uncertainty, hesitation; sine dubio.

Dŭ-centi, ae, a (duo, centum), num., two hundred.

Dūco, duxi, ductum, 3, v. a., I tug, draw; I lead, conduct; I take or carry along; I assume, acquire, get, derive; I attract, delight, amuse, entertain; I mislead, seduce; I lead, induce, influence; I draw in, inhale; I draw forth; I draw out, raise, build, make, form; I protract; I spend, pass; I draw, derive, receive from; I compute, reckon; I hold, esteem, think, consider, account; d. uxorem, to marry; aliquem d., to delay one, to make him wait a long time; aliquem in hostium numero d., to number one among the enemies; aliquid parvi d., to consider a thing as trifling; salutis suae rationem d., to regard, pay attention to, provide for, take care of one's own safety.

Ducto, 1 (duco), v. freq. a., I lead, conduct, take along with me; I lead, command.

Dū-dum (diu, dum), adv., but lately, just now, not long since; long, for some time, long since; immediately, instantly, soon, now.

Dulcesco, 3 (dulcis), v. n., I become sweet.

Dulcis, e (deliciae), adj., delightful, sweet, pleasant, dear.

Dum, adv. and conj., whilst, whilst that; so long as, as long as; until; if, provided that; dummodo, if but; dummodo ne, if but not; vixdum, hardly, hardly yet; nihildum, as yet nothing, not yet anything.

Dūmētum, i, n. (dumus) a place set thick with bushes or brambles, a brake, thicket.

Dummōdo. See dum.

Dūmus, i, m., a bush, a brier, thorn, bramble, any thorny shrub.

Dŭŏ, ae, o, num., two; the two, both.

Dŭŏ-dĕcĭm (duo, decem), num., twelve.

Dŭŏ-dĕcĭmus, a, um (duodecim), adj., the twelfth.

Dŭŏ-dēni, ae, a (duodecim), adj., twelve by twelve, twelve each time.

Dŭŏ-dē-vīgīnti, num., eighteen.

Dŭplex, ĭcis (duo, plico), adj., double, twofold.

Dū-plĭco, 1 (duplex), v. a., I double.

Dūrus, a, um, adj., dry, hard, firm, solid; hardy, accustomed to hardship; hardhearted, cruel, unfeeling; stiff, not polished, not pleasing; rough, rude, uncouth, unmannerly, coarse, awkward, stupid, dull; rigorous, severe.

Dux, ŭcis, m. and f. (duco), a leader, guide, conductor; a leader in war; a general.

E

Ē or ex, prp. c. abl.: out of, from (e before consonants, ex before vowels or consonants); 1, out of or from a place, a thing, or things; ex animo, from the heart, heartily; ex pacto, ex conventu, ex composito, ex compacto, according to agreement or compact; ex itinere, on or by the way or march; ex equo pugnare, to fight on horseback; ex industria, designedly, purposely, on purpose; ex inopinato, unexpectedly; ex tempore, off-hand, impromptu; ex parte, partly, in part; ex integro, afresh, anew; e vestigio, forthwith; e regione, opposite, over against; 2, ever since or from a time: ex eo die, since that day; ex hoc tempore, from this time; ex quo, since; quo ex tempore, since which time. In composition it signifies privation, as expes: order or succession, as exinde; increase or additional exertion, as exlamo; completion, as exaudio; or has the force of extra, as ejicio, expono.

Ĕa, f. (ĭs), pron. demonstr., she; ĕā, abl. sc. parte or via, that way, through that place, there.

Eădem (ĕa, dem), f. of idem, she again, the same woman; abl.: eādem, sc. parte or via, that same way, in the same place.

Eclŏga, ae, f., a selection.

Ē-dīco, dixi, dictum, 3, v. a., I declare publicly, tell or speak plainly, speak out, make known; I command, order.

Ē-dictum, i, n. (edico), an edict, proclamation, manifesto, ordinance, order; order, command.

E-dítus, a, um, part. (e-do), given out, set forth; adj., raised, high, lofty.

Edo, ēdi, ēsum, 3, v. a., I eat, swallow, devour; I eat up, waste, consume, prey upon.

E-do, dĭdi, dĭtum, 3 (e, dare), v. a., I give forth, put forth, bring forth, utter; I beget, bear, yield; I speak, utter, say; I declare, show, tell, relate, set forth, name; I make known, proclaim, promulgate, publish, give out, spread abroad; I do, achieve, perform, commit, perpetrate, cause, bring about.

E-dŏceo, cui, ctum, 2, v. a., I teach, instruct; I tell, make known, inform.

E-dŭco, 1 (e, ducere), v. a., I foster, bring up, nurture; I nourish, support; I instruct.

E-dūco, duxi, ductum, 3, v. a., I lead out, lead forth; I take with me; I draw out, tear out; I bring up, educate.

Ef-fectus, a, um, part. (efficio), adj., complete, finished.

Ef-femĭno, 1 (ex, femina), v. a., I make a woman of; I make womanish, I unman, enervate.

Ef-fero, ex-tŭli, e-lātum, ef-ferre, v. a., I bring forth, carry forth or out; I carry out to burial, I bury; I bring forth, bear, produce, yield; I show, manifest; I bear, carry, or bring to any place; I divulge, spread abroad, publish; I carry away, carry beyond bounds, hurry away; I say, utter, pronounce, set forth; I raise, lift up, lift on high, exalt; I bear, endure.

Ef-fēro, 1 (efferus), v. a., I render wild or savage; I devastate, lay waste, ravage.

Ef-fētus, a, um (ex, fetus), adj., having brought forth young; worn out by frequent bearing; worn out, exhausted, decayed, weak, feeble.

Ef-ficio, fēci, fectum, 3 (ex, facio), v. a., I bring to pass, effect, fulfil, accomplish, complete, finish, execute; I make, create, render; I bring about, procure, get, obtain; I effect, excite, cause, occasion.

Ef-fluo, fluxi, fluxum, 3 (ex, fluo), v. a., to flow or run out, flow forth; to go out, go abroad, become known; to pass away, slip away, glide away, droop, decay, fail, vanish, disappear.

Ef-fŭgio, fūgi, fŭgĭtum, 3 (ex, fugio), v. n. and n., I flee, escape; with accus.: I escape from, evade, avoid, shun.

Ef-fundo, fūdi, fūsum, 3 (ex, fundo), v. a., I pour out, empty; I pour forth, shed; I throw in any direction, I hurl, put to flight, rout; I lavish, squander, waste; I bestow largely, I lavish.

Ef-fūsus, a, um, part. (effundo); adj., let loose, loose; profuse, excessive, extravagant, prodigal.

Egens, tis, part. (egeo); adj., needy, in want, poor, indigent.

Egeo, ui, 2 (akin to eager), v. n., c. abl. or gen.: I ache, need, want, have need of, desire, wish for.

Egestas, ātis, f. (egeo), want, bitter want, beggary; figur.: poverty, sordidness.

Egō, pron., I; egomet = ego ipse, I myself.

E-grĕdior, gressus, 3 (e, gradior), v. dep. n. and a., I go out; I go out of, depart from; I disembark, land; I ascend, mount; I pass over, go beyond, overstep, surpass.

E-grĕgius, a, um (e, grex), adj., chosen from the herd, select, choice, excellent, eminent, surpassing, extraordinary, remarkably good; adv., egregie.

E-gressus, ūs, m. (egredior), a going out, departure; a disembarking, landing.

E-jectus, a, um, part. (ejicio), ejectus domo, turned out of doors; adj., deprived of property, wrecked in fortunes.

E-jicio, jēci, jectum, 3 (e, jacio), v. a., I throw out, cast out, thrust out, drive out, eject, expel; I throw aside, reject; ejicere se, to rush forth, burst forth, bolt out, break forth, sally forth, spring out; navem in terram e., to bring a ship to land; ejici in litora, to be shipwrecked and driven ashore.

E-lābor, lapsus sum, 3, v. dep. n. and a., I slide or slip away, glide away, fall out, escape; I make my way upward, I mount, climb; I fall, slip imperceptibly, I slide, sink.

E-lăbōro, 1, v. a. and n., I labor greatly, take pains, struggle, endeavor; with acc.: I work out, elaborate, procure, attain, furnish, afford; elaboratus, wrought out, elaborated.

E-lātus, a, um, part. (effero); adj., high, raised, lofty; elevated, exalted, noble.

E-lectus, a, um, part. (eligo), adj., chosen,

picked out, sought out, choice, select, excellent.

E-lĕgans, tis (e, legĕre), adj., laid out, well chosen, tasteful, genteel, polite, refined, subtle, liberal, beautiful, pure; adv., ĕlĕganter.

Elĕphās, antis, and ĕlĕphantus, i, m., an elephant; ivory.

E-lĭcio, cui, cĭtum, 3 (e, lacio), v. a., I entice out, draw out, lure forth, elicit; I search out, find out, learn; I bring out, draw forth; I cause, occasion, excite.

E-lĭgo, lĕgi, lectum, 3 (e, lego), v. a., I select, choose, pick out.

E-lŏquentia, ae, f. (eloquens), the faculty of speaking to the purpose, eloquence, persuasiveness; the art of speaking, oratory.

E-lŏquor, lŏcūtus sum, 3, v. dep., a. I speak out, declare, deliver, speak, utter, pronounce, tell.

E-mentior, tītus sum, 4, v. dep., 1, v. n., I lie; 2, v. a., I state falsely, pretend falsely, feign, forge, counterfeit, falsify.

E-mergo, rsi, rsum, 3, v. n. and a., I come out of the water, I emerge, rise, appear, issue.

E-mĭgro, 1, v. n., I remove from a place, I migrate.

E-mĭnens, tis, part. (emineo); adj., standing out, projecting, marked, eminent, prominent, lofty, elevated, distinguished.

E-mĭneo, ui, 2, v. n., I stand out, jut out, stretch out, run out, am prominent; I am eminent, apparent, conspicuous, I appear, excel, distinguish myself.

E-mĭnus (e, manus), adv., off-hand, afar, from afar, at or from a distance, aloof.

E-missārius, ii, m (emitto), an emissary, informer, spy, messenger.

E-mitto, mīsi, missum, 3, v. a., I send forth or out; I let out, let go; I sling, hurl, throw, discharge; e. scutum manu, I throw away my shield.

Emo, ēmi, emtum or emptum, 3, v. a., I fetch, buy, purchase; I buy, buy off, bribe off, gain over by bribery.

E-mōlimentum, i, n. (emolior), effort, labor, difficulty, trouble.

E-mŏlumentum, i, n. (emolo), what is ground up or consumed, gain, profit, benefit, advantage, emolument, utility.

E-mŏrior, mortuus sum, 3, v. dep. n., I die away, die.

Emptio or emtio, ōnis, f. (emo), a buying, purchase; the thing bought.

En! interj., lo! see! behold! see there! there he is! there they are! with nom or accus.

E-nascor, nātus sum, 3, v. dep. n., I am born, spring up, grow up or out of a thing.

Enim (nam), conj., namely, for example for instance; for.

Enim-vēro, conj., truly, of a truth, indeed. surely; but; but forsooth.

E-nĭtesco, tui, 3, v. n., I shine, appear bright, shine forth, become clear or famous, distinguish myself.

E-nitor, nīsus or nīxus sum, 3, v. dep. n. and a., I reach by climbing, gain the summit, mount, toil up; I exert myself, make an effort, toil, struggle, strive.

E-nŭmĕro, 1, v. a., I reckon through, count over, reckon up; I enumerate, recount, specify.

E-nuncio, or e-nuntio, 1, v. a., I say out, divulge, disclose, declare, reveal; I pronounce, utter, say, express in words.

Eo, ivi and ii, ĭtum, īre, v. n., I go; I march; I proceed, go on, prosper, succeed; ire pedibus, to go on foot; obviam ire alicui, to go to meet one; ire cubitum, to go to bed, to go to lie down; ire in sententiam, to accede to one's opinion.

Eō (is), adv., thither, to that place, into that place; to this, thereto; so far, to such a pitch, to such an extent; on that account, for that reason, therefore.

Eōdem (idem), adv., to the same place, just thither; in the same place, just there.

Ephippiātus, a, um (ephippium), adj., riding with an ephippium.

Ephippium, ii, n., a horse-cloth or saddle.

Epigramma, ātis, n., an inscription, title; an epigram.

Epiroticus, a, um, adj., of or from Epirus, Epirotic.

Epistŏla, ae, f., a letter, epistle, missive.

Epŭlae, ārum, f. (puls), food, eatables, viands; a feast, entertainment, banquet.

Epŭlor, 1 (epulum), v. dep. n., I eat, feast, banquet.

Equas, ĭtis, m. and f. (equus), a person on horseback, a horseman; a horse-soldier, trooper, dragoon; a knight.

Equester, tris, tre (equus), adj., on horseback, done on horseback, pertaining or belonging to horsemen, equestrian; pertaining to the *Equites* or order of knights, equestrian.

Equĭdem (*quidem*), adv., indeed, truly, in truth, verily.

Equīnus, a, um (*equus*), adj., of a horse, pertaining to a horse.

Equĭtātus, ūs, m. (*equito*), the cavalry, horse, the body of troopers or dragoons; the horses belonging to the cavalry; the equestrian order.

Equĭto, 1 (*equus*), v. n., I ride on horseback.

Equus, i, m., 1, a horse, steed.

Ē-rēctus, a, um, part. (*erigo*); adj., erect, upright, standing up; high, elevated, lofty; confident, manly, resolute; attentive.

Ergā, prp. c. acc.: over against; near, about, towards; against.

Ergō, conj., therefore, accordingly, consequently, then.

Ē-rĭgo, rexi, rectum, 3, v. a., I raise up, set upright; I lead up, carry up, raise, erect; I set up, lift up, encourage, animate, cheer up; I direct; *erigere se* or *erigi,* to be roused to attention, to become intent.

Ē-rĭpio, rĭpui, reptum, 3 (*e, rapio*), v. a., I tear out, snatch out, pull or draw out violently; I free, rescue, liberate, extricate; I tear away, snatch away, take away, carry off; I withdraw; I snatch up, seize in haste, lay hold of; I force from one, obtain by force, extort; *eripere se,* to flee, depart.

Errāticus, a, um (*erro*), adj., wandering, straying; of plants: wandering or spreading about, creeping.

Erro, 1, v. n., I err, go wrong, go astray, miss my way, stray about, wander up and down, wander about; I err, mistake, wander from the truth, fall into error, commit an error.

Error, ōris, m. (*erro*), a going out of the way, straying, wandering; error, mistake, false notion; ignorance, unskilfulness; fault, offence, oversight; uncertainty, anxiety, perturbation of mind.

Ē-rŭdio, 4 (*e, rudis*), v. a., I free from rudeness and ignorance, I teach, instruct, inform, educate, polish, refine; I inform, give one information or intelligence.

Ē-rŭdītus, a, um, part. (*erudio*); adj., learned, skilful, experienced, well

taught, versed, practised, accomplished, polished, refined.

Ē-rumpo, rūpi, ruptum, 3, v. n. and a., I cause to break forth, give a loose to, let loose, vent, pour out, discharge; I cause to burst, I break: I break forth with impetuosity, I burst out with violence, rush forth, force my way out, I break loose; I break out, come to the light, become public, *erumpere se,* to break forth, burst forth, sally forth; *e. castris erumpere,* to sally from the camp.

Ē-ruptio, ōnis, f. (*erumpo*), a bursting forth, breaking forth or out, gushing out; an eruption, breaking out, appearing; a sally, excursion.

Essĕdārius, ii, m. (*essedum*), one who fights from a war-chariot.

Essĕdum, i, n., a Gallic war-chariot.

Ēsŭrio, 4 (*edo*), v. desiderat. n. and a., I desire to eat, I am hungry.

Et, conj., and; *et—et,* both—and, as well—as, in part—in part, either—or; *et quidem,* and indeed, and that too; *et etiam,* and also, and too; *et vero,* and indeed, and in fact, and in truth, and really; *et non,* and not; *et autem,* but also; *et quoque,* yet also, also besides; *et tamen,* and yet; after words expressing comparison, *et* stands for *quam.*

Et-enim, conj., for.

Etiam (*et, jam*), conj., also, even besides; *etiam si,* even if, although; *et illud etiam,* also that besides, yet that also; *etiam major,* greater yet, greater still; *etiam non,* yet not; *etiam dum,* yet at this time, up to this time; *etiam tum,* even to that time, down to that time, still at that time; *etiam atque etiam,* again and again, again, repeatedly; *etiam,* in a climax: nay, nay rather; in an answer: yes; in concession: granted, I grant it, good, true.

Etiam-si, conj., even if, although, albeit, supposing even.

Etiam-tum, conj., even down to that time, even then.

Et-si, conj., even if, though, although, albeit; however, but yet.

Ē-vādo, vāsi, vāsum, 3 v. n. and a., I go out; I go anywhere, make my way, penetrate; I come off, escape; to come to pass, to be fulfilled, to happen; to come out, go, issue, end, turn to, come to.

Ē-vello, velli, vulsum, 3, v. a., I tear out,

pull out, pluck out, root up; figur. : I
tear out, root out, eradicate, erase, remove.

E-vĕnio, vēni, ventum, 4, v. n., I come out,
come forth, emerge ; I come to any place,
arrive ; to come out, issue; end, turn out,
prove ; to fall to one by lot, fall to one's
lot, happen to one, c. dat. ; to happen,
fall out, occur, chance, befall, take place.

E-ventum, i, n. (evenio), an issue, consequence, effect, result ; an occurrence,
event ; pl., eventa, fortune, lot, experience.

E-ventus, ûs, m. (evenio), an issue, result,
effect, turning out, consequence ; event,
accident, occurrence, chance, hap; fortune, fate, lot.

E-verto, ti, sum, 3, v. a., I turn out ; I deprive, strip of, c. abl. ; I precipitate in
any direction ; I turn upside down, turn
topsy-turvy, invert ; I throw into commotion, I agitate ; I throw down, overthrow, prostrate ; figur. : I overturn,
ruin, subvert, destroy, extirpate, make
wretched.

E-vito, 1, v. a., I avoid, shun, escape ; (e,
vita), I deprive of life.

E-vŏco, 1, v. a., I call out, call forth, bid to
come forth ; I call before myself, summon
to appear ; I elicit, entice.

E-vŏlo, 1, v. n., I fly out or forth ; I sally
forth, rush forth, burst forth ; I come off,
hasten off, go off, escape.

Ex. See e.

Ex-aedi-fĭco, 1, v. a., I build, build up ; I
finish building, I complete.

Ex-aequo, 1, v. a., I make equal or even,
make plain or smooth, I level ; I equal,
I am equal.

Ex-ăgĭto, 1, v. a., I drive out, drive away ;
I persecute, disquiet, harass, vex, agitate, disturb ; I censure, criticise ; I stir
up, irritate, excite ; I have in hand, occupy myself with ; I exercise.

Ex-āmen, ĭnis, n. (ex, agmen), a swarm of
bees flying out ; a swarm, crowd, multitude ; (exigo), the means of examining a
thing ; an examination, test.

Ex-ămĭno, 1 (examen), v. a., I weigh ; I
examine, ponder, consider, search, try.

Ex-ănĭmis, e, and ex-ănĭmus, a, um, adj.,
breathless ; lifeless ; greatly alarmed, terrified, half dead with fear.

Ex-ănĭmo, 1 (exanimis), v. a. I deprive of
breath, put out of breath, exhaust ; I
alarm greatly, terrify, kill with fear ;
figur. : I almost deprive of life, I make
half dead, I cause anguish ; exanimatus,
a, um, breathless, out of breath, exhausted, wearied, fatigued ; greatly
alarmed, terrified, frightened.

Ex-ardesco, arsi, 3, v. n., I grow hot, become inflamed, blaze, am on fire ; figur. :
to be inflamed, kindled, to break out.

Ex-audio, 4, v. a., I hear ; I hear from a
distance ; I give ear to, hearken or listen
to, regard, grant.

Ex-cēdo, cessi, cessum, 3, v. n. and a., I go
out or forth, depart, retire, withdraw ; I
go beyond, advance, proceed, project ; I
exceed, go beyond.

Ex-cello, cellui, 3 (cello), v. n. and a., I
am eminent, I excel, outdo, outstrip,
surpass.

Ex-celsus, a, um (excello), adj., high, lofty ;
sublime, grand, noble ; in excelso, on
high, in a post of dignity.

Ex-cĭdo, cĭdi, 3 (ex, cado), v. a., I fall out,
off, from, or down ; I am lost, I escape,
slip out of memory ; I perish, die, am
lost.

Ex-cīdo, cīdi, cīsum, 3 (ex, caedo), v. a., I
cut out or off, I cut or hew down ; I
cut into pieces, burst open ; I destroy,
lay waste, demolish, overthrow, raze.

Ex-cieo, cīvi, cītum, 2, or ex-cio, cīvi or cii,
cītum, 4, v. a., I call out, cause to depart,
bring forth ; I call or cause to go somewhere ; I cause, raise, excite.

Ex-cĭpio, cēpi, ceptum, 3 (ex, capio), v. a., I
take or draw out ; I deliver ; I except,
exclude ; I make a condition, stipulate
for, name expressly, order, provide,
decree, determine, appoint ; I catch up,
take up ; I catch, seize, make a captive,
take ; I gain ; I receive, take upon myself, incur ; I understand, take, interpret, hear with pleasure or displeasure ;
I sustain ; pericula e, to undergo dangers ; impetus e, to sustain an attack ;
invidiam e, to incur hatred ; rempublicam e, to undertake the defence of the
state.

Ex-cīto, 1, v. a., I call up ; I raise, erect ; I
build, erect ; I excite, incite, spur on,
stimulate, kindle up, cause.

Ex-clāmo, 1, v. a., I cry out, exclaim.

Ex-clūdo, si, sum, 3 (ex, claudo), v. a., I

shut out, exclude ; I remove, refuse, send away, annihilate, destroy, frustrate ; I except ; I prevent, hinder ; I finish, end ; *exclusi eos*, I did not admit them, refused to see them.

Ex-cōgĭto, 1, v. a., I consider thoroughly, devise, contrive, invent, excogitate.

Ex-crŭcio, 1, v. a., I torture ; I afflict, torment, distress, disquiet, harass, fret, vex.

Ex-curro, *curri* and *cŭcurri, cursum*, 3, v. a., I run out ; I run or sally forth ; I make an invasion or irruption ; I run or walk somewhere, make a journey somewhere for a short time.

Excursio, ōnis, f. (*excurro*), a running out, excursion ; a sally, an inroad ; an attack, onset.

Ex-cūsātio, ōnis, f. (*excuso*), an excusing, excuse.

Ex-cūso, 1 (*ex, causa*), v. a., I excuse ; I allege in excuse, plead as an excuse ; I excuse, remit, do not exact, discharge from an obligation ; I defend, protect, cover.

Ex-ĕdo, ĕdi, ēsum, 3, v. a., I eat, consume, devour ; I waste, destroy, ruin.

Ex-emplum, i, n. (*eximo*), what is taken out as a pattern ; an example, instance ; a copy, transcript.

Ex-eo, ĭvi and *ii, ĭtum, īre*, v. n., I go out, go away ; to go or come forth, to be published or spread abroad ; to come forth, to sprout ; c. acc. : I shun, avoid, escape : *e. de* or *e vita*, to die ; *exeunte anno*, at the end of the year.

Ex-erceo, cui, cĭtum, 2 (*ex, arceo*), v. a., I exercise or practise ; I employ, occupy ; I agitate, vex, trouble, plague ; I do, practise, perform, make use of ; I labor, work, manufacture, cultivate ; *e. vectigalia*, to collect the public revenue ; *crudeliter e. victoriam*, to use one's victory in a cruel manner.

Ex-ercĭtātio, ōnis, f. (*exerceo*), exercise, practice.

Ex-ercĭtātus, a, um, part. (*exerceo*) ; adj., exercised, practised, versed, trained, habituated, accustomed ; occupied, employed.

Ex-ercĭtus, ūs, m. (*exerceo*), exercise, practice ; an army ; *e. pedester*, infantry ; *e. equitum*, cavalry ; *e. equitatusque*, infantry and cavalry.

Ex-haurio, hausi, haustum, 4, v a., I draw out, pump out ; I take out, remove, carry away ; I take away, take from, deprive of ; I empty, drain ; I exhaust, impoverish ; I finish, go through, undergo.

Ex-ĭgo, ēgi, actum, 3 (*ago*), v. a., I drive out, drive away, expel, discharge ; I sell, vend, dispose of ; I transfix, run through, pierce ; I finish, complete, perform ; I bear, suffer, endure ; I demand, require, exact, enforce, collect ; I ask, inquire ; I examine, try, measure, weigh.

Ex-ĭgŭĭtas, ātis, f. (*exiguus*), small number, small account, paucity ; scarcity, poverty ; smallness, littleness.

Ex-ĭguus, a, um (*exigo*), adj., exact, straight, small in size, little ; small in quantity or number ; short ; few.

Ex-ĭlĭum, ĭi, n. See *exsilium*.

Ex-ĭmĭus, a, um (*eximo*), adj., worthy of being accepted, excellent, choice, select, remarkable ; extreme, exceeding, extraordinary, uncommon.

Ex-ĭmo, ēmi, emptum or *emtum*, 3 (*ex, emo*), v. a., I take out, except, exclude ; I take away, snatch away, rescue ; I exempt, free, deliver, release.

Ex-istĭmātio, ōnis, f. (*existimo*), an opinion, judgment, belief ; good opinion, reputation, character, credit, honor, fair fame.

Ex-istĭmo, 1 (*ex, aestimo*), v. a., I judge, think ; I decide ; I consider, think, or reflect upon.

Ex-ĭtus, ūs, m. (*exeo*), a going out, departure · outgate, outlet, passage out ; issue, result, event, fulfilment ; close, end, conclusion, termination ; *e. orationis*, the sum, amount of a speech.

Ex-opto, 1, v. a., I choose, select ; I wish or desire greatly, I long, am desirous.

Ex-ŏrior, ortus sum, orīri, v. dep. n., I become visible, I appear, come forth, rise, arise, spring up ; I arise, originate, am derived, present myself ; I recover, breathe again, am relieved or comforted.

Ex-orno, 1, v. a., I adorn, deck out, embellish ; I furnish, equip, fit out ; I set in order, prepare rightly, arrange, dispose, array.

Ex-ŏro, 1, v. a., I entreat earnestly ; I overcome or persuade by entreaty, I prevail upon by entreaty.

Ex-pecto, 1. See *exspecto*.

Ex-pēdio, īvi and *ii, ītum*, 4 (*ex, pes*), v. a.,

I loose one's feet, I disentangle, disengage, unloose, extricate, clear, liberate, free, release, rid; I free from obstacles, I bring about, despatch, expedite, settle, accomplish, procure; I provide, get, procure; I say out, speak out, speak, tell, unfold, develop, relate, show, declare in few words; I get in readiness, make ready, prepare; *e. rem frumentariam*, to provide for provisions; of things: to be expedient, useful, profitable, advantageous.

Ex-pēdītio, ōnis, f. (*expedio*), a military expedition, enterprise, campaign.

Ex-pēdītus, a, um, part. (*expedio*); adj., free, unimpeded, unencumbered; easy, ready, fluent; sure, safe, sound; ready, prepared, at hand; not burdened, without baggage, without heavy armor, light-armed, light, quick, always ready for action; *locus expeditus,* a place which one can pass through easily and without hindrance.

Ex-pello, pŭli, pulsum, 3, v. a., I drive out, drive away, thrust out or away, banish, eject, expel; figur.: I throw off, shake off, put to flight.

Ex-pergiscor, perrectus sum, 3 (*expergo*), v. dep. n., I awake, wake up; figur.: I wake up, rouse up, bestir myself.

Ex-pĕrior, pertus sum, 4 (*perior,* whence *peritus* and *periculum*), v. dep. a., I try, prove, make trial of, put to the test; I experience, find; c. acc.: I make trial of, I exercise, make use of; *e. libertatem,* to make use of one's freedom; *e. cum aliquo,* to go to law with one, to proceed against one; to contend, dispute, quarrel with one.

Ex-pers, tis (*ex, pars*), adj., c. gen.: having no part in, not sharing in, not concerned in; having nothing of, destitute, devoid, free from.

Ex-pertus, a, um, part. (*experior*); adj., 1, act.: having tried, having made a trial, having experienced, having experience of, experienced; 2, pass.: tried, proved, experienced, tested.

Ex-pĕto, īvi and *ii, ītum,* 3, v. a. and n., I desire, demand, request, pray for; I require, exact; I long for, wish for, covet; I seek for, try to gain.

Ex-plāno, 1, v. a., I make plain or smooth; I render intelligible, make

clear; I explain; show, declare, set forth clearly.

Ex-pleo, ēvi, ētum, 2 (*°pleo*), v. a., I fill up, fill full, fill; I fulfil, discharge or execute fully; I fill, satisfy, satiate; I make complete.

Ex-plōrātor, ōris, m. (*exploro*), a spy; an explorer, searcher, investigator, examiner.

Ex-plōrātus, a, um, part. (*exploro*); adj., certain, undoubted, sure; *habere exploratum,* to know for certain; *habere pro explorato,* to hold for certain.

Ex-plōro, 1, v. a., I spy out, pry into, search diligently, scrutinise, examine, investigate, trace, explore; I seek out; I try, prove, put to the test.

Ex-pōno, pŏsui, pŏsĭtum, 3, v. a., I put out, set forth, expose; I put away; I expose, subject, leave open or unprotected; I set forth, propose, set up, display; I set forth in words, I relate, declare, explain, show, state, report, describe, detail, treat of, tell; I rehearse, publish.

Ex-porto, 1, v. a., I carry out or abroad; I get or bring out, convey or bring to any place, I export.

Ex-praesens, e, um, part. (*exprimo*); adj., pressed out, standing out, prominent; evident, manifest, clear, certain.

Ex-primo, pressi, pressum, 3 (*premo*), v. a., I press out, squeeze out; I wring, wrest, force, extort; I demand, require, exact, maintain; I express, represent, portray, delineate, draw; I describe, depict, portray; I imitate, copy; I pronounce, utter, deliver; I show clearly, signify, declare; I raise, elevate.

Ex-pugnātio, ōnis, f. (*expugno*), a taking or overpowering; a carrying of a place by storm, a storming, taking by assault.

Ex-pugno, 1, v. a., I take, conquer, make myself master of by fighting, I vanquish, subdue, overcome, carry (a city); I overpower by violence; I take forcible possession of, I ravish, bring to yield, I force, violate, rob; I obtain by force, extort, wring, get by strenuous exertions, obtain at last; I bring to accomplishment, I accomplish, carry out, effect.

Ex-purgo, 1, v. a., I purge, cleanse, purify; I clear, justify, exculpate, excuse.

Ex-quiro, quisīvi, quisītum, 3 (*quaero*), v. a., I search diligently for; I inquire, make

inquiry, ask; I find out by inquiry; I investigate, search out; I prove, test; I
demand, require; I seek out; I select.

Ex-quisītus, a, um, part. (exquīro); adj.,
choice, select, accurate, exact, nice, fine,
singular, excellent, exquisite, profound;
far-fetched, affected, labored.

Ex-sanguis, e (ex, sanguis), adj., without
blood, bloodless; lifeless, dead; pale;
powerless, lifeless, weak, feeble.

Ex-secrātio, ōnis, f. (exsecror), a solemn
oath or protestation, joined with impre-
cations; imprecation, curse.

Ex-secrātus, a, um, part. (exsecror); adj.,
accursed, cursed; execrable, detestable,
abominable.

Ex-secror, 1 (ex, sacro), v. dep. a., I wish
some evil to one; I curse, utter impreca-
tions against, call down curses upon,
execrate; v. n., I curse, utter curses,
call down curses.

Ex-sequor, secūtus sum, 3, v. dep. a., I follow; I follow or accompany; I follow
up, pursue, chase; I avenge, punish; I
prosecute, carry out, go through, continue, finish; I execute, accomplish, perform, do; I follow out in words, I pursue, relate, tell, explain, describe, say,
set forth; jus suum armis exsequi, to seek
to maintain one's right by force of arms.

Ex-silium, ii, n. (exsul), an abiding in a
foreign land, banishment, exile; the
place of exile.

Ex-sisto, stiti, stitum, 3, v. n., I come forth
or out, proceed, appear, become visible,
emerge; I spring, proceed, arise; to follow as a consequence; I show myself,
manifest myself; I become, I come into
existence, I am.

Ex-solvo, solvi, solūtum, 3, v. a., I loose,
unloose, unbind, undo, untie; I raise,
break up; I set loose, I free, release, rid,
deliver; I pay, discharge, pay out.

Ex-spectātio, ōnis, f. (exspecto), an awaiting,
expecting, expectation; desire, longing,
curiosity; high hope, anticipation.

Ex-specto, 1, v. a., I look out for, am anxious to know; I await, wait for; I expect,
hope for.

Ex-sto, stiti, stitum, 1, v. n., I stand out or
forth, stand, or am above, project; I am
visible, apparent; I show myself, appear,
exist, I am; I am extant, I remain, survive; exstat, it is clear, apparent, evident.

Ex-struo, uxi, uctum, 3, v. a., I build up,
raise, rear, pile up, erect; I heap, pile,
or build up, cover or fill by heaping up;
I furnish or provide richly; I heighten,
amplify, exaggerate; I accumulate, hoard
up; I frame, construct, join together.

Ex-sul, ūlis, m. and f. (ex, solio), one
banished or wandering from his country,
an exile, wanderer.

Ex-sulo, 1 (exsul), v. a., I am an exile, live
in exile, live away from my country.

Ex-supēro, 1, v. a. and n., I appear above,
stand out, project, am prominent, raise
myself; I prevail, conquer; I exceed, go
beyond, surpass; I climb over, mount
over, surmount, gain the summit, pass;
figur.: I survive, outlive; c. acc.: I
conquer, overcome, suppress, repress.

Ex-surgo, surrexi, surrectum, 3, v. n., I rise,
rise up, stand up, get up; I appear high,
lift myself; I rise, arise, grow, spring up;
I rise up, lift my head, recover strength,
recover.

Extenuo, 1, v. a., to make thin, fine, small;
to diminish, lessen, weaken.

Exter or extěrus, a, um (ex), adj. (comp.
exterior; superl., extrēmus and extimus),
being without, foreign, strange, extra-
neous, outward, external; exterior, us,
outward, outer, exterior; extremus, a,
um, the most outward, outermost; the
last, latest, final; the last, most remote,
farthest; extremum, the farthest point,
extremity; the last; the end, close; ad
extremum, at length, at last; extremo,
adv., at length, at last, in the last place.

Exterior, us. See exter.

Externus, a, um (exter), adj., outward, external; foreign, alien, strange; m., a
foreigner, stranger.

Ex-timesco, ui, 3, v. n. and a., I become
frightened, am greatly afraid, I fear
greatly, fear.

Ex-tollo, 3, v. a., I lift up, raise up; extollere
se, to raise one's self, to rouse up; verbis
a., to praise, extol; extolli, to be praised;
aliquid in majus extollere, to represent a
thing beyond the truth, to exaggerate,
magnify.

Ex-torqueo, torsi, tortum, 2, v. a., I twist
out, wreath out, wrest; I force, tear,
extort.

Extra (for exterā, ex. parte), adv. and prep.:
without; adv.: without, on the outside,

externally; prp. c. acc.: without, on the outside of, exterior to, out of; except.

Extrēmus, a, um. See *exter.*

Extrinsĕcus (extra, secus), adv., from without; on the outside, outwardly, without.

Ex-trūdo, trūsi, trūsum, 3, v. a., I thrust or drive out or forth, thrust off; I exclude, drive off, repel.

Extrus. See *ex-struo.*

Ex-ŭo, ŭi, ŭtum, 3, v. a., I strip off, put off; I strip, deprive, take away, remove; I put or cast off, lay aside.

Ex-ūro, ussi, ustum, 3, v. a., I burn, set on fire; I remove, divest myself of.

F

F., in Roman abbreviations, stands for *filius.*

Fābŭla, ae, f. (*fari*), a narration, narrative, account, talk, report, rumor, common talk, hearsay; a fictitious narrative, tale, story, fable; a play, drama, dramatic exhibition, whether tragedy or comedy.

Făcesso, cessi and *cessivi, cessītum,* 3 (*facio*), v. a. and n., I do, perform, execute; I bring on, occasion, cause, create; I retire, go away, depart; *facessere alicui negotia,* to cause any one difficulties, to trouble or vex any one.

Făcētiae, ārum, f. (*facetus*), humor, wit, pleasantry, drollery, facetiousness, grace, gracefulness.

Făcētus, a, um (akin to *facundus,* from *fari*), adj., able to speak well, facetious, merry, pleasant, witty, jocose, humorous; elegant, fine, splendid.

Făcĭes, ēi, f. (akin to *specio*), the face, visage; form, appearance of men; external appearance, look, view, sight.

Făcĭlis, e (*facio*), adj., what can be made or done; easy, ready, without labor; of persons: ready, prompt; readily or promptly yielding, submissive; mild, gentle, kind, easy of access, affable, courteous; adv., *făcĭle.*

Făcĭlĭtas, ātis, f. (*facilis*), easiness, facility, readiness; gentleness, courteousness, good-humor.

Făcĭnus, ŏris, n. (*facio*), an action; a glorious action, deed, or exploit; a bad action, a crime, villany.

Făcĭo, fēci, factum, 3 (*fio*), v. a., I make, do; I produce, create, bring forth, beget, generate; I make, render, choose, create, elect; I collect, raise; I make, cause, excite; I make, procure; I make, give, exhibit; I do, perform; I feign, say, assert, pretend; I practise, follow, profess an art, trade, or business; I esteem, value; f. *potestatem alicui,* to give one permission; f. *aliquem parvi,* to esteem one little; f. *aliquem majoris,* to value one more; v. n., I act; *recte facere,* to act rightly; *bene f. alicui,* to serve or do good to a person; f. *cum aliquo,* to take any one's part, to side with one.

Factĭo, ōnis, f. (*facio*), a making, doing; a power of making, a siding with one, a side, faction, party, sect, order.

Factĭōsus, a, um (*factio*), adj., heading a party, factious, seditious.

Factum, i, n. (*factus, a, um*), that which is done, an action, a deed, exploit.

Făcultas, ātis, f. (*facilis*), power, ability, faculty; occasion, opportunity, power, means, possibility; opportunity of having, getting; copious supply, abundance, plenty; plur., property, wealth, riches.

Făcundĭa, ae, f. (*facundus*), eloquence.

Făcundus, a, um (*fari*), adj., speaking well, eloquent.

Faesŭlānus, a, um, adj., of or belonging to Faesulae.

Faex, cis, f., the dregs or lees of wine, sediment; f. *populi* or *plebis,* the dregs of the people.

Fallācĭa, ae, f. (*fallax*), deceit, trick, artifice, craft.

Fallo, fĕfelli, falsum, 3, v. a., I am deficient, I miss, fail, deceive; I am concealed, escape notice; figur.: I deceive, cheat, beguile; I violate deceitfully; I avoid, shun; *animus me fallit,* I am mistaken; *fallere alicujus opinionem,* to disappoint one in his opinion; *fallo,* I am deceived or mistaken; *fidem f.,* to break one's promise.

Falsus, a, um, part. (*fallo*); adj., deceived; pretended, feigned, untrue, false, counterfeited, forged; deceitful, treacherous, faithless, false, dissembling, hypocritical; *falsum,* a falsehood, a lie; adv., *falsē* and *falsō.*

Falx, cis, f., a scythe, sickle, reaping-hook;

a pruning-knife, pruning-hook; *falces murales*, a warlike instrument used in sieges.

Fāma, ae, f. (*fari*), fame, report, rumor; fair fame, reputation, character, renown; of women: honor, unspotted reputation; ill-fame, infamy, scandal.

Fāmēs, is, f., desire of food, hunger; dearth, famine.

Fāmĭlĭa, ae, f. (*famŭlus*), the slaves belonging to one master; a retinue of slaves; a troop, band of gladiators; serfs, vassals, dependants; one's whole property; a family, a part of a gens.

Fāmĭlĭāris, e (*familia*), adj., relating to slaves; relating to a house; relating to a family; confidential, known, friendly, usual, common; *copias familiares*, private property; *res familiares*, household, fortune, estate; *familiaris*, a slave; an acquaintance, friend, intimate friend; adv., *familiāriter*.

Fāmĭlĭārĭtas, ātis, f. (*familiaris*), familiarity, acquaintance, amity, familiar friendship, intimacy.

Fānum, i, n. (*fari*), a piece of ground consecrated; a temple.

Fās (akin to *fatum*, from *fari*), n. indecl., what is said or spoken, what is just or right by the rules of religion, divine law; that which is lawful, just, right, equitable, proper, fit, permitted; right, privilege, authority.

Fascis, is, m., a bundle of wood, twigs, straw, reeds; *fasces*, a bundle of rods, with which the lictors went before the highest magistrates, especially before the consuls; *fasces habere*, to have the *fasces* carried before one's self, to have the rule; *fasces*, high places of honor, the consulship.

Fastīdĭum, ii, n. (contracted from *fatis taedium*), loathing, squeamishness, nausea, fastidiousness, aversion, dislike, disgust; complaint; pride, haughtiness, contempt.

Fastīgo, 1 (*fastus*), v. a., I narrow gradually into a sharp point, I point, raise, elevate; *fastigatus, a, um*, pointed, raised on high; steep, sloping, descending.

Fastus, a, um (*fari*), adj., at which one may speak; *dies fastus*, a day on which the praetor administered justice; *fasti*

sc. dies, the days marked in the calendar as *fasti*; the calendar.

Fātālis, e (*fatum*), adj., pertaining to fate; decreed, determined, ordered or given by fate, fated, fatal; calamitous, destructive, fatal.

Fāteor, fassus sum, 2 (*fari*), v. dep. a., I confess, own, acknowledge.

Fātīgo, 1 (*fatis*), v. a., I sate, weary, tire, fatigue, plague, torment; I incite, stimulate; I conquer, subdue, oppress, exhaust; I vex, trouble, harass.

Fātum, i, n. (*fari*), what is said or spoken; a declaration with regard to future destiny; the will or command of the gods; fate, destiny; good or bad fortune, chance; calamity, mishap.

Fauces, ium, f., pl., the gullet, throat; figur.: any narrow passage, inlet or outlet; entrance, mouth.

Fāveo, fāvi, fautum, 2, v. n., c. dat.: I shine, smile, am kind, am favorably inclined to, I favor; I advance, promote, assist, countenance.

Fax, fācis, f., a torch; a light; a meteor, comet; *facem alicui praeferre*, to be a leader to one; *faces invidiae*, the causes of hatred.

Faxim and **faxo** (*facio*), for *fecerim* and *fecero*.

Febris, is, f. (for *feburis*, reduplic., from *buro*), a burning or heat; a fever, an ague.

Februus, a, um (akin to *febris*), adj., purifying, properly burning (sacrifices); subst., *februum*, that wherewith a purification or an expiation is performed; pl., *februa*, feast of purification; hence *Februarius mensis*, February, the month on the 15th day of which this feast was celebrated.

Fēcundus, a, um (*foo*), adj., fruitful, fertile, abounding; frequent, plentiful, rich, abundant, copious.

Fēlīcĭtas, ātis, f. (*felix*), fruitfulness; felicity, happiness; good fortune, luck, success.

Fēlix, icis (*foo*; akin to *plenus*), adj., fertile, productive; rich, wealthy; happy, fortunate, felicitous, blessed; auspicious, advantageous, favorable, propitious; adv., *feliciter*.

Fēmĭna, ae, f., a female, woman.

Fēnĕrātor, ōris, m (*fenore*), one that

lends money on interest, a banker; a usurer.

Fĕnus, and *foenus*, *ŏris*, n. (*foo*), what is produced, the produce, interest; gain, advantage, profit.

Fĕra, *ae*, f. (*ferus*), sc. *bestia*, a wild animal, beast, game.

Fĕrax, *ācis* (*fero*), adj., fertile, fruitful, abundant; with gen. and abl.

Fĕrē (*fero*), adv. (bring near), nearly, wellnigh, almost, within a little; about; for the most part, generally, commonly; just.

Fĕrentārius, *ii*, m. (*fero*), a light-armed soldier.

Fĕrio, 4, v. a., I strike, smite, beat, hit, knock, cut, thrust, push.

Fermē (*fero*), adv., nearly, almost; for the most part, generally, commonly; about.

Fĕro, *tŭli*, *lātum*, *ferre*, v. a. and n., I bear, bring, carry; I bear, generate, produce; I bear, tolerate, endure, support; I bear, carry, take away; I receive, obtain, acquire, gain, get; I offer, proffer, tender; I carry about; I say, tell, relate; I raise; I bring, procure, make, cause; *signa ferre*, to march; *prae se ferre*, to show, boast of; *facile ferre*, to endure willingly; *graviter ferre*, to be mortified, grieved; *tempus ita fert*, time requires it; *si animus fert*, if you please; *ferunt*, *fertur*, it is said, people say; *ferre legem*, to make a law.

Fĕrōcia, *ae*, f. (*ferox*), ferocity, fierceness, savageness; valor, bravery, courage; harshness.

Fĕrōcitas, *ātis*, f. (*ferox*), ferocity, fierceness, savageness, impudence, insolence; courage, intrepidity.

Fĕrox, *ōcis* (*ferus*), adj., wild, untameable, unrestrained, insolent; courageous, brave, warlike; savage, cruel, ferocious; adv., *fĕrōciter*.

Ferreus, *a*, *um* (*ferrum*), adj., of iron; cruel, hardhearted, unfeeling, barbarous.

Ferrum, *i*, n., iron; any iron instrument; a sword.

Fertĭlis, *e* (*fero*), adj., 1, fertile, fruitful, abundant, copious, rich; c. gen. or abl.: 2, making fruitful.

Fertĭlitas, *ātis*, f. (*fertilis*), fertility, fruitfulness, abundance, richness.

Fĕrus, *a*, *um*, adj. (free), wild, not tame, not domestic, living in the wilderness,

growing wild, not cultivated; wild, not polished, rude, uncivilized; fierce, hard, severe, harsh, cruel.

Fessus, *a*, *um*, adj., wearied, tired, fatigued; debilitated, feeble, weak, infirm, faint.

Festīno, I (*festinus*), v. n. and a., I hasten, make haste, am in a hurry; I hasten, accelerate, hurry, do speedily.

Fibra, *ae*, f., a filament of a root or plant, a fibre.

Fibŭla, *ae*, f., a clasp, buckle, pin, brace, nail, peg.

Fictus, *a*, *um*, part. (*fingo*); adj., fictitious, feigned, false.

Ficus, *i*, f., a fig-tree; a fig.

Fĭdēlis, *e* (*fides*), adj., faithful, sincere, trusty, sure, that may be relied on, to be depended upon; *fidelis*, subst., a confidant, an honest person, one who may be trusted.

Fĭdes, *ĕi*, f., firmness, faithfulness fidelity, conscientiousness, uprightness, honesty; help, aid, assistance; confidence, faith, belief, credit; promise, engagement, word; proof, instance; protection, defence; *fidem alicui dare*, to give one one's word; *fidem fallere*, to break, or not to keep one's word; *fidem servare*, *solvere*, *liberare*, or *in fide manere*, to keep one's word, to perform one's promise; *venire in fidem alicujus*, to surrender unconditionally.

Fĭdes, and *fĭdis*, *is*, f., a thread; a string of a musical instrument; pl., *fides*, *ium*, a stringed instrument of music, a lute, lyre.

Fīdo, *fīsus sum*, 3 (*fidus*), v. n., c. dat. or abl.: I trust in, rely upon, put confidence in.

Fīdūcia, *ae*, f. (*fidus*), firmness; security; assurance, self-confidence. courage, boldness; confidence, trust, reliance, dependence.

Fīdus, *a*, *um* (*fides*), adj., firm, faithful, trusty, certain, safe, sure, secure.

Fīgo, *fixi*, *fixum* 3, v. a., I fasten, fix, stick, thrust in; I affix, post, or set up; I make fast, durable, or lasting; I hit, pierce, transfix, shoot.

Fĭgūra, *ae*, f. (*fingo*), a make, form, shape, fashion, figure, image, likeness; kind, nature, quality; kind, species, manner, way, method.

Fīlia, ae, f. (filius), a daughter.

Fīliŏla, ae, f. (filia), dim., a little daughter.

Fīlius, ii, m., a son.

Fingo, finxi, fictum, 3 (akin to facio), v. a., I make, fashion, form, frame, model; I form, improve, teach, instruct; I adorn, dress, trim; I regulate, adapt, accommodate; I alter, change; I imagine, conceive, think; I devise, contrive, feign; I dissemble; I intend, design.

Fīnio, 4 (finis), v. a., I confine in limits; I circumscribe, limit; I fix or determine by limits; I bound, restrain, check; I determine, prescribe, assign, appoint; I finish, terminate, end, put an end to.

Fīnis, is, m., and sometimes f., a limit, boundary, bound; a measure, duration, length; end, conclusion; pl., fines, territory.

Fīnitimus, a, um (finis), adj., neighboring, bordering upon, adjoining; nearly related, connected, closely allied.

Fīo, factus sum, fĭĕri, v. n., to be, to become, grow; to occur, happen, fall out, come to pass; to be done, made, committed; to be made, chosen, created; to be esteemed, valued; ut fit, ita ut fit, ut fieri solet, as it happens, as is usually the case; fieri potest, it is possible.

Firmamentum, i, n. (firmo), anything used for fortifying; stay, support, strength; proof, reason, main point.

Firmitas, tis, f. (firmus), firmness, constancy, strength, vigor.

Firmo, 1 (firmus), v. a., I make firm or fast; I fortify, strengthen, secure; I make stable, durable, firm; I strengthen, invigorate, recruit, refresh; I confirm, show, prove.

Firmus, a, um, adj., fast, firm, immovable; constant, steady, steadfast, persevering, inflexible; faithful; strong, stout, robust; powerful, considerable; able, fit, apt, capable, qualified; adv., firmē and firmiter.

Fistūca, ae, f., a mallet, commander; a rammer.

Flāgitiōsus, a, um (flagitium), adj., shameful, infamous, wicked, profligate, abandoned, flagitious.

Flāgitium, ii, n. (flagito), a shameful action; shame, disgrace, dishonor, infamy, reproach.

Flāgito, 1 (volens agito), v. a., I demand as due, I dun; aliquem, aliquid ab aliquo, and aliquem aliquid, I ask, demand with importunity, solicit earnestly.

Flāgrans, tis, part. (flagro); adj., burning, glowing, blushing, ardent, glittering, shining.

Flāgro, 1, v. n., I burn, am on fire; figur.: I am carried on with eagerness, ardor, vehemence; I am in commotion, in a passion, turbulent; I burn, flush, glow, sparkle, shine; f. invidia, to be inflamed with envy.

Flāmen, inis, m. (for flagmen, from flum), a diademed priest, he that wears a fillet round his head.

Flamma, ae, f., a flame, blaze, flaming fire; ardor, vehemence, impetuosity, ardent love.

Flecto, flexi, flexum, 3, v. a., I bend, bow, turn; I turn, direct, guide; I change, alter; I move, touch, persuade, prevail upon, appease.

Fleo, flēvi, flētum, 2, 1, v. n., I weep, shed tears; 2, v. a., I weep over, lament, bewail.

Flētus, ūs, m. (fleo), weeping, wailing, lamenting, tears.

Flōrens, tis, part. (floreo); adj., flourishing, blooming, prosperous, successful, bright, glittering.

Flōreo, ui, 2 (flos), v. n., to bloom, blossom, flower; figur.: I flourish, am in prosperous circumstances, am distinguished, I excel, shine.

Flōs, ōris, m., a flower, blossom; figur.: the most excellent part of anything; flourishing condition.

Fluctus, ūs, m. (fluo), a wave, billow.

Flūmen, inis, n. (fluo), a flowing or running of water, running water; a river, stream.

Fluo, fluxi, fluxum, 3, v. n., to flow; to be fluid; to flow over, to be very wet, to drip or drop with, c. abl.; to go on, succeed, prosper; to come on, arrive at, end in; to spread; to flow or pass away, perish, disappear; to be derived, to flow, spring, take rise from.

Fluvius, ii, m. (fluo), a river.

Fluxus, a, um (fluo), adj., flowing, leaking; weak, soft, slack, loose; frail, perishable; loose, dissolute.

Focus, i, m., fire; a hearth; an altar; a house.

Fœcundus. See *fecundus.*

Fœdus, a, um, adj., foul, filthy, loathsome, nasty, ugly, deformed, unseemly ; base, vile, mean, disgraceful, shameless ; horrible, cruel, dreadful, abominable, detestable.

Fœdus, ĕris, n., bond, confederacy, alliance, league, treaty ; contract, agreement, compact.

Fŏr, fātus sum, fāri, v. dep. n. and a., I say, speak.

Fŏrās (foris), adv., out of doors, forth.

Fŏre (from *fui*) = *futurum esse ; forem = essem.*

Fŏrensis, e (forum), adj., pertaining to the *forum,* being at the *forum ;* being out of doors, used in public ; relating to courts, forensic, judicial.

Fŏris, is, f., a door, gate ; *fores, ium,* a door consisting of two folds ; any entrance, inlet, or opening.

Fŏris (foris), adv., without doors, without, out, not at home ; out of the city or state, out of Rome, abroad.

Forma, æ, f., form, figure, shape ; beautiful form, beauty ; figure, image, picture.

Formido, 1 (formido), v. a., 1 fear, dread.

Formido, ĭnis, f., fear, terror, dread ; timidity ; a dreadful thing, a scarecrow.

Formīdŏlōsus, a, um (formido), adj., timorous, afraid ; causing fear, terrible, formidable.

Fornix, ĭcis, m. *(furnus),* a furnace-like ceiling, an arch, vault ; a triumphal arch.

Fŏrs, tis, f. *(fors),* what is, becomes, happens ; hap, chance, luck, fortune ; abl. : *forte,* by chance, casually, accidentally, just, perhaps.

Fŏrsĭtan (fors sit an), adv., perhaps.

Fortasse and *fortassis (forte an sit),* adv., perhaps ; about.

Forte, adv. See *fors.*

Fortis, e, adj., full, firm, strong ; brave, gallant, valiant, courageous, intrepid ; good, excellent, noble, fine ; adv., *fortiter.*

Fortĭtūdo, ĭnis, f. *(fortis),* strength, stoutness ; fortitude, bravery, courage, intrepidity.

Fortūna, æ, f. *(fors),* hap, chance, luck, fortune ; condition, situation, circumstances ; good fortune ; a fortune, estate ; possessions, property, effects, wealth, riches.

Fortūnātus, a, um, part. *(fortuno) ;* adj., happy, fortunate, lucky, blest ; in good circumstances, opulent, wealthy, rich.

Fŏrum, i, n. (akin to *foris*), a street ; a public place, market-place ; a public place where justice was administered.

Fossa, æ, f. *(fodio),* a ditch.

Fossĭo, ōnis, f. *(fodio),* a digging ; a hole, pit.

Fractus, a, um, part. *(frango) ;* adj., weak, feeble, faint.

Frăgĭlis, e (frango), adj., brittle, fragile ; frail, perishable, inconstant ; feeble, weak.

Frango, frēgi, fractum, 3, v. a., I break, dash to pieces ; I diminish, lessen, abate, weaken ; I tame, render tractable, break, restrain ; I subdue, suppress, quench, destroy, hinder ; I dishearten, discourage, depress, humble ; I soften, move, affect ; I conquer, overcome, overpower ; I break, violate, infringe, injure.

Frāter, tris, m., a brother.

Frāternus, a, um (frater), adj., of a brother, brotherly, fraternal.

Fraus, dis, f., an error, mistake ; a fraud, deceit, guile, treachery ; a fault, offence, trespass, crime ; loss, damage, detriment, harm, injury ; *sine fraude,* without fraud, honestly.

Frĕmĭtus, ūs, m. *(fremo),* a grumbling, murmuring ; any loud noise, clang, clashing, growling, barking, neighing, thunder, clamor.

Frĕmo, ŭi, ĭtum, 3, v. n., I murmur, mutter, grumble ; I complain loudly.

Frĕquens, tis, adj., repeated, coming often, frequent ; that often happens, common, usual ; much frequented, frequently visited ; numerous, many ; crowded, full.

Frĕquentia, æ, f. *(frequens),* frequency, multitude, great number ; a crowd, throng, concourse, multitude, numerous attendance, or assembly.

Frĕquento, 1 (frequens), v. a., I frequent, go often to, resort much to ; to visit in great numbers, to celebrate ; I people, fill with inhabitants, I crowd, fill ; I heap together, amass ; I collect, assemble.

Frētus, a, um (for fertus : akin to *fortis),* adj., strong by, trusting to, relying or depending on, c. abl.

Frīgĭdus, a, um (frigeo), adj., cold, cool ;

figur. : flat, dull, insipid, frigid ; inactive, indifferent, remiss ; without feeling or affection.

Frīgus, ŏris, n., cold ; coldness.

Frons, tis, f., the brow, forehead ; the forepart, front ; exterior, outside ; *a fronte, in fronte*, in front, on or from the front side.

Fructuōsus, a, um (fructus), adj., bearing fruit, fruitful ; profitable, advantageous, gainful.

Fructus, ūs, m. *(fruor)*, fruit, produce of fields and trees ; fruit, profit, benefit, advantage ; interest, income, revenue, rent ; use, enjoyment ; pleasure.

Frūgālĭtas, ātis, f. *(frugalis)*, temperance, moderation, thriftiness, frugality, parsimony ; honesty, probity, integrity.

Fruges, frugi. See *frux.*

Frūmentārius, a, um (frumentum), adj., of or belonging to corn ; concerning corn ; *res frumentaria*, provisions, corn.

Frūmentor, 1 (frumentum), v. dep. n., I collect corn, I purvey, forage.

Frūmentum, i, n. *(fruor)*, corn or grain of all kinds, particularly wheat and barley.

Fruor, fruitus and *fructus sum, frui (fero)*, v. dep. n., c. abl. : I take the fruit or produce of, I have the use or profit of, I enjoy the benefit of, I enjoy, am delighted with, take pleasure in.

Frustrā (fraus), adv., deceitfully ; to no purpose, in vain.

Frux, frūgis, f. *(fruor, fero)*, produce, fruit ; produce of the fields, corn or grain, pulse ; fruit of trees ; figur. : profit, use, advantage.

Fūcōsus, a, um (fucus), adj., painted, colored, counterfeit, showy, seeming.

Fuga, ae, f., a fleeing, flight, running away ; *hostes in fugam dare*, to put the enemy to flight.

Fŭgio, fūgi, fŭgĭtum, 3, 1, v. n., I flee, fly ; I fly, pass away, vanish, disappear, decay ; I go or run away ; 2, v. a., I fly, seek to avoid, shun ; I escape.

Fŭgĭtīvus, a, um (fugio), adj., fugitive, running away, with a, or genit. ; a deserter.

Fŭgo, 1 (fugio), v. a., I put to flight, I rout, discomfit ; I drive away, remove.

Fulcio, si, tum, 4, v. a., I prop, support by poles, stays, or any kind of support ; figur. : I support, sustain, uphold, assist in distress.

Fulgeo, fulsi, 2, v. n., to flash, lighten ; to shine, be bright, glitter, glisten ; figur. : I shine forth, am prominent or eminent.

Fūmus, i, m., smoke, fume.

Funda, ae, f. *(fundo, 3)*, a sling ; a kind of net, casting-net, drag-net.

Funditor, ōris, m. *(funda, 3)*, one that fights with a sling, a slinger.

Fundo, 1 (fundus), v. a., I found, lay the foundation or groundwork ; I make fast, firm, or durable, I fasten, fortify.

Fundo, fūdi, fūsum, 3 (unda, udus), v. a., I shed, pour, pour out ; I fuse, melt ; I make by pouring, I cast, found, make ; I produce, bring forth, pour forth, utter ; I enlarge, extend, spread ; I lay prostrate, I overthrow ; I hurl, cast, throw.

Fungor, functus sum, 3 (akin to *facio)*, v. dep. n., c. abl., or v. a., c. acc. : I do, execute, perform, discharge, conduct, administer.

Fūnis, is, m., a rope, cord, cable.

Fūr, ūris, m., a thief ; cheat, knave.

Fūrĭbundus, a, um (furio), adj., mad, raging, furious ; inspired, enthusiastic.

Fūror, 1 (fur), v. dep. a., I steal, pilfer ; I obtain by stealth.

Fŭror, ōris, m. *(furo)*, fury, madness, rage, distraction ; inspiration ; foolishness, extravagance.

Furtum, i, n. *(fur)*, a thing stolen ; theft, stealth.

G

Gaesum, i, n., a javelin used by the ancient Gauls.

Galea, ae, f., a helmet, helm.

Gallĭcus, a, um, adj., of or belonging to the Gauls, Gallic.

Gallus, i, m., a Gaul, an inhabitant of Gaul, especially of Celtic Gaul.

Gallus, a, um, adj., same as *Gallicus.*

Gallus, i, m., the name of a Roman family.

Gānea, ae, f., and *ganeum, i*, n., a cookshop or ordinary ; a brothel ; debauchery, riot, revelling, gluttony.

Gāneo, ōnis, m. *(ganea)*, a frequenter of brothels, rioter, reveller, glutton, debauchee.

Gaudeo, gāvīsus sum, 2, v. n., I shout, rejoice, am glad.

Gaudium, ĭi, n. *(gaudeo)*, joy, gladness ; pleasure ; delight.

Gĕmĭtus, ûs, m. (gemo), a groan or sigh; pain, sorrow, sadness.

Gemma, ae, f., a gem, jewel, precious stone; ornament, adornment; an eye or bud of a vine or tree.

Gĕmo, ui, ĭtum, 3, v. n. and a., I groan, mourn, sigh; I sigh at, lament, deplore.

Gĕner, ĕri, m. (geno, gigno), a son-in-law, daughter's husband.

Gĕnĕrātim (genus), adv., generally, in general; by kinds, sorts, divisions; by nations or tribes.

Gĕnĕro, 1 (genus), v. a., I beget, produce, procreate, engender, generate, bear, bring forth; I produce, make, invent.

Gĕnĕrōsus, a, um (genus), adj., born of a noble race, descended from illustrious ancestors, noble; noble-minded, noble-hearted, magnanimous, generous.

Gĕnĭcŭlātus, a, um (geniculum), adj., what has many joints or knots, knotted, jointed.

Gens, tis, f. (geno, gigno), a clan among the Romans, of which familia or stirps is only a part; a nation.

Gĕnus, ĕris, n., those of common birth or gender, a race, family, stock; a species, kind, sort, quality, description; kind, nature, manner, condition; nation, people, race, tribe.

Germānĭcus, a, um, adj., of or belonging to the Germans, Germanic, German.

Germāni, ōrum, m., the Germans.

Germānus, a, um (germen), adj., of brothers and sisters by the father's side; sincere, true, real, right, proper, genuine.

Gĕro, gessi, gestum, 3, v. a., I produce, bear; I carry, bear; I wear, bear, have; I do, make, perform; I administer, manage, conduct, regulate, rule, govern, carry on; se gerere, to act, carry, or conduct one's self, to behave; rem bene g., to be successful, to carry on a thing with success; res gestae, or gesta, orum, warlike deeds; negotium g., to carry on business; inimicitias g., to have a grudge against.

Glădĭātor, ōris, m. (gladius), a public fighter, gladiator; a bandit, thief, robber.

Glădĭātōrius, a, um (gladiator), adj., of a gladiator, relating to gladiators; g. ludus, a school of gladiators.

Glădĭus, ĭi, m., a sword.

Glōrĭa, ae, f. (akin to clarus), glory, renown, fame.

Glōrĭor, 1 (gloria), v. dep. a. and n., I glory, boast, brag, vaunt, pride myself.

Grăcĭlĭtas, ātis, f. (gracilis) slenderness; leanness, meagreness.

Grădus, ûs, m. (gradior), a step; stair; step, degree, condition, rank; post, office, post of honor, character.

Graece (graecus), adv., in Greek.

Graecia, ae, f., Greece.

Graecus, a, um, adj., of or belonging to the Greeks, Greek, Grecian.

Grandis, e, adj., grown, great, large, big, tall; noble, brave; grand, lofty, sublime; g. natu, advanced in age.

Grānum, i, n., a grain of corn; a seed, a kernel.

Grātĭa, ae, f. (gratus), pleasantness, agreeableness, grace; favor, grace with others; good terms, friendly relations, friendship; power, authority, influence; a kindness, favor, service, obligation; thanks, gratitude, acknowledgment of kindness, return, requital; abl.: gratia, for the sake of, on account of; mea gratia, on my account; exempli gratia, for instance; gratias agere, to give thanks in words; referre gratiam, or gratias, to make a requital.

Grātĭōsus, a, um (gratia), adj., in great favor, agreeable, beloved; pleasant; enjoying favor, favored, protected; gracious, condescending, complaisant, obliging.

Grātis (contracted from gratiis, abl. pl. of gratia), adv., without recompense or reward, for nothing, gratis.

Grātuīto (gratuitus), adv., for naught, without a recompense; without cause or reason.

Grātŭlātĭo, ōnis, f. (gratulor), a wishing one joy, congratulation, gratulation; public joy; a public festivity, public thanksgivings.

Grātŭlor, 1 (gratus), v. dep. n., c. dat.: I congratulate, wish one joy.

Grātus, a, um, adj., pleasing, acceptable, agreeable; procuring or gaining favor, making pleasant or beloved; deserving acknowledgment or thanks; worthy of approbation; grateful; gratus, i, a., a favor; gratum facere alicui, to do what shall please one; adv., grate.

Grăvis, e, adj., heavy, weighty, ponderous; important; great, eminent, venerable,

credible ; great, violent ; severe, violent ;
grave, serious, sober, considerate, discreet ; heavy, hard, oppressing, harsh,
grievous, rigorous, troublesome, burden-
some, sad, afflicting, disagreeable ; adv.,
grāviter.

Grăvĭtas, ātis, f. (*gravis*), heaviness, weight-
iness ; impressiveness ; importance, pow-
er ; severity, violence, virulence ; cruelty ; gravity, seriousness.

Grăvo, 1 (*gravis*), v. a., I burden, load,
weigh down ; *gravari,* to be reluctant,
to hesitate, doubt, make difficulties.

Grĕgārĭus, a, um (*grex*), adj., of a flock ;
common, private ; mean, indifferent, bad ;
miles g., a common soldier.

Grĕmĭum, ii, n., the lap, bosom.

Grex, grĕgis, m., a herd, flock, drove ; a
company, assembly ; the crowd.

Gŭbernācŭlum, i, n. (*guberno*), the steering
or piloting of a ship ; the art of steering
a ship ; figur.: the management or direction of anything.

Gŭbernātor, ōris, m. (*guberno*), a pilot,
steersman ; figur.: a governor, director,
ruler.

Gŭla, ae, f., the gullet ; the neck ; gluttony,
appetite.

Gustātus, ūs, m. (*gusto*), the sense of taste ;
a tasting ; the taste of a thing.

Gusto, 1, v. a., I taste ; I enjoy, partake of
a thing, understand, hear, learn, see.

H

Hăbĕo, ui, ĭtum, 2, v. a., I have, hold, keep,
possess, enjoy ; I have, contain ; I occupy, captivate ; I know, have heard ; I
use, make use of ; I make, occasion,
cause ; I hold, make, do, pronounce ; I
do, perform ; I keep, detain, suffer to be
somewhere ; I treat, use well or ill ; I
account, judge, esteem, think, believe,
consider ; I reckon or number amongst ;
I suffer, bear, endure, support ; c. dat.:
aliquem ludibrio habere, to ridicule one ;
c. inf.: *dicere habui,* I had to say ; *satis
habeo,* I am content ; *habere alicui gratiam,* to feel one's self obliged or indebted
to one ; *habere orationem,* to make a
speech ; *aliquid pro certo habere,* to believe a thing ; *h. aliquem in numero oratorum,* to reckon one amongst the ora-

tors ; *se male habere,* to be ill ; *aliquid in
metu h.,* to be afraid of a thing ; *bene habet,* it is good.

Hăbĭto, 1 (*habeo*), v. freq. a. and n., I inhabit ; I am somewhere, I live, dwell,
abide, reside.

Hăbĭtus, a, um, part. (*habeo*) ; adj., affected,
inclined, disposed.

Hăbĭtus, ūs, m. (*habeo*), habit, plight, condition, state, manner, fashion ; state of
health ; dress, attire.

Hic (abl. of *hic*), sc. *parte* or *via,* adv.,
here, by this place, this way.

Haereo, haesi, haesum, 2, v. n., I hold,
stick, adhere, am fixed, fastened, or united ; I hesitate, am embarrassed, confused,
retarded.

Harpāgo, ōnis, m., a hook for pulling down
or towards a person, a grappling-hook,
grapple, drag.

Hăruspex, icis, m., one who foretells future
events by inspecting the entrails of vic-
tims ; a soothsayer, diviner.

Hasta, ae, f., a spear, lance, pike, javelin.

Hastātus, a, um (*hasta*), adj., armed with a
spear ; *hastati, sc. milites,* a part of the
Roman infantry, forming the first line in
battle.

Haud, adv., not ; *haud dum,* not yet ; *haud
scio an* (for *annon*), I do not know
whether, I should think, according to
my opinion, perhaps.

Haudquāquam, adv. (*haud* and *quaquam, sc.
rationes*), by no means whatever, not at
all.

Hĕbesco, 3 (*hebeo*), v. n., I grow blunt,
dim, or languid.

Helvĕtĭus, a, um, adj., belonging to the
Helvetians, Helvetian.

Hem ! interj., ah ! oh ! alas ! well ! only
see ! just look !

Herbesco, 3 (*herba*), v. n., to become full of
herbs or grass ; *viriditas herbescens,* green
corn springing up.

Hērēdĭtas, ātis, f., heirship, inheritance.

Hēres and **haeres,** ēdis, m. and f. (*herus*),
an heir or heiress.

Hīberna, ōrum. See *hibernus.*

Hībernus, a, um (*hiems*), adj., of or belonging to winter, wintry ; *hiberna, sc. castra,* winter-quarters.

Hic, haec, hōc, demonstr. pron. of the first
person, pointing to the speaker, or to
that which is connected with or near

him : this ; of this time, now customary, present ; at or of our time, now living ; the same, this ; that, it ; such, of such a kind ; *hic — ille*, the latter — the former, see *ille* ; abl. : *hôc*, on this account, for this reason, by this means, therefore ; *hôc libentius*, so much the more willingly.

Hīc or **hoic (hic)*, adv., here, in this place ; in this particular, on this ; under these circumstances, upon this occasion.

Hīēmo, 1 (*hiems*), v. n., I winter, pass the winter ; I am in winter-quarters.

Hiems, *ēmis*, f., rainy, stormy weather ; a storm, tempest ; the rainy season, winter.

Hĭlāris, e, and **Hĭlărus**, a, um, adj., cheerful, merry, gay, jovial, pleasant.

Hĭlărĭtas, *ātis*, f. (*hilaris*), cheerfulness, mirth, gayety, merriment, hilarity.

Hinc (*hic*), adv., hence, from this place ; thence ; on this side ; from this cause ; from this time.

Hispānĭa, æ, f., Spain and Portugal.

Hispānus, a, um, adj., Spanish ; *Hispani*, *orum*, m., the Spaniards.

Hŏdĭē (for *hoc die*), adv., to-day.

Hŏdiernus, a, um (*hodie*), adj., of this day ; *hodierne die*, to-day.

Hŏmŏ, *inis*, m. and f., a human being, a man or woman ; a man.

Hŏnestas, *ātis*, f. (*honestus*), respectability, honor, reputation, credit ; decency, propriety of conduct ; honesty, probity, goodness ; dignity, good grace, beauty.

Hŏnesto, 1 (*honestus*), v. a., I make honorable or respectable, I adorn, dignify, grace, set off, embellish.

Hŏnestus, a, um (*honor*), adj., honorable, conferring honor, respectable, eminent, decent, proper, becoming ; honored, respected ; *honestum*, honesty, virtue, morality ; adv., *honestē*.

Hŏnor and **hŏnōs**, *ōris*, m., honor ; value, esteem, worth ; regard, respect ; a public office, magistracy, dignity ; reward, recompense.

Hŏnōrātus, a, um, part. (*honoro*) ; adj., honored, respected ; honorable, respectable, distinguished.

Hŏnōrĭfĭcus, a, um (*honor*, *facio*), adj., causing or bringing honor, honorable ; adv., *honōrĭfĭcē*.

Hōra, æ, f., time ; an hour.

Horrendus, a, um, part. (*horreo*) ; adj., horrible, terrible.

Horrens, *tis*, part. (*horreo*) ; adj., dreadful, frightful, horrific.

Horreo, *ui*, 2, v. n. and a., I tremble, shudder, fear ; I am affrighted or terrified ; I shudder for fear ; I am astonished, amazed ; I am affrighted or terrified at a thing.

Hortor, 1, v. dep. a., I bid, urge on, excite, exhort, encourage, incite, instigate, embolden, cheer.

Hortus, i, m., any place surrounded with a fence or an enclosure ; a garden.

Hospĕs, *itis*, m. and f., a host or guest ; a visitor, stranger, foreigner, sojourner.

Hospĭtĭum, ii, n. (*hospes*), a chamber for guests, place to receive guests in, a lodging ; a reception, a putting up at an inn ; hospitality.

Hostis, is, m. and f. (akin to *hospes*), a stranger ; an enemy.

Hūc (*hic*), adv., hither, to this place ; to this, for this, to this issue or point ; *huc illuc*, or *huc et illuc*, this way and that, hither and thither ; *huc arrogantiæ venerat*, he had come to such a pitch of arrogance.

Hūc-usque, adv., hitherto, up to this time, as far as this, so far.

Hūjuscĕmŏdi and **hūjusmŏdi**, adv., of this kind or sort, such.

Hūmānĭtas, *ātis*, f. (*humanus*), human nature, humanity ; human feelings ; duty of man ; humanity, benevolence, gentleness, kindness, politeness ; learning, erudition, education, liberal knowledge, polished manners.

Hūmānus, a, um (*homo*), adj., human, of or belonging to a man ; humane, kind, gentle, courteous, good-natured ; polite, well-educated, learned, well-informed, refined ; adv., *hūmānē*, *hūmānĭter*.

Humi. See *humus*.

Hŭmĭlis, e (*humus*), adj., near the ground, low, not high ; humble, mean, poor, obscure ; base, abject, vile, sordid ; adv., *hŭmĭlĭter*.

Hūmor, *ōris*, m. (*humeo*), moisture, dampness, humidity.

Hŭmus, i, f., the ground, earth, soil ; *humi* or *in humo*, on the ground.

I

Ibī (*is*), adv., there, in that place; in that, therein, on that; thereupon.

Ibi-dem, adv., in the same place; in the same thing or matter.

Ico, ĭci, ictum, 3, v. a., I strike, smite, hit, stab, sting, slay; *icere foedus,* to strike or make a compact, league; figur.: I strike, move, touch, disquiet, agitate; part. *ictus, a, um,* struck, touched; *coelo ictus,* struck by lightning.

Ictus, ūs, m. (*ico*), a stroke, blow, stab, hit, thrust, cast.

Idcirco and *iccirco* (*id, circa*), adv., on that account, therefore, for that reason; therein, so far.

Idem, eădem, ĭdem (*is, dem*), pron., the same, just that, just the; *idem ac* or *atque,* the same as; *idem qui,* the same who; *idem quam si* or *quasi,* the same as if; *eādem, sc. viā,* the same way; *et idem,* or *idemque,* and indeed, and — too, and that too; *idem — idem,* at once, as well — as, at the same time — and.

Identidem (for *idem et idem*), adv., now and then, ever and anon, repeatedly, at intervals.

Idōneus, a, um (*ad, onus*), adj., fit for the burden, able to bear; apt, able, fit, meet, proper, suitable, convenient, becoming, well suited, well adapted, opportune, advantageous; worthy, deserving; sufficient, able, trustworthy, satisfactory, credible, sure.

Idus, uum, f. (*di-vido*), the ides, division; half of a month, viz., the 15th day of March, May, July, and October, and the 13th of the other months.

Igitur (*agitur*), conj., therefore, then, accordingly; as I was saying, I say, then; at length, at last, finally.

Ignārus, a, um (*in-gnarus*), adj., ignorant, not experienced in, unacquainted with, unaware.

Ignāvia, ae, f. (*ignavus*), inactivity, idleness, laziness, sluggishness, sloth; cowardice.

Ignāvus, a, um (*in-gnavus*), adj., inactive, lazy, slothful, remiss, sluggish, indolent; cowardly, dastardly, timid.

Ignis, is, m., fire; a watchfire; a torch, a burning piece of wood; lightning.

Ignōbilis, e (*in-gnobilis*), adj., unknown to fame, not noted, undistinguished, inglo-

rious, obscure; of low birth and parentage, meanly born, base born, ignoble.

Ignōminia, ae, f. (*in, nomen*), the loss of a good name; ignominy, disgrace, dishonor; *ignominiam accipere,* to suffer a disgrace.

Ignōro, 1 (*ignarus*), v. a., I am ignorant of, have no knowledge of, do not know; *ignoratus, a, um,* unknown; unobserved, unrecognized, undiscovered.

Ignosco, ōvi, ōtum, 3 (*in, gnosco*), v. n. and a., I do not inquire, I seem not to know, I overlook, pardon, forgive, remit, excuse, c. dat.

Ignōtus, a, um, part. (*ignosco*), adj., unrecognized, unknown.

Ille, illa, illud, dem. pron. of the third person, referring to the person or thing spoken of, or to anything at a distance: that, that man (he), that woman (she), that thing (it); *hic — ille,* this one — that one, the latter — the former; *hi — illi,* these — those, some — others; *ille Cato,* the ancient, well-known, notorious, famous Cato.

Illecĕbra, ae, f. (*illicio*), what entices, a lure; an enticement, allurement, attraction, charm, inducement, seduction, stimulant.

Illic (*illic*), adv., there, in that place; in that matter, in an affair of that nature; at that time, then.

Il-licio, lexi, lectum, 3 (*in, lacio*), v. a., I draw in, allure, entice, decoy, inveigle, attract, invite, induce.

Il-licitātor, ōris, m. (*in, lic.*), a nominal purchaser, one who bids at an auction.

Il-licō (*in, loco*), adv., in the place, on the spot; straightway, instantly, immediately.

Il-ligo, 1 (*in, ligo*), v. a., I bind, tie; I join, fasten, fix, connect to; I bind together, combine, construct.

Illō (*ille*), adv., to that place, thither; thereto, to that, to that end.

Illuc (*illic*), adv., to that place, thither.

Il-lustris, e (*in, lustro*), adj., filled with light, light, clear, bright, luminous; manifest, clear, evident, open, known; important, considerable, prominent; remarkable, notable, distinguished, illustrious, famous, renowned, noted.

Im-bēcillis, e, and *im-bēcillus, a, um* (*in, bacillus*), adj., weak, feeble, faint; imbecile, inefficient, weak-headed, faint-hearted.

Im-bēcillitas, ātis, f. (imbecillis), weakness, infirmity, feebleness.

Imber, bris, m., a heavy or violent rain, shower of rain, pelting rain.

Im-buo, bui, būtum, 3, v. a., I fill with moisture; I wet, dip, soak, steep, saturate, moisten; I dip, imbue, stain, taint, infect, fill; I inspire or impress with, accustom, inure to, imbue, instruct, give a taste for; I initiate, consecrate, dedicate.

Imitor, 1, v. dep. a., I imitate, copy, counterfeit; I resemble, am like, have the appearance of; I express, portray, represent, copy.

Im-mānis, e (in, humanus), adj., inhuman, monstrous, wild, savage, cruel, fierce, ruthless, frightful; immense, enormous, huge, vast.

Im-mānitas, ātis, f. (immanis), inhuman manners or conduct, fierceness, barbarity, cruelty, stern insensibility, savage apathy; monstrous size, enormity, vastness.

Im-mansuētus, a, um (in, m.) adj., untamed, wild, savage.

Im-mīnuo, ui, ūtum, 3 (in, minuo), v. a., I diminish, lessen, reduce, shorten, contract, impair, abate, take from; I weaken, enfeeble, debilitate; I derogate from, encroach upon, bring down, break, violate, subvert, overthrow.

Im-missio, ōnis, f. (immitto), a letting in, introduction; i. sarmentorum, the letting the sprouts grow.

Im-mitto, mīsi, missum, 3 (in, mitto), v. a., I send or let in, despatch into or against, discharge into or at; let loose upon; I set on, set to work, employ, suborn, instigate.

Immō or imō (probably for in modo), adv., in a manner; hence sometimes 'yes,' and sometimes 'no,' even, yea, yea; nay rather.

Im-mŏdĕrātus, a, um (in, moderatus), adj., immoderate, excessive, intemperate, unrestrained; boundless, endless, immeasurable.

Im-mortālis, e (in, mortalis), adj., undying, immortal, imperishable, everlasting.

Im-mortālitas, ātis, f. (immortalis), immortality, infinite durability, imperishableness; immortal remembrance.

Im-mūtātus, a, um, part. (immuto); adj., unchanged, constant, steadfast, immutable.

Im-mūto, 1 (in, muto), v. a., I change or alter; I exchange.

Im-pārātus, a, um (in, paratus), adj., not ready, unprepared, unprovided, unfurnished.

Im-pĕdīmentum, i, n. (impedio), that which entangles or hampers one, a shackle, burden, impediment; baggage, luggage; the beasts of burden; the men attached to the baggage; a hindrance, obstruction, bar, obstacle.

Im-pĕdio, īvi and ii, ītum, 4 (in, pes), v. a., I entangle, hamper, shackle; I involve, embarrass, perplex; I hinder, prevent, stop, obstruct, impede.

Im-pĕdītus, a, um, part. (impedio); adj., impeded, involved, obstructed, burdened, retarded, intricate, confused, embarrassed, difficult; loaded with baggage.

Im-pello, pŭli, pulsum, 3 (in, pello), v. a., I push, drive, press, force against, into or forward, I urge on or against, I set in motion, propel, impel; I overthrow, overturn, precipitate; I induce, impel, incite, instigate, urge, persuade, stimulate.

Im-pendeo, 2 (in, pendeo), v. n., to hang over or above, to overhang; to impend, hover over, threaten, to be near, to be imminent, with in, or e. dat.

Im-pendo, di, sum, 3 (in, pendo), v. a., I lay out or expend for some thing or use; figur.: I expend, lay out, bestow, employ, apply.

Im-pensa, ae, f. (impendo), outlay, expense, charge, cost; employment, application, consumption, use.

Im-pensus, a, um, part. (impendo); adj., large, great, earnest, fervent, urgent; impense pretio, at a high price.

Im-pĕrātor, ōris, m. (impero), commander, chief, overseer, director; the commander-in-chief of an army.

Im-pĕrātum, i, n. (impero), a command, order; ad imperatum, according to command.

Im-pĕrītus, a, um (in, peritus), adj., c. gen.: ignorant of, unacquainted with, inexperienced, unskilled in a thing; unpractised, unskilful, injudicious, dull, simple.

Im-pĕrium, ii, n (impero), an order, command, injunction; the power to com-

mand, power, control; supreme power, rule, sovereignty, sway, government, dominion, empire, military power as distinguished from civil; the title of commander; empire, dominion, realm: pl., imperia, the commanding officers, commanders, generals.

Im-pĕro, 1 (in, paro), v. a., I order, command, enjoin, give an order or command; I rule over, govern, command, manage; with an accus. of the thing: I command or order, I order to be furnished or provided, I give orders for, I dictate, impose by command, I lay upon; imperatum, i, n., that which is ordered, an order, command.

Im-pĕtro, 1 (in, patro), v. a. and n., I bring about, accomplish, go through with, effect; I obtain, get, procure, bring about, bring to pass; I obtain, get, gain, win, procure, carry by entreaties.

Im-pĕtus, ûs, m. (impeto), an attack, assault, shock, onset; a motion forward, a rapid or impetuous motion; impetuosity, vehemence, ardor, exertion, heat, fire, vigor, force, desire, strong passion, impulse, zeal, eagerness.

Im-pius, a, um (in, pius), adj., impious, irreligious, irreverent, undutiful; barbarous, savage, cruel, wicked.

Im-plōro, 1 (in, ploro), v. a., I call upon with tears, beseech earnestly, implore, invoke, entreat, pray for.

Im-pōno, pŏsui, pŏsĭtum, 3 (in, pono), v. a., I place, put, set or lay into or in a place; I put or place upon, set upon, lay upon; I lay upon, impose, enjoin, assign; I impose upon, deceive, trick.

Im-porto, 1 (in, porto), v. a., I carry or convey into, bring in, introduce, import.

Im-portūnĭtas, ātis, f. (importunus), unsuitableness, inconvenience; unseasonableness, importunity, incivility, boldness, licentiousness.

Im-portūnus, a, um (in, porto), adj., unseasonable, inconvenient, unsuitable; troublesome, grievous, distressing, painful, oppressive; vexatious, rude, harassing, importunate, uncivil, churlish, peevish, morose; restless, unquiet, violent; bad, vicious, worthless.

Im-pŏtens, tis (in, potens), adj., powerless, weak, feeble, unable, impotent; c. gen.: having no power over, not master of;

without one: passionate, violent, furious, outrageous, tyrannical, despotic; immoderate, ungoverned, unbounded, excessive, intolerable.

Im-primis (in, primus), adv., especially, eminently, particularly.

Im-primo, pressi, pressum, 3 (in, premo), v. a., I press into, stick or stamp into; I press upon, impress, imprint, stamp.

Im-prŏbus, a, um (in, probus), adj., bad, wicked, dishonest, knavish, villanous, malicious, depraved, ungodly, unprincipled, unjust, unfair, not equitable.

Im-prŏvĭdus, a, um (in, providus), adj., not foreseeing, not anticipating; improvident, incautious, heedless, careless, thoughtless, inconsiderate.

Im-prŏvīsus, a, um (in, provisus), adj., unforeseen, unlooked for, unthought of, unexpected, sudden; de or ex improviso, or simply improviso, unexpectedly, on a sudden, without warning.

Im-prūdens, tis (in, prudens), adj., not foreseeing, not expecting, not meaning, unaware, unconscious; c. gen.: ignorant of, unacquainted with, not knowing; unwise; improvident, imprudent, inconsiderate.

Im-prūdentia, ae, f. (imprudens), want of knowledge, ignorance; chance, accident, mistake, error; want of foresight, imprudence, indiscretion, inconsiderateness.

Im-pūdens, tis, (in, pudens), adj., shameless, impudent, barefaced.

Im-pūdīcus, a, um (in, pudicus), adj., shameless; unchaste, immodest, lewd, lustful, sensual.

Im-pugno, 1 (in, pugno), v. a., I fight against, attack, assail by fighting; fig.: I assail, attack, oppose, impugn.

Im-pulsus, ûs, m. (impello), a setting in motion, a moving, impelling; an impression, impulse; instigation, incitement; an inward impulse, violent affection or passion.

Im-pūne (impunis), adv., without punishment or penalty, without fear of punishment, with impunity; without danger, harm, hurt, or loss, safely.

Im-pūnĭtas, ātis, f. (impunis), impunity, freedom or security from punishment, remission of punishment; full license, unrestrained excess, unbounded freedom:

in speech: redundancy, diffusiveness, excess of ornament.

Im-pūnītus, a, um (*in, punitus*), adj., unpunished, exempt from punishment; unrestrained, excessive; secure, safe, unimpaired.

Im-pūrus, a, um (*in, purus*), adj., unclean, impure, foul, nasty, filthy; defiled, contaminated; hateful, abominable, loathsome, infamous, wicked, execrable, accursed.

Imus, a, um (for *infimus*, superl. of *inferus*), adj., lowest, undermost, deepest, inmost.

In, prp. c. acc. and abl.: 1, with the accus.: to a place or point, to, unto, into, upon; towards; according to, after; for; through; up to, down to, as long as; in relation to, about; *in dies*, for every day, daily; 2, with the ablat.: in, on, upon, at; among, with, by; in regard to, in the case of; *in tempore*, at the right time, at the proper moment. In composition, *in* signifies into, upon, against, in; above or over; sometimes it is intensive.

In-, inseparable particle, prefixed to adjectives; answers to *un-* in English, adding a negation to or expressing the opposite of the simple word to which it is prefixed — as *infans*, not speaking; *indoctus*, not learned; *immitis*, not mild; *illiberalis*, not liberal, &c.

In-ambŭlo, 1, v. n., I walk up and down in a place, I pace to and fro.

Inānis, e, adj., empty, void; figur.: useless, fruitless, vain, frivolous, groundless, powerless, ineffectual; vain, boastful, ostentatious.

In-cēdo, cessi, cessum, 3, v. n., I go, go along or on; I walk slowly and with an air of dignity; I am, appear to be; I proceed, advance, move on, march; I rush upon; figur. of inanimate things: to come on, to come upon any one, attack, fall upon, befall, seize; to appear, arise; *rumor incedebat*, a rumor was abroad, was spreading.

In-cendium, ii, n. (*incendo*), a fire, conflagration.

In-cendo, di, sum, 3 (*in, candeo*), v. a., I kindle, set fire to; figur.: I inflame, stir up, animate, incite, excite, irritate; I instigate; *incensus*, a, um, lighted, kindled, burning; figur.: incensed, exasperated.

In-ceptum, i, n. (*incipio*), a beginning, attempt, enterprise, undertaking, design.

In-certus, a, um, adj., uncertain, doubtful, doubting, dubious; having no certain information; uncertain, not sure, not to be relied upon; *in re incerta*, in need, distress; *vultus incertus*, an uneasy, anxious countenance.

In-cessus, ūs, m. (*incedo*), a gait, walking; an irruption into, or invasion of, a country.

In-cestus, i, n. (*incestus*), impurity, incest.

In-cĭdo, cĭdi, cāsum, 3 (*in, cado*), v. n., I fall into or upon; to fall on a time, to come to pass, to happen, occur; I attack, assault, assail; to meet with, to happen to, befall.

In-cīdo, cīdi, cīsum, 3 (*in, caedo*), v. a., I cut into, make an incision in; I make by cutting; I clip, lop.

In-cĭpio, cēpi, ceptum, 3 (*in, capio*), v. a., I take in hand, undertake, attempt; I begin, commence; v. n., to begin, commence.

In-cĭtātus, a, um, part. (*incito*); adj., running, flying, going, flowing, rushing swiftly; *equo incitato*, riding at full gallop.

In-cĭto, 1 (*incieo*), v. freq a., I set in rapid motion; I excite, stimulate; I incite to a thing, encourage; *i. se*, or *incitari*, to put one's self in rapid motion, to hasten, run, fly, go swiftly, flow, sail.

In-clāmo, 1, v. a., I call upon with a loud voice, I cry out to; I call upon for assistance; I assail with harsh language, I abuse, chide, rebuke.

Inclīnātus, a, um, part. (*inclino*); adj., inclined, prone, favorably disposed.

In-clīno, 1, v. a., I incline, bend, curve; I bend, turn, direct; *inclinari*, to incline, be inclined to.

In-clūdo, si, sum, 3 (*in, claudo*), v. a., I shut up, confine, keep in; I put in, insert; I confine, restrain; I block up, obstruct, hinder; I bound, limit; *includere orationem in epistola*, to insert a speech in a letter; *i. aliquid orationi*, to put in something in a speech.

In-cognĭtus, a, um, adj., not examined, untried; unknown; unclaimed; *incognito*, abl., without knowledge, unknowingly.

In-cŏla, ae, m. and f. (*incolo*), an inhabitant; a native, countryman.

In-còlo, cŏlui, cultum, 3, v. a. and n., I abide or dwell in a place; I inhabit.

In-còllùmis, e, adj., unimpaired, uninjured, in good condition, safe, sound, whole, entire; unconquered.

In-còllùmìtas, ātis, f. (incolumis), good condition, safety, preservation, soundness.

In-commŏdum, i, n. (incommodus), inconvenience; trouble, disadvantage, detriment, loss, misfortune; ferre alicui incommodum, to occasion disadvantage to any one.

In-commŏdus, a, um, adj., inconvenient, troublesome, incommodious, unsuitable, unseasonable; adv., incommŏdè.

In-considĕrātus, a, um, adj., inconsiderate, unthinking, heedless, thoughtless, unadvised, injudicious.

In-constans, tis, adj., inconstant, wavering, fickle, changeable.

In-consultus, a, um, adj., imprudent, inconsiderate, unadvised, indiscreet, thoughtless, injudicious, rash, foolish; adv., inconsultè.

In-corruptus, a, um, adj., uncorrupted; not destroyed, not injured; uninjured, unadulterated, pure, genuine, not seduced, not bribed.

In-crebresco or in-crebesco, bui, 3, v. n., I become strong, I increase, am augmented, grow frequent, prevail, spread.

In-credĭbĭlis, e, adj., not to be believed, incredible; wonderful, strange; adv., incredĭbĭlĭter.

In-crēmentum, i, n. (incresco), growth, increase.

In-crĕpĭto, 1 (increpo), v. freq. a., I cry or call out to any one; I assail with harsh language, I chide, rebuke; I blame, censure.

In-crĕpo, pui, pĭtum, 1, v. n., I sound, resound, make a noise; v. a., I assail with harsh words, chide, reprove; I excite, stimulate; I shake, move, disturb.

In-cruentus, a, um, adj., not bloody, bloodless, without bloodshed.

In-cultus, a, um, adj., uncultivated, unpolished, undressed, unadorned, inelegant, rude, neglected, uninhabited, desert, wild.

In-cultus, ûs, m., a neglecting or omitting to take care of a thing; a want of cultivation; filthiness, squalor.

In-cumbo, cŭbui, cŭbĭtum, 3, v. n., c. dat.

or in: I lay myself upon, lean or recline upon; figur.: I exert myself, take pains, apply myself to, attend to.

In-curro, curri and cŭcurri, cursum, 3, v. n. and a., I run in, to, or upon; I assail, assault, attack, rush upon; I make an incursion, invasion, inroad, irruption into; I fall upon, meet with; to happen, occur, befall.

In-cursus, ûs, m. (incurro), an attack, inroad, invasion, irruption.

In-cūso, 1 (in, causa), v. a., I accuse, blame, complain of.

In-dāgo, 1 (in, *dago), v. a., I search or trace out; I explore, investigate.

Indĕ (is, ea, id), adv., thence, from thence, from that place; from that, therefrom; on that side; from that time, then, afterwards.

In-demnātus, a, um (in, damnatus), adj., uncondemned.

In-dex, dĭcis, m. and f. (indicare), a discoverer, informer; a sign, mark, index.

In-dĭcium, ii, n. (index), a discovery or disclosure; an accusing, informing in a court of justice; an evidence, deposition in a court of justice; a sign, symptom, mark, token, proof, indication.

In-dĭco, 1, v. a., I show, discover, reveal, disclose, declare, inform, indicate; I show briefly, touch upon; I give evidence, depone; I tell or set the price, I value, put a price upon; indicare se, to show one's self in one's true character; indicare de conjurationis, to betray a conspiracy, to inform against it.

In-dīco, dixi, dictum, 3, v. a., I denounce, declare, proclaim, publish, appoint; I order by proclamation, I impose, enjoin.

In-dictus, a, um, part. (indico), notified, appointed; adj. (in, dictus), not said, unsaid; not mentioned, not celebrated; indicta causa, without being tried or heard.

Ind-ĭgens, tis, part. (indigeo), adj., c. gen.: wanting, needy.

Ind-ĭgeo, ui, 2 (*indu, egeo), v. n., c. gen. or abl.: I want, need, stand in need of, require; I long for, desire; I am poor or needy.

In-dignātio, ōnis, f. (indignor), disdain, indignation, rage.

In-dignĭtas, ātis, f. (indignus), unworthiness; indecorum, indecent behavior;

unsuitableness, unfitness; unworthy or shameful treatment; heinousness, atrocity; indignation.

In-dignus, *a*, *um*, adj., unworthy, undeserving; not deserved, undeserved; rough, cruel, harsh, severe; indecent, shameful, unbecoming, unfit.

In-diligens, *tis*, adj., negligent, careless, heedless; adv., *indiligenter*.

In-doctus, *a*, *um*, adj., untaught, unlearned, illiterate, ignorant, rude, unskilful, untrained.

Inducias. See *indutiae.*

In-dūco, *duxi*, *ductum*, 3, v. a., I lead in, bring in, lead into, introduce; I put on, draw on, clothe; I introduce or bring forward as a speaker; I represent, exhibit, bring forward a play or game; I
· lead, command; I deceive, cajole, take in; I bring forward, mention, relate; I draw or put one thing over another; I overlay with anything; I derive; *inductus*, *a*, *um*, induced, moved, persuaded, incited.

In-ductus, *ūs*, m. (*induco*), an inciting, misleading.

In-dulgeo, *dulsi*, *dultum*, 2 (*in*, *dulcis*), v. n., c. dat.: I delight in, indulge, yield to.

Ind-uo, *ui*, *ūtum*, 3, v. a., I put on, clothe; I cover, surround, furnish with; I impart, give.

Indu-stria, *ae*, f. (*industrius*), industriousness, industry, carefulness, diligence, activity.

Indūtiae and *indūciae*, *ārum*, f. (*in*, *duco?*), a truce or cessation from hostilities, an armistice.

In-ēdia, *ae*, f. (*in*, *edo*), an abstaining from eating, a fasting.

In-eo, *ivi* or *ii*, *itum*, *ire*, v. n. and a., I go into, I enter; I begin, commence, take a beginning; I begin, make a beginning; I enter upon, assume the badges and power of; I devise, contrive.

In-eptia, *ae*, f. (*ineptus*), silliness; a silly story; a witty jest.

In-eptus, *a*, *um* (*in*, *aptus*), adj., unsuitable, unfit, impertinent, improper, absurd, foolish, silly; acting absurdly, foolishly, improperly; *inepti*, persons carrying everything too far, pedants, fools.

In-ermis, *e*, and *In-ermus*, *a*, *um* (*in*, *arma*), adj., without arms, unarmed, weaponless, defenceless; figur.: unarmed, not practised, unwarlike, harmless.

In-ars, *tis* (*in*, *ars*), adj., without art, without skill; inactive, idle, lazy.

In-ertia, *ae*, f. (*iners*), unskilfulness, ignorance; sloth, laziness, inactivity.

In-fāmia, *ae*, f. (*infamis*), ill fame, bad report, bad repute, disgrace, dishonor, infamy.

Inf ēri, *ōrum*. See *inferus.*

In-fēro, *tūli*, *illātum*, 3, v. a., I bring or carry into, or to a place, I throw, bring, put, place upon a thing; *i. signa*, to bear the standards against the enemy, to march against the enemy in battle-array; *i. bellum alicui*, to make war against one; *i. causam*, to allege an excuse or pretext; *i. alicui causam belli*, to seek a pretence for making war upon one; *i. manus alicui*, to lay hands on one; *i. vim alicui*, to offer violence to one; *i. alicui terrorem*, to cause a fright to any one; *i. se*, to go; to go into, enter, rush into; *i. se in periculum*, to expose one's self to danger.

In-fērus, *a*, *um*, adj., compar., *inferior*, superl., *infimus* or *imus*; *inferus*, *a*, *um*, being in or below the earth, subterranean; *dii inferi*, the infernal gods; *inferi*, the dead; the infernal regions; *inferior*, *ius*, lower; latter; later, younger; inferior; *infimus*, *a*, *um*, the lowest, last; the meanest, poorest, basest, worst.

In-festus, *a*, *um* (*in*, *fendo*), adj., treated in a hostile manner, disturbed, annoyed, insecure, unsafe, troublesome; hostile, inimical, vexatious, troublesome, spiteful, dangerous.

In-fĭcio, *fēci*, *fectum*, 3 (*in*, *facio*), v. a., I put into; I mix; I dip into, moisten, dye, color, tinge, paint; I season; I spoil, infect, taint, corrupt, poison; *inficere aliquem artibus*, to instruct any one in arts; *i. aliquem vitiis*, to infect any one with vices.

In-fidēlis, *e*, adj., unfaithful, faithless, perfidious, treacherous, deceitful, false.

In-fidus, *a*, *um*, adj., unfaithful, faithless, false, perfidious, treacherous.

In-fimus, *a*, *um*. See *inferus.*

In-finitus, *a*, *um*, adj., unlimited, boundless, infinite; endless; ample, large, great, diffuse.

In-firmitas, *ātis*, f. (*infirmus*), weakness, feebleness; disease, sickness; sickleness; levity, inconstancy.

In-firmus, *a*, *um*, adj., not strong, weak, feeble, infirm; tired, weary.

In-flammo, 1, v. a., I set on fire, kindle, light; I burn; figur.: I inflame, kindle, rouse, incite, excite, stir up, stimulate.

In-flecto, flexi, flexum, 3, v. a., I bend, bow, curve; I bend, soften, move, mitigate, appease; I alter, change, lessen.

In-flexus, a, um, part. (inflecto); adj., soft, melancholy, mournful, plaintive.

In-fligo, flixi, flictum, 3, v. a., I strike one thing on or against another; I cause, inflict, attach.

In-fluo, fluxi, fluxum, 3, v. n., to flow or run into; to stream in, rush into, invade in great numbers.

Infrā (for infera, sc. parte), 1, adv., below, beneath: compar., inferius, lower, farther below, deeper: 2, prp. c. acc.: below, under. Inferior to.

In-fundo, fūdi, fūsum, 3, v. a., I pour in or into: I communicate, impart; infundi, to spread over, to come to, to enter, break into.

In-gěnium, ii, n. (in, geno or gigno), natural or inborn quality; natural capacity, genius, understanding, parts, abilities; genius, acuteness, talent, mind, wit; cum ingenio, with discernment, discrimination, or sense.

Ingens, tis, adj., gigantic, giant-like, very tall; great, strong, powerful; very great, vast, huge, big, large, prodigious, immense.

In-gěnuus, a, um (in, geno or gigno), adj., inborn, innate, natural; native, natural, not foreign; freeborn; liberal, ingenuous, not servile, noble, respectable, genteel; frank, open, candid, ingenuous, noble, sincere.

In-gigno, gěnui, gěnitum, 3, v. a., I instil by birth or nature, I implant; ingenitus, a, um, inborn, innate, implanted.

In-grātus, a, um, adj., unpleasant, disagreeable, offensive, unacceptable; ungrateful, unthankful; not acknowledged, thankless.

In-grědior, gressus sum, 3 (in, gradior), v. dep., 1, v. n., I enter, go into; I engage in, apply myself to; I go, walk, step, advance; 2, v. a., I enter, go into, undergo. encounter; I tread upon, enter upon; I commence, begin, apply myself to; I attack.

In-hŏnestus, a, um, adj., dishonorable, disgraceful, shameful, base, foul; unsightly, unseemly, dirty, nasty, filthy, ugly, deformed.

In-hūmānus, a, um, adj., inhuman; rude, discourteous, uncivil, ill-bred, unsociable.

In-imīcitia, ae, f. (inimicus), enmity, hostility.

In-imīcus, a, um, adj., hostile, inimical, contrary, adverse, spiteful, injurious, prejudicial; hurtful, useless.

In-īquītas, ātis, f. (iniquus), inequality; unevenness; steepness; difficulty, disadvantage; injustice, unfairness, unreasonableness.

In-īquus, a, um (in, aequus), adj., unequal, inconvenient, difficult, troublesome, hurtful, injurious; immoderate, excessive; unfair, unreasonable, unjust; disinclined, unkind, hard, adverse, hostile; impatient, unwilling; calamitous, unfortunate, unhappy, unseasonable.

In-ĭtium, ii, n. (ineo), a going in, entrance; commencement, beginning; i. dicendi facere, to begin to speak; initio, abl., in the beginning, at first.

In-jīcio, jēci, jectum, 3 (in, jacio), v. a., I throw, cast, or put into or in; I cause, occasion, inspire with; I throw at, to, or upon, I lay or put on; I mention, suggest.

In-jūria, ae, f. (injurius), anything done unjustly, injury, injustice, wrong; unjust, unlawful conduct, injustice; injuriā, abl., unjustly, undeservedly, without reason, without cause.

In-jussus, a, um, adj., not ordered, unbidden, voluntary.

In-jussus, ūs, m., only abl. injussu, without being ordered or commanded.

In-justus, a, um, adj., unjust, wrongful, iniquitous, unreasonable; oppressive.

In-nascor, nātus sum, 3, v. dep. n., I grow in, spring up or am born in a place; I arise, am produced in or with.

In-nātus, a, um, part. (innascor), adj., inborn, innate, inbred, natural.

In-nitor, nīxus or nisus sum, 3, v. dep. n., I lean or rest upon, recline upon; figur.: I rely, depend upon, c. dat. or abl.

In-nŏcens, tis, adj., that does no harm, harmless, innocent, guiltless, disinterested.

In-nŏcentia, ae, f. (innocens), harmlessness; honesty, integrity, probity; innocence.

In-nexius, a, um, adj., harmless, not hurtful, innoxious; not injured, unhurt.

In-nŭmĕrābĭlis, e, adj., what cannot be numbered, numberless, infinite, countless, innumerable.

In-ŏpia, ae, f. (*inops*), a want of necessaries; want of property, wealth, or riches; want of provisions; scarcity of friends; want, poverty.

In-ŏpīnans, tis, adj., not expecting, unawares.

Inquam and *inquio, is, it,* v. defect., I say.

In-quīlīnus, i, m. (for *incolinus,* from *incolo*), an inhabitant of a place which is not his own property, a dweller in a strange place, tenant, alien.

In-quĭnātus, a, um, part. (*inquino*), adj., polluted, defiled, contaminated, sullied, foul, base.

In-quĭno, 1 (*in, cunire*), v. a., I pollute, defile, contaminate.

In-sānio, īvi and *ĭi, ītum,* 4 (*insanus*), v. n., I am mad, insane, furious, or outrageous; figur.: I act like a madman.

In-sătiābĭlis, e, adj, one that cannot be satiated, insatiable.

In-sciens, tis, adj., not knowing, not thinking, unheeding; ignorant.

In-scientia, ae, f. (*insciens*), ignorance, want of knowledge, inexperience, unskilfulness.

In-scius, a, um (*in, scio*), adj., not knowing, ignorant, unskilful, rude; *i. culpae,* unconscious of guilt.

In-scrĭbo, ipsi, iptum, 3, v. a., I write in, at, or upon, I inscribe.

In-sĕquor, quūtus or *cūtus sum,* 3, v. dep. n. and a., I follow after, follow; I pursue closely, press upon, harass, persecute; I proceed, continue in; I take pains, endeavor.

In-sĕro, sĕrui, sertum, 3, v. a., I put, bring, or introduce into, insert.

In-sĭdeo, sēdi, sessum, 2 (*in, sedeo*), v. n. and a., I sit or rest in or upon; I am fixed in, adhere to, rule or govern in; I keep possession of, occupy.

In-sĭdiae, ārum, f. (*insideo*), an ambush, ambuscade; a plot, artifice, crafty device, snares; *per insidias,* insidiously, craftily, slyly, treacherously.

In-signe, is, n. (*insignis*), a mark, sign, signal; pl., *insignia,* the badges of an office, insignia: public ornaments, ensigns, badges of honor; marks of distinction.

In-signis, e (*in, signum*), adj., marked, distinguished by some mark: remarkable, noted, striking, prominent, extraordinary.

In-sĭlio, lui, sultum, 4 (*in, salio*), v. a. and n., I leap into or upon.

Insĭnuo, 1 (*in, sinus*), v. a., I cause one to make his way anywhere, I bring into favor; *insinuare se,* to make one's way into, to get or steal into; *i. se alicui,* to ingratiate one's self with one.

In-sĭpiens, tis (*in, sapiens*), adj., unwise, foolish, silly, sottish, witless.

In-sisto, stĭti, stĭtum, 3, v. n. and a., I step towards; I arrive, appear, come; I tread upon, set foot upon, tread, step; I stand upon; I stand still, stop, halt, pause; I persevere, continue, persist in; I press upon, pursue closely; I attend to, bestow pains upon, apply myself to.

In-sĭtio, ŏnis, f. (*insero, ĕvi*), an engrafting, grafting.

In-sŏlens, tis, adj., contrary to custom; unaccustomed to; unusual, not in use, strange, rare, new; too great, excessive, exceeding, immoderate; arrogant, haughty, presumptuous, insolent; adv., *insŏlenter.*

In-sŏlentia, ae, f. (*insolens*), the not being accustomed to a thing; unusualness, novelty, strangeness; excess, want of moderation; pride, haughtiness, insolence, arrogance.

In-sŏlesco, 3, v. n., I grow haughty or insolent.

In-sŏlĭtus, a, um, adj., unaccustomed to, unacquainted with, not inured to; unusual, strange.

In-somnia, ae, f. (*insomnis*), sleeplessness, want of sleep.

In-sons, tis, adj., innocent, guiltless.

In-stăbĭlis, e, adj., unsteady, movable, not firm, tottering; inconstant, fickle, wavering, changeable.

Instăr, n., image, likeness, resemblance, kind, manner; form, figure, appearance.

In-stauro, 1, v. a., I renew, repeat, celebrate anew; I erect, make; I repay, requite.

In-stĭtuo, tui, tūtum, 3 (*in, statuo*), v. a., I set, put, or place into; I begin, commence; I make, give; I establish, introduce, appoint; I erect, build, make, fabricate, construct; I institute, form, fashion, regulate, arrange; I ordain, appoint: I decree, pronounce, declare; I procure, hire, collect; I form, teach, instruct, bring or train up, educate.

Institūtum, i, n. (*instituo*), purpose, plan, design; a regulation, custom, way, practice, manner, fashion, institution.

In-sto, stĭti, stătum, 1, v. n., I stand in or upon anything, c. dat. or *in*; I am near or at hand, I draw nigh, approach, impend, threaten; I push or press upon, urge, harass, attack, pursue; I request strongly, demand, insist; I work, take pains; I maintain, insist upon, persist in, stick to my opinion.

In-strūmentum, i, n. (*instruo*), furniture, tool, instrument; effects, goods, provisions, household stuff, utensils, implements, equipage; stock, materials; means, furtherance, promotion, assistance; ornament, embellishment.

In-struo, uxi, uctum, 3, v. a., I put together, set in order, arrange, compose; I construct, build; I draw up in battle-array; I prepare, make ready; I furnish, provide, equip, fit out, accoutre, furnish with necessaries; I instruct, teach; I put into, insert.

In-suē-făcio, fēci, factum, 3 (*in, sueo, facio*), v. a., I accustom or habituate to; *insuēfactus, a, um*, accustomed or inured to anything.

In-suesco, suēvi, suētum, 3 (*in, sueo*), v. inch. n. and a., I am accustomed, am in the habit of; *suesctus, a, um*, accustomed.

In-suētus, a, um, adj., unaccustomed to, not accustomed to, c. gen.; not experienced in, unacquainted with; unusual.

Insŭla, ae, f., an island.

In-sulsus, a, um (*in, salsus*), adj., without salt; insipid; absurd, silly, foolish, flat, dull, stupid, insipid, sottish.

In-sum, fui, esse, to be in or upon, c. dat. or *in*.

In-sŭpĕr, adv., upon, above; over and above, besides, moreover.

In-tĕger, gra, grum (*in, tango*), adj., untouched, unhurt, uninjured; unchanged; uncorrupted, untainted, undefiled, unpolluted, pure; undiminished; fresh, vigorous, active, lively, not exhausted; whole, entire; upright, honest.

In-tĕgrĭtas, ātis, f. (*integer*) unimpaired condition, soundness, healthfulness; completeness; vigor, freshness; purity, correctness; integrity, uprightness, probity, honesty, innocence.

Intel-lĭgo and *intel-lĕgo, lexi, lectum*, 3 (*inter, lego*), v. a., I understand, comprehend, know; I see, perceive; I perceive, feel.

In-tempĕrans, tis, adj., intemperate, immoderate, excessive; profligate, debauched.

In-tempĕrantia, ae, f. (*intemperans*), intemperateness, inclemency; intemperance, excess, incontinence; haughtiness, arrogance, insolence, impudence.

In-tempestus, a, um, adj., unseasonable; *i. nox*, midnight.

In-tendo, di, tum and *sum*, 3, v. a., I stretch out; I spread out, bend (a bow), pitch (a tent); I exert, strain; I direct, turn; I pretend, assert, maintain; I endeavor to bring upon.

In-tentus, a, um, part. (*intendo*), adj., intent upon, fixed, attentive.

Intĕr, prp. c. acc.: between, betwixt; among, amongst, during; *i. viam*, on the way; *inter se*, among themselves, with each other. *Inter*, in composition, means sometimes down — as, *intereo, interficio*.

Inter-cĭllāris, e (*intercalo*), adj., inserted between, interposed, interpolated, intercalary.

Inter-cĭllārius, a, um, adj., same as *intercalaris*.

Inter-cilo, 1, v. a., I proclaim that anything has been intercalated; I interpose, interpolate, intercalate.

Inter-cēdo, cessi, cessum, 3, v. n., I go or come between, I intervene; I contradict, oppose, withstand, hinder, prevent, c. dat.; I interpose my credit, become surety for, *pro aliquo*; I come to or up; to occur, happen, take place; to stand or lie between.

Inter-cĭpio, cēpi, ceptum, 3 (*capio*), v. a., I catch up, intercept; I capture, make prisoner, surprise, cut off; I snatch away, take away.

Inter-clūdo, si, sum, 3 (*claudo*), v. a., I shut or block up, stop the passage, prevent, hinder; I am cut off from, separate from; I shut in, hem in; *intercludere fugam alicui*, to prevent any one's flight.

Inter-dico, dixi, dictum, 3, v. a., I forbid, interdict, prohibit, *alicui aliquid*, or *aliqua re*, or *ne, ut ne; interdicere alicui aqua et ĭgni*, to forbid one the use of fire and water, to banish one; *interdictus, a, um,* forbidden, prohibited.

Inter-dĭu, adv., in the day-time.

Inter-dum, adv., sometimes, now and then, occasionally.

Intĕr-eā, adv., in the mean time, meanwhile, in the interim.

Intĕr-eo, ĭi, ĭtum, īre (inter, eo), v. n., I go down, sink, perish, go to ruin or decay, am destroyed, am slain, die.

Intĕr-est. See *inter-sum.*

Inter-fĭcio, fēci, fectum, 3 *(facio),* v. a., I make or strike down, I slay, kill, destroy, murder.

Intĕrim (inter), adv., in the mean time, meanwhile, in the interim.

Intĕrior, us, ōris (compar. of *⁕interus, a, um),* adj., inner, interior; inland, distant from the sea; nearer; nearer to the wall, farther from the street; superior; more hidden, secret, or unknown; more intimate; smaller, shorter; superl., *intimus, a, um,* the inmost, innermost; the most rare, most difficult, greatest; the most intimate, most secret; subst., a most intimate friend.

Intĕr-ĭtus, ūs, m. *(intereo),* decay, ruin, destruction, extinction, death.

Intĕrius (interior), adv., more inwardly, nearer to the goal; more shortly, too shortly.

Inter-jectus, a, um, part. *(interjicio),* put or placed between, lying between.

Inter-jĭcio, jēci, jectum, 3 *(jacio),* v. a., I throw between, place or put between; I join or add to, intermix.

Inter-missus, a, um, part. *(intermitto);* adj., interrupted, not continued, broken, open.

Inter-mitto, mīsi, missum, 3, v. a., I give over for a time, leave off, intermit, discontinue, omit, neglect; I suffer to pass; I omit, pass by, exclude from participation; I interrupt; I leave an interval, I cease, break off, stop.

Inter-nĕcio, ōnis, f. *(interneco),* a massacre, general slaughter, carnage, extermination.

In-tĕro, trīvi, trītum, 3, v. a.. I rub, crumble, bruise.

Inter-pello, 1 *(pellere),* v. a., I call between; I interrupt by speaking; I speak between, speak, say; I address, accost; I interrupt, disturb, prevent, hinder, stop, ob-

struct; *interpellare aliquem in jure suo,* to hinder one in enjoying his right.

Inter-pōno, pŏsui, pŏsitum, 3, v. a., I put in between or amongst; I intermix, intermingle; I interpose; I oppose; I apply, use; I add; I make, ordain, decree; I falsify; *interponere se,* to interfere; *i. se in rem,* to intermeddle; *i. se bello,* to join in war; *i. spatium,* to give time; *i. fidem,* to pledge one's credit, engage one's word; *i. verbum,* to bring forward, utter, say a word; *i. causam,* to allege, pretend a reason.

Inter-prĕs, ĕtis, m. and f., an intermediate agent between two parties in making a bargain or transacting business; agent, mediator, negotiator; explainer, expounder; translator; interpreter, dragoman.

Inter-prĕtor, 1 *(interpres),* v. dep. a. and n., I interpret, expound, explain; I understand, comprehend.

Inter-regnum, i, n., the space of time in which a throne is vacant; the office of an *interrex.*

Inter-rex, rēgis, m., one invested with vicarious royalty, a regent, protector, *interrex.*

Inter-rŏgo, 1, v. a., I ask, question, demand, inquire, interrogate; I examine judicially; *interrogare aliquem aliquid,* or *de re,* to ask one something or about anything; *i. aliquem legibus,* or *lege,* to go to law with one, to take legal measures against one, to accuse one.

Inter-scindo, scĭdi, scissum, 3, v. a., I tear asunder, hew asunder, cut down; I separate, interrupt.

Inter-sum, fui, esse, v. n., I am in the midst, come or lie between; I differ, am different, c. dat.; I am present, c. dat. or *in; interest,* it imports, concerns, is of importance, *alicujus,* to a person; *interest mea, tua, sua, nostra, vestra,* it concerns me, you, him, us, &c.; *multum, tantum, nihil interest,* it imports much, so much, nothing; *magni interest,* it is of great importance.

Inter-vallum, i, n. *(inter, vallus),* the space between the stakes of the rampart of a camp; a space, distance, interval; an interval of time; difference, dissimilitude; *pari intervallo,* at an equal distance; *ex intervallo,* from afar. at a distance; *longo intervallo,* after a long time.

Inter-venio, veni, ventum, 4, v. n., c. dat.: I come between, come in the midst, come in while anything is doing; I come in one's way, fall in with; to happen, occur, meet with; I stand in the way, oppose, resist, hinder, prevent.

Inter-ventus, ûs, m. (intervenio), a coming between, intervention, interposition, interruption; interference, mediation, assistance.

Inter-viso, si, sum, 3, v. a., I look after, go to see; I visit now and then.

Intestinus, a, um (intus), adj., internal, inward, intestine, domestic, civil.

In-texo, texui, textum, 3, v. a., I weave into, inweave; I join into, add to; I interweave; I plait, interlace, intermingle; I put together, construct.

Intimus, a, um. See interior.

In-tolerandus, a, um, adj., not to be borne or endured, intolerable.

In-tolerans, tis, adj., unable to bear, intolerant; intolerable.

Intra (*interus), adv., within, on the inside; prp. c. acc.: within, on the inside of; into, in.

In-tritus, a, um, adj., not worn away, not weakened, perfect, complete.

Intro, 1 (intrō), v. a. and n., I go into, enter; figur.: I enter, penetrate.

Intro-duco, duxi, ductum, 3, v. a., I lead or bring into, conduct within; I introduce, bring into practice; I bring forward, maintain.

Intro-eo, ivi or ii, itum, ire, v. n. and a., I enter, go into; i. ad aliquem, I call upon one.

Intro-itus, ûs, m. (introeo), a going in, entrance; a place of entry, an entrance; a beginning, introduction, preamble, prelude.

Intro-mitto, misi, missum, 3, v. a., I let in, permit to enter; I send in, into, or to.

Introrsum and introrsus (for introversum), adv., inwards, into; inwardly, internally, within.

Intro-rumpo, rupi, ruptum, 3, v. n., I break or burst into, break in, rush in, enter by force.

In-tueor, tuitus sum, 2, v. dep. a. and n., I look at or upon; figur.: I pay attention to, I regard, observe, contemplate, consider.

Intus (in), adv., within; into, in, c. acc.; inwards.

In-ultus, a, um, adj., unrevenged, not revenged; unhurt, safe, secure; unpunished.

In-usitatus, a, um, adj., unusual, uncommon, unwonted, extraordinary, strange.

In-utilis, e, adj., useless, unserviceable, unprofitable, vain; hurtful, injurious, prejudicial.

In-vado, si, sum, 3, v. n. and a., I go, come; I enter upon, set foot upon; I fall upon, invade, attack, assail; I undertake, attempt; i. in hostem, hostem, to attack the enemy.

In-veho, vexi, vectum, 3, v. a., I bring or carry into or to a place; I occasion, produce; invehere se, to rush on, to advance; invehi in aliquem, to inveigh against a person, to attack one with words.

In-venio, veni, ventum, 4, v. a., I find, meet with; I see, find out, discover; I detect, bring to light; I find out, contrive, devise, invent, hit upon; I procure; I obtain information of; I effect, bring to pass; I acquire, earn, gain, get.

In-ventum, i, n. (invenio), an invention, discovery, contrivance.

In-vestigo, 1, v. a., I trace or find out by the prints of the feet or by the smell; I search for or after, search diligently, investigate.

In-veterasco, ravi, 3, v. n., I grow old; I become firmly seated, predominate, prevail.

In-vicem (in, vicis), adv., by turns, one after another, alternately.

In-victus, a, um, adj., unconquered, unsubdued; invincible, unconquerable; irrefutable.

In-video, vidi, visum, 2, v. n. and a., c. dat.: I envy, grudge; I am reluctant, am not willing, c. inf.; I hinder, prevent, refuse, deny; i. alicui aliquid, I envy one for anything.

In-vidia, ae, f. (invidus), envy, grudging, jealousy; hatred, particularly hatred of the people, evil report, bad character.

In-vidus, a, um (invideo), adj., envious, invidious, malignant, spiteful; unfavorable; c. dat.; a. gen.: i. laudis, envious of praise.

In-violatus, a, um, adj., uninjured, unhurt, untainted, uncorrupted, pure, inviolate; inviolable.

In-visus, a, um, adj., not seen, unseen;

odious, hated, hateful, offensive, disliked, loathed, detested ; hostile.

In-vītātus, ūs, m. (*invito*), an invitation.

In-vīto, 1, v. a., I call in, invite ; I bid to an entertainment ; I treat, entertain with a feast ; I invite, attract, allure, incite, induce.

In-vītus, a, um, adj., unwilling, involuntary, reluctant ; *me invito,* against my will.

Ipse, a, um (for *is-pse,* from *is* and *pse*), pron., himself, herself, itself ; the very, just, exactly ; even, even himself ; *ea ipsa hora,* at the very same hour.

Ira, ae, f., wrath, anger, passion, displeasure, ire, rage, resentment, pique ; fury ; vehemence.

Īrācundia, ae, f. (*iracundus*), irascibility, hastiness of temper ; wrath, rage, passion.

Īrācundus, a, um (*ira*), adj., irascible, choleric, angry, passionate, raging, ireful.

Īrascor, īrātus sum, 3, v. dep. n., I am angry or enraged, am in a rage, am hot with anger, c. dat.

Īrātus, a, um, part. (*irascor*), adj., angry, enraged, displeased, ireful, furious.

Ir-rīdeo and *in-rīdeo, rīsi, rīsum,* 2, v. n. and a., I laugh at ; I mock, ridicule, scoff.

Ir-rīdiculē (*in, ridiculus*), adv., unwittily, unpleasantly.

Ir-rīgātio, ōnis, f. (*irrigo*), a watering, moistening, irrigation.

Ir-rumpo, rūpi, ruptum, 3 (*in, rumpo*), v. a. and n., I break in violently, enter or rush in by force, rush furiously in, burst into.

Is, ea, id, pron., he, she, it ; that ; such ; *id quod,* the which, the very thing which, which indeed ; on that account, because ; *id temporis,* at such a time ; *id aetatis,* of such an age ; *et id, atque id, idque,* and that, and that too, and indeed, and besides, and what is more ; *in eo,* at the point, at that pass.

Istē, istā, istūd (*is, te*), demonst. pron. of the second person, referring to the person spoken to, and anything connected with that person: you there, that one there ; this, that ; such ; he, she, it, when referring to a person previously spoken to.

Istīc or *isthīc* (*istic*), adv., in that place, there ; here ; in this affair, on this occasion.

Ita (*is*), adv., thus, in this manner, so ; ay,

yes ; so, so much, thus, to such a degree ; so very, so very much, very, with *sea* or *neque* ; with such result or effect ; on this condition ; so far, in such a manner, with this restriction ; therefore, for that reason ; *est ita,* it is even so, you are right, it is true ; *quae quum ita sint,* things being so, such being the case ; *quid ita ?* how so ? why so ?

Ītalia, ae, f., Italy. It sometimes includes Gallia Cisalpina. V. Caes. L. 10, n. 9.

Ītalicus, a, um, adj., of or belonging to Italy, Italian.

Ita-que, conj., and so, and thus ; hence, accordingly, therefore.

Ītem (*is*), adv., likewise, in the like manner ; also, as well.

Īter, ītinĕris, n. (*ire, itum*), a going along, a walk, way ; a journey, way, march ; a road, way, path ; figur. : a way, course, method, plan, custom ; *iter facere,* to go on a journey, travel, march ; *in itinere,* on the way, on the march ; *ferro iter aperire,* to cut one's way.

Ītĕrum (*iter*), adv., again, a second time, anew ; on the other hand, on the contrary.

J

Jăceo, cui, cĭtum, 2, v. n., I lie, lie down, recline ; I lie dead ; to lie, to be situated ; to be placed, to rest ; figur. : I lie prostrate, am hopeless ; I remain inactive ; I lie conquered, subject ; I am dejected, depressed.

Jăcio, jēci, jactum, 3, v. a., I throw, cast, hurl ; I emit, send forth, shed ; I scatter, strew ; I throw out, hint, utter, say, proclaim ; I lay, place, erect, raise, throw or cast up ; I throw away.

Jacto, 1 (*jacio*), v. freq. a., I throw, cast, fling, hurl, discharge ; by words : I throw out, hint, intimate, speak, utter, discuss ; I extol, celebrate, make a boast of ; I throw to and fro, toss about, shake, swing, flourish ; I throw away, off, or down ; *jactare se,* to display one's self, to make a show, to pride one's self, to boast.

Jăcŭlor, 1 (*jaculum*), v. dep. a., I throw a javelin, fight with a javelin ; I hurl, throw, cast, dart, fling.

Jăcŭlum, i, n. (jacio), a javelin, dart.

Jăcŭlus, a, um (jacio), adj., what is or may be thrown.

Jam (for iem, from is, as clam, coram, palam), adv., now, instantly, already, presently, shortly ; jam — jam, now — now, at one time — at another ; jamjam, just now, instantly, forthwith ; jam jamque, immediately, as soon as possible ; jam primum, even first of all, in the very first place ; jam tandem, now at length, after all ; jam ante or antea, already before ; jam pridem, long since, for a long while ; jam nunc, even now ; non jam, no more, no longer ; jam nemo, no one besides, not another ; jam vero, and now, and furthermore ; jam porro, now further ; jam dudum, long since, long ago.

Jānua, ae, f. (janus), a passage, entrance, door, house-door.

Jānuarius, a, um, (Janus), adj., of or belonging to Janus : januarius mensis, or abs., januarius, i, m., January.

Jějūnus, a, um, adj., empty, void; fasting, hungry, famished ; dry, droughty, barren, meagre, unproductive ; fruitless ; frigid, spiritless, slender ; small, miserable, contemptible, vile, worthless, mean, low.

Jŏcor, 1 (jocus), v. dep. n., I jest, joke ; v. a., I say in a jocular manner.

Jŏcōsus, a, um (jocus), adj., merry, sportive, frolicsome, humorous, witty, facetious, jocose.

Jŏcus, i, m., a laughing ; a joke, jest ; pl., joci, jests ; joca, jesting, talk.

Jŭba, ae, f., the mane of a horse or other beast ; a tuft of feathers, a crest ; the crest of a helmet.

Jŭbeo, jussi, jussum, 2, v. a., I bid, command, charge, enjoin, wish, desire, intreat, advise, tell ; I approve, ratify, decree, order ; jubeor, I am desired or commanded ; jussus, a, um, one who has received a command, or is desired, ordered ; appointed, decreed, ordered ; jussum, a command, order, decree ; jussa capessere, to perform the orders.

Jŭcundus, a, um (juvo), adj., pleasant, agreeable, delightful, grateful, pleasing, joyful, jovial, merry, jocund ; adv., jucundē.

Jūdex, icis, m. and f. (judico), a judge.

Jūdĭcĭum, ii, n. (judex), judgment ; trial ;

examination, inquiry ; a process, suit at law ; any sentence or decision, a judicial sentence ; a court of justice ; a body of judges ; any judgment, decision, opinion ; a power of judging, judgment, discernment ; an acting, proceeding, course, conduct ; consideration, discretion ; judicio aliquid facere, to do a thing deliberately, with a set purpose.

Jūdĭco, 1 (jus, dico), v. a., I examine judicially ; I give sentence, pass judgment, decide as a judge ; I judge, think ; c. acc. ; I conclude, resolve, think fit.

Jūgātio, ōnis, f. (jugo), a binding, as of a vine to rails.

Jūgŭlo, 1 (jugulum), v. a., I cut the throat, butcher, kill, slay.

Jūgum, i, n. (jungo), a yoke to keep two oxen together ; yoke, collar, team ; a pair, couple ; a chariot ; height, or the summit of a mountain ; sub jugum mittere, to pass vanquished enemies under a yoke, to subdue.

Jūmentum, i, n. (for jugmentum, from jungo), a beast used for carrying or drawing, a beast of burden.

Junctūra, ae, f. (jungo), a joining, uniting ; a joint, seam.

Jungo, nxi, nctum, 3, v. a., I join, unite, bind, or tie together; I join, make ; I add to, unite with anything ; I connect, continue, pursue ; amicitiam cum aliquo jungere, to make friendship with one.

Jūnius, a, um, adj., Junian : sc, mensis, the month of June.

Jūrātus, a, um, part. (juro), adj., having sworn, bound by oath, under oath.

Jurgium, ii, n. (jurgo), a dispute, quarrel, altercation, strife, contention.

Jūro, 1 (jus), v. n., I swear ; v. a., I take an oath ; I confirm by oath, swear anything ; I abjure, swear not to do or to have, renounce upon oath.

Jūs, jūris, n., broth, soup.

Jūs, jūris, n. (akin to jubeo), justice, right, law ; authority, leave, power ; rights and privileges, state, condition, circumstances ; summum jus, the utmost rigor of the law ; jus dicere, to administer justice ; de jure suo cedere, to yield one's right ; jure, justly, reasonably, naturally ; in jus ire, to go to law ; in jus vocare aliquem, to summon one to court.

Jūs-jūrandum, jūrisjūrandi, n., an oath ;

adigere aliquem ad jusjurandum, to bind one by an oath.

Jussum, i, n. See jubeo.

Jussus, ûs, m. (jubeo), a command.

Justitia, ae, f. (justus), justice, impartiality; mildness, gentleness, clemency, mercy; equity, love of justice.

Justus, a, um (jus), adj., just; lawful, true; regular, proper, right; proper, suitable; justum, that which is right or just, justice, equity.

Juvenalis, e (juvenis), adj., youthful, juvenile.

Juvenis, is, m. and f., young, youthful; a young man, a youth; compar.: junior, younger.

Juventus, ûtis, f. (juvenis), youth, the age of youth; youth, young people.

Juvo, juvi, jutum, 1, v. a., I help on, promote, help, aid, assist, succor; I please, delight, amuse; j. hostes frumento, to succor the enemy with provisions; juvat me, it delights me.

Juxta (for junxta, from jungo), adv., nigh, near by, hard by; equally, alike, in like manner; prp. c. accus.: by, next to, close to, hard by; like, even as, nearly as; immediately after, next after, next to.

K,

the Greek form of the letter C, was anciently written in the beginning of Greek words, as Kalendae; but as they were afterwards written with C, the words beginning with K may be seen under C. The only Latin words properly written with K are Kalendae, the praenomen Kaeso, and Karthago.

L

L, as a cipher, the sign of the number fifty; also for the praenomen Lucius.

Labefacio, 1 (labefacis), v. freq. a., I loosen, shake, cause to totter or fall; I hurt, injure, impair; I lessen, disparage; I weaken, overthrow, destroy, ruin; I corrupt, bribe.

Labor, lapsus sum, 3, v. dep. n., I glide down, slip down; I fall, go to ruin,

come to an end, sink; I miss, err, commit a fault or error.

Labor, anciently labos, ōris, m., labor, toil, fatigue; activity, industry; need, distress, trouble, misfortune, hardship, difficulty.

Laboro, 1 (labor), v. n., I labor, exert myself, strive, take pains; I grieve, care, trouble myself, am sorrowful, anxious, solicitous, or concerned about, c. abl., or ut ne; I am in want, need, difficulty, trouble; I am oppressed, afflicted, or troubled with; I am in distress or danger; of inanimate things: to be in a bad condition; v. a., I work, labor, fashion, form, make with pains; l. morbo, to be sick.

Labrum, i, n. (labium), a lip; l. in salinas, the basin of a bath.

Lac, ctis, n., milk.

Lacedaemonius, a, um, adj., Lacedaemonian, or Spartan; Lacedaemonius, i, m., an inhabitant of Lacedaemon, or Sparta.

Lacero, I (lacer), v. a., I hew, cut, tear, rend, mangle, lacerate, I asperse, rail at, carp at, censure; I ruin, dissipate, waste, consume.

Lacertus, i, m., the upper muscular or sinewy part of the arm between the shoulder and the elbow; the arm; figur.: lacerti, muscular arms, muscles, nerves, strength, force, vigor.

Lacesso, ivi and ii, itum, 3, v. a., I irritate, provoke, exasperate, excite, incite, stimulate; I challenge, invite; I attack; assail.

Lacrima, lacruma, lacryma, ae, f., a tear.

Lacunar, āris, n. (lacuna), the empty space in ceilings; a carved or fretted ceiling.

Lacus, ûs, m., a lake.

Laetitia, ae, f. (laetus), joy, gladness, mirth, joyfulness.

Laetor, 1 (laetus), v. dep. n., I rejoice, am glad or joyful, re, de re, in re.

Laetus, a, um, adj., glad, joyful, cheerful; doing anything with joy, ready, willing; delighting, taking pleasure in, c. abl.; pleased, contented, satisfied, c. abl.; making cheerful, delighting, gladdening, pleasing, acceptable, grateful, welcome; propitious, favorable, auspicious, lucky; joyous in appearance, looking cheerful, pleasant; fertile, fruitful, rich, fat; of an orator or speech: fertile, rich, florid, flowery; abundant, copious.

Laevus, a, um, adj., low, lying, left; *laeva manus*, the left hand; *ad laevam*, sc. *manum*, *in laevum*, sc. *latus*, on or towards the left.

Lancea, ae, f., a lance, spear, javelin, dart.

Languens, tis, part. (*langueo*), adj., faint, feeble, languid, drooping, weak, inactive.

Langueo, gui, 2, v. n., I languish, am feeble, weary, or faint; I am languid, dull, heavy.

Languidus, a, um (*langueo*), adj., faint, dull, weak, feeble, languid, sluggish.

Lănio, 1, v. a., I tear or cut in pieces, cut up, lacerate, mangle.

Lăpideus, a, um (*lapis*), adj., of stone, hard as stone, stony, like stone; full of stones, stony.

Lăpis, ĭdis, m., a stone; a precious stone, gem, jewel.

Lapsus, ūs, m. (*labor*) a sliding, slipping, falling, fall; a fault, error; a gliding, running, course.

Lăqueus, i, m., a noose, halter, snare, trap, gin.

Lār, ăris, m., pl., *Lăres*, ium and um, a kind of guardian gods of towns, ways, and houses; house, dwelling, home.

Largior, ītus sum, 4 (*largus*), v. dep. a., I give in abundance, give or grant liberally, bestow largely, lavish; I give, grant, bestow; I bribe; figur.: I grant, concede, yield.

Largītio, ōnis, f. (*largior*), a giving freely, bestowing liberally, bounty, liberality; an imparting, presenting, granting; a distributing of money, corruption, bribery; profusion, prodigality.

Largus, a, um, adj., plentiful, copious, abundant, large, extensive; liberal, profuse, prodigal; adv., *large* and *largiter*.

Lascivia, ae, f. (*lascivus*), lustfulness, lasciviousness, wantonness; playfulness, sportiveness, frolicsomeness; licentiousness, insolence, impudence.

Lascivus, a, um, adj., lustful, lascivious, wanton, sportive, frolicsome, playful; insolent.

Lassitūdo, ĭnis, f. (*lassus*), weariness, faintness, lassitude, fatigue.

Lăteo, ui, 2, v. n., I am low or hidden, I lie hid, am concealed, I lurk, skulk; I am in retirement, live retired from public af-

fairs; v. a., I am concealed from, unknown to.

Lătine (*Latium*), adv., in Latin.

Lătinus, a, um (*Latium*), adj., of or belonging to Latium, Latin.

Lātitūdo, ĭnis, f. (*latus*), breadth, width, size, extent.

Lātro, ōnis, m., a robber, highwayman.

Lātus, a, um, adj., flat, broad, wide; large, spacious, of great extent; figur.: copious, diffuse, detailed; adv., *lātē*.

Lătus, ĕris, n., the side, flank; of orators: the lungs.

Laudo, 1 (*laus*), v. a., I praise, commend, extol, laud.

Laus, dis, f., praise, commendation, glory, honor, good report, fame, renown, esteem.

Lăvo, lăvāvi and lāvi, lāvātum, lautum, and lōtum, 1 and 3, v. a. and n., I wash, bathe.

Laxo, 1 (*laxus*), v. a., I enlarge, widen, let out, dilate, expand; I loosen, disengage; I slacken, relax, unbend; I loosen, open; I lighten, relax, relieve; I lessen, remit, abate; I deliver, free, release; I lengthen, prolong, delay, defer.

Lectĭcŭla, ae, f. (*lectica*), dim., a small chair or sedan; a sofa, couch, settee.

Lectiuncŭla, ae, f. (*lectio*), dim., a short reading.

Lectŭlus, i, m. (*lectus*), dim., a small couch or bed; a couch, sofa, or settee to study on; a couch to recline on at table.

Lectus, a, um, part. (*lego*), adj., chosen, selected, choice, excellent.

Lectus, i, m. (*lego*), a bed or couch to sleep on.

Lēgātio, ōnis, f. (*legare*), a sending of an ambassador; an embassy, the office of an ambassador; an embassy, the persons employed as ambassadors; the office of a legate or lieutenant of a general, proconsul, or propraetor.

Lēgātus, i, m. (*legare*), an ambassador, envoy, legate; a deputy, lieutenant of a general.

Lĕgio, ōnis, f. (*lego*), a legion.

Lĕgiōnārius, a, um (*legio*), adj., of a legion, legionary.

Lēgitimus, a, um (*lex*), adj., according to law, appointed by law, legal, lawful, legitimate.

Lĕgo, lēgi, lectum, 3, v. a., I lay together,

collect, gather, cull, pick up; I run over, read, peruse; I choose, select, elect.

Lemannus, *i*, m., or **Lemannus lacus**, the Lake of Geneva.

Lēnio, 4 (*lenis*), v. a., I soften, mitigate, calm, assuage, allay, appease, soothe; I still, quiet; I render tolerable; I endeavor to relieve or pacify.

Lēnis, *e*, adj., melting, mild, soft, gentle, merciful, indulgent; adv., *lēnē* and *lēnĭter*.

Lēnĭtas, *ātis*, f. (*lenis*), softness, mildness, gentleness; slowness.

Lentus, *a*, *um* (*lenis*), adj., melted, softened; viscous, tenacious; tough; pliant, flexible; slender; slow, sluggish; that renders slow, heavy; phlegmatic, insensible, unfeeling, unconcerned, unaffected, calm, cool; easy, fearless.

Lēpor and **lēpōs**, *ōris*, m., liveliness; pleasantness, agreeableness; politeness, urbanity; pleasantry, mirth, facetiousness; wit, humor.

Lēvātio, *ōnis*, f. (*levo*), a lifting or raising up; alleviation, mitigation, relief; lessening.

Lēvis, *e*, adj., light, small, little, slight; of small moment, of little worth, trifling, trivial; easy to do; light, gentle, soft, mild; agreeable, pleasant, complaisant, obliging; light, inconstant, fickle, unsteady, wavering; adv., *lēvĭter*.

Lēvĭtas, *ātis*, f. (*lēvis*), lightness; agility, swiftness, velocity; movableness; frivolity; levity, changeableness, inconstancy, fickleness, unsteadiness, inconsiderateness; insignificance, groundlessness, vanity.

Lēvo, 1 (*lēvis*), v. a., I lift up, heave, raise; I lighten, alleviate, ease, relieve; I free, liberate, release, disburden; I refresh, relieve, set up, strengthen, restore.

Lex, *lēgis*, f. (*legěre*), a law; a rule; a precept, canon; a condition; *legem ferre* or *rogare*, to propose a law; *legem perferre*, to carry a bill; *lege*, by law, by virtue of the law.

Lĭbens or **lŭbens**, *tis* (*libet* or *lubet*), adj., willing; glad, merry, cheerful, joyful; willingly, readily; adv., *libenter* or *lŭbenter*.

Liber, *lĭbri*, m., the bark, especially the inner bark or rind of a tree; hence, as the ancients wrote upon paper made of bark, any writing, a book.

Liber, *ĕra*, *ĕrum*, adj., free; freeborn, independent, manly; unimpeded; c. abl.: free from; adv., *lĭbĕrē*.

Lĭbĕrālis, *e* (*liber*), adj., of a freeman, pertaining to freedom; befitting a freeman, noble, decorous, genteel; gracious, kind; bountiful, generous, munificent, liberal; copious, plentiful, large; adv., *lĭbĕrālĭter*.

Lĭbĕrālĭtas, *ātis*, f. (*liberalis*), nobleness of spirit or disposition; graciousness, kindness, obligingness, affability, openness; liberality, munificence, generosity.

Lĭbĕri, *ōrum*, m. (*liber*), freeborn children.

Lĭbĕro, 1 (*liber*), v. a., I free, make free, set at liberty, liberate; I deliver, release, extricate; I free from taxes; from an obligation; I free from difficulties, clear up, put in order, adjust; I discharge, acquit, absolve; c. abl., or with *ab*.

Lĭbertas, *ātis*, f. (*liber*), the condition of a freeman, liberty, freedom; want of restraint, indulgence, excess.

Lĭbertīnus, *a*, *um* (*libertus*), adj., a freedman.

Lĭbertus, *i*, m. (for *liberatus*), a freedman, slave made free, in reference to his master.

Lĭbet or **lŭbet**, *lĭbĭtum est*, 2, it is agreeable, c. dat.

Lĭbīdĭnōsus, *a*, *um* (*libido*), adj., wilful, capricious, wanton; lustful; licentious, dissolute, luxurious; adv., *lĭbīdĭnōsē*.

Lĭbīdo or **lŭbīdo**, *ĭnis*, f. (*libet*), desire, inclination, will, longing appetite, passion for, thirst after anything, c. gen.; immoderate, unrestrained desire, caprice, wilfulness, wantonness; sensuality, debauchery; *lĭbidines*, bad desires, lusts.

Lĭcens, *tis* (*licet*), adj., free, wanton, unrestrained, loose.

Lĭcentia, *ae*, f. (*licens*), freedom, liberty, leave, permission, license, power; boldness, presumption; excess, unruliness, licentiousness, dissoluteness.

Lĭceo, *cui*, *cĭtum*, 2, v. n., to be put up to sale; to be exposed at auction.

Lĭceor *lĭcĭtus sum*, 2, (*liceo*), v. dep. n. and a., I bid money for, offer a price for; *contra licēri*, to make a higher offer.

Lĭcet, *lĭcuit* and *lĭcĭtum est*, 2 (*liquet*, it flows), v. impers. (it goes, may go), it is allowed, permitted, lawful, right c. dat.; *per me lĭcet*, I allow it; *licet*, conj., though, although, notwithstanding, with subj.

Lĭgŭla and **lĭngŭla**, **ae**, f. (**lingua**), dim., a little tongue; a tongue of land.

Lingua, **ae**, f. (**lingo**), the tongue; language, speech; a tongue, language; a dialect; a tongue of land; a promontory.

Lingŭla. See **ligula**.

Linter, **tris**, f., a small boat, skiff.

Līnum, **i**, n., flax, thread.

Littĕra, or better **lītĕra**, **ae**, f. (**lino**), a stroke with the pen, a letter; pl., **litĕrae**, the letters; writing; whatever is drawn up in writing; a writing, writings, documents, papers; a letter or epistle; written memorials, literature; the liberal arts, belles-lettres, letters, learning, the sciences, studies; philology, grammar.

Littĕrŭla, **ae**, f. (**litera**), dim., a small letter; pl., **literulae**, a short letter or epistle; learning, studies, literary or philological knowledge.

Lītus or **littus**, **ōris**, n., the sea-shore.

Lŏco, 1 (**locus**), v. a., I place, set, lay, dispose, arrange, station; I let out, lease; I let a thing out to be done for a certain price, let to farm.

Lŏcŭplēs, **ētis** (**locus**, **plenus**), adj., rich in lands, landed; rich, wealthy, opulent; rich, ample, sumptuous, copious; richly stored, stocked; credible, trusty, faithful, sufficient.

Lŏcus, **i**, m., pl., **loci**, m., and **loca**, n., a lodge, place; figur.: place, room, standing; place, post of honor, dignity, office, rank; post, position, posture, attitude; a passage, portion, head of a book or science; the subject, matter; opportunity, occasion, fit season, cause; situation, condition, state, footing, circumstances; standing, rank, station, degree; a point, particular, article, part; **loco cedere**, to give way; **in fratris loco**, as a brother; **in eo loco**, in that situation; **aliquem nullo loco numerare**, to hold one in no esteem; **esse equestri loco**, to be of equestrian rank; **movere loco**, to dislodge.

Longē (**longus**), adv., long, to a great length; far, afar, a long way off, at a distance; to a great distance, to a great length of time, long; at great length, with prolixity, diffusely; much, very

much, greatly, a great deal; **longe lateque**, far and wide; **longius progredi**, to go farther on.

Longinquus, **a**, **um** (**longus**), adj., long; of long duration; far off, remote, distant; old, ancient.

Longĭtūdo, **inis**, f. (**longus**), length; **patet in longitudinem**, it extends in length.

Longūrius, **ii**, m. (**longus**), a long pole, rod, perch, or rail.

Longus, **a**, **um**, adj., long; of long duration or continuance; tedious, prolix; **navis longa**, a long ship, a ship of war.

Lŏquax, **ācis** (**loquor**), adj., talkative, wordy, loquacious.

Lŏquor, **lŏcūtus sum**, 3, v. dep. n. and a., I speak, converse, discourse, say; e. acc.: I speak, say, tell, speak out, utter; I tell of, make mention of, sing of, celebrate, talk about; figur.: I declare, show, indicate clearly, manifest.

Lŭbens, **lŭbenter**, **lŭbet**, **lŭbido**. See **libens**, &c.

Lūcesco, 3 (**luceo**), v. inch. n., I begin to shine; to grow light, break, dawn; impers.: **lucescit**, the day is breaking.

Luctŭōsus, **a**, **um** (**luctus**), adj., full of mourning, mournful, sorrowful, lamentable, sad, doleful, afflictive; overwhelmed with grief and mourning, covered with sorrow.

Luctus, **ūs**, m. (**lugeo**), mourning, affliction, grief, lamentation, wailing; sorrow, affliction; mourning apparel, mourning weeds.

Lūcŭlentus, **a**, **um** (**lux**), adj., full of light, bright; beautiful, fair, handsome, comely, fine; splendid, ample, rich, wealthy; illustrious, brilliant, notable; **luculenta oratio**, a finished, elegant, well-written speech.

Lūdibrium, **ii**, n. (**ludus**), a mocking, derision, scoff, jest, sport.

Lūdus, **i**, m. (**ludo**), play, sport; jest, joke; a school; **ludi**, games, spectacles, sights, shows, exhibitions; **ludos facere**, to exhibit games.

Lūna, **ae**, f., the moon.

Lustro, 1 (**lustrum**), v. a., I purify by a sacrifice; I review, survey, view, examine; I go round, go through, traverse, wander over.

Lustrum, **i**, n. (**luo**), a purifying sacrifice offered in behalf of the whole people at the end of every five years; the space of five years.

Lux, *lūcis*, f., the light, daylight, sunlight; brightness, brilliancy; life.

Luxŭria, *ae*, and *luxŭriēs*, *ēi*, f. (*luxus*), excessive vegetation, overgrowth; luxury, profusion, dissipation, extravagance.

Luxŭriōsus, *a*, *um* (*luxuria*), adj., exuberant, over-fruitful, rank, luxuriant, growing excessively; wanton, excessive, immoderate, insolent; profuse, extravagant, luxurious, voluptuous; adv., *luxŭriōsē*.

Luxus, *ūs*, m. (*luxo*), immoderate expense, luxury, revelling, profuseness; sensual delights, voluptuousness; sumptuousness, costliness, magnificence, splendor.

Lycurgēus, *a*, *um*, adj., Lycurgan, i. e. strict, inflexible.

M

M. is the praenomen *Marcus*, but *M'.* signifies *Manius*.

Macedonia, *ae*, f., Macedonia.

Macedonĭcus, *a*, *um*, adj., pertaining to Macedonia, Macedonian.

Măcellum, *i*, n., the shambles.

Măchĭnātio, *onis*, f. (*machinor*), artificial construction, mechanism, mechanical device, contrivance, skill; a machine, engine; artifice, craft.

Măchĭnātus, *a*, *um*, part. (*machinor*), adj., framed, devised, contrived.

Măchĭnor, 1 (*machina*), v. dep. a., I make, frame, build, contrive, devise, design; I plot, scheme maliciously.

Maerens, *maereo*, *maestus*. See *moereo, moestus*.

Măgis (akin to *magnus*), adv., more; rather; *eo magis*, so much the more.

Măgister, *tri*, m. (*magis*), a master, ruler, chief; a master, teacher; figur.: an author, adviser.

Măgistrātus, *ūs*, m. (*magister*), the office or place of a magistrate, a magistracy; a person invested with public authority, a magistrate.

Magnes, *ētis*, adj., of Magnesia; subst., a Magnesian.

Magnĭ-fĭcentia, *ae*, f. (*magnificus*), grandeur, magnificence; splendor, costliness.

Magnĭ-fĭcus, *a*, *um* (*magnus, facio*), adj., compar., *-ĭcentior*, *us*; superl., *-ĭcentis-*

---

simus, *a*, *um*; making one's self great, august, glorious; magnificent, splendid; rich, costly, sumptuous; lofty, grand; adv., *magnĭfĭcē*.

Magnĭtūdo, *ĭnis*, f. (*magnus*), greatness, magnitude, multitude, great number, plenty, abundance; dignity; *m. animi*, magnanimity, high spirit.

Magn-ŏpĕrĕ (*magno opere*), adv., very much, much, greatly.

Magnus, *a*, *um*, adj; compar., *major*, *us*; superl., *maximus*, *a*, *um*; great, large; considerable, much; momentous, important; high, dear; long; *magna vox*, a loud voice; *magnus casus*, a singular incident; *magnum est*, it is a great thing; *magni*, sc. *pretii*, at a high price, dear; *magni facere, aestimare magni* or *magno*, to esteem highly; *magno emere*, to buy at a high price.

Maius, *a*, *um*, adj. (sc. *mensis*), the month of May.

Mājestas, *ātis*, f. (*majus*), greatness, grandeur, majesty, dignity; supreme power, sovereignty; *crimen majestatis*, high treason.

Majōres, *um*, m. (*magnus*), ancestors, forefathers.

Mălăcia, *ae*, f., a calm at sea, dead calm.

Mălē (*malus*), adv., compar., *pejus*; superl., *pessĭmē*; badly, ill, wrongly, amiss, wickedly; ill, unfortunately.

Mălĕ-dictum, *i*, n. (*maledico*), a reproach; abusive language; an imprecation, curse; mischievous talk.

Mălĕ-factum, *i*, n. (*malefacio*), an ill turn or deed, an injury.

Mălĕ-fĭcium, *ĭi*, n. (*maleficus*), a bad action; mischief, wickedness; the infliction of injury or harm.

Mălĕ-vŏlentia, *ae*, f. (*malevolens*), ill-will, hatred, disaffection, envy, spite, malice, malevolence.

Malleŏlus, *i*, m. (*malleus*), a small mallet or hammer; a kind of fire-dart.

Mālo (for *mavolo* or *magis volo*), *mālui*, *malle*, v. irreg. a., I will rather, choose rather, like better, prefer, c. acc., c. inf., c. acc. c. inf., or *ut*; *quod mallem*, I would rather, I should rather wish, that.

Mălum, *i*, n. (*mālus, a, um*), anything evil, an evil; misfortune, calamity; punishment; torment, torture; injury, prejudice, disadvantage; an evil action, crime.

Mălus, a, um; compar.. pejor, us; superl., pessimus; adj., bad, evil, wicked; poisonous, noxious; unsuccessful, unfavorable, adverse; ill, sick; cunning, crafty, artful, mischievous.

Mālus, i, m., a pole; the mast of a ship.

Mandātum, i, n. (mando), a command, commission, order, charge, mandate, message; mandatum referre, to deliver one's message.

Mando, 1 (manus, do), v. a., I give in hand, commit to one's charge, I bid, enjoin, order, command; I commit, consign, commend, confide, intrust; m. se fugae, to betake one's self to flight.

Māne, adv., in the morning.

Māneo, mansi, mansum, 2, v. n. and a., I remain, stay, abide, sojourn, lodge; I remain, subsist, last, endure, continue; m. aliquem, to await any one, to wait for one.

Mani-festus, a, um (manus, *fendo), adj., found or touched with the hand; manifest, clear, evident, plain, apparent; m. mendacii, convicted of a lie.

Mani-pŭlus, i, or măniplus, i, m. (manus, pleo), a handful; a band of soldiers, a company, maniple.

Manliānus, a, um, adj., of or pertaining to Manlius, Manlian.

Man-suētūdo, īnis, f. (mansuetus), tameness; softness, gentleness, mildness, lenity, clemency.

Mănus, ûs, f., a hand; art, labor, industry; power; workmanship, style, character, handwriting; an armed force, army, multitude, troop, band of men; conserere manum or manus, conferre manum, to fight; in alicujus manu esse, to be in one's power; in manibus esse, to be in one's hands; to be in hand, preparing; to be close by, near, at hand; to be present, just now transacted; ad manum, at hand, in readiness.

Marcus, i, m., a Roman praenomen.

Măre, is, n., the sea; m. nostrum, the Mediterranean; m. superum, the Gulf of Venice; m. inferum, the Tuscan Sea.

Marītīmus or mărītĭmus, a, um (mare), adj., of the sea, relating to the sea, being in or upon the sea, maritime; m. cursus, a voyage; m. bellum, a maritime war; m. civitas, a town lying on the sea; maritima, sc. loca, countries or places adjoining to the sea.

Marītus, a, um (mas), adj., of or belonging to marriage; subst., maritus, a husband.

Marsĭcus, a, um, adj., belonging to the Marsi, sc. bellum: belonging to the Marsic or Social war, B. C. 91-88.

Martius, a, um (Mars), adj., of or belonging to Mars. Campus Martius, a grassy plain in Rome along the Tiber, consecrated to Mars, in which the comitia centuriata were held for the making of laws and the election of magistrates.

Matăra, ae, f. (a Celtic word), a Celtic javelin, pike.

Māter, tris, f., a mother; m. familias or familiae, the mistress of a family, the lady of the house.

Matĕria, ae, and matĕries, ēi, f. (mater), matter, stuff, materials; timber; wood; the subject or argument of a book, the theme of a discourse; occasion, cause, source; natural disposition, abilities.

Matrimōnium, ii, n. (mater), marriage, wedlock, matrimony.

Matūro, 1 (maturus), 1, v. n., to ripen, grow ripe; I hasten, make haste; 2, v. a., I ripen, make ripe, mature; I bring to perfection; I accelerate, hasten, quicken, despatch, expedite; I act rashly, am in a hurry.

Matūrus, a, um, adj., ripe, mature; figur.: early, speedy; hiems matura, an early winter; adv., mature.

Matūtīnus, a, um, adj., in the time of dew, in the morning, early, early done or happening, matutinal, matin; matutinum tempus, the morning time, the morning, morn.

Maxĭmē (superlat. of magis), adv., in the highest degree, most, most of all, much, very eminently; chiefly, especially, particularly; just; in answers: yes, well, certainly, assuredly; quam maxime, very much, extremely.

Medeor, 2, v. dep., e. dat.: I heal, cure, remedy, help, am good for or against; figur.: to apply remedies, amend, correct, reform, relieve.

Medĭcīnus, a, um (medicus), adj., relating to medicine or the cure of a disease; medicina, sc. ars, the art of physic, medicine; medicina, sc. res, physic, medicine; a remedy.

Medĭcus, a, um (medeor), adj., healing, medicinal, medical; subst., medicus, a physician, surgeon.

Mĕdĭocris, *e* (*medius*), adj., middling, moderate, tolerable; common, indifferent, mean, low, unimportant, insignificant; adv., *mĕdĭocrĭter*.

Mĕdĭtor, 1, v. dep. a. and n., I muse or think, meditate, consider, weigh; I design, intend, purpose; I study, prepare.

Mĕdĭum, *ii*, n. (*medius*), the middle; the public, community; *in medio*, in the midst.

Mĕdĭus, *a*, *um*, adj., mid, middle, in the midst, in the middle; neutral.

Me-dĭus-fĭdĭus, m, by the god of truth, as true as heaven, most certainly.

Mĕdulla, *ae*, f., the marrow of bones; the inmost, innermost part.

Me-hercle, *mehercule*, *mehercules*, interj., by Hercules! in very truth!

Mellītus, *a*, *um* (*mel*), adj., of honey, or sweetened with honey; figur.: sweet, delicious, charming.

Membrum, *i*, n., a member, limb.

Mĕmĭni, *isse*, v. defect. n. and a., I recall to my mind, I have retained in my memory, I remember, recollect, call to mind, think of, bear in mind, am mindful of, consider, reflect on.

Mĕmor, *ŏris* (*memini*), adj., mindful, remembering; grateful.

Mĕmŏrābĭlis, *e* (*memoro*), adj., worthy of being mentioned, memorable, remarkable.

Mĕmŏrĭa, *ae*, f. (*memor*), memory, remembrance; time, as far as it is remembered; a story or thing remembered; history, story, account, relation, report; a thinking of, consideration, reflecting; *memoriae mandare*, to commit to memory; *in memoriam redigere* or *reducere*, to remember, recollect, bethink one's self of; *memoriam rei deponere*, to forget; *memorias prodere* or *tradere*, to hand down to posterity, to leave in writing, to record, relate.

Mĕmŏro, 1 (*memor*), v. a., I mention, recount, tell, relate, say.

Mendōsus, *a*, *um* (*menda*), adj., full of wants, faults, or blunders, faulty, exceptionable, incorrect, erroneous; making faults, blunders, mistakes; adv., *mendōsē*.

Mens, *tis*, f. (akin to *memini*), mind, disposition, heart, soul; consideration, reflection, recollection, judgment; courage,

bravery, fortitude, spirit; thought, memory, recollection; opinion, view; intention, purpose, design, plan; *mente captus*, out of his senses, beside himself, mad.

Mensa, *ae*, f., a plate; a table to eat on, a table.

Mensis, *is*, m., a month.

Mentĭo, *ōnis*, f. (*memini*), mention, a speaking of; *mentionem facere rei*, or *de re*, to mention, make mention of.

Mentĭor, *tītus sum*, 4 (*mendax*, *mens*), v. dep., 1, n., I lie; I deceive, impose upon; I do not keep my word, break my word; 2, v. a., I forge by lying, I invent, feign, counterfeit, pretend; figur.: I belie, disappoint, deceive, delude, beguile.

Mentītus, *a*, *um*, part. (*mentior*), adj., feigned, invented, false.

Mercātor, *ōris*, m. (*mercor*), a merchant, trader.

Mercātus, *ūs*, m. (*mercor*), a buying and selling; a place of public traffic, a mart, market-place.

Merces, *ēdis*, f., hire, wages, pay, reward; punishment; trouble, cost, loss; cost, pains; profit, gain, rent, revenue, income, interest.

Mercor, 1 (*merx*), v. dep., 1, n., I trade; 2, v. a., I buy, purchase.

Mĕrĕo, *ui*, *itum*, 2, and *mĕrĕor*, *itus sum*, 2, v. a., I deserve, merit; I gain, earn; v. n., I deserve of, do good or ill to, behave towards a person, *erga aliquem*, *de aliquo*.

Mĕrīdĭes, *ēi*, m. (*medius*, *dies*), midday, noon; the south.

Mĕrĭtum, *i*, n. (*mereo*), merit, any action deserving thanks or reward; a benefit, kindness, favor; demerit; offence, transgression.

Mĕrĭtus, *a*, *um*, part. (*mereo*), adj., merited, deserved, earned, due, fit, just, right.

Mĕrus, *a*, *um* (= *purus*), adj., pure, unmixed; mere, bare, naked; pure, true, genuine.

Merx, *cis*, f. (*mercor*), any kind of ware or merchandise; goods, commodities.

Mĕtellīnus, *a*, *um*, adj., of or belonging to a Metellus, Metelline. Epp. Cic. Ill. 5.

Mētĭor, *mensus sum*, 4, v. dep. a., I mete, measure, take measure of, survey; I measure by walking, wander, go or pass through, traverse; I end, finish, perform, make; figur.: I estimate, judge of, value;

I mete or measure out, parcel out, distribute.

Mĕto, messŭi, messum, 3, v. a., I mow, reap, crop, gather, cut.

Mĕtuo, ŭi, 3 (metus), v. n., I fear, am afraid; v. a., I fear, apprehend, aliquid ab aliquo; metuo ne, I fear, lest.

Mĕtus, ûs, m., fear, dread, apprehension, anxiety; in metu esse, to fear; metum alicui injicere, to put one in fear, to make one afraid.

Mĕus, a, um, adj., belonging to me, my, mine, my own; mine, my property; mei, my friends or relations.

Mi, 1, for mihi; 2, vocat. of meus.

Mĭgrātĭo, ōnis, f. (migro), a removal, migration.

Mĭgro, 1, v. n. and a., I quit or leave a place, I depart, remove, leave my habitation; I move or remove to a place; I go beyond, transgress, violate, break.

Mīles, ĭtis, m. and f., a soldier; foot-soldier.

Milia, for millia. See mille.

Mīlĭtārĭs, e (miles), adj., of or belonging to a soldier, pertaining to war, military, warlike, martial; vir m., a warlike man, a brave soldier.

Mīlĭtĭa, ae, f. (miles), military service, warfare; military concerns; domi et militiae, both in peace and in war.

Mille, numer., a thousand; mille passuum, one thousand paces, a Roman mile; pl., millia or milia.

Mīmus, i, m., a kind of actor who represented characters by gestures, a buffoon, mime; a mimic play, a mime; a comedy, farce; hypocrisy, dissimulation.

Mīna or mnā, ae, f., a Grecian coin, of gold or silver, worth a hundred Roman denarii.

Mĭnae, ārum, f., threats, menaces.

Mĭnax, ācis (minor), adj., threatening, full of threats.

Mĭnĭmē (superl. of parve), adv., least, least of all, very little; in negation, not at all, not in the least, by no means.

Mĭnistrātor, ōris, m. (ministro), a servant, attendant.

Mĭnistro, 1 (minister), v. a., I attend, wait upon, serve, c. dat.; I supply, provide, furnish, give, afford.

Mĭnĭtor, 1 (minor, ari), v. dep. freq., c. dat.: I threaten, menace.

Mĭnor, 1, v. dep., 1, v. a. (1, minae), I threaten, menace; I intend, purpose, profess, promise; 2, v. n. (2, minae), to project, reach upwards, tower.

Mĭnor, us, ōris, adj., comparat. of parvus; less, smaller; hence superlat., minimus. See parvus.

Mĭnōres, descendants, posterity.

Mĭnuo, ŭi, ŭtum, 3, v. a., I make less, lessen, diminish, abate, lower, impair, weaken; I destroy; I restrict, restrain; minuente aestu, at the ebbing or reflux of the tide.

Mĭnūtus, a, um, part. (minuo), adj., minute, small, little; light, frivolous, trifling.

Mīrābĭlis, e (miror), adj., to be wondered at, wonderful, marvellous, astonishing, amazing, stupendous; admirable, extraordinary.

Mīri-fĭcus, a, um (mirus, facio), adj., causing wonder or admiration, marvellous, wonderful, astonishing, amazing, extraordinary, strange; adv., mirifice.

Mīror, 1, v. dep. a. and n., I look at, wonder at, admire, marvel, think strange, am amazed or astonished.

Mīrus, a, um (miror), adj., striking the view, admirable, remarkable, wonderful, marvellous, prodigious, great, very great; non mirum est, it is no wonder.

Miscĕo, miscŭi, mixtum or mistum, 2, v. a., I mix, mingle, intermix; figur.: I mingle; I disturb, confound.

Mĭsellus, a, um (miser), adj., dim., poor, wretched, miserable, unfortunate.

Mĭser, ĕra, ĕrum, adj., poor, miserable, wretched, unfortunate; distressing, sad; bad, indifferent.

Mĭsĕrābĭlis, e (miseror), adj., to be pitied, pitiable, deplorable, miserable, lamentable, wretched.

Mĭsĕrĕor, ŭi, ĭtum, 2, and misereor, ertus and ĭtus sum, 2, v. dep. (miser), n., c. gen.: I pity, have compassion on, commiserate, deplore; miseret me tui, or miseretur me tui, I have pity on you, I pity you.

Mĭsĕrĭa, ae, f. (miser) poverty, misfortune, trouble, calamity, misery, wretchedness.

Mĭsĕrĭ-cordĭa, ae, f. (misericors), mercy, compassion, pity; lamentation, sadness, distress, misfortune.

Mĭsĕrĭ-cors, dis (misereo, cor), adj., merciful, compassionate, pitiful.

Misěror, 1 (*miser*), v. dep. a., I deplore, lament, mourn over; I pity, commiserate, compassionate; gerundive, *miserandus, a, um*, lamentable, pitiable.

Mithridaticus, a, um, adj., of or belonging to a Mithridates, Mithridatic.

Mītis, e, adj., mild, soft, tender, ripe; calm, still, tranquil, placid; gentle, kind, humane, easy, light, mild, tolerable; tame, gentle.

Mitto, mīsi, missum, 3 (*meu*), v. factit. a., I make go, let go, let run, cause to go; I let be, omit, pass over, waive, forbear, cease, give over; I do not care for, I alight; I throw away, lay aside, dismiss, drop, put an end to; I let go, dismiss, discharge, disband; I set at liberty, discharge, release; I send forth, emit, utter, show; I send, despatch; I send word to, write, inform; I throw, cast, hurl, discharge, shoot.

Mōbǐlis, e (for *movibilis*, from *moveo*), adj., easy to be moved, movable, light, agile, nimble; fickle, inconstant, changeable, variable; adv., *mōbǐlǐter*.

Mōbǐlǐtas, ātis, f. (*mobilis*), mobility; inconstancy, fickleness, levity, mutability, changeableness; *m. linguae*, volubility, fidency of speech; *m. equitum*, quickness, agility of the horsemen.

Mōděrātio, ōnis, f. (*moderor*), a moderating, moderation; temperateness, moderateness; regularity; rule, direction, government.

Mōděrātor, ōris, m. (*moderor*), governor, ruler, director.

Mōděrātus, a, um, part. (*moderor*), adj., moderate, discreet, temperate.

Mōděror, 1 (*modus*), v. dep. a. and n., c. dat.: I moderate, restrain, mitigate, allay, soften; I regulate, govern, rule, guide.

Mōdestia, ae, f. (*modestus*), moderation in one's desires; modesty, decency, dissemtion, discreetness; humility; love of honor, dignity.

Mōdestus, a, um (*modus*), adj., moderate in one's desires, modest; temperate, calm, gentle; sober, discreet, virtuous; adv., *mōdestī*.

Mōdǐcus, a, um (*modus*), adj., having or keeping a proper measure, moderate, temperate, sober; modest; middling, ordinary.

Mǒdō (*modus*), adv., only, but; simply, merely; a short time since, lately; now,

just now; *si modo*, if only, provided that; *dum modo*, provided that, if but; *non modo*, not only, not merely; *modo—modo*, now—now, at one moment—at another.

Mōdus, i, m., measure, quantity, size, length, circumference; due measure; moderation; limits, bounds, end; manner, way, method, fashion; *modo*, in modum, ad modum, c. gen.: like, as, in the manner of; *nullo modo*, by no means; *omni modo*, by all means; *quodam modo*, in a certain measure.

Moenia, ium, n. (*moenio*, for *munio*), the wall or walls of a town; the buildings of a town, the town itself.

Maereo and *maereo, ui*, 2, v. n. and a., I lament, mourn, am sad, grieve; I mourn over, bemoan, bewail, lament.

Maeror, ōris, m. (*maereo*), mourning, sadness, lamentation, grief.

Maestitia or *maestitia, ae*, f. (*maestus*), sadness, grief, sorrow.

Mōles, is, f., a mass, heap, lump of huge bulk or weight; a huge building, a dam in the sea; burden, trouble, pains, labor, difficulty, distress, misfortune, calamity; greatness, weight; vehemence, violence.

Mōlestia, ae, f. (*molestus*), troublesomeness, uneasiness, discontent, dissatisfaction, molestation, annoyance.

Mōlestus, a, um (*moles*), adj., troublesome, painful, offensive, irksome, importunate, teasing; injurious, hurtful, dangerous; affected, labored; adv., *mōlestē*; *moleste ferre*, to suffer with reluctance, to be displeased with, to take unkindly.

Mōlior, ītus sum, 4 (*moles*), v. dep. n. and a., I attempt something difficult, make a powerful effort, take pains and labor, struggle, strive, labor, toil; I intend, design, plot; I excite, cause, occasion.

Mōlītus, a, um, part. (*molior*), moved with labor, labored, built.

Mollio, īvi and *ii, ītum*, 4 (*mollis*), v. a., I make soft or flexible, supple or pliant; I ease, alleviate; I make effeminate.

Mollis, e, adj., soft; tender, delicate; pliant, flexible; effeminate, voluptuous, mild, gentle; smooth, pleasing; not steep, sloping; adv., *mollǐter*.

Mollǐtia, ae, and *mollǐties, ei*, f. (*mollis*), softness, suppleness, flexibleness; sensitility, weakness; tenderness; effeminacy, voluptuousness.

Mŏlo, ui, ĭtum, 3, v. a., I grind.

Mŏneo, ui, ĭtum, 2, v. a., I remind, put in mind; I admonish, advise, warn; I teach, instruct, inform, tell; *res monet cavere*, circumstances warn to be cautious; *eos hoc moneo*, I advise them to do this.

Mons, tis, m., a mountain, high hill.

Monstrum, i, n. (*moneo*) anything shown, omen, sign; a monster; anything strange; a wonder, prodigy.

Mŏnĭmentum and *mŏnŭmentum, i*, n. (*moneo*), anything that preserves the remembrance of a thing or person, a monument, memorial, record; a temple; a tomb, sepulchre, cenotaph.

Mŏra, ae, f. (*moror*), a hindrance, stop, delay, stay; a pause or stop in speaking; a space of time; impediment, obstruction, barrier, encumbrance; difficulty.

Morbus, i, m. (akin to *mors*), a disease, sickness, malady.

Mŏrior, mortuus sum, mŏri and *mŏrĭri*, v. n., I vanish, pass away, perish, die.

Mŏror, 1 (*mora*), v. dep. n., I delay, tarry, stay, linger, loiter; v. a., I detain, retard, hinder, impede, delay, stop; *nihil moror*, I do not care for, do not value or regard.

Mŏrōsus, a, um (akin to *mores*), adj., murmuring, fretful, froward, peevish, testy, morose; stubborn, obstinate; vexatious, disagreeable.

Mors, tis, f., death; a dead body; *mortem sibi consciscere*, to destroy one's self.

Morsus, ûs, m. (*mordeo*), a bite, biting.

Mortālis, e (*mors*), adj., subject to death, mortal; perishable; *mortales*, mortals, mankind, men.

Mortuus, a, um, part. (*morior*), adj., dead.

Mos, mŏris, m., manner, custom, way, fashion, usage, practice; demeanor, behavior, conduct; law, precept, rule; pl., *mores*, manners, character, morals.

Mōto, 1 (*moveo*), v. freq. a., I move or move often.

Mōtus, ûs, m. (*moveo*), a motion, moving, movement; of the mind: thinking, thought, idea; of the heart: emotion, agitation; impulse; commotion tumult.

Mŏveo, mōvi, mōtum, 2, v. a. and n., I move, stir, put in motion; I move, make an impression upon, affect, delight,

charm; I move from its place, remove; I excite, occasion, cause, bring on; I begin, commence; I make, do; v. n., I move, decamp, set out, depart; *bellum movere*, to stir up war.

Mŭlĭĕbris, e (*mulier*), adj., of a woman or women, feminine, female, womanly: womanish, effeminate.

Mŭlier, ĕris, f., a woman, whether married or not.

Multĭplex, ĭcis (*multus, plico*), adj., having many folds, having many parts, numerous; fickle, inconstant, changeable, manifold, various, different.

Multĭtŭdo, ĭnis, f. (*multus*), a multitude, great many, great number or quantity.

Multum (*multus*), adv., by much, by far, much, a great deal.

Multo or *mulcto*, 1 (*multa*), v. a., I punish, fine.

Multus, a, um, compar., *plus, ris*; pl., *plures, a*; superl., *plurimus*; adj., many, much, numerous, frequent; great, large; *multi*, many, many persons; *multa*, many things, much; *multi*, the many, the great mass, the populace, common people; *multum*, much, a large amount, a great part; *multum diei*, a considerable part of the day; *multa nocte*, late at night; *multus adesse*, to be frequently present; adv., *multum.* — Compar., *plus*; pl., *plures, a*, more; c. gen.: *plus pecuniae*, more money; *non plus quam*, no more than; *pluris emere*, to buy dearer; *pluris putare*, to esteem higher; *plures*, more than one, several. — Superl., *plurimus, a, um*, very much, most; *plurimum*, the most, very much; *plurimum*, adv., very much, most, especially.

Mūlus, i, m., a mule.

Mulviae, a, um, adj., Mulvian. V. Cic. in Cat. III. 2, n. 21.

Mundānus, a, um (*mundus*), adj., of or belonging to the world; subst., a cosmopolite, a citizen of the world.

Mundus, i, m. (*mundus, a, um*), the heavens; the world, the universe; the world, earth, inhabitants of the earth.

Mūnĭcĭpĭum, ĭi, n. (*municeps*), a town out of Rome, particularly in Italy, having its own laws and magistrates, and the right of Roman citizenship.

Mūnĭfĭcentia, ae, f. (*munificus*), bountifulness, liberality, generosity, munificence.

Mūnī-fĭcus, a, um (munus, facio), adj., willingly making presents to others, benevolent, liberal, bountiful, bounteous, generous, munificent.

Mūnĭmentum, i, n. (munio), a fence, defence, shelter, protection, fortification, rampart, bulwark.

Mūnio, īvi and ii, ītum, 4, v. a., I make a wall; I fortify, defend, secure, strengthen, put in a posture of defence; I secure, protect, cover; figur.; I secure, put in safety; I make passable, pave, make, repair; viam munire, to make or open a way.

Mūnītio, ōnis, f. (munio), a fortifying, strengthening, defending, securing, an erecting a strong place; a making passable; a fortification, rampart, bulwark.

Mūnus, ĕris, n., the work of a man, his function, employment, office, post, charge; duty, part; service, favor; a present, gift; a public exhibition, particularly of gladiators.

Mūrālis, e (murus), adj., of or belonging to a wall, mural.

Mūrus, i, m., a wall; figur.: wall, defence, protection, security.

Mūs, ūris, m. and f., a mouse.

Mūto, 1 (contr. from movito), v. a., I move, move away; I alter, change; I exchange, interchange, barter, traffic.

Mūtuus, a, um (muto), adj., borrowed, lent; mutual, reciprocal; adv., mūtuā and mūtuō.

N

Nae, interj., indeed, yes, certainly, truly, surely.

Nam (= enim, nempe, akin to nomen), conj., namely; for; quisnam? who then?

Nam-que, conj., same as nam, for, for certainly; but, yet.

Nanciscor, nactus sum, 3, v. a., I meet with, find, fall on, light or stumble upon; I get, obtain, reach, gain.

Narro, 1 (narus or gnarus, v. a., I acquaint with, make known, tell, recount, relate, report, recite, narrate; I say, speak.

Nascor, nātus sum, 3. v. dep. n., I am born; I rise, spring up, grow, am produced; figur.: to follow, proceed from.

Nātālis, e (natus), adj., of a man's birth or nativity, natal, native; natalis, sc. dies, a birthday.

Nātio, ōnis, f. (nascor), the being born, birth; a race of people, nation; figur.: a race, tribe, sect, set.

Nātūra, ae, f. (nascor), birth; the nature, natural constitution of a thing; disposition, genius, temperament, character; natural feeling, instinct; course of nature, order of things; the universe; what is allowed by nature, possibility; a thing, substance; shape; n. rerum, the natural state of things.

Nātūrālis, e (natura), adj., natural, by birth; produced by nature, implanted by nature, conformable to nature; of or pertaining to nature.

Nātus, a, um, part. (nascor), born, brought forth, sprung; born to, naturally adapted to, c. dat., or with ad.

Nātus, ūs, m. (nascor), birth; abl. sing., natu, by birth, in age; major natu, elder; natu minimus, the youngest.

Nausea, ae, f., sea-sickness.

Nauta and nāvita, ae, m. (navis), a sailor.

Nauticus, a, um (nauta), adj., of or belonging to mariners or ships, nautical, naval.

Nāvālis, e (navis), adj., of or belonging to ships, naval.

Nāvicūla, ae, f. (navis), dim., a little ship, skiff, bark.

Nāvĭgātio, ōnis, f. (navigo), a sailing, navigating; navigation; a voyage.

Nāvĭgium, ii, n. (navigo), a ship, vessel.

Nāvĭgo, 1 (navem, ago), v. a., I sail over, navigate; I gain by navigation; v. n., I sail, set sail, sail in or upon.

Nāvis, is, f., a ship, bark, vessel; n. longa, a man-of-war; n. praetoria, the admiral's ship; armare navem, to fit out a ship; deducere navem, to launch a ship; solvere navem, to get under sail; navem conscendere, to go on board, to embark.

Nāvo, 1 (navus), v. a., I perform vigorously or diligently; I show, exhibit; operam navare alicui, to serve, assist any one.

Nē, adv., not; dum ne, provided that not; ne quidem, not even, not so much as; modo ne, dummodo ne, only not, provided that not; ne, for nedum, much less; ne, for nae, certainly, truly.

Nē, conj., with subj., that not, lest; ne dicam, that I may not say, not to say; timeo, ne non impetrem, I fear, that I shall not obtain; videamus, ne hoc effici possnt, let us see, whether it may be effected or not ; *sententiam ne diceret, recusavit*, be refused to pronounce his opinion.

~*Ne*, interrogative enclitic particle ; *jamne vides ?* do you now see ? *quaeritur, sintne dii, nec ne sint*, it is the question, whether there be gods, or none.

Nĕc or *nĕque*, adv., and not ; not ; not even ; but not ; *nec — nec* or *neque — neque*, as well not — as not, not only not — but also not, neither — nor ; *nec — et* or *ac*, not only not — but ; *et — nec* or *neque*, not only — but also not ; *neque — et non*, neither — nor.

Nĕcessārius, a, um (*necesse*), adj., necessary, unavoidable, inevitable ; urgent, pressing ; necessary, forced ; needful, indispensable ; closely connected by relationship or friendship, a friend, relation ; adv., *nĕcessāriŏ* and *nĕcessāriō*.

Nĕcesse (*ne-cessum*, from *cedo*), adj., n. indeclin., necessary, inevitable ; needful.

Nĕcessĭtas, ātis, f. (*necesse*), necessity, needfulness, constraint, compulsion, fate ; neediness, want ; relation, connection, acquaintance, intimacy ; *ex necessitate*, of necessity ; *necessitates*, necessary things, wants, interests.

Nĕcessĭtūdo, ĭnis, f. (*necesse*), necessity, need, want, distress ; a necessary connection, natural bond, the tie of relationship, bond of friendship, acquaintance, intimacy ; relations, connections, friends.

Nĕcnĕ or *nec ne*, conj., or not, used after *utrum, ne*, or *quid*.

Nĕcnon or *nec non, neque non*, and also, and besides, and.

Nĕco, 1 (*nex*), v. a., I put to death, I slay, kill, destroy.

Nĕc-ŏpīnans or *neque ŏpīnans*, adj., not expecting, little thinking of.

Nĕcŭbi (*ne, alicubi*), adv., lest anywhere, that nowhere.

Nē-dum, adv , not to say, not only ; much less.

Nē-fandus, a, um (*ne, fari*), adj., not to be named or mentioned, unspeakable, impious, heinous, execrable, abominable.

Nē-fārius, a, um (*nefas*), adj., wicked, impious, heinous, abominable, execrable, nefarious.

Nē-fās, n. indecl., not lawful, unlawful, criminal ; a crime, wicked deed ; impiety, wickedness, villany.

Neg-lĭgentia, ae, f. (*negligens*), negligence, neglect, carelessness, heedlessness, inactivity, remissness, disrespect ; *n. deorum*, contempt of the gods.

Neg-lĭgo or *neg-lĕgo, lexi, lectum, 3* (*nec, lego*), v. a., I heed not, slight, neglect ; I despise, contemn ; I overlook, pass over.

Nĕgo, 1 (*ne-ajo*), v. n., I say no, deny ; v. a., I deny, affirm that it is not so.

Nĕg-ōtiātor, ōris, m. (*negotior*), a trader, merchant, factor, banker.

Nĕg-ōtiŏlum, i, n. (*negotium*), dim., a little business or matter.

Nĕg-ōtior, 1 (*negotium*), v. dep. n., I trade, traffic, transact business.

Nĕg-ōtiōsus, a, um (*negotium*), adj., full of business, busy ; active in public affairs.

Nĕg-ōtium, ii, n. (*nec, otium*), a business, employment, occupation ; an affair, transaction ; anything to be done : difficulty, trouble, pains ; vexation ; distress ; trade, affair of merchandise ; a matter, thing, fact ; cause, reason ; *alicui negotium facessere*, to give one trouble ; *negotio desistere*, to desist from the attempt.

Nē-mŏ, ĭnis, m. and f. (*ne, homo*), no man, no one, nobody ; *non nemo*, many, some one ; *nemo non*, all, every one.

Nē-quāquam, adv., in no wise, by no means.

Nĕquĕ. See *nec*.

Nĕ-queo, īvi and *ii, ĭtum, 4*, v. n., I cannot am not able, it is impossible for me.

Nē-quicquam and *nē-quidquam*, adv., vain, to no purpose, fruitlessly, without effect ; without ground or reason.

Nervicus, a, um, adj., of or pertaining to the Nervii, Nervian.

Nervus, i, m., a nerve, sinew ; cord, string ; figur : force, strength, vigor, power, support.

Nĕ-scio, īvi and *ii, ĭtum, 4*, v. a , I am ignorant, I know not ; I am unacquainted with ; I am not able, I am unable ; *nescio quid*, something extraordinary.

Nĕu, adv. See *neve*.

Nĕ-utĕr, tra, trum, adj., neither the one nor the other, neither of the two, neither.

Nēvĕ or *neu* (*ne, ve*), adv., nor, neither, and not ; *neve — neve*, neither — nor ; stands in the same relation to *ne* as *neque* does to *non*.

Nex, nĕcis, f., violent death, slaughter, murder.

Nĭ (contr. for *nisi*), conj., if not, unless.

Nĭger, gra, grum, adj., black, sable, dusky, dark; figur.: bad, wicked; ill-boding, unlucky, inauspicious, ominous.

Nĭ-hĭl, contr. *nil,* or *nĭ-hĭlum, i,* n. (*ne, hilum*), not the least, nothing, naught; adv., in nothing, not a whit, not; *nihil non,* everything; *non nihil,* something; *nihil nisi,* nothing else than, nothing but; *nihil praetermisi quin,* I omitted nothing, that; *nihil est quod, cur, quamobrem,* there is no reason why; *nihilo,* in nothing, by nothing; *nihilo minus,* no less; *nihilominus,* nevertheless.

Nĭ-mīrum (ne, mirum), adv., no wonder; truly, surely, certainly.

Nĭ-mis (ne, mis; akin to *meta, modus, metior*), adv., no measure; beyond measure, too much, overmuch, too, extremely, exceedingly; *non nimis,* not too much, not very.

Nĭ-mius, a, um (*nimis*), adj., above measure, too much, too great, superfluous, excessive; immoderate, intemperate; adv., *nimium.*

Nĭ-sĭ (ne, si), conj., if not, unless; except, save only; *nisi quod,* except that; *non nisi,* only.

Nīsus and *nixus, ûs,* m. (*nitor*), effort; ascent, climbing.

Nĭtor, ōris, m. (*niteo*), brightness, splendor; beauty, elegance; neatness of dress, elegance of living; excellence, nobleness, beauty of style, gracefulness, elegance.

Nĭtor, nīsus and *nixus sum,* 3, v. dep. n., I sit, rest upon, lean upon, am supported by; I insist upon, strive, endeavor, labor; figur.: I rely upon, depend upon, trust to, c. abl.

Nixus, ûs, m. See *nisus, ûs.*

Nŏbĭlis, e, adj., notable, remarkable; known, well-known; famous, illustrious, glorious, renowned, celebrated, distinguished; noble, high-born.

Nŏbĭlĭtas, ātis, f. (*nobilis*). notableness, nobleness, excellence; fame, reputation, renown; nobility, high birth; the nobility, the nobles.

Nŏceo, cui, cĭtum, 2, v. n., c. dat.: I hurt, injure, harm, do harm or mischief.

Noctū, adv., by night, in the night-time.

Nocturnus, a, um (*noctu*), adj., of night, nocturnal.

Nōlŏ, nōlui, nolle (ne, volo), v. n., I will not, am unwilling; I do not wish well, am unfavorable, c. dat.; *noli putare,* do not think, never think.

Nōmen, ĭnis, n., a name, appellation; the name of the gens or clan, as *M.* (praenomen) *Tullius* (nomen) *Cicero* (cognomen); reputation, renown, fame, character, name; a person, thing; a pretext, pretence, alleged name or title, account, reason, excuse; *meo nomine,* on my account, in my behalf; *suo nomine,* personally, individually.

Nōmen-clātor, ōris, m. (*nomen, calo*), one who tells the names of persons or things, a nomenclator.

Nōmĭnātim (nomen), adv., by name, expressly, particularly, especially.

Nōmĭno, 1 (nomen), v. a., I name, call by name; I nominate; *nominari,* to be celebrated; *nominatus, a, um,* adj., celebrated.

Nōn, adv., not; no; *nonnihil,* something; *nonnullus, non nemo,* some one, somebody; *nullus non,* every one; *numquam non; non possum non, non possum quin,* I cannot but, I cannot refrain from, I must.

Non-dum, adv., not yet, not as yet.

Non-nĕ, adv., whether or not, not? is it not true? is it not so?

Non-nihil. See *nihil.*

Non-nullus, a, um, adj., some; pl., *nonnulli,* some, some persons.

Non-numquam, adv., sometimes, now and then, occasionally.

Nōnus, a, um (for *novenus,* from *novem*), adj., the ninth.

Nōnae, ārum, f. (*nonus*), the fifth day in every month of the year, except March, May, July, and October, in which it was the seventh; the nones, so called because it was the ninth day before the ides.

Nōrĭcus, a, um, adj., of or belonging to Noricum, Norican.

Nos, nostrum. See *ego.*

Nosco, nōvi, nōtum, 3, v. a., I become acquainted with, get a knowledge of, know; *novi,* I have learned, become acquainted with, I know.

Noster, stra, strum (*nos*), pron. poss., our, ours, our own.

Nŏta, ae, f. (*nosco*), a mark, sign; a character in writing, letter; a writing, letter, epistle; a nod, beck, wink; an abbreviation used in writing, a cipher; a critical remark in books; a brand or stigma; a spot, blemish; a mark, proof, token; a mark of ignominy imposed by the censor; infamy, dishonor, disgrace; an infamous blot.

Nŏtītĭa, ae, f. (notus), a knowledge; notion, conception, idea; acquaintance.

Nŏto, 1 (nota), v. a., I mark, distinguish by a mark; I observe; I show, point out, indicate; I mark as guilty, condemn; I mark or brand with infamy.

Nŏtus, a, um, part. (nosco), adj., known, well known.

Nŏvember, bris, bre (novem), adj., sc. mensis, the month of November.

Nŏvi, I know. See nosco.

Nŏvĭtas, ātis, f. (novus), newness, freshness, novelty; strangeness, rareness.

Nŏvo, 1 (novus), v. a., I introduce as new, invent; I change, alter; I make new, renew, repair, renovate; novare res, to attempt a revolution or change in the government.

Nŏvus, a, um, adj., new, fresh, recent; strange, extraordinary; unaccustomed to, inexperienced; nova res, a new thing, novelty; novae res, novelties; innovations; novis rebus studere, to prepare a revolution; novus homo, the first of his family that obtained a curule office; novae tabulae, a remission of debts, which required new tables or bonds to be made; superl., novissimus, last, extreme, hindmost; novissimum agmen, the rear; superl., novissime, lately, at last, finally.

Nŏx, noctis, f., night; darkness, obscurity; a storm.

Nūbo, nupsi, nuptum, 3. v. a. and n., c. dat.: I veil, I marry, applied to females; collocare aliquam nuptam in aliam civitatem, to give a person in marriage into another town.

Nūdo, 1 (nudus), v. a., I make naked, I strip bare, uncover; I deprive of protection, expose, leave destitute; n. litus, to leave the shore defenceless.

Nūdus, a, um, adj., naked, bare, uncovered; spoiled, deprived, stripped of, c. abl.; poor, helpless.

Nullus, a, um (ne, ullus), adj., not any, none, no one, nobody, no; nullus non, every, all; non nullus, some, some one; nullo periculo, without danger.

Num, I, adv., used in questions to which a negative answer is expected; 2, conj., whether, videsmus, num, let us see whether.

Nūmen, inis, n. (nuo), a nod; will, command; the will of heaven, the divine will, the will or power of the gods; divinity, divine majesty; a deity, god; power, authority, might.

Nūmĕro, 1 (numerus), v. a., I count, number, reckon; figur.: I account, reckon, esteem, consider.

Nūmĕrus, i, m., the number; a great number; figur.: rank, dignity, estimation; numero quadraginta, forty in all.

Nŭmĭda, ae, m., a Numidian. Also adj., Numidian.

Nummus or nūmus, i, m., a piece of money, coin; money.

Nunquam, numquis, &c. See nunquam, &c.

Nunc, adv., now, at present, at this present time; nunc — nunc, now — now, sometimes — sometimes.

Nuncĭo and nuntio, 1 (nuncius), v. a., I announce, bring news, bear tidings, tell, report, warn, inform, relate.

Nuncĭus and nuntĭus, ii, m. (novum, cio), a bearer of news or tidings, a messenger, harbinger; news, tidings, intelligence, a message; nuncium remittere, to renounce a marriage-contract, to obtain a divorce.

Nuncĭus, a, um (nuncius), adj., announcing, warning.

Nunquam and numquam (ne, unquam), adv., at no time, never.

Nūper (for noviper, from novus), adv., newly, not long ago, lately, of late, recently.

Nuptĭae, ārum, f. (nubo), a marriage, wedding; nuptials, nuptial feast.

Nusquam (ne, usquam), adv., in no place, nowhere.

Nūtrix, īcis, f. (nutrio), a wet nurse, nurse; anything that nourishes.

Nūtus, ūs, m. (nuo), a nod, beck; will, pleasure, command; tendency downwards, inclination, gravity, weight; inclination, favor.

O

O! interj., O! oh! with the nom.; with the vocat.; with the accus.; O si, O if only; O utinam, O that.

Ŏb, prp. c acc. : 1, on, upon, against; 2, on account of; *quam ob rem*, therefore, on that account. In composition, with verbs, it signifies on, before, over, against, or towards.

Ŏb-aerātus, *a*, *um* (*ob*, *aeratus*), adj., overwhelmed with debt, involved in debt.

Ŏb-dūco, *duxi*, *ductum*, 3, v. a., I lead against or to; I bring, throw, lay, or put over, bring or draw round, induce, superinduce; I cover over, overspread; I shut, bar; I draw off.

Ŏb-ēdiens, *tis* (*obedio*), adj., obedient, compliant; figur. : yielding, complying with one's wishes, manageable, subject, enslaved.

Ŏb-ēdientia, *ae*, f. (*obediens*), obedience, submission, dutifulness.

Ŏb-ēdio, *ivi*, *itum*, 4 (*ob*, *audio*), v. n., c. dat. : I give ear to, listen to; I obey, give obedience to; I suit myself to, conform to, am subject, serve.

Ŏb-eo, *ivi* or *ii*, *itum*, 4, v. a., I go or come to, come in, go to meet, go against; I go over, travel through, wander over, go round, run through, traverse; I attend upon, am present at, visit; I take upon myself, undertake, attend to, do, discharge, perform, execute, manage, conduct, transact; v. n., of the sun and stars : to go down, set, disappear; of towns : to go to ruin, to perish; of men : to die.

Ŏb-ĭtus, *ūs*, m. (*obeo*), a going to, visiting; a going down, setting; downfall, ruin; death.

Ŏb-jĭcio, *jēci*, *jectum*, 3 (*ob*, *jacio*), v. a., I throw or put before, hold before, offer, proffer, present, give; figur. : I hold out, hold before; I infuse, cause, occasion; I oppose, set against; I throw out against one, lay to one's charge, reproach with.

Ŏb-lectāmentum, *i*, n. (*oblecto*), that which delights or pleases, delight, pleasure.

Ŏb-lecto, 1 (*ob*, *lacto*, from *lacio*), v. a., I delight, amuse, please, entertain, divert; I pass or spend agreeably.

Ŏb-lino, *lēvi*, *litum*, 3, v. a., I daub or smear over, bedaub, besmear; I fill with anything, cover all over; figur. : I stain, soil, corrupt.

Ŏb-līquus, *a*, *um* (*ob*, *liquis*), adj., oblique, awry, sidelong, turned sideways, slant, slanting, transverse; adv., *oblīquē*.

Ŏb-līvio, *ōnis*, f. (*oblino*), a forgetting, forgetfulness, oblivion.

Ŏb-līviscor, *lītus sum*, 3 (*oblivio*), v. dep. a., I forget.

Ŏb-noxius, *a*, *um* (*ob*, *noxia*), adj., guilty, punishable, accountable; subject to pay a tax or to furnish something; subject, submissive, obedient, complying; obliged, under obligation, bound in duty, bound; subject, slavish, abject, low, mean-spirited, fearful, cowardly; subject, liable; exposed, open; liable to danger and misfortune, weak, perishable.

Ŏbscūro, 1 (*obscurus*), v. a., I darken, obscure; I cover, hide, conceal, suppress; I render obscure, make confused.

Ŏbscūrus, *a*, *um*, adj., dark, dusky, obscure; intricate, involved, indistinct; unknown, lying hid; ignoble, of mean descent, humble, low; close, secret.

Ŏb-sēcro, 1 (*sacro*), v. a. and n., I entreat or pray earnestly, beseech, implore, supplicate.

Ŏb-servans, *tis*, part. (*observo*), adj., observant, watchful, mindful, regardful; respectful, attentive, c. gen.

Ŏb-servantia, *ae*, f. (*observans*), an observing, noting; respect shown to another, attention, regard, observance, esteem, reverence.

Ŏb-servo, 1, v. a. and n., I watch, mind, heed, take notice of, attend to; I watch, guard, keep; I show reverence, respect, I look up to. venerate, attend to. revere, honor, regard. esteem, value; I consider, contemplate, observe; I regard, comply with, obey, follow. conform to, adhere to.

Ŏb-ses, *sĭdis*, m. and f. (*ob*, *sedeo*). a hostage; a sponsor, surety; a pledge.

Ŏb-sessio, *ōnis*, f. (*obsideo*), a blockading, blockade.

Ŏb-sĭdeo, *sēdi*, *sessum*, 2 (*ob*, *sedeo*), v. n and a., I sit, stay; I hem in, hold in blockade, invest, besiege; I occupy, cover, possess; I watch closely.

Ŏb-sĭdio, *ōnis*, f. (*obsideo*), a blockade; a near, pressing danger.

Ŏb-sīdo, *sēdi*, *sessum*, 3 v. a., I beset, environ, encompass, sit down before, shut in, invest, blockade.

Ŏb-signo, 1, v. a., I seal, seal up, affix my seal to; figur. : I accept as certain, take for granted.

Ŏb-sisto, *stĭti*, *stĭtum*, 3, v. n., I set myself

against, oppose myself, resist, withstand, c. dat.

Ŏbsōno, 1, and obsōnor, 1, v. a., I cater, purvey, buy meat; I make feasts.

Ŏbs-fĭnātus, a, um, part. (obstino), adj., pertinacious, firmly resolved, inflexible, resolute, determined, stubborn, obstinate.

Ŏbs-fĭno, 1 (obs, teneo), v. a., I hold against, resolve firmly, set my mind firmly upon.

Ŏb-sto, stĭti, stătum, 1, v. n., I stand against, stand in the way, withstand, oppose, obstruct, hinder, c. dat.

Ŏb-strĕpo, pui, pĭtum, 3, v. n., c. dat.: I make a noise at, against, to, or before, I interrupt by noise; figur.: I oppose, impede, disturb, molest.

Ŏb-stringo, strinxi, strictum, 3, v. a., I tie about, tie fast, bind about or to; I bind up, close up by binding; I bind, fetter, tie, hamper; I bind, oblige, put under obligation.

Ŏb-struo, struxi, structum, 3, v. a., I build against, build before; I block up, barricade, wall up, close up; I obstruct, choke up; I stand in the way, hinder.

Ŏb-sum, fui and affui, obesse, v. n., I am against, I hinder, am prejudicial to.

Ŏb-tēgo, texi, tectum, 3, v. a., I cover, cover up; I cover over, veil, conceal, keep secret; I cover, defend, protect.

Ŏb-tempĕro, 1, v. n., c. dat.: I comply with, conform to, submit to, obey.

Ŏb-testor, 1, v. dep. a., I call solemnly to witness, protest before any one; I adjure, beseech, implore vehemently, conjure.

Ŏb-tĭneo, tĭnui, tentum, 2 (teneo), v. a., I hold, have, possess; I keep, retain, reserve, keep up, maintain; I occupy, take up; I make good, prove, support, defend; I establish, accomplish, get; v. a., I maintain myself, I hold, last, stand.

Ŏb-tingo, tĭgi, 3 (tango), v. a., I touch, strike; v. n., to happen, fall out, turn out.

Ŏb-tūsus or ob-tunsus, a, um, part. (obtundo), adj., blunt, dull, weakened, weak, faint.

Ŏb-vĕnio, vēni, ventum, 4, v. n., c. dat.: I come to meet, meet, occur, befall, happen, to fall to one's lot.

Ŏb-viam, adv., in the way, to meet; o. ire alicui, to go to meet one; o. ire periculis, to go into or brave dangers; o. ire, to go to meet, go against, oppose one's self to.

Oc-caeco or ob-caeco, 1, v. a., I make blind; I obscure, darken; figur.: I make obscure, dark, unintelligible; I cover over.

Oc-cāsio, ōnis, f. (occasum, supine of occido), an accident or chance; opportunity, convenient time, fit moment, favorable circumstance; a seemly pretence.

Oc-cāsus, ūs, m. (occido), a going down or setting of the heavenly bodies; sunset, evening; the quarter of the sun's setting, the west; downfall, destruction, fall, end; death.

Occātio, ōnis, f. (occo), a harrowing.

Oc-cĭdio, ōnis, f. (occido), an utter destroying, extirpation, extermination; occidione occidere, to destroy utterly, annihilate.

Oc-cīdo, cīdi, cīsum, 3 (ob, caedo), v. a., I beat soundly; I cut down, kill, slay; I plague to death, torment, wear out; I ruin, undo.

Oc-cĭdo, cĭdi, cāsum, 3 (ob, cado), v. n., I fall, fall down; to go down, to set; to fall, perish, come to an end, die.

Oc-cīsio, ōnis, f. (occīdo), a slaying, murder; utter destruction.

Oc-culto, 1 (occulo), v. freq. a., I cover, conceal, hide.

Oc-cultus, a, um, part. (occulo), covered, hidden, concealed; adj., secret, abstruse, obscure, occult; reserved, close, dissembling; occultum, a secret thing or place; secrecy, concealment; in occulto, in obscurity, undivulged; adv., occultē.

Oc-cŭpātio, ōnis, f. (occupo), a seizing, taking possession of, occupying; business, employment, engagement, occupation.

Oc-cŭpo, 1 (ob, capio), v. a., I lay hands on, seize, take possession of, obtain, occupy; I take up, fill, engross; I fall upon, invade, lay hold of; I anticipate, get the start of, am beforehand with; I busy, occupy, take up, engage, employ; animos, to invade, engross the minds.

Oc-curro, curri, cursum, 3 (ob, curro), v. n., c. dat.: I go, come, or run to meet, I meet; I fall in with, light upon, hit upon, meet with; I come in the way, meet, offer myself; I march against, rush upon, seek to attack; I oppose, resist; I obviate, remedy, provide against, counteract; I conform to, am governed by; I come, come up, come to, arrive; I take in hand, do, execute, attend to; to suggest itself, present itself, occur, offer itself.

80

Ŏcĕānus, i, m., the ocean or main sea.

Octāvus, a, um (octo), adj., the eighth.

Octin-gentī, ae, a (octo, centum), adj., eight hundred.

Octŏ, numer., eight.

Octōber, bris, bre (octo), adj., October, originally the eighth month; October mensis, the month of October; Octobres Idus, the ides of October; Kalendis Octobribus, on the first day of October.

Octō-gintā (octo), numer., eighty, fourscore.

Ŏcŭlus, i, m., the eye.

Ŏdi, ŏdisse, v. a., I hate, detest, have an aversion, abominate, loathe; I am displeased or vexed.

Ŏdĭum, ii, n. (odi), hate, hatred, grudge, ill-will, aversion, enmity; an object of hatred, the aversion, abomination; trouble, annoyance, loathing, disgust, importunity, impertinence, vexatiousness; in odium alicui venire, to become hated by one; esse alicui odio, or in odio, to be hated by some one.

Ŏdor, ōris, m., a scent, smell, odor; a stench, stink, offensive smell; figur.: scent or odor, sign, presentiment, foreshadowing, guess; odores, odors, perfumes, aromatic substances, perfumery, spices; perfumed waters, ointments, balsams.

Ŏdōri-fer, a, um (odor, fero), adj., spreading odor, sweet-smelling.

Oecŏ-nŏmĭcus, a, um, adj., relating to domestic economy; figur.: orderly.

Of-fendo, di, sum, 3 (ob, *fendo), 1, v. a., I hit or strike against; I hit upon, light upon, find, come upon; I hurt, injure, damage; I offend; figur.: I am troublesome, oppressive; offendere animum alicujus, to displease one; part., offensus, a, um, offended, displeased, angry, provoked, hostile; offensus suspicione, struck with suspicion; but offensum est, it is offensive, displeasing; 2, v. n., I hit, strike against, run foul of something; c. dat.; figur.: I make a mistake, err, commit a fault, do amiss; I am dissatisfied with, am displeased or offended, take offence; I am offensive, give offence, displease; I am unfortunate, fail, meet with ill success.

Of-fensio, ōnis, f. (offendo), a striking against, tripping, stumbling; hurt, harm, inconvenience, injury; offence at something,

dislike, disgust, aversion, hatred; mishap, misfortune, ill success, disappointment.

Of-fĕro, ob-tŭli, ob-lātum, of-ferre, v. a., I bring or bear to meet one, bring before, present, show, exhibit; I expose; I bring forward against; I offer, proffer, tender, promise; I give, bestow, confer freely; I inflict, bring; I cause, occasion.

Of-ficio, fēci, factum, 3 (ob, facio), v. n., c. dat.: I do or act contrary to, I hinder, stop, obstruct, contravene; I hurt, am hurtful, injurious; officere consiliis alicujus, to hinder the execution of a person's purposes.

Of-ficiōsus, a, um (officium), adj., ready to serve, kind, obliging, courteous, attentive, respectful; conformable to duty, dutiful.

Of-ficĭum, ii, n., service rendered, or kindness shown to another; complaisance, obligingness, deference, courteousness; duty; conscientiousness, uprightness; subjection, obedience; part, province, office; attendance upon another on solemn occasions; service, office, trust, charge, business, administration.

Ŏlĕum, i, n., olive-oil, oil.

Ōlim (from ollus, old form for ille), adv., at that time, of old, formerly, in time past, long since, some time since, once upon a time; at a future time, hereafter, one day.

Ŏ-mitto, mīsi, missum, 3 (ob, mitto), v. a., I let go, let fall, let alone; I let pass, do not avail myself of; I let pass by, say nothing of, let be, omit; I lay aside, leave off, give up, slight, postpone; I leave out of sight or mind; I let go unpunished, I overlook.

Omnīno (omnis), adv., wholly, entirely, altogether, utterly; in all, only, just, barely; in general, generally, universally; generally speaking; by all means, indeed, certainly, doubtless; omnino non, not at all; nihil omnino, nothing at all; omnino hoc dicit, he says it in distinct language.

Omnis, e, adj., all; omnis, man in general, everybody; omnes, the single men, all men; omnia, all things, all.

Ŏnĕrārĭus, a, um (onus), adj., serving for burdens, fitted for carriage; oneraria, sc. navis, a ship of burden, merchant-ship.

Ŏnus, ĕris, n., a burden, load, lading, freight, cargo; load, weight; charge, weight, trouble, difficulty; in respect of property: expense, cost, tax, impost, debt.

Ŏpĕra, ae, f. (opus), work, labor, endeavor, exertion, pains, service; leisure; a laborer, day-laborer, operative; a work, manufacture; operam ponere in re, to bestow labor on a thing; operam afferre alicui, o. navare alicui, to help, assist one; operam dare, to take care, to attend to, to listen, give ear; da operam, ut valeas, take care of your health; dare operam valetudini, to take care of health.

Ŏpĭ-fex, ĭcis, m. and f. (opus, facio), one who makes a work; a maker, framer, fabricator; an artist, artisan, mechanic.

Ŏpīnĭo, ōnis, f. (opinor), opinion, conjecture, supposition, belief, report, rumor; mea fert o., it is my opinion; esse in opinione aliqua, to be of opinion.

Ŏpīnor, 1 (perhaps akin to mens), v. dep. a., I think, deem, suppose, judge; I have an opinion.

Ŏpĭtŭlor, 1 (opes, tuli), v. dep. n., c. dat.: I bring help, I help, aid, assist, succor.

Ŏportet, tuit (opus), 2, v. impers., it must be, it is reasonable, it ought, it behoves; it is necessary; it is good, expedient, salutary; with subj., without ut, valeat oportet, he must have health; with accus. c. inf.: nihil oportet contemni, nothing should be despised; with inf.: existimare oportet, it behoves to think.

Op-pĕrior, pertus and peritus sum, 4, v. dep n., I wait; v. a., I wait for.

Op-pĕto, tīvi and tii, ītum, 3 (ob, peto), v. a., I go to, go to meet, encounter, undergo, suffer; oppetere mortem, to suffer death, to die, fall.

Oppĭdānus, a, um (oppidum), adj., of or belonging to a town out of Rome; oppidani, townsmen, townsfolk.

Oppĭdō (oppidum), adv., very, exceedingly; indeed, certainly, altogether.

Oppĭdum, i, n. (ops, do), a town, city; among the Britons: a fortified wood.

Op-pōno, pŏsui, pŏsĭtum, 3 (ob, pono), v. a., I place or set against or opposite; I expose; I bring forward against, interpose; I set before the eyes or mind.

Op-portūnĭtas, ātis, f. (opportunus), fitness, convenience, suitableness, advantageousness; advantage, use.

Op-portūnus, a, um (ob, portus), adj., as it were situated near the port, meet for the purpose, proper, commodious, fit, convenient, suitable, advantageous, seasonable, opportune; useful, serviceable; affording a good opportunity, suited; adv., opportune.

Op-prĭmo, pressi, pressum, 3 (ob, premo), v. a., I press down, suppress, put down; I overpower, overthrow, prostrate, subvert, overwhelm, subdue; I oppress, deprive of rights; I press, urge, harass.

Op-pugnātĭo, ōnis, f. (oppugno), a fighting against, attacking, or assaulting; figur.: an attack, assault.

Op-pugno, 1 (ob, pugno), v. a., I fight against, attack, assail, beleaguer, assault, storm.

Ops, ŏpis, f., strength, force, might, power; riches, wealth, property, substance; aid, help, assistance, succor, support; opes, resources; troops, forces, army; means of influence, weight.

Optĭmās, ātis, adj. (optimus), one of the best, noblest; optimātes, um and ium, the chief men in the state, the nobles, the aristocracy.

Optĭmus or optŭmus, a, um (ops), adj., superl., best, most excellent, most choice; adv., optime.

Opto, 1, v. a., I wish, desire; I ask, demand; I wish or pray for something to another, I imprecate.

Ŏpŭlens, tis, and Ŏpŭlentus, a, um (ops), adj., rich, wealthy, opulent.

Ŏpŭlentia, ae, f. (opulens), wealth, riches; power, greatness; abundance.

Ŏpŭlentus, a, um. See opulens.

Ŏpus, ĕris, n., work, workmanship; a building; a book; labor of the field, husbandry, tillage; fortification; manual labor, art; toil, labor, pains; tanto opere, so greatly; quanto opere, how greatly; opus est, it is to be done, it is necessary, needful, useful; dux nobis opus est, we need a leader; quae opus sunt, whatever is necessary.

Ōra, ae, f., the coast, sea-coast; region; margin, border.

Ōrātĭo, ōnis, f. (oro), speaking, speech, language; speech, oration, harangue; subject, matter for speaking; the faculty of speaking well, eloquence; way of speaking, style ; *orationem habere*, to make, deliver a speech.

Ŏrātor, ōris, m. (*oro*), a speaker, orator.

Ŏrātōrius, a, um (orator), adj., of an orator, oratorical.

Orbis, is, m., a ring, circle ; a wheel ; *orbis terrarum* or *terras,* the circle of the earth.

Orbīta, ae, f. (*orbis*), the track or rut of a wheel.

Ordĭno, 1 (*ordo*), v. a., I range, arrange, dispose, set in order ; I regulate, settle, compose, adjust ; I prepare, draw up ; I ordain, appoint, fix.

Ordior, orsus sum, 4, v. dep. n. and a., I begin, commence, enter upon ; I undertake.

Ordo, ĭnis, m., row, rank, order, series ; a line of soldiers, rank ; a company, century of soldiers ; the post of centurion, captainship ; figur.: rank, class, order ; orderly arrangement, regularity ; *nullo ordine,* without order, unarranged ; *ordine, in* or *ex ordine, in* or *per ordinem,* in a row, one after the other ; *ordine,* rightly, wisely, properly ; *ordo senatorius,* the senate ; *ordo equester,* the equestrian order.

Ŏriens, tis, part. (*orior*), sc. *sol,* the rising sun, the day ; the east.

Ŏrīgo, ĭnis, f. (*orior*), the origin, source ; stock, race ; birth ; original, progenitor, founder, author.

Ŏrior, ortus sum, ŏrīri, v. dep. n., to grow, rise, spring, originate, arise, appear ; to be born ; to begin ; to stand up, get up, rise ; *uva oriens a gemma,* a grape growing from a bud.

Ornāmentum, i, n. (*orno*), what serves to adorn, ornament, embellishment, decoration ; dress, attire, array ; apparatus, accoutrement, equipment, furniture, trappings ; arms ; style ; mark of honor, title.

Ornātus, a, um, part. (*orno*), adj., adorned, embellished, ornamented, set off ; excellent, distinguished, illustrious ; fitted out, furnished, equipped ; honorable, notable ; honored ; adv., *ornātē.*

Ornātus, ūs, m. (*orno*), embellishing, adorning ; ornament, embellishment, decoration, adornment ; provision, store ; dress, attire, apparel.

Orno, 1, v. a., I purify, adorn, embellish, deck, set off, garnish ; I fit out, equip,

furnish, prepare ; I equip, dress ; I honor, distinguish.

Ŏro, 1 (*os*), v. n. and a., I speak ; I plead, argue ; I beg, crave, pray, entreat ; *oro te,* I beseech you ; *illud te oro,* I beg this from you.

Ortus, ūs, m. (*orior*), a growing, growing forth ; a springing up, rising, beginning, origin, rise ; birth ; *ortus solis,* the rising of the sun, the east.

Ŏs, ōris, n. (*O!*), the mouth ; face, countenance, visage.

Oscus, a, um, adj., of or belonging to the Osci, a primitive people of Campania, Oscan. Epp. Cic. XIII.

Os-tendo, di, sum and *tum,* 3 (*obs, tendo*), v. a., I hold forth, show, display, manifest, let know ; I express, give to understand, say, declare ; *ostendere se,* to appear.

Os-tento, 1 (*ostendo*), v. freq. a., I show, present to view ; I make appear, I make a show of, hold out, promise ; I hold out, threaten, menace ; I make a boast of, show off, vaunt ; I show, indicate, signify, make known, disclose, say.

Ostium, ii, n. (*os*), a door, house-door ; any entrance, mouth.

Ŏtiōsus, a, um (otium), adj., unoccupied, at leisure, disengaged, retired from public affairs ; quiet, tranquil, calm.

Ŏtium, ii, n., rest, quiet, repose, tranquillity, peace ; leisure, inactivity, easy life ; freedom from business, spare time ; retirement, ease.

Ŏvis, is, f., a sheep.

Ŏvum, i, n., an egg the spawn of a fish ; *ovum parere* or *gignere,* to lay an egg.

P

P., in abbreviations stands for *Publius ; P. M., Pontifex Maximus ; P. R., populus Romanus ; S. P. Q. R., Senatus populusque Romanus.*

Pābŭlātio, ōnis f. (*pabulor*), a feeding, foddering ; a foraging.

Pābŭlum, i, n. (*pasco*), food for cattle, grass, pasture, fodder ; food in general ; forage ; figur : *animorum pabulum,* food for the mind.

Pācĭ-ficātor, ōris, m. (*pacifico*), a peacemaker, pacificator, mediator.

Pāco, 1 (*pax*), v. a., I bring into a state of peace, I pacify, tranquillize; I subdue, conquer, bring into subjection.

Pactio, *ōnis*, f. (*paciscor*), an agreement, a bargain, contract, engagement; a corrupt bargaining, bribery, corruption; a promise.

Paenĕ or *pēnē*, adv., wellnigh, nearly, almost.

Pāgus, *i*, m., a district, canton.

Pălŭdātus, *a*, *um* (*paludamentum*), adj., clad in a military robe, or in a general's robe.

Pălus, *ūdis*, f., a marsh, morass, bog, fen, swamp, pool.

Pampĭnus, *i*, m. and f. (akin to *vinum*), the tender shoot of a vine with its leaves, a vine-shoot; the foliage of vines, vine-leaves.

Pando, *di*, *sum*, and *passum*, 3, v. a., I stretch, extend, expand, spread, unfold.

Pānis, *is*, m. (*pasco*), bread, a loaf; *cibarius panis*, coarse bread.

Pār, *păris*, adj., equal, even; suitable, right; *par cum liberis*, equal to the sons; *parem esse alicui*, to be equal to, be a match for; subst., a competitor, adversary.

Părātus, *ūs*, m. (*paro*), preparation, provision; apparatus, furniture, dress, ornament.

Parco, *pĕperci* and *parsi*, *parcĭtum* and *parsum*, 3 (*parcus*), v. n., c. dat.: I cease, give over, abstain, forbear, leave off, omit, spare; I favor, consult; I spare, pardon, forgive; I spare, use moderately.

Parcus, *a*, *um* (allied to *parvus*), adj., little, small, scanty; moderate, sparing, frugal, thrifty, economical, penurious, parsimonious.

Pārens, *tis*, m. and f. (*pario*), a parent.

Pāreo, *ui*, *itum*, 2, v. n., c. dat.: I obey, submit to, comply with; I indulge, gratify; I am subject to, governed by; *parentes*, subjecta.

Păries, *ĕtis*, m., a partition wall.

Părio, *pĕpĕri*, *părĭtum* and *partum*, 3, v. a., I bear or bring forth young; I generate, procreate, beget; I produce, bear, yield; figur.: I occasion, cause, make, produce; I acquire, procure, get, gain, obtain.

Păro, 1 (akin to *pario*), v. a., I make or get ready, prepare, provide, shape, contrive, furnish; I acquire, procure, get, obtain; I regulate, order, arrange; *bellum parare*, to make preparations for war; *insidias alicui p.*, to plot against one; *p. se proelio*, to make one's self ready for battle; *hortum p.*, to purchase a garden; part., *paratus*; *omnia perpeti paratus*, prepared to suffer everything.

Parri-cīda and *pări-cīda*, *ae*, m. and f. (*parens*, *caedo*), a murderer of parents, parricide; a murderer of any near relation; a murderer, assassin; a traitor, rebel.

Pars, *tis*, f., a piece, part, portion, share; party, side, faction; *pars—pars*, *pars—alii*, some—others; *parte*, in part, partly; *ex parte*, in part, in some measure; *multis partibus*, in many ways, by much, much; *pro mea parte*, for my share, as much as in me lies; *magnam partem*, in a great measure; *maximam partem*, for the most part.

Parsĭmōnia and *parcĭmōnia*, *ae*, f. (*parco*), frugality, thrift.

Parti-ceps, *cĭpis* (*pars*, *capio*), adj., partaking of, sharing in, privy to, c. gen.; subst., an associate, companion, fellow.

Partim (for *partem*, from *pars*), adv., partly, in part; some part, some; *partim—partim*, *partim—alii*, some—others.

Partio, 4, and *partior*, 4 (*pars*), v. a., I divide, distribute, part, share; *partiri aliquid cum aliquo*, to share something with some one.

Partus, *ūs*, m. (*pario*), a bringing forth, birth; the young or offspring of any creature.

Părum, adv., little, not much; too little, not enough; not remarkably, not very; *parum id facio*, I make little account of it; *parum habere*, to deem it not enough, not to be contented, c. inf.; *parum diu*, not long enough.

Parvŭlus, *a*, *um* (*parvus*), adj., dim., very small, very little.

Parvus, *a*, *um*, adj., little, small; figur.: humble, mean, common, moderate, poor; *parvi refert*, it matters little; adv., *parvi*.

Pasco, *pāvi*, *pastum*, 3, v. a., I feed, graze; I feed, pasture; I feed, nourish, support.

Passim (*pando*), adv., here and there, at random.

Passus, *ūs*, m., a pace, step; a pace, measure of five feet.

Pastus, *ūs*, m. (*pasco*), a feeding, grazing,

pasturing; food, pasture; figur.: a repast, delight.

Pătĕ-făcĭo, fēci, factum, 3 (*pateo, facio*), v. a., I open, set or lay open, throw open; figur.: I manifest, declare, disclose, discover, detect.

Pătĕ-fīo, factus, fĭĕri, passive of *patefacio*.

Pătĕo, ui, 2, v. n., to be open, stand or lie open; to be open, accessible, passable; to lie open, be exposed; to extend, stretch; to be attainable; to be clear, plain, evident.

Păter, tris, m., a father; *p. familias* or *familiae*, the father of a family.

Pătĕra, ae, f., a broad, shallow cup or bowl used for drinking out of and making libations.

Păternus, a, um (*pater*), adj., of a father, fatherly, paternal.

Pătĭens, tis, part. (*patior*), adj., enduring, bearing, able to bear, capable of enduring, patient.

Pătĭentĭa, ae, f. (*patior*), a bearing, suffering, enduring, undergoing patiently, capacity of endurance, willingness to undergo, patience.

Pătĭor, passus sum, 3, v. dep. a., I bear, endure, suffer, undergo, brook, tolerate, support; I submit to, bear contentedly, acquiesce in, comply with; I last, endure, keep; I permit, allow, suffer, let.

Pătrĭa, ae, f. See *patrius*.

Pătrĭcĭus, a, um (*pater*), adj., belonging to the primitive Romans (*patres*), of patrician rank, patrician, noble.

Pătrĭmonĭum, ĭi, n. (*pater*), a paternal estate, inheritance, patrimony; personal property; an estate.

Pătrĭus, a, um (*pater*), adj., of or belonging to a father, fatherly, paternal; of one's country, native; *patria, sc. terra* or sometimes *urbs*, one's native country or city, native soil, native land.

Pătro, 1 (akin to *potior*), v. a., I effect, perform, execute, perpetrate, achieve; *patrare bellum*, to finish a war.

Pătrōcĭnĭum, ĭi, n. (*patronus*), protection, patronage, support.

Pătrŭus, i, m. (*pater*), an uncle by the father's side, a father's brother.

Pauctĭtas, ātis, f. (*paucus*), fewness, scarcity, paucity.

Paucus, a, um (allied to *paulus*), adj., commonly pl., *pauci, ae, a*, few.

Paulātim (*paulus*), adv., by little and little, by degrees, gradually; a few at a time.

Paulisper and *paulusper* (*paulus*), adv., for a little while, a little while.

Paullŭlus and *paulŭlus, a, um* (*paulus*), adj., dim., little, very little, small; subst., *paululum, a little*; adv., *paululum* and *paullulum*.

Paulum and *paullum* (*paulus*), adv., a little, a short while.

Paulus and *paullus, a, um*, adj., little, small.

Paupertas, ātis, f. (*pauper*), poverty, need, indigence.

Păvĕo, păvi, 2 (akin to *moveo*), v. n. and a., I tremble, am afraid, fear, dread; *pavere omnia*, to be afraid of everything.

Pax, pācis, f. (*pac-, pango*), an agreement, contract; peace, quiet, tranquillity; permission, leave.

Peccātum, i, n. (*pecco*), a fault, error, offence, sin.

Pecco, 1, v. a. and n., I do wrong or amiss, commit a fault, err, mistake, offend, sin.

Pectus, ŏris, n., the breast; figur.: the heart.

Pĕcūnĭa, ae, f. (*pecu*), property, wealth, riches; money.

Pĕcus, ŏris, n. (*pecu*), sheep; cattle in general, goats, swine, oxen, horses.

Pĕcus, ŭdis, f. (*pecu*), a sheep, a head of cattle, an animal, beast.

Pĕdālis, e (*pes*), adj., of a foot, a foot long or broad.

Pĕdes, ĭtis, m. (*pes*), one who goes on foot; a foot-soldier; the foot-soldiers, infantry.

Pĕdester, tris, tre (*pedes*), adj., on foot, pedestrian; on land.

Pĕdĭtātus, ūs, m. (*pedes*), the infantry or foot of an army.

Pējor, us, worse; adv., *pejus, worse*.

Pel-lectĭo, ōnis, f. (*pellego*), a reading through.

Pellis, is, f. (akin to *vellus* and *pello*), the skin or hide of a beast; a garment or tent made of skins; *sub pellibus*, in tents, in a standing camp, in the camp.

Pello, pĕpŭli, pulsum, 3, v. a., I set in motion, impel; I drive or chase away; I drive or force out, remove forcibly, expel, dispossess; *hostes pellere*, to drive back, beat, rout the enemy.

Pēnārĭus, a, um (*penus*), adj., of or relating to provisions; *cella penaria*, a buttery, pantry, larder.

Pendeo, pĕpendi, 2 (pondo), v. n., to hang, be suspended; figur.: I am in suspense, doubtful; I hang upon, rest or depend upon.

Pendo, pĕpendi, pensum, 3, v. a., I weigh; I pay, liquidate, discharge; figur.: I weigh, ponder, consider; I esteem, value; I pay what is due, I suffer, undergo; pendere poenas, to pay the penalty, suffer punishment; magni pendere aliquid, to value a thing highly.

Pēne, adv. See paene.

Pēnes (pœnes), prp. c. acc.: near, with; with, in the power of, in the hands of.

Pĕnĭtus (pœnes), adv., inwardly, internally; fully, thoroughly; entirely, utterly.

Pensus, a, um, part. (pendo), adj., valuable, estimable, precious; nihil pensi habere, not to care or regard, not to mind or consider, not to value.

Per, prp. c. acc.: through; 1, through a place, in the midst, over, along; 2, through a time, during; 3, through means, by means of, by; per vos, through your means; per me, by my exertions; per se, in itself, for itself alone; per dedecus, disgracefully; per insidias, by treachery; per occasionem, as opportunity offers.—In composition, per strengthens the signification — as perfacilis; or expresses thoroughness, completeness — as percutere; or a motion round about — as pervertere; or the idea of destruction — as perdere, perire; or gives the compound a bad sense — as perfidus, perjurare.

Pēr-ăcerbus, a, um, adj., very sour or harsh.

Pēr-ăgo, ēgi, actum, 3, v. a., I carry through, accomplish, perfect, finish, perform, despatch, achieve, execute.

Pēr-ăgro, 1 (per, ager), v. a., I wander or travel through or over, traverse, survey; figur.: I pass through, penetrate.

Per-bĕnĕvŏlus, a, um, adj., very friendly or kind.

Per-cello, cŭli, culsum, 3, v. a., I thrust, strike or beat down, overthrow, overturn, defeat, rout; I astonish, amaze, strike with consternation.

Per-contātio (percontor) and per-cunctātio (percunctor), ōnis, f., an asking, questioning, inquiry, interrogation.

Per-contor and per-cunctor, 1, v. dep. a. and n., I ask, ask strictly, interrogate, inquire, demand, question, examine.

Per-curro, curri and cĕcurri, cursum, 3, v. n., I run or pass through or over; I run in some direction; v. a., I run or go through or over, traverse; I relate briefly, recite; I examine, survey, meditate upon.

Per-cussor, ōris, m. (percutio), a striker; a murderer, cutthroat, hired assassin.

Per-ditus, a, um, part. (perdo), adj., lost, past recovery, irreparable, desperate; abandoned, incorrigible, profligate, dissolute.

Per-do, dĭdi, dĭtum, 3, v. a., I destroy, ruin; I squander, throw away, spend; I corrupt, spoil, debauch, ruin; I lose; I bestow uselessly; perdere tempus, to lose or waste one's time.

Per-dūco, duxi, ductum, 3, v. a., I bring through, bring all the way, conduct, lead; I draw out, lengthen, prolong; I bring or draw over, persuade; I besmear; perducere aliquem in suam sententiam, to bring one over to one's own opinion.

Pĕr-ĕgrīnor, 1 (peregrinus), v. dep. n., I go abroad, travel through foreign parts; I live in a foreign country.

Per-eo, ii, rarely ivi, itum, ire, v. n., I perish, am lost or ruined, am destroyed; I die.

Per-ĕquĭto, 1, v. a., I ride through, round, or all over.

Per-făcĭlis, e, adj., very easy; very courteous; adv., perfăcĭlĕ.

Perfectē (perfectus), adv., completely, perfectly, fully, entirely, exactly.

Per-fĕro, tŭli, lātum, 3, v. a., I bear or carry through; I bear, carry, bring, convey; I support, suffer, brook; I suffer, endure, undergo, experience.

Per-fĭcio, fēci, fectum, 3 (per, facio), v. a., I bring to an end, finish, complete, accomplish, effect, perform, achieve, perfect; I bring about, cause, obtain, prevail, gain.

Per-fĭdia, ae, f. (perfidus), perfidy, treachery.

Per-fŏro, 1, v. a., I bore through, pierce, perforate.

Per-fringo, frēgi, fractum, 3 (frango), v. a., I break through, break or dash in pieces, shiver, shatter; figur.: I overcome, surmount; I infringe, break through, violate.

Per-fruor, fructus sum, 3, v. dep. n., c. abl.: I enjoy fully or thoroughly; I fulfil, execute.

Per-fŭga, ae, m. *(perfugio),* a runaway, fugitive ; a deserter.

Per-fŭgio, fŭgi, fŭgĭtum, 3, v. n., I flee for succor or shelter ; I desert, go over to the enemy.

Per-fŭgium, ii, n. *(perfugio),* a refuge, place of safety, asylum.

Pergo, perrexi, perrectum, 3 *(per, rego),* v. n., I go, proceed ; I come ; c. inf. : I go on with, continue, persevere ; v. a., *pergere iter,* to continue one's journey.

Per-hŏnŏrĭfĭcus, a, um, adj., very honorable, doing one great honor ; showing great honor to another.

Pĕrĭclĭtor, 1 *(periculum),* v. dep. n. and a., I try, prove, test ; I expose to danger, endanger, risk, jeopard.

Pĕrĭcŭlōsus, a, um (periculum), adj., dangerous, hazardous, perilous ; adv. *pĕrĭcŭlōsē.*

Pĕrĭcŭlum, i, n. *(*perior, experior),* a proof, essay, trial, experiment ; risk, danger, hazard, peril, jeopardy ; *periculum facere,* to make trial.

Pĕr-indĕ (per, is), adv., just so, in the same manner, equally, in like manner ; so, in such a manner, so far ; *perinde ac, atque, ut, prout,* just as, according as, so as, as ; *perinde ac si, quasi, tanquam,* just as if, as if.

*Pĕrītus, a, um (*perior,* I get experience or knowledge), adj., experienced in, knowing, well versed, practised, skilled in, acquainted with.

Per-jŭrium, ii, n. *(perjuro),* a false oath, perjury ; the breaking of an oath, a broken oath.

Per-jŭrus, a, um (per, jus), adj., one who breaks his oath, perjures or forswears himself.

Per-lĕgo, lēgi, lectum, 3, v. a., I read through, read to the end ; I go through, survey in detail.

Per-magnus, a, um, adj., very great.

Per-mănĕo, nsi, nsum, 2, v. n., I remain to the end, endure, hold out, persist, continue.

Per-māno, 1, v. n., I flow through, soak through ; I spread ; figur. : I penetrate unto, come to or into, make my way to, arrive at, reach, extend myself.

Per-misceo, miscui, mistum or *mixtum,* 2, v. a., I mix well together, mingle promiscuously, mix up, blend together ; I mix

up in a heap, I confound, throw into confusion, bring into disorder.

Per-mitto, misi, missum, 3, v. a., I let go through, let pass : I let go, let run ; I send, throw, hurl, fling, discharge ; I commit, deliver, intrust ; I grant, allow, permit ; *p. se in potestatem alicujus,* to surrender at discretion.

Per-mŏlestus, a, um, adj., very troublesome, vexatious.

Per-mŏveo, mōvi, mōtum, 2, v. a., I move through and through, move greatly, stir up, set in brisk motion ; I affect greatly, put into great concern, move to pity, anger, or terror ; I induce, persuade, prevail on ; I raise, excite, stir up ; part., *permotus, a, um,* moved, induced, prevailed on, persuaded.

Per-mulceo, lsi, lsum and *lctum,* 2, v. a., I stroke, caress, charm, please, refresh ; I soothe, appease, assuage, allay, still.

Per-nĭcĭes, ēi, f. *(per, neco),* destruction, ruin, disaster, calamity.

Per-nĭcĭōsus, a, um (pernicies), adj., destructive, ruinous, disastrous, pernicious.

Per-nosco, nōvi, nōtum, 3, v. a., I become well acquainted with, get correct knowledge of ; *pernovi,* I am well acquainted with, I know well.

Per-paucus, a, um, adj., very few.

Per-pello, pŭli, pulsum, 3, v. a., I push, thrust greatly ; figur. : I move or affect thoroughly ; I prevail over, conquer ; I force, drive, push to, induce, constrain, persuade, impel.

Per-pendĭcŭlum, i, n. *(perpendo),* a plumb-line, plummet.

Per-pĕtior, pessus sum, 3 *(per, patior),* v. dep. a., I suffer steadfastly, endure, bear with patience ; I permit.

Per-pĕtuo, 1 *(perpetuus),* v. a., I make perpetual, perpetuate ; *p. verba,* to pronounce the words in one breath.

Per-pĕtuus, a, um (per, peto), adj., going on, continued, unbroken, uninterrupted ; constant, perpetual, permanent ; universal, general ; *in perpetuum, sc. tempus,* forever ; adv., *perpĕtuō.*

Per-pŏlio, 4, v. a., I polish thoroughly, I perfect, finish, improve ; *perpŏlītus, a, um,* polished completely, finished, refined, perfected.

Per-rumpo, rūpi, ruptum, 3, v. a. and n., I break through, break apart, break asun-

dar, break to pieces; I force a way
through; I press into, penetrate; figur.:
I break through, overcome.

Per-scrībo, scripsi, scriptum, 3, v. a. and n.,
I write, prepare in writing, write down
accurately and fully; I register; I describe in order; I send in writing; I take
a sketch of, make a plan of.

Per-sĕquor, quūtus or cūtus sum, 3, v. dep
a., I follow, follow after; I strive after,
endeavor to get, seek or hunt after; I
busy myself with, pursue, cultivate; I
follow, agree with, assent to, approve; I
follow close; I revenge, avenge, punish;
I reach, overtake, come up with, find;
I continue, follow up, prosecute; I carry
through, execute, perform; I explain,
relate, set forth.

Perses, æ, m., a Persian.

Per-sĕvēro, ī (per, severus), v. a. and n., I
remain fixed or steadfast, hold out, persist, persevere; I continue; I persist in.

Persĭcus, a, um., adj., Persian.

Per-solvo, solvi, sŏlūtum, 3,v. a., I solve, un-
ravel, explain; I pay completely; figur.:
I pay, give, render, show, discharge;
persolvere poenas, to suffer punishment.

Per-spĭcio, spexi, spectum, 3 (per, specio),
v. a. and n., I see through, see into; I
see, distinguish; I look through, examine
fully, consider well, inspect; I perceive,
observe; ascertain, explore.

Per-spĭcuus, a, um (perspicio), adj., what
can be seen through, transparent, clear;
evident, plain, manifest.

Per-suādeo, suāsi, suāsum, 2, v. a., I make
to be believed, c. dat.; persuadere aliquid
alicui, I represent a thing to any one so
as to make him believe or do it, to persuade one, convince one of, a thing,
to prevail upon one to do a thing; hoc
volunt persuadere, they want to make this
believed; persuadere sibi, to convince or
persuade one's self, to be convinced, to
believe; persuadetur mihi and persuadeor,
I persuade myself, I believe surely.

Per-tĕnuis, e, adj., very thin or small;
slight, slender, weak, poor.

Per-terreo, uī, ĭtum, 2, v. a., I frighten
greatly, put in great terror, terrify; I
frighten away; perterritus, a, um, put in
terror, greatly frightened or terrified.

Per-timesco, uī, 3, v. n. and a., I fear
greatly, am greatly afraid, am in fear.

Per-tĭnācĭa, æ, f. (pertinax), obstinacy, stub-
bornness, frowardness, pertinacity, perti-
naciousness; perseverance, constancy.

Per-tĭnax, ācis (per, tenax), adj., holding
hard or fast, cleaving fast; unyielding,
obstinate, sturdy, stanch, steadfast, stubborn, pertinacious, steady, uninterrupted,
unremitted.

Per-tĭneo, uī, 2, v. n. (per, teneo), I extend, stretch, continue, reach; I aim or
tend, have an influence or effect; I relate to, concern, regard, belong to; quae
ad effeminandos animos pertinent, what
tends to enervate the mind; quo haec res
pertinet? whither does this tend? what
is the aim of this? hoc nihil ad mortuos
pertinet, this has no effect upon the dead;
res ad illum pertinet, he is the author of
it; ad rem pertinet, it is of use; hoc nihil
ad me pertinet, I have no concern there-
with; si quid hoc ad rem pertinet, if this
is anything to the purpose; quod pertinet
ad, what belongs, pertains, relates to.

Per-tumultŭōsē, adv., in a very noisy or
tumultuous manner, very disquietingly.

Per-turbātio, ōnis, f. (perturbo), a confus-
ing, disturbing; confusion, disturbance,
disorder, disquiet, trouble; violent affection, emotion, passion.

Per-turbo, 1, v. a., I disturb greatly, confuse, embroil, trouble, discompose, disorder; I discompose, disquiet, disturb,
stir up, affect violently; I confound, put
out of countenance.

Per-ungo, unxi, unctum, 3, v. a., I anoint
all over, besmear.

Per-ūtĭlis, e, adj., very useful, very profitable.

Per-vĕnio, vēni, ventum, 4, v. n., I come to,
arrive at, reach.

Per-versus, a, um (perverto), adj., perverse,
not right, wrong, evil, bad.

Pes, pĕdis, m., the foot; a foot as a
measure; pedem referre, to go back, retreat; pedibus iter facere, to travel by
land; pedibus ire in sententiam, to vote
by passing to one side of the house; fossa
quindecim pedes lata, a ditch fifteen feet
broad.

Pessĭmus or pessumus, a, um (for peisimus,
superl. of pejor), adj., the worst, very bad.

Pestĭlentia, æ, f. (pestilens), a plague, pestilence, epidemic disease.

Petĭtio, ōnis, f. (peto), a requesting, asking,

desiring, petition, solicitation ; a push, pass, thrust, blow aimed.

Pĕto, ïvi and tii, ïtum, 3, v. a., I ask, beg, request, desire, entreat; to demand ; I seek to attain, seek to procure, strive after ; I take, seize ; I fall upon, attack, assault, rush upon, make a thrust, aim a blow at ; I direct my course, travel to ; *petere aliquid ab aliquo*, to beg a thing from one ; *p. fugam*, to take to flight, to flee.

Pĕtŭlantia, ae, f. (*petulans*), wantonness, impudence, sauciness, love of mischief, petulance.

Phălanx, angis, f., a square body of soldiers thronged together in firmly-closed ranks.

Phăsēlus, i, m. and f., a sort of bean with a large sabre-like pod, a phasel ; a little ship shaped like a phasel.

Phĭlŏ-sŏphia, ae, f., philosophy.

Phĭlŏ-sŏphus, i, m., a philosopher.

Phÿsĭcus, a, um, adj., physical, natural ; *physica, orum*, n., natural or physical things, natural science, physics ; *physicus, i*, m., a natural philosopher.

Picēnus, a, um, adj., Picene.

Pĭĕtas, ātis, f. (*pius*), a sense of duty ; piety, devotion ; respect, dutifulness ; love, gratitude.

Pīlum, i, n. (*pila*), the javelin or dart of the infantry.

Pīlus, i, m. (*pilum*), a company of the Triarii ; *primus pilus* or *primipilus*, the first company of the Triarii ; the centurion of this company.

Pingo, pinxi, pictum, 3, v. a., I paint, depict ; I paint with the needle, embroider ; figur.: I variegate, diversify ; I adorn, embellish.

Piscīna, ae, f. (*piscis*), a fish-pond.

Piscis, is, m., a fish.

Pistŏriensis, e, adj., of or belonging to Pistorium, a city in Etruria, Pistorian. V. Sall. Cat. 57.

Pius, a, um (akin to *fido*), adj., firm, faithful, rightly disposed, pious, religious, devout, virtuous, conscientious, godly, holy, good ; just, permitted, righteous, honest, innocent ; lawful, legitimate, just ; gracious, kind, friendly ; *pius in parentes*, affectionate towards parents ; adv., *pie*.

Plăceo, cui, cĭtum, 2, v. n., I please, am agreeable, give content, give satisfaction, c. dat. ; *placet mihi*, it pleases me, I like

it ; it is my opinion, I am of opinion ; *Senatui placuit*, the senate has ordered, passed a decree ; *placitus, a, um*, what has pleased, what has been thought proper.

Plăcĭdus, a, um (*placeo*), adj., quiet, gentle, soft, mild, calm, tranquil, composed, still, placid ; adv., *plăcĭdē*.

Plănĭtia, ae, or plănĭties, ēi, f. (*planus*), a plane or even surface, level ground.

Planta, ae, f., young plant, set, slip ; green branch, scion, twig, graff, sucker ; a plant ; the sole of the foot.

Plānus, a, um, adj., plain, even, flat, level ; plain, clear, distinct, evident ; adv., *plānē*.

Plaudo, si, sum, 3, v. n., to clap ; figur.: to applaud ; v. a., I clap, beat.

Plausus, ūs, m. (*plaudo*), a clapping ; a flapping ; applause.

Plautius, a, um, adj., of or belonging to the Plautian *gens* ; Plautian or Plotian. *Plautia lex*. V. Sall. Cat. 31, n. 7.

Plēbēs, ēi, f. (the old form for *plebs*), the commonalty of Rome, common people.

Plēbi-scītum, i, n. (*plebs, scisco*), a decree or ordinance of the commonalty.

Plebs, plēbis, f., the commonalty, the plebeians ; the populace, mob, rabble.

Plēnus, a, um (*?pleo*), adj., filled, full, complete, entire, whole ; adv., *plēnē*.

Plērus-que, ă-que, um-que, adj., most, the most ; pl., *plerique*, most persons ; very many, a great many ; *pleraque Africa*, the greater part of Africa ; *pleraeque*, the most, the most part, the greatest part ; adv., for the most part, commonly.

Pluo, plui and pluvi, 3, v. n. and a., to rain ; *pluit*, it rains ; *res, re*, or *rem pluit*, it rains such a thing, such a thing rains, comes down in rain ; *lacte pluisse*, it had rained milk.

Plūres. See plus.

Plūriēs or plūriens (*plus*), adv., several times, often, oftentimes.

Plūrimus. See plus.

Plūs, ris, pl., plūres, a, adj., compar. of *multus* ; more. *Plus* is used as a substantive and as an adverb ; *plus pecuniae*, more money ; *plus facere*, to do more ; *non plus quam*, no more than, as little as ; *non plus (quam) duobus mensibus*, not longer than two months ; *pluris est*, it is worth more ; *pluris putare*, to esteem higher ; *pluris emere*, to buy dearer ; *plures*, more than one, several ; *ne plura*, æc. *dicam*, in short; superl., *plurimus, a, um*, very much, most; *plurimus labor*, very much work; *plurimum*, the most, very much; *plurimum studii*, very much study; *plurimi facere*, to esteem very highly; *plurimum*, adv, very much, most, especially; at the most, at the utmost; for the greatest part.

Poena, ae, f., revenge for bloodshed, punishment, vengeance; the ransom-money for a deed of blood; satisfaction for a crime.

Poenīteo, ui, 2 (*poena*), v. a., I punish, cause regret or repentance; *id me poenitet*, it repents me, I repent of it.

Poëta, ae, m., a poet, bard; a maker.

Pŏlio, 4, v. a.. I polish, smoothe, furbish, file; I adorn, embellish, refine, trim.

Politia, ae, f., the State, the name of one of Plato's works.

Pollens, tis, part. (*polleo*), adj., able, powerful, strong; distinguished.

Polleo, 2 (akin to *valeo*), v. n., I am able, am strong or mighty, prevail much, excel, exceed.

Pollex, ĭcis, m. (*polleo*), the thumb.

Pollĭceor, ĭtus sum, 2 (*por* for *pro, liceor*), v. dep. a., I offer much, I promise.

Pollĭcĭtātio, ōnis, f. (*polliceor*), a free or voluntary promise.

Pollĭcĭtor, 1 (*polliceor*), v. freq. a., I promise.

Pol-luo, ui, ūtum, 3 (*por* for *pro, luo*), v. a., I soil, defile, contaminate, pollute; I corrupt, taint, violate.

Pōmārius, a, um (*pomum*), adj., of or belonging to fruit or fruit-trees; *pomarius*, a fruiterer, seller of fruits; *pomarium*, an orchard.

Pompa, ae, f., a solemn procession; any procession, train; figur.: pomp, parade, show, ostentation, display.

Pondus, ĕris, n. (*pendo*), a weight used in the scale; the weight of a thing; weight, heaviness, load, burden; figur.: weight, authority, importance, value, quantity, number, multitude.

Pōno, pŏsui, pŏsĭtum, 3, v. a., I put, place, set, lay; I set, sow, plant; I set up, erect, build; I form, fashion; I think, judge, esteem, reckon, account; I put on, cause to rest or depend on; I set down, state, say, cite, quote; I lay down for a truth, assert; I allay, calm; I set over, appoint as a watch; I serve up, set before one at table; I lay down, pro-

pose, fix; I propose as a theme; I lay or set in order, arrange; I lay aside, lay down, put off; I lay aside, leave off, forego, give up; I give, impose as a name; *ponere castra*, to pitch a camp; *p. aliquid ante oculos* or *in conspectu*, to place a thing before one's eyes; *p. vitam*, to lose, end one's life; *p. curam, operam in re*, to bestow care, work upon a thing.

Pons, tis, m. (*pono*), a bridge.

Pontĭ-fex, ĭcis, m., a pontifex, chief priest, high-priest.

Pontĭ-fĭcātus, ūs, m. (*pontifex*), the office or dignity of a pontifex.

Pŏpŭlāris, e (*populus*), adj., of or belonging to the people; belonging to the same company, society, or party; favorable to or courting the common people; popular; mean, common; subst., accomplice, partner.

Pŏpŭlātio, ōnis, f. (*populor*), a laying waste, depopulating, ravaging, ransacking, pillaging, plundering.

Pŏpŭlo, 1, and *pŏpŭlor*, 1 (*populus*), v. a., I depopulate, desolate, ravage, lay waste, plunder, pillage.

Pŏpŭlus, i, m., a multitude, large number of people; a people, nation; the common people.

Porcius, a, um, adj., Porcian. *Porcia lex*. V. Sall. Cat. 51, n. 28.

Por-rĭgo, rexi, rectum, 3 (*por* for *pro, rego*), v a., I stretch or spread out, extend; I offer, give, protract, prolong, continue.

Porrō, adv., far off, at a distance; farther, farther on; hereafter, henceforth, again; next, then, moreover, besides.

Porta, ae, f., a gate; an outlet, inlet.

Portātio, ōnis, f. (*porto*), a carrying, conveyance.

Por-tendo, di, tum, 3 (for *pretendo*), v. a., I stretch forth, show; I presage, portend, forebode, foretell.

Portentōsus, a, um (*portentum*), adj., monstrous, prodigious, wonderful, portentous, extraordinary.

Portentum, i, n (*portendo*), an omen, prodigy, miracle, portent.

Porto, 1, v. a., I bear, carry, convey.

Portōrium, ii, n. (*porto*), duty paid for goods imported, portage, tollage, custom, impost, toll.

Portus, ūs, m., a port, harbor, haven; a place of refuge, shelter, asylum.

Posco, pŏposci, 3, v. a., I ask, call for, demand, desire, pray earnestly, importune.

Possessio, ōnis, f. (possideo), a possessing, possession, a possession, property, an estate.

Pos-sĭdeo, sēdi, sessum, 2 (po, sedeo), v. a., I possess, have, hold, enjoy, own, am master of ; I occupy.

Pos-sīdo, sēdi, sessum, 3 (po, sido), v. a., I possess myself of, take possession of; possessus, a, um, taken into possession, possessed.

Pos-sum, pŏtui, posse (potis, sum), v. n., I am able ; I can, may ; I am able to do, I have weight, influence, or efficacy ; potest, it is possible.

Post (same as pone), 1, adv., after, afterwards ; paullo post, soon afterwards ; multo post, long afterwards ; paucis post diebus, a few days after ; post quam, after that; post esse, to be behind, slighted or neglected ; 2, prp. c. accus.: after or since ; below, beneath, under ; after ; behind ; post castra, in the rear of the camp.

Post-eā, adv., afterwards, after that or this, hereafter ; farther, besides.

Posteāquam, conj., after that, after, since.

Postěrĭtas, ātis, f. (posterus), future time, futurity, posterity, descendants, after-ages ; in posteritatem, for the future.

Postěrus, a, um (post), adj., coming after, following, next, ensuing ; posteri, descendants, posterity ; compar., postěrĭor, ius, coming after, following, second, latter, posterior ; inferior, worse ; postě-rius, adv., after, afterwards ; superl., postrēmus and postŭmus, a, um, the last, hindmost ; the worst, vilest ; postrema acies, the rear ; postrēmum, the last, the end ; postremo, lastly, ultimately, finally, at last ; ad postremum, at last ; postrě-mum, for the last time.

Post-hāc, adv., after this, hereafter, in future, henceforth.

Post-quam, conj., after, after that, when, as soon as.

Postrēmus, a, um. See posterus.

Postri-dĭē (for postero die), adv., the day after, the day following ; p. ejus diei, the day after that day.

Post-sum, fui, esse, v. n., to be after or behind, to be future ; to be given up, to give place.

Postŭlātum, i, n. (postulo), a demand, request.

Postŭlo, 1 (posco), v. a., I wish to have, demand, ask, desire, require, will, pray, beg ; I ask or inquire after ; I seek, endeavor, attempt, wish ; I prosecute, arraign, impeach ; postulare aliquid ab aliquo, and p. aliquem aliquid, to demand anything from any one ; p. de colloquio, to demand a conference.

Pŏtens, tis, part. (possum), adj., having power, able, capable, powerful, efficacious ; potent, mighty, strong ; wealthy, having great weight or influence ; having power over, ruling over, master, ruler.

Pŏtentātus, ūs, m. (potens), power, dominion, rule, command in a state.

Pŏtentia, ae, f. (potens), power, faculty, ability, capacity, force, efficacy ; might, authority, sway ; supreme power, empire, rule, dominion.

Pŏtestās, ātis, f. (posse), power or ability to do anything, power over anything ; power, dominion, rule, empire, government ; power, virtue, efficacy, force, operation, effect ; opportunity ; power, permission, leave, liberty, license ; sub potestatem redigere, to subdue ; facere sui potestatem alicui, to give opportunity to any one to obtain from us what he wishes ; facere alicui potestatem, to grant leave, to give an opportunity, to allow, permit.

Pŏtior, pŏtītus sum, 4 (potis), v. dep. n., c. abl. : I am or become master of, gain or take possession of, acquire, gain, get, obtain, reach ; p. imperio, and rerum potiri, to obtain the chief power ; summam imperii potiri, to have, occupy, possess the supreme power.

Pŏtior, ius, ōris (potis), adj., compar., better, preferable, more excellent ; superl., pŏtissimus, a, um, best, choicest, chief, especial.

Pŏtis, pŏte, adv., able, possible ; compar., potius, rather, preferable, better, dearer, more ; superl., potissime, most of all, especially, chiefly, principally.

Pŏtius (potis), adv., see potis ; adj., see potior.

Pŏto, āvi, ātum and pōtum, 1, v. a. and n., I drink, drink hard, tipple, carouse.

Prae, prp. c. abl. : before ; prae se agere, to

drive before one's self; *prae se ferre*, to hold before one's self; figur.: to exhibit, manifest, show, discover, betray; *prae metu*, for fear, through fear; *eos prae se agrestes putat*, he thinks them rustic in comparison with himself.

Prae-ācūtus, a, um, adj., pointed before, pointed, sharpened.

Praebeo, bui, bĭtum, 2 (for *prae-hĭbeo, habeo*), v. a., I hold before, hold out, proffer, offer; I expose, yield, give up; I show, exhibit; I give, do; I supply, furnish, afford.

Prae-cāveo, cāvi, cautum, 2, v. n., I take care, stand on my guard, am on the watch; c. dat.: I take care of any one's safety; v. a., I endeavor to ward off, prevent, provide or guard against.

Prae-cēdo, cessi, cessum, 3, v. n. and a., I go before, precede; figur.: I excel, surpass, outdo.

Prae-ceps, cĭpĭtis (prae, caput), adj., headlong, with the head foremost; swift, hastening; steep, precipitous, sloping; figur.: precipitate, inconsiderate, hasty, rash; subst., a precipice.

Praeceptum, i, n. (praecipio), an order or direction; a precept, rule; admonition, advice. instruction, command, injunction.

Prae-cĭpio, cēpi, ceptum, 3 (prae, capio), v. a., I take, seize, or receive before; I preoccupy; I know beforehand; I give advice before, admonish, warn, say, give rules or precepts; I give prescriptions, enjoin, order, command, prescribe.

Prae-cĭpĭto, 1 (praeceps), v. a., I throw or tumble headlong, precipitate; I cast down; v. n , I fall down, throw myself down; I am too hasty.

Prae-cĭpuus, a, um (praecipio), adj., particular, peculiar, special; remarkable, principal, distinguished, excellent, adv., *praecĭpuē*.

Prae-clārus, a, um, adj., very clear or bright; very much celebrated; excellent, noble, distinguished, remarkable; *p. est*, he distinguishes himself; adv., *praeclārē*.

Praeda, ae, f. (praes), prey, booty, plunder, spoil, pillage.

Prae-dĭcātĭo, ōnis, f. (praedico), a saying in public, a publishing, spreading abroad; a proclamation by the public crier; a praising, commending.

Prae-dīco, 1, v. a., I cry in public, proclaim, publish; I make known, say, tell, relate, report; I praise, commend, extol, celebrate, make honorable mention of.

Prae-dĭtus, a, um (prae, datus), adj., endued with, possessed of, furnished or gifted with, c. abl.

Praedĭum, ii, n. (praes), a farm, estate, manor.

Praedo, ōnis, m. (praeda), one that makes booty, a robber, pillager, plunderer.

Praedor, 1 (praeda), v. dep. n. and a., I make booty, rob, plunder, pillage, spoil, ravage.

Prae-fectūra, ae, f. (praefectus), the office of a president, overseer, or superintendent; the government of a country or town; a district, province.

Prae-fectus, i, m. (praeficio), a superintendent, overseer, president, commander, prefect; a general or colonel of allied cavalry.

Prae-fēro, tŭli, lātum, 3, v. a., I bear or carry before, stretch forth; I betray, show, discover, manifest, indicate, exhibit; I prefer, choose rather.

Prae-fĭcio, fēci, fectum, 3 (prae, facio), v. a., I set over, cause to preside over, depute, constitute, delegate.

Prae-fĭnio, 4, v. a., I determine or appoint beforehand, I prescribe.

Praelium. See proelium.

Prae-mātūrus, a, um, adj., ripe before the usual time, very early, untimely, too early, premature.

Prae-mitto, mīsi, missum, 3, v. a., I send or despatch before.

Praemium, ii, n., a reward, recompense; profit, advantage.

Prae-opto, 1, v. a., I wish rather, desire more, choose rather, prefer.

Prae-pāro, 1, v. a., I make ready before, prepare; I make ready, make.

Prae-pōno, pŏsui, pŏsĭtum, 3, v. a., I put or set before, place first; I set over, intrust with the charge or command of, appoint; I prefer, value, or esteem more.

Prae-rumpo, rūpi, ruptum, 3, v. a., I break or tear off before, break off, tear off; part., *praeruptus, a, um*; adj., figur.: bold, precipitate, violent, furious.

Prae-scrĭbo, ipsi, iptum, 3, v. a., I write before, prefix in writing; I delineate, describe; I prescribe, order, appoint, direct, command.

Prae-scriptum, i, n. (praescribo), a prescription, rule, order, precept

Prae-sens, tis, part. *(praesum)*, adj., present, in person, personally; ready; effectual, prompt; manifest, sure; resolute, determined, confident, daring; aiding, helping, propitious, favorable; now, at present; *in praesens tempus, in praesens,* for the present; *praesentia,* the present circumstances, the present state of affairs.

Prae-sentia, ae, f. *(praesens)*, presence; *p. animi,* presence of mind, resolution, courage; *in praesentia,* in the present moment, at present.

Prae-sertim (prae, sero), adv., especially, principally, particularly.

Prae-video, vēdi, sessum, 2 *(prae, sedeo),* v. n., I sit before; I guard, protect, c. dat.; I preside over, have the charge, management, or care of, superintend, direct, command. I command.

Prae-sidium, ii, n. (praeses), defence, protection, help, assistance; a guard, protection; convoy, escort, garrison; reserve; a station, camp; *esse alicui praesidio,* to assist, help, protect a person.

Prae-stābilis, e (praesto), adj., excellent, distinguished, noble.

Prae-stans, tis, part. *(praesto),* adj., superior, excelling, excellent, distinguished, remarkable, notable.

Praesto (allied to *praes*), adv., present, here, ready at hand.

Prae-sto, stiti, stitum and *stātum,* 1, v. n. and a., I stand before; I am superior to or better than; c. dat.: I excel, surpass, exceed, outstrip; c. acc.: I warrant, answer for, take upon myself; I make, do, execute, perform, cause. effect; I keep, abide by, act up to, make good, discharge, maintain; I show, exhibit, prove, evince, manifest; I bestow, afford; *praestat,* it is preferable or better; *praestare fidem,* to keep one's promise; *praestare se,* to show, prove, or behave one's self.

Prae-sum, fui, esse, v. n., c. dat: I am before; I am set over, preside over, rule over; I am the chief person, manager, author, adviser, abettor; *praeesse exercitui,* to have the command of an army.

Prae-ter (prae), adv., and prp c. acc.: close by, near, along, past; besides, together

with; except, beside, save, beyond, contrary to, against; above, more than; *praeter quam,* besides, except, save only; *praeter consuetudinem,* contrary to custom.

Praetĕr-eā, adv, besides, moreover.

Praetĕr-eo, īvi and *ii, itum, īre,* 4, v. n., I go or pass by; of time: to pass by, pass, elapse; v. a., I go or pass by, pass along; to escape one's knowledge, be unknown; I pass by or over in silence, make no mention of, omit, leave out; I pass over, omit, make no use of; I reject, take no notice of, exclude; *praeterita,* things that are past, things gone by, the past.

Praeter-mitto, mīsi, missum, 3, v. a., I let pass; I omit, neglect; I leave out, make no mention of; I pass by or over, overlook, omit to notice, do not punish, pardon, connive at.

Praeter-quam, adv., besides, beyond, save, except; *p. quod,* besides that, but that.

Praetor, ōris, m. (for *prae-itor,* from *praeeo),* a leader, chief; a general, commander; a magistrate at Rome who administered justice.

Praetōrius, a, um (praetor), adj., of or belonging to a general, praetor, or propraetor; *praetoria cohors,* the suite or bodyguard of a governor, proconsul, or propraetor; *navis praetoria,* the commander's or admiral's ship; *vir praetorius,* a praetorian man, one that has been praetor; *praetorium,* sc. *tentorium,* the general's tent.

Praetūra, ae, f. *(praetor),* the praetorship; the office or dignity of a praetor.

Prātum, i, n., a meadow.

Prāvus, a, um, adj., crooked, distorted, deformed, perverted, improper, wrong, bad.

Precor, i (prex), v. dep. n. and a., I pray, entreat, beg, beseech; I invoke; I supplicate.

Prĕ-hendo or *prendo, di, sum,* 3, v. a., I take, lay hold of, grasp, catch, seize; I fall in or meet with, accost, stop, detain; I catch, take by surprise; figur.: I take, catch, comprehend, perceive, observe, notice.

Prĕmo, pressi, pressum, 3, v. a., I press; I press upon, press, urge, pursue, chase, harass, incommode; I urge or ply with words; I press or squeeze out; figur.: I compress, abridge; I stop, arrest, hinder, check; *premi aere alieno,* to be oppressed or overwhelmed with debt; *premere ap-*

pidum obsidione, to lay close siege to a town.

Prendo. See *prehendo.*

Prētium, ii, n., worth, value, price; reward, punishment; pay, hire, wages; anything worth the trouble, or that repays the trouble; money, gold, silver, coin; a price given or expected as a reward.

Prex, ĕcis, f. (*precor*), a prayer, praying, entreaty; a curse, imprecation.

Pri-dem (*pris*, allied to *prior*), adv., long ago, long since, a long time ago; formerly, before; a little while ago, just before.

Pri-diē (for *priori die*), adv., on the day before; *p. ejus diei*, on the day before that day; *p. Idus*, on the day before the Ides.

Primi-pilus or *primō-pilus, i,* m., the chief centurion of the *triarii.*

Primō (*primus*), adv., at the first, at first, in the first place, first of all.

Primum (*primus*). adv., in the beginning, at first, for the first time; *p. omnium*, first of all; *quam p.*, as soon as possible; *ut p., ubi p., quam p.*, as soon as.

Primus, a, um (*prior*), adj., the first in order, place, or time; the foremost; the chief, principal, most excellent; *a primo*, from the beginning; *in primis*, in the beginning, at first; first, before all; above all, chiefly, especially.

Prin-ceps, ĭpis (*primus, capio*), adj., the first, most distinguished or noble, first in rank; subst., a prince, ruler, emperor; a leading man, superior, chief, director, president; an author, promoter, leader, head.

Prin-cipālis, e (*princeps*). adj., the first, original; principal, chief.

Prin-cipātus, ūs, m. (*princeps*), the first or chief place, pre-eminence, preference; imperial power, dignity, or government; sovereignty, rule, dominion.

Prin-cipium, ii, n. (*princeps*), a beginning, commencement, origin; *in principio*, in the beginning, at first; *a principio*, from the beginning, from the first, at first; the front lines of an army.

Prior, prius, ōris (*pro*), adj., compar., former, prior, antecedent, previous, first; *priores, um,* m., forefathers, ancestors.

Pristĭnus, a, um (*pro*), adj., ancient, old, former, first, original, pristine; last, just passed, of yesterday.

Prius (*prior*), adv., before, sooner, rather; *p. quam*, before that, before.

Privātim (*privatus*), adv., in his own affairs, in his own name, in a private capacity, privately, in private.

Privātus, a, um, part. (*privo*), adj., private; belonging or relating to individuals.

Privi-gnus, i, m. (for *privigenus*, from *privus* and *signo*), a stepson.

Prō, prp. c. abl.: before, in front of, right opposite to; in, on; for, according to, compared with; for, on account of, by reason of; for, in the place of, instead of; for, to the advantage of, in favor of; as, for, as good as; *pro oppido*, before the town; *pro tempore et pro re*, according to time and circumstance; *pro mea parte*, for my part; *pro magistro*, as a master; *pro vallo*, instead of a rampart; *pro amico*, as a friend; *hoc pro me est*, it is for me; *pro suffragio*, by a vote; *pro eo ac, atque, quam, quantum*, according as; *pro eo quod*, because; *pro eo*, for it, for this, for that; *pro ut*, as, just as, according as; *pro imperio*, by virtue of the supreme command, imperiously.

Prō or *proh!* interj., O! ah! alas!

Probātus, a, um, part. (*probo*), adj, pleasant, acceptable, agreeable.

Probĭtas, ātis, f. (*probus*), goodness; probity, honesty.

Probo, 1 (*probus*), v. a., I consider as good, approve, am satisfied with; I try, examine, inspect; I make pleasing, agreeable, or credible, I prove, show, demonstrate, make good, make out, convince; I exhibit, manifest, show; *probari*, to be esteemed or regarded as something; *probari alicui*, to please a person; *probatus, a, um*, ascertained, verified.

Probrum, i, n, a bad or shameful act; whoredom, adultery; disgrace, dishonor, infamy, reproach.

Probus, a, um, adj., good; honest, upright, virtuous.

Procax, ācis (*proco*), adj., demanding, impudent, insolent, forward, pert, wanton.

Pro-cēdo, cessi, cessum, 3, v. n., I go before, go forth; I come, grow, or spring forth, appear, rise; I proceed, advance, go forward, go; I advance, make progress, increase; I succeed; to pass by, elapse; to last, continue; to go on, succeed, turn out; to go on well, prosper, turn out well ; to benefit, be of use ; *longius pro-cedere*, to go farther or to a greater length.

Prō-cēritas, *ătis*, f. (*procerus*), tallness, length, height.

Prō-cērus, *a, um* (*pro, cresco*), adj., grown up, long, tall, high.

Prō-consul, *is*, m., the governor of a province, commander of an army, proconsul.

Pro-cro, 1, v. a., I beget, generate, procreate, engender, produce, propagate, bring forth ; I cause.

Prō-cŭl (*procello*), adv., far, far off, from a distance, aloof ; at some distance.

Prō-cumbo, *cŭbui, cŭbĭtum*, 3, v. n., I fall forward, fall down, lay myself down, lie down, sink ; I lean forward upon anything ; I fall down, go to ruin ; I throw upon, rush upon, attack.

Prō-cŭrātio, *ōnis*, f. (*procuro*), the administration or doing of a thing ; the place or office of a procurator.

Prō-cŭrātor, *ōris*, m. (*procuro*), an agent, manager, administrator, superintendent, governor, procurator.

Prō-curro, *curri* and *cŭcurri, cursum*, 3, v. n., I run forth, run or jut out, project, run to.

Prō-d-eo, *ii, ĭtum, īre*, 4 (*pro, eo*), v. n., I go or come forth ; I go forward, advance, proceed ; *longius prodire*, to go on.

Prō-d-ĭgium, *ii*, n. (*prodigo*), anything lavished forth by nature, a strange, unnatural appearance or thing, a prodigy, portent, miracle, omen ; a monster.

Prō-do, *dĭdi, dĭtum*, 3 (*pro, do*), v. a., I give or bring forth ; I make known, publish ; I relate, report, write, hand down, transmit by writing ; I appoint, elect ; I discover, betray ; I expose to danger ; I give over treacherously, yield or surrender perfidiously ; I desert, abandon, or forsake treacherously ; *memorias prodere*, to write as an historian, to hand down to posterity ; *fidem prodere*, to break one's word.

Prō-dūco, *duxi, ductum*, 3, v. a., I lead or bring forth, lead out ; I raise, advance, promote, make celebrated or distinguished ; I bring forth, produce, beget, generate, procreate; I discover, make known, disclose ; I allure forth ; I draw out, stretch or lengthen out, extend ; I pro-

long, protract, continue ; I delay, procrast, procrastinate ; I prolong, put off, defer ; I induce, prevail upon, allure, entice, incite, cause ; I guide, educate, instruct.

Proelior, 1 (*proelium*), v. dep. n., I fight, engage, join battle ; contend in fight.

Proelium, *ii*, n., a fight, battle, engagement, combat, conflict, contest.

Prō-fānus, *a, um* (*pro, fanum*), adj., that which is not dedicated to any god, not sacred, common, profane ; odious, abominable ; wicked, impious.

Prō-fectio, *ōnis*, f. (*proficiscor*), a going away or to a place, a setting out, departure, journey, march, voyage.

Prō-fecto (*pro, facto*), adv., indeed, certainly, surely, truly, in truth, assuredly.

Prō-fĕro, *tŭli, lātum, ferre*, v. a., I bring forth ; I invent, discover, make known, spread about, reveal ; I cite, quote, allege, mention, bring forward ; I pronounce, utter ; I advance, go on ; I place farther, put forward ; I enlarge, extend, widen ; I defer, put off ; *proferre se*, to come forth, arise, appear ; *aliquid in medium proferre*, to bring anything forward ; *gradum proferre*, to advance, go on ; *diem proferre*, to put off the day appointed.

Prō-ficio, *fēci, fectum*, 3 (*pro, facio*), v. a., I advance, make progress, derive advantage, increase, obtain, effect ; I am of use or serviceable, effect, accomplish, help, contribute.

Prō-ficiscor, *fectus, sum*, 3 (*pro, facio, facesso, faciscor*), v. dep. n., I set out, go, travel, journey, march ; I depart ; I begin, commence ; to proceed, arise, take origin, spring from.

Prō-fĭteor, *fessus, sum*, 2 (*pro, fateor*), v. dep. a. and n., I profess, declare openly, own, acknowledge, avow ; I offer freely, promise ; I make a public statement ; *p. indicium*, to make a deposition, give evidence ; *p. nomen*, to give in one's name, make application for anything ; *professus, a, um*, declared, known, confessed, manifest.

Prō-flīgo, 1, v. a., I throw or dash to the ground, throw or cast down, overthrow, conquer, defeat.

Prō-fluo, *fluxi, fluxum*, 3, v. n., to flow forth ; to flow to, flow.

Prŏ-fŭgio, fŭgi, fŭgĭtum, 3, v. n. and a., I flee, run away, escape; I flee before or from, avoid carefully.

Prŏ-fŭgus, a, um (profugio), adj., fleeing or having fled, fugitive; put to flight; *profugus,* an exile, banished person.

Prŏ-fundo, fūdi, fūsum, 3, v. a., I shed copiously, pour forth or out; I throw away, spend uselessly; I spend extravagantly, lavish, squander away, waste; I spend, bestow upon, give; *p. se,* to pour forth, rush forth; to spread.

Prŏ-fundus, a, um (pro, fundus), adj., deep, profound, bottomless, immeasurable; high.

Prŏ-fūsē (profusus), adv., profusely, lavishly, extravagantly, excessively.

Profūsus, a, um (profundo), part. and adj., immoderate, excessive, profuse; prodigal, wasteful, lavish.

Pro-gnātus, a, um, adj., descended, sprung from, born of; subst, a descendant.

Pro-grĕdior, gressus sum, 3 *(pro, gradior),* v. dep. n., I come or go forth, go on or forward, advance, proceed; I go away, depart; I advance, proceed, go on, increase.

Pro-gressus, ūs, m. *(progredior),* a going forth; a going forward, advance; figur.: increase, growth, progress.

Prŏ-hĭbeo, ui, ĭtum, 2 *(pro, habeo),* v. a., I keep off, back, or away, keep or ward off, debar, hinder, impede, stop, prevent, prohibit, restrain, forbid, defend, protect.

Prŏ-in and *prŏ-inde,* adv., hence, therefore, on that account; just so, equally.

Prŏ-jĭcio, jēci, jactum, 3 *(pro, jacio),* v. a., I throw forth or before; I stretch out, extend; I project; I eject, expel, cast or drive out; I banish, exile; I throw down or away; I give up, yield, renounce, resign, reject, disdain; I despise, desert, give up or expose in a shameful manner; *se projicere,* to throw one's self down, fall down or prostrate.

Prŏ-lāto, 1 *(profero),* v. freq. a., I enlarge, extend, lengthen, prolong, amplify, dilate; I put off, defer, delay, protract.

Prŏ-miscuus, a, um (pro, misceo), adj., mixed; common; *divina atque humana promiscua habere,* to make no distinction between things human and divine.

Prŏ-missum, i, n. *(promitto),* a promise.

Prŏ-mitto, mīsi, missum, 3, v. a., I let go

forward, let hang down, let grow, lengthen, extend; I say, assure; I promise, vow; I predict, say beforehand.

Prŏ-montōrium, ii, n. *(pro, mons),* the projecting part of a mountain; a promontery, cape.

Prŏ-mŏveo, mōvi, mōtum, 2, v. a., I move forwards, make to advance; move onward, advance; I advance, extend, enlarge; I profit, accomplish; I promote.

Promptus, ūs, m., only in the phrase, *in promptu* (esse, habere, ponere, &c.), public, open, visible, manifest, before the eyes; *ingenium in promptu habere,* to display; readiness; only, *in promptu esse, habere,* to be at hand, to have ready; ease, facility; only, *in promptu esse,* to be easy.

Promptus and *promtus, a, um,* part. *(promo),* adj., brought forth, visible, manifest, evident; ready, prepared, at hand; prompt, active, vigorous, quick, expeditious, bold; easy, practicable.

Prŏ-mulgo, 1 *(pro, vulgus),* v. a., I publish or spread abroad, proclaim, promulgate, divulge.

Prŏ-nuncio, 1, v. a., I publish, proclaim, announce; I disclose, discover, reveal, say; I say, tell, report, relate; I create, nominate, appoint to an office; I recite, rehearse; I give sentence.

Prōnus, a, um, adj., bending forward, leaning forward; going or inclining downwards; situated or lying towards; inclined to anything, disposed, prone; easy, practicable.

Pro-oemium, ii, n., an introduction, preface; a beginning.

Prŏ-pāgātio, ōnis, f. *(propago),* a propagating; extension, enlargement.

Prŏ-pāgo, ĭnis, f. *(propago),* that which is propagated, a set, layer; a descendant, offspring.

Prŏpĕ, adv., near, nigh; nearly, almost; *prope castra,* near the camp; *proxime hostium castris,* very near the camp of the enemy.

Prŏpĕ-diem (prope, dies), adv., within a few days, in a short time, shortly, very soon.

Prŏ-pello, pŭli, pulsum, 3, v. a., I drive before me, drive out or forth; I drive further or forwards, push on, propel; I put in motion, move; I drive away;

I keep or ward off, repel, remove; I hurl, throw; I overthrow.

Prŏpĕ-mŏdum (*prope, modus*), adv., nearly, almost; nearly in the same manner.

Prŏpĕro, 1 (*properus*), v. a., I make haste, hasten, make speed, am quick; I do, make, prepare anything with haste, I hasten, accelerate.

Prŏpĕrus, a, um (*pro*, πιράω), adj., quick, hasty, speedy; adv., *prŏpĕrē*.

Prŏpinquĭtas, ātis, f. (*propinquus*), nearness, nighness, vicinity, proximity, neighborhood; relation by blood, affinity.

Prŏpinquus, a, um (*prope*), adj., neighboring, near; near at hand; similar, like; near of kin, allied, nearly related; *propinquus*, a kinsman, relation.

Prŏpior, ius, ōris, adj. (*prope*), nearer; later, more recent; more nearly related or allied, more closely akin, more nearly resembling, more like; more closely connected; better adapted or suited; better, preferable; *propior hostem*, nearer to the enemy.

Prŏ-pōno, pŏsui, pŏsitum, 3, v. a., I set forth, set before or up, offer, present; I place before the eyes, represent to myself, imagine; I state, lay down, propose, say; I report, represent, declare, point out, explain, tell, relate; I publish, make known; I announce, promise, offer; I mention, suggest, prompt; I resolve on, design, intend, determine, purpose; *propositum est mihi*, I have resolved, I intend.

Pro-praetor, ōris. m., a propraetor, governor of a province invested with the authority of a praetor.

Prŏprius, a, um, adj., private, proper, peculiar, particular, special, own; lasting, permanent, perpetual, firm, steady; fit, apt, suitable, proper; especial, singular, extraordinary; *proprium*, one's own, property, nature, peculiar quality.

Propter (for *propiter*, from *prope*), adv., near, hard by; prp. c. acc.: near, hard by, close to; for, on account of, by reason of, owing to: through.

Proptĕr-eā, adv., therefore, for that reason, on that account.

Prŏ-pugno, 1, v. a. and n., I fight in defence of, contend for, defend.

Prŏ-pulso, 1 (*propello*), v. freq. a., I drive back, repel, keep or ward off.

Prōra, ae, f., the prow or forepart of a ship.

Prō-rĭpio, rĭpui, reptum, 3 (*pro, rapio*), v. a., I snatch or drag forth; I snatch or hurry away; *proripere se*, to hasten forth, rush out or away.

Prō-rŏgo, 1, v. a., I prolong; I defer, put off.

Prorsus (for *proversus*), adv., forwards; straight on or along, right onward; certainly, truly; exactly, precisely, just; entirely, utterly, wholly; generally, in a word, in short.

Prō-ruo, rui, rŭtum, 3, v. n., I rush against; fall or tumble down; v. a., I cast forward, cast or throw forth; I throw or cast down, overthrow, overturn, pull down, demolish.

Pro-scribo, ipsi, iptum, 3, v. a., I publish by writing; I offer or post up in writing, advertise; I declare or publish in writing that one's lands, houses, &c. are forfeited; I proscribe or outlaw one.

Pro-scriptio, ōnis, f. (*proscribo*), a publishing in writing; a posting up in writing or proclaiming of a thing to be sold; a proscription or outlawry; a dooming to death and confiscation.

Prō-sĕquor, quūtus or cūtus sum, 3, v. dep. a., I follow after, follow, go with, accompany, attend; I honor, adorn, present with anything; I continue my discourse, speak further, continue, proceed; I pursue.

Pro-spectus, ūs, m. (*prospicio*), a looking forward; a sight, view, prospect; the eyes; an appearance, outward show.

Pro-sper and *pro-spĕrus*, a, um (*pro, spero*), adj., as hoped for, agreeable to one's wishes, favorable, prosperous, lucky, fortunate; adv., *prospĕrē*.

Pro-spĭcio, spexi, spectum, 3, v. a., I look forward, see; c. dat.: I take care of, provide, consult, use precaution prevent; I see, view, behold from a distance; I foresee; I look to, procure, supply.

Prō-sum, prŏ-fui, prŏd-esse, to do good, be profitable or serviceable, be advantageous, avail, conduce, c. dat

Prō-tĭnus or *prō-tĕnus* (*pro, tenus*) adv., before one's self, forward, onward, further on, further: so on, again, further, in the next place, hereupon; immediately, directly, instantly, forthwith; continuously, uninterruptedly, constantly.

Prŏ-turbo, 1, v. a., I drive or push away, thrust out by force, push off, repel, repulse.

Prŏ-vĕho, vexi, vectum, 3, v. a., I carry or conduct forth; I put forward, promote, raise, advance, prefer, exalt; I conduct, convey, carry away, on, along, or forward; I transport; I mislead, seduce; *provehi*, to ride or sail forth, advance; to proceed, advance, go further, go too far.

Prŏ-vĕnio, vĕni, ventum, 4, v. n., I come forth, appear, am born or produced, become; to come to pass, occur, happen; to succeed well, prosper.

Prŏ-vĭdentia, ae, f. (provideo), a foreseeing, foreknowing; foresight, forethought, caution, prudence; providence.

Prŏ-vĭdeo, vidi, visum, 2, v. a. and n., I look forward, see; I am cautious, on my guard, take care, act cautiously; I provide, make provision, see to, look after, take care of; I foresee; I provide for, procure; I prevent, guard against, avoid.

Prŏ-vincia, ae, f. (pro, vinco, or more probably contracted for providentia), a country gained by conquest, province; the southeastern part of Gaul, now called Provence.

Prŏ-vŏco, 1, v. a., I call forth or out; I cite, summon; I challenge, invite; I excite by example, stimulate, encourage, irritate, exasperate, stir up, incite, rouse; *provocare ad aliquem*, to appeal, refer to a person.

Prŏ-vŏlo, 1, v. n., I fly out, fly forward or forth; figur.: I fly forth, run forward.

Proximus and *proxumus, a, um (propior)*, adj., superl., very near, the next or nearest; the nearest, most like, most closely resembling; adv., *proxime* and *proxime*.

Prūdens, tis (for providens), adj., foreseeing, foreknowing, c. gen.; knowing, advised, cautious, prudent, discreet, wise; practised, skilled, versed, skilful, expert, knowing, learned, experienced in anything.

Prūdentia, ae, f. (prudens), a foreseeing; prudence, good sense, discretion; caution, foresight; understanding, knowledge; science, skill.

Psallo, 3, v. n., I play on a stringed instrument: I play upon and sing to the lyre or harp.

Pūbesco, bui, 3 *(pubes)*, v. n., I get the first down of the beard, arrive at the age of puberty, grow up to manhood; to grow up; to become downy.

Publĭcānus, a, um (publicus), adj., relating to the revenue of the state, or to the farming of the revenue; subst., *publicanus*, a farmer of the public revenue.

Publĭco, 1 *(publicus)*, v. a., I give to the public, appropriate to the state, confiscate.

Publĭcus, a, um (populus), adj., public, common, belonging to the state, town, or community; common, general, universal; adv., *publice*.

Publius, i, m., a Roman praenomen; abbreviated, P.

Pūdeo, dui, ditum, 2, v. n., I am ashamed; *pudet me tui*, I am ashamed before you; *hos infamias suae pudet*, they are ashamed of their disgrace.

Pūdĭcitia, ae, f (pudicus), shamefacedness, chastity, modesty, discreetness, virtue.

Pūdor, ŏris, m. (pudeo), shame; regard, respect, reverence, awe; love of decency, decency, good manners, modesty; a woman's honor, chastity; sense of honor; a reason of being ashamed, shame, disgrace; *pudori esse*, to be a disgrace.

Puer, ĕri, m., a child; a male child, boy; a servant, slave.

Puĕritia, ae, f. (puer), boyhood, childhood, youth.

Pugna, ae, f. (pugnus), a battle, fight, encounter, engagement, combat; figur.: a contest, strife, dispute; *pugnam committere cum aliquo*, to join battle with one.

Pugno, 1 *(pugna)*, v. n., I fight, combat, engage, contend.

Pulcher, chra, chrum, adj., fair, beautiful, beauteous, handsome; excellent, magnificent, splendid, honorable, noble, glorious, renowned, illustrious.

Pulchrĭtūdo, ĭnis, f. (pulcher), beauty, fairness, comeliness, excellence.

Pulsus, ūs, m., (pello), a pushing, stamping, beating, striking, an impulse.

Pulvis, vĕris, m., dust, powder.

Punĭcus, a, um, adj., Punic, Carthaginian.

Puppis, is, f., the stern of a ship, the poop; figur.: the whole ship.

Purgo, 1 *(purus)*, v. a., I make clean, clean, purify; figur.: I clear from accusation.

excuse, justify; *purgare se alicui*, to justify one's self before any one.

Purpūra, ae, f., purple color, purple; a purple garment, or a garment bordered with purple.

Pūrus, a, um, adj., pure, clean; pure, unmixed, natural, plain; clear, bright; holy, pious, virtuous, honest; spotless, undefiled, chaste; adv., pūrē.

Pūto, 1, v. a., I say, think, count, reckon, estimate, value, esteem; I imagine, believe; I weigh, consider, ponder, reflect.

Q

Q., an abbreviation, for *Quintus*; and for *que*, as, & P. Q. R., h. e., *Senatus populusque Romanus*.

Quā (abl. of *quae*), adv., sc. *parte*, on that side where; where; sc. *rationes*, how, in what way, by what method or means; *ne qua*, lest by any means.

Quādrāgēni, ae, a (*quadraginta*), adj., forty each time.

Quādrīga, ae, f. (*quatuor*, *jugum*), a yoke of four horses, four horses yoked abreast, a four-horse chariot.

Quādrīgūla, ae, f. (*quadriga*), dim., a small quadriga.

Quādrin-genti, ae, a (*quatuor*, *centum*), adj., four hundred.

Quaero, sivi, situm, 3, v. a., I ask, inquire, interrogate; I investigate, examine, try; I call for, demand, need, require; I seek, seek-after.

Quaesītum, i, n. (*quaesitus*), something gotten or acquired, a gain; a question, inquiry.

Quaesītus, a, um, part. (*quaero*), adj., sought, studied; exquisite, refined.

Quaeso, sivi, 3 (old form of *quaero*), v. a. and n., I pray, entreat, beg.

Quaestio, ōnis, f. (*quaero*), an asking, interrogating, questioning, inquiry, question; a public inquisition, investigation, trial.

Quaestor, ōris, m. (for *quaesitor*, from *quaero*), an asker, inquirer, inquisitor, examiner; magistrates who had the care of the public revenues, treasurer, and to inquire into certain criminal offences, public inquisitor.

Quaestus, ūs, m. (*quaero*), a getting, gain, profit; trade, employment; profession, work performed for gain, way of making money.

Quālis, e (*quis*), adj., of what kind, sort, or nature, what; as, like as.

Quālis-cunque or qualis-cumque, quale-cumque, adj., of what kind or manner soever.

Quam (*qui*), adv., how, how much; as much as, as well as; in comparisons: than, as; very, quite; so as, so much as; *quam possum*, as well as I can, as I can; *non tam — quam*, not so much — as; *ante quam*, before that, before.

Quam-diū, conj., how long, as long as; adv., how long?

Quam-ob-rem, conj., for which reason, why; wherefore, for which cause; why? wherefore? for what reason?

Quam-prīmum, adv., as soon as may be, as soon as possible, without delay.

Quam-quam or quam-quam, conj., although, though; though indeed, and yet.

Quam-vis, adv., as much as you will, however much you will; very, very indeed; conj., although, though.

Quando (*quam*, *do*, allied to *dum*), adv., when; *si quando*, *cum quando*, if ever; conj., since, seeing that.

Quandō-quidem, conj., since, seeing that, since indeed.

Quanquam. See quamquam.

Quantō (abl. from *quantum*), adv., by how much, by as much as; *quanto magis*, how much more; *quanto magis — tanto magis*, the more — the more; *quanto praestat*, how much better is it.

Quant-ōperē (*quanto*, *opere*), adv., how greatly, how much.

Quantum (*quantus*), adv., how much, as much as, so far as.

Quantum-cumque, adv., how much soever.

Quantus, a, um (*quam*), adj., how great; as great as, great as; *quantum*, how much; *quantum frumenti*, how much corn.

Quā-propter, adv., for what reason? why? wherefore? conj., for which reason, wherefore, on which account.

Quā-rē (abl. of *quae res*), adv., for what reason, on what account, wherefore, why; on what account? wherefore? why? in order that, to the end that, so that; conj.. wherefore, for which reason, therefore.

Quartāna, ae, f. (*quartus*). sc. *febris*, the quartan ague, quartan.

Quartus, a, um, adj., the fourth.

Quă-sī (for quam sī), conj., as if; as, just as; as it were; about, nearly, almost; perinde q., just as if.

Quā-tĕnus, adv., how far, to what length or extent; as far as, where; how long, up to what time; so far as.

Quătrĭ-dŭum, i, n. (quatuor, dies), the space of four days, four days' time, four days.

Quătuor or quattuor, num., four.

Quătuor-dĕcim, num., fourteen.

-Quĕ, conj., and; also; —que—que, both —and; que—et, or et—que, both—and.

Quĕm-ad-mŏdum, adv., in what manner, what way, how; how? as, like as, just as, even as.

Quĕo, īvi and ĭi, ĭtum, ĭre, v. n., I can.

Quĕrēla, ae, f. (queror), a cry, plaintive noise, a lament, complaint.

Quĕror, questus sum, 3, v. dep. n. and a., I cry, wail; I lament, complain.

Qui, quae, quod, pron., 1, adj., in interrogation or exclamation: who, which, what; qui vir! what a man! 2, relat., who, which, what, that; is, qui, he who; ea, quae, she who; id, quod, that which; (ii) qui volebant, they who would; color, quem habet, the color which it has; domicilia, quas urbes dicimus, the dwellings which we call towns; qui (for et is) si scisset, and if he had known; quae (for et haec) quum ita sint, and since things are in this condition.

Qui (qui), adv., in what way, how.

Quiă, conj., because.

Quicumque, quaecumque, quodcumque, pron., whosoever, whoever, every one who, all which.

Quĭd. See quis.

Quĭ-dam, quae-dam, quod-dam, and subst., quid-dam, pron., a certain, a certain one; somebody; quiddam, something, a certain thing; plur., quidam, quaedam, quaedam, some, several.

Quĭ-dĕm, adv., indeed; namely, to wit; at least, certainly, of a truth, assuredly; yet, however; also, even; for example; ego quidem, I for my part; quum quidem, though indeed.

Quĭes, ētis, f., the place of rest; rest, repose, sleep; death.

Quĭesco, ēvi, ētum, 3 (quies), v. n., I rest, repose, take rest; I am at rest, keep myself quiet.

Quiētus, a, um (quiesco), adj., at rest, enjoying rest, quiet, calm, tranquil, contented, composed, easy; adv., quiētē.

Qui-libet, quae-libet, quod-libet and quid-libet, pron., whomsoever will, any one whom you please, any one, any, all.

Quĭn (qui, ne or non), conj., that not; who not; as if not; indeed, really; nay even; rather, nay rather; why not? facere non possum, quin, &c., I cannot do otherwise than, I cannot but, I must; non potest recusare, quin dicat, he cannot refuse to speak; non quin ipse dissentiam, not but that I myself am of another opinion; quin potius, or quin etiam, or quin imo, nay even, and what is more.

Quinc-unx, cis (quinque, uncia), adj., amounting to five twelfths; subst., m., five twelfths of an as; the five spots on dice (tesseras); hence in quincuncem, after the manner of these spots.

Quin-dĕcim (quinque, decem), num., fifteen.

Quin-genti, ae, a (quinque, centum), adj., five hundred.

Quīni, ae, a (quinque), adj., five each.

Quinquā-gĕsimus, a, um (quinquaginta), adj., the fiftieth.

Quinquā-ginta (quinque, ginta. See viginti), num., fifty.

Quinque, num., five.

Quinqu-ennium, ii, n. (quinquennis), the space of five years, five years' time, five years.

Quintīlis (Quinct.), is, m., with and without mensis (quintus), the fifth month (counting from March), afterward, in honor of Julius Cæsar, called Julius, July.

Quintus, i, m., a Roman praenomen.

Quintus, a, um (quinque), adj., the fifth.

Quippe (quia, pe = ve), conj., indeed, in fact, to be sure; for, forasmuch as; as, as being; quippe qui, as who, inasmuch as he, seeing that he.

Quis, quid (qui), pron. interrog., who? what? quid? quod, &c., what shall I say of this, that; quid venisti? why are you come? quid ita? why that? why so? how so?

Quis, quid (qui), pron. indefin., for aliquis, any one, one, anything; especially after si, nisi, ne, num, quo, quanto, and sometimes quum; si quis, if any person.

Quis-nam and qui-nam, quae-nam, quod-nam and quid-nam, pron. interrog., who?

which ? what ? stronger than *quis?* in an indirect question : who, which, what.

Quis-piam, quae-piam, quod-piam and quid-piam or quippiam, pron. indefin.. any or some, any one, anything. *Quispiam* is particular, *quisquam* universal. — *Quid-piam* stands substantively, *quodpiam* adjectively.

Quis-quam, quae-quam, quid-quam or quic-quam, pron. indefin., any, any one, anything.

Quis-que, quae-que, quod-que, and quid-que or quic-que, pron. indefin.. every, every one, every man, everything ; any one.

Quis-quis, quae-quae, quid-quid or quic-quid, pron. indefin.. whoever, whosoever, whatever, whatsoever, every one who, all that.

Qui-vis, quae-vis, quod-vis, and subst., quid-vis (qui, vis, from volo), pron. indefin., any you please, any soever, any one, every one, any, every, each.

Quō (qui), adv., where ; wherefore, for which reason, on which account; because ; whither, to which or what place ; to what end, for what, why ; to the end that, in order that, that.

Quo-ad, adv., how long ; conj., so long as, as long as ; till, until ; how far ; so far as, as ; as far as, till.

Quō-cumque or quō-cunque, adv., to whatever place, whithersoever.

Quod (qui), conj., that or why, wherefore ; on what account ; that or because, in that ; as touching that, as to this, that ; though, although ; what or so much as, so far as.

Quō-mŏdŏ (qui, modus), adv., in what manner, in what way, after what fashion, how ; as, even as ; in whatever way or manner, howsoever.

Quon-dam (allied to qui, quando), adv., at a certain time, at one time, once, formerly ; at times, ever and anon, now and then, sometimes, occasionally.

Quŏn-iam (quum, jam), conj., when, after that, now that ; since now, seeing that, since, as ; that, because, as if.

Quō-que, conj., also, likewise, too, as well.

Quōquō-versus and -vorsum, or -versus and -vorsum, adv., in every direction, to every quarter, every way.

Quorsum or quorsus (for quo versus or vorsum), adv., toward what place, whither-

ward, whither, ; to what end, to what ; for what, with what end or view, for what use.

Quot, adv.. how high ; how much, how many ; as many as, as : every ; quotannis, every year, yearly, annually.

Quŏt-annis. See quot.

Quŏti-diānus, a, um (quotidie). adj., daily, happening every day ; ordinary, common.

Quŏti-diē (quot, dies), adv., every day, daily, day by day.

Quŏtiēs or quŏtiens (quot), adv., how often ? how many times? as often as, as.

Quŏties-cumque or -cunque, adv., how often soever, as often as.

Quŏtus, a. um (quot), adj., what in number, order, or place ; quotus quisque, how few, how little, few, little.

Quo-usquĕ, adv.. how long ; how far.

Quum, or cum (qui), adv. and conj., when, while, at which time ; when, that, or since ; since, as, seeing that, because ; although ; quum — tum, when — then ; as — so also, not only — but also, both — and, in general — and in particular ; tum — quum, then — when ; quum praesens, as soon as ; quum maxime, especially, particularly, pre-eminently ; just now, precisely at the time.

R

Rādix, icis, f., the root of a plant ; figur. : the root, foot, lower part of a mountain ; root, origin, source.

Rāmus, i, m., a branch, bough of a tree ; the tip of a horn.

Rāpidtias, ātis, f. (rapidus), swiftness, velocity, rapidity.

Rāpīna, ae, f. (rapio), robbery, pillaging, plundering, rapine ; booty.

Rāpio, pui, ptum, 3, v. a., I rob, carry off by force ; I take away, snatch away ; I rob, plunder ; I tear, drag, hurry away ; I hurry, lead quickly ; I make or do quickly, hasten.

Rārus, a, um, adj., wanting density, rare, subtle, thin, thinly scattered, loose ; rare, seldom to be seen, scarce, unfrequent, few, scanty.

Rātio, ōnis, f. (reor), a speaking about a

thing; an account, a reckoning, calculation; number, amount, sum; regard, respect, consideration, concern. care; interest, advantage; opinion; purpose, intention, plan; reason, reasonableness, consideration, wisdom; the reasoning faculty; transaction, business, affair; question, investigation, inquiry; manner, way, kind, quality, nature; method, course, conduct; arrangement, disposition, order; means, expedient; science, skill, ability; a reason, reasonable ground; reason, pretence, show; *habere rationem cum aliquo*, to stand in connection, intercourse, relation, have to do with a person; *habere rationem alicujus rei*, to have regard, a care of, to care for anything; *in eandem rationem*, to the same effect; *nulla ratione*, without reason, in an unreasonable manner, unwisely.

Ratis, is, f., a raft, float; a boat, bark.

Ratus, a, um, part. (*reor*), adj., reckoned, calculated, computed; confirmed, established, firm, valid, certain, sure; fixed.

Re-bellio, onis, f. (*rebellis*), the renewal of war, revolt, insurrection.

Re-cedo, cessi, cessum, 3 v. n., I go back, fall back, retire, retreat, recede; I go away, go off, depart, withdraw.

Recens, tis, adj., fresh, new, newly or lately made or done, recent.

Re-ceptaculum, i, n. (*recepto*), a place to receive or keep things in, receptacle, storehouse, reservoir, magazine; a place of refuge, retreat, shelter, lurking-place.

Re-ceptus, us, m. (*recipio*), a taking back; a retiring, falling back, retreat; refuge; place of refuge; *receptui canere*, to call back the soldiers by the sound of the trumpet, to sound a retreat.

Re-cipero, 1. See *recupero*.

Re-cipio, cepi, ceptum, 3 (*re, capio*), v. a., I take again or back; I retake; I get again, recover; I reinstate; I take, receive; I accept, undertake; I take upon myself, pledge myself, engage, warrant, guarantee, pass my word, assure solemnly, promise sacredly; I take, receive, accept, admit; *recipere animum*, to recover one's self, take heart; *r. aliquem*, to take up, interest one's self for any one; *r. aliquem ex servitute*, to save any

one from slavery; *recipere se*, to betake one's self back, return; to retire, make a retreat, to retreat; *r. poenam ab aliquo*, to take vengeance or inflict punishment upon a person; *r. fidem alicui*, to pledge, plight, positively engage; *r. aliquem tectis*, to receive or admit one into the house.

Re-cito, 1, v. a., I read off, read aloud; I say by heart, repeat from memory, say off, recite.

Re-clamo, 1, v. a. and n., I cry or bawl out against, contradict with a loud voice, gainsay; I object; I cry out, call out, exclaim.

Re-cognosco, gnovi, gnitum, 3, v. a., I make acquaintance with again or anew, bring to remembrance, call to mind, recollect; I see or perceive again, recognize; I review.

Re-concilio, 1, v. a., I get back or again, bring back; I procure again, re-establish, restore; I reunite, reconcile, make friendly.

Re-condo, didi, ditum, 3, v. a., I put or lay together again, lay up, hoard, put away, stow away; figur.: I hoard up, store up; I hide, conceal, secrete; *gladium in vaginam recondere*, to put up again, sheathe again the sword.

Re-cordor, 1 (*re, cor*), v. dep. a. and n., I think back upon, call to mind, bethink myself, remind myself, recollect; I consider, weigh, ponder, reflect.

Re-creo, 1, v. a., I remake, reproduce, restore; I set up again, repair, recruit, refresh, reassure; *recreari*, to recover, increase, grow; to be restored.

Re-crudesco, dui, 3, v. n., to become raw again, break open again, of wounds.

Rectus, a, um, part. (*rego*), adj., right, straight, direct, not crooked; plain, unornamented, unaffected, simple, natural; regular, right, good, virtuous, legitimate; *recto itinere*, straightforward, right on; *rectum est*, it is right, proper, reasonable; adv.. *recte.*

Re-cipero or *re-cupero,* 1 (*re, capio*), v. a., I get again, regain, get back, recover.

Re-curro, curri, 3, v. n., I run back, return running; I come back, come again, return; I resort to, have recourse to, recur.

Re-cuso, 1 (*re, causa*), v. a., I make objection, refuse, reject, decline, make opposi-

tion, draw back; *recusare mori*, to be unwilling to die ; *sententiam ne diceret,
recusavit*, he refused to state his opinion.

Red-do, *didi, ditum*, 3 (*re, do*), v. a., I give
back, restore, return ; I give forth, send
forth ; I give in, hand in, deliver, render ;
I give up, yield, concede ; I bestow,
grant, permit ; I pay ; I bring in, yield,
bear ; I repeat ; I pronounce ; I recite, rehearse ; I am like, resemble, represent,
imitate, express ; I give in return ; I
requite, recompense ; I translate, render.

Red-eo, *ii, itum, ire*, v. n., I return, come
back or again, go back ; of income : come
in, accrue, be yielded or returned ; I
come, fall, be brought or reduced to. *ad ;
redire in amicitiam alicujus*, to return into
friendship with one ; *redire viam*, to go
the way back ; *redire in gratiam cum
aliquo*, t) become reconciled to one.

Red-igo, *egi, actum*, 3 (*re, ago*), v. a., I drive
back, force back ; I bring again or back ;
I reduce, constrain, force ; I bring together, collect, gather in ; I make, render.

Red-imo, *emi, emtum* or *emptum*, 3 (*re, emo*),
v. a., I buy back or again, repurchase ;
I buy, purchase ; I acquire gain, or procure for a price ; I redeem, ransom by
money ; I farm.

Red-integro, 1 (*re, integro*), v. a., I make
whole again, restore, complete again ; I
renew.

Red-itio, *onis*, f. (*redeo*), a returning, return.

Red-itus, *us*, m. (*redeo*), a return ; income,
revenue.

Re-duco, *xi, ctum*, 3, v. a., I lead or bring
back, conduct back ; I bring, reduce to ;
I draw back, retract ; *r. se*, to withdraw,
retire ; part., *reductus, a, um*, adj., remote, retired.

Red-undo, 1 (*re, unda*), v. n., to flow back,
run over, overflow ; figur. : to redound,
extend, come to ; to abound, abound in,
have a redundance of, c. abl.

Re-fero, *tuli, latum*, 3, v. a., I bring or carry
back or again ; I bring back word, re-
port, relate, give an account of ; I restore,
re-establish, renew ; I return, requite ; I
compare ; I refer to, *ad ;* I carry, bear,
bring ; I turn, put, apply to ; I propose,
lay before. consult ; I register, record ; I
reckon, count, number, or reckon among ;
I execute, accomplish, effect, bring to
pass ; *referre se* or *referri*, to return, re-

tire, withdraw ; *referre pedem* or *gradum*,
to return, retire ; *r. gratiam alicui*, to return one thanks ; *par pro pari referre*, to
repay like for like ; *referri*, to have reference to, belong, pertain or relate to, concern ; *referre ad senatum*, to make a motion in the senate.

Re-fert, *re-tulit* (*rem, accus. of res, fero*),
v. impers., it is important, it imports,
profits ; *mea refert*, it is important for me,
it concerns me ; *parvi refert*, it is of little
importance ; *magnopere refert*, it is of
great importance ; *illorum magis, quam
sua retulisses*, that it has been more important to them than to him.

Re-fertus, *a, um*, part. (*refercio*), adj.,
filled, stuffed, crammed, full, replen-
ished, c. abl. or gen. ; figur. : full, rich,
abounding in, amply provided with ;
well provided.

Re-ficio, *feci, fectum*, 3 (*re, facio*), v. a., I
make again or anew ; I restore a thing to
its former state ; I reinstate ; I rebuild ;
I repair, refit ; I fill up, supply. recruit ;
I restore to health, cure, heal ; I relieve,
refresh.

Re-fringo, *fregi, fractum*, 3 (*re, frango*), v.
a., I break, break open or to pieces ;
figur. : I break, check, repress, weaken,
destroy ; I overpower, subdue, conquer.

Regina, *ae*, f. (*rex*), a queen.

Regio, *onis*, f. (*rego*), a direction, line ; a
boundary line ; limit, border ; a region,
country, district, territory.

Regius, *a, um* (*rex*), adj., of or belonging to
a king, becoming a king, kingly, royal,
regal, princely.

Regno, 1 (*regnum*), v. a. and n., I am king,
have kingly power, reign, rule, govern as
a king ; I rule at pleasure, tyrannize,
domineer, rule with absolute power, lord
over.

Regnum, *i*, n. (*rex*), royal dignity, regal
government, sovereignty ; a kingdom,
realm.

Rego, *rexi, rectum*, 3, v. a., I set right, correct ; I direct ; I regulate, settle ; I manage, guide ; I rule, govern, control.

Re-gredior, *gressus sum*, 3 (*re, gradior*), v.
dep. n., I go or come back, return ; I
recollect.

Re-jicio, *jeci, jectum*, 3 (*re, jacio*), v. a., I
cast or fling back, throw in return ; I
drive back, repel ; I place behind ; I

throw away or aside, throw or cast off;
I reject, neglect, slight, refuse, spurn,
set aside; I defer, put off; part., *rejectus*, *a*, *um*; adj., rejected.

Rĕ-languesco, *gui*, 3, v. n., I grow languid again, become feeble or faint again;
become faint, abate, slacken, relax, languish.

Rĕ-laxo, 1, v. a., I widen again, widen,
make wide; I ease, relieve; I mitigate,
soften, alleviate; I slacken, relax.

Rĕ-lēgo, 1, v. a., I send away; I banish,
exile; I remove to a distance.

Rĕ-līvo, 1, v. a., lighten again, lighten,
make easier, ease, relieve, lessen, diminish, abate, alleviate; I ease, comfort, relieve, refresh, console.

Rĕ-lĭgātĭo, *ōnis*, f. (*religo*), a binding, ty-
ing.

Rĕ-lĭgĭo, *ōnis*, f. (*religo*), conscientiousness; religion, religious rites and institutions; conscience, scruple; obligation,
sacredness, holiness, sanctity; superstī-
tion; r. *vitae*, irreproachableness, integrity.

Rĕ-lĭgĭōsus, *a*, *um* (*religio*), adj., conscientious, religious; scrupulous; sacred,
holy.

Rĕ-lĭgo, 1, v. a., I bind back, bind, tie,
fasten.

Rĕ-linquo, *līqui*, *lictum*, 3, v. a., I leave behind, leave; I leave, do not take away,
do not abrogate; I leave behind me; I
give up, abandon; I leave, forsake,
abandon, desert; I forsake, do not assist; I omit, neglect; *relinqui*, to remain,
be left; *relictus*, *a*, *um*, left, remaining.

Rĕ-lĭquĭae, *ārum*, f. (*reliquus*), the remains,
relics, the remainder, rest, remnant, residue.

Rĕ-lĭquus, *a*, *um* (*relinquo*), adj., remaining, the rest, the residue, other; *reliquum est*, *ut*, it remains only, that; *nihil est reliqui*, nothing remains; *reliqui*,
the others, the rest.

Rĕ-mănĕo, *mansi*, *mansum*, 2, v. n., I stay
or remain behind, stay, remain, continue;
figur.: I hold out, last, endure.

Rĕ-mĕdĭum, *ii*, n (*re*, *medeor*), a medicine,
remedy.

Rēmex, *igis*, m. (*remus*, *ago*), a rower.

Rĕ-mīgro, 1, v. n., I remove back again,
return to a place in order to dwell there;
figur.: I come again, return again.

Rĕ-mĭnīscor, 3 (*re*, *memini*), v. dep. n. and
a., I remember, call to mind, recollect; I
think upon, consider; I contrive, imagine.

Rĕ-missĭo, *ōnis*, f. (*remitto*), an abating, diminishing, decreasing; abatement, remission; omission, intermission, cessation; r. *animi*, relaxation, recreation of
the mind; lenity, mildness.

Rĕ-mitto, *mīsi*, *missum*, 3, v. a., I let go
back, send back; I throw back; I
slacken, relax, let loose; I let down; I
cause to remit, abate, or cease; I give
back, return, restore; I permit, grant,
allow, comply with; I remit; I leave off,
discontinue, intermit, interrupt, yield,
omit.

Rĕ-mollesco, 3, v. n., I grow or become soft
again, become soft; I grow effeminate.

Rĕ-mōtus, *a*, *um*, part. (*removeo*), adj.,
remote; figur.: not connected with;
averse to; to be rejected or postponed.

Rĕ-mŏvĕo, *mōvi*, *mōtum*, 2, v. a., I move
back, remove, take away; I discharge,
disband; *removere se*, to withdraw, retire.

Rĕ-mūnĕror, 1, v. dep. a., I reward, requite, recompense, remunerate.

Rēmus, *i*, m., an oar.

Rēmus, *i*, m., one of the Remi.

Rĕ-nŏvo, 1, v. a., I renew, repeat, restore;
I refresh, revive, recover, relieve.

Rĕ-nuncĭo or rĕ-nuntĭo, 1, v. a., I bring
word back, report; I announce, intimate,
relate, inform; I proclaim publicly, proclaim, publish, declare publicly; figur.:
I renounce, give up, break off, disclaim.

Rēor, *rītus*, *sum*, 2, v. dep. a., I speak, say,
utter, think, suppose, imagine, deem, believe.

Rĕ-pastĭnātĭo, *ōnis*, f. (*repastino*), a digging around again.

Rĕ-pello, *pŭli*, *pulsum*, 3, v. a., I drive back,
repulse, repel, expel; I keep off, remove,
hinder.

Rēpens, *tis* (*repo*), adj., creeping, unexpected, unlooked for, coming unawares, sudden; adv., *rĕpente*.

Rēpentīnus, *a*, *um* (*repens*), adj., unlooked
for, unexpected, sudden.

Rĕ-pĕrĭo, *pĕri*, *pertum*, 4 (*re*, *pario*), v. a., I
find again, find; I perceive, discover, observe, learn, hear, see; I invent, contrive; I find out, find, procure.

Rĕ-pĕto, īvi or' ĭi, ītum, 3, v. a., I ask or demand again; I accuse again; I ask or demand back, demand as my right or due, claim; I demand in return; I demand; I fetch back or again; I undertake again, recommence, resume, enter upon again; I repeat in my thoughts, call to mind, recollect, remember, I repeat with words, say, do, write again; I trace back, derive; res repetere, to demand satisfaction; pecunias repetundas, money to be restored; postulare aliquem de repetundis, to accuse one of extortion; repetere castra, to return into the camp.

Rĕ-porto, 1, v. a., I bear, carry, conduct, lead, or bring back; I bring back, report, relate; I carry or bear off, gain, obtain, get.

Rĕ-praesento, 1, v. a., I make present again, restore, renew; I perform, say, give immediately, hasten; I pay immediately, pay.

Rĕ-prĕhendo or rĕprendo, di, sum, 3, v. a., I catch again; I refute, convict; I reprove, blame, censure, rebuke, reprehend.

Rĕ-primo, pressi, pressum, 3 (re, premo), v. a., I press back, keep back, repress, check, restrain, curb, stop, hinder, confine; I drive back; reprimere se, to restrain or check one's self.

Rĕ-pŭdio, 1 (repudium), v. a., I reject, refuse; I neglect, slight, disdain; I remove.

Rĕ-pŭerasco, 3, v. inch. n., I become a boy again, become young again; I become childish; I do, act, or play like a child.

Rĕ-pugno, 1, v. n., I fight or contend against, make a resistance, resist; to be contrary or against, be incompatible, inconsistent; I resist, oppose, am against.

Rĕ-pulsa, ae, f. (repello), a repulse, denial, refusal; rejection.

Rĕ-pŭto, 1, v. a., I reckon, calculate, compute. I consider, reflect upon.

Rĕ-quies, ētis and ēi, f., rest, repose, quiet, ease, refreshment; pleasure, sport.

Rĕ-quiesco, 3 (requies), v. n., I rest, repose; I find consolation or recreation in anything.

Rĕ-quiro, quisivi, situm, 3 (re, quaero), v. a., I ask or inquire after anything again; I ask, demand, or inquire of one, ab or ex aliquo; I examine, inquire into; I seek, seek after, search for; I miss.

Rĕs, rĕi, f. (reor), what is said or named, mentioned or only thought of, anything, being, creature; an action, deed, exploit, undertaking, performance; a fact, reality, truth; an effect, issue, event, result; an affair, concern, business; a cause, reason; a view, purpose, end; a cause, lawsuit, action at law, process; a means; an argument, proof; property, effects, substance, state, wealth, circumstances; benefit, advantage, profit, interest; power, might; the state; res navalis, naval affairs; res militaris, the art of war; res frumentaria, provisions; auctor rerum, accomplisher of exploits; re, by the fact, result, issue; re ipsa, re vera, indeed, in fact, truly; res secundae, prosperity; res adversae, adversity; ea re, on that account, therefore, thereby; sic se res habet, so it is; male se res habet, it is bad, it is not well; res familiaris, property; res publica, the common weal.

Rĕ-scindo, scĭdi, scissum, 3, v. a., I cut, cut off, cut or break down, rend in pieces, destroy; I abrogate, abolish, repeal.

Rĕ-scisco, scivi and scii, scitum, 3, v. a., I learn again, learn, hear, find out, ascertain.

Rĕ-scribo, ipsi, iptum, 3, v. a., I write back, again, or in return; I answer; I transfer in an account-book, put to account; I write, commit to writing.

Rĕ-sĕco, cui, ctum, 1, v. a., I cut off; I curtail, restrain, check, stop, remove.

Rĕ-servo, 1, v. a., I keep, reserve; I preserve, save.

Rĕ-sĭdeo, sēdi, sessum, 2, v. n., I sit; I remain behind, remain; I rest, am inactive or idle.

Rĕ-sĭdo, sēdi, sessum, 3, v. n., I sit down; I settle, take up my abode; I sink or settle down; I cease, become still or calm; I grow weary or faint.

Rĕ-sisto, stĭti, stĭtum, 3, v. n., I step back; I stand still, halt, stop, stay; figur.: I stop, stop short, pause; I set foot firmly; I remain, remain behind, continue; I withstand, resist, hold out against, oppose, make resistance.

Rĕ-specto, 1 (respicio), v. freq. a. and n., I look back, look round or behind, look at; figur.: I care about, regard; I expect, wait for.

Rĕ-spĭcio, spexi, spectum, 3 (re, spicio), v. n. and a., I look back; figur.: I think of reflect upon, recollect; I regard, respect, consider; I care for, look upon; to belong, pertain, or relate to; I look anxiously for, expect, hope.

Re-spondeo, di, sum, 2, v. a., I promise in return; I answer, reply; to answer to, agree, correspond or square with, accord, fit, suit, be proper, resemble; I act or behave myself conformably to; I requite, repay, return; I abide by or keep to my promise; I am a match for, resist.

Re-sponsum, i, n. (*respondeo*), an answer, reply; the response of an oracle.

Re-spuo, ui, ūtum, 3, v. a., I discharge, repel; I reject, disapprove, do not accept.

Re-stinguo, nxi, nctum, 3, v. a., I extinguish; I quench, assuage, allay, moderate, still, temper, appease, pacify; *restingui,* to be destroyed, perish.

Re-stituo, tui, tūtum, 3 (*re, statuo*), v. a., I put or set up again, replace; I restore to its former situation or condition; I restore to health, make sound, heal, cure; I bring back again, recall from banishment; I give back, restore, return.

Re-stitūtio, ōnis, f. (*restituo*), a restoring; a recalling from exile.

Re-ticeo, cui, 2 (*re, taceo*), v. n. and a., I am silent, hold my peace; I do not answer or reply; I conceal, keep secret.

Re-tineo, tinui, tentum, 2 (*re, teneo*), v. a., I hold or keep back or in, stop, keep from going or falling; I retain, keep, preserve, maintain; I keep in, cause to remain in; I keep in check or order; I keep or retain with myself; I hold, have, occupy, inhabit.

Re-traho, traxi, tractum, 3, v. a., I draw back, withdraw; I bring back; I keep from, detain from; I rescue, save, deliver.

Reus, i, m. (allied to *res* and *reor*), a person accused or impeached in a court of justice, a culprit, criminal, defendant, guilty person.

Re-vello, velli, vulsum, 3, v. a., I pull or tear away, off, or out; figur.: I tear away, eradicate, extirpate, banish, destroy.

Re-verto, ti, sum, 3, and *re-vertor, sus sum,* 3, v. n., I turn back, come back, return.

Re-vincio, vinxi, vinctum, 4, v. a., I bind back or backwards; I bind or fasten.

Re-vinco, vici, victum, 3, v. a., I conquer; I convince, convict, disprove.

Re-viso, si, sum, 3, v. a., I come again to see, revisit; I visit again, survey, look at, go to see.

Re-voco, 1, v. a., I call again; I call back, recall; I restore, renew; I hold or keep back; I bound, limit, restrain, confine, shorten.

Rex, rēgis, m. (*rego*), a ruler, governor, director; a king, sovereign, monarch.

Rhēda, ae, f., a wheel-cart; carriage, coach.

Rhētor, ōris, m., a teacher of rhetoric, rhetorician; an orator.

Rhŏdii, ōrum, m., the Rhodians.

Rīdeo, risi, risum, 2, v. n. and a., I laugh; I smile, look pleasant, have a joyful appearance; figur.: I smile upon; I laugh at, deride, ridicule, mock, scoff; I say laughing; *ridetur,* he is laughed at, derided.

Rīdĭcŭlus, a, um (*rideo*), adj., merry, jocose, exciting laughter, laughable; ridiculous; subst., *ridiculus,* a jester, buffoon; *ridiculum,* a jest, joke, anything laughable.

Rīpa, ae, f., the bank of a river.

Rōbur, ŏris, n., a very hard species of oak; strength, vigor, robustness, hardihood, firmness.

Rōdo, si, sum, 3 (akin to *rado*), v. a., I gnaw; I eat away, corrode, consume.

Rŏgātio, ōnis, f. (*rogo*), a question, interrogation; a proposal for a law or order, proposed law, bill; law, ordinance; a request, suit, an entreating, canvassing.

Rŏgātus, ūs, m. (*rogo*), a desire, request, suit; a question, inquiry.

Rŏgito, 1 (*rogo*), v. freq. a., I ask frequently, ask, make repeated inquiry, inquire, interrogate; I request, entreat.

Rŏgo, 1, v. a. and n., I ask, inquire, interrogate, request; I entreat, pray, beg; *legem rogare,* to propose, bring in, present a bill; *milites sacramento rogare,* to swear the soldiers.

Rōmānus, a, um, Roman. *Romanus, i,* m., a Roman. *Romani, orum,* m., the Romans.

Rōma, ae, f., Rome.

Rostra, ōrum, n. (*rostrum*), the stage or hustings in front of the Curia Hostilia, from which addresses were made to the people; it was so called from being adorned with the beaks of some ships taken from the inhabitants of Antium.

Rostrum, i, n. (rodo), the beak or bill of a bird; the snout, muzzle, chaps of a fish or beast; a hooked point, beak, or bill; the beak of a ship.

Rŏta, ae, f., a wheel.

Rŏto, 1 (rota), v. n. and a., I turn round; I roll round or over.

Rŭbus, i, m., the bramble or blackberry bush.

Rŭdis, e, adj., as it is grown, raw, in its native state, unwrought, uncultivated, unpolished; ignorant, untaught, unskilled, unpractised, inexpert, with gen., or in.

Rŭīna, ae, f. (ruo), a fall, downfall; overthrow, defeat; ruin, destruction, disaster.

Rŭmor, ōris, m., noise, bustle, stir, rustling, murmuring, buzzing; talk, gossip; popular report, rumor; good report, repute, approbation, applause; evil report.

Rūpes, is, f., a rock, crag, cliff.

Rursus and **rursum** (contracted from reversus, reversum), adv., backwards, back; again, on the other hand, on the contrary; again, a second time, afresh, anew.

Rustĭcus, a, um (rus), adj., pertaining to the country, rustic, rural, country; rude, unpolished, boorish, clownish, unmannered, unrefined, inelegant, coarse; subst., a boor, clown.

S

S., for senatus — as S. C., senatus consultum; S. P. Q. R., senatus populusque Romanus.

Săcer, cra, crum, adj., holy, sacred, consecrated, inviolable.

Săcerdos, dōtis, m. and f. (sacer), a priest or priestess.

Săcerdōtium, ii, n. (sacerdos), the office of a priest, priesthood.

Săcrĭfĭcium, ii, n. (sacrifico), a sacrifice, sacrificing; sacrificium facere, to sacrifice.

Săcrĭlēgus, a, um (sacra, lego), adj., sacrilegious; irreligious, impious, profane; wicked; subst., a sacrilegious person; a cursed fellow, rascal.

Săcrum, i, n. (sacer), anything sacred or consecrated to the gods; any sacred rite

Saepĕ, adv., often, oftentimes, many times, frequently; saepissime, very often.

Saepĕ-nŭmĕrō, adv., often, oftentimes.

Saepes, is, f. See sepes.

Saevĭo, īvi or ii, ītum, 4 (saevus), v. n., I rage, am fierce or cruel, vent my rage.

Saevĭtĭa, ae, f. (saevus), rage, vehemence, violence, cruelty, fierceness, ferocity, savageness, barbarity.

Saevus, a, um, adj., mad, fierce, cruel, savage, inhuman, ferocious, barbarous, rigorous, severe.

Săgitta, ae, f., an arrow, dart.

Săgittārĭus, a, um (sagitta), adj., relating to arrows; subst., an archer, bowman.

Săl, sălis, m. and n., salt; figur.: wit, a witty saying, smart reply, repartee, witticism.

Saltĕ, 1 (salio), v. freq. n. and a., I dance.

Sălus, ūtis, f. (salvus), a saving, safety, preservation, delivery; welfare, prosperity; greeting, salutation.

Sălūtāris, e (salus), adj., wholesome, healthful, salutary, salubrious; serviceable, profitable, useful.

Sălūto, 1 (salus), v. a., I salute, greet, wish health to; pay respect to, make my compliments; I visit, go to see, call upon; I pay my court to; I take leave.

Salvus, a, um, adj., safe, sound, well, in good health; unhurt, uninjured.

Samnis, ītis, adj., of or belonging to Samnium, Samnite. Subst. in the plur., Samnites, ium and um, the inhabitants of Samnium, the Samnites.

Sancĭo, nxi, nctum and ncītum, 4 (sacer), v. a., I consecrate, dedicate; I make anything sacred or inviolable, ordain or appoint as sacred and inviolable, decree, establish, order, command; I approve, confirm, ratify; I forbid under pain of punishment; I punish.

Sanctus, a, um, part. (sancio), adj., sacred, inviolable; holy, divine, godlike, sacred; pious, innocent, virtuous, honest; adv., sancte.

Sānĕ (sanus), adv., reasonably, soberly, discreetly; certainly, truly, indeed, verily, assuredly, yes; very, much.

Sanguĭneus, a, um (sanguis), adj., consisting of blood; bloody, stained with blood; blood-red.

Sanguis, ĭnis, m., blood; figur.: blood, kindred, race, descent.

Sănĭtas, ātis, f. (sanus), soundness of body, health; soundness of mind, sound judgment, good sense, reason, discretion, sanity.

Sāno, 1 (sanus), v. a., I heal, cure, restore to health; figur.: I heal, cure, correct, repair, restore.

Săpĭens, tis, part. (sapio), adj., wise, judicious, well advised; subst., a wise man.

Săpĭentĭa, æ, f. (sapiens), wisdom, prudence, discretion, discernment; knowledge; practical wisdom, philosophy.

Săpĭo, ĭvi and ĭi or ŭi, 3 (sapa; akin to suavis), v. n., to have a taste or relish, to savor; I have a perception of taste, am possessed of good sense, am wise.

Sarcĭna, æ, f. (sarcio), a bundle, burden, load, pack, baggage, luggage.

Sardes, ĭum, f., Sardis, the capital of Lydia.

Sarmen, ĭnis, and sarmentum, i, n., a sere branch cut off, a twig or thin branch of a tree; sarmenta, brushwood, fagots.

Sătĭĕtas, ātis, f. (satis), satiety, fulness; plenty, abundance.

Sătio, 1 (satis), v. a., I sate, satiate, satisfy, fill.

Sătis, adv., fully, enough, sufficiently, well, duly; compar., satius, better, rather.

Sătis-făcio, făci, factum, 3, v. a., I discharge or perform my duty, give satisfaction, satisfy; I make payment, pay; I give satisfaction, make an apology, ask pardon; I suffer punishment.

Sătis-factio, ōnis, f. (satisfacio), a satisfying, satisfaction; excuse, justification.

Sătus, ūs, m. (sero, sevi), a sowing, planting; a begetting, producing.

Saucius, a, um, adj., sick, ill; wounded; sad, troubled.

Saxum, i, n., a rock; a large stone, stone.

Scapha, æ, f., a vessel, skiff, bark, boat.

Scĕlĕrātē (sceleratus), adv., wickedly, impiously, viciously.

Scĕlĕrātus, a, um (scelero), adj., bad, impious, wicked, accursed, infamous; in the masc. subst., a wretch, miscreant.

Scĕlestus, a, um (scelus), adj., vicious, flagitious, villanous, wicked, mischievous, knavish.

Scĕlus, ĕris, n., a heinous action, crime, misdeed, sin; impiety, irreligion, wickedness.

Scēna and scæna, æ, f., a tent, arbor, bower; the scene, stage; the public, external appearance, show, state, parade.

Scēnĭcus, a, um, adj., of or pertaining to the stage, scenic, dramatic, theatrical; scenici, actors, players, performers, comedians.

Scĭentĭa, æ, f. (scis), knowledge, science, skill, expertness.

Scī-lĭcĕt (for scire licet), adv., it is evident, truly, verily, certainly, indeed; of course, forsooth; namely, to wit, that is to say; yes, certainly, exactly so.

Scin' ? for scisne. See scio.

Scindo, scĭdi, scissum, 3, v. a., I cut, tear, rend, break asunder, split, divide by force; I tear open, renew; figur.: I interrupt; I destroy, overthrow, raze.

Scio, scivi and scii, scitum, 4, v. a., I know, have knowledge of; I am able, I understand, know; haud scio an, I should think, perhaps, probably, in my opinion; quod sciam, as far as I know, to my knowledge.

Scortum, i, n., a harlot, courtesan.

Scrībo, scripsi, scriptum, 3, v. a., I engrave, write; I mark out, delineate, describe, sketch; I write to, inform by writing, intimate by letter; I write, commission, demand; I enlist, enrol, levy.

Scrīnĭum, ĭi, n., a coffer, chest; a desk, bookcase.

Scriptor, ōris, m. (scribo), a writer, an author.

Scriptum, i, n. (scribo), a writing, thing written; anything committed to writing.

Scrūpŭlus, i, m., or scrūpŭlum, i, n. (scrupus), dim., a small sharp stone, bit of gravel; the smallest part of a weight, a scruple; a scruple, doubt, difficulty, uneasiness, trouble, anxiety.

Scūtum, i, n., a buckler, shield, target; figur.: a shield, defence, protection.

Sē-cēdo, cessi, cessum, 3, v. n., I go apart, retire, withdraw, retreat, secede.

Sēcŭs, adv. See secus.

Sē-crētus, a, um, part. (secerno), adj., separate, remote, apart; secret; solitary; chosen, not common; private; secretum, i, n., a secret, solitary, or retired place, a solitude, place of retirement; solitude, a remaining alone, retirement; anything secret, a mystery; adv., and secrētō.

Sectio, ōnis, f. (seco), a cutting, cutting off,

a dividing, distributing; an auction; a purchasing at an auction; things or property sold by auction.

Sēcŭlum or *saecŭlum, i,* n., an age, a generation; a century; a great number of years.

Sĕcundum (secundus), adv., after; in the second place; prp. c. acc.: nigh, near, just by, close to; by, along; on; behind; after; after, next to; according to, conformably with, agreeably with; for.

Sĕcundus, a, um (sequor), adj., following; the second; the following, next, or second in rank; favorable, fair; favoring; prosperous, successful, lucky, fortunate; *secundā aquā,* down the stream; *mari secundo,* with the tide; *secundo populo,* with the approbation of the people; *res secundas,* prosperity.

Sĕcus, adv. in another way, otherwise, differently, not so; *non secus* or *haud secus,* not otherwise, even so, just so; compar., *secius,* otherwise, differently; *nihilo secius,* nevertheless.

Sĕd, conj., but; *sed etiam,* but also, even, nay even; *non solum — sed at,* not only — but even; *sed at,* and besides.

Sĕ-dĕcim and *sex-dĕcim (sex, decim),* numer., sixteen.

Sĕdĕo, sēdi, sessum, 2, v. n., I sit, am fast, fixed or immovable; I sit, sit as a judge, am a judge; I remain; I stay or continue long at a place; I sit still, loiter, linger, tarry.

Sēdes, is, f. *(sedeo),* a seat, place to sit on, a chair, bench; a seat, abode, dwelling-place, residence, habitation, mansion; base, foundation.

Sēd-ĭtio, ōnis, f. *(se, eo),* a going asunder, secession, separation; dissension, discord, quarrel, strife; a popular commotion or insurrection; civil discord, sedition.

Sēditiŏse (seditiosus), adv., seditiously.

Sēd-ĭtiōsus, a, um (seditio), adj., causing sedition, turbulent, tumultuous, seditious, factious, mutinous.

Sēdo, 1, v. a., I cause to settle or sink; figur.: I settle, stay, calm, appease, pacify, quiet, ease, check, end, stop.

Sēges, ĕtis, f., seed; land sown, a corn-field; growing corn, standing corn, a crop; a multitude, great number; cause, occasion.

Sē-jungo, xi, nctum, 3, v. a., I disjoin, separate, sever, part or put asunder, divide; I distinguish.

Sēmĕl, adv., a single time, once; the first time, first, at some time or other; at once, at the same time, immediately; *non semel,* not once only; *ut semel, as* soon as.

Sēmen, ĭnis, n. *(sero, sevi),* seed of corn and vegetables in general; a graft, slip, scion; figur.: a cause, first cause, first principle, element, origin, foundation, occasion, author.

Sēmentis, is, f. *(semen),* a sowing; a crop; *sementem facere,* to sow.

Sēmi-somnis, e, and *-somnus, a, um,* adj., half asleep.

Semper, adv., ever, always, continually.

Sēndrŏlus, a, um (senarius), adj., dim., consisting of six feet.

Sēnātor, ōris, m. *(senex),* a senator.

Sēnātōrius, a, um (senator), adj., of or belonging to a senator, senatorial.

Sēnātus, ūs, m. *(senex),* a senate, council of a state or town, the body of magistrates; a meeting of the senate; *senatūs consultum,* a decree of the senate.

Sēnectus, a, um (senex), adj., old, aged.

Sēnectus, ūtis, f. *(senex),* age, old age.

Sēnex, senis, adj., decreasing; old, aged; m. and f., an old man, an old woman.

Sēni, ae, a (sex), adj., six each.

Sensim (sentio), adv., insensibly, imperceptibly, slowly, by degrees, gradually.

Sensus, a, um, part. *(sentio),* n. pl., *sensa, orum,* thoughts, ideas, conceptions.

Sententia, ae, f. *(sentio),* opinion, idea, thought; the opinion or vote of a senator in the senate-house; a vote, judgment, sentence; wisdom, understanding, sense, meaning, signification, acceptation of a word; the purport, substance of what is said; a thought, sentence, period; a resolution, intention, purpose, design.

Sentīna, ae, f., the settled water, bilge or bilge-water, filth that collects in the bottom of a vessel; figur.: the mob, rabble, dregs of a state or city, refuse.

Sentio, sensi, sensum, 4, v. a., I see, discern, am sensible of, perceive, hear, feel, I feel, experience to my hurt; I notice, observe, discover, I know; I think, judge, am of opinion, suppose, deem, imagine; I give my opinion, I vote.

Sentis, is, m., a brier, bramble, thorn.

Sē-părātim (separatus), adv., separately, apart, in particular; *s. ab,* separately from.

Sē-păro, 1, v. a., I separate, sever, part, *ab,* from.

Sĕpĕlio, pĕlīvi and *pĕlii, pultum,* 4, v. a., I bury, inter; figur.: *sepultus sum,* I am undone, I am lost, I am a dead man.

Sapēs or *saepēs, is,* f., a fence, hedge; any enclosure.

Sapio and *saepio, psi, ptum,* 4 *(sepes),* v. a., I fence, hedge in; I enclose, environ, surround with anything; I guard, garrison, man, occupy; I cover, secure, shelter, screen.

Septem, num., seven.

September, bris, bre (septem), adj., the seventh; *mensis September,* the month of September.

Septen-trio or *septem-trio, ōnis,* and *septen-triones* or *septem-triones, um,* plur., m., properly, the seven plough-oxen ; the seven stars of the constellation called Arctos, the Greater Bear, Charles's Wain ; the north.

Septīmus, a, um (septem), adj., the seventh.

Septūāgintā (septem), num., seventy.

Septum, i, n. *(sepio),* any place fenced or paled in, hedged or enclosed; a hedge, fence, palisade, wall, mound.

Sēpulcrum or *sēpulchrum, i,* n. *(sepelio),* a grave ; a tomb, sepulchre.

Sēpultūra, ae, f. *(sepelio),* the act of burying; burial, interment ; a burial, funeral, funeral rites, obsequies ; a grave.

Sēquor, quūtus or *cūtus sum,* 3, v. dep., 1, v. n., I go or come after, walk behind, follow; to follow as a consequence; 2, v. a., I follow, accompany ; I pursue ; I follow, conform to, obey ; I follow after, seek for, seek to attain, pursue, court ; I aim at, have in view ; to become the property of any one, fall to the portion of; I continue, follow up, prosecute.

Sermo, ōnis, m. *(sero),* anything spoken, a speech, talk, discourse ; the common talk of people, common report ; conversation, discourse.

Sēro, sēvi, sĕtum, 3, v. a., I sow, plant ; I produce, bring forth, beget; I sow, disseminate, scatter, spread.

Serpens, tis, m. *(serpo),* a creeping animal, a serpent.

Serpo, psi, ptum, 3, v. n., I creep, crawl, slide on my belly ; I come, go, move by degrees ; to spread by degrees or imperceptibly ; to spread, extend itself, prevail, get the upper hand ; figur.: I creep.

Sērus, a, um, adj., late ; aged, old ; slow, long, protracted ; too late, idle, fruitless ; adv., *sērō.*

Servīlis, e (servus), adj. of or pertaining to a slave, slavish, servile.

Servio, īvi and *ii, ītum,* 4 *(servus),* v. n., I am a slave, act in the capacity of a servant or slave, c. dat. ; to be subject to certain servitudes ; to serve for anything, to be serviceable or fit for, to be used for anything ; I serve, show kindness, do a favor, please, humor, gratify any one ; I pay attention to, have regard to, take care of, bestow pains upon, aim at ; I conform or accommodate myself to.

Servĭtium, ii, n. *(servus),* slavery, servitude, bondage, service ; *servitia,* slaves.

Servĭtus, ūtis, f. *(servus),* the condition of a servant or slave ; slavery, servitude, service, bondage.

Servius, i, m., a Roman praenomen.

Servo, 1, v. a. and n., I observe, watch or wait for; I guard, watch, keep ; I observe, keep, maintain ; I preserve, save, deliver from destruction; I preserve, keep, lay aside ; I occupy, inhabit.

Servus, a, um (servo), adj., captive, servile, slavish ; subst., *servus, i,* m., a slave.

Sesqui-pedālis, e, adj., of a foot and a half.

Ses-tertius, a, um (semis, tertius), adj., half of the third, two and a half ; *sestertius,* sc. *nummus,* a sesterce, a coin worth two asses and a half, or the fourth part of a *denarius ; sestertium,* sc. *pondo,* a sum of money of the value of a thousand *sestertii.*

Sēta or *saeta, ae,* f., any stiff, big, rough hair ; bristle.

Seu (sive), conj., or ; *seu — seu,* whether — or, either — or.

Sĕvērĭtas, ātis, f. *(severus),* gravity, seriousness, severity, harshness, rigor, austerity, strictness.

Sĕvērus, a, um, adj., sharp, cruel ; severe, harsh ; grave, serious, strict, rigorous ; adv., *sĕvērē.*

Sex, num., six.

Sexāginta, num., sixty.

Sex-centi, ae, a (*sex, centum*), adj., six hundred.

Sextĭlis, is, m. (sc. *mensis*) [*sextus*], the sixth month of the Roman year, afterwards called *Augustus.*

Si, conj., if; since, because, inasmuch as; when; if, although, even though; whether if, if perchance; *si minus,* or *si non,* or *si ne,* if not; *O si!* O that! would that! *ac si,* as if; *quodsi,* if, if now, if however, if therefore; *si quis,* for *si aliquis*; *si quando,* for *si aliquando.*

Sibyllīnus, a, um (*Sibylla,* a prophetess, a sibyl), adj., of or belonging to the Sibyl, Sibylline. V. Cic. in Cat. III. 4, n. 11.

Sibĭlus, i, m. (*sibilus*), a hissing, whistling.

Sic, adv., in this way, after this fashion, thus, so; therefore, hence, on that account; *sic — ut,* so — that; *sicut,* so as.

Sicĕitas, ātis, f. (*siccus*), dryness; drought, dry weather, want of rain.

Sicilia, ae, f., the island of Sicily.

Sicŭli, ōrum, m., the inhabitants of Sicily, the Sicilians.

Sicŭbi (for *si alicubi*), if in any place, if anywhere.

Sic-ŭt and *sic-ŭti,* conj., so as, just as; as, like; as, for example; as it were; as indeed; as if, just as if; although.

Sicyonius, a, um (*Sicyon*), adj., of or belonging to Sicyon, Sicyonian. In the plur. subst., Sicyonians.

Signātor, ōris, m. (*signo*), a sealer, signer.

Signĭ-fer, a, um (*signum, fero*), adj., bearing a mark, sign; subst., a standard-bearer, ensign.

Signĭ-ficātio, ōnis, f. (*significo*), a signifying, revealing, intimation, expression, declaration; meaning, signification, sense, import; a sign, token, mark.

Signĭ-fico, 1 (*signum, facio*). v. a., I give a sign, give notice or warning, signify, indicate, intimate, notify, point out; to indicate, betoken, portend; to signify, mean, import.

Signo, 1 (*signum*), v. a., I seal; I mark by words or gestures, point out, express; I stamp, coin; I mark, observe, notice.

Signum, i, n., a mark, sign; prognostic, omen; a signal in war; an image, figure, statue; the image in a seal-ring, seal; the impression of a seal, seal; a celestial

sign, constellation; a standard, banner, ensign; *signa inferre,* to bear the standards against the enemy, to attack.

Silentium, ii, n. (*sileo*), a being silent, silence, stillness, quietness, tranquillity; *silentio praeterire,* to pass over in silence.

Sileo, ui, 2, v. n. and a., I am silent, cease to speak; I am silent, do not speak; I keep secret; I am still, at rest, calm, inactive.

Silva or *sylva, ae,* f., a wood or forest; woody district, woodlands.

Silvesco or *sylvesco,* 3 (*silva*), v. n., to become a forest; to grow thick, bushy, or woody.

Silvester or *sylvester, tris, tre* (*silva*), adj., full of woods, woody.

Simĭlis, e, adj., like, resembling, similar, with a dat. or gen.; *similis ac* or *atque,* like as; adv., *similiter.*

Simĭlitūdo, inis, f. (*similis*), likeness, resemblance, similitude, similarity.

Simĭŏlus, i, m. (*simius,* for *simia*), a little ape.

Simplex, icis (*semel,* *sim, plico*), adj., simple, uncompounded; simple, unmixed, pure; simple, inartificial, natural, plain; single, without connection; sincere, plain, frank, candid, upright, honest; simple, unsuspecting; straight, without bendings; unconditional, absolute; not intricate, without difficulty.

Simŭl, adv., together, in company; together with, at the same time; as soon as; *simul ac,* or *atque,* or *ut,* as soon as; *simul ac primum,* no sooner than; *simul — simul,* as well — as, both — and.

Simŭlacrum, i, n. (*simulo*), the likeness, resemblance, or representation of anything; an image, picture, figure, effigy, statue; shadow, resemblance, appearance, semblance of a thing; a spectre, ghost, phantom, shade, vision.

Simŭlātē (*simulatus*), adv., feignedly, pretendedly, fictitiously.

Simŭlātio, ōnis, f. (*simulo*), an imitation, falsely-assumed appearance; a counterfeiting, feigning; pretence, color, guise; deceit, simulation, hypocrisy.

Simŭlātor, ōris, m. (*simulo*), an imitator; a feigner, pretender, counterfeiter.

Simŭlo, 1 (*similis*), v. a., I make like; I paint, represent; I imitate, resemble; I simulate, feign, counterfeit.

Simultas, ātis, f. (simul), grudge, hatred,
political enmity.

Sin (for si ne), conj., but if, if however.

Sine (si, ne), prep. c. abl.: without.

Singillātim, for singulatim.

Singulāris, e (singulus), adj., one only,
single; singular, unique, unparalleled,
matchless, extraordinary, excellent.

Singillātim or singulātim (singulus), adv.,
singly, one by one, piece by piece, man
by man.

Singuli. See singulus.

Singulus, a, um (unicus), adj., more frequently plur. singuli, ae, a, single; one
each, one to each place; each, every,
each particularly.

Sinister, tra, trum (sine), adj., left, on the
left hand or side; sinister, adverse, contrary, baleful, pernicious, unfortunate,
bad. Sinistra, sc. manus, the left hand.

Sino, sīvi, sītum, 3, v. a., I put, let, do not
take away, leave to; I let go; I leave,
suffer to remain; I permit, suffer, allow,
give one leave, let one do a thing; I
leave, forsake, abandon.

Sinus, ūs, m., a bending, cavity, fold; a
bend, bay, gulf; the bosom, breast; the
heart, bowels, innermost part.

Sisto, stiti and steti, statum, 3, v. a., I place,
put, set, cause to stand; I cause to stand
still, check, stop, stay, arrest, detain,
keep back; v. n., I stand, I stand still,
stop, take firm footing; I continue, endure, last, remain in good condition.

Sitiens, tis, part. (sitio), adj., thirsty, dry,
parched.

Sitio, 4 (sitis), v. n., I thirst, am thirsty;
to thirst, be parched or dry; v. a., I thirst
after, desire eagerly, covet.

Sitis, is, f., thirst; dryness, drought,
aridity, great heat, sultriness; figur.:
thirst, strong or eager desire, covetousness, greediness.

Situs, ūs, m. (sino), position, situation,
site; structure; want of cultivation,
neglect; mould, mustiness, dirt, filth
which a thing acquires from lying too
long in one place.

Situs, a, um, part. (sino), adj., lying, situated; permitted, allowed; built, erected.

Si-ve, conj., or if, or; sive — sive, if — or,
if either — or if, either, whether — or;
sive — an, either — or.

Socer or socerus, ĕri, m., a father-in-law.

Societas, ātis, f. (socius), union, conjunction,
company, communion, society, fellow-
ship, association, alliance, conspiracy,
connection; a league, alliance, confederacy.

Socius, a, um, adj. and subst., connected,
united, associated, joining or sharing in,
social; a companion, associate, fellow,
sharer, partner, comrade; an ally, confederate.

So-cordia or se-cordia, ae, f. (socors),
thoughtlessness, silliness, stupidity, foolishness; inattention, carelessness, indolence, sloth, laziness, sluggishness,
inactivity.

Sodalis, e (sedes), adj., social, companion-
able; subst., a companion, intimate acquaintance, comrade, fellow, boon-com-
panion.

Sol, sōlis, m., the sun.

Solatium, ii, n. (solor), comfort, consolation;
comfort, aid, assistance, relief, resource,
succour, refuge.

Soldūrii, ōrum, m. (Gallic word same as
Engl. soldier), a kind of vassals or re-
tainers in Gaul, who devoted themselves
to the service of some prince or great
man.

Solennis and solennia. See sollennis.

Soleo, itus sum, 2, v. n., I use, am accustomed or wont; ut solet, as he is accustomed, according to his custom; ut solet,
as is usual.

Solitūdo, ĭnis, f. (solus), a lonely or solitary
place; a desert, wilderness; a being
alone, solitude, retirement; a solitary
state or condition, loneliness, helpless-
ness.

Solitus, a, um, part. (soleo), adj., usual,
customary, accustomed, wonted, ordinary.

Sollennis and sollennis, e (from *sollus, h. e.,
totus, and annus), adj., celebrated, performed, or to be done every year; solemn,
festive; common, usual, customary, ordinary.

Sollers and solers, tis, adj., skilful, expert;
ingenious, sagacious, adroit, clever, intelligent; cunning, wily.

Sollertia and solertia, ae, f. (sollers), artfulness; ingenuity, sagacity, capacity, dex-
terity, adroitness, skill; craftiness, sub-
tlety, archness, slyness, cunning.

Sollicito, 1 (sollicitus), v. a., I put in motion,

move, stir ; I tempt, instigate to mutiny or rebellion, urge, rouse, press, endeavor to seduce ; I provoke, irritate, make angry ; I excite, allure, entice, invite, induce ; I disquiet, trouble, disturb, harass, vex, torment.

Sollicitūdo, inis, f. (sollicitus), disquiet, anxiety, solicitude, trouble, uneasiness of mind.

Sollicītus, a, um (*sollus, h. e., totus, cieo), adj., moved, tossed, agitated, disturbed, troubled ; anxious, uneasy, solicitous.

Sŏlum, i, n., the lowest part of anything, the ground, bottom ; the soil, ground, earth ; soil, land, country.

Sŏlum (solus), adv., only, alone ; non solum — sed etiam, not only — but also.

Sōlus, a, um, gen. sōlīus, dat. sōli, adj., alone, only, unaccompanied ; lonely, solitary, desert, retired, unfrequented.

Sŏlūtus, a, um, part. (solvo), adj., unbound ; free, unrestrained ; unprejudiced, impartial ; free, in one's own power ; without difficulties, easy ; unrestrained, immoderate, excessive, extravagant, licentious.

Solvo, lvi, lūtum, 3, v. a., I loose, loosen, untie, unbind ; I separate, disengage, break up, dissolve ; I weigh anchor, set sail, sail away, put to sea ; I pay.

Somnus, i, m., sleep.

Sons, tis, adj., harmful, hurtful, noxious, criminal, guilty.

Sordes, is, f., filth, dirt, nastiness, uncleanness ; shabby clothes, mourning ; lowness, mean condition or quality ; baseness, meanness, covetousness, sordidness, niggardliness.

Sordīdātus, a, um (sordidus), adj., meanly or shabbily dressed ; wearing mourning clothes.

Sŏror, ōris, f., a sister.

Sors, tis, f., a part, share ; anything used to determine parts, a lot, die ; a casting or drawing lots ; destiny, fate, condition, circumstances, chance, fortune.

Sortior, ītus sum, 4 (sors), v. dep. n. and a., I cast or draw lots ; I divide or distribute by lot, assign or determine by lot, allot ; I choose, select, procure ; I receive or obtain by lot.

Sospes, ĭtis, adj., living, safe, safe and sound, unhurt, uninjured.

Spargo, si, sum, 3, v. a., I throw here and there, throw or strew about, scatter ; I sprinkle, squirt ; I scatter seed, sow ; I throw, hurl ; I divide, spread, extend, disperse ; I spend, waste.

Spărus, i, m., a spear, lance.

Spătium, ii, n., a space or distance ; room, extent ; interval, space between ; circumference, size, bigness, bulk ; length ; a space which one has to run through, a course ; a way, journey ; a race-course ; a walk, place to walk in ; a walking ; a space of time ; respite, delay, leisure ; an interval of time, intervening time ; time, measure, quantity.

Spĕcies, ēi, f. (specio), a seeing, sight, look, view ; look, mien, appearance ; the outward form, exterior, outside ; show, ornament ; an idea, notion ; appearance, semblance, pretence, pretext, color.

Spectăcŭlum, i, n. (specto), the place from which or where one sees anything ; a sight, public sight or show, a stage-play.

Spectātio, ōnis, f. (specto), a viewing, beholding ; a trying, proving, examining.

Specto, 1 (specio), v. freq. a., I look at, see, view, observe ; I have in mind, heed, intend, endeavor, strive, tend to ; I look up to, respect, regard with admiration ; I look at, have regard, pay attention to ; I see, watch, wait to see ; I try, examine, prove ; I judge of ; I look towards, am turned or lie towards, face ; I belong, concern, pertain, relate to ; I expect, wait for.

Spĕcŭlātor, ōris, m. (speculor), a spy, scout.

Spĕcŭlātōrius, a, um (speculator), adj., belonging to spies.

Spĕcŭlor, 1 (specula), v. dep. a., I see, look around, look at a place ; I espy, explore, pry into, watch, observe, wait for, lie in wait for.

Sponsus, a, um, part. (spondeo), subst., sponsa, a betrothed bride ; sponsus, a lover, suitor.

Spēro, 1 (spes), v. a. and n., I look out for, expect, wait for ; I hope, entertain hopes, trust ; I hope for ; bene or recte sperare de aliquo, to entertain good hopes of one.

Spes, ĕi, f., light seen before ; expectation, hope ; praeter spem, contrary to expectation.

Sphaera, ae, f., a globe, ball, sphere.

Spica, ae, f., and spicum, i, n., an ear of corn.

Spīrĭtus, ūs, m. (*spiro*), a blowing of the wind; a breathing, the breath; spirit, mind, high spirit, elevation of mind; indignation; *uno spiritu*, in one breath.

Spīro, 1, v. n., I breathe, blow; I breathe, fetch breath, respire; I breathe, emit odor.

Splendor, ōris, m. (*splendeo*), brightness, clearness, splendor, radiance, lustre; splendor, sumptuousness, magnificence; excellence, dignity, eminence, honor, renown.

Spŏlĭo, 1 (*spolium*), v. a., I strip any one, take off his clothes; I rob, plunder, spoil; I deprive.

Spŏlĭum, ĭi, n., armor gained as booty; plunder, booty, spoil, pillage.

Spontĕ (abl. of *spons*, spoken will, freewill, allied to *spondeo*), adv., of one's self, of one's own accord or free-will, voluntarily, spontaneously, willingly, freely; by one's self, alone; *mea, tua, sua sponte*, of my, thy, his, its own accord, without orders, of itself.

Squālor, ōris, m. (*squaleo*), dryness; filthiness, foulness, nastiness, filth, squalor; soiled garments as a sign of mourning.

Stăbĭlĭtas, ātis, f. (*stabilis*), stableness, steadfastness, stability, firmness, fastness, constancy.

Stădĭum, ĭi, n., a Grecian measure of distance, a distance of 125 paces or 625 feet; a race-course.

Stătim (*sto*), adv., on the instant, instantly, immediately, forthwith.

Stătĭo, ōnis, f. (*sto*), a standing still; a stay, sojourn, residence; a station, post, outpost, picket, guard.

Stătŭo, ŭi, ūtum, 3 (*sto*), v. a. and n., I cause to stand, put, place, set; I place, set up, raise, erect, build; I make, establish; I set, fix, appoint, assign, prescribe; I determine, decide, give sentence, pass judgment; I resolve; I decree; I suppose, think, believe.

Stătūra, ae, f. (*sto*), stature, size, bigness, height of body.

Stătus, ūs, m. (*sto*), a standing; posture, attitude; state, station, condition, circumstances; quiet, peaceful condition.

Stella, ae, f., a star.

Sterno, strāvi, strātum, 3, v. a., I strew, spread, scatter; I throw to the ground, throw down; I level, make straight; I

calm, still; I strew, cover; *sternere lectum*, to cover the bed with cushions or mattresses, get it ready.

Stĭmŭlo, 1 (*stimulus*), v. a., I prick, goad; torment, vex, trouble, disturb; I incite, instigate, impel, excite, provoke.

Stĭpātor, ōris, m. (*stipo*), a guard, bodyguard; an attendant, companion.

Stĭpendĭārĭus, a, um (*stipendium*), adj., relating to tribute; bound to pay tribute, tributary, stipendiary.

Stĭpendĭum, ĭi, n. (for *stipi-pendium*, from *stips* and *pendo*), the pay of soldiers; a campaign, military service; a tax, tribute, contribution.

Stĭpo, 1, v. a., I stuff, cram, press close, compress; to encompass, surround, environ; to attend, accompany; *stipatus, a, um*, pressed close together; full of anything; surrounded, attended.

Stirps, pis, f., the lowest part of a tree, including the roots; the root of a tree; any root, plant, or shrub; figur.: root, cause, source, beginning, rise, origin; a stock, family, kindred, race; offspring, descendants.

Sto, stĕti, stătum, 1, v. n., I stand; I stand firm, fight; to be fixed, appointed, determined, resolved, unchangeable; I am firm or steadfast; I persevere, persist, continue in, abide by, stand to; I remain, endure, last, continue; to cost.

Stŏīcus, a, um, adj., of or belonging to the Stoics, Stoic; subst.: *stoicus, i, m.*, a Stoic.

Stŏmăchus, i, m., the stomach; sensibility, mind, taste, liking; indignation, vexation.

Strāgŭlus, a, um (*sterno*), adj., that which is spread over anything; a coverlet, blanket, quilt, carpet; *stragulum, i, n.*, a cover or coverlet for a couch.

Strătŏnĭcensis, e, adj., of Stratonice.

Strātum, i, n. (*sterno*), a coverlet, cushion, mattress, quilt.

Strēnuus, a, um, adj., active, strenuous, ready, prompt, quick, nimble; brave, valiant; audacious; adv., *strenue*.

Strĕpĭtus, ūs, m. (*strepo*), a harsh or confused noise, rustling, rattling, clashing, din.

Structūra, ae, f. (*struo*), a structure, building; *structurae*, mines, mining works.

Strŭo, xi, ctum, 3, v. a., I join together; I raise, build, erect, rear, fabricate, con-

struct; I arrange, put in order, set in
array; I plot, prepare, contrive, devise.

Stŭdeo, ui, 2, v. n. and a., I hasten, pursue,
attend to, bestow pains upon, apply the
mind to, labor or endeavor to do, exert
myself to obtain, c. dat.; I study, cultivate; I am attached to, favor; I desire,
wish, am anxious.

Stŭdiōsus, a, um (studium), adj., hasty,
anxious, eager, desirous, zealous, fond,
c. gen.; desirous of learning, studious;
learned, literary; favorably inclined,
favoring, attached or partial to; adv.,
studiose.

Stŭdium, ii, n., haste; eagerness, zeal, fondness, desire, inclination, endeavor, exertion; study; favor, inclination, partiality; attachment, devotedness, observance; approbation, applause; propensity,
favorite study, employment or pursuit;
a manner of life, profession, business,
trade, occupation.

Stŭltus, a, um (for stolidus, from stolo), adj.,
stupid, foolish, infatuated, silly, sottish, imprudent; subst., a fool, simple-
ton.

Stŭprum, i, n., fornication, violation, adultery, lewdness, debauchery; shame, disgrace.

Suāvis, e, adj., sweet, pleasant, grateful
delightful, agreeable.

Suāvĭtas, ātis, f. (suavis), sweetness, pleasantness, agreeableness; gracefulness,
grace, affability, courteousness.

Sub, prep. c. abl. and acc.: under, beneath,
at the foot of; from under, from beneath;
in; at, by, during; towards; immediately after; on, upon; sub ea conditione, on
this condition; towards the night.

Sub-dŏlus, a, um (sub, dolus), adj., cunning,
crafty, deceitful, sly, subtle.

Sub-dūco, xi, ctum, 3, v. a., I draw from
under, draw away, take away; I withdraw, remove; I withhold; I draw off,
lead away; I reckon, reckon together,
calculate, compute, cast up; I haul to
land, draw ashore; I bring or lead to a
place.

Sub-eo, ivi and ii, itum, ire, v. n. and a., I
go under anything; I undergo, sustain,
encounter, endure, suffer; I go to, approach, advance, draw near, come up
to; I come, go; I fall upon, assail attack, invade; to come into one's mind,

to occur; I come in the place of, succeed, come after any one.

Suf-. See suff-.

Sub-ĭgo, ēgi, actum, 3 (sub, ago), v. a., I
drive, bring, lead, or conduct to a place,
figur.; I bring to anything, force, constrain, compel, oblige; I drive, put in
motion, impel; I work, break up, dig
till, plough, cultivate; I subject, reduce,
subjugate, vanquish, conquer, subdue.

Sub-invĭto, 1, v. a., I invite a little.

Sub-ĭtus, a, um, part. (subeo), adj., sudden,
hasty, unlooked for, unexpected; done
without premeditation, extemporaneous;
adv., subito.

Sub-jĭcĭo, jēci, jectum, 3 (sub, jacio), v. a., I
throw, put, or lay under or below; I
subject, make subject, submit; I expose,
subject, make liable; I place near or by;
I connect; I subjoin, answer, reply; I
give, hand; I suborn.

Sub-lĕvo, 1, v. a., I lighten, lessen, diminish; I ease, relieve, soften; I assist, help,
favor; I lift, raise, or hold up, support.

Sublĭca, ae, f., a stake driven into the
ground for bearing or supporting anything.

Sub-mĭnistro. See subministro.

Sub-mitto. See summitto.

Sub-mŏveo. See summoveo.

Subp-. See supp-.

Subr-. See surr-.

Sub-sellĭum, ii, n. (sub, sella), a low seat or
bench; a bench for the spectators at the
theatre; a bench for the judges or advo-
cates; the persons on a bench.

Sub-sĕquor, quūtus or cūtus sum, 3, v. dep.
n. and a., I follow forthwith or soon,
come after; I attend, accompany, am
connected with; I follow, obey conform
myself to.

Sub-sĭdĭum, ii, n. (sub, sideo), a place of
refuge or shelter, a station for ships, an
anchorage; a body of troops in reserve;
the rear; succor, reinforcement; help,
assistance afforded to persons fighting;
help, assistance, aid, relief, protection;
subsidio esse, to help, assist.

Sub-sisto, stĭti, 3, v. n. and a., I came to
stand still, stop, stay, detain; I resist,
withstand, stand firm against, c. dat.; I
hold out, hold fast, do not give way; I
stand still, halt,

Sub-sum, sub-esse, v. n., I am under or behind; I am near, at hand; I am joined or connected with, I exist, am.

Subtīlis, e (for *subtexilis*, or from *sub* and *tela*), adj., finely woven, fine, thin, tender, minute; nice, exquisite, acute, subtile, discerning, refined, accurate, correct, excellent; plain, without ornament; adv., *subtīliter.*

Sub-trāho, xi, ctum, 3, v. a., I take away below, take away, remove, withdraw, carry off; *s. se,* to withdraw, retire, go off, or steal away.

Sub-urbānītas, ātis, f. (*suburbanus*), a being in the suburbs, nearness to the city.

Sub-ēho, vexi, vectum, 3, v. a., I carry or bring up; I convey up the river, against the stream; I carry, convey, conduct, transport to a place.

Sub-vēnio, vēni, ventum, 4, v. n., c. dat.: I come to, come on, come after; I come to one's assistance, assist, relieve, aid, succor.

Sub-verto, ti, sum, 3, v. a., I turn upside down, overturn, throw to the ground; figur.: I overthrow, ruin, destroy, subvert.

Suc-cēdo, cessi, cessum, 3 (*sub, cedo*), v. n. and a., I go under; I undertake, take upon myself; I go into, enter, go to a place; I go to, approach, advance; I follow close upon, succeed, come after, come into the place of; to turn out well, prosper, meet with success, succeed; I go up, ascend, mount, climb.

Suc-cessus, ūs, m. (*succedo*), an advancing, approaching; success, happy issue.

Suc-cīdo, cīdi, cīsum, 3 (*sub, caedo*), v. a., I cut off below or from below, cut down, fell.

Succo, ōnis, m. See *suco.*

Suc-curro, curri, cursum, 3 (*sub, c.*), v. n., c. dat.: I run or hasten to; I run to one's assistance, succor, aid, assist, help, relieve; to come into one's mind, occur to one's thoughts.

Successus. See *sucus.*

Suco or *succo, ōnis,* m. (*sugo*), a sucker; figur.: a usurer.

Sucus and *succus, i,* m. (*sugo*), juice, moisture, sap; a drink, potion, syrup, ointment; taste, flavor, relish of anything; figur.: vigor, force, strength, liveliness, spirits, energy, genius.

Sūdes or *sūdis, is,* f., a stake, pale driven into the ground.

Sūdo, 1, v. n., I sweat; I sweat with, am wet with, drip with anything; *sanguine,* with blood; I sweat, labor hard, toil; v. a., I emit by sweating, sweat, drop, distil.

Sūdor, ōris, m., sweat; figur.: sweat, toil, pains, exertion.

Suevus, a, um, adj., of or belonging to the Suevi, Suevan.

Suf-fīmentum, i, n. (*suffio*), that with which one fumigates, a perfume.

Suf-fōdio, fōdi, fossum, 3 (*sub, fodio*), v. a., I dig under, undermine; I stab below.

Suf-frāgium, ii, n. (*sub, frango*), a broken piece, potsherd; a vote, suffrage; figur.: opinion, judgment, recommendation, favor, consent, approbation, approval.

Sui, sibi, sē, pron. recipr., of himself, to himself, himself, herself, itself, themselves.

Sullānus, a, um, adj., of or belonging to Sulla.

Sulpicius, i, m., a Roman family name.

Sum, fui, esse, v. n., I am, exist; I am, stay, abide; to consist in, depend upon; to find place, take place, be permitted; to belong or pertain to, c. gen.; to be good, serviceable, or of use for, c. dat.; to cost, be worth, be sold at, c. abl. or gen.; *sunt qui,* there are people who; *est, quod,* there is reason why; *mihi est,* I have; *meum est,* it is my duty; *esse magni, sc. pretii,* to be of great value, to be worth much, to cost much; *impedimento esse alicui,* to cause one hinderance.

Summa, ae, f. (*summus*), the sum, amount; the sum, contents, substance; the chief thing, the most excellent; preference, pre-eminence, first place, first rank; *summa imperii,* highest authority, command in chief; *in summa, ad summam, in omni summa,* on the whole, in short, in a word, finally.

Sum-mīnistro, 1 (*sub, ministro*), v. a., I give, procure, send, furnish, afford, supply.

Sum-mitto and *sub-mitto, mīsi, missum,* 3, v. a., I relax, moderate, give way, lessen, abate; I yield, give up; I give up, remit; I subject; I send privily or underhand; I send, send off, despatch; I send out, appoint.

Sum-mōveo and *sub-mōveo, mōvi, mōtum,* 2, v. a., I remove, carry to a distance, remove out of the way, displace, drive

back, compel to retire or make room,
cause to give way; I remove, withdraw,
keep off.

Summus, a, um (for *supĭmus*, from *superus*),
adj. superl., highest, topmost, uppermost;
last, extreme; greatest, very great; most
important, most critical, very hazardous;
summo jure, with all the rigor of the law;
summus vir, a very great man; *summa
res*, a chief point; the main point, the
welfare of anything; *summa salus rei-
publicas*, the safety or welfare of the state
in general; *ad summum*, at most, at the
utmost, at the farthest; *summum*, adv.,
at last, for the last time; *summo*, at last,
at the end, lastly; adv., *summē*.

*Sūmo, sumsi and sumpsi, sumtum and sump-
tum*, 3 (*sub, emo*), v. a., I take up, take;
I cite, bring forward; I buy, purchase;
I choose, select; I undertake, enter upon,
take in hand, begin; I assume, use; I
arrogate, assume to myself; I take for
granted, affirm, maintain; I lay out, expend; I consume, wear out.

Sumptus and sumtus, ûs, m. (*sumo*), charge,
expense, cost.

Sŭpĕr, adv., over, above; moreover, besides; prp., over, upon, on; above; beyond; over against, opposite; at, during;
besides; of, on, about, concerning.

Sŭperbia, ae, f. (*superbus*), pride, haughtiness, insolence, arrogance.

Sŭperbus, a, um (*super*), adj., raising itself
above others; haughty, puffed up, proud,
arrogant, assuming, insolent; adv., *sŭperbē*.

Sŭper-fĭciĕs, ēi, f. (*super, facies*), the upper
part, surface; a building relatively to the
ground on which it stands.

Sŭper-fluo, uxi, 3, v. n., to run over, overflow; to be superabundant, abound.

Sŭpĕrior, n., sŭpĕrius, ōris (compar. of
superus), adj., upper, higher than another; past, gone by, former, above, last,
first; older, more advanced in age; superior, nobler, higher, more important;
a conqueror, vanquisher; *locus superior,*
any height or eminence, the tribunal of a
governor.

Sŭpĕro, 1 (*super*), v. n., I am superior, prevail; I abound, am very frequent, superfluous or redundant; v. a., I pass, come
over; I surpass, excel, exceed, outdo,
outreach; I conquer, overcome, vanquish,
subdue.

Sŭper-sĕdeo, sēdi, sessum, 2, v. n. and a., I
sit upon or above anything; I omit doing,
forbear, let pass, leave off, give over,
cease, desist.

Super-stĭtio, ōnis, f. (*super, sisto*), super-
stition, false religion; worship of the
gods, religion, holiness, sanctity.

Sŭper-sum, fui, esse, v. n., I remain, am
left behind, exist still; I survive; to be
in abundance; to be superfluous, unnecessary.

Sŭperus, a, um (*super*), adj., what is above,
upper, higher; *superi dii,* the celestial
gods; a height. — Compar. *superior;*
superl. *superimus, supremus,* and *summus,* which see.

Sŭper-vacāneus, a, um (*super, vaco*), adj.,
that which is over and above what is
necessary, superfluous, needless, useless.

Sup-pĕdĭto and sub-pĕdĭto, 1 (for *suppetito,*
from *suppeto*), v. n., I am in store, am
enough or sufficient, abound; I am at
hand, exist, am; I am sufficient, suffice;
I have an abundance, abound in, c. abl.;
v. a., I furnish, afford, supply, give, procure; I assist, aid, c. dat.

Sup-pĕto and sub-pĕto, īvi and ĭi, ītum, 3,
v. n., c. dat.: I go or come to, am at
hand or in store, am; to occur, suggest
itself to one, come into one's mind; to
be sufficient; I give or afford a suffi-
ciency.

Sup-plex or sub-plex, ĭcis (*sub, plico*), adj.,
kneeling down, humbly begging, entreating, petitioning, suppliant, kneeling,
prostrate, humble, submissive; subst., a
suppliant, humble petitioner; adv., *sup-
plĭcĭter.*

Sup-plĭcātio, ōnis, f. (*supplico*), a kneeling
down; public worship of God, a solemn
thanksgiving.

Sup-plĭcium or sub-plĭcium, ĭi, n. (*supplex*),
a kneeling down, supplication, prayer,
humble entreaty; capital punishment;
torture, torment; any severe punishment; suffering, misfortune, distress.

Sup-plĭco and sub-plĭco, 1 (*supplex*), v. n.,
I kneel down before, pay respect to, c.
dat.; I pray or beg humbly, beseech,
implore; I worship, supplicate, implore
the favor of the gods.

Sup-porto, 1, v. a., I carry, bring, convey.

Sŭpra (for *supera, sc. parte,* from *superus*),
adv., on the upper side, above; more;

above, before ; further ; back, further
back, from umes past ; prp. c. acc. :
above, over ; above, more than ; besides ;
before.

Surgo, surrexi, surrectum, 3 (for *sur-rigo* or
sub-rigo, from *rego*), v. a., I lift or raise
up ; v. n., I rise, arise ; to spring or grow
up.

Sur-ripio and *sub-ripio, ripui, reptum,* 3
(*sub, rapio*), v. a., I snatch or take away
secretly, steal.

Sur-rŏgo and *sub-rŏgo,* 1, v. a., I substitute, put in the place of.

Sur-ruo and *sub-ruo, rui, rŭtum,* 3, v. a., I
pull down from below, pull down, overthrow, overturn, demolish ; I undermine.

Sus-cipio, cēpi, ceptum, 3 (*sus-, capio*), v. a.,
I take or lift up, bear, support ; I undertake, take upon myself to do, perform,
accomplish, begin ; I bear, suffer, endure, encounter, undergo, submit to ; I
assume as true, maintain, assert, grant,
concede, allow, admit.

Suspectus, a, um, part. (*suspicio*), adj., suspected, exciting suspicion and mistrust.

Sus-pensus, a, um, part. (*suspendo*), hanging,
hung up, suspended ; adj., depending
upon anything ; suspended, floating ; uncertain, doubtful ; anxious, fearful, timid.

Su-spicio, spexi, spectum, 3 (*sus-, specio*), v.
n. and a., I look up or upwards ; I look
at, look up at ; I look upon with admiration, admire, honor, respect, esteem,
regard ; I suspect, mistrust.

Su-spicio, ōnis, f. (*suspicio*), a looking up,
suspicion, mistrust, distrust ; opinion,
notion, conception, idea.

Su-spicor, 1 (*suspicio, ōre*), v. dep. a., I suspect, apprehend, fear, mistrust ; I think,
imagine, conjecture, suppose, suspect.

Su-spirium, ĭi, m. (*suspiro*), a sighing, sigh.

Su-spiro, 1 (*sus-spiro*), v. n., I heave a sigh,
sigh ; v. a., I sigh for or after.

Sus-tento, 1 (*sustineo*), v. a., I keep upright,
bear or hold up, uphold, support, hold ;
I sustain, maintain, preserve ; I hold
out, bear, suffer, endure ; I withstand,
oppose, resist ; I delay, defer, put off.

Sus-tĭneo, tĭnui, tentum, 2 (*sus-teneo*), v. a.,
I hold or keep up, uphold, sustain, up-
bear, support, bear, carry ; I take upon
myself, undertake ; I suffer, bear, undergo, endure ; I hold out against, withstand ; I maintain, feed, nourish, sustain,

provide for ; I keep back, keep in, with-
hold, curb, stop, check, restrain, retard ;
I put off, defer, delay, prolong, protract ;
I defend, protect, shelter.

Suus, a, um, pron. possess., his, her, its,
one's, their ; proper, peculiar, fixed, appointed ; inclined, devoted or favorable
to him, her, them ; own, not strange ;
sui, his friends, his party.

Syracusae, ārum, f., the city of Syracuse
in Sicily.

Syracusani, ōrum, m., the inhabitants of
Syracuse, Syracusans.

Syria, ae, f., Syria.

Syrus, a, um, adj., of Syria ; subst., a
Syrian.

T

T., as a *praenomen,* denotes *Titus* ; but *Ti*
or *Tib.* denotes *Tiberius.*

Tăbellārius, a, um (*tabella*), adj., relating
to tablets ; relating to letters ; subst.,
tabellarius, a letter-carrier, courier.

Tăberna, ae, f., a hut, cottage ; a stall,
shed, shop, workshop ; a hut, booth, or
stand for spectators at the games.

Tăbernaculum, i, n. (*taberna*), a tent.

Tābes, is, f. (*tabeo*), a growing wet, putre-
faction, corruption ; any moisture ; a
consumption ; a pestilence, plague.

Tābesco, bui, 3 (*tabeo*), v. inch. n., I melt
gradually, am dissolved or consumed,
waste away, decay.

Tăbŭla, ae, f., a board or plank ; a bench
made of boards ; a gaming-table or
board ; a board for painting on, a painting, picture ; a writing-tablet ; a tablet
for voting ; a map, chart ; a writing,
book, register, list, catalogue ; a table ;
tabulae, account-books ; *tabulae publicae,*
state-papers, public records, the archives.

Tăceo, ui, ĭtum, 2, v. n., I am silent, do
not speak, hold my peace, say nothing ;
v. a., I pass over in silence, keep secret.

Tăcĭtus, a, um, part. (*taceo*), adj., what is
passed over in silence or kept secret ;
what is done without words or voice,
silent, secret ; hidden, concealed ; silent,
still, quiet.

Taedet, duit or *sum est,* 2, v. impers., me,
it fills, disgusts me, I loathe, am disgust-
ed with, am tired or weary of.

Tālis, e, adj., such, such like, so constituted.

Tam, adv., so very, so; *tam — quam*, as much — as, as well — as.

Tămĕn (tam), conj., yet, however, for all that, nevertheless, notwithstanding; at least, yet at least.

Tămĕn-etsī and *tămĕtsī*, conj., though, although, albeit or notwithstanding that; however.

Tam-quam and *tanquam (tam, quam)*, adv., as, just as, as it were.

Tan-dem (tam, demum), adv., at last, at length, finally, in the end; *tandem aliquando*, now at last.

Tant-ŏpĕrĕ and *tantŏ ŏpĕrĕ*, adv., with so great trouble, so much, so greatly, so earnestly, to such a degree.

Tantŭlus, a, um (tantus), adj., dim., so little, so small.

Tantum (tantus), adv., only, but, alone, merely; I will not say, not at all, by no means, far from this; only, merely.

Tantum-mŏdŏ, adv., same as *tantum*, only; for *dummodo*, if only, provided only.

Tantus, a, um (tam), adj., so great; *subst., tantum*, such a trifle, so little, so small a number, so few; so much; only so much, only so many; gen., *tanti*; *tanti esse*, to be of so great value, be worth so much; *est mihi tanti*, it is of importance to me; abl., *tanto*, by so much, so much, the, with comparatives.

Tardo, 1 (tardus), v. n., I tarry, delay, linger, loiter; v. a., I make slow, retard, stop, impede, delay, hinder.

Tardus, a, um, adj., slow, tardy, sluggish, slack; figur.: heavy, dull of understanding; adv., *tardē*.

Tectōrium, ii, n. (tectorius), a cover, covering; plaster, stucco-work.

Tectōrius, a, um (tego), adj., what serves for or belongs to covering; what serves for covering or overlaying ceilings, walls, floors.

Tectum, i, n. (tego), the covering or roof of a house; the ceiling of a room or hall; a room; a dwelling, house, building.

Tectus, a, um, part. *(tego)*, adj., hidden, concealed, secret, cloaked.

Tĕgĭmen and *tĕgŭmen*, and *tegmen, ĭnis, n. (tego)*, a covering; figur.: protection.

Tĕgo, texi, tectum, 3, v. a., I cover; I cover, hide, conceal; I protect, defend.

Tĕgŭmentum, i, n. (tego), a covering.

Tēlum, i, n., a lance, spear, dart, missile weapon.

Tĕmĕrārius, a, um (temere), adj., rash, overhasty, inconsiderate, imprudent, foolhardy.

Tĕmĕrē, adv., rashly, overhastily, inconsiderately, giddily, unadvisedly, foolishly, without season, casually, by chance, at random.

Tĕmĕrĭtas, ātis, f. (temere), rashness, hastiness, thoughtlessness, imprudence.

Tēmo, ōnis, m., the pole or draught-tree of a chariot.

Tempĕrantĭa, ae, f. (temperans), moderation, temperance.

Tempĕrātē (temperatus), adv., with moderation, moderately, temperately.

Tempĕro, 1 (tempus), v. n., I am temperate or moderate, I moderate or restrain myself; c. dat., I moderate, restrain; *temperare hostibus superatis*, to spare the conquered enemies; v. a., I mix, temper, mingle in due proportion; I prepare, make, regulate, order; I rule, govern, manage; I mitigate, soften, mollify, temper, allay.

Tempestas, ātis, f. (tempus), a space of time, period, season; weather; bad weather, a storm, tempest; figur.: calamity, misfortune, danger.

Templum, i, n., a piece of ground consecrated to a god, a temple.

Tempus, ŏris, n., time, season; a period or space of time; a seasonable or convenient time, opportunity; the circumstances of time, the times; dangerous, unfortunate circumstances, misfortune, distressful situation.

Tendo, tĕtendi, tensum and *tentum, 3*, v. a., I stretch, stretch out, extend, distend; I spread, pitch, I turn, direct, drive or guide towards; I give, present, offer, hold out; v. n., I am in tents, am encamped; I travel, run, sail, take my way, shape my course to a place; I aim at, have in view, design, intend; I fight, contend; I oppose, resist.

Tĕnĕbrae, ārum, f., darkness, gloom, night.

Tĕneo, nui, ntum, 2 (tendo), v. a., I hold, last, continue; I hold for, make for, steer towards; v. a., I hold, hold fast; I keep, observe; I hold, detain, keep back; I maintain, keep possession of, defend;

figur. : I possess, incite, move, affect, seize; I captivate, charm, amuse; I keep back, stop, check, curb, refrain, restrain; I keep to myself, keep secret, conceal; I maintain, affirm, assert, defend; I support, maintain, nourish; I gain, obtain, reach, get to; I contain, comprehend, comprise; I occupy, possess, hold, have.

Tener, ĕra, ĕrum, adj., soft, pliant, yielding, tender; tender, effeminate; soft, delicate.

Tento and *tempto*, 1 (*tendo*), v. freq. a., I try, endeavor, attempt, intend, purpose, undertake; I try, prove, put to the test, essay, attempt; I attack, assail; I tempt, incite, endeavor to incite.

Tenuis, e, adj., thin, slender, fine, subtile, rare: lank, lean; exact, minute, nice, ingenious; meagre, without ornament; tender; small, little, slight, trifling, mean, bad; adv.; *tenuiter*.

Tepe-făcio, fĕci, factum, 3 (*tepeo, facio*), v. a., I warm, make warm, make tepid or lukewarm.

Tepor, ōris, m., a gentle warmth; warmth, tepidity.

Ter, adv., three times, thrice.

Terracinensis, is, m., an inhabitant of Terracina, an ancient city of Latium, a Terracinian. Sall. Cat. 46.

Tergum, i, n., the back; the surface of a thing; a covering, cover; skin, hide; anything made of hides or leather, a shield.

Termino, 1 (*terminus*), v. a., I bound, limit, circumscribe, confine; I determine, fix, appoint, regulate; I conclude, close, end, finish.

Terni, ae, a (*ter*), adj., three each, three.

Terra, ae, f., the earth, ground, land; the earth, soil; a land, country, region, district; *orbis terrarum*, the earth.

Terrĕus, a, um (*terra*), adj., of earth, earthen, earthy.

Terreo, ui, itum, 2, v. a., I affright, frighten, put in terror, alarm, terrify; I frighten off or away, keep off by terror.

Terribilis, e (*terreo*), adj., terrible, frightful, terrific.

Terror, ōris, m. (*terreo*), terror, affright; dread, fear; *alicui esse terrori*, to be a terror to any one, to be terrible to any one.

Tertius, a, um adj., third, the third.

UU

Testāmentum, i, n. (*testor*), that by which one bears witness and makes known a thing; a testament or last will.

Testi-ficor, 1 (*testis, facio*), v. dep. a., I call to witness; I bear witness, testify, aver, attest; I prove, demonstrate, show, declare.

Testimōnium, ii, n. (*testis*), testimony, evidence borne by a witness; any testimony, proof, or evidence.

Testis, is, m. and f., a witness; one who attests anything by words, one who proves something; one who avers something, a voucher.

Testor, 1 (*testis*), v. dep. a., I witness, testify, bear witness, give evidence, prove by my testimony, confirm, certify, declare; I call to witness.

Testūdo, inis, f. (*testa*), a tortoise; an arch, vault; a covering like the tortoise-shell; a shed used in sieges; a covering of shields.

Teter and *taeter, tra, trum* (*ater*), adj., foul, nasty, ugly, hideous, grisly, horrid, offensive, shocking; figur.: bad, evil, direful, abominable.

Tetrarches, ae, m., a tetrarch, one of four princes who govern each the fourth part of a country, a small prince.

Teucris, idis, f., 1, a Trojan female; 2, a pseudo-nymic designation of some person. V. Epp. Cic. III.

Textilis, e (*texo*), adj., woven; intertwined, interlaced, plaited, braided; *textile, sc. opus*, a stuff, cloth, linen.

Theatrum, i, n., a place where spectacles are seen; especially where dramatic spectacles are exhibited, play-house, theatre.

Thebani, ōrum, m., the Thebans.

Thus, uris. See *tus*.

Tignum, i, n., a beam or piece of timber for building.

Tigurinus, a, um, adj., Tigurine; *Pagus Tigurinus*, one of the four districts or cantons of Helvetia.

Tigurini, ōrum, m., the Tigurini, the inhabitants of the *Pagus Tigurinus*.

Timeo, ui, 2, v. a. and n., I fear, am afraid of, am in fear of, apprehend, am anxious; *sibi timuerant*, they had feared for themselves; *timeo, ne*, I fear, that; *timeo ne non, or ut*, I fear, that not.

Timidus, a, um (*timeo*), adj., full of fear,

fearful, timorous, timid, afraid, faint-
hearted, cowardly.

Tĭmor, ōris, m. (timeo), fear, apprehension ;
a fear, the cause of fear, a dread ; magno
timore esse, to be in great fear, fear
greatly ; in magno timore esse, to cause
great fear, be greatly feared.

Tĭtŭbo, 1, v. n., I stagger, totter, reel ; I
stammer, falter, hesitate ; I am embarrassed, am perplexed ; I slip, trip, make
a mistake, blunder.

Titus, i, m., a Roman praenomen.

Tŏga, ae, f. (tego), the outer garment of
the Romans, gown, toga ; peace, time of
peace ; t. praetexta, a toga with a purple
stripe.

Tŏgātus, a, um (toga), adj., clothed or
dressed in a toga ; gens togata, the Romans ; togati, Romans.

Tŏgŭla, ae, f. (toga), dim., a little toga.

Tŏlĕrābĭlis, e (tolero), adj., what may be
borne or suffered, supportable, tolerable,
passable.

Tŏlĕrans, tis, part. (tolero), adj., bearing,
able or willing to bear, tolerant of, patient under ; adv., tŏlĕranter.

Tŏlĕro, 1, v. a., I bear, bear patiently, endure, support, abide, tolerate.

Tollo, sus-tŭli, sub-lātum, 3, v. a., I raise,
lift, or take up ; I raise, elevate, build
high ; I lift up, elate ; I erect, cheer up,
console ; I raise, send up, set up, make
ascend ; I push forward, help to the
attainment of honors ; I take upon myself ; I carry, bear ; I bear, suffer ; I
take, take away, take to myself ; I take
off, remove ; I put away, banish ; I put
out of the way, destroy, ruin ; I cancel,
annul ; I strike out, erase, correct ; I
suppress, do not mention ; sublatus, a,
um raised, weighed ; proud, puffed up.

Tŏreuma, ătis, n., any work in relief, raised
sculpture.

Tormentum, i, n. (torqueo), a hurling-en-
gine ; the missile shot therefrom ; a rope,
cord, line ; torment, torture.

Torpesco, ui, 3 (torpeo), v. inch. n., I become stiff or numbed, lose feeling or motion, become torpid ; figur. : I become indolent, languish, become insensible.

Tŏt, indecl. num. adj., so many ; tot — quot,
so many — as ; tot — ut, so many — that.

Tŏt-ĭdem, indecl. num. adj., just so many,
just as many.

Tŏtĭes (tot), adv., so often ; just so often ;
toties — quoties, so often — as.

Tōtus, a, um, gen., tus (tot), adj., whole,
entire, the whole ; all, all together ; sum
totus vester, I am wholly yours ; totum,
the whole, the whole matter ; ex toto,
wholly, altogether, totally, entirely ; in
toto, in the whole matter, generally.

Trabs, bis, f., a tree ; a beam, rafter.

Tracto, 1 (traho), v. freq. a., I drag, drag
about ; I handle, touch, feel, stroke ; I
treat, use ; I handle, consider, examine ;
I treat or discourse of, discuss.

Trā-do and trans-do, dĭdi, dĭtum, 3 (trans,
do), v. a., I give over, deliver, consign,
give ; I deliver faithlessly, betray ; I consign to another's care or attention, recommend, commend ; I give up, surrender, commit unreservedly ; I deliver,
teach ; I leave behind, leave, hand down,
record, relate, narrate, recount ; tradunt
or traditur, they say, they tell or relate,
he is said, related.

Trā-dūco or trans-dūco, xi, ctum, 3, v. a., I
bring or carry over, bring, lead, or convey
to a place, I transport, transfer ; I transfer,
promote, advance ; I lead, spend, pass.

Trăgoedia, ae, f., a tragedy.

Trăgŭla, ae, f., 1, a javelin.

Trăho, traxi, tractum, 3, v. a., I draw ; I
draw away, draw down ; I draw to myself ; I draw after myself, have in my
train ; I draw together, draw up, contract ; I draw apart, distract ; I squander,
dissipate ; I draw out, spin out, protract ;
I wear away, waste away, spend, pass,
consume ; I take into consideration, consider, reflect on, revolve, weigh ; I draw
on, attract, carry away ; I draw off, divert.

Trā-jectĭo, ōnis, f. (trajicio), a passing from
one place to another, passing over, passage ; transposition.

Trā-jectus, ūs, m. (trajicio), a passing over,
crossing over, passage.

Trā-jĭcio or trans-fĭcio, jēci, jectum, 3 (trans,
jacio), v. a., I throw or cast over ; I shoot
over ; I pass, draw, or carry across ; I
transport across, convey across, ferry
over, ship over ; I thrust through, transfix, shoot through.

Trāmes, ĭtis, m. (from transeo or transeo),
a crossway, byway, bypath, sidepath,
footpath, path.

Trā-no or trans-no, 1, v. a. and n., I swim over, cross by swimming, swim through.

Tranquillitas, ātis, f. (tranquillus), stillness or calmness of the sea, still weather, a calm; calmness, quietness, stillness, quiet, peace, tranquillity.

Tranquillus, a, um (trans, quies), adj., lying, reposing, at rest; calm, still, smooth; quiet, peaceful, placid, sedate, tranquil.

Trans, prep. c. acc. (properly, through): over, beyond; on the farther side of, beyond.—In composition, where its shorter form trā appears before consonants, except s, it denotes through, as transigo; or over, as traduco; or beyond, as transalpinus.

Trans-alpīnus, a, um (trans, Alpes), adj., that is or lies beyond the Alps, transalpine.

Tran-scendo or trans-scando, di, sum, 3 (trans, scando), v. a., I climb or mount over, surmount, pass, cross; figur.: I pass or step over; I overstep, transgress, exceed, surpass, transcend.

Trans-dūco. See traduco.

Trans-eo, ivi and ii, itum, ire, v. a. and n., I go or pass over or beyond, go or pass in any direction; I go over to the enemy, desert; I overstep, transgress; I stand out, surmount; I pass through, go through, sail through; I go by, go over, pass away.

Trans-fĕro, tŭli, lātum, ferre, v. a., I carry or bring over, transfer, transport; I turn, direct, or apply to anything; I put off, defer; I adapt, accommodate, apply; I transcribe, copy; I translate, render, turn.

Trans-figo, fixi, fixum, 3, v. a., I run or thrust through, transfix, pierce, perforate.

Trans-grĕdior, gressus sum, 3 (trans, gradior), v. dep. n. and a., I go or pass over; figur.: I pass, proceed, go over to; I go beyond, surpass, exceed.

Trans-igo, ēgi, actum, 3 (trans, ago), v. a., I drive through, thrust or run through; I pierce, transfix; I lend, pass, spend; I finish, bring to an end or completion, expedite, despatch, accomplish, conclude.

Trans-itio, ōnis, f. (transeo), a going over, passing over, passage; a going over to the enemy, desertion.

Trans-itus, ūs, m. (transeo), a passing or going over, passage, crossing; desertion

Trans-jectus and trans-jicio. See traj-.

Transpadānus, a, um (trans, padus, the Po), adj., beyond the Po. Subst., one living beyond the Po.

Trans-porto, 1, v. a., I carry, convey, or bring to another place, transport.

Transrhenānus, a, um (trans, Rhenus), adj., that is beyond the Rhine, transrhenish.

Transtrum, i, n. (trans or trabs), a cross-beam, seat-bench, bench for rowers in a vessel.

Trans-verbĕro, 1, v. a., I strike or beat through, pierce, transfix.

Trans-versus or trā-versus, a, um, part. (transverto), adj., what is or lies across, athwart, crosswise, transverse, oblique, transverse.

Trĕ-centi, ae, a (tres, centum), adj., three hundred.

Trĕpidātio, ōnis, f. (trepido), confused hurry or alarm, consternation, terror, trepidation; bustle, hurry, confusion.

Trĕpido, 1 (trepidus), v. n., I hurry with alarm, hasten about, fly about; I run in trepidation, hasten confusedly; I tremble for fear, am alarmed, fear; I hasten, move quickly, bustle, am busy.

Tris, and treis, and tris, tria, adj., three.

Triārii, ōrum, m., sc. milites (tres), the soldiers who occupied the third place, standing behind the hastati and principes.

Tribālis, e (tribus), adj., one who is of the same tribe; one of the same tribe, a tribesman.

Tribunicius or tribunitius, a, um (tribunus), adj., of the tribunes, tribunicial.

Tribūnus, i, m. (tribus), a president or chief of a tribe, a president, chief, commander, tribune; tribuni militum or militares, military tribunes.

Tribuo, ui, ūtum, 3, v. a., I give, present, bestow, impart; I ascribe, attribute; I concede, grant, yield, give up to; I bestow upon, spend upon.

Tribus, ūs, m., properly the same as stirps, a stock, family, kindred, race, tribe; a division of the Roman people, a class, a tribe.

Tribūtum, i, n. (tribuo), that which is given; a tax, contribution, tribute, impost.

Tri-duum, i, n. (tres, dies), the space of three days.

Tri-ennium, ii, n. (tres, annus), the space of three years, three years.

Trĭgintā, num. adj. indecl., thirty.

Trīni, ae, a (tres), adj., three each; triple, threefold.

Trī-plex, ĭcis (ter, plico), adj., threefold triple.

Tristis, e, adj., sad; sorrowful, dejected, woful, melancholy; noxious, hurtful, baleful, baneful; lamentable, unfortunate, unlucky, unhappy: morose, ill-humored, stern, austere, pitiless, severe, serious.

Tristĭtĭa, ae, f. (tristis), sadness, melancholy, care, sorrow, grief; moroseness, severity, gloomy strictness.

Trĭumpho, 1 (triumphus), v. n., I hold or celebrate a triumph, I triumph; v. a., I conquer, triumph over.

Trĭumphus, i, m., a solemn procession; a solemn and magnificent entrance of a general into Rome after having obtained an important victory; figur.: a victory.

Trĭum-vir, tri, m. (tres, vir), one of three men who hold an office together; pl., triumviri or tresviri.

Trojāni, ōrum, m., the inhabitants of Troy, the Trojans.

Trŭcīdo, 1 (trux, caedo), v. a., I cut to pieces, slay or kill cruelly, cut down, slaughter, massacre, butcher.

Truncus, i, m., the trunk, stock, or body of a tree; figur.: the trunk of the human body.

Tu, pron., thou, you; tuis, thyself.

Tuba, ae, f., the tuba, a Roman wind-instrument, a trump, trumpet.

Tueo, 2, and tueor, tuĭtus, and tūtus sum, 2, v. a., I see, view, behold, look or gaze upon; I regard, inspect, consider, examine; I look to, take care of, favor, protect, defend; I maintain, uphold, preserve, keep up; I guard, protect.

Tulliānum, i, n., the dungeon of the state prison in Rome, built by King Servius Tullius. V. Sall. Cat. 55.

Tum, adv., then, hereupon, in the next place, again, besides, next; then indeed; then, at that time; primum — deinde — tum, firstly — secondly — thirdly; conj., tum — tum, not only — but also, both — and, as well — as; adv., tum — tum, now — now, at one time — at another; quum — tum, as well — as, in general — and in particular.

Tŭmultus, ūs, m., a tumult, broil, bustle,

disturbance, uproar, sedition, insurrection, mutiny; a suddenly approaching war; a tempest, storm; disquietude, uneasiness.

Tŭmŭlus, i, m. (tumeo), a hill, hillock, mound; sepulchral mound, sepulchre, grave.

Tunc (tum, ce), adv., then, at that time.

Tŭnĭca, ae, f. (allied to toga), a tunic, garment worn under the toga; a covering, tegument, the skin.

Turba, ae, f., turmoil, tumult, confusion, disturbance, uproar; a crowd, multitude, throng, press; a suite, train, body of attendants; the crowd, the rabble, common people.

Turbĭdus, a, um (turba), adj., full of confusion or disorder, confused, disturbed; tempestuous, stormy, turbid; disturbed, troubled, surprised, confused.

Turbo, 1 (turba), v. a., I disturb, disorder, throw into confusion; I amaze, confound.

Turbŭlentus, a, um (turba), adj., full of disturbance, trouble, or commotion, confused, boisterous; turbulent, seditious, factious.

Turma, ae, f., a division of Roman cavalry, consisting of thirty men, a troop or squadron of horse.

Turpis, e, adj., ugly, deformed, unseemly, filthy, foul, nasty; figur.: hateful, shameful, base, dishonorable, disgraceful, infamous, unbecoming.

Turpĭtūdo, ĭnis, f. (turpis), ugliness, deformity; baseness, dishonor, disgrace, infamy.

Turris, is, f., any tower or high building; a tower for strengthening walls; a tower for fortifying a camp; a movable tower used in besieging cities.

Tus or thus, ūris, n., incense, frankincense.

Tusculānum, i, n., the name of Cicero's estate at Tusculum.

Tusci, ōrum, m., the inhabitants of Etruria, the Tuscans, Etruscans, Etrurians.

Tūtus, a, um, part. (tueor), adj., safe, secure, protected, out of danger; prudent, cautious; tutum, i, n., safety, security, adv., tūtō.

Tuus, a, um (tu), adj. or possess. pron., thy, thine, your; tuum, thine, yours.

Tyrannus, i, m., a monarch, sovereign, king; a tyrant.

U

ĭ (for *cubi* or *quabi*, from *qui* or *quis*), adv., where, in what or which place; when, as soon as.

ĭ-cunque or ŭbĭ-cunque, adv., whereso-ever, in what place soever; everywhere, be it where it may.

-que, adv., wheresoever, everywhere, in every place.

, *ultus sum*, 3, v. a., I cut, destroy; revenge, avenge; I avenge myself, take revenge for the injury done to myself; *ultum ire*, for *ulcisci*, to proceed to revenge, to revenge.

, a, um (for *unulus*, from *unus*), adj., , any one.

, tra, trum (*ille*, *ollus*), adj., of that side; it seems to occur only in *ultra* and *ultro*; compar., *ulterior*, *us*, farther or at a greater distance, beyond, ulterior, on the farther side; figur.: remote, distant; superl., *ultimus*, a, um, the last; the most remote, oldest, earliest, first; the farthest, most distant, most remote; the greatest, utmost, extreme.

Ultio, ōnis, f. (*ulciscor*), a revenging, revenge.

Ultrā (for *ultera*, sc. *parte*, from *ulter*), adv., on the other side, beyond; beyond that, farther, more, besides, moreover; farther on; more, farther off, from afar; compar., *ulterius*, farther on, farther; further, more; prp. c. acc.; beyond, on the further side of, past; figur.: beyond, over.

Ultrŏ (for *ultero*, sc. *loco*, from *ulter*), adv., on the further side, beyond; to the further side, beyond; of one's own accord, voluntarily, spontaneously; *ultro citroque*, on both sides, on one side and the other.

Umbra, ae, f., a shadow, shade; shelter, protection; a trace, obscure image, faint appearance, semblance of a thing; a shadow, color, show, pretext, pretence; a shade, departed spirit; *umbrae*, the infernal regions, the lower world.

Unquam. See *unquam*.

Ūnā (*unus*), adv., at once, together, in company, along with, at the same time.

Undĕ (for *cunde* or *quunde*, from *qui* or *quis*), adv., whence, from whence, why, wherefore; from what place, out of what place; whom, from which.

Un-dĕcĭmus, a, um (*undecim*), adj., the eleventh.

Undĭquĕ (*unde*, *que*), adv., whencesoever, from all parts, from every part, from all quarters; everywhere, on all sides, on every part.

Ungo and unguo, unxi, unctum, 3, v. a., I wet, soak; I anoint, daub, bedaub, smear, besmear.

Unguentum, i, n. (*ungo*), an ointment, unguent, perfume.

Unguo, 3. See *ungo*.

Ūnĭ-versus, a, um (*unus*, *versus*), adj.. collected into one whole, collective, whole, entire, all together; relating or belonging to all or the whole, universal, general; *universi*, pl., all together, together, collectively; *universa atque omnia*, all things in general and in particular; *universum*, the whole, the whole world, universe; *in universum*, in general, generally, in the whole, universally.

Unquam, adv., ever, at any time.

Ūnus, a, um, adj., gen., *ūnīus*, one, an, a; one, a single, one alone, one only, one and no more, alone; one, the same, one and the same; a whole, a true; *unus quisque*, each one, each; *ad unum omnes*, all to a man, all together, all without exception.

Ūnus-quisque, ūnā-quaeque, ūnum-quodque, adj., each one, each.

Urbānus, a, um (*urbs*), adj., of, pertaining or belonging to a city; refined or elegant in one's way of living, polite, genteel, well-bred, courteous, affable.

Urbs, is, f., a town surrounded with a wall, a city; the city, Rome.

Urgeo or urgueo, ursi, 2, v. a., I press upon, bear hard or close upon, urge, drive, impel, force; I press hard, weigh down, bear down, oppress, distress, incommode; I press upon, am imminent, am near at hand.

Ūs-que (*us*; akin to *ad*, *que*), adv., on still, right on, incessantly, ever, constantly, assiduously; all the way, even, quite, as far as; generally; always, ever, continually; *usque adeo*, to such a degree; *usque Romam*, even to Rome; *usque ad extremum*, to the very end of life; *usque eo*, so far.

Ūsūra, ae, f. (*utor*), the temporary use or enjoyment of a thing; interest, usury-

Ūsus, ūs, m. (utor), use; frequent use, frequent exercise, practice; usefulness, utility, advantage, profit, benefit, good; use, custom; usage, custom of speech; intimacy, familiarity; experience, expertness, skill; need, necessity, occasion.

Ŭt or ŭtī (for ŭt or quot, cuti or qusti, from qui or quis), 1, adv., in what manner, as, just as, even as, so as, according as; as for instance, as for example; as, as being, inasmuch as; how, in what way or manner; ut dixi, as I have said; ut si, as if, as though; utut or utcunque, in what manner soever, however; ut — sic, or ita, as — so; both — and, not only — but also; indeed — but; although — yet; ut — ita, with the superl., so — as, or the — the, with the compar. In English ita — ut, so true or sure — as; ita dees mihi velim propitios, ut commoveor animo, as surely as I would be blessed by heaven, so surely am I troubled in spirit. 2, conj., as, when, as soon as; with a subjunctive: that; in order that, to the end that; that therefore, that accordingly, so that; oh that! would that! that only! supposing that, in case that, although, even though; that namely, that to wit; accedit, ut, to this is added, that; ut vere dicam, that I may speak the truth, to say the truth; ut dubitare debeat nemo, so that no one ought to doubt; ut te dii perduint! may the gods destroy you! ut ita sit, even supposing that it be so; ut, after verbs of fearing, timeo, metuo, vereor, has the force of that not.

Ŭt-cumque or ŭt-cunque, adv., howsoever, however; anyhow, somehow; whensoever, at whatever time.

Ŭter, ŭtra, ŭtrum, gen., ŭtrīus, dat., ŭtri (for cuter or quater, from qui or quis), adj., which of two, whether; the other; both.

Ŭter-cumque or ŭter-cunque, adj., whichsoever of the two.

Ŭter-lĭbet, ŭtrā-lĭbet, ŭtrum-lĭbet, adj., which of the two you please, whichsoever of the two, either of the two.

Ŭter-que, ŭtrā-que, ŭtrum-que, adj., both the one and the other, both.

Ŭtī, infin. of utor. See utor.

Ŭtī, the full form for ut. See ut.

Ŭtĭlis, e (utibilis, from utor), adj., what may be used, fit for use, fit, good, proper, suitable, adapted; useful, profitable, wholesome, salutary, advantageous, serviceable.

Ŭtĭlĭtas, ātis, f. (utilis), usefulness, serviceableness, service; utility, profit, advantage.

Ŭtĭ-nam, adv. O that, I wish that, would that, would to God that.

Ŭtĭ-que, adv (for et uti), and that; and as; be it as it may, at all events, at any rate, by all means, certainly, surely, assuredly, indeed, undoubtedly; at least; especially, particularly.

Ŭtor, ŭsus sum, 3, v. dep. a., c. abl.: properly I outfit, handle, I use, make use of, avail myself of; I enjoy, partake of: uti suo largius, to be prodigal of one's property.

Ŭt-pŏtē, adv., namely, as; utpote qui, who namely, being one who.

Ŭtrinque and utrinque (uterque), adv., on or from both sides or parts, on or from the one side and the other.

Ŭtrum (uter), adv., whether; utrum — an, or ne, whether — or.

Ŭvă, ae, f., properly a heap; a bunch or cluster of grapes.

Ŭxor, ōris, f. (from jungo), a wife.

V

Văcillo, 1, v. n., I waver, totter, rock to and fro, incline this way and that; figur.: I am unsteady or inconstant, waver, totter, vacillate, hesitate.

Văco, 1, v. n., to be empty or void; c. abl.: to be void or destitute of, to be free or clear from; to be vacant, without a possessor, to stand open, to be unoccupied; I am without business, am at leisure.

Văcuus, a, um (vaco), adj., void, empty, vacant; without something, free from something, void of, with ab; also without ab; free, without business, disengaged; without lord or owner, vacant; vacuum, a void, vacant place, empty space.

Vădum, i, n. (vado), a place in a river where one can go through on foot, a ford, shallow.

Văgīna, ae. f., the scabbard or sheath of a sword; any case, sheath, integument.

Vāgis, īvi or ĭī, ītum, 4, v. n., I cry, squeak, squeal, squall.

Vāgor, 1 (*vagus*), v. dep. n., I range about, wander, rove, ramble, roam, stroll, stray.

Vāgus, a, um, adj., wandering, rambling, roving, strolling, roaming, unsteady.

Valdē (for *valide*), adv., strongly, vehemently, highly, very, much, very much, greatly; yes, certainly.

Vălens, tis, part. (*valeo*), adj., well, in good health, whole; strong, robust, able, vigorous; mighty, powerful; forcible, effective.

Vălĕo, ui, itum, 2 (akin to *polleo*), v. n., I am well or in health, enjoy health; I am strong, am robust or lusty, am able; figur.: I have force or effect, have weight or influence, prevail; to have force or efficacy, avail, be effectual, serve, be good; *vale*, farewell.

Vălĕrius, i, m., the name of a Roman gens.

Vălitūdo or *vălĕtūdo*, ĭnis, f. (*valeo*), state of body, health, constitution; good health; ill health, sickness, illness, indisposition, weakness, infirmity, disease.

Vălĭdus, a, um (*valeo*), adj., well, sound, strong, healthy; stout, robust, vigorous, sturdy, lusty, powerful.

Vallo, 1 (*vallum*), v. a., I intrench, fortify, palisade; figur.: I protect, cover, secure.

Vallum, i, n. (*vallus*), a fortification of stakes or palisades, the palisades; a rampart, wall, mound.

Vānĭtas, ātis f. (*vanus*), emptiness, want of reality, mere show, vanity, falsehood; flattery, vain adulation; boasting, vaunting.

Vānus, a, um, adj., properly, blown, what is easily blown away; empty, void, containing naught; empty, vain, unmeaning; empty, void of truth or reality, unreal, untrue, false, lying, deceitful, boastful; vain, in vain, to no purpose.

Văpor, ōris, m., heat, warmth; an exhalation, steam, vapor; smoke.

Vărĭĕtas, ātis, f. (*varius*), diversity of colors; diversity, difference, variety, multiplicity; mutability, changeableness, fickleness, inconstancy.

Vărius, a, um, adj., party-colored, variegated, spotted: various, different, diverse; changeable, variable, light, fickle, inconstant; adv., *variē*.

Vās, *vāsis*, and *vāsum*, i, n., an earthen vessel, vessel.

Vasto, 1 (*vastus*), v. a., I lay waste, devastate, ravage, desolate, pillage; I make empty, spoil, bereave, strip; I make something become wild; I disquiet, harass, torment, confound, perplex.

Vastus, a, um, adj., waste, desert, desolate; unshaped, rude, uncouth, coarse; hideous, frightful, fearfully great, huge, enormous, immense, vast.

Vātĭ-cĭnātio, ōnis, f. (*vaticinor*), a foretelling, prophesying, prophecy, prediction, divination.

Vē-, insep. prefix, denoting either the opposite of the simple word, as *vesanus*, *vecors*, or a heightening of it, as *vegrandis*, *vepallidus*.

-*Vĕ*, a conjunction always affixed to some word, or; *duabus*, *tribusve horis*, in two or three hours.

Vē-cordia, ae, f. (*vecors*), want of reason, madness, frenzy, insanity; madness, fury; folly, senselessness, dotage, fatuity.

Vectīgal, ālis, n. (for *vectigale*, from *vectigalis*), sc. *aes*, money paid for carriage; tax, impost, duty, revenue.

Vectīgālis, e (*veho*), adj., properly what is paid for carriage; what is paid in taxes; subject to or bound to pay taxes, taxable, tributary.

Vĕhĕmens, tis (*veho*), adj., inconsiderate, immoderate, impetuous, vehement, intense, violent, fierce, severe; great, strong, forcible, very efficacious, powerful; adv., *vĕhĕmenter*.

Vĕho, xi, ctum, 3, v. a., I carry, convey, bear; *vehi*, to be carried, brought, borne, conveyed, to ride, sail; also *vehi*, to go, proceed, advance; c. acc.: to go over, traverse.

Vel (allied to *volo*, *velle*), conj., or; also, even also, even; even, if it must be so; *vel — vel*, either — or, both — and, alike — and, partly — partly.

Vēlox, ōcis (akin to *volare*), adj., fleet, swift, quick, rapid, speedy.

Vēlum, i, n., a veil, cover; a curtain; a sail.

Vĕl-ut or *vĕl-ūti*, adv., as, like as; as for example, for instance; as if, as it were; *velut si*, as if, just as if.

Vēnābŭlum, i, n. (*venor*), a hunting-spear.

Vēnālis, e (venus, us), adj., exposed to sale, offered for sale; venal, mercenary.

Vēnātio, ōnis, f. (venor), hunting, the chase; a spectacle of hunting; the game.

Vēnātus, ūs, m. (venor), a hunting or chasing, the chase.

Vendo, dĭdi, dĭtum, 3 (contracted from venum do), v. a., I sell, vend; betray for money; I sell, exchange, give the use of for money or other valuable consideration.

Vĕnēnum, i, n., bane, poison, venom.

Vēneo, ĭvi and ĭi, ĭtum, 4 (from venus eo), v. n., I go to sale, am sold, am let out.

Vĕnēro, 1, and vĕnēror, 1 (contracted from venum oro), v. a., I pray reverently, invoke humbly, crave humbly, beseech, beg, entreat; I adore, reverence, revere, worship, venerate.

Vĕnēticus, a, um, adj., of or belonging to Venetia or the Veneti, Venetian.

Vĕnia, ae, f., indulgence, leave, permission, allowance, license; favor, kindness; pardon, forgiveness.

Vĕnio, vēni, ventum, 4, v. a., I come, I go; I come back, come home, return; to come, happen, befall, fall out, take place, occur; alicui venire auxilio, to come to the assistance of any one; ventum est, they have come.

Venetia, ae, f., the country of the Veneti.

Vēnor, 1, v. dep. a. and n., I hunt, chase, pursue.

Venter, tris, m., the belly; the stomach.

Ventĭto, 1 (venio), v. freq. n., I come often, am in the habit of going.

Ventus, i, m., the wind.

Vĕnus, ĕris, f. (akin to venia), properly agreement; love to the other sex; Venus, the goddess of love; the planet Venus, the morning or evening star.

Vĕnustus, a, um (venus), adj., charming, beautiful, graceful, lovely; elegant, polite, well-bred, fine, genteel.

Vēpres, is, m. and f., a thorn, brier, bramble-bush.

Vēr, vēris, n., the season when the juice is revived in the trees, the spring; spring-time.

Verber, ĕris, n., a rod, switch; a whip, scourge, lash; lash, stroke, stripe, blow.

Verbēro. 1 (verber), v. a., I lash, whip, scourge, beat, strike, drub, flog; figur.: I chastise, rebuke, chide, harass.

Verbigĕnus, i, m., one of the four districts or cantons into which Helvetia was divided.

Verbum, i, n., a word; a saying, adage; verba facere, to speak, discourse.

Vērēcundus, a, um (vereor), adj., shame-faced, shy or diffident from respect, modest, bashful, respectful; sparing, forbearing, moderate; adv., vērēcundē

Vĕreor, ĭtus, sum, 2, v dep. n. and a., I fear with reverential awe, reverence, respect, revere, stand in awe of; I fear, am afraid of; I fear, apprehend.

Vergo, 3, v. a. and n , I incline, direct or turn a thing in any direction; I pour, pour out, pour in; I incline or turn myself anywhere; to lie or look towards, run, tend, border upon.

Vergobrĕtus, i, m., Vergobretus, title of the chief magistrate among the Aedui: said to be a Celtic word = man-for-judgment; i. e. judge. Caes. I. 16.

Vēri-similis, e, adj., like the truth, having the semblance of truth, likely, probable.

Vērō (verus), adv., in truth, indeed, truly, certainly, for certain, assuredly; yes, yes indeed, by all means, ay, certainly; conj , but, but now.

Versĭcŭlus, i, m. (versus) dim., a little line; a little verse, a verse.

Verso, 1 (verto), v. freq. a., I turn often; figur.: I turn, bend, shift, exercise, agitate, change, alter; I guide, direct, rule, govern; I turn over in my mind, consider, revolve, reflect on, examine, ponder; I treat, handle, manage, conduct, carry on; versari, to be turned to turn round, revolve; to be anywhere, to frequent any place, to stay, abide, live; versatur inter eos, he holds intercourse with them; versatur ante oculos, it hovers before the eyes; versari in re, to be occupied, busied, exercised in a thing, to apply to, pay attention to a thing.

Versus, ūs, m. (verto), a turning round; a line in writing; a poetical line, a verse; verse, poetry.

Versus and versum (from versus, a, um), adv., -ward, -wards, towards; in Italiam versus, towards Italy; ad oceanum versus, towards the ocean; prp., towards, in the direction of, c acc.

Verto or vorto, ti, sum, 3, v. a., I turn, turn about, turn round; I overturn, overthrow, throw down; figur. : I turn, interpret, translate; I turn, change, transform, alter; I turn over, revolve, consider, reflect upon, ponder, examine; *verterе hostes in fugam*, to put the enemy to flight; *vertere se aliquo*, to turn or direct one's self in any direction.

Vērum (*verus*), conj., but, however; adv., really, truly, actually, in truth.

Vērum-tămen or **vērun-tămen**, conj., but however, but yet.

Vērus, a, um, adj., being, real, actual, true, sincere, genuine, certain, natural; right, proper, fit; reasonable; adv., vērē.

Vescor, 3 (*esca*), v. dep. n., I feed upon, eat; I enjoy, make use of, use.

Vesper, ĕris, and *vesper* or *vespĕrus*, ĕri, m., the evening, eve, the evening-star; the west.

Vester, tra, trum (*vos*), adj., pron. poss., of or pertaining to you, your, yours.

Vestīgium, ii, n., a footstep, tread, trace, track; a tread or step; the place or spot on which a man treads or stands; the sole, the foot; figur. : a trace, vestige, mark, sign, token, indication; a point, moment, instant.

Vestīmentum, i, n. (*vestio*), that which serves for clothing, clothes.

Vestio, 4 (*vestis*), v. a., I clothe, array; figur. : I clothe, cover as with a garment, cover, deck, adorn.

Vestis, is, f., a garment, vest, vestment, robe, clothes, dress, suit, habiliments.

Vestītus, ūs, m. (*vestio*), clothing, clothes, dress, apparel, raiment, attire; figur. : a clothing, dress, vesture, covering, decoration.

Větērānus, a, um (*vetus*), adj., old, of many years' age or standing; *veteranus*, an old soldier, veteran soldier, veteran.

Veto, ui, ĭtum, 1, v. a., I dissuade, forbid, prohibit, interdict; figur. : I forbid, ward off, hinder, prevent; *vetitum est*, it is or has been forbidden. — *Veto* was the word used by a tribune of the people when he protested against a measure of the senate or of a magistrate : I am opposed to it, I forbid it, I protest against it.

Vetus, ĕris, adj., old; old, not new, of long standing; old, former, of former days.

Vetustas, ātis, f. (*vetus*), oldness, age, length of time, antiquity, ancientness; posterity, future times; antiquity, the former, old, ancient times; old friendship, old acquaintance; cunning.

Vetustus, a, um (*vetus*), adj., old, not new, of long standing; old, not young.

Vexillum, i, n. (*veho*), a military ensign, ensign, standard, banner; the body of men who were under a single banner; the banner, flag, or unfurled cloth, which was displayed from the general's tent as a signal for the soldiers to prepare for battle.

Vexo, 1, v. a., I hurt, treat ill, maltreat, abuse, plague, harass, distress, worry, annoy, molest, trouble, afflict, injure, damage.

Via, ae, f., a way, road, highway, highroad; a street; a way, passage, canal, path; figur. : a way, means, opportunity.

Viātor, ōris, m. (*via*), a wayfaring man, traveller, passenger.

Vīcēsĭmus or **vīgēsĭmus**, a, um (*viginti*), adj., the twentieth.

Vīcīnĭtas, ātis, f. (*vicinus*), nearness of place, neighborhood, vicinity; the neighbors.

Vīcīnus, a, um (*vicus*), adj., neighboring, near; *vicinus*, m., and *vicina*, f., a neighbor.

Vicis, is, f. (a genit. of which the nom. does not occur; acc., *vicem*; abl., *vice*; pl., *vices* and *vicibus*), change, alternate or reciprocal succession, vicissitude, alternation, interchange; the lot, hap, fate, condition of any one usually unfortunate; person, part, respect, concern; *in vices*, in turns, in return; *in vicem*, by turns, alternately, reciprocally, mutually; *vice versa*, the case being reversed, reversely; *in vicem eorum*, instead of them, in their place.

Victīma, ae, f. (*vincio*), an animal adorned with a *vitta* or head-band, and sacrificed to the gods, a victim.

Victor, ōris, m. (*vinco*), a conqueror, victor; vanquisher; adj., victorious.

Victōria, ae, f. (*victor*), victory.

Victus, ūs, m. (*vivo*), life, way of life; food, sustenance, victuals, provisions, fare.

Vicus, i, m., a village, hamlet; in the city, a quarter.

Vĭdē-lĭcĕt, adv. (for *videre licet*), it is easy to see, it is evident; certainly, for certain, to be sure, clearly, as is to see; namely, to wit, that is to say.

Vidên'? for *videsne?*

Video, vidi, visum ? 2, v. a. and n., I see, behold ; I see, perceive, observe, hear ; I am aware, understand ; I see, endure, undergo, experience ; I see, go to see, call upon, wait upon ; I look at, look to, consider, reflect ; care for, provide, furnish, procure, prepare, conduct ; I look upon, have in view, have before my eyes.

Videor, visus sum, 2 (pass. of *video*), v. n., I am seen ; I seem, have the appearance, appear, am regarded ; *mihi videtur,* I think ; *visum est mihi,* it has seemed good to me, I have thought it right.

Vigeo, gui, 2, v. n., I live, thrive ; I am lively, vigorous, brisk, active ; figur.: I flourish, prosper, am in high repute or estimation.

Vigesimus, a, um. See *vicesimus.*

Vigilanter (vigilans), adv., vigilantly, watchfully, heedfully.

Vigilia, ae, f. *(vigil),* a watching, a being awake, a being sleepless ; watch, ward, guard by night ; a watch, soldiers keeping watch, watchmen, guards ; figur.: watchfulness, vigilance, care, attention. In the Roman army the night was divided into four *vigiliae* or watches, each of which consisted of three hours.

Vigilo, 1 *(vigil),* v. n., I watch, keep awake ; figur.: I am watchful, vigilant, or attentive, am very careful or heedful

Viginti, indecl. num. adj., twenty.

Vilis, e, adj., of small price, cheap, low ; vile, paltry, common, worthless, trivial, indifferent, mean.

Villa, ae, f. *(vicus),* dim., a small building, country-house, farm-house, country-seat.

Vimen, inis, n. *(vieo),* any pliant twig for plaiting or binding, an osier, wicker-rod, twig, withe.

Vinaceus, a, um (vinum), adj., of or pertaining to wine ; *vinaceus, sc. acinus,* a grape-stone.

Vincio, nxi, nctum, 4 *(vieo),* v. a., I bind ; figur.: I confine, restrict, restrain ; check, impede, hold back, subdue ; I make fast, fasten, fortify, secure.

Vinco, vici, victum, 3, v a. I conquer, vanquish, overcome ; I outdo, surpass, exceed, excel ; figur.: I conquer, overcome, overpower, force, constrain, master, subdue, soften.

Vinctilium and *vinclum, i,* n. *(vincio),* anything that ties or binds, a bond, band, tie, cord.

Vindex, icis, m. and f. *(vindico),* one that lays claim to something, a claimant ; an asserter, defender, protector, maintainer, deliverer ; adj., avenging, punishing ; an avenger, punisher.

Vindico or *vendico,* 1, v. a., I claim, lay claim to, demand as my own, arrogate, appropriate, assume ; I free, set free, liberate, rescue, deliver, defend, protect, save, redeem ; I maintain, assert ; I punish, inflict punishment ; *vindicare aliquem in libertatem,* to assert the freedom of any one, set him free.

Vinea, ae, f. *(vinum),* a vineyard ; a roof, shed, or mantelet, under which the Romans assailed the walls of towns.

Vinum, i, n., wine.

Violentia, ae, f. *(violens),* violence, vehemence, impetuosity.

Violentus, a, um (vis), adj., using great force, impetuous, boisterous ; violent, harsh.

Vir, viri, m., a man, a male person ; a man grown, one grown up to man's estate ; the man, husband ; a genuine man, a magnanimous man, a brave man.

Virgo, inis, f., a full-grown girl, maid, virgin ; any unmarried woman.

Virgultum, i, n. (for *virguletum,* from *virgula),* a shrub, bush, small tree ; a thicket, shrubbery.

Viridis, e (vireo), adj., green, young, youthful, fresh, lively, vigorous, active, strong.

Viriditas, atis, f. *(viridis),* greenness, verdure ; freshness, vigor.

Virilis, e (vir), adj., of a man, pertaining to a man, manly ; male ; becoming a man, manly, manful, valiant, brave, *toga virilis,* the manly gown.

Virtus, utis, f. *(vir),* manhood, virility ; manliness, firmness, constancy, bravery, gallantry, valor ; virtuousness, virtuous conduct ; virtue, goodness, good quality, excellence ; a virtue, merit, talent ; power, effect ; agency, service, help, aid, kindness, ability or skill in any art, art or science.

Vis, vis, pl., *vires,* fem. f., strength, power, force, vigor ; virtue, effect, efficacy, potency ; influence, importance, high consideration ; vehemence, violence, impetuosity, fury ; force ; quantity, number, multitude, abundance ; of words or sentences : the force, import, meaning, signification, sense ; substance, nature, essence ; *summa vi*, with the greatest fury.

Vīso, si, sum, 3 (*video*), v. freq. a., I see, look at, view, behold ; I go or come to see ; I visit.

Vīta, ae, f., life ; way or manner of life ; a life, biography ; sustenance, support, aliment ; *mea vita*, as a term of endearment, my life, my sweet, my treasure.

Vītis, is, f., a vine ; a branch of a vine.

Vĭtium, ii, n., whatever is to be complained of as defective, wrong, or faulty in a thing, a defect, fault, blemish, flaw, imperfection, anything amiss ; a moral fault, vice, impediment ; inconvenience.

Vīto, 1, v. a., I shun, avoid, eschew, endeavor to escape, beware of.

Vīvi-rādix, icis, f. (*vivus radix*), a quickset or plant that is set with the root.

Vīvo, vixi, victum, 3, v. n., I live, am alive, have life ; I support life, I eat and drink ; I pass my life in a certain manner, pursue a certain course of life ; I live well, live in earnest, enjoy life.

Vīvus, a, um (*vivo*), adj., alive, living ; living, green, fresh ; figur. : fresh, vigorous, lively, active, strong, native.

Vix, adv., with difficulty, hardly, scarcely.

Vŏcābŭlum, i, n. (*voco*), the appellation of a thing, a name, term, word.

Vŏco, 1 (*vox*), v. a., I call ; I call upon, invoke, implore ; I call, cite, summon ; I call, bid, invite ; I invite, entice, attract, allure ; I call out, challenge ; I call, name.

Vŏlens, tis, part. (*volo, velle*), adj., willing.

Vŏlo, vis, volt, vŏlui, velle, v. a., I cry or beg for, desire, wish ; I will, have a mind, am willing, choose, purpose, intend ; I command, ordain, appoint ; *quid sibi vult ?* what will he have ? what is his aim ?

Vŏluntārius, a, um (*voluntas*), adj., one who does a thing with free will, acting from choice, voluntary ; v. *miles*, a volunteer.

Vŏluntas, ātis, f. (*volo, velle*), the will, inclination, wish, desire ; good-will, affection, love, favor ; disposition ; intention, purpose, design ; approbation, consent ; *ad voluntatem loqui*, to speak according to the will of another ; *voluntate*, willingly, voluntarily, of one's own will, of one's own accord.

Vŏluptārius, a, um (*voluptas*), adj., bringing pleasure or enjoyment, pleasurable, pleasant, delightful.

Vŏluptas, ātis, f. (for *voluptas*, from *volupe*), pleasure, enjoyment, delight, *voluptates*, appetites, desires.

Volvo, volvi, vŏlūtum, 3, v. a., I roll forth, pour forth words, speak fluently ; I revolve in the mind, ponder, meditate, consider, think or reflect upon ; I roll round, make to revolve, carry round.

Vōtum, i, n. (*voveo*), a vow or promise made to some deity ; a wish, wishing.

Vox, vōcis, f. (*voco*), the voice : tone, accent ; a sentence, decision, judgment.

Vulgāris and *volgāris, e* (*vulgus*), adj., common, ordinary, relating to all, extending to all, usual ; mean, low, vile, vulgar ; adv., *vulgariter*.

Vulgō (*vulgus*), adv., among the people, in public ; here and there, everywhere ; often ; publicly, openly, before all ; commonly, generally ; indiscriminately ; all together.

Vulgus, i, n., people, a multitude, crowd, throng ; the vulgar, the common sort, common people, populace, mob, rabble, rout ; the common soldiers, privates : *in vulgus*, with the people, with the multitude, with the common sort, commonly, generally.

Vulnĕro, 1 (*vulnus*), v. a., I wound ; figur. : I hurt, injure, pain.

Vulnus and *volnus, ĕris, n.*, a hurt in the body, wound ; figur. : a damage, hurt, injury, sadness ; sting, mortification, calamity, misfortune ; a wound of the mind, grief, pain, smart, anguish, distress.

Vultus or *voltus, ūs, m.* (*volo, velle*), properly the will, desire expressed in the face ; the face, visage, countenance, mien, aspect, features, looks.

Gallic people east of the Arar (Saone), and near its junction with the Rhodanus (Rhone), between the Aedui and Allobroges.

Ambiani, *orum*, m., a people of Belgic Gaul, on the north of the Bellovaci and the river Samara (Somme), in the neighborhood of the modern *Amiens*.

Ambiliati, *orum*, m., a Gallic people whose situation is uncertain.

Ambivariti, *orum*, m., a people of Belgic Gaul, probably on the left bank of the Mosa (Meuse).

Ampius, *i*, m. (*T.*). V. Epp. Cic. XII. n. 1.

Anaxagoras, *ae*, m., a very distinguished Greek philosopher of Clazomenae, born about B. C. 499.

Andes, *ium*, m., a Gallic tribe north of the Liger (Loire), and east of the Nannetes, near the modern Anjou.

Andecumborius, *i*, m., an ambassador sent from the Remi to Caesar.

Andricus, *i*, m., a slave of Cicero.

Annius, *i*, m. (Q.), a senator and one of Catiline's conspirators, B. C. 63. He was not taken with Cethegus and the others, and nothing is known of his future fate.

Antiochia, *ae*, f., Antioch, the chief city in Syria.

Antiochus, *i*, m., a native of Ascalon in southern Palestine, and a teacher at Athens in B. C. 79.

Antonius, *i*, m. (C.), surnamed Hybrida, was the son of M. Antonius, the orator, and the uncle of M. Antonius, the triumvir. In his praetorship (65) and consulship (63) he had Cicero as his colleague. According to most accounts, Antony was one of Catiline's conspirators, and his well-known extravagance and rapacity seem to render this probable. Cicero gained him over to his side by promising him the rich province of Macedonia, in which he would have a better opportunity of amassing wealth than in the other consular province of Gaul. Antony had to lead an army against Catiline, but, unwilling to fight against his former friend, he gave the command on the day of battle to his legate, M. Petreius. V. Sall. XXVI. n. 7. Epp. Cic. II. n. 19.

Apamea, *ae*, f., a considerable town in Phrygia Major, on the river Meander.

Apelles, *is*, m., a distinguished Greek painter in the time of Alexander the Great.

Apulia, *ae*, f., a province of lower Italy, bordering on the Adriatic sea.

Aquileia, *ae*, f., an important town in the north of Italy at the head of the Adriatic.

Aquitani, *orum*, m., the Aquitanians, the inhabitants of Aquitania.

Aquitania, *ae*, f., one of the three great divisions into which Caesar divided Gaul, bounded on the north by the Garumna (Garonne), and on the south by the Pyrenees.

Arae Alexandri, a place near Issus, where Alexander, having defeated Darius, consecrated three altars to Jupiter, Hercules, and Minerva, as memorials of his victory.

Arar, *aris*, and *Araris*, *is*, m., the river Arar, now the Saone, which separates the territory of the Aedui from that of the Sequani and unites with the Rhodanus (Rhone), at Lugdunum (Lyons).

Archelaus, *i*, m., the son of Perdiccas II., was king of Macedonia from B. C. 413 to 399.

Ariobarzanes, *is*, m., the name of three kings of Cappadocia: 1. Surnamed *Philoromaeus*, was elected king by the Cappadocians, under the direction of the Romans, about B. C. 93. He was several times expelled from his kingdom by Mithridates, and as often restored by the Romans. 2. Surnamed *Philopater*, succeeded his father B. C. 63. He was assassinated (Epp. Cic. XIX. 5). 3. Surnamed *Eusebes* and *Philoromaeus*, succeeded his father not long before B. C. 51. While Cicero was in Cilicia, he protected him from a conspiracy which was formed against him, and established him in his kingdom.

Ariovistus, *i*, m., a powerful German chief, who engaged in war against Caesar in Gaul, B. C. 58, and was totally defeated.

Aristides, *is*, m., called "the Just," on account of his integrity, was a distinguished Athenian statesman and general, and the contemporary and rival of Themistocles.

Artuasdes, *is*, m., a king of Armenia Major.

Arverni, *orum*, m., a powerful people in the southern part of Celtic Gaul, occupying the district now called Auvergne.

Astura, *ae*, f., a town of Latium, situated on an island in the river Astura, near which Cicero had a villa.

Athenais, *idis*, f., the wife of Ariobarzanes III., king of Cappadocia.

Athenae, *arum*, f., the capital of Attica and the most illustrious city, not only of Greece, but of the whole of the ancient world. It was situated between the Cephissus and Ilissus about 30 stadia, or 3½ miles, from the sea-coast.

Athenaeus, i, m., a Cappadocian, who had been banished at the instance of Queen Athenais, but through the influence of Cicero was restored, B. C. 51.

Atratus, i, m., a small river in the vicinity of Rome.

Atrebates, *um*, m., a powerful people of Belgic Gaul, in the district now called Artois.

Atticus, i, m. (*T. Pomponius*). V. Epp. Cic. II. n. 5.

Aulerci, *orum*, m., a name applied to several small tribes in Celtic Gaul, between the Sequana (Seine) and the Liger(Loire).

Aurelia (Orestilla), *ae*, f., a beautiful but profligate woman, whom Catiline married.

Ausci, *orum*, m., a people in the eastern part of Aquitania.

Autronius, i, m. (*P. — Paetus*), a senator, and one of Catiline's accomplices. He was Cicero's fellow-pupil in boyhood, and colleague in the quaestorship. He was elected consul for the year 65 B. C.; but having been, together with his colleague, P. Cornelius Sulla, accused of bribery and condemned, their election was declared null, and their accusers, L. Aurelius Cotta and L. Manlius Torquatus, were elected consuls in their stead. He was subsequently tried, condemned, and banished for the share he had in Catiline's conspiracy.

Axona, *ae*, f., a river of Belgic Gaul (now the *Aisne*), which, flowing southwesterly, joins the Isara (Oise), and falls with it into the Sequana (Seine).

B

Bacillus, i, m. (*P. Sextius*), a centurion in Caesar's army of the first rank.

Batavi, *orum*, m., the inhabitants of the *insula Batavorum*, formed by the Rhenus, Vahalis, Mosa, and Ocean.

Belgae, *arum*, m., the Belgians, an exceedingly warlike people of German and Celtic origin, who inhabited the country between the Rhenus (Rhine), the Matrona (Marne), and Sequana (Seine), and the Fretum Gallicum (English Channel).

Bellovaci, *orum*, m., the most powerful among the Belgic tribes, between the Sequana (Seine) and Isara (Oise), but occupying both banks of the latter river. Traces of the name may be found in the modern *Beauvais*.

Bestia, *ae*, n. (*L. Calpurnius*), a senator, one of the Catilinarian conspirators, and a tribune of the plebs in B. C. 63.

Bibracte, *is*, n., the chief town of the Aedui, later *Augustodunum*, whence its modern name Autun.

Bibrax, *actis*, n., a small town of the Remi, about eight miles north of the Axona (Aisne), now *Bièvre*.

Bigerriones, *um*, m., a people in the south of Aquitanian Gaul, at the foot of the Pyrenees.

Bitо̄, *о̄nis*, m., and *Cleobis*, *is*, m., the sons of Cydippe, a priestess of Hera at Argos.

Bituriges, *um*, m., a Gallic people west of the Aedui, from whom they were separated by the Liger (Loire).

Boduognatus, i, m., a leader of the Nervii.

Boii, *orum*, m., the Boii, on the west of the Liger (Loire), which separated them from the Aedui, were a widely scattered Celtic race, branches of which dwelt in the east of Germany (Bohemia, i. e. the country of the Boii), and in the north of Italy. Caesar, after defeating the Helvetii, with whom they formed an alliance to invade Gaul (B. C. 58), allowed the Boii to dwell among the Aedui.

Bratuspantium, i. n., a town of the Bellovaci.

Brundisium, i, n. V. Cic. pro Lege Manil. XII. n. 5.

Bruttium, i, n. the country of the Bruttii, the southwestern extremity of Italy, is surrounded on three sides by the sea, and bounded in the north by Lucania.

Brutus, i, m., D. (*Junius*) Brutus (*Albinus*), an officer serving under Caesar in Gaul. Caesar had great confidence in him, giving him, even when a young man, the command of the ships sent to attack the Veneti, and on many subsequent occasions showing him more substantial marks of favor and esteem, and finally naming him in his will as one of his heirs. Notwithstanding this, he basely betrayed his friend and benefactor, and on the Ides of March took a prominent part in his assassination. Caes. III. 11; Sall. Cat. XL.

C

Cabūrus, i, m. (C. Valerius), a chief of the Helvii.

Caeraesi, ōrum, m., a Germanic people in Belgic Gaul.

Caesar, ăris, m. (S. Julius), uncle of M. Antony, the triumvir, and brother-in-law of P. Lentulus Sura, was consul B. C. 64, and one of Caesar's legates in Gaul in B. C. 52. He was not a man of much power of mind, but had some influence in the state through his family connections and his position in society.

Calētes, um and Calēti, ōrum, m., a people of Belgic Gaul, on the coast, north of the Sequana (Seine).

Camillus, i, m. (C.), a Roman jurist, and a particular friend of Cicero.

Caninius, i, m. (Gallus), a friend of Varro and Cicero, tribune of the people in B. C. 56.

Cantăbri, ōrum, m., the Cantabrians, an exceedingly fierce and warlike people, occupying the coast country in the north of Spain.

Capīto, ōnis, m. (P. Gabinius). V. Cic. in Cat. III. 3, n. l.

Cappadocia, ae, f., a country of Asia Minor, between Pontus on the north, Armenia on the east, Syria and Cilicia on the south, and Lycaonia on the west.

Capua, ae, f., an important town in the interior of Campania in Southern Italy.

Carcaso, ōnis, f., a town in the south of Gaul, on the Atax (Aude), now Carcassonne.

Carnūtes, um, m., a powerful tribe between the Sequana (Seine) and the Liger (Loire), extending even south of the Liger as far as the territory of the Bituriges Cubi.

Carthāgo (also written Karth.), ĭnis, f., the city of Carthage, in Northern Africa, whose ruins are in the vicinity of Tunis.

Cassius, i, m., Cassius, the name of a Roman gens. L. Cassius Longinus, a man of high reputation, praetor B. C. 111, consul with C. Marius B. C. 107, was, in the course of the same year, defeated and killed by the Tigurini, a portion of the Helvetii.

Casticus, i, m., a chieftain of the Sequani, whom Orgetorix persuaded to seize upon the sovereignty of his state.

Catamantalēdes, is, m., a chief of the Sequani.

Catilīna, ae, m. (L. Sergius), a Roman who was notorious for several times attempting insurrections against his country.

Cato, ōnis, m., a surname of several celebrated Romans, the most distinguished of whom were M. Porcius Cato Censorius, frequently called Cato Major, and M. Porcius Cato, great grandson of the former, commonly called Uticensis from the circumstance of his having put an end to his life at Utica after his defeat at the battle of Thapsus. Cato Major was born B. C. 234, was chosen quaestor B. C. 205, was aedile B. C. 199, the following year was praetor, was elected consul in B. C. 195, was appointed military tribune in B. C. 191, was chosen censor in B. C. 184, and died B. C. 149, at the age of 85. He was a brave soldier, an able and successful commander, an eloquent orator, and a most rigidly virtuous citizen. — Cato Uticensis was born B. C. 95, was elected tribunus militum in B. C. 67. was a successful candidate for the tribuneship in B. C. 63, the famous year of Cicero's consulship and of the suppression of Catiline's conspiracy, and supported the consul in proposing that the conspirators should suffer death. He was the first who gave to Cicero the name of pater patriae. It was his speech of the 5th of December which determined the senate, previously wavering from the force of Caesar's oratory. V. Sall. Cat. LII. In B. C. 54 he was made praetor, which was the highest office he reached. Cato differed widely in disposition and natural gifts from his great ancestor, the Censor, yet he looked up to him as a model, adopted his principles and imitated his conduct. Living in an age of greater corruption and venality, he was the same incorruptible patriot, followed the same simple mode of life, and practised the same stern virtues. He was better fitted for a scholar than a soldier; and his natural tastes and capacities marked him rather for a philosopher than a commander. He died, B. C. 46, at the age of 49.

Asturiges, *um*, m., a Gallic people in what is now Dauphiné.

Celer, *ĕris*, m. (*Q. Caecilius Metellus*), a praetor in B. C. 63. V. Cic. in Cat. L 8, n. 6, & Sall. Cat. XXX.

Celtae, *ārum*, m., a great parent stock of people in the north of Europe, the Celts; in Caesar's time they were the most powerful of the three great nations who occupied Gaul, and were called by the Romans *Galli*, or Gauls.

Centrōnes, *um*, m., a Gallic people among the Alps, in what is now Savoy.

Cethēgus, *i*, m. (*C. Cornelius*). V. Cic. in Cat. III., 3, n. 4.

Cilicia, *ae*, f., a province in the southern part of Asia Minor, between Pamphylia and Syria. V. Epp. Cic. XIX. n. 2.

Cimberius, *i*, m., a chief of the Suevi.

Cimbri, *ōrum*, m., probably a Celtic tribe in the peninsula, called after them the Chersonesus Cimbrica (Jutland). Towards the end of the second century B. C., a vast host of them joined the Teutones and migrated southward. They traversed Gaul and Spain, until in B. C. 101 they were completely defeated by C. Marius in the Campi Raudii, near Verona.

Cinna, *ae*, m. (*L. Cornelius*), an associate of Marius in the civil wars, and distinguished for his acts of cruelty. V. Sall. Cat. 47, n. 8, and Cic. in Cat. III. 10, n. 8.

Clodius, *i*, m. (*P. — Pulcher*), a Roman of noble birth, but infamous for the corruption of his morals. He committed sacrilege by entering the house of Caesar in female attire while the Vestal virgins were conducting the rites of the Bona Dea. For this crime he was tried, and, though clearly guilty, secured an acquittal by bribery and intimidation. Cicero was one of the principal witnesses against

him; and after the trial, having been irritated by some sarcastic allusions made by Clodius to his consulship and by a verdict given in contradiction to his testimony, he attacked Clodius and his partisans in the senate with great vehemence. From this time Clodius cherished a bitter hatred against him, and procured his banishment from Italy, on the ground that he had violated the law in the punishment inflicted upon the accomplices of Catiline. Clodius was eventually assassinated in Jan., B C. 52, near Bovillae, by the retinue of Milo, in an accidental encounter which took place between him and the latter individual, as Milo was journeying towards Lanuvium and Clodius was on his way to Rome.

Clytaemnestra, *ae*, f., the daughter of Tyndarus and Leda, sister of Helen, wife of Agamemnon, and mother of Orestes, Iphigenia, and Electra.

Cocosātes, *um*, m., a people in the western part of Aquitania, on the Atlantic coast.

Cocspartus, *i*, m. (*M.*). V. Cic. in Cat. III. 6, n. 11.

Commius, *i*, m., a chief of the Atrebates, made their king by Caesar, and afterwards sent into Britain by him to favor the Roman cause.

Commoris, *is*, f., a village in Cilicia, on Mount Amanus.

Condrūsi, *ōrum*, m., a Germanic people in Belgic Gaul, on the right bank of the Mosa (Meuse).

Considius, *i*, m., P. Considius, an officer of great military experience, who served under Caesar in Gaul during the campaign of B. C. 58.

Cōriŏlānus, *i*, m., a surname of C. Marcius, given him in memory of the prowess which he displayed in the taking of Coriōli, a city of the Volscians. Having been afterwards impeached and condemned to exile, he took refuge among the Volscians and assisted them in carrying on the war against his native country.

Cornelius, *i*, m. (*C.*), a Roman knight confederate with Catiline, who undertook, in conjunction with L. Vargunteius, to murder Cicero in B. C. 63.

Cornificius, *i*, m. (*Q.*), a distinguished Roman, to whose care Cethegus was committed upon the arrest of the conspirators.

Cotta, æ, m. (*L. Aurelius*). V. Cic. in Cat.
L. 6, n. 14.

Cotta, æ, m. (*L. Aurunculeius*), one of
Caesar's lieutenants in the Gallic war.
In B. C. 54 he fell, together with his
colleague Q. Sabinus, in an attack made
upon his camp by Ambiorix, chief of the
Eburones.

Crassus, i, m., a Roman family name in
the *gens Licinia*. 1. *M. Licinius Crassus
Dives,* chiefly distinguished for his immense wealth, though having some eminence as an orator and a soldier, was
born about B. C. 115; fled from Marius
and Cinna into Spain, where he concealed himself in a cave for the period of
eight months (B. C. 84); enlisted under
Sulla B. C. 83; was appointed to the
command of the servile war, and defeated and slew Spartacus, B. C. 71; was
elected to the consulship with Pompey
B. C. 70; was censor B. C. 65; was suspected by some, though, perhaps, on insufficient grounds, of favoring the conspiracy of Catiline (V. Sall. Cat. 17 and
48) B. C. 63; entered into a coalition,
commonly called the first triumvirate,
with Caesar and Pompey, to overthrow
the liberties of his country B. C. 60;
held the consulship the second time with
Pompey B. C. 55; shortly before the expiration of his consulship he went into
Syria, which, in the distribution of the
consular provinces, had fallen to his lot,
and which, to gratify his unbounded avarice, he plundered with unscrupulous rapacity; crossed the Euphrates and made
war upon the Parthians B. C. 54; and
having, contrary to the advice of his
officers, allowed himself to be misled
and deceived by a crafty Arabian chief
named Abgarus, he was unexpectedly
attacked by the Parthians near Carrhae,
and fell in the contest B. C. 53, more
than sixty years of age. His head was
brought to Orodes, the Parthian king,
who caused melted gold to be poured
down his throat, saying, "Sate thyself
now with that metal of which in life
thou wert so greedy." 2. *Publius Licinius Crassus Dives,* younger son of the
former, was Caesar's lieutenant in Gaul
from B. C. 58 to B. C. 55. At the end of
B. C. 54 he followed his father to Syria,

and fell with him in the fatal battle near
Carrhae. 3. *L. Licinius Crassus.* V. Cic.
p. Arch. III. n. 27.

Creticus, i, m. (*Q. Caecilius Metellus*), was
consul along with Q. Hortensius in B. C.
69, and in the following year he obtained
the conduct of the war against Crete, the
successful termination of which gave
him the cognomen Creticus. In B. C.
63, while waiting before the walls of
Rome for a triumph, he was sent by the
senate into Apulia to prevent an apprehended rising of the slaves. V. Sall.
Cat. 30, n. 7.

Crito, ônis, m., of Athens, the friend and
disciple of Socrates, was especially celebrated for his love and affection for his
master, whom he generously supported
with his fortune, which was very great.

Ctesiphon, ontis, m., an Athenian, who was
accused by Aeschines for having proposed the decree that Demosthenes
should be honored with the crown.

Curio, ônis, m. (*C. Scribonius*). V. Epp.
Cic. XVII. n. 1.

Curiosolitae, ârum, m., one of the Armoric
states of Gaul, in modern Brittany.

Curius, i, m. (*M.'*), one of Cicero's most
intimate friends, and for several years
a merchant at Patrae in Peloponnesus,
where Tiro, Cicero's freedman, was ill
in B. C. 50 and 49.

Curius, i, m. (*Q.*), a profligate Roman senator who conspired with Catiline. V.
Sall. Cat. 17, 23, 26, 28.

Cybistra, ôrum, n., a town of Cappadocia,
at the foot of Mount Taurus, near the
frontiers of Cilicia.

Cyrus, i, m., the son of Cambyses and
Mandane, and founder of the Persian
monarchy, called Cyrus the elder. He
ascended the throne of Persia in B. C.
559, and was killed in battle B. C. 529,
having reigned thirty years.

Cyzicus, i, f., a considerable town in an
island of the same name in the Propontis, which lay so close to the continent
of Asia, as to be joined to it by a bridge.

D

Damasippus, i, m. V. Sall. Cat. 51, n.
37.

Damocles, is, m., a Syracusan, and one of

Fabricius, i, m., C. Fabricius Luscinus, me most celebrated of the Fabrician family, was leader of the Romans against Pyrrhus, consul in 'B. C. 282 and 278, and famous for his frugality and noble conduct towards Pyrrhus.

Faesulae, ārum, f., a town of Etruria, situated on a hill, three miles to the north-east of Florentia (now Florence). Sulla established a military colony there, and Catiline made it the head-quarters of his band of desperadoes.

Figulus, i, m. (C. *Marcius*), consul in B. C. 64. In the debate on the sentence of Catiline's accomplices he declared for capital punishment, and approved of Cicero's measures generally. Little more is known of him.

Flaccus, i, m., a Roman family name. C. *Valerius Flaccus*, a Roman general and propraetor of Gaul, B. C. 83.

Flaccus, i, m. (*L. Valerius*). V. Cic. in Cat. III. 2, n. 17.

Flaccus, i, m. (*M. Laenius*), a friend of Atticus, who, notwithstanding the stringent edict of Clodius, B. C. 58, sheltered Cicero in his country-house near Brundisium, until he could securely embark for Epirus. The father, brother, and sons of Laenius were equally earnest in befriending the exile.

Flaminius, i, m. (C.), a man of Arretium, who is mentioned as one of Catiline's conspirators.' Nothing more is known of him.

Flavius, i, m. (L.), a tribune of the people in B. C. 60, on the suggestion of Pompey, brought forward an agrarian law, which was chiefly intended to benefit the veterans of Pompey.

Fulvia, ae. f., a Roman lady of rank, but of loose morality, by whom the conspiracy of Catiline was first divulged.

Fulvius, i, m. (A.), a son of a Roman senator, put to death by his father for joining the party of Catiline.

Furius, i, m. (P.). V. Cic. in Cat. III. 6, n. 13.

G

Gabinius, i, m., the name of a Roman gens. For A. Gabinius, v. *Piso & Cic. p. Manil. lege*, XVII. n. 17.

Galba, ae, m., a king of the Suessiones.

Galba, ae, m., a Roman patrician family name. *Servius Galba*, one of Caesar's lieutenants in Gaul, and afterwards, according to Suetonius, one of the conspirators against his life.

Galli, ōrum, m., the Gauls generally, but in a more restricted sense the inhabitants of the central parts of Gaul, between the Garumna (Garonne), and the Sequana (Seine) and Matrona (Marne).

Gallia, ae, f., the country of the Galli, Gaul, both beyond the Rhine and in Upper Italy.

Garumna, ae, m., the Garonne, a river in the southwest of Gaul.

Garumni, ōrum, m., a Gallic tribe near the sources of the Garumna (Garonne.)

Gates, um, m. (also *Gaxtes*), a people of Aquitania.

Genava, ae, f., a town of the Allobroges, on Lake Lemannus (Lake of Geneva). It is still called Geneva.

Graioceli, ōrum, m., a people among the Graian Alps, in the western part of Cis-alpine Gaul.

Gythium, i, n., a seaport in Laconia, on the Eurotas.

H

Harudes, um, m., a German people, who passed over into Gaul. Their original seat is not certainly known, but was probably north of the Danube, not far from its sources.

Helvetii, ōrum, m., the Helvetians, a Gallic people, bounded by the Rhenus (Rhine), by Mount Jura, and by the Rhodanus (Rhone), and Lake Lemannus (Lake of Geneva).

Herennius, i, m. (C.), son of Sext. Herennius, and tribune of the plebs in B. C. 60, when he zealously seconded P. Clodius in his efforts to pass by adoption into a plebeian family.

Hermia, ae, m., a slave of Cicero.

Hiero, ōnis, m., the tyrant of Syracuse and friend of the poet Simonides, was distinguished for the splendor of his reign, and for the patronage which he extended to men of letters. He died B. C. 467, in the twelfth year of his reign.

I

Iccius, i, m., a chief of the Remi, sent as an ambassador to Caesar.

Iconium, i, n., a city of Lycaonia.

Illyricum, i, n., a country on the eastern shore of the Adriatic, extending northward from Epirus to the head of the sea.

Isauri, ōrum, m., the Isaurians, the inhabitants of Isauria, a country of Asia Minor, between Pamphylia and Cilicia.

Julius, i, m. (*C.*), one of Catiline's conspirators.

Jura, ae, m., a chain of mountains extending from the Rhone to the Rhine, between the country of the Sequani and Helvetii.

L

Labiēnus, i, m. (*Titus*), Labienus, a tribune of the people in B. C. 63, the year of Cicero's consulship, and in Caesar's campaigns in Gaul his first and most distinguished lieutenant. In the beginning of the great contest between Caesar and Pompey (B. C. 49), Labienus deserted his old friend and captain, and joined the Pompeian party. He fell at the battle of Munda in Spain in B. C. 45.

Lacedaemon, ŏnis, f., a city of Laconia situated on the river Eurotas in the southern part of the Peloponnesus.

Laeca, ae, m. (*M. Porcius*), a senator and a leading member of the Catilinarian conspiracy. It was at his house that the conspirators met in November, B. C. 63.

Lanuvium, i, n., a town of Latium on the Via Appia.

Laodicēa, ae, f., a city in Phrygia Major on the river Lycus, near the borders of Caria.

Latobrīgi, ōrum, m., a German people who invaded Gaul with the Helvetii, and who dwelt, probably, between the Rhine and the sources of the Danube.

Lentŭlus, i, m. (*P. Cornelius*, surnamed *Sura*). V. Cic. in Cat. III. 3, n. 5.

Lepidus, i, m. (*M.' Aemilius*). V. Cic. in Cat. I. 6, n. 14.

Lepontii, ōrum, m., an Alpine people, about the sources of the Rhenus (Rhine) and the Ticinus (Ticino).

Leuci, ōrum, m., a Gallic tribe in the southeastern part of Belgic Gaul, north of the Sequani and west of Mount Vosegus.

Lexovii, ōrum, m., a Gallic tribe west of the mouth of the Sequana (Seine).

Liger, is, or *Ligēris*, is, m., the largest river in Gaul. It rises in the southern part, and flowing first in a northern and afterwards in a western direction, discharges itself into the Atlantic: now the *Loire*.

Lingŏnes, um, m., a people of Celtic Gaul, on the northwest of the Sequani, about the sources of the Sequana (Seine), Matrona (Marne), and Mosa (Meuse).

Liscus, i, m., Liscus, a chief magistrate of the Aedui.

Longīnus, i, m. (*L. Cassius*), was along with Cicero one of the competitors for the consulship for the year B. C. 63, and having been defeated became an accomplice in the conspiracy of Catiline. According to Cicero (in Cat. III. 6), he took upon himself the execution of that part of the plan which related to the burning of the city; and he also carried on the negotiation with the ambassadors of the Allobroges, but was prudent enough not to give them any written document under his seal, as the others had done. He left Rome before the ambassadors, and accordingly escaped the fate of his comrades. He was condemned to death in his absence, but whether he was apprehended and executed afterwards is not known.

Luceria, ae, f., an ancient city of Apulia, now *Lucera*.

Lycaŏnia, ae, f., a country of Asia Minor, situated between Galatia on the north, Cappadocia on the east, Cilicia on the south, and Pisidia and Phrygia on the west.

Lysander, dri, m., a celebrated Spartan general, who conquered the Athenians and demolished the walls of their city in B. C. 404, and who perished in battle under the walls of Haliartus, a town in Boeotia, in B. C. 395.

M

Maecius, i, m. (*Sp.* — *Tarpa*), a critic, who was engaged by Pompey to select the plays that were acted at his games exhibited in B. C. 55. He was likewise employed by Augustus as a dramatic censor.

Magetobria, ae, f., a town in Gaul, whose site is uncertain, but is supposed to be that of the modern Moigte de Broie, near the confluence of the Arar (Saone) and Ogno in Burgundy.

Mallius, i, m. (*L.* Written also *Manlius* and *Manilius*), a Roman proconsul in the time of the Sertorian war. He had the government of Narbonese Gaul in B. C. 78.

Mallius or *Manlius*, i, m. (*C.*), one of Catiline's conspirators, was stationed by him at Faesulae in Etruria, where he was commissioned to collect an army and prepare all military stores. He had served under Sulla as a centurion, and possessed great military experience and reputation. In the battle against Antonius, in which Catiline fell, Mallius commanded the right wing, and was killed in the conflict.

Mantinea, ae, f., a city of Arcadia in the central part of the Peloponnesus, celebrated for the victory of Epaminondas over the Spartans.

Marcomanni, ōrum, m. (l. e. the men of the mark or border), a powerful people of Germany, who originally dwelt on the banks of the Main, between the Rhine and the Danube, but who subsequently took possession of the country of the Boii (Bohemia), who were subdued by the invaders.

Marius, i, m. (*M.*), a friend of Cicero, whose estate was in the neighborhood of one of Cicero's, and with whom he was closely united by similarity of political opinions and intellectual tastes and habits. Although he suffered constantly from ill health, he was of a lively and cheerful disposition, full of wit and merriment; and accordingly Cicero's four letters to him, which have come down to us, are written in a sportive tone.

Massilia, ae, f., a seaport town in Gallia Narbonensis, now Marseilles.

Matrōna, ae, m., the Marne, a river of Gaul which forms part of the boundary between Gallia Belgica and Celtica, and unites with the Sequana (Seine) at Lutetia (now Paris).

Mauritania, ae, f., a country of Africa, on the shores of the Mediterranean, between the Atlantic Ocean and Numidia, the modern Fez and Morocco.

Mediomatrici, ōrum, m., a powerful people of Belgic Gaul, south of the Treviri, about the Mosella (Moselle) and Saravus (Saar).

Menander, i, m., a slave of Cicero.

Menapii, ōrum, m., a Germanic people, who dwelt on both banks of the Rhenus (Rhine) in the northern part of its course.

Menippus, i, m., of Stratonice, a Carian by birth, was the most accomplished orator of his time in all Asia. Cicero, who heard him about B. C. 79, puts him almost on a level with the Attic orators.

Messala, ae, m., a Roman family name. M. Valerius Messala Niger was praetor in B. C. 63, consul in B. C. 61, censor in B. C. 55, and a respectable orator. Caes. I. 2.

Messius, i, m. (*C.*), a tribune of the people in B. C. 57.

Metras, ae, m., a Cappadocian, who had been banished by Queen Athenais, but was restored by Cicero in B. C. 51.

Mettius, i, m. (*M.*), a man who was sent by Caesar at the opening of the Gallic war, in B. C. 58, as ambassador to Ariovistus, king of the German league, and was detained prisoner by him, but subsequently rescued by Caesar.

Minturnae, ārum, f., a city of Latium, on the border of Campania, at the mouth of the Liris.

Misenum, i, n., a promontory, town, and harbor in Campania.

Mitylēnae, ārum, f., the capital of the island of Lesbos, in the Aegean sea.

Milon, ōnis, m., a surname of Apollonius, a native of Alabanda, a town in the interior of Caria in Asia Minor. He left his country and established himself as a teacher of rhetoric in Rhodes; but he appears to have also taught rhetoric at Rome for some time. Cicero received instruction from him at Rome in B. C. 68 and 81.

Morini, ōrum, m., a maritime people of Gaul opposite the coast of Kent in Britain.

It contained the port of Itius, from which Caesar sailed across to Britain.

Mosa, ae, f., a river of Belgic Gaul, now the Meuse. It has its sources in Mount Vosegus, and falls into the Vahalis (Waal), or left arm of the Rhenus (Rhine), with which it flows into the German ocean.

N.

Nameius, i, m., a Helvetian nobleman sent as an ambassador to Caesar.

Nemëtes, um, m., a Celtic tribe on the coast, north of the Liger (Loire).

Nantuätes, um, m., a people on the south of the *Lacus Lemannus* (Lake of Geneva).

Narbo, önis, m., a commercial town of considerable importance in the south of Gaul, on the Atax (Aude), about 12 miles from the sea. It was an ancient Gallic place, but reduced to a Roman colony in B. C. 118 by the consul C. Martius, and made the capital of the Roman province, which received from it the name of Gallia Narbonensis. From its founder it was called Narbo Martius; now Narbonne.

Nasïca, ae, m. (P. Cornelius Scipio), judged by the Senate to be the most virtuous man in Rome, and on that account was sent to Ostia along with the Roman matrons to receive the statue of the Idaean Mother, which had been brought from Pessinus, was curule aedile in B. C. 196, praetor in 194, and consul in 191. He is mentioned both by Cicero and Pomponius as a celebrated jurist.

Nasua, ae, m., Nasua, a leader of the Suevi, and brother of Cimberius.

Nemëtes, um, m., a German tribe on the left bank of the Rhine, south of the Vangiones, near the modern Speier.

Nero, önis, m. (Tib. Claudius), a Roman senator, who recommended that the members of the conspiracy of Catiline, who had been seized, should be kept confined till Catiline was put down, and they knew the exact state of the facts.

Nervii, örum, m., an original German tribe in Belgic Gaul, in what is now Hainault, about the Scaldis (Scheld). Their dominion reached to the sea.

Nobilior, öris, m. (M. Fulvius), a Roman knight, confederate with Catiline. Nothing further is certainly known of him.

Noreia, ae, f., the chief town of Noricum, a country bounded on the north by the Danube, on the east by Pannonia (Hungary), on the south by Pannonia and Gallia Cisalpina, and on the west by Vindelicia and Raetia, from which it was separated by the river Oenus (Inn).

Noviodunum, i, n., the capital of the Suessiones, on the Axona (Aisne); now Soissons.

O

Ocëlum, i, n., the chief city of the Graioceli, in the western part of Cisalpine Gaul.

Octodürus, i, m., a town of the Veragri.

Oedïpus, ödis and i, m., 1, a king of Thebes, the son of Laius and Jocasta; 2, *Oedipus Coloneus,* the title of a tragedy of Sophocles.

Orestilla, ae, f. See *Aurelia.*

Orgetörix, ïgis, m., a Helvetian chieftain, distinguished for his noble birth, wealth, and ambition.

Orpheus, i, m., one of Cicero's slaves.

Osismii or Osismi, örum, m., one of the Armoric tribes, in the westernmost part of Celtic Gaul.

P

Paemäni, örum, m., a German people in Belgic Gaul, east of the Mosa (Meuse).

Paliciänus, i, m. (M. Lollius). V. Epp. Cic. IV. n. 28.

Parthi, örum, m., the Parthians, a Scythian people, situated to the northeast of the passes of the Caspian and south of Hyrcania, famed in antiquity as roving warriors and skilful archers.

Paulus, i, m., a Roman surname of the Aemilian family. V. Cic. in Cat. IV. 10, n. 7.

Paulus, i, m. (L. Aemilius Lepidus), a brother of M. Lepidus, the triumvir. His first public act was the accusation of Catiline in B. C. 63, according to the *lex Plautia de vi.* He obtained the quaestorship for the year B. C. 59, the aedileship for B. C. 55, the praetorship for B. C. 53, and the consulship for B. C. 50.

R

Rauräci, örum, m., a people north of the Helvetii, on the left bank of the Rhine.

Rēgŭlus, i, m. (M. Atilius), celebrated for bravery and patriotism, was consul in B. C. 267 and 256.

Rēmi, örum, m., a people of Belgic Gaul, on both sides of the Axona (Aisne), between the Mosa (Meuse) and the Matrona (Marne).

Rex, gis, m. (Q. Marcius), a Roman general sent by the senate to oppose Catiline's forces in Etruria. He was consul in B. C. 68.

Rhedŏnes, um, m., one of the Armoric tribes, in Celtic Gaul.

Rhēnus, i, m., the Rhine, a river which forms the boundary between ancient Gallia and Germania.

Rhŏdănus, i, m, the Rhone, a river in the southeast of Gaul.

Rhŏdus, i, f., an island of the Aegean sea about 12 miles from the south coast of Caria in Asia Minor.

Rufus, i, m., a very common Roman surname. 1. P. Sulpicius Rufus, one of Caesar's lieutenants in Gaul. 2. Q. Pompeius Rufus, a praetor in B. C. 63. In this year he was sent to Capua, where he remained part of the following year, because it was feared that the slaves in Campania and Apulia might rise in support of Catiline.

Rutēni, örum, m., a people of Aquitanian Gaul, dwelling partly in the provincia.

S

Sabīnus, i, m. (Q. Titurius), one of Caesar's lieutenants in Gaul from B. C. 57 to B. C. 54. In the winter of this year he was attacked and killed by Ambiorix, the chief of the Eburones.

Sabis, is, m., a river of Belgic Gaul, which flows into the Mosa (Meuse): now the Sambre.

Saenius, i, m. (L.), a Roman senator at the time of the Catilinarian conspiracy.

Salustius, i, m., a friend of Cicero. Epp. Cic. VI. 6.

Sanga, ae. m. (Q. Fabius), the patronus of the Allobroges, was the person to whom the ambassadors of the Allobroges disclosed the treasonable designs of the Catilinarian conspirators. Sanga communicated the intelligence to Cicero, who was thus enabled to obtain the evidence which led to the apprehension and execution of Lentulus and his associates, B. C. 63.

Santŏnes, um, and Santŏni, örum, m., a people on the west coast of Gaul, north of the river Garumna (Garonne).

Scipio, ŏnis, m., the name of a celebrated Roman family in the gens Cornelia, the most famous members of which were the two conquerors of the Carthaginians, P. Cornelius Scipio Africanus Major (V. Cic. in Cat. IV. 10, n. 4) in the second, and P. Cornelius Scipio Aemilianus Africanus Minor (V. Cic. in Cat. IV. 10, n. 6) in the third Punic war.

Sedūni, örum, m., a people, east of the Nantuates, about the source of the Rhone

Sedusii, örum, m., a German people east of the Rhine, in the vicinity of the Main, but their precise position is uncertain.

Segusiāni, örum, m., a people between the Liger (Loire) and the Rhodanus (Rhone).

Sempronia, ae, f., a member of the illustrious house of the Sempronii, from which the two Gracchi and other distinguished men derived their descent. She was a profligate woman, the wife of D. Junius Brutus, and the mother of D. Brutus, who subsequently took part in the conspiracy against Caesar.

Senŏnes, um, m., a powerful people of Celtic Gaul, east of the Carnutes, and dwelling on both sides of the Sequana (Seine).

Septimius, i, m. V. Sall. Cat. 27, n. 1.

Sepȳra ae, f., a village in Cilicia, on Mount Amanus

Sequăna, ae, f., the Seine, one of the principal rivers of Gaul.

Sequăni, örum, m., a tribe bounded in the west by the Arar (Saone), in the east by the Jura and the Rhenus (Rhine), in the north by Mount Vosegus, and extending southwards towards the Rhodanus (Rhone). Chief town, Vesontio (Besançon).

Sertorius, i, m. (Q.), a Roman general and adherent of Marius, who maintained himself for a long while in Spain against the partisans of Sulla, but was finally as-

sassinated by Perperna. V. Cic. pro Manil. lege, IV. n. 11.

Sesuvii, ōrum, m., one of the Armoric tribes, in Celtic Gaul.

Sextius, i, m. See Baculus.

Sibuzātes, um, m., a people in the southwest of Gaul, at the foot of the Pyrenees.

Sicca, ae, m., a friend of Cicero, who took refuge on his estate at Vibo, in the country of the Bruttii, when he left Rome in B. C. 58. Here Cicero received intelligence of his banishment, and forthwith set out for Brundisium, where he expected to meet Sicca, but was disappointed, as Sicca had left Brundisium before he arrived there.

Sicĭjon, ōnis, f., the capital of the territory of Sicyonia in the Peloponnesus, near the isthmus.

Sigambri, ōrum, m., a German people east of the Rhine, who appear first on the river Sieg, which still contains the root of their name; but afterwards they dwelt farther to the northeast about the Luppia (Lippe).

Silānus, i, m. (*D. Junius*), was consul in B. C. 62, and in consequence of his being consul elect, was first asked for his opinion by Cicero in the debate in the senate on the punishment of the Catilinarian conspirators.

Silius, i, m. (*T*), an officer in Caesar's army in Gaul, sent among the Veneti to procure corn.

Simōnĭdes, is, m., a celebrated lyric poet of Ceos, who was born about B. C. 556, and lived to the age of 90 years.

Sittius, i, m. (*P.*), surnamed Nucerinus from Nuceria, a city of Campania, the place of his birth, was one of the adventurers, bankrupt in character and fortune, but possessing considerable ability, who abounded in Rome during the latter years of the republic. He was connected with Catiline, and went to Spain in B. C. 64, from which country he went into Mauritania in B. C. 63.

Socrătes, is, m., the celebrated Grecian philosopher.

Sophŏcles, is and *i,* m., a celebrated Grecian tragic poet, born in Colonus, a small village near Athens, in B. C. 495. He composed about 130 plays, the last of which, the Oedipus at Colonus, was written near the close of a long and useful life. He died at the age of 90.

Sotiātes, um, m., a people in the southwest of Gaul, on the Garumna (Garonne).

Spinther, ēris, m. (*P. Cornelius Lentulus*), a Roman aedile during the consulship of Cicero, who was intrusted with the care of the apprehended conspirator, P. Lentulus Sura. He was praetor in B. C. 60, and consul in B. C. 57.

Stabiānum, i, n. (*Stabiae*), a villa of M. Marius near Stabiae, a small town on the coast of Campania.

Statilius, i, m (*L.*). V. Cic. in Cat. III. 3, n. 3.

Suessīones, um, m., a very brave tribe in Belgic Gaul, west of the Remi, between the Axona (Aisne) and Matrona (Marne). The name is preserved in the modern Soissons.

Suevi, ōrum, m., the Suevi, properly not the name of any particular tribe, but a designation applied to a great number of them, and describing them as wandering about without fixed habitations, in opposition to the Ingaevones, that is, the settled tribes. They occupied the greater half of the interior of Germany, from the Baltic to the Main and Danube. The name remains in the modern Schwaben or Suabia.

Sulla, ae, m. (*P. Cornelius*). V.Cic. in Cat. L. 6, n. 14. Although reckoned by Sallust as one of the conspirators, and accused of this crime by L. Torquatus and C. Cornelius, he was defended by Cicero in an oration still extant, and acquitted. V. Sall. Cat. XVII., XVIII. He was a nephew of the dictator, and died in B. C. 45.

Sulla, ae, m. (*Servius Cornelius*), a brother of the preceding, took part in both of Catiline's conspiracies. His guilt was so evident that no one was willing to defend him: but we have no knowledge that he was put to death along with the other conspirators.

Sulla, ae, m., the name of a patrician family of the *gens Cornelia*. Of this family L. Cornelius Sulla Felix, born B. C. 138, the dictator and implacable rival of Marius, was the most eminent. Having neither an illustrious ancestry nor hereditary wealth, he was, like most great men, the architect of his own fortunes. Though possessed of moderate means, he secured a good education, studied the Greek and Roman literature with diligence and success, and appears early to have imbibed that love for literature and art by which he was distinguished throughout his life. He was elected to the quaestorship for the year B. C. 107, and served in that capacity under C. Marius in the Jugurthine war in Africa, which he contributed largely to bring to a successful termination by the capture of Jugurtha in B. C. 106. In B. C. 104 as legate, and in B. C. 103 as tribunus militum, he again served under Marius in the Cimbrian war, and in each year gained great distinction by his military services. Marius becoming jealous of the rising fame of his officer, an estrangement began to arise between them about this time, which in a few years assumed a most deadly form. In B. C. 93 Sulla gained the praetorship, and in the following year was sent as propraetor into Cilicia, with an especial commission to restore Ariobarzanes to his kingdom of Cappadocia, from which he had been expelled by Mithridates: a commission which he executed with complete success. In B. C. 88 he was chosen consul and appointed by the senate to the command of the war against Mithridates, in which he was engaged during the next five years. In the spring of B. C. 83 he returned to Italy with his army, fully determined to crush the Marian faction and make himself master of Rome. This he accomplished in B. C. 82, after a most bloody conflict, in which 40 consulars, praetorians, and aediles, 200 senators, 1600 equites, and 15′,000 citizens were destroyed. He was immediately invested with the dictatorship, which he held till B. C. 79, when, to the surprise of every one, he resigned his office, and retired to private life to Puteoli, where he died the following year, B. C. 78 at the age of sixty. V. Cic. in Cat II. 9 n. 9.

Sura, ae, m. See Lentulus.

Synnas, ādis, f, a town in the interior of Phrygia Major.

T

Tarbelli, ōrum, m., a people in the southwest of Aquitania, on the Atlantic coast, next to the Pyrenees.

Tarquinius, i, m. (*L.*), one of Catiline's conspirators, who turned informer, and accused M. Crassus of being privy to the conspiracy.

Tarusātes, ium, m., a people in the southwest of Gaul.

Taurus, i, m., a mountain range, having several branches, in the southern part of Asia Minor.

Tenchthēri, ōrum, m., a German tribe on the banks of the Rhine, south of the Usipetes. Under Caesar they experienced the same fate as the Usipetes, and were likewise admitted by the Sigambri.

Terentius, i, m. (*Cn.*), a Roman senator, into whose custody Cosparius, one of the Catilinarian conspirators, was given.

Terrasidius, i, m. (*T.*), an officer in Caesar's army in Gaul sent to the Sesuvii for supplies.

Teutōni, ōrum, and *Teutōnes, um,* m., a German people, who originally dwelt between the Elbe and the Baltic, east of the Cimbri, with whom they migrated southward; but were defeated by C. Marius, in B. C. 102, near Aquae Sextiae, in Gaul.

Thales, is, m., a celebrated Grecian philosopher of Miletus, and of the seven wise men. He was born about B. C. 680, and lived to a great age.

Themistŏcles, i and *is,* m., a celebrated Athenian commander, who was born about B. C. 514, conquered the Persians at Salamis in B. C. 480, was ostracised in B C. 471, and died in B. C. 449. He was an able general, but ambitious, and unscrupulous as to the means which he employed for the accomplishment of his ends.

Tibarēni, ōrum, m., a people in Cilicia, upon Mount Amanus.

Tiro, ōnis, m. (*M. Tullius*), the freedman and pupil of Cicero, to whom he was an object of the most devoted friendship and tender affection, appears to have been a man of very amiable disposition and highly cultivated intellect. He was not only the amanuensis of the orator,

and his assistant in literary labor, but was himself an author of no mean reputation. It is supposed that he was the chief agent in bringing together and arranging the works of Cicero, and in preserving his correspondence from being dispersed and lost.

Titurius, i, m. See Sabinus.

Tolōsa, as, f., Tolōsa (Toulouse). See *Tolosātes.*

Tolōsātes, ium, m., the inhabitants of Tolōsa (Toulouse), a celebrated commercial town on the eastern bank of the Garumna (Garonne), and capital of the Tectosāges.

Torquātus, i, m. (*T. Manlius*), a celebrated Roman, twice dictator (B. C. 353, 349), and three times consul (B. C. 347, 344, 340), who put his son to death for fighting contrary to orders.

Torquātus, i, m. (*L. Manlius*). V. Cic. in Cat. I. 6, n. 14.

Trebius, i, m., Marcus Trebius Gallus, one of Caesar's officers in Gaul sent among the Curiosolitae for supplies.

Trebonius, i, m. (*A.*), a Roman eques and a *negotiator* or money-lender in the provinces, was recommended by Cicero to the proconsul Lentulus in B. C. 56.

Tres Tabernae, ium — ārum, f., the Three Taverns, a place on the Appian Way, near Ulubrae and Forum Appii.

Trevĭri, ōrum, m., a German people, between the Mosa (Meuse) and the Rhenus (Rhine), whose capital was Augusta Trevirorum (Treves).

Tribocci, ōrum, m. (written also *Triboci*), a German tribe on the left bank of the Rhine, south of the Nemetes, near the modern Strasbourg.

Tulingi, ōrum, m., a people north of the Helvetii, on the right bank of the Rhine.

Tullus, i, m. (*L. Volcatius*). V. Cic. in Cat. I. 6, n. 14 ; Epp. Cic. XI.

Turōnes, um, m., a people of Celtic Gaul, on both banks of the Liger (Loire), around the modern Tours.

Tusculum, i, n., a very ancient town of Latium.

U

Ubii, ōrum, m., a German tribe, which dwelt originally on the east of the Rhine,

but was transplanted in B. C. 37, under Augustus, to the western bank.

Umbrēnus, i, m. (*P.*). V. Cic. in Cat. III. 6, n. 16 ; Sall. Cat. XL.

Ummius, i, m., a slave of Cicero.

Unelli, ōrum, m., one of the Armoric tribes, in the northwestern part of Celtic Gaul.

Usipĕtes, um, m., a German tribe on the banks of the lower Rhine. They were driven from their homes and crossed the Rhine ; but being defeated by Caesar, they were forced to return, and were received by the Sigambri, who allowed them to dwell on the banks of the Luppia (Lippe) ; afterwards, however, they migrated southward, where they were merged in the Alemanni.

V

Vahālis, is, m., the left arm of the Rhenus (Rhine), now the Waal, flowing into the Mosa (Meuse), and making the island Batavia.

Vangiōnes, um, m., a German people on both sides of the upper Rhine, near the modern Worms.

Vargunteius, i, m. (*L.*), a senator and one of Catiline's conspirators, undertook, in conjunction with C. Cornelius, to murder Cicero in B. C. 63 ; but their plan was frustrated by information conveyed to Cicero through Fulvia. He was afterwards brought to trial, but could find no one to defend him.

Varro, ōnis, m. (*M. Terentius*), the most learned of Roman scholars, and the most voluminous of Roman authors, was born B. C. 116, ten years before Cicero, and died B. C. 28, in the eighty-ninth year of his age. He was one of Pompey's lieutenants in the piratic war, and for a very long period was the intimate personal friend of Cicero. According to his own statement, he composed no less than four hundred and ninety books ; only one of which, however, — a treatise on agriculture. — has descended entire to us.

Velenius, i, m. (*Q.*) a tribune of the soldiers in Caesar's army in Gaul, sent among the Veneti to procure supplies.

Velocasses, ium, m., a people of Belgic Gaul, near the mouth of the Sequana (Seine), and south of the Caleti.

Venĕti, *ōrum*, m., a people of Celtic Gaul, northwest of the mouth of the Liger (Loire), on the sea-coast. They were the most powerful of the Armoric states.

Venusna, *ae*, f., a town on the borders of Apulia and Lucania, now Venosa.

Verāgri, *ōrum*, m., a people, south of the Nantuates and east of the Allobroges, in the territory now called *Valais*.

Veromandui, *ōrum*, m., a people in Belgic Gaul, about the sources of the Isara (Oise), to the northwest of the Remi.

Veruductius, *i*, m., Verudoctius, a Helvetian nobleman sent as an ambassador to Caesar.

Vesontio, *ōnis*, m., the chief town of the Sequani: now Besançon.

Vesta, *ae*, f., Vesta, daughter of Saturn and Ops, the goddess of flocks and herds, and of the household in general. The vestal virgins were consecrated to her service.

Viridŏvix, *īcis*, m., a chief of the Unelli, and commander in chief of the Armoric forces.

Vocātes, *ium*, m., a people in Aquitanian Gaul, near the Spanish border.

Vocontii, *ōrum*, m., a tribe of Transalpine Gaul, on the eastern bank of the Rhone.

Volturcius, *i*, m. (*T.*). V. Cic. in Cat. III. 2, n. 15.

Volusēnus, *i*, m., C. Volusenus Quadratus, a tribune of the soldiers in Caesar's army in Gaul.

Vosĕgus, *i*, m., a mountain chain branching from Mount Jura, and extending parallel with the Rhenus (Rhine) to its confluence with the Mosella (Moselle).

X

Xanthippus, *i*, m., a Spartan general.

Xenocles, *is*, m., a native of Adramyttium, and a distinguished rhetorician. He accompanied Cicero on his excursions in Asia.

Xenŏphon, *ontis*, m., a celebrated Grecian historian and philosopher.

Xerxes, *is*, m., a celebrated king of Persia, son of Darius Hystaspis, vanquished by the Greeks at Salamis. He began to reign in B. C. 485, and after a reign of twenty years was murdered by Artabanus, one of the high officers of his court.

APPENDIX I.

A.

Abs-condo, *di* and *didi*, *ditum* (seldom *consum*), 3, v. a., I put away, hide, keep secret, conceal.

Ab-sŏlūtio, *ōnis*, f. (*absolvo*), an absolving, discharging, acquitting.

Ac-cĕlĕro, 1 (*ad*, *celer*), v. a. and n., I hasten, make haste, am expeditious.

Acerbĭtas, *ātis*, f. (*acerbus*), sharpness, harshness; figur.: moroseness, austerity, sorrow.

Achilles, *is*, m., the Grecian hero in the Trojan war.

Ac-quiro, *quisīvi*, *quisītum*, 3 (*ad*, *quaero*), v. a., I acquire, get, procure, gain, obtain.

Acrŏāma, *ătis*, n., anything agreeable to hear; a singer, player; a reciter of stories.

Adeps, *ĭpis*, m. and f. (= *sebum*), fat, grease, fatness.

Ad-jūmentum, *i*, n. (*adjuvo*), assistance, help, aid, furtherance.

Ad-mĭnister, *tri*, m. (*manus*), a manager, servant; figur.: assistant, promoter.

Ad-mĭnistra, *ae*, f., a female assistant, handmaid.

Ad-murmŭrātio, *ōnis*, f., a murmuring in approbation or disapprobation of a thing.

Ad-nuo. See *annuo*.

Ad-quiro. See *acquiro*.

Ad-scribo. See *ascribe*.

Ad-sto. See *Asto*.

Aegaeus, *a*, *um*, adj., Aegean.

Aemilius, *i* (*M. — Scaurus*), m.   V. page 576, n. 23.

Aetōli, *ōrum*, m., the inhabitants of Aetolia.

Af-fingo, *inxi*, *ictum*, 3, v. a., I add by fashioning or framing; I form, fashion, make; figur.: I add, attribute, bestow, ascribe, adapt.

Africa, *ae*, f., Africa.

Africānus, *a*, *um*, adj., African.

Agor, pass. of *ago*, to be in suit or in question, it concerns or affects, is about; to be at stake or at hazard, to be in peril, danger; *actum est*, it is all over, all is lost, I am ruined, undone.

Agrārii, *ōrum*, m. (*agrarius*), those who urged the agrarian laws, and sought the possession of public land.

Alea, *ae*, f. (akin to *eis*), game of chance, gaming, or play of all sorts.

Aleātor, *ōris*, m. (*alea*), dice-player, gamester.

Alexander, *dri*, m., Alexander, son of Philip and Olympia, surnamed *Magnus*.

Aliēni-gĕna, *ae* (*alienus*, *genus*), m. and f., one born in another country, a stranger, foreigner, alien.

Altāre, *is*, n. (akin to *oleo*), a fire-dish or burning-vessel, altar, upon which sacrifices are offered to the gods; *altare* was the superstructure, *ara* the base of an altar.

Alternus, *a*, *um* (*alter*), adj., acting or done by turns, interchangeable, mutual, reciprocal, alternative.

Alveŏlus, *i*, m. (*alveus*), dim., a small hollow vessel of wood; a gaming-board, chess-board or table.

Amans, *tis*, part. (*amo*), loving; adj., fond of, affectionately attached to; subst., a lover.

Am-īcio, īcui and *ixi, ictum,* 3 v. a. (*ambi, jacio*), I throw about, clothe, cover.

Amīcus, i, f. V. page 540, n. 9.

Angūlus, i, m., an angle, corner, nook.

Anhēlo, 1 (*am, halo*), v. n. and a., I breathe with difficulty, pant; I emit by breathing, breathe out.

Anīm-ad-versio, ōnis, f. (*animadverto*), attention, observation; reprehension, reproof, censure; castigation, punishment.

An-nūo, ūi, 3 (*ad, nuo*), v. a., I nod to, give consent by a nod, assent by a nod; I approve, agree to, allow, permit, c. dat.

Antiŏchus, i, m. V. page 537, n. 1.

Apennīnus, i, m., the mountain-chain that passes through the length of Italy.

Ap-pāro, 1 (*ad, paro*), v. a., I prepare, make preparations for; I furnish, provide.

Appius, i (*Claudius Pulcher*), m. V. page 569, n. 1.

Appius, a, um, adj., Appian. V. page 553, n. 12.

Arceo, cui, 2 (*arx*), v. a., I cover, keep, contain, hold, restrain; I keep or ward off, drive away.

Argentēus, a, um (*argentum*), adj., of silver, made of silver.

Armēnius, a, um, adj., Armenian.

Artī-fex, ĭcis, m. and f. (*ars, facio*), an artificer, artist.

Ascrībo, ipsi, iptum, 3 (*ad, scribo*), v. a., I annex by writing, add to a writing; I adjoin, add, annex; I enroll; I attribute, assign, ascribe.

Asia, ae, f. V. page 533, n. 3.

Asiātīcus, a, um (*Asia*), Asiatic.

As-servo, 1 (*ad, servo*), v. a., I take care of, watch over, keep.

As-sīdūītas, ātis, f. (*assiduus*), a constant or frequent attendance; assiduity, application.

A-sto, a-stīti, 1 (*ad, sto*), v. n., I stand, take my stand; I stand by or near.

At-tēnūo, 1 (*ad, tenuo*), v. a., I make thin, attenuate, lessen; I enfeeble, diminish, impair.

At-tius, i (*L.*), m. V. page 577, n. 7.

Auctiōnārius, a, um (*auctio*), adj., relating to a sale by auction.

Aurēlius, a, um, adj., Aurelian. V. page 493, n. 5.

Avītus, a, um (*avus*), adj., ancestral.

A-vŏco, 1, v. a., I call off or away, call or turn aside, withdraw.

B.

Bacchor, 1 (*Bacchus*), v. dep. n., I celebrate the orgies of Bacchus; figur.: I rage, rave, run wild; I am transported.

Barbăria, ae, and *barbaries, ēi,* f. (*barbarus*), barbarity, savageness, incivility, cruelty.

Barbātus, a, um (*barba*), adj., having a beard, bearded.

Bēnignĭtas, ātis, f. (*benignus*), kindness, liberality, bounty, benignity.

Bosporāni, ōrum, m. V. page 535, n. 3.

Brutus, i (*D.*), m. V. page 577, n. 5.

C.

Caltta, ae, f. V. page 546, n. 13.

Canto, 1 (*cano*), v. freq. n. and a., I sing often, I sing.

Capillus, i, m. (*pilus*), a hair; the hair of the head.

Carbo, ōnis (*C. Papirius*), m. V. page 556, n. 5.

Castrensis, e (*castrum*), adj., relating to the camp, pertaining to war, military.

Catīlus, i, m. V. page 551, n. 7.

Chii, ōrum, m., the inhabitants of Chios, the Chians.

Cinis, ĭris, m. and f., cinders, embers, ashes.

Circum-clūdo, ūsi, ūsum, 3 (*claudo*), v. a., I shut up on every side, I hem in; I surround.

Circum-scrībo, ipsi, iptum, 3, v. a., I draw or write round; I describe, define; I circumscribe, limit, bound, confine.

Circum-scriptor, ōris, m. (*scribo*), a cheat, defrauder.

Circum-sĕdeo, sēdi, sessum, 2, v. a., I sit or take my stand round; I besiege, blockade.

Circum-spĭcio, spexi, spectum, 3, v. n. and a., I look around; I take heed, consider carefully, ponder over; I provide against, prevent.

Ovĭlus, i, f. V. page 545, n. 9.

Cōgĭtātē (*cogito*), adv., with mature reflection, considerately.

Co-gnātio, ōnis, f. (*cognatus*), relation or connection by blood; figur.: relation, connection, likeness, resemblance.

Co-gnĭtor, ōris, m. (*cognosco*), one who knows, a voucher; an attorney, advocate; a defender.

Cŏ-hærĕo, hæsi, hæsum; 2, v. n., I stick,
adhere, hold fast together; I adhere
to.

Col-lectio, ōnis, f. (colligo), a gathering,
collecting together, a collection.

Cŏlŏphŏn, ōnis, m. V. page 545, n. 9.

Cŏlŏphōnii, ōrum, m., the inhabitants of
Colophon, the Colophonians.

Cŏmissātio, ōnis, f. (comissor), a revelling,
carousing, rioting.

Cŏmĭtor, 1 (comes), v. dep. a., I go along
with, accompany, attend or wait upon.

Commūnĭter (communis), adv., in common,
commonly, generally, together.

Com-părātio, ōnis, f. (comparo), a preparing
or providing for; preparation, provision;
a procuring, acquiring, acquisition.

Com-pĕtītor, ōris, m. (competo), a competitor, an opposing candidate.

Con-cĕlĕbro, 1, v. a., I cause to resound; I
fill; I frequent; I celebrate, solemnize;
I proclaim abroad, make public; I pursue
or cultivate diligently.

Con-certo, 1, v. n., I contend, strive together
with, contest, dispute, debate.

Con-cĭpio, cēpi, ceptum, 3 (con, capio), v. a.,
I take together; I take up or in, receive,
conceive; I get, contract; of the mind:
I conceive, comprehend, embrace with
the understanding, I think, understand,
imagine.

Con-fessio, ōnis, f. (confiteor), a saying, confession, acknowledgment.

Con-flăgro, 1, v. a. and n., I am consumed
by fire, I burn.

Con-formātio, ōnis, f. (conformo), a forming
or fashioning properly, framing, shaping;
conformation, form, frame, shape.

Con-formo, 1, v. a., I form, fashion, form
properly; figur.: I form, fashion, finish,
complete, shape, frame, polish.

Con-fringo, frēgi, fractum, 3 (con, frango),
v. a., I break entirely, break to pieces,
shatter; figur.: I break, bring down,
humble.

Con-gĕro, gessi, gestum, 3, v. a., I carry or
bring together, heap or pile up, collect,
accumulate; I heap together in any
place, I bring, carry, crowd, throw, lay
upon, attribute, ascribe.

Con-nĭveo, īvi or ixi, 2, v. n., I close or shut
my eyes, I wink; figur.: I wink or connive at, take no notice of, overlook.

Con-scĕlĕrātus, a, um, part. (consceler o);

adj., polluted with guilt; wicked, depraved, villanous.

Con-sĕcro, 1 (con, sacro), v. a., I make sacred, I consecrate, dedicate to the gods.

Con-sensio, ōnis, f. (consentio), agreement,
unanimity.

Con-spīrātio, ōnis, f. (conspiro), a breathing
together, an agreement, concord, union,
harmony; conspiracy, plot.

Con-stringo, inxi, ictum, 3, v. a., I bind
together, draw together, contract.

Con-tāmĭno, 1, v. a., I stain, pollute, defile.

Con-tĕgo, exi, ectum, 3, v. a., I cover; I
hide, conceal.

Con-tĭcesco, ticui, 3, v. n., I become silent.

Con-tĭōnātor, ōris, m. (contionor), a haranguer; a demagogue, inciter of the
people.

Con-vīcĭum, ii, n. (con, vox), a crying together, joint clamor; abuse, reviling,
verbal insult.

Cordūba, æ, f. V. page 576, n. 24.

Cor-rŏbŏro, 1 (con, roboro), v. a., I make
strong, strengthen, invigorate, confirm.

Cor-ruo, ui, 3 (con, ruo), v. n. and a., I rush
together; I fall, fall down.

Cor-ruptēla, æ, f. (corrumpo), what corrupts, contaminates, or ruins; a bane,
mischief, corruption.

Cor-ruptor, ōris, m. (corrumpo), a corrupter,
ruiner, destroyer, seducer.

Crassus, i (L. Licinius), m. V. page 576,
n. 27.

Crētensis, e (Creta), adj., Cretan; in plur.,
Cretenses, ium, m., the Cretans.

Cŭbĭle, is, n. (cubo), any place for lying
down; a resting-place, couch, bed.

Curriculum, i, n. (curro), a running, run,
course.

Cyzĭceni, orum, m., the inhabitants of Cyzicus.

D.

Damnātio, ōnis, f. (damno), a condemning,
condemnation.

Declīnātio, ōnis, f. (declino), a bending or
turning aside, an avoiding, eschewing,
shunning.

Dē-coctor, ōris, m. (decoquo), a spendthrift,
bankrupt.

Dĕcĭma or dĕcŭma (sc. pars), æ, f. (decem),
the tenth part, tithe.

Dē-dĭco, 1, v. a., I speak, set forth; I dedicate, consecrate, inscribe.

Dē-flagro, 1, v. n., to burn down or violently, to be on fire, to be burnt.

Dē-lābor, lapsus sum, 3, v. n., I slip or slide down, fall down.

Dē-licātus, a, um (de, lix), adj., washed with lye, neat, nice, elegant, luxurious, dainty, delicate, effeminate.

Delos, i, f., a small island in the Aegean Sea.

Dē-menter (demens), adv., madly, foolishly.

Dē-minūtio. See diminutio.

Dē-nōto, 1, v. a., I mark, signify, point out, appoint, determine.

De-nuntio. See denuncio.

Dē-pendo, di, sum, 3, v. a., I weigh; I pay; *poenas dependere*, to suffer punishment.

Dē-posco, pŏposci, 3, v. a., I require, demand, or request earnestly.

De-prāvo, 1 *(de, pravus)*, v. a., I corrupt, vitiate, spoil, impair, mar, deprave.

De-prōmo, ompsi or *ompsi, omtum* or *omptum*, 3, v. a., I draw, take, or fetch out, draw forth.

De-spērātio, ōnis, f. (despero), a despairing, despair.

De-spērātus, a, um (despero), adj., desperate, past hope, past cure.

De-spēro, 1, v. n. and a., I despair of, am without hope, I despond; *desperare de republica*, to despair of saving the state.

Dē-vŏco, 1, v. a., I call down, fetch down by calling.

Dictātor, ōris, m. (dicto), a commander, chief magistrate; a dictator.

Dictātūra, ae, f. (dictator), the office of dictator, the dictatorship.

Dī-lātio, ōnis, f. (differo), a putting off, delaying, deferring; a delay.

Dilectus. See delectus.

Dī-lucescit, luxit, 3 *(diluceo)*, v. incept. n., it begins to dawn, it grows light.

Dī-micātio, ōnis, f. (dimico), a fight, skirmish, encounter, battle, struggle, contest; risk, danger, hazard.

Dī-minūtio, ōnis, f. (diminuo), a diminishing; alienation, selling; a taking away.

Dī-reptio, ōnis, f. (diripio), a plundering, ransacking, pillaging.

Dī-reptor, ōris, m. (diripio), a plunderer, spoiler.

Dis-partio, tii or *īvi, ītum*, 4, and *dis-partior*, 4 *(partior)*, v. a., I divide, distribute.

Dis-sēmino, 1, v. a., I scatter seed, I sow; I spread abroad, promulgate, proclaim, publish.

Dis-sensio, ōnis, f. (dissentio), a difference of opinion, a disagreement, dissension, difference, strife, discord.

Dī-stringo, inxi, ictum, 3, v. a., I draw asunder; I occupy with more than one thing, I keep busy, take up; I separate.

Drusus, i (M. Livius), m. V. page 557, n. 28.

Ductus, ūs, m. (duco), a leading, conducting, command.

Dulcēdo, ĭnis, f. (dulcis), sweetness, pleasantness, delightfulness.

E.

Ēbriōsus, a, um (ebrius), adj., often drunk, given to drunkenness, sottish.

Ec-qui or *ec-quis, ec-quae* or *ec-qua, ec-quod* or *ecquid*, pron. interr., should any one?

Ef-figies, ēi, f. (effingo), an image, representation, likeness, portrait.

Ef-frēnātus, a, um, part. *(effreno)*, adj., unbridled, unruly, impetuous, unchecked, unrestrained.

Ē-lūdo, lūsi, lūsum, 3, v. a. and n., I play; I win at play; I elude, evade, shun, avoid; I do something in sport; I mock, jeer, banter, make sport of, laugh to scorn; I delude, deceive, cheat, amuse with false hopes.

Ē-ructo, 1, v. a., I belch, throw up; figur.: I cast forth, throw out.

E-scendo, di, sum, 3 *(e, scando)*, v. n., I disembark, land; I ascend, mount, climb up to.

Ē-vŏcātor, ōris, m. (evoco), one who calls out and induces to join him, an enlister.

Ē-vŏmo, ui, ĭtum, 3, v. a., I vomit forth; I eject, cast out.

Ex-aggĕro, 1, v. a., I heap up; I increase, enlarge, magnify.

Ex-cŏlo, cŏlui, cultum, 3, v. a., I cultivate; I improve, polish.

Ex-itiōsus, a, um (exitium), adj., destructive, ruinous, fatal, deadly.

Ex-itium, ii, n. (exeo), issue, end; destruction, ruin, overthrow, death.

Ex-orsus, ūs, m. (exordior), a beginning.

Ex-pīlo, 1, v. a., I pillage, ransack, rob, plunder.

Ex-plĭco, cāvi and *cui, cātum* and *cĭtum*, 1, v. a., I unfold; I spread out, extend; I disentangle, free from obstacles; I put

k. si̇eĠxtion, accomplish, bring to pass ; I fulfil, execute ; I discharge, pay ; I develop, explain, show, declare, set forth, state, relate.

Ex-prŏmo, promsi or prompsi, promtum or promptum, 3 (promo), v. a., I draw out ; I bring forth, bring out, bring to light, show, display, express, set forth ; I tell, relate, declare.

Ex-stinguo, stinxi, stinctum, 3, v. a., I put out, quench, extinguish ; I blot out, obliterate, extirpate, annihilate, destroy, remove, suppress.

Ex-sulto, 1 (exsilio), v. freq. n., I leap or spring up frequently ; I exult, rejoice exceedingly.

Ex-termino, 1, v. a., I drive over the boundary, I banish, expel, exile ; I drive away, put away, remove.

Ex-uviae, arum, f. (exuo), clothes put off or left, or laid aside ; the spoils stripped from an enemy.

F.

Facinŏrŏsus, a, um (facinus), adj., nefarious, wicked, villanous, atrocious.

Falcărius, ii, m. (falx), a scythe-maker ; a dealer in scythes.

Ferrămentum, i, n. (ferrum), any iron tool.

Festus, a, um (festus), adj., solemn, festive ; dies festus, a festive day, a festival, feast.

Flāgĭtĭôsê (flagitiosus), adv., shamefully, basely, infamously.

Fœdĕrātus, a, um (foedus), adj., confederate, leagued together, allied.

Fons, tis, m. (connected with fundo), a spring, well, fountain, fount, source ; figur.: source, origin, cause.

Forum Aurelium, i, n. V. page 484, n. 14.

Fraudătĭo, ŏnis, f. (fraudo), a deceiving, beguiling ; deceit, fraud.

Fŭgĭtĭvus, a, um (fugio), adj., fugitive, running away, with a, or genit. ; a runaway slave ; a deserter.

Fulmen, ĭnis, n. (fulgeo), a flash of lightning, a thunderbolt.

Fundāmentum, i, n. (fundo, i), a foundation, groundwork, basis.

Fŭnestus, a, um (funus), adj., deadly, fatal, destructive, mournful, dismal, calamitous, dangerous.

Fŭrĭus, i (L.), m. V. page 572, n. 10.

Fŭrĭŏsus, a, um (furia), adj., furious, mad, frantic.

Fŭro, ui, 3 (akin to buro), v. n., I am mad, out of mind ; I rage, am furious.

Furtim (fur), adv., by stealth, secretly, privily, clandestinely.

G.

Găbīnius, i (P. — Capito), m. V. page 569, n. 3.

Găbīnius, a, um, adj., of or belonging to a Gabinius, Gabinian.

Gallĭcānus, a, um, adj., of or belonging to the Roman province Gallia, Gallican. V. page 492, n. 1.

Găza, ae, f., the treasure of a king, the royal coffer.

Gĕlĭdus, a, um (gelu), adj., cold as ice ; figur.: cold, making cold.

Glabrio, ŏnis, m. (Acilius). V. Introduction to Oration pro Lege Manil., page 525.

Grătius, i, m. V. page 561.

Guberno, 1, v. a., I guide, steer, or pilot a ship ; figur.: I manage, conduct, guide, direct, govern.

H.

Haesĭto, 1 (haereo), v. freq. n., I stick, stick fast ; I hesitate, am at a loss, am perplexed or at a stand, I doubt.

Haurio, hausi, haustum and hausum, 4, v. a., I draw, draw forth or out ; I take or derive from ; I enjoy, get, receive, derive ; I exhaust.

Hēraclēa or Hēraclīa, ae, f. V. page 567, n. 1.

Hēraclienses, ium, m., the inhabitants of Heraclia.

Hercle (Hercules), adv., by Hercules, as an oath or asseveration.

Hesternus, a, um (heri), adj., of yesterday.

Hĭberno, 1 (hibernus), v. n., I winter, pass the winter.

Hispānĭensis, e, adj., of or belonging to Spain, Spanish.

Hŏmerus, i, m., the Greek poet Homer.

Horrĭbĭlis, e (horreo), adj., to be dreaded, dreadful, frightful, horrible, horrific, terrible.

Hortātus, ûs, m. (hortor), exhortation, encouragement, incitement.

Hortensius, i, m. V. page 559, n. 8.

W W

Hostīlis, e (hostis), adj., of or belonging to an enemy, hostile.

I.

Īlias, ădis, f., the celebrated epic poem that describes the Trojan war.

Illinc (ille), adv., from that place, thence; from that side, on that side.

Il-lustro, 1 (in, lustro), v. a., I make light, light, illuminate, enlighten; I throw light upon, make clear or evident, clear up, elucidate, illustrate, explain; I render illustrious or famous.

Illyrĭcus, a, um (Illyrii), adj., of or belonging to the Illyrians, Illyrian.

Imāgo, ĭnis, f. (akin to *imitor* and *similis*), an image, likeness, form, figure, picture, statue, representation; a likeness, resemblance, delineation, portraiture, impress.

Im-berbis, e (in, barba), adj., without a beard, beardless.

Im-mātūrus, a, um (in, m.), adj., unripe, untimely, not fully grown, premature.

Im-mĭneo, ui, 2 (in, mineo), v. n., c. dat.: to project near anything; to project towards, overhang; to be close at hand, to be near; to impend, to be imminent; to threaten.

Im-pĕrātōrius, a, um (imperator), adj., of or belonging to a commander.

Im-pertio, īvi and ii, ītum, 4 (in, partio), v. a., I impart, give part to another, communicate; I give, bestow, employ, devote.

Im-plĭco, āvi, ātum, and ui, ĭtum, 1 (in, plico), v. a., I fold into or within; I enfold, envelop, involve; I fix deeply, work in, root in, implant; I attach closely, connect intimately, unite, join.

Im-prŏbĭtas, ātis, f. (improbus), wickedness, dishonesty, knavery, depravity; audacity, presumption, impudence, shamelessness.

Im-prŏbo, 1 (in, probo), v. a., I show or prove to be unworthy of approbation; I disapprove, reject, condemn, disallow.

Im-pūbes, ĕris, and im-pūbis, e (in, pubes), adj., below the age of puberty, not yet of marriageable age; beardless, not yet bearded.

Im-pŭdentia, ae, f. (impudens), shamelessness, impudence, effrontery.

Im-pŭdenter (impudens), adv., shamelessly, impudently.

In-audītus, a, um, adj., unheard, unheard of, unusual, strange.

In-auro, 1, v. a., I gild, cover with gold.

In-censio, ōnis, f. (incendo), a burning, setting on fire.

In-choo, 1, v. a., I cast in a mould; I commence, begin; I undertake.

In-cĭtāmentum, i, n. (incito), an incitement, motive, inducement, incentive.

Indu-strius, a, um (industrius, for strenus, from struo), adj., assiduous, sedulous, diligent, careful, industrious, active.

In-fāmis, e (in, fama), adj., infamous, ill spoken of, notorious, ignominious, disreputable.

In-firmo, 1 (infirmus), v. a., I weaken, enfeeble; I invalidate, confute.

In-fĭtĭātor, ōris, m. (infitior), one who denies or refuses to pay a debt, or to restore a deposit, a cheat.

In-fĭtior and in-fĭcior, 1 (in, fateor), v. dep. a., I deny, disavow, disown, I do not confess; I deny or disown a debt.

In-flo, 1, v. a., I blow or breathe into, blow upon; I swell, inflate.

In-formo, 1, v. a., I form, shape, fashion; I form by instruction, I inform, instruct, guide, lead.

In-grăvesco, 3, v. n., I grow heavy; I increase; I grow worse, become more oppressive or irksome.

In-hio, 1, v. a., I open the mouth, I gape at, c. dat.; I covet, desire eagerly, long for, c. dat. or acc.

In-ĭtio, 1 (initium), v. a., I initiate, consecrate.

In-jūrĭōsus, a, um (injuria), adj., acting unjustly, criminal, wicked, injurious, wrongful; adv., *injūriōsē*.

In-sĕpultus, a, um, adj., unburied.

In-sĭdĭātor, ōris, m. (insidior), one who lies in wait for, lays snares or traps, watches for.

In-sĭdior, 1 (insidiae), v. dep. n., c. dat.: I lie in ambush, lay snares for, plot against.

In-sĭdĭōsus, a, um (insidiae), adj., full of snares, deceitful, dangerous, treacherous, insidious; adv., *insidiōsē*.

In-sĭmŭlo, 1, v. a., I allege or maintain

anything against any one; I charge, accuse.

In-specto, 1 (inspicio), v. freq. a., I behold.

In-speratus, a, um, adj., not hoped for, unhoped for, unexpected.

Integri (integer), adv., wholly, entirely; honestly, justly.

Inter-cessio, onis, f. (intercedo), intervention; interposition, a protesting against.

Inter-imo, emi, emtum or emptum, 3 (inter, emo), v. a., I take away, deprive of; I kill, slay, murder.

In-uro, ussi, ustum, 3, v. a., I burn in, brand.

In-vidiosus, a, um (invidia), adj. full of envy; causing envy; hateful, odious.

Ir-retio and in-retio, ivi, itum, 4 (in, rete), v. a., I catch in a net, I ensnare, entangle.

Ir-ruptio, onis, f. (irrumpo), a breaking or bursting in; an irruption, inroad, incursion.

J.

Jactura, ae, f. (jacio), the throwing overboard; a loss, damage, detriment; a lessening, impairing, abatement; great expense.

Jactus, us, m. (jacio), a throwing, hurling, throw, cast.

Jam-dudum. See jam and dudum.

Jam-pridem. See jam and pridem.

Judicialis, e (judicium), adj., of a judge or trial, judicial.

Jugulum, i, n., and jugulus, i, m. (jungo), the collar-bone; the neck, the throat.

Jugurtha, ae, m., a king of Numidia.

Juppiter (also written Jupiter), Jovis, m., Jupiter or Jove, a son of Saturn, brother and husband of Juno, the chief god among the Romans.

K.

Karthaginiensis, e, adj., V. Carthaginiensis.

L.

Labes, is, f. (labor, I fall), a fall, a sinking down or in; figur.: a stain, blot, shame, dishonor, discredit, disgrace, ignominy.

Laboriosus, a, um (labor), adj., laborious, tiresome, toilsome, wearisome, fatiguing.

Lacteo, 2 (lac), v. n., to suck; part., lactens,

tis, sucking milk, hanging at the breast, sucking.

Laedo, si, sum, 3, v. a., I injure, hurt, harm, offend, trouble, vex, annoy.

Laelius, i (C.), m. V. page 572, n. 9.

Lamentatio, onis, f. (lamentor), a weeping, wailing, mourning, lamentation.

Lamentor, 1 (lamentum), v. dep. n. and a., I lament, bewail weep, or mourn for.

Largitor, oris, m. (largior), a profuse spender, liberal giver; a briber.

Latebra, ae, f. (lateo), a lurking-place, hiding-place, shelter, recess.

Latium, i, n., a country of Italy, in which Rome was situated.

Lator, oris, m. (fero, latum), a bearer; legis, the proposer of a law.

Latrocinium, ii, n. (latrocinor), robbery, highway robbery; piracy; artifice, stratagem, fraud.

Latrocinor, 1 (latro), v. dep. n., I rob, plunder, rob on the highway; I engage in unlawful warfare.

Lectica, ae, f. (lectus), a litter, couch, sedan, palanquin.

Lego, 1 (lex), v. a., I send as an ambassador, I depute, despatch; I appoint as lieutenant or legate of a general or governor.

Leno, onis, m., a dealer in slaves; a pander, procurer; a negotiator, mediator, go-between; an ambassador.

Lentulus, i (L.), m. V. page 570, n. 9.

Lepidus, a, um (lepos), adj., lively, mannerly, pleasant, agreeable, polite, genteel.

Libellus, i, m. (liber), dim., a small writing; a poem; a petition, remonstrance, or memorial in writing.

Liqui-facio, feci, factum, 3 (liqueo, facio), v. a., I make liquid or fluid, I liquefy, melt.

Literatus, a, um (litera), adj., learned, erudite; relating to learning, devoted to learning, literary.

Litura, ae, f. (lino), the rubbing out of a letter or word, an erasure.

Locrenses, ium, m., the Locrians.

Locuples, 1 (locuples), v. a., I make rich, enrich.

Longinquitas, atis, f. (longinquus), length, long continuance or duration; length of time; remoteness; great distance.

Longinquus, a, um (longior), adj., somewhat long, rather longer than usual.

Lŭcullus, *i*, m. V. Introduction to Oration pro Lege Manil., page 595.

Lūgeo, *luxi*, 2, v. n. and a., I mourn, lament, bewail.

Lūmen, *ĭnis*, n., a light, lamp, torch; figur.: the most excellent man, luminary, ornament, glory.

Lŭpīnus, *a*, *um* (*lupus*), adj., of or belonging to a wolf.

M.

Măchĭnātor, *ōris*, m. (*machinor*), an engineer; a cunning deviser, subtile contriver, inventor.

Macto, 1, v. a., 1 (*mactus*), I augment; I increase, advance, honor; 2 (akin to *macellum*), I kill, slay; sacrifice, immolate; murder, assassinate.

Măcŭla, *ae*, f. (akin to *maceo*), a spot, stain, blot; a fault, slur, disgrace, stain of infamy, dishonor.

Mănĭcātus, *a*, *um* (*manica*), adj., having long sleeves.

Mănĭfesto (*manifestus*), adv., clearly, openly, evidently, manifestly.

Mănlĭus, *a*, *um*, adj., of or belonging to a Manilius, Manilian.

Manilius, *i* (C.), m. V. Introduction to Oration pro Lege Manil., page 595.

Māno, 1 (akin to *vena* and *venio*), v. n., to flow, run; to diffuse itself, to spread; to proceed, spring.

Mănūbius, *a*, *um* (*manus*), adj., taken from the enemy, gained as booty; *manubiae*, sc. *res*, spoils taken in war, booty, pillage.

Marcellus, *i*, m. V. page 550, n. 15.

Marmor, *ōris*, n., marble.

Mars, *tis*, m., the god of war.

Massĭlĭenses (*Massilia*), *ium*, m., the inhabitants of Massilia, *Massiliana*.

Mater-familias. See *mater*.

Mātūrĭtas, *ātis*, f. (*maturus*), ripeness, maturity.

Maxĭmus, *i*, m. V. page 550, n. 14.

Mēdĕa, *ae*, f. V. page 541, n. 3.

Mendĭcĭtas, *ātis*, f. (*mendicus*), beggary, mendicity, indigence, poverty.

Metellus, *i* (Q.), m. V. page 567, n. 21.

Mĭnus (comp. from *parvus*), adv., less; *quominus*, that not, from.

Mithrĭdātes, *is*, m. V. Introduction to Oration pro Lege Manil., page 595.

Mĭtylēnaeus or *Mytilenaeus*, *a*, *um*, adj., o or belonging to Mitylene.

Mucro, *ōnis*, m. (akin to *pugio*), a sharp point; the point of a sword; a sword.

Mŭlĭercŭla, *ae*, f. (*mulier*), dim., a little woman.

Mūnĭceps, *cĭpis*, m. and f. (*munus*, *capio*), an inhabitant of a *municipium*.

Mūnītus, *a*, *um*, part. (*munio*); adj., defended, protected; fortified.

Mūsa, *ae*, f., a muse, goddess of poetry and music.

Mūtus, *a*, *um* (*mu*, *mut*), adj., dumb, mute: that does not speak, silent, still.

N.

Nanctus, *a*, *um* (commonly written *nactus*), part., from *nanciscor*, which see.

Nau-frăgus, *a*, *um* (*navis*, *frango*), adj., shipwrecked, wrecked; figur.: ruined, lost.

Nāvĭcŭlārius, *ii*, m. (*navicula*), a shipowner, shipmaster.

Nāvus, *a*, *um* (*gnavus*), adj., active, diligent, industrious, strenuous, prompt.

Něāpŏlĭtāni, *ōrum*, m., the inhabitants of Neapolis, Neapolitans.

Ně-fārĭē (*nefarius*), adv., wickedly, impiously, nefariously.

Neg-lĭgens, *tis*, part. (*negligo*); adj., negligent, careless, heedless, reckless, inattentive, neglectful; adv., *negligenter*.

Nĕpōs, *ōtis*, m., a nephew; a grandson; a prodigal, spendthrift.

Nē-quam (*ne-quidquam*), adj. indecl., comparat., *nequior*, superlat., *nequissimus*; worthless, good for nothing, bad; wicked, vile.

Nē-quĭtĭa, *ae*, and *nē-quĭtĭes*, *ei*, f. (*nequam*), neglectful conduct, inactivity, remissness.

Nĭhil-dum. See *dum*.

Nĭteo, *ui*, 2 (akin to *nix*), v. n., I shine, look bright, glisten, glitter.

Nĭtĭdus, *a*, *um* (*niteo*), adj., bright, shining; spruce, neat, trim, clean, elegant; fat, sleek.

Nix, *nĭvis*, f., snow.

Nŏvem, numer., nine.

Nūdĭus (*nunc*, *dies*), adv., n. *tertius*, now the third day, three days ago, the day before yesterday.

Nŭmantĭa, *ae*, f., a city in Hispania Tarraconensis, which was captured and destroyed by Scipio Africanus the younger.

Numidicus, *a*, *um*, adj., Numidian; a surname of Q. Metellus, bestowed on him for his victory over Jugurtha.

O.

Ob-lĭgo, 1, v. a., I tie to, tie round, bind about or upon; I bind together, bind up; figur.: I bind, engage, oblige, put under obligation; I pledge, plight, mortgage.

Ob-rŭo, *rŭi*, *rŭtum*, 3, v. a., I cover over, hide in the ground, bury; I hide, conceal, obliterate, efface, abolish.

Obscūrē (*obscurus*), adv., darkly, obscurely, secretly.

Ob-sĕcundo, 1, v. a., I humor, comply with, follow implicitly, second, c. dat.

Ob-sŏlesco, *lēvi*, 3 (*obsoleo*), v. inch. n., I become antiquated, grow out of use, become obsolete, fade, decay.

Ob-stŭpĕfăcio, *fēci*, *factum*, 3, v. a., I astound, amaze, confound, stupefy.

Ob-stŭpesco, *pui*, 3, v. n., I become senseless, become stupefied, am struck with amazement.

Ob-trecto, 1 (*tracto*), v. a. and n., I detract from, disparage, traduce, slander, dispraise, calumniate; I oppose or thwart maliciously.

Oc-cĭdens, *tis*, part., from *occido*; subst. m., sc. *sol*, the west quarter of the setting sun.

Oc-clūdo, *ūsi*, *ūsum*, 3 (*ob*, *claudo*), v. a., I shut, shut up, shut close.

Octavii, *ōrum*, m. V. page 576, n. 29.

Ōmĕn, *ĭnis*, n., a voice taken as an indication of something future; a prognostic, sign, token, omen.

Ōptĭmus, *a*, *um* (*ops*), adj., nourishing, fruitful, fertile, rich.

Ostiensis, *e* (*Ostia*), adj., of or pertaining to Ostia, Ostian.

P.

Pāciscor, *pactus*, *sum*, 3 (*paco*), v. dep. n. and a., I bargain, make a bargain, agree, stipulate, conclude a contract.

Pactum, *i*, n. (*paciscor*), a bargain, agreement; *isto pacto*, this way, so much, in such a manner; *alio pacto*, otherwise; *quo pacto*, in what way, how; *nullo pacto*, in no way, not at all.

Pălam, adv., in open view, openly, publicly, plainly.

Pălātĭum, *i*, n. V. Cic. in Cat. L 1, n. 9.

Pamphylia, *ae*, f., a country on the sea-coast of Asia Minor, between Lycia and Cilicia.

Păpĭus, *a*, *um*, adj., Papian. V. page 570, n. 17.

Parrĭ-cĭdĭum, *ĭi* (*parricida*), n., murder of parents or near relations, parricide, murder.

Pastio, *ōnis*, f. (*pasco*), a feeding, grazing, pasturing; pasture, food.

Pater-familias. See *pater*.

Pecto, *pexi*, *pexui* or *pectĭvi*, *pexum* and *pectĭtum*, 3, v. a., I comb, dress, or adjust the hair.

Pĕcu, n., sheep, cattle.

Pĕnātes, *ĭum*, m. (*penes*), guardian deities, household gods; the house, home.

Pĕnĕtro, 1 (*penitus*), v. n., I penetrate, advance, reach.

Pendĭto, 1 (*penso*), v. freq. a., I pay, disburse, pay taxes.

Pĕr-ădŏlescens, *tis*, adj., very young.

Pĕr-brĕvis, *e*, adj., very short; abl., *perbrĕvi*, in a very short time.

Pĕr-cĭpio, *cēpi*, *ceptum*, 3 (*per*, *capio*), v. a., I take up wholly; I take, get, obtain, enjoy, acquire; I perceive, feel; I understand, comprehend, conceive, learn, know.

Pĕr-cūtio, *cussi*, *cussum*, 3, v. a., I strike, hit, beat, knock, smite; figur.: I strike, affect sensibly, deeply, or strongly, touch keenly.

Pĕr-ĕgrīnus, *a*, *um* (*peragro*), adj., foreign, strange, alien; subst., a foreigner, stranger, alien.

Pĕr-horresco, *rui*, 3, v. n. and a., I shudder, shudder greatly; I shudder at, dread.

Pĕr-inīquus, *a*, *um*, adj., very unjust, very unfair.

Pĕr-mŏdestus, *a*, *um*, adj., very moderate, very modest or unassuming.

Pĕr-multus, *a*, *um*, adj., very much, very many; *permultum*, adv., very much.

Pĕr-nocto, 1 (*per*, *nox*), v. n., I stay or pass the whole night, remain all night long.

Pĕr-saepĕ, adv., very often, very frequently.

Pĕr-sĕvērantia, *ae*, f. (*perseverans*), steadiness, constancy, perseverance.

Pĕr-sōna, *ae*, f. (*persono*), a mask used by players; the character, personage, or part represented by the actor; personage, pērson, individual, man.

Per-vādo, vāsi, vāsum, 3, v. n., I go through, come through, pass through, penetrate, pervade.

Pestis, is, f. (akin to *patior*), suffering; evil, mischief, bane, curse, plague, calamity, disaster, ruin, destruction.

Philippus, i, m. V. page 537, n. 2.

Pila, ae, f., a ball, football to play with.

Pinguis, e, adj., fat; thick, gross, heavy; of the mind: heavy, stupid, gross; of taste: weak, dull.

Pius, i (*Q. Metellus*), m. V. page 557, n. 22.

Plāco, 1 (allied to *placeo*), v. a., I appease, pacify, make to relent, soothe, calm, mitigate, allay, reconcile.

Plōtius, i (*L.*), m. V. page, 574, n. 6.

Pontus, i, m. V. page 540, n. 7.

Pōpina, ae, f., a cook's shop, victualling-house, eating-house.

Pōtissimum (superl. from *potis*), adv., chiefly, principally, especially, in preference to all others, most of all.

Praeco, ōnis, m., a public crier, herald; proclaimer, praiser.

Praecōnius, a, um (*praeco*), adj., of a praeco; *praeconium, ..., officium*, the office of a public crier; a proclaiming, publishing, spreading abroad; praise, commendation, fame, renown.

Prae-curro, curri, and *cūcurri, cursum*, 3, v. n. and a., I run before, go before, precede; I surpass, outstrip, excel.

Praedātor, ōris, m. (*praedor*), a robber, pillager, plunderer, freebooter.

Prae-dīco, dixi, dictum, 3, v. a., I tell before, promise; I predict, foretell, forewarn, prophesy; I command, order.

Praeneste, is, n., a town in Latium.

Prae-sentio, si, sum, 4, v. a., I perceive beforehand, foresee, presage, divine, augur, foreknow, preconceive, have a presentiment of.

Praestōlor, 1 (*praesto*), v. dep. n. and a., I wait, wait for, c. acc. or dat.

Prae-texo, xui, xtum, 3, v. a., I weave before, put before, border, fringe; *toga praetexta*, an upper garment bordered with purple.

Prae-texta, ae, f., same as *toga praetexta*. See *praetexo*.

Prae-textātus, a, um (*praetexta*), adj., wearing the *toga praetexta*.

Prīvo, 1 (*privus*), v. a., I take away from, deprive, bereave.

Pro-āvus, i, m., a great-grandfather; an ancestor.

Prōcella, ae, f. (*procello*), a violent wind, storm, tempest, hurricane.

Prō-cessio, ōnis, f. (*procedo*), a going forth, going out, advancing, proceeding.

Prō-dĭgus, a, um (*prodigo*), adj., prodigal, profuse, lavish, wasteful.

Prō-fessio, ōnis, f. (*profiteor*), a public declaration, profession, deposition; public statement or registration.

Pro-flīgo, i, v. a., I throw or dash to the ground, throw or cast down, overthrow, conquer, defeat.

Prō-pāgo, 1 (*pro, pago = pango*), v. a., I propagate, increase, extend, enlarge; I prolong, extend.

Prō-pagnācŭlum, i, n. (*propugno*), a defence, fortress, fort, bulwark, rampart.

Pro-sterno, strāvi, strātum, 3, v. a., I throw down, overturn, overthrow, prostrate, lay flat; *prostrātus, a, um*, cast down, thrown to the ground, lying flat, prostrate.

Prō-vinciālis, e (*provincia*), adj., of a province, belonging to a province, provincial; usual or customary in a province.

Prūīna, ae, f. (akin to *frigus*), hoar-frost, rime-frost, rime.

Publicātio, ōnis, f. (*publico*), a confiscating, appropriating to the state.

Puĕrīlis, e (*puer*), adj., of a boy or child, boyish, childish, childlike, youthful.

Pulvīnar and *pulvīnar, āris*, n. (*pulvinus*), a pillow, bolster, cushion; a couch; the place in which the couches of the gods were kept, a temple, chapel.

Punctum, i, n. (*pungo*), a prick, sting; any small part; *p. temporis*, a moment.

Pūnĭcus, a, um, adj., Punic, Carthaginian.

Purpurātus, i, m. (*purpura*), one of the highest officers at the court of a king.

Q.

Quaesītor, ōris, m. (*quaero*), an inquirer, inquisitor, presiding judge.

Quantus-cumque or *-cunque*, adj., how great soever, be it as great as it may.

Quĕrimōnia, ae, f. (*queror*), a lament, complaint.

Quirītēs, ium and um, m. (Cures), the inhabitants of the Sabine town Cures. V. page 490, n. 2.

Quo-dam-modo. See modus.

Quo-minus. See minus.

R.

Reāte, a, um (Reate), adj., of or belonging to Reate, Reatine.

Re-cŏlo, cŏlui, cultum, 3, v. a., I cultivate or till anew; I resume, practise, or exercise again.

Re-conciliātio, ōnis, f. (reconcilio), a restoration, reinstatement, renewal; reconciliation, reconcilement.

Re-cūsātio, ōnis, f. (recuso), a refusal, opposition.

Re-ligo, 4 (re, ligo), v. a., I bind round, wind round, wreathe, gird, encircle.

Re-fūto, 1, v. a., I check, drive, or keep back; I refute, disprove.

Rēgālis, e (rex), adj., becoming a king, kingly, princely, royal, regal.

Rēgie (regius), adv., royally, regally, despotically.

Re-missus, a, um, part. (remitto), adj., relaxed; sluggish, remiss, negligent.

Re-mŏror, 1, v. dep. a. and n., I tarry, stay; I stop, delay, obstruct, hinder, keep back, retard.

Re-signo, 1, v. a., I unseal, open what is sealed; figur.: I disclose, reveal; I annul, abolish, cancel, invalidate, destroy.

Re-sto, stiti, 1, v. n., I stay or remain behind, stay, remain; I resist, oppose; restat, ut, it still remains, that.

Re-tardo, 1, v. a., I keep back, detain, stop, delay, hinder, impede, retard.

Re-torqueo, si, tum, 2, v. a., I writhe or twist back, bend back, turn or cast back, turn.

Re-tundo, ttudi, tusum, 3, v. a., I thrust, push, or drive back; I blunt, make dull; r. gladium alicujus, to frustrate any one's murderous designs.

Rhēgīni, ōrum, m., the inhabitants of Rhegium.

Rōbustus, a, um (robur), adj., of hard oak or other hard wood; hard, firm, strong, hardy, sturdy, robust.

Roscius, i (Q.), m. V. page 575, n. 1.

Rudīnus, a, um, adj., of Rudiae, Rudian.

Rumpo, rūpi, ruptum, 3 (akin to rima), v. a., I break, burst, tear, rend asunder; figur.: I open by force, force open.

Ruo, rui, rutum und ruitūrus, 3, v. n., I rush down, fall down; I fall, am overthrown, ruined; v. a., I throw down, dash down, overthrow, prostrate; ruere rempublicam, to ruin the state.

Rustĭcor, 1 (rusticus), v. dep. n., I dwell in the country, rusticate.

S.

Sacrārium, i, n. (sacrum), a place where sacred things are kept; a place for divine service, a chapel, temple.

Sacro-sanctus, a, um (sacer, sanctus), adj., sacred, inviolable.

Săgax, ācis (sagio), adj., sagacious, quick, cunning, acute, shrewd, ingenious, provident, foreseeing.

Sălămīnii, ōrum, m., the inhabitants of Salamis.

Saltus, ūs, m., a wood where cattle pasture, pasture for cattle.

Sămus or Sămos, i, f. V. page 545, n. 2.

Sānus, a, um, adj., sound in health, healthy, well, whole, sane; sound in mind, sober, wise, discreet.

Sardinia, ae, f., Sardinia.

Satelles, ĭtis, m. und f., an attendant, a servant; accomplice, aider, abettor.

Saturnālia (Saturnus), ium, n., the Saturnalia. V. page 506, n. 15.

Scrība, ae, m. (scribo), a writer, scribe.

Scriptūra, ae, f. (scribo), a writing; the rent paid for the use of public pastures.

Se-cerno, crēvi, crētum, 3, v. a., I put asunder or apart, sever, part, separate; I distinguish.

Secūris, is, f. (seco), an axe or hatchet; secures, the badges of the power of the magistrates, the sovereignty of the Roman people.

Sēdŭlĭtas, ātis, f. (sedulus), assiduity, industry, diligence, application, zeal.

Se-grĕgo, 1 (se, grex), v. a., I separate, part, sever, remove.

Sella, ae, f. (for sedla, from sedeo), a seat, chair; the curule chair.

Sēmĭnārium, i, n. (semino), a nursery, or plantation of young trees.

Sempiternus, a, um (semper), adj., perpetual, eternal, everlasting.

Sempronius, a, um, adj., of or belonging to a Sempronius, Sempronian.

Sensus, ûs, m. (*sentio*), sensation, feeling, perception, sense; emotion; consciousness; taste.

Sero, rui, rtum, 3, v. a., I bind; *sertus, a, um,* joined or bound together; *serta, orum,* n., garlands.

Serta, õrum, n. See *Sero.*

Sertorianus, a, um, adj., of or belonging to Sertorius, Sertorian.

Servilius, i, m. V. page 559, n. 13.

Sica, ae, f. (*seco*), a dagger.

Sicarius, ii, m. (*sica*), an assassin.

Sigeum, i, n. V. page 576, n. 11.

Silvanus, i (*M. Plautius*), m. V. page 568, n. 5.

Simpliciter (*simplex*), adv., simply, naturally, plainly, directly, frankly, artlessly.

Sinope, es, f. V. page 540, n. 9.

Smyrnaei, orum, m., the inhabitants of Smyrna.

Sobrius, a, um (*so, bria*), adj., sober, not intoxicated; sober, temperate.

Sollicitatio, õnis, f. (*sollicito*), an instigating to mutiny or rebellion, instigation.

Solutio, õnis, f. (*solvo*), a loosing, unloosing, payment.

Sono, nui, nitum, 1, v. n., I sound; v. a., I sound, utter, pronounce.

Stabilio, 4 (*stabilis*), v. a., I make steadfast, firm, stable; establish.

Stator, õris, m. (*sisto*), a supporter, preserver.

Statua, ae, f. (*statuo*), a statue.

Stimulus, i, m., a sting; an incitement, inducement, incentive.

Suadeo, si, sum, 2, v. n. and a., I advise, exhort; I persuade.

Sub-jector, õris, m. (*subjicio*), a forger or falsifier.

Suc-censeo, ui, 2 (*sub, censeo*), v. n., c. dat. : I am angry or displeased with.

Suf-fero, sus-tuli, sub-latum, suf-ferre (*sub, fero*), v. a., I bear, support; endure; I suffer.

Sumptuosus and *sumtuosus, a, um* (*sumptus*), adj., expensive, costly, dear, splendid, sumptuous; adv., *sumptuose* and *sumtuose.*

T.

Tabella, ae, f. (*tabula*), dim., a little table or tablet; a writing-tablet; a letter.

Tabularius, a, um (*tabula*), adj., relating to written compositions; *tabularium, ii. aedificium,* the archives.

Taciturnitas, ãtis, f. (*taciturnus*), a being silent, taciturnity, silence.

Tacite (*tacitus*), adv., silently, in silence, secretly.

Talaris, e (*talus*), adj., of, belonging, or relating to the ankles; *t. tunica,* a robe reaching down to the ankles.

Tam-diu, adv., so long.

Tango, tetigi, tactum, 3, v. a., I touch; I take in hand, undertake; *de coelo tactus,* struck by lightning.

Tarditas, ãtis, f. (*tardus*), slowness; sleepiness, dulness.

Tarentini, õrum, m., the inhabitants of Tarentum.

Tempestivus, a, um (*tempestas*), adj., done at the proper time or season, seasonable; that happens before its usual time.

Tenedos or *Tenedus, i,* f., an island in the Aegean sea, off the coast of Troas.

Terminus, i, m., a boundary, limit, bound.

Theophanes, is, m. V. page 576, n. 14.

Tiberinus, a, um (*Tiberis*), adj., of or belonging to the Tiber, Tiberine.

Tiberis, is, m., the river Tiber.

Tigranes, is, m., a king of Armenia, son-in-law of Mithridates.

Timide (*timidus*), adv., fearfully, timidly.

Trans-marinus, a, um, adj., beyond sea, transmarine.

Trans-mitto, misi, missum, 3, v. a., I make go over, let come over, send over, convey over; I consign, commit, intrust.

Tribunal, ãlis, n. (*tribunus*), a tribunal, judgment-seat.

Tropaeum, i, n., a trophy; figur.: a victory; a monument, sign.

Turpiter (*turpis*), adv., basely, shamefully, dishonorably.

Tutor, 1 (*tueor*), v. freq. dep. a., I guard, protect, defend, keep safe, preserve.

U.

Uber, õris, n., udder, teat.

Ubertas, ãtis, f. (*uber*), fertility, fruitfulness, productiveness, abundance.

Umquam. See *unquam.*

Un-de-quinquagesimus, a, um (*undequinquaginta*), adj., the forty-ninth.

Unĭce (*unicus*), adv., alone especially, in an extraordinary degree.

Usurpo, 1 (for *usu rapio*), v. a., I make use of, use; I exercise, practise.

V.

Văcŭ-făcĭo, *fēci*, *factum*, 3, v. a., I make void or empty.

Vădĭmōnĭum, *ii*, n. (*vas*, *vadis*), a promise or obligation, confirmed by surety, to appear in court; bail, recognizance.

Vastātĭo, *ōnis*, f. (*vasto*), a ravaging, laying waste, devastation.

Vastĭtas, *ātis*, f. (*vastus*), desolation, devastation, waste, solitude, ruin.

Vātes, *is*, m. and f., a soothsayer, diviner, prophet; a poet, bard.

Vēna, *ae*, f. (akin to *meno*), a vein; an artery; figur.: *in venis reipublicae*, in the veins, h. e., the innermost parts of the state.

Vēnē-fĭcus, *a*, *um* (*venenum*, *facio*), adj., mixing poison, poisoning; *veneficus*, *i*, m., a mixer of poisons, poisoner.

Venŭstas, *ātis*, f. (*venus*), elegant form, beauty, comeliness, grace; elegance, politeness, gracefulness.

Vērĭtas, *ātis*, f. (*verus*), truth, verity.

Vespĕra, *ae*, f., the evening.

Vestālis, *e* (*Vesta*), adj., of or belonging to Vesta, Vestal.

Vexātĭo, *ōnis*, f. (*vexo*), molestation, harassing, ill-treatment, annoyance, abuse.

Vĭbro, 1, v. a., I move quickly to and fro; I flourish, brandish, hurl, throw, dart, launch.

Vĭgĭlans, *tis*, part. (*vigilo*); adj., watchful, careful, vigilant.

Vilĭtas, *ātis*, f. (*vilis*), cheapness, lowness of price.

Vĭŏlo, 1 (*vis*), v. a., I injure, violate; I maltreat, abuse.

Viscus, *ĕris*, n., more frequently pl., *viscĕra*, *um*, n., all that is under the skin; figur.: the innermost part of anything.

Vĭtŭpĕrātĭo, *ōnis*, f. (*vitupero*), a blaming, reproving, vituperation.

Vŏlĭto, 1 (*volare*), v. freq. n., I fly often, am wont to fly, fly to and fro, fly about or up and down, flutter, flit.

anything against any one; I charge, accuse.

In-specto, ½ (*inspicio*), v. freq. a., I behold.

In-spērātus, a, um, adj., not hoped for, unhoped for, unexpected.

Intĕgrē (*integer*), adv., wholly, entirely; honestly, justly.

Inter-cessio, ōnis, f. (*intercedo*), intervention; interposition, a protesting against.

Intĕr-imo, ēmi, emtum or emptum, 3 (*inter, emo*), v. a., I take away, deprive of; I kill, slay, murder.

In-uro, ussi, ustum, 3, v. a., I burn in, brand.

In-vĭdĭōsus, a, um (*invidia*), adj. full of envy; causing envy; hateful, odious.

Ir-rētio and *in-rētio*, ivi, itum, 4 (*in, rete*), v. a., I catch in a net, I ensnare, entangle.

Ir-ruptio, ōnis, f. (*irrumpo*), a breaking or bursting in; an irruption, inroad, incursion.

J.

Jactūra, ae, f. (*jacio*), the throwing overboard; a loss, damage, detriment; a lessening, impairing, abatement; great expense.

Jactus, ūs, m. (*jacio*), a throwing, hurling, throw, cast.

Jam-dūdum. See *jam* and *dudum*.

Jam-prīdem. See *jam* and *pridem*.

Jūdĭciālis, e (*judicium*), adj., of a judge or trial, judicial.

Jŭgŭlum, i, n., and *jŭgŭlus*, i, m. (*jungo*), the collar-bone; the neck, the throat.

Jugurtha, ae, m., a king of Numidia.

Juppiter (also written *Jūpiter*), *Jovis*, m., Jupiter or Jove, a son of Saturn, brother and husband of Juno, the chief god among the Romans.

K.

Karthaginiensis, e, adj., V. *Carthaginiensis*.

L.

Lābes, is, f. (*labor*, I fall), a fall, a sinking down or in; figur.: a stain, blot, shame, dishonor, discredit, disgrace, ignominy.

Labōrĭōsus, a, um (*labor*), adj., laborious, tiresome, toilsome, wearisome, fatiguing.

Lacteo, 2 (*lac*), v. n., to suck; part., *lactens*,

tis, sucking milk, hanging at the breast, sucking.

Laedo, si, sum, 3, v. a., I injure, hurt, harm, offend, trouble, vex, annoy.

Laelius, i (C.), m. V. page 572, n. 9.

Lāmentātio, ōnis, f. (*lamentor*), a weeping, wailing, mourning, lamentation.

Lāmentor, 1 (*lamentum*), v. dep. a. and a., I lament, bewail weep, or mourn for.

Largĭtor, ōris, m. (*largior*), a profuse spender, liberal giver; a briber.

Lătĕbra, ae, f. (*lateo*), a lurking-place, hiding-place, shelter, recess.

Lătium, i, n., a country of Italy, in which Rome was situated.

Lātor, ōris, m. (*fero*, latum), a bearer; *legis*, the proposer of a law.

Lătrōcĭnium, ii, n. (*latrocinor*), robbery, highway robbery; piracy; artifice, stratagem, fraud.

Lătrōcĭnor, 1 (*latro*), v. dep. a., I rob, plunder, rob on the highway; I engage in unlawful warfare.

Lectĭca, ae, f. (*lectus*), a litter, couch, sedan, palanquin.

Lēgo, 1 (*lex*), v. a., I send as an ambassador, I depute, despatch; I appoint as lieutenant or legate of a general or governor.

Lēno, ōnis, m., a dealer in slaves; a pander, procurer; a negotiator, mediator, go-between; an ambassador.

Lentŭlus, i (L.), m. V. page 570, n. 9.

Lĕpĭdus, a, um (*lepos*), adj., lively, mannerly, pleasant, agreeable, polite, genteel.

Lĭbellus, i, m. (*liber*), dim., a small writing; a poem; a petition, remonstrance, or memorial in writing.

Lĭquĕ-făcio, fēci, factum, 3 (*liqueo, facio*), v. a., I make liquid or fluid, I liquefy, melt.

Littĕrātus, a, um (*littera*), adj., learned, erudite; relating to learning, devoted to learning, literary.

Littūra, ae, f. (*lino*), the rubbing out of a letter or word, an erasure.

Locrenses, ium, m., the Locrians.

Lŏcŭplēto, 1 (*locuples*), v. a., I make rich, enrich.

Longĭnquĭtas, ātis, f. (*longinquus*), length, long continuance or duration; length of time; remoteness, great distance.

Longĭusculus, a, um (*longior*), adj., somewhat long, rather longer than usual.

APPENDIX I.

A.

Abs-condo, *di* and *didi*, *ditum* (seldom *consum*), 3, v. a., I put away, hide, keep secret, conceal.

Ab-solūtio, *ōnis*, f. (*absolvo*), an absolving, discharging, acquitting.

Ac-celĕro, 1 (*ad*, *celer*), v. a. and n., I hasten, make haste, am expeditious.

Xcerbĭtas, *ātis*, f. (*acerbus*), sharpness, harshness; figur.: moroseness, austerity, sorrow.

Achilles, *is*, m., the Grecian hero in the Trojan war.

Ac-quīro, *quisīvi*, *quisītum*, 3 (*ad*, *quaero*), v. a., I acquire, get, procure, gain, obtain.

Xcroāma, *ătis*, n., anything agreeable to hear; a singer, player; a reciter of stories.

Xdeps, *ĭpis*, m. and f. (= *sebum*), fat, grease, fatness.

Ad-jūmentum, *i*, n. (*adjuvo*), assistance, help, aid, furtherance.

Ad-minister, *tri*, m. (*manus*), a manager, servant; figur.: assistant, promoter.

Ad-ministra, *ae*, f., a female assistant, handmaid.

Ad-murmūrātio, *ōnis*, f., a murmuring in approbation or disapprobation of a thing.

Ad-sum. See *ansum*.

Ad-quīro. See *acquiro*.

Ad-scribo. See *ascribe*.

Ad-sto. See *Asto*.

Aegaeus, *a*, *um*, adj., Aegean.

Aemilius, *i* (*M. — Scaurus*), m.   V. page 576, n. 23.

Aetōli, *ōrum*, m., the inhabitants of Aetolia.

Af-fingo, *insi*, *ictum*, 3, v. a., I add by fashioning or framing; I form, fashion, make; figur.: I add, attribute, bestow, ascribe, adapt.

Africa, *ae*, f., Africa.

Africānus, *a*, *um*, adj., African.

Ager, pass. of *ago*, to be in suit or in question, it concerns or affects, is about; to be at stake or at hazard, to be in peril, danger; *actum est*, it is all over, all is lost, I am ruined, undone.

Agrārii, *ōrum*, m. (*agrarius*), those who urged the agrarian laws, and sought the possession of public land.

Xlea, *ae*, f. (akin to *ais*), game of chance, gaming, or play of all sorts.

Xleātor, *ōris*, m. (*alea*), dice-player, gamester.

Alexander, *dri*, m., Alexander, son of Philip and Olympia, surnamed *Magnus*.

Xliĕnĭ-gĕna, *ae* (*alienus*, *genas*), m. and f., one born in another country, a stranger, foreigner, alien.

Altāre, *is*, n. (akin to *oleo*), a fire-dish or burning-vessel, altar, upon which sacrifices are offered to the gods; *altare* was the superstructure, *ara* the base of an altar.

Alternus, *a*, *um* (*alter*), adj., acting or done by turns, interchangeable, mutual, reciprocal, alternative.

Alveŏlus, *i*, m. (*alveus*), dim., a small hollow vessel of wood; a gaming-board, chess-board or table.

Xmans, *tis*, part. (*ans*), loving; adj., fond of, affectionately attached to; subst., a lover.

hodierno die maximum cepit, quum summo consensu senatus
tum [praeterea] judicio tuo gravissimo et maximo. Ex quo
profecto intelligis, quanta in dato beneficio sit laus, quum in
accepto sit tanta gloria. Est vero fortunatus ille, cujus ex
5 salute non minor paene ad omnes, quam ad illum ventura sit,
laetitia pervenerit : 4. quod quidem ei merito atque optimo
jure contigit. Quis enim est illo, aut nobilitate aut probitate
aut optimarum artium studio aut innocentia aut ullo laudis
genere praestantior ?

10 II. ¹Nullius tantum flumen est ingenii, ²nulla dicendi aut
scribendi tanta vis, tanta copia, quae non dicam exornare, sed
enarrare, C. Caesar, res tuas gestas possit. Tamen affirmo,
et hoc pace dicam tua, nullam in his laudem esse ampliorem
quam ³eam, quam hodierno die consecutus es. 5. Soleo saepe
15 ante oculos ponere ⁴idque libenter crebris ⁵usurpare sermonibus, omnes nostrorum imperatorum, omnes exterarum gentium potentissimorumque populorum, omnes clarissimorum
regum res gestas cum tuis nec contentionum magnitudine nec
numero proeliorum nec varietate regionum nec celeritate
20 conficiendi nec dissimilitudine bellorum posse conferri ; nec
vero ⁶disjunctissimas terras citius, passibus cujusquam potuisse ⁷peragrari, quam tuis non dicam cursibus, sed victoriis
lustratae sunt. 6. Quae quidem ego nisi tam magna esse
fatear, ut ea vix cujusquam mens aut cogitatio capere possit,
25 amens sim ; sed tamen sunt ⁸alia majora. Nam bellicas
laudes solent quidam extenuare verbis easque detrahere ducibus, communicare cum multis, ne propriae sint imperatorum.
Et certe in armis militum virtus, locorum opportunitas, auxilia sociorum, classes, commeatus multum juvant ; maximam
30 vero partem quasi suo jure fortuna sibi vindicat et, quidquid
prospere gestum est, id paene omne ducit suum. 7. At vero
hujus gloriae, C. Caesar, quam es paulo ante adeptus, socium
habes neminem : totum hoc, quantumcunque est, quod certe
maximum est, totum est, inquam, tuum. Nihil sibi ex ⁹ista
35 laude centurio, nihil ¹⁰praefectus, nihil cohors, nihil turma de-
cerpit : quin etiam illa ipsa rerum humanarum domina, Fortuna, in istius societatem gloriae se non offert : tibi cedit,

Cŏ-haereo, haesi, haesum; 2, v. n., I stick, adhere, hold fast together ; I adhere to.

Col-lectio, ōnis, f. (colligo), a gathering, collecting together, a collection.

Cŏlŏphon, ōnis, m. V. page 545, n. 9.

Cŏlŏphōnii, ōrum, m., the inhabitants of Colophon, the Colophonians.

Cŏmissātio, ōnis, f. (comissor), a revelling, carousing, rioting.

Cŏmĭtor, 1 (comes), v. dep. a., I go along with, accompany, attend or wait upon.

Commūnĭter (communis), adv., in common, commonly, generally, together.

Com-părātio, ōnis, f. (comparo), a preparing or providing for ; preparation, provision ; a procuring, acquiring, acquisition.

Com-pĕtĭtor, ōris, m. (competo), a competitor, an opposing candidate.

Con-cĕlĕbro, 1, v. a., I cause to resound ; I fill ; I frequent ; I celebrate, solemnize ; I proclaim abroad, make public ; I pursue or cultivate diligently.

Con-certo, 1, v. n., I contend, strive together with, contest, dispute, debate.

Con-cĭpio, cēpi, ceptum, 3 (con, capio), v. a., I take together ; I take up or in, receive, conceive ; I get, contract ; of the mind : I conceive, comprehend, embrace with the understanding, I think, understand, imagine.

Con-fĕssio, ōnis, f. (confiteor), a saying, confession, acknowledgment.

Con-flăgro, 1, v. a. and n., I am consumed by fire, I burn.

Con-formātio, ōnis, f. (conformo), a forming or fashioning properly, framing, shaping ; conformation, form, frame, shape.

Con-formo, 1, v. a., I form, fashion, form properly ; figur. : I form, fashion, finish, complete, shape, frame, polish.

Con-fringo, frēgi, fractum, 3 (con, frango), v. a., I break entirely, break to pieces, shatter ; figur. : I break, bring down, humble.

Con-gĕro, gessi, gestum, 3, v. a., I carry or bring together, heap or pile up, collect, accumulate ; I heap together in any place, I bring, carry, crowd, throw, lay upon, attribute, ascribe.

Con-nīveo, īvi or ixi, 2, v. n., I close or shut my eyes, I wink ; figur. : I wink or connive at, take no notice of, overlook.

Con-scĕlĕrātus, a, um, part (conscelero) ;

adj., polluted with guilt ; wicked, depraved, villanous.

Con-sĕcro, 1 (con, sacro), v. a., I make sacred, I consecrate, dedicate to the gods.

Con-sensio, ōnis, f. (consentio), agreement, unanimity.

Con-spīrātio, ōnis, f. (conspiro), a breathing together, an agreement, concord, union, harmony ; conspiracy, plot.

Con-stringo, inxi, ictum, 3, v. a., I bind together, draw together, contract.

Con-tāmĭno, 1, v. a., I stain, pollute, defile.

Con-tĕgo, exi, ectum, 3, v. a., I cover ; I hide, conceal.

Con-tĭcesco, ticui, 3, v. n., I become silent.

Con-tiōnātor, ōris, m. (contionor), a haranguer, a demagogue, inciter of the people.

Con-vīcium, ii, n. (con, vox), a crying together, joint clamor ; abuse, reviling, verbal insult.

Cordūba, ae, f. V. page 576, n. 24.

Cor-rōbŏro, 1 (con, roboro), v. a., I make strong, strengthen, invigorate, confirm.

Cor-ruo, ui, 3 (con, ruo), v. n. and a., I rush together ; I fall, fall down.

Cor-ruptēla, ae, f. (corrumpo), what corrupts, contaminates, or ruins ; a bane, mischief, corruption.

Cor-ruptor, ōris, m. (corrumpo), a corrupter, ruiner, destroyer, seducer.

Crassus, i (L. Licinius), m. V. page 576, n. 27.

Crētensis, e (Creta), adj., Cretan ; in plur., Cretenses, ium, m., the Cretans.

Cŭbīle, is, n. (cubo), any place for lying down ; a resting-place, couch, bed.

Curriculum, i, n. (curro), a running, run, course.

Cyzĭcēni, ōrum, m., the inhabitants of Cyzicus.

D.

Damnātio, ōnis, f. (damno), a condemning, condemnation.

Dēclīnātio, ōnis, f. (declino), a bending or turning aside, an avoiding, eschewing, shunning.

Dē-coctor, ōris, m. (decoquo), a spendthrift, bankrupt.

Dĕcŭma or decima (sc. pars), ae, f. (decem), the tenth part, tithe.

Dē-dĭco, 1, v. a., I speak, set forth ; I dedicate, consecrate, inscribe.

maximis et innumerabilibus ²gratulationibus jure anteponas.
Haec enim res unius est propria Caesaris : ceterae duce te
gestae, magnae illae quidem, sed tamen multo magnoque comitatu. Hujus autem rei tu ⁴idem es et dux et comes ; quae qui-
5 dem tanta est, ⁵ut nulla tropaeis et monumentis tuis allatura
finem sit aetas ; nihil est enim opere et manu factum, quod
non aliquando conficiat et consumat vetustas ; 12. at haec
tua justitia et lenitas animi florescet quotidie magis, ita ut
quantum tuis operibus diuturnitas detrahet, tantum afferat
10 laudibus. Et ceteros quidem omnes victores bellorum civil-
ium jam ante aequitate et misericordia viceras : hodierno vero
die te ipsum vicisti. Vereor ut hoc, quod dicam, perinde
intelligi possit auditu atque ipse cogitans sentio : ipsam victoriam vicisse videris, ⁶quum ⁷ea, quae illa erat adepta, victis
15 remisisti. Nam quum ipsius victoriae conditione omnes
victi occidissemus, clementiae tuae judicio conservati sumus.
Recte igitur unus invictus es, a quo etiam ipsius victoriae
conditio visque devicta est.

V. 13. Atque hoc C. Caesaris judicium, Patres conscripti,
20 quam late pateat attendite : omnes enim, qui ad illa arma ¹fato
sumus nescio quo rei publicae misero funestoque compulsi,
etsi aliqua culpa ²tenemur erroris humani, ³scelere certe lib-
erati sumus. Nam quum M. Marcellum deprecantibus vobis
rei publicae conservavit, me et mihi et item rei publicae nullo
25 deprecante, reliquos amplissimos viros et sibi ipsos et patriae
reddidit, quorum et frequentiam et dignitatem hoc ipso in
consessu ⁴videtis, non ille hostes induxit in curiam, sed judicavit a plerisque ignoratione potius et falso atque inani metu,
quam cupiditate aut crudelitate bellum esse susceptum. 14.
30 Quo quidem in bello semper de pace audiendum putavi, semperque dolui non modo pacem, sed etiam orationem civium
pacem flagitantium repudiari. Neque enim ego illa nec ulla
umquam secutus sum arma civilia, semperque mea consilia
⁵pacis et togae ⁶socia, non belli atque armorum fuerunt. ⁷Hom-
35 inem sum secutus ⁸privato officio, non publico ; tantumque
apud me grati animi fidelis memoria valuit, ut nulla non
modo cupiditate, sed ne spe quidem prudens et sciens tamquam

k. execution, accomplish, bring to pass; I fulfil, execute; I discharge, pay; I develop, explain, show, declare, set forth, state, relate.

Ex-prōmo, promsi or *prompsi, promtum* or *promptum,* 3 (*promo*), v. a., I draw out; I bring forth, bring out, bring to light, show, display, express, set forth; I tell, relate, declare.

Ex-stinguo, stinxi, stinctum, 3, v. a., I put out, quench, extinguish; I blot out, obliterate, extirpate, annihilate, destroy, remove, suppress.

Ex-sulto, 1 (*exsilio*), v. freq. n., I leap or spring up frequently; I exult, rejoice exceedingly.

Ex-termino, 1, v. a., I drive over the boundary, I banish, expel, exile; I drive away, put away, remove.

Ex-uviae, arum, f. (*exuo*), clothes put off or left, or laid aside; the spoils stripped from an enemy.

F.

Făcĭnŏrōsus, a, um (*facinus*), adj., nefarious, wicked, villanous, atrocious.

Falcārius, ii, m. (*falx*), a scythe-maker; a dealer in scythes.

Ferrāmentum, i, n. (*ferrum*), any iron tool.

Festus, a, um (*festus*), adj., solemn, festive; *dies festus,* a festive day, a festival, feast.

Flāgĭtĭōsē (*flagitiosus*), adv., shamefully, basely, infamously.

Foedĕrātus, a, um (*foedus*), adj., confederate, leagued together, allied.

Fons, tis, m. (connected with *fundo*), a spring, well, fountain, fount, source; figur.: source, origin, cause.

Forum Aurelium, i, n. V. page 484, n. 14.

Fraudātio, ōnis, f. (*fraudo*), a deceiving, beguiling; deceit, fraud.

Fŭgĭtīvus, a, um (*fugio*), adj., fugitive, running away, with *a,* or *genit.;* a runaway slave; a deserter.

Fulmen, ĭnis, n. (*fulgeo*), a flash of lightning, a thunderbolt.

Fundāmentum, i, n. (*fundo,* ī), a foundation, groundwork, basis.

Fŭnestus, a, um (*funus*), adj., deadly, fatal, destructive, mournful, dismal, calamitous, dangerous.

Furius, i (*L.*), m. V. page 572, n. 10.

Fŭrĭōsus, a, um (*furia*), adj., furious, mad, frantic.

Furo, ui, 3 (akin to *buro*), v. n., I am mad, out of mind; I rage, am furious.

Furtim (*fur*), adv., by stealth, secretly, privily, clandestinely.

G.

Găbīnius, i (*P. — Capito*), m. V. page 560, n. 3.

Găbīnus, a, um, adj., of or belonging to Gabinius, Gabinian.

Gallĭcānus, a, um, adj., of or belonging to the Roman province Gallia, Gallican. V. page 492, n. 1.

Gāza, ae, f., the treasure of a king, the royal coffer.

Gĕlĭdus, a, um (*gelu*), adj., cold as ice; figur.: cold, making cold.

Glabrio, ōnis, m. (*Acilius*). V. Introduction to Oration pro Lege Manil., page 595.

Grātius, i, m. V. page 561.

Gŭberno, 1, v. a., I guide, steer, or pilot a ship; figur.: I manage, conduct, guide, direct, govern.

H.

Haesĭto, 1 (*haereo*), v. freq. n., I stick, stick fast; I hesitate, am at a loss, am perplexed or at a stand, I doubt.

Haurio, hausi, haustum and *hausum,* 4, v. a., I draw, draw forth or out; I take or derive from; I enjoy, get, receive, derive; I exhaust.

Hēraclĭa or *Hēraclēa, ae,* f. V. page 567, n. 1.

Hēraclĭenses, ĭum, m., the inhabitants of Heraclia.

Hercle (*Hercules*), adv., by Hercules, as an oath or asseveration.

Hesternus, a, um (*heri*), adj., of yesterday.

Hĭberno, 1 (*hibernus*), v. n., I winter, pass the winter.

Hispāniensis, e, adj., of or belonging to Spain, Spanish.

Hŏmērus, i, m., the Greek poet Homer.

Horrĭbĭlis, e (*horreo*), adj., to be dreaded, dreadful, frightful, horrible, horrific, terrible.

Hortātus, ūs, m. (*hortor*), exhortation, encouragement, incitement.

Hortensius, i, m. V. page 552, n. 8.

W W

toties de maximis tuis beneficiis, toties de incredibili liberalitate, toties de singulari sapientia tua cogitabis ; quae non
modo summa bona, sed nimirum audebo vel sola dicere.
Tantus est enim splendor in laude vera, tanta in magnitudine
5 animi et consilii dignitas, ut haec a virtute donata, cetera a
fortuna ⁷commodata esse videantur.   20. Noli igitur in con-
servandis bonis viris defatigari, non cupiditate praesertim aliqua aut ,pravitate lapsis, sed opinione officii stulta fortasse,
certe non improba, et ⁸specie quadam rei publicae ; non enim
10 tua ulla culpa est, si te aliqui timuerunt, contraque summa
laus, quod minime timendum fuisse senserunt.

     VII.   21. Nunc venio ad gravissimam querelam et ¹atro-
cissimam suspicionem tuam ; quae non tibi ipsi magis quam
quum omnibus civibus tum maxime nobis, qui a te conservati
15 sumus, providenda est ; quam etsi spero falsam esse, tamen
nunquam extenuabo [verbis].   Tua enim cautio nostra cautio est, ut si in alterutro peccandum sit, malim videri nimis
timidus, quam parum prudens.   Sed quisnam est iste tam
demens ?   De tuisne ? — tametsi qui magis sunt tui, quam
20 quibus tu salutem insperantibus reddidisti ? — an ex hoc
numero, qui una tecum fuerunt ?   Non est credibilis tantus
in ullo furor, ut, quo duce omnia summa sit adeptus, hujus
vitam non anteponat suae.   An si nihil tui cogitant sceleris,
cavendum est ne quid inimici ?   Qui ? omnes enim, qui fue-
25 runt, aut sua pertinacia vitam amiserunt aut tua misericordia
retinuerunt, ut aut nulli supersint de inimicis aut qui super-
fuerunt sint amicissimi.   22. Sed tamen quum in animis
hominum tantae latebrae sint et tanti recessus, augeamus sane
suspicionem tuam ; simul enim augebimus diligentiam.   Nam
30 quis est omnium tam ignarus rerum, tam rudis in re publica,
tam nihil unquam ²nec de sua nec de communi salute cogitans, qui non intelligat tua salute contineri suam et ex ³unius
tua vita ⁴pendere omnium ?   Equidem de te dies noctesque,
ut debeo, cogitans casus ⁵dumtaxat humanos et incertos even-
35 tus valetudinis et naturae communis fragilitatem extimesco,
doleoque, quum res publica immortalis esse debeat, eam in
unius mortalis anima consistere.   23. Si vero ad humanos

anything against any one; I charge,
accuse.

In-specto, 1 (*inspicio*), v. freq. a., I behold.

In-speratus, a, um, adj., not hoped for, unhoped for, unexpected.

Integré (*integer*), adv., wholly, entirely;
honestly, justly.

Inter-cessio, *ōnis*, f. (*intercedo*), intervention; interposition, a protesting against.

Inter-imo, *ēmi*, *emtum* or *emptum*, 3 (*inter*,
emo), v. a., I take away, deprive of; I
kill, slay, murder.

In-uro, *ussi*, *ustum*, 3, v. a., I burn in,
brand.

In-vidiosus, a, um (*invidia*), adj. full of
envy; causing envy; hateful, odious.

Ir-rētio and *in-rētio*, *īvi*, *ītum*, 4 (*in*, *rete*),
v. a., I catch in a net, I ensnare, en-
tangle.

Ir-ruptio, *ōnis*, f. (*irrumpo*), a breaking or
bursting in; an irruption, inroad, incursion.

J.

Jactūra, ae, f. (*jacio*), the throwing overboard; a loss, damage, detriment; a
lessening, impairing, abatement; great
expense.

Jactus, ūs, m. (*jacio*), a throwing, hurling,
throw, cast.

Jam-dūdum. See *jam* and *dudum*.

Jam-prīdem. See *jam* and *pridem*.

Judiciālis, e (*judicium*), adj., of a judge or
trial, judicial.

Jugūlum, i, n., and *jugūlus*, i, m. (*jungo*),
the collar-bone; the neck, the throat.

Jugurtha, ae, m., a king of Numidia.

Juppiter (also written *Jupiter*), *Jovis*, m.,
Jupiter or Jove, a son of Saturn, brother
and husband of Juno, the chief god
among the Romans.

K.

Karthaginiensis, e, adj., V. Carthaginiensis.

L.

Lābes, is, f. (*labor*, I fall), a fall, a sinking
down or in; figur.: a stain, blot, shame,
dishonour, discredit, disgrace, ignominy.

Labōriōsus, a, um (*labor*), adj., laborious,
tiresome, toilsome, wearisome, fatiguing.

Lacteo, 2 (*lac*), v. n., to suck; part., *lactens*,

tis, sucking milk, hanging at the breast,
sucking.

Laedo, *si*, *sum*, 3, v. a., I injure, hurt,
harm, offend, trouble, vex, annoy.

Laelius, i (C.), m. V. page 572, n. 9.

Lāmentātio, *ōnis*, f. (*lamentor*), a weeping,
wailing, mourning, lamentation.

Lāmentor, 1 (*lamentum*), v. dep. n. and a.,
I lament, bewail weep, or mourn for.

Largītor, *ōris*, m. (*largior*), a profuse
spender, liberal giver; a briber.

Latēbra, ae, f. (*lateo*), a lurking-place,
hiding-place, shelter, recess.

Latium, i, n., a country of Italy, in which
Rome was situated.

Lātor, *ōris*, m. (*fero*, *latum*), a bearer;
l. legis, the proposer of a law.

Lātrōcinium, ii, n. (*latrocinor*), robbery,
highway robbery; piracy; artifice, stratagem, fraud.

Lātrōcinor, 1 (*latro*), v. dep. n., I rob,
plunder, rob on the highway; I engage
in unlawful warfare.

Lectīca, ae, f. (*lectus*), a litter, couch, sedan,
palanquin.

Lēgo, 1 (*lex*), v. a., I send as an ambassador; I depute, despatch; I appoint as
lieutenant or legate of a general or governor.

Lēno, *ōnis*, m., a dealer in slaves; a pander, procurer; a negotiator, mediator,
go-between; an ambassador.

Lentūlus, i (L.), m. V. page 570, n. 9.

Lepidus, a, um (*lepos*), adj., lively, mannerly, pleasant, agreeable, polite, genteel.

Libellus, i, m. (*liber*), dim., a small writing; a poem; a petition, remonstrance,
or memorial in writing.

Liquē-fācio, *fēci*, *factum*, 3 (*liqueo*, *facio*),
v. a., I make liquid or fluid, I liquefy,
melt.

Litterātus, a, um (*littera*), adj., learned,
erudite; relating to learning, devoted to
learning, literary.

Litūra, ae, f. (*lino*), the rubbing out of a
letter or word, an erasure.

Locrenses, *ium*, m., the Locrians.

Locupleto, 1 (*locuples*), v. a., I make rich,
enrich.

Longinquitas, *ātis*, f. (*longinquus*), length,
long continuance or duration; length of
time; remoteness; great distance.

Longinquior, a, um (*longior*), adj., somewhat long, rather longer than usual.

magnorum vel in suos cives vel in patriam vel in omne genus
hominum fama meritorum.

IX. 27. Haec igitur tibi reliqua pars est: [1]hic restat actus: in hoc ~elaborandum est, ut rem publicam constituas
5 eaque tu in primis summa tranquillitate et otio perfruare:
tum te, si voles, quum patriae, quod debes, solveris, et naturam ipsam expleveris satietate vivendi, satis diu vixisse
[2]dicito. Quid est enim hoc ipsum diu, in quo est aliquid extremum? quod quum venit, omnis voluptas praeterita pro
10 nihilo est, quia postea nulla est futura. Quamquam iste
tuus animus nunquam his angustiis, quas natura nobis ad
vivendum dedit, contentus fuit; semper [3]immortalitatis amore
flagravit. 28. Nec vero haec tua vita ducenda est, quae corpore et spiritu continetur. Illa, inquam, illa vita est tua,
15 quae vigebit memoria seculorum omnium, quam posteritas
alet, quam ipsa aeternitas semper tuebitur. [4]Huic tu [5]inser-
vias, huic te ostentes oportet, quae quidem, quae miretur,
jampridem multa habet, nunc etiam quae laudet exspectat.
Obstupescent posteri certe imperia, provincias, Rhenum,
20 Oceanum, Nilum, pugnas innumerabiles, incredibiles victorias, monumenta, [6]munera, triumphos audientes et legentes
[7]tuos. 29. Sed nisi haec urbs stabilita tuis consiliis et institutis erit, vagabitur modo nomen tuum longe atque late: sedem
stabilem et domicilium certum non habebit. Erit inter eos
25 etiam, qui nascentur, sicut inter nos fuit, magna dissensio,
quum alii laudibus ad coelum res tuas gestas efferent, alii
fortasse aliquid [8]requirent, idque vel maximum, nisi belli
civilis incendium salute patriae restinxeris; [9]ut illud fati
fuisse videatur, hoc consilii. Servi igitur iis etiam judicibus,
30 qui multis post seculis de te judicabunt et quidem [10]haud scio
an incorruptius quam nos; nam et sine amore et sine [11]cupi-
ditate, et rursus sine odio et sine invidia judicabunt. 30. Id
autem etiam si tum [12]ad te, ut quidam falso putant, non pertinebit, nunc certe pertinet esse te talem, ut tuas laudes ob-
35 scuratura nulla unquam sit oblivio.

X. [1]Diversae voluntates civium fuerunt distractaeque sententiae: non enim consiliis solum et studiis, sed armis etiam

APPENDIX I.

A.

Abs-condo, *di* and *didi*, *ditum* (seldom *consum*), 3, v. a., I put away, hide, keep secret, conceal.

Ab-solûtio, *ônis*, f. (*absolvo*), an absolving, discharging, acquitting.

Ac-celêro, 1 (*ad*, *celer*), v. a. and n., I hasten, make haste, am expeditious.

Acerbitas, *âtis*, f. (*acerbus*), sharpness, harshness; figur.: moroseness, austerity, sorrow.

Achilles, *is*, m., the Grecian hero in the Trojan war.

Ac-quiro, *quisîvi*, *quisîtum*, 3 (*ad*, *quaero*), v. a., I acquire, get, procure, gain, obtain.

Acroâma, *âtis*, n., anything agreeable to hear; a singer, player; a reciter of stories.

Adeps, *ipis*, m. and f. (= *sebum*), fat, grease, fatness.

Ad-jûmentum, *i*, n. (*adjuvo*), assistance, help, aid, furtherance.

Ad-minister, *tri*, m. (*manus*), a manager, servant; figur.: assistant, promoter.

Ad-ministra, *ae*, f., a female assistant, handmaid.

Ad-murmurâtio, *onis*, f., a murmuring in approbation or disapprobation of a thing.

Ad-suo. See *annuo*.

Ad-quiro. See *acquiro*.

Ad-scribo. See *ascribe*.

Ad-sto. See *Asto*.

Aegaeus, *a*, *um*, adj., Aegean.

Aemilius, *i* (*M. — Scaurus*), m. V. page 576, n. 23.

Aetôli, *ôrum*, m., the inhabitants of Aetolia.

Af-fingo, *inxi*, *ictum*, 3, v. a., I add by fashioning or framing; I form, fashion, make; figur.: I add, attribute, bestow, ascribe, adapt.

Africa, *ae*, f., Africa.

Africânus, *a*, *um*, adj., African.

Agor, pass. of *ago*, to be in suit or in question, it concerns or affects, is about; to be at stake or at hazard, to be in peril, danger; *actum est*, it is all over, all is lost, I am ruined, undone.

Agrârii, *ôrum*, m. (*agrarius*), those who urged the agrarian laws, and sought the possession of public land.

Alea, *ae*, f. (akin to *ais*), game of chance, gaming, or play of all sorts.

Aleâtor, *ôris*, m. (*alea*), dice-player, gamester.

Alexander, *dri*, m., Alexander, son of Philip and Olympia, surnamed *Magnus*.

Alienî-gêna, *ae* (*alienus*, *genus*), m. and f., one born in another country, a stranger, foreigner, alien.

Altâre, *is*, n. (akin to *oleo*), a fire-dish or burning-vessel, altar, upon which sacrifices are offered to the gods; *altare* was the superstructure, *ara* the base of an altar.

Alternus, *a*, *um* (*alter*), adj., acting or done by turns, interchangeable, mutual, reciprocal, alternative.

Alveôlus, *i*, m. (*alveus*), dim., a small hollow vessel of wood; a gaming-board, chess-board or table.

Amans, *tis*, part. (*amo*), loving; adj., fond of, affectionately attached to; subst., a lover.

tus, praestare debeo.   Itaque, C. Caesar, sic tibi gratias ago,
ut omnibus me rebus a te non conservato solum, sed etiam
ornato, ⁶tamen ad tua in me unum innumerabilia merita, quod
fieri jam posse non arbitrabar, maximus hoc tuo facto cumulus accesserit.

Pedius, *i*, m. (Q.), one of Caesar's lieutenants in Gaul, B. C. 57, and consul, B. C. 43. He was a great-nephew of Caesar, being the grandson of his sister Julia.

Perdiccas, *as*, m., a king of Macedonia.

Perses, *as*, m. or *Perseus*, *i*, m., the last king of Macedon. V. Cic. p. Manil. lege, XVIII. n. 8.

Pescennius, *i*, m., a friend of Cicero.

Petreius, *i*, m., (M.), the lieutenant of C. Antonius in the war with Catiline.

Philotaerus, *i*, m. (Clodius), a servant or friend of Cicero, who accompanied him in his exile as far as Brundisium.

Philippus, *i*, m., the name of several kings of Macedonia, the most celebrated of whom was the son of Amyntas, and father of Alexander the Great.

Philo, *ŏnis*, m., the Academic, was a native of Larissa, a disciple of Clitomachus, and one of the teachers of Cicero.

Philomelium, *i*, n., a town in Phrygia Major, near the borders of Lycaonia.

Picenum, *i*, n. V. Cic. in Cat. II. 3, n. 2.

Pictones, *um*, a powerful people of Celtic Gaul, on the coast, to the north of the Santones, between the Liger (Loire) and Carantanus (Charante).

Pindenissus, *i*, m. or -*um*, *i*, n., a fortified town in Cilicia, taken by Cicero.

Piso, *ŏnis*, m., a Roman family name. 1. *M. Pupius Piso*, consul with M. Valerius Messala, B. C. 61 was not particularly distinguished. Caes. I. 2. 2. *L. Calpurnius Piso*, the father-in-law of Julius Caesar, consul, B. C. 58, with A. Gabinius, censor B. C. 50, with Ap. Claudius Pulcher, was an unprincipled debauchee and a cruel and corrupt magistrate. Caes. L. 6. 3. *L. Calpurnius Piso*, grandfather of the last-named, was consul, B. C. 112. In B. C. 107 he served as lieutenant under the consul L. Cassius Longinus, who was sent into Gaul to oppose the Cimbri and their allies, and he fell, together with the consul, in the battle in which the Roman army was utterly defeated by the Tigurini in the territory of the Allobroges. Caes. I. 12. 4. *Piso*, a very brave and distinguished Aquitanian officer, killed in the war against the Usipetes. Caes. IV. 12. 5. *Cn. Calpurnius Piso*, a profligate young nobleman of the most daring and un-

scrupulous character, who formed with Catiline a treasonable conspiracy in B. C. 66. Sall. Cat. XVIII., XIX. 6. *C. Calpurnius Piso*, a distinguished Roman, who was consul in B. C. 67. In B. C. 66 and 65 he administered the province of Narbonese Gaul as proconsul, and while there suppressed an insurrection of the Allobroges. Like many of the other Roman nobles, he plundered his province. He was defended by Cicero in B. C. 63. Sall. Cat. XLIX. n. 4.

Plato, *ŏnis*, m., a celebrated Grecian philosopher, the disciple of Socrates, the instructor of Aristotle, and founder of the Academic philosophy. He was born about B. C. 430, and died according to some in the 81st, according to others in the 84th year of his age.

Poeni, *ŏrum*, m., the Phoenicians, i. e. the Carthaginians (descended from the Phoenicians)

Pompeius (Cn.), *i*, m. See Cic. Manil. lege, X.; n. 6 and 11.

Pomptinus, *i*, m. (C.). V. Cic. in Cat. III. 2, n. 18.

Posidonius, *i*, m., a native of Apamea, a city of Coele-Syria, was a Stoic philosopher, a disciple of Panaetius, and one of Cicero's teachers. He was born about B. C. 135, and lived to the age of 84 years.

Praeconinus, *i*, m. (L. Valerius), a Roman lieutenant, was defeated and slain by the Aquitani.

Procillus, *i*, m. V. Caes. I. 19, n. 5.

Protogenes, *is*, m., 1, a celebrated Grecian painter of Caunus, on the coast of Caria; 2, a slave who attended M. Marius in the capacity of reader.

Ptianii, *ŏrum*, m. (also written *Preciani*), a people of Aquitanian Gaul.

Ptolemaeus, *i*, m., the son of Lagus, surnamed Soter, was king of Egypt from B. C. 323 to 284.

Puteoli, *ŏrum*, m., a city on the coast of Campania, opposite Baiae, having mineral springs, a favorite resort.

Pyrrhus, *i*, m., king of Epirus, and a powerful enemy of the Romans. He perished in B. C. 272, in the 46th year of his age, and in the 23d of his reign. He was the greatest warrior and one of the best princes of his time.

integritas ac fides. 3. Bellum subito exarsit; quod, qui
erant in Africa, ante audierunt geri quam parari. · Quo
audito, partim [12]cupiditate inconsiderata, partim caeco quodam
[13]timore, primo [14]salutis, post etiam studii sui quaerebant ali-
5 quem ducem; quum Ligarius domum spectans, ad suos
redire cupiens, nullo se implicari negotio passus est. Interim
P. Attius [15]Varus, qui [16]praetor Africam obtinuerat, [17]Uticam
venit · ad eum statim concursum est. Atque ille non mediocri cupiditate arripuit imperium, si illud imperium esse
10 potuit, quod privato clamore multitudinis imperitae, nullo
publico [18]consilio deferebatur. 4. Itaque Ligarius, qui
omne tale negotium [19]cuperet effugere, paulum adventu Vari
conquievit.

II. Adhuc, C. Caesar, Q. Ligarius omni culpa vacat.
15 Domo est egressus non modo nullum ad bellum, sed ne ad
minimam quidem suspicionem belli: legatus in pace profectus, in provincia pacatissima ita se gessit, ut ei pacem esse
expediret. Profectio certe animum tuum non debet offendere: num igitur remansio? Multo minus; nam profectio
20 voluntatem habuit non turpem, remansio [1]necessitatem etiam
honestam. Ergo haec duo tempora carent crimine: unum,
quum est legatus profectus, alterum, quum efflagitatus a provincia praepositus Africae est. 5. Tertium tempus [2]est, quod
post adventum Vari in Africa restitit; quod si est crimino-
25 sum, necessitatis crimen est, non voluntatis. An ille, si
potuisset ullo modo evadere, Uticae quam Romae, cum P.
Attio quam cum concordissimis fratribus, cum alienis esse
quam cum suis maluisset? Quum ipsa legatio plena desiderii ac sollicitudinis fuisset propter incredibilem quendam
30 fratrum amorem, [3]hic aequo animo esse potuit, belli discidio
distractus a fratribus? 6. Nullum igitur habes, Caesar, adhuc in Q. Ligario signum alienae a te voluntatis. Cujus ego
· causam, animadverte, quaeso, qua fide defendam: prodo
meam. O clementiam admirabilem atque omnium laude,
35 praedicatione, [4]literis monumentisque decorandam! Quum
M. Cicero apud te [5]defendit, alium in ea voluntate non fuisse,
in qua se ipsum confitetur fuisse, nec tuas tacitas cogitationes

sassinated by Perperna. V. Cic. pro Manil. lege, IV. n. 11.

Sesuvri, örum, m., one of the Armoric tribes, in Celtic Gaul.

Sextius, i, m. See Baculus.

Sibuzâtes, um, m., a people in the southwest of Gaul, at the foot of the Pyrenees.

Sicca, æ, m., a friend of Cicero, who took refuge on his estate at Vibo, in the country of the Bruttii, when he left Rome in B. C. 58. Here Cicero received intelligence of his banishment, and forthwith set out for Brundisium, where he expected to meet Sicca, but was disappointed, as Sicca had left Brundisium before he arrived there.

Sicyon, önis, f., the capital of the territory of Sicyonia in the Peloponnesus, near the isthmus.

Sigambri, örum, m., a German people east of the Rhine, who appear first on the river Sieg, which still contains the root of their name; but afterwards they dwelt farther to the northeast about the Luppia (Lippe).

Silanus, i, m. (*D. Junius*), was consul in B. C. 62, and in consequence of his being consul elect, was first asked for his opinion by Cicero in the debate in the senate on the punishment of the Catilinarian conspirators.

Silius, i, m. (*T*), an officer in Caesar's army in Gaul, sent among the Veneti to procure corn.

Simonides, is, m., a celebrated lyric poet of Ceos, who was born about B. C. 556, and lived to the age of 90 years.

Sittius, i, m. (*P.*), surnamed Nucerinus from Nuceria, a city of Campania, the place of his birth, was one of the adventurers, bankrupt in character and fortune, but possessing considerable ability, who abounded in Rome during the latter years of the republic. He was connected with Catiline, and went to Spain in B. C. 64, from which country he went into Mauritania in B. C. 63.

Socrates, is, m., the celebrated Grecian philosopher.

Sophöcles, is and *i,* m., a celebrated Grecian tragic poet, born in Colonus, a small village near Athens, in B. C. 495. He composed about 130 plays, the last of which, the Oedipus at Colonus, was written near

the close of a long and useful life. He died at the age of 90.

Sotiâtes, um, m., a people in the southwest of Gaul, on the Garumna (Garonne).

Spinther, ëris, m. (*P. Cornelius Lentulus*), a Roman aedile during the consulship of Cicero, who was intrusted with the care of the apprehended conspirator, P. Lentulus Sura. He was praetor in B. C. 60, and consul in B. C. 57.

Stabiânum, i, n. (*Stabiae*), a villa of M. Marius near Stabiae, a small town on the coast of Campania.

Statilius, i, m (*L.*). V. Cic. in Cat. III. 3, n. 3.

Suessiones, um, m., a very brave tribe in Belgic Gaul, west of the Remi, between the Axona (Aisne) and Matrona (Marne). The name is preserved in the modern Soissons.

Suevi, örum, m., the Suevi, properly not the name of any particular tribe, but a designation applied to a great number of them, and describing them as wandering about without fixed habitations, in opposition to the Ingaevones, that is, the settled tribes. They occupied the greater half of the interior of Germany, from the Baltic to the Main and Danube. The name remains in the modern Schwaben or Suabia.

Sulla, æ, m. (*P. Cornelius*). V. Cic. in Cat. I. 6, n. 14. Although reckoned by Sallust as one of the conspirators, and accused of this crime by L. Torquatus and C. Cornelius, he was defended by Cicero in an oration still extant, and acquitted. V. Sall. Cat. XVII., XVIII. He was a nephew of the dictator, and died in B. C. 45.

Sulla, æ, m. (*Servius Cornelius*), a brother of the preceding, took part in both of Catiline's conspiracies. His guilt was so evident that no one was willing to defend him: but we have no knowledge that he was put to death along with the other conspirators.

Sulla, æ, m., the name of a patrician family of the *gens Cornelia*. Of this family L. Cornelius Sulla Felix, born B. C. 138, the dictator and implacable rival of Marius, was the most eminent. Having neither an illustrious ancestry nor

desidero; quod homo quum ingenio, tum etiam doctrina
excellens genus hoc causae quod esset, non viderit: nam, si
vidisset, quovis profecto quam isto modo a te [1]agi maluisset.
Arguis fatentem; non est satis: accusas eum, qui causam
5 habet aut, ut ego dico, meliorem quam tu: aut, ut tu vis,
parem. 11. Haec admirabilia, sed prodigii simile est, quod
dicam. Non habet eam [4]vim ista accusatio, ut Q. Ligarius
condemnetur, sed ut necetur. Hoc egit civis Romanus ante
te nemo. [5]Externi isti mores usque ad sanguinem incitari
10 solent odio, aut levium Graecorum aut immanium barbarorum. Nam quid agis aliud? Romae ne [6]sit? ut domo
careat? ne cum optimis fratribus, ne cum hoc T. Broccho
avunculo, ne cum ejus filio, consobrino suo, ne nobiscum
vivat? ne sit in patria? Num est? num potest magis carere
15 his omnibus, quam caret? Italia prohibetur, exsulat. Non
tu ergo patria privare, qua caret, sed vita vis. 12. At istud
ne apud eum quidem [7]dictatorem, qui omnes, quos oderat,
morte multabat, quisquam egit isto modo. Ipse jubebat
occidi, nullo postulante; [8]praemiis etiam invitabat; quae
20 tamen [9]crudelitas ab hoc eodem aliquot [10]annis post, quem tu
nunc crudelem esse vis, vindicata est.

V. Ego vero istud non postulo, inquies. Ita mehercule
existimo, Tubero. Novi enim te, novi patrem, novi domum
nomenque vestrum; studia [1]generis ac familiae vestrae vir-
25 tutis, humanitatis, doctrinae, plurimarum [2]artium atque optimarum, nota mihi sunt omnia. 13. Itaque certo scio vos
non petere sanguinem, sed parum attenditis; res enim eo
spectat, ut ea [3]poena, in qua adhuc Q. Ligarius sit, non
videamini esse contenti. Quae est igitur alia praeter mortem?
30 Si enim est in exsilio, sicuti est, quid amplius postulatis? an,
ne ignoscatur? Hoc vero multo acerbius multoque durius.
Quod nos [4domi] petimus precibus, lacrimis, strati ad pedes,
non tam nostrae causae fidentes quam hujus humanitati, id
ne impetremus oppugnabis, et in nostrum fletum irrumpes,
35 et nos jacentes ad pedes supplicum voce prohibebis? 14. Si,
quum hoc [5]domi faceremus, quod et fecimus et, ut spero, non
frustra fecimus, tu repente irruisses et clamare coepisses:

and his assistant in literary labor, but was himself an author of no mean reputation. It is supposed that he was the chief agent in bringing together and arranging the works of Cicero, and in preserving his correspondence from being dispersed and lost.

Tīturius, i, m. See Sabinus.

Tŏlōsa, æ, f., Tolōsa (Toulouse). See *Tolostii.*

Tŏlōsātes, ĭum, m., the inhabitants of Tolōsa (Toulouse), a celebrated commercial town on the eastern bank of the Garumna (Garonne), and capital of the Tectosāges.

Torquātus, i, m. (*T. Manlius*), a celebrated Roman, twice dictator (B. C. 353, 349), and three times consul (B. C. 347, 344, 340), who put his son to death for fighting contrary to orders.

Torquātus, i, m. (*L. Manlius*). V. Cic. in Cat. I. 6, n. 14.

Trebius, i, m., Marcus Trebius Gallus, one of Caesar's officers in Gaul sent among the Curiosolitae for supplies.

Trebonius, i, m. (*A*), a Roman eques and a *negotiator* or money-lender in the provinces, was recommended by Cicero to the proconsul Lentulus in B. C. 56.

Tres Tabernae, ium — ōrum, f., the Three Tavernae, a place on the Appian Way, near Ulubrae and Forum Appii.

Trevīri, ōrum, m., a German people, between the Mosa (Meuse) and the Rhenus (Rhine), whose capital was Augusta Trevirorum (Treves).

Tribocci, ōrum, m. (written also *Triboci*), a German tribe on the left bank of the Rhine, south of the Nemetes, near the modern Strasbourg.

Tulingi, ōrum, m., a people north of the Helvetii, on the right bank of the Rhine.

Tullus, i, m. (*L. Volcatius*). V. Cic. in Cat. I. 6, n. 14; Epp. Cic. XI.

Turōnes, um, m., a people of Celtic Gaul, on both banks of the Liger (Loire), around the modern *Tours.*

Tusculum, i, n., a very ancient town of Latium.

U

Ubii, ōrum, m., a German tribe, which dwelt originally on the east of the Rhine,

but was transplanted in B. C. 37, under Augustus, to the western bank.

Umbrenus, i, m. (*P.*). V. Cic. in Cat. III. 6, n. 16; Sall. Cat. XL.

Ummius, i, m., a slave of Cicero.

Unelli, ōrum, m., one of the Armoric tribes, in the northwestern part of Celtic Gaul.

Usipètes, um, m., a German tribe on the banks of the lower Rhine. They were driven from their homes and crossed the Rhine; but being defeated by Caesar, they were forced to return, and were received by the Sigambri, who allowed them to dwell on the banks of the Luppia (Lippe); afterwards, however, they migrated southward, where they were merged in the Alemanni.

V

Vahālis, is, m., the left arm of the Rhenus (Rhine), now the Waal, flowing into the Mosa (Meuse), and making the island Batavia.

Vangiōnes, um, m., a German people on both sides of the upper Rhine, near the modern *Worms.*

Vargunteius, i, m. (*L.*), a senator and one of Catiline's conspirators, undertook, in conjunction with C. Cornelius, to murder Cicero in B. C. 63; but their plan was frustrated by information conveyed to Cicero through Fulvia. He was afterwards brought to trial, but could find no one to defend him.

Varro, ōnis, m. (*M. Terentius*), the most learned of Roman scholars, and the most voluminous of Roman authors, was born B. C. 116, ten years before Cicero, and died B. C. 28, in the eighty-ninth year of his age. He was one of Pompey's lieutenants in the piratic war, and for a very long period was the intimate personal friend of Cicero. According to his own statement, he composed no less than four hundred and ninety books; only one of which, however, — a treatise on agriculture. — has descended entire to us.

Velanius, i, m. (*Q.*) a tribune of the soldiers in Caesar's army in Gaul, sent among the Veneti to procure supplies.

Velocasses, ium, m., a people of Belgic Gaul, near the mouth of the Sequana (Seine), and south of the Caleti.

illis loquor, qui occiderunt. Fuerint cupidi, fuerint irati, fuerint pertinaces: sceleris vero crimine, furoris, [2]parricidii liceat Cn. Pompeio mortuo, liceat multis aliis carere. Quando hoc quisquam ex te, Caesar, audivit? aut tua quid aliud arma

5 voluerunt nisi a te [4]contumeliam propulsare? quid egit tuus ille invictus exercitus, nisi ut suum jus tueretur et dignitatem tuam? Quid? tu, quum pacem esse [5]cupiebas, idne agebas, [6]ut tibi cum sceleratis, an ut cum bonis civibus conveniret?

19. Mihi vero, Caesar, tua in me maxima merita tanta certe

10 non viderentur, si me ut sceleratum a te conservatum putarem. Quomodo autem tu de re publica bene meritus esses, [7]quum tot sceleratos incolumi dignitate esse voluisses? Secessionem tu illam existimavisti, Caesar, initio, non bellum, neque hostile odium, sed civile dissidium; utrisque cupienti-

15 bus rem publicam salvam, sed partim consiliis, partim studiis a communi utilitate ' aberrantibus. Principum dignitas erat paene par; non par fortasse eorum, qui sequebantur: causa tum dubia, quod erat aliquid in utraque parte, quod probari posset: nunc melior ea judicanda est, quam etiam dii ad-

20 juverunt. Cognita vero clementia tua, quis non eam victoriam probet, in qua occiderit nemo nisi armatus?

VII. 20. Sed, ut omittam communem causam, veniamus ad nostram. [1]Utrum tandem existimas facilius fuisse, Tubero, Ligarium ex Africa exire, an vos in Africam non venire?

25 Poteramusne, inquies, quum senatus censuisset? Si me consulis, nullo modo. Sed tamen Ligarium senatus idem legaverat. Atque ille eo tempore paruit, quum parere senatui necesse erat: vos tunc paruistis, quum paruit nemo, qui noluit. Reprehendo igitur? Minime vero; neque enim

30 licuit aliter vestro generi, nomini, familiae, disciplinae. Sed hoc non concedo, ut, [2]quibus rebus gloriemini in vobis, easdem in aliis reprehendatis. 21. [3]Tuberonis sors conjecta est ex senatus consulto, quum ipse non adesset, morbo etiam impediretur: statuerat [4]excusare. Haec ego novi propter omnes

35 necessitudines, quae mihi sunt cum L. Tuberone. [5]Domi una eruditi, militiae contubernales, post [6]affines, in omni denique vita familiares: magnum etiam vinculum, quod iisdem

consensis, which was captured and destroyed by Scipio Africanus the younger.

Numidicus, a, um, adj., Numidian; a surname of Q. Metellus, bestowed on him for his victory over Jugurtha.

O.

Ob-ligo, 1, v. a., I tie to, tie round, bind about or upon; I bind together, bind up; figur.: I bind, engage, oblige, put under obligation; I pledge, plight, mortgage.

Ob-ruo, rui, rutum, 3, v. a., I cover over, hide in the ground, bury; I hide, conceal, obliterate, efface, abolish.

Obscūrē (*obscurus*), adv., darkly, obscurely, secretly.

Ob-sēcundo, 1, v. a., I humor, comply with, follow implicitly, second, c. dat.

Ob-sōlesco, lēvi, 3 (*obsoleo*), v. inch. n., I become antiquated, grow out of use, become obsolete, fade, decay.

Ob-stŭpĕfăcio, fēci, factum, 3, v. a., I astound, amaze, confound, stupefy.

Ob-stŭpesco, pui, 3, v. n., I become senseless, become stupefied, am struck with amazement.

Ob-trecto, 1 (*tracto*), v. a. and n., I detract from, disparage, traduce, slander, dispraise, calumniate; I oppose or thwart maliciously.

Oc-cĭdens, tis, part., from *occido*; subst. m., sc. sol, the west, quarter of the setting sun.

Oc-clūdo, ūsi, ūsum, 3 (*ob*, *claudo*), v. a., I shut, shut up, shut close.

Octavii, ōrum, m. V. page 576, n. 29.

ōmĕn, ĭnis, n., a voice taken as an indication of something future; a prognostic, sign, token, omen.

ōpīmus, a, um (*ops*), adj., nourishing, fruitful, fertile, rich.

Ostiensis, e (*Ostia*), adj., of or pertaining to Ostia, Ostian.

P.

Păciscor, pactus, sum, 3 (*paco*), v. dep. n. and a., I bargain, make a bargain, agree, stipulate, conclude a contract.

Pactum, i, n. (*paciscor*), a bargain, agreement; *isto pacto*, this way, so much, in such a manner; *alio pacto*, otherwise; *quo pacto*, in what way, how; *nullo pacto*, in no way, not at all.

Pălam, adv., in open view, openly, publicly, plainly.

Pălātium, i, n. V. Cic. in Cat. I. 1, n. 9.

Pamphÿlia, ae, f., a country on the seacoast of Asia Minor, between Lycia and Cilicia.

Pāpius, a, um, adj., Papian. V. page 570, n. 17.

Parri-cĭdium, ĭi (*parricida*), n., murder of parents or near relations, parricide, murder.

Pastio, ōnis, f. (*pasco*), a feeding, grazing, pasturing; pasture, food.

Pater-familias. See *pater*.

Pecto, pexi, pexui or pectivi, pexum and pectitum, 3, v. a., I comb, dress, or adjust the hair.

Pĕcu, n., sheep, cattle.

Pĕnātes, ĭum, m. (*penes*), guardian deities, household gods; the house, home.

Pĕnĕtro, 1 (*penitus*), v. n., I penetrate, advance, reach.

Pensito, 1 (*penso*), v. freq. a., I pay, disburse, pay taxes.

Per-ădŭlescens, tis, adj., very young.

Per-brĕvis, e, adj., very short; abl., *perbrĕvi*, in a very short time.

Per-cĭpio, cēpi, ceptum, 3 (*per*, *capio*), v. a., I take up wholly; I take, get, obtain, enjoy, acquire; I perceive, feel; I understand, comprehend, conceive, learn, know.

Per-cŭtio, cussi, cussum, 3, v. a., I strike, hit, beat, knock, smite; figur.: I strike, affect sensibly, deeply, or strongly, touch keenly.

Per-ēgrīnus, a, um (*peregre*), adj., foreign, strange, alien; subst., a foreigner, stranger, alien.

Per-horresco, rui, 3, v. n. and a., I shudder, shudder greatly; I shudder at, dread.

Per-inīquus, a, um, adj., very unjust, very unfair.

Per-mŏdestus, a, um, adj., very moderate, very modest or unassuming.

Per-multus, a, um, adj., very much, very many; *permultum*, adv., very much.

Per-nocto, 1 (*per*, *nox*), v. n., I stay or pass the whole night, remain all night long.

Per-saepe, adv., very often, very frequently.

Per-sĕvērantia, ae, f. (*perseverans*), steadiness, constancy, perseverance.

Per-sōna, ae, f. (*persono*), a mask used by players; the character, personage, or

contra Caesarem gerere bellum? Atque in hoc quidem vel
cum mendacio, si vultis, [5]gloriemini per me licet vos provinciam fuisse Caesari tradituros. Etiamsi a Varo et a quibusdam aliis prohibiti estis, ego tamen confitebor culpam esse
5 Ligarii, qui vos tantae laudis occasione privaverit.

IX. 26. Sed vide, quaeso, Caesar, [1]constantiam ornatissimi
viri [Tuberonis], quam ego, quamvis ipse probarem, ut probo,
tamen non commemorarem, nisi a te cognovissem in primis
eam virtutem solere laudari. Quae fuit igitur unquam in
10 ullo homine tanta constantia? constantiam dico? nescio an
melius patientiam possim dicere. [2]Quotus enim istud quisque fecisset, ut, a quibus in dissensione civili non esset receptus, esset etiam cum [3]crudelitate rejectus, ad eos ipsos rediret?
Magni cujusdam [4]animi atque ejus viri, quem de suscepta
15 causa propositaque sententia nulla contumelia, nulla vis,
nullum periculum [5]possit depellere. 27. [6]Ut enim cetera
paria Tuberoni cum Varo fuissent, honos, nobilitas, splendor,
ingenium, quae nequaquam fuerunt; hoc certe praecipuum
Tuberonis, quod [7]justo cum imperio ex senatus consulto in
20 provinciam suam venerat. Hinc prohibitus non ad Caesarem,
ne iratus, non domum, ne iners, non in aliquam regionem,
ne condemnare causam illam, quam secutus esset, videretur:
in Macedoniam ad Cn. Pompeii castra venit, in eam ipsam
causam, a qua erat rejectus cum injuria. 28. Quid? quum
25 [8]ista res nihil commovisset ejus animum, ad quem veneratis,
languidiore, credo, studio in causa fuistis: tantummodo [9]in
praesidiis eratis, [10]animi vero a causa abhorrebant: [11]an, ut fit
in civilibus bellis *** nec in vobis magis quam in reliquis?
omnes enim vincendi studio tenebamur. Pacis equidem
30 semper auctor fui, sed tum sero; erat enim amentia, quum
aciem videres, pacem cogitare. Omnes, inquam, vincere
volebamus: tu certe praecipue, qui in eum [12]locum venisses,
ubi tibi esset pereundum, nisi vicisses: quamquam, ut nunc
se res habet, non dubito, quin hanc salutem anteponas [13]illi
35 victoriae.

X. 29. Haec ego non dicerem, Tubero, si aut vos con-
stantiae vestrae, aut Caesarem beneficii sui poeniteret. Nunc

Quirites, ium and um, m. (Quris), the inhabitants of the Sabine town Cures. V. page 490, n. 2.

Quo-dam-modo. See modus.

Quo-minus. See minus.

R.

Reatinus, a, um (Reate), adj., of or belonging to Reate, Reatine.

Re-colo, colui, cultum, 3, v. a., I cultivate or till anew; I resume, practise, or exercise again.

Re-conciliatio, onis, f. (reconcilio), a restoration, reinstatement, renewal; reconciliation, reconcilement.

Re-cusatio, onis, f. (recuso), a refusal, opposition.

Re-ligo, 4 (re, annecto), v. a., I bind round, wind round, wreathe, gird, encircle.

Re-fūto, 1, v. a., I check, drive, or keep back; I refute, disprove.

Regalis, e (rex), adj., becoming a king, kingly, princely, royal, regal.

Regie (regius), adv., royally, regally, despotically.

Re-missus, a, um, part. (remitto), adj., relaxed; sluggish, remiss, negligent.

Re-moror, 1, v. dep. n. and a., I tarry, stay; I stop, delay, obstruct, hinder, keep back, retard.

Re-signo, 1, v. a., I unseal, open what is sealed; figur.: I disclose, reveal; I annul, abolish, cancel, invalidate, destroy.

Re-sto, stiti, 1, v. n., I stay or remain behind, stay, remain; I resist, oppose; restat, ut, it still remains, that.

Re-tardo, 1, v. a., I keep back, detain, stop, delay, hinder, impede, retard.

Re-torqueo, si, tum, 2, v. a., I writhe or twist back, bend back, turn or cast back, turn.

Re-tundo, tudi, tūsum, 3, v. a., I thrust, push, or drive back; I blunt, make dull; r. gladium alicujus, to frustrate any one's murderous designs.

Rhegini, orum, m., the inhabitants of Rhegium.

Robustus, a, um (robur), adj., of hard oak or other hard wood; hard, firm, strong, hardy, sturdy, robust.

Roscius, i (Q.), m. V. page 678, n. 1.

Rudinus, a, um, adj., of Rudiae, Rudian.

Rumpo, rūpi, ruptum, 3 (akin to rima), v. a., I break, burst, tear, rend asunder; figur.: I open by force, force open.

Ruo, rui, rutum and ruitum, 3, v. n., I rush down, fall down; I fall, am overthrown, ruined; v. a., I throw down, dash down, overthrow, prostrate; ruere rempublicam, to ruin the state.

Rusticor, 1 (rusticus), v. dep. n., I dwell in the country, rusticate.

S.

Sacrarium, i, n. (sacrum), a place where sacred things are kept; a place for divine service, a chapel, temple.

Sacro-sanctus, a, um (sacer, sanctus), adj., sacred, inviolable.

Sagax, ācis (sagio), adj., sagacious, quick, cunning, acute, shrewd, ingenious, provident, foreseeing.

Salassi, orum, m., the inhabitants of Salassia.

Saltus, ūs, m., a wood where cattle pasture, pasture for cattle.

Samos or Samus, i, f. V. page 545, n. 2.

Sanus, a, um, adj., sound in health, healthy, well, whole, sane; sound in mind, sober, wise, discreet.

Sardinia, ae, f., Sardinia.

Satelles, itis, m. and f., an attendant, a servant; accomplice, aider, abettor.

Saturnalia (Saturnus), ium, n., the Saturnalia. V. page 505, n. 15.

Scriba, ae, m. (scribo), a writer, scribe.

Scriptura, ae, f. (scribo), a writing; the rent paid for the use of public pastures.

Se-cerno, crēvi, crētum, 3, v. a., I put asunder or apart, sever, part, separate; I distinguish.

Securis, is, f. (seco), an axe or hatchet; securis, the badges of the power of the magistrates, the sovereignty of the Roman people.

Sedulitas, ātis, f. (sedulus), assiduity, industry, diligence, application, zeal.

Se-grego, 1 (se, grex), v. a., I separate, part, sever, remove.

Sella, ae, f. (for sedela, from sedeo), a seat, chair; the curule chair.

Seminarium, i, n. (semino), a nursery, or plantation of young trees.

Sempiternus, a, um (semper), adj., perpetual, eternal, everlasting.

tibi probatissimos, totumque agrum Sabinum, florem Italiae,
robur rei publicae proponere. Nosti optimos homines.
Animadverte horum omnium maestitiam et dolorem: hujus
T. Brocchi, de quo non dubito quid existimes, lacrimas squa-
5 loremque ipsius et filii vides. 33. Quid de fratribus dicam?
Noli, Caesar, putare, de unius capite nos agere: aut tres tibi
Ligarii retinendi in civitate sunt aut tres ex civitate extermi-
nandi. Quodvis exsilium his est optatius, quam patria, quam
domus, quam dii penates, uno illo exsulante. Si fraterne,
10 si pie, si cum dolore faciunt, moveant te horum lacrimae,
moveat pietas, moveat germanitas; valeat tua vox illa, 'quae
vicit. Te enim dicere audiebamus, nos omnes adversarios
putare, nisi qui nobiscum essent: te omnes, qui contra te non
essent, tuos. Videsne igitur hunc ⁸splendorem omnium, hanc
15 Brocchorum domum, hunc L. Marcium, C. Caesetium, L.
Corfidium, hos omnes equites Romanos, qui adsunt veste
mutata, non solum notos tibi, verum etiam probatos viros?
Tecum fuerunt. Atque his irascebamur, hos requirebamus,
his nonnulli etiam minabantur. Conserva igitur tuis suos:
20 ut, quemadmodum cetera, quae dicta sunt a te, sic hoc verissi-
mum reperiatur.

XII. 34. Quod si penitus perspicere posses concordiam
Ligariorum, omnes fratres tecum judicares fuisse. An potest
quisquam dubitare, quin, si Q. Ligarius in Italia esse potu-
25 isset, in eadem sententia fuisset futurus, in qua fratres
fuerunt? Quis est, qui horum consensum conspirantem et
paene conflatum in hac prope aequalitate fraterna non nove-
rit? qui hoc non sentiat, quidvis prius futurum fuisse, quam
ut hi fratres diversas sententias fortunasque sequerentur?
30 Voluntate igitur omnes tecum fuerunt: tempestate abreptus
est unus; qui si consilio id fecisset, esset eorum similis, quos
tu tamen salvos esse voluisti. 35. Sed ¹ierit ad bellum, dis-
senserit non a te solum, verum etiam a fratribus: hi te orant
tui. Equidem, ²quum tuis omnibus negotiis interessem,
35 memoria teneo, qualis T. Ligarius ³quaestor urbanus fuerit
erga te et dignitatem tuam. Sed parum est me hoc meminisse: spero etiam te, qui oblivisci nihil soles nisi injurias,

Uníce (*unícus*), adv., alone especially, in an extraordinary degree.

Usurpo, 1 (for *usu rapio*), v. a., I make use of, use; I exercise, practise.

V.

Vácuê-fácio, *féci*, *factum*, 3, v. a., I make void or empty.

Vădimōnium, ii, n. (*vas*, *vadis*), a promise or obligation, confirmed by surety, to appear in court; bail, recognizance.

Vastātio, ōnis, f. (*vasto*), a ravaging, laying waste, devastation.

Vastĭtas, ātis, f. (*vastus*), desolation, devastation, waste, solitude, ruin.

Vātes, is, m. and f., a soothsayer, diviner, prophet; a poet, bard.

Vēna, æ, f. (akin to *meno*), a vein; an artery; figur.: *in venis reipublicæ*, in the veins, h. e., the innermost parts of the state.

Vēnê-ficus, a, um (*venenum*, *facio*), adj., mixing poison, poisoning; *veneficus*, i, m., a mixer of poisons, poisoner.

Vēnustas, ātis, f. (*venus*), elegant form, beauty, comeliness, grace; elegance, politeness, gracefulness.

Vērĭtas, ātis, f. (*verus*), truth, verity.

Vespĕra, æ, f., the evening.

Vestālis, e (*Vesta*), adj., of or belonging to Vesta, Vestal.

Vexātio, ōnis, f. (*vexo*), molestation, harassing, ill-treatment, annoyance, abuse.

Vĭbro, 1, v. a., I move quickly to and fro; I flourish, brandish, hurl, throw, dart, launch.

Vĭgĭlans, tis, part. (*vigilo*); adj., watchful, careful, vigilant.

Vīlĭtas, ātis, f. (*vilis*), cheapness, lowness of price.

Vĭŏlo, 1 (*vis*), v. a., I injure, violate; I maltreat, abuse.

Vīscus, ĕris, n., more frequently pl., *viscĕra*, um, n., all that is under the skin; figur.: the innermost part of anything.

Vĭtŭpĕrātio, ōnis, f. (*vitupero*), a blaming, reproving, vituperation.

Vŏlĭto, 1 (*volare*), v. freq. n., I fly often, am wont to fly, fly to and fro, fly about or up and down, flutter, flit.

APPENDIX II.

sassinated by Perperna. V. Cic. pro Manil. lege, IV. n. 11.

Sesuvii, örum, m., one of the Armoric tribes, in Celtic Gaul.

Sextius, i, m. See Baculus.

Sibuzātes, um, m., a people in the southwest of Gaul, at the foot of the Pyrenees.

Sicca, æ, m., a friend of Cicero, who took refuge on his estate at Vibo, in the country of the Bruttii, when he left Rome in B. C. 58. Here Cicero received intelligence of his banishment, and forthwith set out for Brundisium, where he expected to meet Sicca, but was disappointed, as Sicca had left Brundisium before he arrived there.

Sicḡon, ōnis, f., the capital of the territory of Sicyonia in the Peloponnesus, near the isthmus.

Sigambri, örum, m., a German people east of the Rhine, who appear first on the river Sieg, which still contains the root of their name; but afterwards they dwelt farther to the northeast about the Luppia (Lippe).

Silānus, i, m. (*D. Junius*), was consul in B. C. 62, and in consequence of his being consul elect, was first asked for his opinion by Cicero in the debate in the senate on the punishment of the Catilinarian conspirators.

Silius, i, m. (T), an officer in Caesar's army in Gaul, sent among the Veneti to procure corn.

Simonides, is, m., a celebrated lyric poet of Ceos, who was born about B. C. 556, and lived to the age of 90 years.

Sittius, i, m. (P.), surnamed Nucerinus from Nuceria, a city of Campania, the place of his birth, was one of the adventurers, bankrupt in character and fortune, but possessing considerable ability, who abounded in Rome during the latter years of the republic. He was connected with Catiline, and went to Spain in B. C. 64, from which country he went into Mauritania in B. C. 63.

Socrates, is, m., the celebrated Grecian philosopher.

Sophŏcles, is and *i*, m., a celebrated Grecian tragic poet, born in Colonus, a small village near Athens, in B. C. 495. He composed about 130 plays, the last of which, the Oedipus at Colonus, was written near the close of a long and useful life. He died at the age of 90.

Sotiātes, um, m., a people in the southwest of Gaul, on the Garumna (Garonne).

Spinther, ēris, m. (*P. Cornelius Lentulus*), a Roman aedile during the consulship of Cicero, who was intrusted with the care of the apprehended conspirator, P. Lentulus Sura. He was praetor in B. C. 60, and consul in B. C. 57.

Stabiānum, i, n. (*Stabiæ*), a villa of M. Marius near Stabiae, a small town on the coast of Campania.

Statilius, i, m (*L.*). V. Cic. in Cat. III. 3, n. 3.

Suessiōnes, um, m., a very brave tribe in Belgic Gaul, west of the Remi, between the Axona (Aisne) and Matrona (Marne). The name is preserved in the modern Soissons.

Suevi, örum, m., the Suevi, properly not the name of any particular tribe, but a designation applied to a great number of them, and describing them as wandering about without fixed habitations, in opposition to the Ingaevones, that is, the settled tribes. They occupied the greater half of the interior of Germany, from the Baltic to the Main and Danube. The name remains in the modern Schwaben or Suabia.

Sulla, æ, m.(*P. Cornelius*). V.Cic. in Cat. I. 6, n. 14. Although reckoned by Sallust as one of the conspirators, and accused of this crime by L. Torquatus and C. Cornelius, he was defended by Cicero in an oration still extant, and acquitted. V. Sall. Cat. XVII., XVIII. He was a nephew of the dictator, and died in B. C. 45.

Sulla, æ, m. (*Servius Cornelius*), a brother of the preceding, took part in both of Catiline's conspiracies. His guilt was so evident that no one was willing to defend him: but we have no knowledge that he was put to death along with the other conspirators.

Sulla, æ, m., the name of a patrician family of the gens Cornelia. Of this family L. Cornelius Sulla Felix, born B. C. 138, the dictator and implacable rival of Marius, was the most eminent. Having neither an illustrious ancestry nor

pecuniam misit: ille [9]iterum, ille [10]tertio, [11]auctionibus factis
pecuniam dedit, qua ad bellum uterere: ille corpus suum
periculo objecit, tecumque in acie contra Pharnacem fuit,
tuumque hostem esse duxit suum. Quae quidem a te in eam
5 partem accepta sunt, Caesar, ut eum amplissimo honore et
regis nomine affeceris. 15. Is igitur, non modo a·te periculo
liberatus, sed etiam honore amplissimo ornatus, arguitur domi
te suae interficere voluisse ; quod tu, nisi eum furiosissimum
judices, suspicari profecto non potes. Ut enim omittam, cujus
10 tanti [12]sceleris fuerit in conspectu deorum penatium necare
hospitem ; cujus tantae [13]importunitatis omnium gentium atque omnis memoriae clarissimum lumen exstinguere ; cujus
tantae [14]ferocitatis victorem orbis terrarum non extimescere ;
cujus tam inhumani et ingrati animi, a quo rex appellatus
15 esset, [15]in eo tyrannum inveniri: ut haec omittam, cujus tanti
furoris fuit omnes reges, quorum multi erant finitimi, omnes
liberos populos, omnes socios, omnes provincias, omnia denique omnium arma contra se unum excitare ? [16]Quonam ille
modo cum regno, cum domo, cum conjuge, cum carissimo filio
20 distractus esset, tanto scelere non modo perfecto, sed etiam
cogitato?

VI. 16. [1]At, credo, haec homo inconsultus et temerarius
non videbat. — Quis consideratior illo ? quis [2]tectior ? quis
prudentior ? quamquam hoc loco Deiotarum non tam ingenio
25 et prudentia quam fide et religione vitae defendendum puto.
Nota tibi est hominis probitas, C. Caesar, noti mores, nota
constantia. Cui porro, qui modo populi Romani nomen audivit, Deiotari integritas, gravitas, virtus, fides non audita
est ? Quod igitur facinus nec in hominem imprudentem
30 cadere posset propter metum praesentis exitii, nec in facino-
rosum, nisi esset idem amentissimus, id vos et a viro optimo
et ab homine minime stulto cogitatum esse confingitis. 17.
At quam non modo non credibiliter, sed ne suspiciose quidem!
Quum, [3]inquit, in castellum [4]Luceium venisses et domum
35 regis, hospitis tui, devertisses, locus erat quidam, in quo erant
ea composita, quibus te rex munerare constituerat. Huc te e
[5]balneo, priusquam [6]accumberes, ducere volebat ; ibi enim

and his assistant in literary labor, but was himself an author of no mean reputation. It is supposed that he was the chief agent in bringing together and arranging the works of Cicero, and in preserving his correspondence from being dispersed and lost.

Titurius, i, m. See Sabinus.

Tolösa, ae, f., Tolösa (Toulouse). See *Tolosates*.

Tolösätes, ium, m., the inhabitants of Tolösa (Toulouse), a celebrated commercial town on the eastern bank of the Garumna (Garonne), and capital of the Tectosages.

Torquätus, i, m. (*T. Manlius*), a celebrated Roman, twice dictator (B. C. 353, 349), and three times consul (B. C. 347, 344, 340), who put his son to death for fighting contrary to orders.

Torquätus, i, m. (*L. Manlius*). V. Cic. in Cat. I. 6, n. 14.

Trebius, i, m., Marcus Trebius Gallus, one of Caesar's officers in Gaul sent among the Curiosolitae for supplies.

Trebonius, i, m. (*A*), a Roman eques and a *negotiator* or money-lender in the provinces, was recommended by Cicero to the proconsul Lentulus in B. C. 56.

Tres Tabernae, ium — ärum, f., the Three Taverns, a place on the Appian Way, near Ulubrae and Forum Appii.

Treviri, örum, m., a German people, between the Moda (Meuse) and the Rhenus (Rhine), whose capital was Augusta Trevirorum (Treves).

Tribocci, örum, m. (written also *Triboci*), a German tribe on the left bank of the Rhine, south of the Nemetes, near the modern Strasbourg.

Tulingi, örum, m., a people north of the Helvetii, on the right bank of the Rhine.

Tullus, i, m. (*L. Volcatius*). V. Cic. in Cat. I. 6, n. 14; Epp. Cic. XI.

Turönes, um, m., a people of Celtic Gaul, on both banks of the Liger (Loire), around the modern *Tours*.

Tusculum, i, n., a very ancient town of Latium.

U

Ubii, örum, m., a German tribe, which dwelt originally on the east of the Rhine,

but was transplanted in B. C. 37, under Augustus, to the western bank.

Umbrēnus, i, m. (*P*.). V. Cic. in Cat. III. 6, n. 16; Sall. Cat. XL.

Ursäius, i, m., a slave of Cicero.

Unelli, örum, m., one of the Armoric tribes, in the northwestern part of Celtic Gaul.

Usipētes, um, m., a German tribe on the banks of the lower Rhine. They were driven from their homes and crossed the Rhine; but being defeated by Caesar, they were forced to return, and were received by the Sigambri, who allowed them to dwell on the banks of the Luppia (Lippe); afterwards, however, they migrated southward, where they were merged in the Alemanni.

V

Vahälis, is, m., the left arm of the Rhenus (Rhine), now the Waal, flowing into the Mosa (Meuse), and making the island Batavia.

Vangiönes, um, m., a German people on both sides of the upper Rhine, near the modern *Worms*.

Vargunteius, i, m. (*L.*), a senator and one of Catiline's conspirators, undertook, in conjunction with C. Cornelius, to murder Cicero in B. C. 63; but their plan was frustrated by information conveyed to Cicero through Fulvia. He was afterwards brought to trial, but could find no one to defend him.

Varro, önis, m. (*M. Terentius*), the most learned of Roman scholars, and the most voluminous of Roman authors, was born B. C. 116, ten years before Cicero, and died B. C. 28, in the eighty-ninth year of his age. He was one of Pompey's lieutenants in the piratic war, and for a very long period was the intimate personal friend of Cicero. According to his own statement, he composed no less than four hundred and ninety books; only one of which, however, — a treatise on agriculture, — has descended entire to us.

Volusius, i, m. (*Q*.) a tribune of the soldiers in Caesar's army in Gaul, sent among the Veneti to procure supplies.

Velocasses, ium, m., a people of Belgic Gaul, near the mouth of the Sequana (Seine), and south of the Caleti.

voluerit; coenatum noluerit occidere? 21. In posterum, inquit, diem distulit, ut quum in castellum [9]Luceium ventum
esset, ibi cogitata perficeret.   Non video causam mutandi
loci; [10]sed tamen acta res criminose est.   Quum, inquit,
5 [11]vomere post coenam te velle dixisses, in balneum te ducere
coeperunt; ibi enim erant insidiae.   At te eadem tua illa
fortuna servavit: [12]in cubiculo malle dixisti. Dii te perduint,
fugitive! ita non modo nequam et improbus, sed etiam fatuus
et amens es.   Quid? ille signa aenea in insidiis posuerat,
10 quae e balneo in cubiculum transferri non possent?   [13]Habes
crimina insidiarum : nihil enim dixit ampliùs.   Horum, inquit, eram conscius.   Quid tum? ita ille demens erat, ut
eum, quem tanti sceleris conscium haberet, a se dimitteret?
Romam etiam mitteret, ubi et inimicissimum sciret esse nepo-
15 tem suum, et C. Caesarem, cui fecisset insidias? praesertim
quum [14]is unus esset, [15]qui posset de absente se indicare?
22. Et fratres meos, inquit, quod erant conscii, in vincula
conjecit. Quum igitur eos vinciret, quos secum habebat, te
solutum Romam mittebat, qui eadem scires, quae illos scire
20 dicis?

VIII. Reliqua pars accusationis duplex fuit: una, regem
semper in speculis fuisse, quum a te animo esset alieno;
altera, exercitum eum contra te magnum comparasse. De
exercitu dicam breviter, ut [1]cetera.   Nunquam eas copias
25 rex Deiotarus habuit, quibus inferre bellum populo Romano
posset; sed quibus fines suos ab excursionibus et latrociniis
tueretur et imperatoribus nostris auxilia mitteret.   Atque
[2]antea quidem majores copias alere poterat; nunc exiguas
vix tueri potest. 23. [3]At misit ad Caecilium [4]nescio quem:
30 sed eos, quos misit, quod ire noluerunt, in vincula conjecit.
Non quaero, quam veri simile sit aut non habuisse regem,
quos mitteret, aut eos, quos misisset, non paruisse, aut, qui
dicto audientes in tanta re non fuissent, eos vinctos potius
quam necatos.   Sed tamen quum ad Caecilium mittebat,
35 utrum causam illam victam esse nesciebat, an Caecilium
istum magnum hominem putabat? quem profecto is, qui
optime nostros homines novit, vel quia non nosset, vel si

APPENDIX I.

A.

Abs-condo, *di* and *didi*, *ditum* (seldom *consum*), 3, v. a., I put away, hide, keep secret, conceal.

Ab-solutio, *ōnis*, f. (*absolvo*), an absolving, discharging, acquitting.

Ac-cĕlĕro, 1 (*ad*, *celer*), v. a. and n., I hasten, make haste, am expeditious.

Acerbĭtas, *ātis*, f. (*acerbus*), sharpness, harshness; figur.: moroseness, austerity, sorrow.

Achilles, *is*, m., the Grecian hero in the Trojan war.

Ac-quiro, *quisivi*, *quisitum*, 3 (*ad*, *quaero*), v. a., I acquire, get, procure, gain, obtain.

Acroāma, *ătis*, n., anything agreeable to hear; a singer, player; a reciter of stories.

Adeps, *ipis*, m. and f. (= *sevum*), fat, grease, fatness.

Ad-jūmentum, *i*, n. (*adjuvo*), assistance, help, aid, furtherance.

Ad-minister, *tri*, m. (*manus*), a manager, servant; figur.: assistant, promoter.

Ad-ministra, *ae*, f., a female assistant, handmaid.

Ad-murmūrātio, *ōnis*, f., a murmuring in approbation or disapprobation of a thing.

Ad-nuo. See *annuo*.

Ad-quiro. See *acquiro*.

Ad-scribo. See *ascribo*.

Ad-sto. See *Asto*.

Aegaeus, *a*, *um*, adj., Aegean.

Aemilius, *i* (*M. — Scaurus*), m.   V. page 576, n. 23.

Aetōli, *ōrum*, m., the inhabitants of Aetolia.

Af-fingo, *inxi*, *ictum*, 3, v. a., I add by fashioning or framing; I form, fashion, make; figur.: I add, attribute, bestow, ascribe, adapt.

Africa, *ae*, f., Africa.

Africānus, *a*, *um*, adj., African.

Agor, pass. of *ago*, to be in suit or in question, it concerns or affects, is about; to be at stake or at hazard, to be in peril, danger; *actum est*, it is all over, all is lost, I am ruined, undone.

Agrarii, *ōrum*, m. (*agrarius*), those who urged the agrarian laws, and sought the possession of public land.

Alea, *ae*, f. (akin to *ais*), game of chance, gaming, or play of all sorts.

Aleātor, *ōris*, m. (*alea*), dice-player, gamester.

Alexander, *dri*, m., Alexander, son of Philip and Olympia, surnamed *Magnus*.

Aliēni-gĕna, *ae* (*alienus*, *genus*), m. and f., one born in another country, a stranger, foreigner, alien.

Altāre, *is*, n. (akin to *oleo*), a fire-dish or burning-vessel, altar, upon which sacrifices are offered to the gods; *altare* was the superstructure, *ara* the base of an altar.

Alternus, *a*, *um* (*alter*), adj., acting or done by turns, interchangeable, mutual, reciprocal, alternative.

Alveōlus, *i*, m. (*alveus*), dim., a small hollow vessel of wood; a gaming-board, chess-board or table.

Amans, *tis*, part. (*amo*), loving; adj., fond of, affectionately attached to; subst., a lover.

gum, beneficum, liberalem, hae sunt regiae laudes; illa privata est. Ut volet quisque accipiat; ego tamen frugalitatem,
id est, modestiam et temperantiam, virtutem maximam judico.
Haec in illo est ab ineunte aetate quum a cuncta Asia, quum
5 a magistratibus legatisque nostris, tum ab equitibus Romanis
qui in Asia negotiati sunt, perspecta et cognita. 27. Multis
ille quidem gradibus officiorum erga rem publicam nostram
ad hoc regium nomen ascendit; sed tamen quidquid a bellis
populi Romani vacabat, cum hominibus nostris consuetudines,
10 amicitias, [11]res rationesque jungebat, ut non solum tetrarches
nobilis, sed etiam optimus paterfamilias et diligentissimus
agricola et pecuarius haberetur. Qui igitur adolescens, nondum tanta gloria praeditus, nihil unquam nisi severissime
et gravissime fecerit, is [12]ea existimatione eaque aetate sal-
15 tavit?

X. 28. Imitari, Castor, potius avi mores disciplinamque
debebas quam optimo et clarissimo viro fugitivi ore maledi-
cere. Quod si saltatorem avum habuisses, neque eum virum,
unde pudoris pudicitiaeque exempla peterentur, tamen hoc
20 maledictum minime in illam aetatem conveniret. Quibus ille
studiis ab ineunte aetate se imbuerat, non saltandi, sed bene
ut armis, optime [1]ut equis uteretur, ea tamen illum cuncta
jam exacta aetate defecerant. Itaque Deiotarum quum plures in equum sustulissent, quod haerere in eo senex posset,
25 admirari solebamus. Hic vero [2]adolescens, qui meus in Cilicia miles, in Graecia commilito fuit, quum in illo nostro exercitu equitaret cum suis delectis equitibus, quos una cum eo
ad Pompeium [3]pater miserat, [4]quos concursus facere solebat!
quam se jactare! quam ostentare! quam nemini in illa causa
30 studio et cupiditate concedere! 29. Quum vero, [5]exercitu
amisso, ego, qui pacis semper auctor fui, post Pharsalicum
proelium suasor fuissem armorum non deponendorum, sed
abjiciendorum, hunc ad meam auctoritatem non potui addu-
cere, quod et ipse ardebat studio ipsius belli, et patria satis-
35 faciendum esse arbitrabatur. Felix ista domus, quae non
[6]impunitatem solum adepta sit, sed accusandi etiam licentiam: calamitosus Deiotarus, qui et ab eo, qui in iisdem

Cŏ-hœreo, hœsi, hœsum; 2, v. n., I stick, adhere, hold fast together; I adhere to.

Col-lectio, ōnis, f. (colligo), a gathering, collecting together, a collection.

Cŏlŏphon, ōnis, m.   V. page 545, n. 9.

Cŏlŏphōnii, ōrum, m., the inhabitants of Colophon, the Colophonians.

Cŏmissătio, ōnis, f. (comissor), a revelling, carousing, rioting.

Cŏmĭtor, 1 (comes), v. dep. a., I go along with, accompany, attend or wait upon.

Commŭnĭter (communis), adv., in common, commonly, generally, together.

Com-părătio, ōnis, f. (comparo), a preparing or providing for; preparation, provision; a procuring, acquiring, acquisition.

Com-pĕtĭtor, ōris, m. (competo), a competitor, an opposing candidate.

Con-cĕlĕbro, 1, v. a., I cause to resound; I fill; I frequent; I celebrate, solemnize; I proclaim abroad, make public; I pursue or cultivate diligently.

Con-certo, 1, v. n., I contend, strive together with, contest, dispute, debate.

Con-cĭpio, cēpi, ceptum, 3 (con, capio), v. a., I take together; I take up or in, receive, conceive; I get, contract; of the mind: I conceive, comprehend, embrace with the understanding, I think, understand, imagine.

Con-fessio, ōnis, f. (confiteor), a saying, confession, acknowledgment.

Con-flăgro, 1, v. a. and n., I am consumed by fire, I burn.

Con-formătio, ōnis, f. (conformo), a forming or fashioning properly, framing, shaping; conformation, form, frame, shape.

Con-formo, 1, v. a., I form, fashion, form properly; figur.: I form, fashion, finish, complete, shape, frame, polish.

Con-fringo, frēgi, fractum, 3 (con, frango), v. a., I break entirely, break to pieces, shatter; figur.: I break, bring down, humble.

Con-gĕro, gessi, gestum, 3, v. a., I carry or bring together, heap or pile up, collect, accumulate; I heap together in any place, I bring, carry, crowd, throw, lay upon, attribute, ascribe.

Con-nīveo, īvi or ixi, 2, v. n., I close or shut my eyes, I wink; figur.: I wink or connive at, take no notice of, overlook.

Con-scĕlĕrātus, a, um, part (consceloro);

adj., polluted with guilt; wicked, depraved, villanous.

Con-săcro, 1 (con, sacro), v. a., I make sacred, I consecrate, dedicate to the gods.

Con-sensio, ōnis, f. (consentio), agreement, unanimity.

Con-spīrătio, ōnis, f. (conspiro), a breathing together, an agreement, concord, union, harmony; conspiracy, plot.

Con-stringo, inxi, ictum, 3, v. a., I bind together, draw together, contract.

Con-tămĭno, 1, v. a., I stain, pollute, defile.

Con-tĕgo, exi, ectum, 3, v. a., I cover; I hide, conceal.

Con-tĭcesco, ticui, 3, v. n., I become silent.

Con-tiōnător, ōris, m. (contionor), a haranguer; a demagogue, inciter of the people.

Con-vĭcium, ii, n. (con, vox), a crying together, joint clamor; abuse, reviling, verbal insult.

Cordŭba, æ, f.   V. page 576, n. 94.

Cor-rōbŏro, 1 (con, roboro), v. a., I make strong, strengthen, invigorate, confirm.

Cor-ruo, ui, 3 (con, ruo), v. n. and a., I rush together; I fall, fall down.

Cor-ruptēla, æ, f. (corrumpo), what corrupts, contaminates, or ruins; a bane, mischief, corruption.

Cor-ruptor, ōris, m. (corrumpo), a corrupter, ruiner, destroyer, seducer.

Crassus, i (L. Licinius), m.   V. page 576, n. 97.

Crētensis, e (Creta), adj., Cretan; in plur.,

Cretenses, ium, m., the Cretans.

Cŭbĭle, is, n. (cubo), any place for lying down; a resting-place, couch, bed.

Currĭcŭlum, i, n. (curro), a running, run, course.

Cyzĭcēni, ōrum, m., the inhabitants of Cyzicus.

D.

Damnătio, ōnis, f. (damno), a condemning, condemnation.

Declīnătio, ōnis, f. (declino), a bending or turning aside, an avoiding, eschewing, shunning.

Dē-coctor, ōris, m. (decoquo), a spendthrift, bankrupt.

Dēcima or dĕcima (sc. pars), æ, f. (decem), the tenth part, tithe.

Dē-dico, 1, v. a., I speak, set forth; I dedicate, consecrate, inscribe.

XII. Quae est ista tam [1]impotens, tam crudelis, tam immoderata inhumanitas? Idcirco in hanc urbem venisti, ut hujus urbis [2]jura et exempla corrumperes, [3]domesticaque immanitate nostrae civitatis humanitatem inquinares? 33. [4]At
5 quam acute collecta crimina! [5]Blesamius, inquit, ([6]ejus enim nomine, optimi viri nec tibi ignoti, maledicebat tibi,) ad regem scribere solebat te in invidia esse, tyrannum existimari, statua inter [7]reges posita animos hominum vehementer offensos, [8]plaudi tibi non solere. Nonne intelligis, Caesar, ex
10 urbanis malevolorum sermunculis haec ab istis esse collecta? [9]Blesamius tyrannum Caesarem scriberet? Multorum [10]enim capita civium viderat; multos jussu Caesaris vexatos, verberatos, necatos; multas afflictas et eversas domos; armatis militibus refertum forum. Quae semper in civili victoria
15 sensimus, ea te victore non vidimus. 34. Solus, inquam, es, C. Caesar, cujus in victoria ceciderit nemo nisi armatus. Et quem nos liberi, in summa populi Romani libertate nati, non modo non tyrannum sed etiam clementissimum in victoria ducimus, is Blesamio, qui vivit in regno, tyrannus videri
20 potest? Nam de statua quis queritur, una praesertim, quum tam [11]multas videat? [12]Valde enim invidendum est ejus statuis, cujus [13]tropaeis non invidimus. Nam si locus affert invidiam, nullus locus est ad statuam quidem Rostris [14]clarior. De plausu autem quid respondeam? qui nec desideratus un-
25 quam a te est, et nonnunquam, obstupefactis hominibus, ipsa admiratione compressus est, et fortasse eo praetermissus, quia nihil vulgare te dignum videri potest.

XIII. 35. Nihil a me arbitror praetermissum, sed aliquid ad extremam causae partem reservatum. Id autem aliquid
30 est, te ut plane Deiotaro reconciliet oratio mea. Non enim jam metuo, ne illi tu succenseas: illud vereor, ne tibi illum succensere aliquid suspicere: quod abest longissime, mihi crede, Caesar. [1]Quid enim retineat per te meminit, non [2]quid amiserit; neque se a te multatum arbitratur; sed quum
35 existimares [3]multis tibi multa esse tribuenda, quominus a se, qui in altera parte fuisset, ea sumeres, non recusavit. 36. Etenim si [4]Antiochus Magnus ille, rex Asiae, quum, postea-

k. exeċūtion, accomplish, bring to pass ; I fulfil, execute ; I discharge, pay ; I develop, explain, show, declare, set forth, state, relate.

Ex-prōmo, promsi or *prompsi, promtum* or *promptum*, 3 (*promo*), v. a., I draw out ; I bring forth, bring out, bring to light, show, display, express, set forth ; I tell, relate, declare.

Ex-stinguo, stinxi, stinctum, 3, v. a., I put out, quench, extinguish ; I blot out, obliterate, extirpate, annihilate, destroy, remove, suppress.

Ex-sulto, 1 (*exsilio*), v. freq. n., I leap or spring up frequently ; I exult, rejoice exceedingly.

Ex-termīno, 1, v. a., I drive over the boundary, I banish, expel, exile ; I drive away, put away, remove.

Ex-uviae, arum, f. (*exuo*), clothes put off or left, or laid aside ; the spoils stripped from an enemy.

F.

Facīnŏrōsus, a, um (*facinus*), adj., nefarious, wicked, villanous, atrocious.

Falcārius, ii, m. (*falx*), a scythe-maker ; a dealer in scythes.

Ferrāmentum, i, n. (*ferrum*), any iron tool.

Festus, a, um (*festus*), adj., solemn, festive ; *dies festus*, a festive day, a festival, feast.

Flagĭtiōsē (*flagitiosus*), adv., shamefully, basely, infamously.

Foedērātus, a, um (*foedus*), adj., confederate, leagued together, allied.

Fons, tis, m. (connected with *fundo*), a spring, well, fountain, fount, source ; figur.: source, origin, cause.

Forum Aurelium, i, n. V. page 484, n. 14.

Fraudātio, ōnis, f. (*fraudo*), a deceiving, beguiling ; deceit, fraud.

Fugĭtīvus, a, um (*fugio*), adj., fugitive, running away, with a, or genit. ; a runaway slave ; a deserter.

Fulmen, ĭnis, n. (*fulgeo*), a flash of lightning, a thunderbolt.

Fundāmentum, i, n. (*fundo, i*), a foundation, groundwork, basis.

Funestus, a, um (*funus*), adj., deadly, fatal, destructive, mournful, dismal, calamitous, dangerous.

Furius, i (*L.*), m. V. page 572, n. 10.

Fŭriōsus, a, um (*furia*), adj., furious, mad, frantic.

Fŭro, ui, 3 (akin to *buro*), v. n., I am mad, out of mind ; I rage, am furious.

Furtim (*fur*), adv., by stealth, secretly, privily, clandestinely.

G.

Gabīnius, i (*P. — Capito*), m. V. page 569, n. 3.

Gabīnius, a, um, adj., of or belonging to a Gabinius, Gabinian.

Gallicānus, a, um, adj., of or belonging to the Roman province Gallia, Gallican. V. page 492, n. 1.

Gāza, ae, f., the treasure of a king, the royal coffer.

Gĕlĭdus, a, um (*gelu*), adj., cold as ice ; figur.: cold, making cold.

Glabrio, ōnis, m. (*Acilius*). V. Introduction to Oration pro Lege Manil., page 595.

Grātius, i, m. V. page 561.

Gŭberno, 1, v. a., I guide, steer, or pilot a ship ; figur.: I manage, conduct, guide, direct, govern.

H.

Haesĭto, 1 (*haereo*), v. freq. n., I stick, stick fast ; I hesitate, am at a loss, am perplexed or at a stand, I doubt.

Haurio, hausi, haustum and *hausrum*, 4, v. a., I draw, draw forth or out ; I take or derive from ; I enjoy, get, receive, derive ; I exhaust.

Heraclia or *Heraclēa, ae*, f. V. page 567, n. 1.

Heraclienses, ium, m., the inhabitants of Heraclia.

Hercle (*Hercules*), adv., by Hercules, as an oath or asseveration.

Hesternus, a, um (*heri*), adj., of yesterday.

Hibernō, 1 (*hibernus*), v. n., I winter, pass the winter.

Hispaniensis, e, adj., of or belonging to Spain, Spanish.

Hŏmērus, i, m., the Greek poet Homer.

Horrĭbĭlis, e (*horreo*), adj., to be dreaded, dreadful, frightful, horrible, horrific, terrible.

Hortātus, ūs, m. (*hortor*), exhortation, encouragement, incitement.

Hortensius, i, m. V. page 552, n. 8.

W W

tua, praestare debeo. Itaque, C. Caesar, sic tibi gratias ago, ut omnibus me rebus a te non conservato solum, sed etiam ornato, *tamen ad tua in me unum innumerabilia merita, quod fieri jam posse non arbitrabar, maximus hoc tuo facto cumulus accesserit.

anything against any one; I charge,
accuse.

In-specto, 1 (*inspicio*), v. freq. a., I behold.

In-sperātus, a, um, adj., not hoped for, unhoped for, unexpected.

Intĕgrē (*integer*), adv., wholly, entirely;
honestly, justly.

Inter-cessio, ōnis, f. (*intercedo*), intervention; interposition, a protesting against.

Intĕr-imo, ēmi, emtum or *emptum*, 3 (*inter,
emo*), v. a., I take away, deprive of; I
kill, slay, murder.

In-uro, ussi, ustum, 3, v. a., I burn in,
brand.

In-vīdiōsus, a, um (*invidia*), adj. full of
envy; causing envy; hateful, odious.

Ir-rētio and *in-rētio, ivi, itum*, 4 (*in, rete*),
v. a., I catch in a net, I ensnare, entangle.

Ir-ruptio, ōnis, f. (*irrumpo*), a breaking or
bursting in; an irruption, inroad, incursion.

J.

Jactūra, ae, f. (*jacio*), the throwing overboard; a loss, damage, detriment; a
lessening, impairing, abatement; great
expense.

Jactus, ūs, m. (*jacio*), a throwing, hurling,
throw, cast.

Jam-dūdum. See *jam* and *dudum*.

Jam-prīdem. See *jam* and *pridem*.

Jūdiciālis, e (*judicium*), adj., of a judge or
trial, judicial.

Jŭgŭlum, i, n., and *jŭgŭlus, i*, m. (*jungo*),
the collar-bone; the neck, the throat.

Jugurtha, ae, m., a king of Numidia.

Juppĭter (also written *Jūpiter*), *Jovis*, m.,
Jupiter or Jove, a son of Saturn, brother
and husband of Juno, the chief god
among the Romans.

K.

Karthaginiensis, e, adj., V. Carthaginiensis.

L.

Lābes, is, f. (*labor*, I fall), a fall, a sinking
down or in; figur.: a stain, blot, shame,
dishonor, discredit, disgrace, ignominy.

Labōriōsus, a, um (*labor*), adj., laborious,
tiresome, toilsome, wearisome, fatiguing.

Lacteo, 2 (*lac*), v. n., to suck; part., *lactens*,

tis, sucking milk, hanging at the breast,
sucking.

Laedo, si, sum, 3, v. a., I injure, hurt,
harm, offend, trouble, vex, annoy.

Laelius, i (C.), m. V. page 572, n. 9.

Lāmentātio, ōnis, f. (*lamentor*), a weeping,
wailing, mourning, lamentation.

Lāmentor, 1 (*lamentum*), v. dep. n. and a.,
I lament, bewail weep, or mourn for.

Largītor, ōris, m. (*largior*), a profuse
spender, liberal giver; a briber.

Latĕbra, ae, f. (*lateo*), a lurking-place,
hiding-place, shelter, recess.

Latium, i, n., a country of Italy, in which
Rome was situated.

Lātor, ōris, m. (*fero, latum*), a bearer;
l. legis, the proposer of a law.

Lātrōcinium, ii, n. (*latrocinor*), robbery,
highway robbery; piracy; artifice, stratagem, fraud.

Lātrōcinor, 1 (*latro*), v. dep. n., I rob,
plunder, rob on the highway; I engage
in unlawful warfare.

Lectica, ae, f. (*lectus*), a litter, couch, sedan,
palanquin.

Lēgo, 1 (*lex*), v. a., I send as an ambassador, I depute, despatch; I appoint as
lieutenant or legate of a general or governor.

Lēno, ōnis, m., a dealer in slaves; a pander, procurer; a negotiator, mediator,
go-between; an ambassador.

Lentulus, i (L.), m. V. page 570, n. 9.

Lĕpĭdus, a, um (*lepos*), adj., lively, mannerly, pleasant, agreeable, polite, genteel.

Lĭbellus, i, m. (*liber*), dim., a small writing; a poem; a petition, remonstrance,
or memorial in writing.

Liqui-făcio, fēci, factum, 3 (*liqueo, facio*),
v. a., I make liquid or fluid, I liquefy,
melt.

Littĕrātus, a, um (*littera*), adj., learned,
erudite; relating to learning, devoted to
learning, literary.

Litūra, ae, f. (*lino*), the rubbing out of a
letter or word, an erasure.

Locrenses, ium, m., the Locrians.

Locŭplēto, 1 (*locuples*), v. a., I make rich,
enrich.

Longinquĭtas, ātis, f. (*longinquus*), length,
long continuance or duration; length of
time; remoteness, great distance.

Longiusculus, a, um (*longior*), adj., somewhat long, rather longer than usual.

M. TULLII CICERONIS

PRO T. ANNIO MILONE

ORATIO AD JUDICES.

.I. 1. ETSI vereor, judices, ne turpe sit pro fortissimo
viro dicere incipientem timere, minimeque deceat, quum T.
Annius ipse magis de rei publicae salute quam de sua per-
turbetur, me ad ejus causam parem animi magnitudinem
5 afferre non posse, tamen haec novi judicii nova forma terret
oculos, qui, quocumque inciderunt, consuetudinem fori et pris-
tinum morem judiciorum requirunt.   Non enim ¹corona ²con-
sessus vester cinctus est, ut solebat: 2. non usitata frequentia
stipati sumus: ³non illa praesidia, quae pro templis omnibus
10 cernitis, etsi contra vim collocata sunt, non afferunt tamen
oratori aliquid, ut in foro et in judicio, quamquam praesidiis
salutaribus et necessariis saepti sumus, tamen ne non timere
quidem sine aliquo timore possimus.   Quae si opposita Miloni
putarem, cederem ⁴tempori, judices, nec inter tantam vim
15 armorum existimarem esse orationi locum.   Sed me recreat
et reficit Cn. Pompeii, sapientissimi et justissimi viri, consilium, qui profecto nec justitiae suae putaret esse, quem
reum sententiis judicum tradidisset, eundem telis militum
dedere, nec sapientiae, temeritatem concitatae multitudinis
20 auctoritate publica armare. 3. Quamobrem illa arma, cen-
turiones, cohortes non periculum nobis, sed praesidium ⁵de-
nuntiant, neque solum, ut quieto, sed etiam, ut magno animo
simus, hortantur, neque auxilium modo defensioni meae,
verum etiam silentium pollicentur.   Reliqua vero multitudo,
25 quae quidem est civium, tota nostra est, ⁶neque eorum quis-

conensis, which was captured and destroyed by Scipio Africanus the younger.

Nŭmĭdĭcus, a, um, adj., Numidian; a surname of Q. Metellus, bestowed on him for his victory over Jugurtha.

O.

Ŏb-lĭgo, 1, v. a., I tie to, tie round, bind about or upon; I bind together, bind up; figur.: I bind, engage, oblige, put under obligation; I pledge, plight, mortgage.

Ŏb-rŭo, rŭi, rŭtum, 3, v. a., I cover over, hide in the ground, bury; I hide, conceal, obliterate, efface, abolish.

Obscūrē (obscurus), adv., darkly, obscurely, secretly.

Ŏb-sĕcundo, 1, v. n., I humor, comply with, follow implicitly, second, c. dat.

Ŏb-sŏlesco, lĕvi, 3 (obsoloo), v. inch. n., I become antiquated, grow out of use, become obsolete, fade, decay.

Ŏb-stŭpĕfăcio, fēci, factum, 3, v. a., I astound, amaze, confound, stupefy.

Ŏb-stŭpesco, pŭi, 3, v. n., I become senseless, become stupefied, am struck with amazement.

Ŏb-trecto, 1 (tracto), v. a. and n., I detract from, disparage, traduce, slander, dispraise, calumniate; I oppose or thwart maliciously.

Oc-cĭdens, tis, part., from *occĭdo*; subst. m., sc. sol, the west,quarter of the setting sun.

Oc-clūdo, ŭsi, ŭsum, 3 (ob, claudo), v. a., I shut, shut up, shut close.

Octavĭi, ōrum, m. V. page 576, n. 29.

ŏmĕn, ĭnis, n., a voice taken as an indication of something future; a prognostic, sign, token, omen.

ŏptĭmus, a, um (ops), adj., nourishing, fruitful, fertile, rich.

Ostĭensis, e (Ostia), adj., of or pertaining to Ostia, Ostian.

P.

Păcĭscor, pactus, sum, 3 (paco), v. dep. n. and a., I bargain, make a bargain, agree, stipulate, conclude a contract.

Pactum, i, n. (paciscor), a bargain, agreement; *isto pacto,* this way, so much, in such a manner; *alio pacto,* otherwise; *quo pacto,* in what way, how; *nullo pacto,* in no way, not at all.

Pălam, adv., in open view, openly, publicly, plainly.

Pălātium, i, n. V. Cic. in Cat. L 1, n. 9.

Pamphylia, ae, f., a country on the seacoast of Asia Minor, between Lycia and Cilicia.

Păpius, a, um, adj., Papian. V. page 570, n. 17.

Parri-cĭdium, ii (parricida), n., murder of parents or near relations, parricide, murder.

Pastĭo, ōnis, f. (pasco), a feeding, grazing, pasturing; pasture, food.

Pater-familias. See *pater.*

Pecto, pexi, pexui or pectivi, pexum and *pectitum, 3, v. a.*, I comb, dress, or adjust the hair.

Pĕcu, n., sheep, cattle.

Pĕnātes, ium, m. (penes), guardian deities, household gods; the house, home.

Pĕnĕtro, 1 (penitus), v. n., I penetrate, advance, reach.

Pensĭto, 1 (penso), v. freq. a., I pay, disburse, pay taxes.

Pĕr-ădŏlescens, tis, adj., very young.

Pĕr-brĕvis, e, adj., very short; abl., *perbrĕvi,* in a very short time.

Pĕr-cĭpio, cĕpi, ceptum, 3 (per, capio), v. a., I take up wholly; I take, get, obtain, enjoy, acquire; I perceive, feel; I understand, comprehend, conceive, learn, know.

Pĕr-cŭtio, cussi, cussum, 3, v. a., I strike, hit, beat, knock, smite; figur.: I strike, affect sensibly, deeply, or strongly, touch keenly.

Pĕr-ĕgrīnus, a, um (peregre), adj., foreign, strange, alien; subst., a foreigner, stranger, alien.

Pĕr-horresco, rŭi, 3, v. n. and a., I shudder, shudder greatly; I shudder at, dread.

Pĕr-inīquus, a, um, adj., very unjust, very unfair.

Pĕr-mŏdestus, a, um, adj., very moderate, very modest or unassuming.

Pĕr-multus, a, um, adj., very much, very many; *permultum,* adv., very much.

Pĕr-nocto, 1 (per, nox), v. n., I stay or pass the whole night, remain all night long.

Pĕr-saepĕ, adv., very often, very frequently.

Pĕr-sĕvērantia, ae, f. (persevereans), steadiness, constancy, perseverance.

Pĕr-sōna, ae, f. (persono), a mask used by players; the character, personage, or

publicam merita condonetis, nec postulaturi, ut, si mors P.
Clodii salus vestra fuerit, idcirco eam virtuti Milonis potius
quam populi Romani felicitati assignetis. Sin illius insidiae
clariores hac luce fuerint, tum denique obsecrabo obtestabor-
5 que vos, judices, si cetera amisimus, hoc saltem nobis ut relinquatur, vitam ab inimicorum audacia telisque ut impune
liceat defendere.

III. 7. Sed antequam ad [1]eam orationem venio, quae est
propria vestrae quaestionis, videntur ea esse refutanda, quae
10 et in senatu ab inimicis saepe jactata sunt et in contione ab
improbis et paulo ante ab accusatoribus, ut, omni errore sublato, rem plane, quae veniat in judicium, videre possitis.
[2]Negant intueri lucem esse fas ei, qui a se hominem occisum
esse fateatur. In qua tandem urbe hoc homines stultissimi
15 disputant? Nempe in ea, quae [3]primum judicium de capite
vidit M. Horatii, fortissimi viri, qui, [4]nondum libera civitate,
tamen populi Romani comitiis liberatus est, quum sua manu
[5]sororem esse interfectam fateretur. 8. An est quisquam,
qui hoc ignoret, quum de homine occiso quaeratur, aut ne-
20 gari solere omnino esse factum, aut recte et jure factum esse
defendi? Nisi vero existimatis, dementem [6]P. Africanum
fuisse, qui, quum a C. [7]Carbone, tribuno plebis, [8]seditiose in
contione interrogaretur, quid de Ti. Gracchi morte sentiret,
responderit, jure caesum videri. Neque enim posset aut
25 [9]Ahala ille Servilius aut P. [9]Nasica aut L. [10]Opimius aut C.
Marius aut, me consule, senatus non nefarius haberi, si sceleratos cives interfici nefas esset. Itaque hoc, judices, non sine
causa etiam [11]fictis fabulis doctissimi homines memoriae prodiderunt, [12]eum, qui patris ulciscendi causa matrem necavis-
30 set, variatis hominum sententiis, non solum divina, sed etiam
sapientissimae deae sententia liberatum. 9. Quod si [13]duo-
decim tabulae nocturnum furem quoquo modo, diurnum
autem, si se telo defenderet, interfici impune voluerunt, quis
est, qui, quoquo modo quis interfectus sit, puniendum putet,
35 quum videat aliquando gladium nobis ad hominem occidendum ab ipsis porrigi legibus?

IV. Atqui si tempus est ullum jure hominis necandi, quae

Quirītes, ium and um, m. (Cures), the inhabitants of the Sabine town Cures. V.
page 490, n. 2.
Quo-dam-modo. See modus.
Quo-minus. See minus.

R.

Reātīnus, a, um (Reate), adj., of or belonging to Reate, Reatine.
Re-cŏlo, cŏlui, cultum, 3, v. a., I cultivate
or till anew; I resume, practise, or exercise again.
Re-conciliātio, ōnis, f. (reconcilio), a restoration, reinstatement, renewal; reconciliation, reconcilement.
Re-cusātio, ōnis, f. (recuso), a refusal, opposition.
Red-imio, 4 (re, emungo), v. a., I bind
round, wind round, wreathe, gird, encircle.
Re-fūto, 1, v. a., I check, drive, or keep
back; I refute, disprove.
Rēgālis, e (rex), adj., becoming a king,
kingly, princely, royal, regal.
Rēgis (regius), adv., royally, regally, despotically.
Re-missus, a, um, part. (remitto), adj., relaxed; sluggish, remiss, negligent.
Re-mŏror, 1, v. dep. a. and n., I tarry,
stay; I stop, delay, obstruct, hinder,
keep back, retard.
Re-signo, 1, v. a., I unseal, open what is
sealed; figur.: I disclose, reveal; I annul, abolish, cancel, invalidate, destroy.
Re-sto, stĭti, 1, v. a., I stay or remain behind, stay, remain; I resist, oppose;
restat, ut, it still remains, that.
Re-tardo, 1, v. a., I keep back, detain,
stop, delay, hinder, impede, retard.
Re-torqueo, si, tum, 2, v. a., I writhe or
twist back, bend back, turn or cast
back, turn.
Re-tundo, tŭdi, tūsum, 3, v. a., I thrust,
push, or drive back; I blunt, make dull;
r. gladium alicujus, to frustrate any one's
murderous designs.
Rhēgīni, ōrum, m., the inhabitants of
Rhegium.
Rōbustus, a, um (robur), adj., of hard oak
or other hard wood; hard, firm, strong,
hardy, sturdy, robust.
Roscius, i (Q.), m. V. page 678, n. 1.
Rudinus, a, um, adj., of Rudiae, Rudian.

Rumpo, rūpi, ruptum, 3 (akin to rima),
v. a., I break, burst, tear, rend asunder;
figur.: I open by force, force open.
Ruo, rui, rutum and rūtum, 3, v. n., I rush
down, fall down; I fall, am overthrown,
ruined; v. a., I throw down, dash down,
overthrow, prostrate; ruere rempublicam,
to ruin the state.
Rusticor, 1 (rusticus), v. dep. n., I dwell
in the country, rusticate.

S.

Sacrārium, ii, n. (sacrum), a place where
sacred things are kept; a place for di-
vine service, a chapel, temple.
Sacro-sanctus, a, um (sacer, sanctus), adj.,
sacred, inviolable.
Sagax, ācis (sagio), adj., sagacious, quick,
cunning, acute, shrewd, ingenious, prov-
ident, foreseeing.
Salaminii, ōrum, m., the inhabitants of
Salamis.
Saltus, ūs, m., a wood where cattle pas-
ture, pasture for cattle.
Samos or Samus, i, f. V. page 545, n. 2.
Sanus, a, um, adj., sound in health, healthy,
well, whole, sane; sound in mind, sober,
wise, discreet.
Sardinia, ae, f., Sardinia.
Satelles, itis, m. and f., an attendant, a
servant; accomplice, aider, abettor.
Saturnālia (Saturnus), ium, n., the Saturnalia. V. page 506, n. 15.
Scriba, ae, m. (scribo), a writer, scribe.
Scriptūra, ae, f. (scribo), a writing; the
rent paid for the use of public pastures.
Se-cerno, crēvi, crētum, 3, v. a., I put asunder or apart, sever, part, separate; I
distinguish.
Secūris, is, f. (seco), an axe or hatchet;
secures, the badges of the power of the
magistrates, the sovereignty of the Roman people.
Sēdulitas, ātis, f. (sedulus), assiduity, industry, diligence, application, zeal.
Se-grego, 1 (se, grex), v. a., I separate,
part, sever, remove.
Sella, ae, f. (for sedda, from sedeo), a seat,
chair; the curule chair.
Sēminārium, ii, n. (semen), a nursery, or
plantation of young trees.
Sempiternus, a, um (semper), adj., perpetual, eternal, everlasting.

vellem, decernere. Quae quidem si potentia. est appellanda
potius quam aut propter magna in rem publicam merita me-
diocris in bonis causis auctoritas aut propter hos officiosos
labores meos nonnulla apud bonos gratia, appelletur ita sane,
5 dummodo ea nos utamur pro salute bonorum contra amentiam perditorum. 13. Hanc vero ⁶quaestionem, etsi non est
iniqua, nunquam tamen senatus constituendam putavit; erant
enim leges, erant quaestiones, vel de caede vel de vi; nec
tantum maerorem ac luctum senatui mors P. Clodii afferebat,
10 ut nova quaestio constitueretur. Cujus enim de illo ⁶incesto
stupro judicium decernendi senatui potestas esset erepta, de
ejus interitu, quis potest credere, senatum judicium novum
constituendum putasse? Cur igitur incendium curiae, op-
pugnationem aedium M. Lepidi, caedem hanc ipsam contra
15 rem publicam senatus factam esse decrevit? Quia nulla vis
unquam est in libera civitate suscepta inter cives non contra
rem publicam. 14. Non enim est ⁷illa defensio contra vim
unquam optanda, sed nonnunquam est necessaria: nisi vero
aut ille dies, quo Ti. Gracchus est caesus, aut ille, quo Caius,
20 aut arma Saturnini non, etiamsi ⁸e re publica oppressa sunt,
rem publicam tamen vulnerarunt.

VI. Itaque ego ipse ¹decrevi, quum caedem in ²Appia
factam esse constaret, non eum, qui se defendisset, contra
rem publicam fecisse; sed, quum inessent in re vis et insi-
25 diae, crimen judicio reservavi, ³rem notavi. Quod si per
furiosum illum ⁴tribunum senatui, quod sentiebat, perficere
licuisset, novam quaestionem nullam haberemus. Decerne-
bat enim, ut ⁵veteribus legibus, tantummodo ⁶extra ordinem,
quaereretur. ⁷Divisa sententia est, postulante nescio quo;
30 nihil enim necesse est omnium me flagitia proferre. Sic
⁸reliqua auctoritas senatus empta intercessione sublata est.

15. ⁹At enim Cn. Pompeius rogatione sua et de re et de
causa judicavit; ¹⁰tulit enim de caede, quae in Appia via
facta esset, in qua P. Clodius occisus esset. Quid ergo tulit?
35 Nempe ut quaereretur. Quid porro quaerendum est? Fac-
tumne sit? At constat. A quo? At ¹¹paret. Vidit igitur
etiam in confessione facti ¹²juris tamen defensionem suscipi

studiis semper usi sumus. Scio igitur Tuberonem domi
manere voluisse; sed ita quidam agebat, ita rei publicae
sanctissimum nomen opponebat, ut, etiamsi aliter sentiret,
verborum tamen ipsorum pondus sustinere non posset. 22.
Cessit auctoritati amplissimi viri, vel potius paruit. Una est 5
profectus cum iis, ⁷quorum erat una causa; tardius iter fecit.
Itaque in Africam venit jam ⁸occupatam. ⁹Hinc in Ligarium .
crimen oritur vel ira potius. Nam, si crimen est ¹⁰[illum]
voluisse, non minus magnum est vos Africam, ¹¹arcem omnium
provinciarum, natam ad bellum contra hanc urbem gerendum 10
obtinere voluisse quam aliquem se maluisse. Atque is tamen
aliquis Ligarius non fuit. Varus imperium se habere dicebat: fasces certe habebat. 23. Sed ¹²quoquo modo se illud
habet, haec querela vestra quid valet? " ¹³Recepti in provinciam non sumus." Quid si ¹⁴essetis? Caesarine eam 15
tradituri fuistis, an contra Caesarem retenturi?

VIII. Vide, quid licentiae, Caesar, nobis tua liberalitas
det vel potius audaciae. Si responderit Tubero Africam, quo
senatus eum sorsque miserat, tibi patrem suum traditurum
fuisse, non dubitabo apud ipsum te, cujus id eum facere inter- 20
fuit, gravissimis verbis ejus consilium reprehendere. Non
enim, si tibi ea res grata fuisset, esset etiam probata. 24.
Sed jam hoc totum omitto, non tam ne offendam tuas patien-
tissimas aures, quam ne Tubero, quod nunquam cogitavit,
facturus fuisse videatur. Veniebatis igitur in Africam pro- 25
vinciam, unam ex omnibus ¹huic victoriae maxime infestam,
in qua erat ²rex potentissimus, inimicus huic causae, aliena
voluntas, ³conventus firmi atque magni. Quaero, ⁴Quid facturi fuistis? quamquam, quid facturi fueritis, dubitem, quum
videam, quid feceritis? Prohibiti estis in provincia vestra 30
pedem ponere, et prohibiti summa cum injuria. 25. Quomodo id tulistis? acceptae injuriae querelam ad quem detu-
listis? Nempe ad eum, cujus auctoritatem secuti in societatem belli veneratis. Quod si Caesaris causa in provinciam
veniebatis, ad eum profecto exclusi provincia venissetis. 35
Venistis ad Pompeium. Quae est ergo apud Caesarem querela, quum eum accusetis, a quo queramini prohibitos vos

quid ego illa commemoro? Comprehensus est in templo
[6]Castoris servus P. Clodii, quem ille ad Cn. Pompeium inter-
ficiendum collocarat: extorta est ei confitenti sica de manibus: caruit foro postea Pompeius, caruit senatu, caruit
5 publico: janua se ac parietibus, non jure legum judiciorum-
que texit. 19. Num quae rogatio lata, num quae nova
quaestio decreta est? Atqui, si res, si vir, si tempus ullum
dignum fuit, certe haec in illa causa summa omnia fuerunt.
Insidiator erat in foro collocatus atque in vestibulo ipso sena-
10 tus; ei viro autem mors parabatur, cujus in vita nitebatur
salus civitatis; eo porro rei publicae tempore, quo, si unus
ille occidisset, non haec solum civitas, sed gentes omnes concidissent. [7]Nisi vero, quia perfecta res non est, non fuit
punienda; proinde quasi exitus rerum, non hominum con-
15 silia legibus vindicentur. Minus dolendum fuit, re non perfecta, sed puniendum certe nihilo minus. 20. Quoties ego
ipse, judices, ex P. Clodii telis et ex cruentis ejus manibus
effugi? ex quibus si me non vel mea vel rei publicae fortuna servasset, quis tandem de interitu meo quaestionem tu-
20 lisset?

VIII. Sed stulti sumus, qui Drusum, qui Africanum,
Pompeium, nosmet ipsos cum P. Clodio conferre audeamus.
Tolerabilia fuerunt illa: P. Clodii mortem nemo aequo
animo ferre potest. Luget senatus, maeret equester ordo,
25 tota civitas confecta senio est, squalent municipia, afflictantur
coloniae, agri denique ipsi tam beneficum, tam salutarem,
tam mansuetum civem desiderant. 21. Non fuit ea causa,
judices, profecto, non fuit, cur sibi censeret Pompeius quaestionem ferendam; sed homo sapiens atque alta et divina
30 quadam mente praeditus multa vidit: fuisse illum sibi inimicum, familiarem Milonem; in communi omnium laetitia si
etiam ipse gauderet, timuit, ne videretur infirmior [1]fides re-
conciliatae gratiae; multa etiam alia vidit, sed illud maxime,
[2]quamvis atrociter ipse tulisset, vos tamen fortiter judicaturos.
35 Itaque [3]delegit e florentissimis ordinibus ipsa lumina, neque
vero, quod nonnulli dictitant, [4]secrevit in judicibus legendis
amicos meos; neque enim hoc cogitavit vir justissimus, ne-

quaero, utrum vestras injurias, an rei publicae persequamini?
Si rei publicae, quid de vestra in illa causa perseverantia
respondebitis? si vestras, videte, ne erretis, [1]qui Caesarem
vestris inimicis iratum fore putetis, quum ignoverit suis.

Itaque num tibi videor in causa Ligarii esse occupatus? 5
num de ejus facto dicere? Quidquid dixi, [2]ad unam summam referri volo vel humanitatis vel clementiae vel miseri-
cordiae. 30. Causas, Caesar, egi multas, et quidem tecum,
dum te in foro tenuit [3]ratio honorum tuorum; certe nunquam
hoc modo: *Ignoscite, judices: erravit, lapsus est, non putavit;* 10
si unquam posthac. Ad parentem sic agi solet: ad judices:
Non fecit, non cogitavit; falsi testes, fictum crimen. Dic te,
Caesar, de facto Ligarii judicem esse; quibus in praesidiis
fuerit, quaere: taceo; ne haec quidem colligo, quae fortasse
valerent etiam apud judicem: "Legatus ante bellum pro- 15
fectus, relictus in pace, bello oppressus, in eo ipso non acerbus, jam est totus animo ac studio tuus." Ad judicem sic
agi solet; sed ego apud parentem loquor: "Erravit, temere
fecit, poenitet; ad clementiam tuam confugio, delicti veniam
peto; ut ignoscatur, oro." Si nemo impetravit, arroganter: 20
si plurimi, tu idem fer opem, qui spem dedisti. 31. An
sperandi Ligario causa non sit, quum mihi apud te locus sit
etiam pro altero deprecandi? Quamquam neque in hac
oratione spes est posita causae, nec in eorum studiis, qui a te
pro Ligario petunt, tui necessarii.   25

XL. Vidi enim et cognovi, quid maxime spectares, quum
pro alicujus salute multi laborarent: causas apud te rogantium gratiosiores esse quam [1]vultus; neque te spectare,
quam tuus esset necessarius is, qui te oraret, sed quam illius,
pro quo laboraret. [2]Itaque tribuis tu quidem tuis ita multa, 30
ut mihi [3]beatiores illi videantur interdum, qui tua liberalitate
fruantur, quam tu ipse, qui illis tam multa concedas. Sed
video tamen apud te [4]causas, ut dixi, valere plus quam preces,
ab iisque de moveri maxime, quorum justissimum videas
dolorem in petendo. 32. In Q. Ligario conservando multis 35
tu quidem gratum facies necessariis tuis; sed [5]hoc, quaeso,
considera, quod soles. Possum fortissimos viros, [6]Sabinos,

ipse solus, etiam invitis illis, gubernaret; tota ut comitia suis,
ut dictitabat, humeris sustineret. Convocabat tribus; [11]se
interponebat; [12]Collinam novam dilectu perditissimorum civium conscribebat. Quanto ille plura miscebat, tanto hic
5 magis in dies convalescebat. Ubi vidit homo ad omne facinus paratissimus, fortissimum virum, inimicissimum suum,
certissimum consulem, idque intellexit non solum sermonibus,
sed etiam [13]suffragiis populi Romani saepe esse declaratum,
palam agere coepit et aperte dicere, occidendum Milonem.
10 26. Servos agrestes et barbaros, quibus silvas publicas depo-
pulatus erat Etruriamque vexarat, ex Apennino deduxerat,
quos videbatis. Res erat minime obscura. Etenim dictitabat palam, consulatum eripi Miloni non posse, vitam posse.
[14]Significavit hoc saepe in senatu; [15]dixit in contione: quin
15 etiam M. Favonio, fortissimo viro, quaerenti ex eo, qua spe
fureret, Milone vivo, respondit, triduo illum aut summum
quatriduo esse periturum; quam vocem ejus ad hunc M. Catonem statim Favonius detulit.

X. 27. Interim, quum sciret Clodius (neque enim erat
20 difficile scire), iter sollemne, legitimum, necessarium, ante
diem XIII. Kalendas Feb. Miloni esse [1]Lanuvium ad flaminem prodendum, [quod erat [2]dictator Lanuvii Milo,] Roma
subito ipse profectus pridie est, ut ante suum fundum (quod
[3]re intellectum est) Miloni insidias collocaret. Atque ita
25 profectus est, ut contionem turbulentam, in qua ejus furor
desideratus est, quae illo ipso die habita est, relinqueret,
quam, nisi [4]obire facinoris locum tempusque voluisset, nunquam reliquisset. 28. Milo autem quum in senatu fuisset
eo die, quoad senatus est dimissus, domum venit, calceos et
30 vestimenta mutavit, paulisper, dum se uxor, [5]ut fit, comparat,
commoratus est, deinde profectus id temporis, quum jam Clodius, si quidem eo die Romam venturus erat, redire potuisset.
Obviam fit ei Clodius, expeditus, in equo, nulla rheda, nullis
impedimentis, nullis Graecis comitibus, ut solebat, sine uxore,
35 quod nunquam fere; quum hic insidiator, [6]qui iter illud ad
caedem faciendam apparasset, cum uxore veheretur in rheda,
paenulatus, [7]magno et impedito et muliebri ac delicato ancil-

quoniam hoc est animi, quoniam etiam ingenii tui, te aliquid
de hujus illo quaestorio officio, etiam de aliis quibusdam
⁴quaestoribus reminiscentem, recordari.   36. Hic igitur T.
Ligarius, qui tum ⁵nihil egit aliud, (neque enim haec divi-
nabat,) nisi ut tui eum studiosum et bonum virum judicares,   5
nunc a te supplex fratris salutem petit.   Quam hujus admo-
nitus officio quum ⁶utrisque his dederis, tres fratres optimos
et integerrimos non solum sibi ipsos neque his tot ac talibus
viris neque nobis necessariis, sed etiam rei publicae condona-
veris.   37. ⁷Fac igitur, quod de ⁸homine nobilissimo et cla- 10
rissimo fecisti nuper in curia, nunc idem in foro de optimis et
huic omni frequentiae probatissimis fratribus.   Ut concessisti
illum senatui, sic da hunc populo, cujus voluntatem carissimam
semper habuisti ; et, si ille dies tibi gloriosissimus, populo
Romano gratissimus fuit, noli, obsecro, dubitare, C. Caesar, 15
similem illi gloriae laudem quam saepissime quaerere.   Nihil
est tam populare quam bonitas ; nulla de virtutibus tuis
plurimis nec admirabilior nec gratior misericordia est ; homines enim ad deos nulla re propius accedunt quam salutem
hominibus dando.   38. Nihil habet nec fortuna tua majus, 20
quam ut possis, nec natura melius, quam ut velis servare
quam plurimos.   Longiorem orationem causa forsitan postulat, tua certe natura breviorem.   Quare, quum utilius esse
arbitrer te ipsum quam me aut quemquam loqui tecum, finem
jam faciam: tantum te admonebo, si illi absenti salutem 25
dederis, praesentibus his omnibus te daturum.

quaereretur. Ita et senatus rem, non hominem, [2]notavit, et Pompeius [4]de jure, non de facto, quaestionem tulit.

XII. Numquid igitur aliud in judicium venit, nisi, uter utri insidias fecerit? Profecto nihil: si hic illi, ut ne sit im-
5 pune: si ille huic, ut nos scelere solvamur.

32. Quonam igitur pacto probari potest, insidias Miloni fecisse Clodium? Satis est in illa quidem tam audaci, tam nefaria bellua docere, magnam ei causam, magnam spem in Milonis morte propositam, magnas utilitates fuisse. Itaque
10 illud [1]Cassianum, [2]CUI BONO FUERIT, in his personis valeat, etsi boni nullo emolumento impelluntur in fraudem, improbi saepe parvo. Atqui, Milone interfecto, Clodius haec asse-quebatur, non modo ut · praetor esset non [3]eo consule, quo sceleris facere nihil posset, sed etiam, ut iis consulibus prae-
15 tor esset, quibus si non adjuvantibus, at conniventibus certe, speraret se posse [4]eludere in illis suis cogitatis furoribus; [5]cujus [6]illi conatus, ut ipse ratiocinabatur, nec cuperent repri-mere, si possent, quum tantum beneficium ei se debere arbi-trarentur, et, si vellent, fortasse vix possent frangere hominis
20 sceleratissimi corroboratam jam vetustate audaciam. 33. An vero, judices, vos soli ignoratis, vos hospites in hac urbe ver-samini, vestrae peregrinantur aures neque in hoc pervagato civitatis [7]sermone versantur, quas ille leges, si leges nominan-dae sunt, ac non faces urbis, pestes rei publicae, fuerit impo-
25 siturus nobis omnibus atque inusturus? Exhibe, quaeso, Sexte Clodi, exhibe [8]librarium illud legum vestrarum, quod te aiunt eripuisse e domo et ex mediis armis turbaque noc-turna tamquam Palladium extulisse, ut praeclarum videlicet munus atque [9]instrumentum tribunatus ad aliquem, si nactus
30 esses, qui tuo arbitrio tribunatum gereret, deferre posses. [10]Atque per * * *. An hujus ille legis, quam [11]Sex. Clodius a se inventam gloriatur, mentionem facere ausus esset, vivo Milone, ne dicam consule? [12]De nostrum omnium — non audeo totum dicere. Videte, quid ea vitii lex habitura fuerit,
35 cujus periculosa etiam reprehensio est. Et adspexit me illis quidem oculis, quibus tum solebat, quum omnibus omnia mi-nabatur. Movet me quippe [13]lumen curiae.

quum more majorum [16]de servo in dominum ne tormentis
quidem quaeri liceat, in qua quaestione dolor elicere veram
vocem possit etiam ab invito, exortus est servus, qui quem in
eculeo appellare non posset, eum accuset [17]solutus.

II. 4. Perturbat me, C. Caesar, etiam [1]illud interdum, 5
quod tamen, [2]quum te penitus recognovi, timere desino; re
enim iniquum est, sed tua sapientia fit aequissimum. Nam
dicere apud eum de facinore, contra cujus vitam consilium
facinoris inisse [3]arguare, quum per se ipsum consideres, [4]grave
est; nemo enim fere est, qui sui periculi judex, non sibi se 10
[5]aequiorem quam reo praebeat: sed tua, Caesar, praestans
singularisque natura hunc mihi metum minuit; non enim
tam timeo, quid tu de rege Deiotaro, quam intelligo, quid
de te ceteros velis judicare. 5. Moveor etiam [6]loci ipsius
insolentia, quod tantam causam, [7]quanta nulla unquam in 15
disceptatione versata est, dico intra domesticos parietes, dico
extra conventum et eam frequentiam, in qua oratorum studia
niti solent: in tuis oculis, in tuo ore vultuque [8]acquiesco; te
unum intueor; ad te unum omnis mea spectat oratio. [9]Quae
mihi ad spem obtinendae veritatis gravissima sunt, ad motum 20
animi et ad omnem impetum dicendi contentionemque leviora.
6. Hanc enim, C. Caesar, causam si in foro dicerem, eodem
audiente et disceptante te, quantam mihi alacritatem populi
Romani concursus afferret! Quis enim civis ei regi non
faveret, cujus omnem aetatem in populi Romani bellis con-25
sumptam esse meminisset? Spectarem curiam, intuerer
forum, coelum denique testarer ipsum. Sic, quum et deorum
immortalium et populi Romani et senatus beneficia in regem
Deiotarem recordarer, nullo modo mihi deesse posset oratio.
7. Quae quoniam angustiora parietes faciunt, [10]actioque 30
maximae causae debilitatur loco, tuum est, Caesar, [11]qui pro
multis saepe dixisti, quid mihi nunc animi sit, [12]ad te ipsum
referre, quo facilius quum aequitas tua, tum audiendi diligentia minuat hanc perturbationem meam.

Sed antequam de accusatione ipsa dico, de accusatorum spe 35
pauca dicam; qui quum videantur nec ingenio nec usu atque exercitatione rerum valere, tamen ad hanc causam non

84 *

Milo, *ac* segetem ac materiem suae gloriae, praeter hoc civile
odium, quo omnes improbos odimus? [7]Ille erat ut odisset,
primum salutis meae defensorem, deinde vexatorem furoris,
domitorem armorum suorum, postremo etiam accusatorem
5 suum. Reus enim Milonis lege Plotia fuit Clodius, quoad
vixit. Quo tandem animo hoc tyrannum illum tulisse cre-
ditis?[10]quantum odium illius et in homine injusto quam etiam
justum fuisse?

XIV. 36. Reliquum est, ut jam [1]illum natura ipsius con-
10 suetudoque defendat, hunc autem haec eadem coarguant.
Nihil per vim unquam Clodius, omnia per vim Milo. Quid?
ego, judices, quum, [2]maerentibus vobis, urbe cessi, judiciumne
timui? non [3]servos, non arma, non vim? Quae fuisset igitur justa causa restituendi mei, nisi fuisset injusta ejiciendi?
15 [4]Diem mihi, credo, dixerat, multam irrogarat, actionem per-
duellionis intenderat, et mihi videlicet in causa aut mala aut
mea, non et praeclarissima et vestra, judicium timendum fuit.
[5]Servorum et egentium civium et facinorosorum armis meos
cives, meis consiliis periculisque servatos, pro me objici nolui.
20 37. Vidi enim, vidi, hunc ipsum Q. Hortensium, lumen et
ornamentum rei publicae, paene interfici servorum manu,
quum mihi adesset; qua in turba C. Vibienus, senator, vir
optimus, cum hoc quum esset una, ita est mulcatus, ut vitam
amiserit. Itaque quando illius postea sica illa, quam a Cati-
25 lina acceperat, conquievit? Haec [6]intentata nobis est; huic
ego vos objici pro me non sum passus; haec insidiata [7]Pom-
peio est; haec istam Appiam, monumentum sui nominis,
nece [8]Papirii cruentavit; haec eadem [9]longo intervallo conversa rursus est in me: nuper quidem, ut scitis, me [10]ad regi-
30 am paene confecit. 38. Quid simile Milonis? cujus vis
omnis haec semper fuit, ne P. Clodius, quum in judicium de-
trahi non posset, vi oppressam civitatem teneret. Quem si
interficere voluisset, quantae, quoties occasiones, quam prae-
clarae fuerunt? [11]Potuitne, quum domum ac deos penates
35 suos, illo oppugnante, defenderet, jure se ulcisci? potuitne,
civi egregio et viro fortissimo, P. Sestio, collega suo, vulne-
rato? potuitne, Q. Fabricio, viro optimo, quum de reditu

Romani extimescebat, in qua etiam suam esse inclusam videbat; in summo tamen timore quiescendum sibi esse arbitrabatur.   Maxime vero perturbatus est, ut audivit, consules ex
Italia profugisse, omnesque consulares (sic enim ei nuncia-
batur), cunctum senatum, totam Italiam [2]esse effusam.   Tali- 5
bus enim nuntiis et rumoribus patebat [3]ad Orientem via, nec
[4]ulli veri subsequebantur.   Nihil ille de [5]conditionibus tuis,
nihil de studio concordiae et pacis, nihil de conspiratione audiebat certorum [6]hominum contra dignitatem tuam.   Quae
quum ita essent, tamen usque eo se tenuit, quoad a Cn. Pom- 10
peio legati ad eum literaeque venerunt.   12. Ignosce, ignosce, Caesar, si ejus viri auctoritati rex Deiotarus cessit, quem
nos omnes secuti sumus; ad quem quum dii atque homines
omnia ornamenta congessissent, [7]tum tui ipse plurima et
maxima.   Neque enim, si tuae res gestae ceterorum laudi- 15
bus obscuritatem attulerunt, idcirco Cn. Pompeii memoriam
amisimus.   Quantum nomen ejus fuerit, quantae opes, quanta in omni genere bellorum gloria, quanti honores [8]populi
Romani, quanti senatus, quanti tui, quis ignorat?   Tanto
ille superiores vicerat gloria, quanto tu omnibus praestitisti. 20
Itaque Cn. Pompeii bella, victorias, triumphos, consulatus admirantes numerabamus: tuos enumerare non possumus.

     V.   13. Ad [1]eum igitur rex Deiotarus venit hoc misero
fatalique bello, quem antea [2]justis hostilibusque bellis adju- 25
verat, quocum erat non [3]hospitio solum, verum etiam fami-
liaritate conjunctus; et venit vel rogatus, ut amicus, vel
arcessitus, ut socius, vel evocatus, ut is, qui senatui parere
didicisset: postremo venit ut ad fugientem, non ut ad inse-
quentem, id est ad periculi, non ad victoriae societatem.   Ita- 30
que Pharsalico proelio facto a Pompeio discessit: spem [4]in-
finitam persequi noluit: vel officio, si quid debuerat, vel [5]er-
rori, si quid nescierat, satisfactum esse duxit: domum se contulit, teque Alexandrinum bellum gerente utilitatibus tuis
paruit.   14. Ille exercitum [6]Cn. Domitii amplissimi viri suis 35
tectis et copiis sustentavit: ille Ephesum ad [7]eum, quem tu
ex tuis fidelissimum et probatissimum [8]omnibus delegisti,

cum aliquorum querela? quem jure, quem loco, quem tempore, quem impune non est ausus, hunc injuria, iniquo loco, alieno tempore, periculo capitis non dubitavit occidere? 42. praesertim, judices, quum [1]honoris amplissimi contentio et
5 dies comitiorum subesset; quo quidem tempore (scio enim, quam timida sit ambitio quantaque et quam sollicita sit cupiditas consulatus), omnia non modo, quae reprehendi palam, sed etiam quae obscure cogitari possunt, timemus, rumorem, fabulam fictam, levem perhorrescimus, ora omnium atque
10 oculos intuemur. Nihil est enim tam molle, tam tenerum, tam aut fragile aut flexibile quam voluntas erga nos sensusque civium, qui non modo improbitati irascuntur candidatorum, sed etiam in recte factis saepe fastidiunt. 43. Hunc igitur diem campi speratum atque exoptatum sibi proponens
15 Milo, cruentis manibus, scelus et facinus prae se ferens et confitens [2]ad illa augusta centuriarum auspicia veniebat? Quam hoc non credibile in hoc! quam idem in Clodio non dubitandum, qui se interfecto Milone regnaturum putaret! Quid? [3]quod caput est audaciae, judices, quis ignorat, maxi-
20 mam illecebram esse peccandi impunitatis spem? In utro igitur haec fuit? in Milone, qui etiam nunc reus est facti aut [4]praeclari aut certe necessarii, an in Clodio, qui ita judicia poenamque contempserat, ut eum nihil delectaret, quod aut per naturam fas esset aut per leges liceret? 44. Sed quid
25 ego argumentor? quid plura disputo? Te Q. Petili, appello, optimum et fortissimum civem; te, M. Cato, testor; quos mihi divina quaedam sors dedit judices. Vos ex M. Favonio audistis, Clodium sibi dixisse, et audistis [5]vivo Clodio, periturum Milonem triduo. Post diem tertium gesta res est,
30 quam dixerat. Quum ille non dubitarit aperire, quid cogitaret, vos potestis dubitare, quid fecerit?

XVII. 45. [1]Quemadmodum igitur eum dies non fefellit? [2]Dixi equidem modo. Dictatoris Lanuvini stata sacrificia nosse negotii nihil erat. Vidit necesse esse Miloni proficisci
35 Lanuvium illo ipso, quo est profectus, die. Itaque antevertit. At quo die? Quo, ut ante dixi, fuit insanissima contio, [3]ab ipsius mercenario tribuno plebis concitata; quem diem ille,

erant armati, qui te interficerent, in eo ipso loco collocati.
En crimen, en causa, cur regem fugitivus, dominum servus
accuset.   Ego mehercules, Caesar, initio, quum est ad me
ista causa delata, [7]Phidippum medicum, servum regium, qui
cum legatis missus esset, ab isto adolescente esse corruptum, 5
hac sum suspicione percussus: medicum indicem subornavit;
finget videlicet aliquod crimen veneni.   Etsi a veritate longe,
tamen a [8]consuetudine criminandi non multum res abhorre-
bat.   18. Quid ait medicus?   Nihil de veneno.   At id fieri
potuit primum occultius in potione, in cibo; deinde etiam 10
impunius fit, quod quum est factum, negari potest.   Si palam
te interemisset, omnium in se gentium non solum odia, sed
etiam arma convertisset: si veneno, Jovis ille quidem hospi-
talis numen nunquam celare potuisset, homines fortasse celas-
set.   Quod igitur et conari occultius et efficere cautius potuit, 15
id tibi, et medico callido et servo, ut putabat, fideli, [9]non cre-
didit: de armis, de ferro, de insidiis celare te noluit?   19.
[10]At quam festive crimen contexitur!   Tua te, inquit, eadem,
quae semper, fortuna servavit: negavisti tum te [11]inspicere
velle.   20

VII.   Quid postea?   an Deiotarus, re illo tempore non
perfecta, continuo dimisit [1]exercitum?   nullus erat alius insi-
diandi locus?   At eodem te, quum coenavisses, rediturum
dixeras; [2]itaque fecisti.   Horum unam aut duas eodem loco
armatos, ut collocati fuerant, retinere magnum fuit?   Quum 25
in convivio [3]comiter et jucunde fuisses, tum illuc [4]isti, ut dixeras.   Quo in loco Deiotarum talem erga te cognovisti, qualis rex [5]Attalus in P. [6]Africanum fuit: cui magnificentissima
dona, ut scriptum legimus, usque ad Numantiam misit ex
Asia; quae Africanus inspectante exercitu accepit.   Quod 30
quum [7]praesens Deiotarus regio et animo et more fecisset, tu
in cubiculum discessisti.   20. Obsecro, Caesar, repete illius
temporis memoriam, pone illum ante oculos diem, vultus
hominum te intuentium atque admirantium recordare.   Num
quae trepidatio?   num qui tumultus?   num [8]quid nisi mode- 35
rate, nisi quiete, nisi ex hominis gravissimi et sanctissimi disciplina?   Quid igitur causae excogitari potest, cur te lautum

Milonem appropinquare. Nam quid de Cyro nuntiaret, quem Clodius Roma proficiscens reliquerat morientem? Una fui; testamentum simul obsignavi cum Clodio; testamentum autem palam fecerat, et illum heredem et me scrip-
5 serat. Quem pridie hora tertia animam efflantem reliquisset, eum mortuum postridie hora decima denique ei nuntiabatur?

XIX. 49. [1]Age, sit ita factum: quae causa, cur Romam properaret? cur in noctem se conjiceret? Quid afferebat
10 festinationis quod heres erat? Primum erat nihil, cur properato opus esset: deinde, si quid esset, quid tandem erat, quod ea nocte consequi posset, amitteret autem, si postridie Romam mane venisset? Atque ut illi nocturnus ad urbem adventus vitandus potius quam expetendus fuit, sic Miloni,
15 quum insidiator esset, si illum ad urbem noctu accessurum sciebat, subsidendum atque exspectandum fuit. 50. [Noctu, insidioso et pleno latronum in loco occidisset]: nemo ei neganti non credidisset, quem esse omnes salvum etiam confitentem volunt. [3]Sustinuisset hoc crimen primum ipse ille
20 latronum occultator et receptor locus, quum neque muta solitudo indicasset, neque caeca nox ostendisset Milonem: deinde ibi multi ab illo violati, spoliati, bonis expulsi, multi haec etiam timentes in suspicionem caderent; [4]tota denique rea citaretur Etruria. 51. Atque illo die certe [4]Aricia re-
25 diens, devertit Clodius ad Albanum. [5]Quod ut sciret Milo, illum Ariciae fuisse, suspicari tamen debuit, eum, etiamsi Romam illo die reverti vellet, ad villam suam, quae viam tangeret, deversurum. Cur neque [6]ante occurrit, ne ille in villa resideret, nec eo in loco subsedit, quo ille noctu ventu-
30 rus esset?

Video [7]adhuc constare, judices, omnia: Miloni etiam utile fuisse Clodium vivere, illi ad ea, quae concupierat, optatissimum interitum Milonis; odium fuisse illius in hunc acerbissimum, nullum hujus in illum; consuetudinem illius per-
35 petuam in vi inferenda, hujus tantum in repellenda; 52. mortem ab illo denuntiatam Miloni et praedictam palam, nihil unquam auditum ex Milone; profectionis hujus diem

nosset, contemneret. 24. ⁵Addit etiam illud, ⁶equites non
optimos misisse. Credo, Caesar, nihil ⁷ad tuum equitatum;
sed misit ex iis, quos habuit, electos. ⁸Ait nescio quem ex
eo numero ⁹servum judicatum. Non arbitror; non audivi;
sed in eo, etiam si accidisset, culpam regis nullam fuisse arbi- 5
trarer.

    IX. ¹Alieno autem a te animo quomodo? Speravit,
²credo, difficiles tibi Alexandreae fore exitus propter regionum naturam et fluminis. At eo tempore ipso pecuniam
dedit, exercitum aluit, ³ei, quem Asiae praefeceras, nulla in 10
re defuit: tibi ⁴victori non solum ad hospitium, sed ad periculum etiam atque ad aciem praesto fuit. 25. Secutum est
bellum Africanum: graves de te ⁵rumores, qui etiam furió-
sum illum Caecilium excitaverunt. Quo tum rex animo fuit?
qui ⁶auctionatus sit seseque spoliare maluerit quam tibi pecu- 15
niam non subministrare. ⁷At eo, inquit, tempore ipso Nicae-
am Ephesumque mittebat, qui rumores Africanos exciperent
et celeriter ad se referrent. Itaque quum esset ei nunciatum
⁸Domitium naufragio perisse, te in castello circumsederi, de
Domitio dixit versum Graecum eadem sententia, qua etiam 20
nos habemus Latinum:

Pereant amici, dum una inimici intercidant;

quod ille, si esset tibi inimicissimus, nunquam tamen dixisset; ipse enim mansuetus, versus immanis. ⁹Qui autem
Domitio poterat esse amicus, qui tibi esset inimicus? Tibi 25
porro inimicus cur esset, a quo quum vel interfici belli lege
potuisset, regem et se et filium suum constitutos esse meminisset? 26. Quid deinde? ¹⁰furcifer quo progreditur? Ait,
hac laetitia Deiotarum elatum vino se obruisse, in convivio-
que nudum saltavisse. Quae crux huic fugitivo potest satis 30
supplicii afferre? Deiotarum saltantem quisquam aut ebrium
vidit unquam? Omnes in illo sunt rege virtutes, quod te,
Caesar, ignorare non arbitror, sed praecipue singularis et ad-
miranda frugalitas: etsi hoc verbo scio laudari regem non
solere. Frugi hominem dici non multum habet laudis in 35
rege: fortem, justum, severum, gravem, magnanimum, lar-

.lectum esse diceres. Cur igitur victus est? Quia non semper viator a latrone, nonnunquam etiam latro a viatore occi-
ditur : quia, quamquam paratus in imparatos Clodius, tamen
mulier inciderat in viros. 56. Nec vero sic erat unquam non
5 paratus Milo contra illum, ut non satis fere esset paratus.
Semper ⁶ille, et quantum interesset P. Clodii, se perire, et
quanto illi odio esset, et quantum ille auderet, cogitabat.
Qamobrem vitam suam, quam maximis ⁷praemiis propositam
et paene addictam sciebat, nunquam in periculum sine prae-
10 sidio et sine custodia projiciebat. Adde casus, adde incertos
exitus pugnarum Martemque ⁸communem, qui saepe spoli-
antem jam et exsultantem evertit et ⁹perculit ab abjecto :
adde inscitiam pransi, poti, oscitantis ducis, qui quum a tergo
hostem ¹⁰interclusum reliquisset, nihil de ejus extremis comi-
15 tibus cogitavit, in quos incensos ira vitamque domini desperantes quum incidisset, haesit in iis poenis, quas ab eo servi
fideles pro domini vita expetiverunt. 57. Cur igitur eos
manumisit? Metuebat scilicet, ne indicarent, ne dolorem
perferre non possent, ne tormentis cogerentur occisum esse
20 a servis Milonis in Appia via P. Clodium confiteri. Quid
opus est tortore? Quid quaeris? Occideritne? Occidit.
Jure an injuria? Nihil ad tortorem. Facti enim in equuleo
quaestio est, juris in judicio.

XXII. ¹Quod igitur in causa quaerendum est, id agamus
25 hic : ²quod tormentis invenire vis, id fatemur. Manu vero cur
miserit, si ³id potius quaeris, quam cur parum amplis affecerit
praemiis, ⁴nescis inimici factum reprehendere. 58. Dixit
enim hic idem, qui omnia semper constanter et fortiter, M.
Cato, et dixit in turbulenta contione, quae tamen hujus auc-
30 toritate placata est, non libertate solum, sed etiam omnibus
praemiis dignissimos fuisse, qui domini caput defendissent.
Quod enim praemium satis magnum est tam benevolis, tam
bonis, tam fidelibus servis, propter quos vivit? ⁵Etsi id quidem non tanti est, quam quod ⁶propter eosdem non sanguine
35 et vulneribus suis crudelissimi inimici mentem oculosque
satiavit. Quos nisi manumisisset, tormentis etiam dedendi
fuerunt conservatores domini, ultores sceleris, defensores

castris fuerit, et a suis accusetur. ¹Vos vestra secunda fortuna, Castor, non potestis sine propinquorum calamitate esse
contenti?

XI. 30. ¹Sint sane inimicitiae, quae esse non debebant;
— rex enim Deiotarus vestram familiam abjectam et obscu- 5
ram e tenebris in lucem evocavit: quis tuum patrem antea,
quis esset, quam cujus gener esset audivit?—sed quamvis
ingrate et impie necessitudinis nomen repudiaretis, tamen inimicitias hominum more gerere poteratis, non ficto crimine
insectari, non expetere vitam, non ²capitis arcessere. Esto; 10
concedatur haec quoque acerbitas et odii magnitudo: ³adeone,
ut omnia vitae salutisque communis atque etiam humanitatis
jura violentur? Servum sollicitare verbis, spe promissisque
corrumpere, abducere domum, contra dominum armare, hoc
est non uni propinquo, sed omnibus familiis nefarium bellum 15
indicere. Nam ista corruptela servi, si non modo impunita
fuerit, sed etiam ⁴a tanta auctoritate approbata, nulli parietes
nostram salutem, nullae leges, nulla jura custodient. Ubi
enim ⁵id, quod intus est atque nostrum, impune evolare potest
contraque nos pugnare, ⁶fit in dominatu servitus, in servitute 20
dominatus. 31. O tempora, o mores! ⁷Cn. Domitius ille,
quem nos pueri consulem, censorem, pontificem maximum
vidimus, quum tribunus plebis ⁸M. Scaurum principem civitatis ⁹in judicium populi vocasset Scaurique servus ad eum
clam domum venisset et crimina in dominum delaturum se 25
esse dixisset, prehendi hominem jussit ad Scaurumque deduci.
Vide, quid intersit; etsi inique Castorem cum Domitio comparo; sed tamen ille inimico servum remisit, tu ab avo ab-
duxisti: ille incorruptum audire noluit, tu corrupisti: ille
adjutorem servum contra dominum repudiavit, tu etiam accu- 30
satorem adhibuisti. 32. ¹⁰At semel iste est corruptus a vobis?
Nonne, quum esset productus et quum tecum fuisset, refugit
ad ¹¹legatos? nonne etiam ad hunc ¹²Cn. Domitium venit?
nonne, audiente hoc ¹³Ser. Sulpicio, clarissimo viro, qui tum
casu apud Domitium coenabat, et hoc ¹⁴T. Torquato, optimo 35
adolescente, se a te corruptum, tuis promissis in fraudem im-
pulsum esse confessus est?

judices, et magna in utramque partem, ut neque timeant, qui
nihil commiserint, et poenam semper ante oculos versari putent, qui peccarint. 62. Neque vero sine ratione certa causa
Milonis semper a senatu probata est. Videbant enim sapien-
5 tissimi homines [4]facti rationem, praesentiam animi, defensio-
nis constantiam. An vero obliti estis, judices, recenti illo
[5]nuntio necis Clodianae, non modo inimicorum Milonis sermones et opiniones, sed nonnullorum etiam [6]imperitorum?
Negabant eum Romam esse rediturum. 63. Sive enim [7]illud
10 animo irato ac percito fecisset, ut incensus odio trucidaret
inimicum, [8]arbitrabantur, eum tanti mortem P. Clodii putasse,
ut aequo animo patria careret, quum sanguine inimici ex-
plesset odium suum, sive etiam illius morte patriam liberare
voluisset, non dubitaturum fortem virum, quin, quum suo
15 periculo salutem rei publicae attulisset, cederet aequo animo
legibus, secum auferret gloriam sempiternam, nobis haec fru-
enda relinqueret, quae ipse servasset. Multi etiam [9]Catili-
nam atque illa portenta loquebantur: " Erumpet, occupabit
aliquem locum, bellum patriae faciet." Miseros interdum
20 [10]cives optime de re publica meritos, in quibus homines non
modo res praeclarissimas obliviscuntur, sed etiam nefarias sus-
picantur! 64. Ergo illa falsa fuerunt; quae certe vera ex-
stitissent, si Milo admisisset aliquid, quod non posset honeste
vereque defendere.

25 XXIV. Quid? [1]quae postea sunt in eum congesta, quae
quemvis etiam mediocrium delictorum [2]conscientia perculis-
sent, ut sustinuit! dii immortales! sustinuit? [3]immo vero ut
contempsit ac pro nihilo putavit! quae neque maximo animo
nocens, neque innocens, nisi fortissimus vir, negligere potu-
30 isset. Scutorum, gladiorum, frenorum pilorumque etiam
multitudo deprehendi posse [4]indicabatur: nullum in urbe vi-
cum, nullum angiportum esse dicebant, in quo non Miloni
conducta esset domus: [5]arma in villam [6]Ocriculanam devecta
Tiberi: domus in clivo Capitolino scutis referta: plena omnia
35 [7]malleolorum ad urbis incendia comparatorum. Haec non
delata solum, sed paene credita, nec ante repudiata sunt,
quam quaesita. 65. Laudabam equidem incredibilem dili-

quam a·L. Scipione devictus est Tauro tenus regnare jussus
esset omnemque hanc Asiam, quae est nunc nostra provincia,
amisisset, dicere est solitus, benigne sibi a populo Romano
esse factum, quod nimis magna procuratione liberatus modicis
regni terminis uteretur, potest multo facilius se Deiotarus 5
consolari. Ille enim furoris multam sustulerat, hic erroris.
Omnia tu Deiotaro, Caesar, tribuisti, quum et ipsi et filio nomen regium concessisti. Hoc nomine retento atque servato,
nullum beneficium populi Romani, nullum judicium de se
senatus imminutum putat. Magno animo et erecto est, nec 10
unquam succumbet inimicis, ne fortunae quidem. 87. Multa
se arbitratur et peperisse ante factis et habere in animo atque
virtute, quae nullo modo possit amittere. Quae enim fortuna
aut quis casus aut quae tanta possit injuria omnium imperatorum de Deiotaro decreta delere? Ab omnibus est enim 15
ornatus, qui, posteaquam in castris esse potuit per aetatem, in
Asia, Cappadocia, Ponto, Cilicia, Syria bella gesserunt. Senatus vero judicia de illo tam multa tamque honorifica, quae
publicis populi Romani literis monumentisque consignata
sunt, quae unquam vetustas obruet aut quae tanta delebit 20
oblivio? Quid de virtute ejus dicam? de magnitudine animi, gravitate, constantia? quae omnes docti atque sapientes
summa, quidam etiam sola bona esse dixerunt, hisque non
modo ad bene, sed etiam ad beate vivendum contentam esse
virtutem. 88. Haec ille reputans, et dies noctesque cogitans, 25
non modo tibi non succenset, (esset enim non solum ingratus,
sed etiam amens,) verum omnem tranquillitatem et quietem
senectutis acceptam refert clementiae tuae.

XIV. Quo quidem animo quum antea fuit, tum non dubito, quin tuis literis, quarum exemplum legi, quas ad eum 30
¹Tarracone huic Blesamio dedisti, se magis etiam erexerit ab
omnique sollicitudine abstraxerit. Jubes enim eum bene
sperare et bono esse animo; quod scio te non frustra scribere
solere; memini enim iisdem fere verbis ad me te scribere meque tuis literis bene sperare non frustra esse jussum. 89. 35
Laboro equidem regis Deiotari causa, ²quocum mihi amicitiam res publica conciliavit, hospitium voluntas utriusque con-

praestantissimus dux electus et tota res publica armata est.
68. Sed quis non intelligit, omnes tibi rei publicae partes
aegras et labantes, ut eas his armis sanares et confirmares,
esse commissas? Quod si [3]locus Miloni datus esset, pro-
5 basset profecto tibi ipsi, neminem unquam hominem homini
cariorem fuisse quam te sibi: nullum se unquam periculum
pro tua dignitate fugisse: cum illa ipsa teterrima [4]peste se
saepissime pro tua gloria contendisse: tribunatum suum ad
salutem meam, quae tibi carissima fuisset, consiliis tuis guber-
10 natum: se a te postea defensum in periculo capitis, adjutum
in petitione praeturae: duos se habere semper amicissimos sperasse, te tuo beneficio, me suo. Quae si non pro-
baret, si tibi ita penitus inhaesisset ista suspicio, nullo ut
evelli modo posset, si denique Italia a delectu, urbe ab armis
15 sine Milonis clade nunquam esset conquietura, nae iste
haud dubitans cessisset patria, [5]is, qui ita natus est et ita
consuevit; te, [6]Magne, tamen antestaretur, quod nunc etiam
facit.

XXVI. 69. Vide, quam sit varia vitae commutabilisque
20 ratio, quam vaga volubilisque fortuna, quantae infidelitates
in amicis, quam ad tempus aptae simulationes, quantae in
periculis fugae proximorum, quantae timiditates. Erit, erit
illud profecto tempus et illucescet ille aliquando dies, quum
tu, salutaribus, ut spero, rebus tuis, sed fortasse motu aliquo
25 [1]communium temporum (qui quam crebro accidat, [2]experti
scire debemus), et amicissimi benevolentiam et gravissimi
hominis fidem et unius post homines natos fortissimi viri
magnitudinem animi desideres. 70. Quamquam quis hoc
credat, Cn. Pompeium, juris publici, moris majorum, rei
30 denique publicae peritissimum, quum senatus ei commiserit,
ut videret, NE QUID RES PUBLICA DETRIMENTI CAPERET,
quo uno versiculo satis armati semper consules fuerunt,
etiam nullis armis datis, hunc exercitu, hunc delectu dato,
[3]judicium exspectaturum fuisse in [4]ejus consiliis vindicandis,
35 qui vi judicia ipsa tolleret? Satis judicatum est a Pompeio, satis, falso [5]ista conferri in Milonem, qui legem tulit,
qua, ut ego sentio, Milonem absolvi a vobis oporteret, ut

Caesar, velim existimes, hodierno die sententiam tuam aut cum summo dedecore miserrimam pestem importaturam esse regibus, aut incolumem famam cum salute, quorum alterum optare 'illorum crudelitatis est, alterum conservare clementiae tuae.   5

(eos enim penitus contempserat), sed hunc P. Varium, fortissimum atque optimum civem, judicem nostrum, pellere possessionibus armis castrisque conatus est: qui cum architectis et decempedis villas multorum hortosque peragrabat:
5 qui Janiculo et Alpibus spem possessionum terminarat suarum: qui, quum ab equite Romano splendido et forti, M. Paconio, non impetrasset, ut sibi insulam in lacu Prilio venderet, repente lintribus in eam insulam materiem, calcem, caementa, [15]arma convexit, dominoque trans ripam inspec-
10 tante non dubitavit aedificium exstruere in [16]alieno: 75. qui huic T. [17]Furfanio, cui viro! dii immortales! (quid enim ego de muliercula Scantia, quid de adolescente P. Apinio dicam? quorum utrique mortem est minitatus, nisi sibi hortorum possessione cessissent): sed ausus est Furfanio dicere, si sibi
15 pecuniam, quantam poposcerat, non dedisset, [18]mortuum se in domum ejus illaturum, qua invidia huic esset tali viro conflagrandum: qui Appium fratrem, hominem mihi conjunctum fidissima gratia, absentem de possessione fundi dejecit: qui parietem sic per vestibulum sororis instituit ducere, sic agere
20 fundamenta, ut sororem non modo vestibulo privaret, sed omni aditu et limine."

XXVIII. 76. Quamquam haec quidem jam tolerabilia, videbantur, etsi aequabiliter in rem publicam, in privatos, in longinquos, in propinquos, in alienos, in suos irruebat; sed
25 nescio quomodo jam usu obduruerat et percalluerat civitatis incredibilis patientia. Quae vero aderant jam et impendebant, quonam modo ea aut depellere potuissetis aut ferre? [1]Imperium ille si nactus esset, omitto socios, exteras nationes, reges, [2]tetrarchas; vota enim faceretis, ut in eos se potius im-
30 mitteret quam in vestras possessiones, vestra tecta, vestras pecunias; pecunias dico? a liberis, medius fidius, et a conjugibus vestris nunquam ille effrenatas suas libidines cohibuisset. Fingi haec putatis, quae patent, quae nota sunt omnibus, quae [3]tenentur? servorum exercitus illum in urbe
35 conscripturum fuisse, per quos totam rem publicam resque privatas omnium possideret? 77. Quamobrem, si cruentum gladium tenens clamaret T. Annius: "Adeste, quaeso, atque

quam, quos undique intuentes, unde aliqua fori pars adspici
potest, et hujus exitum judicii exspectantes videtis, non
quum virtuti Milonis favet, tum de se, de liberis suis, de patria, de fortunis hodierno die decertari putat.

II. Unum genus est adversum infestumque nobis [1]eorum, 5
quos P. Clodii furor rapinis et incendiis et [2]omnibus exitiis
publicis pavit; qui hesterna etiam [3]contione incitati sunt, ut
vobis voce [4]praeirent, quid judicaretis. Quorum clamor, si
[5]qui forte fuerit, admonere vos debebit, ut eum civem reti-
neatis, qui semper genus illud hominum clamoresque maxi- 10
mos [6]pro vestra salute neglexit. 4. Quamobrem adeste animis, judices, et timorem, si quem habetis, deponite. Nam, si
unquam de bonis et fortibus viris, si unquam de bene meritis
civibus potestas [7][vobis] judicandi fuit, si denique unquam
locus [8]amplissimorum ordinum delectis viris datus est, ut sua 15
studia erga fortes et bonos cives, quae vultu et verbis saepe
significassent, re et sententiis declararent, hoc profecto tempore eam potestatem omnem vos habetis, ut statuatis, utrum
nos, qui semper vestrae auctoritati dediti fuimus, semper
miseri lugeamus, an, diu vexati a perditissimis civibus, ali- 20
quando per vos ac per vestram fidem, virtutem sapientiamque
recreemur. 5. Quid enim nobis duobus, judices, [9]laboriosius,
quid magis sollicitum, magis exercitum dici aut fingi potest,
qui, spe amplissimorum [10]praemiorum ad rem publicam adducti, metu crudelissimorum suppliciorum carere non possu- 25
mus? Equidem ceteras tempestates et procellas in illis
dumtaxat fluctibus contionum semper putavi Miloni esse
subeundas, quia semper pro bonis contra improbos senserat;
in judicio vero et in eo consilio, in quo ex cunctis ordinibus
amplissimi viri judicarent, nunquam existimavi spem ullam 30
esse habituros Milonis inimicos ad ejus [11]non modo salutem
exstinguendam, sed etiam gloriam per tales viros infringen-
dam. 6. Quamquam in hac causa, judices, T. Annii [12]tribu-
natu rebusque omnibus pro salute rei publicae gestis ad
hujus criminis defensionem [13]non abutemur. Nisi oculis 35
videritis insidias Miloni a Clodio factas, nec deprecaturi
sumus, ut crimen hoc nobis propter multa praeclara in rem

mortuus inani cogitatione percussit? Quid? si ipse Cn.
Pompeius, qui ea virtute ac fortuna est, ut [9]ea potuerit semper, quae nemo praeter illum, si is, inquam, potuisset aut
quaestionem de morte P. Clodii ferre aut ipsum ab inferis
5 excitare, [10]utrum putatis potius facturum fuisse? Etiamsi
[11]propter amicitiam vellet illum ab inferis evocare, propter rem
publicam non fecisset. Ejus igitur mortis sedetis ultores,
cujus vitam si putetis per vos restitui posse, nolitis; et de
ejus nece lata quaestio est, qui si eadem lege reviviscere pos-
10 set, lata lex nunquam esset. Hujus ergo interfector si esset,
in confitendo ab iisne poenam timeret, quos liberavisset?
80. Graeci homines deorum honores tribuunt iis viris, qui
tyrannos necaverunt. Quae ego vidi Athenis? quae aliis in
urbibus Graeciae? quas res divinas talibus institutas viris?
15 quos cantus? quae carmina? [12]Prope ad immortalitatis et
religionem et memoriam consecrantur. Vos tanti conservatorem populi, tanti sceleris ultorem non modo honoribus
nullis afficietis, sed etiam ad supplicium rapi patiemini?
Confiteretur, confiteretur, inquam, si fecisset, et magno ani-
20 mo et libente, fecisse se libertatis omnium causa; quod
esset ei non confitendum modo, verum etiam praedican-
dum.

XXX. 81. Etenim, si [1]id non negat, ex quo nihil petit,
nisi ut ignoscatur, dubitaret [2]id fateri, ex quo etiam praemia
25 laudis essent petenda? nisi vero gratius putat esse vobis, sui
se capitis quam vestri defensorem fuisse; quum praesertim
in ea confessione, si grati esse velletis, honores assequeretur
amplissimos. Si factum vobis non probaretur (quamquam
qui poterat salus sua cuiquam non probari?), sed tamen si
30 minus fortissimi viri virtus civibus grata cecidisset, magno animo constantique cederet ex ingrata civitate. Nam quid esset
ingratius, quam laetari ceteros, lugere eum solum, propter
quem ceteri laetarentur? 82. Quamquam hoc animo semper
omnes fuimus in patriae proditoribus opprimendis, ut, quo-
35 niam nostra futura esset gloria, periculum quoque et invidiam
nostram putaremus. Nam quae mihi ipsi tribuenda laus
esset, quum tantum in consulatu meo pro vobis ac liberis

multa sunt, certe illud est non modo justum, verum etiam necessarium, quum vi vis illata defenditur. Pudicitiam quum
eriperet militi tribunus militaris in exercitu C. Marii, propinquus ejus imperatoris, interfectus ab eo est, cui vim afferebat; facere enim probus adolescens periculose quam perpeti 5
turpiter maluit. Atque hunc ille summus vir scelere solutum
periculo liberavit. 10. Insidiatori vero et latroni quae potest
inferri injusta nex? Quid comitatus nostri, quid gladii volunt? quos habere certe non liceret, si uti illis nullo pacto
liceret. Est igitur haec, judices, non scripta, sed nata lex, 10
quam non didicimus, accepimus, legimus, verum ex natura
ipsa arripuimus, hausimus, expressimus, ad quam non docti,
sed facti, non instituti, sed imbuti sumus, ut, si vita nostra in
aliquas insidias, si in vim et in tela aut latronum aut inimicorum incidisset, omnis honesta ratio esset expediendae salutis. 15
Silent enim leges inter arma nec ¹se exspectari jubent, quum
ei, qui exspectare velit, ante injusta poena luenda sit quam
justa repetenda. 11. ²Etsi persapienter et quodammodo tacite dat ipsa lex potestatem defendendi, quae non hominem
occidi, sed esse cum telo hominis .occidendi causa vetat, ³ut, 20
quum causa, non telum quaereretur, qui sui defendendi causá
telo esset usus, non hominis occidendi causa habuisse telum
judicaretur. Quapropter ⁴hoc maneat in causa, judices ; non
enim dubito, quin probaturus sim vobis defensionem meam,
si id memineritis, quod oblivisci non potestis, insidiatorem in- 25
terfici jure posse.

V. 12. ¹Sequitur illud, quod a Milonis inimicis saepissime
dicitur, caedem, in qua P. Clodius occisus est, senatum judicasse, ²contra rem publicam esse factam. Illam vero senatus
non sententiis suis solum, sed etiam ³studiis comprobavit. 30
Quoties enim est illa causa a nobis acta in senatu! quibus
assensionibus universi ordinis! quam nec tacitis nec occultis!
Quando enim frequentissimo senatu quattuor aut summum
quinque sunt inventi, qui Milonis causam non probarent?
⁴Declarant hujus ambusti tribuni plebis illae intermortuae 35
contiones, quibus quotidie meam potentiam invidiose crimina-
batur, quum diceret senatum non quod sentiret, sed quod ego

Albani [6]tumuli atque luci, vos, inquam, imploro atque testor,
vosque Albanorum obrutae arae, sacrorum populi Romani
sociae et aequales, quas ille, praeceps amentia, caesis prostra-
tisque sanctissimis lucis, [7]substructionum insanis molibus op-
5 presserat : vestrae [8]tum arae, vestrae religiones viguerunt,
vestra vis valuit, quam ille omni scelere polluerat ; tuque ex
tuo [9]edito monte, Latiaris sancte Juppiter, cujus ille lacus,
nemora finesque saepe omni nefario stupro et scelere macu-
larat, aliquando ad eum puniendum oculos aperuisti ; vobis
10 illae, vobis vestro in conspectu serae, sed justae tamen et
debitae poenae solutae sunt. 86. Nisi forte hoc etiam casu
factum esse dicemus, ut ante ipsum sacrarium Bonae Deae,
quod est in fundo T. Sestii Galli, in primis honesti et or-
nati adolescentis, ante ipsam, inquam, Bonam Deam, quum
15 proelium commisisset, primum illud vulnus acciperet, quo
teterrimam mortem obiret, ut non absolutus [10]judicio illo
fario videretur, sed ad hanc insignem poenam reser-
vatus.

XXXII. [1]Nec vero non eadem ira deorum hanc ejus sa-
20 tellitibus injecit amentiam, ut sine [2]imaginibus, sine [3]cantu
atque ludis, sine exsequiis, sine lamentis, sine laudationibus,
sine funere, oblitus cruore et luto, spoliatus illius supremi
diei celebritate, cui cedere etiam inimici solent, amburetur
abjectus. Non fuisse credo fas, clarissimorum virorum [4]for-
25 mas illi teterrimo parricidae aliquid decoris afferre, neque
ullo in loco potius [5]mortem ejus lacerari, quam in quo esset
vita damnata.

87. Dura, medius fidius, mihi jam fortuna populi Romani
et crudelis videbatur, quae tot annos illum in hanc rem publi-
30 cam insultare pateretur. Polluerat stupro sanctissimas religiones, senatus gravissima decreta perfregerat, pecunia se a
judicibus palam redemerat, vexarat in tribunatu senatum,
omnium ordinum consensu pro salute rei publicae [6]gesta
resciderat, me patria expulerat, bona diripuerat, domum in-
35 cenderat, liberos, conjugem meam vexarat, Cn. Pompeio
nefarium bellum indixerat, magistratuum privatorumque
caedes effecerat, domum mei fratris incenderat, vastarat

posse. Quod nisi vidisset, posse absolvi eum, qui fateretur,
quum videret nos fateri, neque quaeri unquam jussisset nec
vobis ¹³tam hanc salutarem in judicando ¹⁴literam quam illam
tristem dedisset. Mihi vero Cn. Pompeius non modo nihil
gravius contra Milonem judicasse, sed etiam statuisse videtur, 5
quid vos in judicando spectare oporteret. Nam qui non poenam confessioni, sed defensionem dedit, is causam interitus
quaerendam, non ¹⁵interitum putavit. 16. Jam illud ipse
dicet profecto, ¹⁶quod sua sponte fecit, Publione Clodio tribuendum putarit an tempori.   10

VII. Domi suae nobilissimus vir, senatus propugnator atque illis quidem temporibus paene patronus, avunculus hujus
judicis nostri, fortissimi viri, M. Catonis, tribunus plebis M.
¹Drusus occisus est. Nihil de ejus morte populus consultus,
nulla quaestio decreta a senatu est. Quantum luctum in hac 15
urbe fuisse a nostris patribus accepimus, quum P. Africano,
domi suae quiescenti, illa nocturna vis esset illata! quis tum
non gemuit? quis non arsit dolore, quem immortalem, si fieri
posset, omnes esse cuperent, ejus ne necessariam quidem ex-
spectatam esse mortem? Num igitur ulla quaestio de Afri- 20
cani morte lata est? Certe nulla. 17. Quid ita? Quia
non alio facinore clari homines, alio obscuri necantur. Intersit inter vitae dignitatem summorum atque infimorum : mors
²quidem illata per scelus iisdem et poenis teneatur et legibus;
nisi forte magis erit parricida, si qui consularem patrem, 25
quam si quis humilem necaverit, aut eo mors atrocior erit P.
Clodii, quod is in ³monumentis majorum suorum sit interfectus. Hoc enim ab istis saepe dicitur; proinde quasi Appius
ille Caecus viam muniverit, non qua populus uteretur, sed
ubi impune sui posteri latrocinarentur. 18. Itaque in eadem 30
ista Appia via quum ornatissimum equitem Romanum P.
Clodius M. Papirium occidisset, non fuit illud facinus puniendum ; homo enim nobilis in suis monumentis equitem Romanum occiderat : nunc ejusdem Appiae nomen quantas tragoedias excitat! Quae cruentata antea caede honesti atque 35
innocentis viri ⁴silebatur, eadem nunc crebro ⁵usurpatur,
posteaquam latronis et parricidae sanguine imbuta est. Sed

everterat. 91. Et sunt, qui de via Appia querantur, taceant
de curia? et qui ᵃab eo spirante forum putent potuisse defendi, cujus non restiterit cadaveri curia? Excitate, excitate
ipsum, si potestis, a mortuis. Frangetis impetum vivi, cujus
5 vix sustinetis furias insepulti? Nisi vero sustinuistis eos,
qui cum facibus ad curiam concurrerunt, cum falcibus ad
ᵇCastoris, cum gladiis toto foro volitarunt. Caedi vidistis
populum Romanum, contionem gladiis disturbari, quum
audiretur silentio M. Coelius, tribunus plebis, vir et in re
10 publica fortissimus et in suscepta causa firmissimus et bonorum voluntati et auctoritati senatus deditus et in hac Milonis sive invidia sive fortuna singulari divina et incredibili
ᵇfide.

XXXIV. 92. ¹Sed jam satis multa de causa: extra cau-
15 sam etiam nimis fortasse multa. Quid restat, nisi ut orem
obtesterque vos, judices, ut eam misericordiam tribuatis fortissimo viro, quam ipse non implorat, ego, etiam repugnante
hoc, et imploro et exposco? Nolite, si in nostro ²omnium
fletu nullam lacrimam adspexistis Milonis, si vultum semper
20 eundem, si vocem, si orationem stabilem ac non mutatam videtis, hoc minus ei parcere. ³Haud scio an multo etiam sit
adjuvandus magis. Etenim si in gladiatoriis pugnis et in
infimi generis hominum conditione atque fortuna timidos atque supplices et, ut vivere liceat, obsecrantes etiam ⁴odisse
25 solemus, fortes et animosos et se acriter ipsos morti offerentes
servare cupimus, eorumque nos magis miseret, qui nostram
misericordiam non requirunt, quam qui illam efflagitant,
quanto hoc magis in fortissimis civibus · facere debemus?
93. Me quidem, judices, exanimant et interimunt hae voces
30 Milonis, quas audio assidue et quibus intersum quotidie.
"Valeant," inquit, "valeant cives mei: sint incolumes, sint
florentes, sint beati: stet haec urbs praeclara mihique patria
carissima, quoquo modo erit merita de me: tranquilla re
publica mei cives (quoniam mihi cum illis non licet) sine me
35 ipsi, sed propter me tamen, perfruantur: ego cedam atque
⁴abibo: si mihi bona re publica frui non licuerit, ⁵at carebo
mala, et quam primum tetigero bene moratam et liberam

que in bonis viris legendis id assequi potuisset, etiamsi cu-
pisset. Non enim mea gratia familiaritatibus continetur, quae
late patere non possunt, propterea quod [5]consuetudines victus
non possunt esse cum multis; sed, si quid possumus, ex eo
possumus, quod res publica nos conjunxit cum bonis; ex qui- 5
bus ille quum optimos viros legeret, idque maxime ad fidem
suam pertinere arbitraretur, non potuit legere non studiosos
mei. 22. Quod vero te, L. Domiti, huic quaestioni praeesse maxime voluit, nihil quaesivit aliud, nisi justitiam, gravitatem, humanitatem, fidem. Tulit ut [6]consularem necesse 10
esset, credo, quod principum munus esse ducebat resistere et
levitati multitudinis et perditorum temeritati. Ex consularibus te creavit potissimum; dederas enim, quam contemneres
populares insanias, jam ab adolescentia documenta maxima.

IX. 23. Quamobrem, judices, [1]ut aliquando ad causam 15
crimenque veniamus, si neque omnis confessio facti est inusi-
tata, neque de causa nostra quidquam aliter, ac nos vellemus,
a senatu judicatum est, et lator ipse legis, quum esset controversia nulla facti, [2]juris tamen disceptationem esse voluit, et
ei lecti judices isque praepositus quaestioni, qui haec juste 20
sapienterque disceptet, reliquum est, judices, ut nihil jam
quaerere aliud debeatis, nisi, uter utri insidias fecerit. Quod
quo facilius argumentis perspicere possitis, [3]rem gestam vobis
dum breviter expono, quaeso, diligenter attendite. 24. P.
Clodius quum statuisset omni scelere [4]in praetura vexare rem 25
publicam, videretque ita [5]tracta esse comitia [6]anno superiore,
ut non multos menses praeturam gerere posset, [7]qui non honoris gradum spectaret, ut ceteri, sed et L. Paullum collegam
effugere vellet, singulari virtute civem, et annum integrum
ad dilacerandam rem publicam quaereret, subito reliquit [8]an- 30
num suum seseque in proximum annum transtulit, [9]non, ut fit,
religione aliqua, sed ut haberet, quod ipse dicebat, ad praeturam gerendam, hoc est, ad evertendam rem publicam, plenum annum atque integrum. 25. Occurrebat ei, mancam
ac debilem praeturam suam futuram, consule Milone; eum 35
porro summo consensu populi Romani consulem fieri videbat.
[10]Contulit se ad ejus competitores, sed ita, totam ut petitionem

ex omnibus praemiis virtutis, si esset habenda ratio praemiorum, amplissimum esse praemium gloriam : esse hanc unam,
quae brevitatem vitae posteritatis memoria consolaretur, quae
efficeret, ut absentes adessemus, mortui viveremus : hanc
5 denique esse, cujus gradibus etiam in coelum homines viderentur ascendere. 98. " De me, inquit, semper populus
Romanus, semper omnes gentes loquentur, nulla unquam
obmutescet vetustas. Quin hoc tempore ipso, quum omnes
a meis inimicis faces ⁶invidiae meae subjiciantur, tamen omni
10 in hominum coetu gratiis agendis et gratulationibus habendis
et omni sermone celebramur. Omitto Etruriae festos ⁷et
actos et institutos dies : centesima lux est haec ab interitu
P. Clodii et, opinor, altera : qua fines imperii populi Romani
sunt, ea non solum fama jam de illo, sed etiam laetitia per-
15 gravit. Quamobrem, ubi corpus hoc sit, non, inquit, laboro,
quoniam omnibus in terris et jam versatur et semper habita-
. bit nominis mei gloria."

XXXVI. 99. ¹Haec tu mecum saepe, his absentibus ;
sed iisdem audientibus ²haec ego tecum, Milo : te quidem,
20 quum isto animo es, satis laudare non possum ; sed, quo est
ista magis divina virtus, eo majore a te dolore divellor. Nec
vero, si mihi eriperis, reliqua est illa tamen ad consolandum
querela, ut his irasci possim, a quibus tantum vulnus acce-
pero. Non enim inimici mei te mihi eripient, sed amicissimi,
25 non male aliquando de me meriti, sed semper optime. Nullum mihi unquam, judices, tantum dolorem ³inuretis (etsi quis
potest esse ⁴tantus ?), sed ne ⁵hunc quidem ipsum, ut oblivis-
car, quanti me semper feceritis. ⁶Quae si vos cepit oblivio,
aut si in me aliquid offendistis, cur non id meo capite potius
30 luitur quam Milonis ? Praeclare enim vixero, si quid mihi
acciderit prius, quam hoc tantum mali videro. 100. Nunc
me una consolatio sustentat, quod tibi, T. Anni, nullum a me
amoris, nullum studii, nullum pietatis officium defuit. Ego
inimicitias potentium pro te appetivi, ego meum saepe corpus
35 et vitam objeci armis inimicorum tuorum, ego me plurimis
pro te supplicem abjeci, bona, fortunas meas ac liberorum
meorum in communionem tuorum ⁷temporum contuli : hoc

larum puerorumque comitatu. 29. Fit obviam Clodio ante
fundum ejus ⁸hora fere undecima aut non multo secus. Statim complures cum telis in hunc faciunt de loco superiore
impetum : ⁹adversi rhedarium occidunt. Quum autem hic
de rheda, rejecta paenula, desiluisset seque acri animo defen- 5
deret, illi, qui erant cum Clodio, gladiis eductis, partim recur-
rere ad rhedam, ut a tergo Milonem adorirentur, partim, quod
hunc jam interfectum putarent, caedere incipiunt ejus servos,
qui post erant, ex quibus qui animo fideli in dominum et
praesenti fuerunt, partim occisi sunt, partim, quum ad rhedam 10
pugnari viderent, domino succurrere prohiberentur, Milonem
occisum ex ipso Clodio audirent et re vera putarent, fecerunt id ¹⁰servi Milonis, (dicam enim aperte non ¹¹derivandi
criminis causa, sed ut factum est,) nec imperante nec sciente
nec praesente domino, quod suos quisque servos in tali re 15
facere voluisset.

XI. 30. Haec, sicut, exposui, ita gesta sunt, judices: insidiator superatus est, vi victa vis, vel potius oppressa virtute audacia est. Nihil dico, quid res publica consecuta sit,
nihil, quid vos, nihil, quid omnes boni. Nihil sane id prosit 20
Miloni, qui hoc fato natus est, ut ne se quidem servare potuerit, ¹quin una rem publicam vosque servaret. Si id jure
fieri non potuit, nihil habeo, quod defendam. Sin hoc et
ratio doctis et necessitas barbaris et mos gentibus et feris
etiam belluis natura ipsa praescripsit, ut omnem semper vim, 25
quacunque ope possent, a corpore, a capite, a vita sua pro-
pulsarent, non potestis hoc facinus improbum judicare, quin
simul judicetis, omnibus, qui in latrones inciderint, aut illorum telis aut vestris sententiis esse pereundum. 31. Quod
si ita putasset, certe optabilius Miloni ²fuit dare jugulum P. 30
Clodio, non semel ab illo neque tum primum petitum, quam
jugulari a vobis, quia se non jugulandum illi tradidisset. Sin
hoc nemo vestrum ita sentit, non illud jam in judicium venit,
occisusne sit, quod fatemur, sed jure an injuria, quod multis
in causis saepe quaesitum est. Insidias factas esse constat, 35
et id est, quod senatus contra rem publicam factum judicavit:
ab utro factae sint, incertum est. De hoc igitur latum est ut

XXXVIII. Utinam dii immortales fecissent (pace tua, patria, dixerim; metuo enim, ne scelerate dicam in te, quod pro Milone dicam pie), [1]utinam P. Clodius non modo viveret, sed etiam praetor, consul, dictator esset potius, quam
5 hoc spectaculum viderem! 104. O dii immortales! [2]fortem et a vobis, judices, conservandum virum! "Minime, minime, [3]inquit. Immo vero poenas ille debitas luerit: nos subeamus, si ita necesse est, non debitas." Hiccine vir [4]patriae natus usquam nisi in patria morietur, aut, si forte,
10 pro patria? hujus vos [5]animi monumenta retinebitis, corporis [6]in Italia nullum sepulcrum esse patiemini? hunc sua quisquam sententia ex hac urbe expellet, quem omnes urbes expulsum a vobis ad se vocabunt? 105. O terram illam beatam, quae hunc virum exceperit; hanc ingratam, si
15 ejecerit, miseram, si amiserit! Sed finis sit. Neque enim prae lacrimis jam loqui possum, et hic se lacrimis defendi vetat. Vos oro obtestorque, judices, ut in sententiis ferendis, quod sentietis, id audeatis. Vestram virtutem, justitiam, fidem, mihi credite, is maxime probabit, qui in judicibus
20 legendis optimum et sapientissimum et fortissimum quemque delegit.

XIII.   Quid? tu me tibi iratum, Sexte, putas, cujus tu
inimicissimum multo crudelius etiam punitus es, quam erat
humanitatis meae postulare?   Tu P. Clodii cruentum cadaver ejecisti domo, tu in publicum abjecisti, tu spoliatum [1]ima-
ginibus, exsequiis, pompa, laudatione, [2]infelicissimis lignis 5
[3]semustulatum, nocturnis canibus dilaniandum reliquisti.
Quare etsi nefarie fecisti, tamen, quoniam in meo inimico
crudelitatem exprompsisti tuam, [4]laudare non possum, irasci
certe non debeo.   34. [*Audistis, judices, quantum Clodii
inter*] fuerit [5]occidi Milonem.   Convertite animos nunc vicis- 10
sim ad Milonem.   Quid Milonis intererat interfici Clodium?
Quid erat, cur Milo, non dicam admitteret, sed optaret?—
Obstabat in spe consulatus Miloni Clodius. — At eo repugnante [6]fiebat; immo vero eo fiebat magis, nec me suffragatore
meliore utebatur quam Clodio.   Valebat apud vos, judices, 15
Milonis erga me remque publicam meritorum memoria; valebant preces et lacrimae nostrae, quibus ego tum vos mirifice
moveri sentiebam; sed plus multo valebat periculorum im-
pendentium timor.   Quis enim erat civium, qui sibi solutam
P. Clodii praeturam sine maximo rerum novarum metu pro- 20
poneret?   Solutam autem fore videbatis, nisi esset is consul,
qui eam auderet possetque constringere.   Eum Milonem
unum esse quum sentiret universus populus Romanus, quis
dubitaret suffragio suo se metu, periculo rem publicam liberare?   At nunc, Clodio remoto, [7]usitatis jam rebus enitendum 25
est Miloni, ut tueatur dignitatem suam; singularis illa et huic
uni concessa gloria, quae quotidie augebatur [8]frangendis furoribus Clodianis, jam Clodii morte cecidit.   Vos adepti estis,
ne quem civem metueretis: hic exercitationem virtutis, suffra-
gationem consulatus, fontem perennem gloriae suae perdidit. 30
Itaque Milonis consulatus, qui, vivo Clodio, labefactari non
poterat, mortuo denique tentari coeptus est.   Non modo igitur nihil prodest, sed obest etiam Clodii mors Miloni.   35.
At valuit odium, fecit iratus, fecit inimicus, fuit ultor injuriae, punitor doloris sui.   Quid? si haec, non dico majora 35
fuerunt in Clodio quam in Milone, sed in illo maxima, nulla
in hoc, quid vultis amplius?   Quid enim odisset Clodium

Page
779
which he urged him to return and ask for pardon, but Marcellus
refused. Cicero tells how the affair was managed in a letter to
Servius Sulpicius, then governor of Achaea (B. C. 46). " L. Piso,
Caesar's father-in-law, spoke of M. Marcellus's case in the senate,
C. Marcellus threw himself at Caesar's feet, and all the senate rose
and approached Caesar in a suppliant manner. Caesar, after
blaming the peevish temper of Marcellus, and speaking highly of
Servius Sulpicius, who had been Marcellus's colleague in the consulship, all at once, and contrary to expectation, said that he could
not refuse the request of the senate, even though it was Marcellus
for whom he was solicited. This day was so glorious that I im-
agined I saw something like the image of the republic restored to
life. When all, therefore, who were asked their opinions before me
had returned thanks to Caesar, except Volcatius (for he declared
that he would not do it, though he were in the place of Marcellus),
I, as soon as I was called upon, changed my mind. For I had
resolved, not through slothfulness indeed, but the loss of my former
dignity, to observe an eternal silence; but Caesar's greatness of
mind and the laudable zeal of the senate overcame my resolution.
I gave thanks, therefore, to Caesar in a long speech, and have
deprived myself by it, I fear, on other occasions, of that honorable
quiet which was my only comfort in these unhappy times. But
since I have hitherto avoided giving offence (and, if I had always
continued silent, he would have interpreted it, perhaps, as a proof of
my believing the republic to be ruined), I shall speak for the future
not often, or rather very seldom; so as to manage at the same time
both his favor and my own leisure for study."

Although Marcellus had thus received an unconditional pardon,
and had been repeatedly urged by Cicero to come to Rome, he was
in no hurry to do so. At length, however, he wrote to Cicero, informing him of his intention to return; and Servius, the proconsul
of Achaea, returning on the 23d of May from Epidaurus to the
Piraeus, found him there on his way to Rome and spent the day
with him. On the day but one after this day, Servius, who was
going into Bœotia to hold his courts, received information early in
the morning that Marcellus had been assassinated in the Piraeus by
his friend and companion P. Magius Cilo, that Magius had killed
himself, and that there was some hope of Marcellus recovering.
Servius set out to the Piraeus, but he found Marcellus dead. The
body was burnt in the Academia, and the Proconsul ordered the
Athenians to erect a marble monument to his memory.

meo legem ferret, pulso, crudelissima in foro caede facta?
potuitne, L. Caecilii, justissimi fortissimique praetoris, oppugnata domo? potuitne illo die, quum est lata lex de me? quum
totius Italiae concursus, quem mea salus concitarat, facti illius
gloriam libens agnovisset, ut, etiamsi id Milo fecisset, cuncta 5
civitas eam laudem pro sua vindicaret?

XV.   39. [1]At quod erat tempus! [2]Clarissimus et fortissimus consul, inimicus Clodio, [3]P. Lentulus, ultor sceleris [4]illi-
us, propugnator senatus, defensor vestrae voluntatis, patronus
publici consensus, restitutor salutis meae: septem praetores, 10
octo tribuni plebis, illius adversarii, defensores mei: Cn. Pompeius auctor et dux mei reditus, illius hostis, cujus sententiam senatus omnis de salute mea gravissimam et ornatissi-
mam secutus est; qui populum Romanum est cohortatus;
qui, quum decretum de me Capuae fecit, ipse cunctae Italiae 15
cupienti et ejus fidem imploranti signum dedit, ut ad me re-
stituendum Romam concurrerent: omnia tum denique in
illum odia civium ardebant [5]desiderio mei; quem qui tum
interemisset, non de impunitate ejus, sed de praemiis cogita-
retur.   40. Tamen se Milo continuit et P. Clodium in judi- 20
cium bis, ad vim nunquam vocavit. Quid? [6]privato Milone
et reo ad populum, accusante P. Clodio, quum in Cn. Pompeium pro Milone dicentem impetus factus est, quae tum non
modo occasio, sed etiam causa illius opprimendi fuit? Nuper
vero quum M. [7]Antonius summam spem salutis bonis omni- 25
bus attulisset, gravissimamque adolescens nobilissimus rei
publicae partem fortissime suscepisset, atque illam belluam,
judicii laqueos declinantem, jam irretitam teneret, qui locus,
quod tempus illud, dii immortales, fuit? Quum se ille fugiens in [8]scalarum tenebris abdidisset, magnum Miloni fuit 30
conficere illam pestem nulla sua invidia, Antonii vero maxima
gloria. 41. Quid? comitiis in campo quoties potestas fuit,
quum ille in [9]saepta ruisset, gladios destringendos, lapides ja-
ciendos curavisset, dein subito, vultu Milonis perterritus, fu-
geret ad Tiberim, vos et omnes boni vota faceretis, [10]ut Miloni 35
uti virtute sua liberet?

XVI Quem igitur cum omnium gratia noluit, hunc voluit

Page

781 of. — 2. **Haec** stands for *animum vincere*, &c. — 3. **Nescio quomodo** = somehow. — 4. **Et os** = and look; i. e. as expressive
of the emotions of the mind. "Patricius proposed '*eos*' (= *tales*,
such) in place of *et os*, and Faërnus and Abrami did the same, perhaps independently; Patricius asks what *os* can mean after he has
said *praesentem*; and the question is pertinent. There is no connection between *os* and what follows, but there is a connection
between *mentem sensusque eos* and what follows." Long. *Et os* is
defended by Ernesti, Wolf, and Spaling, and, it seems to me, with
reason. Cicero's meaning is, that Caesar's desire to preserve so
much of the republic as had escaped the fortunes of war was de-
picted on his countenance, and that his belief of the existence of
this desire was a *result* of what he saw (*cernimus*) in his face.
Translate *ut* so that. — 5. **Illa auctoritas** = *ille vir maximae
auctoritatis*. The abstract for the concrete. Johnson.

Сн. IV. 1. **C. Marcelli.** Cousin of M. Marcellus. See Introd. — 2. **Ad paucos.** M. Marcellus, C. Marcellus, his cousin,
and M. Marcellus, son of the latter, were the only surviving mem-
782 bers, so far as is known, of the Marcellus family. — 3. **Gratulationibus** = *supplicationes*, days of rejoicing, thanksgivings. See
Table of Caesar's Life. — 4. **Idem** = at the same time. — 5. **Ut
nulla.** A good deal has been written on this passage. Baiter
must have misunderstood the sense when he omitted *nulla*. Klotz
maintains *nulla*, and explains it correctly. Cicero says, "This is so
great that no time will destroy thy trophies and memorials; for there
is no work of man's hands which age will not destroy, — but this act
of thy justice and mercy will daily flourish more." Undoubtedly
the writer meant to say this, but whether he has said it well is another
matter. The whole chapter is a poor piece of rhetoric. Klotz prefers the reading *florescit*. Long. — 6. **Quum — remisisti.**
The idea is best expressed by *in* with a *participle*: in giving up,
&c. — 7. **Ea .... erat adepta;** i. e. the power and means of
punishment.

Сн. V. 1. **Fato — nescio quo** = by some fate or other.
V. Epp. Cic. III. n. 85. — 2. **Tenemur** = we are subject to,
liable to. — 3. **Scelere certe** = from crime at least; i. e. inten-
tional wrong. — 4. **Videtis, non.** Following Baiter, I have put
a comma after *videtis* instead of a period, the usual punctuation:
thus making the apodosis of the sentence begin with *non*. — 5.
Pacis et togae. Two words having substantially the same
meaning are often used to express the thought with emphasis. So

quam concionem, quos clamores, nisi ad cogitatum facinus ap-
properaret, nunquam reliquisset.   Ergo illi ne causa quidem
itineris, etiam causa manendi : Miloni manendi nulla facultas, exeundi non causa solum, sed etiam necessitas fuit.
Quid? si, ut ille scivit Milonem fore eo die in via, sic Clo- 5
dium Milo ne suspicari quidem potuit?   46. Primum quaero,
[4]qui scire potuerit? quod vos idem in Clodio quaerere non
potestis.   Ut enim neminem alium nisi T. Patinam, familiarissimum suum, rogasset, scire potuit, illo ipso die Lanuvii a
dictatore Milone prodi flaminem necesse esse.   Sed erant 10
permulti alii, ex quibus id facillime scire posset [: [5]omnes
scilicet Lanuvini].   Milo de Clodii reditu unde quaesivit?
[6]Quaesierit sane.   Videte, quid vobis largiar.   Servum etiam,
ut Q. Arrius, meus amicus, dixit, corruperit.   Legite testi-
monia testium vestrorum.   Dixit C. [7]Cassinius Schola, [8]In- 15
teramnanus, familiarissimus et idem comes Clodii, cujus jampridem testimonio Clodius eadem hora Interamnae fuerat et
Romae, P. Clodium illo die in [9]Albano mansurum fuisse, sed
subito esse ei nuntiatum, [10]Cyrum architectum esse mortuum ;
itaque repente Romam constituisse proficisci.   Dixit hoc, 20
comes item P. Clodii, C. Clodius.

XVIII.   47. Videte, judices, quantae res his testimoniis
sint confectae.   Primum certe [1]liberatur Milo, non eo consilio
profectus esse, ut insidiaretur in via Clodio : [2]quippe, si ille
obvius ei futurus omnino non erat.   Deinde, (non enim vi- 25
deo, cur non meum quoque agam negotium,) scitis, judices,
fuisse qui [3]in hac rogatione suadenda dicerent, Milonis manu
caedem esse factam, consilio vero [4]majoris alicujus.   Me videlicet latronem ac sicarium abjecti homines et perditi de-
scribebant.   Jacent suis testibus, qui Clodium negant eo die 30
Romam, nisi de Cyro audisset, fuisse rediturum.   Respiravi,
liberatus sum : non vereor, ne, quod ne suspicari quidem po-
tuerim, videar id cogitasse.   48. Nunc persequar cetera.
[5]Nam occurrit illud : Igitur ne Clodius quidem de insidiis
cogitavit, quoniam fuit in Albano mansurus.   [6]Si quidem 35
exiturus ad caedem e villa non fuisset.   Video enim illum,
qui dicatur de Cyri morte nuntiasse, non id nuntiasse, sed

786 dicates emphasis. — 8. **Requirent** — will seek in vain for. — 9.
Ut illud — videatur — so that the former may seem; i. e. and
the consequence will be that the former will seem to have been the
work of fate. — 10. **Haud .... incorruptius** — perhaps more
justly. *Haud scio an*, like *nescio an* (V. in Cat. IV. 5, n. 3), denotes
uncertainty, but with an inclination towards an affirmative. — 11.
Cupiditate — passion, party zeal. — 12. **Ad te — non pertinebit.** These words (lit. will not extend to you) contain by implication the assertion of the mortality of the whole man. Long.

Ch. X. 1. **Diversae — distractae** — different — opposite.
787 — 2. **Obscuritas.** The *obscuritas* is the difficulty of knowing
what to do, because there were two great chiefs opposed to one another. Long. — 3. **Vicit .... inflammaret.** This form of the
subjunctive requires a careful handling. The predicate is *vicit*. The
expression may be an abbreviation of the form *is qui vicit non ejusmodi est qui .... inflammaret*, but it is said more emphatically in the
form *vicit is*, &c.: the conqueror is not a man to let his hatred be
inflamed by success, but to mollify it by his natural goodness of disposition. Long. — 4. **Ab aliis — ab aliis** — by some; i. e.
voluntarily — from others; i. e. who continued to hold out against
Caesar after the battle of Pharsalia. — 5. **Nisi te — salvo et —
manente.** K. 100, R. 4. A. & S. 257, R. 10; 274, R. 5, (c). —
6. **Haec salva.** *Haec* is everything, all that we possess. It is
a common use of *haec*. Long.

Ch. XI. 1. **Sed ut, &c.** He returns to the subject, which has
been interrupted by chapters 7–10. *Gratias agere*, lit. to act thanks,
means to express or return thanks: while *gratias habere*, lit. to have
thanks or gratitude, means to be or to feel thankful. — 2. **Stanti-
bus.** Senators stood when they spoke. A mere assent to another's
views might be made sitting. — 3. **A .... volunt** — by me at
least they wish the speaking to be done. — 4. **Et .... intelligo**
— and I understand that this is done (i. e. the selection of me to
make the speech of thanks), because it is fitting that it should be
done, since it is M. Marcellus who has been restored, &c.; i. e. the
reason assigned by Cicero for their wishing him to make the speech
is not his superior eloquence, but his more intimate connection with
Marcellus. — 5. **Quod .... debeo** — (lit.) Moreover, what is a
mark of the highest friendship (which [friendship] of mine towards
him has always been known to all, so that scarcely to C. Marcellus,
(his) most excellent and affectionate cousin did I yield, besides him
indeed to no one), since this (i. e. *quod summae benevolentiae est*) by

illi notum, reditus illius huic ignotum fuisse; hujus iter
necessarium, illius etiam potius alienum; hunc prae se tulisse illo se die Roma exiturum, illum eo die se dissimulasse
rediturum; hunc nullius rei mutasse consilium, illum causam mutandi consilii finxisse; huic, si insidiaretur, noctem 5
prope urbem exspectandam, illi, etiamsi hunc non timeret,
tamen accessum ad urbem nocturnum fuisse metuendum.

XX. 53. Videamus nunc id, quod caput est, locus ad insidias ille ipse, ubi congressi sunt, utri tandem fuerit aptior.
Id vero, judices, [1]etiam dubitandum et diutius cogitandum 10
est? Ante fundum Clodii, quo in fundo propter insanas illas
[2]substructiones facile hominum mille versabantur valentium,
edito adversarii atque excelso loco superiorem se fore putarat
Milo et ob eam rem eum locum ad pugnam potissimum ele-
gerat? an in eo loco est potius exspectatus ab eo, qui ipsius 15
loci spe facere impetum cogitarat? Res loquitur ipsa, judices, quae semper valet plurimum. 54. Si haec non gesta
audiretis, sed picta videretis, tamen appareret, uter esset insidiator, uter nihil cogitaret mali, quum alter veheretur in
rheda paenulatus, una sederet uxor. Quid horum non im- 20
peditissimum? vestitus, an vehiculum, an comes? quid minus
promptum ad pugnam, quum paenula irretitus, rheda impe-
ditus, uxore paene [3]constrictus esset? Videte nunc illum,
primum egredientem e villa subito: cur? vesperi: quid
necesse est? tarde: [4]qui convenit, praesertim id temporis? 25
Devertit in villam Pompeii. Pompeium ut videret? sciebat
[5]in Alsiensi esse: villam ut perspiceret? millies in ea fuerat.
Quid ergo erat? mora et tergiversatio: dum hic veniret,
locum relinquere noluit.

XXI. 55. [1]Age, nunc iter [2]expediti latronis cum Milonis 30
impedimentis comparate. Semper ille antea cum uxore, tum
sine ea: nunquam nisi in rheda, tum in equo: comites [3]Grae-
culi, quocunque ibat, etiam quum in castra Etrusca properabat, tum in comitatu [4]nugarum nihil. Milo, qui nunquam,
tum casu pueros symphoniacos uxoris ducebat et ancillarum 35
greges. Ille, qui semper secum scorta, semper exoletos,
semper lupas duceret, tum neminem, [5]nisi ut virum a viro

A 3

789 himself, who had an audience with the dictator on the 23d of September, B. C. 46, for the purpose. Though Caesar did not expressly pardon Ligarius on this occasion, Cicero conjectured that he was well inclined to do it. Meantime, a public accusation was brought against Ligarius by Q. Aelius Tubero, the son of L. Tubero, whom Ligarius had united with Varus in preventing from landing in Africa. He was accused on account of his conduct in Africa, and his connection with the enemies of the dictator. The case was pleaded before Caesar himself in the forum. Cicero defended Ligarius in the following speech, which was delivered in B. C. 46, and before Caesar set out to Spain on his last campaign. Ligarius was pardoned, and like many others he repaid Caesar's generosity by becoming one of his assassins. It was Caesar's fortune to get the victory over all his enemies, and to perish by the hands of those whom he thought that he had made his friends. Ligarius himself got his deserts; for Appian speaks of two brothers of the name of Ligarius, who perished in the proscription of the triumvirs in B. C. 48, and in the following chapter he mentions a third Ligarius, who met with the same fate. Now, as Cicero expressly mentions three brothers of this name (Pro Lig. 12), Q. Ligarius must have been one of those who were put to death on this occasion.

This speech was circulated in writing by the copies which Atticus's Librarii made of it, and was much admired. It is in its kind a perfect composition.

CH. I. 1. **Novum crimen.** Strongly ironical; and the irony continues throughout the oration, whenever Tubero is spoken of. — 2. **Propinquus.** What the relationship was is uncertain; but it has been conjectured, from a statement of the Scholiast on this oration, that L. Tubero, the father of Q. Tubero, married Cicero's first cousin. — 3. **Pansa.** C. Vibius Pansa, consul B. C. 43, with A. Hirtius. — 4. **Abuterer** = to take advantage of. — 5. **Ut** . . . . **esset** = that this (*ignoratione* . . . . *abuterer*) was no longer in my power. — 6. **Conferenda est** = must be directed. — 7. **Parte;** i. e. the Pompeian party. — 8. **Te, Patrem.** H. 551, L 5. A. & S. 272, N. 3, (a). — 9. **Vestro delicto.** You were in Africa as well as Ligarius. — 10. **Considius.** When the civil war broke out in B. C. 49, Considius espoused Pompey's party, and returned to Africa, where he engaged in the war. Soon after the battle of Thapsus (B. C. 46) he was murdered by the Gaetulians. — 11. **Sociis;** i. e. the Provinciales. Considius made Ligarius the

necis. Hic vero nihil habet in his malis, quod minus moleste
ferat, quam, etiamsi quid ipsi accidat, esse tamen illis meri-
tum praemium persolutum.   59. Sed 'quaestiones urgent
Milonem, quae sunt habitae nunc in atrio Libertatis.   Qui-
busnam· de servis?   Rogas? de P. Clodii.   Quis eos postu- 5
lavit? ⁸Appius.   Quis produxit?   Appius.   Unde? Ab
Appio.   Dii boni! ⁹quid potest agi severius?   De servis
nulla lege quaestio est in dominum, nisi de incestu, ut fuit
in Clodium.   ¹⁰Proxime deos accessit Clodius, propius quam
tum, quum ad ipsos penetrarat, cujus de morte tamquam de 10
caerimoniis violatis quaeritur.   ¹¹Sed tamen majores nostri
in dominum de servo quaeri noluerunt, non quia non posset
verum inveniri, sed quia videbatur indignum et domini morte
ipsa tristius.   In reum de servo accusatoris quum quaeritur,
verum inveniri potest?   60. Age vero, quae erat aut qualis 15
quaestio?   Heus tu, ¹²Ruflo, verbi causa, cave ¹²sis mentiare.
Clodius insidias fecit Miloni?   Fecit.   Certa crux.   Nullas
fecit.   Sperata libertas.   Quid hac quaestione certius?   Subito abrepti in quaestionem tamen separantur a ceteris et in
arcas conjiciuntur, ne quis cum iis colloqui possit.   Hi cen- 20
tum dies penes accusatorem quum fuissent, ab eo ipso accu-
satore producti sunt.   Quid hac quaestione dici potest inte-
grius? quid incorruptius?

   XXIII.   61. Quod si nondum satis cernitis, quum res
ipsa tot tam claris argumentis signisque luceat, pura mente 25
atque integra Milonem, nullo scelere imbutum, nullo metu
perterritum, nulla conscientia exanimatum Romam revertisse,
recordamini, per deos immortales! ¹quae fuerit celeritas reditus ejus, qui ingressus in forum, ardente curia, quae magnitudo animi, qui vultus, quae oratio.   Neque vero se populo 30
solum, sed etiam senatui commisit, neque senatui modo, sed
etiam publicis praesidiis et armis, neque his tantum, verum
etiam ²ejus potestati, cui senatus totam rem publicam, omnem
Italiae pubem, cuncta populi Romani arma commiserat, cui
nunquam se hic profecto tradidisset, nisi causae suae con- 35
fideret, praesertim omnia ³audienti, magna metuenti, multa
suspicanti, nonnulla credenti.   Magna vis est conscientiae,

Page

791 CH. IV. 1. **Egimus.** V. III. n. 9. — 2. **Nonnihil — etiam tuam — desidero** == in some degree — yours too — I miss. —

792 3. **Agi** == that the case should be managed. — 4. **Vim** == force, object. — 5. **Externi .... barbarorum** == this foreign character of thine, (like that) of either the fickle Greeks or savage barbarians, is accustomed to be pushed by hatred even to (the spilling of) blood. The reading in the text is that of Klotz, which seems to me preferable, on the whole, to either of the other readings in this passage. The phrase *levium .... barbarorum* may be considered as a sort of supplementary explanation, limiting *mores.* — 6. **Sit :** sc. *id agis.* — 7. **Dictatorem.** L. Sulla. — 8. **Praemiis.** The reward for killing a proscribed person was two talents. — 9. **Crudelitas ;** i. e. of those who had been rewarded by Sulla for murdering proscribed persons. — 10. **Annis.** This occurred seventeen years afterwards, when Caesar was *judex questionis de sicariis.*

CH. V. 1. **Generis — virtutis.** H. 397, 2. A. & S. 211, R. 10. — 2. **Artium.** V. pro Archia, I. n. 21. — 3. **Poena ;** i. e. the exile at Utica. — 4. **Domi.** Some omit *domi,* but it may be retained, as opposed to *exilio,* in the sense of "at home"; i. e. at

793 Rome. — 5. **Domi ;** i. e. Caesar's. — 6. **Petimus.** It has been proposed to change *petimus* into *petiimus,* because this speech was made in the forum. But Halm observes that the remark is general, and expresses only the mode of entreaty, not the time. — 7. **Per te — obtines** == you possess naturally : lit. through yourself ; i. e. without the interposition of others. — 8. **Quum.** Causal.

CH. VI. 1. **Aditus et postulatio** == approach (to the case) and preliminary application to the praetor. "*Aditus* is a technical word. It means permission to approach a person, generally one in authority ; and *postulatio* has its ordinary technical use, which is to ask the praetor for permission to commence proceedings against a

794 person." — 2. **Cupiditatem** == party spirit. — 3. **Parricidii** == treason. — 4. **Contumeliam.** The insult consisted in recalling him from Gaul before his command had expired, requiring him to disband his army and stand in person for the consulship, and, instead of voting him a triumph, insisting on his giving an account of his administration. — 5. **Cupiebas ;** i. e. before crossing the Rubicon. — 6. **Ut tibi — conveniret** == that you might form an alliance ? The answer is, with honorable citizens, and consequently Pompey was not a *sceleratus,* nor were his followers. — 7. **Quum.** Causal.

CH. VII. 1. **Utrum** == which of the two. — 2. **Quibus** ....

gentiam Cn. Pompeii, sed dicam, ut sentio, judices. Nimis
multa coguntur audire, neque aliter facere possunt ii, quibus
tota commissa est res publica. Quin etiam fuit audiendus
[8]popa Licinius nescio qui de circo maximo, [9]servos Milonis
apud se ebrios factos sibi confessos esse, de interficiendo Pom- 5
peio [10]conjurasse, deinde postea se gladio percussum esse ab
uno de illis, ne indicaret. Pompeio in hortos nuntiavit.
Arcessor in primis. [11]De amicorum sententia rem defert ad
senatum. Non poteram in [12]illius mei patriaeque custodis
tanta suspicione non metu exanimari, sed mirabar tamen, 10
credi popae, confessionem servorum audiri, vulnus in latere,
quod acu punctum videretur, pro ictu gladiatoris probari.
66. Verum, ut intelligo, cavebat magis Pompeius, quam timebat, non ea solum, quae timenda erant, sed omnia, ne vos
aliquid timeretis. Oppugnata domus C. Caesaris, clarissimi 15
et fortissimi viri, per multas noctis horas nuntiabatur. Nemo
audierat tam celebri loco, nemo senserat; tamen [13]audiebatur.
Non poteram Cn. Pompeium, praestantissima virtute virum,
timidum suspicari: diligentiam, tota re publica suscepta, nimiam nullam putabam. Frequentissimo senatu nuper in 20
Capitolio senator inventus est, qui Milonem cum telo esse
diceret. Nudavit se in sanctissimo templo, quoniam vita talis
et civis et viri fidem non faciebat, ut, eo tacente, res ipsa lo-
queretur.

XXV. 67. Omnia falsa atque insidiose ficta comperta 25
sunt. [1]Quum tamen, si metuitur etiam nunc Milo, non jam
[2]hoc Clodianum crimen timemus, sed tuas, Cn. Pompei, (te
enim jam appello, et ea voce, ut me exaudire possis,) tuas,
tuas, inquam, suspiciones perhorrescimus. Si Milonem times,
si hunc de tua vita nefarie aut nunc cogitare aut molitum ali- 30
quando aliquid putas, si Italiae delectus, ut nonnulli conqui-
sitores tui dictitarunt, si haec arma, si Capitolinae cohortes,
si excubiae, si vigiliae, si delecta juventus, quae tuum corpus domumque custodit, contra Milonis impetum armata est,
atque illa omnia in hunc unum instituta, parata, intenta sunt, 35
magna certe in hoc vis et incredibilis animus et non unius
viri vires atque opes judicantur, si quidem in hunc unum et

796 For the use of *an*, see Ec. Cic. **XXV.** n. 12, and Caes. I. 47, n. 12.
The readings in this place are various, and commentators have been
not a little perplexed by it. Some have supposed that something
has been lost after *bellis;* and this is indicated in the text by the
asterisks. Others have thought the passage from *bellis* to *omnes inquam* parenthetical. — 12. **Locum.** The camp of Pompeius, as
Manutius explains it. Halm suggests that *locus* may have the figurative sense, "you had got into such a position." — 13. **Illi victoriae**
is ambiguous; either Caesar's victory, or your own anticipated victory over Caesar. Schmitz. I prefer the latter.

797   Ch. X.   1. **Qui — putetis** — in supposing.   2. **Ad unam
summam** — to the single point, solely. — 3. **Ratio honorum.**
Caesar often appeared as an orator while he was pursuing the usual
road to the *honores*, which Cicero calls the *ratio honorum tuorum.*
Quintilian says that if C. Caesar had given all his time to the Forum,
no other Roman could have been named as a match for Cicero.

Ch. XI.   1. **Vultus.** Cicero said at the end of the preceding
chapter that Ligarius's hopes did not rest either on this speech or
on those who were intimate with Caesar. Here he says that Caesar
paid more regard to the reasons which moved those who interceded
with him (*causas rogantium*) than to their persons, or, as he expresses
it, their faces. — 2. **Itaque** — accordingly; i. e. in strict conformity with your regard for *true* friendship. Long, following Halm,
connects *itaque* with *sed tamen* in the sense of *though — yet.* This
doubtless gives the general sense of the passage, but is no translation
of *itaque.* The same idea in substance is expressed by giving *itaque*
its ordinary meaning. — 3. **Beatiores.** V. In Cat. II. 9, n. 12.
— 4. **Causas** = reasons, motives: sc. *rogantium*, which is expressed in some editions. — 5. **Hoc;** i. e. *causas rogantium.* — 6.
Sabinos. Cicero rhetorically speaks of the whole Sabine race,
though only a few were present. These men of the highlands were
the flower and strength of Italy. The Ligarii were of Sabine origin.

798 — 7. **Quae vicit.** These words are explained by the following
sentence. Let that sentiment which procured you the victory at
Pharsalus be applied here. Caesar's generosity facilitated his victory, and induced his opponents more speedily to pass over to him.
— 8. **Splendorem.** *Splendor* was a word appropriated to the
equestris ordo. Abrami.

Ch. XII.   1. **Ierit.** H. 487.   A. & S. 260, R. 3. — 2.
Quum .... interessem — when I attended to all your interests. — 3. **Quaestor;** i. e. B. C. 56. The *quaestores urbani* had

omnes confitentur, liceret. 71. Quod vero in illo loco atque illis publicorum praesidiorum copiis circumfusus sedet, satis declarat, se non terrorem inferre vobis, (quid enim minus illo dignum, quam cogere, ut vos eum condemnetis, in quem animadvertere ipse et more majorum et [4]suo jure 5 posset?) sed praesidio esse, ut intelligatis, contra hesternam illam contionem licere vobis, quod sentiatis, libere judicare.

XXVII. 72. Nec vero me, judices, Clodianum crimen movet, nec tam sum demens tamque vestri sensus ignarus 10 atque expers, ut nesciam, quid de morte Clodii sentiatis. De qua, si jam nollem ita diluere crimen, ut dilui, tamen impune Miloni palam clamare ac mentiri gloriose liceret: "Occidi, occidi, non Sp. [1]Maelium, qui annona levanda jacturisque rei familiaris, quia nimis amplecti plebem videbatur, 15 in suspicionem incidit regni appetendi, non Ti. [2]Gracchum, qui collegae magistratum per seditionem abrogavit, quorum interfectores impleverunt orbem terrarum nominis sui gloria, sed eum (auderet enim dicere, quum patriam periculo suo liberasset), cujus nefandum adulterium in [3]pulvinaribus sanc-20 tissimis nobilissimae feminae comprehenderunt: 73. eum, cujus supplicio senatus sollemnes religiones expiandas saepe censuit: eum, quem cum [4]sorore germana nefarium stuprum fecisse, L. Lucullus [5]juratus se, [6]quaestionibus habitis, dixit comperisse: eum, qui [7]civem, quem senatus, quem populus 25 Romanus, quem omnes gentes urbis ac vitae civium conservatorem judicarant, servorum armis exterminavit: eum, qui [8]regna dedit, ademit, orbem terrarum, quibuscum voluit, partitus est: eum, qui, plurimis caedibus in foro factis, singulari virtute et gloria [9]civem domum vi et armis compulit: eum, 30 cui nihil unquam nefas fuit nec in facinore nec in libidine: eum, qui [10]aedem Nympharum incendit, ut memoriam publicam recensionis, tabulis publicis impressam, exstingueret: 74. eum denique, [11]cui jam nulla lex erat, nullum civile jus, nulli [12]possessionum termini: qui non [13]calumnia litium, non 35 injustis vindiciis ac sacramentis alienos fundos, sed [14]castris, exercitu, signis inferendis petebat: qui non solum Etruscos

800 At the close of B. C. 45, after Caesar's return from Spain, Castor, the son of Deiotarus's daughter, accused his grandfather of having designed to assassinate Caesar, when he was for three days Deiotarus's guest in Galatia, after the defeat of Pharnaces in Pontus. What Castor's motive was in bringing this accusation is not certainly known; but it probably arose from a quarrel between Deiotarus and his family in respect to his power and kingdom.

The king sent several of his friends to Rome to defend him before Caesar, and among them his slave and physician Phidippus, whom we may assume to have been a Greek. But Castor gained over Phidippus, who gave evidence against the king. The case was heard before Caesar in his house in the month of November (B. C. 45), in the presence of some of his friends. The charge of a design to assassinate Caesar seems very improbable, and Cicero has briefly answered that. But, Deiotarus was also charged generally with being hostile to Caesar, and with looking out for his opportunity during the African war, when his accusers declared that he sent aid to Syria to Caecilius Bassus, who was in arms there against Caesar. This part of the accusation is imperfectly answered, and probably it was true. Cicero sent a copy of this speech to his son-in-law Dolabella. He speaks of the case of Deiotarus as of no great importance, and not worth the labor of a carefully written oration. He describes it as a piece of coarse homespun work, like the presents of Deiotarus.

So far as is known, Caesar made no decision. Deiotarus remained in possession of his tetrarchy, but did not recover Armenia Minor in the lifetime of Caesar, who, as Cicero says, always hated Deiotarus. After the murder of Caesar, however, Deiotarus recovered his possession, and took cruel vengeance on the parents of Castor, whom he ordered to be murdered. Castor himself escaped, and after the death of Deiotarus, obtained possession of a part of Galatia.

CH. I. 1. **Quum — tum** = although — yet; the latter being the more important notion. — 2. **Aetas.** Cicero was in his 62d year. — 3. **Fides** = duty; i. e. to his client; and the obligation was the stronger, because Deiotarus was his friend. — 4. **Dumtaxat** — at least. — 5. **Periculo.** Because, as Cicero flatteringly intimates, the welfare of the state depended upon Caesar's life, which, it was charged, Deiotarus had attempted to take. — 6. **Alterius — Alterius:** Castor — Phidippus. — 7. **Castorem.** This expression must be connected with *qui — adduxerit.* H. 381. A. & S. 238, 2. — 8. **Nepos.** Castor was the son of Saocondarius

audite, cives: P. Clodium, interfeci; ejus furores, quos nullis
jam legibus, nullis judiciis frenare poteramus, hoc ferro et
hac dextera a cervicibus vestris reppuli, per me ut unum jus,
aequitas, leges, libertas, pudor, pudicitia in civitate manerent,"
esset vero ⁴timendum, quonam modo id ferret civitas! Nunc 5
enim quis est, qui non probet? qui non laudet? qui non unum
post hominum memoriam T. Annium plurimum rei publicae
profuisse, maxima laetitia populum Romanum, cunctam Italiam, nationes omnes affecisse et dicat et sentiat? Non queo
vetera illa populi Romani gaudia quanta fuerint judicare. 10
Multas tamen jam summorum imperatorum clarissimas victorias aetas nostra vidit, quarum nulla neque tam diuturnam
attulit laetitiam nec tantam. 78. Mandate hoc memoriae,
judices. Spero multa vos liberosque vestros in re publica
bona esse visuros: in iis singulis ita semper existimabitis, 15
vivo P. Clodio nihil eorum vos visuros fuisse. In spem maximam et, quemadmodum confido, verissimam sumus adducti,
hunc ipsum annum, hoc ipso summo ⁵viro consule, compressa
hominum licentia, cupiditatibus fractis, legibus et judiciis constitutis, salutarem civitati fore. Num quis est igitur tam 20
demens, qui hoc, P. Clodio vivo, contingere potuisse arbitre-
tur? Quid? ea, quae tenetis, privata atque vestra, domi-
nante homine furioso, quod jus perpetuae possessionis habere
potuissent?

XXIX. Non timeo, judices, ne ¹odio mearum inimicitia- 25
rum inflammatus ²libentius haec in illum evomere videar
quam verius. Etenim si ³praecipuum esse debebat, tamen
ita communis erat omnium ille hostis, ⁴ut in communi odio
paene aequaliter versaretur odium meum. Non potest dici
satis, ne cogitari quidem, quantum in illo sceleris, quantum 30
exitii fuerit. 79. ⁵Quin sic attendite, judices. ⁶Nempe haec
est quaestio de interitu P. Clodii. Fingite animis (liberae
sunt enim nostrae cogitationes et, quae volunt, sic intuentur,
⁷ut ea cernimus, quae videmus), fingite igitur cogitatione ima-
ginem ⁸hujus conditionis meae: si possim efficere, ut Milo- 35
nem absolvatis, sed ita, si P. Clodius revixerit..... Quid
vultu extimuistis? quonam modo ille vos vivus afficeret, quos

Page

802 **ordinem;** i. e. the senate. — 10. **Est perturbatus** — was led astray. A eupheuism like *lapsus est* above. — 11. **Nos;** i. e. those of us who sided with Pompey.

Ch. IV. 1. **Nobis imperatoribus.** Here in place of *pro consulibus* he says *nobis imperatoribus*, for Cicero was *ad urbem* expecting a triumph for his victories over the mountaineers of Amanus.

803 — 2. **Esse effusam** — were dispersed. — 3. **Ad Orientem;** i. e. *ad Asiam.* — 4. **Ulli veri:** sc. *nuntii.* — 5. **Conditionibus.** The terms which Caesar offered to the senate ; which were that he would disband his army, if Pompey would do the same. — 6. **Hominum.** The Marcelli, Lentuli, L. Domitius, P. Scipio, and M. Cato. — 7. **Tum . . . . maxima.** The allusion may be to the part that Caesar took in his consulship in confirming what Pompeius had done in Asia after the death of Mithridates, and in giving him his daughter Julia. — 8. **Populi — senatus — tui.** Subjective genitives. A. & S. 211, R. 2. H. 396, L

Ch. V. 1. **Eum** — *talem virum.* — 2. **Justis . . . . bellis** — in regular wars and those waged with foreigners ; i. e. opposed to a war *inter cives.* *Hostis* originally meant a *foreigner.* — 3. **Hospitio** — by a guest-friendship. — 4. **Infinitam** — vague, uncertain. — 5. **Errori — satisfactum esse** — had gone far enough in error. — 6. **Cn. Domitii;** i. e. Cn. Domitius Calvinus. See Introd. — 7. **Eum.** It is not known to whom Cicero refers. — 8.

804 **Omnibus.** The dative limiting *probatissimum.* — 9. **Iterum.** In the Alexandrine war, B. C. 48 and 47. — 10. **Tertio.** In the African war, B. C. 46. — 11. **Auctionibus factis** — having held a public auction. — 12. **Sceleris.** H. 401. A. & S. 211, R. 8, (3). — 13. **Importunitatis** — barbarity. — 14. **Ferocitatis** — audacity. — 15. **In** — in the case of, in respect to. — 16. **Quonam ille modo cum — distractus esset** — how he would have been at variance with.

Ch. VI. 1. **At.** An objection. — 2. **Tectior** — more cautious. — 3. **Inquit:** sc. the accuser. — 4. **Luceium.** A fortified place near to, but distinct from, the palace (*domum*). Hence visitors to the palace might, in a general way, be said to come to the *castle.* In c. 7, *Luceium* means the castle proper. Long thinks there is some error here or in c. 7. — 5. **Balneo.** It was customary to bathe before taking a meal. — 6. **Accumberes;** i. e. at dinner. — 7. **Phidippum . . . . esse corruptum.** The acc.

805 with inf. here depends on *causa*, being a nearer definition of it. — 8. **Consuetudine criminandi.** It was a common thing, says

vestris ausus essem, si id quod conabar sine maximis dimica-
tionibus meis me esse ausurum arbitrarer? Quae mulier
sceleratum ac perniciosum civem occidere non auderet, si periculum non timeret? Proposita invidia, morte, poena, qui
nihilo segnius rem publicam defendit, is vir vere putandus 5
est. Populi grati est praemiis afficere bene meritos de re
publica cives, viri fortis ne suppliciis quidem moveri ut fortiter fecisse poeniteat. 83. Quamobrem uteretur eadem confessione T. Annius, qua Ahala, qua Nasica, qua Opimius,
qua Marius, qua nosmet ipsi, et, si grata res publica esset, 10
laetaretur, si ingrata, tamen in gravi fortuna conscientia sua
niteretur.

Sed hujus beneficii gratiam, judices, fortuna populi Romani et vestra felicitas et dii immortales sibi deberi putant.
Nec vero quisquam aliter arbitrari potest, *nisi qui nullam 15
vim esse ducit numenve divinum, *quem neque imperii nostri
magnitudo neque sol ille nec coeli signorumque motus nec
vicissitudines rerum atque ordines movent neque, id quod
maximum est, majorum sapientia, qui sacra, qui caerimonias,
qui auspicia et ipsi sanctissime coluerunt et nobis, suis pos- 20
teris, prodiderunt.

XXXI. 84. Est, est profecto illa vis, neque in his cor-
poribus atque in hac imbecillitate nostra inest quiddam, quod
vigeat et sentiat, *et non inest in hoc tanto naturae tam prae-
claro motu. Nisi forte idcirco non putant, quia non apparet 25
nec cernitur; proinde quasi nostram ipsam mentem, qua sa-
pimus, qua providemus, qua haec ipsa agimus ac dicimus,
videre aut plane, qualis aut ubi sit, sentire possimus. Ea vis
igitur ipsa, quae saepe incredibiles huic urbi felicitates atque
opes attulit, illam *perniciem exstinxit ac sustulit, cui pri- 30
mum *mentem injecit, ut vi irritare ferroque lacessere fortissimum virum auderet vincereturque ab eo, quem si vicisset,
habiturus esset impunitatem et licentiam sempiternam. 85.
Non est humano consilio, ne mediocri quidem, judices, deorum immortalium cura res illa perfecta. *Religiones meher- 35
cule ipsae, quae illam belluam cadere viderunt, commovisse
se videntur et *jus in illo suum retinuisse. Vos enim jam,

Page

807 boldness and skill. — 6. **Auctionatus sit:** sc. *bona.* H. 517,
1; 519. A. & S. 264, 8. — 7. **At :.... intercidant.** The language of the accuser. — 8. **Domitium.** Cn. Domitius Calvinus left
Asia to join Caesar in the African war, and there was a false report
that he had perished at sea. Long. — 9. **Qui.** H. 187, 1. A. &
808 S. 136, R. 1. — 10. **Furcifer;** i. e. Phidippus. — 11. **Res rationesque** = commercial transactions. — 12. **En existimatione**
= (a man) of such reputation.

Ch. X. 1. **Ut — uteretur** = *utendi :* depending on *studiis.* —
2. **Adolescens.** Castor, who in B. C. 50 was with Cicero in the
war against the Cilician mountaineers, and who, according to the
statement here made, was Cicero's fellow-soldier in Greece under
Pompey. — 3. **Pater.** Saocondarius. — 4. **Quos .... solebat**
= what crowds he was wont to collect. — 5. **Exercitu.** Pompey's
809 army. — 6. **Impunitatem.** Caesar had pardoned Castor. — 7.
Vos vestra. Castor and his father.

Ch. XI. 1. **Sint.** An admission that there was enmity between
the families of Deiotarus and Castor. — 2. **Capitis arcessere** =
to bring a capital charge. H. 410, 5, 1). A. & S. 217, R. 3, (a). —
3. **Adeone** = (ought it to be allowed) to such a degree: sc. *con-
cedit debet.* — 4. **A tanta auctoritate;** i. e. a *Caesare.* — 5. **Id
.... est;** i. e. slaves. — 6. **Fit .... dominatu** = the slave becomes the master and the master the slave. — 7. **Cn. Domitius.**
Cn. Domitius Aenobarbus : consul B. C. 96, censor B. C. 92, tribune
of the people B. C. 104. — 8. **M. Scaurum.** The censors had
elected him six times to the dignity of *princeps senatus,* which Cicero
here varies by calling him *principem civitatis.* — 9. **In judicium
populi;** i. e. a court in which the people were the judges. — 10.
At .... vobis. It is only a way of saying, You have corrupted
him more than once; but he puts it in the form of an objection in
some person's mouth, and then shows that it was more than once. —
11. **Legatos;** i. e. of Deiotarus. — 12. **Cn. Domitium.** Cn.
Domitius Calvinus. — 13. **Ser. Sulpicius.** A celebrated lawyer,
a friend of Cicero, and a partisan of Caesar. — 14. **T. Torquato.**
It is not certain which Torquatus is here meant.

810   Ch. XII. 1. **Impotens** = violent, ungovernable. — 2. **Jura
et exempla** = law and practice. — 3. **Domestica;** i. e. Asiatic,
and hence barbarous. — 4. **At .... crimina.** Ironical. V. VI.
n. 10. — 5. **Blesamius.** One of the ambassadors of Deiotarus.
V. XV. — 6. **Ejus nomine.** Using his name he was abusing
you. — 7. **Reges;** i. e. the seven kings of Rome, whose statues

Etruriam, multos sedibus ac fortunis ejecerat: instabat, urgebat: capere ejus amentiam civitas, Italia, provinciae, regna non poterant: 'incidebantur jam domi leges, quae nos servis nostris addicerent: nihil erat cujusquam, quod quidem ille adamasset, quod non hoc anno suum fore putaret. 88. Ob- 5 stabat ejus cogitationibus nemo praeter Milonem. ⁸Illum ipsum, qui poterat obstare, novo reditu in gratiam qua devinctum arbitrabatur: Caesaris potentiam ⁹suam esse dicebat: bonorum animos in meo casu contempserat: Milo unus urgebat. 10

XXXIII. ¹Hic dii immortales, ut supra dixi, mentem illi perdito ac furioso dederunt, ut huic faceret insidias. Aliter perire pestis illa non potuit: nunquam illum res publica ²suo jure esset ulta. Senatus, credo, praetorem eum circumscripsisset. Ne quum solebat quidem id facere, in private 15 eodem hoc aliquid profecerat. 89. An consules in praetore coercendo fortes fuissent? Primum, Milone occiso, habuisset suos consules: deinde quis in eo praetore consul fortis esset, per quem tribunum ⁸virtutem consularem crudelissime vexatam esse meminisset? Oppressisset omnia, possideret, tene- 20 ret: lege nova, quae est inventa apud eum cum reliquis legibus Clodianis, servos nostros libertos suos fecisset. Postremo, nisi eum dii immortales in eam mentem impulissent, ut homo effeminatus fortissimum virum conaretur occidere, hodie rem publicam nullam haberetis. 90. An ille praetor, ille vero 25 consul, si modo haec templa atque ipsa moenia stare eo vivo tamdiu et consulatum ejus exspectare potuissent, ille denique vivus mali nihil fecisset, qui mortuus, uno ex suis satellitibus [Sex. Clodio] duce, curiam incenderit? Quo quid miserius, quid acerbius, quid luctuosius vidimus? ⁴templum sanctitatis, 30 amplitudinis, mentis, consilii publici, caput urbis, aram sociorum, portum omnium gentium, sedem ab universo populo concessam uni ordini, inflammari, exscindi, ⁵funestari, neque id fieri a multitudine imperita, quamquam esset miserum id ipsum, sed ab uno? Qui quum tantum ausus sit ustor pro 35 mortuo, quid signifer pro vivo non esset ausus? In curiam potissimum abjecit, ut eam mortuus incenderet, quam vivus

814 of Milo's attaching himself to Cn. Pompey, and aiding him in the
restoration of Cicero, seems to have been merely a matter of personal interest. He was in debt, and wished to get the consulship
and a province, which in those days was the readiest way to repair
a ruined fortune. Milo resisted Clodius's violence by violence. Both
of them surrounded themselves with armed men, and Rome was
filled with their bloody brawls.

Clodius was elected aedile for the year B. C. 56. In B. C. 53
Milo was a candidate for the consulship and Clodius for the praetorship. In January, B. C. 52, these two disturbers of the public peace
met near Bovillae, each attended by a band of armed men. The
meeting was probably accidental. A quarrel ensued and Clodius
was killed. The circumstances are told by Cicero, and no doubt in
the way most favorable to Milo, for Cicero's answer to the charge
against Milo is that he acted in self-defence.

The domestic history of Rome from Cicero's return to the death
of P. Clodius consists in a great degree of the quarrels of P. Clodius
and Milo. In B. C. 57 Milo gave notice that he should prosecute
Clodius for having driven away the workmen who were working at
Cicero's house, for throwing stones and firebrands against Q. Cicero's
house, and for attacking Milo's house. The prosecution, however,
was never commenced, owing to the activity of Clodius's friends in
the senate. Clodius repaid Milo in the beginning of B. C. 56 by
giving notice that he should prosecute him *de vi*, and for the very
acts which Milo alleged that he had done in self-defence. Milo was
also charged with keeping armed men in his service. The accuser
and the accused appeared in court accompanied by armed men, and
a fight took place, in which Clodius's men were beaten. This stopped
further proceedings.

In B. C. 52 Milo was charged again under the *lex Pompeia de vi ;*
and this time for the murder of his old enemy. The trial differed
from the usual form of procedure in the witnesses being examined
first. After the examination of the witnesses, the prosecutor, App.
Claudius, spoke, and his two subscriptores, M. Antonius and P.
Valerius Nepos. Cicero spoke in defence of Milo, who was convicted and went into exile.

The trial opened on the 4th of April, B. C. 52. L. Domitius Ahenobarbus, a consular, was appointed quaesitor or instigator by a special
law of Pompey's, and all Rome and thousands of spectators from Italy
thronged the forum and its avenues from dawn to sunset during these
memorable proceedings. Besides, Milo's cause was greatly injured

civitatem, in·ea conquiescam. 94. O frustra, inquit, mei sus-
cepti labores ! o spes fallaces ! o cogitationes inanes meae !
Ego quum tribunus plebis, re publica oppressa, me 'senatui
dedissem, quem exstinctum 'acceperam, equitibus Romanis,
quorum vires erant debiles, bonis viris, qui omnem auctorita- 5
tem Clodianis armis abjecerant, mihi unquam bonorum praesidium defuturum putarem? ego, quum te (mecum enim
saepissime loquitur) patriae .reddidissem, mihi putarem in
patria non futurum locum?   Ubi nunc senatus est, quem secuti sumus? ubi equites Romani illi, illi, inquit, tui? ubi stu- 10
dia municipiorum? ubi Italiae voces? ubi denique tua illa,
M. Tulli, quae plurimis fuit auxilio, vox atque defensio? mi-
hine ea soli, qui pro te toties morti .me obtuli, nihil potest opitulari ? "

XXXV.   95. Nec vero haec, judices, ut ego nunc, flens, 15
sed hoc eodem loquitur vultu, quo videtis.   Negat enim se,
negat, ingratis civibus fecisse, quae fecerit : timidis et omnia .
pericula circumspicientibus, non negat.   [1]Plebem et infimam
multitudinem, quae P. Clodio duce fortunis vestris immine-
bat, eam, quo tutior esset vestra vita, [2]se fecisse commemorat, 20
ut non modo virtute flecteret, sed etiam tribus suis patrimo
niis deleniret; nec timet, ne, quum plebem muneribus pla
carit, vos non conciliarit meritis in rem publicam singularibus.
Senatus erga se benevolentiam temporibus his ipsis saepe
esse perspectam, vestras vero et vestrorum ordinum occursa- 25
tiones, studia, sermones, quemcunque cursum fortuna dederit,
secum se ablaturum esse dicit.   96. Meminit etiam, vocem
sibi [3]praeconis modo defuisse, quam minime desiderarit,·pop-
uli vero·cunctis suffragiis, quod unum cupierit, se consulem
declaratum : nunc denique, [4]si haec contra se sint futura, sibi 30
facinoris [5]suspicionem, non facti crimen obstare.   Addit haec,
quae certe vera sunt, fortes et sapientes viros non tam praemia sequi solere recte factorum quam ipsa recte facta : se
nihil in vita nisi praeclarissime fecisse, si quidem nihil sit
praestabilius viro, quam periculis patriam liberare : beatos 35
esse, quibus ea res honori fuerit a suis civibus, 97. nec tamen eos miseros, qui beneficio cives suos vicerint; sed tamen

Page

816 tion which properly belongs to the inquiry before you; i. e. which
laid the plot for the other. — 2. **Negant .... fateatur.** The
first proposition which Cicero proposes to refute. — 3. **Primum
.... Horatii** = a capital trial for the first time in the case of M.
Horatius. — 4. **Nondum libera.** Still governed by kings. —
5. **Sororem.** For mourning for her lover, one of the Curiatii,
whom he had slain. — 6. **P. Africanum.** The brother-in-law
of Ti. Gracchus. — 7. **Carbone.** A friend of Gracchus, who attempted to excite the people to revenge his death. — 8. **Seditiose;**
i. e. with the view of exciting the people against Scipio. — 9. **Ahala**
— **Nasica.** V. In Cat. I. 1, n. 29. — 10. **Opimius.** V. In Cat.
I. 2, n. 1. — 11. **Fictis fabulis.** Alluding to the story of Orestes and his trial at Athens for the murder of his mother, and to the
declaration of his acquittal by Athena, because the votes were equal
for absolution and condemnation. — 12. **Eum.** Orestes. — 13.
Duodecim tabulae. In B. C. 449, a code of laws, consisting of
Twelve Tables, drawn up by ten men appointed for that purpose,
called *decemviri*, was published. These laws were cut on bronze
tablets, posted up in a public place, and became the foundation of
the *jus civile*.

817   Ch. IV. 1. **Se exspectari** = that they (i. e. their protection
and decisions) be waited for. — 2. **Etsi — ipsa lex** = and yet,
even the law. *Etsi*, like *quamquam*, is sometimes used to restrict or
correct a preceding proposition. — 3. **Ut .... quaereretur** =
that, since the motive (of carrying a weapon), not the fact, would
be inquired into. — 4. **Hoc maneat** — let this be established;
i. e. what he has just said in respect to the legality of homicide in
self-defence.

       Ch. V. 1. **Sequitur illud.** The second point to be refuted.
— 2. **Contra .... factam.** Cf. Sall. Cat. I. n. 6. — 3. **Studiis**
= by their zealous efforts (in favor of Milo). — 4. **Declarant
.... contiones** = those powerless harangues of this singed tribune of the people show (this). T. Munatius Plancus Bursa is
meant, who, with Q. Pompeius Rufus, another tribune, endeavoring
to inflame the mob against Milo, tore up the benches and other furniture in the *curia*, with which he made a funeral pile for the body
of Clodius, and near which, while it was burning, he continued to
harangue the people, till he was forced by the heat to withdraw. —

818 5. **Quaestionem.** Referring to the extraordinary commission
(*novi judicii*, c. 1) instituted by Pompey for the trial of Milo. — 6.
Incesto stupro. This is the old story of Clodius having got

denique ipso die, si qua vis est parata, *si qua dimicatio ca
pitis futura, deposco. Quid jam restat? quid habeo, quod
faciam pro tuis in me meritis, nisi ut eam fortunam, quaecunque erit tua, ducam meam? Non abnuo, non recuso, vosque obsecro, judices, ut vestra beneficia, quae in me contulis- 5
tis, aut in hujus salute augeatis aut in ejusdem exitio occasura
esse videatis.

XXXVII. 101. His lacrimis non movetur Milo: est quodam incredibili robore animi: exsilium ibi esse putat, ubi
virtuti non sit locus; mortem naturae finem esse, non poe- 10
nam. Sed hic ea mente, qua natus est: quid vos, judices?
quo tandem animo eritis? Memoriam Milonis retinebitis,
ipsum ejicietis? et erit dignior locus ullus in terris, *qui hanc
virtutem excipiat, quam hic, *qui procreavit? Vos, vos appello, fortissimi viri, qui multum pro re publica sanguinem 15
effudistis: vos in viri et in civis invicti periculo appello, cen-
turiones, vosque, milites: vobis non modo inspectantibus, sed
etiam armatis et huic judicio praesidentibus, haec tanta virtus
ex hac urbe expelletur, exterminabitur, projicietur? 102.
O me miserum, o me infelicem! Revocare tu me in patriam, 20
Milo, potuisti per hos, ego te in patria per eosdem retinere
non potero? Quid respondebo liberis meis, qui te parentem
alterum putant? quid tibi, Quinte frater, qui nunc abes,
consorti mecum temporum illorum? mene non potuisse Milonis salutem tueri per eosdem, per quos nostram ille ser- 25
vasset? At in qua causa non potuisse? quae est grata
gentibus. A quibus non potuisse? ab iis qui maxime P.
Clodii morte acquierunt. Quo deprecante? me. 103. Quod-
nam ego concepi tantum scelus, aut quod in me tantum facinus admisi, judices, quum illa indicia communis exitii inda- 30
gavi, patefeci, protuli, exstinxi? Omnes in me meosque
redundant ex fonte illo dolores. Quid me reducem esse voluistis? an ut, inspectante me, expellerentur ii, per quos
essem restitutus? Nolite, obsecro vos, acerbiorem mihi pati
reditum esse, quam fuerit ille ipse discessus. Nam qui pos- 35
sum putare me restitutum esse, si distrahar ab iis, per quos
restitutus sum

Page

819 killed. — 16. **Quod .... tempori** — whether he may have thought that what he has done of his own accord should be attributed to his regard for Publius Clodius, or to the circumstances of the times.

CH. VII. 1. **Drusus.** He was murdered B. C. 91, in the *atrium* of his own house, by an unknown assassin. — 2. **Quidem** — but. — 3. **Monumentis;** i. e. the Appian road. V. p. Lege Manil. XVIII. n. 12. — 4. **Silebatur** — was not mentioned. —

820 5. **Usurpatur** — is talked of. — 6. **Castoris.** This temple was situated in the forum, and the senate sometimes sat in it. — 7. **Nisi vero, quia.** Referring to *Atqui, si.*

CH. VIII. 1. **Fides .... gratiae** — confidence in restored friendship; i. e. in his reconciliation to Clodius. Clodius and Pompey had long been enemies, at least since Clodius's tribunate in B. C. 58, but they had lately been reconciled. — 2. **Quamvis ....** **tulisset** — how severe a law soever he himself had brought forward. — 3. **Delegit.** He did not select them, but he proposed the mode of selection. — 4. **Secrevit** — did he exclude, pass over.

821 — 5. **Consuetudines victus** — the intercourse of social life. — 6. **Consularem:** sc. *huic quaestioni praeesse.*

CH. IX. 1. **Ut aliquando.** Cicero has now completed the refutation of objections, which he proposed to do in the beginning of Ch. III. And comes to the case itself. — 2. **Juris** — of its lawfulness. — 3. **Rem gestam** — the affair as it took place. Here begins the **narration.** — 4. **In praetura.** Clodius was a candidate for the praetorship in B. C. 53. — 5. **Tracta esse** — had been delayed. The consuls of the year B. C. 53 did not enter on their consulship till July B. C. 53. So hot and violent were the disputes of rival candidates and the contentions of the tribunes that the election could not be held; and for a period of six or eight months Rome was filled with anarchy and strife. — 6. **Anno superiore.** B. C. 54. The regular time for holding the consular election was in July or August. — 7. **Qui .... spectaret;** i. e. he did not seek the praetorship as a stepping-stone to the consulship. — 8. **Annum suum;** i. e. the year in which he was of the legal age, which for the praetorship was 40. — 9. **Non .... aliqua** — not, as is the case with some, from any conscientious scruples. Through some defect in taking the auspices it was not unusual for persons from religious scruples to omit to stand as candidates for office in their proper year. — 10. **Contulit .... com-**

822 **petitores.** So as, if possible, to defeat Milo. — 11. **Se inter-**

NOTES.

ORATIO PRO M. MARCELLO.

INTRODUCTION.

M. CLAUDIUS MARCELLUS, a friend of Cicero, was consul in B. C. 51, with Servius Sulpicius for his colleague. Cicero tells us that Marcellus had been Curule Aedile in the same year as P. Clodius, B. C. 56; and that he aided Milo on his trial for the murder of P. Clodius. In his consulship Marcellus moved in the senate that Caesar should be superseded in his government of the Galliae before the expiration of the time for which the provinces were given to him.

We must be careful, in reading the history of the troubles which preceded Caesar's invasion of Italy, to remember that there were three Marcelli consuls in three successive years: M. Claudius Marcellus in B. C. 51; C. Claudius Marcellus in B. C. 50, who was the cousin of M. Marcellus; and C. Claudius B. C. 49, the brother of M. Marcellus.

M. Marcellus (B. C. 51) failed in his attempt to deprive Caesar of his provinces. In B. C. 50 the attempt was again made, and again it failed; but a Senatus Consultum was passed, by which Caesar was deprived of two legions, on the pretence that they were wanted for the Parthian war. Early in B. C. 49, in the consulship of C. Claudius Marcellus and L. Cornelius Lentulus, Caesar crossed the Rubicon and occupied Ariminum.

M. Marcellus fled from Italy (B. C. 49) with the partisans of Pompeius. After the defeat of Pompeius at Pharsalus he went to Mitylene, where he resided. It does not appear if he was in the battle at Pharsalus, but he may have been.

When Cicero (who had been absent as proconsul of Cilicia) was again settled at Rome, he wrote to Marcellus several letters, in

824 omnium. A. & S. 824, 83. — 13. **Lumen curiae.** A sarcastic jest. The words might mean a distinguished senator, but
really refer to the burning of the *curia* by the fire of the funeral pile
which Sex. Clodius made of its benches, desks, &c. *Movet* must
be connected closely with the next chapter.

825   CH. XIII. 1. **Imaginibus.** The words "robbed of his
images," being connected with the mention of the funeral ceremo-
nies, mean that the *imagines* of his ancestors were not carried
in his funeral pomp, which was the fashion. — 2. **Infelicissi-
mis :** because they were applied to an unlucky or wretched purpose, as a tree was called *infelix* on which a man was hanged.
— 3. **Semustulatum.** Cicero makes use of this word to leave
room for the rhetorical formula, *nocturnis canibus dilaniandum.* — 4.
Laudare ; i. e. although I cannot praise. — 5. **Fuerit occidi.**
A portion of the text is here wanting. Baiter has prefixed the
words in italics to complete what he conceives to be the connection
of the thought. — 6. **Fiebat** — he was becoming (consul). — 7.
Usitatis — rebus = by the ordinary means. — 8. **Frangen-
dis .... Clodianis** = by his thwarting the mad schemes of the
826 Clodian faction. — 9. **Ille .... odisset** — he had reason to hate :
more lit. there was why he should hate. *Ut* is here a relative adverb. — 10. **Quantum .... fuisse** — how great was his (Clodius's) hatred, and in an unjust man how even just.

   CH. XIV. 1. **Illum :** Clodius. He is speaking ironically. —
— 2. **Maerentibus vobis.** When Cicero went into voluntary
exile in consequence of the violent measures of Clodius, the senate
put on mourning. — 3. **Servos ;** i. e. the Clodian mob. Sc. *suos.*
— 4. **Diem mihi :** sc. for my appearance before the people for
trial. The whole passage is ironical, and is intended to express the
contempt of the orator for the violent and unlawful course pursued
by Clodius. He had not commenced proceedings against Cicero,
but he had threatened him by the terms of his Lex, " *Qui civem Romanum indemnatum interemisset,*" for what the senate had done, on
Cicero's advice, in the matter of Catiline's associates, who were put
to death contrary to Roman law without a trial. — 5. **Servorum
.... nolui.** Many of Cicero's friends advised him to oppose Clodius and his mob with an armed force. This passage gives the reason
why he preferred exile to this course. — 6. **Intemtata .... est ;**
i. e. before he went into exile. — 7. **Pompeio.** V. VII. 18, 19.
— 8. **Papirii.** V. VII. 18. — 9. **Longo intervallo.** Five years
later (B. C. 53), when he supported Milo in his canvass for the

F. A. Wolf declared this oration Pro Marcello to be spurious. 779
Since his time the critics have had different opinions about it, but
most of them think that it is genuine. It was delivered before the
speech Pro Ligario (Pro Ligario, c. 12).

Ch. I.   1. **Temporibus.** V. page 483, n. 8. — 2. **Verecun-
dia** — from shame. *Quia non audebam apud te loqui, contra quem
arma sumpseram.* — 3. **Modum** — moderation. — 4. **Eadem
causa**; i. e. both were partisans of Pompey. — 5. **Quasi signum .... sustulisti.** A military metaphor, perhaps intended
as a compliment to Caesar. It is the *'vexillum'*: "*vexillum proponendum, quod erat insigne, quum ad arma concurri oporteret*" (Caesar,
B. G. II. 20). — 6. **Omnibus** — by all: sc. *intellectum est.* H.
388, II.   A. & S. 225, II. Klotz has *in omnibus*, and Baiter, who
omits *in*, says, "*in omnibus* codd. noti omnes." — 7. **Offensionibus.** For some of the offences here referred to, see the first part
of the Introd.

Ch. II.   1. **Nullius** — no man's. *Nullius* does not agree with 780
ingenii.   H. 397, 2.   A. & S. 211, R. 10. — 2. **Nulla.** There
is an inferior reading, *nulli.* Most of this chapter is in very bad
taste, and most forcibly feeble, like the talk of those whose eloquence
is in sounding words only. — 3. **Eam.** A. & S. 256, R. 3. H.
551, I. 5. — 4. **Id** stands for the clause, *omnes nostrorum,* &c. —
5. **Usurpare** — to take up, to talk about. Cf. p. Milone, VII.
18, *eadem .... usurpatur.* — 6. **Disjunctissimas.** Cf. p. lege
Manil. IV. n. 6. — 7. **Peragrari — lustratae sunt** — to be
traversed — they have been encompassed. — 8. **Alia majora.**
Clemency and magnanimity in pardoning Marcellus. — 9. **Ista** —
this of thine. So *istius* below. A. & S. 207, R. 25.   H. 450.
— 10. **Praefectus — turma** — commander of cavalry — company of cavalry, squadron. — 11. **Tuam .... propriam** — 781
that it (*gloriam*) is all and peculiarly thine. — 12. **Nunquam ....
admittitur.** We understand his meaning, but it is a rhetorical
style, neither precise nor clear. "Rashness and prudence do not
go together." Fortune may sometimes favor rashness; but prudence
does not want her aid. I think Caesar may be sometimes blamed
for rashness. The writer says again, "Nor is chance admitted to
well-considered measures"; which is pretty much the same thing
over again. Feebleness appears in repetition, the infallible sign of
want of thought. Long.

Ch. III.   1. **Temperare** — to temper, make a moderate use

Page

829 must be so. — 3. **In .... suadenda** — in recommending this bill (to the people for regulating Milo's trial). — 4. **Majoris alicujus;** i. e. Cicero himself. — 5. **Nam .... illud** = for this objection meets (me). — 6. **Si quidem,** &c. is Cicero's remark.

830   Ch. XIX. 1. **Age .... factum;** i. e. let it be as they say, that the messenger did bring the news of Cyrus's death. V. p. l. Manil. XIV. n. 1. — 2. **Sustinuisset .... locus;** i. e. if Clodius had been killed there, it might have been said that he was killed by robbers. — 3. **Tota .... Etruria;** for Etruria had suffered from Clodius. V. IX. 26. — 4. **Aricia** was at the foot of the Albanus Mons, on the Appian Way, sixteen miles from Rome. Clodius's villa was between this place and Rome. — 5. **Quod .... fuisse** = although Milo did know this, (namely) that he had been at Aricia. — 6. **Ante;** i. e. before he reached his villa. — 7. **Adhuc constare;** i. e. so far all is consistent and in favor of Milo. A recapitulation follows.

831   Ch. XX. 1. **Etiam.** V. In Cat. I. 1, n. 3. — 2. **Substructiones.** The meaning probably is, that these immense works had been commenced, but had not been carried beyond the foundations. For the extravagant manner in which wealthy Romans tried to spend their money, see Sall. Cat. XII. *villas in urbium modum exaedificatas,* and XIII. *subversos montes,* &c. — 3. **Constrictus** = held fast; i. e. to prevent him from getting down to fight. — 4. **Qui** = how. — 5. **In Alsiensi** = on his estate near Alsium. This was in Etruria on the coast.

   Ch. XXI. 1. **Age.** V. p. l. Manil. XIV. n. 1. — 2. **Expediti** = unencumbered. — 3. **Graeculi:** expressive of contempt. — 4. **Nugarum;** i. e. such as the *Graeculi.* — 5. **Nisi .... diceres** = except (such) that you would say that man was picked by man. When Roman soldiers were sent on a dangerous expedition, each man was permitted to choose a comrade. The text seems to

832 contain an allusion to this custom. — 6. **Ille** here stands for Milo. This seems strange, as it uniformly stands for Clodius. Garatoni thought it should be erased. — 7. **Praemiis propositam — addictam:** Terms used of a sale by auction. — 8. **Communem;** i. e. aiding first one side and then the other. — 9. **Perculit ab abjecto** = has beaten (him) off from (his) prostrate victim. — 10. **Interclusum** = separated from (his party).

   Ch. XXII. 1. **Quod .... est;** i. e. who was the guilty party. — 2. **Quod .... vis;** i. e. who did the killing. — 3. **Id** stands for the preceding clause. — 4. **Nescis .... reprehendere;** i. e.

belli atque armorum below. — 6. **Socia** — in favor of war. A. & S. 7
213; H. 399. — 7. **Hominem.** The man emphatically : Pompey. — 8. **Private officio** — from a sense of private duty. — 9.
In hoc ordine; i. e. in the senate. — 10. **Integra re** — before 783
the war broke out. H. 431. A. & S. 257, R. 7, (a). — 11.
Statim; i. e. immediately upon their application. — 12. **Ceteris:**
sc. *vero* or *autem.*

Ch. VI. 1. **Hujus — rei;** i. e. his desire for peace. — 2.
Certorum — *quorundam.* L. Lentulus, L. Domitius Aenobarbus, &c. — 3. **Alterius vero partis:** sc. *Pompeianae. Partis*
limits *victoriam,* being placed at the beginning for the sake of emphasis. — 4. **Otiosis** — the neutral. — 5. **Contulisse** — to
have referred. — 6. **Bono** — quality, virtue : sc. *clementiae et sapi-*
entiae. — 7. **Commodata** — lent. Why is the preposition *a* ex- 784
pressed before *virtute* and *fortuna ?* — 8. **Specie . . . . publicae**
— with some show of (regard for) the commonweal.

Ch. VII. 1. **Atrocissimam.** A *suspicio* is only *atrox,* because of the matter to which the *suspicio* refers. He means " suspicion of a most abominable crime." Patricius asks if we can say
providere suspicionem. Providenda seems to refer by implication to
the matter about which the suspicion exists. Long. — 2. **Nec —**
nec. A. & S. 277, R. 5, (a). — 3. **Unius.** H. 397, 3. A. & S.
295, R. 13, (a). — 4. **Pendere:** sc. *vitam.* — 5. **Dumtaxat** —
at least. — 6. **Motus** — changes.   785

Ch. VIII. 1. **Fides — libidines** — credit — acts of lawless-
ness. — 2. **Omnia . . . . sunt** — all those things which have
already fallen to decay and perished (i. e. have become useless) must
be secured by rigorous laws. Bullions. — 3. **Non fuit recusan-**
dum — It must not be denied. — 4. **Sapientissimam** — most
philosophic, referring to the philosophy of the stoics. So *doctorum*
hominum — *prudentiam* and *esse sapiens* below. — 5. **Audirem** —
I would listen to, assent to.

Ch. IX. 1. **Hic — actus** — this act ; i. e. of the drama of 786
life. — 2. **Dicito.** H. 534, II. A. & S. 267, (2). — 3. **Immortali-**
tatis — of an imperishable name. — 4. **Huic.** Grammatically
agreeing with *aeternitas,* but logically referring to the general idea
expressed by the words *memoria, posteritas* and *aeternitas.* To refer
huic to *vita,* as some have done, is, in my view, to make nonsense of
the passage. — 5. **Inservias.** H. 496, 1. A. & S. 262, R. 4.
— 6. **Munera** — *spectacula, ludi.* These were considered as *gifts*
to the people. — 7. **Tuos.** The unusual position of this word in-

Page

835 his friends. — 12. **Illius .... custodis** — of that guardian of
me and my country. — 13. **Audiebatur** — it was listened to.

CH. XXV. 1. **Quum .... non.** This passage is corrupt,
and the meaning, consequently, obscure. — 2. **Hoc .... crimen**
836 — this charge of murdering Clodius. — 3. **Locus .... esset.**
According to Asconius, Milo sought an opportunity to remove Pompey's suspicions, but Pompey refused to give him an audience. —
4. **Peste;** i. e. Clodius. — 5. **Is .... consuevit.** Manutius
explains it thus : who has this disposition both from nature and habit,
to place the quiet and preservation of his country before everything.
— 6. **Magne.** Magnus was a part of Pompey's name.

CH. XXVI. 1. **Communium temporum.** This is op-
posed to *rebus tuis :* " in your prosperity, I hope, but perhaps in
some general convulsion." — 2. **Experti** — from experience ; as
in the case of Sulla, Cinna, and Catiline. — 3. **Judicium ....**
fuisse — would have waited for (the issue of) a trial ; i. e. supposing Pompey's suspicions against Milo to be well founded. — 4.
Ejus : Milo. — 5. **Ista ;** i. e. the charges on which Pompey's sus-
837 picions were supposed to be founded. — 6. **Suo jure** — by virtue
of his authority.

CH. XXVII. 1. **Maelium.** V. In Cat. I. 1, n. 31. — 2.
Gracchum. V. In Cat. I. 1, 'n. 29. — 3. **Pulvinaribus.** The
allusion is to the profanation of the mysteries of the Bona Dea by
Clodius, when the Vestals and other women detected him. — 4.
Sorore. She was the wife of Lucullus. — 5. **Juratus** — having
sworn. V. A. & S. 162, 16. — 6. **Quaestionibus habitis ;**
i. e. by torture : referring to the examination of his slaves. — 7.
Civem : Cicero. — 8. **Regna.** He gave a kingly title to Brogi-
tarus, the Galatian ; and he took Cyprus from Ptolemaeus. — 9. **Ci-**
vem : Pompey. — 10. **Aedem.** In this temple, as it appears,
was the *tabularium* in which the *tabulae censoriae* were kept. — 11.
Cui — erat — who — regarded. — 12. **Possessionum ter-**
mini — landmarks of property. *Possessiones* means property in
land. The removal of a landmark was a crime against religion. —
13. **Calumnia litium** — by the chicanery of lawsuits. — 14.
Castris. He represents Clodius as making his aggressions on other
people's land in the form of a regular campaign. — 15. **Arma**
838 are implements and tools for building. — 16. **Alieno :** sc. *agro.*
— 17. **Furfanius :** One of the judges. — 18. **Mortuum** — a
corpse ; i. e. that Furfanius might come under suspicion of having
murdered a man, and might be overwhelmed by the odium consequent upon the deed.

solicitude, anxiety, (and) effort I have shown, so long as there was **787**
doubt respecting his safety, assuredly at this time, having been freed
from great anxieties, troubles, and sorrows, I ought to show (it). I
have chosen to translate this intricate passage literally, retaining the
order of the text, because the idea and force of the original are in
this way, it seems to me, most clearly presented. — 6. **Tamen.** **788**
The correlative idea is expressed by the clause *me . . . . conservato*.

ORATIO PRO Q. LIGARIO.

INTRODUCTION.

Q. LIGARIUS was the legatus of C. Considius, the governor of **789**
Africa, before the commencement of the civil war. Considius
quitted Africa at the close of B. C. 50, or the beginning of the following year, leaving Q. Ligarius in charge of the province (c. 1).
When the war began by Caesar crossing the Rubicon with his
troops, the Pompeian party, which was strong in Africa, pressed
Ligarius to put himself at their head; but he refused (c. 1). In the
mean time P. Attius Varus, a former governor of Africa, who had
fled to that province after being deserted by his troops at Auximum
in Picenum, gladly accepted the proposals of the Provinciales of
Africa, raised two legions there, and assumed the command. L.
Aelius Tubero was now sent with authority from the senate to take
possession of the government of Africa, but when he appeared before
the harbor of Utica with his ships, Varus would not allow him to
enter the town, nor even to land his son Quintus Tubero, who was
sick, nor to take in water. Pomponius says that Q. Ligarius, who
had the care of the sea-coast of the province, executed Varus'
orders. The father and son went to join Pompeius in Macedonia
(c. 9), and after his defeat they submitted to Caesar and were pardoned. Q. Ligarius stayed in Africa, where the party of Pompeius
after his death made an obstinate resistance. After the battle of
Thapsus, B. C. 46, in which the Pompeians of Africa were defeated,
Ligarius was taken prisoner by Caesar. His life was spared, but he
was banished. His friends at Rome exerted themselves to procure
his pardon, but were unable to succeed at first, notwithstanding the
intercession of his brothers, of his uncle, T. Brocchus, and of Cicero

Page

842 Ch. XXXII. 1. **Nec vero non** — and in truth. — 2.
Imaginibus. Wax images of one's ancestors were carried in
his funeral procession. — 3. **Cantu.** *Tibicines* and *cornicines* made
the *cantus :* gladiators, the *ludi* at the funeral pile. The *exsequiæ*
was the whole train or procession. The *lamenta* were paid for, and
made by hired women. There was no funeral oration (*laudatio*) for
Clodius. The words *sine funere* as the last member resume all the
members which precede, and — without the usual funeral solemnities. — 4. **Formas :** The *imaginibus* above. — 5. **Mortem** —
dead body : used by way of antithesis to *vita*. — 6. **Gesta ;** i. e.
the proceedings of Cicero in the matter of the Catilinarian conspira-

843 tors. — 7. **Incidebantur .... leges** — already at his house
were the laws getting cut (on bronze tablets) ; i. e. as if he was
sure that he could carry them. — 8. **Illum :** Pompey. — 9.
Suam esse — was his own.

Ch. XXXIII. 1. **Hic.** V. p. l. Manil. XIII. n. 19. — 2. **Suo
jure.** V. XXVI. n. 6. — 3. **Virtutem consularem** — consular merit ; i. e. the merit of a man who had himself been consul :
meaning Cicero. — 4. **Templum,** &c. — (than) that the temple
of holiness, majesty, wisdom, &c. — 5. **Funestari ;** i. e. by a dead

844 body. — 6. **Ab eo** — against him. — 7. **Castoris :** sc. *templum*.
— 8. **Fide :** descriptive of *vir.*

Ch. XXXIV. 1. **Sed jam.** Here begins the peroration. —
2. **Omnium.** A. & S. 205, R. 18. (a). H. 397, 3. — 3. **Haud
.... magis** — perhaps he ought to be aided even more by (it) ;
i. e. by his firmness. *Haud scio an* is like *nescio an.* V. In Cat.
IV. 5, n. 3. — 4. **Odisse** — to call for the death of. It stands in
contrast with *servare cupimus.* — 5. **Abibo ;** i. e. into exile. — 6.

845 **At** — at least. — 7. **Senatui** — to the service of the senate. — 8.
Acceperam — I had found.

Ch. XXXV. 1. **Plebem** is the object of *flecteret : eam* simply
recalls it with emphasis. — 2. **Se fecisse** — **flecteret** — that he
had striven to move. — 3. **Præconis.** The *præco* proclaimed
the result of the elections. — 4. **Si .... futura** — if these (proceedings) are intended to be against him. — 5. **Suspicionem** —
crimen. These are the subjects of *obstare*, depending on *meminit.*

846 — 6. **Invidiae meae subjiciantur ;** i. e. to kindle a flame of
odium against me. — 7. **Et .... institutos** — both (those already) celebrated and (those) appointed (to be celebrated).

Ch. XXXVI. 1. **Haec ;** i. e. the preceding from *valeant.* — 2.
Haec ; i. e. the following. — 3. **Inuretis** — you will inflict. —

temporary governor of the province, because the people wished it. 789
When a governor left his province before the arrival of his successor,
it was usual for him to give the temporary administration to the
Quaestor, as Cicero says in several letters. — 12. **Cupiditate.** 790
See pro Marc. IX. n. 11. — 13. **Timore;** i. e. of Caesar. — 14.
Salutis — studii. These words limit *ducem.* The meaning is,
they (*cives et socii*) first sought a protector, afterwards also a party
leader. — 15. **Varus** was a zealous partisan of Pompey in the
civil war. — 16. **Praetor;** i. e. *propraetor*, but when a man had
been a *praetor*, and had got a province, it was usual to call him
praetor still. — 17. **Uticam.** The chief town of the province of
Africa after the destruction of Carthage, and situated on the sea,
about 27 miles north of it. — 18. **Consilio —** by authority, decree.
— 19. **Cuperet.** K. 110, 3, b), 5). A. & S. 264, 8, (1).

Сн. II. 1. **Necessitatem honestam.** Because in obedience
to the command of Considius and the wishes of the people. — 2.
Est, quod — restitit — is that of his remaining : more lit. is
that which he remained. — 3. **Hic ==** under these circumstances.
— 4. **Literis monumentisque** is letters and memorials of any
kind. — 5. **defendit —** maintains.

Сн. III. 1. **Gesto;** i. e. after Pompey had been driven from 791
Italy. — 2. **Literas.** This is the letter referred to in Epistola
XXX. of this volume. V. n. 1, p. 609. — 3. **A quo — conces-
sos .... tenui —** from whom I held the laurelled fasces which
had been granted (i. e. by the senate). Cicero had carried on, in
B. C. 51, a successful war in Cilicia against the Parthians; his soldiers had saluted him with the title of *imperator*, and the senate had
granted him the honor of a triumph. As, however, the disturbances
of the time did not allow him to celebrate the triumph, Cicero retained these *fasces laureati*, which belonged to an *imperator*, and
Caesar allowed him to do so. Schmitz. — 4. **Dubitem.** H. 517,
L; 519. A. & S. 264, 8, (1). The text is that of Baiter. If the
student will bear in mind that there is here the same vein of irony
that runs through the first chapter, the sense will be clear. — 5. **De
se eadem;** i. e. that he took up arms against Caesar. — 6. **Industriae;** i. e. as a student of oratory and philosophy. *Gloriae*
is love of fame. — 7. **Etiam .... fructum —** to some advantage of my own also. — 8. **Prohibitum.** See Introd. — 9.
Agebat — did have in view. — 10. **Iisdem in armis.** Not
referring to the battle of Pharsalus, for Cicero was not in it. He
means that he was on the same side with Tubero, was one of the
Pompeian party.

791   Ch. IV. 1. **Egimus.** V. III. n. 9. — 2. **Nonnihil — etiam
tuam — desidero** — in some degree — yours too — I miss. —

792 3. **Agi** — that the case should be managed. — 4. **Vim** — force,
object. — 5. **Externi .... barbarorum** — this foreign character of thine, (like that) of either the fickle Greeks or savage barbarians, is accustomed to be pushed by hatred even to (the spilling
of) blood. The reading in the text is that of Klotz, which seems to
me preferable, on the whole, to either of the other readings in this
passage. The phrase *levium .... barbarorum* may be considered as
a sort of supplementary explanation, limiting *mores*. — 6. **Sit :** sc.
id agis. — 7. **Dictatorem.** L. Sulla. — 8. **Praemiis.** The reward for killing a proscribed person was two talents. — 9. **Crudelitas ;** i. e. of those who had been rewarded by Sulla for murdering
proscribed persons. — 10. **Annis.** This occurred seventeen years
afterwards, when Caesar was *judex questionis de sicariis*.

Ch. V. 1. **Generis — virtutis.** H. 397, 2. A. & S. 211,
R. 10. — 2. **Artium.** V. pro Archia, I. n. 21. — 3. **Poena ;**
i. e. the exile at Utica. — 4. **Domi.** Some omit *domi*, but it may be
retained, as opposed to *exilio*, in the sense of " at home "; i. e. at

793 Rome. — 5. **Domi ;** i. e. Caesar's. — 6. **Petimus.** It has been
proposed to change *petimus* into *petiimus*, because this speech was
made in the forum. But Halm observes that the remark is general,
and expresses only the mode of entreaty, not the time. — 7. **Per te
— obtines** — you possess naturally : lit. through yourself; i. e.
without the interposition of others. — 8. **Quum.** Causal.

Ch. VI. 1. **Aditus et postulatio** — approach (to the case)
and preliminary application to the praetor. " *Aditus* is a technical
word. It means permission to approach a person, generally one in
authority; and *postulatio* has its ordinary technical use, which is to
ask the praetor for permission to commence proceedings against a

794 person." — 2. **Cupiditatem** — party spirit. — 3. **Parricidii**
— treason. — 4. **Contumeliam.** The insult consisted in recalling him from Gaul before his command had expired, requiring
him to disband his army and stand in person for the consulship, and,
instead of voting him a triumph, insisting on his giving an account of
his administration. — 5. **Cupiebas ;** i. e. before crossing the Rubicon. — 6. **Ut tibi — conveniret** — that you might form an
alliance ? The answer is, with honorable citizens, and consequently
Pompey was not a *sceleratus*, nor were his followers. — 7. **Quum.**
Causal.

Ch. VII. 1. **Utrum** — which of the two. — 2. **Quibus ....**

vobis = o. what things you boast in yourselves; i. e. obedience to 794
the senate. — 3. **Tuberonis sors.** The name of L. Tubero with
other names was thrown into the *urna.* The *sortes* were shaken and
then drawn out by the hand to determine who should have the office.
— 4. **Excusare** = to excuse himself, to decline. — 5. **Domi** is
opposed to *militiae.* — 6. **Affines.** V. I. n. 2. — 7. **Quorum** 795
.... **causa** = who had espoused the same cause. — 8. **Occupa-
tam;** i. e. by Varus. — 9. **Hinc;** i. e. from the fact that Africa
was occupied by Varus before Tubero arrived. — 10. **Illum.** The
readings are various. Long says Abrami saw the meaning: " For, if
the wish is a crime, it is no less a crime for you to have wished to
have possession of the province, than for any other man to have preferred keeping it himself." — 11. **Arcem** = the strength; i. e. the
strongest, as possessing the greatest resources, and perhaps also as
having once been Rome's most formidable rival. — 12. **Quoquo**
.... **habet** = however that may be. — 13. **Recepti.** See Introd. — 14. **Essetis :** sc. *recepti.*

CH. VIII. 1. **Huic victoriae;** i. e. of Pharsalus in B. C.
48. — 2. **Rex;** i. e. Juba, king of Numidia, whose father Hiempsal
Cn. Pompey had established as king in B. C. 81. He was for this,
and other reasons, an old friend of Pompey; whence he is here
called *inimicus huic causae;* i. e. *Caesari.* — 3. **Conventus.** This
term is applied to certain bodies of Roman citizens living in a
province, forming a sort of corporation, and representing the Roman
people in their district or town. Long says it means here the towns
in which there were many Romans and perhaps others, who were
rich and on Pompeius' side. — 4. **Quid .... fuistis.** A direct
question: otherwise we should have the subj. — 5. **Gloriemini.**
H. 496, 1. A. & S. 262, R. 4.

CH. IX. 1. **Constantiam.** The whole passage down to
abhorrebant is ironical. — 2. **Quotus — quisque** = how few. —
3. **Crudelitate.** Varus would not allow him even to land his son,
though he was sick. See Introd. — 4. **Animi — viri :** sc. *est.* —
5. **Possit.** H. 501, I. A. & S. 264, 1. — 6. **Ut** = although,
even if. — 7. **Justo** = regular; i. e. by the appointment of the
senate, not an assumed *imperium* like that of Varus. — 8. **Ista res ;**
i. e. the *rejectus.* — 9. **In praesidiis** = in the camp, within the
lines; i. e. not in the battle. — 10. **Animi;** i. e. of both the Tu-
beros. — 11. **An .... reliquis** = (was this the case), or (was it)
as it usually is in civil wars? and (was it) not with you still more (the
case) than with the rest ? i. e. that you ardently desired to conquer.

the care of the treasury. T. Ligarius paid to Caesar on this occa- 798
sion the donation for his army sanctioned by the senate, and he did
so without delay, although the treasury was nearly exhausted. —
4. **Quaestoribus;** i. e. who were less obliging, or who did some- 799
thing that Caesar did not like. 5. **Nihil .... aliud** — had no
other object in view. — 6. **Utrisque;** i. e. the two brothers on one
side, and Q. Ligarius, for whom they were entreating. — 7. **Fac
— nunc idem** — do now the same. — 8. **Homine;** i. e. M.
Marcellus.

ORATIO PRO REGE DEIOTARO.

INTRODUCTION.

DEIOTARUS, tetrarch of Galatia, a country of Asia Minor, was a 800
friend of Pompey, and rendered important services to the Romans in
their wars in Asia. Pompey rewarded him by giving him Armenia
Minor; and the Roman senate, through the mediation of Pompey,
granted him the title of king in B. C. 65. In consequence of these
things he was a warm supporter of Pompey and his party, when the
war between Pompey and Caesar broke out. After the unfortunate
issue of the battle of Pharsalus in B. C. 48, he gave up the cause of
the Pompeians, and endeavored by all means to win again the favor
of Caesar, which he had enjoyed before the war. He accordingly
offered money and troops to Cn. Domitius Calvinus, who had the
command in Asia, while Caesar himself was still engaged in the
African war (B. C. 47). Meantime Deiotarus himself had to carry
on a war; for Pharnaces, the son of Mithridates, and king of Bosporus, had taken from him Armenia Minor. But the war which
Deiotarus undertook against the invader, with the assistance of the
same Cn. Domitius, turned out unfavorably, and Deiotarus lost
almost his whole army. Caesar had by this time brought the Alexandrine war to a successful issue: he went to Asia Minor to attack
Pharnaces, who had encroached upon Roman territory, and injured
Roman allies. Deiotarus went out to meet the victorious imperator
in a humble manner, and sued for mercy. Caesar pardoned him,
and allowed him his kingly title; but did not restore to him his
former possession.

and a daughter of Deiotarus. — 9. **Adduxerit.** H. 517, I.; 519. 300
A. & S. 264, 8, (1). — 10. **Commendationem** .... **duxerit.**
Young men among the Romans were accustomed to seek public consideration and preferment by accusing magistrates and other eminent
offenders; and thus they often became a terror to them. — 11.
Servum. Physicians were generally slaves. — 12. **Legatorum.**
The persons who had been sent to Rome to attend to Deiotarus's
defence. The place of slaves was at the feet of their masters.
Hence, to draw him away from the feet of the ambassadors was to
withdraw him from their service. — 13. **Fugitivi.** Said in contempt, because he had abandoned the cause which he had been sent
to defend. — 14. **Os.** His face; i. e. his impudence. — 15. **Fortunis communibus.** Referring to the danger to which every one
would be exposed, if slaves were permitted to accuse their masters.
— 16. **De servo — quaeri** = to question a slave. — 17. **Solu-** 301
tus. Opposed to in *eculeo.*

Сн. II. 1. **Illud** refers to *nam dicere,* &c. — 2. **Quum** ....
recognovi = now that I have thoroughly examined your character. — 3. **Arguare.** K. 94, R. 6, c). A. & S. 209, R. 7, (a). —
4. **Grave** = a hard matter. — 5. **Aequiorem** = more favorable. — 6. **Loci ipsius insolentia;** i. e. Caesar's house. Cicero
usually spoke in the forum. — 7. **Quanta** .... **est** = as never
came on trial. — 8. **Acquiesco** = I find peace. — 9. **Quae** =
these things; i. e. just mentioned. — 10. **Actio** = the pleading. —
11. **Qui** .... **dixisti.** Cf. pro Lig. X. n. 3. — 12. **Ad** .... **referre** = to judge by yourself: lit. to refer to yourself. — 13. **Spe.** 302
The hope of the accusers was based, not on the merits of their cause,
but on Caesar's prejudices against Deiotarus. These Cicero endeavors to remove before proceeding to the charge itself.

Сн. III. 1. **Affectum** .... **detrimentis.** Caesar had deprived Deiotarus of the tetrarchy of the Trocmi, and of Armenia
Minor, which he owed to Pompey. — 2. **Te** .... **cognoverant.**
The genuineness of these words has been doubted, because of their
inconsistency with the context. — 3. **Non tam** .... **firmiorem.**
Long says: " This is not a common form of expression, but a reader, I
think, might not discover that there is anything amiss: ' That right
hand of yours, not so much in war and battle as in promises and good
faith more secure.' " Some would omit *tam.* — 4. **Semel;** i. e.
once for all, once only. — 5. **Nemo=** *nullus.* This is common. —
6. **Cum** = against. — 7. **Ipse:** sc. *autem.* — 8. **Maximis** —
rebus. The offence of having sent troops to Pompey. — 9. **Illum**

c 3

862 **ordinem;** i. e. the senate. — 10. **Est perturbatus == was**
led astray. A eupheuism like *lapsus est* above. — 11. **Nos;** i. e.
those of us who sided with Pompey.

Ch. IV. 1. **Nobis imperatoribus.** Here in place of *pro
consulibus* he says *nobis imperatoribus,* for Cicero was *ad urbem* expecting a triumph for his victories over the mountaineers of Amanus.
863 — 2. **Esse effusam ==** were dispersed. — 3. **Ad Orientem;**
i. e. *ad Asiam.* — 4. **Ulli veri:** sc. *nuntii.* — 5. **Conditionibus.**
The terms which Caesar offered to the senate; which were that he
would disband his army, if Pompey would do the same. — 6. **Hominum.** The Marcelli, Lentuli, L. Domitius, P. Scipio, and M. Cato.
— 7. **Tum . . . . maxima.** The allusion may be to the part
that Caesar took in his consulship in confirming what Pompeius had
done in Asia after the death of Mithridates, and in giving him his
daughter Julia. — 8. **Populi — senatus — tui.** Subjective
genitives. A. & S. 211, R. 2. H. 896, L

Ch. V. 1. **Eum ==** *talem virum.* — 2. **Justis . . . , bellis**
== in regular wars and those waged with foreigners; i. e. opposed to
a war *inter cives. Hostis* originally meant a *foreigner.* — 3. **Hospitio ==** by a guest-friendship. — 4. **Infinitam ==** vague, uncertain. — 5. **Errori — satisfactum esse ==** had gone far enough
in error. — 6. **Cn. Domitii;** i. e. Cn. Domitius Calvinus. See Introd. — 7. **Eum.** It is not known to whom Cicero refers. — 8.
864 **Omnibus.** The dative limiting *probatissimum.* — 9. **Iterum.**
In the Alexandrine war, B. C. 48 and 47. — 10. **Tertio.** In the
African war, B. C. 46. — 11. **Auctionibus factis ==** having
held a public auction. — 12. **Sceleris.** H. 401. A. & S. 211,
R. 8, (3). — 13. **Importunitatis ==** barbarity. — 14. **Ferocitatis ==** audacity. — 15. **In ==** in the case of, in respect to. — 16.
Quonam ille modo cum — distractus esset == how he
would have been at variance with.

Ch. VI. 1. **At.** An objection. — 2. **Tectior ==** more cautious. — 3. **Inquit:** sc. the accuser. — 4. **Luceium.** A fortified place near to, but distinct from, the palace (*domum*). Hence
visitors to the palace might, in a general way, be said to come to
the *castle.* In c. 7, *Luceium* means the castle proper. Long thinks
there is some error here or in c. 7. — 5. **Balneo.** It was customary to bathe before taking a meal. — 6. **Accumberes;** i. e. at
865 dinner. — 7. **Phidippum . . . . esse corruptum.** The acc.
with inf. here depends on *causa,* being a nearer definition of it. —
8. **Consuetudine criminandi.** It was a common thing, says

Lightning Source UK Ltd.
Milton Keynes UK
UKHW012039121218
333853UK00008B/525/P